올쏘

고등 생활과 윤리

BOOK **1** 개념편

Structure

올쏘 생활과 윤리의 단계별 활용법

BOOK① 개념편

1단계

개념 확 뜯어보기
자세하고 친절한 개념 정리를 통해
내신과 수능 핵심 개념 학습!

2단계

개념 쏙 정리하기
꼭 알아야 하는 내신과 수능 핵심 개념을
간략하게 복습!

3단계

개념 팍팍 트레이닝
내신과 수능 핵심 개념을 확실하게 이해하였는지
문제로 점검!

BOOK① 개념편의 특별 코너

사상가 특강
자주 나오는 사상가의 기본 사상과
주제별 주장을 한눈에!

BOOK② 실전편

1단계

기출 자료 & 선지 분석
수능 출제 자료와 선지로 수능 출제 패턴 파악!

2단계

실전 기출 문제
기출 문제로 수능 출제 경향과 난이도를 파악하여
실력 향상!

3단계

킬러 예상 문제
킬러 예상 문제로 수능 문제 풀이의
노하우 향상!

BOOK② 실전편의 특별 부록

실전 모의고사
수능 최종 점검을 위한 필수 아이템!

BOOK① 개념편의 구성과 활용법

1단계 **개념 확 뜯어보기**

생활과 윤리 5종 교과서에서 다루고 있는 주요 개념과 내용을 학생들의 눈높이에 맞추어 줄글 형태로 자세하게 정리하였습니다. 특히 내신과 수능에 자주 나오는 빈출 개념과 중요 내용에는 별표와 밑줄로 표시하였습니다.
또한 빈출 개념을 이해하는 데 도움이 되는 자료와 보충 설명을 본문 날개에 정리하였습니다.

2단계 **개념 쏙 정리하기**

❶단계 개념 확 뜯어보기를 학습한 후 꼭 알아야 하는 중요한 핵심 개념만 추려서 간략하게 정리하였습니다. 자신이 학습한 내용을 머릿속에 떠올려 보면서 복습한다는 마음으로 정리해 보세요!

3단계 **개념 팍팍 트레이닝**

학습한 내용을 ○× 문제, 괄호 넣기 문제, 선택형 문제 등의 다양한 형태로 테스트해 볼 수 있도록 구성하였습니다. 강별로 중요한 핵심 개념을 다시 한 번 트레이닝하면서 완벽하게 자신의 것으로 소화하도록 하세요!

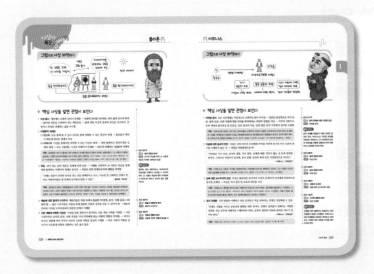

사상가 특강

'생활과 윤리'의 여러 주제에 걸쳐 나오는 사상가들을 한데 모아 공부하면 좋겠다는 생각을 해 본 적 있으시죠? 수능에 빠지지 않고 출제되는 사상가들의 기본 철학과 각 주제에 대한 주장·근거를 원전을 인용하여 한눈에 파악할 수 있게 정리하였습니다. **사상가 특강**을 통해 사상가의 사상을 쉽게 이해할 수 있을 것입니다.

Contents

BOOK❶ 개념편의 차례

Comparison Table
올쏘 생활과 윤리와 내 교과서 단원 찾기

Advice

수험생을 위한 선배의 조언(개념편)

진시형
서울대 독어교육과 입학
서울 덕성여고 졸업

수능을 준비하면서 교과서와 문제집을 통해 기초 개념을 튼튼하게 다졌습니다. 중요한 용어를 중심으로 개념을 학습하고 외워야 할 개념들은 암기하면서 전 범위를 공부했습니다. 어느 정도 **개념 학습을 한 이후에는 개념을 이용한 용어 퀴즈나 개념 확인 문제를 통해 개념을 복습**했는데, 쉬운 개념 확인 문제에서 여러 가지 개념의 활용과 적용을 요하는 난이도 높은 유형의 문제를 풀기 시작했습니다. 이렇게 기초를 탄탄히 다지기 시작하여 점차 난이도를 높였을 때 훨씬 안정감을 가지고 공부를 할 수 있었습니다.

전우석
서울대 지리교육과 입학
강릉고 졸업

사회탐구 공부는 '개념 정리'와 '실전 기출 문제 풀이'의 싸움입니다. 수능날이 가까워질수록 자습 시간이 많아지면서 문제 풀이의 양이 늘어나는데, 올바른 복습과 오답 체크를 위해서 '개념 정리'와 '실전 기출 문제 풀이'는 필수입니다. 저는 **먼저 개념 정리 노트를 만들어 교과서와 참고서의 개념 설명에 나온 텍스트를 모두 옮겨 적었고, 문제를 풀다가 발견한 새로운 정보를 추가**하면서 노트 분량을 늘려 갔습니다. 그리고 문제 풀이에 지쳤을 때나 자투리 시간에 노트를 보며 기초를 다지는 학습을 꾸준히 했습니다. 덕분에 개념을 헷갈려서 오답을 체크하는 비중이 현저하게 줄어들었습니다.

김지후
서울대 사회교육과 입학
경기 고양외고 졸업

사회탐구 과목의 수능 공부는 크게 '개념 학습'과 기출 문제를 이용한 '실전 문제 풀이'로 나눌 수 있습니다. 먼저 **개념 학습**은 처음부터 모든 것을 다 외우려고 하지 말고 **일단 전체적인 흐름을 보는 게 중요**합니다. 그런 다음 다시 처음으로 돌아와서 세부적인 내용을 학습하는 게 좋습니다. 공부를 하면서 **정리 노트에는 내용을 꼼꼼하게 필기**하고 공부한 뒤, 필기한 표나 내용의 가장 커다란 표지나 뼈대만 작성해 놓고, 나머지 내용을 채워 가면서 자신이 제대로 알고 있는지를 확인해 보는 것이 좋습니다.

김재민
서울대 사회교육과 입학
경기 화성고 졸업

'생활과 윤리'의 경우 사회탐구 과목 중 내용이 적은 편에 속하지만 개념 정리를 소홀히 해서는 안 됩니다. 각 주제별로 자신만의 노트에 내용을 반드시 정리해야 합니다. 시험에서 만점을 받기 위해서는 각 개념들이 어떠한 맥락에서 나온 것인지, 또 각 사상가들이 어떠한 관점에서 이러한 주장을 내놓은 것인지에 대한 깊은 이해가 필요합니다. 따라서 교재에 나와 있는 다양한 읽기 자료를 참고하고 **각 사상가별로 일관성을 파악하며 심화 내용을 정리하는 과정이 필요**합니다.

I

현대의 삶과 실천 윤리

이 단원의 **수능 출제 분석**

윤리학의 종류를 비교하는 문항은 매년 한 문항씩 꼭 출제되고 있다. 난이도가 높지는 않으나 꼭 나오는 주제이므로 정리해 두어야 한다. 또 동서양의 주요 사상들 간의 비교 문항이 한두 문항씩 출제되므로 범위가 넓지만 핵심 사상가나 사상들을 비교·정리해야 한다.

이 단원의 **수능 빈출 주제**

순위	주제	출제 빈도	난이도
1순위	분석 윤리학과 규범 윤리학	출제 빈도 ★★★	난이도 중
2순위	이론 윤리학과 실천 윤리학	출제 빈도 ★★★	난이도 하
3순위	나딩스의 배려 윤리	출제 빈도 ★★★	난이도 중
4순위	유교, 불교, 도가의 하늘관과 인간관	출제 빈도 ★★★	난이도 중
5순위	공리주의, 의무론, 덕 윤리	출제 빈도 ★★★	난이도 중

01강 현대 생활과 실천 윤리

윤리학, 규범 윤리학, 분석 윤리학, 이론 윤리학, 실천 윤리학, 기술 윤리학

1단계 개념 뜯어보기

01 우리의 삶에 필요한 윤리

1. 인간의 특성과 윤리

(1) 인간의 삶은 유한하고 일회적임. 인간은 동물과 달리 확정되지 않은 삶을 살아감

(2) 인간은 자연에서 살아갈 수 있는 조건과 사회 안에서 다른 사람과 함께 선하고 올바르게 살아갈 방법을 찾아내고, 자신의 경험과 사유를 바탕으로 좋은 삶을 살아가기 위해 끊임없이 노력함. 이러한 모습과 관련된 것이 바로 윤리임

2. 좋은 삶에 대한 선택

(1) 인간의 삶은 수많은 선택과 결정으로 이루어지는데 이러한 수많은 선택과 결정에서 우리는 '나쁨'보다 '좋음'을 추구함

(2) '좋음'이란 윤리적인 것을 의미함. 타인에게 피해를 주면서 자기만 좋으면 된다는 사람을 두고 좋음을 추구한다고 보지는 않음

3. 행복과 윤리

(1) 아리스토텔레스: "우리에게 좋은 것들이 수없이 많은데 모든 좋은 것 중에서 최고의 좋은 것은 바로 행복이다."

(2) 아리스토텔레스에게 행복은 다른 것을 위한 수단이 될 수 없으며, 그 자체로 완전하므로 궁극적인 삶의 목적임

(3) 어떠한 삶이 행복한 삶인지에 대한 생각은 개인의 삶의 방향을 설정하는 중요한 기준이 됨. 따라서 행복한 삶이 무엇인지에 대한 윤리적 숙고가 필요함

02 실천을 위한 학문으로서의 윤리학

1. 윤리학

(1) 현대 사회의 다양한 문제를 해결하는 데 도움을 주는 학문이 바로 윤리학임

(2) 윤리학은 '인간이 어떻게 살아야 할까?', '어떤 인간이 되어야 할까?', '어떻게 행동을 하는 것이 옳은가?' 등과 같은 물음과 관련하여 도덕적 실천을 이끌어 내는 당위의 학문임

2. 순수 이론 학문과 규범 학문

순수 이론 학문	• 주어진 세계와 그 현상을 설명하고 해명하는 데 중점을 둠 • "어제 비가 왔다."와 같은 사실을 기술하거나 사실의 원인과 결과 등을 설명함 • 세계의 여러 현상이 미래에 어떻게 진행될지를 예측하여 미래 생활에 유익한 정보를 제공하기도 함
규범 학문	• 사실이 아니라 당위나 가치 등의 규범을 다루는 학문 • 규범 학문으로서 윤리학은 도덕적 규범과 가치를 통찰하고 숙고하는 학문 체계로, 옳은 행위가 무엇인지 또는 훌륭한 사람은 어떤 사람인지 밝히는 특성이 있음 • 윤리학은 옳음과 그름, 좋음과 나쁨을 이해하고 바람직한 것을 실천하기 위한 삶의 지침을 제공함 • 윤리학은 우리가 어떠한 문제에 직면했을 때 그것을 도덕적으로 탐구하고 올바른 실천을 하도록 안내한다는 점에서 실천을 위한 학문임

만점 공부 비법

• 윤리학과 다른 학문과의 차이점을 이해한다.

• 규범 윤리학, 분석 윤리학, 기술 윤리학의 특징을 파악하고 차이점을 비교 이해한다.

• 이론 윤리학과 실천 윤리학의 특징을 파악하고 차이점을 비교하여 이해한다.

좋은 삶

고대 그리스의 사상가들은 '좋은 삶은 어떻게 가능한가?'에 관심을 두었다.

• 플라톤: 인간의 이성 능력으로 '이데아'를 파악할 수 있다고 하였고, 개인과 국가의 정의로운 삶의 조건을 제시했다.

• 아리스토텔레스: '어떻게 해야 행복을 이룰 수 있는가?'에 대해 고민하며, 행복이란 심리적 만족감이 아닌 인간다운 삶을 가능하게 하는 개인적·사회적 요소에서 오는 것이라고 하였다. 이에 따라 개인이 덕을 함양하여 사회의 좋은 구성원이 되어 살아갈 때 행복할 수 있다고 보았다.

아리스토텔레스(Aristoteles, B.C. 384~B.C. 322)

고대 그리스의 철학자로, 행위자의 성품과 덕성을 중시하였으며 올바른 행위를 반복하고 습관화함으로써 덕을 길러야 한다고 강조하였다. 덕과 관련하여 가장 적절하고 탁월한 상태인 중용을 추구해야 한다고 강조하였다.

사실과 당위

자연 과학이나 일반적인 사회 과학 분야는 현상을 설명하거나 분석하는 데 중점을 둔다면, 윤리학 특히 규범 윤리학은 시비(是非), 선악(善惡) 등의 가치를 바탕으로 마땅히 행해야 할 바가 무엇인지를 알려 주는 당위를 다룬다.

03 윤리학의 분류

1. 분석 윤리학, 규범 윤리학, 기술 윤리학

분석 윤리학 (메타 윤리학)	• 도덕적 언어의 의미 분석과 도덕적 추론의 타당성을 분석하는 데 주력하는 윤리학 • 도덕적 언어의 의미를 명확하게 설명하지 않아서 의견이 충돌하고 도덕적 실천에 혼란을 초래한다고 봄 → 도덕적 언어를 분석하고 도덕적 추론의 형식적 타당성을 설명함으로써 해결할 수 있다고 봄 • 관심 분야: '옳다는 것과 그르다는 것의 의미는 무엇인가?', '선함과 악함의 의미는 무엇인가?', '해야 한다는 것과 해서는 안 된다는 것은 어떤 의미인가?' 등
규범 윤리학	• 인간이 어떻게 행동해야 하는지에 관한 보편적인 원리를 연구하는 윤리학 • 이론 윤리학과 실천 윤리학으로 구분할 수 있음 • 관심 분야: '삶에서 옳고 그른 것, 선하고 악한 것은 무엇인가?', '어떻게 살아야 하는가?', '삶에서 우리는 무엇을 추구해야 하는가?' 등
기술 윤리학	• 도덕적 풍습 또는 관습에 대해 단순히 묘사하거나 기술(記述)하는 것을 주된 목적으로 삼음 • 어느 시대의 관습에 대해 조사하고 가치 중립적으로 기술함 • 도덕 현상에 대해 객관적으로 기술함 • 엄밀한 의미에서 윤리학적 성격보다는 사회 과학적 성격이 강하다는 비판을 받기도 함

★ 2. 이론 윤리학과 실천 윤리학

이론 윤리학 (이론 규범 윤리학)	• 어떤 원리가 윤리적 행위를 위한 근본 원리로 성립할 수 있는지 연구함 • 현실의 윤리 문제를 해결하는 원리나 기준, 근거를 제시함 • 도덕적 행위를 정당화하는 규범적 근거를 제시하는 것에 중점을 둠 • 윤리적 원리나 원칙을 옳은 행위의 기준으로 제시함 ⑩ 의무론적 윤리, 공리주의 윤리, 덕 윤리 등
실천 윤리학 (실천 규범 윤리학)	• 실제 우리 삶에서 발생하는 다양한 문제에 윤리적 원리를 적용하여 인간의 삶에 구체적이고 실천적인 지침을 제공해 주고자 함 • 이론 윤리학의 원리를 바탕으로 현실의 도덕 문제를 해결하고자 함 • 사회의 기본 구조나 사회 제도의 틀에서 발생하는 윤리 문제, 다양한 분야의 실천적 문제를 다룸 ⑩ 생명 윤리, 정보 윤리, 환경 윤리, 정의와 윤리, 문화와 윤리, 국가와 윤리, 지구촌 윤리 등
이론 윤리학과 실천 윤리학의 관계	• 상호 보완적 관계 • 이론 윤리학은 윤리 문제에 적용할 도덕 원칙을 제공하고, 실천 윤리학은 구체적인 문제의 해결책을 제시함

★ 3. 의무론적 윤리, 공리주의 윤리, 덕 윤리

의무론적 윤리	• 어느 시대, 어느 장소에서나 보편타당한 도덕 법칙이 존재함 • 행위에 대한 도덕 판단은 행위의 결과와 무관하게 요구되는 의무에 따라 이루어져야 한다고 봄 • 대표 사상가: ♥칸트
공리주의 윤리	• 행위의 도덕성을 결정하는 판단 기준은 쾌락과 고통임 • 행위의 도덕적 가치는 그 행위가 결과적으로 행위의 목적인 행복이나 쾌락을 얼마나 달성했는지에 따라 판단되어야 한다고 봄 • 대표 사상가: ♥벤담, ♥밀
덕 윤리	• 행위자의 품성과 덕성을 중요시함 • 현대 덕 윤리는 의무론적 윤리나 공리주의 윤리에 대한 비판 의식에서 출발함. 즉, 의무론적 윤리나 공리주의 윤리가 행위자 내면의 도덕성과 인성의 중요성을 간과하며, 개인의 자유와 권리를 지나치게 강조하여 공동체의 전통을 무시하게 된다고 비판함 • 대표 사상가: 아리스토텔레스, 매킨타이어

윤리학의 분류

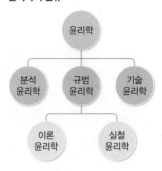

칸트(Kant, I., 1724~1804)
독일의 철학자로, 참된 도덕적 행위는 결과와 무관하게 선한 의지에 따른 행위, 정언 명령의 형식으로 표현되는 도덕 법칙에 따른 행위라고 주장하였다.

벤담(Bentham, J., 1748~1832)
영국의 철학자이자 법학자로, '최대 다수의 최대 행복'을 도덕과 입법의 원리로 제시하였다. 쾌락의 양적인 차이만 인정하여 '양적 공리주의자'로 불린다.

밀(Mill, J., 1773~1836)
영국의 철학자이자 경제학자로, 벤담의 기본 입장을 계승하면서도 쾌락의 양적 차이뿐만 아니라 질적 차이도 인정해야 한다고 주장하여 '질적 공리주의자'로 불린다.

04 실천 윤리학의 등장 배경

1. 분석 윤리학(메타 윤리학)의 등장과 한계

(1) 분석 윤리학의 등장: 기존의 규범 윤리학, 즉 의무론적 윤리나 공리주의 윤리는 윤리학적 쟁점이 무엇인지 제대로 모르고 있다고 비판을 하면서 분석 윤리학이 필요하다고 강조함 → '선', '악', '옳음', '그름' 등과 같은 도덕적 언어의 의미를 명확하게 설명하는 것이 진정한 윤리학적 쟁점이라고 봄

(2) 분석 윤리학의 한계: 분석 윤리학은 도덕적 언어의 의미를 분석하는 데 탁월하더라도 인간의 삶에서 일어나는 윤리 문제의 실천적 해결이나 인간의 삶을 안내하는 데에는 별다른 기여를 하지 못한다는 한계를 지님

2. 실천 윤리학의 등장 배경

(1) 현대 사회의 복잡성과 다양한 윤리 문제 발생

① 환경 오염과 지구 온난화는 모든 인류의 번영과 생존을 심각하게 위협하고 있음 → 환경 윤리, 생태 윤리의 필요성

② 기아와 난민, 낙태 · 안락사 · 유전자 조작과 같은 윤리적 문제는 모든 인간이 해결해야 할 과제로 인식됨 → 지구촌 윤리, 생명 윤리의 필요성

③ 자율 주행 자동차와 로봇이 사고를 일으키면 사고의 책임을 누구에게 물을 것인지와 같이 기술의 발달에 따른 새로운 윤리 문제가 생겨남 → 정보 윤리, 기업 윤리의 필요성

(2) 사회 발전과 안정

① 해결되지 않은 윤리 문제는 개인의 삶과 사회를 혼란스럽게 할 수 있음

② 분석 윤리학이나 기술 윤리학적 차원에 머무르기보다는 현실의 윤리 문제를 해결하기 위한 실천 윤리학이 필요함

③ 이론 윤리를 통해 다양한 이론을 정립하고, 이를 적용하여 실생활에서 발생하는 다양한 윤리 문제에 적용하여 구체적인 해결책을 제시하는 실천 윤리학이 필요함

3. 실천 윤리학이 반영하고 있는 현대 사회의 특징

(1) 다양성과 전문성의 추구

① 인간의 삶이 다양화되고 전문화되면서 그에 따른 전문적인 내용을 포함한 윤리적 문제가 나타나고 있음

② 현대 사회의 전문화는 매우 신속하게 진행되고 있어 서로 다른 영역 간의 의사소통을 어렵게 하며 다양한 사회 갈등을 일으킴

(2) 정보 사회의 발달

• 정보 기술의 발달로 긍정적인 변화도 있지만 저작권과 사생활 침해, 게임 중독, 사이버 폭력 등과 같은 새로운 윤리적 문제들이 등장함

(3) 과학과 산업의 발달

① 산업화 · 도시화 과정에서 무분별한 개발이 이루어져 환경 문제가 심각해지고 있음

② 배아 세포를 이용한 무성 생식의 가능성은 기존의 임신과 출산의 의미를 변화시킬 수 있음

③ 인공 지능이나 로봇의 개발과 발달로 이전에 없는 새로운 윤리 문제가 발생할 가능성이 있음

분석 윤리학과 메타 윤리학의 의미
분석 윤리학은 보통 메타 윤리학을 가리킨다. 메타 윤리학의 '메타(meta-)'는 '더 높은', '초월한'과 같은 의미를 지니는데, 규범 윤리학에서 다루는 윤리학이 무엇이 옳은지, 무엇이 나쁜지, 어떻게 나쁨을 좋음으로 바꿀 수 있는지와 같은 실질적인 고민을 한다면, 메타 윤리학은 이러한 질문들이 성립 가능한지에 대해 더 높은 차원에서 의문을 제기하고 탐구하는 학문이기에 '메타' 윤리학이라고 한다. 또 인간 삶에 대한 규범적 안내에 앞서 도덕적 언어의 의미 분석과 도덕적 타당성 추론에 치중하기 때문에 '분석 윤리학'이라고 한다.

윤리학의 등장 흐름
이론 윤리학 등장 → 무엇이 옳은지에 대해 말하는 이론 윤리학은 인간의 이성에 중점을 두는데, 인간의 이성만으로는 보편적 진리를 알 수 없다는 생각이 널리 퍼짐 → 이론 윤리학의 탐구 주제 자체의 성립 가능성에 대한 의문이 제기됨 → 분석 윤리학 등장 → 분석 윤리학은 현실의 도덕 행위에 관심이 없는데 과학 기술의 발달과 자본주의의 흐름으로 다양한 윤리 문제가 발생함 → 현실의 문제를 해결하기 위해 실천 윤리학 등장

05 실천 윤리학의 분야

구분	주요 주제	관련 물음
생명 윤리	• 삶과 죽음의 문제 • 인공 임신 중절 • 자살, 안락사, 뇌사 • 생명 복제, 유전자 치료 • 동물 실험과 동물의 권리	• 생명에 관한 자기 결정권이 인간에게 주어져 있는가? • 낙태, 안락사 등을 허용해야 하는가? • 뇌사를 죽음으로 볼 것인가, 심폐사를 죽음으로 볼 것인가? • 생식 보조술을 허용해야 하는가? • 생명 복제를 어디까지 허용할 수 있는가? • 인간의 필요 때문에 동물을 수단으로 여겨도 되는가?
성 윤리	• 성과 사랑의 관계 • 성차별과 양성평등 • 성의 자기 결정권 • 성 상품화	• 성과 사랑은 어떠한 관계를 맺고 있는가? • 성적 욕망과 사랑은 어떻게 다른가? • 나의 성적 취향이나 성에 대한 견해로 성적 소수자를 차별해도 되는가? • 양성평등을 어떻게 실현할 것인가? • 성의 자기 결정권을 허용해야 하는가? • 성을 상품화할 수 있는가?
가족 윤리	• 결혼의 윤리적 의미 • 부부 윤리 • 가족 해체 현상 • 노인 소외 문제	• 결혼은 무엇을 의미하는가? • 현대 사회에 적합한 부부 윤리는 무엇인가? • 가족의 윤리적 의미는 무엇인가? • 현대 사회의 가족 해체 현상을 어떻게 볼 것인가? • 노인이 소외되는 문제를 어떻게 해결할 것인가?
사회 윤리	• 분배적 정의, 교정적 정의 • 공정한 분배 기준 • 우대 정책과 역차별 문제 • 사형 제도 존폐 논쟁	• 공정한 분배의 기준은 무엇인가? • 사회적 약자를 위한 우대 정책은 역차별인가? • 사형 제도는 존치되어야 하는가?
과학 기술 윤리	• 과학 기술의 가치 중립성 논쟁 • 과학자의 사회적 책임 문제	• 과학 기술은 가치 중립적인 것인가? • 과학자의 책임 범위를 어디까지 인정해야 하는가?
정보 윤리	• 사이버 공간의 표현의 자유 문제 • 저작권 문제 • 사생활 침해 문제 • 알 권리와 잊힐 권리 논쟁	• 표현의 자유를 제한하는 것은 국민의 알 권리를 위축시키는 것인가? • 저작권은 어느 선까지 보호받을 수 있는가? • 시민의 알 권리 보장과 잊힐 권리 보장 중 어떤 것을 중시해야 하는가?
환경 윤리	• 기후 변화 문제 • 미래 세대에 대한 책임 문제 • 생태계의 지속 가능성 문제	• 환경에 대한 책임의 범위는 미래 세대를 포함하는가? • 도덕적 고려의 범위를 인간 중심에서 동물, 생명, 생태계로 확대해야 하는가?
문화 윤리	• 예술과 대중문화 윤리 • 종교와 윤리의 관계 • 의식주와 윤리적 소비 문제 • 다문화 사회의 윤리	• 예술은 도덕적 가치를 지향해야 하는가? • 대중문화에 대한 윤리적 규제를 허용해야 하는가? • 종교와 윤리의 관계를 어떻게 보아야 하는가? • 의식주와 윤리는 어떠한 관계에 있는가? • 문화의 다양성 존중과 보편 윤리는 양립할 수 있는가?
평화 윤리	• 통일 비용과 분단 비용 • 국제 분쟁 • 절대 빈곤 및 해외 원조 문제	• 남북 통일을 해야 하는 이유는 무엇인가? • 남북한이 공존하기 위한 윤리적 방안은 무엇인가? • 갈등을 조화롭게 해결하기 위한 윤리적 방안은 무엇인가? • 세계화 현상을 어떻게 보아야 하는가? • 해외 원조는 의무인가, 선택인가?

성의 자기 결정권
인간이 자신의 성적 행동을 스스로 결정할 수 있는 권리로, 외부의 부당한 압력, 타인의 강요 없이 스스로의 의지와 판단에 따라 자신의 성적 행동을 결정하는 것

가치 중립성
가치 판단이나 가치 주장에 대하여 관여하지 않거나 편견을 두지 않는 상태. 또는 여러 가지 가치를 보다 적극적으로 공정하게 수용하여 중립성을 유지할 수 있는 상태

잊힐 권리
온라인상에서 자신과 관련된 모든 정보에 대한 삭제 및 확산 방지를 요구할 수 있는 정보 주체의 자기 결정권 및 통제 권리이다. 개인 정보를 비롯하여 자신이 원치 않는 민감한 정보가 많은 사람들에게 공개되지 않아야 한다는 생각이 확산되면서 등장하였다.

통일 비용
남북한이 통일에 수반되는 경제적·경제외적 비용

분단 비용
남북한의 분단 상태가 지속하여 발생하는 유무형의 비용

06 현대 사회의 새로운 윤리 문제의 특징

1. 파급 효과의 광범위성

(1) 현대 사회의 새로운 윤리 문제는 파급 효과가 광범위함

(2) 요나스는 과학 기술의 발달과 그것을 따라가지 못하는 도덕적 숙고의 간격을 '윤리적 공백'이라고 표현함

예 생명 과학 기술의 발달에 따른 윤리 문제, 경제 성장과 환경 보존의 갈등 등의 윤리 문제는 전 지구적으로 영향을 끼칠 수 있고, 현세대는 물론 미래 세대까지 위협할 수 있음

2. 책임 소재의 불분명

• 현대 사회의 새로운 윤리 문제는 누구의 책임인지, 개인의 책임인지 공동체의 책임인지 등 책임 소재를 따지기가 불분명함

예 환경 오염 문제의 주된 원인이 개인에게 있는지, 기업이나 국가에 있는지 명확하게 판단하기 어려움. 누구 하나를 지목하여 책임을 묻기도 쉽지 않음

3. 전통적 윤리 규범만으로 해결하기 어려움

• 현대 사회의 새로운 윤리 문제는 전통적인 규범만으로는 해결하기 어려운 상황이 많이 발생함

예 '인간을 존중하라.'와 같은 전통적인 윤리 규범을 토대로 배아 복제 문제를 검토할 때 배아를 인간으로 간주하고 복제를 반대하는 것이 옳은지, 아니면 배아는 인간이 아니므로 난치병 치료를 위해 복제를 허용하는 것이 옳은지 판단하기가 쉽지 않음

요나스(Jonas, H., 1903~1993)
독일 출신의 학자로, 과학 기술이 인류를 멸망의 위기에 처하게 할 수 있다며 이에 대한 위협을 언급하고 현세대의 책임 윤리를 주장하였다. 주요 저서로 "책임의 원칙", "생명의 원리"가 있다.

요나스의 윤리적 공백과 힘의 변증법
윤리적 공백은 과학 기술의 발전 속도와 과학 기술의 영향에 대한 이성의 도덕적 숙고가 반영되지 못해 생기는 간격이다. 요나스는 과학 기술의 발전으로 인간의 힘이 커지고 있으며, 이에 대한 이성적 통찰이 중요하다고 지적하였다. 요나스의 힘의 변증법을 예를 들어 설명하면 다음과 같다.

1단계의 힘	컴퓨터를 이용하여 인간이 갖게 되는 힘
2단계의 힘	컴퓨터 성능이 좋아지고, 컴퓨터 없이는 일처리가 불가능해지는 단계의 힘
3단계의 힘	이성적 통찰과 지혜로 컴퓨터의 구속에서 벗어날 수 있는 힘

2단계 개념 쏙 정리하기

1. 현대인의 삶과 다양한 윤리적 쟁점

(1) 실천을 위한 학문으로서의 윤리학

• 학문의 분류

순수 이론 학문	주어진 세계와 그 현상을 설명하고 해명하는 학문
규범 학문	당위나 가치 등의 규범을 다루는 학문

• 윤리학: 규범 학문의 한 종류, 도덕적 규범과 가치를 통찰하고 숙고하는 학문 체계로, 실천을 위한 학문이며 인간 삶의 바람직한 방향을 인도하고 안내하는 역할을 함

(2) 윤리학의 분류

분석 윤리학	• 도덕적 언어의 논리적 타당성과 그 의미를 분석함 • 기존의 이론 윤리학이 도덕적 언어의 의미를 명확하게 설명하지 않아서 도덕적 실천에 혼란을 초래한다고 봄
기술 윤리학	도덕적 풍습 및 관습에 대한 객관적이고 경험적인 서술, 기술에 주력함
규범 윤리학	• 이론 윤리학: 도덕적 행위를 정당화할 수 있는 윤리 이론의 정립 • 실천 윤리학: 실제 문제에 윤리적 원리를 적용하여 구체적인 도덕 문제를 해결함

(3) 실천 윤리학의 등장 배경

• 분석 윤리학에 대한 비판: 분석 윤리학은 인간의 삶을 구체적으로 인도하거나 도덕 문제 해결에 직접적인 관심이 부족하다는 비판을 받음

• 윤리 이론을 정립하고 체계화하는 것만으로는 실질적인 문제를 해결하기 어려우므로 실천 윤리학이 필요함

• 단순히 도덕적 원리를 적용하는 것만으로는 해결하기 어려운 다양한 윤리적 문제들이 발생함

2. 실천 윤리학의 성격과 특징

현대 사회의 특징	• 다양성과 전문성의 추구 • 정보 기술, 과학과 산업의 발달로 새로운 윤리적 문제 등장
실천 윤리학의 성격	• 현대 사회의 특징을 반영하여 실질적 문제 해결에 도움을 주려고 함 • 윤리적 문제 해결을 위해 다양한 학문 분야의 전문적 지식을 활용함

● 다음 설명이 맞으면 ○, 틀리면 ×에 표시하시오.

1 순수 이론 학문은 인간다운 삶을 살기 위해 어떻게 살아야 하는지 탐구하며 당위의 형태로 답을 제시한다.　(○, ×)

2 의무론적 윤리, 공리주의 윤리, 덕 윤리 등은 이론 윤리학의 대표적인 예이다.　(○, ×)

3 생명 윤리, 정보 윤리, 환경 윤리, 문화 윤리 등은 실천 윤리학의 구체적인 분야이다.　(○, ×)

4 실천 윤리학은 현대 사회에서 발생하는 다양한 윤리 문제를 해결하기 위해 다양한 학문 분야의 전문적 지식과 기술을 활용한다.　(○, ×)

5 도덕적 언어의 의미 분석과 도덕적 추론의 논리적 타당성 분석에 주력하는 것은 기술 윤리학이다.　(○, ×)

6 '사람이 어떻게 살아야 하는가?', '인간 삶의 바람직한 방향은 무엇인가?' 등의 물음에 대한 대답을 시도하는 것은 규범 윤리학보다는 분석 윤리학에서 강조할 내용이다.　(○, ×)

7 규범 윤리학은 이론 윤리학과 실천 윤리학으로 구분할 수 있다.　(○, ×)

8 윤리학은 옳음과 그름, 좋음과 나쁨을 이해하고 바람직한 것을 실천하기 위한 지침을 제공해 준다.　(○, ×)

9 메타 윤리학은 언어의 의미 분석이나 도덕적 추론의 타당성 분석에 치중하기 때문에 분석 윤리학이라고도 한다. (○, ×)

10 분석 윤리학은 인간의 구체적 삶 속에서 일어나는 다양한 윤리 문제를 해결하는 데 큰 기여를 하지 못한다는 비판을 받기도 한다.　(○, ×)

11 윤리는 인간으로서 지켜야 할 행동의 기준이자 규범의 역할을 하며, 이러한 기준과 규범을 탐구하는 학문이 바로 윤리학이라고 할 수 있다.　(○, ×)

12 윤리는 개인의 행위나 집단의 행동 양식에 대한 평가보다는 단순한 설명에 치중한다.　(○, ×)

13 실천 윤리학은 윤리 이론을 사회 문제에 적용하는 데 그치지 않고, 구체적인 실천 방안을 모색하여 문제를 해결하는 데 주안점을 둔다.　(○, ×)

14 실천 윤리학 중 사회 윤리 영역에서는 분배적 정의를 위한 공정한 분배 기준, 우대 정책과 역차별 문제, 사형 제도의 존폐 문제 등이 주요 쟁점이다.　(○, ×)

15 실천 윤리학은 구체적인 문제 해결보다는 다양한 윤리 이론을 정립하고 정당화하는 데 치중한다.　(○, ×)

● 다음 중 옳은 것에 ○표 하시오.

16 규범 학문은 (㉠ 사실이나 현상, ㉡ 당위나 가치) 등을 중점적으로 다루는 학문이다.

17 구체적인 상황에서 발생하는 도덕 문제에 대한 해결책을 제시하고 인간 삶의 방향을 안내하는 데 주력하는 것은 (㉠ 분석 윤리학, ㉡ 규범 윤리학)이다.

18 윤리학은 우리가 어떠한 문제에 직면했을 때 그것을 도덕적으로 탐구하고 올바른 (㉠ 실천, ㉡ 이론 탐구)을/를 하도록 안내해 준다.

19 생명 윤리, 정보 윤리, 문화 윤리, 평화 윤리 등은 (㉠ 이론 윤리학, ㉡ 실천 윤리학)의 분야에 해당한다.

20 가치 판단에 대해 관여하지 않거나 편견을 두지 않는 상태를 (㉠ 가치 평가, ㉡ 가치 중립성)(이)라고 한다.

21 표현의 자유 보장과 인터넷 실명제 찬반 논쟁, 시민의 알 권리 보장과 사생활 침해 문제 등은 주로 (㉠ 정보 윤리, ㉡ 생명 윤리)에서 다루는 주제들이다.

22 의식주와 윤리적 소비 문제, 예술 지상주의와 도덕주의 논쟁, 예술의 상업화 찬반 논쟁 등은 주로 (㉠ 사회 윤리, ㉡ 문화 윤리)에서 다루는 주제들이다.

23 (㉠ 생명 윤리, ㉡ 과학 기술 윤리) 영역에서는 인공 임신 중절, 자살, 안락사, 뇌사, 생명 복제, 유전자 치료, 동물 실험과 동물의 권리 문제 등이 윤리적 쟁점이 되고 있다.

● 빈칸에 들어갈 알맞은 말을 써 넣으시오.

24 규범 윤리학 중에서 (　　　) 윤리학은 어떤 행위가 윤리적 행위를 위한 근본 원리로 성립할 수 있는지를 연구하는 한편, (　　　) 윤리학은 현대인의 삶의 영역에서 제기되는 다양한 윤리 문제를 해결하는 것을 목표로 삼는다.

25 (　　　) 윤리는 행위에 대한 도덕적 판단은 행위의 결과와 무관하게 요구되는 의무에 따라 이루어져야 한다고 본다.

26 (　　　) 윤리는 행위의 도덕성을 결정하는 판단 기준은 쾌락과 고통이라고 보며, 최대 다수의 최대 이익을 추구한다.

27 분석 윤리학은 (　　　) 윤리학이라고도 하며 도덕적 언어의 의미 분석과 도덕적 추론의 논리적 타당성 분석을 주된 목적으로 한다.

28 (　　　) 윤리학은 윤리적 문제를 해결하기 위해 의학, 법학, 과학, 종교 등 다양한 학문 분야의 전문적인 지식과 기술을 활용한다.

---

1 ×(당위나 가치를 다루는 것은 규범 학문임)　2 ○　3 ○　4 ○　5 ×(분석 윤리학, 즉 메타 윤리학에서 강조할 내용임)　6 ×(인간 삶에 대한 안내에 주력하는 것은 규범 윤리학임)　7 ○　8 ○
9 ○　10 ○　11 ○　12 ×(개인의 행위와 집단의 행동 양식에 대한 평가에 집중함)　13 ○　14 ○　15 ×(이론 윤리학의 강조점)　16 ㉡　17 ㉡　18 ㉠　19 ㉡　20 ㉡　21 ㉠　22 ㉡　23 ㉠
24 이론, 실천　25 의무론적　26 공리주의　27 메타　28 실천

02강 현대 윤리 문제에 대한 접근

키워드

유교 윤리, 불교 윤리, 도가 윤리, 자연법, 계약론, 의무론, 공리주의, 책임 윤리, 배려 윤리, 담론 윤리, 덕 윤리, 도덕 과학

1단계 개념 뜯어보기

01 유교 윤리적 접근

1. 유교 윤리의 특징: 유교 윤리는 개인주의적 관점보다는 공동체주의적 입장을 취하며, 수양을 통한 개인의 도덕적 완성과 도덕적 공동체의 실현을 궁극적 목적으로 삼음

(1) 개인의 도덕적 완성

① 공자(孔子)는 인(仁)을 타고난 내면적 도덕성으로 보았는데, 인이란 사람을 사랑하는 어진 마음을 뜻함

② 맹자(孟子)는 공자의 사상을 계승하였으며 '사단'이라는 선한 마음이 누구에게나 주어져 있다고 주장함

③ 공자와 맹자를 통해 알 수 있듯이 유교 사상에서는 인간이 타고난 도덕성을 바탕으로 지속적으로 수양하면 누구나 도덕적으로 완성된 인간인 성인(聖人), 군자(君子)가 될 수 있다고 봄

④ 인간은 누구나 하늘로부터 도덕적 본성인 사단을 부여받았지만, 이기적 욕구로 인해 선한 본성을 발현하지 못하고 도덕적으로 타락할 수 있다고 봄 → 이상적 인간이 되기 위해서는 효제와 충서(忠恕)를 실천하고 성현의 말씀을 배워 선악(善惡)에 관한 분별적 지혜를 기르고 자신의 욕망이나 감정을 잘 다스리는 수양을 해야 한다고 주장함

(2) 도덕적 공동체의 실현

① 진실한 마음으로 상대를 대하며[忠], 자신이 원하지 않은 일을 남에게 하지 마라[恕]는 '충서'와 같은 덕목을 통해 타인에 대한 존중과 배려를 강조함

② 군주나 통치자가 먼저 자신의 인격을 수양하고 다른 사람을 편안하게 해야 한다는 '수기안인(修己安人)'의 가르침을 강조함

③ 사람들 사이의 관계성을 중시하는 유교 사상의 특징은 핵심 규범인 오륜을 통해 구체적으로 나타남

④ 통치 방법과 관련하여 형벌이나 무력을 통한 통치 보다는 도덕과 예의로써 백성들을 교화해야 한다고 봄

⑤ 백성들이 도덕적인 마음[항심(恒心)]을 잃지 않도록 기본적인 생활[항산(恒産)]을 보장해 주어야 한다는 점을 강조함

⑥ 모두가 더불어 잘 사는 대동 사회를 이상 사회로 제시함

2. 유교 윤리의 시사점

(1) 도덕적 해이 현상을 극복하는 데 기여할 수 있음

(2) 인간성 상실 문제를 해결하는 데 도움을 줄 수 있음

(3) 개인의 이익보다는 사회 전체의 정의(正義)를 강조하여 지나친 개인주의 문제를 해결하는 데 도움을 줄 수 있음

(4) 자연과 인간의 조화를 추구하는 유교의 천인합일(天人合一) 사상은 생명의 소중함을 알게 하여 환경 보호에 기여할 수 있음

(5) 구성원 간의 관계에 따른 역할과 책임, 즉 정명을 일깨워 주어 반인륜적 범죄나 무책임한 태도에서 발생하는 다양한 문제를 해결하는 데 도움을 줄 수 있음

만점 공부 비법

• 유교, 불교, 도가 윤리의 특징을 이해하고 각 사상들의 특징을 비교하고 분석할 수 있다.

• 의무론적 윤리와 공리주의 윤리, 덕 윤리와 도덕 과학적 접근의 특징을 이해하고 공통점과 차이점을 정리할 수 있다.

사단(四端)

측은지심 (惻隱之心)	남을 불쌍히 여기는 마음: 인(仁)의 단서
수오지심 (羞惡之心)	자신의 잘못을 부끄러워하고 남의 잘못을 미워하는 마음: 의(義)의 단서
사양지심 (辭讓之心)	겸손하게 양보하는 마음: 예(禮)의 단서
시비지심 (是非之心)	옳고 그름을 구분하는 지혜로운 마음: 지(智)의 단서

효제(孝悌)

공자가 인의 출발점으로 본 것으로, 효(孝)는 부모에 대한 사랑이고, 제(悌)는 형제 간의 우애를 말함

오륜(五倫)

부자유친 (父子有親)	어버이와 자식 사이에는 친함이 있어야 함
군신유의 (君臣有義)	임금과 신하 사이에는 의로움이 있어야 함
부부유별 (夫婦有別)	부부 사이에는 분별이 있어야 함
장유유서 (長幼有序)	어른과 아이 사이에는 차례와 질서가 있어야 함
붕우유신 (朋友有信)	친구 사이에는 믿음이 있어야 함

대동 사회(大同社會)

유교의 이상 사회로, 모든 사람들이 재물과 소유물을 공동으로 향유하며, 서로를 사랑하고 돌보는 사회이다.

정명(正名)

사회 구성원들이 각기 자신의 역할에 충실해야 한다는 것으로, 공자는 "임금은 임금답고, 신하는 신하답고, 부모는 부모답고, 자식은 자식다워야 한다."라고 하였다.

---

02 불교 윤리적 접근

1. 연기적 세계관과 자비

(1) 연기설

① 연기(緣起)는 인연생기(因緣生起)의 줄임말로, 모든 존재와 현상에는 원인[因]과 조건[緣]이 있다는 것을 의미함

② 고통에서 벗어나 진정한 행복에 이르기 위해 연기에 따라 깨달음이 필요하다고 봄

(2) 자비: 모든 것이 상호 관계 속에서만 존재한다는 연기의 법칙을 깨닫게 되면 자기가 소중하듯이 남도 소중하다는 자비(慈悲)의 마음이 저절로 생길 뿐만 아니라 고통의 근본적인 원인인 탐욕에서 벗어날 수 있음

2. 평등적 세계관과 주체적 인간관

(1) 평등적 세계관: 살아 있는 모든 존재에게는 불성(佛性)이 있기 때문에 모든 생명은 평등함. 또한 빈부(貧富)나 신분에 관계없이 모든 사람이 불성을 지니고 있음

(2) 주체적 인간관

① 인간은 누구나 주체적으로 계(戒)·정(定)·혜(慧)의 삼학 등과 같은 수행 방법을 통해 진리에 대한 깨달음을 얻을 수 있다고 봄

② 대승 불교에서는 이상적 인간상으로 위로는 진리를 구하고 아래로는 중생을 구제하는 보살을 제시함

③ 진리에 대한 깨달음을 얻어 고통과 번뇌에서 벗어나면 열반 혹은 해탈이라는 이상적 경지에 도달할 수 있음

3. 불교 윤리의 시사점

(1) 인간의 내면을 성찰하고 정신 수양을 하는 데 기여할 수 있음

→ 참선과 같은 수행 방법을 제시하여 현대인들이 평정심을 찾는 데 도움을 줄 수 있음

(2) 생명 경시 풍조나 생태계 문제 해결에 기여할 수 있음

→ 인간뿐만 아니라 모든 생명체에 불성이 내재해 있다고 보기 때문에 무분별한 살생과 환경 파괴를 경계할 수 있음

(3) 보편적인 인류애의 중요성을 되새기게 할 수 있음

→ 자비의 실천으로 대중을 구제하려고 했던 불교 윤리는 보편적인 인류애를 발휘하여 전 세계인에게 평화를 가져다줄 수 있음

03 도가 윤리적 접근

1. 자연의 순리와 도에 따르는 삶

무위자연	• 노자는 천지 만물의 근원인 도(道)에 따라 인위적으로 어떤 일을 하지 않고 자연의 순리를 따르는 무위자연(無爲自然)의 삶을 강조함
	• 인간의 힘이 더해지지 않은 자연 그대로의 상태. 인위적인 개입이 없이 자연과 도의 순리에 따르는 것을 말함
소국 과민	• 작은 나라에 적은 백성이라는 뜻으로, 노자가 제시한 이상 사회
	• 문명의 발달이 없으며 인위적인 제도나 규범으로부터 자유로운 무위와 무욕의 이상 사회
	• 무위의 다스림이 이루어져 억지로 하지 않아도 모든 것이 저절로 잘 이루어지는 사회

사성제(四聖諦)

불교에서는 고통이 생기는 원인과 이를 멸하는 길을 밝힌 사성제를 제시한다. 이는 석가모니가 큰 깨달음을 얻고 나서 사람들에게 가르친 진리이다.

고제 (苦諦)	현실은 괴로움으로 충만해 있다.
집제 (集諦)	괴로움의 원인은 집착 때문이다.
멸제 (滅諦)	집착을 없애면 괴로움이 없는 열반의 세계에 이르게 된다.
도제 (道諦)	열반에 이르기 위해서는 팔정도를 실천해야 한다.

삼학(三學)

계학	계율을 지키는 것
정학	마음을 한곳으로 모으는 삼매 수행
혜학	사물의 실상을 있는 그대로 통찰하는 것

무욕(無欲)

무욕은 욕심이 없는 청정한 삶으로, 재물욕, 권력욕, 명예욕에서 벗어난 상태를 일컫는다. 도가의 장자는 우리의 삶을 유혹하는 명예와 권력, 재물과 부귀 같은 것을 '외물(外物)'이라고 하였는데, 이러한 것들이 인간의 삶을 해친다고 보았다. 장자는 우리가 이러한 외물로부터 벗어나 얽매임 없는 삶을 살아야 한다고 주장하였다.

2. 평등적 세계관과 자유의 경지 강조

평등적 세계관	• 장자는 세상 만물은 평등한 가치를 지닌다고 봄 • 모든 만물은 도의 관점에서 보면 동등하다고 보는 만물제동(萬物齊同) • 모든 만물을 가지런히 바라보는 제물의 경지를 강조함 • 제물의 경지에 이르기 위한 수양법으로 좌망과 심재를 제시함
정신적 자유의 경지	• 모든 차별이 소멸된 정신적 자유의 경지에 오른 이상적 인간을 지인(至人), 진인(眞人), 신인(神人), 천인(天人)이라고 부름 • 세속에 얽매이지 않고 도의 경지에서 노니는 소요유의 경지를 지향함

3. 도가 윤리의 시사점

(1) 내면의 자유로움을 추구함으로써 세속적 가치에 대한 지나친 욕망에서 벗어나게 하는 데 기여할 수 있음

(2) 자문화 중심주의에서 비롯된 편견과 갈등 문제, 소외되고 차별받는 사회적 약자와 관련된 문제들을 도가의 평등적 세계관을 통해 극복할 수 있음

(3) 자연스럽고 소박한 삶을 강조함으로써 현대인의 몸과 마음을 치유하고 안정을 주며, 자유롭고 행복한 삶으로 인도함. 도가 윤리는 현대 사회의 인간성 상실과 우울증, 자살 등의 사회 문제를 성찰하고 예방하는 데 도움을 줄 수 있음

(4) 인간을 자연의 일부로 보고 다른 존재와 구별하지 않는 도가의 자연관은 환경 윤리와 생명 윤리 영역에 많은 시사점을 줄 수 있음

(5) 인간의 자연성을 훼손하는 부조리한 사회 구조나 제도, 물질 만능주의를 비판하고 성찰하는 윤리로 적용될 수 있음

04 동양 윤리 사상의 현대적 의의

1. 동양 윤리 사상의 공통점

(1) 우주 자연과 인간의 본성을 탐구하며, 본성을 적극적으로 실현하는 이상적 인간상을 설정함

(2) 이상적 인간이 되기 위해 끊임없이 수양하여 인격을 함양하고 이웃에 대한 사랑을 실천하며 타인과 더불어 살아갈 것을 강조함

2. 동양 윤리 사상의 현대적 의의

타인과 더불어 사는 삶	• 개인의 수양으로 타인과 더불어 살아가는 바람직한 삶의 모습을 제시함 • 유교에서는 선악에 관한 분별적 지혜를 갖추어 올바름을 사회에 적극적으로 실현하고자 함 • 불교에서는 연기에 대한 성찰로 이기심을 극복하고 자비를 실천하고자 함 • 도가에서는 자연성을 존중하여 인위적인 분별에서 벗어난 자연스러운 관계 형성을 강조함 • 이기적인 욕망을 절제하고 공동체에 참여하는 모습을 강조함
자연과의 조화를 이루는 삶	• 생명을 존중하고 자연과 하나가 되는 조화의 모습을 강조함 • 유교의 인, 불교의 자비, 도가의 무위자연은 생명과 자연에 대한 존중을 강조함 → 생명 경시 풍조, 생태계 파괴와 환경 오염, 사회 분열과 대립 등의 문제를 극복하기 위한 정신적 바탕을 제공함
정치적·사회적 측면에서 지혜 제공	• 유교의 덕치는 통치자의 솔선수범하는 도덕성과 백성의 편안한 삶을 강조함으로써 부정부패로 얼룩진 사회 지도층이 나가야 할 바람직한 모습을 되돌아보게 함 • 도가의 소국 과민은 평화롭고 자유로운 백성의 삶을 강조함으로써 현대 사회의 정치·경제·교육 등 다양한 분야에서 파생되는 억압적 요소를 극복하는 데 대안을 제공해 줌

제물(齊物)
궁극적인 도(道)의 관점에서 만물을 바라보게 되어 모든 것을 평등하고 차별 없이 대하게 되는 경지이다. 옳고 그름에 대한 판단은 상대적일 뿐 어느 하나가 절대적일 수 없다. 서로를 대상화하는 관점에서 보면 모든 것은 서로 상대적이거나 대립하지만, 도의 관점에서 보면 모든 사물이나 입장은 궁극적으로 동등하다.

좌망(坐忘)
조용히 앉아서 자신을 구속하는 모든 것을 잊음

심재(心齋)
마음을 비워 깨끗이 함

진인(眞人)
인간의 삶을 유혹하는 명예와 권력, 재물과 부귀 같은 외물로부터 벗어나 얽매임 없는 삶을 살아가는 경지에 이른 사람

소요유(逍遙遊)
인간의 삶을 얽매이게 하는 속박으로부터 벗어나 자유롭게 노니는 정신의 경지

자문화 중심주의
자기 나라나 자기 민족의 문화를 중심으로 놓고 다른 나라나 다른 민족의 문화를 비하하거나 무시하는 태도

05 의무론적 접근

1. 자연법 윤리

(1) 의미: 자연의 원리를 윤리의 기초로 보는 이론으로, 자연의 원리에 부합하는 행위가 옳은 행위라고 봄

(2) 특징

① 인간은 자연의 원리를 인식하고 이에 따라 행위의 옳고 그름을 판별할 수 있는 도덕적 능력인 이성을 지니고 있음

② 인간이 가장 먼저 추구해야 할 의무는 자연의 원리에 따라 최고선의 경지에 이르는 것, 즉 자연법의 요구에 따라 행동하는 것임

③ 윤리적 의사 결정에서 '선을 행하고 악을 피하라.'라는 핵심 명제를 강조함

(3) 대표 사상가 아퀴나스의 사상

① 아퀴나스는 인간이 본성적으로 지니는 자연적 성향으로 자기 보존, 종족 보존, 신과 사회에 대한 진리 파악을 제시함

② 자연적 성향으로부터 생명의 불가침성 및 존엄성, 인간 양심의 자유, 만민 평등 등 자연법적 권리를 도출함

(4) 시사점

① 인간의 자연적 생명권 및 신체의 불가침성을 해치는 행위에 대한 반대 근거를 제공함

② 도덕적 직관을 통한 도덕 판단의 원리와 과정을 잘 설명해 줌

2. 칸트 윤리

(1) 특징

① 도덕성을 판단할 때 행위의 결과보다 동기를 중시하면서 오로지 의무 의식과 선의지에서 나온 행위만이 도덕적 가치를 지닌다고 봄

② 이성적이고 자율적인 인간은 보편적인 도덕 법칙을 의식할 수 있으며, 도덕 법칙은 가언 명령이 아니라 정언 명령의 형식을 띠고 있음

③ 윤리적 의사 결정 과정에서 보편화 가능성과 인간 존엄성의 관점에서 검토할 것을 주장함

(2) 시사점

① 보편적인 윤리를 확립하여 도덕 판단의 확고한 근거를 제시할 수 있음

② 인간 존엄성의 정신을 강조하여 인권 보호에 기여할 수 있음

06 공리주의적 접근

1. 공리주의

(1) 의미

① 옳은 행위를 결정하는 기준은 유용성의 원리라고 보는 이론

② 유용성의 원리는 행위의 결과가 모든 사람의 쾌락이나 행복을 증가 또는 감소시키는 정도에 따라 어떤 행위를 승인하거나 부인하는 원리임

③ 행위의 결과가 쾌락이나 행복을 가져오는 행위를 도덕적 행위로 봄

(2) 시사점

① 사익과 공익의 조화에 대한 하나의 해결책을 제시함

② 융통성 있는 방안과 가장 좋은 결과를 가져오는 대안을 도출할 수 있음

③ 다수결에 따라 실행되는 정책의 정당화 논리로 작용함으로써 근대 민주주의 성립에 기여

자연법
인간 본성에 의거하는 절대적인 법. 모든 인간에게 자연적으로 주어져 있는 보편적인 법이다. 특정한 시대나 장소, 국가 등에 적용되는 실정법과 대비되는 개념이다.

아퀴나스(Aquinas, T., 1225?~1274)
중세 스콜라 철학의 대표적인 철학자로, 실정법은 인간 이성으로 파악할 수 있는 자연법에 근거를 두어야 하며, 자연법은 신의 명령인 신법에 근거를 두고 있다고 주장하였다.

가언 명령
다른 목적을 달성하기 위한 수단으로서의 가치를 지니는 명령으로 조건적인 명령

정언 명령
행위 그 자체가 목적으로서의 가치를 지니는 명령으로 무조건적인 명령

(3) 비판

① 공리주의는 쾌락을 삶의 목적으로 설정하여 내면적 동기를 소홀히 할 수 있고, 다수의 이익을 추구하다 보면 소수의 권리를 침해할 수 있음

② 유용성을 계산할 때 고려의 범위를 설정하면서 차별을 받는 존재가 발생할 수 있음

2. 공리주의 사상가 벤담과 밀

벤담	• 쾌락을 산출하고 고통을 피하는 결과를 낳는 행위가 선(善)이라고 보며, '최대 다수의 최대 행복'을 도덕과 입법의 원리로 제시함 • 모든 쾌락을 계산하는 일곱 가지 기준을 제시함
밀	• 유용성의 원리, 쾌락주의 등 벤담의 기본 입장을 계승함 • 쾌락의 양뿐만 아니라 그 질적인 차이까지도 고려해야 한다고 보며, 정상적인 인간이라면 누구나 질적으로 높고 고상한 쾌락을 추구할 것이라고 주장함

3. 행위 공리주의와 규칙 공리주의

행위 공리주의	• 유용성의 원리를 '개별적 행위'에 적용하여 개별적 행위가 가져오는 쾌락이나 행복에 따라 행위의 옳고 그름을 결정함 • 윤리적 의사 결정 과정에서 각 대안을 모두 검토하기에는 많은 시간이 걸리기 때문에 매 경우마다 어떤 대안이 더 큰 공리를 가져올 것인지 계산하기 어렵다는 한계를 지님
규칙 공리주의	• 어떤 규칙이 최대의 유용성을 산출하는지 판단한 후, 그 규칙에 부합하는 행위를 옳은 행위로 봄 • 규칙 공리주의도 결국 행위의 유용성을 옳은 행위의 결정 기준으로 삼게 됨

07 덕 윤리적 접근

1. 등장 배경

(1) 현대 덕 윤리는 고대 그리스 사상가 아리스토텔레스의 사상에 뿌리를 둠

(2) 근대 윤리인 의무론과 공리주의가 행위자 내면의 도덕성과 인성의 중요성을 간과하고, 개인의 자유와 권리를 지나치게 강조하여 공동체가 중시하는 용기나 진실성 등의 덕목을 무시한다고 봄

2. 특징

(1) 유덕한 품성을 강조하고 공동체 구성원으로서 인간의 삶에 관심을 가짐

(2) 윤리적으로 옳고 선한 결정을 하려면 유덕한 품성을 길러야 한다고 봄

(3) 행위자의 성품을 먼저 평가하고 이를 근거로 행위의 옳고 그름을 판단해야 한다고 봄

(4) 현대 덕 윤리 사상가 매킨타이어는 덕성 함양이 개인적 차원에서 이루어지는 것이 아니라, 역사와 전통이라는 맥락을 지닌 공동체 안에서 가능하다는 점을 강조함

3. 시사점: 윤리학의 논의 범위를 확장하는 데 기여하며, 개인의 실천 가능성을 강조하기 때문에 도덕적 실천력을 높이는 데 기여함

08 도덕 과학적 접근

1. 의미

(1) 인간의 도덕성과 윤리적 문제를 과학에 근거하여 탐구하는 방식

(2) 과학적 내용을 윤리학의 토대로 삼으려는 시도에서 시작됨

쾌락 계산의 일곱 가지 기준
행위로 산출되는 쾌락의 총량을 계산하는 방법으로, 쾌락의 강도, 지속성, 확실성, 근접성, 생산성, 순수성, 파급 범위에 의해 쾌락을 양적으로 측정함

유용성의 원리
이익 당사자들의 행복(쾌락)을 증진하느냐 또는 감소시키느냐에 따라서 어떤 행위를 승인하거나 거부하는 원리

매킨타이어(Macintyre, A., 1929~)
스코틀랜드 출신의 철학자로, 아리스토텔레스의 덕의 전통을 계승하였다고 평가받는다. 그는 덕 교육이 인간으로서의 나의 선이 내가 속한 공동체에 결합되어 있는 다른 모든 사람의 선과 동일하다는 것을 가르쳐 준다고 본다. 따라서 내가 추구하는 선과 공동체 내의 타인이 추구하는 선은 다르지 않으며, 나는 누군가의 아들이자 딸이자 삼촌이고 사촌이며 이 공동체 내에 속하는 존재로, 나에게 이로운 것은 공동체 내의 사람들에게도 이로워야 한다고 본다. 대표 저서로 "덕의 상실"이 있다.

2. 신경 윤리학과 진화 윤리학

(1) 신경 윤리학

① 도덕적 판단 혹은 의사 결정 과정에서 이성과 정서의 역할이 무엇인지, 인간이 자유 의지나 공감 능력을 갖추고 있는지 등을 과학적 측정 방법(뇌의 전면을 보여 주는 영상 장치)을 활용하여 입증하고자 함

② 도덕적 판단과 행위에 대한 이성 중심의 전통적인 견해를 재검토할 필요가 있다는 점을 경험적 근거를 통해 밝힘

(2) 진화 윤리학

① 도덕성을 진화의 측면에서 설명함. 즉, 이타적 성품과 관련된 도덕성은 과거 수백만 년 동안 자연 선택을 통해 진화한 결과라고 주장함

② 인간의 이타적 행위를 추상적 도덕 원리가 아니라 생물학적 적응의 산물이라고 말함

③ 이타적 행위가 궁극적으로 자신의 생존과 번식 혹은 자기 유전자를 복제하는 데 도움을 주기 때문에 인간은 이타적으로 행동한다고 봄

3. 시사점

(1) 인간이 어떻게 도덕 판단을 내리며, 어떻게 도덕성을 형성했는지를 과학적으로 해명하는 데 도움을 줄 수 있음

(2) 도덕적 삶의 방향이나 목적 설정보다는 어떤 과정을 거쳐 도덕 판단을 내리고 행동하는지, 어떤 요인이 도덕성의 형성에 영향을 끼치는지를 탐구하는 데 초점을 두고 있음

> **⊕ 이타적 유전자**
>
> 1976년 도킨스는 "이기적 유전자"를 내면서 자연은 이기적 유전자를 지닌 생명체들의 거대한 생존 투쟁이고, 모든 생명체는 자연 선택에 의한 적자생존을 위해 투쟁한다고 주장하였다. 도킨스는 개인과 집단의 이기성을 통해 인간이 생존해 왔음을 이야기했지만 인간이 도덕적이고 협력하는 존재라는 점은 명확히 밝히지 못했다는 비판을 받기도 한다. 리들리는 "이타적 유전자"를 통해 인간의 도덕성과 협동 등 인간이 하는 이타적이라고 여겨지는 대부분의 행위들은 사실 집단의 이익을 위한 행동이며 유전자의 명령으로 보아야 한다고 주장하였다.

2단계 개념 쏙 정리하기

1. 동양 윤리적 접근

(1) 유교 윤리

인간관	인간은 하늘로부터 도덕적 성품을 부여받음
수양의 필요성	현실적 감정으로 인해 이기적 욕심에 빠질 수 있음
수양 방법	효제와 충서를 실천하고 성현의 말씀을 배워 선악에 관한 분별적 지혜를 기르고 자기 욕망을 잘 다스리면 성인이 될 수 있음

(2) 불교 윤리

인간관	• 세상의 모든 존재는 인연으로 맺어져 있음 • 인간은 누구나 불성을 지니고 태어남
수양의 필요성	만물은 끊임없이 변화한다는 사실을 알지 못하고 '나'에 대해 집착하여 고통에 빠짐
수양 방법	삼학, 팔정도를 실천하여 연기를 깨닫고 자비를 실천하면 이상적 인간이 될 수 있음

(3) 도가 윤리

인간관	인간은 소박하고 순수한 자연의 덕을 가지고 태어남
수양의 필요성	감각적 인식과 편견으로 인해 인위적으로 가치 판단을 하여 자연의 덕을 망각하게 됨
수양 방법	무위자연을 이상적인 삶으로 강조함

2. 서양 윤리적 접근

(1) 의무론적 접근

자연법 윤리	• 자연의 원리를 윤리의 기초로 봄 • 옳은 행위는 자연의 원리에 부합하는 행위임
칸트 의무론	정언 명령으로서 도덕 법칙에 따라야 한다는 의무 의식과 선의지에 근거한 행동만이 도덕적 가치를 지님

(2) 공리주의적 접근

특징	• 옳은 행위를 결정하는 기준은 유용성의 원리임 • 도덕적 행위는 행위의 결과가 쾌락이나 행복을 가져다주는 행위임
구분	• 행위 공리주의: 유용성의 원리를 개별 행위에 적용 • 규칙 공리주의: 유용성의 원리를 행위 규칙에 적용

(3) 덕 윤리적 접근

특징	• 행위자의 성품을 먼저 평가하고 이를 토대로 행위의 옳고 그름을 판단할 것을 강조함 • 의무나 공리의 개념보다 덕의 실천을 중시함

(4) 도덕 과학적 접근

특징	• 과학적 내용을 윤리학의 토대로 삼고자 함 • 신경 윤리학: 이성과 정서의 역할, 자유 의지와 공감 능력 등을 과학적 측정 방법을 통해 입증하려고 함 • 진화 윤리학: 이타적 성품과 관련된 도덕성은 오랜 기간 동안 자연 선택을 통해 진화한 결과임

● 다음 설명이 맞으면 ○, 틀리면 ×에 표시하시오.

1 공자나 맹자는 인간의 본성이 태어날 때부터 선이나 악으로 정해져 있지 않다고 본다. (○, ×)

2 유교 사상은 수양을 통한 도덕적 인격 완성과 도덕적 이상 사회 실현을 목적으로 삼는다. (○, ×)

3 유교 사상에서 성인은 자신을 먼저 수양하고 나서 다른 사람을 편안하게 하는 이상적 인간상이다. (○, ×)

4 맹자는 측은지심, 수오지심, 사양지심, 시비지심이라는 사단을 통해 인간의 본성을 설명하였다. (○, ×)

5 맹자는 백성들의 경제적 필요를 채우는 항산 보장에 앞서 도덕적 성품인 항심을 기르게 하는 것이 우선적 과제라고 주장하였다. (○, ×)

6 유교 사상의 특징으로 자연과 인간의 조화를 추구하는 천인합일은 오늘날 환경 문제 해결에 실마리를 제공한다. (○, ×)

7 불교 사상에서는 모든 존재는 상호 의존적인 관계에 있다고 보아 모든 사람도 서로 무관하지 않다고 본다. (○, ×)

8 불교에서는 진리에 대한 깨달음을 얻어 고통과 번뇌에서 벗어나면 해탈의 경지에 이를 수 있다고 본다. (○, ×)

9 불교 사상에서는 탐욕과 집착을 버리기 위해 무명(無明)을 통해 열반(涅槃)에 이르러야 한다고 본다. (○, ×)

10 불교 사상은 인간의 내면을 성찰하고 정신을 수양하는 데 기여할 수 있으며, 생명 경시 풍조를 해결하는 데에도 기여할 수 있다. (○, ×)

11 노자는 문명의 발달이 없는 무위와 무욕의 이상 사회를 추구하였다. (○, ×)

12 도가의 소국 과민은 작은 나라에 적은 백성이라는 뜻으로, 문명이 발달하고 제도와 규범이 잘 갖추어진 무위의 이상 사회이다. (○, ×)

13 장자는 절대적 원리인 도에 따라 만물의 차등적 위계 질서를 명확하게 이해해야 한다고 보았다. (○, ×)

14 장자는 도의 관점에서 만물을 가지런히 여기는 제물의 경지에 이를 것을 강조하였다. (○, ×)

15 노자는 인간의 타고난 소박한 본성에 따라 살아가고 자연스러운 덕에 어긋나지 않도록 해야 한다고 보았다. (○, ×)

16 도가 사상은 세속적 가치에 얽매이지 않고 자유로움을 추구함으로써 부나 명예에 대한 지나친 욕망으로부터 벗어나게 하는 데 기여할 수 있다. (○, ×)

● 다음 중 옳은 것에 ○표 하시오.

17 공자는 이상적인 인간상으로 (㉠ 군자, ㉡ 보살)을/를 제시하였다.

18 공자를 비롯한 유교 사상에서는 모두가 더불어 잘 살아가는 (㉠ 대동 사회, ㉡ 소국 과민)을/를 이상 사회로 제시하였다.

19 맹자는 태어날 때부터 (㉠ 예악, ㉡ 사단)이라는 선한 마음이 누구에게나 주어져 있다고 보았다.

20 불교에서는 연기를 올바르게 깨달으면 자기가 소중하듯이 남도 소중하다는 (㉠ 무명, ㉡ 자비)의 마음이 자연스럽게 생기게 된다고 보았다.

21 대승 불교에서는 위로는 진리를 구하고 아래로는 중생 구제에 힘쓰는 (㉠ 천인, ㉡ 보살)을 이상적인 인간상으로 제시하였다.

22 불교 사상에서는 모든 사람이 그리고 모든 생명체가 (㉠ 불성, ㉡ 사덕)을 지니고 있기 때문에 평등함을 강조한다.

23 노자는 천지 만물의 근원이자 절대 평등의 원리인 (㉠ 예, ㉡ 도)에 따르는 삶을 살아야 한다고 보았다.

24 장자는 모든 차별이 소멸된 정신적 자유의 경지에 오른 이상적 인간상을 (㉠ 지인, ㉡ 소인)이라고 불렀다.

● 빈칸에 들어갈 알맞은 말을 써 넣으시오.

25 공자는 타고난 내면적 도덕성을 (   )(이)라고 하였다.

26 공자를 비롯한 유교 사상가들은 군주가 자기 자신을 먼저 인격적으로 수양한 후에 백성들을 편안하게 한다는 (   )을/를 실천해야 한다고 보았다.

27 맹자는 통치자가 백성들이 도덕적인 마음인 (   )을/를 잃지 않도록 일정한 생계유지 수단인 (   )의 보장에 힘써야 한다고 주장하였다.

28 불교 사상의 (   )은/는 모든 존재와 현상이 원인과 조건에 의해 생겨나고 일어난다는 것이다.

29 불교에서는 누구나 주체적으로 계, 정, 혜의 (   ) 등과 같은 수행 방법을 통해 깨달음에 이르도록 노력해야 한다고 본다.

30 노자는 인간의 힘이 더해지지 않은 자연 그대로의 상태를 (   )(이)라고 하였으며 이러한 삶이 최고의 삶임을 강조하였다.

31 장자는 제물의 경지에 이르기 위해 조용히 앉아서 일체의 구속하는 것을 잊는 (   )와/과 마음을 비워 깨끗이 하는 (   )을/를 수양법으로 제시하였다.

---

1 ×(고자의 입장) 2 ○ 3 ○ 4 ○ 5 ×(항심보다 항산을 우선적 과제라고 봄) 6 ○ 7 ○ 8 ○ 9 ×(무명은 어리석은 마음의 상태로 극복해야 할 대상임) 10 ○ 11 ○ 12 ×(문명의 발달이 없고 인위적 제도나 규범으로부터 자유로운 사회임) 13 ×(만물의 평등함을 강조함) 14 ○ 15 ○ 16 ○ 17 ㉠ 18 ㉠ 19 ㉡ 20 ㉡ 21 ㉡ 22 ㉠ 23 ㉡ 24 ㉠ 25 인 26 수기안인 27 항심, 항산 28 연기(설) 29 삼학 30 무위자연 31 좌망, 심재

● 다음 설명이 맞으면 ○, 틀리면 ×에 표시하시오.

32 의무론적 윤리는 언제 어디서나 인간이 따라야 할 보편타당한 법칙이 존재하며, 이 법칙을 따르면 옳고 따르지 않으면 그르다고 판단한다. (○, ×)

33 칸트의 윤리나 자연법 윤리는 공리주의적 접근법에 해당한다. (○, ×)

34 자연법 윤리에서는 윤리적 의사 결정에서 '선을 행하고 악을 피하라.'라는 명제를 강조한다. (○, ×)

35 자연법 윤리는 인간의 생명권 및 신체의 불가침성을 해치는 행위에 반대하는 입장의 이론적 근거를 제공한다. (○, ×)

36 칸트는 행위의 동기보다 결과를 더 중시하였으며 유용성을 산출하는 행위가 옳은 행위임을 강조하였다. (○, ×)

37 칸트 사상은 보편적인 윤리를 확립하여 도덕적 판단의 확고한 근거를 제시할 수 있다는 점에서 의의를 찾을 수 있다. (○, ×)

38 칸트는 인간이 보편적인 도덕 법칙을 인식할 수 있으며, 도덕 법칙은 가언 명령의 형식을 띠고 있다고 보았다. (○, ×)

39 밀은 쾌락의 양적 차이뿐만 아니라 질적 차이에 대해서도 고려해야 한다고 주장하였다. (○, ×)

40 공리주의자 벤담은 '최대 다수의 최대 행복'을 도덕과 입법의 원리로 제시하였다. (○, ×)

41 벤담과 밀 모두 인간이 쾌락을 추구하고 고통을 회피하려고 한다는 점을 인정한다. (○, ×)

42 밀은 정상적인 인간이라면 누구나 질적으로 높고 고상한 쾌락을 추구할 것이며 일부러 저급한 쾌락을 추구하려 애쓰는 사람은 없을 것이라고 보았다. (○, ×)

43 규칙 공리주의는 행위 공리주의와는 달리 '유용성의 원리'를 적용하지 않고 보편적인 의무와 법칙을 강조한다. (○, ×)

44 덕 윤리는 행위 자체의 옳고 그름을 따지기보다는 행위자의 덕성과 인성을 중시해야 한다고 본다. (○, ×)

45 덕 윤리는 의무론이나 공리주의에 비해 공동체가 강조하는 덕목들의 실천에 대해 강조한다. (○, ×)

46 도덕 과학적 접근법에서는 이성과 정서, 자유 의지나 공감 능력을 과학적 측정 방법으로 입증하고자 노력한다. (○, ×)

47 도덕 과학적 접근법에 대한 긍정적 평가에 따르면, 도덕적 판단과 행동의 과정, 도덕성의 형성 요인 등에 대한 과학적 해명에 도움을 준다. (○, ×)

● 다음 중 옳은 것에 ○표 하시오.

48 칸트는 윤리적 의사 결정 과정에서 (㉠ 개별적 적용 가능성, ㉡ 보편화 가능성)과 인간 존엄성의 관점에서 검토할 것을 강조하였다.

49 인간의 본성에 의거하는 절대적인 법이자 모든 인간에게 자연적으로 주어져 있는 보편적인 법은 (㉠ 실정법, ㉡ 자연법)이다.

50 칸트는 오직 선의지와 (㉠ 의무 의식, ㉡ 공리성)에 따르는 행위만이 도덕적 행위라고 보았다.

51 (㉠ 유용성의 원리, ㉡ 정언 명령의 원리)는 행위의 결과가 모든 사람의 쾌락이나 행복을 증가 또는 감소시키는 정도에 따라 어떤 행위를 승인하거나 부인하는 원리이다.

52 어떤 규칙이 최대의 유용성을 산출하는지 판단한 후, 그 규칙에 부합하는 행위를 옳은 행위로 보는 것은 (㉠ 행위 공리주의, ㉡ 규칙 공리주의)에서 강조하는 내용이다.

53 현대 덕 윤리는 근대 (㉠ 의무론과 공리주의, ㉡ 배려 윤리와 실존주의)가 행위자 내면의 도덕성과 인성의 중요성을 간과하였다고 지적하였다.

54 현대 덕 윤리 사상가 (㉠ 노직, ㉡ 매킨타이어)는 덕이 공동체의 전통과 맥락 속에서 이해되고 형성되는 것이라고 보았다.

55 (㉠ 신경 윤리학, ㉡ 진화 윤리학)은 이타적 행동 및 성품과 관련된 도덕성은 자연 선택을 통한 결과라고 주장한다.

● 빈칸에 들어갈 알맞은 말을 써 넣으시오.

56 의무론의 대표 사상으로는 자연의 원리를 윤리의 기초로 보는 (   ) 윤리와 절대적 도덕 법칙을 강조한 근대 서양 사상가 (   ) 윤리를 들 수 있다.

57 중세 스콜라 철학자 (   )은/는 인간이 본성적으로 지니는 자연적 성향으로 자기 보존, 종족 보존, 신과 사회에 대한 진리 파악을 제시하였다.

58 (   )은/는 '최대 다수의 최대 행복'을 도덕과 입법의 원리로 제시하였다.

59 (   )은/는 쾌락의 양적 차이만 인정하는 것은 불합리하다고 보면서 질적인 차이에도 주목해야 한다고 주장하였다.

60 칸트에 따르면 도덕 법칙은 조건적인 명령인 (   )이/가 아니라 무조건적인 절대적 명령인 (   )의 형식으로 나타난다.

32 ○ 33 ×(의무론적 접근법) 34 ○ 35 ○ 36 ×(공리주의에서 강조할 내용임) 37 ○ 38 ×(도덕 법칙은 정언 명령의 형식을 띠고 있음) 39 ○ 40 ○ 41 ○ 42 ○ 43 ×(규칙 공리주의도 유용성의 원리를 적용함) 44 ○ 45 ○ 46 ○ 47 ○ 48 ㉡ 49 ㉡ 50 ㉠ 51 ㉠ 52 ㉡ 53 ㉠ 54 ㉡ 55 ㉡ 56 자연법, 칸트 57 아퀴나스 58 벤담 59 밀 60 가언 명령, 정언 명령

칸트

그림으로 사상 파악하기

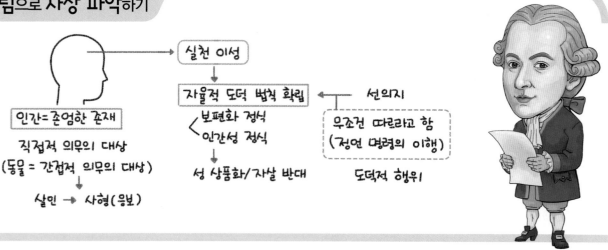

인간 = 존엄한 존재
직접적 의무의 대상
(동물 = 간접적 의무의 대상)
실인 → 사형(응보)

실천 이성
자율적 도덕 법칙 확립
보편화 정식
인간성 정식
성 상품화/자살 반대

선의지
무조건 따르라고 함
(정언 명령의 이행)
도덕적 행위

● 핵심 사상을 알면 관점이 보인다

1 **선의지** 우리가 사는 이 세상 안에서는 물론, 세상 밖에서조차도 아무런 제약 없이 오직 선하다고 할 수 있는 유일한 것 → 오직 옳다는 이유만으로 어떤 행위를 하려는 의지라는 뜻

본문 017쪽
02강 현대 윤리 문제에 대한 접근
주장 선의지에 따른 것만 옳음

2 **옳은 행위가 되기 위한 조건(행위의 동기=선의지)** 순수 실천 이성의 명령을 무조건 따르려는 선의지에 따름 → 순수 실천 이성의 명령을 의무로 인식하여 행한 행위는 도덕적임 → 무조건적인 명령의 이행으로 행위의 결과가 아니라 행위의 동기가 선의지에 의한 것이어야 옳음

3 **정언 명령으로서의 도덕적 명령** 도덕 법칙은 무조건 따라야 할 의무임 → 도덕은 행동이나 다른 무엇의 수단이 아니라 그 자체가 목적으로 우리는 실천 이성의 명령을 따라야 함
 (1) **가언 명령**: '만약 네가 A를 원한다면, 너는 B를 해야 한다.' 형식의 명령 → B의 목표인 A에는 명예, 쾌락, 행복 등 뿐만 아니라 부도덕한 내용까지 들어갈 수 있음. 도덕적 명령이 가언 명령이라면 도덕은 우리의 온갖 욕구를 충족하기 위한 전략적 지침에 불과함
 (2) **정언 명령**: '너는 무조건 ~을 해야 한다' 형식의 명령 → 도덕적 명령은 그것의 상위에 어떤 목적도 갖지 않는, 그 자체가 목적인 명령임

 |적용| 쾌락을 얻기 위해 '~을 해야 한다.'라는 명제가 도덕적이라면, 고통에서 벗어나기 위해 자살을 선택하는 것 역시 허용될 수 있다. 칸트는 자살이 자신의 생명을 현재의 고통을 제거하기 위한 수단으로 삼아 자기 자신에 대한 의무를 위반하는 것이므로 도덕적이지 않다고 주장한다.

본문 040쪽
04강 삶과 죽음의 윤리
입장 자살 반대

4 **도덕 법칙**
 (1) **보편주의**: "네 의지의 준칙(격률)이 언제나 동시에 보편적 입법의 원리가 될 수 있도록 행위하라." → 우리는 자신과 남을 동일하게 생각하기보다는 자신의 입장을 예외적인 것으로 생각하는 경향이 있는데, 모든 도덕적 문제를 해결하는 관건은 그러한 자기중심적 경향을 극복하는 데 있음
 (2) **인격주의**: "너 자신과 다른 모든 사람의 인격을 결코 단순히 수단으로 취급하지 말고 언제나 동시에 목적으로 대우하도록 행위하라." → 모든 인간은 절대적 가치를 지닌 인격으로서 그 자체가 목적임

 |적용| 칸트는 다른 사람의 성적 욕구를 충족시키도록 자신을 허용하고 대가로 이익을 취하는 것은, 즉 자신을 욕구의 대상으로 만드는 것은 자신을 사물처럼 취급하는 것이며, 자신을 다른 사람의 욕망을 충족시키는 대상인 사물로 만드는 것이라고 주장한다.

본문 049쪽
06강 사랑과 성 윤리
입장 성 상품화 반대

5 인간이 존엄한 이유 인간은 순수 실천 이성을 소유하고 있으며, 순수 실천 이성의 명령에 따라 선을 행하려는 선의지를 지닌 존재(선의지는 자연 발생적인 것이 아니라 건전한 지성 안에 이미 들어 있는 것을 이성이 일깨우고 계발만 하면 되는 것)

> |적용| 칸트는 동물은 이성을 소유하고 있지 않으며, 동물에 관한 한 인간은 아무런 직접적 의무도 없다고 주장한다. 그는 동물은 자기 의식적이지 못하며, 그들은 인간의 목적을 위한 단순한 수단으로만 존재한다고 보기 때문이다.

⟡ 본문 087쪽
12강 자연과 윤리
입장 인간 중심주의

6 동정심과 도덕 법칙 동정심에 따른 행위는 실천 이성의 명령에 따른 행위가 아니므로, 도덕적 행위라고는 볼 수 없음. 그렇다고 해서 동정심에 따른 행위를 나쁘다고 볼 수는 없으며, 오히려 의미 있는 행위임 → 동정심에 의한 행위는 그 자체로는 도덕적 행위가 아니지만 인간의 도덕성을 촉진하는 데 기여할 수 있다는 면에서 의미가 있음

> "이성이 없는 동물을 학대하는 일은 인간의 자신에 대한 의무와 내면에서 배치된다. 왜냐하면 그로 인해 동물의 고통에 대한 공감이 인간 안에서 둔화되고, 그로써 타인과의 관계에서 요구되는 도덕성을 위한 자연적 소질이 약화되어 점차 소멸할 것이기 때문이다."
> – 칸트, "윤리 형이상학"

> |적용| 칸트에게 이성이 없지만 생명이 있는 자연을 파괴하거나, 동물을 학대하는 행위 등은 인간의 자신에 대한 의무에 배치된다. 하지만 인간 이외의 존재에 대한 의무는 간접적 의무에 불과하다. 예를 들어 개나 말 같은 동물이 인간을 위해 오랜 기간 봉사해 온 것에 대한 감사의 마음을 갖는 것은 의미 있는 행위이지만, 그들에 대해 직접적인 의무를 지는 것은 아니다.

⟡ 본문 087쪽
12강 자연과 윤리
입장 인간 중심주의

출제 포인트

동물 중심주의, 생명 중심주의, 생태 중심주의 사상가와 비교하는 문항이 자주 출제된다. 칸트의 인간 중심주의의 배경과 주장이 다른 이론과 어떻게 다른지 파악해야 한다.

7 살인 금지의 의무 인간은 모두 이성을 지니고 있으므로 동등한 존엄성을 지님 → 어느 누구도 타인을 살해해서는 안 됨 → 의무를 위반한 자는 응보주의에 따라 사형을 받아야 함

> "형벌은 결코 범죄자 자신이나 시민 사회를 위해서 어떤 다른 선을 촉진하기 위한 한낱 수단으로써 가해질 수 없다. 오직 그가 범죄를 저질렀기 때문에 그에게 가해져야만 하는 것이다. 왜냐하면 인간은 결코 타인의 의도를 위한 수단으로 취급될 수 없기 때문이다. 그 자신이나 동료 시민들을 위한 몇몇 이익을 이끌어내는 것을 생각하기 이전에도 먼저 그가 형벌을 받아야 할 상태에 있지 않으면 안 된다. …… 그러나 공적인 정의가 원리와 표준으로 삼는 것은 어떤 종류의 형벌이고 어느 정도의 형벌인가? 그것은 한쪽으로 기울지 않는 동등성(평등)의 원리이다."
> – 칸트, "윤리 형이상학"

> |적용| 형벌이란 정의의 저울(천칭)이라는 비유처럼 동등성의 원리를 실현하는 일이다. 따라서 형벌의 크기는 범죄의 경중에 비례하여야 한다. 사람을 살해해서는 안 된다는 도덕적 의무를 위반한 자는 그에 응당하게 사형을 받아야 한다.

⟡ 본문 065쪽
08강 사회 정의와 윤리
입장 사형 제도 찬성

출제 포인트

형벌과 사형을 주제로 베카리아와 공리주의자 벤담과 비교하는 문항이 자주 출제된다. 칸트가 사형에 찬성한다는 점과 더불어 찬성하는 근거를 공부해 두어야 한다.

8 영구 평화론 "국가는 하나의 도덕적 인격이기 때문에 다른 국가에 대해서는 자연적 자유의 상태에 있으며, 따라서 영속적인 전쟁 상태에 있는 것으로 간주할 수 있다."라고 주장함 → 진정한 평화의 상태는 오직 국가들 사이의 연합에 의해서만 가능하다고 주장함 → 영구 평화는 꾸준히 접근해야 할 과제임

> "첫째, 모든 국가의 시민적 정치 체제는 국가 구성원이 자유롭고 평등하며 공통의 법을 따를 수 있는 공화 정체이어야 한다. 둘째, 국제법은 자유로운 국가들의 연방 체제에 기초해야 한다. 셋째, 국가 간 평등한 관계에 기반을 둔 세계 시민법은 보편적 우호의 조건들에 국한되어야 한다."
> – 칸트, "영구 평화론"
>
> • 연방 체제: 국가 간 전쟁 억제를 위한 법적 구속력을 지닌 국제법이 적용되는 체제

⟡ 본문 123쪽
18강 지구촌 평화의 윤리
주장 영구 평화론

출제 포인트

• 칸트의 평화론은 연방 체제에 기초하고 있음을 알아 두어야 한다.
• 왈처의 정의 전쟁론, 국제 관계에 대한 현실주의, 평화주의 입장. 갈퉁의 평화론과 함께 비교하는 문항이 자주 출제된다.

그림으로 사상 파악하기

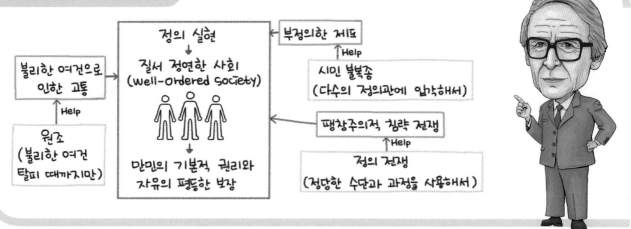

핵심 사상을 알면 관점이 보인다

1 정의의 원칙의 성립 자신의 이익 증진에만 관심을 가진 자유롭고 합리적인 사람들이 평등한 원초적 입장(무지의 베일을 쓴 원초적 상황)에서 자신의 조직을 운영할 사회의 기본 구조를 형성할 정의의 원칙에 대해 합의해야 함 → 기본적인 권리와 의무를 할당할 때 평등을 요구하는 '평등한 자유의 원칙'과 최소 수혜자의 처지를 보상하는 '차등의 원칙'에 합의하게 됨

2 정의의 원칙 정의의 원칙은 축차적 서열로 이루어져야 함(2원칙에 의해 1원칙이 제한될 수 없음), 정의의 제2원칙은 서열상으로 효율성의 원칙이나 이득 총량의 극대화 원칙에 우선해야 하며, 기회균등의 원칙은 차등의 원칙에 우선해야 함

> • 제1원칙: 각자는 모든 사람의 유사한 자유 체계와 양립할 수 있는 평등한 기본적 자유의 가장 광범위한 전체 체계에 대해 평등한 권리를 가져야 한다(평등한 자유의 원칙).
> • 제2원칙: 사회적·경제적 불평등은 다음 두 가지, 즉 (1) 그것이 정의로운 저축 원칙과 양립하면서 최소 수혜자에게 최대 이익이 되고(차등의 원칙), (2) 공정한 기회균등의 조건 아래 모든 사람들에게 개방된 직책과 직위가 결부되게끔 편성되어야 한다(기회균등의 원칙).
> — 롤스, "정의론"

3 고통받는 사회 정의 원칙이 제대로 실현되지 못하고 사회 기본 구조가 질서 정연하지 않은 고통받는 사회에서는 다양한 사회 문제가 발생함 **예** 빈곤

> "원조의 목적은 고통을 겪고 있는 사회가 자신의 문제들을 합당하게 합리적으로 관리할 수 있도록 도와줌으로써 결과적으로 그 사회가 질서 정연한 만민의 사회의 구성원이 되도록 하는 것이다. 따라서 이 목적이 달성되면, 심지어 현재의 질서 정연한 사회가 여전히 상대적으로 빈곤한 상태에 있을지라도, 더 이상 원조를 할 필요가 없다. 원조의 궁극적 목적은 고통을 겪고 있는 사회들이 자유와 평등을 확립하는 것이다." — 롤스, "만민법"

| 적용 | 롤스는 불리한 여건으로 고통을 겪고 있는 사회에 대한 원조를 의무적 차원에서 설명한다. 하지만 그는 원조의 목표는 부와 복지 수준을 조정하는 것이 아니라고 강조한다. 각 사회는 저마다 서로 다른 부와 다양한 복지 수준을 갖고 있다고 보기 때문이다. 그는 고통받고 있는 국가가 사회 체제, 정치, 문화가 개선되어 질서 정연한 사회가 되도록 도와주는 것이 원조의 목표이어야 한다고 주장한다. 즉, 고통을 받고 있는 사회가 정의의 원칙을 확립한 질서 정연한 사회가 되도록 돕는 것이 원조이다.

○ 본문 062쪽

08강 사회 정의와 윤리
주장 공정으로서의 정의

○ 본문 125쪽

18강 지구촌 평화의 윤리
주장 고통받는 사회에 대한 원조 의무

출제 포인트

해외 원조에 대해 각자의 관점에서 다양한 주장을 하는 입장들을 비교하는 문항이 자주 출제된다. 롤스, 싱어, 노직의 해외 원조에 대한 입장 차이와 그 근거를 정리해 두어야 한다.

→ 고통받는 사회가 질서 정연한 사회가 되고, 세계의 가난한 사람들이 합당하게 자유적 사회의 자유롭고 평등한 시민, 또는 적정 수준의 위계적 사회의 구성원이 되면 원조의 목표가 달성된 것이다. 따라서 해당 국가에 대한 더 이상의 원조는 필요하지 않다.

4 계약론적 관점 정의의 원칙은 원초적 입장으로부터 합의에 이르게 됨 → 합의된 정의의 원칙은 의회에서 헌법으로 채택됨 → 헌법적 규약과 절차에 따라 구체적인 법률이 만들어짐 → 정의의 원칙은 이후 전개되는 모든 단계에 대해 구속력을 지님

5 정의롭지 않은 법이나 제도(시민 불복종의 정당화 근거) 법을 준수해야 할 도덕적 의무가 있거나 정의롭지 않은 법이나 제도가 무효화될 수 있음 → 단, 무효화되기 위한 조건(상황)은 오직 정의를 증대시키기 위한 경우로 제한됨 → 비록 다수에 의한 법일지라도, 평등한 자유의 이념을 심각하게 훼손한 법을 무조건 준수해야 할 의무는 없음

> "시민 불복종은 정의로운 제도를 유지하고 강화하는 데 도움이 된다. 법에 대한 충실성의 한계 내에서 부정의에 저항함으로써 정의로부터 벗어나는 것을 방지하고, 그런 일이 일어났을 때 그것을 교정하는 데 도움을 준다. 정당한 시민 불복종은 질서 정연한 사회나 거의 정의로운 사회에 안정을 가져온다."
> ─ 롤스, "정의론"

| **적용** | 롤스는 개인 각자가 지니고 있는 정의감이 완벽하지 않기 때문에 어느 정도의 문제는 인정해야 한다고 주장한다. 그래서 부정의한 정도가 일정한 정도를 넘어서지 않는 한 정의롭지 못한 법일지라도 지키지 않으면 안 된다. 그러나 다수에 의한 법 제정이 부정의를 심각하게 넘어서 버린 경우라면 시민들은 불복종을 생각할 수 있다. 평등한 자유의 이념을 심각하게 훼손한 법을 무조건 준수해야 할 의무는 없기 때문이다.

6 시민 불복종의 정당화 조건 롤스는 모든 형태의 불복종 행위가 정당화되는 것은 아니라고 강조함 → "시민 불복종은 법이나 정부의 정책에 변혁을 가져올 목적으로 행해지는, 공공적이고 비폭력적이며 양심적이긴 하지만 법에 반하는 정치적 행위이다."

> "시민 불복종은 그것이 비록 법의 바깥 경계선에 있는 것이긴 하지만 법에 대한 충실성의 한계 내에서 법에 대한 불복종을 나타내고 있다. 그 법을 어기긴 하지만 법에 대한 충실성은 그 행위의 공공적이고 비폭력적인 성격과 그 행위의 법적인 결과들을 받아들이겠다는 의지에 의해 표현된다. 이와 같은 법에의 충실은 다수자로 하여금 그 행위가 사실상 정치적으로도 양심적이고 진지하며 또한 공중의 정의감에 호소하려고 의도된 것이라는 사실을 보여 주는 데 도움이 된다."
> ─ 롤스, "정의론"

7 질서 정연한 사회의 자기방어를 위한 전쟁(정의로운 전쟁) 어떤 국가도 자국의 합리적 이익을 추구할 목적을 위해 전쟁을 일으킬 권리를 지니지 않음 → 정의로운 전쟁은 오직 자유적 만민, 질서 정연한 만민, 적정 수준의 만민의 기본적 자유와 입헌 정치를 지키기 위한 것이어야 함

> "만민은 자신을 방어할 권리가 있다. 그러나 자기방어 이외의 어떤 이유로도 전쟁을 일으킬 권리는 없다. 질서 정연한 만민은 상호 간에 전쟁을 수행하지 않는다. 하지만 질서 정연한 정체들의 안보와 자유로운 제도들을 위협하는 팽창주의적 목적들을 추구하는 질서 정연하지 않은 국가(예를 들어 무법 국가)들에 맞서는 경우에는 전쟁을 할 수 있다."
> ─ 롤스, "만민법"

| **적용** | 질서 정연한 만민이 정의로운 전쟁을 수행할 때 만민의 기본적 자유를 침해해서는 안 된다. 예컨대 적대국의 민간인이나 군인의 인권 역시 존중해야 한다. 이들 또한 만민법에 따라 인권이 있고, 이들에 대해 인권의 내용을 가르쳐 주어야 하기 때문이다. 전쟁에 대한 공리주의적 평가(비용과 편익 분석)나 국익에 대한 판단 등은 이러한 정의적 요소에 의해 제약받아야 한다.

○ 본문 071쪽

09 강 국가와 시민의 윤리

주장 법에 대한 충실성 내에서 시민 불복종은 정당함

출제 포인트

롤스가 강조하는 시민 불복종의 의미와 정당화 조건이 자주 출제된다. 소로나 싱어와 비교하여 어떤 점에서 차이가 있는지 구분하면서 공부해 두어야 한다.

○ 본문 123쪽

18 강 지구촌 평화의 윤리

주장 만민의 기본적 자유와 입헌 정치를 지키기 위한 것일 때만 정의로운 전쟁은 정당함

출제 포인트

왈처의 정의 전쟁론, 국제 관계에 대한 현실주의, 평화주의 입장, 갈퉁의 평화론과 함께 비교하여 공통점 및 차이점을 정리해 두어야 한다.

사상가 특강

싱어

그림으로 사상 파악하기

도덕 원리를 모든 사회 영역에 응용해야 해

도덕 원리 = 최대 행복 증진
원리 적용 대상 = 쾌고 감수 능력을 소유한 모든 존재

↓응용

동물 해방
(동물과 인간의 이익 관심을 동등하게 고려)
↓
종 차별주의 극복

시민 불복종
(고통을 일으키는 법에 대해 불복종)

해외 원조
(타국의 고통에 대한 고려는 의무)
↓
세계 시민주의적 의무 실천

핵심 사상을 알면 관점이 보인다

1 공리주의적 사고 가능한 한 쾌락을 증진하고 고통을 감소 또는 최소화해야 함

> "나는 절대주의자가 아니라 공리주의자이기 때문에 모든 결정이나 도덕적 선택은 그 결과와 가치에 따라 달라진다고 본다. 인간의 생명을 구할 수 있는 유일한 방법이 동물의 이용이라면, 나는 이 경우 동물의 이용이나 실험 및 연구를 무조건 금지하자고 말하지 않는다. 또한 연구의 목표가 중대한 질병을 치료하기 위한 약의 개발임을 전제로, 연구의 전 과정에서 동물의 고통을 최소화하려는 모든 노력을 기울인다면 동물의 이용은 정당화될 수도 있다. 그러므로 동물을 이용하는 모든 연구가 부도덕한 것은 아니다." – 싱어, "동물의 권리"

|적용| 싱어는 인류 전체의 최대 행복 증진에 기여하는 행위를 옳다고 판단한다. 이러한 관점에서 현대 사회의 실천 윤리학의 다양한 분야들인 생명 윤리, 동물 윤리, 해외 원조, 시민 불복종 등에 대해 일관되게 공리주의적 이론의 관점에서 논하고 있다. 그는 인간과 동물의 경계, 국가 경계에 따라 공리주의 원칙을 적용하지 않고 인간을 포함한 동물 전체, 세계 인류 전체에 공리주의적 관점을 적용하여 벤담의 사상을 확장시켰다.

2 결과주의 인류나 동물(인간 포함) 전체의 최대 행복에 기여할 수 있다면, 특정한 희생은 용인될 수 있음 → 행위의 옳고 그름은 행위의 동기보다는 그 행위가 일으킬 결과에 의해 결정됨

3 도덕적 판단의 기준 쾌락과 고통을 느낄 수 있는 능력(쾌고 감수 능력)을 기준으로 함 → '이익 관심'의 유무가 도덕적 고려의 대상을 결정하는 기준이 됨 → 도덕적 고려의 대상은 인간뿐만 아니라 이익 관심을 지니는 동물 전체로 확장되어야 함

4 이익 평등 고려의 원칙 쾌락과 고통을 느낄 수 있는 능력을 지닌 모든 존재들은 자신의 이익(이익 관심)을 가짐 → 이들 존재들은 평등하게 고려될 자격과 권리를 가짐

> "중요한 문제는 고기가 동물의 고통 없이 생산될 수 있느냐 여부가 아니라, 우리가 사려고 하는 고기가 고통 없이 생산되었느냐 여부이다. 이익 평등 고려의 원칙에 따를 때, 작은 이익을 위해 동물의 중요한 이익을 희생시키는 것은 그릇된 일이다." – 싱어, "실천 윤리학"

|적용| 싱어는 대부분의 인간이 이성적으로 사고할 수 있는 유일한 존재라는 점 때문에 인간이 신성한 가치를 지닌다고 보는 것은 종 차별주의적 발상이라고 비판한다. 그는 동물이 받는 고통이 인간이 받는 고통과 다르지 않다는 점을 받아들이고 모든 동물의 이익 관심을 동등하게 고려해야 한다고 주장한다.

○ 본문 017쪽
02강 현대 윤리 문제에 대한 접근
주장 공리주의

○ 본문 088쪽
12강 자연과 윤리
입장 동물 중심주의

5 '종 차별주의' 극복 인종 차별주의에 대한 반대, 여성 해방 운동, 동성애자 권리 운동 등을 보았을 때 인간의 도덕적 정서는 점진적으로 확장되어 가고 있음 → 인간뿐만 아니라 인간과 동물에 대한 종 차별 또한 점진적으로 극복될 것 → 동물 해방이 자리 잡게 됨

6 부정의한 법에 대한 시민 불복종 민주주의에서는 그릇된 정책이나 제도를 시정할 합법적 절차를 지니고 있음 → 그러나 합법적 절차가 변화를 일으킬 가능성이 미비하거나, 고통스러울 정도로 느리게 변화하고 있다면 이를 중단할 수 있는 법에 대한 불복종 행위가 발생 가능함

> "시민 불복종은 합법적인 수단이 실패했을 때 이러한 목적들을 달성하기 위한 적합한 수단이다. …… 법에 복종할 의무가 무시되는 그러한 경우를 누가 결정해야 하는가? 이 질문에 대한 유일한 답은 우리 스스로가 특정한 경우들이 어느 쪽에 해당되는지를 결정해야만 한다는 것이다. 다수의 결정이 그르다고 생각한다면, 그것이 얼마나 그른지에 대해 우리 스스로 결정을 내려야만 한다." – 싱어, "실천 윤리학"

| 적용 | 싱어는 다수에 의해 결정된 정책이 옳지 않다면, 개인의 올바른 결정으로 이에 대해 불복종할 수 있다고 본다. 그는 도덕적으로 그른 것을 중단시키기 위해 (더 큰 악을 저지르기 위해) 법에 대해 불복종할 수 있음을 도덕적으로 정당하다고 판단하는 것이다.

7 세계 시민주의적 사고 약속을 위해 이동하던 중 '물에 빠진 아이'를 본다면, 약속을 지키는 것보다는 어린아이의 생명을 구하는 것이 중요함 → 인도 난민촌의 뱅골인을 구하는 일은 어린아이를 구하는 일과 같음 → 개별 인간은 세계 시민의 일원으로서 타국의 고통을 외면하지 말아야 할 의무를 지님

> "사람들은 왜 굶주리는가? …… 부유한 나라에서 약간의 부를 가난한 사람들로 옮김으로써만 상황은 변화될 수 있다. 부유한 나라의 사람들은 가난한 나라의 사람들을 지금보다 더 도와줄 수 있음에도 불구하고 돕지 않기 때문에 절대 빈곤과 그에 수반하는 열악한 영양 상태, 나쁜 건강 그리고 죽음으로 고통받는 가난한 나라의 사람들을 내몰고 있는 것이다. 이것은 단지 정부에만 해당되는 결론이 아니다. 이것은 절대적인 부를 누리고 있는 개개인에게도 해당한다." – 싱어, "물에 빠진 아이 구하기"

| 적용 | 싱어는 이방인을 도와야 할 의무는 가까운 이웃이나 동포를 도와야 할 의무만큼 중요하다고 주장한다. 세계 시민주의적 관점에서 인류는 동등한 시민이며, 국가나 민족 경계에 따라 차별하는 것은 편향적인 선호에 기초한 옳지 않은 행위라고 주장한다. 그는 민족이라는 상상의 공동체의 구성원으로서의 삶과 세계라는 상상의 공동체의 구성원으로서 삶 중 어느 삶이 더 의미 있는지를 스스로에게 물어보아야 한다고 강조한다.

8 의무론적 차원에서의 원조 부유한 사회가 굶어 죽어 가고 있거나 '기본적 필요'도 충족시킬 수 없는 개인을 돕는 것은 의무임 → 국제 관계를 중시하여 개인의 경제적 관심을 중요하게 고려하지 않는 롤스의 관점에 대해 비판함

> "우리의 도덕적 초점은 생명을 구하는 것, 고통을 줄이는 것, 사람들의 기본적 욕구를 충족시키는 것에 맞춰져야 한다. 원조는 절대 빈곤의 사람들을 도울 수 있고, 반드시 더 나은 제도의 수립으로 이어지지 않더라도 그들에게 현저하고 지속적인 변화를 이끌어 낼 수 있다. 그런 경우 우리는 (원조를) 주저하지 않아야 한다. 원조의 효과에 대한 불확실성이 가난한 사람들을 위해 우리가 베풀어야 한다는 의무를 지워 버리지는 않는다. 원조 프로젝트가 그들에게 큰 혜택을 줄 가능성이 높고, 우리가 져야 할 부담이 상대적으로 가볍다면, 우리는 베풀어야 한다." – 싱어, "세계화의 윤리"

| 적용 | 공리주의에 입각해 모든 사람의 복지를 고르게 고려하므로 빈곤한 이들을 돕는 것이 의무라고 본다.

본문 071쪽
09강 국가와 시민의 윤리
주장 부정의한 법에 대한 시민 불복종

출제 포인트
시민 불복종 문제와 관련된 대표적인 학자는 소로, 롤스, 싱어가 있다. 이들이 시민 불복종의 도덕적 정당화와 관련하여 설명하는 조건에 대해 이해하고 정리해 둘 필요가 있다.

본문 125쪽
18강 지구촌 평화의 윤리
주장 의무론적 차원에서의 원조

출제 포인트
해외 원조에 대한 싱어와 롤스, 노직의 관점이 지니는 공통점과 차이점을 정리해 둘 필요가 있다. 이들 각각의 주장이 가지고 있는 특징을 묻는 문제가 고난이도로 자주 출제된다.

사상가 특강

플라톤

그림으로 사상 파악하기

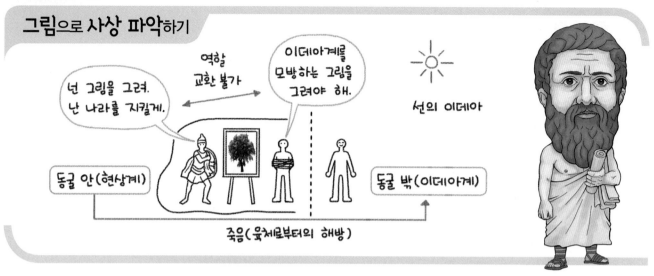

핵심 사상을 알면 관점이 보인다

1 이성 중시 세상에는 보편적 진리가 존재함 → 보편적 진리를 인식하는 것이 삶의 궁극적 목적
→ 앎이란 영혼을 수련하여 얻는 깨달음임 → 삶에 대한 이성적 통찰과 반성을 강조하여, 감
정이나 욕망을 절제하는 삶을 추구함

2 이원론적 세계관

(1) **현상계**: 눈을 통해 볼 수 있고 감각을 통해 경험할 수 있는 현상의 세계 → 끊임없이 변하
기 때문에 참다운 세계가 아님

(2) **이데아계**: 이성을 통해서만 파악할 수 있는 이상의 세계 → 영원 불변하고 완전무결한 실
재의 세계 → 모든 사물에는 그것의 이데아가 존재함 → 최고의 이데아는 선(善)의 이데아

> |적용| 플라톤은 선의 이데아와 다른 이데아의 관계를 태양과 만물의 관계로 설명하였다. 그는 태양이 만물을
> 생성하는 근원인 동시에 만물을 보이게 하는 빛의 근원이듯, 선의 이데아는 모든 지식과 진리의 원인이며 모
> 든 이데아들이 지향하는 이상적인 목표라고 보았다. 그래서 이성을 통해 도덕적 선을 인식할 것을 강조한다.

3 죽음 살아 있는 동안 영혼은 육체에 갇혀 있음 → 지혜를 사랑하며 산 사람은 죽음을 통해
영원 불변하는 이데아의 세계로 들어감 → 죽음은 갇힌 육체로부터의 해방을 의미함

> "신체는 영혼이 진리와 인식을 얻는 것을 방해한다고 보고, 가능한 한 신체적인 것에서 벗
> 어난 사람이야말로 참 존재의 인식에 도달할 수 있다."   – 플라톤, "파이돈"

> |적용| 플라톤은 영혼은 영원불멸하며 신적인 것을 가장 닮은 것이라고 보았으나, 육체는 끊임없이 변화하는
> 것이라고 본다. 그래서 영혼은 죽음이 오면 순수하고 영원한 곳, 선하고 지혜로운 신이 계신 곳으로 간다고 주
> 장했다. 그런 의미에서 플라톤은 진정으로 철학하는 영혼은 언제나 죽음을 연습해 온 영혼이라고 표현했다.

4 예술에 대한 절대적 도덕주의 예술가들은 작품 속에서 훌륭한 덕(절제, 용기, 지혜 등)을 그려
내야 함 → 젊은 수호자들은 작품을 통해 훌륭한 인품과 성격을 얻을 수 있어야 함 → 예술의
의미와 가치를 도덕규범과의 연관성 안에서 이해함

5 신분 계층에 바탕한 직업관 이성을 갖춘 철학자가 통치하는 신분 계층 사회를 지향함 → 어린
시절부터의 교육과 훈련, 선별 과정을 거쳐 각자에게 맞는 사회적 역할이 부여됨 → 저마다
타고난 성향에 따라 각자가 자신의 고유한 역할을 충실히 수행함 → 다른 사람의 역할을 넘
보거나 자유롭게 역할을 교환하는 것은 옳지 않음

○ 본문 037쪽

04강 삶과 죽음의 윤리
주장 순수한 이성을 따라 산 사람의
죽음은 이데아 세계로의 입문

출제 포인트

플라톤, 장자, 에피쿠로스, 하이데거의
죽음관을 이해하고 비교할 수 있어야
한다. 단, 이들이 죽음에 대한 두려움에
서 벗어나야 한다고 강조한 점은 공통
적이다.

○ 본문 097쪽

13강 예술과 대중문화 윤리
입장 절대적 도덕주의

○ 본문 055쪽

07강 직업과 청렴의 윤리
주장 신분에 기반한 역할에 충실할 것

그림으로 사상 파악하기

신 / 창조주 → 명령(자연법) → 이성으로 (명령 이행) --- 피조물

- 자기 보존의 의무 → 자살에 대한 반대
- 종족 보존의 의무 → 낙태에 대한 반대
- 신과 사회에 대한 진리 파악의 의무 → 정의 전쟁의 정당화

핵심 사상을 알면 관점이 보인다

1 자연법 윤리 모든 인간에게는 자연적으로 보편적인 법이 주어짐 → 인간은 본성적으로 자기 보존, 종족 보존, 신과 사회에 대한 진리를 파악하려는 자연적 성향을 지님 → 자연적 성향으로부터 생명의 불가침성 및 존엄성, 인간 양심의 자유, 만민 평등 등의 자연법적 권리를 도출함

| 적용| 아퀴나스에 의하면 신은 모든 것(피조물)의 근원이다. 인간은 이같은 신으로부터 자신의 본성, 즉 올바른 이성을 부여받았기 때문에 이것을 자연법에 알맞도록 행사함으로써 영원법과 하나가 되도록 해야 한다. 즉, 아퀴나스의 자연법 이론에서 인간의 윤리적 행위란 이성적인 피조물이 신의 법칙에 참여한다는 것이다.

2 자살에 대한 윤리적 판단 자살은 신의 의지가 우리에게 부여된 자연적 욕구인 자기 보존의 욕구를 이행하지 않은 것 → 자살은 자연법적으로 악

"자연법은 자기 보존, 남녀의 결합, 자녀 양육, 남에게 해를 끼치지 않는 것 등과 관련된 것이다. 그러므로 자살이나 동성애, 유아 살해, 살인과 폭력 등은 자연법적으로 악이다."
— 아퀴나스, "신학대전"

| 적용| 아퀴나스는 자살은 '자기를 사랑하라.'라는 자연법에 어긋나는 행위라고 보았다. 그는 자살은 자신이 속한 공동체에 상처를 주고 신에 대한 의무를 어기는 행위로 무조건적으=로 악이라고 강조한다.

3 성에 대한 보수주의적 관점 여성은 불완전한 남자이며 우연적 존재이며 남성에게 복종하도록 창조된 존재임 → 여성은 자녀 생산 및 교육의 의무를 지님

| 적용| 아퀴나스는 배아를 유아와 같은 개별적인 인간으로 보아 낙태는 살인죄에 해당한다고 주장한다. 그는 수정한 순간 곧 한 개인의 시작이라고 보아, 자연법적 의무의 대상이 된다고 주장한다. 그래서 낙태는 물론 임신한 여성을 때리는 행위도 모두 살인에 해당하는 것이라고 주장한다.

4 정의 전쟁론 신의 명령을 이행하고 선을 증진하고 악을 피하려는 전쟁은 정당화될 수 있음

"전쟁은 신법을 지키고 공동선과 평화를 위한 것이다. 전쟁이 정의롭기 위해서는 적법한 권위를 지닌 군주에 의해서만 수행되어야 하며, 공격의 정당한 이유와 올바른 의도가 있어야 한다."
— 아퀴나스, "신학대전"

| 적용| 아퀴나스는 정의로운 전쟁의 조건으로 합법적 권위, 정당한 원인, 정당한 의도를 제시한다.

본문 017쪽
02강 윤리 문제에 대한 다양한 접근
주장 자연법 윤리

출제 포인트
윤리 문제를 해결하기 위한 다양한 입장이 있다. 아퀴나스는 자연법 윤리를 대표하는 학자로서, 그가 자연법적 윤리의 당위성을 어떻게 설명하는지에 대해 반드시 정리해 두어야 한다.

본문 040쪽
04강 삶과 죽음의 윤리
입장 자살 반대

본문 036쪽
04강 삶과 죽음의 윤리
입장 낙태 반대

본문 048쪽
06강 사랑과 성 윤리
입장 성에 대한 보수주의적 관점

본문 123쪽
18강 지구촌 평화의 윤리
주장 정의 전쟁론

출제 포인트
전쟁에 대한 평화주의, 현실주의, 정의 전쟁론의 입장이 존재한다. 아퀴나스는 정의 전쟁론을 주장하는 학자로서, 정의로운 전쟁에 대한 정당화 조건을 알아 두어야 한다.

사상가 특강 요나스

그림으로 사상 파악하기

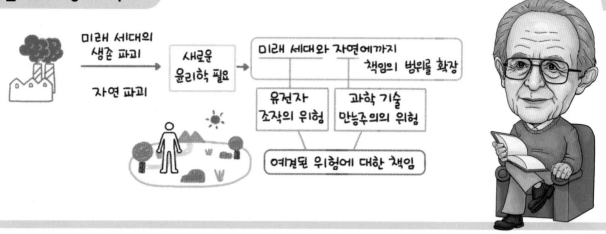

핵심 사상을 알면 관점이 보인다

1 새로운 윤리학의 필요성(책임 윤리) 현대 과학 기술의 발달 및 사회 변화에 따른 부작용 문제 발생 → 전통 윤리 이론이 인간 이외의 존재를 고려하지 못하는 것에 대한 한계 지적 → 새로운 조건에 적합한 인간 행위의 정언 명법을 제시

> **|적용|** 요나스는 현대 과학 기술 문명이 초래한 위기를 극복하는 방안으로 책임 윤리를 주장하였다. 그는 기존의 전통적인 윤리가 인류의 존속이라는 윤리적 문제를 고려하지 않는다고 비판하면서 기술의 발달과 윤리적 발달 간의 공백을 메워야 한다고 주장한다.

본문 012쪽
01강 현대 생활과 실천 윤리
주장 책임 윤리

2 새로운 조건에 적합한 인간 행위의 정언 명법 과학 기술의 발달로 인해 미래 세대 및 자연 전체에 대한 기술 침해가 일상화되고 있음 → '미래 세대' 및 '자연'은 현세대의 책임의 영역이 되었으며 윤리가 심사숙고해야 할 새로운 것이 됨

> • 너의 행위의 결과가 지상에서의 진정한 인간적 삶의 지속과 조화를 이루도록 행위하라.
> • 너의 행위의 결과가 인간 생명의 미래 가능성에 대해 파괴적이지 않도록 행위하라.
> • 지상에서 인류의 무한한 존속을 가능하게 하는 모든 조건을 위협하지 마라.
> • 미래 인간에 대한 불가침성을 네가 함께 바라는 대상이 되도록 지금 여기에서의 선택에 포함시켜라.

> **|적용|** 요나스는 인간의 책임의 범위를 현세대는 물론 미래 세대, 자연에까지 확장해야 한다고 주장한다. 그뿐만 아니라 그는 선한 동기만으로 행위의 도덕성을 평가하는 것이 아니라 행위의 결과에 대한 충분한 고려와 그에 따른 책임을 강조한다.

본문 091쪽
12강 자연과 윤리
주장 미래 세대 및 자연에 대한 현세대의 책임

3 생물학적 조작에 대한 판단 책임 윤리는 앞으로 존재할 가능성(미래)을 근거로 함 → 인간이 예견할 수 있는 모든 결과에 대한 책임 및 미래 지향적 당위를 강조 → 미래 세대에 대해 도덕적 책임을 다해야 함 → 유전자 조작을 통한 인간 복제는 미래 세대를 위험에 빠뜨리는 것임 → 인간 복제의 위험성을 알면서도 복제 기술을 개발하는 것은 무책임한 행위임

> **|적용|** 요나스는 점점 커지는 생물학적 기술의 권력을 인간에게 사용하는 것은 대단히 조심스럽게 이루어져야 한다고 강조하면서 불행의 예방만이 허용되고 새로운 종류의 행복을 위한 어떤 시도도 허용되어서는 안 된다고 한다. 즉, 그에 의하면 인간에게 적용되는 생물학적 기술은 불행을 예방할 경우에만 허용될 수 있다.

본문 042쪽
05강 생명 윤리
입장 생명 복제와 유전자 조작 반대

🐱 노직

그림으로 사상 파악하기

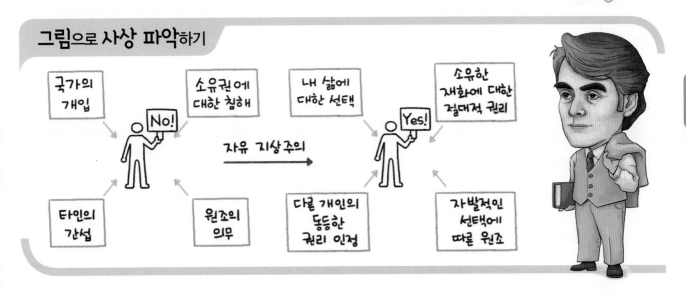

핵심 사상을 알면 관점이 보인다

1 자유 지상주의 개인의 기본적 자유와 권리는 결코 침해받을 수 없음

2 절대적 권리로서의 소유권 자연 상태에서 개인들은 자연권으로서, 자유, 생명, 건강, 신체 그리고 자신의 노동력과 이것을 자연에 행사해 취득하는 재산에 대해 권리를 지님(소유권)

3 소유권적 정의론 자유의 세계에서 각 개인이 소유하고 있는 것을 자발적 교환이나 행위를 통해이룬 것이 정의로움 → 중앙에서 분배를 관리하거나 통제하는 집단이나 사람은 없음

> "첫째, 취득에서의 정의의 원리에 따라 소유물을 취득한 자는 그 소유물에 대한 소유 권리가 있다. 둘째, 이전에서의 정의의 원리에 따라 한 소유물을 이 소유물에 대한 소유 권리가 있는 자로부터 취득한 자는 그 소유물에 대한 소유 권리가 있다. 어느 누구도 첫째와 둘째의 적용에 의하지 않고서는 그 소유물에 대한 소유 권리가 없다." – 노직, "아나키에서 유토피아로"

4 최소 국가 가장 포괄적인 최선의 국가이다. 국가의 권력은 자연 상태에서 개인이 소유하고 있는 기본 권리에 근거함 → 국가의 권력은 개인의 권리 보호를 위해 존재함 → 개인은 합리적 이기심에 따라 자신의 권리를 필요에 의해 자발적으로 국가에 위임함

> • 제1단계: 각자는 권리를 가진 자연 상태에서 생활하고 있다.
> • 제2단계: 제1단계의 각자는 자신의 권리를 보호하기 위해 자발적 보호 협회를 만든다.
> • 제3단계: 제2단계 협회는 '극소 국가'로 발전하지만, 비용을 부담하는 회원만을 보호한다.
> • 제4단계: 독립적으로 남아 있는 자립적 개인에 대한 보상의 요청은 모든 개인을 흡수하여 최소 국가를 이루게 된다. – 노직, "아나키에서 유토피아로"

| 적용 | 노직은 최소 국가 안에서 개인들은 다른 개인의 동등한 권리를 침해하지 않는 범위 안에서 정치, 경제, 문화 등 일반 영역에서 자신의 자유를 최대한 보장받는다고 하였다. 그는 강요, 절도, 사기, 계약의 강제로부터 보호라는 국가의 협소적 기능을 수행하는 국가만이 정당하다고 본다.

5 자발적인 원조 중시 개인의 정당한 의사에 반하는 국가의 강제력이 행사되어서는 안 됨
→ 개인은 사적 차원에서 자발적으로 도움을 줄 수 있지만, 윤리적 의무를 지지는 않음

| 적용 | 노직은 자선은 좋은 것이기는 하지만, 하지 않는다고 해서 그릇된 것은 아니라고 본다. 이런 관점에서 부유한 나라의 약소국 지원은 의무이기 때문이 아니라 자선 활동의 하나로 보아야 한다고 주장한다.

○ 본문 062쪽

08 강 사회 정의와 윤리
주장 소유권으로서의 정의

출제 포인트

분배적 정의와 공정한 분배의 의미에 대해 노직, 롤스의 관점을 비교하여 이해해 두어야 한다. '소유권으로서의 정의'를 강조하는 노직과 '공정으로서의 정의'를 강조하는 롤스의 공통점과 차이점을 반드시 정리하여 이해해야 한다.

○ 본문 069쪽

09 강 국가와 시민의 윤리
주장 최소 국가

○ 본문 125쪽

18 강 평화와 윤리
주장 해외 원조는 개인의 자선에 기반함

03강 윤리 문제에 대한 탐구와 성찰

키워드

도덕적 탐구, 도덕 추론, 도덕 판단, 도덕적 상상력, 합리적 사고, 비판적 사고, 포퍼의 합리주의, 밀의 오류 가능성 논증, 윤리적 성찰

1단계 개념 확 뜯어보기

01 도덕적 동기와 도덕적 지식

1. 도덕적 지식: 문제 상황을 이성적으로 사유함으로써 올바른 도덕적 판단을 내리기 위한 지식

2. 도덕적 동기: 도덕적 지식이 윤리적 삶과 실천으로 이어지게 하는 요소(공감, 배려 등)

02 도덕적 탐구의 의미와 특징

도덕적 탐구의 의미	• 일반적 의미에서 탐구는 진리나 학문 등을 깊이 연구하는 것을 말하며, 그 과정에서 문제 해결을 위한 사고나 지식 획득을 위한 방법을 중요하게 고려함 • 도덕적 탐구는 도덕적 지식을 통해 도덕적 의미를 새롭게 구성하는 지적 활동임 • 도덕적 탐구 과정에서 도덕 현상을 이해하고 윤리 문제를 해결하기 위해 탐구의 방법을 중시함
도덕적 탐구의 특징	• 현실 문제를 해결할 때 당위적 차원에 주목함: 일반적인 탐구는 사회 및 자연 현상을 객관적으로 탐구하여 참과 거짓을 명확하게 밝혀내는 데 중점을 두는 반면, 도덕적 탐구는 다양한 윤리 문제를 해결하기 위해 도덕적 가치와 규범에 주목하여 탐구 대상의 옳고 그름 혹은 선과 악을 밝혀서 행위를 정당화하고 도덕적 실천을 하는 데 중점을 둠 • 윤리적 딜레마를 활용한 도덕적 추론으로 이루어짐: 도덕적 추론이란 딜레마 상황에서 옳은 선택이 무엇인지, 어떻게 행동해야 하는지 등에 관해 도덕 원리와 사실 판단을 근거로 도덕 판단을 내리는 과정임 • 정서적 측면을 고려함: 도덕적 탐구는 기본적으로 논리적 사고와🔖합리적 사고, 비판적 사고와 같은🔖이성적 사고의 과정을 중시하지만 이와 동시에 공감, 배려 등의 정서적 측면도 중시함

03 도덕적 탐구의 중요성과 방법

1. 도덕적 탐구의 중요성

(1) 현대 사회의 복잡한 도덕 문제를 합리적으로 해결하는 데 도움이 됨

(2) 도덕적으로 살아가는 데 필요한 윤리적 가치관을 세우는 데 도움이 됨

(3) 타인을 배려하는🔖역지사지의 마음을 키우는 데 도움이 됨

2. 일반적 탐구와 도덕적 탐구의 차이점

(1) **일반적 탐구**: 개념의 명료화, 자신의 주장에 대한 근거 찾기, 다른 사람의 주장에 대한 반론이 중요함

(2) **도덕적 탐구**: 일반적 탐구의 방법과 도덕적 탐구의 특징을 동시에 고려함

3. 도덕적 탐구의 방법

윤리적 쟁점 또는 딜레마 확인	윤리적 쟁점 및 딜레마를 발생시키는 문제의 핵심이 무엇인지, 관련된 사람은 누구인지, 어떤 관계인지, 왜 발생했는지 등을 파악함
자료 수집 및 분석	윤리적 쟁점 또는 딜레마에 여러 사항이 관련되어 있을 때, 이를 정확하게 이해하고 해결하기 위해 다양한 자료를 수집하고 분석함
입장 채택 및 정당화 근거 제시	정당화 근거의 타당성을 확보하기 위해서는 역할 교환 탐색과 보편화 가능성 탐색을 효과적으로 적용할 필요가 있음. 또한 공감과 배려 같은 도덕적 정서도 고려함
최선의 대안 도출	• 토론을 통해 최선의 대안을 마련함 🔖토론의 순서: 주장하기 → 반론하기 → 재반론하기 → 정리하기
🔖반성적 성찰 및 입장 정리	'탐구 과정에서 나의 참여 태도는 적절했는가?', '탐구 활동을 통해 배운 점은 무엇인가?', '처음의 나의 생각에서 바뀐 것은 무엇인가?', '왜 그렇게 바뀌었는가?' 등이 검토되어야 함

만점 공부 비법

• 도덕적 지식, 도덕적 동기, 도덕적 탐구 방법을 구체적으로 이해하고 설명할 수 있다.

• 윤리적 성찰의 의미와 의의, 구체적인 방법 등을 파악하고 설명할 수 있다.

합리적 사고

포퍼에 따르면 합리주의적 태도란 누가 옳은지 그른지를 따지기보다 자신의 생각에 대한 다른 사람의 비판을 흔쾌히 받아들이고, 남의 생각도 신중히 비판함으로써 진리에 다가서려는 것이다.

이성적 사고의 종류

논리적 사고	전제로부터 결론 혹은 주장을 타당하게 도출하는지 사고하는 것
합리적 사고	자신의 사고와 행위가 참된 근거와 원칙에 따르고 있는지 사고하는 것
비판적 사고	주장의 근거와 그 적절성을 따져 보는 것

역지사지(易地思之)

상대방과 입장이나 처지를 바꾸어서 생각함

토론의 순서

> 주장하기: 자신의 주장에 대한 근거를 찾고 주장 발표

> 반론하기: 상대방 주장의 오류나 부당성을 밝히기

> 재반론하기: 상대의 반론이 옳지 않음을 밝히거나 자신의 주장을 뒷받침할 근거 제시

> 정리하기: 상대의 반론을 참고해 나의 최종 입장 발표

인간의 오류 가능성

밀은 "자유론"에서 인간은 스스로 오류를 범할 수 있다는 가능성을 인식하고 있어도 항상 잘못 판단하고 행동할 수 있는 존재라고 하였다.

04 윤리적 성찰의 의미와 중요성

윤리적 성찰의 의미	• 생활 속에서 자신의 마음가짐, 행동 또는 그 속에 담긴 자신의 정체성과 가치관에 관하여 윤리적 관점에서 깊이 있게 반성하고 살피는 태도 • 도덕 원리와 모범적인 도덕 행동, 인격 특성을 판단의 준거로 사용하여 자신의 경험이 도덕적으로 좋고 나쁜지 또는 옳고 그른지를 판단함
윤리적 성찰의 중요성	• 도덕적 자각을 하는 계기를 마련해 줌: 소크라테스는 "반성하지 않는 삶은 살 가치가 없다."라고 하며, 인간은 자신의 삶을 성찰하고 변화시킬 수 있는 존재임을 강조함 • 인격을 함양하는 데 도움을 줄 수 있음: 윤리적 성찰을 통해 윤리적 실천력을 높이고 자신의 도덕적 변화 혹은 성장을 도모함으로써 참다운 인격을 완성할 수 있음 • 지속적인 성찰을 통해 올바른 자아 정체성을 형성할 수 있음

05 윤리적 성찰의 방법

윤리적 성찰의 역할	어떻게 살아야 할 것인지를 고민하고 자신을 반성적으로 검토함
윤리적 성찰의 과정	자신의 현재 관심사와 관계 있는 과거의 도덕적 경험을 회상한다. ↓ 과거의 경험을 분석하여 과거에 적용했던 도덕 원리가 타당했는지를 살펴본다. ↓ 과거와 현재의 성찰을 통해 앞으로 어떤 도덕적 실천을 해야 할지를 설정한다.
윤리적 성찰의 방법	• 유교: 증자가 제시한 일일삼성이나 거경의 수양 방법 • 불교: 성찰의 방법으로 참선을 제시함 • 소크라테스: 산파술 – 끊임없는 질문을 통해 자신의 무지를 자각할 수 있도록 돕는 방법

06 윤리적 실천을 위한 도덕적 탐구와 윤리적 성찰

1. **도덕적 탐구와 윤리적 성찰을 조화롭게 추구해야 함**: 도덕적 탐구에만 치중하면 단순한 지식과 사고력만 향상하는 결과를 초래함
2. **도덕적 탐구와 윤리적 성찰을 통해 윤리적 실천으로 나아가야 함**: 윤리적 실천으로 나아가야만 배움이 진정한 의미를 갖게 되고, 사람됨의 형성에 기여할 수 있음

일일삼성(一日三省)
증자가 하루에 세 번씩 세 가지 면에서 자신의 행동을 반성한 것으로, 그는 남을 위하여 일을 꾀하면서 진심을 다하지 않았는가, 벗과 사귀면서 진실하지 않았는가, 배운 것을 익히지 않았는가를 자신에게 물었다.

거경(居敬)
무엇이 인간의 참된 삶인지를 성찰하고, 마음을 한곳으로 모아 흐트러짐이 없이 하고, 몸가짐을 삼가 덕성을 함양하는 것

참선(參禪)
'선(禪)에 들어가 참여한다.'라는 뜻으로, 자신이 본래 갖추고 있는 부처의 성품을 꿰뚫어 보기 위해 앉아 있는 수행을 일컬음

산파술
산파는 산모를 도와 아기를 잘 낳을 수 있도록 하는 사람을 뜻함. 산파술은 소크라테스가 사용한 방법으로 상대방이 제시한 논설에 대해 질문을 거듭함으로써 개념 규정을 음미하고 당사자가 의식하지 못했던 새로운 사상을 낳게 하는 문답법임

2단계 개념쏙 정리하기

1. 도덕적 탐구의 의미와 방법

(1) 도덕적 탐구의 의미와 특징

의미	도덕적 지식을 통해 도덕적 의미를 새롭게 구성하는 지적 활동임
특징	• 현실 문제를 해결할 때 당위적 차원에 주목함 • 윤리적 딜레마를 활용한 도덕적 추론으로 이루어짐 • 정서적 측면을 고려함

(2) 도덕적 탐구의 방법

윤리적 쟁점 또는 딜레마 확인 → 자료 수집 및 분석 → 입장 채택 및 정당화 근거 제시 → 최선의 대안 도출 → 반성적 성찰 및 입장 정리

2. 윤리적 성찰과 실천

(1) 윤리적 성찰의 의미와 의의

의미	자신의 인간관, 가치관, 세계관을 전체적으로 검토하고 반성하는 과정
의의	윤리적 모순이 없는 의식을 지니고 일관된 윤리적 실천을 하여 더욱 발전된 모습으로 살게 함

(2) 윤리적 성찰의 방법: 윤리적 문제 상황에 대한 정확한 인식 → 적합한 도덕 원리 적용

(3) 도덕적 탐구와 윤리적 성찰의 관계: 도덕적 탐구와 윤리적 성찰의 조화를 추구하고, 이를 통해 윤리적 실천으로 나아감

● 다음 설명이 맞으면 ○, 틀리면 ×에 표시하시오.

1 도덕적 탐구는 현실 문제를 해결할 때 당위적 차원에 주목한다. (○, ×)

2 도덕적 탐구는 도덕적 가치와 규범에 주목하여 탐구 대상의 옳고 그름을 밝혀 행위를 정당화하고 도덕적 실천을 하는 데 중점을 둔다. (○, ×)

3 도덕적 추론이란 딜레마 상황에서 옳은 선택이 무엇인지, 어떻게 행동해야 하는지 등에 관해 도덕 원리와 사실 판단을 근거로 도덕 판단을 내리는 과정이다. (○, ×)

4 도덕적 탐구의 단계에서 가장 마지막 단계에 해당하는 것은 '최선의 대안 도출' 단계이다. (○, ×)

5 도덕적 탐구에서 공감과 배려, 도덕적 분노, 수치심과 같은 정서적인 측면을 함께 고려할 때 탐구의 정당성을 높일 수 있고 탐구의 내용을 풍성하게 할 수 있다. (○, ×)

6 공리주의 사상가 밀에 따르면, 일체의 토론을 차단하는 것은 인간의 절대 무오류성을 가정하는 것이다. (○, ×)

7 윤리적 딜레마는 윤리적 문제 상황에서 두 가지 이상의 도덕적 의무나 두 가지 이상의 도덕 원칙 사이에 갈등이나 충돌이 전개되는 상황을 말한다. (○, ×)

8 도덕적 탐구 과정에서 자신이 채택한 입장을 유사한 상황에 있는 모든 행위자에게 보편적으로 적용할 수 있는지 심사숙고하는 탐색 과정을 '역할 교환 탐색'이라고 한다. (○, ×)

9 우리는 규범적 근거를 토대로 자신의 비도덕적 행위를 반성하여 올바른 행위와 삶의 방향성을 정립할 수 있다. (○, ×)

10 윤리적 성찰은 어떻게 살아야 할 것인지를 고민하고 자신을 반성적으로 검토하는 것을 말한다. (○, ×)

11 유교에서는 마음을 한곳으로 모아 흐트러짐이 없이 하고 홀로 있을 때도 도리에 어긋나지 않도록 몸과 마음을 바르게 하고 언행을 신중하게 하는 수양을 강조한다. (○, ×)

12 윤리적 실천을 위해서는 타인의 욕구나 필요에 능동적으로 대처하기 위한 도덕적 상상력이나 배려적 사고가 필요하다. (○, ×)

13 도덕적 탐구 없이 윤리적 성찰에만 치중한다면 사물의 존재 이유, 삶의 이유와 삶의 이치에 관한 진정한 깨달음에 근거하여 행위하는 데 한계가 있다. (○, ×)

14 실천이 따르지 않는 도덕적 탐구는 공허하며 도덕적 탐구와 윤리적 성찰을 통해 반드시 윤리적 실천으로 나아가야 한다. (○, ×)

● 다음 중 옳은 것에 ○표 하시오.

15 (㉠ 도덕적 탐구, ㉡ 윤리적 성찰)은/는 도덕적 지식을 통해 도덕적 의미를 새롭게 구성하는 지적 활동이다.

16 (㉠ 도덕적 탐구, ㉡ 윤리적 성찰)은/는 자신이 가진 인간관, 가치관, 세계관을 전체적으로 검토하고 반성하는 과정이다.

17 소크라테스는 "반성하지 않는 삶은 살 가치가 없다."라는 말을 통해 (㉠ 윤리적 성찰, ㉡ 논리적 사고)의 중요성을 강조하였다.

18 여러 의견을 종합하여 가장 합당한 결론을 도출하는 것이며 일반적으로 토론의 과정에서 가장 마지막으로 이루어지는 단계는 (㉠ 재반론하기, ㉡ 정리하기) 단계이다.

19 이황은 마음을 한곳으로 모아 흐트러짐이 없이 하고, 몸가짐을 삼가 덕성을 함양하는 것을 핵심으로 하는 (㉠ 좌망, ㉡ 거경)을 강조하였다.

20 이성적 사고의 한 종류로 자신의 사고와 행위가 참된 근거와 원칙에 따르고 있는지 사고하는 것을 (㉠ 합리적 사고, ㉡ 배려적 사고)라고 한다.

21 우리가 (㉠ 도덕적 탐구, ㉡ 윤리적 성찰)에만 치중한다면 단순한 지식과 사고력만 향상하는 결과를 초래하고 자기 자신의 삶을 변화시키는 데 한계를 느끼게 될 것이다.

● 빈칸에 들어갈 알맞은 말을 써 넣으시오.

22 도덕적 탐구는 논리적 사고, 합리적 사고, 비판적 사고와 같은 (　　　)의 과정을 중시한다.

23 도덕적 탐구는 논리적, 합리적, 비판적 사고뿐만 아니라 공감, 배려 등의 (　　　)적인 측면도 중시한다.

24 일반적으로 도덕적 탐구는 윤리적 쟁점 또는 딜레마 확인, 자료 수집 및 분석, 입장 채택 및 정당화 근거 제시, (　　　), 반성적 성찰 및 입장 정리 등의 단계로 진행된다.

25 도덕적 탐구 과정 중 토론은 주장하기, 반론하기, (　　　), 정리하기 등의 순서로 진행된다.

26 소크라테스는 끊임없는 질문을 통해 자신이 막연히 믿고 있는 생각이나 상식이 잘못되었다는 것을 스스로 반성하고 성찰할 수 있도록 도와주는 (　　　)을/를 적용하였다.

27 (　　　)은/는 생활 속에서 자신의 마음가짐, 행동 또는 그 속에 담긴 자신의 정체성과 가치관에 관하여 윤리적 관점에서 깊이 있게 반성하고 살피는 것이다.

28 증자는 남을 위해 진심을 다했는지, 친구 관계에서 신의를 지켰는지, 배운 것을 제대로 익혔는지 등 세 가지 점을 매일 반성한다는 (　　　)을/를 강조하였다.

---

1 ○ 2 ○ 3 ○ 4 ×('반성적 성찰 및 입장 정리' 단계임) 5 ○ 6 ○ 7 ○ 8 ×('보편화 가능성 탐색'에 대한 설명임) 9 ○ 10 ○ 11 ○ 12 ○ 13 ○ 14 ○ 15 ㉠ 16 ㉡ 17 ㉠ 18 ㉡ 19 ㉡ 20 ㉠ 21 ㉡ 22 이성적 사고 23 정서 24 최선의 대안 도출 25 재반론하기 26 산파술 27 윤리적 성찰 28 일일삼성(一日三省)

II

생명과 윤리

이 단원의 수능 출제 분석

사상가들의 죽음관, 동양 사상의 죽음관 비교 문항이 빠짐없이 출제되고 있다. 사상가들이나 사상 간의 죽음에 대한 시각을 정리할 필요가 있다. 또 안락사, 유전자 조작, 인체 실험 논쟁에 대한 대립되는 견해를 비교하거나 주장에 대한 근거, 반박 논증을 고르는 문항이 자주 출제된다. 성에 대한 관점, 유교의 부부 윤리, 효 등도 자주 볼 수 있는 주제이지만 난이도는 쉬운 편이다.

이 단원의 수능 빈출 주제

1순위 장자, 에피쿠로스, 하이데거의 죽음관
출제 빈도 ★★★ 난이도 중

2순위 유교, 불교, 도가의 죽음관
출제 빈도 ★★★ 난이도 중

3순위 안락사, 유전자 조작, 인체 실험
출제 빈도 ★★★ 난이도 중

4순위 성에 대한 다양한 관점
출제 빈도 ★★★ 난이도 하

5순위 유교의 부부 윤리
출제 빈도 ★★ 난이도 하

6순위 유교의 효
출제 빈도 ★★ 난이도 하

04강 II. 생명과 윤리
삶과 죽음의 윤리

키워드
인공 임신 중절, 생식 보조술, 죽음관, 뇌사, 안락사, 자살

1단계 개념 뜯어보기

01 출생 · 죽음의 의미와 삶의 가치

1. 출생의 윤리적 의미

(1) 출생의 윤리적 의미: 개인적으로는 한 인간의 삶의 시작이며, 사회적으로는 새로운 세대를 구성하고 이전 세대의 문화적 · 정신적 유산을 계승하고 발전시키게 됨

생물학적 의미	• 태아가 모체로부터 나와 독립된 생명체를 이루는 현상 • 인간 종의 존속을 위해 번식하는 과정
윤리적 의미	인간의 자연적 성향을 실현하는 과정임(인간은 자신의 생명을 보전하고 자신의 종족을 후대에 보존하고자 하는 욕구를 가지고 있으며, 이러한 욕구의 실현은 자녀의 출생으로 이어짐)
	도덕적 주체로 사는 삶의 출발점임(출생한 뒤 신체적 성숙과 정신적 성장을 거쳐 도덕적 주체인 한 인간으로서 사회로 나아가게 됨)
	가족 및 사회 구성원으로 사는 삶의 시작임(출생과 동시에 인간은 한 가족의 구성원이 될 뿐만 아니라 한 사회를 구성하는 존재가 되어 다양한 인간관계를 형성하게 되고, 이를 통해 사회적 존재로서의 삶을 시작함)

(2) 생명의 윤리적 의미: 생명은 일회적이고, 고유하며, 유한함. 생명은 대체 불가능한 본래적인 가치를 지니므로 이러한 생명의 본래의 의미와 존엄성을 존중해야 함

2. 출생과 관련된 윤리적 쟁점

(1) 인공 임신 중절

① 의미: 분만 전에 산모의 신체에서 태아를 인공적으로 분리하는 것

② 찬성과 반대 근거

찬성 근거 (선택 옹호주의, 친선택론, pro-choice)	소유권 근거	태아는 여성 몸의 일부이므로 임신한 여성은 태아에 대한 권리를 지님
	생산 근거	여성은 태아를 생산하기 때문에 태아에 대한 권리를 지님
	자율 근거	인간은 자신의 신체에 대하여 자율적으로 선택할 권리가 있음
	평등권 근거	여성이 인공 임신 중절에 대하여 자유롭게 선택할 수 있을 때 남성과 동등한 권리를 지님
	정당방위 근거	여성은 자기방어와 정당방위의 권리를 지님
반대 근거 (생명 옹호주의, 친생명론, pro-life)	잠재성 근거	태아는 임신 순간부터 성인으로 발달할 잠재성이 있으므로 인간의 지위를 지님
	존엄성 근거	모든 인간의 생명은 존엄하기 때문에 태아의 생명도 존엄함
	무고한 인간의 신성불가침 근거	잘못이 없는 인간을 해치는 행위는 도덕적으로 옳지 않음. 태아는 무고한 인간이므로 해쳐서는 안 됨

③ 윤리적 쟁점: '어느 시점부터 인간인가?', '태아를 인격체로 보아야 하는가?', '태아의 지위를 어떻게 볼 것인가?'

④ 태아의 지위에 대한 동양의 전통: 태아에게 상속권을 인정하는 제도, 출생 직후 한 살의 나이를 인정해 주는 전통으로 보아 태아에게 잠재적인 인간의 지위를 부여한 것으로 보임

⑤ 우리나라는 원칙적으로 인공 임신 중절을 금지함

⑥ 인공 임신 중절 허용(모자 보건법에서 예외 인정): 임신 24주 이내의 태아에 대해 본인이나 배우자의 질환, 성폭행 등에 의한 임신 등 법률이 정한 범위 내에서 허용

만점 공부 비법

• 인공 임신 중절, 뇌사, 안락사에 대한 찬반 근거를 명확히 구분한다.

• 생식 보조술의 윤리적 문제를 이해한다.

• 죽음에 대한 철학적 견해, 자살에 대한 동서양의 관점을 안다.

'어느 시점부터 인간인가?'에 대한 입장
• 수정과 동시에 인정
• 착상이 완료된 시기부터 인정
• 배아기부터 인정
• 태아기부터 인정
• 분만 이후부터 인정

수정에서 출생까지의 단계

수정란: 생명체가 만들어지고 세포 분열을 시작함
↓
9주된 태아: 사람의 모습을 갖추고 뇌가 활동을 시작함
↓
3개월된 태아: 눈, 코, 입 등이 발달하고 생식 기관이 만들어져 성별을 구분할 수 있음
↓
6개월된 태아: 자궁의 상태나 태아 모두 안정됨
↓
신생아

모자 보건법
제14조(인공 임신 중절 수술의 허용 한계) ① 의사는 다음 각 호의 어느 하나에 해당하는 경우에만 본인과 배우자(사실상의 혼인 관계에 있는 사람을 포함한다.)의 동의를 받아 의사가 인공 임신 중절 수술을 할 수 있다.

1. 본인이나 배우자가 대통령령으로 정하는 우생학적 또는 유전학적 정신 장애나 신체 질환이 있는 경우
2. 본인이나 배우자가 대통령령으로 정하는 전염성 질환이 있는 경우
3. 강간 또는 준강간으로 임신된 경우
4. 법률상 혼인할 수 없는 혈족 또는 인척 간에 임신된 경우
5. 임신의 지속이 보건 의학적 이유로 모체의 건강을 심각하게 해치고 있거나 해칠 우려가 있는 경우

(2) **생식 보조술**: 불임 부부가 자녀를 임신할 수 있게 돕는 의료 시술. 불임 부부의 고통을 덜어 주고 출산율을 높여 준다는 점에서 긍정적인 측면이 있으나 인간의 영역 밖이라고 여기던 생명의 탄생에 인간이 개입하면서 여러 가지 윤리적 문제가 발생하고 있음

구분	시술 방법	윤리적 문제
인공 수정	모체 내에 정자를 주입하여 수정 및 임신을 유도하는 방법	신성한 생명의 탄생에 인간의 인위적 힘을 개입시켜 인간의 존엄성을 해친다는 비판
시험관 아기	정자와 난자를 체외에서 수정시킨 후 시험관에서 수정란을 배양하고 이를 모체의 자궁에 이식하여 임신을 유도하는 방법	난자 추출 과정의 안전성, 생식 세포 매매 가능성, 생식 보조 시술 과정에서 이용되는 여분의 수정란과 배아의 처리 문제
비배우자 인공 수정	부부 중 남성이 불임일 경우 배우자가 아닌 다른 사람의 정자를 이용하여 인공 수정하는 방법	부모와 유전적으로 무관한 자녀 출생, 친권 문제, 정자를 판매할 수 있는지의 문제, 생식 보조 시술 과정에서 이용되는 여분의 수정란과 배아의 처리 문제
대리모 출산	체외에서 수정된 수정란을 난자 제공자가 아닌 대리모의 자궁에 착상시켜 출산하는 방법	아기의 정체성 문제, 친권 문제, 기형아 출산 시 아기의 친권을 포기하는 문제, 대리 임신을 위한 금전적 거래를 용인할 수 있는지의 문제, 정자와 난자를 판매할 수 있는지의 문제, 생식 보조 시술 과정에서 이용되는 여분의 수정란과 배아의 처리 문제
대책	생식 보조술은 생명의 의미에 대한 이해를 바탕으로 생명의 가치를 존중하는 방향으로 발전해야 하며, 윤리적 목적에 부합하는 사회적 합의가 이루어져야 함	

02 죽음과 관련된 윤리적 쟁점

1. 죽음

(1) **죽음의 윤리적 의미**: 인간은 죽음을 미리 생각하고 자신의 삶을 어떻게 살아가야 할지를 생각하는 존재임. 삶의 마지막 과정인 죽음은 삶의 가치를 깊이 있게 성찰하도록 하며, 생명의 소중함을 깨닫게 해 줌. 따라서 모든 사회는 죽음을 애도하는 문화를 가지고 있음

(2) **죽음의 특징**

보편성과 평등성	인간이라면 누구나 죽음을 맞게 됨
불가피성	죽음을 피하고자 하는 인간의 그 어떤 노력도 결국 실패함
일회성	누구나 한 번은 죽음
비가역성	죽은 사람을 다시 되살릴 수 없음

(3) **죽음에 대한 철학적 견해**

플라톤	"우리가 무엇인가를 순수하게 인식하려면, 육체에서 벗어나야 하며 오로지 영혼만을 사용하여 사물 그 자체를 보아야 한다. 죽었을 때 비로소 우리는 간절히 바라는 지혜를 얻을 수 있다. 그런데 그것은 우리가 살아 있는 동안에는 불가능한 일이다." → 죽음을 영혼이 육체에서 해방되어 영원불변한 이데아(Idea)의 세계로 들어가 자유를 얻는 것으로 이해함
에피쿠로스	"죽음은 우리에게 아무것도 아니다. 왜냐하면 우리가 존재하는 한 죽음은 우리와 함께 있지 않으며, 죽음이 오면 우리는 이미 존재하지 않기 때문이다." → 살아 있는 동안에는 죽음을 경험할 수 없으므로 죽음을 두려워할 필요가 없다고 주장함
하이데거	"인간은 언제나 죽음과 함께하고 있다. 죽음을 외면하지 말고 항상 죽음이 자신의 것이라는 사실을 인지하면서 살아야 한다." → 죽음에 대한 자각을 통해 삶을 더욱 의미 있고 가치 있게 살아갈 수 있다는 뜻

배아의 도덕적 지위
배아가 인간으로서의 도덕적 지위를 갖는다고 보는 입장에서는 여분의 수정란과 배아도 여성의 자궁에 이식하면 인간으로 성장할 수 있으므로 이를 폐기하는 것은 윤리적으로 문제가 있다고 본다.

친권(親權)
부모가 미성년인 자식에 대하여 보호·감독을 내용으로 하는 신분상·재산상의 권리와 의무를 통틀어 이르는 말. 대리모 출산의 경우 아기를 낳은 생물학적 어머니인 대리모에게 친권이 있는지, 아이를 키울 어머니에게 친권이 있는지 논란이 발생한다. 또 정자를 기증받아 아이를 낳은 경우 정자 제공자에게도 친권이 있는지에 대한 논란도 발생한다.

대리모 출산
체외에서 수정된 수정란을 난자 제공자가 아닌 대리모의 자궁에 착상시켜 출산하는 방법

공자	"삶도 모르는데 죽음을 어찌 알겠느냐.", "군자는 길을 따라가다가 그 길 안에서 죽을 것이니 나는 살아서 그 길을 끝까지 걸어갈 것이다." → 죽음을 자연스러운 과정으로 여기면서도 애도하는 것을 도리로 봄. 그러나 죽음보다 현세의 도덕적인 삶에 더 관심을 기울임. 삶이 끝날 때까지 성실하게 살아야 한다고 주장함
석가모니	"일체 중생은 아무리 애를 써도 모두 죽음으로 돌아가오. 그러니 몸에 집착하지도, 근심하지도 마시오. 늙음은 청춘을 부수어 아름다움을 없애고, 병은 건강을 부수고, 죽음은 목숨을 부수고, 항상(恒常)하는 것으로 믿는 모든 것은 덧없음으로 돌아가는 것이오. 이런 것을 알고 몸과 마음을 다스려 법을 깨달으면 죽은 뒤에 천상에 태어나고, 그렇지 않으면 지옥에 떨어질 것이오." → 대표적인 인간의 고통 중의 하나[사고(四苦)], '삶과 죽음이 하나[生死一如]'라고 봄. 죽음은 끝이 아니라 현실에서 벗어나 또 다른 세계로 윤회하는 것이며, 인간의 선행과 악행은 죽음 이후의 삶을 결정한다고 봄
장자	"본래 아무것도 없었는데 순식간에 변화하여 기(氣)가 생기고, 기가 변화하여 형체가 생기고, 형체가 변화하여 생명이 생기고, 생명이 변화하여 죽음이 된다. 이는 봄·여름·가을·겨울의 운행과 같다." → 삶과 죽음은 서로 연결된 순환 과정임. 죽음을 너무 슬퍼하지도 말고, 삶에 지나치게 집착하지도 말라고 가르침

⑷ **죽음과 소중한 삶**: 죽음을 부정하고 두려워할 것이 아니라 죽음을 깊이 성찰하여 자신의 유한한 삶을 깨닫고 더욱 의미 있게 살도록 노력해야 함

2. 뇌사의 윤리적 쟁점

⑴ **심폐사**: 죽음을 판정하는 전통적인 기준으로 심장 박동이 멈추고 호흡이 정지해야 사망한 것으로 판정

⑵ **뇌사와 식물인간의 구분**

뇌사	일반적으로 대뇌, 소뇌, 뇌간을 포함한 모든 뇌 기능이 정지된 상태
식물인간	뇌간이 살아 있어 기계의 도움 없이 호흡과 심장 운동 등을 할 수 있는 상태

⑶ **죽음의 기준으로서의 뇌사 대 심폐사 논쟁**: 뇌사를 죽음의 판정 기준으로 인정할 것인지에 대한 찬반 논쟁이 있음

뇌사를 죽음으로 인정하는 입장	뇌사를 죽음으로 인정하지 않는 입장
뇌의 죽음이 이성적으로 판단하는 인간 고유의 기능을 수행할 수 없음을 의미하므로 뇌사를 죽음으로 인정해야 함	뇌 기능이 정지했다고 하더라도 기계 장치를 통해 호흡과 심장 박동이 이루어지고 있으므로 죽은 것으로 볼 수 없음
뇌가 인간의 생명 활동을 관장하는 핵심 기관이므로 뇌 기능이 정지하면 가까운 시기에 심장과 폐의 기능도 정지하기 때문에 이미 죽음의 단계에 들어선 것임	연명 의료 기기를 이용하면 짧은 시간이나마 호흡과 심장 박동이 유지되므로 아직 죽음에 이른 것이 아님
장기적인 연명 치료로 인한 심리적·경제적 부담을 줄일 수 있음	생명에 인위적으로 개입하는 것이 인간의 존엄성과 생명의 신성함을 해치는 것임
뇌사자가 존엄하게 죽을 수 있는 권리를 존중해야 함	뇌사를 죽음으로 인정하는 것은 인간 생명을 수단으로 여기는 것임
'인간은 무엇인가?'라는 것을 결정하는 열쇠는 심폐가 아니라 뇌에 있음	뇌사를 인정한다면 사망 시점을 명시할 수 없으며, 여러 가지 법적인 문제를 일으킬 수 있음
뇌의 기능이 정지된 것은 충분히 판정할 수 있고, 뇌사 상태에서 생명을 연장하는 행위는 무의미함	오진·오판의 가능성이 있으며, 뇌사 판정을 받은 환자가 다시 회복된 사례가 있음
뇌사자의 장기로 다른 환자의 생명을 구하거나 질병을 치료할 수 있음	실용주의 관점은 인간의 가치를 위협할 수 있으며, 장기 이식을 위해 뇌사 판정을 악용할 가능성도 있음

뇌사
뇌간과 연수를 포함한 뇌 기능이 완전히 정지된 상태로, 연명 장치를 제거하면 일정 시간 후 심장이 멈춰 사망함

손상된 부위	뇌간을 포함한 뇌 전체
장애	자체 호흡이나 순환이 되지 않음
생존 기간	인공호흡기 부착 시에도 대개는 2주 내 사망
장기 이식 여부	합법

지속적 식물인간
뇌의 일부가 손상을 입어 의식은 없지만, 뇌간은 살아 있는 상태로, 호흡, 소화 흡수, 배변, 배뇨 등 생명 유지의 필수적인 기능은 하지만 자기 의사에 따른 운동, 음식물 섭취, 발성과 같은 기능은 불가능함

손상된 부위	대뇌
장애	기억, 사고, 운동 감각 등에 문제 발생
생존 기간	수개월, 수년 후에도 회복되는 경우도 있고 사망하는 경우도 있음
장기 이식 여부	불법

(4) 뇌사 인정 현황: 대부분의 나라에서는 뇌사를 죽음으로 인정하고 있으며, 우리나라는 장기 기증을 전제로 한 경우에만 뇌사를 죽음으로 인정함(장기 등 이식에 관한 법률에 따라 뇌사 판정 위원회가 결정)

(5) 사회적 합의 필요: 죽음을 판단하는 것은 존엄한 인간 생명과 관련된 문제이기 때문에 더욱 엄격하고 신중하게 이루어질 필요가 있으므로, 뇌사 인정 여부는 다양한 절차를 통해 사회적 합의를 거쳐 신중하게 검토해야 함

3. 안락사의 윤리적 쟁점

(1) 의미: 인위적으로 생명을 단축해서 환자의 고통스러운 삶을 중단하는 행위

 (2) 구분

환자의 동의 여부에 따라	자발적 안락사	환자가 동의하는 안락사로서, 환자의 선택이 이성적 판단에 의한 것인지, 자살을 인정할 수 있는지 등이 윤리적으로 문제가 됨
	반자발적 안락사	환자가 반대하는 상황에서 이루어지는 안락사로서, 대체로 살인이라고 보기 때문에 윤리적 논의에서 제외됨
	비자발적 안락사	환자가 판단 능력을 상실했거나 의식이 없을 때에 시행되는 비자발적 안락사는 아무리 가까운 사람이라고 하더라도 다른 사람의 생명에 관한 결정을 내릴 권리가 있는지가 문제가 됨
의료 시술의 적극성 여부에 따라	적극적 안락사	약물 투여와 같은 구체적 행위로 환자의 생명을 단축하는 것
	소극적 안락사	환자가 회복 불가능하므로 무의미한 연명 치료를 중단하고 자연스러운 죽음을 받아들이게 하는 것으로, 인간으로서 최소한의 품위를 유지하면서 죽을 수 있게 한다는 점에서 존엄사와 연결짓기도 함

(3) 찬반 논쟁

찬성	개인의 권리 강조 (삶의 질 중시)	• 고통 속에서 목숨을 이어 나가는 것은 단지 생명의 무의미한 연장일 뿐이므로 안락사를 하는 것이 나음 • 인간은 죽음을 선택할 권리가 있음 • 모든 인간은 인간답게 죽을 권리가 있음
	사회의 이익 강조 (공리주의적 관점)	• 환자의 고통을 줄여 주기 위해 필요함 • 가족들에게 막대한 경제적 부담을 주는 연명 치료에 들어가는 비용을 줄일 수 있음 • 제한된 의료 자원의 적절한 배분을 위해 필요함
반대	인간의 존엄성	인간의 생명은 존엄하기 때문에 생명을 인위적으로 단축하는 것은 옳지 않음
	개인의 권리 부정	인간은 자신의 죽음을 인위적으로 선택할 권리를 갖고 있지 않음
	사회적 관점	• 의학적 살인 행위로 오·남용될 수 있음 • 생명 경시 풍조를 더욱 심화시킬 수 있음 • 의료인의 기본 의무는 생명을 살리는 것이므로, 의료인이 환자의 죽음을 앞당기는 의료 행위를 해서는 안 됨
	자연법 윤리	삶이 고통스럽다는 이유로 죽음을 인위적으로 앞당기는 행위는 자연의 질서에 부합하지 않는 일임
	의무론의 관점	인간 생명을 목적이 아닌 수단으로 보는 행위임
	종교적 관점	생명을 주는 것도 신의 의지이기 때문에 함부로 인간이 인위적으로 죽음을 앞당기는 행위는 옳지 않음

(4) 안락사 허용 조건: 충분한 의료 정보를 토대로 한 자율적 판단에 따라서 환자가 안락사에 동의해야 하고, 경제적 비용 등 다른 이유 때문에 안락사를 선택해서는 안 됨. 또 안락사 동기가 환차의 고통을 최대한 줄이는 데 있어야 함(연명 의료 결정법)

각국의 뇌사 인정 현황
미국, 프랑스, 이탈리아 등은 뇌사를 법적인 사망으로 인정하고 있지만, 우리나라에서는 심폐사를 법적 사망으로 인정하고 있다.

장기 등 이식에 관한 법률
제16조(뇌사 판정 위원회) 뇌사 판정 위원회는 전문 의사 2명 이상과 의료인이 아닌 위원 1명 이상을 포함한 4명 이상 6명 이하의 위원으로 구성한다.

제17조(뇌사 추정자의 신고 및 뇌사 판정의 신청) ② 뇌사 추정자의 장기 등을 기증키 위하여 뇌사 판정을 받으려는 사람은 뇌사 추정자의 검사 기록 및 진료 담당 의사의 소견서를 첨부하여 뇌사 판정 기관의 장에게 뇌사 판정 신청을 하여야 한다.

③ 제2항에 따라 뇌사 판정을 신청할 수 있는 사람은 다음 각 호의 어느 하나에 해당하는 사람으로 한다.

1. 뇌사 추정자의 가족
2. 뇌사 추정자의 가족이 없는 경우에는 법정 대리인 또는 진료 담당 의사. 이 경우 뇌사 추정자가 제15조의 장기 등 기증 희망자인 경우로 한정한다.

제18조(뇌사 판정 등) 뇌사 판정의 요청을 받은 뇌사 판정 위원회는 전문 의사인 위원 2명 이상과 의료인이 아닌 위원 1명 이상을 포함한 과반수의 출석과 출석 위원 전원의 찬성으로 뇌사 판정을 한다.

연명 의료 결정법
'호스피스·완화 의료 및 임종 과정에 있는 환자의 연명 의료 결정에 관한 법률'의 주요 내용: 회생 가능성이 없고 사망이 임박한 임종 과정에 있는 환자에게 환자의 의사에 따라 연명 의료를 중단할 수 있다.

4. 자살: 자신의 생명을 스스로 끊는 행위

(1) 자살에 대한 동서양의 관점

구분	사상(가)	내용
동양	유교	부모로부터 받은 신체를 훼손하지 않는 것을 효(孝)의 시작으로 보아 자신의 생명을 스스로 해치는 자살은 매우 큰 불효에 해당하는 것임
	불교	오계 중 첫 번째 계율인 불살생(不殺生)은 다른 생명뿐만 아니라 자신의 생명도 해쳐서는 안 된다는 의미임
	도가	자연의 흐름을 거슬러 의도적으로 목숨을 끊는 행위는 무위자연의 원리에 어긋나는 것으로 해서는 안 됨
서양	자연법 윤리 (아퀴나스)	인간은 자신을 보존하고자 하는 성향이 있는데, 자살은 이를 포기하는 것이므로 옳지 않음
	칸트	인간을 수단이 아닌 목적으로 대우해야 함. 그런데 자살은 고통에서 벗어나기 위해 스스로의 목숨을 고통 완화의 수단으로 삼는 것이기 때문에, 이는 인간의 의무를 위반하는 것임
	쇼펜하우어	자살은 문제를 해결하는 것이 아니라 회피하는 것이므로 옳지 않음
	그리스도교	인간의 생명은 신이 주신 선물이므로, 신의 뜻을 저버리고 자신을 함부로 해쳐서는 안 됨

(2) 자살의 비윤리성: 자신의 삶의 단절을 가져와 소중한 꿈과 희망을 외면하고 자아를 실현할 가능성을 원천적으로 없애 버리며, 당사자뿐만 아니라 가족, 친구 등 가까운 사람들에게 큰 슬픔과 고통을 안겨 줌

(3) 자살 예방을 위한 노력: 생명의 가치와 삶의 소중함의 관점에서 자살을 윤리적으로 정당화하기 어렵다는 점을 깊이 인식하고 자살을 예방하기 위한 노력을 지속해야 함. 사회적 차원에서도 사회의 구조적 문제를 해결하고, 자살 예방을 위한 사회 안전망의 확보, 자살 예방 교육의 강화, 상담 제도의 활성화 등의 노력이 필요함

오계(五戒)

불교 계율 중 가장 근본이 되는 다섯 가지 계목(戒目)으로, 처음 출가하여 승려가 된 사미(沙彌)와 재가(在家)의 신도들이 지켜야 할 것이라고 해서 사미오계(沙彌五戒) 또는 신도오계(信徒五戒) 등으로 부른다. 사미오계는, 첫째 생명을 죽이지 마라[不殺生], 둘째 주지 않는 것을 가지지 마라[不偸盜], 셋째 음행하지 마라[不邪婬], 넷째 거짓말을 하지 마라[不妄語], 다섯째 술을 마시지 마라[不飮酒]는 것이다.

쇼펜하우어의 자살관

쇼펜하우어는 자살은 "이 비참한 세계로부터의 참된 구원이 아니라 외관적인 구원일 뿐"이며, "참된 구원을 위한 최고의 윤리적 목표에 도달하기를 거부하는 도피"에 불과하다고 말하였다. 쇼펜하우어의 철학은 삶에 대한 맹목적 의지를 포기하는 것을 목표로 한다. 그에게 있어 신체는 버려야 할 대상이 아니며, 자살은 진정한 삶을 살지 못하게 하는 행위에 불과하다. 자살은 하나의 욕구가 극대화된 결과일 뿐이다.

2단계 개념 쏙 정리하기

1. 출생 · 죽음과 관련된 쟁점

인공 임신 중절	찬성	소유권 근거, 생산 근거, 자율 근거, 평등권 근거, 정당방위 근거
	반대	잠재성 근거, 존엄성 근거, 무고한 인간의 신성불가침 근거
뇌사	찬성	뇌의 죽음은 인간 고유 기능 상실, 뇌사는 죽음의 단계 시작, 경제적 부담 최소화, 존엄하게 죽을 권리, 다른 생명을 구할 수 있음
	반대	뇌 정지 후에도 일정 기간 호흡과 심장 작동 가능, 생명에 인위적 개입 반대, 인간 생명의 수단화 반대, 오판의 가능성, 장기 이식을 위한 뇌사 판정의 악용 가능성
안락사	찬성	죽음을 선택할 권리 옹호, 환자와 가족의 고통 감소
	반대	죽음에 대한 선택 권리 부인, 남용될 가능성, 생명 경시 풍조 심화, 자연법에 어긋남, 인간 생명을 수단으로 보는 행위, 신의 의지를 거스르는 행위

2. 죽음 · 자살에 대한 관점

죽음	플라톤	이데아의 세계로 들어감
	에피쿠로스	두려워할 필요 없음
	하이데거	죽음에 대한 자각
	공자	죽음 이후보다는 현재의 도덕적인 삶에 관심
	석가모니	삶과 죽음이 하나
	장자	삶과 죽음은 순환 과정
자살	유교	자살은 불효
	불교	자살은 불살생의 계율을 어기는 것
	도가	자살은 무위자연의 원리에 어긋남
	자연법	자살은 자연법에 어긋남
	칸트	자살은 인간을 수단으로 여기는 것
	쇼펜하우어	자살은 문제를 회피하는 것
	그리스도교	자살은 신의 뜻을 저버리는 것

● 다음 설명이 맞으면 ○, 틀리면 ×에 표시하시오.

1 출생은 인간의 자연적 성향을 실현하는 과정이다. (○, ×)

2 인공 임신 중절에 대한 찬성과 반대 주장은 선택 옹호주의와 생명 옹호주의로 구분된다. (○, ×)

3 인공 임신 중절에 찬성하는 사람들은 태아가 본질적으로 인간임을 인정한다. (○, ×)

4 인공 임신 중절에 반대하는 사람들은 무고한 태아의 생명을 해치는 것은 옳지 않다고 주장한다. (○, ×)

5 시험관 아기 시술의 윤리적 문제는 난자 추출 과정의 안전성, 생식 세포 매매 가능성, 시술 과정에서 이용되는 여분의 수정란과 배아의 처리 문제 등이 있다. (○, ×)

6 공자는 죽음을 자연스러운 과정이라고 보고 슬퍼하거나 애도할 필요가 없다고 보았다. (○, ×)

7 유교에서는 인간의 선행과 악행은 죽음 이후의 삶을 결정한다고 보았다. (○, ×)

8 불교에서는 죽음은 그 사람을 구성하던 요소들이 흩어져서 사라지는 것이므로 끝이라고 보았다. (○, ×)

9 석가모니는 죽음에 대한 자각을 통해 삶을 더욱 의미 있고 가치 있게 살아갈 수 있다고 보았다. (○, ×)

10 장자는 삶과 죽음을 서로 연결된 순환 과정으로 보고, 죽음을 너무 슬퍼하지도 말고, 삶에 지나치게 집착하지도 말라고 가르쳤다. (○, ×)

11 뇌사를 죽음으로 인정하지 않는 입장에서는 뇌사를 죽음으로 인정하는 것이 인간 생명을 수단으로 여기는 것이라고 본다. (○, ×)

12 뇌사를 죽음으로 인정하는 입장에서는 뇌 기능이 정지하면 가까운 시기에 심장과 폐의 기능도 정지하기 때문에 이미 죽음의 단계에 들어선 것으로 본다. (○, ×)

13 뇌사를 죽음으로 인정하는 입장에서는 장기 이식을 위해 뇌사 판정을 악용할 가능성을 크게 우려한다. (○, ×)

14 우리나라는 현재 뇌사를 원칙적으로 죽음의 기준으로 인정하고 있다. (○, ×)

15 안락사를 찬성하는 사람들은 인간이 스스로 죽음을 선택할 권리가 있다고 본다. (○, ×)

16 아퀴나스는 인간은 자신을 보존하고자 하는 경향이 있는데, 자살은 이를 포기하는 것이기에 옳지 않다고 하였다. (○, ×)

● 다음 중 옳은 것에 ○표 하시오.

17 (㉠ 비배우자 인공 수정, ㉡ 인간 복제)은/는 부모와 유전적으로 무관한 자녀 출생, 친권 문제, 정자를 판매할 수 있는지의 문제 등의 윤리적 문제가 있다.

18 (㉠ 플라톤, ㉡ 에피쿠로스)은/는 인간이 살아 있는 동안에는 죽음을 경험할 수 없으므로 죽음을 두려워할 필요가 없다고 주장했다.

19 (㉠ 반자발적 안락사, ㉡ 비자발적 안락사)는 환자가 반대하는 상황에서 이루어지는 안락사로서, 대체로 살인이라고 보기 때문에 윤리적 논의에서 제외된다.

20 (㉠ 적극적 안락사, ㉡ 소극적 안락사)는 환자가 회복 불가능하므로 무의미한 연명 치료를 중단하고 자연스럽게 죽음을 받아들이게 하는 것이다.

21 안락사를 (㉠ 찬성, ㉡ 반대)하는 사람들은 삶의 질을 중시하는 개인의 권리와 사회의 이익을 강조한다.

22 (㉠ 유교, ㉡ 불교)에서는 부모로부터 받은 신체를 훼손하지 않는 것을 효(孝)의 시작으로 보아 자신의 생명을 스스로 해치는 자살은 매우 큰 불효에 해당하는 것으로 본다.

23 도가에서는 자연의 흐름을 거슬러 의도적으로 목숨을 끊는 행위는 (㉠ 무위자연, ㉡ 생사일여)의 원리에 어긋나는 것으로 해서는 안 된다고 본다.

● 빈칸에 들어갈 알맞은 말을 써 넣으시오.

24 (　　　　)은/는 도덕적 주체로 사는 삶의 출발점이며, 가족 및 사회 구성원으로 사는 삶의 시작이다.

25 (　　　　)은/는 죽음을 영혼이 육체에서 해방되어 영원불변한 이데아(Idea)의 세계로 들어가 자유를 얻는 것으로 이해하였다.

26 (　　　　)은/는 "인간은 언제나 죽음과 함께하고 있다. 죽음을 외면하지 말고 항상 죽음이 자신의 것이라는 사실을 인지하면서 살아야 한다."라고 하였다.

27 (　　　　)은/는 "본래 아무것도 없었는데 순식간에 변화하여 기(氣)가 생기고, 기가 변화하여 형체가 생기고, 형체가 변화하여 생명이 생기고, 생명이 변화하여 죽음이 된다. 이는 봄·여름·가을·겨울의 운행과 같다."라고 하였다.

28 (　　　　)은/는 자살은 고통에서 벗어나기 위해 스스로의 목숨을 고통 완화의 수단으로 삼는 것이기 때문에 인간의 의무를 위반하는 것으로 보았다.

---

1 ○　2 ○　3 ×(인간임을 인정하지 않음)　4 ○　5 ○　6 ×(자연스러운 과정이지만 애도하는 것은 도리라고 봄)　7 ×(유교에서는 죽음 이후를 논하지 않음. 불교의 관점에 해당함)　8 ×(끝이 아니라고 봄)　9 ×(하이데거의 견해)　10 ○　11 ○　12 ○　13 ×(반대하는 입장의 근거임)　14 ×(심폐사를 인정함)　15 ○　16 ○　17 ㉠　18 ㉡　19 ㉠　20 ㉡　21 ㉠　22 ㉠　23 ㉠　24 출생　25 플라톤　26 하이데거　27 장자　28 칸트

05강

생명 윤리

키워드
생명 윤리, 배아 복제, 유전자 치료, 적극적 우생학, 동물의 권리, 동물 실험

1단계 개념 뜯어보기

01 생명 복제와 유전자 치료 문제

1. 생명 과학 기술과 생명 윤리

(1) **생명 과학**: 생명 현상의 본질과 그 특성을 연구하는 학문

(2) **최근 생명 과학 기술의 발전 수준**: 동식물 복제, 동식물 유전자 변형, 인간 배아 복제 수준까지 발전했고, 나아가 인간 유전자 변형 기술로 발전할 가능성이 있음

(3) **생명 윤리**

① 생명 과학의 윤리적 정당성과 한계를 다루고 그 성과를 반성적으로 성찰하여, 인간 생명의 존엄성을 실현하려는 학문 분야

② 생명을 책임 있게 다루는 것과 관련된 모든 경우에 대한 윤리적 고려가 필요함

③ 생명의 존엄성에 대한 인식을 바탕으로 인간, 사회, 환경 등의 차원에서 생명 과학 기술의 윤리적 정당성과 한계를 성찰하여 생명 과학 기술의 건전한 발전을 추구함

④ 생명 과학과 생명 윤리는 조화를 이루면서 발전해 나가야 함

(4) **생명 윤리의 필요성**

① 생명 과학은 하나뿐인 생명을 다루고, 생명체에 직접 영향을 미치며, 잘못 이용할 경우 돌이킬 수 없고, 피해도 크기 때문에 생명 과학 기술의 연구와 적용은 신중하게 이루어져야 함

② 생명 과학은 인간 삶의 질을 향상하는 데 영향을 주지만, 그 성과를 무분별하게 활용하면 인간의 존엄성을 훼손하고, 생태계를 파괴하게 되며, 더 나아가 인류의 파멸을 초래할 수 있음

2. 생명 복제의 윤리적 쟁점

(1) **생명 복제의 의미**: 한 생명체와 동일한 유전자를 지닌 새로운 생명체를 만드는 것으로 동물 복제와 인간 복제로 구분할 수 있음

(2) **동물 복제 찬반 논쟁**

찬성	• 동물 복제로 우수한 품종을 개발하고 유지할 수 있음 • 멸종된 동물을 복원하거나 희귀 동물을 보존할 수 있음
반대	• 동물 복제가 자연의 질서를 위배하는 행위임 • 종(種)의 다양성을 해치고 동물의 생명을 수단으로 여기는 문제가 있음

(3) **인간 복제 구분**

① 배아 복제: 복제 과정을 거친 세포를 배아 단계까지만 성장시키는 것

② 개체 복제: 복제한 배아를 자궁에 착상시켜 완전한 인간 개체를 태어나게 하는 것

(4) **인간 배아 복제의 윤리적 쟁점**

① 복제 배아 연구 배경: 체세포 핵 이식 기술을 활용한 복제 배아는 생식 초기에 관한 연구와 줄기세포 추출을 통한 난치병 치료에 도움을 줄 것이라는 점에서 주목받음

② 배아 연구의 쟁점: '배아가 인간으로서의 도덕적 지위를 지니는가?', '복제 과정에서 많은 수의 난자 채취 및 사용은 여성의 건강권과 인권을 훼손하는 것인가?'

만점 공부 비법
• 생명 과학과 생명 윤리의 관계를 이해한다.
• 동물 복제, 유전자 치료의 찬반 근거를 명확하게 구분한다.
• 동물의 권리에 대한 다양한 관점을 이해한다.

동서양의 생명 윤리
• 도가: 생명 현상의 인위적 조작 반대
• 불교: 불살생(생명의 보존 강조)
• 그리스도교: 생명은 존엄함

배아 복제
생물체에서 체세포를 채취해 배양 처리한 후의 세포를 핵이 제거된 난자에 주입해 세포를 융합하는 과정을 '체세포 핵이식'이라고 한다. 체세포에 핵이 식된 융합 난자를 인큐베이터에서 배양하면 정상적으로 정자와 난자가 결합된 것처럼 세포가 2, 4, 6, 8, 16개로 점차 분할되는 과정을 거치는데, 이후 분할된 난자를 자궁에 착상하여 분만하면 복제된 생명체가 나온다. 난자를 자궁에 착상시키지 않은 상태까지가 '배아 복제'이다. 이 시기를 '배아 시기'라고 하며, 모든 기관이 형성된 이후부터 출생 전까지는 '태아 시기'라고 한다.

개체 복제
개체 복제의 경우 정자와 난자가 아닌 체세포만으로 생명을 잉태할 수 있다. 1997년 탄생한 세계 최초의 체세포 복제 양 '돌리'가 그 사례이다.

(5) 복제 배아의 지위 논쟁

복제 배아는 인간으로 볼 수 없다	• 복제 배아는 인간이 될 가능성이 확정되지 않은 세포 덩어리이므로 인간으로 볼 수 없음 • 복제 배아는 인간을 위한 수단으로 활용할 수 있으므로 연구를 위한 복제 배아 파괴는 제한 없이 허용될 수 있음 • 고통을 느낄 수 없는 존재를 희생시켜 인간의 고통을 줄인다는 점에서 용인될 수 있음
복제 배아는 인간으로 보아야 한다	• 복제 배아는 인간과 동일한 유전자를 가지고 있고, 태아로 자라 아이로 태어나는 연속적인 과정 중에 있으므로 인간으로 보아야 함(종의 구성원 논거) • 생식 과정의 특정 시점을 인간으로 인정하는 기준으로 삼으면 점차 그 기준이 후퇴함으로써 인간의 존엄성이 훼손될 수 있음(연속성 논증) • 배아 연구를 위해 복제 배아를 파괴하는 것은 존엄한 인간을 수단화하고 살인과 같다는 점에서 허용되어서는 안 됨 • 초기 배아는 정자와 난자가 수정한 때부터 인격체에 속하므로 출생 후의 인간과 같은 도덕적 지위를 가지며 보호받아야 함(인격체 논증) • 출생 후의 인간이 지닌 정체성은 이미 초기 배아에 내재하여 있으므로 초기 배아는 출생 후의 인간과 같은 도덕적 지위를 가짐(동일성 논증) • 초기 배아는 인간으로 성장할 잠재성을 지니고 있으므로 출생 후의 인간과 같은 도덕적 지위를 가짐(잠재성 논증)
복제 배아는 이미 태어난 인간과는 정도의 차이가 있다	• 복제 배아는 착상되면 인간으로 태어날 수 있다는 점에서 인간으로서의 잠재성을 지니지만, 이미 태어난 인간과는 정도의 차이가 있음 • 배아 연구를 통한 의료적 성과와 배아의 도덕적 지위를 함께 고려하여 일정한 기준을 마련하면 배아 연구는 제한적으로 허용될 수 있음

(6) 인간 개체 복제의 윤리적 쟁점

찬성	• 복제 기술이 안정화되어 부작용이 거의 없어질 것이고, 불임 부부가 유전적 연관이 있는 자녀를 가질 수 있음 • 복제 인간도 서로 다른 선택과 경험, 환경 아래에서 자란 일란성 쌍둥이처럼 독자적인 삶을 살아갈 것임
반대	• 복제 기술이 불완전하기 때문에 부작용이 나타날 수 있음 • 특정한 의도와 목적에 따라 태어난 복제 인간은 정체성의 혼란을 느낄 수 있음 • 인간의 생명이 수단화되어 인간의 존엄성을 훼손할 수 있음 　(개체 복제는 상품 생산처럼 인간을 생산하는 것과 같아 인간 생명의 존엄성을 훼손함) • 남녀 간의 사랑으로 잉태되어 태어나는 인간의 자연스러운 출산 과정에 어긋남 • 개체 복제로 태어난 인간은 체세포 핵을 제공한 대상과 같은 유전 형질을 가지므로 다른 인간과 구별되는 고유성을 갖지 못함 • 인간관계를 혼란에 빠뜨릴 수 있음 • 의료용 장기를 확보하려고 개체 복제를 하면 복제된 인간의 생명을 도구화할 수 있음 • 불임 부부의 고통은 개체 복제가 아니더라도 보조 생식술로 해결할 수 있음

(7) 인간 개체 복제의 윤리적 문제

① 복제 인간은 같은 유전자를 가진 원본 인간의 삶이 먼저 존재하므로 자율적으로 자아를 찾고 자신의 삶을 성취하는 것을 방해받을 수 있음

② 인간은 자신의 미래가 자신이나 타인에게 알려지지 않은 채로 태어나 생활할 수 있는 모를 권리를 보장받아야 함. 누구나 자유 의지에 따라 자신의 미래를 만들어 갈 수 있어야 하기 때문임

(8) 인간 개체 복제 금지 선언

① 국제 연합(UN)의 '인간 복제 금지 선언'

② 우리나라의 '생명 윤리 및 안전에 관한 법률'

모를 권리

특정인의 삶을 예언하거나 예언의 역할을 함으로써 그의 삶을 제약할 수 있는 정보를 당사자가 모른 채로 있을 권리를 말한다. 본인의 유전 정보나 인간 개체 복제에서 원본 인간의 삶에 대한 정보 등 자기의 유전자 정보에 대한 앎은 자신의 삶을 예언할 수도 있고, 심리적으로 불안감이나 초조함을 유발할 수도 있으므로 인간은 행복 추구를 위해 이런 정보를 모른 채 있을 권리를 가진다.

인간 복제 금지 선언

국제 연합 총회 법률 위원회가 2005년 2월 18일 모든 형태의 인간 복제를 전면적으로 금지하는 선언문을 채택하였다. 6개항으로 이루어진 이 선언은 '치료 목적의(therapeutic)' 배아 복제까지 포함됨으로써 지금까지 지속적으로 논란이 됐던 부분까지 모두 금지를 하고 있다.

생명 윤리 및 안전에 관한 법률

제20조(인간 복제의 금지) ① 누구든지 체세포 복제 배아 및 단성 생식 배아(이하 '체세포 복제 배아 등'이라고 한다)를 인간 또는 동물의 자궁에 착상시켜서는 아니 되며, 착상된 상태를 유지하거나 출산하여서는 아니 된다.

05강 생명 윤리

3. 유전자 치료의 윤리적 쟁점

(1) 유전자 치료의 의미와 현황

① 의미: 돌연변이 또는 유해(有害) 유전자로 발생한 질병을 유전자 공학을 이용하여 치료하는 것, 원하는 유전자를 세포 안에 넣어 새로운 형질을 발현하게 하여 이상 유전자의 기능을 대신하거나 이상 유전자를 바꾸어 유전적 질병을 치료하는 방법

② 종류

체세포 치료	• 체세포를 대상으로 하는 치료로, 치료를 위해 주입된 유전자가 주로 환자 개인에게만 영향을 미침 • 제한적으로 허용
생식 세포 치료	• 수정란이나 배아를 대상으로 하며, 생식 세포에 영향을 미치므로 변형된 유전적 정보가 유전되어 후세대와 인간의 유전자 풀(pool)에 직접적인 영향을 미침 • 허용에 대해 논란의 여지가 있음

③ 유전자 치료에 대한 윤리적 쟁점

• 유전 정보를 수집, 분석, 보관, 활용하는 과정에서 심각한 유전적 사생활 침해 문제가 발생할 수 있음

• 비만이나 외모의 교정, 노화 방지, 신체 기능 향상 등을 목적으로 유전자 치료를 사용하는 것을 윤리적으로 허용할 수 있는지 등 유전자 치료의 범위를 어디까지로 할 것인지에 대해 논란이 제기될 수 있음

(2) 생식 세포 유전자 치료에 대한 논쟁

찬성	• 병의 유전을 막아 다음 세대의 병을 예방할 수 있음 • 유전병을 퇴치하는 등 의학적으로 유용함 • 유전 질환을 물려주지 않으려는 부모의 자율적 선택을 존중하는 것임 • 새로운 치료법 개발을 통해 경제적 효용 가치를 산출할 수 있음 • 난자의 세포질 유전으로 인한 질병의 경우에는 치료의 유일한 방법일 수 있음
반대	• 생식 세포 치료로 인해 문제가 생긴 유전자가 유전될 경우 후세대에 지속적으로 고통을 줄 수 있음 • 미래 세대의 동의 여부가 불확실하고, 의학적으로 불확실하고 임상적으로 위험함 • 이 치료가 일반화될 경우 인간의 유전적 다양성이 상실될 수 있음 • 고가의 치료비로 그 혜택이 일부 사람에게 치중되어 분배 정의에 어긋날 수 있음 • 생식 세포 치료는 후세대를 유전적으로 개량하려는 욕망과 결합하여 새로운 우생학적 시도로 변형될 수 있음

(3) 유전 형질 개량(우생학)

찬성	• 과거에는 사회나 국가에 의해 강요되었다면, 오늘날에는 개인의 자율성에 근거함 • 개인의 선호와 자율적 선택에 의한 유전적 개량은 존중해야 함 • 인간의 생식적 선택의 범위를 넓혀 줌 • 유전적 개량을 통해 개인의 만족과 사회적 향상이 함께 이루어질 것임
반대	• 미래 세대가 아니라 현세대에 의해 유전 형질 개량이 결정됨 • 유전적으로 기획되어 태어난다는 점에서 미래 세대의 자율적인 삶을 제약할 수 있음 • 경제적 차이에 따른 계층 간 유전적 격차와 이로 인한 차별이 생길 수 있음 • 개인적·사회적 문제의 원인과 해결책을 유전적 차원에서만 찾으려고 할 수 있음

(4) 생명 과학 기술 적용의 유의점
생명 과학 기술이 개인적·사회적으로 생명의 존엄성을 훼손하고, 인간다운 삶의 실현을 방해하지 않는지 검토하여 허용 여부와 범위 등을 신중하게 결정해야 함(생명 의료 윤리 원칙에 따라 생명의 존엄성을 존중하고 실천해야 함)

유전자 치료 연구 허용 조건

1. 유전 질환, 암, 후천성 면역 결핍증, 그 밖에 생명을 위협하거나 심각한 장애를 불러일으키는 질병의 치료를 위한 연구

2. 현재 이용 가능한 치료법이 없거나 유전자 치료의 효과가 다른 치료법과 비교하여 현저히 우수할 것으로 예측되는 치료를 위한 연구
   – '생명 윤리 및 안전에 관한 법률' 제47조

우생학
미래 세대의 인종적 자질을 개량할 것을 목적으로 하여 여러 조건과 인자를 연구하는 학문

뷰첨(Beauchamp, T. L.)과 칠드레스(Childress, J. F.)의 생명 의료 윤리에 관한 원칙
• 자율성 존중의 원칙: 인간의 자율적 의사를 존중해야 한다.
• 악행 금지의 원칙: 신체적 해악이나 정신적 상처를 주면 안 된다.
• 선행의 원칙: 환자나 피험자에게 선행을 베풀어야 한다.
• 정의의 원칙: 의료 서비스나 자원을 공정하게 분배해야 한다.

02 동물 권리에 대한 입장과 동물 실험의 문제

1. 동물의 권리에 대한 다양한 입장

인간 중심주의	아리스토텔레스	"동물은 인간을 위해 존재한다. 따라서 인간이 동물을 사용하는 것은 문제가 되지 않는다."
	아퀴나스	"사물의 질서는 불완전한 것이 완전한 것을 위해 존재하는 방식으로 이루어져 있다. 식물은 모두 동물을 위해 존재하고, 동물은 모두 인간을 위해 존재한다. …… 인간이 동물에게 동정 어린 감정을 나타낸다면, 그는 그만큼 더 동료 인간들에게 관심을 가질 것이다."
	데카르트	인간과 동물의 몸은 자동 기계인데, 인간과 달리 동물에게는 정신이나 영혼이 없어서 쾌락이나 고통을 느낄 수 없기 때문에 동물은 권리를 지니고 있지 않음
	칸트	• 동물은 이성을 갖고 있지 않아 직접적인 도덕적 지위를 갖지 못함. 하지만 동물을 학대하는 것은 인간의 품성에 부정적인 영향을 끼치므로 금지해야 함 • 인간에게 미칠 영향을 근거로 하여 간접적으로 동물을 배려한다는 한계가 있음
동물권 인정	벤담	동물도 고통을 느끼므로 도덕적으로 고려받을 권리를 가질 수 있음
동물 해방론	싱어	• 동물이 쾌고 감수 능력을 갖고 있으므로 동물의 이익도 평등하게 고려되어야 함. 인간과 동물을 차별하는 것은 종 차별주의임 • "도덕적 지위를 갖는 존재는 모두 하나로 계산되어야지, 그 이상으로 계산되어서는 안 된다." • 고통을 피하고 생존할 수 있도록 기본적인 욕구를 충족할 권리는 보장해 주어야 함 • 동물에게 고통을 주는 동물 실험에 기본적으로 반대하나, 공리주의를 기초로 삼으므로 동물 실험에서 생기는 이익이 아주 크고 의미 있다면 동물 실험을 허용할 여지를 열어 둠 • 쾌고(쾌락과 고통)를 느끼지 못하는 동물을 도덕적으로 고려할 수 없고, 공리의 원리를 적용하는 과정에서 쾌고를 느끼는 존재를 수단화할 수 있다는 한계가 있음
의무론	레건	• 삶의 주체를 개체가 단순히 살아 있다는 의미를 넘어서 자신의 삶을 영위할 수 있는 능력을 가진 행위자로 봄. 동물이 고유한 가치를 가지는 이유는 동물 스스로가 자기 삶의 주체이기 때문임 • 한 살 정도 이상의 포유류는 자신의 삶을 영위할 수 있는 능력, 즉 믿음, 욕구, 지각, 기억, 감정 등을 지닌 존재이고, 자신의 욕구와 목표를 위해 행동할 수 있어 삶의 주체가 될 수 있으므로 인간처럼 내재적 가치를 지님 • 동물은 생명의 권리와 함께 학대받지 않을 권리도 지님 • 과학의 발전을 위해 동물에게 고통을 주는 것은 동물의 내재적 가치를 존중하지 않고, 단지 동물을 인간의 목적을 위한 수단으로 이용하는 것이기 때문에 부당함 • 육식을 위한 고기를 대량 생산하기 위해 비도덕적인 방법으로 동물을 사육하는 행위, 동물을 대상으로 하는 각종 실험을 중단해야 함 • 동물의 복지를 고려하거나 실험 방법을 개선하려는 노력 등을 강조하는 공리주의적 접근은 문제의 본질을 흐릴 뿐 근본적인 해결책이 아님 • 삶의 주체가 될 수 없는 동물을 도덕적으로 고려할 수 없다는 한계가 있음
동물권 부정	코헨	• 어떤 존재가 권리를 소유하려면 윤리 규범의 고안 능력이나 자율성 등을 지녀야 하는데, 동물은 그러한 능력이 없으므로 권리를 소유할 수 없음 • 동물 실험이 없었다면 의학의 발전은 불가능하였을 것임(동물 실험의 이익이 동물 생명의 손실을 능가함)

데카르트의 기계론
데카르트는 우주 전체를 신이 창조한 하나의 거대한 기계로 보았다. 그는 우주에 포함된 인간이나 동물도 기계일 뿐이라고 생각했으며, 생물과 무생물 사이에는 본질적인 차이가 없다고 보았다. 이러한 사고방식에 의하면 육체는 기계의 원리로 작동하며 인간과 같은 언어를 사용하지 않는 동물은 육체로 환원된 자동 기계에 불과하다. 그런데 데카르트는 다른 동물이 기계에 불과한 반면, 인간도 기계이기는 하지만 이성을 가진 동물이기에 정신이나 영혼을 가지고 있다고 보고 신의 피조물 가운데 가장 우월한 존재라고 보았다.

레건의 의무론에서의 '동물'
레건이 동물에 대한 의무를 말할 때 도덕적으로 고려해야 하는 대상으로서의 '동물'은 한 살 정도 이상의 포유류에 해당한다. 레건은 한 살 정도 이상의 포유류만이 삶의 주체로서의 능력을 지닌다고 보았기 때문이다.

내재적 가치
대상의 내재적 속성이 가지는 가치, 즉 동물이 인간의 이익 관심과 무관하게 그 자체로 가지고 있는 객관적 가치

2. 동물 권리에 관한 다양한 문제들

구분	제기되는 의문
음식을 위한 동물 사육	인간의 미각적 즐거움을 위해 동물의 생명을 빼앗고 고통을 주는 것이 정당한가?
의복을 위한 동물 사육	인간이 멋과 심리적 만족이라는 필수적이지 않은 욕구를 충족하기 위해 동물을 수단으로만 여기는 것이 정당한가?
유희를 위한 동물 활용	인간의 즐거움을 위해 동물의 생명과 고통을 경시해도 되는가?
반려동물 소유 및 유기	반려동물을 소유물이나 즐거움을 주는 대상으로만 여겨도 되는가?
야생 동물의 생존권 위협	인간의 재산권과 야생 동물의 생존권이 대립하는가?

3. 동물 실험 논쟁

동물 실험을 옹호하는 입장	• 인간은 근본적으로 동물과 다른 지위를 갖고 있으므로, 동물을 이용할 수 있음 • 인간과 동물은 생물학적으로 유사하므로 동물 실험의 결과가 인간에게도 유효함 • 동물 실험을 통해 인체 실험으로 인한 위험성을 줄일 수 있음 • 조직 배양과 같은 대안적 실험으로는 유기체에 미치는 영향을 정확히 알 수 없음 • 동물 실험을 통해 다양한 치료약이나 치료법 등을 개발하여 인간의 건강 증진에 이바지할 수 있음
동물 실험을 비판하는 입장	• 인간과 동물은 존재 지위에 별 차이가 없음 • 인간과 동물이 공유하는 질병이 적고, 동물 실험의 결과를 인간에게 적용하면서 인간이 해를 입거나 의학적 발전이 지체될 수 있음 • 긍정적 이해 관심을 가진 동물을 실험의 도구로 활용하고 있음 • 목적이 불분명하고 필수적이지 않은 동물 실험으로 동물이 불필요한 고통을 당하고 있음 • 동물 실험자는 고통을 가하는 것과 죽음에 둔감해지는 등 정서적인 문제가 생길 수 있음

4. 동물의 복지 향상과 생명 존중을 위한 노력

• 3R 원칙: 동물의 희생과 고통을 최소화하기 위해 만든 동물 실험의 세 가지 원칙

대체(Replacement)	가능한 한 다른 실험 방법이나 실험 대상으로 대체함
감소(Reduction)	실험에 활용되는 동물의 수를 줄임
정교화(Refinement)	동물의 고통과 피해를 최소화하기 위해 실험 방법이나 기술을 정교화함

의학 분야의 동물 실험 사례
• 파스퇴르(Pasteur, L.): 양에게 탄저균을 주입하는 실험을 통해 예방 접종의 원리를 개발
• 밴팅(Banting, F. G.): 개의 췌장에서 인슐린을 최초로 발견
• 동물 실험으로 B형 간염, 에이즈 예방 백신, 장기 이식 거부 반응 억제제 개발
• 침팬지를 대상으로 정신 분열증 치료 약물 개발, 풍진 백신, 화학 요법 등 암 치료 방법 개발

동물 실험과 다른 임상 결과 사례
• 페니실린: 동물 실험에서 쥐에게는 기형아 출산, 고양이에게는 사망을 일으켰지만, 인간에게는 아무런 부작용을 일으키지 않음
• 탈리도마이드: 입덧 치료제인 이 약은 동물 실험에서는 안전한 약으로 판정받았지만, 이 약을 복용한 임산부는 기형아를 낳음
• 수십억 마리의 동물에게 수천 개의 약물을 먹이고, 바르고, 주사했으나 인간 암의 증상의 원인, 치료 예후 등이 실험 동물에게서는 동일하게 나타나지 않음
• 수천 마리의 침팬지에게 HIV바이러스를 주입했지만 전형적인 인간의 AIDS로 발전하지 않았고 세계 어디에서도 침팬지는 AIDS로 죽지 않음. 단지 감기 증상과 비슷하게 반응하였음

2단계 개념 정리하기

1. 생명 복제와 유전자 치료 문제
• 생명 윤리: 생명 과학의 윤리적 정당성과 한계를 다루는 학문
• 복제 배아를 인간으로 보아야 하는지에 대한 논쟁이 있음
• 인간 개체 복제 찬반 논쟁: 찬성(생식 방법의 다양화), 반대(안전성 및 인간 존엄성 보호)
• 유전자 치료: 체세포 치료와 생식 세포 치료로 구분되며, 유전적 사생활 침해 논란이 있음
• 생식 세포 유전자 치료에 대한 찬반 논쟁: 찬성(유전병 퇴치 가능), 반대(생식 세포 치료로 문제가 생긴 유전자가 유전될 경우 후세대에 지속적으로 고통을 줄 수 있음, 미래 세대의 동의 여부 불확실, 인간의 유전적 다양성 상실 등)

• 유전 형질 개량 찬반 논쟁: 찬성(개인 선택 존중, 개인과 사회의 만족 증가 등), 반대(미래 세대의 자율적 삶 제약, 경제적 차이로 인한 차별 발생 등)

2. 동물 권리에 대한 입장과 동물 실험의 문제
• 동물의 권리에 대한 다양한 입장: 인간 중심주의(아리스토텔레스, 아퀴나스, 데카르트, 칸트), 동물 권리 인정(벤담), 동물 해방론(싱어), 의무론(레건), 동물의 권리 부정(코헨)
• 동물 실험 논쟁: 동물 실험 옹호(동물 실험 결과의 유효성 옹호), 동물 실험 비판(동물 실험의 유효성 부정)

● 다음 설명이 맞으면 ○, 틀리면 ×에 표시하시오.

1 생명 과학과 생명 윤리는 조화를 이루면서 발전해 나가야 한다. (○, ×)

2 배아 복제는 복제한 배아를 자궁에 착상시켜 완전한 인간 개체를 태어나게 하는 것이다. (○, ×)

3 복제 배아를 인간으로 볼 수 없다는 관점에서는 연구를 위한 복제 배아 파괴는 허용될 수 없다고 본다. (○, ×)

4 복제 배아는 이미 태어난 인간과는 정도의 차이가 있다고 보는 관점에서는 배아 연구는 제한적으로 허용될 수 있다고 본다. (○, ×)

5 인간 개체 복제를 찬성하는 입장에서는 생식 방법 다양화를 통해 불임 부부에게 도움을 줄 수 있다고 본다. (○, ×)

6 체세포를 대상으로 하는 유전자 치료는 인간의 유전자 풀(pool)에 직접적인 영향을 미친다. (○, ×)

7 유전자 치료의 윤리적 문제 중의 하나는 유전 정보를 수집, 분석, 보관, 활용하는 과정에서 심각한 유전적 사생활 침해 문제가 발생할 수 있다는 것이다. (○, ×)

8 이 세상에 존재하는 모든 것은 목적을 가진다고 본 아리스토텔레스는 인간이 동물을 사용하는 것은 문제가 된다고 보았다. (○, ×)

9 아퀴나스는 식물은 모두 동물을 위해 존재하고, 동물은 모두 인간을 위해 존재한다고 보았다. (○, ×)

10 데카르트는 동물은 자동 기계로 쾌락이나 고통을 느낄 수 있기 때문에 동물은 권리를 지니고 있다고 보았다. (○, ×)

11 공리주의자 벤담은 동물도 고통을 느끼므로 도덕적으로 고려받을 권리를 가질 수 있다고 보았다. (○, ×)

12 싱어는 쾌고를 느끼지 못하는 동물도 도덕적으로 고려해야 한다고 보았다. (○, ×)

13 싱어는 쾌고 감수 능력을 도덕적 고려의 대상으로 보기 위한 필요충분조건으로 보았다. (○, ×)

14 레건은 쾌고 감수 능력을 도덕적 고려의 대상으로 보기 위한 필요충분조건으로 보았다. (○, ×)

15 레건은 모든 동물은 인간처럼 내재적 가치를 지닌다고 보았다. (○, ×)

16 코헨은 어떤 존재가 권리를 지니려면 윤리 규범의 고안 능력이나 자율성이 있어야 하는데, 동물은 그런 능력이 없기에 권리를 지닐 수 없다고 보았다. (○, ×)

● 다음 중 옳은 것에 ○표 하시오.

17 동물 복제를 (㉠ 찬성, ㉡ 반대)하는 사람들은 동물 복제가 종(種)의 다양성을 해친다고 주장한다.

18 칸트는 동물을 학대하는 것은 인간의 (㉠ 직접적, ㉡ 간접적) 의무에 위배된다고 보았다.

19 싱어의 동물 해방론은 공리주의를 기초로 삼는데 동물 실험에서 생기는 이익이 아주 클 경우 동물 실험을 (㉠ 금지, ㉡ 허용)한다.

20 레건은 한 살 정도의 포유류는 자신의 삶을 영위할 수 있는 능력, 즉 믿음, 욕구, 지각, 기억, 감정 등을 지닌 존재이고, 자신의 욕구와 목표를 위해 행동할 수 있어 삶의 (㉠ 주체, ㉡ 객체)가 될 수 있다고 보았다.

21 레건은 과학의 발전을 위해 동물에게 고통을 주는 것은 동물을 (㉠ 목적, ㉡ 수단)으로 이용하는 것이라고 보았다.

22 코헨은 윤리 규범의 고안 능력이나 자율성 등을 (㉠ 권리, ㉡ 도구적 가치)를 소유하기 위한 조건으로 보았다.

23 동물 실험을 옹호하는 입장에서는 대안적 실험으로 유기체에 미치는 영향을 정확히 알 수 (㉠ 있다, ㉡ 없다)고 본다.

24 동물 실험을 옹호하는 입장에서는 동물 실험의 결과가 인간에게도 (㉠ 유효, ㉡ 무효)하다고 주장하는 반면, 동물 실험을 비판하는 입장에서는 인간과 동물이 공유하는 질병이 (㉢ 많다고, ㉣ 적다고) 본다.

● 빈칸에 들어갈 알맞은 말을 써 넣으시오.

25 ( )은/는 생명 과학의 윤리적 정당성과 한계를 다루고 그 성과를 반성적으로 성찰하여, 인간 생명의 존엄성을 실현하려는 학문 분야이다.

26 ( )은/는 한 생명체와 동일한 유전자를 지닌 새로운 생명체를 만드는 것이다.

27 배아 연구의 쟁점은 '배아가 ( )으로서의 도덕적 지위를 지니는가?'이다.

28 ( )(이)란 특정인의 삶을 예언하거나 예언의 역할을 함으로써 그의 삶을 제약할 수 있는 정보를 당사자가 모른 채로 있을 권리를 말한다.

29 생식 세포 유전자 치료에 대한 논쟁 중의 하나는 고가의 치료비로 그 혜택이 일부 사람에게 치중되어 ( )에 어긋날 수 있다는 점이다.

30 동물의 희생과 고통을 최소화하기 위해 만든 동물 실험의 세 가지 원칙은 ( ), ( ), ( )이다.

---

1 ○ 2 ×(개체 복제에 대한 설명임) 3 ×(허용될 수 있다고 봄) 4 ○ 5 ○ 6 ×(환자 개인에게만 영향을 미침) 7 ○ 8 ×(동물은 인간을 위해 존재한다고 봄) 9 ○ 10 ×(쾌락이나 고통을 느낄 수 없다고 봄) 11 ○ 12 ×(쾌고를 느끼는 동물만 도덕적 지위가 있다고 봄) 13 ○ 14 ×(필요조건으로 봄) 15 ×(한 살 이상의 포유류만 해당함) 16 ○ 17 ㉡ 18 ㉡ 19 ㉡ 20 ㉠ 21 ㉡ 22 ㉠ 23 ㉡ 24 ㉠, ㉣ 25 생명 윤리 26 생명 복제 27 인간 28 모를 권리 29 분배 정의 30 대체, 감소, 정교화

II. 생명과 윤리

06강 사랑과 성 윤리

키워드

성의 의미와 가치, 사랑과 성의 관계, 성차별, 페미니즘, 성의 자기 결정권, 성 상품화, 결혼과 가족의 윤리

1단계 개념 확 뜯어보기

01 사랑과 성의 관계

1. 사랑과 성의 바람직한 관계

(1) 사랑의 의미

① 사랑은 인간의 근원적인 정서로, 어떤 사람이나 존재를 아끼고 소중히 여기는 마음임

② 사랑은 인간이 지향하는 정서의 최고 단계로서 인간을 도덕적 생활로 이끌며, 인간 상호 간에 인격적 교감을 이루게 함

(2) 프롬의 사랑관

① 사랑에는 무엇보다 책임, 존경, 이해, 보호 등과 같은 인격적 가치가 내포되어야 함

② 사랑하는 사람을 보호하는 것(보호), 사랑하는 사람의 요구를 배려하면서 자신의 행동에 책임을 지는 것(책임), 사랑하는 사람을 있는 그대로 받아들이며 존경하는 것(존경), 사랑하는 사람을 올바로 이해하는 것(이해)이 진정한 사랑의 모습임

(3) 성의 의미

생물학적 성(sex)	생물학적으로 구별되는 특성
사회·문화적 성(gender)	사회적·문화적으로 구성되는 남성다움과 여성다움을 의미
욕망으로서의 성(sexuality)	인간의 성적 욕망에 관련된 심리나 행위 등을 포괄적으로 의미

(4) 사랑과 성의 관계

① 인간이 성을 통해서 사랑을 확인한다는 점을 미루어 볼 때, 사랑이 지니는 인격적 가치가 성을 통해서 실현된다고 할 수 있음

② 인간은 상대방에 대한 열정과 친밀감을 바탕으로 한 성적 활동을 통하여 신체적·정서적·정신적으로 상대방과 하나가 되는 성숙한 사랑을 하게 됨

→ 성의 인격적 가치는 사랑과 성이 밀접한 관계가 있다는 것을 보여 줌

(5) 성의 가치

생식적 가치	새로운 생명을 탄생시키는 원천 → 책임 있는 행동을 요구
쾌락적 가치	인간의 감각적인 욕구를 충족시킴 → 절제 있는 행동을 요구(쾌락의 역설)
인격적 가치	남녀 상호 간의 존중과 배려를 실현하게 함 → 인격 존중을 요구

(6) 성에 대한 입장

보수주의	• 결혼과 출산 중심의 성 윤리를 제시, 성이 부부간의 신뢰와 사랑을 전제로 할 때만 도덕적임 • 결혼을 통해 이루어지는 성적 관계만이 정당하며, 혼전 또는 혼외 성관계는 부도덕함 • 성은 자유로운 개인적 영역일 뿐만 아니라 사회의 안정과 질서 유지와도 관련이 있으므로 사랑과 성은 결혼을 통해 이루어져야 함
중도주의 (온건한 자유주의)	• 사랑 중심의 성 윤리를 제시함 • 성을 결혼과 결부시키지 않으며, 사랑을 동반한 성적 관계는 허용될 수 있음 • '사랑이 없는 성'은 동물과 인간의 구분을 모호하게 하며, 성이 지니는 인격적 가치를 떨어뜨릴 수 있음 • 사랑과 결합한 성만이 인간의 고유한 품격을 유지해 줄 수 있기 때문에 '사랑이 있는 성'을 추구해야 함

만점 공부 비법

• 성의 의미와 가치를 파악하고, 관점에 따라 다른 사랑과 성의 관계를 이해한다.

• 성차별, 성의 자기 결정권, 성 상품화의 윤리적 문제를 이해한다.

• 전통과 현대적 의미에서 결혼과 가족의 윤리를 이해한다.

프롬의 사랑관

진정한 사랑	진정하지 않은 사랑
• 적극적 활동 • 참여하는 것 • 능동적으로 주는 것	• 수동적 감정 • 빠져드는 것 • 수동적으로 받는 것

쾌락의 역설

감각적 쾌락을 지나치게 추구하면 오히려 고통을 가져온다는 의미

성의 인격적 가치와 칸트의 사상

칸트는 남녀가 상대의 성(性)을 사용하는 것은 일종의 향유로서, 어느 한쪽이 다른 쪽에게 자신의 성을 사용하도록 허락한 것이라고 하였다. 칸트는 이것은 자신을 사물로 만드는 것이기에 인간에게 고유한 인격체의 권리와 모순된다고 지적하면서, 어느 한 인격체가 다른 인격체에 의해 사물처럼 사용될 수 있고, 다시 후자의 인격체가 전자의 인격체에 의해 사용될 수 있는 유일한 조건은 결혼이라고 하였다. 칸트에게 오직 이것만이 순수 이성의 법칙에 따른 필연이고 이럴 경우에만 인간은 자기 자신을 다시 찾고 인격성을 회복할 수 있다. 그러므로 칸트는 다른 사람의 성적 욕구를 충족시키도록 자신을 허용하고 대가로 이익을 취하는 것은 자신을 사물처럼 취급하는 것이며, 자신을 다른 삶의 욕망을 충족시키는 사물로 만드는 것이라고 보아 반대하였다.

자유주의 (급진적 자유주의)	• 자발적인 동의 중심의 성 윤리를 제시함 • 성숙한 성인의 자발적 동의로 이루어지는 성적 관계를 옹호하며, 성에 관한 개인의 자유로운 선택을 중시 • 성은 그 자체로 쾌락을 가져다주고, 쾌락은 그 자체로 추구할 만한 목적을 지니고 있음 • 상호 동의하고 타인에게 해를 끼치지 않는다면 인격적인 교감 없이 성적 호감과 관심만으로 성이 가능하므로 사랑과 성을 결부하여 성적 자유를 제한하는 것은 옳지 않음

2. 성과 관련된 윤리적 문제

(1) 성차별

① 의미: 남성 혹은 여성이라는 이유로 사회적 · 문화적 · 경제적으로 부당한 대우를 하는 것, 성 역할에 대한 잘못된 인식에서 발생하는 차별

⑩ '강한', '독립적인', '적극적인' 특성을 남성다움으로 보고 남성이 그렇지 않을 때 비난하거나, '연약한', '의존적인', '소극적인' 특성을 여성다움으로 보고 이를 여성에게 강요하는 것

② 문제점

• 인간이 누려야 하는 자유와 평등 그리고 인간 존엄성을 훼손함

• 여성 혹은 남성이라는 이유로 개인의 능력이 제한당할 수 있으며, 이는 개인의 자아실현을 방해할 수 있고, 나아가 사회적 손실로 이어질 수 있음

(2) 여성주의(feminism): 여성의 사회 · 정치 · 법률상의 권리를 확대해 나가야 한다는 영향이나 태도

① 19세기 중반의 여성 참정권 운동을 시작으로 남성에 대한 반대가 아니라 여성에 대한 차별 금지와 양성평등을 주장

② 배려 윤리: 여성주의 윤리를 바탕으로 하는 배려 윤리는 정의, 개인의 존엄성, 권리를 중시하는 남성 중심 윤리와는 달리 공감과 동정심, 관계성의 가치를 새롭게 조명함

③ 성차별 개선: 양성평등의 관점에서 사회 제도의 개선과 인식의 전환, 남녀의 차이를 인정하되 차별하지 않는 문화를 조성해야 함

(2) 성의 자기 결정권: 인간이 자신의 성적 행동을 스스로 결정할 수 있는 권리

성의 자기 결정권의 존중	• 자신의 성의 자기 결정권을 존중받기 위해서는 타인의 성의 자기 결정권도 동등하게 존중해야 함 • 자신의 성적 욕망과 성적 활동에 대해서도 책임을 져야 함
성의 자기 결정권의 남용	• 타인이 갖는 성의 자기 결정권을 침해할 수 있음 • 원치 않는 임신으로 인해 생명을 훼손하는 결과를 초래할 수 있음
성의 자기 결정권의 제한	타인에게 해가 되지 않는 성의 자기 결정권 행사라고 해도 성의 인격적 가치를 훼손하는 행위는 도덕적으로 정당화될 수 없음

(3) 성 상품화: 성을 상품처럼 사고팔거나, 다른 상품을 팔기 위한 수단으로 성을 이용하는 행위

찬성	• 성의 자기 결정권과 표현의 자유를 강조함 • 법의 테두리 내에서 성을 상품화하여 이윤을 추구하는 것은 자본주의의 가치에 부합함
반대	• 인격적 가치를 지니는 성을 상품으로 대상화하여 성의 가치와 의미를 훼손함 • 인간의 성을 돈을 벌기 위한 수단으로 전락시켜 물질적 가치로 환산하려 한다는 점에서 윤리적 문제가 됨 • 성 상품화는 궁극적으로 인간의 존엄성을 훼손하며 불평등을 야기할 수 있음 • 외모 지상주의를 조장할 수 있음

여성다움

보부아르는 "제2의 성"에서 "여성은 태어나는 것이 아니라 여성으로서 만들어진다."라고 하였다.

성의 자기 결정권의 의미

성의 자기 결정권은 행복 추구권의 일종으로 자기가 선택한 인생관을 바탕으로 독자적으로 성적 관념을 확립하고 그에 따라 자기 생활 영역에서 스스로 내린 결정에 따라 본인의 책임 하에 상대방을 선택하고 성관계를 맺을 권리이다. 보통 성관계를 하고 싶을 때와 하고 싶지 않을 때를 스스로 결정할 권리를 의미하지만, 자신의 성 정체성을 결정할 자유, 인격적 성숙을 바탕으로 성생활 가능성을 국가와 사회에 요구할 권리를 포함한다.

성의 자기 결정권의 행사라고 보기 어려운 경우: 성매매

• 대체로 경제적 약자인 성매매 여성이 불평등한 관계에서 성매매 결정을 하기 때문

• 성 구매자에게 자신의 자율성을 넘기는 것이기 때문

• 자신을 수단으로 취급하는 것이므로 인간의 존엄성을 훼손하는 것이기 때문

 **사랑과 성 윤리**

02 결혼과 가족의 윤리

1. 결혼의 윤리적 의미와 부부간의 윤리

(1) 결혼: 남녀가 정식으로 부부의 관계를 맺는다는 것을 사회적으로 인정하는 제도

(2) 결혼의 윤리적 의미: 서로에 대한 사랑을 지키겠다는 약속이며 서로의 차이를 존중하겠다는 의지의 표현

(3) 부부간의 윤리

서로 동등한 존재임을 인식해야 함	• 남성과 여성의 도덕성 발달은 서로 다른 특징을 보이며, 여성이 남성에 비해 열등하거나 덜 성숙한 존재가 아님 • 부부는 서로를 차별하지 말아야 함 • 오륜(五倫) 중 '부부유별'에서 '별(別)'의 의미는 '차별'이 아닌 '구별'로서 상호 존중의 의미를 담고 있음 • 오늘날 남녀의 평등한 직업 활동이 일반화되고 여성의 사회적 진출이 늘어나면서, 가정에서 부부의 역할을 고정적으로 구별하는 것은 무의미함
서로 존중하고 협력해야 함	• 전통 사회에서는 '음양론'에 바탕을 두고 부부상경, 상경여빈의 윤리를 강조했는데, 음양이 상호 의존적이고 보완적인 관계이듯이 부부간에 서로 존중하고 협력하여 조화를 이루어야 함을 강조 • 서양의 부부 관계는 개인의 자유와 주체성을 강조하면서, 자신의 주체적 역할에 충실하고 상대방의 역할을 존중하며, 부부간에 균형과 조화의 태도를 지향함
서로 간에 신의를 지켜야 함	• 부부간에 정조(貞操)를 지켜야 함 • 일부일처를 기본으로 하고 중혼(重婚) 금지

2. 가족 해체 현상과 가족 윤리

(1) 가족의 의미: 사회를 이루는 가장 기본적인 공동체로서 주로 혼인이나 혈연, 입양으로 구성

(2) 가족의 기능: 출산을 통해 새로운 사회 구성원을 재생산, 한 개인은 가족을 통하여 기본적인 안전을 보장받으며 양육되고, 가족 구성원과 관계를 맺으며 그 사회의 규범과 예절을 습득하고 바람직한 인격을 형성할 수 있는 기회를 얻음

(3) 가족 기능의 변화와 가족 해체

① 가족 기능의 축소

• 자녀의 양육과 교육 등 가정의 중요한 일을 전문 기관이 대행하는 경우가 많아짐

② 가족 형태의 변화

• 핵가족이 보편화되고 1인 가구가 증가

• 원인: 사회 구조의 변화와 의학 기술의 발전 등으로 인한 혼인율과 출산율의 급격한 감소, 홀로 사는 노인층과 젊은 층의 가구 증가

③ 가족 해체 현상

• 가족 구성원의 수가 감소하여 가족 구조가 축소되고 구성원 간의 정서적 연결이 약해져서 가족이 제 기능을 발휘하지 못하는 현상

• 가족의 형태가 점점 축소되고, 가족의 기본적인 기능이 약해지는 현상

④ 가족 해체의 문제

• 가족은 사회를 구성하는 가장 핵심적인 단위이기 때문에 가족 해체는 사회의 근본적인 변화를 가져올 수 있음

• 가족은 한 개인에게도 육체적·정신적 안식처이기 때문에 가족 해체 현상은 고독과 소외감을 느끼게 만들어 개인의 삶을 불안하게 만들 수 있음

부부유별(夫婦有別)
남편과 아내가 부부로서 살아가는 데 분별함이 있어야 한다는 의미이다. 분별은 남편은 남편으로서의 본분이 있고, 아내는 아내로서의 본분이 따로 있으니 이를 잘 헤아려서 서로 침범하지 않고 잘 지켜야 한다는 것이다.

음양론(陰陽論)
우주의 모든 현상 및 만물의 생성과 소멸을 음양의 운동과 변화로 설명하는 이론이다. 이에 따르면, 음과 양은 서로 다르지만, 홀로 독립되어 존재할 수 없고, 서로를 필요로 하므로 상호 의존 관계이고 조화를 이루어야 한다.

부부상경(夫婦相敬)
부부상경은 부부간에 서로 존중하고 공경해야 한다는 말

상경여빈(相敬如賓)
부부는 가장 가까운 사이이지만, 늘 공경하기를 마치 손님을 대하듯이 한다는 말

(4) 가족 해체 극복 방안으로서의 가족 윤리: 오전의 실천

부모와 자녀는 서로 배려하면서 자애와 효도를 실천해야 함	• 전통적으로 자애와 효도를 부자유친(父子有親)과 부자자효(父慈子孝)의 덕목으로 강조 • 부모는 자녀가 신체적·정신적으로 건강하게 성장할 수 있도록 양육해야 하며, 자녀를 독립된 인격체로 존중해야 함 • 자녀는 부모의 은혜에 감사하는 마음을 가지며, 이 마음을 적절한 형식으로 표현해야 함
형제자매는 서로 우애 있게 지내야 함	• 형제자매는 부모의 기운을 함께 나누어 가진 사이로 동기간(同氣間)으로 불림 • 형우제공(兄友弟恭): 형은 동생을 사랑하고, 동생은 형을 공경한다는 의미 • 형제자매는 사람의 손과 발처럼 세상에서 가장 가까운 사이[수족지의(手足之義)]로, 형 제자매 간에 지켜야 할 규범을 익히는 것은 사회적 관계의 규범을 익히는 밑거름이 됨

(5) "효경"에 나온 전통적인 효의 실천 방법

불감훼상(不敢毀傷)	효의 시작으로, 부모로부터 물려받은 몸을 깨끗하고 온전하게 하는 것
봉양(奉養)	부모의 물질적 필요를 채워드리는 것
양지(養志)	부모의 뜻을 헤아려 실천함으로써 부모를 기쁘게 해 드리는 것
공대(恭待)	표정을 항상 부드럽게 하여 부모가 편안한 마음을 지닐 수 있도록 해 드리는 것
불욕(不辱)	부모를 욕되지 않게 해 드리는 것
혼정신성(昏定晨省)	아침저녁으로 부모에게 문안을 드리는 것
입신양명(立身揚名)	효의 마침으로, 후세에 이름을 떨쳐 부모를 영광되게 해 드리는 것

3. 헤겔의 가족관

(1) 가족은 공동체 윤리에 따른 사랑의 결합으로 맺어진 부부와 그들의 미혼 자녀로 구성됨

(2) 가족은 남녀 두 사람의 자유로운 동의로 이루어진 인격적 만남인 사랑을 기반으로 하므로 남녀의 상하 차이는 존재하지 않음

(3) 가족 공동체의 윤리는 자신과 상대를 구분하고 이해타산을 중시하는 시민 공동체 윤리로 이행하며, 가족 공동체 윤리와 시민 공동체 윤리를 함께 가지는 국가 공동체 윤리로 나아감

> **오전(五典)**
> 아버지는 의로움이 있어야 하고[父義], 어머니는 자애로워야 하고[母慈], 형은 동생을 벗처럼 대하고[兄友], 동생은 형을 공경해야 하며[弟恭], 자식은 부모에게 효도해야 한다[子孝].
> – 사마천, "사기"

> **효경(孝經)**
> 유교 윤리의 핵심인 효의 원칙과 규범을 수록한 책

2단계 개념 쏙 정리하기

1. 사랑과 성의 관계
• 성의 세 가지 의미: 생물학적 성, 사회·문화적 성, 욕망으로서의 성
• 성의 가치: 생식적 가치, 쾌락적 가치, 인격적 가치
• 사랑과 성의 관계에 대한 입장

보수주의	결혼과 출산 중심의 성 윤리 제시
중도주의	사랑 중심의 성 윤리 제시
자유주의	자발적인 동의 중심의 성 윤리 제시

• 성차별: 남성 혹은 여성이라는 이유로 사회적·문화적·경제적으로 부당한 대우를 하는 것으로 인간이 누려야 하는 자유와 평등 그리고 인간 존엄성을 훼손할 수 있음
• 성의 자기 결정권: 인간이 자신의 성적 행동을 스스로 결정할 수 있는 권리
• 성 상품화: 성 자체를 상품처럼 사고팔거나, 다른 상품을 팔기 위한 수단으로 성을 이용하는 행위

2. 결혼과 가족의 윤리
• 부부간의 윤리: 서로 동등한 존재임을 인식해야 함, 서로 존중하고 협력해야 함, 서로 간에 신의를 지켜야 함
• 가족 기능의 변화: 가족 기능의 축소, 가족 형태의 변화
• 가족 해체: 가족 구성원의 수가 감소하여 가족 구조가 축소되고 구성원 간의 정서적 연결이 약해져서 가족이 제 기능을 발휘하지 못하는 현상
• 가족 해체 극복 방안으로서의 가족 윤리: 부모와 자녀는 서로 배려하면서 자애와 효도를 실천해야 함, 형제자매는 서로 우애 있게 지내야 함
• 전통적인 효의 실천 방법: 불감훼상, 봉양, 양지, 공대, 불욕, 혼정신성, 입신양명

3. 헤겔의 가족관
• 가족: 공동체 윤리에 따른 사랑의 결합으로 맺어진 부부와 미혼 자녀로 구성
• 남녀 두 사람의 자유로운 동의로 이루어진 인격적 만남을 기반으로 함

● 다음 설명이 맞으면 ○, 틀리면 ×에 표시하시오.

1 사랑에는 무엇보다 책임, 존경, 이해, 보호 등과 같은 인격적 가치가 내포되어야 한다. (○, ×)

2 인간의 성관계는 감각적 욕구를 충족시키므로 가능한 한 많은 욕구를 충족시키는 것이 바람직하다. (○, ×)

3 인간은 성관계를 통해 남녀 상호 간의 존중과 배려를 실현하게 된다. (○, ×)

4 사랑과 성의 관계에 대한 보수주의의 입장은 사랑과 성이 인간의 인격과 관련된다고 본다. (○, ×)

5 사랑과 성의 관계에 대한 보수주의의 입장은 결혼과 출산 중심의 성 윤리를 제시한다. (○, ×)

6 사랑과 성의 관계에 대한 보수주의의 입장은 성이 자유로운 개인적 영역일 뿐이라고 주장한다. (○, ×)

7 사랑과 성의 관계에 대한 중도주의의 입장은 성을 결혼과 결부시키지 않는다. (○, ×)

8 사랑과 성의 관계에 대한 중도주의의 입장은 사랑이 없는 성관계도 인정한다. (○, ×)

9 사랑과 성의 관계에 대한 자유주의의 입장은 자발적인 동의 중심의 성 윤리를 제시한다. (○, ×)

10 사랑과 성의 관계에 대한 자유주의의 입장은 사랑과 성을 결부시켜야 인간의 품격을 유지할 수 있다고 본다. (○, ×)

11 성차별은 남녀의 차이를 잘못 이해하여 발생하는 차별이다. (○, ×)

12 여성주의 윤리를 바탕으로 하는 배려 윤리는 정의, 개인의 존엄성, 권리를 중시하는 남성 중심 윤리를 배려 윤리로 대체해야 한다고 본다. (○, ×)

13 성차별은 인간이 누려야 하는 자유와 평등, 그리고 인간 존엄성을 훼손할 수 있다. (○, ×)

14 성매매도 자신의 자발적인 선택이라면 성의 자기 결정권의 행사로 보고 도덕적으로 문제가 없다고 보아야 한다. (○, ×)

15 오륜 중 부부유별(夫婦有別)에서 '별(別)'의 의미는 '차별'의 의미를 담고 있다. (○, ×)

16 불감훼상(不堪毀傷)은 "효경"에 나온 것으로, 효의 시작은 부모로부터 물려받은 몸을 깨끗하고 온전하게 하는 것이라는 의미이다. (○, ×)

● 다음 중 옳은 것에 ○표 하시오.

17 성차별은 남성 혹은 여성이라는 이유로 사회적·문화적·경제적으로 부당한 대우를 하는 것으로 (㉠ 성 역할, ㉡ 성 정체성)에 대한 잘못된 인식에서 시작된다.

18 여성주의는 여성의 사회·정치·법률상의 (㉠ 권리, ㉡ 의무)를 확대해 나가야 한다는 영향이나 태도이다.

19 여성주의는 19세기 중반의 여성 (㉠ 사회권, ㉡ 참정권) 운동을 시작으로 남성에 대한 반대가 아니라 여성에 대한 차별 금지와 양성평등을 주장한다.

20 성 상품화에 찬성하는 사람들은 법의 테두리 내에서 성을 상품화하여 이윤을 추구하는 것은 (㉠ 자본주의, ㉡ 법치주의)의 가치에 부합한다고 본다.

21 음과 양은 서로 다르지만, 홀로 독립되어 존재할 수 없고, 서로를 필요로 하므로 상호 의존 관계이고 (㉠ 조화, ㉡ 대립)을/를 이루어야 한다.

22 배려 윤리는 남성과 여성의 도덕성 발달은 서로 (㉠ 같은, ㉡ 다른) 특징을 보이며, 여성이 남성에 비해 열등하거나 덜 성숙한 존재가 아니라고 본다.

23 오늘날 남녀의 평등한 직업 활동이 일반화되고 여성의 사회 진출이 늘어나면서, 가정에서 부부의 (㉠ 역할, ㉡ 관계)을/를 고정적으로 구별하는 것은 무의미하다.

● 빈칸에 들어갈 알맞은 말을 써 넣으시오.

24 성의 의미는 생물학적으로 구별되는 특성인 (　　), 사회적·문화적으로 구성되는 남성다움과 여성다움을 의미하는 (　　), 인간의 성적 욕망에 관련된 심리나 행위 등을 포괄적으로 의미하는 (　　)(으)로 구분된다.

25 인간의 성은 (　　) 가치, (　　) 가치, (　　) 가치를 지닌다.

26 배려 윤리는 정의, 개인의 존엄성, 권리를 중시하는 남성 중심 윤리와는 달리 (　　), (　　), 관계성의 가치를 새롭게 조명한다.

27 (　　)은/는 인간이 자신의 성적 행동을 스스로 결정할 수 있는 권리를 의미한다.

28 자신의 성의 자기 결정권을 존중받기 위해서는 타인의 성의 자기 결정권도 동등하게 (　　)해야 한다.

29 전통적인 효의 실천 방법 중 (　　)은/는 부모의 뜻을 헤아려 실천함으로써 부모를 기쁘게 해 드리는 것이다.

30 전통적인 효의 실천 방법 중 (　　)은/는 표정을 항상 부드럽게 하여 부모가 편안한 마음을 지닐 수 있도록 해 드리는 것이다.

---

1 ○　2 ×(무분별한 욕구 충족은 범죄가 될 수 있음)　3 ○　4 ○　5 ○　6 ×(자유주의의 입장)　7 ○　8 ×(중도주의는 사랑을 전제로 함)　9 ○　10 ×(자유주의는 사랑 없는 성이 가능하다고 봄)　11 ○　12 ×(대체를 주장하지 않고 공존을 주장함)　13 ○　14 ×(성의 인격적 가치를 훼손하지 않는 행위만 문제없다고 봄)　15 ×(구별의 의미임)　16 ○　17 ㉠　18 ㉠　19 ㉡　20 ㉠　21 ㉠　22 ㉡　23 ㉠　24 생물학적 성(sex), 사회·문화적 성(gender), 욕망으로서의 성(sexuality)　25 생식적, 쾌락적, 인격적　26 공감, 동정심　27 성의 자기 결정권　28 존중　29 양지(養志)　30 공대(恭待)

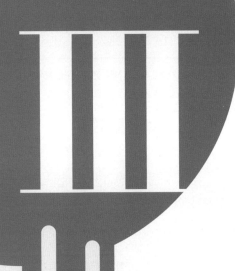

사회와 윤리

이 단원의 **수능 출제 분석**

가장 많은 문항이 출제되는 단원이다. 특히 08강에서 두 문제 이상씩은 반드시 출제된다. 롤스와 노직의 정의관은 빠지지 않고 매회 출제되는 주제이며, 난이도도 높다. 형벌 및 사형에 대한 관점 문항에는 벤담, 칸트, 베카리아뿐만 아니라 사회 계약론자인 루소의 견해가 섞어 출제되기도 한다. 소로와 롤스의 시민 불복종의 공통점과 차이점도 자주 출제된다. 니부어의 사회 윤리, 아리스토텔레스의 비례적 정의, 맹자와 순자의 직업관, 칼뱅의 프로테스탄티즘 윤리도 매우 중요하다.

이 단원의 **수능 빈출 주제**

1순위 롤스와 노직의 정의관
출제 빈도 ★★★★★　　　난이도 상

2순위 벤담, 칸트, 베카리아의 형벌에 대한 관점
출제 빈도 ★★★★　　　난이도 상

3순위 소로와 롤스의 시민 불복종
출제 빈도 ★★★★　　　난이도 중

4순위 니부어의 사회 윤리
출제 빈도 ★★★　　　난이도 중

5순위 아리스토텔레스의 정의관
출제 빈도 ★★★　　　난이도 중

6순위 맹자, 순자, 칼뱅의 직업관
출제 빈도 ★★★　　　난이도 중

07강 직업과 청렴의 윤리

1단계 개념 뜯어보기

01 직업의 의미와 기능

1. 직업의 의미: 사회적 지위와 역할을 나타내는 '직(職)'과 생계유지를 위한 일을 뜻하는 '업(業)'이 합쳐진 말로, 생계를 유지하기 위하여 자신의 적성과 능력에 따라 일정한 기간 일에 종사하며 경제적 재화를 받는 지속적인 활동을 의미함

2. 직업의 기능

개인적 측면	• 직업은 기본적인 생계유지에 필요한 경제적 소득을 안정적으로 제공하는 생계 수단임 • 직업은 개인에게 사회적 역할을 분담하기 때문에 개인이 사회에 참여하도록 도와줌 • 직업은 개인에게 사회 구성원으로서의 정체성과 소속감, 자존감을 부여함 • 직업은 개인이 능력을 발휘하면서 삶의 의미, 보람, 행복, 만족을 느끼기에 자아실현이 됨
사회적 측면	• 직업은 사회 구성원을 유기적으로 통합해 주는 역할을 함 • 직업은 사회 제도가 적절히 작동하도록 필요한 인력을 확보해 주는 기능을 함 • 직업을 통한 개인의 사회생활 참여는 사회 발전으로 이어질 수 있음

02 직업을 바라보는 다양한 관점

1. 목적에 따른 직업관

수단적 직업관	부와 명예 등을 얻기 위한 수단으로 보는 관점을 의미함
참여적 직업관	사회 발전에 기여하고 봉사하는 측면을 강조하는 관점을 의미함
자아실현적 직업관	개인의 자아실현을 강조하며, 직업 그 자체를 목적으로 보는 관점을 의미함

2. 동서양 사상가들의 직업관

공자	• 각자가 자신의 이름에 걸맞는 활동을 할 때 이상 사회가 실현된다고 보는 정명 사상을 주장함 • 정명 사상에 따라서 자신의 직분에 충실해야 한다고 봄
맹자	• "대인이 할 일이 있고 소인이 할 일이 따로 있으며, 어떤 사람은 마음을 수고롭게 하고, 어떤 사람은 몸을 수고롭게 한다.": 정신노동과 육체노동을 구분해서 보았음 • 정신노동과 육체노동은 상호 보완적 관계이며, 노력자(勞力者)에 대해 노심자(勞心者)의 세심한 배려를 강조하였음 • 일정한 소득이 없으면, 바른 마음인 항심(恒心)을 지키기 어렵다는 의미의 '무항산 무항심'을 주장함 → 경제적 안정이 윤리적 삶의 토대가 됨
순자	• "각 분야에 능한 사람을 가려 그 분야를 이끌어 가도록 해야 국부가 넉넉해진다.": 각자의 적성과 능력에 따라 사회적 역할을 분담하는 예(禮)를 중시함 • 모든 사람들이 자기 직분을 올바로 수행한다면 천하가 태평해진다고 봄 • 직업은 인간의 물질적 욕망을 추구하기 위해 필요하기 때문에 중요한 활동으로 봄
정약용	• "공동체의 필요에 따라 능력을 기준으로 사민구직(四民九職)의 직능을 국가가 배정해야 한다.": 관직을 부여할 때 능력을 기준으로 선발해야 한다는 근거가 됨 • 직업에 대한 신분적 질서에서 벗어나 직업 수행 능력에 따라 직업 분업이 이루어져야 한다고 봄

만점 공부 비법

• 직업의 의미와 다양한 기능을 정확히 이해한다.
• 동서양 사상가의 직업관의 특징과 차이점을 안다.
• 기업의 사회적 책임에 대해 프리드먼과 애로, 보겔의 의견을 명확히 구분한다.
• 전문직과 공직자의 정의와 윤리적 특징에 대해 각각 알아 둔다.

직업의 다양한 의미
• 'job' 또는 'occupation': 보수와 금전을 획득하는 경제력의 근원으로, 생계유지를 위해 하는 일
• 'profession': 그 일이 지닌 지위나 위상을 강조하는 말
• 'vocation' 또는 'calling': 신의 부름을 받아 행하는 일로, 종교적인 의미를 포함함

정명(正名)
공자는 사회의 안정을 위해서는 우선 명분[名]을 바로잡아야 한다고 생각하였다. 그래서 그는 "임금은 임금답고, 신하는 신하답고, 부모는 부모답고, 자식은 자식다워야 한다."라는 '정명'을 주장하며 사회 구성원들이 각기 자신의 역할에 충실할 것을 요구하였다.

무항산 무항심(無恒産 無恒心)
맹자는 '무항산 무항심'을 말하며 백성들이 도덕성을 지키기 어려워지는 것을 경계했다. 그는 백성들이 일정한 생업이 있어야 한다고 보았다. 또한 생업은 검약과 절제의 태도를 배우는 계기가 된다고 보았다.

플라톤 (고대 그리스)	• 직업을 통해 각자가 지닌 고유한 기능을 발휘하여 덕(德)을 실현하면 정의로운 국가가 됨 • 사람은 타고난 기질에 따라 통치자, 방위자, 생산자로 나누어지며, 자신의 기질에 적합한 일에 배치되어야 함. 즉, 능력에 따라 사회적 역할이 분담되어야 함을 강조함 • 육체노동을 정신노동보다 열등하다고 여겼고, 물질적 재화의 생산 활동은 하층민에게 적합하다고 봄
아퀴나스 (중세 그리스도교)	• "노동은 네 가지 목적을 갖는다. 식량을 제공해야 하고, 나태를 추방해야 하며, 육체를 괴롭혀 육욕을 억제해야 하고, 베풂을 가능케 해야 한다."라며 노동을 속죄의 의미로 해석함 • 중세에는 노동은 원죄에 대해 신이 부과한 벌로써 인간은 속죄의 차원에서 죽을 때까지 노동을 해야 한다고 봄
칼뱅 (근대 프로테스탄티즘)	• 직업을 신의 거룩한 부름, 신이 부여한 소명으로 이해함(직업 소명설) • 인간은 직업을 통해 창조주의 노동에 동참함으로써 이웃 사랑을 실현할 수 있다고 봄 • 베버는 칼뱅주의와 같은 프로테스탄티즘이 성실하게 일해서 성공을 거두고 부를 축적하는 것을 신의 축복으로 여겼다고 봄 • 베버에 의하면 종교 개혁 이후 신교도들의 윤리를 프로테스탄티즘 윤리라고 부르는데, 이로부터 직업의 사회적 책임이 강조되었고, 자본주의 발달에도 기여를 하였음
마르크스	• 유물론적 관점에서 노동의 본질을 물질적 가치를 창출해 내는 것이라고 봄 • 인간은 노동을 통해 자기 본질을 실현한다고 봄 • 자본주의 경제 체제 내에서의 직업 활동에서는 노동자가 생산물로부터 소외되는 현상이 일어나고 있다고 지적함 • 자본주의 체제의 노동으로부터의 소외에서 벗어나 노동을 통해 자기 본질을 실현하는 인간 존재의 특성을 되찾아야 한다고 주장함

3. 우리나라의 직업관

• 장인 정신: 자기 일에 긍지를 가지고 평생 한 가지 일에 헌신하는 우리나라의 직업 정신
예 '대동여지도'를 만든 김정호, "동의보감"을 저술한 허준

03 직업 생활과 행복한 삶

1. 직업 생활로 얻는 행복

(1) 좋아하는 일에 적극적으로 몰입하면서 즐거움을 얻음
(2) 직업을 통해 다양한 인간관계를 쌓고, 그 과정에서 타인으로부터 존경이나 사랑을 받음
(3) 다른 사람에게 의미 있는 직업 활동은 감동과 보람을 가져다줌
(4) 자신의 직업에 최선을 다하면서 삶의 의미를 찾고 자아를 실현함

2. 현대 직업 생활의 문제

마르크스	자본주의적 분업 방식이 생산 과정에서 노동력 착취와 노동의 소외 문제를 야기함
프롬	자본주의 사회로 인해 존재가 소유에 가려지는 소유 지향적 직업 생활이 팽배함

04 직업 윤리의 의미와 특성

1. 직업 윤리의 의미: 직업인이 되었을 때 자신이 맡은 일에서 지켜야 할 행동 기준과 규범

2. 직업 윤리의 일반성과 특수성

일반성	모든 직업에서 공통으로 지켜야 하는 기본 규범 예 근면, 성실, 신뢰, 책임, 직업의 양심, 인간애, 연대 의식 등
특수성	직종의 분화와 전문화로 생겨난 해당 직업 특성에 맞는 특수한 행동 규범 예 간호사의 환자 비밀 보호 원칙, 승무원의 승객 안전 보호 의무

프로테스탄티즘 윤리
• 칼뱅은 인간의 구원이 신의 뜻에 따라 이미 결정되어 있다는 '예정설'을 주장하였다. 그는 신으로부터 선택받은 자와 그렇지 못한 자가 이미 예정되어 있으며, 모든 일을 신의 소명을 이루는 자세로 할 것을 강조하였다. 즉, 모든 직업은 신이 우리에게 내린 소명이며, 인간의 직업은 지상에서 신의 영광을 실현하는 수단이라는 것이다. 따라서 그는 아무리 천하고 추한 일을 한다고 해도 주어진 소명을 따른다면 신이 보기에 고귀한 것임을 깨닫게 된다고 하였다.
• 베버는 "프로테스탄티즘 윤리와 자본주의 정신"을 통해 프로테스탄티즘 윤리가 직업 활동을 통한 이윤 창출과 부의 축적을 신학적으로 정당화하여, 이후 자본주의를 발전시키는 데 크게 기여했다고 평가했다.

유물론적 관점
유물론적 관점이란 만물의 근원을 물질로 보고, 모든 정신 현상도 물질의 작용이나 그 산물이라고 보는 입장이다. 따라서 마르크스는 노동을 통해 물질적 가치를 만드는 일을 가치 있다고 보는 노동 가치설을 주장하였다.

소외
마르크스는 생산은 자본을 위한 생산에 지나지 않는다고 보았다. 그는 생산 수단을 공유함으로써 인간이 소외되는 노동 과정을 뒤바꾸고 인간의 본질을 회복할 수 있다고 보았다. 그는 분업이 인간의 창의성을 분열시킨다고 보았다. 각자가 맡은 똑같은 일을 생산 과정에서 반복함으로써 노동을 무의미하게 만들기 때문이다.

자아실현
매슬로(Maslow, A. H., 1908~1970)는 인간은 생산적이고 의미 있는 일을 통해 자아실현을 도모할 수 있다고 말하였다. 그는 직업을 통해 행복을 달성하기 위해서는 자신의 특성을 분석하고, 직업에 대해 탐색하고, 구체적인 비전을 가진 진로 목표를 세워야 한다고 강조했다.

05 기업가와 노동자의 윤리

1. 기업가와 노동자 간의 상생적 관계

(1) 기업가와 노동자의 관계

상생적 관계	기업의 이익을 최대화하기 위해 노력하고 협력하는 관계
상보적 관계	서로에게 의지하여 이익을 얻고 도움을 받는 관계
대립적 관계	생산된 이익을 분배할 경우 이해관계 측면에서 대립적인 관계

(2) 기업가와 노동자의 상호 노력

개인 윤리적 관점	• 각각의 권리를 누리되, 그에 따른 책무를 다하여 상생적 관계 형성을 위해 노력해야 함 • 기업가 윤리와 노동자 윤리를 상호 실천하는 것이 중요함
사회 윤리적 관점	양측의 이해관계를 공정한 절차와 규정에 따라 조정할 수 있는 제도적 보완이 필요함 예 노사정 위원회, 중소 기업 노사 협의회

2. 기업 윤리의 이윤 추구와 사회적 책임

(1) 기업의 특성: 기업은 영리를 얻기 위한 목적으로 재화나 용역을 생산하고 판매하는 경제적 주체이며, 기업가와 노동자로 구성됨. 자유로운 경제 활동을 보장하는 자본주의 사회에서 기업의 이윤 추구는 자연스러운 현상임

(2) 기업 윤리

건전한 이윤 추구	기업이 이익만을 추구하면 탈세, 뇌물, 부실 공사 등 사회적 문제를 일으킬 수 있으므로, 법, 사회 규범, 기업 윤리를 지키면서 이윤을 추구해야 함
노동자의 권리 존중	노동자를 정당한 이유 없이 해고하면 안 되고, ♥헌법에 보장된 노동자의 권리를 보장해야 함
소비자에 대한 책임	기업은 소비자에게 양질의 서비스와 제품을 제공하기 위해 노력해야 함

(3) ♥기업의 사회적 책임 유형

법적 책임	법을 지키면서 기업을 경영해야 하는 책임
경제적 책임	사회에 필요한 재화와 서비스를 제공하고, 일자리 창출을 통해 사회에 기여해야 하는 책임
윤리적 책임	노동자에 대한 존중과 고객에 대한 친절과 배려, 불량 제품 리콜 등 사회가 요구하는 윤리 준수
자선적 책임	기부, 봉사, 문화 활동 지원 등 사회의 공익을 위한 자선 활동에 대한 책임

☆ (4) 대표적 기업 윤리 사상가

이윤 극대화 강조	프리드먼	• 기업의 목적은 이윤의 극대화이므로, 합법적인 이윤 추구 이외의 사회적 책임을 기업에 강요해서는 안 된다고 봄 • 기업에게 이윤 극대화 외의 사회적 책임을 강조하는 것은 기업의 소유주나 주주의 권익을 보호하는 책임을 이행하지 못하도록 방해하는 것임
♥사회적 책임 강조	애로	• 기업은 사회 구성원들 없이는 이윤 창출이 불가능하므로 사회, 문화, 경제, 환경 등 다양한 영역에서 자발적으로 사회적 책임을 이행해야 한다고 봄 • 기업의 사회적 책임은 소비자의 신뢰를 얻어 장기적으로 기업의 이윤 추구와 효율성 향상에 도움을 줌
	보겔	• 공공 의식의 상승 때문이 아니라 기업의 발전을 위해서 적극적으로 사회적 책임을 실천해야 한다고 주장함 • 기업이 책임 있게 행동함으로써 기업이 소비자에게 더 많이 노출되고 충성스러운 소비자들의 지지를 얻게 됨. 이는 기업을 위한 하나의 자원이 된다고 봄 • 기업의 장기적 이익을 위해 윤리적 경영이나 사회적 책임 이행이 필요함을 강조

노사정 위원회
노동자, 기업가, 정부 간의 합의를 위한 대통령 자문 기관

헌법에 보장된 노동자의 권리
헌법에 명시된 노동자의 세 가지 기본 권리, 즉 단결권, 단체 교섭권, 단체 행동권을 '노동 삼권'이라고 한다.

기업의 사회적 책임
드러커(Druker, P. F., 1909~2005)는 기업의 사회적 책임을 소극적 책임과 적극적 책임으로 구분하였다. 소극적 책임은 이윤 창출과 법 규범 준수가 해당한다. 적극적 책임은 사회적 지원과 인류애 구현을 위한 자선적 책임을 의미한다.

사회적 책임 강조
캐롤(Carroll, A. B.)은 기업의 사회적 책임 피라미드를 제시하며 기업의 경제 활동으로 생산되는 이익이 사회를 순환하면서 사회 전체의 이익을 증진한다고 보았다. 기업은 이에 머무르지 않고 공동체의 중요한 행위 주체로서 더 높은 수준의 사회적 책임을 수용하여 사회 발전에 이바지해야 한다고 주장하였다.

기업의 사회적 책임 피라미드

3. 노동자의 권리와 사회적 책임

(1) 노동자의 권리

단결권	노동자가 기업가와 대등한 위치에서 근로 조건을 개선하거나, 경제적 지위를 향상하기 위해 단체를 결성할 수 있는 권리
단체 교섭권	노동조합이 기업가와 노동 조건에 관하여 교섭하고, 단체 협약을 체결할 수 있는 권리
단체 행동권	노동자가 기업가에 대항하여 파업 등의 단체 행동을 할 수 있는 권리

(2) 노동자의 사회적 책임

① 근로 계약에 따라 맡은 직무를 성실히 수행해야 함

② 하는 일에 대한 긍지와 사명감을 가지고, 직업 윤리 의식을 지켜야 함

③ 기업의 발전을 위해 노력해야 함

④ 기업 업무에 관련된 비밀을 준수해야 함

06 전문직과 공직자의 윤리

1. 전문직의 조건과 전문직 윤리

(1) 전문직의 정의: 전문직은 고도의 교육과 훈련을 거쳐 일정한 자격 또는 면허를 취득함으로써 전문 지식과 기술을 독점적으로 사용하는 직업을 의미함

(2) 전문직의 특성

전문성	고도의 전문적 훈련을 통해 전문 지식을 길러야 함
독점성	일정한 자격을 갖춘 사회적으로 인정된 사람만이 그 직업을 수행할 수 있음
자율성	전문 지식으로 독자적이고 자율적으로 업무를 수행할 수 있음

(3) 전문직 윤리

① 정보의 비대칭성으로 인해 사회적, 경제적으로 우월한 위치에 있기 때문에 높은 수준의 도덕성과 의무를 지님 📌 **예** 노블레스 오블리주

② 전문직 종사자의 자율성이 남용될 경우 비윤리적이고 반사회적인 폐해가 일어날 수 있음

③ 전문직 종사자는 각각의 직능 단체를 결성하고 자율로 윤리 헌장을 만들어 준수해야 함

2. 공직자의 조건과 공직자 윤리

(1) 공직자의 정의: 공직자는 공무원, 국회 의원 등 공직에 종사하는 사람으로 정부 또는 지방 자치 단체, 그 산하 기관이나 정부의 예산으로 운영하는 공공 단체에서 근무하면서 정부의 정책을 수행함

(2) 공직자의 특징

① 대리인으로서의 공직자: 공직자는 국민으로부터 많은 권한을 부여받았기에 공권력의 근원은 국민에게 있음

② 공직자의 의사 결정은 법적 구속력을 가지기 때문에 사회적 영향력이 매우 큼

(3) 공직자 윤리

① 특정 개인이나 집단의 이익에 치우치지 않고 정책을 결정하고 집행하는 공공성이 요구됨

② 사회에 대한 책임과 투철한 사명감으로 업무를 수행해야 하며, 봉공의 자세를 갖추어야 함

③ 효율적으로 직무를 수행해야 하는 것뿐만 아니라 국민의 의사를 반영한 민주적인 직무 수행을 병행해야 함

📌 **정보의 비대칭성**
정보의 비대칭성이란 업무를 수행하는 각 행위의 주체가 보유하고 있는 정보의 차이로 인하여 불균형한 정보 구조 체제가 된 것을 의미한다. 이로 인해 정보를 많이 보유하는 것이 권력이나 경제력으로 이어지고, 사회 불균형 현상이 발생한다.

📌 **노블레스 오블리주(noblesse oblige)**
프랑스어로 '귀족의 의무'를 뜻하며, 보통 '부와 권력, 명성은 사회에 대한 책임과 함께 해야 한다.'라는 의미로 쓰인다. 사회 지도층에게 사회에 대한 책임이나 국민의 의무를 모범적으로 실천할 것을 요구하는 용어이다.

📌 **봉공(奉公)**
직무와 관련하여 공적인 일을 사적인 일보다 우선적으로 실현하려는 자세를 뜻함

07 직업과 청렴의 윤리

07 부패 방지와 청렴의 필요성

1. 부패의 의미와 발생 모델

(1) **부패**: 부패는 개인의 이익을 위해서 자신의 직위를 이용하는 위법 행위를 의미함

(2) 부패 발생의 기본 모델

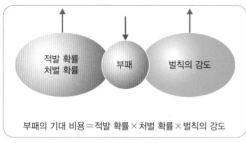

부패의 기대 비용＝적발 확률×처벌 확률×벌칙의 강도

▲ 기대 비용 모델

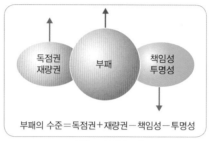

부패의 수준＝독점권＋재량권－책임성－투명성

▲ 주인－대리인 모델

2. 청렴의 의미와 필요성

(1) **청렴**: 성품과 품행이 맑고[淸] 염치를 알아[廉] 탐욕을 부리지 않는 것

(2) 대표 사상가

정약용	• "수령 노릇을 잘하려는 자는 반드시 자애로워야 하고, 자애로워지려는 자는 반드시 청렴해야 한다."라고 주장하며 청렴을 강조함 • 청빈한 생활 태도를 유지하면서 국가의 일에 충심을 다하는 청백리 정신을 강조함

(3) 청렴의 필요성

① 청렴은 올바른 인격을 형성시켜 개인의 자아실현에 도움을 줌

② 사회를 공정하고 투명하게 만들어 공동체의 발전에 기여함

3. 부패 방지를 위한 사회적 노력: 내부 공익 신고 제도 운용, 부패 방지법 제정, 시민 단체의 감시 강화

정약용(1762~1836)
조선 후기의 학자로, 호는 다산이다. 유형원, 이익 등과 함께 실학을 계승하고 집대성하였으며, 저서로 "목민심서", "흠흠신서", "경세유표"가 있다. "목민심서"는 수령(목민관)이 지켜야 할 지침을 밝히면서 관리들의 폭정을 비판한 책으로, 정약용은 수령은 다른 관직보다 그 임무가 중요하며 덕행, 신망, 위신이 있는 적임자를 선택해 임명해야 한다고 하였다. 수령은 언제나 청렴과 절검을 생활신조로 여기고, 명예와 재물을 탐하지 말고 뇌물을 절대 받지 않아야 한다고 하였다.

내부 공익 신고
조직 또는 집단의 구성원이 내부에서 저지르는 불법적·비윤리적 행위를 예방하거나 시정할 수 있는 기관 또는 대중 매체 등에 알림으로써 공공의 안전과 권익을 지키고, 국민의 알 권리를 보호하는 행위

2단계 개념 쏙 정리하기

1. 직업의 의미와 기능

직업의 의미	생계를 유지하기 위하여 자신의 적성과 능력에 따라 일정한 기간 계속하여 종사하는 일
직업의 기능	• 개인적: 생계 수단, 사회적 참여, 자아실현 • 사회적: 사회 통합, 인력 확보, 사회 발전

2. 직업을 바라보는 다양한 관점

공자	정명 사상에 따라 자신의 직분에 충실해야 함
맹자	일정한 생업이 있어야 도덕성을 지킬 수 있다고 봄
순자	적성과 능력에 따라서 사회적 역할이 분담되어야 함
플라톤	각자의 고유한 덕을 발휘할 때 정의로운 국가를 만든다고 봄
아퀴나스	그리스도교에서의 직업은 신이 부과한 속죄의 의미임
칼뱅	직업은 신이 부여한 소명으로 직업에서의 의무 의식과 사명 의식을 중시함
마르크스	노동으로부터의 소외에서 벗어나 자신의 본질을 실현해야 함

3. 기업의 사회적 책임

프리드먼	합법적인 이윤 추구 활동을 강조
애로	사회의 일원으로서 기업의 적극적이고 자발적인 사회적 책임 강조
보겔	기업의 이윤 극대화를 위해 사회적 책임 강조

4. 전문직과 공직자의 윤리

• 전문직의 특성: 전문성, 독점성, 자율성

• 전문직과 공직자 모두 사회에 미치는 영향이 크므로 높은 도덕성과 청렴의 의무가 요구

5. 부패 방지와 청렴의 필요성

• 정약용: 청렴의 정신을 바탕으로 한 청백리 정신을 강조함

● 다음 설명이 맞으면 ○, 틀리면 ×에 표시하시오.

1 경제적 보상을 받지 않는 일도 직업으로 볼 수 있다. (○, ×)

2 직업은 적성을 의미하는 '직(職)'과 능력을 의미하는 '업(業)'이 합쳐진 말이다. (○, ×)

3 칼뱅은 직업을 신의 거룩한 부름, 신의 소명으로 이해하였다. (○, ×)

4 노자는 각자의 적성과 능력에 따라 사회적 역할을 분담하는 예(禮)를 중시하였다. (○, ×)

5 직업 윤리에는 정직과 성실, 신의, 책임, 의무와 같은 가치 또는 행동 규범이 포함된다. (○, ×)

6 직업 선택 시 사회적 지위나 경제적 보상만을 염두에 둔다면 이는 직업을 수단으로 여기는 것이다. (○, ×)

7 기업가는 사회, 문화, 경제, 환경 등 다양한 영역에서 자발적으로 사회적 책임을 이행해야 할 책임이 있다. (○, ×)

8 법적 차원을 넘어서서 장애인 고용, 소외 지역 지원, 예술 및 교육 사업 투자 등의 사회적 책임은 기업의 적극적 책임에 해당한다. (○, ×)

9 전문직은 고도의 전문성과 사회적 승인을 거친 사람만 독점적으로 이용할 수 있으므로 자율성이 없다. (○, ×)

10 공직자는 국민의 권한을 위임받아 공무를 수행하는 대리인이다. (○, ×)

11 맹자는 일반 백성은 일정한 생업이 없어도 바른 마음을 통해 어려움을 극복할 수 있다고 보았다. (○, ×)

12 칼뱅은 직업은 신이 부여한 소명이므로 직업 활동에 최선을 다해야 함을 강조하였다. (○, ×)

13 베버는 칼뱅주의와 같은 프로테스탄티즘이 성실하게 일해서 성공을 거두고 부를 축적하는 것을 신의 축복으로 여겼다고 보았다. (○, ×)

14 마르크스는 자본주의 경제 체제에서 노동자는 생산물로부터 소외되는 현상이 일어난다고 보았다. (○, ×)

15 프리드먼은 기업이 이윤을 극대화하기 위해 어떠한 수단을 사용하더라도 허용해야 한다고 보았다. (○, ×)

16 청백리 사상이란 청빈한 생활 태도를 유지하면서 국가의 일에 충심을 다하는 마음을 의미한다. (○, ×)

17 애로는 소비자의 신뢰가 기업의 이윤 추구에 도움을 줄 수 있다고 주장한다. (○, ×)

● 다음 중 옳은 것에 ○표 하시오.

18 직업은 잠재적인 소질과 능력을 발견하는 (㉠ 자아실현, ㉡ 생계유지)에 도움을 준다.

19 (㉠ 공자, ㉡ 장자)는 자신이 맡은바 임무와 역할을 충실히 수행하는 정명 사상을 주장하였다.

20 자기 일에 긍지를 가지고 전념하거나 한 가지 기술에 정통하려고 노력하는 것을 (㉠ 장인 정신, ㉡ 청백리 사상)이라고 부른다.

21 (㉠ 플라톤, ㉡ 칼뱅)은 직업에는 귀천이 없으며, 직업 활동을 할 때 검소하고 금욕적인 태도를 지녀야 한다고 보았다.

22 프리드먼은 기업인들에게 기업의 이익 극대화 외의 사회적 책임을 강조하는 것은 기업의 소유주나 주주의 권익을 (㉠ 보호, ㉡ 침해)하는 것이라고 주장하였다.

23 (㉠ 전문직, ㉡ 계약직)들은 의사의 히포크라테스 선서처럼 자율적으로 윤리 헌장을 만들어서 이를 준수하기도 한다.

24 (㉠ 전문직, ㉡ 공직자)들은 국민을 위해 봉사하는 자세를 가지고, 사익보다 공익을 실현하기 위해 애써야 한다.

25 정약용은 좋은 공직자가 되기 위해서는 청빈한 생활 태도를 유지하면서 국가의 일에 충심을 다하는 (㉠ 투명, ㉡ 청백리) 정신을 지녀야 한다고 보았다.

● 빈칸에 들어갈 알맞은 말을 써 넣으시오.

26 직업 생활을 통해 얻는 즐거움과 존경, 보람 등을 통해 궁극적으로 ( )을/를 느낄 수 있음

27 간호사가 환자의 비밀을 보호하는 것은 특수 ( )에 해당한다.

28 ( )은/는 칼뱅의 직업 윤리인 근면, 절약, 절제, 금욕이 서구의 자본주의를 발전시키는 데 크게 기여했다고 보았다.

29 맹자는 대인과 소인의 일을 구분하였고, 대인의 일을 주로 ( )으로 보았다.

30 기업의 사회적 책임 유형 중 ( )(이)란 사회에 필요한 재화와 서비스를 제공하고, 일자리 창출을 통해 사회에 기여하는 것을 의미한다.

31 전문직의 특성 중 ( )은/는 일정한 자격을 갖춘 사회적으로 인정된 사람만이 그 직업을 수행할 수 있다는 것을 의미한다.

32 직무와 관련하여 공적인 일을 사적인 일보다 우선시하는 자세를 ( )(이)라고 부른다.

---

1 ×(경제적 보상이 있어야만 직업임) 2 ×(사회적 지위와 생계유지를 위한 일을 의미) 3 ○ 4 ×(노자는 무위와 소국 과민 사회를 주장함) 5 ○ 6 ○ 7 ○ 8 ○ 9 ×(전문 지식을 보유하여 오히려 독자적이고 자율적) 10 ○ 11 ×(맹자는 무항산 무항심을 강조함) 12 ○ 13 ○ 14 ○ 15 ×(정당하지 않은 수단은 인정하지 않음) 16 ○ 17 ○ 18 ㉠ 19 ㉠ 20 ㉠ 21 ㉡ 22 ㉡ 23 ㉠ 24 ㉡ 25 ㉡ 26 행복 27 직업 윤리 28 베버 29 정신노동 30 경제적 책임 31 독점성 32 봉공 정신 또는 봉공

08강 사회 정의와 윤리

키워드
사회 윤리, 정의관, 분배적 정의, 교정적 정의, 사형 제도

1단계 개념 뜯어보기

01 개인 윤리와 사회 윤리

1. 개인 윤리와 사회 윤리의 비교

구분	개인 윤리	사회 윤리
문제 원인	개인의 이기심, 비양심적인 태도로 윤리 문제 발생	사회 구조와 제도의 결함으로 윤리 문제 발생
해결 방안	개인의 도덕성 함양 및 바람직한 습관 형성, 도덕 원리의 실천을 강조	개인의 도덕성 함양과 함께 사회 구조, 제도, 법과 정책의 개선을 강조

2. 니부어의 사회 윤리적 관점

⑴ 도덕성의 구분: 니부어는 개인의 도덕성과 개인이 모인 집단의 도덕성을 구분하였음

⑵ 도덕성의 비교: 개인은 도덕적이더라도, 도덕적 개인이 모인 사회 집단은 이기심을 조절하고 억제하는 힘이 개인에 비해 떨어짐. 즉, 개인의 도덕성보다 집단의 도덕성이 현저히 낮음

⑶ 니부어의 해결 방안: 개인 윤리가 추구하는 도덕적 이상은 '이타성'의 실현으로 보고, 사회 윤리가 추구하는 도덕적 이상은 '정의'로 봄

　→ 니부어는 사회의 도덕성을 중시하지만 개인 윤리와 사회 윤리를 함께 추구할 때 복잡한 윤리 문제를 해결할 수 있다고 주장함

⑷ 비합리적인 수단: 니부어는 집단 간의 문제가 때로는 윤리적이기보다 정치적일 수 있다고 보고, 도덕적 선의지의 통제를 받는 강제력에 의한 방법도 병행해야 한다고 봄

02 사회 정의의 의미와 중요성

1. 사회 정의의 의미: 사회를 구성하고 유지하는 공정한 도리로서, 사회가 추구해야 할 가장 기본적인 덕목임. 사회 윤리 문제를 해결하는 기준으로, 분배적 정의와 교정적 정의로 나뉨

2. 사상가들의 다양한 정의관

공자	견리사의(見利思義)의 자세를 통해 눈앞의 이익보다 의리를 우선적으로 생각해야 함을 강조함
맹자	자신의 잘못된 행위를 부끄러워하고, 타인의 악행을 미워하며, 부정의한 현실에 대해 저항하는 마음인 의로움을 제시함
소크라테스	질서가 잘 잡힌 영혼이 추구하는 본성을 바로 정의라고 봄
플라톤	각자 자기 계급의 일에 전념하고 다른 계급의 일에 참견하지 않는 것을 정의라고 봄
벤담	공리주의에서는 사회적 효용이 극대화되도록 나누는 것을 분배 정의로 봄
마르크스	공산주의에서는 능력에 따라 일하고 사람들의 실질적인 필요를 충족하도록 분배하는 '필요에 따른 분배'를 주장함

3. 사회 정의의 종류

분배적 정의	사회적 이익과 부담을 공정하게 분배하는 것으로, 각자가 자신의 몫을 누릴 수 있게 하는 정의를 뜻함
교정적 정의	잘못에 대한 처벌이나 배상 등을 공정하게 진행하는 것으로, 국가의 법 집행으로 잘못된 것을 올바르게 바로잡음으로써 실현됨
절차적 정의	분배의 실질적 결과보다는 분배하기 위한 공정한 절차를 강조하는 것으로, 자원의 배분이나 의사 결정 상황에서 과정의 공정성을 추구함

만점 공부 비법

- 니부어의 사회 윤리적 관점을 명확히 이해한다.
- 롤스, 노직, 왈처의 분배 정의의 특징과 차이점을 안다.
- 우대 정책의 윤리적 쟁점의 논거를 파악한다.
- 사형 제도에 대한 사상가들의 다양한 견해를 안다.

개인 윤리와 사회 윤리

전통 사회에서는 주로 개인 윤리를 중시했지만 현대 사회에서는 사회 계층 간의 갈등, 빈부 격차, 인종 차별, 부정 부패 등 개인 윤리만으로 해결하기 어려운 문제가 발생하였다. 따라서 사회적·구조적 차원에서 접근하여 윤리 문제를 해결하려는 사회 윤리가 강조되고 있다.

니부어(Niebuhr, R., 1892~1971)

미국의 신학자이자 철학자이다. 1892년 미국의 미주리 주에서 태어나 에덴 신학교와 예일 신학교에서 공부한 후 디트로이트에서 목회 활동을 했다. 1928년부터 뉴욕의 유니온 신학교에서 기독교 윤리학 교수를 지냈다. 대표 저서로 "도덕적 인간과 비도덕적 사회"가 있다.

분배적 정의의 기준

- 절대적 평등: 모든 사람에게 동일하게 분배하는 것
- 업적: 기여한 정도에 따라 분배하는 것
- 능력: 능력이 뛰어난 사람에게 더 많이 분배하는 것
- 필요: 사람들의 필요에 따라 분배하는 것

4. 아리스토텔레스의 정의관

일반적 정의	• 법을 준수함으로써 정치 공동체의 행복을 창출하고 지키는 것 • 이웃과의 관계 속에서 완전한 미덕 또는 탁월성을 구현하는 것 → 즉, 공동선과 덕을 장려하는 사회 규범을 지키는 준법으로서의 정의를 의미함	
특수적 정의	교정적 정의 (시정적 정의)	타인에게 해를 끼치면 그만큼 보상을 하며, 이익을 주었으면 그만큼 되돌려 받아 이익과 손해의 불균형을 균등하게 하는 것
	분배적 정의	권력, 지위, 명예, 재화 등을 개개인의 가치에 비례하여 중용의 상태로 분배하는 것 → 즉, 각자에게 각자의 몫이 공정하게 주어지는 것을 분배적 정의로 봄

5. 사회 정의의 중요성

(1) 부정의한 사회 구조의 문제점

① 정의롭지 않은 구조와 제도는 구성원의 기본권을 침해할 수 있음

② 사회적 분열과 개인 간·집단 간 갈등을 조장하여 사회 발전을 저해하는 원인이 됨

③ 권리, 의무, 소득, 기회, 명예, 지위 등의 한정된 재화의 공정한 분배를 가로막음

(2) 사회 정의의 중요성: 부정의한 사회 구조나 제도로 생기는 문제점을 해결함

03 분배적 정의의 의미와 기준

1. 분배적 정의의 의미와 필요성

(1) 분배적 정의의 의미: 다양한 종류의 사회적 이익과 부담을 공정하게 분배하는 원칙, 즉 '각자에게 자신의 정당한 몫'을 돌려주는 정당한 방법을 뜻함

(2) 분배적 정의의 필요성: 분배적 정의는 자유와 평등을 실현하며, 행복 추구 등 개인의 권리를 보장하고, 사회의 갈등을 예방하기 때문에 필요함

2. 분배적 정의의 구분

형식적 정의	'같은 것은 같게 다른 것은 다르게' 분배하는 것을 뜻함 예 1인 1 선거권의 경우 모두에게 동등하게 분배되지만 어떠한 기회에 있어서 각자의 형편에 따라 다른 결과가 도출되는 것은 고려하지 않음
실질적 정의	능력, 업적, 노력 등의 차이를 고려하여 분배하는 것 예 사회적 약자들에게 사회적 혜택을 주는 것은 그들의 열악한 상황까지 고려하는 실질적 정의로 설명할 수 있음

3. 분배적 정의의 다양한 기준

구분	장점	단점
절대적 평등	기회와 혜택이 균등하게 보장됨	• 생산 의욕 및 효율성이 저하됨 • 개인의 자유와 책임 의식이 약화됨
업적	• 객관적인 평가와 측정이 쉬움 • 동기 부여 및 생산성 제공	• 서로 다른 종류의 업적에 대한 양과 질을 평가하기 어려움 • 과열된 경쟁으로 인해 사회적 약자를 배려하기 어려움
능력	능력이 뛰어난 사람에 대해 적절한 보상과 대우를 할 수 있음	• 우연적이고 선천적인 요소가 개입됨 • 능력을 평가하는 기준이 모호함
필요	사회적 약자를 보호할 수 있음	• 한정된 재화로 모든 사람의 필요를 충족시킬 수 없음 • 경제적 효율성을 높이기 어려움
노력	개인의 노력에 비례하여 몫을 분배할 수 있음	같은 노력을 했지만 능력의 차이로 결과물이 다를 경우 객관적으로 평가하기 어려움

공동선

공동체가 추구하는 가치로, 구성원 모두의 행복이나 공익을 의미함

중용(中庸)

아리스토텔레스는 정의로운 것은 비례이고, 비례는 중간이라고 본다. 특히, 분배적 정의는 기하학적 비례에 따르는데, 기하학에서는 전체가 전체에 대해 가지는 관계가 그것의 부분들 사이에서 성립하는 관계와 같기 때문이라고 한다.

사회적 약자

신체적, 문화적, 경제적 특징 등 때문에 사회의 주류 집단 구성원에게 차별받는 사람들

4. 절차적 정의의 원리

(1) 절차적 정의의 필요성: 분배적 정의의 다양한 기준은 보편적으로 적용하기 어려우며, 기준이 서로 충돌할 경우 조정하기 어렵기 때문에 절차적 정의가 필요함

(2) 절차적 정의의 관점: 절차나 과정이 공정할 경우 결과가 어떻게 나오든 그 분배는 공정함

(3) 절차적 정의의 대표 사상가: '공정으로서의 정의'를 주장한 롤스, '소유권으로서의 정의'를 주장한 노직

5. 롤스의 '공정으로서의 정의'

(1) 공정으로서의 정의: 공정한 절차를 통해 합의된 것이라면 정의롭다고 봄

(2) 원초적 입장: 타인의 이해관계에 무관심하며, 자신의 이익을 합리적으로 추구하며, 자신의 사회적 지위나 능력, 재능, 가치관 등을 알지 못한 채 합의를 통해 정의의 원칙을 도출하는 가상적 상황

→ 원초적 입장에 놓인 사람들은 자신이 가장 불리한 상황에 놓일 가능성을 생각하여 공정한 정의의 두 원칙에 합의하게 됨

(3) 무지의 베일: 이해관계에 영향을 끼칠 수 있는 개인적 정보를 마치 베일에 씌우듯이 없애는 것, 즉 자연적 · 사회적 우연성을 배제하는 것을 의미함

(4) 정의의 원칙

제1원칙	평등한 자유의 원칙	모든 사람들은 다른 사람들의 유사한 자유와 양립할 수 있는 가장 광범위한 기본적 자유에 대하여 동등한 권리를 가져야 함
제2원칙	사회적 · 경제적 불평등에서는 다음 두 조건을 만족하도록 조정되어야 함	
	차등의 원칙	사회적 · 경제적 불평등은 최소 수혜자에게 최대의 이익이 되도록 편성해야 함
	공정한 기회균등의 원칙	사회적 · 경제적 불평등의 계기가 되는 직위와 직책은 모든 사람들에게 개방되어 있어야 함

(5) 정의의 원칙의 관계

① 제1원칙은 '자유의 우선성'을 추구하며 제2원칙보다 선행되어 적용함

② 제2원칙은 '정의의 우선성'을 추구하며 효율성과 복지에 대해 관심을 둠. 공정한 기회균등의 원칙은 차등의 원칙보다 우선 적용함

③ 롤스는 개인의 기본적 자유를 보장하면서도 복지 정책과 같은 재분배 장치를 통해 실질적인 평등을 도모함

(6) 롤스의 '절차적 정의'의 유형

완전한 절차적 정의	공정한 분배 결과의 기준도 있고, 그 결과를 산출할 절차도 존재함
불완전한 절차적 정의	공정한 분배 결과의 기준은 있지만, 이를 보장할 절차가 불완전하여 불공정한 결과를 가져올 수 있는 상태
순수 절차적 정의	분배 결과의 기준 없이 공정한 절차만이 존재하기 때문에 공정한 절차로 도출된 결과는 공정하다고 판단함

6. 노직의 '소유권으로서의 정의'

(1) 노직의 자유 지상주의: 취득과 양도의 과정이 공정하다면 그 과정을 통해 얻은 소유물에 관해서는 개인이 절대적 권리를 가짐

롤스(Rawls, J., 1921~2002)
미국의 철학자이다. 프린스턴 대학교에서 철학 박사 학위를 받고 코넬 대학교와 메사추세츠 공대를 거쳐 하버드 대학교 철학과 정교수를 지냈다. '공정으로서의 정의' 논문을 내놓으면서 20세기 철학의 한 획을 그으며 많은 논쟁의 중심에 섰다. 이후 비판과 반박을 반영하여 "정의론"을 썼고, "정치적 자유주의", "만민법"으로 사상을 정리했다.

원초적 입장
롤스는 원초적 입장에 놓인 사람들이 경제학, 심리학 등의 일반적인 사실에 대해서 알고 있다고 보았다. 또한 원초적 입장의 당사자는 타인의 우연적인 조건조차 모르기 때문에 상대방에 대한 시기심 없이 공정한 합의를 할 수 있다.

평등한 자유의 원칙
평등한 자유의 원칙을 쉽게 설명하면 모든 사람은 정치적 자유, 언론과 집회의 자유, 신체의 자유, 사유 재산 소유의 자유 등 기본적 자유에 대해 평등한 권리를 가져야 한다는 의미이다.

노직(Nozik, R., 1938~2002)
미국의 자유주의 철학자이다. 1938년 뉴욕 브루클린에서 러시아 출신 이민자의 아들로 태어나 컬럼비아 대학교를 졸업하고 프린스턴 대학교에서 철학 박사 학위를 받았다. 30세에 하버드 대학교 철학과 정교수가 되었으며, 롤스의 '공정으로서의 정의'를 비판하면서 20세기 가장 논쟁적인 사상가로 주목받았다. 대표 저서로 "아나키에서 유토피아로"가 있다.

(2) 노직의 '소유 권리의 원칙'

취득의 원칙	• 어떤 개인이 정당하게 노동하여 최초로 재화를 취득했다면 그 사람은 그것을 소유할 권리를 지님 • 소유물의 취득이 타인의 처지를 악화시키지 않는 한 어떤 개인은 소유물에 대한 응분의 권한을 가짐
양도의 원칙	소유물의 소유 권리를 가진 사람에게서 양도에서의 정의의 원칙에 따라 소유물을 취득한 사람은 그것의 소유 권리가 있음
교정의 원칙	취득 및 양도의 과정에서 부정의로 인해 현재의 소유 상태가 발생하였다면 바로잡아야 함

(3) 노직의 최소 국가: 국가는 타인의 침해로부터 개인을 보호하기 위한 역할과 계약 집행의 감독만을 수행하면 되며, 국가에 의한 재분배는 개인의 소유권을 침해한다고 봄

7. 왈처의 '다원적 평등으로서의 정의'

(1) 다원적 평등으로서의 정의: 상이한 사회적 가치들은 상이한 근거들에 따라 상이한 절차에 맞게 상이한 주체에 의해 분배되어야 함

(2) 복합 평등: 한 영역의 재화나 가치를 소유한 것이 다른 영역에서도 유리한 위치를 독점하는 것을 막을 수 있도록 특정 사회적 가치가 고유한 영역 안에서 머무르게 하는 것

(3) 왈처의 다원적 정의: 어떠한 사회적 가치 x도 x의 의미와는 상관없이 단지 누군가가 다른 가치 y를 가지고 있다는 이유만으로 y를 소유한 사람들에게 분배되어서는 안 됨

04 분배적 정의와 관련된 윤리적 쟁점

1. 소수자 우대 정책의 윤리적 쟁점

(1) 소수자 우대 정책: 차별을 받아온 사회적 약자에게 대학 입학이나 취업 등 다양한 측면에서 직접적·간접적으로 혜택을 줌으로써 사회적 이익의 공정한 분배를 실현하려는 정책을 의미함

(2) 소수자 우대 정책에 대한 찬반 논거

찬성 논거	반대 논거
• 보상의 논리: 과거의 차별에 대한 보상받을 권리가 있음 • 재분배의 논리: 경제적 부나 사회적 지위를 얻을 유리한 기회를 제공받아야 함 • 공리주의 논리: 사회적 긴장을 완화하고, 사회 전체의 평화와 행복을 증진하기에 필요함	• 역차별: 우대 정책이 또 다른 특정 개인이나 집단을 부당하게 차별함 • 책임의 부당성: 잘못이 없는 현세대에게 보상의 책임을 지우는 것은 부당함 • 업적주의 위배: 자신의 노력에 따라 정당한 대가를 받아야 하는 업적주의를 따르지 않음

2. 부유세의 윤리적 쟁점

(1) 부유세: 일정액 이상의 자산을 보유하고 있는 사람에게 비례적으로 또는 누진적으로 세금을 걷는 것

(2) 부유세에 대한 찬반 논거

찬성 논거	반대 논거
• 재분배의 논리: 부의 재분배를 통해 사회적 불평등을 해소함 • 사회 통합의 논리: 부과한 세금으로 사회적 약자의 복지를 위해 이용된다면 빈부 격차를 줄일 수 있음	• 소유 권리의 원칙: 정당하게 얻은 개인의 재산권을 과도하게 침해 • 불평등의 논리: 세금은 한 사람에게 한 번 부과되는 것인데 부유세는 세금을 두 번 걷는 것과 같아서 부자에 대한 차별로 이어짐

국가에 의한 재분배
노직은 국가에 의한 소득 재분배는 개인의 권리를 침해하는 부당한 일이라고 보았다. 특히 근로 소득에 대한 과세를 강제 노동과 같다고 보았다. 이는 노동자로부터 N시간을 빼앗는 것이며, 다른 사람을 위해 N시간 일하게 하는 것과 같다는 것이다.

왈처(Walzer, M., 1935~)
미국의 철학자이다. 하버드 대학교에서 박사 학위를 받고, 프린스턴 대학과 하버드 대학 교수를 거쳐 프린스턴 고등 연구소 사회과학부 교수로 재직 중이다. 베트남 전쟁 이후 미국의 반전 평화 운동을 이끈 지도자이기도 하며, 시사 평론지 편집인이기도 하다. 대표 저서로 "정의와 다원적 평등"이 있다.

다원적 평등으로서의 정의
왈처는 사회적 가치의 다원성을 기초로 다양한 삶의 영역에서 각기 다른 공정한 기준에 의해 사회적 가치가 분배될 때 사회 정의가 실현될 수 있다고 보았다.

05 교정적 정의의 의미와 기준

1. 교정적 정의의 의미와 구분

(1) **교정적 정의의 의미**: 사람 사이의 불평등한 관계를 바로잡거나 위반 혹은 침해를 일으킨
사람에 대해 형벌을 가함으로써 과도한 부정의를 바로잡는 것

(2) **교정적 정의의 구분**

배상적 정의	손해나 손실을 똑같은 가치로 회복시켜 주는 것
형벌적 정의	범죄자의 행위에 대응되는 공정한 처벌을 하는 것

2. 교정적 정의의 관점

관점	사상가	특징
응보주의적 관점	칸트, 헤겔	• 처벌의 목적을 범죄 행위에 상응하는 정당한 응보로 처벌하여 정의를 실현하는 데 두는 관점 • 칸트는 인간이 자신의 행위를 결정할 수 있는 자율적이고 이성적 존재이기 때문에 자신의 범죄 행위에 책임을 져야 한다고 봄 • 범죄로 인해 다른 사람의 권리가 침해될 경우, 도덕적 불균형이 발생하므로 균형을 회복하기 위해 범죄자를 처벌해야 함 • 칸트는 형법을 '정언 명령'으로 여기며, 범죄자가 범죄를 저질렀다는 사실만으로 그에게 형벌을 가해야 한다고 봄 • 범죄자의 처벌을 통한 도덕적 형평성의 회복 자체를 목적으로 하기에 범죄 예방과 범죄자 교화를 목적으로 하지 않는다는 비판을 받음 • 처벌 과정에서 비용이 많이 들고 전과자의 사회 적응이 어려움
공리주의적 관점	벤담, 베카리아	• 범죄의 예방과 처벌로 인해 더 큰 악을 제거하여 얻는 사회적 이익의 증진을 처벌의 본질로 보는 관점 • 벤담은 처벌은 고통을 가한다는 점에서 해악이며, 모든 형벌은 그 자체로 악이라고 봄 • 처벌을 통해 범죄자의 의지에 영향을 미쳐 행동을 통제하고 교화하는 것을 목적으로 둠 • 잠재적인 범죄자에 대해 처벌이 일종의 본보기로 작용되어 처벌의 두려움을 통해 범죄의 억제력과 예방에 효과가 있음 • 처벌의 예방적 효과를 증명할 수 없고, 사회적 이익을 최우선으로 여겨서 인간의 존엄성이 훼손될 수 있다는 비판을 받음

3. 공정한 처벌의 조건

(1) **죄형 법정주의**: 어떤 행위를 범죄로 처벌하려면 범죄와 형벌이 반드시 처벌의 근거로서
법률에 정해져 있어야 하고, 그 법이 공정해야 하며, 피의자가 해당 범죄를 저질렀다는
유죄 조건이 충족되어야 함

(2) **비례성의 원칙(과잉 금지의 원칙)**

① **목적의 정당성**: 처벌의 목적이 정당해야 함

② **수단의 적합성**: 처벌의 수단이 처벌의 목적에 적합해야 함

③ **침해의 최소성**: 처벌로 인한 기본권의 제한이나 침해를 최소화해야 함

④ **법익의 균형성**: 처벌은 그것으로부터 예상되는 공익상의 효과를 능가해서는 안 됨

(3) **법적 정의의 실현**: 공정한 처벌이 이루어지려면 법적 정의를 실현해야 함. 법적 정의가 실
현될 때 개인의 권리가 보장되고, 범죄에 대해 법에 따른 정당한 처벌을 받게 됨

응보주의
응보주의는 처벌은 오직 응당 처벌받을 만하다고 할 경우에만 시행되어야 한다는 생각이다. 응보주의는 범행자에 대하여 자비를 베푸는 것이 정의를 무시하는 처사라고 생각한다. 여기서 자비란 범행자가 응당 받아야 할 처벌에 비해 보다 완화된 처벌을 내리는 것을 의미한다. 이는 범죄자가 응당 받아야 할 것을 받지 않기 때문에 개인적 부정의일 뿐만 아니라, 자비는 선택적이 될 수밖에 없기 때문에 상대적 부정의도 초래한다는 것이다. 응보주의는 합리주의 인간관을 전제로 하고 있는데, 이는 개인은 의지의 자유를 가진 합리적 선택의 주체라는 것이다. 따라서 내가 범행을 저지르는 것은 내가 처벌받아도 좋다는 쪽을 선택하는 것과 같다고 본다.

벤담의 공리주의
벤담은 고통은 악이기 때문에 형벌 역시 악으로 이해하지만 '최대 다수의 최대 행복'을 실현하기 위한 필요악으로도 보았다. 그는 형벌이 모든 위법 행위의 방지, 가장 해로운 위법 행위의 방지, 해악의 감소, 최소 비용으로 해악 방지의 목적을 가지고 있기에 정당하다고 보았다.

예방 효과에 대한 구분
• **특수한 예방**: 범죄자가 처벌에 두려움을 느껴 더 이상 위법을 저지르지 않게 되는 효과
• **일반적 예방**: 범죄를 저지를지 모르는 사람이 처벌을 보고 범행을 하지 않게 되는 효과

06 교정적 정의와 관련된 윤리적 쟁점

1. 사형 제도에 대한 찬반 논쟁

찬성 논거	반대 논거
• 범죄 억제에 대한 일반적 예방 효과가 매우 큼 • 국민의 일반적 법 감정이 사형 제도를 지지함 • 종신형 제도는 경제적 부담이 크고 비인간적임 • 흉악범의 범죄에 비례하여 생명을 박탈하는 것이 사회 정의임 • 국민의 자유, 재산, 생명, 안전을 지키기 위한 사회 방어 수단임	• 범죄 억제 효과가 없음 • 특수적 예방의 일환인 재사회화 불가능 • 오판의 가능성이 있음 • 인간의 기본권인 '생명권'을 부정하는 비인도적 행위임 • 정치적으로 정적을 제거하는 수단으로 악용될 수 있음

⭐ 2. 사형 제도에 대한 사상가들의 견해

칸트	• "시민 사회가 모든 구성원의 동의로써 해체될 때조차도 감옥에 있는 마지막 살인자는 반드시 처형되어야 한다." • 응보주의적 관점으로 '동등성의 원리'에 따라 타인의 생명을 해치면 그의 생명을 박탈하는 것이 정당함 • 사형은 범죄자의 고통받는 인격을 해방하여 인간의 존엄성을 실현하는 것
루소	• "타인의 희생으로 자기의 생명을 보존하려고 하는 사람은, 필요하다면 타인을 위해 마땅히 자신의 생명을 희생하겠다는 것에 동의한 것이다." • 살인과 같은 중죄를 저지른 사람은 사회 구성원이기를 포기한 사람이며, 사회 계약을 위반했기에 사회의 적으로 간주함 • 살인자는 정당한 사회 구성원이 아니므로 그 생명권을 박탈하더라도 이는 사회 계약에 위반되는 것이 아니라고 주장함
♥**베카리아**	• 공리주의를 바탕으로 사형을 통해 얻는 공익의 지속성과 유용성을 고려함 • 범죄 예방의 측면에서 죽음보다 오랜 기간의 징역살이가 범죄 억제 효과가 더 크므로 종신 노역형으로 사형을 대체해야 한다고 주장함

♥ **베카리아(Beccaria, C., 1738~1794)**
이탈리아의 형법학자이자 계몽 사상가이다. 1764년 익명으로 출간한 "범죄와 형벌"에서 18세기의 가혹한 형벌과 권력 남용을 비판하여 죄와 벌을 개인 문제가 아니라 사회 문제로 인식하게 하였다. 계몽 사상가 볼테르는 이 책을 계몽주의 전 시대를 통틀어 가장 중요한 저서라고 평가했다.

2단계 개념 쏙 정리하기

1. 다양한 정의관

공자	눈앞의 이익보다 의리를 우선함
맹자	내 잘못을 부끄러워하고 타인의 악행을 미워하고 부정의에 저항하는 '의(義)' 강조
소크라테스	질서가 잘 잡힌 영혼이 추구하는 본성
플라톤	지혜, 용기, 절제가 완전한 조화를 이루는 덕목
벤담	사회적 효용을 극대화하는 것
마르크스	능력에 따라 일하고 필요에 따라 분배하는 것

2. 분배 정의의 대표 사상

롤스	'공정으로서의 정의'로 공정한 절차로 합의된 결과를 정의롭다고 봄
노직	'소유권으로서의 정의'로 재화의 취득, 양도, 이전, 교정의 과정이 정당하면 현재의 소유권은 정의로움
왈처	'다원적 평등으로서의 정의'로 영역에 따라 다른 정의의 기준이 필요하다고 봄

3. 분배적 정의와 관련된 윤리적 쟁점

쟁점	소수자 우대 정책
찬성	보상의 논리, 재분배의 논리, 공리주의 논리
반대	역차별의 문제, 책임의 부당성, 업적주의 위배

4. 교정적 정의의 관점과 기준

응보주의적 관점	범죄 행위에 상응하는 정당한 형벌로 처벌
공리주의적 관점	범죄의 처벌로 얻는 사회적 효용에 중점

5. 사형 제도에 대한 사상가들의 견해

칸트	동등성의 원리에 따라 사형은 정당함, 인간의 존엄성도 실현할 수 있음
루소	사회 계약을 위반한 것이므로 사형 제도 찬성
베카리아	종신 노역형으로 얻는 범죄 예방 효과가 사형보다 크기에 반대

● 다음 설명이 맞으면 ○, 틀리면 ×에 표시하시오.

1 개인 윤리는 개인의 이기심이나 비양심이 원인이 되어 윤리 문제가 일어난다고 보는 관점이다. (○, ×)

2 사회 윤리를 회복하기 위한 방법으로는 법과 정책의 개선을 들 수 있다. (○, ×)

3 니부어는 개인의 도덕성이 집단의 도덕성보다 이기심을 억제하는 능력이 낮다고 보았다. (○, ×)

4 니부어는 개인 윤리의 도덕적 이상은 정의이며, 사회 윤리의 도덕적 이상은 이타심이라고 보았다. (○, ×)

5 니부어는 집단 간의 관계로 인한 사회 부정의는 윤리적이기보다 정치적이기 때문에 비합리적인 수단을 통해서라도 바로잡아야 한다고 주장하였다. (○, ×)

6 사회 정의가 부족한 사회에서는 사회 구조나 제도가 개인의 기본권을 침해할 수 있다. (○, ×)

7 사회 정의는 대표적으로 분배적 정의와 교정적 정의로 구분할 수 있다. (○, ×)

8 아리스토텔레스는 법을 준수함으로써 정치 공동체의 행복을 창출하고 보호하는 것을 정의로 이해하였다. (○, ×)

9 아리스토텔레스의 분배적 정의는 타인에게 피해를 준만큼 보상하고, 이익을 주었으면 되돌려 받는 것을 의미한다. (○, ×)

10 분배적 정의란 각자에게 자신의 정당한 몫을 돌려주는 것을 의미한다. (○, ×)

11 업적을 통한 분배적 정의의 기준은 사회적 약자를 보호할 수 있다는 장점이 있다. (○, ×)

12 롤스는 원초적 입장에서 개인은 타인에게 관심을 가지며, 자신의 자연적·사회적 조건을 알 수 있다고 설정하였다. (○, ×)

13 롤스는 기회균등의 원칙을 통해 최소 수혜자에게 최대의 이득을 제공해야 한다고 보았다. (○, ×)

14 노직은 재화의 취득, 이전, 교정의 과정이 정당하면 현재의 소유권 역시 정당하다고 보았다. (○, ×)

15 노직은 개인을 보호하는 역할과 계약 집행의 감독 역할만을 하는 최소 국가가 정당한 국가 형태라고 보았다. (○, ×)

16 왈처는 한 영역에서 재화나 가치를 소유하는 것이 다른 영역에서도 유리한 위치를 독점하는 것은 정당하다고 보았다. (○, ×)

17 소수자 우대 정책은 사회적 약자에게 일정한 몫을 우선 보장하려는 정책이다. (○, ×)

18 노직에 따르면 타인의 처지를 악화시켰더라도 정당한 노동을 통해 재화를 취득한 것이라면 그 재화에 대한 소유 권리를 가진다. (○, ×)

19 소수자를 우대하는 것이 또 다른 차별을 초래하는 역차별 문제를 일으킨다는 점은 소수자 우대 정책의 반대 논거에 해당한다. (○, ×)

20 과세한 세금을 복지에 사용하여 사회 통합을 이룰 수 있다는 것은 부유세 논쟁의 반대 논거에 해당한다. (○, ×)

21 교정적 정의란 사람 사이의 불평등한 관계나 법을 위반하고 타인에게 침해를 일으킨 사람에 대해 형벌을 가하여 부정의를 바로잡는 것을 의미한다. (○, ×)

22 응보주의적 관점에서는 인간을 자신의 행위에 대해 책임을 질 수 있는 자율적인 주체라고 전제한다. (○, ×)

23 일반적 예방이란 범죄자가 처벌에 두려움을 느껴 더 이상 위법 행위를 저지르지 않게 되는 효과를 뜻한다. (○, ×)

24 공리주의적 관점에서는 범죄자가 오직 범죄를 저질렀다는 사실만으로 그에게 형벌을 가해야 한다고 본다. (○, ×)

25 범죄의 예방을 고려하여 처벌의 수준을 정해야 하며, 처벌을 사회적 이익의 수단으로 보는 것은 공리주의적 관점에 해당한다. (○, ×)

26 공정한 처벌을 위해서는 범죄의 형벌이 법률에 명시되어 있지 않아도 부정의하다고 판단되면 처벌을 내려야 한다. (○, ×)

27 사형이란 범죄인의 생명을 박탈하여 사회에서 영구히 격리하는 형벌로, 국가 기관이 행할 수 있는 가장 극단적인 형벌에 해당한다. (○, ×)

28 칸트는 살인자를 사형으로 처벌하는 것은 형벌 동등성의 원리에 합치되기에 사형 제도를 찬성한다. (○, ×)

29 루소는 사형에 처할 만큼의 중죄를 범한 사람은 사회의 적으로 간주해야 한다고 보았다. (○, ×)

30 베카리아는 사형이 범죄자에게 더 큰 공포를 안겨주므로 종신 노역형보다 훨씬 효과적인 보복 행위라고 보았다. (○, ×)

31 베카리아가 범죄 예방 측면에서 사형보다 종신 노역형이 효과적이라고 본 것은 공리주의를 바탕으로 하기 때문이다. (○, ×)

---

1 ○ 2 ○ 3 ×(개인의 이기심 억제 능력이 더 높음) 4 ×(개인 윤리의 이상이 이타심, 사회 윤리의 이상이 정의임) 5 ○ 6 ○ 7 ○ 8 ○ 9 ×(교정적 정의에 해당하는 설명임) 10 ○ 11 ×(업적이 아닌 필요에 따른 분배임) 12 ×(개인은 타인의 이해관계에 무관심하며, 자신의 사회적 지위나 능력, 계층 등을 모름) 13 ×(롤스의 차등의 원칙에 해당함) 14 ○ 15 ○ 16 ×(왈처는 복합 평등을 제시하며 한 가치의 소유가 다른 영역에서도 영향력을 미치는 것을 막아야 한다고 주장함) 17 ○ 18 ×(타인의 처지를 악화시켰다면 정당하지 않다고 봄) 19 ○ 20 ×(찬성 논거에 해당함) 21 ○ 22 ○ 23 ×(특수한 예방에 대한 설명임) 24 ×(응보주의적 관점임) 25 ○ 26 ×(죄형 법정주의를 따라야 함) 27 ○ 28 ○ 29 ○ 30 ×(종신 노역형이 훨씬 효과가 있다고 보았음) 31 ○

● 다음 중 옳은 것에 ○표 하시오.

32 (㉠ 개인 윤리, ㉡ 사회 윤리)는 사회 구조나 제도에 내재된 부조리를 개선하는 것에 중점을 둔다.

33 니부어는 (㉠ 개인, ㉡ 집단) 간의 문제 해결을 위해 도덕적이고 합리적인 조정이나 설득과 더불어 강제력도 병행될 필요가 있다고 보았다.

34 사회의 도덕성이 바르지 않을 때 개인의 도덕성을 지키려는 노력은 소용이 없다고 (㉠ 니부어, ㉡ 롤스)가 주장하였다.

35 (㉠ 공자, ㉡ 장자)는 견리사의(見利思義)의 자세를 통해 정의의 의미를 제시하였다.

36 (㉠ 교정적, ㉡ 분배적) 정의는 권력, 지위, 명예, 재화 등을 각자의 가치에 비례하여 나누어 주는 것을 의미한다.

37 (㉠ 롤스, ㉡ 마르크스)는 능력에 따라 일하고 각자의 필요에 따른 분배를 강조하였다.

38 (㉠ 필요, ㉡ 업적)에 따른 분배는 경제적 효율성이 저하된다는 비판을 받기도 한다.

39 (㉠ 롤스, ㉡ 노직)은/는 국가의 복지 정책을 통해 최소 수혜자를 보호해야 사회 정의가 구현된다고 보았다.

40 노직은 (㉠ 취득, ㉡ 교정)의 원칙에서 그릇된 절차로 인한 소유는 바로잡아야 한다고 주장하였다.

41 (㉠ 롤스, ㉡ 왈처)는 "어떠한 사회적 가치 x도 x의 의미와는 상관없이 단지 누군가가 다른 y를 가지고 있다는 이유만으로 y를 소유한 사람들에게 분배되어서는 안 된다."라고 하였다.

42 (㉠ 보상, ㉡ 재분배)의 논리는 사회적 약자가 과거의 차별로 인한 고통에 대한 보상을 받을 권리가 있으므로 소수자 우대 정책에 대해 찬성하는 입장이다.

43 (㉠ 응보주의적, ㉡ 공리주의적) 관점은 범죄로 인한 도덕적 불균형을 바로잡기 위해 처벌을 해야 한다는 도덕적 형평성을 중시한다.

44 정치적 정적을 제거하는 수단으로 사형 제도가 이용될 수 있다는 주장은 사형 제도에 대한 (㉠ 찬성, ㉡ 반대) 논거에 해당한다.

45 인간의 기본권인 생명권을 근본적으로 부정하는 행위라는 주장은 사형 제도에 대한 (㉠ 찬성, ㉡ 반대) 논거에 해당한다.

46 (㉠ 루소, ㉡ 칸트)는 사형으로 범죄자의 인간으로서의 존엄성을 실현할 수 있다고 보았다.

47 (㉠ 루소, ㉡ 베카리아)는 "타인의 희생으로 자신의 생명을 보존하려고 하는 사람은 타인을 위해 필요하다면 마땅히 생명을 희생해야 한다."라고 하였다.

● 빈칸에 들어갈 알맞은 말을 써 넣으시오.

48 (   )은/는 계층 간의 갈등, 빈부 격차, 인종 차별, 부정부패 등의 양심과 도덕성 회복만으로 해결하기 어려운 문제로 인해 더욱 강조되고 있다.

49 (   )은/는 도덕적 선의지의 통제를 받는 강제력을 통해 정치적인 집단 간의 문제를 해결할 수 있다고 주장하였다.

50 (   )은/는 각자 자기 계급의 일에 전념하고 다른 계급의 일에 참견하지 않는 것을 정의로 보았다.

51 아리스토텔레스는 (   )에서 이웃과의 관계에서 미덕과 탁월성을 구현하는 것을 강조하였다.

52 (   )은/는 타인에게 해를 끼치면 그만큼 보상을 하며, 이익을 주었으면 그만큼 되돌려 받아 이익과 손해의 불균형을 균등하게 하는 것을 교정적 정의로 보았다.

53 (   )은/는 각자의 형편을 고려하지 않고 '같은 것은 같게 다른 것은 다르게' 분배하는 것을 뜻한다.

54 롤스는 원초적 상황에서 개인은 (   )을/를 쓰기에 자신과 타인의 우연적 조건을 파악할 수 없다고 보았다.

55 롤스의 차등의 원칙은 사회적·경제적 불평등은 (   )에게 최대의 이익이 되도록 해야 한다는 것이다.

56 (   )은/는 "근로 소득에 대한 과세는 강제 노동과 같으며, N 시간 분의 소득을 세금으로 취하는 것은, 그 노동자로부터 N 시간의 시간을 빼앗는 것과 같다."라고 하였다.

57 개인의 재산권을 과도하게 침해한다는 주장은 부유세에 대한 (   ) 논거에 해당한다.

58 처벌로 인한 사회적 이익을 최우선으로 여겨 인간의 존엄성을 훼손한다는 비판을 받는 관점은 (   ) 관점이다.

59 (   )은/는 손해나 손실을 똑같은 가치로 회복해 주는 배상적 정의와 범죄자의 행위를 공정하게 처벌하는 형벌적 정의로 구분된다.

60 사회의 일반적인 법 감정이 사형 제도를 지지한다는 주장은 사형 제도에 대한 (   ) 논거에 해당한다.

61 (   )은/는 살인자는 정당한 사회 구성원이 아니므로 그의 생명권을 박탈하더라도 이것이 사회 계약에 위반이 되는 것은 아니라고 보았다.

62 (   )은/는 종신 노역형이 지속적으로 범죄 예방 측면에서 효과적이므로 사형 제도가 부당하다고 보았다.

63 (   )은/는 "시민 사회가 모든 구성원의 동의로 해체될 때조차도 감옥에 있는 마지막 살인자는 반드시 처형되어야 한다."라고 하였다.

---

32 ㉡ 33 ㉡ 34 ㉠ 35 ㉠ 36 ㉡ 37 ㉡ 38 ㉠ 39 ㉠ 40 ㉡ 41 ㉡ 42 ㉠ 43 ㉠ 44 ㉡ 45 ㉡ 46 ㉡ 47 ㉠ 48 사회 윤리 49 니부어 50 플라톤 51 일반적 정의 52 아리스토텔레스 53 형식적 정의 54 무지의 베일 55 최소 수혜자 56 노직 57 반대 58 공리주의적 59 교정적 정의 60 찬성 61 루소 62 베카리아 63 칸트

Ⅲ. 사회와 윤리

09강 국가와 시민의 윤리

키워드
국가의 역할에 대한 관점, 국가 권위의 정당화 근거, 시민 불복종

1단계 개념 뜯어보기

01 국가의 권위와 시민에 대한 의무

1. 국가와 시민의 관계

(1) 시민은 국가로부터 생명과 재산을 보장받고 다양한 혜택을 받으며, 국가는 시민의 의무를 기반으로 운영됨 → 국가와 시민은 상호 의존적 관계임

(2) 국가와 시민의 관계에 대한 관점

아리스토텔레스	"좋은 인간의 삶은 국가 공동체의 밖에서는 이루어질 수 없다.": 시민이 인간답게 살려면 국가의 존재가 필요하다는 것을 강조함
루소	"조국은 자유 없이 유지될 수 없고, 자유는 덕 없이 유지될 수 없으며, 덕은 시민 없이 유지될 수 없다.": 국가는 시민들로 인해 성립된다는 점을 강조함
유교	• 국가(國家)의 '가(家)'를 통해 유교에서는 국가를 거대한 가족으로 이해함 • 백성은 국가의 근본으로 삼고, 부모가 자녀를 돌보는 것처럼 국가는 백성을 위한 정치를 행해야 함

2. 국가의 권위의 의미: 시민들이 국가의 뜻에 따르게 하는 힘으로, 일정한 영토 안의 사람들에게 권리를 규정하고 의무를 부과함. 국가의 권위는 법적으로 정당화되어야 하며, 시민의 지지와 존중을 받아야 함

3. 국가의 역할과 정당화에 대한 사상가들의 견해

공자	• 백성의 입장에서 통치를 하여 백성의 신뢰를 받아야 함 • 큰 도(道)가 행해져 이웃을 사랑하고, 모든 재화를 공평하게 분배하는 대동 사회를 제시함
맹자	• 백성은 나라의 근본이므로 백성이 튼튼해야 나라가 평안하다는 민본 사상을 바탕으로, 군주는 덕으로써 인(仁)을 행하는 왕도(王道) 정치를 행해야 함 • 군주가 부덕하면 다른 사람이 왕조를 세울 수 있는 역성혁명을 주장함
묵자	• 군주와 백성 모두 하늘의 뜻인 겸애와 상호 이익[交利]을 받들어야 함 • 군주는 남의 나라를 내 나라 돌보는 것과 같이 하고, 남을 자신을 돌보는 것과 같이 해야 천하에 모든 혼란이 사라진다고 봄
한비자	• 국가는 이기적인 백성을 효과적으로 통치하기 위해 엄격한 법에 따라 통치하는 법치를 해야 함 • 군주는 포상과 처벌을 적절히 하여 사회 질서를 유지해야 함
정약용	• 지방 관리들이 애민(愛民) 정신을 실현해야 한다고 주장함 • 국가는 어려운 처지의 백성을 구제하고, 가난한 백성의 장례를 지원하며, 병든 백성을 너그럽게 대해야 함
유길준	정부는 국민들의 자유와 권리를 보호하기 위해 법치주의, 평안한 질서 유지, 복지를 실현해야 함
사회 계약론	홉스	• 인간은 자기 보존의 욕구를 추구하는 이기적인 존재이므로 자연 상태를 '만인의 만인에 대한 투쟁'이라고 규정함 • 국가는 사람들의 생명과 재산을 보호하고 사회 질서를 형성해야 함
	로크	• 인간은 이성을 가졌지만 오류를 저지를 가능성이 있기에 자연 상태에서 분쟁이 일어날 수 있다고 봄 • 국가는 분쟁을 해결하고, 개인의 생명과 자유, 재산을 보호하며, 개인의 행복한 삶을 보장할 의무가 있음

만점 공부 비법

• 동서양 사상가들의 국가의 역할에 대한 관점을 파악한다.
• 국가 권위의 정당화 근거를 안다.
• 시민 불복종의 성립 조건과 관련 사상가들의 주장을 안다.

권위
권력은 인정 여부와 관계없이 효과적인 강제성을 갖는다. 반면 국가의 권위는 시민들이 자발적으로 정당성을 인정할 때 힘을 발휘할 수 있다.

권위의 종류

정통한 지식	전문 지식을 갖춘 사람이 미치는 전문적 권위 예 과학자의 지식
영향력	행동을 통해 나타나는 실질적 권위 예 시민 단체의 활동
요구권	• 결정과 명령을 내리고 시민들에게 이에 대한 복종을 요구할 권리 • 국가의 권위와 가장 가까움

대동 사회
공자의 이상 사회로, 인(仁)과 예(禮)가 구현된 사회이다. 공자는 인간이 그릇된 욕망을 절제하고 자신의 선한 본성이 잘 자라도록 노력할 때 온전한 인격체로 성장한다고 보았다. 그리고 이러한 노력은 개인에게 머무는 것이 아니라 자신의 가족, 마을, 사회, 국가로 확대해야 한다고 주장하였다. 그는 이러한 개인의 도덕적 수양을 통해 큰 도가 하나가 되는 대동 사회를 꿈꾸었다.

겸애(兼愛)
겸애는 묵자가 주장한 개념으로, "세상의 모든 사람들을 동등하게 사랑해야 한다."라는 것이다. 묵자는 모든 사람이 다른 사람을 서로 차별하고 다르게 대한다면 세상이 혼란해질 것이기 때문에 다른 사람의 부모와 자식을 자신의 부모와 자식과 똑같이 사랑해야 한다고 주장하였다.

사회 계약론	루소	• 인간의 본성이 선하여 초기 자연 상태에서는 평화로웠지만, 사유 재산의 증가로 사회적 불평등이 발생했다고 주장함 • 국가는 시민들의 생명을 보전하고 번영시켜야 함
	밀	• 공리주의에 따라 한 사람이 다른 사람에게 해악을 끼칠 경우에만 국가가 시민의 자유를 제한할 수 있다고 봄 • 국가는 기본적으로 시민의 자유와 기본권을 보장해야 함
	롤스	국가는 개인의 평등한 자유를 보장하고, 최소 수혜자에게 최대의 이익이 돌아가게 하며, 모든 지위에 대한 기회가 평등하게 부여되는 '질서 정연한 사회'를 지향해야 함
	노직	• 국가 권력은 자연 상태에서 개인이 소유한 기본권에서 나옴 • 국가는 개인의 권리 보호를 위해 존재하고(최소 국가), 개인은 합리적 이기심으로 자신의 권리를 국가에 위임함

(3) 시민에 대한 국가의 의무

① 국가는 시민의 자유와 재산, 생명, 생명을 보호해 주어야 함(소극적 국가관)

② 국가는 시민들이 인간다운 삶을 영위할 수 있도록 복지를 증진해야 함(적극적 국가관)

③ 국가는 갈등을 공정하게 해결하고, 개인이 공급하기 어려운 공공재를 안정적으로 운영해야 함

　→ 국가는 시민에 대한 의무를 다하고, 시민은 국가의 정당한 권위를 존중해야 함

(4) 국가의 권위의 정당화 관점

정당화 관점	대표 사상(가)	내용
인간 본성의 관점	아리스토텔레스	• "국가는 자연적으로 존재하는 것들에 속하며, 인간은 국가에서 살게 되어 있는 동물이다." • 국가는 인간의 사회적·정치적 본성으로 형성된 것 • 인간 본성에 의해 성립된 국가는 자연스럽게 권위를 지님
동의의 관점	사회 계약론자	• 국가가 자신의 생명, 자유, 재산에 대한 권리를 보호해 준다는 조건으로 자발적으로 국가의 명령을 따르기로 약속함 • 계약을 통해 개개인의 동의를 얻었기에 국가는 통치할 수 있는 권위를 가짐
공공재와 관행의 혜택	소크라테스	법에 약속했으며, 국가로부터 혜택을 제공받았기에 국가의 권위가 정당화된다고 봄
	흄	국가로부터 얻는 이익과 혜택이 사라지면 정치적 의무를 다할 필요가 없다고 봄
천명(天命)의 관점	유교	• 군주의 통치권은 하늘로부터 주어졌다는 천명 사상을 주장함 • 하늘이 듣고 보는 것은 백성을 통한 것이므로 군주는 백성을 위해 통치해야 하며, 백성의 신임을 얻을 때 국가의 권위는 정당화됨

02 민주 시민의 참여 활동

1. 시민 참여의 필요성

주인 의식 반영	참여는 민주주의에서 주인 의식을 가장 잘 나타내는 일
공동체의 발전	참여는 국가 권력의 남용을 견제하여 국가 발전을 도모하게 함
개인의 권리 보장	• 참여는 시민의 의사를 실질적으로 반영하여 각자의 이익을 보장받게 함 • 국가 권력으로 부당하게 권리를 침해당하는 것을 막아 줌　예)저항권
다양성의 보장	공리주의 관점에서 정치 참여는 개인의 다양한 선호를 결집하여 공공 정책에 반영함으로써 적극적으로 선을 실현하는 도구임
자아실현의 가치	• 주권재민을 통해 사회 구성원임을 자각하여 자아실현에도 이바지함 • 참여 과정에서 사고의 폭이 넓어지고 새로운 가치 체계, 기술, 신념 등을 획득함으로써 자아가 성숙해지는 계기가 됨

III

사회 계약론

사회 계약론를 주장한 사상가로 홉스, 로크, 루소가 있다. 이들은 공통적으로 국가가 존재하기 전을 '자연 상태'라고 가정하였다. 또한 자연 상태는 생명, 재산, 자유를 안전하게 보장받을 수 없다고 보았다. 따라서 사회 계약을 통해 자발적으로 상호 동의하여 국가를 수립하게 되었다고 주장한다.

국가의 권위의 정당화 관점

그밖에 공리주의의 경우 법을 준수하는 것이 결과적으로 사회의 이익을 최대화하는 일이기에 국가의 권위를 인정해야 한다고 보았다. 이외에도 인간이라면 마땅히 해야 하는 자연적 의무에 해당한다는 관점이 있다. 이 관점에서는 국가의 정치가 공동선과 정의를 실현해 주기 때문에 국가에 따르는 것 역시 자연적 의무로 본다.

저항권

루소는 군주가 일반 의지를 거슬러 권력을 남용할 경우 국민은 그 권력에 저항할 수 있다고 보았다.

2. 시민 참여의 방법

(1) 선거를 통한 시민 참여

① 특징

- 투표권을 행사하여 정책 결정이나 집행 과정에 영향력을 행사함
- 정치 활동 과정에서 자기 의사를 대변할 대표를 선출하는 '대의 민주주의'를 실현함

② 한계: 선출된 대표자가 다원화된 현대 사회 각계각층의 입장을 모두 반영하지 못함

(2) 직접 민주주의의 실현

① 주민 소환제, 감사 청구제, 주민 투표제, 주민 발의제, 주민 참여 예산제 등 다양한 제도를 통해 직접 민주주의 실현 가능

② 주민 투표, 정당 가입, 시민 단체 활동, 언론 및 인터넷 매체 활용, 행정 기관에 민원 청구 및 건의 등 다양한 참여를 통해 직접 민주주의 실현 가능

---

03 시민 불복종의 정당화 조건과 한계

1. 시민 불복종의 의미와 찬반 논쟁

(1) 시민 불복종의 의미

① 시민 참여의 한 형태로, 부정의한 법을 개정하거나 정부의 정책을 변혁하기 위한 목적으로 행하는 의도적인 위법 행위

② 사회 정의 및 공익을 추구하는 양심적이고 정의로운 위법 행위

(2) 시민 불복종의 사례: 소로의 인두세 납부 거부, 여성의 참정권 획득을 위한 미국과 영국의 시민 운동, 베트남 전쟁 반대 운동, 간디의 비폭력 불복종 운동, 마틴 루서 킹의 흑인 인권 운동 등

(3) 시민 불복종에 대한 찬반 논쟁

찬성 논거	반대 논거
• 인간이 만든 실정법은 상위의 자연법이나 도덕률을 바탕으로 해야 하는데 이를 어길 경우 시민 불복종은 정당함 • 어떤 법이 인간의 존엄성이나 사회 정의를 훼손한다면 법의 시정을 위한 불복종은 당연함	• 법에 대한 존중심을 파괴하고, 민주적 절차를 무시함 • 무정부 상태를 초래하여 사회 질서를 무너뜨림

2. 시민 불복종의 정당화 조건

정당화 조건	내용
행위의 목적의 정당성	개인적으로 불리한 법률이나 정책에 저항하는 것이 아닌 사회 구성원의 권리를 침해하거나, 사회 정의를 해치는 법이나 정책에 대해 저항해야 함
비폭력성	부정의한 법에 반대한다는 이유로 행해지는 폭력은 정당화될 수 없음
최후의 수단	여러 가지 정상적인 절차를 통해 호소했지만 소용이 없고 피해가 점점 심각해지고 상황이 악화될 경우에 시도해야 함
처벌 감수	처벌을 받는 불이익을 감수해서라도 잘못된 법이나 정책을 바로잡아야 함
공개성	불복종의 정당성과 정의의 규범적 · 윤리적 근거를 널리 알리기 위해 공개적이어야 함
기존의 법질서 존중	시민 불복종은 기존 사회 질서와 법질서를 존중하는 것을 전제로 해야 함. 그 사회의 법이나 제도 전체에 대한 항거는 옳지 않음
기본권의 보호	시민 불복종의 과정에서 타인의 기본권을 침해해서는 안 됨

직접 민주주의 제도들

- **주민 소환제:** 지방 자치 단체장, 지방 의원 등 선거직 공무원에게 문제가 발생했을 때 임기 중 주민 투표를 통해 해직할 수 있는 제도
- **감사 청구제:** 공익을 현저히 침해하는 지역 행정에 대해 감사를 청구할 수 있는 제도
- **주민 투표제:** 지역 현안에 대해 주민들이 직접 투표하는 제도
- **주민 발의제:** 지역 주민의 생활과 관련된 조례를 제정하는 제도
- **주민 참여 예산제:** 주민이 직접 예산 편성에 참여하는 제도

소로(Thoreau, H. D., 1817~1862)
미국의 사상가로, 미국의 멕시코 전쟁에 반대하여 인두세(人頭稅) 납부를 거부했으며, 순수한 자연의 생활을 예찬하였다.

인두세
납세 능력의 차이를 고려하지 않고 각 개인에게 일률적으로 매기는 세금

간디(Gandhi, M. K., 1869~1948)
인도의 민족 해방 운동의 지도자로, 런던 대학에서 법률을 배운 후 남아프리카 원주민의 자유 획득을 위하여 활동하였고, 1915년에 귀국하여 무저항 · 불복종 · 비폭력 · 비협력주의에 의한 독립운동을 지도하였다. 영국이 식민지 인도에 소금의 생산과 판매를 금지하고 영국에서 생산된 소금을 비싼 값에 수입하도록 하자, 이에 불복종 운동을 벌였다.

킹(King, M. L. Jr., 1929~1968)
미국의 목사로, 비폭력주의의 원칙을 지키면서 흑인 차별 철폐 운동을 벌였다. 1964년에는 노벨 평화상을 받았다.

3. 시민 불복종 관련 사상가

소크라테스	"자신이 스스로 받아들인 법체계 아래서는 비록 법 당국의 잘못이더라도 이를 이해시키지 못하는 한, 그 결정에 따르는 것이 의무이다.": 법의 준수를 강조함
소로	• "법에 대한 존경심보다 먼저 정의에 대한 존경심을 기르는 것이 바람직하다.": 부정의한 법에 대해 적극적으로 불복종해야 함을 강조함 • 개인의 양심을 근거로 시민 불복종의 정당성을 판단해야 함
킹	보편적 도덕과 일치하고 인간의 존엄성을 드높이는 법은 지킬 의무가 있듯이, 인간의 존엄성과 인격을 무시하는 법에 대해 불복종의 의무가 있음
롤스	• 정의의 원칙이 합의된 비교적 정의로운 사회에서 사회의 다수가 공유하는 정의관에 부합한다면 시민 불복종이 정당화됨 • 평등한 자유의 원칙이나 공정한 기회균등의 원칙과 같은 정의의 원칙에 어긋나는 법이나 정책에 대해서는 저항할 수 있음 • 법에 대한 충실성의 한계 내의 최후의 수단이며, 공개적이고, 성공에 대한 합당한 전망이 있어야 함
싱어	이익과 손해, 성공 가능성을 공리주의적 계산으로 고려하여 사회적 유용성이 보장된다면 시민 불복종 운동이 정당화됨
드워킨	해당 법이 헌법 정신에 부합하는지 판단해서 시민 불복종을 행해야 함

4. 시민 불복종의 의의와 한계

의의	• 공정하지 않은 법이나 정책 개선을 촉구하여 정의를 실현함 • 시민의 권리를 침해하는 법이나 제도를 개선하여 시민의 기본권을 보호해 줌
한계	• 시민 불복종은 헌법 소원과 같은 합법적인 저항 절차를 무시하여 실정법의 권위와 민주주의를 약화시킬 우려가 있음 • 지나친 시민 불복종은 국가나 사회의 존재를 위협함

소로의 시민 불복종

• "법의 불의가 당신으로 하여금 다른 사람에게 불의를 행하는 하수인이 되라고 요구한다면, 분명히 말하는데, 그 법을 어겨라. 당신의 생명으로 하여금 그 기계를 멈추는 역마찰이 되도록 하라." – "시민 불복종"

• "우리는 먼저 인간이어야 하고 그다음에 국민이어야 한다고 나는 생각한다. 법에 대한 존경심보다는 먼저 정의에 대한 존경심을 기르는 것이 바람직하다. 내가 떠맡아야 할 유일한 책무는 언제든 내가 옳다고 생각하는 일을 행하는 것이다." – "시민 불복종"

롤스의 시민 불복종

"입헌 민주주의 사회에서 시민 불복종이 정당화될 수 있으려면 네 가지 조건이 충족되어야 한다. 첫째, 목표는 사회 정의의 기본 원리에 사회가 따르도록 하는 것이어야 한다. 둘째, 합법적인 개혁 방법, 즉 의회, 청원, 선거를 시도했지만 그것들이 소용이 없어야 한다. 셋째, 시민 불복종의 전략과 목표가 보편화 가능해야 한다. 넷째, 시민 불복종이 성공할 수 있는 것이라는 합당한 전망이 있어야 한다." – "정의론"

2단계 개념 쏙 정리하기

1. 국가의 권위의 정당성 근거

인간 본성의 관점	아리스토 텔레스	국가는 인간의 본성에 따라 자연스럽게 성립된 산물이며, 국가의 권위 역시 본성에 부합함
동의의 관점	사회 계약론	국가는 시민의 자발적 동의와 계약에 의해 구성되었으므로 시민은 국가의 권위를 따라야 함
공공재와 관행의 혜택	소크라테스, 흄	국가는 공동의 이익을 위한 공공재와 제도, 법률과 같은 관행의 혜택을 제공하므로 정당함
천명의 관점	유교	군주의 통치권은 하늘이 내려 준 것이기에 백성을 위한 정치일 경우 정당함

2. 시민의 정치 참여의 필요성

주인 의식 반영	민주주의에서의 정치 참여는 주인 의식의 표현임
공동체의 발전	정치 참여는 권력의 남용을 견제하여 국가를 건강하게 발전시킴
개인의 권리 보장	정치 참여는 자신의 의사를 반영하여 이익을 가져오고 부당한 침해를 막아 줌
다양성의 보장	다양한 정치적 선호를 효과적으로 반영하여 적극적으로 선을 달성할 수 있게 함
자아실현의 가치	정치 참여를 통해 사고의 폭이 넓어지고, 사회 구성원으로서의 자각을 통해 자아실현에 이바지함

3. 시민 불복종의 정당화 조건과 사상

• 시민 불복종의 정당화 조건

행위 목적의 정당성	사적인 이익이 아닌 사회 정의를 해치는 법에 대해 저항해야 함
비폭력성	평화적인 방법으로 시민 불복종을 전개해야 함
최후의 수단	여러 가지 정상적인 절차를 시도해도 소용이 없을 경우 마지막 수단으로 선택해야 함
처벌 감수	처벌을 받는 불이익을 감수하고 시민 불복종을 전개해야 함
공개성	불복종의 정당성과 정의의 규범적·윤리적 근거를 널리 알리기 위해 공개해야 함
기존의 법질서 존중	기존의 법질서를 존중하는 것을 전제로 사회 전체 질서에 대한 항거는 부당함
기본권의 보호	시민 불복종 과정에서 타인의 기본권을 침해하는 것은 부당함

• 시민 불복종 관련 대표 사상가

소로	• 법에 대한 존경심보다 정의에 대한 존경심이 더 중요하다고 봄 • 개인의 양심에 근거하여 시민 불복종의 정당성을 판단함
롤스	사회적 다수가 공유하는 정의관에 부합한다면 시민 불복종이 정당화된다고 봄

● 다음 설명이 맞으면 ○, 틀리면 ×에 표시하시오.

1 아리스토텔레스에 따르면 국가의 권위는 시민들이 국가의 뜻에 따르게 함으로써 형성된다. (○, ×)

2 흄은 국가가 국민에게 주는 물질적·비물질적 혜택으로 인해 얻는 좋은 결과의 산출 여부가 국가 권위의 근거가 된다고 보았다. (○, ×)

3 묵자는 군주는 겸애와 상호 이익의 뜻으로 백성을 다스리며, 자신의 국가를 다른 나라보다 더 소중히 돌보아야 한다고 보았다. (○, ×)

4 소크라테스는 법과 약속했고 국가로부터 혜택을 받았다는 근거를 통해 국가의 권위를 정당화했다. (○, ×)

5 루소는 국가가 공동선을 실현하는 역할을 수행하기 때문에 시민이 자발적으로 동의하여 권위를 정당화한다고 보았다. (○, ×)

6 유교 사상에서는 군주의 통치권은 하늘에서 부여한 것이기 때문에 절대적이고 거역할 수 없기에 어떤 경우에도 국가의 권위가 정당화된다고 보았다. (○, ×)

7 민주주의에서 시민의 참여는 주인 의식을 나타내는 것이므로 가치가 있다. (○, ×)

8 시민 참여는 사고의 폭을 넓혀 주고, 새로운 가치 체계, 태도, 기술, 신념을 제공함으로써 자아가 성숙해지는 계기가 된다. (○, ×)

9 선거 제도는 정치 활동에서 시민의 의사를 대변해 줄 대표를 뽑아서 '대의 민주주의'를 실현하도록 해 준다. (○, ×)

10 롤스는 사회적 다수가 공유하는 정의관을 통해 시민 불복종의 정당성을 판단해야 한다고 본다. (○, ×)

11 시민 불복종이 정당화되려면 사회적 질서에 악영향을 미칠 가능성을 고려하여 비공개적으로 진행되어야 한다. (○, ×)

12 소로는 해당 법이 헌법 정신에 부합하지 않는다면 시민 불복종이 정당화된다고 보았다. (○, ×)

13 시민 불복종은 비합법적인 저항 행위이기 때문에 이로 인한 처벌을 감수해야 한다. (○, ×)

14 소크라테스는 자신이 받아들인 법체계 내에서는 법의 잘못을 설득하지 못하는 한 법을 준수해야 한다고 보았다. (○, ×)

15 시민 불복종은 헌법 소원과 같은 합법적인 저항 절차를 가지고 있는 민주주의를 무시할 수 있다는 비판도 있다. (○, ×)

16 싱어는 이익과 손해를 공리주의적으로 계산하여 사회적 유용성이 보장된다면 시민 불복종이 정당화된다고 본다. (○, ×)

● 다음 중 옳은 것에 ○표 하시오.

17 (㉠ 영향력, ㉡ 요구권)은 결정과 명령을 내리고 시민들에게 이에 대한 복종을 이끌어 낼 수 있는 권위를 의미한다.

18 (㉠ 로크, ㉡ 루소)는 자연 상태의 인간은 이성을 가지지만 오류를 저지를 수 있기에 계약을 통해 국가를 수립하여 이를 해결하려 한다고 보았다.

19 (㉠ 동의, ㉡ 천명)의 관점은 시민의 동의와 합의의 결과인 법에 따라 국가의 권위를 정당화한다고 본다.

20 시민의 정치 참여를 통해 공동체의 문제를 함께 해결하고 공정한 사회 제도를 수립할 수 있어 (㉠ 자기 동일성 형성, ㉡ 공동체의 발전)을 도모할 수 있다.

21 시민 참여가 활발하지 못하면 대리인이 국민의 선호와는 무관하게 자기 이익만을 추구하는 (㉠ 주권 재민, ㉡ 주인－대리인) 문제가 발생한다.

22 소로는 (㉠ 사회적 유용성, ㉡ 개인의 양심)을 근거로 하여 시민 불복종의 정당성을 판단하였다.

23 시민 불복종이 정당화되려면 사회 정의를 해치거나, 인간의 기본권을 침해했을 경우 저항해야 하는 (㉠ 행위 목적의 정당성, ㉡ 최후의 수단) 조건을 충족해야 한다.

24 시민 불복종은 법에 대한 존중심을 파괴하고, 사회 질서를 무너뜨린다는 (㉠ 의의 , ㉡ 한계)가 있다.

● 빈칸에 들어갈 알맞은 말을 써 넣으시오.

25 국가는 시민의 의무로 운영되며, 시민은 국가로부터 다양한 혜택을 받으며 살아가는 (   ) 관계이다.

26 (   )은/는 자연 상태를 '만인의 만인에 대한 투쟁' 상태로 보며 사회 계약을 통해 인간은 자신의 생명과 재산을 보호하고 사회 질서를 형성해 줄 국가를 수립했다고 보았다.

27 (   )은/는 시민의 자유와 권리를 보호해야 하며, 시민의 인간다운 삶을 위한 복지의 의무를 가진다.

28 (   )은/는 지역 행정이 공익을 현저히 침해한다고 판단할 때 지역 주민들이 감사를 청구할 수 있는 제도이다.

29 (   )은/는 흑인의 인권 보장이라는 사회 정의를 위해 시민 불복종을 진행했다.

30 (   )은/는 "법에 대한 존경심보다는 먼저 정의에 대한 존경심을 기르는 것이 바람직하다."라고 하였다.

31 (   )은/는 법에 대한 충실성의 한계 내에서 공개적이고, 성공에 대한 합당한 전망이 있을 때 최후의 수단으로 시민 불복종이 이루어질 수 있다고 보았다.

---

1 ×(아리스토텔레스는 인간의 본성에 의해 국가의 권위가 정당화된다고 봄) 2 ○ 3 ×(묵자는 자국과 타국을 모두 고려하여 상호 이익을 높여야 한다고 봄) 4 ○ 5 ○ 6 ×(천명의 관점은 백성을 위한 것일 때 국가의 권위가 정당화된다고 봄) 7 ○ 8 ○ 9 ○ 10 ○ 11 ×(불복종의 근거와 정당성을 알리기 위해 공개적이어야 함) 12 ×(드워킨의 주장임) 13 ○ 14 ○ 15 ○ 16 ○ 17 ㉡ 18 ㉠ 19 ㉠ 20 ㉡ 21 ㉡ 22 ㉡ 23 ㉠ 24 ㉡ 25 상호 의존적 26 홉스 27 국가 28 주민 감사 청구제 29 킹 30 소로 31 롤스

IV 과학과 윤리

이 단원의
**수능 출제
분석**

12강 자연과 윤리는 08강 사회 정의와 윤리와 함께 가장 많이 출제되고 난이도가 높은 단원이다. 환경 윤리에 대한 여러 사상가들의 입장을 비교하는 문항이 매우 어렵게 출제된다. 고난도 문항을 풀기 위해서는 각 사상가들의 주장과 근거를 비교·정리해야 한다. 과학 기술의 가치 중립성, 정보 공유론과 정보 사유론, 요나스의 책임 윤리, 동양 사상의 자연관 등도 자주 출제되는 주제이다.

이 단원의 **수능 빈출 주제**

1순위 여러 사상가들의 환경 윤리
출제 빈도 ★★★★★ 　 난이도 상

2순위 과학 기술의 가치 중립성
출제 빈도 ★★★ 　 난이도 중

3순위 정보 공유론과 정보 사유론
출제 빈도 ★★★ 　 난이도 하

4순위 요나스의 책임 윤리
출제 빈도 ★★★ 　 난이도 중

5순위 유교, 불교, 도가의 자연관
출제 빈도 ★★★ 　 난이도 중

10강 과학 기술과 윤리

1단계 개념 뜯어보기

01 과학 기술의 본질과 윤리

1. 과학 기술의 의미

과학	보편적인 진리나 법칙의 발견을 목적으로 한 체계적인 지식을 뜻하는 말로, 자연 현상을 관찰하고 이해하여 일반적 진리나 법칙으로 체계화하는 학문
기술	과학 이론을 실제로 적용하여 자연의 사물을 인간 생활에 유용하도록 가공하는 수단
과학 기술	• 과학과 기술이 삶에 미치는 영향이 점차 확대되면서 과학과 기술을 합쳐서 부르게 됨 • 관찰, 실험, 조사 등의 객관적인 방법으로 얻어 낸 자연 현상에 대한 체계적인 지식과 그 지식을 활용하여 무엇인가를 만들어 내는 전 과정

2. 과학 기술의 본질

(1) 자연 현상에 대한 이론 법칙의 발견과 사회 목표 달성을 위한 도구적 역할을 넘어 이상적으로 추구해야 할 바람직한 관념 체계로 확대됨

(2) 진리의 발견과 활용을 넘어 인간의 존엄성 구현과 삶의 질 향상이라는 윤리적 목적과 연결됨

3. 과학 기술과 윤리의 문제

(1) 인간의 삶은 과학 기술 문명의 혜택 없이 이어질 수 없음. 반면 과학 기술 발달에 따라 인류의 생존을 위협하는 핵무기의 개발, 환경 오염 등과 같은 윤리 문제가 발생하기도 함

(2) 과학 기술의 목적은 단순히 진리의 발견과 활용에 그치지 않고 궁극적으로 인간의 존엄성 구현과 삶의 질 향상이라는 윤리적 목적과 연결되어야 함

★ 4. 과학 기술의 가치 중립성 논쟁

(1) 과학 기술의 가치 중립성과 관련된 입장 비교

구분	과학 기술의 가치 중립성 인정	과학 기술의 가치 중립성 부정
내용	• 과학 기술은 주관적 가치가 개입될 수 없는 '사실의 영역'임 • 과학 기술의 본질은 진리의 발견과 활용임 • 과학 기술의 연구가 사회적으로 어떤 결과를 가져왔든 과학자는 책임질 이유가 없음 • 과학 기술에 대한 도덕적 평가와 비판을 유보해야 함	• 연구 목적을 설정하거나 연구 결과를 현실에 활용할 때에는 가치 판단이 개입함 • 과학 기술자는 자신이 연구 대상을 통제 · 조작할 수 있다는 전제하에 연구를 진행해야 함 • 과학 기술자는 연구 내용에 관한 흥미, 지원과 보상, 실제에의 응용 가능성 등을 고려함 • 과학 기술도 윤리적 검토나 통제를 통해 윤리적 목적에 기여해야 함
사상가	• 야스퍼스: "기술은 그 자체로 선하지도 악하지도 않은 수단이다. 그것은 인간이 기술로부터 무엇을 만드느냐, 기술이 인간의 무엇을 위해 기여하느냐, 그리고 어떤 조건하에서 기술이 만들어지느냐에 달려 있다." • 푸앵카레: "과학과 윤리는 한 점에서 접하기만 하는 두 개의 원과 같이 별개의 영역이다."	• 하이데거: "과학 기술의 목적을 인간의 행복과 인류의 발전이라는 가치 아래 논의해야 한다. …… 과학 기술을 가치 중립적인 것으로 고찰할 때, 우리는 무방비 상태로 과학 기술에 내맡겨진다." • 슈바이처: "우리는 지식을 사상에서 분리하는 방법을 발견하였다. 그 결과 실제로 제멋대로 움직이는 과학은 있지만, 반성하는 과학은 거의 남아 있지 않다."

만점 공부 비법

• 과학 기술의 가치 중립성과 관련된 입장을 비교한다.
• 과학 기술 낙관주의와 과학 기술 비관주의를 비교한다.
• 과학 기술의 윤리적 문제를 알아둔다.
• 과학 기술자의 책임 한계에 대한 견해 차이를 비교한다.
• 요나스의 책임 윤리의 특징을 정리한다.

가치 중립성

막스 베버는 가치 중립성 개념을 처음 제시한 것으로 알려져 있다. 그는 과학적 지식의 객관성을 보장하기 위해 사실 인식과 가치 판단을 엄격히 구별해야 한다고 주장하였다. 그러나 과학적 방법으로 현실에 접근할 때에만 가치 중립성이 적용되고, 연구 목적을 설정할 때에는 가치가 개입할 수 있다고 보았다.

과학 기술의 가치 중립성에 대한 입장 비교

• 과학 기술의 가치 중립성 인정: 과학 기술 자체는 좋은 것도 나쁜 것도 아니고, 과학 기술의 연구가 사회적으로 어떤 결과를 가져왔든 그것은 가치 중립적이기 때문에 과학자는 책임질 이유가 없으며, 책임은 실제 활용한 사람들의 몫이다.

• 과학 기술의 가치 중립성 부정: 과학 기술이 인간과 자연에 파급되는 영향력을 반드시 고려해야 하며, 이에 따라 과학 기술의 윤리적 검토나 통제가 필요하다고 생각한다.

(2) **과학 기술이 나아가야 할 바람직한 방향**: 과학 기술의 정당화 맥락에서는 가치 중립성이 요구되며, 발견 및 활용의 맥락에서는 바람직한 가치가 개입되어야 함

가치 중립성이 적용되는 경우	가치가 개입되는 경우
과학 기술 이론의 사실성 여부를 판단할 때 → 윤리적 평가나 사회적 책임으로부터 자유로워야 함	과학 기술 연구의 목적을 설정하고 연구의 결과를 현실에 활용할 때 → 윤리적 가치 평가에 의해 지도되고 규제되어야 함

(3) **과학 기술의 '정당화' 맥락**: 과학 기술이 객관적 타당성을 갖춘 지식이나 원리로 인정받기 위한 과정으로, 이때에는 연구자의 주관적 가치가 개입되어서는 안 됨 → 어떤 이론을 증명할 때 연구자 개인의 취향이나 가치 판단이 들어가면 그 이론 자체의 객관성을 확보할 수 없기 때문임

(4) **과학 기술의 '발견과 활용'의 맥락**: 연구 대상을 선정하고 그 결과가 활용되는 과정에는 개인의 가치관이나 기업의 이익, 사회적 필요, 정치적 목적 등 다양한 가치가 개입될 수 있음

02 과학 기술의 성과와 윤리적 문제

1. 과학 기술의 성과

(1) **물질적 풍요와 안락한 삶**: 농업 기술의 발달, 산업화로 인한 대량 생산, 여가 활동과 다채로운 삶 가능

(2) **건강 증진과 생명 연장**: 생명 과학과 의료 기술의 발달, 질병 극복, 인간의 수명 증진

(3) **시공간의 제약 극복**: 교통과 정보 통신 기술의 발달, 정보의 자유로운 교환·수집·전달 가능, 지식의 축적으로 인한 인류 문화 발전, 새로운 인간관계 및 공동체 형성

(4) **대중문화의 발달**: 텔레비전·인터넷·스마트폰 등 다양한 매체의 등장과 다양한 문화의 발달

2. 과학 기술의 발전에 따른 윤리적 문제

(1) **인류의 생존 위협**: 핵무기와 같은 대량 살상 무기로 인해 인류의 생존이 위협당함

(2) **인간의 주체성 약화 및 비인간화**

① 인간 소외 현상, 인간이 과학 기술에 의해 지배당하는 기술 지배 현상(테크노크라시)이 발생함

② 도구적 합리성에 근거하여 효율성과 이해타산을 추구하는 사고방식이 일반화되면서 인간에게 의미 있는 가치인 사랑, 양심, 아름다움, 선함 등을 깊이 있게 성찰하는 능력이 약화됨

(3) **인권과 사생활 침해**: 개인 정보 유출 및 악성 댓글과 사이버 폭력으로 인한 피해, 전자 감시 사회(판옵티콘, 빅브라더)가 나타날 수 있음

(4) **생명의 존엄성 훼손**: 생명의 수단화와 본래적 가치 훼손, 인공 임신 중절, 안락사, 생명 복제 등 생명을 기술적으로 조작함으로써 생명의 존엄성 및 인간의 정체성 문제를 초래함

(5) **환경 문제 심화**: 무분별한 자연환경 개발로 인한 문제, 자원 고갈, 기후 변화, 동식물의 종(種) 감소, 생태계 파괴 등 심각한 환경 문제를 발생시킴

(6) **빈부 격차의 심화**: 과학 기술의 접근 가능성 차이에 따라 국가 간, 계층 간 빈부 격차가 커짐

인간 소외 현상
인간이 본질적으로 갖고 있는 인간성을 상실하여 비인간적 상태에 놓이는 것

기술 지배 현상
과학 기술이 인간의 선한 목적을 위해 통제되지 못하고 오히려 인간을 지배하는 상황이 발생하는 현상

도구적 합리성
어떤 목적이 주어졌을 때 이를 가장 효율적으로 달성하기 위해서 최대한 합리성을 발휘하는 것

판옵티콘(panopticon)
'모두를 본다.'라는 뜻으로, 영국의 철학자 벤담이 죄수를 감시할 목적으로 1791년 처음으로 설계한 원형 감옥이다. 이 감옥은 중앙의 원형 공간에 높은 감시탑을 세우고, 감시탑 바깥의 원 둘레를 따라 죄수의 방을 만들도록 설계되어 간수는 모든 죄수를 볼 수 있으나, 죄수들은 간수를 볼 수 없도록 되어 있다. 이로 인해 죄수들은 스스로 감시받고 있다는 느낌을 갖게 되고, 결국 그들은 규율과 감시를 내면화하게 됨으로써 항구적인 자기 감시 효과가 발생한다.

빅브라더(big brother)
정보를 독점하고 사회를 통제하는 권력을 일컫는 말로, 조지 오웰의 소설 "1984"에 처음 등장하였다. 빅브라더는 집안과 거리 곳곳에 설치된 '텔레스크린'으로 사람들의 행동을 감시하는 권력을 일컫는다.

03 과학 기술의 윤리적 과제와 책임 윤리

1. 과학 기술의 윤리적 평가에 대한 입장

(1) 과학 기술 낙관주의(과학 기술 지상주의)

의미	과학 기술의 발전을 지나치게 낙관적으로 바라보는 입장
특징	• 과학 기술의 유용성이라는 긍정적 측면을 강조함 • 과학 기술이 인류에게 무한한 부를 가져다주고, 과학 기술로 인류가 당면한 모든 문제를 해결할 수 있다고 봄 • 과학적 방법이 모든 가치 판단의 기준임 • 계몽주의와 베이컨의 주장으로 대두됨
문제점	• 과학 기술 발전에 따르는 부작용 발생 및 위험 부담 증가 • 인간의 책임과 삶의 가치 등에 대한 도덕적 숙고를 비롯한 반성적 사고의 중요성 간과 • 다양한 삶의 가치들을 축약하고 성급하게 일반화하는 환원주의적 입장의 적용

(2) 과학 기술 비관주의(과학 기술 혐오주의)

의미	과학 기술의 발전을 비관적으로 바라보는 입장
특징	• 과학 기술의 부작용만을 지나치게 염려함 • 모든 종류의 과학 기술을 거부하고 궁극적으로 기술이 지배하는 인간 소외 사회가 될 것으로 전망함 ⑩ 러다이트 운동
문제점	과학 기술의 가치를 인정하지 않고 과학 기술의 혜택과 성과를 전면 부정한다는 면에서 현실을 반영하지 못함

(3) 과학 기술에 대한 반성과 성찰
① 과학 기술 낙관주의와 과학 기술 비관주의는 과학 기술의 한쪽 측면만을 강조함
② 과학 기술 낙관주의와 과학 기술 비관주의에 대한 균형 잡힌 시각이 필요함

2. 과학 기술자에게 요구되는 책임 윤리

(1) 과학 기술자의 책임 한계에 대한 견해 차이
① 과학 기술자의 책임 인정
• 과학의 영역은 가치 중립적인 영역이 아님
• 과학 기술자는 연구 대상 설정 시에 가치 중립적으로 선택하지 않음. 연구 내용에 대한 흥미, 연구에 대한 지원과 보상, 실제의 응용 가능성을 고려해 선정함
• 과학 기술자는 자신의 연구 결과가 미칠 사회적 영향을 인식하여 연구 및 개발과 그 활용에 관해 사회적 책임을 다해야 함
② 과학 기술자의 책임 부정
• 과학의 연구 결과는 객관적이며 가치 중립적인 것임
• 과학 기술자는 연구 결과가 사회에 미칠 영향에 대해 고려할 필요가 없음
• 과학 기술자의 연구가 부정적인 결과를 낳았다 하더라도 그것은 연구 결과를 실제로 이용한 사람들의 책임일 뿐이라고 봄

(2) 과학 기술자의 책임
① 내적 책임(연구 과정의 책임)
• 과학적 지식 추구가 윤리적이고 학문적인 방법으로 이루어져야 함
• 어떠한 자료도 표절, 조작, 날조해서는 안 됨

계몽주의
16~18세기 유럽 전역에서 일어난 혁신적 사상으로, 모든 것을 이성의 빛으로 비추어 비과학적인 생각으로부터 해방시키고 공평한 사회를 실현시키고자 하는 이데올로기

베이컨(Bacon, F. 1561~1626)
영국의 철학자이다. 그가 주장한 "아는 것이 힘이다."라는 명제에서 '아는 것'은 과학을, '힘'은 기술을 가리키는 것으로 볼 수 있다. 그는 개개의 사례를 비교·관찰할 수 있다고 보았으며, 이와 같은 인식은 자연에 대한 인간의 태도를 변화시키는 중요한 단서가 되었다.

환원주의
복잡하고 추상적인 사건이나 현상을 더 기본적인 요소로부터 설명하려는 입장으로, 우리 삶의 다양한 모습과 가치를 단일하게 축약하고 성급하게 일반화하는 문제점을 지닌다.

러다이트 운동
18~19세기에 걸쳐 영국의 공장 지대에서 일어난 노동자에 의한 기계 파괴 운동이다. 산업 혁명으로 새로운 기계가 보급되면서 노동자들은 실업과 생활고의 원인을 기계 탓으로 돌려 기계를 파괴하였다. 과학 기술 비관주의의 대표적인 사례라고 할 수 있다.

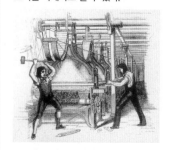

② 외적 책임(연구 결과 활용의 책임)
- 인간의 존엄성 구현과 삶의 질 향상을 위한 연구인지 반성해야 함
- 연구 결과의 부작용에 주의하고 그에 대한 책임을 다해야 함
- 사회적 책임 의식을 가져야 함

(3) 과학 기술자의 책임 한계에 대한 논쟁
① 과학 기술자의 사회적 책임을 인정하는 입장

내용	• 과학의 영역이 가치 중립적이지 않다고 생각하는 사람들은 과학 기술자의 내적 책임과 동시에 외적 책임도 인정함 • 과학 기술이 인간의 삶과 불가분의 관계에 있으므로 과학 기술을 연구하고 활용하는 전 과정을 독립적인 영역으로 여겨서는 안 된다고 봄
관련 인물	하이젠베르크: "히틀러에게 원자 폭탄이 들어가도록 하는, 씻을 수 없는 죄를 인류에게 지을 수 없다. 우리가 연구할 것은 원자 에너지를 평화롭게 활용하는 방안에 한정되어야 한다." → 하이젠베르크는 과학 기술이 발견 및 활용의 과정에서 가치와 관련된다고 봄. 그는 과학 기술자들은 자신들의 연구 결과가 사회에 미칠 영향까지도 예견하고 내다보면서 사회적 책임을 질 수 있어야 한다고 강조함

② 과학 기술자의 사회적 책임을 부정하는 입장

내용	• 과학의 영역이 가치 중립적이라고 생각하는 사람들은 과학 기술자의 내적 책임만을 인정함 • 과학 기술자는 연구 윤리를 지키며 자신의 연구가 진리임을 밝히면 될 뿐이며, 연구 결과가 사회에 미칠 영향까지 고려할 필요는 없음 • 과학 기술자의 연구가 부정적인 결과를 가져온다고 하더라도 그것은 연구 결과를 실제로 이용한 사람들의 책임이라고 봄
관련 인물	오펜하이머: "원자 폭탄을 만든 것은 나이지만, 원자 폭탄을 사용할지 결정하는 것은 정치인이며, 나는 주어진 역할에 충실했을 뿐이다." 텔러: "과학자는 개발하는 연구자로서 할 수 있는 것을 할 뿐이다. 원자 폭탄에 대한 책임은 연구자가 아닌 사용자의 몫이다. 이제 우리는 원자 폭탄의 다음 단계인 수소 폭탄을 개발해야 된다." → 오펜하이머와 텔러는 과학자가 자신에게 주어진 연구와 실험 과정을 충실히 수행하면 된다고 하면서 과학 기술 자체에 대한 책임만을 강조함

3. 책임 윤리의 필요성

(1) 과학 기술이 급속하게 발전한 것에 비해 인간의 의식과 윤리가 뒤따르지 못해, 과학 기술로 인한 재앙이 더욱 커지고 있음

(2) 과학 기술의 중요성과 영향력이 증대되면서 지구 전체에 영향을 미치고 나아가 미래 세대에까지 영향을 미침

(3) 과학 기술의 영향력을 예측하기 어려워 선한 의도로 과학 기술을 사용하더라도 나쁜 결과를 가져올 수 있음

4. 요나스의 책임 윤리: 과학 기술이 발전한 시대에 새로운 책임 윤리를 확립해야 한다고 주장함

- "프로메테우스는 과학을 통해 이제까지 알려지지 않았던 힘을 부여받아 마침내 사슬로부터 풀려났지만, 그는 자신의 힘이 불행을 자초하지 않도록 스스로를 제어해야 한다."
- "지구상에서 우리 모두가 몰락하지 않으려면 우리의 탐욕스러운 권력을 억제해야 한다. 이것이 바로 말 없는 피조물들의 고발이다."
- "너의 행위의 결과가 지구상에서 진정한 인간 삶의 지속과 조화될 수 있도록, 즉 인간 생명의 미래의 가능성에 대하여 파괴적이지 않도록 행위하라."
 － 요나스

오펜하이머(Oppenheimer, J. R., 1904~1967)
미국의 이론 물리학자로 제2차 세계 대전 중에 미국의 원자 폭탄 완성에 주도적 역할을 했다.

텔러(Teller, E. 1908~2003)
헝가리 출신의 미국 이론 물리학자로 수소 폭탄을 만드는 데 결정적인 역할을 했고, 나중에는 레이건(Reagan) 행정부의 전략 방어 계획(Strategic Defense Initiative, 소위 '스타워즈')과 같은 군사 프로젝트를 제안하고 지지했던 인물로 잘 알려져 있다.

프로메테우스
이름은 '먼저 생각하는 사람'이란 뜻이다. 주신(主神) 제우스가 감추어 둔 불을 훔쳐 인간에게 내 줌으로써 인간에게 처음으로 문명을 가르친 인물로 알려져 있다.

요나스의 생태학적 정언 명법
요나스의 책임의 원칙은 칸트의 정언 명법을 수정하여 "너의 행위의 결과가 지구상에서 진정한 인간 삶의 지속과 조화될 수 있도록 행위하라."와 "너의 행위의 결과가 인간 생명의 미래의 가능성에 대하여 파괴적이지 않도록 행위하라."라는 생태학적 정언 명법으로 정식화될 수 있다.

| 책임의 범위 확대 | • 현세대의 인간뿐만 아니라 미래 세대, 그리고 자연에 대한 책임까지 고려해야 함
• 내재적이고 본질적인 가치를 지니는 모든 생명에 대하여 책임을 져야 함 |
| 예견적 책임 강조 | • 행동하기 전에 행동의 결과를 미리 예측하여 더욱 주의를 기울이고 심사숙고해야 함
• 과학 기술의 발전이 먼 미래에 끼치게 될 결과를 예측하여 생명에 대한 도덕적 책임을 져야 함 |

5. 책임 윤리의 관점에서 요구되는 노력

(1) 과학 기술자의 사회적 책임 강조

① 자연환경과 미래 세대가 존속할 수 있는 범위 내에서 과학 기술의 발전을 추구해야 함

② 인간의 존엄성 구현과 삶의 질을 향상시키기 위한 연구 자세를 함양해야 함

③ 과학 기술자의 활동이 환경, 건강, 안전에 심각한 위협이 될 경우 예방적 조치를 취해야 함

(2) 일반 시민의 노력

① 과학 기술이 윤리적 목적에 기여하고 있는지 관심을 가져야 함

② 과학 기술의 연구·개발에 관련된 사회적 토론과 합의 과정에 적극적으로 참여해야 함

(3) 사회적 차원의 노력

① 과학 기술의 연구 개발 과정과 결과를 평가·감시·통제할 수 있는 제도적 장치를 강화해야 함

예) 기술 영향 평가 제도

• 과학 기술이 경제·사회·문화·윤리·환경 등 사회 전반에 미치는 영향을 파악해 과학 기술의 바람직한 발전 방향을 모색하고 아울러 부정적 영향을 최소화하려는 제도임

• 전문가 중심의 평가와 일반 대중의 토론을 바탕으로 한 참여적 평가 등이 있으며, 우리나라는 2003년부터 정부 주도로 기술 영향 평가를 추진하고 있음

② 시민들이 과학 기술의 정책 결정에 참여하는 합의 회의와 같은 제도적 장치 마련이 필요함

합의 회의
과학 기술에 대한 정책 결정이 이루어지기 전에 일반 시민이 토론에 참여하고, 이러한 토론 참여가 다시 사회적인 토론과 논쟁으로 확산되면서 과학 기술의 대중화와 과학 기술에 대한 일반 시민의 정책 참여를 촉진하게 하는 시민 참여 방법이다. 우리나라에서도 유네스코 한국 위원회에서 '유전자 조작 식품의 안전과 복제 기술'에 대한 합의 회의를 개최한 바 있다.

2단계 개념 쏙 정리하기

1. 과학 기술의 의미와 본질

• 의미: 관찰, 실험, 조사 등의 객관적인 방법으로 얻어 낸 자연 현상에 대한 체계적인 지식과 그 지식을 활용하여 무엇인가를 만들어 내는 전 과정

• 본질: 진리의 발견과 활용을 넘어 인간의 존엄성 구현과 삶의 질 향상이라는 윤리적 목적과 연결됨

2. 과학 기술의 가치 중립성 논쟁

과학 기술의 가치 중립성 인정	과학 기술의 가치 중립성 부정
과학 기술 그 자체로는 선도 악도 아니므로 윤리적 평가의 대상이 아님	과학 기술도 윤리적 검토나 통제를 통해 윤리적 목적에 기여해야 함

3. 과학 기술의 윤리적 평가에 대한 입장

| 과학 기술 낙관주의 | • 과학 기술이 인류의 모든 문제를 해결할 수 있다고 봄
• 문제점: 과학 기술 발전에 따른 부작용 증가, 인간의 책임과 삶의 가치에 대한 도덕적 숙고와 반성적 사고의 중요성 훼손 |
| 과학 기술 비관주의 | • 과학 기술의 폐해, 부정적인 측면만 강조함
• 문제점: 과학 기술이 가져다준 혜택과 성과를 부정함으로써 현실을 반영하지 못함 |

4. 과학 기술자에게 요구되는 책임 윤리

과학 기술자의 책임 인정	과학 기술자의 책임 부정
과학 기술자는 자신의 연구 결과가 미칠 사회적 영향을 인식하고, 그에 대한 사회적 책임을 다해야 함	과학 기술자의 연구가 부정적 결과를 낳았다 하더라도 그것은 연구 결과를 실제로 이용한 사람들의 책임일 뿐이라고 봄

5. 요나스의 책임 윤리

| 윤리적 책임의 범위 | 인간, 자연, 미래 세대에 대한 책임까지 고려해야 함 |
| 예견적 책임 강조 | 과학 기술의 발전이 미래에 미치게 될 결과를 예측하여 생명에 대한 도덕적 책임을 져야 함 |

● 다음 설명이 맞으면 ○, 틀리면 ×에 표시하시오.

1 과학 기술의 정당화 과정에는 가치 중립성을 인정해서는 안 된다. (○, ×)

2 과학 기술의 연구 대상을 선정할 때는 가치 판단이 개입될 수 있다. (○, ×)

3 오펜하이머는 과학 기술의 가치 중립성을 인정했다. (○, ×)

4 판옵티콘은 죄수를 교화할 목적으로 설계된 벤담의 원형 감옥이다. (○, ×)

5 과학 기술의 부정적인 면에만 주목하는 과학 기술 비관주의 태도를 버리고, 긍정적인 면만을 강조하는 과학 기술 낙관주의 태도를 가져야 한다. (○, ×)

6 과학 기술의 자유도 다른 자유와 마찬가지로 자기 정당화의 의무와 윤리적 책임이 뒤따라야 한다. (○, ×)

7 과학자의 내적 책임은 과학 기술 연구 결과의 활용에 책임을 지는 것이다. (○, ×)

8 과학 연구를 통해 얻은 지식은 사실 판단의 대상으로 본다. (○, ×)

9 과학 기술이 가치 중립적이지 않다고 보는 입장에서는 과학 기술자는 연구 과정에 대한 책임만 져야 한다고 본다. (○, ×)

10 과학 기술이 가치 중립적이지 않다고 보는 입장에서는 과학자의 연구는 도덕적 평가로부터 자유로울 수 없다고 본다. (○, ×)

11 푸앵카레는 과학 기술 자체는 좋은 것도 나쁜 것도 아니라고 보았다. (○, ×)

12 과학 기술 낙관주의는 과학 기술의 혜택과 성과를 전면 부정한다는 면에서 현실적이지 못하다는 비판을 받는다. (○, ×)

13 과학 기술 낙관주의는 과학 기술의 유용성이라는 측면을 강조한다. (○, ×)

14 과학 기술 비관주의는 과학 기술이 인류에게 무한한 부를 가져다주고, 과학 기술로 인류가 당면한 모든 문제를 해결할 수 있다고 본다. (○, ×)

15 요나스는 윤리적 책임의 범위를 자연은 물론 미래 세대로까지 확장해야 할 필요가 있다고 보았다. (○, ×)

16 과학 기술자는 현세대뿐만 아니라 미래 세대도 존속할 수 있는 범위 내에서 과학 기술 발전을 추구해야 한다. (○, ×)

● 다음 중 옳은 것에 ○표 하시오.

17 과학 기술의 연구 목적 설정이나 연구 결과 활용 단계에서는 가치 (㉠ 개입, ㉡ 중립)이 이루어진다.

18 과학 기술은 물질적 (㉠ 빈곤, ㉡ 풍요)을/를 가져온 반면, 환경 문제를 (㉢ 약화, ㉣ 심화)시켰다.

19 (㉠ 과학 기술 낙관주의, ㉡ 과학 기술 비관주의)는 인간의 반성적 사고 능력을 훼손한다는 문제가 있다.

20 현대 과학 기술 발전에서 윤리적 책임이 커지는 이유는 현대 사회에서 과학 기술이 우리의 삶에 미치는 파급 효과가 점점 (㉠ 빨라지고, ㉡ 느려지고) 있으며, 우리에게 어떤 영향을 미칠지 예측하기가 (㉢ 쉽기, ㉣ 어렵기) 때문이다.

21 18~19세기 영국의 공장 노동자들을 중심으로 일어난 기계 파괴 운동을 (㉠ 인간 소외 현상, ㉡ 러다이트 운동)이라고 한다.

22 산업 사회에서 과학 기술이 인간의 선한 목적을 위해 통제되지 못하고 오히려 인간을 지배하는 상황이 발생하는 것을 (㉠ 기술 지배 현상, ㉡ 환경 파시즘)이라고 한다.

● 빈칸에 들어갈 알맞은 말을 써 넣으시오.

23 (　　　)은/는 현세대의 인간뿐만 아니라 미래 세대, 그리고 자연에 대한 책임까지 고려해야 한다고 주장했다.

24 요나스는 행동하기 전에 행동의 결과를 미리 예측하여 더욱 주의를 기울이고 심사숙고해야 한다는 (　　　)을/를 강조했다.

25 (　　　)(이)란 관찰, 실험, 조사 등의 객관적 방법으로 얻어 낸 자연 현상에 대한 체계적 지식과 그 지식을 활용하여 무언가를 만들어 내는 전 과정을 말한다.

26 과학 기술을 (　　　)(이)라고 보는 입장에서는 과학 기술은 객관적 관찰과 실험, 논리적 사고를 통해 지식을 얻으므로 주관적 가치가 개입될 수 없다고 본다.

27 과학 기술의 발전으로 다양한 매체가 등장하면서 대중이 문화를 향유하는 (　　　)이/가 발달하였다.

28 과학 기술이 발전하면서 벤담이 설계한 (　　　)와/과 같은 거대한 감시 체계를 낳을 수 있다는 부정적 전망도 있다.

29 과학 기술의 부작용만을 염려하여 모든 종류의 과학 기술을 거부하는 입장을 (　　　)(이)라고 한다.

30 과학 기술자는 자신의 연구·개발과 그 활용에 대해 사회적 (　　　)을/를 다해야 한다.

31 과학 기술에 대한 시민 참여 제도의 하나인 (　　　)은/는 새로운 과학 기술이 사회에 미치는 영향을 파악해 과학 기술의 바람직한 방향을 모색하는 제도이다.

1 ×(가치 중립성이 요구됨) 2 ○ 3 ○ 4 × 5 ×(균형 잡힌 시각이 필요함) 6 ○ 7 ×(외적 책임에 해당) 8 ○ 9 ×(연구 활용에 대한 책임도 필요함) 10 ○ 11 ○ 12 ×(과학 기술 비관주의에 해당) 13 ○ 14 ×(과학 기술 낙관주의에 해당) 15 ○ 16 ○ 17 ㉠ 18 ㉡, ㉣ 19 ㉠ 20 ㉠, ㉣ 21 ㉡ 22 ㉠ 23 요나스 24 예견적 책임 25 과학 기술 26 가치 중립적 27 대중문화 28 판옵티콘 29 과학 기술 비관주의 30 책임 31 기술 영향 평가 제도

IV. 과학과 윤리
11강 정보 사회와 윤리

키워드
정보 사유론, 정보 공유론, 뉴 미디어, 알 권리, 인격권, 잊힐 권리, 표현의 자유와 한계, 미디어 리터러시

1단계 개념 훑어보기

01 정보 기술의 발달과 정보 윤리

1. 정보 통신 기술의 발달과 사회의 변화

(1) 생활의 편리성 향상: 스마트폰, 컴퓨터, 맞춤형 누리 방송(IPTV) 등을 통해 장보기, 금융 거래 등 일상적인 활동 및 업무 처리가 가능해짐. 사물 인터넷(IoT)이 발달함

(2) 전문적 지식 습득: 다양한 정보의 검색과 활용으로 전문적인 정보를 쉽게 습득함

(3) 정치 참여 기회의 확대: 정보 통신망을 통해 정치적 의사 결정에 직접 참여가 가능함

(4) 다양성을 존중하는 사회 분위기 조성: 수평적·쌍방향의 의사소통이 가능해지고 다원적인 사회 분위기가 형성됨

2. 사이버 공간과 자아 정체성

(1) 사이버 공간에서의 인간 심리의 특징 및 영향

심리적 특징	긍정적 측면	부정적 측면
탈억제 효과	현실 공간에서보다 자유롭고 개방적으로 자신을 표현함	자기 규제가 어려워 비도덕적인 행위를 저지르기 쉬움
몰입 체험	성취감이나 만족감, 자존감 등을 증대시키고, 지식과 창의성을 향상시킴	현실의 삶을 도외시하고 인터넷 중독으로 이어질 수 있음
더 높은 친밀감	공동의 취미와 목표를 토대로 높은 정서적 유대감과 친밀감을 형성함	도덕적 성찰 없이 집단행동에 쉽게 동조하여 무책임하게 행동할 수 있음

(2) 사이버 공간의 특징

① 비대면성: 상대방과 직접 얼굴을 마주하지 않고 소통이 이루어짐

② 익명성: 상대방이 어디 사는 누구인지, 성별, 나이 등을 전혀 알 수 없음

③ 시공간의 초월성: 정보 통신 기기를 통해 언제 어디서든 실시간 연결과 접촉이 가능함

④ 정보의 개방성: 누구나 자유롭게 정보에 접근할 수 있음

3. 정보 통신 기술의 발전에 따른 윤리적 문제

(1) 저작권 침해 문제

① 저작물을 쉽게 복제하고 배포할 수 있게 되면서 다른 사람의 저작권을 침해하는 문제가 발생함

② 저작권과 관련된 논쟁(정보 사유론과 정보 공유론의 대립)

정보 사유론(copyright)	정보 공유론(copyleft)
• 저작물을 개인의 재산으로 인정하고 보호해야 한다고 보는 입장	• 저작물에 대한 권리를 모든 사람이 공유할 수 있도록 해야 한다는 입장
• 저작자의 노력에 정당한 대가를 지불해야 한다고 봄	• 저작물은 인류의 공동 자산이기에 저작물에 대한 과도한 권리 행사는 새로운 창작을 방해할 수 있고, 정보 격차에 따른 불평등을 발생시킨다고 봄
• 창작자의 노력에 대한 경제적 이익을 보장함으로써 창작 의욕을 높일 수 있다고 주장함	
• 창작자에게 배타적 독점권을 부여함으로써 부작용을 초래한다는 비판도 있음	• 지적 재산에 대한 침해, 창작 의욕 저하, 품질 하락 등의 문제를 발생시킨다는 비판도 있음

만점 공부 비법

• 정보 사유론과 정보 공유론을 비교한다.

• 사이버 공간에서의 윤리적 원칙에 대해 정리한다.

• 매체의 발달로 인한 윤리적 문제들을 정리한다.

• 대중 매체의 순기능과 역기능을 비교한다.

• 정보 사회에서의 매체 윤리의 중요성을 알아둔다.

정보

의미	인간의 지적 활동의 결과로 얻어지는 무형의 생산물
특징	• 남에게 전하거나 판매해도 없어지거나 줄어들지 않음 • 하나의 정보로써 모든 수요를 충족시킬 수 있음 • 다른 정보와 합치거나 일부를 빼거나 형태를 바꿈으로써 새로운 정보로 바꿀 수 있음

사물 인터넷(IoT)
가전제품 등 각종 사물에 센서와 통신 기능을 내장하여 인터넷에 연결하는 기술

지적 재산권과 저작권
• 지적 재산권: 지식, 정보, 기술 등 재산적 가치가 실현될 수 있는 지적 창작물에 부여된 재산에 대한 권리

• 저작권: 지적 재산권 중에서 문학, 학술 또는 예술의 범위에 속하는 저작물에 대하여 창작자가 가지는 권리를 말한다. 저작물에 대한 경제적 대가를 보호하는 재산적 측면과 저작권자의 의사를 존중하는 인격적 측면을 포함한다.

저작권과 소유권
저작권은 일시적인 소유권만 인정되는 권리이지만, 소유권은 개인에게 영원히 귀속되는 권리이다. 저작권법에서는 공공의 목적이나 문화유산의 공유라는 측면에서 저작권의 일부를 제한하고 있다.

(2) **정보 격차 문제**: 정보 통신 기술을 이용한 접근 및 활용이나 정보 처리 능력의 차이에 따라 사회적·경제적 격차가 발생함

(3) **사생활 침해**: 정보 기술의 발달로 개인 정보를 쉽게 얻을 수 있게 되어 사생활을 침해하는 경우가 발생함

(4) **사이버 폭력**: 사이버 공간에서 상대방이 원하지 않는 언어, 이미지 등을 이용하여 정신적·심리적 피해를 주는 행위(사이버 따돌림, 사이버 명예 훼손, 사이버 모욕, 사이버 스토킹, 사이버 성폭력 등)

(5) **사이버 테러**: 해킹, 바이러스 유포, 피싱과 파밍 등

(6) **자아 정체성 혼란**: 현실 세계와 사이버 공간의 괴리로 자아 정체성을 형성하는 데 혼란을 겪음

(7) **게임 및 인터넷 중독 문제**: 자기 절제력이 부족할 경우 게임이나 인터넷 중독에 빠질 수 있음

(8) **감시와 통제의 가능성 증가**: 정보 통신 기술을 활용한 정부나 기업 등의 감시와 통제가 강화될 우려가 있음

4. 정보 사회의 정보 윤리

(1) **정보 윤리**

① **인간 존중의 태도**: 정보의 이용 가치만을 중시하지 않고 정보가 인간다움을 유지하고 인간의 삶에 이바지하도록 해야 함

② **사회적 책임**: 보편적인 윤리 규범에 근거하여 책임감 있게 행동함

③ **공동체 의식**: 사이버 공간에서 고립주의나 이기주의를 넘어 타인과 교류하며 공동체의 조화로운 삶과 복지를 증진해야 함

(2) **사이버 공간에서의 윤리적 원칙**

① **인간 존중의 원칙**: 사이버 공간에서의 타인도 인간으로서의 존엄성과 권리를 지니므로 타인의 인격, 사생활, 명예, 저작권 등을 존중해야 함

② **책임의 원칙**: 익명성으로 인해 나타나는 사이버 공간에서의 비윤리적인 행동을 막기 위해 책임 의식을 지녀야 함

③ **해악 금지의 원칙**: 언어폭력, 사이버 성폭력, 개인 정보 유출, 유언비어 또는 해킹이나 바이러스 유포 등으로 타인에게 해를 끼치지 말아야 함

④ **정의의 원칙**: 사이버 공간에서 누구나 평등할 권리가 보장되어야 하므로 누구도 타인의 자유나 공평한 기회를 침해하지 말아야 함

(3) **세버슨과 스피넬로의 정보 윤리의 원리**

세버슨의 정보 윤리의 기본 원리	스피넬로의 사이버 윤리
• 지적 재산권의 존중: "창의적인 노동에는 보상이 따른다."라는 문화적 신념에 기반을 두고 인정되는 것 • 사생활 존중의 원리: 개인의 정보에 대하여 합당한 비밀이 유지되어야 함 • 공정한 표시의 원리: 주로 제품의 판매자가 그들의 제품과 제공할 서비스를 고객들에게 알리는 일과 관련됨 • 해악 금지의 원리: 해킹, 사이버 범죄, 불공정 경쟁 등을 규제하는 것으로 타인에게 피해를 주지 말 것을 요구함	• 자율성의 원리: 인간은 스스로 도덕 원칙을 수립하여 그것을 따를 수 있는 능력이 있으며, 타인도 역시 그러한 자기 능력이 있음을 존중해야 함 • 해악 금지의 원리: 남에게 해악을 끼치거나 상해를 입히는 일을 피해야 함 • 선행의 원리: 타인의 복지를 증진하는 방향으로 행동해야 함 • 정의의 원리: 공정한 기준에 따라 혜택이나 부담을 공정하게 배분해야 함

사이버 따돌림
인터넷, 휴대 전화 등 정보 통신 기기를 이용해 특정인과 관련된 개인 정보 또는 허위 사실을 유포해 지속적·반복적으로 공격을 가하는 행위, 또는 온라인 그룹에서 고의로 특정인을 배제하여 상대방이 고통을 느끼도록 하는 행위

파밍(pharming)
사용자가 자신의 웹브라우저에서 정확한 웹페이지 주소를 입력해도 가짜 웹페이지에 접속하게 하여 개인 정보를 훔치는 것

세버슨의 정보 윤리의 기본 원리
세버슨은 정보 사회에서 지켜야 할 윤리를 다음과 같이 제시하였다.
• 정보에 대한 개인의 지적 재산권을 보호해야 하고, 개인의 정보를 사용하고자 할 때 정보 소유자의 사전 허락을 받아야 한다.
• 서비스를 제공하는 측은 도덕적인 윤리 의식을 가지고 서비스 내용을 공정하게 표시해야 한다.
• 사이버 폭력과 범죄 등 타인과 사회에 악영향을 끼쳐서는 안 된다.

02 정보 사회에서의 매체 윤리

1. 매체의 특징

(1) 전통 매체

① 권위 있는 전문가가 대규모 조직을 바탕으로 정보를 제작·생산함

② 소수가 다수에게 일방적으로 전달함

(2) 뉴 미디어 발달의 영향

① 정보 생산 주체와 소비 주체의 쌍방향적 의사소통이 가능함

② 광범위한 사회적 연결망이 형성되고, 정보를 수집·전달하는 속도가 신속함

③ 다수의 정보 이용자들이 정보의 제공 및 감시의 역할을 수행함

④ 정보를 소비하면서 직접 생산하고 유통하는 '생산적 소비자'의 시대가 열림

2. 매체의 발달로 인한 윤리적 문제

(1) 알 권리와 인격권이 대립하는 문제

① 알 권리: 개개인이 정치적·사회적 현실에 대한 정보를 자유롭게 알거나 접근할 수 있는 권리를 말함

② 인격권: 권리의 주체와 분리하여 생각할 수 없는 인격적 이익을 내용으로 하는 권리로, 개인의 존엄성과 사적 권리를 보호하기 위한 것임

예 사생활을 침해당하지 않을 사생활권, 자신의 성명을 사용하는 것에 관한 성명권, 자신의 초상에 대한 초상권, 자신의 저작물에 대해 정신적·인격적 이익을 갖는 지적 인격권 등

③ 알 권리는 인간의 존엄성 실현, 행복 추구권 보장을 위해 필요함

④ 알 권리를 강조하다 보면 개인의 인격권 침해, 공익 증진 방해 등의 문제를 초래할 수 있음

⑤ 매체는 정보를 전달할 때 국민의 알 권리를 보장하려고 노력하되, 그 정보가 개인의 인격권을 침해하거나 공익 증진을 해치는지 검토해야 함

(2) 책임의 분산: 정보가 분산되어 책임도 분산되므로 윤리적 책임 의식이 약화됨

(3) 잊힐 권리와 관련된 문제

① 잊힐 권리: 개인 정보를 비롯하여 공개하고 싶지 않은 자신과 관련된 민감한 정보들이 포털 사이트 등을 통해 많은 사람에게 공개되지 않도록 스스로와 관련된 정보를 통제할 수 있는 권리를 보장해야 한다는 생각에서 등장한 권리임

② 정보의 유통 과정 전체를 개인이 통제하는 정보의 자기 결정권이 강조되고 있음

(4) 허위 정보와 유해 정보의 전달

① 전문성이 검증되지 않은 뉴 미디어의 정보를 신뢰하기 어려움

② 소셜 미디어의 사적인 경향이 심화될 경우 정보의 객관성을 상실할 가능성이 커짐

(5) SNS 활성화의 부작용

① SNS를 통해 부정확한 정보가 빠르게 확산되어 피해와 혼란이 커질 수 있음

② 악성 댓글로 인한 사회적 갈등을 야기함

③ SNS 중독 사례

• 뮌하우젠 증후군(Münchausen Syndrome) 확산: 주위 사람들의 이목을 끌기 위해 꾀병 등 거짓말을 일삼는 일종의 정신 질환이 나타남

• 어그로(aggro)꾼의 등장: 인터넷 게시판에 주제에 맞지 않은 글이나 악의적인 글을 올리는 사람 또는 공공장소에서 튀는 행동을 하는 사람들이 문제가 되고 있음

뉴 미디어
전자 공학 기술이나 통신 기술이 발달하면서 등장한 새로운 전달 매체이다. 대표적인 예로 전자 신문, 인터넷 방송, 웹진, 맞춤형 누리 방송(IPTV) 등을 들 수 있다.

생산적 소비자(prosumer)
미국의 미래학자 앨빈 토플러가 1980년 자신의 저서 "제3의 물결"에서 처음 소개한 개념으로 프로듀서(producer, 생산자)와 컨슈머(consumer, 소비자)의 합성어이다. 생산자이면서 소비자이며, 소비자이면서 생산자라는 뜻이다. 즉, 소비자(소비자 클럽)가 모여 제조업자와 함께 소비자 욕구에 맞는 물건을 만든다는 것이다.

정보의 자기 결정권
자신의 개인 정보를 누구에게 어떤 범위까지 얼마 동안 어떤 형식으로 공개할 것인가, 언제 폐기할 것인가 등에 대해 정보의 주인인 개인이 알고, 정당한 처리를 요구할 수 있는 권리

소셜 미디어(social media)
웹 2.0 기술에 기반한 사람과 사람의 관계를 지향하는 서비스를 말한다. 소셜 네트워크 서비스(SNS)와 혼용되어 사용되지만, 두 용어를 구분하자면 소셜 미디어가 보다 포괄적인 의미를 갖는다.

SNS의 장점
누구나 손쉽게 콘텐츠를 생산할 수 있고, 빠른 속도로 광범위한 사람들에게 콘텐츠를 전달할 수 있으며, 시민의 정치 참여를 유도하기도 한다.

3. 대중 매체의 순기능과 역기능

(1) **대중 매체의 의미**: 텔레비전, 라디오, 신문, 인터넷과 같이 불특정 다수를 대상으로 정보를 전달하는 매체

(2) **특징**: 대량의 정보를 한순간 많은 사람에게 전달할 수 있기 때문에 사회 전반에 미치는 영향력이 매우 큼

(3) **대중 매체의 순기능과 역기능**

순기능	• 정보를 제공하는 기능: 재난·재해, 사건·사고를 비롯하여 일기 예보, 물가 시세, 교통 정보 등 다양한 정보 제공, 정보를 통해 위기에 대응하고 안전한 생활을 누리는 것이 가능함 • 정보가 갖는 의미를 해석하고 평가하는 기능: 특정 인물이나 사회의 쟁점을 파고들어 사회적으로 부각시킴 • 사회의 전통과 규범 전수: 일탈 행위가 발생했을 때, 이를 비판하고 개선 방안을 제시함으로써 규범을 강화하고 윤리를 재확립하는 역할을 함 • 휴식과 오락 제공: 다양한 오락 프로그램을 즐기며 일상생활의 스트레스를 해소함
역기능	• 위험한 정보로 심리적 긴장감이나 공포를 유발함 • 편견이 개입된 불공정한 정보가 보도되기도 함 • 대중 매체가 제공하는 정보에 지나치게 의존할 경우 비판적 사고 능력이 저하됨 • 대중 매체가 사회의 변화를 반영하지 못하고 규격화되고 획일화된 태도에 빠질 경우 사회의 다양성과 창의성이 저하됨 • 지나치게 흥미와 오락을 탐닉할 경우 사회적·정치적 문제에 무관심하게 되거나 정치 참여를 외면하게 됨

4. 정보 사회에서의 매체 윤리

(1) **매체 윤리의 중요성**: 매체는 권력의 남용을 감시, 비판하고 사회의 부정부패를 고발하는 공적인 역할을 수행함

(2) **정보 생산 및 유통 과정에서 필요한 윤리**: 진실 보도, 공정한 편집과 편성, 타인의 인격 존중, 사회의 소수자 보호 등 매체 윤리를 준수하기 위해 노력해야 함

① **진실한 태도 유지**: 있는 그대로의 사실을 전달해야 하고, 정보를 자의적으로 해석하거나 왜곡해서는 안 됨

② **객관성과 공정성 추구**

• 개인적이고 주관적인 정보를 지양해야 함

• 관련된 내용을 동등하고 균형 있게 취급해야 함

③ **표현의 자유에 대한 한계 인식**: 표현의 자유는 타인의 권리를 침해하지 않고, 사회 질서 및 공공복리를 침해하지 않는 범위에서 허용해야 함

• **표현의 자유를 강조한 사상가**

밀	• 공리주의 입장에서 표현의 자유를 강조함 • 해악의 원리가 개인의 자유를 제한할 수 있는 유일한 원리라고 하면서, 다른 사람의 자유를 심각하게 침해하지 않는 범위를 개인이 누릴 수 있는 자유의 한계로 규정하였음
밀턴	• '아레오파지티카(Areopagitica)'라는 제목의 팸플릿을 통해 자유로운 의견 발표의 중요성과 검열 없는 출판에 대해 역설함 • "공개 토론을 거치지 않고 진위와 선악을 결정하는 것은 허위요 악"이라고 지적하면서 토론을 무제한 용인하자고 주장해 보수적인 당시 사회에서 큰 사회적 반향을 불러일으켰음

④ **표절을 하지 않는 태도**: 표절은 저작자의 권리와 재산에 대한 침해일 뿐만 아니라 뉴 미디어 언론에 대한 신뢰를 무너뜨림

게이트 키핑(gate keeping)

신문이나 방송 매체에서 편집자나 기자 등 뉴스 결정권자가 뉴스를 취사 선택하는 과정을 말한다. 이 과정에서 결정권자가 내용을 수정하거나 왜곡할 수 있으며, 사회·문화적 압력과 각종 외부 요인으로 공정성을 잃을 수 있다.

IV

표현의 자유를 강조한 사상가

• "어떤 의견의 표현을 억압하는 것은, 의견을 주장하는 사람뿐 아니라 반대하는 사람에게도 손해이다. 만약 그 의견이 옳다면 오류를 바로잡고 진리를 주장할 기회를 놓치게 되고, 그 의견이 옳지 않다면 오류와 정면으로 대결함으로써 진리를 보다 분명하게 드러낼 기회를 잃게 된다."

– 밀, "자유론"

• "모든 주의와 주장을 이 땅 위에 자유로이 활동하도록 내버려 두면 진리도 거기에 있을 터인데, 허가를 받게 하고 법령으로 금지함으로써 우리는 진리의 힘을 의심하는 부당한 일을 하고 있다. 진리와 거짓이 서로 다투게 하라. 어느 누가 자유롭고 개방된 대결에서 진리가 패배하리라고 본단 말인가?"

– 밀턴, '아레오파지티카'

⑶ 정보의 소비 과정에서 필요한 윤리

① 정보 이해 및 표현 능력(미디어 리터러시) 함양

- 매체가 제공하는 정보를 비판적으로 해석할 수 있는 도덕적 사고 능력인 미디어 리터러시를 갖추어야 함
- 미디어 리터러시의 구성 요소
  - 매체를 사용하고 이해하는 데 필요한 기본적인 읽기, 쓰기 능력
  - 자신이 찾아 낸 정보의 가치를 평가하기 위해 모든 사용자에게 필요한 비판적 사고 능력
  - 자신의 목적에 맞게 기존의 정보를 새로운 정보로 조합하는 능력
  - 다양한 커뮤니케이션에 접근하고 분석하고 평가하고 발산하는 능력
  - 인터넷 매체를 통해 사회적 책임을 실천할 수 있는 능력

② 소통 및 시민 의식 함양

- 정보를 바탕으로 대화하고 교류함으로써 공동으로 체험하고 협력할 수 있는 능력과 자세를 갖추어야 함
- 규범의 준수뿐만 아니라 사회적 참여, 시민 의식 확보 등의 윤리적 태도를 갖추어야 함
- 매체가 제공하는 정보를 비판적 · 능동적으로 수용해야 함
- 매체가 제공하는 정보의 진위와 진실성을 판단하여 수용하고, 매체의 공정성 · 객관성을 감시해야 함

> **미디어 리터러시(media literacy)**
> 미디어를 읽고 쓸 수 있는 능력으로, 다양한 형태의 메시지에 접근하여 메시지를 분석하고 평가하고 의사소통할 수 있는 능력을 말한다. 이러한 미디어 리터러시가 있는 사람은 인쇄 매체와 방송 매체를 해석하고, 평가하고 분석하고 생산할 수 있다. 미디어 리터러시는 단순히 어떠한 기술의 습득이 아니며, 미디어 산업이나 일반적인 미디어 내용의 패턴, 그리고 매체 효과와 관련된 지식 구조의 습득이다.

2단계 개념 쏙 정리하기

1. 정보 기술의 발달과 정보 윤리

- 정보 통신 기술의 발달에 따른 사회의 변화와 윤리적 문제

사회의 변화	생활의 편리성 향상, 전문적 지식 습득, 정치 참여 기회의 확대, 다양성을 존중하는 사회 분위기 조성
윤리적 문제	저작권 침해, 사생활 침해, 사이버 폭력, 사이버 테러, 자아 정체성 혼란, 게임 및 인터넷 중독 문제, 감시와 통제의 가능성 증가

- 정보 사회의 정보 윤리

인간 존중의 태도	정보의 이용 가치만을 중시하지 않고 정보가 인간다움을 유지하고 인간의 삶에 이바지하도록 해야 함
사회적 책임	보편적인 윤리 규범에 근거하여 책임 있게 행동함
공동체 의식	사이버 공간에서 고립주의나 이기주의를 넘어 공동체의 조화로운 삶과 복지를 증진해야 함

2. 정보 사회에서의 매체 윤리

- 뉴 미디어의 영향

정보 생산 주체와 소비 주체의 쌍방향적 의사소통 가능
광범위한 사회적 연결망 형성
정보를 수집 · 전달하는 속도가 신속함
다수의 정보 이용자들이 정보의 제공 및 감시의 역할 수행
생산적 소비자의 시대가 열림

- 매체의 발달로 인한 윤리적 문제

알 권리와 인격권이 대립하는 문제	• 알 권리는 인간의 존엄성 실현, 행복 추구권 보장을 위해 필요함 • 개인의 인격권 침해, 공익 증진 방해 등의 문제 발생
책임의 분산	정보가 분산되면서 책임도 분산되므로 윤리적 책임 의식이 약화됨
잊힐 권리와 관련된 문제	개인 정보 등이 많은 사람에게 공개되지 않도록 정보와 관련된 개인이 정보를 통제할 권리를 주장함
허위 정보와 유해 정보의 전달	전문성이 검증되지 않은 뉴 미디어의 정보를 신뢰하기 어려움
SNS 활성화의 부작용	• SNS를 통해 부정확한 정보가 빠르게 확산되어 피해와 혼란을 키움 • 악성 댓글로 인한 사회적 갈등 야기

- 대중 매체의 순기능과 역기능

순기능	각종 정보 제공, 정보 해석과 평가, 사회의 전통과 규범 준수, 휴식과 오락 제공
역기능	심리적 긴장감이나 공포 유도, 편견이 개입된 정보의 불공정한 보도, 사회의 다양성 · 창의성 저하, 사회적 · 정치적 문제에 무관심

- 정보 사회에서의 매체 윤리

정보 생산 및 유통 과정의 윤리	진실한 태도 유지, 객관성과 공정성 추구, 표현의 자유에 대한 한계 인식
정보 소비 과정의 윤리	미디어 리터러시 함양, 소통 및 시민 의식 함양

● 다음 설명이 맞으면 ○, 틀리면 ×에 표시하시오.

1 정보 통신 기술의 발전으로 개인의 사생활 침해는 늘어나고 있다. (○, ×)

2 표현의 자유와 인격권은 배타적 권리로 어느 쪽을 선택할지 양자택일을 해야 한다. (○, ×)

3 저작권 문제는 정보의 공공성과 상품성이라는 두 가지 상반된 가치의 대립이다. (○, ×)

4 뉴 미디어의 의사소통 방법은 수직적이다. (○, ×)

5 사이버 공간에서의 익명성은 상대방의 신분이 드러나지 않는다는 것이다. (○, ×)

6 정보 공유론을 주장하는 입장에서는 창작물은 공공재이며, 이러한 공공재는 공동체의 이익을 위해 사용되어야 한다고 주장한다. (○, ×)

7 정보 사유론을 주장하는 사람들은 저작권의 보호가 창작 의욕을 고취한다고 본다. (○, ×)

8 정보 공유론을 주장하는 사람들은 정보와 지식은 사회 구성원이 공유할 때 더 의미가 있음을 강조한다. (○, ×)

9 정보 사유론을 주장하는 사람들은 정보 공유론자들보다 저작권의 보호를 강조한다. (○, ×)

10 정보 사유론을 주장하는 사람들은 양질의 정보 생산을 위해 정보 복제에 제약이 없어야 한다고 본다. (○, ×)

11 정보 사유론을 주장하는 사람들은 창작물에 대한 경제적 이익 보장이 정보의 지속적 발전을 촉진한다고 본다. (○, ×)

12 정보 공유론을 주장하는 사람들은 창작자에게 배타적 독점권을 부여해야 한다고 본다. (○, ×)

13 '잊힐 권리'를 주장하는 사람들은 개인에게 자기 정보에 대한 삭제권이 있어야 함을 주장한다. (○, ×)

14 '알 권리'를 주장하는 사람들은 사생활의 보호가 공익을 위해 제한될 수 있음을 주장한다. (○, ×)

15 '잊힐 권리'를 주장하는 사람들은 '알 권리'의 보장이 인격권 침해 가능성을 낮춘다고 본다. (○, ×)

16 '알 권리'를 주장하는 사람들은 인간 존엄성 실현과 행복 추구권을 위해 '알 권리'가 필요하다고 본다. (○, ×)

● 다음 중 옳은 것에 ○표 하시오.

17 (㉠ 카피라이트, ㉡ 카피레프트)는 모든 정보를 무료로 사용해야 한다는 입장으로, 정보 공유론이라고도 한다.

18 정보 통신 기술이 발전하면서 누구나 정보에 접근할 수 있고 자기 의사의 표현 기회가 확대되어 (㉠ 다양성, ㉡ 수직성)을 존중하는 사회 분위기가 만들어진다.

19 (㉠ 카피라이트, ㉡ 카피레프트)는 저작물에 대한 창작자의 권리를 최대한 존중하는 것으로, 저작권이라고도 한다.

20 뉴 미디어의 발달로 인한 결과로 정보 생산 주체와 소비 주체의 (㉠ 쌍방향적, ㉡ 일방향적) 의사소통이 가능해졌다.

21 사이버 공간에서의 인간 심리의 특징으로 현실 공간에서보다 자유롭고 개방적으로 자신을 표현하는 (㉠ 탈억제 효과, ㉡ 몰입 체험)이/가 나타난다.

22 개인의 존엄성과 사적 권리를 보호하기 위한 권리를 (㉠ 알 권리, ㉡ 인격권)(이)라고 한다.

● 빈칸에 들어갈 알맞은 말을 써 넣으시오.

23 컴퓨터와 각종 유무선 통신 기술의 발전으로 많은 양의 정보를 쉽고 빠르게 주고받을 수 있는 (   )이/가 되었다.

24 자신의 의사와 무관하게 여러 가지 개인 정보가 다른 사람에게 노출되거나 악용되는 것을 (   )(이)라고 한다.

25 사이버 공간에서 (   )은/는 현실의 삶을 도외시하고 인터넷 중독으로 이어질 수 있는 문제점이 있다.

26 사이버 공간에서 무언가에 얽매이지 않고 자유롭게 자신을 표현하는 것을 (   )(이)라고 한다.

27 (   )은/는 개인 정보를 비롯하여 자신이 원하지 않는 민감한 정보들이 포털 사이트 등을 통하여 많은 사람에게 공개되지 않아야 한다는 생각이 확산되면서 등장한 권리이다.

28 (   )은/는 미디어를 이해하는 데 필요한 읽기, 쓰기 능력에서부터 커뮤니케이션에 접근, 분석, 평가, 발산 등의 능력을 의미한다.

29 정보 윤리의 기본 원칙에는 자율성의 원리, (   )의 원리, 선행의 원리, 정의의 원리가 있다.

30 전자 신문, 인터넷 방송 등 (   )을/를 이용하면 정보를 생산하는 주체와 소비하는 주체의 쌍방향적인 의사소통이 가능하다.

31 (   )은/는 국민 개개인이 처한 사회적 현실과 이해관계에 있는 정치적·사회적 사실을 알기 위해 공공 기관이나 민간 기업에 관한 정보를 요구하고 접근할 수 있는 권리를 말한다.

---

1 ○ 2 ×(균형을 이룰 수 있음) 3 ○ 4 ×(수평적임) 5 ○ 6 ○ 7 ○ 8 ○ 9 ○ 10 ×(정보 공유론의 주장) 11 ○ 12 ×(정보 사유론의 주장) 13 ○ 14 ○ 15 ×('알 권리'가 인격권 침해 가능성을 높임) 16 ○ 17 ㉡ 18 ㉠ 19 ㉠ 20 ㉠ 21 ㉠ 22 ㉡ 23 정보 사회 24 사생활 침해 25 몰입 체험 26 탈억제 효과 27 잊힐 권리 28 미디어 리터러시 29 해악 금지 30 뉴 미디어 31 알 권리

Ⅳ. 과학과 윤리

자연과 윤리

키워드
인간 중심주의, 동물 중심주의, 생명 중심주의, 생태 중심주의

1단계 개념 뜯어보기

01 자연을 바라보는 동양의 관점

1. 동양의 자연관: 자연을 상의(相依)와 화해(和諧)의 대상으로 여김. 상의란 개개의 사물이 서로 의존해서 존재하는 것이며, 화해란 개개의 존재가 서로 간의 균형과 협동을 통해 조화를 이루는 것임

(1) 유교의 자연관

① 자연의 생명력을 도덕적으로 해석함 → 인간이 자연을 본받아 다른 존재와 타인에게 인(仁)을 실천해야 한다고 봄

> "하늘을 아버지라 부르고, 땅을 어머니라 부른다. 나는 그 가운데 혼연히 있다. 그러므로 하늘과 땅에 가득 찬 기운은 내 몸이 되고, 하늘과 땅을 이끌어 가는 원리는 내 본성이 된다. 사람들과 나는 같은 배로부터 나왔고, 만물은 나와 함께 한 형제들이다." – 장재, "서명"

② 인간과 자연 간의 도덕적 고려에서 분별적 차이를 둠

> "군자는 동식물을 사랑하지만 인애(仁愛)하지는 않고, 백성들을 인애하지만 친애(親愛)하지는 않는다." – "맹자"

③ 천인합일(天人合一)의 경지: 인간과 자연이 조화를 이루는 천인합일의 경지를 추구하면서 인간을 천지(天地)와 더불어 조화를 지향하는 존재로 파악함 → "천지는 만물을 낳는 것을 마음으로 삼으니 인간은 그 마음을 본받아 자신의 마음으로 삼는다."

④ 필요 이상의 살생을 금하고, 절제를 통한 최소한의 소비를 지향함

⑤ 안빈낙도의 태도: 욕심을 버리고 있는 그대로 자연을 즐겨야 함

(2) 불교의 자연관

① 연기설: 세상의 모든 현상이 독립적으로 존재할 수 없으며, 서로 영향을 주고받으면서 변화와 생성을 거듭한다는 것임 → 만물의 상호 의존성과 자비 강조

② 인타라망: 인간을 비롯한 동식물, 무생물까지 우주 만물이 서로 관련을 맺고 그물망을 이루는 세계

③ 불살생(不殺生): 살아 있는 것을 죽이지 않는 생명 존중의 사상임

(3) 도가의 자연관

① 자연은 무위의 체계로서 '무목적의 질서'를 담고 있음

> "사람은 땅을 본받고, 땅은 하늘을 본받으며, 하늘은 도(道)를 본받고, 도는 자연을 본받는다." – "노자"

② 무위자연의 삶 지향

- 자연의 한 부분인 인간이 자연에 조작과 통제를 가하는 것을 반대함
- 인간도 인위적 욕망을 버리고 자연의 순리에 따라 살아야 한다고 봄

③ 장자의 제물론(齊物論): 천하 만물은 서로 의존하여 존재하는 것이므로, 하늘의 입장에서 보면 만물은 절대적으로 평등하다고 봄

④ 물아일체(物我一體): '천지는 나와 함께 태어났고, 만물은 나와 더불어 하나'가 되는 경지에 도달할 것을 강조함

만점 공부 비법

- 동서양 자연관의 특징과 차이점을 안다.
- 칸트, 레건, 테일러, 레오폴드의 생명에 대한 도덕적 고려 기준을 명확히 구분한다.
- 칸트가 온건한 인간 중심주의로 분류되는 사상적 배경을 알아둔다.
- 환경 개발론자와 환경 보전론자의 입장을 비교한다.
- 환경적으로 건전하고 지속 가능한 발전의 의미와 노력을 정리한다.

안빈낙도(安貧樂道)
가난한 생활을 하면서도 편안한 마음으로 도를 지키며 즐기는 것

연기설(緣起說)
불교의 우주론으로 '이것이 있으면 그것이 있고, 이것이 없으면 그것이 없다. 이것이 생기면 그것이 생기고, 이것이 멸하면 그것이 멸한다.'라는 만물의 인과 관계와 상호 의존성을 강조한다.

무위자연(無爲自然)
억지로 무엇을 하지 않고 자연의 순리에 따라 삶을 산다는 도가의 개념

2. 우리 조상들의 자연관

단군 신화	• 천 · 지 · 인(天地人)의 합일을 강조 • 하늘을 상징하는 환웅과 땅을 상징하는 웅녀가 결합하여 인간인 단군이 탄생함 → 인간과 자연의 조화(천인합일)
민간 신앙	자연 만물에 영혼이 있다고 믿는 ♥물활론적 자연관
풍수지리설	• 지형이나 방위를 판단하여 이것을 인간의 길흉화복(吉凶禍福)에 연결하는 사상 • 땅에도 생명이 있다고 보고 땅과 인간의 조화 중시

02 자연을 바라보는 서양의 관점

1. 인간 중심주의: 이분법적 사고를 바탕으로 자연을 수단으로 여김 → 근대 자연 과학의 발달에 영향을 주고, 자연을 지배와 정복의 대상으로 보는 관점으로 이어짐

(1) 의미: 인간을 가장 가치 있는 존재로 여기고, 인간과 자연의 관계에서 인간의 이익이나 행복을 먼저 고려하는 관점

(2) 근거: 오직 인간만이 이성을 지니고 있는 자율적 존재로서, 스스로 도덕적 행위를 결정할 수 있는 윤리적 존재라고 보기 때문임

(3) 특징

① 인간만이 이성을 지닌 존재라는 점에서 인간에게만 본래적 가치를 인정함

② 인간과 자연을 분리하여 바라보는 이분법적 세계관을 지님

③ 자연의 도구적 가치를 강조: 동식물을 포함한 자연의 모든 구성 요소는 그 자체로 가치 있는 것이 아니라 인간의 풍요로운 삶을 위한 도구에 불과함

④ 자연을 개발과 극복의 대상으로 바라보고 이용하도록 함

(4) 대표 사상가

고대	아리스토 텔레스	"식물은 동물의 생존을 위해, 동물은 인간의 생존을 위해서 존재한다.": 이성을 지닌 인간은 자연을 이용할 수 있다고 봄
중세	아퀴나스	"신의 섭리에 따라 동물은 인간이 이용하도록 운명지어졌다.": 자연에 대한 인간의 지배를 신의 명령으로 봄
근대	베이컨	• 자연을 인류의 복지를 위한 수단으로 보고 자연에 관한 지식의 활용을 강조함 • "아는 것이 힘이다.": 자연 과학적 지식의 유용성을 강조함. 자연에 대한 유용한 지식은 인간에게 유용한 문명을 개발하는 근거가 됨 • "방황하고 있는 자연을 사냥해서 노예로 만들어 인간의 이익에 봉사하게 해야 한다. 과학자의 목적은 고문을 해서라도 자연의 비밀을 밝혀 내는 것이다.": 인간의 의도대로 자연을 이용해도 된다는 것으로, 자연에 대한 지배와 착취를 정당화함
	데카르트	• 기계론적 자연관: 자연은 기계적 인과 법칙에 종속된 물질이므로 마음대로 이용하고 지배할 수 있음 • 이분법적 세계관(인간–자연, 정신–물질, 이성–감정 등의 두 가지만으로 보는 시각)에 입각하여 자연을 단순한 물질 또는 기계로 파악함으로써 도덕적 고려의 대상에서 제외함 • 인간은 자연에 속한 존재가 아니며, ♥인간만을 도덕적 고려의 대상으로 보아 인간을 자연보다 우월한 위치에 놓음
	칸트	• 이성적 존재만이 자율적으로 행동하는 도덕적 주체가 될 수 있다고 강조하면서 자연의 도덕적 지위를 부정함 • "동물에 대한 우리의 의무는 인간성 실현을 위한 간접적인 도덕적 의무에 불과하다.": 도덕적 고려 대상은 오로지 인간이기에 인간 상호 간의 의무만이 직접적인 의무이며, 인간은 동물에 대해서 간접적으로만 의무를 지닌다고 봄

♥ 물활론(物活論, animism)

모든 사물에 영혼이 깃들어 있으며 그 영혼이 인간에게 영향을 미친다는 믿음

♥ 근대 이후 인간 중심주의 자연관의 특징

도구적 자연관	• 자연은 인간의 욕구 충족을 위한 하나의 도구에 불과함 • 자연을 유용성의 관점에서 평가함
이분법적 자연관	인간과 자연을 분리하여, 인간을 자연에 비해 우월한 존재로 인식함
환원주의적 사고	생명 현상도 물리학적 개념으로 설명 가능하다고 봄
기계론적 자연관	• 자연을 기계에 비유하고, 자연을 기계적 인과 법칙에 종속된 물질로 봄 • 데카르트: 기계론적 자연관 • 라 메트리: 인간 기계론

♥ 각 입장별 도덕적 고려 범위

구분	인간	동물	식물	무생물
인간 중심주의	○			
동물 중심주의	○	○		
생명 중심주의	○	○	○	
생태 중심주의	○	○	○	○

(5) 인간 중심주의의 문제점과 극복 방안

① 문제점: 인간의 필요를 충족하기 위해 자연을 남용, 훼손해 생태계의 위기와 환경 문제를 초래함

② 극복 방안: 극단적 인간 중심주의 윤리에서 벗어나 생태학적으로 계몽된 윤리적 관점을 가져야 함

(6) 온건한 인간 중심주의

의미	인간이 자연의 일부라는 점을 인정하고 자연을 존중하면서 신중하고 분별력 있게 사용할 것을 주장하는 입장
특징	• 인간을 위해 자연을 보호하고자 함: 인류의 장기적 이익을 위해 자연의 보전과 관리가 필요함 • 영리함의 논증: 인간이 영리하다면 자연을 장기적으로 이용하기 위해 환경을 보호해야 함 • 세대 간의 분배 정의 논증: 인간의 장기적인 생존과 복지를 위해서는 자연 보호를 통해 미래 세대에 대해 책임질 줄 알아야 함
사상가	• 칸트: 인간을 포함한 이성적 존재에게만 직접적 의무를 지닌다고 봄. 동물에 대한 인간의 의무는 직접적인 의무가 아니라 인간성 실현을 위한 간접적인 도덕적 의무에 불과하다고 주장함. 즉, 동물 학대를 반대하는 이유는 동물 학대가 인간에 대한 학대로 이어질 수 있기 때문이라고 주장함 • 패스모어: 오늘날 환경 위기를 극복하기 위해서는 새로운 윤리가 필요한 것이 아니라 기존의 윤리(온건한 인간 중심주의 윤리)를 잘 준수하기만 하면 된다고 주장함
한계	자연을 인간의 욕구를 충족하기 위한 대상으로 본다는 점에서 인간 중심주의의 한계를 벗어나지 못함

2. 동물 중심주의

(1) 의미: 인간 중심주의의 편협한 관점을 비판하면서 도덕적 권리와 고려 대상을 동물로까지 확대함

(2) 대표 사상가

벤담	• 동물을 대우하는 데 있어 고려해야 할 중요한 것은 이성을 지니고 있거나 말을 할 수 있는지가 아니라 고통을 느낄 수 있는가임 • "다 자란 말이나 개는 일주일이나 한 달 된 아기보다 훨씬 더 잘 통하고 합리적 동물이다. 그렇지만 말이나 개가 그렇지 않더라도, 그것은 중요한 사실이 아니다. 중요한 것은 그들이 이성을 지니는가, 그들이 말을 할 수 있는가가 아니라, 그들이 고통을 느끼는가에 있다."
밀	도덕은 인간만이 아니라 쾌고(快苦)를 느낄 수 있는 존재 전체에게 영향을 미치는 인간의 행위에 관한 규칙과 계율임 → 쾌락과 고통의 감정을 중시함
싱어	• 공리주의에 근거하여 동물 해방론 주장 → 고통을 느끼는 능력을 가진 동물은 도덕적 지위를 인정해서 동등하게 고려해야 함 • "고통과 쾌락의 감수 능력이 이익 관심을 갖는 전제 조건이 된다. 그것이야말로 누군가 이익 관심을 갖고 있다고 말해질 수 있기 위해서 만족되어야 할 조건이다. …… 고통과 즐거움을 느낄 수 있는 능력은 어떤 존재가 이익 관심을 갖는다고 말할 수 있기 위한 필요조건일 뿐만 아니라 충분조건이기도 하다. 예를 들어 쥐는 발에 차이지 않을 이익 관심을 갖는다. 발에 차인다면 그는 고통을 느낄 것이기 때문이다." • 이익 평등 고려의 원칙: 어떤 결정을 내릴 때 자신만을 고려하지 말고, 그 영향을 받는 인간과 동물의 이익 관심도 동등하게 고려해야 함 • 종 차별주의 반대: 인간을 특별하게 우대하고, 고통을 싫어하고 쾌락을 좋아하는 이익 관심을 지닌 동물을 차별하는 태도는 종 차별주의(종 이기주의)임
레건	• 의무론에 근거하여 동물의 도덕적 지위와 권리를 인정함 • 동물 권리론 주장: 동물도 '삶의 주체'로서 자신만의 고유한 삶을 영위할 권리를 가지므로 인간을 위한 수단이 아닌 목적인 존재로 대우받아야 함. 성장한 포유동물은 쾌락과 고통의 감정이 있을 뿐만 아니라 자기의 욕구와 목표를 위해서 행동하며 자신의 정체성을 느낄 수 있는 능력을 갖춘 삶의 주체임 → 자신의 삶을 영위할 권리가 있음

인간 중심주의에 대한 평가

긍정적 평가	자연을 탐구하고 개발함으로써 과학 기술의 발전과 경제 성장을 이루어 인간의 삶을 풍요롭게 하는 데 도움을 줌
부정적 평가	자연을 함부로 사용하여 훼손한 결과 자원 고갈, 환경 오염, 생태계 파괴 등과 같은 환경 위기를 초래함

싱어(Singer, P., 1946~)
공리주의 윤리학자로, 고통을 느끼는 동물들의 이익 관심을 고려해야 한다고 강조하였다.

이익 관심
생명 보전 및 연장의 욕구 또는 이와 관련한 무엇인가에 대해 생명체가 보이는 주의·관심 등을 의미한다. 예를 들어 동물은 고통을 피하고 쾌락을 추구하는 데 이익 관심이 있다.

종 차별주의
인종 차별이나 성차별과 같이 종이 다르다는 이유로 차별하는 것

레건(Regan, T., 1938~)
의무론적 입장에서 동물의 권리를 강조한 미국의 철학자이다.

(3) 윤리적 실천: 공장식 사육 방식 중단, 단순 오락을 위한 사냥 및 상업적 목적을 위한 동물 학대 금지, 무분별한 동물 실험 반대

(4) 동물 중심주의의 의의와 한계

① 의의: 동물에 대한 인간의 비도덕적 관행을 반성하고 도덕적 사고의 폭을 넓힘

② 한계

- 인간과 동물 사이의 이익이 충돌할 경우 어느 쪽의 이익을 더 고려해야 하는지 판단하기 어려움
- 동물의 개체 보호를 중시하여 생태계의 조화와 균형을 깨뜨릴 수 있음
- 동물 이외의 생명 및 생태계에 대한 고려가 부족함 → 식물, 무생물은 고려 대상이 아님
- 공장식 사육 방식, 동물 실험 등이 불가피하게 요구될 수 있어 현실적 실천이 어려움
- 싱어의 공리주의적 접근은 공장식 사육 방식이 다른 사육 방식보다 고통이 적다면, 이를 정당화할 우려가 있음

3. 생명 중심주의

(1) 의미

① 모든 생명체는 본래적·내재적 가치를 지니므로 모든 생명을 존중해야 함

② 도덕적 지위와 고려 대상을 인간과 동물뿐만 아니라 식물을 포함한 모든 생명체로 확장함

(2) 대표 사상가

슈바이처	• 모든 생명에 대한 외경을 도덕의 근본 원리라고 주장함 • 생명을 유지하고 증진하며 고양하는 것은 선(善)이고, 생명을 억압하는 것은 악(惡)임 → 생명에 대한 사랑과 책임을 강조함 • 자기 존재를 유지하기 위해 불가피하게 다른 생명을 해쳐야 할 경우에도 생명에 대한 무한한 책임을 지녀야 한다고 강조함
테일러	• 모든 생명체는 '목적론적 삶의 중심'이라고 봄 → 자기의 생존·성장·발전·번식이라는 목적을 추구하고, 이를 위해 환경에 적응하려고 애쓰는 존재임 • 모든 생명체는 내재적 가치를 지닌 존재이므로 도덕적으로 존중하는 태도를 가져야 함 • "의식이 있든 없든 모든 존재는 자기 보존과 행복을 향하여 움직이는 목적 지향적인 활동의 단일화된 체계라는 점에서 동등하게 삶의 목적론적 중심이다. …… 생명체가 삶의 목적론적 중심이라고 하는 것은 생명체의 내적 기능과 외적 활동들이 모두 목적 지향적으로 자신의 유기체적 존재를 지속시키려는 일정한 경향을 갖는다는 것을 의미한다." • 생명체에 대한 의무 제시 　– 불침해(악행 금지)의 의무: 다른 생명체에게 해를 끼쳐서는 안 됨 　– 불간섭의 의무: 생명체의 자유를 보장하고 생태계를 조작하거나 통제하지 않아야 함 　– 신의(성실)의 의무: 인간의 즐거움과 쾌락을 위해 낚시나 덫 등으로 동물을 속여서는 안 됨 　– 보상적 정의의 의무: 인간이 다른 생명체에 해를 끼쳤을 경우 그 피해를 보상해야 함

(3) 생명 중심주의의 의의와 한계

① 의의

- 모든 생명체의 고유한 가치를 인정하고 생명과 자연의 소중함을 일깨워 줌
- 도덕적 고려의 범위를 확장하고 생명을 존중하는 태도를 강조함

② 한계

- 개별 생명체의 가치를 존중하는 개체론적 성격을 지녀 생태계 전체를 고려하지 못함
- 인간과 자연은 엄격하게 분리될 수 없고 인간이 자연에 부정적으로만 간섭하는 것은 아님을 간과함
- 모든 생명체에 대한 존중을 강조하여 인간 생존 자체를 어렵게 할 수 있음

공장식 사육 방식
정해진 공간에서 최대한 많은 수의 가축을 키우기 위해 도입된 사육 방식으로, 가축이 거의 움직일 수 없는 비좁은 공간 안에서 최소한의 자유도 누리지 못하게 된다.

내재적 가치
다른 것의 수단으로서의 가치가 아니라 그 존재 자체가 지니고 있는 가치

슈바이처(Schweizer, A., 1875~1965)
프랑스 태생의 의사이자 사상가로, 아프리카의 밀림에 병원을 설치하고 현지인에 대한 의료 활동을 하여 전 세계적으로 큰 영향을 미쳤으며 1952년 노벨 평화상을 수상하였다.

생명 외경(畏敬)
생명의 신비를 두려워하고 존경하는 마음으로 생명을 지극히 소중히 하는 태도

테일러(Tayler, P., 1923~2015)
미국의 환경 윤리학자로, "자연에 대한 존경"이라는 책을 통해 생명 중심주의를 강조하였고, 슈바이처의 사상을 더욱 발전시켰다.

개체론
개별 생명체들의 존중에 초점을 맞추는 환경 윤리 이론으로, 동물 중심주의와 생명 중심주의가 여기에 해당한다.

4. 생태 중심주의

(1) 의미: 도덕적 고려의 범위를 개별 생명체가 아닌 무생물을 포함한 생태계 전체로 보아야 한다는 전일론적 입장을 취함. 인간은 자연의 일부로서 자연에 대해 직접적인 도덕적 의무를 가지며, 자연은 인간과 평등한 존재로, 그 자체로 도덕적으로 존중받을 가치가 있다고 봄

(2) 대표 사상가

레오폴드	• 대지 윤리: 공동체의 범위를 식물과 동물, 토양과 물을 포함하는 대지로 확장함 • 인간의 의무: 인간은 자연의 지배자가 아니라 생명 공동체의 단순한 구성원이며, 생태계의 안정을 유지할 의무가 있음 • 대지 피라미드: 흙, 물 등의 무생물과 생물이 유기적으로 엮여 있어 생산자, 소비자, 분해자가 서로 먹이 사슬에 따른 고유한 생태학적 역할을 담당함 • "대지의 바람직한 이용을 단지 경제적인 문제로 생각하지 마라. 무엇이 경제적으로 유리한지의 관점뿐만 아니라 무엇이 윤리적 · 심미적으로 옳은지의 관점에서도 모든 물음을 검토하라. 생명 공동체의 온전성과 안정성, 아름다움의 보전에 기여한다면 그것은 옳고, 그렇지 않다면 그르다." – 레오폴드, "모래 군의 열두 달"
네스	• 심층 생태주의: 세계관이나 사고방식과 같은 근본적인 의식 자체를 바꿔야 함 • 생명 중심적 평등 추구: 모든 유기체는 생명의 연결망 속에 서로 연결되어 평등한 내재적 가치를 지님 • 큰 자아실현 추구: 자신을 자연의 일부이자 자연과의 상호 연관 속에 존재하는 것으로 이해해야 함 • "더 넓은 관점인 자연과 나의 동일시를 통하면, 환경 보호 덕분에 자기 이익에도 도움이 된다는 것을 알 수 있다. …… 자기실현을 협소한 자아의 만족으로 보는 것은 자신을 심각하게 과소평가하는 일이라는 것을 알 때, 우리는 사람들에게 더 큰 나라는 관념을 이야기할 수 있다." – 네스, "산처럼 생각하라"

(3) 생태 중심주의의 의의와 한계

① 의의

• 인류가 환경 문제를 해결하려면 자연에 대한 인식을 근본적으로 바꾸어야 한다는 점을 일깨워 줌
• 인간과 자연의 공존을 모색하는 새로운 관점을 제시하여 오늘날의 환경 문제를 해결하기 위한 실마리를 제공함

② 한계

• 생태 공동체의 선을 개별 생명체의 가치보다 우선시하기 때문에 환경 파시즘으로 흐를 수 있음
• 생태계의 중요한 가치를 실현하는 데 인간의 어떤 개입도 허용하지 않기 때문에 환경 보전을 위한 구체적인 방안을 제시하지 못함

03 환경 문제에 대한 윤리적 쟁점

1. 기후 변화의 윤리적 문제

(1) 기후 변화의 의미와 원인

① 의미: 자연적 요인 또는 인간 활동의 결과로 장기적으로 기후가 평균 수준을 벗어나 변화하는 것을 의미함 예 지구 온난화
② 원인: 산업화와 도시화로 인한 각종 공해 물질의 발생, 무분별한 개발에 따른 화석 연료 사용 증가와 산림 파괴, 온실가스 배출 증가 등

전일론
하나의 통합된 전체를 사유 대상으로 삼는 것으로, 부분의 합은 전체와 같을 수 없다는 관점이며, 전체론과 유사한 말이다.

레오폴드(Leopold, A,. 1887~1948)
미국의 생태학자이자 환경 윤리학자로, 인간 스스로 자연의 아름다움을 사랑해서 자연을 보전하고자 노력해야 한다고 보았다.

네스(Naess, A., 1912~2009)
노르웨이의 산악인이자 철학자로, 심층 생태론의 창시자이다.

생물권 평등주의
모든 생물을 동등하게 대우해야 한다는 의미

큰 자아
모든 생명체가 상호 연결된 전체의 평등한 구성원이며, 동등한 가치를 가진다는 것

환경 파시즘
생태계를 위해 인간을 포함한 개별 동물마저 희생시킬 수 있다는 입장

지구 온난화
대기 중에 존재하는 온실가스의 작용으로 지구 표면의 기온이 상승하는 것이다. 온실가스는 자연 상태에서도 존재하지만, 오늘날 화석 연료의 사용 증가와 산림 파괴 등으로 대기 중 온실가스 농도가 급증하면서 지구 온난화가 심화되고 있다.

(2) 급격한 기후 변화에 따른 문제점

① 기후 정의 문제
- 저개발 국가의 피해 심화: 저개발 국가는 온실가스의 배출량이 선진국보다 훨씬 적지만 피해는 선진국보다 더 크게 발생함
- 기후 정의의 실현: 선진국들이 기후 변화에 따라 피해를 본 나라들에 대해 적극적인 보상과 지원을 해야 함

② 생태계의 위기: 다양한 생물종의 감소와 생태계 먹이 사슬의 붕괴

③ 인간의 삶 위협
- 홍수나 가뭄, 물 부족과 물 오염, 열대 질병 확산, 식량 생산량을 감소시키는 농토의 사막화 등
- 극지방의 해빙으로 인한 해수면 상승으로 환경 난민 증가

(3) 기후 변화 문제 해결을 위한 국제적 대응

교토 의정서
(1997)
	• 온실가스를 많이 배출하고 있는 선진국에 온실가스 배출 감축량에 대한 목표를 설정하고, 온실가스 배출권을 거래할 수 있게 함
	• 교토 메커니즘: 경제적 유인 제공을 통한 효과적인 온실가스 감축을 위하여 공동 이행 제도, 청정 개발 체제, 탄소 배출권 거래 제도를 도입함
	  – 공동 이행 제도: 선진국 A가 다른 선진국에 투자하여 얻은 온실가스 감축분을 A 국가의 감축 실적으로 인정하는 제도
	  – 청정 개발 체제: 선진국이 개발 도상국에 투자하여 발생한 온실가스 배출 감축분을 자국의 감축 실적에 반영할 수 있도록 한 제도
	  – 탄소 배출권 거래 제도 도입: 국가마다 할당된 감축량 의무 달성을 위해 자국의 기업별·부문별로 배출량을 할당하고, 기업은 할당된 온실가스 감축 의무를 이행하지 못할 경우 다른 나라 기업에게서 할당량을 매입할 수 있도록 하는 제도
	• 경제적 능력이 있으면 환경 파괴도 정당화된다는 인간 중심주의적 사고방식이며, 환경 문제에 대한 인류 공동의 책임을 약화시킨다는 비판이 있음

파리 기후 협약 (2015)	• 2020년에 만료되는 교토 의정서를 대체할 새로운 기후 변화 협약 • 선진국뿐만 아니라 협약에 참여한 당사국 모두 온실가스 감축 목표를 지키기로 합의함 • 지구 평균 온도 상승폭을 산업화 이전과 비교하여 1.5도까지 제한함 • 국가별 온실가스 감축에 관한 정기적인 이행 상황 및 달성에 대한 경과 보고를 의무화하고, 이를 점검하기 위해 국제 사회의 종합적인 이행 점검 시스템을 도입해 2023년에 실시하기로 함

2. 미래 세대에 대한 책임 문제와 책임 윤리

(1) 미래 세대에 대한 책임

① 환경 문제는 미래 세대의 생존 및 삶의 질 문제와 직결되어 있음

② 미래 세대도 현세대와 다름없이 인간답게 살아가려면 비옥한 토양, 신선한 물과 공기, 에너지 등이 필요함

(2) 요나스의 '책임 윤리'

① 인류가 존재해야 한다는 당위적 요청을 근거로 인류 존속에 관한 현세대의 책임을 강조함

② 책임 원칙의 정언 명령: "너의 행위의 결과가 지구상에서 진정한 인간 삶의 지속과 조화될 수 있도록 행위하라.", "너의 행위의 결과가 인간 생명의 미래의 가능성에 대하여 파괴적이지 않도록 행위하라."

③ 현세대가 지녀야 할 덕목: 두려움, 겸손, 검소, 절제 등을 제시함 → 인류 존속을 위해 현세대의 잘못으로 미래 세대가 생존할 수 없을지도 모른다는 사실에 대한 두려움을 갖고 겸손한 태도를 지니며, 검소한 생활과 절제하는 소비 습관을 길러야 함

교토 메커니즘의 구성 요소

제도	해당 국가
공동 이행 제도	선진국 – 선진국
청정 개발 체제	선진국 – 개발 도상국
탄소 배출권 거래 제도	의무 감축국 – 의무 감축국

탄소 배출권 거래 제도

'탄소 배출권 거래 제도'는 교토 의정서 가입 국가와 해당 국가의 기업들이 탄소 배출량을 목표보다 많이 줄이면 그렇지 못한 국가나 기업에 탄소 배출권을 판매할 수 있게 한 제도이다. 이는 경제적 유인을 제공하여 온실가스를 효과적으로 감축할 수 있다는 장점이 있다. 반면 자본주의 시장 경제 논리를 환경 문제에 도입함으로써 돈만 지불하면 온실가스를 배출해도 된다는 그릇된 인식을 지니게 할 우려가 있다.

요나스의 책임 윤리

전통 윤리의 확장	인간 상호간의 관계에서 인간과 자연의 관계로 전통 윤리의 영역을 확장함
책임의 범위 확장	의도하지 않은 행위의 결과에 대해서까지 현세대의 책임의 범위를 확장함

3. 생태 지속 가능성 문제

(1) 개발과 환경 보전의 딜레마

	개발론	환경 보전론
특징	• 자연을 개발하여 많은 사람이 풍요로운 삶을 누리는 것이 환경 보전보다 우선하는 가치임 • 자연이 도구적 가치를 지니며 환경 문제는 기술 발달로 해결될 수 있다는 점에 근거함	• 환경을 보전하고 자연의 가치를 지키는 것이 인류의 생존에 필수적임 • 자연이 내재적 가치를 지니며 자연을 보존하는 것이 장기적으로도 큰 이익이라는 점을 강조함
문제점	환경 파괴로 이어짐	경제 성장을 제약할 수 있음
해결책	환경적으로 건전하고 지속 가능한 발전	

(2) 환경적으로 건전하고 지속 가능한 발전

① 의미: 미래 세대가 자신의 욕구를 충족할 수 있는 범위 안에서 현세대의 욕구를 충족하는 발전, 즉 미래 세대도 현세대만큼 잘살 수 있게 하는 범위에서 자연을 이용해야 함

② 의의

• 인간과 자연이 더불어 사는 삶 실현: 자정 능력 범위 내에서 환경을 개발하고 미래 세대를 위해 환경을 잘 보전하고자 노력함

• 성장에 따른 혜택을 정당하게 분배: 국가 간 공정한 발전의 도모를 통해 분배 정의를 실현함 → 환경 문제 해결을 위한 협동과 연대를 도모할 수 있음

③ 노력 방안: 개인적으로는 환경친화적 소비 생활, 사회적으로는 환경을 고려한 건전한 환경 기술 개발, 화석 연료를 대체할 신·재생 에너지 개발, 국제적으로는 국제 협력 체제를 구축해야 함(몬트리올 의정서, 바젤 협약, 생물 다양성 협약 등)

• 슈마허의 "작은 것이 아름답다": 행복이라는 보이지 않는 가치에 집중, 최소한의 소비로 최대한의 복지를 확보하는 것이 합리적임

몬트리올 의정서
오존층 파괴 물질인 염화플루오린화탄소의 생산과 사용을 규제하려는 목적에서 체결한 협약

바젤 협약
국제적으로 문제가 되는 유해 폐기물의 수출입과 그 처리를 규제하는 협약

생물 다양성 협약
생물 다양성의 보전, 생물 자원의 지속 가능한 이용, 생물 자원을 이용하여 얻어지는 이익을 공정하고 공평하게 분배할 것을 목적으로 하는 국제 협약

슈마허(Schumacher. E. F., 1911~1977)
독일 출신의 영국 경제학자로 "작은 것이 아름답다"를 저술했다.

 **개념 정리하기**

1. 동양의 자연관
• 유교: 인간이 자연을 본받아 다른 존재와 타인에게 인을 실천
• 불교: 연기설에 근거하여 모든 생명에 자비를 베풂
• 도가: 천지 만물은 무위의 체계이며 인간은 자연의 순리를 따를 것

2. 서양의 자연관

인간 중심주의	• 인간만이 직접적인 도덕적 고려의 대상이며, 동물이나 식물 등 인간이 아닌 존재는 도덕적 고려의 대상이 아님 • 대표 사상가: 아리스토텔레스, 아퀴나스, 베이컨, 데카르트, 칸트
동물 중심주의	• 인간 중심주의의 편협한 관점을 비판하면서 도덕적 권리와 고려 대상을 동물까지 확대함 • 대표 사상가: 싱어, 레건
생명 중심주의	• 도덕적 지위와 고려 대상을 인간과 동물뿐만 아니라 식물을 포함한 모든 생명체로 확장함 • 대표 사상가: 슈바이처, 테일러
생태 중심주의	• 도덕적 고려의 범위를 개별 생명체가 아닌 무생물을 포함한 생태계 전체로 보아야 한다는 전일론적 입장을 취함 • 대표 사상가: 레오폴드, 네스

3. 환경 문제에 대한 윤리적 쟁점
• 기후 변화의 윤리적 문제와 국제적 대응

윤리적 문제	기후 정의 문제	• 저개발 국가의 피해 심화 • 기후 정의의 실현
	생태계의 위기	생물종의 감소와 생태계 먹이 사슬의 붕괴
	인간의 삶 위협	• 홍수나 가뭄, 물 부족과 물 오염, 열대 질병 확산, 식량 생산량을 감소시키는 사막화 등 • 극지방의 해빙으로 인한 해수면 상승으로 환경 난민 증가

국제적 대응	교토 의정서(1997), 파리 기후 협약(2015)

• 미래 세대에 대한 책임 문제와 책임 윤리

미래 세대에 대한 책임	환경 문제는 미래 세대의 생존 및 삶의 질 문제와 직결되어 있음
요나스의 책임 윤리	• 인류가 존재해야 한다는 당위적 요청을 근거로 인류 존속에 관한 현세대의 책임을 강조함 • 현세대가 지녀야 할 덕목: 두려움, 겸손, 검소, 절제

• 생태 지속 가능성 문제: 환경 보존과 현세대의 욕구를 동시에 충족하는 발전 추구

● 다음 설명이 맞으면 ○, 틀리면 ×에 표시하시오.

1 유교는 인간과 자연 존재 간의 도덕적 고려에서 분별적 차이를 둔다. (○, ×)

2 유교에서는 살생을 절대적으로 금하고 있다. (○, ×)

3 유교에서는 인간이 자연을 본받아 다른 존재에게 인을 실천해야 한다고 본다. (○, ×)

4 유교의 자연관은 현대 사회의 무분별한 개발과 소비로 발생한 환경 문제를 극복하는 데 대안을 제시할 수 있다. (○, ×)

5 불교에서는 살아 있는 것을 죽이지 않는 불살생의 계율을 가장 으뜸으로 여긴다. (○, ×)

6 불교에서는 우주 만물의 생성의 원리로 '도(道)'를 제시하였다. (○, ×)

7 도가에서는 인간의 노력으로 자연과 하나가 되도록 해야 한다고 강조한다. (○, ×)

8 칸트는 동물에 대한 인간의 간접적 의무 차원에서 동물 학대를 반대한다. (○, ×)

9 칸트는 인간과 동물을 도덕적 관점에서 동등하게 고려해야 한다고 본다. (○, ×)

10 칸트는 이성적 존재만이 도덕적 주체가 될 수 있다고 본다. (○, ×)

11 칸트는 쾌고 감수 능력은 동물의 이익 고려를 위한 충분조건이라고 본다. (○, ×)

12 베이컨은 자연의 내재적 가치를 이해하여 자연을 지배해야 한다고 본다. (○, ×)

13 벤담은 인간이 아닌 동물도 권리를 지닐 수 있다고 본다. (○, ×)

14 싱어는 공리주의에 근거하여 동물 해방론을 주장하였다. (○, ×)

15 싱어는 인간과 동물을 도덕적 관점에서 동등하게 고려해야 한다고 본다. (○, ×)

16 싱어는 이성은 없지만 감각을 지닌 존재도 도덕적 지위를 갖는다고 본다. (○, ×)

17 레건은 동물 보호는 인간의 도덕적 실천 과제로 성립 가능하다고 본다. (○, ×)

18 레건은 인간이 아닌 동물도 권리를 지닐 수 있다고 본다. (○, ×)

19 레건은 동물은 인간을 위한 수단이 아닌 목적인 존재로 대우 받아야 한다고 본다. (○, ×)

20 슈바이처는 식물은 내재적 가치를 지니므로 도덕적 존중의 대상이라고 본다. (○, ×)

21 슈바이처는 동물 학대 금지는 간접적으로만 인간의 의무에 속한다고 본다. (○, ×)

22 테일러는 생명을 인간의 선한 목적을 위한 도구적 대상으로 본다. (○, ×)

23 테일러는 인간이 자연 전체에 대한 직접적 의무를 가진다고 본다. (○, ×)

24 레오폴드는 윤리적 고려 대상을 무생물까지 확대한다. (○, ×)

25 레오폴드는 인간은 자연 전체에 대해 간접적인 도덕적 의무만 지닌다고 본다. (○, ×)

26 레오폴드는 개별 생명체의 존속이 생명 공동체의 온전함보다 중요하다고 본다. (○, ×)

27 네스는 세계관이나 사고방식과 같은 근본적인 의식 자체를 바꿔야 한다는 심층 생태주의를 주장하였다. (○, ×)

28 네스는 현세대가 지녀야 할 덕목으로 두려움, 겸손, 검소, 절제 등을 제시하였다. (○, ×)

29 생태 중심주의는 생태 공동체의 선을 개별 생명체의 가치보다 우선시하기 때문에 환경 파시즘으로 흐를 수 있다. (○, ×)

30 선진국은 온실가스의 배출량이 저개발 국가보다 훨씬 적지만 피해는 저개발 국가보다 더 크게 발생한다. (○, ×)

31 극지방의 해빙으로 인한 해수면 상승으로 환경 난민이 증가하고 있다. (○, ×)

32 교토 의정서는 지구 평균 온도 상승폭을 산업화 이전과 비교하여 1.5도까지 제한하기로 한 것이다. (○, ×)

33 기후 변화 협약의 구체적 이행을 위해 선진국이 온실가스 감축 목표를 설정하였으며, 탄소 배출권 거래제를 인정한 협약은 교토 의정서이다. (○, ×)

---

1 ○ 2 ×(부분적으로 허용함) 3 ○ 4 ○ 5 ○ 6 ×(도가에 해당) 7 ×(인위적 노력을 부정함) 8 ○ 9 ×(인간을 우위에 둠) 10 ○ 11 ×(싱어의 주장) 12 ×(내재적 가치를 부정함)
13 ○ 14 ○ 15 ○ 16 ○ 17 ○ 18 ○ 19 ○ 20 ○ 21 ×(직접적인 의무임) 22 ×(목적적 존재임) 23 ×(생명체로 한정함) 24 ○ 25 ×(직접적인 의무임) 26 ×(생명 공동체 유지를 중시함) 27 ○ 28 ×(요나스에 해당) 29 ○ 30 ×(선진국 배출량이 많고 저개발 국가의 피해가 큼) 31 ○ 32 ×(파리 기후 협약에 해당) 33 ○

● 다음 중 옳은 것에 ○표 하시오.

34 자연을 인간의 욕망 충족을 위한 도구로 보는 자연관을 (㉠ 도구적, ㉡ 목적적) 자연관이라고 한다.

35 (㉠ 인간, ㉡ 생명) 중심주의는 자연의 도덕적 가치를 인정하지 않고, 자연을 순전히 인간의 욕구, 이익, 필요에 따라 평가하는 것이다.

36 베이컨은 인류의 물질적 혜택과 복지를 위해 (㉠ 기계, ㉡ 자연)을/를 정복하는 데 필요한 지식을 강조한다.

37 데카르트는 (㉠ 자연, ㉡ 인간의 정신)은 물질로 환원할 수 없는 존엄한 것이지만 (㉢ 자연, ㉣ 인간의 정신)은 하나의 기계에 불과하다고 본다.

38 (㉠ 아리스토텔레스, ㉡ 아퀴나스)는 "식물은 동물을 위해서, 동물은 인간을 위해서 존재한다."라고 하였다.

39 칸트는 이성이 결여된 동물에 대해서는 (㉠ 직접적, ㉡ 간접적)인 도덕적 의무만 갖는다고 본다.

40 레건은 (㉠ 동물, ㉡ 식물)은 삶의 주체이기 때문에 도덕적 지위를 갖는다고 본다.

41 테일러는 모든 생명체가 (㉠ 도구적, ㉡ 목적론적) 삶의 중심으로 내재적 가치를 지닌 존재이기 때문에 존중해야 한다고 본다.

42 생명 중심주의는 개별 생명체의 가치를 존중하는 (㉠ 개체론, ㉡ 전일론)의 성격을 갖는다.

43 (㉠ 테일러, ㉡ 슈바이처)는 모든 생명에 대한 외경을 주장한다.

44 레오폴드는 "어떤 것이 생명 공동체의 온전성, 안정성, 아름다움의 보존에 이바지한다면 그것은 옳고, 그렇지 않다면 그르다."라는 (㉠ 대지 윤리, ㉡ 책임 윤리)를 주장하였다.

45 레오폴드는 (㉠ 개체론적, ㉡ 전일론적) 관점에서 도덕적 고려의 대상을 자연 전체로 확장함으로써 인간이 자연 전체에 대해 직접적인 도덕적 의무를 지닌다고 주장한다.

46 심층 생태주의에서는 (㉠ 큰 자아, ㉡ 인간 중심적 자아)를 강조한다.

47 요나스는 인류가 존재해야 한다는 당위적 요청을 근거로 인류 존속에 관한 (㉠ 현세대, ㉡ 미래 세대)의 책임을 강조하였다.

48 환경적으로 건전하고 지속 가능한 발전을 위해 (㉠ 합리적 소비, ㉡ 환경친화적 소비)를 실천해야 한다.

● 빈칸에 들어갈 알맞은 말을 써 넣으시오.

49 유교에서는 인간과 자연이 하나가 되는 (   )의 경지를 인간이 추구해야 할 목표로 제시한다.

50 불교에서는 (   )을/를 바탕으로 만물의 상호 의존성을 자각하고 모든 생명을 소중히 여기며 자비를 베풀 것을 강조한다.

51 불교의 연기적 세계관에서는 그물의 구슬들이 서로를 비추어 주기에 빛이 나는 (   )처럼 우주와 인간이 한 몸으로 연결되어 있다고 본다.

52 도가에서는 인간을 자연의 한 부분으로 보고, 자연의 순리에 따르는 (   )을/를 강조한다.

53 (   ) 중심주의는 인간만이 자율성과 이성을 지닌 존재라는 점에서 인간만이 내재적 가치를 지닌다고 보는 관점이다.

54 (   )은/는 도덕적 고려 대상은 오로지 인간이기에 인간 상호 간의 의무만이 직접적인 의무이며, 인간은 동물에 대해서 간접적으로만 의무를 지닌다고 보았다.

55 (   ) 중심주의는 자연의 도덕적 가치를 인정하지 않고, 자연을 순전히 인간의 욕구, 이익, 필요에 따라 평가하는 것이다.

56 싱어는 (   ) 원칙에 근거하여 인간과 동일한 쾌고 감수 능력을 지닌 동물을 인간과 다르게 대우하는 것은 종 차별주의임을 주장하였다.

57 레건은 동물도 삶의 주체로서 자신만의 고유한 삶을 영위할 (   )을/를 가지고 있으므로 인간을 위한 수단으로 취급해서는 안 된다고 강조하였다.

58 (   )은/는 산업화와 도시화로 인한 각종 공해 물질의 발생과 온실가스 배출 증가로 인하여 기후가 평균 수준을 벗어나는 현상을 말한다.

59 현세대의 잘못으로 미래 세대가 생존할 수 없을지도 모른다는 사실에 대한 두려움을 갖고, 겸손한 태도를 지니며, (   )한 생활과 (   )하는 소비 습관을 길러야 한다.

60 오늘날 환경 문제는 지구의 (   )을/를 벗어나 복구하기 어려운 수준으로 발생한다.

61 환경적으로 건전하고 (   ) 발전은 미래 세대의 필요를 충족시킬 가능성을 손상시키지 않는 범위 내에서 현재 세대의 필요를 충족시키는 개발 방식이다.

---

34 ㉠　35 ㉠　36 ㉡　37 ㉡　38 ㉠　39 ㉡　40 ㉠　41 ㉡　42 ㉠　43 ㉡　44 ㉠　45 ㉡　46 ㉠　47 ㉡　48 ㉡　49 천인합일　50 연기설　51 인타라망　52 무위자연　53 인간　54 칸트
55 인간　56 이익 평등 고려의　57 권리　58 기후 변화　59 검소, 절제　60 자정 능력　61 지속 가능한

V

문화와 윤리

이 단원의
**수능 출제
분석**

13강에서는 예술 지상주의와 도덕주의 관점을 비교하는 문항이 자주 출제된다. 플라톤과 칸트, 와일드, 피카소 등 사상가와 예술가들의 말이 제시문으로 출제되는데 기본적으로는 예술 지상주의와 도덕주의 두 견해로 나뉜다. 다문화에 대한 여러 이론들의 비교 문항, 엘리아데의 종교관을 묻거나 이를 도킨스 등의 과학자들의 견해와 비교하여 출제하는 문항, 주거 윤리, 음식 윤리, 대중문화 윤리 등도 고르게 출제된다.

이 단원의 **수능 빈출 주제**

1순위 예술 지상주의와 도덕주의
출제 빈도 ★★★　　　　난이도 중

2순위 다문화에 대한 다양한 관점
출제 빈도 ★★★　　　　난이도 중

3순위 엘리아데의 종교관
출제 빈도 ★★★　　　　난이도 중

4순위 하이데거, 볼노브의 주거 윤리
출제 빈도 ★★★　　　　난이도 중

5순위 대중문화에 대한 다양한 시각
출제 빈도 ★★★　　　　난이도 중

V. 문화와 윤리

예술과 대중문화 윤리

키워드
도덕주의, 예술 지상주의, 예술의 상업화, 대중문화에 대한 윤리적 규제

1단계 개념 뜯어보기

01 예술의 의미와 기능

1. 예술의 의미

(1) 의미: 일반적으로 미적 가치를 표현하고 창조하는 일에 목적을 둔 모든 인간 활동과 그 산물을 말함

(2) 유희적 존재로서의 인간: 인간은 생존의 욕구 충족에 머무르지 않고 삶의 의미와 미적 가치를 추구함

2. 예술에 대한 다양한 정의

아리스토텔레스	"예술은 자연의 모방이며 자연이 성공하지 못한 것을 완성하는 것을 목표로 한다.": 수동적인 모방을 넘어 대상의 아름다움을 실제보다 한층 돋보이게 하는 능동적 모방을 의미함
톨스토이	"예술은 개인의 감정을 표현하여 다른 사람에게 전하는 모든 것이다.": 표현한 감정이 다른 사람에게 전달되어 공감을 불러일으키는 것을 중시함
칸트	'예술은 다른 무엇을 비추는 거울이 아니라 스스로 반짝이는 거울': 외부 세상에 대한 모방이나 작가의 감정 표현을 배제한 순수한 형식만이 아름다움을 느낄 수 있게 한다고 봄

3. 예술의 기능

(1) 사람의 마음을 정화하는 힘: 예술 작품을 창작하거나 감상함으로써 일상생활의 스트레스를 해소하며 심리적 안정과 즐거움을 느낄 수 있음

(2) 인간의 사고 확장: 예술 작품을 통해 평소에는 그냥 지나쳤던 장면, 물건, 사람, 자연에 대한 의미를 새롭게 발견할 수 있고, 우연히 읽은 책 속에서 삶의 지혜를 얻을 수 있음

(3) 인간의 의식 및 사회 개혁의 원동력: 예술 활동을 통해 사회의 모순을 비판하거나 새로운 사상과 가치를 창조할 수 있고, 인간과 사회에 영향을 줌으로써 삶을 변화시키고 성숙하게 하는 데 이바지함

02 예술과 윤리의 관계

1. 예술과 윤리의 공통점과 차이점

공통점	'인간다움'이라는 공통적인 지향점을 추구함
차이점	• 예술: 아름다움을 추구하는 과정에서 현실의 제약을 넘어서기도 함 → '미적 가치[美]'를 추구 • 윤리: 현실 속에서 도덕적 당위를 추구함 → '윤리적 가치[善]'를 추구

2. 예술과 윤리의 관계에 대한 관점

(1) 도덕주의

기본 입장	• 미적 가치와 윤리적 가치의 관련성을 강조함 • 윤리적 가치가 미적 가치보다 우위에 있다고 봄 • 예술을 올바른 품성을 기르고 도덕적 교훈이나 모범을 제공하는 것으로 봄 • 예술의 사회성을 강조하는 '참여 예술론'을 지지함 • 예술가도 사회 구성원이고, 예술 활동도 사회 활동이므로, 예술이 사회의 모순을 지적하고 사회의 도덕적 성숙에 기여해야 한다고 주장함

만점 공부 비법

• 도덕주의와 예술 지상주의의 기본 입장을 파악한다.

• 예술의 상업화에 대한 긍정적 입장과 부정적 입장을 구분한다.

• 대중문화와 관련된 윤리 문제를 이해한다.

순수한 형식
균형 잡힌 비율, 조화로운 구성, 아름다운 색조나 음률 등을 의미

마음을 정화하는 힘
카타르시스(catharsis)라고도 하며, 정화, 배설을 뜻한다. 예술 작품을 창작하거나 감상하면서 슬픔, 두려움과 같은 감정을 토해 내고 깨끗하게 하는 것을 말한다.

유교에서의 도덕주의
유교에서도 도덕주의적 입장이 나타나는데, "순자"에 나오는 다음 구절에 잘 나타나 있다. "음악은 성현이 즐기는 바로서, 이것으로 민심을 선도할 수 있고 사람을 감동시킬 수 있으며, 풍속을 변화시킬 수 있는 것이다. 그러므로 선왕이 제정한 예악(禮樂)으로 인도하면 백성이 화목해진다."

참여 예술론
예술가도 사회 구성원 중 한 사람이며 예술 활동 역시 다양한 사회 활동 중 하나라고 본다. 따라서 예술은 사회의 모순을 비판하고 사회 발전에 이바지할 수 있어야 한다는 입장이다.

관련 인물	플라톤	• 예술의 목적은 인간의 올바른 품성을 함양하는 것이어야 한다고 봄
		• 예술의 존재 이유가 선을 권장하고 덕성을 장려하는 데 있다고 보고, 예술 작품이 도덕적 가치를 담고 있는지 국가가 판단해야 한다고 주장함
		• "예술 작품이 몸에 좋은 곳에서 불어오는 미풍처럼 그들에게 좋은 영향을 주며, 어릴 때부터 곧장 자기도 모르는 사이에 아름다운 말을 닮고 사랑하고 공감하도록 그들을 이끌어 준다." <div align="right">– 플라톤, "국가론"</div>
		• "그 어떤 교육보다도 중요한 것이 음악 교육이네. 리듬과 하모니가 올바른 자에게는 우아함을, 그릇된 자에게는 추악함을 깨닫도록 할 테니까 말이네. 또한 그것은 예술이나 자연에 있어 누락된 것과 결함을 알도록 해 주네. 그리고 음악을 진정한 안목으로 즐길 때 그의 정신 속에서 나온 선은 기품 높고 정결해지네. 그리하여 어려서부터 악을 비난하고 혐오하게 됨은 물론, 자라서는 오래 사귄 친구처럼 선을 알아보고 환영하게 될 것이네." <div align="right">– 플라톤, "국가론"</div>
	톨스토이	"미각의 만족감이 결코 음식의 가치를 판단하는 근거가 될 수 없듯이, 예술의 진정한 가치는 인류 최고의 사랑을 완성하는 데 있다." <div align="right">– 톨스토이, "예술이란 무엇인가"</div> → 예술의 가치는 도덕적 가치에 의해 결정됨
문제점		미적 요소가 경시될 수 있고 자유로운 창작을 제한할 수 있음

(2) 예술 지상주의(심미주의)

기본 입장	• 미적 가치와 윤리적 가치의 관련성을 낮게 봄
	• 예술이 미적 가치를 추구하는 것임을 강조하며, 윤리적 가치를 기준으로 예술을 판단하려는 태도는 잘못이라고 봄
	• '예술을 위한 예술'을 주장하면서 예술의 자유를 옹호하는 '순수 예술론'을 지지함
	• 예술가는 윤리적 기준과 관습에 상관없이 순수하게 예술 표현을 할 수 있도록 자율성과 독창성을 지녀야 함
관련 인물 (와일드)	• 예술을 다른 목적을 위한 도구로 이용하면 예술이 규격화 혹은 획일화되어 창조성과 창의성이 파괴될 것이라고 봄
	• "아름다운 것에서 아름다운 의미를 찾는 자들은 교양 있는 자들이다. 세상에 도덕적인 작품, 비도덕적인 작품이라는 것은 없다. 작품은 잘 쓰였거나 형편없이 쓰였거나 둘 중 하나일 뿐이다." <div align="right">– 와일드, "도리언 그레이의 초상"</div>
	• "어떠한 예술가도 윤리적인 동정심을 지니고 있지 않다. 예술가에게 윤리적 동정심이란 양식상 용서할 수 없는 타성이다." <div align="right">– 와일드, "도리언 그레이의 초상"</div>
문제점	예술과 현실을 분리해 예술의 사회적 영향력을 간과함

3. 예술과 윤리의 바람직한 관계

(1) 예술과 윤리의 조화

① 인간의 삶에서 미적 가치와 윤리적 가치는 불가분의 관계임

② 예술의 자율성을 인정하면서도 윤리와의 상호 관련성을 고려해야 할 필요가 있음

③ 예술은 미적 가치를 추구할 뿐만 아니라, 윤리적 가치와의 조화로운 관계를 추구함으로써 인격 형성에 긍정적인 영향을 미칠 수 있음 → 예술의 미적 체험을 통해 삶을 풍요롭게 할 뿐만 아니라 도덕적 감수성을 풍부하게 할 수 있어야 함

(2) 예술과 윤리의 조화를 강조한 사례

① 공자: "예(禮)에서 사람이 서고, 악(樂)에서 사람이 완성된다.": 도덕과 예술의 조화로운 관계 속에서 진정한 인간으로 거듭날 수 있음을 강조함

② 칸트: "아름다운 것[美]은 도덕적 선(善)의 상징이다.": 미를 통해 도덕성의 실현에 기여할 수 있음

③ 두 사상가의 주장은 예술이 미적 가치를 추구하지만, 바람직한 인격 형성이나 도덕성 발달에도 긍정적인 영향을 줄 수 있음을 강조한 것임

예술 지상주의

예술 지상주의 사상가 중 한 사람인 스핑건(Spingarn, J. E.)은 "시가 '도덕적'이라든가 혹은 '비도덕적'이라고 말하는 것은 정삼각형은 도덕적이고 이등변삼각형은 비도덕적이라고 말하는 것과 마찬가지로 무의미하다."라고 말한다.

순수 예술론

예술 활동이 도덕적 기준이나 사회적 관습으로부터 자유롭다고 보는 입장이다. 따라서 예술은 미(美) 그 자체만을 추구하고 표현해야 하며 미적 가치를 기준으로만 판단해야 한다.

와일드(Wilde, O., 1854~1900)

아일랜드의 시인이자 소설가, 극작가로, 대표작 "도리언 그레이의 초상"을 통해 심미주의적 입장을 잘 드러내고 있다.

13강 예술과 대중문화 윤리

03 예술의 상업화

1. 예술의 상업화의 의미와 그 배경

(1) 의미: 상품을 사고파는 행위를 통해 경제적으로 이윤을 얻는 일이 예술 작품에도 적용되는 현상을 말함

(2) 예술의 상업화 배경

① 자본주의의 확산과 더불어 예술에서도 경제적 가치를 중시하는 경향이 강해지고 있음

② 예술 작품을 대량으로 생산하고 소비할 수 있는 대중 매체가 발달하면서 예술의 상업화 현상이 더욱 확대되고 있음

2. 예술의 상업화에 대한 관점

(1) 예술의 상업화에 대한 긍정적 입장

① 부유한 일부 계층이 누리던 예술에 일반 대중도 쉽게 접근할 기회를 제공함

② 문화적 취향이 다양한 대중이 예술을 소비하고 감상하게 됨으로써 다양한 분야의 예술이 발달할 수 있음

③ 예술가에게 경제적 이익의 기반을 마련해 줌으로써 창작 의욕을 북돋우고, 예술 활동에 전념할 수 있게 함

④ 앤디 워홀: "나는 상업 미술가로 출발했지만, 사업 미술가로 마감하고 싶다. 나는 미술 사업가 또는 사업 미술가이기를 원했다. 사업에서 성공하는 것은 가장 환상적인 예술이다. 돈 버는 일은 예술이고, 일하는 것도 예술이며, 잘되는 사업은 최고의 예술이다."

(2) 예술의 상업화에 대한 부정적 입장

① 예술 작품을 단지 하나의 상품이자 부의 축적 수단으로 바라보도록 함

② 예술 작품의 경제적 가치만을 중시한 나머지 미적 가치와 윤리적 가치를 간과하고 있음

③ 상품성을 높이기 위해 미적 가치를 구현하고자 하는 본래의 목적과 자율성을 상실할 수 있음

④ 예술의 질적 저하로 이어질 수 있음 → 소비자인 대중의 관심을 끌기 위해 보다 자극적인 작품을 만들게 되면서 예술 작품의 인문 교양적 가치를 배제하고 대중의 오락적 요구에 맞추는 데 집중하게 될 수 있음

⑤ 페기 구겐하임: "미술 전체가 거대한 투기 산업이 되었다. 진정으로 그림을 좋아하는 사람은 많지 않다. 대부분 속물적인 의도로 그림을 구매해 미술관에 맡겨 둔다. 사람들은 확신이 없어서 가장 비싼 것만 구입한다. 감상은커녕 창고에 넣어 두고 최종가를 알기 위해 매일 화랑에 전화를 거는 사람들도 있다."

⑥ 아도르노: 상업화된 예술에 대해 '문화 산업'이라고 비판하면서, 현대 예술이 자본에 종속되어 문화 산업으로 획일화되었다고 주장함 → 하나의 상품으로 전락한 예술 작품을 감상하는 것은 감상자에게 고유한 체험이 아니라 표준화된 소비 양식일 뿐임

3. 예술의 상업화의 바람직한 방향: 지나친 상업화를 경계하고, 예술의 참된 가치를 인식하여 발전시키는 방안을 모색해야 함

(1) 예술가의 자세

① 건전한 의식을 가지고 예술 활동을 해야 함

② 경제적 가치 때문에 미적 가치를 경시해서는 안 되며, 예술가 본연의 자세를 잊어서는 안 됨

(2) 대중의 자세: 예술의 본래 가치를 판단하고 감상하려고 노력해야 함

팝 아트
대중에게 친숙한 만화나 광고, 사물, 대중 스타 등을 인용하여 이해하기 쉽고 재미있게 표현한 예술 양식을 팝 아트(pop art)라고 하며, 주요 팝 아트 작가로는 앤디 워홀, 리히텐슈타인 등이 있다.

앤디 워홀은 일상적인 것을 예술 작품으로 만들어 일상과 예술의 경계를 허물었다.

▲ 앤디 워홀, '캠벨 수프 통조림'

아도르노(Adorno, T. W., 1903~1969)
독일의 사상가이다. 아도르노는 이윤 추구를 목적으로 하는 문화 산업은 대량 생산, 대량 소비를 추구하며, 이 과정에서 대중의 취향에 따라 획일화된 문화 상품을 끊임없이 생산한다고 보았다. 그는 획일화된 문화 상품으로 즐거움을 추구하는 동안 대중의 사유 가능성은 사라진다고 주장하였다.

04 대중문화의 윤리적 문제

1. 대중문화의 의미와 특징

(1) 의미

① 대중 사회를 기반으로 형성되어 다수의 사람이 소비하고 향유하는 문화를 말함

② 대중 매체를 통해 생산된 정신적, 문화적 산물을 총칭함

(2) 특징

대중 매체에 의한 생산과 확산	• 오늘날 대중문화는 신문, 방송, 인터넷 등 대중 매체에 의해 대량으로 생산되고 복제되어 빠르게 전파됨 • 대중 매체는 불특정 다수를 대상으로 같은 내용의 문화적 산물을 공급함으로써 대량 소비를 가능하게 함
시장을 통한 유통 및 이윤의 창출	• 대중문화는 자본주의 체제에서 생산 · 유통 · 소비됨 • 생산자들은 문화 산물을 상품의 형태로 생산 · 유통하여 이윤을 창출하고, 대중은 이를 구매하여 소비함
일상과 긴밀한 연관	• 현대인들은 여가 생활의 상당 부분을 대중문화를 소비하며 보냄 • 대중문화는 우리 생활의 일부로서 자리매김하였을 뿐만 아니라 대중의 감수성, 취향 등 행동 양식 전반에 영향을 미치고 있음

2. 대중문화의 중요성과 긍정적 효과

(1) 중요성

① 개인의 가치관이나 행동 양식에 영향

• 음악을 듣거나 드라마 · 영화를 보는 등 우리의 삶은 대중문화에 일상적으로 노출되어 있음

• 대중문화 속에 내포된 생각이나 가치의 영향을 받아 새로운 가치관, 취향, 삶의 형태 등을 형성하기도 함

② 사회 변화에 많은 영향

• 대중 매체 및 뉴 미디어를 통해 짧은 시간에 많은 사람에게 전파됨

• 현실의 문제를 비판하고 풍자함으로써 사회 변화를 이끌어 내거나 정치적 목적을 달성하기 위한 수단으로 이용되기도 함

(2) 긍정적 효과

① 문화의 대중화에 기여: 많은 사람이 문화를 누리게 되면서 현대인의 문화적 삶의 밑바탕을 확장하는 데 도움을 주고 있음

② 대중의 사회에 대한 관심과 참여 기회 제공

• 현실의 불합리하고 부정적인 측면을 고발할 수 있음

• 사회를 개선하고자 하는 대중의 의지를 표현할 수 있음

3. 대중문화와 관련된 윤리적 문제

(1) 대중문화의 선정성과 폭력성 및 자본 종속 문제

① 선정성과 폭력성

• 대중문화가 흥행이나 수익성만을 지나치게 추구하여 과도하게 자극적인 요소를 포함할 때가 있음

• 청소년을 포함한 대중의 정서에 악영향을 줄 수 있고, 모방 범죄로 이어지기도 함

대중문화

우리 주변에는 텔레비전 프로그램 및 인터넷은 물론, 영화, 연극, 가요, 만화, 서적 등 많은 대중문화가 존재한다. 대중문화는 생활 수준의 향상, 교육의 보급, 매스컴의 발달 등을 기반으로 이루어지며, 대량 생산과 대량 소비를 전제로 하기 때문에 문화의 상품화 · 획일화 · 저속화 경향이 생기는 경우가 많다.

대중 매체

매스 미디어(mass media)라고도 하며, 신문, 잡지, 영화, 텔레비전 등과 같이 많은 사람에게 대량으로 정보와 사상을 전달하는 매체를 뜻한다.

대중문화의 선정성과 폭력성 문제

대중문화의 선정성과 폭력성이 개인의 분노, 성적 욕구, 특정한 감정 등을 해소하는 데 도움이 된다는 주장도 있다. 그러나 대중문화를 통해 묘사되는 폭력에는 피해자의 고통에 관심이 없는 경우가 많고 폭력을 지나치게 미화하거나 악을 응징하는 수단으로 정당화하여 대중이 폭력에 대한 그릇된 인식을 지니게 될 위험성이 있다.

② 자본 종속 문제

• 대중문화의 자본 종속 문제란 자본의 힘이 대중문화를 지배하는 현상을 말함

• 투자자나 자금력을 갖춘 일부 문화 기획사가 대중문화를 주도할 수 있게 됨

• 상업적 이익을 우선하여 작품이 선정되고 제작되면서 대중문화의 다양성이 떨어지고 획일화되는 경향이 생겨나게 됨

(2) 대중문화에 대한 윤리적 규제 찬반 입장

① 윤리적 규제 찬성

• 성의 상품화 예방을 강조함 → 성을 상품으로 대상화하여 성의 인격적 가치를 훼손하지 않아야 한다고 주장함

• 대중의 정서에 미칠 부정적 영향을 방지할 수 있다고 주장함 → 특히 청소년의 정서에 유해한 대중문화를 규제로 걸러 낼 수 있다고 봄

② 윤리적 규제 반대

• 대중문화의 자율성 및 표현의 자유를 강조함 → 성적인 요소나 폭력적인 내용을 이유로 규제가 이루어진다면 자유롭게 표현할 자유를 침해한다고 주장함

• 대중의 문화적 권리를 강조함 → 대중은 다양한 문화를 즐길 권리가 있다고 봄

(3) 대중문화의 발전 방향

대중문화의 비판적 수용	• 대중문화를 맹목적으로 받아들이기보다 주체적으로 선별하여 받아들여야 함 • 선택과 소비의 과정에서 문화 자본이 생산해 내는 획일화된 상품에서 벗어나 자율성을 행사해야 함
건전한 대중문화의 보급	• 지나친 이윤 추구에서 벗어나 보다 유익하고 의미 있는 대중문화를 생산해야 함 • 대중 예술은 대중의 다양한 욕구와 기호를 충족할 수 있도록 다양성을 확보하면서 미적 가치를 지향한다는 본래의 취지를 잊어서는 안 됨
법적·제도적 노력	• 방송법 등을 통해 대중문화의 생산과 소비에 대한 공적 책임을 부여해야 함 • 사회의 여러 계층이 참여하는 사회적 기구를 만들어 대중문화에 대한 자율적인 자정 노력을 해야 함

성의 인격적 가치를 훼손하는 예
대표적 사례로 '외설'을 들 수 있다. 외설은 성욕만을 지나치게 자극하고 성을 난잡하게 표현하는 것을 의미한다. 외설에 대한 검열이 필요하다고 보는 입장에 따르면, 인간은 결코 어떤 목적을 위한 수단이 될 수 없음에도 불구하고, 외설물은 인간의 성을 상업화한다는 점에서 인간의 존엄성을 훼손하고 있다.

대중문화의 비판적 수용
독일의 철학자 호르크하이머에 따르면, 자본이 이윤 극대화의 목적을 가지고 대중문화의 생산과 유통, 그리고 소비의 전 과정에 개입하고 있다. 문화 산업은 대중이 비판적으로 사고하기보다는 매체가 제공하는 문화 상품을 그대로 수용하고 소비할 것을 장려한다. 이처럼 문화가 자본에 종속될 경우, 시장 논리로는 파악할 수 없는 문화 본연의 가치가 훼손될 수 있으므로 주의가 필요하다.

2단계 개념 쏙 정리하기

1. 예술과 윤리의 관계

	도덕주의	예술 지상주의(심미주의)
예술의 목적	인간의 올바른 품성 함양, 도덕적 교훈이나 본보기 제공	예술 그 자체나 예술적 아름다움을 추구
예술관	예술의 사회성을 강조하는 참여 예술론	예술의 자율성을 강조하는 순수 예술론
윤리적 평가 여부	진정한 예술은 미적 가치뿐 아니라, 윤리적 가치가 실현되어야 한다는 입장	예술은 윤리적 평가로부터 자유로워야 한다는 입장
관련 인물	플라톤, 톨스토이	와일드, 스핑건
한계	미적 요소가 경시될 수 있고 예술의 자율성을 침해할 수 있음	예술과 현실을 분리해 예술의 사회적 영향력을 간과함

2. 예술의 상업화에 대한 두 가지 입장

긍정적 입장	부정적 입장
• 대중이 예술에 쉽게 접근할 기회 제공 • 예술가에게 경제적 이익의 기반을 마련해 창작 의욕 고취 • 관련 인물: 앤디 워홀	• 예술 작품을 하나의 상품이자 부의 축적 수단으로 취급 • 예술의 미적 가치와 윤리적 가치 간과 • 관련 인물: 페기 구겐하임, 아도르노

3. 대중문화와 관련된 윤리적 문제

선정성과 폭력성 문제	• 대중문화가 수익성에 치중하여 과도하게 자극적인 요소를 포함하기도 함 • 대중의 정서에 악영향을 줄 수 있고 모방 범죄 가능성이 큼
자본 종속 문제	자본의 힘이 대중문화를 지배하게 될 수 있음

● 다음 설명이 맞으면 ○, 틀리면 ×에 표시하시오.

1 도덕주의는 미적 가치와 윤리적 가치의 관련성을 강조한다.
(○, ×)

2 도덕주의는 '예술을 위한 예술'을 주장한다. (○, ×)

3 도덕주의에 따르면, 예술은 올바른 품성을 기르는 데 기여해야 한다. (○, ×)

4 예술 지상주의에 따르면, 윤리적 가치로 예술을 판단하려는 태도는 잘못된 것이다. (○, ×)

5 예술 지상주의는 참여 예술론을 지지한다. (○, ×)

6 와일드는 예술의 목적은 올바른 품성의 함양이라고 보았다.
(○, ×)

7 대중 매체의 발달로 예술의 상업화가 축소되고 있다.
(○, ×)

8 앤디 워홀은 예술의 상업화에 대해 부정적 입장을 취한다.
(○, ×)

9 예술의 상업화는 예술의 대중화에 기여한 측면이 있다.
(○, ×)

10 아도르노는 상업화된 예술을 문화 산업이라고 극찬하였다.
(○, ×)

11 아도르노에 따르면, 상업화된 예술 작품의 감상은 감상자에게 표준화된 소비 양식일 뿐이다. (○, ×)

12 페기 구겐하임은 예술의 상업화에 대해 긍정적 입장을 취한다. (○, ×)

13 대중문화는 개인의 가치관이나 행동 양식에 영향을 준다.
(○, ×)

14 대중문화의 문제점으로 선정성과 폭력성을 들 수 있다.
(○, ×)

15 상업적 이익을 우선시한 작품 선정은 대중문화의 다양성을 저해한다. (○, ×)

16 대중문화에 대한 윤리적 규제를 찬성하는 입장에서는 표현의 자유를 강조한다. (○, ×)

● 다음 중 옳은 것에 ○표 하시오.

17 (㉠ 예술, ㉡ 윤리)은/는 현실 속에서 도덕적 당위를 추구한다.

18 예술 지상주의는 미적 가치와 윤리적 가치의 관련성을 (㉠ 높게, ㉡ 낮게) 본다.

19 도덕주의는 예술의 (㉠ 자율성, ㉡ 사회성)을 강조한다.

20 도덕주의는 (㉠ 미적 가치, ㉡ 윤리적 가치)가 (㉢ 미적 가치, ㉣ 윤리적 가치)보다 우위에 있다고 본다.

21 (㉠ 도덕주의, ㉡ 예술 지상주의)에 따르면, 예술은 도덕적 교훈이나 모범을 제공해야 한다.

22 (㉠ 플라톤, ㉡ 와일드)은/는 '예술을 위한 예술'을 주장하면서 예술의 자유를 옹호하였다.

23 오늘날 자본주의의 확산과 더불어 예술의 (㉠ 윤리적 가치, ㉡ 경제적 가치)를 중시하는 경향이 강해지고 있다.

24 예술의 상업화를 긍정적으로 보는 입장에서는 예술의 (㉠ 독점화, ㉡ 대중화)를 강조한다.

25 (㉠ 앤디 워홀, ㉡ 아도르노)은/는 현대 예술이 자본에 종속되어 문화 산업으로 획일화되었다고 주장한다.

26 대중문화의 소비자는 대중문화를 (㉠ 비판적, ㉡ 맹목적)으로 수용해야 한다.

27 예술과 윤리는 (㉠ 인간다움, ㉡ 아름다움)(이)라는 공통적인 지향점을 추구한다.

● 빈칸에 들어갈 알맞은 말을 써 넣으시오.

28 (　　)주의는 예술이 사회의 모순을 지적하고 사회의 도덕적 성숙에 기여해야 한다고 주장한다.

29 예술 지상주의에 의하면, 예술은 미적 가치를 추구하므로 (　　)적 가치를 기준으로 예술을 판단하려는 태도는 잘못이라고 본다.

30 (　　)은/는 "예(禮)에서 사람이 서고, 악(樂)에서 사람이 완성된다."라고 말하였다.

31 예술의 (　　)은/는 예술가에게 경제적 이익의 기반을 마련해 줌으로써 창작 의욕을 북돋을 수 있다.

32 (　　)(이)란 대중 사회를 기반으로 형성되어 다수의 사람이 소비하고 향유하는 문화를 말한다.

33 (　　)은/는 "아름다운 것[美]은 도덕적 선(善)의 상징"이라고 하면서, 미를 통해 도덕성의 실현에 기여할 수 있다고 보았다.

34 (　　)은/는 예술의 존재 이유가 선을 권장하고 덕성을 장려하는 데 있으며, 예술 작품이 도덕적 가치를 담고 있는지 국가가 판단해야 한다고 보았다.

---

1 ○　2 ×(예술 지상주의의 주장)　3 ○　4 ○　5 ×(도덕주의의 주장)　6 ×(도덕주의의 주장)　7 ×(예술의 상업화를 확대함)　8 ×(긍정적 입장에 해당)　9 ○　10 ×(예술의 상업화를 비판함)
11 ○　12 ×(부정적 입장에 해당)　13 ○　14 ○　15 ○　16 ×(윤리적 규제 반대의 입장에 해당)　17 ㉡　18 ㉡　19 ㉠　20 ㉡, ㉢　21 ㉠　22 ㉡　23 ㉡　24 ㉡　25 ㉡　26 ㉠　27 ㉠　28 도덕
29 윤리(도덕)　30 공자　31 상업화　32 대중문화　33 칸트　34 플라톤

V. 문화와 윤리

의식주 윤리와 윤리적 소비

1단계 개념 확 뜯어보기

01 인간의 특성과 문화

1. 결핍된 존재로서의 인간

(1) 인간의 피부는 추위와 더위에 취약함

(2) 인간의 소화 기관은 날것을 먹는 데 적합하지 않음

(3) 자연 자체를 거주 공간으로 삼기에는 인간의 신체적인 방어 능력이 미약함

(4) 생물학적 결핍을 극복하는 과정에서 인간의 정신 능력이 발달하게 되었고, 이를 통해 문화를 만들어 냄

2. 생존을 위한 인간의 문화 창조

(1) 인간은 옷을 만들어 몸을 보호함

(2) 불을 사용하여 음식을 익혀 먹게 됨

(3) 변덕스러운 날씨와 사나운 짐승으로부터 자신을 보호할 수 있는 집에 거주하게 됨

02 의복과 관련된 윤리적 문제

1. 의복의 윤리적 의미

(1) 자아 및 가치관의 형성

① 의복을 통해 가치관을 드러내기도 하고 의복이 가치관 형성에 영향을 주기도 함

② 의복은 '제2의 피부'로서 자아와 동일시하는 경향이 있음

(2) 예의에 관한 사회적 기준 반영: 때와 장소에 맞는 의복 착용은 그 사람의 됨됨이를 평가하는 기준이 되기도 함

2. 의복의 생산과 소비 과정에서의 문제: 과소비뿐만 아니라 환경 오염을 유발하는 사례가 발생하고, 모피나 가죽옷의 생산으로 동물에게 과도한 고통을 주게 됨

3. 의복과 관련된 윤리적 쟁점

유행 추구 현상	긍정적 입장	• 유행을 따르려는 개인의 선택권을 존중해야 함 • 유행을 따르지 않는 사람들과 구별되는 개성의 표현임 • 최신 유행을 창조함으로써 새로운 가치관을 형성하는 계기가 됨 → 다양한 문화 발전의 바탕이 됨
	부정적 입장	• 유행은 기업의 판매 전략에 불과함 • 맹목적인 모방과 동조 현상이므로 몰개성화를 초래함 • 최신 유행을 반영하는 패스트 패션(fast fashion)은 자원 낭비, 환경 문제, 노동 착취 등을 초래함
명품 선호 현상	긍정적 입장	• 명품 선호는 개인의 자유이며, 자본주의 사회에서 개인의 자유로운 소비는 정당함 • 명품의 우수한 품질과 희소성은 만족감과 더불어 소유자의 품격을 높여 줌
	부정적 입장	• 명품 선호는 과시적 소비라는 그릇된 욕망의 표현일 뿐임 → 상품 자체의 필요성이라기보다는 명품을 소유함으로써 자신을 돋보이게 하려는 것에 불과함 • 과소비와 사치 풍조를 조장하여 사회적 위화감을 조성함 → 경제력을 벗어난 그릇된 소비 풍조가 조장되고, 박탈감을 유발하여 계층 간의 분열을 촉진함

결핍된 존재인 인간

독일의 철학자인 겔렌에 따르면, 인간은 생물학적으로 전문된 기관을 지니지 못해 자연에 곧바로 적응할 수 없으므로, 자신이 생존할 수 있는 문화를 만들어 냈다.

때와 장소에 맞는 의복

예를 들어 장례식장에 화려한 옷이나 수영복을 입고 갈 경우, 그것은 상대방뿐만 아니라 자신의 인격을 존중하는 태도라고 볼 수 없다.

유행에 대한 지멜의 입장

지멜은 유행은 누구나 가는 길로 가려는 욕구, 즉 사회에 대한 의존 욕구와 개성을 표현하고 싶은 욕구를 동시에 충족시켜 주는 매우 독특한 현상이라고 주장하였다. 즉, 유행에 따름으로써 자신도 주변 사람들과 똑같이 행동하고 있다는 안도감을 얻으려는 심리와 유행에 따르지 않는 사람들과 구별되는 만족감을 얻으려는 심리가 복합적으로 얽혀 있다는 것이다. 그는 이러한 특징 때문에 사람들이 유행에 휩쓸리기 쉽다고 말한다.

패스트 패션(fast fashion)

최신 유행을 즉각 반영한 디자인, 비교적 저렴한 가격, 빠른 상품 회전율로 승부하는 의류를 말한다. 패스트 패션은 막대한 물량의 생산과 공급, 값싼 원단과 저렴한 인건비에 기반하고 있다.

4. 바람직한 의복 문화 형성을 위한 노력

(1) 기업은 사회적 책임 의식을 지니고, 사람과 환경을 생각하는 윤리 경영을 실천해야 함

(2) 소비자 역시 유행만을 따라가는 무비판적인 소비를 지양하고 인권과 생태 환경을 고려하는 윤리적 소비를 해야 함

03 음식과 관련된 윤리적 문제

1. 음식의 윤리적 의미

(1) **생명권을 유지하는 원동력**: 음식 섭취를 통해 생활할 수 있는 에너지를 얻고 생명과 건강을 유지할 수 있음

(2) **사회의 도덕성 구현**: 믿고 먹을 수 있는 음식을 생산하고 유통하면서 사회의 도덕성을 구현함

(3) **건강한 생태계 유지**: 올바른 방법으로 음식 재료를 획득하고 가공할 때 생태계가 건강하게 보존될 수 있음

2. 음식과 관련된 윤리적 문제

(1) **식품 안전성 문제**

① 유전자 조작 식품(GMO)의 유해성 논란 등 식품 안전성 문제가 제기됨

② 해로운 첨가제나 유통 기한이 지난 재료를 사용하는 등 제조 과정에서의 문제가 제기됨
→ 불량 식품은 질병을 일으켜 생명권을 침해할 수 있음

(2) **환경 문제**

① 화학 비료와 농약을 많이 사용하여 토양·물·대기 오염 등을 초래함

② 육류의 생산과 소비 과정에서 많은 온실가스가 배출되어 지구 온난화가 발생함

③ 무분별한 음식의 대량 생산과 대량 소비로 많은 음식물 쓰레기가 발생함

(3) **동물 복지 문제**

① 육식의 증가로 동물에 대한 비윤리적 대우 문제가 발생함

② 대규모의 공장식 사육 및 도축을 통해 동물은 큰 고통을 겪음 → 동물 학대 문제 발생

(4) **음식물 불평등 문제**

① 일부 지역 사람들이 비만으로 건강을 해치고 있는 반면, 다른 지역에서는 굶주림으로 고통을 받음

② 제3세계 인구의 증가 및 국가 간의 빈부 격차가 심화되어 식량 수급의 불균형을 초래함

3. 문제 해결 방안

(1) **개인적 차원**

① 타인은 물론 생태계를 고려하는 음식 문화의 형성에 적극적으로 동참해야 함

② 음식물 쓰레기 줄이기, 로컬푸드 운동, 슬로푸드 운동에 동참하기, 육류 소비 절제하기 등을 실천해야 함

(2) **사회적 차원**

① 바람직한 음식 문화를 확립하기 위해 제도적 기반을 마련해야 함

② 안전한 먹거리 인증이나 성분 표시 등을 의무화하고, 육류 생산 과정에서 동물의 고통을 최소화하는 제도 등을 마련해야 함

생태 환경을 고려하는 소비
친환경 소재와 친환경 공법으로 의류를 생산하여 유행보다는 생태 환경과 건강에 더 많은 가치를 부여하는 슬로 패션(slow fashion)을 예로 들 수 있다.

유전자 조작 식품에 대한 입장
• 유전자 조작 식품에 대한 찬성 논거: 과일과 채소의 숙성을 늦추어 신선도를 유지할 수 있다는 점, 식품이 지닌 영양소를 인위적으로 높일 수 있다는 점, 병충해와 환경에 강한 유전자로 변형하여 대량 생산이 가능하다는 점 등을 들 수 있다.

• 유전자 조작 식품에 대한 반대 논거: 새로운 물질이 알레르기나 독성을 일으켜 인체에 해를 줄 수 있다는 점, 해충에 강한 유전자 변형 식물에 내성을 가진 해충이 생기는 등 생태계 교란을 일으킬 수 있다는 점 등을 들 수 있다.

로컬푸드(local food) 운동
장거리 운송을 거치지 않은 안전하고 건강한 지역 농산물을 구매하려는 운동

슬로푸드(slow food) 운동
비만 등을 유발하는 패스트푸드의 문제를 해결하고자 가공하지 않고 사람의 손맛이 들어간 음식, 자연적인 숙성이나 발효를 거친 음식 등 전통적인 방식으로 만든 음식을 섭취하자는 운동

04 주거와 관련된 윤리적 문제

1. 주거의 윤리적 의미

(1) 개인적 차원

① 외부로부터의 위험을 피하고, 심리적인 안정과 휴식을 제공함

② 인간의 행복한 삶을 위한 기본 터전임

(2) 공동체적 차원: 가족 및 이웃과 함께 생활하는 과정에서 유대감과 소속감을 형성할 수 있
도록 해 줌

2. 주거와 관련된 윤리적 문제

(1) 경제적 가치의 관점에서 인식

① 주거를 재산이나 투자의 측면에서 바라봄으로써 본래적 의미의 거주 공간을 상실하고 집
이 가지는 윤리적 의미를 깨닫지 못함

② 주거 불안정과 불평등 문제가 발생함

③ 무리하게 빚을 얻어 집을 마련하는 경우 가계 부채가 늘어 가정의 경제적 안정성이 위협
받음

④ 열악한 주거 환경에서 인간다운 삶을 영위하지 못하기도 함 → 주거권을 침해당함

(2) **주거 형태의 획일성**: 주거 형태가 아파트와 같이 획일화 · 규격화됨으로써 과거의 주거 형
태에 비해 정체성과 개성을 상실하고 있음

(3) **공동 주택의 폐쇄성**

① 폐쇄적인 구조로 만들어진 공동 주택은 이웃 간의 왕래를 어렵게 하여 이웃이 어려움을
겪을 때에도 도움을 주는 데 한계가 있음

② 이웃과의 소통이 단절되어 이웃 간에 갈등과 분쟁이 발생하고 심지어 폭력으로까지 번지
는 경우도 있음

(4) **도시의 주거 밀집성**

① 밀집된 주거 공간은 주거의 본질적 가치를 떨어뜨림

② 환경 오염, 교통 혼잡, 녹지 공간 부족 등의 문제가 발생하여 생활의 질이 낮아짐

(5) **편리성과 효율성을 강조한 주거 형태**: 자신이 살아온 고유한 역사와 전통을 담아내기가 어
려운 측면이 있음

(6) **주거 정의 문제**: 오늘날 주거권은 인간다운 삶을 위한 인권의 한 요소로 여겨지고 있으며,
거주 공간의 문제는 일종의 정의 문제로 확장되어 논의되고 있음

3. 문제 해결 방안

(1) **주거의 본질적 가치 회복**

① 집을 부의 축적 수단이나 투자의 대상으로만 여겨서는 안 됨

② 인간 삶의 기본 바탕이자 정신적 평화와 안정을 제공하는 공간으로 인식하여 삶의 질을
높일 수 있어야 함

③ 하이데거: 내적 공간으로서의 집의 본래적 의미가 상실되어 가는 세태를 '고향의 상실'이
라고 비판함 → 자기 자신에게 돌아갈 수 있는 내적 공간으로서 집의 본래적 의미를 찾아
야 함

(2) **공동체를 고려한 주거 문화 형성**: 이웃에 관심을 갖고 지역 사회의 일에 적극적으로 참여
하여 유대감과 소속감을 형성해야 함

주거권
국가 구성원으로서 적정한 주택에 살아
야 할 권리로, 인간다운 삶을 위한 인권
의 한 요소

이웃 간의 소통 단절
층간 소음과 같은 이웃 간 갈등이 발생
하였을 때 상대방을 이해하기보다 자신
의 주장만을 고집하여 갈등이 심화될
수 있다.

주거와 관련된 정의 문제
예를 들어 도시 재개발을 통해 치솟은
집값을 감당하지 못하는 원주민이 외곽
으로 밀려 나가거나 대규모 프랜차이즈
등 상업 자본이 들어오면서 기존의 소
규모 가게와 상인들이 떠날 수밖에 없
는 젠트리피케이션(gentrification) 현상
도 주거와 관련된 정의 문제라고 할 수
있다.

주거의 본질
• 독일의 철학자 볼노브: "인간은 어떤
특정한 자리에 정착하여 거주할 공간
인 집을 필요로 한다."라고 하여 주거
가 인간의 삶을 위한 기본 바탕이라고
보았다.
• 독일의 철학자 하이데거: "인간은 집
에서 비로소 평화를 누리게 된다."라
고 하여 주거를 심리적 안정과 평화를
주는 곳으로 보았다.

05 소비문화와 윤리적 소비

1. 현대 소비 사회의 출현과 소비의 특징

(1) 소비 사회의 출현

① 삶을 영위하는 데 필요한 것 이상의 소비가 이루어지고, 소비가 일상화됨 → 인간의 삶과 경제 성장에 큰 영향을 끼치고 있음

② 소비자의 구매력과 광고 및 미디어의 영향력이 커짐에 따라 인간의 소비 욕망은 지속적으로 확대됨

③ 정보화·세계화가 진행되면서 인간의 삶이 다양화되고 소비의 범위와 소비에 대한 인식의 지평이 확대됨 → 소비 생활에 다양한 변화가 나타남

(2) 오늘날 소비의 특징

① 대량 소비와 과소비

- 대량 소비와 과소비가 나타나면서 경제 규모가 확대됨
- 자원이 고갈되고 환경이 오염됨으로써 생태계가 파괴되는 문제를 초래함

② 사회적 욕구나 자아실현 욕구를 위한 소비

- 생존을 위한 욕구가 어느 정도 충족되면서 사회적 욕구나 자아실현의 욕구를 충족하려는 소비가 확대됨
- 개성 있는 소비가 가능해진 반면, 과시적인 소비로 나타나거나 변질됨으로써 위화감을 조성할 수 있음

③ 소비를 통한 영향력 확대

- 소비자의 영향력이 확대됨에 따라 소비를 통해 생산자 및 관련 집단에 영향력을 행사하는 경우가 증가함
- 소비자가 어떤 의식을 가지고 소비를 하느냐에 따라 사회에 긍정적인 영향을 끼칠 수도 있고 부정적인 영향을 끼칠 수도 있음

(3) 소비문화와 관련된 윤리적 문제: 과소비에 따른 자원 고갈, 환경 오염, 사회적 위화감 조성, 인간관계의 상품화로 인한 인간 소외 문제 등

2. 윤리적 소비의 의미와 필요성

(1) 합리적 소비와 윤리적 소비

합리적 소비	• 의미: 소득의 범위 내에서 최소한의 비용으로 자신의 욕구를 최대한 충족하려는 소비를 일컬음 • 합리적 소비는 경제적 합리성이 상품 선택의 기준이 되며, 소비자 개인의 경제적 이익이나 만족감을 중시함 • 생산자는 원가 절감을 위해 다양한 방법을 사용함으로써 여러 가지 문제를 일으킬 수 있음 → 부적절한 원료로 상품을 생산할 수 있고, 상품 생산 과정에서 발생한 환경 오염 문제를 외면할 수 있고, 노동자들에게 열악한 환경을 제공하거나 저임금을 강요할 수 있으며, 대량으로 사육하는 동물에게 큰 고통을 가할 수 있음
윤리적 소비	• 합리적 소비의 한계를 인식하고 이를 보완하는 과정에서 등장함 • 의미: 소비자의 영향력 확대와 다양한 사회 문제에 대한 관심 속에서 윤리적인 가치 판단에 따라 상품이나 서비스를 구매하고 사용하는 것을 뜻함. 소비 행위가 타인·사회·생태계 전체에 끼치는 영향을 고려하여 바람직한 방향으로 소비를 실천하자는 것임 • 개인의 욕구 충족뿐만 아니라 타인과 사회를 고려하며, 인간만이 아니라 동물의 복지와 권리도 고려함 • 가격을 소비의 유일한 판단 기준으로 삼지 않으며, 노동자의 인권이나 환경 문제 등을 적극적으로 고려하고, 원료의 재배 및 제품의 생산과 유통에 이르는 전 과정이 윤리적인지 관심을 가짐

▲ 돌핀 세이프 마크

14강 의식주 윤리와 윤리적 소비

(2) 윤리적 소비의 필요성

인권 향상과 사회 정의 구현	• 생산·유통·판매 과정에서 인권이 보장되고, 관련된 사람들에게 정당한 대가를 지급하며, 소비자의 안전이 보장된 상품을 소비해야 함 • 취약 계층을 고용한 사회적 기업의 제품 구매를 통해 사회적 불평등을 완화할 수 있음 ⑩ 노동자의 인권과 복지를 생각하는 기업의 상품을 구매하거나 아동 노동을 착취하지 않고 제3세계 노동자에게 정당한 임금을 지불한 공정 무역 상품을 구매함
공동체적 가치 실현	구성원 간의 상호 의존성을 높이고 지역 공동체의 지속 가능한 발전을 도모하는 소비를 해야 함 ⑩ 지역에서 생산된 농산물을 지역에서 소비하는 로컬푸드 운동은 신선한 먹을거리와 안정적인 판매 방안을 확보하여 지역 공동체의 지속 가능한 발전을 도모할 수 있음
동물 복지	동물의 생명을 존중하고 고통을 최소화하는 방식으로 생산된 상품을 소비함 ⑩ 모피, 털, 가죽 등을 재료로 사용하지 않은 애니멀 프리(animal free) 패션 상품을 구매함
환경 보전	• 인간이 생태계의 일원임을 인식하고 생태계의 보존과 지속 가능한 소비를 해야 함 • 에너지와 자원을 아끼고 재활용하며, 환경 오염과 생태계 파괴를 유발하지 않는 방식으로 생산·유통·판매되는 친환경적 상품을 소비해야 함 ⑩ 멸종 위기 동식물을 이용한 음식이나 제품을 구매하지 않고, 고효율 전자 제품이나 농약·화학 비료 등을 억제한 농산물을 구입함

사회적 기업
사회적 기업은 일반 기업과 달리, 주로 취약 계층을 대상으로 운영되고, 공공성을 기반으로 사회적 목적을 우선으로 추구한다. 또한 민주적으로 운영되고 자립적 운영을 위해 이익을 추구하지만, 발생한 이익은 공익을 위한 일이나 지역 사회에 재투자된다. 이러한 사회적 기업의 형태는 다양하며 그 활동 영역도 광범위하다.

3. 윤리적 소비 실천을 위한 노력

개인적 차원	윤리적 소비를 실천하려는 자세를 가져야 함 ⑩ 인권, 정의, 환경을 고려하지 않는 기업의 제품 구입을 거부하는 불매 운동, 공정 무역 제품의 구입 등
사회적 차원	윤리적 소비의 확산을 위한 제도적 장치를 마련해야 함 ⑩ 기업의 윤리 경영을 촉진하는 제도 마련, 사회적 기업의 활동을 지원하는 법률의 제정 등

2단계 개념 쏙 정리하기

1. 의복과 관련된 윤리적 쟁점

유행 추구 현상	• 몰개성화 초래 • 자원 낭비, 환경 문제, 노동 착취 등
명품 선호 현상	• 과시적 소비라는 그릇된 욕망의 표현 • 과소비와 사치 풍조 조장으로 사회적 위화감 조성

2. 음식과 관련된 윤리적 문제

윤리적 의미	• 생명권을 유지하는 원동력 • 사회의 도덕성 구현 • 건강한 생태계 유지
윤리적 문제	• 식품 안전성 문제 → 유전자 조작 식품의 유해성 논란 등 • 환경 문제 → 환경 오염 초래 • 동물 복지 문제 → 동물에 대한 비윤리적 대우 및 동물 학대 • 음식 불평등 문제 → 지역 간, 국가 간 식량 수급 불균형
해결 방안	• 로컬푸드 운동, 슬로푸드 운동 • 제도적 기반 마련

3. 주거와 관련된 윤리적 문제

윤리적 의미	• 삶의 기본 바탕 • 안정적 생활의 토대
윤리적 문제	• 경제적 가치의 관점에서 인식 → 본래적 의미의 거주 공간 상실 • 주거 형태의 획일성 → 정체성과 개성 상실 • 공동 주택의 폐쇄성 → 소통 단절로 이웃과 갈등 • 도시의 주거 밀집성 → 생활의 질 저하 • 편리성과 효율성을 강조한 주거 형태 → 고유한 역사와 전통 상실 • 주거 정의 문제 → 인간다운 삶을 위한 주거권 침해
주거의 본질	• 볼노브: 주거는 인간의 삶을 위한 기본 바탕임 • 하이데거: 주거를 심리적 안정과 평화를 주는 곳으로 봄

4. 합리적 소비와 윤리적 소비

합리적 소비	• 최소한의 비용으로 최대의 욕구 충족 • 경제적 합리성이 상품 선택의 기준 • 환경 문제, 인권 침해, 동물 학대 등의 문제 발생
윤리적 소비	• 윤리적 가치 판단에 따라 상품 및 서비스 구매 • 생산과 유통에 이르는 전 과정의 윤리성 중시 • 타인과 사회, 노동과 인권, 동물과 환경까지 고려

● 다음 설명이 맞으면 ○, 틀리면 ×에 표시하시오.

1 결핍된 존재로서의 인간은 생존을 위해 문화를 창조하였다. (○, ×)

2 의복은 자아 및 가치관의 형성과 관련 깊다. (○, ×)

3 때와 장소에 맞는 의복 착용은 그 사람의 됨됨이를 평가하는 기준이 되기도 한다. (○, ×)

4 의복의 생산과 소비 과정에서 과소비나 환경 오염이 발생한다. (○, ×)

5 유행 추구 현상을 긍정적으로 보는 입장에서는 유행이 기업의 판매 전략에 불과하다고 본다. (○, ×)

6 명품 선호 현상은 과소비와 사치 풍조를 조장하여 사회적 위화감을 조성할 수 있다. (○, ×)

7 믿을 수 있는 음식의 생산과 유통으로 사회의 도덕성을 구현하는 데 기여할 수 있다. (○, ×)

8 대규모의 공장식 사육 및 도축을 통해 동물 복지를 실현할 수 있다. (○, ×)

9 국가 간의 식량 수급은 전 세계적으로 균형을 이루고 있다. (○, ×)

10 유전자 조작 식품이나 첨가제는 식품 안전성 문제와 관련된다. (○, ×)

11 슬로푸드 운동은 장거리 운송을 거치지 않은 건강한 지역 농산물을 구매하려는 운동이다. (○, ×)

12 주거는 개인적 차원에서 심리적인 안정과 휴식을 제공한다. (○, ×)

13 오늘날 주거권은 인간다운 삶을 위한 인권의 한 요소로 여겨진다. (○, ×)

14 주거가 도시에 밀집됨으로써 생활의 질이 향상된다. (○, ×)

15 아파트와 같은 공동 주택의 장점은 이웃 간의 소통이 원활하다는 점이다. (○, ×)

16 주거를 재산이나 투자의 측면에서만 바라보는 것이 바람직하다. (○, ×)

● 다음 중 옳은 것에 ○표 하시오.

17 유행 추구 현상은 맹목적인 모방과 동조 현상으로 (㉠ 개성화, ㉡ 몰개성화)를 초래한다.

18 명품 선호 현상은 사회적 위화감을 조성하여 사회 계층 간의 (㉠ 분열, ㉡ 단합)을 촉진한다.

19 육식의 증가로 인해 동물에 대한 (㉠ 윤리적, ㉡ 비윤리적) 대우 문제가 발생하였다.

20 제3세계 인구의 증가 및 국가 간의 빈부 격차가 (㉠ 완화, ㉡ 심화)되어 식량 수급이 (㉢ 균형, ㉣ 불균형)을 이루고 있다.

21 주거 형태가 획일화·규격화됨으로써 과거의 주거 형태에 비해 정체성과 개성이 (㉠ 추구, ㉡ 상실)되고 있다.

22 오늘날 거주 공간의 문제는 일종의 (㉠ 자유, ㉡ 정의)의 문제로 확장되고 있다.

23 하이데거에 따르면, 자기 자신에게 돌아갈 수 있는 (㉠ 내적 공간, ㉡ 외적 공간)으로서의 집의 본래적 의미를 찾아야 한다.

24 현대 소비 사회의 특징은 삶을 영위하는 데 필요한 것 (㉠ 이상, ㉡ 이하)의 소비가 이루어지고, 소비가 일상화되고 있다는 점이다.

25 오늘날 소비자의 영향력이 (㉠ 감소, ㉡ 확대)됨에 따라 소비를 통해 생산자 및 관련 집단에 영향력을 행사하는 경우가 (㉢ 증가, ㉣ 감소)하고 있다.

● 빈칸에 들어갈 알맞은 말을 써 넣으시오.

26 생물학적 ( )을/를 극복하는 과정에서 인간의 정신 능력이 발달하였다.

27 ( )은/는 제2의 피부로서 자아와 동일시하는 경향이 있다.

28 ( ) 운동은 비만 등을 유발하는 패스트푸드의 문제를 해결하기 위해 등장하였다.

29 지역에서 생산된 농산물을 지역에서 소비하는 ( ) 운동은 지역 공동체의 지속 가능한 발전을 도모할 수 있다.

30 취약 계층을 고용한 ( )적 기업의 제품 구매를 통해 사회적 불평등을 완화할 수 있다.

31 ( )은/는 국가 구성원으로서 적정한 주택에 살아야 할 권리이다.

32 하이데거는 내적 공간으로서의 집의 본래적 의미가 상실되어 가는 세태를 '( )의 상실'이라고 비판하였다.

33 ( ) 소비는 소득의 범위 내에서 최소한의 비용으로 자신의 욕구를 최대한 충족하려는 소비를 뜻한다.

34 ( ) 소비는 윤리적인 가치 판단에 따라 상품이나 서비스를 구매하고 사용하는 것을 뜻한다.

---

1 ○ 2 ○ 3 ○ 4 ○ 5 ×(부정적 입장에 해당) 6 ○ 7 ○ 8 ×(동물 복지를 해침) 9 ×(불균형을 이루고 있음) 10 ○ 11 ×(로컬푸드 운동에 해당) 12 ○ 13 ○ 14 ×(삶의 질이 저하됨) 15 ×(이웃 간의 소통이 원활하지 않음) 16 ×(바람직하지 않음) 17 ㉡ 18 ㉠ 19 ㉡ 20 ㉡, ㉣ 21 ㉡ 22 ㉡ 23 ㉠ 24 ㉠ 25 ㉡, ㉢ 26 결핍 27 의복 28 슬로푸드 29 로컬푸드 30 사회 31 주거권 32 고향 33 합리적 34 윤리적

15강 다문화 사회의 윤리

키워드

문화 상대주의, 윤리적 상대주의, 보편 윤리, 관용, 동화주의, 다문화주의, 문화 다원주의, 종교와 윤리, 종교 갈등

1단계 개념 뜯어보기

01 문화의 다양성과 보편 윤리

1. 문화의 다양성

(1) 문화의 다양성의 원인: 사회나 시대에 따라 문화가 다르게 형성되었고, 각 사회 구성원이 추구하는 가치관이 다양하기 때문임

(2) 문화를 바라보는 관점

자문화 중심주의	자신의 문화를 가장 우월하다고 여기며 다른 문화를 부정적으로 평가하는 관점
문화 사대주의	다른 문화를 동경하여 자신의 문화를 업신여기는 관점
문화 상대주의	고유한 사회적 맥락 속에서 각각의 문화를 이해하고 존중해야 한다고 보는 관점 → 다른 문화를 있는 그대로 인정하는 태도를 지니게 하며, 다양한 문화가 평화롭게 공존할 수 있는 토대를 제공해 줌

2. 윤리적 상대주의와 보편 윤리

(1) 윤리적 상대주의

① 의미: 행위에 대한 옳고 그름의 기준은 사람이나 사회마다 다르고, 보편적으로 인정할 수 있는 도덕적 기준은 없다고 보는 관점임

② 문화 상대주의 관점을 지닌 일부 사람들은 윤리도 상대적이라고 주장하지만 '문화가 상대적'이라는 것이 '윤리가 상대적'이라는 것을 의미하는 것은 아님

③ 문화의 상대성을 인정하고 존중하면서 보편 윤리에 기초한 비판적인 성찰이 필요함

(2) 극단적인 윤리적 상대주의의 문제점: '옳고 그름에 관한 보편적인 기준은 없다.'라는 관점에서는 보편 윤리를 부정하여 문화를 비판적으로 성찰할 수 없음 예 노예 제도, 인종 차별, 명예 살인 등은 인간의 존엄성, 자유, 평등과 같은 보편 윤리에 어긋남 → 극단적인 윤리적 상대주의에 따르면 이 같은 문화도 인정해야 함

(3) 바람직한 태도: 문화 상대주의가 극단적인 윤리적 상대주의로 흐르지 않도록 주의해야 함 → 다양한 문화의 고유성과 상대성을 존중하되, 그것이 보편 윤리를 위협하는 것은 아닌지 비판적으로 성찰해 보아야 함

02 다문화 사회에서의 관용의 필요성과 한계

1. 다문화 사회에서의 관용의 필요성

(1) 국가 간 교류가 증가하면서 한 나라에 다양한 인종과 문화적 배경이 다른 사람들이 공존하는 다문화 사회를 맞이하였음

(2) 다문화 사회에서 다양한 문화적 요소가 충돌하면서 갈등이 발생하여 사회 분열이 초래됨

(3) 다양한 문화의 조화를 통해 사회 발전을 이루어야 함

2. 관용의 의미와 한계

(1) 관용

① 의미: 자기 생각에 잘못이나 한계가 있음을 자각하고, 다른 생각이나 문화를 인정하고 받아들이려는 이성적 태도를 말함

② '서로 조화를 이루지만 획일화되지 않는다.'라는 화이부동의 정신에도 잘 나타남

만점 공부 비법

• 윤리적 상대주의와 보편 윤리와의 관계를 안다.

• 동화주의, 다문화주의, 문화 다원주의를 구분한다.

• 종교의 본질을 알고, 종교 갈등의 해결 방안을 이해한다.

문화를 바라보는 관점

바람직한 문화 정체성을 확립하기 위해서는 우리 문화를 창조적으로 계승하면서도 다양한 이질적 문화를 주체적으로 수용하는 태도가 요구된다. 이에 문화 사대주의와 자문화 중심주의를 경계할 필요가 있다.

관용

소극적 의미에서 관용은 다른 문화를 접할 때 반대나 간섭, 배타적인 태도를 보이지 않는 것이고, 적극적 의미에서 관용은 받아들일 수 없는 상대방의 주장이나 가치관을 이해하려고 노력하며 다른 사람의 인권을 존중하고 평화를 실현하려는 자세이다.

화이부동(和而不同)

같은 것을 추구하되 다른 것도 인정하고, 조화롭게 지내지만 무조건 따르지 않는다는 '구동존이 화이부동(求同存異 和而不同)'이라는 유교의 가르침에서 나온 말이다.

(2) **관용의 역설**: 다른 문화에 대한 무조건적인 관용은 인간의 존엄성과 인권을 침해하고 사회 질서가 무너지는 결과를 초래할 수 있음

(3) **관용의 한계**

① 타인의 인권과 자유를 침해하지 않는 범위 내에서 관용이 요구됨

② 사회 질서를 훼손하지 않는 범위 내에서 다른 문화의 특수성을 존중하고 관용해야 함

03 다문화 사회와 문화적 정체성

1. 문화 정체성의 의미: 한 문화 속에 있는 사람들이 공유하는 동질감이자 자신의 문화에 대한 자긍심을 의미함

2. 다문화에 대한 태도

(1) **동화주의**

① 의미: 이주민의 문화와 같은 소수 문화를 주류 문화에 적응시키고 통합하려는 입장임

② 대표 이론(용광로 이론): 다양한 이주민의 문화를 거대한 용광로, 즉 주류 사회에 융합하여 편입시키려는 관점을 지님

③ 장점: 문화적 충돌에 따른 사회 혼란과 갈등을 방지하고, 사회적 연대감이나 결속력을 강화할 수 있음

④ 한계: 다양한 문화가 사라져 문화적 역동성이 파괴되고, 이주민들은 자신의 문화적 정체성을 유지하면서 살아가기 어려움

(2) **다문화주의**

① 의미: 이주민의 고유한 문화와 자율성을 존중하여 문화 다양성을 실현하려는 입장임

② 대표 이론(샐러드 볼 이론): 한 국가 또는 사회 안에 있는 다양한 문화를 평등하게 인정함

③ 장점: 각 재료의 특성이 살아 있는 샐러드처럼 다양한 문화가 각각의 정체성을 유지하면서 조화를 이룰 수 있음

④ 한계: 사회적 연대감이나 결속력이 부족하여 사회적 통합을 이루기 어려움

(3) **문화 다원주의**

① 의미: 다문화주의처럼 문화의 다양성을 인정하지만, 주류 사회의 문화를 바탕으로 문화적 다원성을 수용함

② 대표 이론(국수 대접 이론): 주류 문화는 국수와 국물처럼 중심 역할을 하며, 이주민의 문화는 색다른 맛을 더해 주는 고명이 되어 자신의 문화적 정체성을 유지하면서 조화롭게 공존할 수 있다는 것임

③ 샐러드 볼 이론과의 차이점: 주류 문화를 우위에 둔다는 점에서 타 문화를 평등하게 인정하는 샐러드 볼 이론과 차이가 있음

④ 샐러드 볼 이론과의 공통점: 타 문화에 대한 존중과 관용을 통해 문화적 다양성을 실현하고자 한다는 점에서는 공통점이 있음

3. 바람직한 문화 정체성 확립을 위한 노력

(1) **전통문화의 창조적 계승**: 상부상조 정신, 효, 노인 공경 등의 전통문화를 시대에 맞게 계승하여 한국인의 문화 정체성을 지켜 나가야 함

(2) **타 문화의 주체적 수용**

① 문화 사대주의와 자문화 중심주의를 경계하면서 화이부동의 자세를 가져야 함

② 다른 문화를 존중하는 태도로 다양한 문화와 접촉하며 창조적으로 수용해야 함

관용의 역설

관용을 무제한으로 허용한 결과 관용 자체를 부정하는 사상이나 태도까지 인정하게 되어 인권을 침해하고 사회 질서가 무너지는 현상을 말한다.

용광로 이론

여러 가지 금속을 용광로 안에 넣고 하나의 새로운 금속을 만든다는 것으로, 다양한 문화를 섞어서 하나의 새로운 문화로 만든다는 관점이다. 이 모델은 1960년대 미국에서 백인 주류 문화를 중심으로 소수 민족의 문화를 통합하려 했다는 점에서 비판을 받았다.

샐러드 볼 이론

다양한 채소와 과일을 서로 대등한 관점에서 섞는다는 것으로, 각각의 문화의 고유성을 유지하면서 조화와 공존을 이룬다는 관점이다.

국수 대접 이론

주재료인 면 위에 고명을 얹어 국수의 맛을 내듯이 주류 문화를 중심으로 비주류 문화를 조화시킨다는 관점이다.

04 종교의 본질과 윤리와의 상관성

1. 종교의 의미와 관점

(1) 종교의 의미: 인간은 유한한 삶 속에서 직면하게 되는 자신의 실존적 문제를 해결하려는 과정에서 초월적 존재에 대한 믿음을 지니게 되는데, 이러한 믿음이 구체적인 형태로 나타난 것임

(2) 종교의 발생 원인

① 인간이 유한하고 불완전한 존재이기 때문임

② 인간은 현실 속에서 불안과 절망으로 고통스러워하고 스스로 어찌할 수 없는 한계 상황에 직면하기도 함 → 인간은 초월적이고 절대적인 존재와 세계를 향한 믿음으로 유한성을 극복하고 이상적인 경지에 이르고자 함

(3) 종교에 대한 다양한 관점

① 신이 실재한다고 보는 관점

• 신에게 의지하려는 믿음이 종교라고 봄

• 사람들은 자신이 믿는 신에게 삶을 의탁한다고 봄

② 신이 실재하지 않는다고 보는 관점

• 인간이 소망하는 것을 대상에 투사한 것이 신이라고 봄

• 종교는 인간의 필요로 만들어졌다고 봄

③ 엘리아데

• 우리의 일상 가운데 성스러움이 드러나는 현상을 종교라고 봄

• 그리스도교의 성육신처럼 성스러움이 인간 세상에 나타나는 것이 종교임

2. 종교의 본질

내용적 측면	• 종교는 성스럽고 거룩한 것에 관한 체험과 믿음을 포함함 • 독일 신학자 오토: 종교를 '엄청나고도 매혹적인 신비의 감정'이라고 정의하며, 합리적으로 이해하기 어렵고 직관과 감정, 체험 등을 통해 파악할 수 있다고 봄
형식적 측면	• 종교는 경전과 교리, 의례와 형식, 교단 등을 포함함 • 종교는 초월적인 힘을 가진 절대자에 대한 설명과 체계를 바탕으로 종교 공동체를 구성함 • 예배, 미사, 법회 등과 같은 의식과 제의를 통하여 초월적이고 절대적인 존재와 교류하고자 함

3. 종교와 윤리의 상관성

차이점	종교	• 초월적인 세계, 궁극적인 존재에 근거한 종교적 신념이나 교리를 제시함 • 신앙심을 바탕으로 신에 대한 의존을 강조함
	윤리	• 인간의 이성, 상식, 양심에 근거하여 현실 세계에서 지켜야 할 규범을 제시함 • 이성이나 양심, 도덕적 감정 등을 근거로 도덕적 행위의 실천에 관심을 둠
공통점		• 도덕성을 중시함 • 대부분의 건전한 종교는 황금률과 같이 인간의 존엄성을 실현하는 윤리적인 계율과 덕목을 중시함 • 자유, 평등, 평화, 인권 등 보편 윤리를 추구하며, 사회 정의를 실현하려고 노력함 ⑩ 불교는 다른 사람을 사랑하고 자신이 가진 것을 베푸는 자비, 그리스도교는 이웃에 대한 사랑, 이슬람교는 다른 사람에 대한 친절과 배려를 강조함
상호 관련성		종교는 윤리적 삶을 고양하는 데 도움을 줄 수 있으며, 윤리는 종교가 올바른 방향으로 나아가는 데 도움을 줄 수 있음

종교에 대한 다양한 입장

• 종교는 사람들이 보통 생각하듯이 지식이나 행위가 아니며, 형이상학이나 도덕, 혹은 이 둘의 합성물이 아니다. 종교는 우주의 영원하고 이상적인 내용과 본질에 대한, 그리고 무한자와 시간적인 존재 가운데 있는 영원자에 대한 경건한 직관이며 느낌이다.
– 슐라이어마허

• 종교적 고통은 진정한 고통의 표현인 동시에 진정한 고통에 대한 저항이다. 종교는 억압받는 생명들의 탄식이며, 심장 없는 세상의 심장이고, 영혼 없는 현실의 영혼이다. 종교는 인민의 아편이다.
– 마르크스

엘리아데(Eliade, M., 1907~1986)
현대 종교학을 대표하는 학자로, 세속적인 삶 속에서도 언제든지 성스러움이 드러날 수 있다고 보았다.

황금률
황금률은 성경의 마태복음에 나오는 "너희는 남에게서 바라는 대로 남에게 해 주어라."라는 가르침에서 유래된 규칙으로, 다양한 종교와 사상에서 공통으로 나타난다. "네가 싫어하는 것을 남에게 시키지 마라."라는 공자의 가르침이 소극적 황금률이라면, "남에게 대접받고자 하는 대로 남을 대접하라."라는 예수의 가르침은 적극적 황금률이라고 할 수 있다.

4. 종교의 역할

순기능	• 삶의 의미와 방향 제시: 삶의 궁극적 의미를 찾게 해 주며, 교리를 통해 바람직한 삶을 살아가도록 함 • 심리적 안정 제공: 마음의 평화와 위안을 줌 • 올바른 가치관 형성
역기능	종교적 맹신과 독선은 인간의 삶을 비합리적으로 만들고, 갈등을 야기하여 사회적 혼란을 초래함

05 종교의 갈등과 공존

1. 종교 갈등의 유형과 원인

유형	• 북아일랜드의 개신교와 가톨릭 간의 갈등 • 이슬람교 내에서의⁺수니파와 시아파의 갈등 • 스리랑카에서의 불교와 힌두교의 갈등 • 이스라엘과 아랍 국가 간의 갈등 등
원인	• 종교 간의 교리에 대한 해석 차이 • 다른 종교에 대한 무지와 편견 • 자기 종교에 대한 맹신 • 자원 등 경제적 이해관계의 대립과 종교 갈등의 맞물림 등

2. 종교 갈등의 극복 방안

(1) 종교의 자유 인정 및 관용

① 종교에 대한 자유를 인정해야 함. 종교의 자유는 인간이 지닌 기본적인 권리 중 하나임

② 종교적 진리에 대한 인간의 인식은 상대적이고 오류가 있을 수 있기 때문에 관용의 자세가 필요함

③ 다른 종교의 존재를 인정하고 종교를 가지지 않을 자유도 허용할 수 있어야 함

(2) 종교 간 대화와 협력: 사랑과 자비, 평등과 평화와 같은 보편적 가치를 바탕으로 서로 대화하고 협력해야 함

수니파와 시아파
이슬람교 창시자인 무함마드의 후계자(정치·종교의 최고 지도자) 자리를 놓고, 신도들의 추대를 받는 사람이 되어야 한다는 입장이 수니파, 무함마드의 혈통이 계승해야 한다는 입장이 시아파이다.

종교의 자유와 관용
종교적 자유나 관용에도 한계가 있다. 부정의한 전쟁, 테러, 범죄 등 악덕에 대해서까지 관용해야 하는 것은 아니다. 또한 종교적 가르침을 실천한다는 명목으로 타인의 권리를 침해하거나 해악을 가하는 일, 타인의 사상·종교·역사적 전통을 무시하는 일이 있어서는 안 된다.

종교 간 대화
스위스의 신학자 큉은 "종교 간의 대화 없이 종교 간의 평화 없고, 종교 평화 없이는 세계 평화도 없다."라고 하였다.

2단계 개념 쏙 정리하기

1. 문화 상대주의
• 고유한 사회적 맥락 속에서 각각의 문화를 이해하고 존중해야 한다고 보는 관점
• 인간의 존엄성, 자유, 평등과 같은 보편 윤리의 관점에서 다양한 문화를 비판적으로 성찰해야 함

2. 다문화에 대한 태도

동화주의	소수 문화를 주류 문화에 적응시키고 통합하려는 입장 → 용광로 이론
다문화주의	이주민의 고유한 문화와 자율성을 존중하여 문화 다양성을 실현하려는 입장 → 샐러드 볼 이론
문화 다원주의	주류 사회의 문화를 바탕으로 문화적 다원성을 수용하려는 입장 → 국수 대접 이론

3. 종교의 본질

내용	성스럽고 거룩한 것에 관한 체험과 믿음
형식	경전과 교리, 의례와 형식, 교단 등

4. 종교 갈등의 원인과 극복 방안

원인	• 종교 간 교리에 대한 해석 차이 • 다른 종교에 대한 무지와 편견 • 자기 종교에 대한 맹신 • 경제적 이해관계의 대립과 종교 갈등의 맞물림
극복 방안	• 종교의 자유 인정 및 관용 • 종교 간 대화와 협력

● 다음 설명이 맞으면 ○, 틀리면 ×에 표시하시오.

1 문화는 사회나 시대에 따라 다양하게 나타난다.　(○, ×)

2 '문화가 상대적'이라는 것은 반드시 '윤리가 상대적'이라는 것을 의미하지 않는다.　(○, ×)

3 윤리적 상대주의는 보편적으로 인정할 수 있는 도덕적 기준이 있다고 보는 관점이다.　(○, ×)

4 인종 차별과 명예 살인은 보편 윤리에 어긋난다.　(○, ×)

5 문화 사대주의는 자신의 문화를 기준으로 다른 문화를 평가하는 것이다.　(○, ×)

6 문화 상대주의는 다른 문화를 동경하여 자신의 문화를 업신여기는 관점이다.　(○, ×)

7 사회적 연대감이나 결속력의 강화를 동화주의의 장점으로 들 수 있다.　(○, ×)

8 문화 다원주의의 대표적인 이론은 샐러드 볼 이론이다.　(○, ×)

9 국수 대접 이론은 주류 문화의 역할을 인정하지 않는다.　(○, ×)

10 문화의 다양성을 인정한다는 점이 국수 대접 이론과 샐러드 볼 이론의 공통점이다.　(○, ×)

11 용광로 이론은 동화주의의 대표적인 이론이다.　(○, ×)

12 종교의 발생 원인으로 인간의 유한성과 불완전성을 들 수 있다.　(○, ×)

13 경전과 교리 및 의례는 종교의 내용적 측면에 해당한다.　(○, ×)

14 종교와 윤리는 도덕성을 중시하는 공통점이 있다.　(○, ×)

15 자기 종교에 대한 맹신이 종교 갈등을 불러올 수 있다.　(○, ×)

16 인간은 오류 가능성이 없으므로 관용의 자세가 요구된다.　(○, ×)

● 다음 중 옳은 것에 ○표 하시오.

17 자문화 중심주의란 (㉠ 자신의, ㉡ 다른) 문화를 기준으로 다른 문화를 평가하는 것을 말한다.

18 윤리적 상대주의란 옳고 그름의 기준이 사람마다 (㉠ 같다, ㉡ 다르다)는 것이다.

19 문화는 그 사회의 독특한 환경에서 형성된 것이므로 문화의 (㉠ 절대성, ㉡ 상대성)을 인정하고 존중해야 한다.

20 극단적인 윤리적 상대주의에 따르자면, 노예 제도를 (㉠ 인정, ㉡ 부정)해야 한다.

21 관용은 자기 생각에 잘못이나 한계가 (㉠ 있음, ㉡ 없음)을 자각하고, 다른 생각이나 문화를 (㉢ 인정, ㉣ 부정)하려는 태도이다.

22 샐러드 볼 이론은 사회적 통합을 이루기 (㉠ 쉽다, ㉡ 어렵다).

23 동화주의는 (㉠ 주류 문화, ㉡ 소수 문화)를 (㉢ 주류 문화, ㉣ 소수 문화)에 적응시키고 통합하려는 입장이다.

24 인간은 (㉠ 무한, ㉡ 유한)한 삶 속에서 직면하게 되는 실존적 문제를 해결하려는 과정에서 (㉢ 세속적, ㉣ 초월적) 존재에 대한 믿음을 지니게 된다.

25 대부분의 건전한 (㉠ 종교, ㉡ 윤리)는 (㉢ 종교, ㉣ 윤리)적인 계율과 덕목을 중시한다.

26 (㉠ 종교, ㉡ 윤리)는 초월적인 세계와 궁극적인 존재에 근거한다.

● 빈칸에 들어갈 알맞은 말을 써 넣으시오.

27 (　　　　)(이)란 고유한 사회적 맥락 속에서 각각의 문화를 이해하고 존중해야 한다고 보는 관점이다.

28 다양한 문화의 고유성과 상대성을 존중하되, 그것이 (　　　　)을/를 위협하는 것은 아닌지 비판적으로 성찰해야 한다.

29 관용은 서로 조화를 이루지만 획일화되지 않는다는 (　　　　)의 정신에도 잘 나타나 있다.

30 (　　　　)(이)란 다른 문화에 대한 무조건적인 관용이 인간의 존엄성과 인권을 침해할 수 있다는 것이다.

31 주류 사회의 문화를 바탕으로 문화적 다원성을 수용하는 입장을 (　　　　)(이)라고 한다.

32 다문화주의의 대표적인 이론으로 (　　　　) 이론을 들 수 있다.

33 (　　　　) 이론은 주재료인 면 위에 고명을 얹어 국수의 맛을 내듯이 주류 문화를 중심으로 비주류 문화를 조화시킨다는 관점이다.

34 인간은 현실 속에서 불안과 절망으로 고통스러워하고 스스로 어찌할 수 없는 (　　　　)에 직면하기도 한다.

35 종교적 진리에 대한 인간의 인식은 상대적이고 오류 가능성이 있기 때문에 (　　　　)의 자세가 필요하다.

---

1 ○　2 ○　3 ×(보편적 윤리 기준을 부정함)　4 ○　5 ×(자문화 중심주의에 해당)　6 ×(문화 사대주의에 해당)　7 ○　8 ×(다문화주의에 해당)　9 ×(주류 문화의 역할을 인정함)　10 ○　11 ○
12 ○　13 ×(형식적 측면에 해당)　14 ○　15 ○　16 ×(오류 가능성이 있음)　17 ㉠　18 ㉡　19 ㉡　20 ㉠　21 ㉠, ㉢　22 ㉡　23 ㉡, ㉢　24 ㉡, ㉣　25 ㉠, ㉣　26 ㉠　27 문화 상대주의
28 보편 윤리　29 화이부동　30 관용의 역설　31 문화 다원주의　32 샐러드 볼　33 국수 대접　34 한계 상황　35 관용

평화와 공존의 윤리

이 단원의
**수능 출제
분석**

16강에서는 하버마스의 담론 윤리만이 거의 출제되었으며, 난이도가 높지 않다. 17강 지구촌 평화와 윤리는 08강 사회 정의와 윤리와 12강 자연과 윤리와 함께 가장 많이 출제되는 단원이다. 롤스, 노직, 싱어의 철학을 바탕으로 해외 원조를 어떻게 바라보는지 묻는 문항이 항상 출제된다. 이들 사상가들은 여러 단원에 걸쳐 다루어지므로 기본 철학과 다양한 분야에 대한 견해를 반드시 정리해 두어야 한다. 또 새 교육과정에서는 전쟁론보다 평화론이 비중 있게 다루어지므로 칸트와 갈퉁의 사상을 정리해 두어야 한다.

이 단원의 **수능 빈출 주제**

1순위
롤스, 노직, 싱어의 해외 원조에 대한 관점
출제 빈도 ★★★★★   난이도 상

2순위
왈처, 아퀴나스의 정의 전쟁론
출제 빈도 ★★★   난이도 상

3순위
칸트의 영구 평화론
출제 빈도 ★★★   난이도 중

4순위
갈퉁의 평화론
출제 빈도 ★★★   난이도 중

5순위
하버마스의 담론 윤리
출제 빈도 ★★★   난이도 하

16강 갈등 해결과 소통의 윤리

키워드

사회 갈등, 원효의 화쟁, 하버마스의 담론 윤리

1단계 개념 쏙쏙 뜯어보기

01 사회 갈등과 사회 통합

1. 사회 갈등의 유형

이념 갈등	• 진보적 이념과 보수적 이념 간의 갈등 　– 진보적 이념은 정체보다 변화에 가치를 두고 사회 문제를 가능한 빨리 해결하려는 반면, 보수적 이념은 사회 안정에 가치를 두고 사회 문제를 점진적으로 해결하려 함 　– 진보와 보수는 역사적 · 사회적 상황과 배경에 따라 달라짐 　예 절대 왕정 체제와 같은 권위주의 체제에서는 자유주의 이념이 기존의 사회 질서를 변화시키기 위한 진보적 이념이 되지만, 사회주의 이념이 등장한 시기에는 자유주의 이념은 기존의 질서를 유지하기 위한 보수적 이념이 됨 • 자유주의와 공동체주의 이념 간의 갈등: 개인의 자유와 권리를 중시하는 자유주의적 입장과 공동체의 이익, 즉 공동선을 중시하는 공동체주의적 입장 사이에 이념적 갈등이 발생함 • 경제적 효율성 추구와 사회 구성원의 복지 추구 사이의 이념적 갈등: 경제 성장을 우선적으로 추구하는 입장과 경제 성과물을 사회 구성원에게 분배하여 복지 향상을 추구하자는 입장 사이에 이념적 갈등이 발생함
지역 갈등	• 지역 발전을 위한 시설 투자나 공공시설의 입지 선정과 같은 경제적 요인과 관련하여 지역 간에 갈등이 발생함 　→ 님비 현상, 핌피 현상 등 자기 지역의 이익만을 추구하는 지역 이기주의로 나타남 • 다른 지역에 대한 편견이나 좋지 않은 감정으로 인해 지역 간의 갈등이 발생하여 지역감정이 확산되기도 하며, 이를 정치적으로 이용하여 심각한 사회 문제가 되기도 함 • 지역 갈등은 정치 · 경제 · 사회적인 갈등이 복합적으로 나타나는 경우가 많음
세대 갈등	• 세대 갈등은 어느 사회에서나 연령과 시대별 경험의 차이로 발생하는 보편적인 현상임 • 세대 갈등은 기성세대와 젊은 세대 간의 가치관의 충돌과 함께 일어나며, 각 세대가 서로의 차이를 인정하지 못하고 부정적으로 바라봄으로써 발생함 • 최근에는 세대 갈등이 일자리, 국민 연금법 개정, 노인 부양 문제 등 사회적 쟁점을 둘러싸고 발생하고 있음

2. 사회 갈등의 원인과 기능

(1) 사회 갈등의 원인

① 무한한 인간의 욕망에 비해 이를 충족시켜 줄 수 있는 자원이나 기회가 제한되어 있어 한정된 자원을 놓고 이해관계가 충돌할 때 사회 갈등이 발생함

② 사회 현상이나 사회 문제에 대해 가지고 있는 가치관이나 신념의 차이 때문에 사회 갈등이 발생함

③ 의견이 대립하는 주제를 두고 상호간에 원활한 소통이 이루어지지 않기 때문에 사회 갈등이 발생함

(2) 사회 갈등의 기능과 자세

① 부정적 기능: 서로의 이해관계와 가치관을 고집하면 갈등이 깊어져 사회가 해체되고 파괴될 수 있음

② 긍정적 기능: 사회는 갈등을 통해 사회에 내재된 문제를 명확히 인식함으로써 발전의 계기로 삼을 수 있음

③ 갈등 자체를 부정적으로만 보기보다는 갈등 상황을 정확하게 이해하고, 서로 화합할 수 있는 계기를 마련하려고 노력해야 함

만점 공부 비법

• 다양한 사회 갈등의 특징을 파악한다.
• 원효의 화쟁 사상의 핵심 주장을 이해한다.
• 하버마스의 담론 윤리의 주요 주장을 이해한다.

갈등의 원인

• 사실 관계 갈등: 사실 자료와 정보의 불일치로 발생
• 이해관계 갈등: 한정된 자원의 배분 문제로 발생
• 구조적 갈등: 사회 규범을 제도화하거나 제도를 바꿀 때 발생
• 관계상 갈등: 상대방과의 관계에서 기대감이 충족되지 않을 때 발생
• 가치관 갈등: 생각, 신념, 사상, 종교 등 생각 체계의 차이로 발생
• 정체성 갈등: 개인이나 집단의 정체성에 대한 침해로 발생

이념

한 사회나 집단이 지닌 특정한 가치관이나 믿음으로, 사회 현상을 이해하는 판단의 근거나 기준이 된다.

님비 현상과 핌피 현상

• 님비(NIMBY) 현상: 님비는 'Not In My Back Yard'를 줄인 말로 자기 지역에 쓰레기 소각장이나 핵 폐기물 처리장 같은 혐오 시설 설치를 반대하는 현상을 말한다.
• 핌피(PIMFY) 현상: 핌피는 'Please In My Front Yard'를 줄인 말로 자기 지역에 우선적으로 종합 병원, 대학교 등의 편의 시설을 유치하려는 현상을 말한다.

3. 사회 통합의 실현 방안

(1) 사회 통합이 필요한 이유

① 구성원 간의 갈등이 심한 사회에서는 개인들이 정상적인 생활을 하기 어렵기 때문에 개인의 행복한 삶을 위해서 사회 통합이 필요함

② 구성원 간의 갈등은 사회적 역량의 결집을 방해하여 사회 발전을 가로막기 때문에 사회 발전과 국가 경쟁력의 강화를 위해 사회 통합이 필요함

(2) 사회 통합을 위한 방안

① 사회 윤리의 기본 원리인 연대성, 공익성, 보조성을 고려해야 함

연대성	개인들은 사회의 구성원으로서 공동체에 참여하고 서로 긴밀하게 연결되어 있으므로 구성원들 간에는 연대 의식이 필요함
공익성	구성원들은 사익뿐만 아니라 공익을 존중할 때 자신의 인간 존엄성을 보장받을 수 있음
보조성	개인들이 국가의 도움이 필요한 경우 국가는 개인의 권리를 침해하지 않으면서 보조적으로 이를 도와주어야 함

② 사회 통합을 위한 개인적 차원과 제도적 차원의 노력

개인적 차원의 노력	• 서로의 다양성을 인정하면서 대화와 토론으로 의사 결정을 하는 성숙한 민주 시민의 자세가 필요함 • 역지사지의 자세로 자신과 다른 견해나 입장을 차별이 아닌 차이로 인식하고 수용하는 자세가 필요함
제도적 차원의 노력	공정하고 투명한 절차와 기준을 마련하고 법치주의를 확립하여 공정 사회를 구현해야 함

02 소통과 담론의 윤리

1. 소통과 담론의 의미와 필요성

(1) 소통과 담론의 의미

소통	막히지 않고 잘 통한다는 의미로, 의사소통이 잘 이루어지면 갈등을 예방하고 서로 협력하며 좋은 관계를 이룰 수 있음
담론	이야기를 주고받으며 논의한다는 의미로, 현실에서 전개되는 각종 사건과 행위를 해석하고 인식하는 틀을 제공함

(2) 소통과 담론의 필요성

① 소통과 담론을 통해 사회 구성원의 자발적이고 적극적인 참여를 이끌어 낼 수 있음

② 소통과 담론을 통해 폐쇄적 결정이나 일방적 운영으로 제기되었던 불만과 갈등을 없애고 도덕적 권위를 갖춘 합의를 도출할 수 있음

2. 동서양의 소통과 담론의 윤리

(1) 동양의 윤리

원효	• 화쟁 사상: 불교의 모든 종파와 사상을 분리시켜 고집하지 말고, 더 높은 차원에서 하나로 종합해야 함 • 여러 종파들의 주장이 모두 부처의 가르침에서 비롯된 것이고 그것이 지향하는 바는 모두 깨달음이라는 한마음[一心]이기 때문에, 각 종파의 서로 다른 이론을 인정하면서 더 높은 차원에서 융합해야 함
공자	• 화이부동: 남과 화목하게 지내지만 자기의 중심과 원칙을 잃지 않는다는 의미임 • 화(和)는 여러 부분들이 조화롭게 공존하는 상태를 의미하는 반면, 동(同)은 다양성을 인정하지 않고 다른 사람을 지배하거나 흡수하여 동화하려는 것을 의미함

뒤르켐의 유기적 연대와 기계적 연대
뒤르켐에 따르면 분업에 의한 유기적 연대는 개인들이 서로 다를 것을 전제한다. 기계적 연대는 개인의 성격이 집합적인 성격 속에 흡수됨으로써 가능하지만, 유기적 연대는 각 개인이 그 고유한 행동의 영역을 가지고 있을 때만 가능하다. 따라서 집합 의식이 규제할 수 없는 특수한 기능들을 위해서 개인의식의 일부를 남겨 두지 않으면 안 된다. 그 영역이 확장될수록 연대를 기반으로 하는 응집은 강해진다. 유기적 연대는 상호 의존성에 근거하는데, 이 상호 의존성은 전문화의 결과이다.

연대 의식
공동체 구성원이 모두 함께 살아가야 한다는 것을 인식하고 공통으로 나누어 가지는 귀속 의식으로, 개인의 소외를 극복할 수 있는 공존의 기반이 된다.

담론(談論)
갈등이나 문제를 해결하기 위한 이성적 의사소통 행위로 주로 토론의 형태로 이루어진다.

화쟁(和諍)
화쟁은 말다툼, 즉 논쟁[諍]을 조화[和]시킨다는 의미를 지니고 있다.

화이부동(和而不同)
"군자는 다른 사람들과 평화롭게 지낸다. 하지만 그들과 동화되어 같아지는 않는다."라는 말에서 알 수 있듯이, 공자는 자기 것을 지키되 남의 것도 존중하여 서로 다른 생각이 공존하도록 노력해야 한다는 화이부동의 정신을 제시하였다.

맹자	소통을 방해하는 그릇된 언사로 ⟡피사, 음사, 사사, 둔사를 제시하면서, 진실한 마음에서 우러나온 바른 말을 해야 한다고 주장함
장자	• 도(道)의 관점에서 보면 옳고 그름이 서로 다른 것이 아니라 똑같은 것임 • 소통을 위해서는 서로 다른 것을 그 자체로 인정하고 그것의 상호 의존 관계를 이해해야 함

⟡ • 피사(詖辭): 한쪽으로 치우쳐 공정하지 못하고 편파적인 말
• 음사(淫辭): 음란하고 방탕한 말
• 사사(邪辭): 간교하게 속이는 말
• 둔사(遁辭): 스스로 이론이 궁색함을 알고 회피하려고 꾸며서 하는 말

(2) 서양의 윤리

스토아학파	세계 시민주의: 모든 인간은 이성을 지니고 있으므로 평등함 → 모든 사람을 인종이나 혈통 등에 의해 차별하지 않고 세계의 동등한 시민으로 대우해야 함
하버마스	• 현대 사회의 다양한 문제를 해결하기 위해서는 공정한 담론의 절차가 필요함 • 개인의 주관적인 도덕 판단만으로는 도덕규범이 성립할 수 없고, 합리적 의사소통의 과정을 거치는 대화가 필요함 • 인간은 사회적 존재로서 의사소통의 합리성을 지니고 있고, 다른 사람의 주장을 수용하거나 거부할 수 있으며, 자신의 의사 표현에 대해 책임질 수 있는 존재임 • 의사소통의 합리성이란 상호 간의 논증적인 토론 과정을 거쳐 보편적인 합의에 도달하는 것임 • 모든 당사자들의 동의를 얻을 수 있는 보편화 가능한 도덕규범에 합의하기 위해서는 ⟡'이상적 담화 상황'이 필요함 • 합리적 의사소통의 영역인 공론장을 통해 합리적 담론을 이끌어 냄으로써 사회를 통합할 수 있는 가능성을 찾을 수 있음
아펠	• 의사소통 공동체의 모든 구성원이 져야 하는 숙고적인 책임은 개개인의 역할 책임과는 근본적으로 다름 • 의사소통 공동체의 구성원들은 합의를 하기 위한 담론에 참여해야 할 책임과 의사소통 공동체를 유지해야 할 책임을 동시에 지님 • 보편적인 윤리 규범은 토론을 통해 합리적으로 조정하는 과정에서 만들어짐

⟡ **하버마스가 제시한 이상적 담화 상황의 규칙**
• 모든 언어와 행위 능력 주체는 담론에 참여할 수 있어야 한다.
• 누구나 어떤 주장에 대해서도 문제를 제기할 수 있고, 어떤 주장이라도 담론에 부칠 수 있으며, 자기의 생각과 원하는 바를 표현할 수 있어야 한다.
• 어떤 담론의 참가자도 담론의 내적 또는 외적 강제에 의해서 위의 첫째와 둘째에서 명시한 권리를 행사하는 데 방해를 받아서는 안 된다.

(3) 담론 윤리의 한계와 의의

한계	• 담론 윤리는 형식을 강조하기 때문에 도덕규범의 구체적인 내용이나 삶의 방향성을 제시하지 않음 • 합의 과정의 형식적인 조건과 절차를 통해 도덕규범의 정당성을 파악하기 때문에 합의된 내용에 대해서 옳고 그름을 평가하기 어려움
의의	• 담론 윤리는 현대 사회의 다양한 문제를 구성원들의 합리적인 의사소통을 통해 해결하고자 한다는 점에서 의미가 있음 • 보편적인 규범을 부정하는 극단적 상대주의나 보편타당한 진리에 도달할 수 없다고 보는 도덕적 회의주의와 달리 담론 윤리는 담론의 과정을 통해 규범의 정당성을 확보하고자 노력함

2단계 개념 쏙쏙 정리하기

1. 사회 갈등의 유형

이념 갈등	• 사회 변화를 추구하는 진보적 이념과 기존 질서 유지를 추구하는 보수적 이념 간의 갈등 • 개인의 자유와 권리를 중시하는 자유주의와 공동체의 이익을 중시하는 공동체주의 이념 간의 갈등 • 경제적 효율성 추구와 사회 구성원의 복지 추구 사이의 이념적 갈등
지역 갈등	• 이익을 둘러싼 지역 간의 갈등: 지역 이기주의 • 다른 지역에 좋지 않은 지역감정으로 인한 지역 간의 갈등
세대 갈등	• 기성세대와 젊은 세대 간의 가치관의 충돌로 인한 갈등 • 사회적 쟁점을 둘러싼 세대 갈등 발생

2. 동서양의 소통과 담론 윤리

	원효	서로 다른 종파의 주장들을 인정하고 보다 높은 차원에서 통합해야 한다는 화쟁 사상 제시
동양	공자	서로의 차이를 존중하되 다른 것을 흡수하려 해서는 안 된다는 화이부동 제시
	장자	도(道)의 관점에서 만물의 상호 의존성 강조
	스토아학파	모든 사람이 동등한 세계 시민이라는 세계 시민주의 제시
서양	하버마스	• 의사소통의 합리성 실현 강조 • 공론장을 통해 합리적 담론을 이끌어 내는 합의의 과정 중시
	아펠	의사소통 공동체 구성원들의 책임 강조

● 다음 설명이 맞으면 ○, 틀리면 ×에 표시하시오.

1 진보와 보수는 역사적·사회적 상황과 배경에 따라 달라진다. 예를 들어 자유주의 이념이 사회적 상황에 따라 진보적 이념이 될 수도 있고 보수적 이념이 될 수도 있다. (○, ×)

2 세대 갈등은 어느 사회에서나 연령과 시대별 경험의 차이로 발생하는 보편적인 현상이다. (○, ×)

3 사회 갈등은 사회 내에서 긍정적인 기능을 하지 않기 때문에 온전히 제거해야 한다. (○, ×)

4 구성원 간의 갈등이 심한 사회에서는 개인들이 정상적인 생활을 하기 어렵기 때문에 개인의 행복한 삶을 위해서 사회 통합이 필요하다. (○, ×)

5 원효는 여러 종파들의 주장이 모두 부처의 가르침에서 비롯된 것이고 그것이 지향하는 바는 모두 깨달음이라는 한마음 [一心]이라고 주장하였다. (○, ×)

6 원효는 각 종파의 서로 다른 이론은 부처의 뜻이 아니므로 이를 버리고 새로운 이론을 정립해야 한다고 주장하였다. (○, ×)

7 장자는 도(道)의 관점에서 옳고 그름을 명확히 분별해야 한다고 보았다. (○, ×)

8 하버마스는 현대 사회의 문제 해결을 위해 시민의 의사보다 전문가 집단의 견해가 중요하다고 본다. (○, ×)

9 하버마스는 개인의 주관적인 도덕 판단만으로 도덕규범이 성립할 수 있다고 본다. (○, ×)

10 하버마스에 의하면 인간은 사회적 존재로서 의사소통의 합리성을 지니고 있고, 다른 사람의 주장을 수용하거나 거부할 수 있다. (○, ×)

11 하버마스가 말하는 의사소통의 합리성이란 상호 간의 논증적인 토론 과정을 거쳐 보편적인 합의에 도달하는 것이다. (○, ×)

12 하버마스는 모든 당사자들의 동의를 얻을 수 있는 보편화 가능한 도덕규범에 대한 합의는 불가능하다고 본다. (○, ×)

13 하버마스는 당사자들의 동의를 얻기 위해서는 이상적 담화 상황이 필요하다고 본다. (○, ×)

14 하버마스는 합리적 의사소통의 영역인 공론장을 통해 합리적 담론을 이끌어 낼 수 있다고 본다. (○, ×)

15 아펠은 보편적인 윤리 규범이 토론을 통해 합리적으로 조정하는 과정에서 만들어진다고 본다. (○, ×)

● 다음 중 옳은 것에 ○표 하시오.

16 (㉠ 진보적, ㉡ 보수적) 이념은 정체보다 변화에 가치를 두고 사회 문제를 가능한 빨리 해결하려 한다.

17 (㉠ 진보적, ㉡ 보수적) 이념은 사회 안정에 가치를 두고 사회 문제를 점진적으로 해결하려 한다.

18 사회 윤리의 기본 원리 중 (㉠ 연대성, ㉡ 공익성)은 개인들은 사회의 일부로서 공동체에 참여하고 서로 긴밀하게 연결되어 있으므로 구성원들 간에는 연대 의식이 필요하다는 것이다.

19 (㉠ 맹자, ㉡ 장자)는 소통을 방해하는 그릇된 언사로 피사, 음사, 사사, 둔사를 제시하였다.

20 하버마스는 어떤 주장이라도 담론에 부칠 수 (㉠ 있다, ㉡ 없다)고 본다.

21 (㉠ 하버마스, ㉡ 아펠)은/는 의사소통 공동체의 모든 구성원이 져야 하는 숙고적인 책임은 개개인의 역할 책임과는 근본적으로 다르다고 주장한다.

22 하버마스는 모든 언어와 행위 능력 주체는 담론에 참여할 수 (㉠ 있다, ㉡ 없다)고 본다.

● 빈칸에 들어갈 알맞은 말을 써 넣으시오.

23 (   ) 현상이란 자기 지역에 쓰레기 소각장이나 핵 폐기물 처리장 같은 혐오 시설 설치를 반대하는 현상을 의미한다.

24 다른 지역에 대한 편견이나 좋지 않은 감정으로 인해 지역 간의 갈등이 발생하여 (   )이 확산된다.

25 (   )은/는 막히지 않고 잘 통한다는 의미로, 이것이 잘 이루어지면 갈등을 예방하고 서로 협력하며 좋은 관계를 이룰 수 있다.

26 (   )은/는 이야기를 주고받으며 논의한다는 의미로, 현실에서 전개되는 각종 사건과 행위를 해석하고 인식하는 틀을 제공한다.

27 원효는 불교의 모든 종파와 사상을 분리시켜 고집하지 말고, 더 높은 차원에서 하나로 종합해야 한다는 (   ) 사상을 제시하였다.

28 공자가 제시한 (   )은/는 남과 화목하게 지내지만 자기의 중심과 원칙을 잃지 않는다는 의미이다.

29 (   )학파는 모든 사람을 인종이나 혈통 등에 의해 차별하지 않고 세계의 동등한 시민으로 대우해야 한다는 세계 시민주의를 주장하였다.

---

1 ○   2 ○   3 ×(사회 갈등은 긍정적인 기능도 지님)   4 ○   5 ○   6 ×(서로 다른 종파 이론을 인정함)   7 ×(분별하지 않음)   8 ×(시민의 의사를 중시함)   9 ×(성립할 수 없다고 봄)   10 ○   11 ○   12 ×(가능하다고 봄)   13 ○   14 ○   15 ○   16 ㉠   17 ㉡   18 ㉠   19 ㉠   20 ㉠   21 ㉡   22 ㉠   23 님비   24 지역감정   25 소통   26 담론   27 화쟁   28 화이부동   29 스토아

17강 민족 통합의 윤리

키워드
통일에 대한 찬반 입장, 분단 비용, 통일 비용, 통일 한국의 모습

1단계 개념 뜯어보기

01 통일 문제를 둘러싼 쟁점

1. 남북한 체제의 특징

(1) 남한은 개인의 자율성과 책임을 중시하는 자유 민주주의와 자본주의 시장 경제를 도입함

(2) 북한은 집단주의와 사회주의를 채택하여 집단에 대한 헌신과 사회·경제적 평등을 강조함

2. 통일에 대한 찬성과 반대의 입장

통일 반대 입장	• 오랜 분단으로 인해 서로 다른 체제와 생활 방식 등에서 오는 이질감이 커져 하나의 민족이라는 인식이 들지 않음 • 남북한 간의 군사적 대립으로 인해 상호 간에 적대감과 불신감이 커짐 • 남북한의 경제적인 격차로 인해 발생하는 천문학적인 통일 비용 때문에 경제적 위기에 처할 수 있음 • 많은 북한 주민이 남한으로 이주하여 실업과 범죄 등의 사회적 혼란과 갈등이 생겨날 수 있음 • 통합 과정에서 정치·군사적 혼란이 발생할 수 있음
통일 찬성 입장	• 남북 분단으로 가족과 떨어져 지내는 이산가족과 실향민들의 아픔과 고통을 해소할 수 있음 • 민족의 정체성을 회복하고 민족 공동체를 실현할 수 있음 • 남북 분단으로 인해 발생한 군사비가 감소하여 복지 혜택이 크게 증가할 수 있음 • 남북한 구성원들이 자유롭고 풍요로운 삶을 향유할 수 있고, 인간으로서의 존엄과 인권을 보장받으며 살 수 있음 • 통일 한국의 국가적 경쟁력이 높아져 민족의 경제적 번영이 실현되고 국제적 위상이 높아질 수 있음 • 전쟁의 위협을 제거함으로써 한반도의 평화 정착과 동북아시아 및 세계 평화에 기여할 수 있음

3. 분단 비용과 통일 비용

(1) 분단 비용과 통일 비용의 의미와 내용

분단 비용	• 남북한 분단의 결과인 대결과 갈등 때문에 남북한이 부담하는 유무형의 모든 비용 • 경제적 비용: 분단 상태를 유지하기 위한 막대한 국방 비용, 남북한 대립으로 인한 외교 경쟁에서 발생하는 외교 비용, 남북한 체제 대결로 인해 발생하는 이념 교육 비용 • 경제 외적 비용: 이산가족의 고통, 이념적 대립과 갈등, 전쟁 가능성에 대한 공포로 인한 국민들의 불안 등 사회·정서적 비용
통일 비용	• 통일 과정과 통일 이후 남북한 격차를 해소하고 이질적인 요소를 통합하는 데 필요한 비용 • 제도 통합 비용: 정치·행정 제도와 금융, 화폐를 통합하는 데 쓰이는 비용 • 위기관리 비용: 통일의 과정에서 사용되는 치안과 인도적 차원의 긴급 구호 비용과 실업 문제를 처리하는 데 사용되는 비용 • 경제적 투자 비용: 북한의 생산 및 기반 시설 확충, 남북한 철도 연결 등 투자 성격의 경제적 비용

(2) 분단 비용과 통일 비용의 차이점

① 분단 비용은 분단이 계속되는 한 지속적으로 발생하며, 민족 구성원 모두의 손해로 이어지는 소모적인 성격의 비용임

② 통일 비용은 통일 과정 및 통일 이후에 한시적으로 발생하는 비용이며, 통일 국가의 번영을 위한 투자적인 성격의 비용임

만점 공부 비법

• 통일에 대한 찬성과 반대의 입장을 비교하여 파악한다.

• 분단 비용, 통일 비용, 통일 편익의 의미와 차이점을 명확히 이해한다.

• 올바른 통일의 방법에 대하여 파악한다.

집단주의

자기가 속한 조직과 집단, 그리고 인민을 위하여 자기의 모든 것을 바치는 사상을 집단주의라고 하는데, 이러한 집단주의는 개인주의와 대립하는 개념으로서 사회주의 사회의 기본 바탕이 되고 있다.

통일의 필요성

개인적 차원	• 이산가족의 고통 해소 • 자유롭고 평화로우며, 풍요로운 삶 향유 • 보편적 가치 보장
국가·민족적 차원	• 국가 역량 낭비 제거 • 경제 규모 확장 • 전쟁 위협 해소 • 민족 통합과 문화 발전
국제적 차원	• 북한 인권, 핵 문제 해결 • 동북아시아와 세계 평화에 기여

평화 비용

분단 비용과 통일 비용 이외에 평화 비용도 있는데, 평화 비용은 통일 이전에 한반도의 평화를 유지하고 정착시키기 위한 비용을 말한다. 평화 비용은 한반도의 긴장을 완화하고 평화 정착을 도모하여 분단 비용은 물론 통일 비용을 줄여 주는 역할을 한다.

4. 통일 편익

(1) **의미**: 통일로 얻을 수 있는 편리함과 이익을 의미하는 것으로, 통일로 얻게 되는 경제적·경제 외적 보상과 혜택을 말함

(2) 통일 편익의 내용

경제적 편익	• 군사비 등 분단으로 인해 지출되는 분단 비용이 사라짐
	• 경제 통합으로 시장의 규모가 확대되어 규모의 경제를 실현할 수 있음
	• 남북한 간의 산업 및 생산 요소의 보완성이 증대되는 효과를 누릴 수 있음
경제 외적 편익	• 이산가족과 실향민의 문제를 해결할 수 있음
	• 남북한 주민의 인권이 신장될 수 있고 국제 사회에서 통일 한국의 위상이 높아질 수 있음
	• 전쟁에 대한 위험이 해소되어 문화, 관광, 여가의 기회가 증가될 수 있음
	• 동북아시아의 긴장 완화와 지구촌 평화의 실현에 이바지할 수 있음

5. 북한 인권 문제

(1) 북한은 주민의 정치 참여를 제한하고, 개인의 자율성과 선택권을 제한하며, 주민의 이동의 자유를 제한하는 등의 인권 문제를 지니고 있음

(2) 북한 인권 문제에 대한 개입과 관련해서는 북한에 대한 내정 간섭이기 때문에 개입해서는 안 된다는 입장과 인권의 보편적 원칙에 따라 국제 사회의 개입이 필요하다는 입장으로 나뉘어 있음

(3) 북한의 인권 상황을 개선하기 위해서는 국제 사회의 공조뿐만 아니라 북한 스스로 해결하려는 노력이 필요함

02 통일이 지향해야 할 가치

1. 독일 통일의 교훈

(1) 제2차 세계 대전 후 동독과 서독으로 분단된 독일은 1960년대 후반 서독의 동방 정책을 통해 동독과 교류·협력하면서 장기적인 통일 정책을 시작하여 마침내 1990년에 통일을 이루어 냄

(2) 동독과 서독은 분단 상태에서도 지속적인 문화 교류를 추진하고, 서독은 동독을 경제적으로 지원하는 등의 노력을 통해 상호 신뢰를 구축하여 통일의 기초를 마련함

(3) 통일이 된 이후에 이전 동독과 서독 주민 간의 사회·문화적 통합이 완전히 이루어지지 않아 사회적 갈등과 혼란을 겪음

2. 바람직한 통일 방법

(1) **점진적이고 단계적인 통일 지향**

① 점진적인 사회 통합 노력을 통해 남북한 긴장 관계를 해소하고 다양한 분야에서 교류를 확대해 나가야 함

② 문화, 예술, 스포츠 교류, 이산가족 상봉, 대북 지원과 구호 등의 비정치적 성격의 교류를 지속적으로 진행하여 남북한 간에 신뢰를 형성한 후 정치·군사 교류로 확대시켜야 함

(2) **민주적인 통일 지향**: 통일은 국민적 이해와 합의에 기초하여 통일 시기와 통일 과정 등을 민주적 절차에 따라 추진해야 함

(3) **주변국과의 협력을 통한 통일 지향**: 통일은 남북한 내부의 문제인 동시에 국제적인 성격을 띠고 있으므로 주변국의 동의와 협력을 바탕으로 통일의 국제적인 기반을 조성해 나가야 함

규모의 경제

생산 규모의 증가에 따라서 평균 생산비가 감소하는 현상을 뜻한다. 통일이 되면 내수 시장의 규모가 확대되고, 남한의 기술력과 자본이 북한의 노동력 및 천연자원과 결합하여 동반 상승 효과를 낼 수 있다.

북한의 인권 침해 실태

구분	실태
식량	출신 성분, 계층에 따른 차별 배급
종교의 자유	주민의 종교 생활 탄압
신체의 자유	수사 기관의 자의적 체포·구금
표현의 자유	통제 장치로 표현의 자유 억압

동방 정책

1960년대 이후 냉전의 종결까지 이어진 서독의 외교 정책이다. 빌리 브란트가 1969년 수상으로 취임하면서 기존의 할슈타인 원칙을 폐기하고 동구권 국가들과 적극적으로 관계 개선에 노력하고자 한 일체의 모든 외교적 행동을 일컫는 말이다.

대북 지원 방식

• 인도주의 원칙: 남북한의 정치·군사 상황과는 무관하게 대북 지원이 이루어져야 한다는 입장

• 상호주의 원칙: 북한에 일정한 변화를 요구하면서 대북 지원을 해야 한다는 입장

3. 통일 한국의 미래

(1) 통일 한국의 모습

① 통일의 윤리적 의미: 한반도에 인간 존엄성과 평화라는 인류의 보편적 가치를 구현함

② 통일 한국의 미래상

민주적 국가	통일 한국은 인간 존엄성을 최고의 가치로 여기며, 자유, 평등, 인권 등 기본적 권리를 보장하는 민주적인 국가임
열린 민족주의 지향	통일이 지향하는 민족 통합의 윤리는 여러 민족과 공존 공영할 수 있는 열린 민족주의임
창조적 문화 발전	통일 한국은 우수한 전통문화를 계승하고 다양한 문화와 조화를 이루며 창조적으로 문화를 발전시킴

> **닫힌 민족주의**
> • 폐쇄적이며 다른 민족에 대해 배타적인 태도를 말한다.
> • 자기 민족의 우월성만을 강조하므로 다른 민족과 갈등을 야기한다.

(2) 통일 한국이 지향해야 할 가치

인권	• 북한의 경우 사회 전반에 걸친 감시와 강압으로 인해 주민들이 고통을 겪고 있고, 남한의 경우도 사회적 약자나 소수자에 대한 차별이 일부 존재한다는 점에서 개선의 여지가 있음 • 인간이라면 누구나 마땅히 누려야 하는 기본적 권리인 인권이 보장되고 인간으로서의 존엄을 보장하는 통일 국가를 이루어야 함
자유	• 북한의 경우 집단주의적 체제 운영을 통해 표현의 자유와 경제 활동의 자유 등을 제한하고 있음 • 자유로운 삶이 보장되고 누구도 다른 사람 위에 군림하지 않는 통일 국가를 이루어야 함
정의	• 북한의 경우 출신 성분에 따라 교육이나 직업 선택의 기회에 차별이 존재하며, 남한의 경우 경제적 양극화에 따른 분배 정의의 문제가 제기되고 있음 • 모든 구성원이 공정하게 대우받고 풍요롭고 안정된 삶을 살 수 있는 정의로운 복지 국가를 지향해야 함
평화	• 통일 한국은 한반도 비핵화를 통해 전쟁의 공포가 사라진 평화로운 국가를 지향해야 함 • 동북아시아의 평화 공동체 건설과 세계 평화와 인권 등의 보편적 가치 수호에 이바지하는 통일 국가를 이루어야 함

4. 남북 화해 및 평화 실현을 위한 노력

개인적 차원	• 통일 과정에서 남북한 출신 주민 간에 갈등이 발생할 수 있으므로 열린 마음으로 소통하고 배려를 실천하여 서로를 이해하도록 노력해야 함 • 북한을 경계의 대상으로만 보지 않고 함께 살아가야 할 동반자로서도 인식해야 함
국가적 차원	• 국가의 존립을 위한 안보 기반을 구축하는 동시에 남북 간의 신뢰 형성을 위한 노력도 지속적으로 진행하여 내부적인 통일 기반을 조성해야 함 • 통일의 방법이나 통일 비용 문제 등 남북 통합 과정에서 발생할 혼란에 대비한 준비를 통해 통일에 따른 충격을 완화하기 위해 노력해야 함

> **인권**
> 국제 연합은 세계 인권 선언에서 "모든 인간은 태어날 때부터 자유롭고 평등하며 존엄과 가치를 가진다."라고 선언하여 인권의 가치를 실현하기 위한 국가들의 책무를 강조하고 있다.

2단계 개념 쏙 정리하기

1. 분단 비용, 통일 비용, 통일 편익

분단 비용	• 분단으로 인한 남북한 대결과 갈등으로 인해 발생하는 모든 비용 • 국방 비용, 외교 비용, 이산가족의 고통, 전쟁 가능성에 대한 공포 등 소모적 성격의 비용
통일 비용	• 통일 과정과 통일 이후 남북한을 통합하는 데 필요한 비용 • 제도 통합 비용, 위기관리 비용, 경제적 투자 비용 등 투자적 성격의 비용
통일 편익	• 통일로 얻을 수 있는 편리함과 이익 • 분단 비용이 사라지고 규모의 경제를 실현할 수 있음 • 동북아시아 긴장 완화와 세계 평화에 기여함

2. 바람직한 통일 방법과 통일 한국이 지향해야 할 가치

통일 방법	• 비정치적 교류를 시작으로 정치·군사 교류로 확대해 나가는 점진적이고 단계적인 통일 방법 지향 • 국민적 합의에 기초하여 통일 방법과 통일 시기 등을 민주적 절차를 통해 추진해야 함 • 주변국과의 협력을 통해 통일의 국제적인 기반을 조성해야 함
지향 가치	• 인권: 인권과 인간 존엄성이 보장되는 국가 • 자유: 선택과 자유로운 삶이 보장되는 국가 • 정의: 구성원들이 공정하게 대우받는 국가 • 평화: 전쟁의 공포가 사라지고 보편적 가치를 수호하는 평화로운 국가

● 다음 설명이 맞으면 ○, 틀리면 ×에 표시하시오.

1 남북한 분단의 결과인 대결과 갈등 때문에 남북한이 부담하는 유무형의 모든 비용을 분단 비용이라고 한다. (○, ×)

2 남북한의 정치·행정 제도와 금융, 화폐를 통합하는 데 쓰이는 비용을 분단 비용이라고 한다. (○, ×)

3 이산가족의 고통, 이념적 대립과 갈등, 전쟁 가능성에 대한 공포로 인한 국민들의 불안 등 사회·정서적 비용은 분단 비용에 해당한다. (○, ×)

4 통일 비용은 통일 과정과 통일 이후 남북한 격차를 해소하고 이질적인 요소를 통합하는 데 필요한 비용이다. (○, ×)

5 통일을 찬성하는 입장에서는 통일을 하면 남북 분단으로 인해 발생한 군사비가 감소하여 복지 혜택이 크게 증가할 수 있다고 본다. (○, ×)

6 통일 편익의 경제적 편익에는 전쟁에 대한 위험이 해소되어 문화, 관광, 여가 기회 증가 등이 있다. (○, ×)

7 통일이 되면 내수 시장의 규모가 확대되고, 남한의 기술력과 자본이 북한의 노동력 및 천연자원과 결합하여 동반 상승 효과를 낼 수 있는 등의 규모의 경제가 실현 가능하다. (○, ×)

8 대북 지원 방식 중 상호주의 원칙은 남북한의 정치·군사 상황과는 무관하게 대북 지원이 이루어져야 한다는 입장이다. (○, ×)

9 독일은 통일이 된 이후에는 이전 동독과 서독 주민 간의 사회·문화적 통합이 완전히 이루어져 사회적 갈등과 혼란을 겪지 않았다. (○, ×)

10 남북한 간의 문화, 예술, 스포츠 교류, 이산가족 상봉 등은 정치적 성격의 교류에 해당한다. (○, ×)

11 정치·군사적 교류보다는 남북한 긴장 관계를 해소하고 다양한 분야에서 교류를 확대해 나가는 점진적이고 단계적인 통일 방법을 지향해야 한다. (○, ×)

12 북한의 경우 개인주의적 체제 운영을 통해 표현의 자유와 경제 활동의 자유 등을 제한하고 있다. (○, ×)

13 북한을 경계의 대상으로만 보지 않고 함께 살아가야 할 동반자로서도 인식해야 한다. (○, ×)

14 국가의 존립을 위한 안보 기반을 구축하는 동시에 남북 간의 신뢰 형성을 위한 노력도 지속적으로 진행하여 내부적인 통일 기반을 조성해야 한다. (○, ×)

15 통일은 남북한 내부의 문제이기 때문에 주변국의 동의와 협력을 필요로 하지는 않는다. (○, ×)

● 다음 중 옳은 것에 ○표 하시오.

16 (㉠ 분단 비용, ㉡ 통일 비용)은 북한의 생산 및 기반 시설 확충, 남북한 철도 연결 등 투자 성격의 경제적 비용이다.

17 분단 비용은 분단이 계속되는 한 지속적으로 발생하며, 민족 구성원 모두의 손해로 이어지는 (㉠ 소모적인, ㉡ 투자적인) 성격의 비용이다.

18 통일 편익 중 경제 통합으로 시장의 규모가 확대되어 규모의 경제를 실현할 수 있는 것은 (㉠ 경제적 편익, ㉡ 경제 외적 편익)에 해당한다.

19 대북 지원 방식 중 (㉠ 인도주의 원칙, ㉡ 상호주의 원칙)은 북한에 일정한 변화를 요구하면서 대북 지원을 해야 한다는 입장이다.

20 북한의 경우 사회 전반에 걸친 감시와 강압으로 인해 주민들이 고통을 겪고 있는데 이는 (㉠ 인권, ㉡ 평등)의 문제에 해당한다.

21 통일 한국은 자신의 신념과 선택에 따른 자유로운 삶이 보장되고 누구도 다른 사람 위에 군림하지 않는 (㉠ 평화로운, ㉡ 자유로운) 통일 국가를 이루어야 한다.

22 통일 한국은 한반도 비핵화를 통해 전쟁의 공포가 사라진 (㉠ 평화로운, ㉡ 자유로운) 국가를 지향해야 한다.

● 빈칸에 들어갈 알맞은 말을 써 넣으시오.

23 북한은 자기가 속한 조직과 집단, 그리고 인민을 위하여 자기의 모든 것을 바치는 사상인 (   )을/를 채택하고 있다.

24 (   )은/는 통일 이전에 한반도의 평화를 유지하고 정착시키기 위한 비용을 말한다.

25 (   )은/는 통일로 얻을 수 있는 편리함과 이익을 의미하는 것으로, 통일로 얻게 되는 경제적·경제 외적 보상과 혜택을 말한다.

26 국제 연합은 "모든 인간은 태어날 때부터 자유롭고 평등하며 존엄과 가치를 가진다."라고 선언하여 (   )의 가치를 실현하기 위한 국가들의 책무를 강조하고 있다.

27 통일 한국은 모든 구성원이 공정하게 대우받고 풍요롭고 안정된 삶을 살 수 있는 (   )로운 복지 국가를 지향해야 한다.

28 생산 규모의 증가에 따라서 평균 생산비가 감소하는 현상을 (   )의 경제라고 한다.

1 ○ 2 ×(통일 비용에 해당) 3 ○ 4 ○ 5 ○ 6 ×(경제 외적 편익에 해당) 7 ○ 8 ×(인도주의 원칙에 해당) 9 ×(사회적 혼란을 겪음) 10 ×(비정치적 교류에 해당) 11 ○ 12 ×(북한 체제는 집단주의임) 13 ○ 14 ○ 15 ×(주변국의 협력이 필요함) 16 ㉡ 17 ㉠ 18 ㉠ 19 ㉡ 20 ㉠ 21 ㉡ 22 ㉠ 23 집단주의 24 평화 비용 25 통일 편익 26 인권 27 정의 28 규모

18강 지구촌 평화의 윤리

키워드: 소극적 평화, 적극적 평화, 세계화, 지역화, 해외 원조

1단계 개념 콕 뜯어보기

01 국제 분쟁의 해결과 평화

1. 국제 분쟁의 원인

(1) **국제 분쟁의 종류**: 영토 분쟁, 인종 · 민족 분쟁, 종교 분쟁, 자원 분쟁 등이 있음

(2) **국제 분쟁의 원인**

① 영역과 자원을 둘러싼 갈등: 국가 간에 영역과 자원을 선점하기 위하여 발생함

② 문화적 차이에 따른 갈등: 종교나 인종의 차이 등 문화적 차이에 따라 발생함

③ 헌팅턴의 "문명의 충돌"

> • 헌팅턴은 문명 간의 충돌 가능성이 세계 평화의 가장 큰 위협 요소가 된다고 주장함
> • 그는 세계를 서구권, 중화권, 일본권, 힌두교권, 이슬람교권, 슬라브권, 남아메리카권, 아프리카권 등의 문명 권역으로 나누고 이들 문명을 지지하는 기반이 거대 종교라고 분석함
> • 그는 문명 간의 충돌을 방지하기 위해서 다음의 세 원칙을 제시함
>   – 자제의 원칙: 다른 문명의 분쟁에 개입하지 않아야 함
>   – 중재의 원칙: 상이한 문명에 속한 집단이나 국가 간의 분쟁을 억제시키거나 종식시키기 위해 타협하게 함
>   – 동질성의 원칙: 한 문명에 속한 인간은 다른 문명에 속한 사람들과 공유하는 가치관, 제도, 관행을 확대해 나가야 함

(3) **국제 분쟁으로 인한 윤리적 문제**

① 국제 분쟁은 국제 사회의 갈등과 분열을 초래하고 국가 간 무기 경쟁을 심화시켜 지구촌의 평화를 위협함

② 문화적 차이에 따라 발생하는 국제 분쟁은 인종 청소 등의 반인도적 범죄를 발생시켜 인간의 존엄성과 정의를 훼손함

2. 국제 관계 이론

(1) **현실주의와 이상주의**

현실주의	• 국가는 이기적인 인간들로 구성되어 있고, 국제 사회도 자국의 이익을 추구하는 국가들로 구성되어 있다고 봄 • 국제 관계를 국가를 통제할 상위 중앙 권위가 없는 무정부 상태로 규정함 • 국제 정치를 국가 이익의 관점에서 정의된 권력을 위한 투쟁이라고 봄 • 국제 분쟁의 원인을 국가들이 자국의 이익만을 추구하여 국제 사회가 무질서하기 때문이라고 봄 • 국가 간 세력 균형을 통해 국제 관계에서 평화를 유지할 수 있다고 봄 • 현실주의를 주장하는 모겐소는 국민의 안녕과 국익을 지키는 것이 국가의 의무이므로, 국가의 이익과 도덕성이 충돌할 때는 도덕성보다 국가의 이익을 우선시해야 한다고 주장함
이상주의	• 인간이 이성적인 존재이듯이 국가도 이성적이고 합리적일 수 있다고 봄 • 국제 분쟁의 발생 원인이 상대방에 대한 무지나 오해, 잘못된 제도 때문이라고 봄 • 국제 관계의 갈등을 완화하기 위해서는 국가뿐만 아니라 개인, 국제기구, 비정부 기구 등 다양한 행위 주체들의 노력을 강조함 • 국가 간의 대화와 협력을 바탕으로 국제법이나 국제 규범으로 제도를 개선하여 국제 분쟁을 방지할 수 있다고 봄 • 이상주의를 주장하는 칸트는 국가의 이익보다 인간의 존엄성, 자유, 평등 등의 보편적 가치를 우선하여 달성해야 한다고 주장함

만점 공부 비법

• 현실주의와 이상주의의 특징을 구분한다.
• 갈퉁이 제시한 적극적 평화의 의미를 파악한다.
• 노직, 싱어, 롤스의 해외 원조론의 차이점과 공통점을 파악한다.

구성주의

• 국제 관계 이론에는 현실주의와 이상주의 이외에 구성주의도 있다. 구성주의에서는 국제 관계는 국가 간 상호 작용을 통해서 구성된다고 본다. 즉, 국가 사이에서 서로 간에 적이나 친구 중 어떤 관계가 될지, 어떻게 상호 작용할지에 따라서 국익이 좌우된다고 본다.

• 구성주의를 주장하는 웬트에 의하면 국가는 상대국과의 상호 작용을 통해서 정체성을 형성하고 관계를 정립한다. 즉, 자국과 상대국이 적, 친구 혹은 경쟁자 중 어떤 관계인지, 어떻게 상호 작용할 것인지에 따라서 국익이 좌우된다. 따라서 자국과 상대국의 긍정적인 상호 작용을 통해 분쟁을 해결할 수 있다.

세력 균형

특정한 집단이 다른 집단을 압도할 만큼 강대해지지 않도록 견제하여 균형을 유지하는 것을 뜻한다. 현실주의에서는 국가 간 갈등을 해결하는 방법으로 국가 간의 힘의 균형, 즉 세력 균형의 유지를 주장한다.

모겐소(Morgenthau, H. J., 1904~1980)

모겐소는 현실주의 이론의 대표적 사상가로, 권력을 국제 정치의 목표로 보고 이를 바탕으로 국익을 파악해야 한다고 주장하였다.

(2) 현실주의와 이상주의에 대한 비판

현실주의	• 현실주의가 평화 유지의 방법으로 내세우는 세력 균형에 대하여, 국제 관계에서 세력 균형은 언제든지 무너질 수 있어 평화를 보장하지 못하며, 세력 균형이 군비 경쟁을 이끌고 전쟁을 정당화할 수 있다는 비판이 제기됨 • 국가만을 국제 관계의 주체로 인정하여 국제기구 등의 다양한 국제 사회의 주체들의 역할을 무시한다는 비판을 받음
이상주의	자국의 이익을 중시하는 현실적인 국제 관계를 설명하기 어렵고, 국제 관계를 통제할 실효성 있는 제재를 할 수 없다는 한계를 지님

3. 국제 평화를 위한 노력

(1) 칸트의 영구 평화론

① 칸트는 국가 간의 갈등과 전쟁에서 벗어나 영원한 평화를 얻기 위한 방안을 제시함

② 칸트는 예비 조항 6개, 확정 조항 3개, 추가 조항 2개 및 부록을 통해 영구 평화를 위한 다양한 조건을 제시함

③ 칸트가 제시한 국가 간의 영구 평화를 위한 예비 조항

> 1. 장차 전쟁의 화근이 될 수 있는 내용을 암암리에 유보한 채 맺은 어떠한 평화 조약도 결코 평화 조약으로 간주되어서는 안 된다.
> 2. 어떠한 독립 국가도 상속, 교환, 매매 혹은 증여에 의해 다른 국가의 소유로 전락할 수 없다.
> 3. 상비군은 조만간 완전히 폐지되어야 한다.
> 4. 국가 간의 대외적 분쟁과 관련하여 어떠한 국채도 발행되어서는 안 된다.
> 5. 어떠한 국가도 다른 국가의 체제와 통치에 폭력으로 간섭해서는 안 된다.
> 6. 어떠한 국가도 다른 나라와의 전쟁 동안에 장래의 평화 시기에 상호 신뢰를 불가능하게 할 것이 틀림없는 다음과 같은 적대 행위, 예컨대 암살자나 독살자의 고용, 항복 조약의 파기, 적국에서의 반역 선동 등을 해서는 안 된다.

④ 칸트가 제시한 국가 간의 영구 평화를 위한 확정 조항

> 제1항 모든 국가의 시민적 정치 체제는 국가 구성원이 자유롭고 평등하며 공통의 법을 따를 수 있는 공화정체이어야 한다.
> 제2항 국제법은 자유로운 여러 국가들의 연방 체제에 기초해야 한다.
> 제3항 세계 시민법은 보편적인 우호를 위한 제반 조건에 국한되어야 한다.

(2) 갈퉁의 소극적 평화와 적극적 평화

① 소극적 평화와 적극적 평화의 구분

소극적 평화	• 직접적인 폭력과 전쟁, 테러, 범죄 등으로부터 해방된 상태 • 전쟁이나 물리적 폭력과 같은 직접적인 폭력이 사라진 상태
적극적 평화	• 직접적인 폭력뿐만 아니라 구조적·문화적 폭력이 제거되어 인간답게 살 수 있는 삶의 조건이 갖추어진 상태 • 구조적 폭력은 정치적·억압적·경제적·착취적 폭력으로 구분됨 • 문화적 폭력은 종교와 사상, 언어와 예술, 법과 과학, 대중 매체와 교육 전반에 영향을 미쳐서 구조적 폭력과 직접적 폭력을 정당화하는 역할을 함

② 갈퉁은 소극적 평화만으로는 진정한 평화를 이룰 수 없다고 주장하면서, 직접적인 폭력뿐만 아니라 구조적·문화적 폭력을 제거하여 적극적인 평화를 실현해야 한다고 봄

③ 갈퉁은 칸트의 영구 평화론은 소극적 평화를 달성하는 데는 의미가 있지만, 전쟁이 멈추어도 빈곤이나 인권 침해 등의 문제는 여전히 존재하기 때문에 소극적 평화만으로는 진정한 평화를 이루어 내기가 어렵다고 주장함

칸트의 영구 평화론

영구 평화(세계적 규모의 법적 상태)를 달성하기 위한 조건을 논한 것으로, 단일한 세계 국가(세계 공화국)를 건설하는 것은 현실상 불가능하므로 먼저 모든 국가가 민주적 법치 국가가 되고, 이어 이 국가들 간에 '연맹'을 만드는 것이 영구 평화를 실현하기 위한 유일한 방법이라고 보았다.

세계 시민법

칸트는 세계 시민법에서 이방인이 다른 나라에 갔을 때, 그곳에서 이방인이 평화적으로 행동하는 한 적대적으로 대우받지 않을 권리인 환대권을 지닌다고 본다.

갈퉁의 평화

갈퉁은 폭력을 삼각형에 비유하여 그 세 꼭짓점에 직접적 폭력, 구조적 폭력, 문화적 폭력이 있다고 주장한다.

폭력의 종류

• 물리적 폭력: 폭행·구타·고문·테러·전쟁 등 직접적이고 의도적인 폭력

• 구조적 폭력: 사회 제도나 관습, 정치, 법률 등에서 생기는 간접적·정신적이고 의도되지 않은 폭력

• 문화적 폭력: 종교·언어·예술 등을 통해서 직접적 폭력 행위와 구조적 폭력을 용인하고 정당화하는 기능을 수행하는 상징적인 폭력

(3) 묵자의 겸애(兼愛) 사상

① 묵자는 자기를 사랑하듯이 남을 사랑하고, 자기 나라를 사랑하듯이 남의 나라를 사랑하라는 겸애 사상을 제시함

> "모든 사람이 남의 나라를 자기 나라 위하듯 하면 누가 남의 나라를 공격하겠는가? 상대방을 위한다는 것은 자기를 위하는 것과 마찬가지이다. …… 남의 집을 자기집 위하듯 하면 누가 남의 집을 어지럽히겠는가? 상대방을 위한다는 것은 자기를 위하는 것과 같다."
>
> – "묵자"

② 묵자의 겸애 사상은 전쟁을 방지하기 위해서는 국가 간에 서로 존중하는 자세가 중요함을 보여 줌

(4) 지구촌 평화 실현을 위한 노력

개인적 차원	상호 존중과 관용의 자세
국제적 차원	• 반인도적 범죄에 대한 처벌 강화 • 분쟁의 중재 노력 • 분쟁의 적극적 개입과 해결

02 국제 사회에 대한 책임과 기여

1. 세계화와 지역화

(1) 세계화

① 의미: 세계화는 정보 통신 기술 등 과학 기술의 발전으로 인해 국제 사회에서 상호 의존성이 증가하면서 세계가 단일한 사회 체계로 나아가는 현상을 의미함

② 세계화의 긍정적 측면과 부정적 측면

긍정적 측면	• 생활 공간의 확장으로 소비자는 다양한 상품의 선택 기회를 가지게 되고, 생산자는 더 넓은 시장에서 상품을 판매할 수 있게 됨 • 각국의 경제가 밀접한 관련을 맺고 발전하여 창의성과 효율성이 높아져 공동의 번영이 가능하게 됨 • 전 지구적 문제를 해결하고 보편적 가치를 보장하기 위한 국제 협력이 이루어지게 됨 • 다양한 문화 간의 교류를 통해 새로운 창조적 문화가 발생할 수 있음
부정적 측면	• 세계화의 확산이 일부 강대국의 시장과 자본의 독점을 가져와 국가 간 빈부 격차가 심화되는 현상이 발생하고 있음 • 국가 간 상호 의존도가 높아져서 다른 나라의 경제 위기로 인해 국내 경제가 위험에 노출되는 현상이 발생하고 있음 • 각 지역이나 국가의 다양한 지역 문화가 사라지고 문화가 획일화되는 현상이 발생하고 있음

(2) 지역화의 의미와 문제점

의미	지역의 전통이나 특성을 살려 다른 지역과 차별화된 경쟁력을 갖추려는 현상이나 전략
문제점	지역화를 지나치게 강조하게 되면 지역의 배타성과 폐쇄성으로 인해 지역 간에 갈등이 발생할 수 있음

(3) 글로컬리즘(glocalism)

① 글로컬리즘은 세계화(globalization)와 지역화(localization)의 조화를 추구해야 한다는 것으로, 지역의 전통과 특색을 유지하는 지역화를 추진하면서 동시에 세계화의 흐름을 따르는 것을 의미함

② 글로컬리즘은 지역의 고유한 특성을 인류의 보편적 기준이나 가치에 맞게 변형하여 세계로 확산하는 방법을 통해 실현할 수 있음

묵자(墨子, B.C. 480~B.C. 390)
묵자는 중국의 고대 사상가이다. 묵자는 유교의 인(仁)을 차별적이고 구별적인 사랑이라고 비판하면서, 차별하지 않는 사랑인 겸애를 제시하였다.

왈처의 정의 전쟁론
왈처는 전쟁의 시작, 과정, 전쟁 이후의 처리가 모두 정의로워야 정의로운 전쟁이라고 본다. 전쟁은 평화적인 방법으로 문제를 해결할 수 없을 때 최후의 수단으로만 수행해야 하며, 전쟁에서 민간인 사상자는 최소화해야 한다. 왈처에 따르면 상대 나라의 자치 결정을 되도록 보장하고, 인권 침해, 독재 국가의 만행, 전통 관습에 따른 일상적 가혹 행위 등이 아닌 인종 학살과 같은 잔인하고 폭력적인 사태로 국민들이 심각한 고통을 받을 때에만 다른 나라의 상황에 개입할 수 있다.

세계화와 지역화

세계화	• 세계 통합 지향 • 인류의 공동 번영 도모
지역화	• 지역의 고유성과 지역성 보존 • 지역 발전과 경쟁력의 바탕

글로컬리즘의 세계화 구현
지역의 고유한 특성을 인류의 보편적 기준에 맞게 변형하여 세계로 확산시킨 대표적인 사례를 꼽자면 우리 문화의 지역성이 보편적 세계 문화로 자리 잡은 '난타'를 들 수 있다.

▲ 난타 공연

2. 국제 정의 실현

	형사적 정의	분배적 정의
의미	국제 분쟁이나 테러와 같이 국제 사회의 평화와 질서를 해치는 행위를 하는 집단을 처벌하여 행동에 제한을 가함	• 선진국과 후진국 사이의 빈부 격차를 완화하고 절대 빈곤으로 고통받는 사람들을 돕기 위하여 재화의 공정한 분배를 실현함 • 국가 간 경제 격차가 심화되면서 국제 사회에서 분배적 정의가 중요한 문제로 떠오름
실현 노력	국제 형사 경찰 기구나 국제 형사 재판소 등의 국제기구를 통해 국제 사회에서 발생하는 테러, 학살, 인신 매매 등의 반인도적 범죄 문제를 해결해야 함	• 공적 개발 원조를 통해 절대 빈곤을 개선하고 분배적 정의를 실현하기 위해 노력해야 함 • 공적 개발 원조는 개발 도상국의 경제 개발과 사회 복지를 돕는 지원으로 유·무상의 자금 지원과 기술 협력을 포함함

3. 해외 원조의 윤리적 근거

(1) **노직**: 자선의 관점

① 노직은 개인이 정당한 과정을 거쳐서 취득한 재산은 누구도 침해할 수 없는 배타적 소유권을 지닌다고 주장함

② 노직은 개인이 자선의 관점에서 자발적으로 가난한 사람들을 도울 수는 있지만, 개인이 해외 원조에 대한 어떠한 책임이나 의무도 지니지 않는다고 주장함

③ 노직은 개인에게 해외 원조를 의무로 요구하는 것은 개인의 자유와 권리를 침해하는 것이라고 봄

(2) **싱어**: 윤리적 의무의 관점

① 싱어는 쾌락의 증진과 고통의 감소를 추구하는 공리주의적 관점에서 해외 원조를 판단해야 한다고 보면서, 빈곤으로 고통받는 사람들을 돕는 것을 도덕적 의무라고 주장함

② 싱어는 '이익 평등 고려의 원칙'에 근거하여 고통과 쾌락을 느낄 수 있는 모든 존재를 고려해야 하므로, 자기 사회 구성원의 고통만을 고려하고 다른 사회의 구성원의 고통을 고려하지 않는 것은 이러한 원칙에 위배된다고 봄

③ 싱어는 세계 시민주의의 관점에서 원조의 대상을 자신이 속한 공동체나 국가 내부로 한정하지 말고 세계 전체의 사람들로 확대해야 한다고 주장함

④ 싱어는 절대 빈곤에 시달리는 사람들을 국적에 관계없이 원조해야 한다고 주장함. 원조의 의무는 지리적 근접성과 무관하며 다만 누군가가 어려움을 겪고 있다는 사실에서 나오는 것이라고 봄

⑤ 싱어는 고통받는 해외의 이웃들에게 자신의 꼭 필요하지 않은 지출을 기부하는 방식으로 소득의 일정 부분을 적극적으로 기부할 것을 주장함

⑥ 싱어는 자신의 기본적인 욕구를 충족하고 남는 소득이 있는 사람들은 최소한 자기 소득의 1%를 기부하여 세계의 빈민을 도와야 한다고 주장함

⑦ 싱어는 어떤 사람에게 닥칠 나쁜 일을 방지할 수 있는 힘을 우리가 가지고 있고, 그 나쁜 일을 방지함으로써 그에 상당하는 도덕적 의미를 가진 다른 일이 희생되지 않는다면 우리는 그렇게 해야만 한다고 주장하면서, 이와 같은 논리가 빈곤 등으로 고통받고 있는 사람들에 대한 해외 원조에도 적용되어야 한다고 봄

(3) **롤스**: 윤리적 의무의 관점

① 롤스는 불리한 여건으로 인해 고통받는 사회를 질서 정연한 사회가 되도록 돕는 것을 인류의 도덕적 의무라고 주장함

형사적 정의 실현 노력

• 반인도주의적 범죄와 관련된 처벌과 보상 문제는 국제 사회 차원의 공정한 해결이 필요하다.

• 국제 형사 재판소의 상설화를 통해 반인도주의 범죄 가해자를 처벌하고 국제 사회의 정의를 실현한다.

• 반인도주의적 국제 범죄에 대해서는 공소 시효를 적용하지 않는다.

국제 형사 재판소(ICC, International Criminal Court)

인간의 존엄과 가치, 국제 사회의 정의 실현을 위해 설립되었다. 주로 집단 살해죄, 전쟁 범죄, 반인도적 범죄 문제 등을 다룬다.

꼭 필요하지 않은 지출

싱어는 자신의 기본적인 필요를 충족시키는 것 이외의 것을 구매하는 행위를 꼭 필요하지 않은 지출이라고 규정하면서, 이러한 꼭 필요하지 않은 지출을 하지 않음으로써 발생하는 액수만큼을 해외의 고통받고 있는 사람들에게 기부할 것을 제안한다.

질서 정연한 사회

롤스가 말하는 질서 정연한 사회란 사회의 기본 제도가 공정으로서의 정의의 원칙에 따라 편성·운영되며 이러한 사실을 사회 구성원이 알고 있는 사회를 의미한다.

② 롤스는 질서 정연한 사회에 살고 있는 만민은 불리한 여건으로 인해 고통받는 사회에 대해 원조할 의무가 있다고 봄

③ 롤스는 한 사회의 빈곤의 문제는 물질적 자원의 부족에 의한 것이 아니라 정치·사회 제도의 결함 때문에 발생하는 것이라고 봄

④ 롤스는 해외 원조의 목적을 독재나 착취와 같이 사회 구조나 제도가 빈곤을 발생시키는 불리한 여건의 사회가 자유와 평등의 질서를 확립하여 질서 정연한 사회가 되도록 돕는 데 두어야 한다고 주장함

⑤ 롤스는 고통받는 사회가 질서 정연한 사회가 되면 독재나 착취와 같은 불합리한 사회 구조나 제도가 개선되어 정치적 전통, 법, 규범 등의 문화가 적정 수준에 이르게 된다고 주장함

⑥ 롤스는 차등의 원칙을 국제 사회에 적용하는 것을 반대하고 해외 원조를 경제적 분배의 과정으로 보아서는 안 된다고 주장함

⑦ 롤스는 국가 간의 부와 복지의 수준은 다양할 수 있으며 이는 자연스러운 것이기 때문에, 전 지구적 차원의 부의 재분배나 복지 향상을 해외 원조의 목적으로 삼아서는 안 된다고 주장함

⑧ 롤스는 가난한 나라일지라도 질서 정연하다면 원조를 할 필요가 없다고 주장함

⑷ **싱어와 롤스의 해외 원조론의 공통점과 차이점**

공통점	싱어와 롤스는 모두 인도주의적 입장에서 약소국 국민을 돕는 해외 원조를 윤리적 의무의 차원으로 수행할 것을 주장함
차이점	• 싱어: 개인의 복지와 전 지구 사람들의 복지 향상에 관심을 가짐 • 롤스: 원조의 대상과 목적을 정치적인 분야에 한정짓고 사회 체제나 구조의 개선에 관심을 가짐. 부의 재분배나 복지 향상을 원조의 목적으로 보지 않음

차등의 원칙
롤스가 제시한 정의의 원칙 중의 하나로, "사회적·경제적 불평등은 최소 수혜자에게 최대의 이익이 되도록 편성될 때 정당화된다."라는 것이다.

윤리적 의무의 관점
불리한 여건으로 고통받는 약소국 국민을 돕는 것은 윤리적 의무라고 보는 것이다. 반면 자선의 관점에서는 약소국에 대한 원조는 각 개인의 자유로운 선택이라고 본다.

2단계 개념 쏙 정리하기

1. 현실주의와 이상주의

현실주의	• 국제 사회는 통제할 중앙 정부가 없는 무정부 상태임 • 국제 사회는 자국의 이익을 추구하는 국가들로 구성되어 있음 • 국제 관계는 국가의 이익을 위한 투쟁 상태임 • 국가 간 세력 균형을 통해 평화를 유지할 수 있음
이상주의	• 국가도 이성적이고 합리적일 수 있음 • 상대방에 대한 무지나 오해 때문에 국제 분쟁이 발생함 • 국가뿐만 아니라 개인, 국제기구, 비정부 기구의 역할도 필요함 • 국제법, 국제 규범을 통해 제도를 개선하여 분쟁을 방지할 수 있음

2. 칸트와 갈퉁의 평화론

칸트	국제 사회에서 영원한 평화를 얻기 위해서는 모든 국가의 정치 체제가 공화정체이어야 하고, 국제법은 자유로운 국가들의 연방 체제에 기초해야 하며, 세계 시민법은 보편적 우호의 조건들에 국한되어야 함
갈퉁	• 평화는 소극적 평화와 적극적 평화로 구분됨 • 직접적 폭력뿐만 아니라 구조적·문화적 폭력이 사라진 적극적 평화가 실현되는 것이 진정한 평화 상태임

3. 해외 원조의 윤리적 근거

노직	• 해외 원조를 의무가 아닌 자선의 관점에서 접근해야 함 • 국가가 개인들에게 원조를 의무로서 강제하는 것은 개인의 자유와 권리를 침해하는 것임
싱어	• 해외 원조를 공리주의와 세계 시민주의의 관점에서 접근해야 함 • 인류의 고통을 감소시키기 위하여 원조의 대상을 자신이 속한 사회의 사람들로 한정해서는 안 되고 전 세계의 사람들로 확대해야 함 • 자신의 기본적인 필요를 충족시킬 수 있는 개인들은 자기 소득의 일정 부분을 적극적으로 기부해야 함
롤스	• 고통받는 사회를 질서 정연한 사회가 되도록 돕는 것은 인류의 의무임 • 한 사회의 빈곤의 문제는 정치·사회 제도의 결함 때문에 발생함 • 전 지구적 차원의 부의 재분배나 복지 향상을 원조의 목적으로 삼아서는 안 됨

● 다음 설명이 맞으면 ○, 틀리면 ×에 표시하시오.

1. 국제 분쟁에는 영토 분쟁, 인종 분쟁, 종교 분쟁, 자원 분쟁 등이 있다. (○, ×)

2. 국제 분쟁의 원인 중에 종교나 인종의 차이로 인한 갈등은 문화적 차이에 의한 갈등이 아니라 정치적 갈등에 해당한다. (○, ×)

3. 국제 분쟁은 지구촌의 평화를 위협하고 인간의 존엄성과 정의를 훼손한다. (○, ×)

4. 현실주의에서는 국제 사회도 자국의 이익을 추구하는 국가들로 구성되어 있다고 본다. (○, ×)

5. 현실주의에서는 국제 관계에서 국가를 통제할 상위 중앙 권위가 존재한다고 본다. (○, ×)

6. 현실주의에서는 국제 정치를 국가 이익의 관점에서 정의된 권력을 위한 투쟁이라고 본다. (○, ×)

7. 이상주의에서는 국제 분쟁의 발생 원인이 상대방에 대한 무지나 오해, 잘못된 제도 때문이라고 본다. (○, ×)

8. 현실주의에서는 국제 관계의 갈등을 완화하기 위해서는 국가뿐만 아니라 개인, 국제기구, 비정부 기구 등 다양한 행위 주체들의 노력을 강조한다. (○, ×)

9. 이상주의는 자국의 이익을 중시하는 현실적인 국제 관계를 설명하기 어렵고, 국제 관계를 통제할 실효성 있는 제재를 할 수 없다는 한계를 지닌다. (○, ×)

10. 칸트는 국제 사회의 영구 평화를 위해서는 모든 국가를 통제할 수 있는 세계 단일 국가가 형성되어야 한다고 본다. (○, ×)

11. 칸트는 모든 국가의 시민적 정치 체제는 국가 구성원이 자유롭고 평등하며 공통의 법을 따를 수 있는 공화정체이어야 한다고 주장한다. (○, ×)

12. 칸트는 장차 전쟁의 화근이 될 수 있는 내용을 암암리에 유보한 채 맺은 평화 조약도 평화 조약으로 간주되어야 한다고 본다. (○, ×)

13. 묵자의 겸애 사상은 전쟁을 방지하기 위해서는 국가 간에 서로 존중하는 자세가 중요함을 보여 준다. (○, ×)

14. 갈퉁은 소극적 평화를 직접적인 폭력뿐만 아니라 구조적·문화적 폭력이 제거되어 인간답게 살 수 있는 삶의 조건이 갖추어진 상태라고 본다. (○, ×)

15. 칸트는 세계 시민법은 보편적인 우호를 위한 제반 조건에 국한되어야 한다고 본다. (○, ×)

● 다음 중 옳은 것에 ○표 하시오.

16. 현실주의를 주장한 (㉠ 모겐소, ㉡ 칸트)는 국가의 이익과 도덕성이 충돌할 때는 도덕성보다 국가의 이익을 우선시해야 한다고 본다.

17. 이상주의에서는 인간이 (㉠ 이기적인, ㉡ 이성적인) 존재이듯이 국가도 (㉢ 합리적일, ㉣ 비합리적일) 수 있다고 본다.

18. (㉠ 칸트, ㉡ 갈퉁)은/는 국가 간의 영구 평화를 위한 예비 조항과 확정 조항을 제시하였다.

19. 갈퉁은 (㉠ 물리적, ㉡ 문화적) 폭력이 종교와 사상, 언어와 예술 전반에 영향을 미쳐서 구조적 폭력과 직접적 폭력을 정당화하는 역할을 한다고 본다.

20. 칸트는 (㉠ 세계 시민법, ㉡ 국제법)은 자유로운 국가들의 연방 체제에 기초해야 한다고 본다.

21. 칸트는 영구 평화를 위해서는 상비군이 (㉠ 유지, ㉡ 폐지)되어야 한다고 본다.

22. 갈퉁은 (㉠ 소극적, ㉡ 적극적) 평화만으로는 진정한 평화를 이룰 수 없다고 주장하면서, 직접적인 폭력뿐만 아니라 구조적·문화적 폭력을 제거하여 (㉢ 소극적, ㉣ 적극적) 평화를 실현해야 한다고 본다.

23. 갈퉁은 (㉠ 문화적, ㉡ 구조적) 폭력은 정치적·억압적·경제적·착취적 폭력으로 구분된다고 보았다.

● 빈칸에 들어갈 알맞은 말을 써 넣으시오.

24. 현실주의에서는 국가 간 ( )을/를 통해 평화를 유지할 수 있다고 본다.

25. ( )은/는 국가의 이익보다 인간의 존엄성, 자유, 평등 등의 보편적 가치를 우선하여 달성해야 한다고 주장한다.

26. 이상주의에서는 국가 간의 대화와 협력을 바탕으로 ( )나/이나 국제 규범으로 제도를 개선하여 국제 분쟁을 방지할 수 있다고 본다.

27. 묵자는 자기를 사랑하듯이 남을 사랑하고, 자기 나라를 사랑하듯이 남의 나라를 사랑하라는 ( ) 사상을 제시하였다.

28. ( )은/는 칸트의 영구 평화론이 소극적 평화를 달성하는 데는 의미가 있지만, 소극적 평화만으로는 진정한 평화를 이루어 내기가 어렵다고 주장한다.

29. 칸트는 이방인이 다른 나라에 갔을 때, 그곳에서 이방인이 평화적으로 행동하는 한 적대적으로 대우받지 않을 권리인 ( )을/를 지닌다고 본다.

VI

---

1 ○   2 ×(문화적 차이에 의한 갈등에 해당)   3 ○   4 ○   5 ×(없다고 봄)   6 ○   7 ○   8 ×(이상주의에 해당)   9 ○   10 ×(개별 국가의 주권을 보장하는 국제 연맹의 창설 주장)   11 ○   12 ×(간주되어서는 안 됨)   13 ○   14 ×(적극적 평화에 해당)   15 ○   16 ㉠   17 ㉡, ㉢   18 ㉠   19 ㉡   20 ㉡   21 ㉡   22 ㉠, ㉣   23 ㉡   24 세력 균형   25 칸트   26 국제법   27 겸애   28 갈퉁   29 환대권

● 다음 설명이 맞으면 ○, 틀리면 ×에 표시하시오.

30 세계화를 통해 각국의 경제가 밀접한 관련을 맺고 발전하여 창의성과 효율성이 높아져 공동의 번영이 가능하게 된다.
(○, ×)

31 세계화의 확산은 일부 강대국의 시장과 자본 독점을 가져와 국가 간 빈부 격차가 심화되는 현상을 발생시키기도 한다.
(○, ×)

32 지역화를 지나치게 강조하게 되면 각 지역이나 국가의 다양한 지역 문화가 사라지고 문화가 획일화되는 현상이 발생하게 된다.
(○, ×)

33 싱어는 개인이 해외 원조에 대한 어떠한 책임이나 의무도 지니지 않는다고 주장한다.
(○, ×)

34 싱어는 쾌락의 증진과 고통의 감소를 추구하는 공리주의적 관점에서 해외 원조를 해야 한다고 본다.
(○, ×)

35 싱어는 고통받는 해외의 이웃들에게 자신의 꼭 필요하지 않은 지출을 기부하는 방식으로 소득의 일정 부분을 적극적으로 기부할 것을 주장한다.
(○, ×)

36 싱어와 롤스는 해외 원조를 윤리적 의무라고 본다. (○, ×)

37 롤스가 말하는 질서 정연한 사회란 사회의 기본 제도가 공정으로서의 정의의 원칙에 따라 편성·운영되는 사회이다.
(○, ×)

38 롤스는 공리주의와 세계 시민주의의 관점에서 해외 원조의 필요성을 주장한다.
(○, ×)

39 노직은 개인이 자발적으로 빈곤에 처한 사람을 도울 수 있지만 그것이 의무는 아니라고 본다.
(○, ×)

40 싱어는 원조의 대상을 자신이 속한 공동체나 국가 내부로 한정해야 한다고 본다.
(○, ×)

41 롤스는 해외 원조의 목적을 사회 구조나 제도가 빈곤을 발생시키는 불리한 여건의 사회를 질서 정연한 사회가 되도록 돕는 데 두어야 한다고 주장한다.
(○, ×)

42 롤스는 차등의 원칙을 국제 사회에 적용하는 것에 찬성한다.
(○, ×)

43 롤스는 고통받는 사회가 질서 정연한 사회가 되면 불합리한 사회 구조나 제도가 개선되어 정치적 전통, 법, 규범 등의 문화가 적정 수준에 이르게 된다고 본다.
(○, ×)

44 롤스는 전 지구적 차원의 부의 재분배나 복지 향상을 해외 원조의 목적으로 삼아서는 안 된다고 본다.
(○, ×)

● 다음 중 옳은 것에 ○표 하시오.

45 (㉠ 지역화, ㉡ 세계화)는 지역의 전통이나 특성을 살려 다른 지역과 차별화된 경쟁력을 갖추려는 현상이나 전략을 의미한다.

46 (㉠ 지역화, ㉡ 세계화)를 지나치게 강조하게 되면 지역의 배타성과 폐쇄성으로 인해 지역 간에 갈등이 발생할 수 있다.

47 국제 관계에서 (㉠ 분배적, ㉡ 형사적) 정의는 국제 분쟁이나 테러와 같이 국제 사회의 평화와 질서를 해치는 행위를 하는 집단을 처벌하여 행동에 제한을 가하는 것이다.

48 (㉠ 싱어, ㉡ 롤스)는 한 사회의 빈곤의 문제는 정치·사회 제도의 결함 때문에 발생하는 것이라고 본다.

49 (㉠ 싱어, ㉡ 롤스)는 어떤 사람에게 닥칠 나쁜 일을 방지할 수 있는 힘을 우리가 가지고 있고, 그 나쁜 일을 방지함으로써 그에 상당하는 도덕적 의미를 가진 다른 일이 희생되지 않는다면 우리는 그렇게 해야만 한다고 주장한다.

50 롤스는 가난한 나라일지라도 질서 정연하다면 원조를 할 필요가 (㉠ 있다, ㉡ 없다)고 주장한다.

● 빈칸에 들어갈 알맞은 말을 써 넣으시오.

51 (　　　)은/는 정보 통신 기술 등 과학 기술의 발전으로 인해 국제 사회에서 상호 의존성이 증가하면서 세계가 단일한 사회 체계로 나아가는 현상을 의미한다.

52 (　　　)은/는 세계화(globalization)와 지역화(localization)의 조화를 추구해야 한다는 것으로, 지역의 전통과 특색을 유지하는 지역화를 추진하면서 동시에 세계화의 흐름을 따르는 것을 의미한다.

53 국제 관계에서 (　　　) 정의는 선진국과 후진국 사이의 빈부 격차를 완화하고 절대 빈곤으로 고통받는 사람들을 돕기 위하여 재화의 공정한 분배를 실현하고자 하는 것이다.

54 (　　　)은/는 개인이 정당한 과정을 거쳐서 취득한 재산은 누구도 침해할 수 없는 배타적 소유권을 지닌다고 주장한다.

55 싱어는 (　　　)의 원칙에 근거하여 고통과 쾌락을 느낄 수 있는 모든 존재를 고려해야 하므로 자기 사회뿐만 아니라 다른 사회의 구성원의 고통도 고려해야 한다고 본다.

56 롤스는 불리한 여건으로 인해 고통받는 사회를 (　　　) 사회가 되도록 도와야 한다고 본다.

57 싱어는 (　　　)의 관점에서 원조의 대상을 자신이 속한 공동체나 국가 내부로 한정하지 말고 세계 전체의 사람들로 확대해야 한다고 주장한다.

---

30 ○　31 ○　32 ×(세계화에 해당)　33 ×(노직의 주장)　34 ○　35 ○　36 ○　37 ○　38 ×(싱어의 주장)　39 ○　40 ×(한정하지 않아야 함)　41 ○　42 ×(반대함)　43 ○　44 ○　45 ㉠
46 ㉠　47 ㉡　48 ㉡　49 ㉠　50 ㉡　51 세계화　52 글로컬리즘　53 분배적　54 노직　55 이익 평등 고려　56 질서 정연한　57 세계 시민주의

동아출판

수능과 내신을 한 번에 잡는

프리미엄 고등 영어
수프림 시리즈

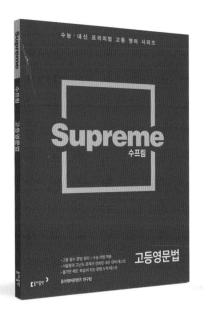
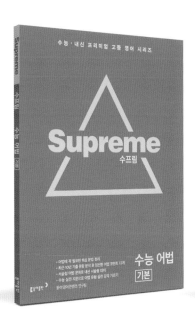
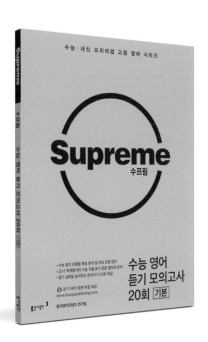

Supreme 고등영문법	**고등 내신과 수능을 미리 준비하는 고등영문법!** • 핵심 문법을 마스터하고 수능 어법까지 미리 준비 • 내신 및 서술형, 수능 어법 유형 문제까지 촘촘한 배치로 내신 완벽 대비 • 풀기만 해도 복습이 되는 문법 누적 테스트
Supreme 수능 어법 기본	**고등 문법 정리, 수능 어법 시작!** • 핵심만 뽑은 문법으로 어법 학습 전 문법 정리 • 최근 수능 기출 어법 문항을 분석하여 정리한 어법 포인트 72개 • 최근 증가 추세인 서술형 어법 문제로 내신 서술형 대비 • 수능 실전 어법 지문으로 실전 감각 기르기
Supreme 수능 영어 듣기 모의고사 20회 기본	**수능 영어 듣기의 시작!** • 수능 듣기 유형별 특징 분석 및 주요 표현 정리 • 고1–2 학력평가와 수능 기출 듣기 문항을 철저히 분석하여 만든 듣기 모의고사 • 핵심 단어와 표현, 잘 안 들리는 발음에 빈칸을 넣어 듣기 실력을 높여주는 받아쓰기

올쏘

고등 생활과 윤리

2015 개정 교육과정

문제로 통하는 **생활과 윤리**

올쏘

고등 **생활과 윤리**

• **Book ② 실전편**

수능 출제 유형을 익히는
기출 자료 & 선지 분석

수능 실전 감각을 향상시키는
실전 기출 문제

수능 문제 풀이의
노하우를 키우는
킬러 예상 문제

『동아출판

올쏘

고등 생활과 윤리

BOOK ❷ 실전편

Structure

BOOK❷ 실전편의 구성과 활용법

1단계
기출 자료 & 선지 분석

수능에 자주 출제되는 빈출 주제의 주요 자료 중에서 대표적인 유형을 선별하여 제시하고 그에 대한 단서 풀이와 자료 분석을 친절하게 정리하였습니다. 그리고 빈출 자료와 연계된 기출 선지 변형 ○× 문제를 수록하여 수능에 자주 나오는 빈출 선지를 익히도록 구성하였습니다. 기출 자료 & 선지 분석을 꾸준히 학습한다면 수능의 출제 패턴을 익히는 데 큰 도움이 될 것입니다.

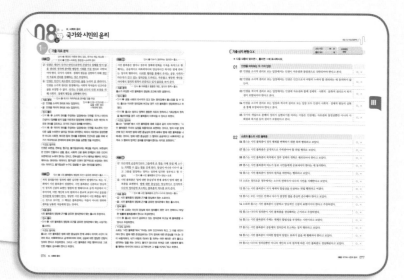

2단계
실전 기출 문제

수능을 준비하는 데 있어 기출 문제만한 것이 없지요? 최근 수능, 평가원, 교육청 기출 문제들을 강별로 수능 빈출 주제의 출제 빈도에 맞게 엄선하여 수록하였습니다. 기출 문제를 집중해서 풀어 본다면 실제 수능에서 어떠한 유형과 난이도로 출제가 이루어지고 있는지 파악하고 대비할 수 있습니다.

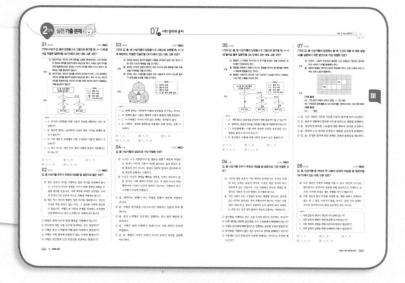

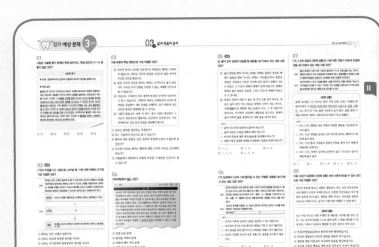

3단계 킬러 예상 문제

수능 빈출 주제 중에서 수능 출제 가능성이 높은 유형을 선별하였습니다. 변별력 높은 고난도 문제도 수록하여 수능 등급 향상에 도움이 되도록 구성하였습니다. 킬러 예상 문제를 통해 수능 문제 풀이의 스킬을 완벽하게 다질 수 있습니다.

실전 모의고사

개념 학습과 문제 풀이 학습이 모두 끝난 후, 실제 수능 시험의 느낌으로 풀어 볼 수 있는 실전 모의고사를 부록으로 수록하였습니다. 최근 수능 출제 경향을 반영하여 엄선한 문제인 만큼 수능 최종 점검 차원에서 꼭 풀어 보고 수능 준비를 마무리하세요.

정답 및 해설

문항별로 핵심 포인트를 짚어 풀이하였고, **선택지 분석**에서는 각 선택지별로 정답과 오답을 구분하여 친절하게 설명하였습니다.

- **자료 해설** 문제에 제시된 자료를 자세하게 설명하여 까다로운 문제도 확실히 이해할 수 있도록 하였습니다.
- **올쏘 만점 노트** 문제와 관련된 보충 내용이나 문제를 풀 때 꼭 알아야 하는 핵심 개념들을 정리해 놓았습니다.

Contents

BOOK❷ 실전편의 차례

정답 및 해설

개념 공부와 문제 풀이는 엄격하게 분리할 수 없습니다. 기본 개념만으로는 쉽게 도출하기 힘든 내용들이 문제 안에 녹아 있을 수도 있기 때문입니다. 그렇기 때문에 처음 기출 문제를 접했을 때 생각보다 문제가 쉽게 풀리지 않는 경우도 당연히 있을 수 있습니다. 문제를 풀었을 때 틀려도 괜찮습니다. 문제와 함께 그 문제를 왜 틀렸는지, 그 문제에서 얻어갈 수 있는 교훈은 무엇인지를 노트에 적어 두고 반복하여 본다면 문제 푸는 감각을 유지하는 데 도움이 될 것입니다.

김재민
서울대 사회교육과 입학
경기 화성고 졸업

전우석
서울대 지리교육과 입학
강릉고 졸업

개념 정리 노트를 완성한 후에는 '실전 기출 문제 풀이'를 시작하면 되는데, 저는 실전 기출 문제집을 이용해 4개년 분량을 3회씩 독파했습니다. 올해 수능의 경향과 수능 문제의 감을 잡기 위해 **기출 문제 풀이는 주기적으로 하는 것이 좋습니다.** 1~2주마다 공휴일을 이용해 실제 수능처럼 시간과 분위기를 맞춰 기출 문제를 풀었습니다. 그리고 다음날 **시험 결과를 오답 노트에 작성**하면서 보완점을 찾았습니다. 이 경험 덕분에 시험 볼 때 긴장을 덜하고 실력을 발휘했다고 생각합니다. 수험생 여러분에게도 이 방법을 적극 추천합니다!

개념 학습을 마치면 기출 문제를 이용해서 실전 문제 풀이를 진행해야 합니다. 사실 개념 학습이 되어 있다고 생각해도 실제 문제를 풀어 보면 틀리거나 개념만 알고 문제에 적용하기 힘든 경우가 사회탐구 과목에는 많습니다. 그래서 **기출 문제를 반드시 풀고 분석**해 보아야 합니다. 개인의 상황에 맞게 하루 분량을 정하되, **문제에 사용된 개념, 자신이 잘못 알고 있던 내용, 문제를 풀 때의 팁과 같은 것을 분석**합니다. 그리고 이것들을 문제 바로 옆 또는 다른 노트에 정리해 놓고 복습하면 기출 문제를 활용하여 효과적으로 공부할 수 있습니다.

김지후
서울대 사회교육과 입학
경기 고양외고 졸업

최지혜
서울대 지리교육과 입학
서산 서일고 졸업

수능 공부를 시작하며 어떻게 공부를 시작해야 할지 고민을 하는 분이 많을 것이라고 생각합니다. 저는 **개념 정리에 있어서 가장 중요한 점은 기출 문제를 풀어 보고 그동안 학습한 개념이 문제에서 어떻게 적용되는지 익히는 것**이라고 생각했습니다. 아무리 개념 공부가 완벽하더라도 문제에 어떻게 적용되는지를 모르면 그동안 학습한 개념들이 무용지물이기 때문입니다. 그래서 문제를 풀고 채점하고 끝내는 것이 아니라 **문제에 나오는 비슷한 선지들을 모아서 정리한 '선지 노트'를 만들었고, 틀린 문제를 모아 노트에 정리하면서 옆 여백에 해당 문제에 적용된 개념을 적은 '오답 노트'**도 만들었습니다. '선지 노트'는 수능에서 매번 나오는 같은 개념이 어떻게 다른 말로 변형되는지를 확인하는 데 큰 도움이 되었습니다. '오답 노트'는 저에게 부족한 부분이 무엇인지 한눈에 볼 수 있었습니다. 이렇게 만든 노트를 틈날 때마다 보고 시험 볼 때에도 다시 한 번 훑어보면서 내용들을 상기시켰습니다. 이러한 노력 끝에 1등급을 받을 수 있었습니다.

01강 현대 생활과 실천 윤리

1단계 기출 자료 분석

자료 01
> 단서 ❶ 이론 윤리학 　　단서 ❷ 이론 윤리학의 한계

윤리학의 근본 과제는 도덕적으로 올바른 행위를 판단하기 위한 기본 원리와 토대를 제공하고 일반화하는 데 있다. 그런데 오늘날 과학 기술의 급격한 발달은 기존의 이론 중심 윤리학만으로는 해결하기 어려운 도덕적 문제 상황들을 초래하였고, 그 결과 실제 생활과 관련하여 논쟁이 되는 윤리적 과제들이 대두되었다. 이에 따라 이러한 윤리적 과제들을 해결하기 위해 이 윤리학이 등장하게 되었다. 이 윤리학은 　　　　㉠　　　　

> 단서 ❸ 실천 윤리학의 등장 배경

자료 분석

이론 윤리학의 지니는 한계와 그로 인해 실천 윤리학이 등장하게 된 배경에 대한 설명이다.

단서 풀이

• 단서 ❶ 이론 윤리학에 대한 설명이다. 이론 윤리학은 도덕적 행위에 대한 이론적 분석과 정당화를 다룸으로써 보편적이고 객관적인 도덕 법칙을 정립하는 것을 목표로 한다.

• 단서 ❷ 과학 기술의 급속한 발전과 시대의 변화에 따라 전통 윤리만으로는 해결하기 어려운 문제 상황들이 발생하면서 새로운 윤리학이 필요해졌다. 따라서 새로운 윤리학은 이론적 토대보다는 직접적인 문제 해결에 관심을 기울이는 윤리학이어야 한다.

• 단서 ❸ 실천 윤리학은 현실적 삶의 문제를 분석하는 역할을 하며, 이론 윤리학의 내용을 삶의 구체적인 문제에 응용하여 문제에 관한 도덕적인 해결책을 찾고자 한다.

자료 02
> 단서 ❶ 분석 윤리학의 입장

나는 윤리학이란 규범 윤리적 물음에 답하기에 앞서 "그것을 학문적으로 다룰 수 있는가?"라는 문제부터 비판적으로 탐구하는 것을 근본 과제로 삼아야 한다고 생각한다. 그런데 어떤 사람들은 "도덕 문제를 어떻게 해결할 것인가?"라는 질문에 관심을 갖고 생명 복제, 사회 불평등 등과 같은 실제적인 도덕 문제에 대한 해답을 제시하려고 노력한다. 나는 이들의 입장이 　㉠　고 생각한다.
> 단서 ❷ 실천 윤리학의 입장

자료 분석　　　　　　단서 ❸ 분석 윤리학이 실천 윤리학 비판

분석 윤리학의 입장에서 실천 윤리학에 대해 제기할 수 있는 비판이다.

단서 풀이

• 단서 ❶ 윤리학이 학문적으로 성립 가능한지 탐구하는 것은 분석 윤리학이다.

• 단서 ❷ 다양한 윤리 이론을 실제적인 도덕 문제에 적용하여 이를 해결하고자 하는 것은 실천 윤리학이다.

• 단서 ❸ 분석 윤리학의 입장에서 실천 윤리학에 대해 지적할 수 있는 비판 내용을 제시한 내용을 고르면 된다.

이것도 알아둬

실천 윤리학은 삶의 구체적 상황에서 발생하는 문제를 해결하기 위해 의학, 법학, 과학, 종교 등의 다양한 학문 분야의 전문적 지식과 기술을 활용하는 학제적 성격을 지닌다.

자료 03
> 단서 ❶ 실천 윤리학 　　단서 ❷ 분석 윤리학

윤리학은 삶의 구체적인 상황에서 새롭게 대두되는 실천적 문제에 대한 해답을 제시해야 한다. 그런데 20세기 중반에 논리 실증주의의 영향을 받아 도덕 언어의 논리적 명료화에 주력하는 새로운 윤리학이 등장하였다. 당시 윤리학은 도덕 판단이 단지 감정의 표현이나 명령일 뿐이므로 무의미하다는 결론에 도달하기도 하였다. 나는 이러한 윤리학이 　　　㉠　　　고 생각한다.

> 단서 ❸ 분석 윤리학에 대한 비판

자료 분석

실천 윤리학의 입장에서 분석 윤리학에 대해 제기할 수 있는 비판이다.

단서 풀이

• 단서 ❶ 삶의 구체적인 문제를 해결하기 위한 방안을 제시해야 함을 강조하는 것은 실천 윤리학의 입장이다.

• 단서 ❷ 도덕적 언어의 의미와 논리적 타당성을 분석하는 학문은 분석 윤리학이다.

• 단서 ❸ '나'는 실천 윤리학의 입장으로, 분석 윤리학이 도덕 언어의 명료화에 주목하는 것이나 도덕 판단에 대해 회의적인 결론을 내린 것에 대한 한계나 문제점 등을 지적할 수 있다.

이것도 알아둬

윤리학은 크게 규범 윤리학, 분석(메타) 윤리학, 기술 윤리학으로 구분된다. 그리고 규범 윤리학은 이론 윤리학과 실천(응용) 윤리학으로 구분되는데, 이론 윤리학은 어떤 도덕 원리가 윤리적 행위를 위한 근본 원리로 성립할 수 있는지를 다루는 학문으로서 의무론, 공리주의, 덕 윤리 등이 여기에 속한다. 실천 윤리학은 이론 윤리학에서 제공하는 도덕 원리를 토대로 현실의 도덕 문제를 해결하는 데 초점을 둔다. 이런 의미에서 실천 윤리학을 응용 윤리학, 문제 중심 윤리학이라고도 한다.

자료 04
> 단서 ❶ 실천 윤리학

나는 윤리학이 생명 윤리 문제, 정보 윤리 문제 등과 같은 다양한 삶의 영역에서 제기되는 구체적 문제에 대해 도덕적인 해결책을 제시해야 한다고 본다. 이러한 측면에서 윤리학은 이론 지향적이 아니라 실천 지향적이어야 한다. 그런데 어떤 윤리학자는 윤리학이 '옳다', '그르다'와 같은 도덕적 언어의 의미를 분석해야 한다고 주장한다. 나는 이러한 윤리학자의 입장이 　　　㉠　　　고 생각한다. 　　단서 ❷ 분석 윤리학

자료 분석

실천 윤리학의 입장에서 분석 윤리학에 대해 제기할 수 있는 비판이다.

단서 풀이

• 단서 ❶ 윤리학이 삶의 구체적 문제에 대한 도덕적 해결책을 제시해야 한다고 보는 입장은 실천 윤리학이다.

• 단서 ❷ 도덕적 언어의 의미를 분석하여 윤리학의 학문적 성립 가능성을 탐구하는 입장은 분석 윤리학이다.

이것도 알아둬

분석 윤리학은 윤리학의 학문적 성립 가능성을 탐구하기 위해 도덕적 언어의 의미 분석과 도덕적 추론의 타당성 등을 검증하는 데 관심을 둔다. 그리하여 '옳다는 것과 그르다는 것의 의미는 무엇인가?', '선하다는 것과 악하다는 것의 의미는 무엇인가?' 등을 주요 주제로 삼는다.

소요 시간	분 초	어려웠던
틀린 개수	개	문항

기출 선지 변형 O X

※ 다음 내용이 맞으면○, 틀리면 ×에 표시하시오.

실천 윤리학, 이론 윤리학, 분석 윤리학, 기술 윤리학	
01 실천 윤리학은 도덕 명제에 대한 검증 가능성과 분석적 접근을 강조한다.	○, ×
02 실천 윤리학은 도덕적 탐구가 학문적으로 정립 가능한 분야임을 부정한다.	○, ×
03 실천 윤리학은 도덕규범의 현실적인 적용과 구체적인 대안의 실천을 강조한다.	○, ×
04 실천 윤리학은 도덕 문제 해결을 위한 규범 윤리 이론의 응용 가능성을 인정한다.	○, ×
05 기술 윤리학은 도덕적 관행을 가치와 무관한 문화적 사실로 볼 것을 강조한다.	○, ×
06 이론 윤리학은 도덕 판단의 근거가 되는 규범 체계의 필요성을 강조한다.	○, ×
07 이론 윤리학은 분석 윤리학을 향해 도덕적 추론에 대한 가치 중립적 분석의 중요성을 간과하였다고 비판할 수 있다.	○, ×
08 기술 윤리학은 도덕적 풍습을 있는 그대로 기술하는 것이 중요함을 강조한다.	○, ×
09 실천 윤리학은 도덕 언어의 분석보다 도덕 문제의 해결이 중요함을 간과한다.	○, ×
10 기술 윤리학은 도덕적 지식의 성립 가능성에 대한 탐구의 필요성을 주장한다.	○, ×
11 기술 윤리학은 경험적 사실 기술보다 도덕적 가치 판단을 중시한다.	○, ×
12 이론 윤리학은 어떤 원리가 윤리적 행위를 위한 근본 원리로서 적합한지를 탐구한다.	○, ×
13 실천 윤리학은 이론 윤리학처럼 어떤 도덕 이론들이 타당한지 밝혀내는 데 관심이 있다.	○, ×
14 이론 윤리학은 성품이나 행위, 제도 등에 대해 윤리적 판단의 근거를 제공한다.	○, ×
15 분석 윤리학의 입장에서 규범 윤리학은 도덕 언어의 분석을 핵심 과제로 삼아야 함을 간과하고 있다.	○, ×
16 분석 윤리학은 사실 판단들 사이의 논리적 관계와 타당성을 주로 탐구한다.	○, ×
17 규범 윤리학은 윤리적 삶의 가치와 방향을 제시해야 함을 강조한다.	○, ×
18 규범 윤리학은 도덕적 행위를 위한 도덕 원리의 정립에 관심을 갖는다.	○, ×
19 기술 윤리학은 사람들의 윤리 의식이나 가치관을 조사한다.	○, ×
20 분석 윤리학은 윤리학이 바람직한 삶에 대한 안내를 주된 목표로 삼아야 한다고 본다.	○, ×
21 응용 윤리학과 기술 윤리학은 경험 과학적 접근을 강조한다.	○, ×
22 이론 윤리학은 성품이나 행위, 제도 등에 대해 윤리적 판단의 근거를 제공한다.	○, ×

01 수능

(가), (나)에 들어갈 적절한 내용을 〈보기〉에서 고른 것은?

> 20세기 들어 '윤리학이 학문적 정체성을 확보할 수 있는가?'를 밝히기 위해 언어의 의미 분석에 몰두하는 윤리학이 등장하였다. 이 윤리학은 ___(가)___ 을 주요 탐구 과제로 설정하였다. 그러나 도덕 언어의 분석이나 기존의 도덕 이론만으로 해결할 수 없는 새로운 도덕 문제들이 제기되었다. 그래서 안락사, 임신 중절 등과 같은 현실적 삶에 등장한 딜레마를 해결하기 위해 새로운 윤리학이 요구되었다. 이러한 새로운 윤리학은 ___(나)___ 을 주요 탐구 과제로 삼는다.

> •보기•
> ㄱ. 옳고 그름의 판단 기준인 객관적 도덕규범을 정립하는 것
> ㄴ. 도덕 추론의 논증 가능성과 논리적 타당성을 규명하는 것
> ㄷ. 특정 문화권의 도덕 현상을 가치 평가 없이 설명하는 것
> ㄹ. 도덕 원리를 응용하여 실천적 도덕 문제를 해결하는 것

	(가)	(나)		(가)	(나)
①	ㄱ	ㄴ	②	ㄱ	ㄷ
③	ㄴ	ㄷ	④	ㄴ	ㄹ
⑤	ㄷ	ㄹ			

02 수능

㉠에 들어갈 말로 가장 적절한 것은?

> '거짓말은 나쁜가?'와 같은 도덕 문제에 답하려면 관련된 문제들에 답해야 한다. 어떤 학자들은 '선악을 구분하는 도덕 원리가 무엇인가?'라는 물음에 대해 유용성, 정언 명령 등의 답을 제시하였다. 다른 학자들은 "'나쁘다.'의 의미는 무엇인가?"라는 물음에 대해 금지, 혐오 등의 답을 제시하였다. 하지만 위와 같은 대답들은 현실에서 제기되는 도덕 문제에 대한 구체적인 행위 지침을 제시하지 못한다. 따라서 ' ㉠ '와 같은 물음에 답하는 윤리학의 분야가 필요하다.

① '절대로 거짓말을 하지 마라.'가 보편타당한 도덕 규범인가?
② '거짓말은 나쁘니까 사소한 거짓말도 나쁘다.'라는 추론이 타당한가?
③ 거짓말에 대한 도덕적 신념이 지역적, 시대적으로 어떻게 다른가?
④ 선의의 거짓말과 관련된 도덕적 딜레마의 논리적 구조는 무엇인가?
⑤ 취재원 보호를 위한 기자의 거짓말이 언론 윤리에 위배되는가?

03 수능

p.006 **자료 01**

㉠에 들어갈 진술로 가장 적절한 것은?

> 윤리학의 근본 과제는 도덕적으로 올바른 행위를 판단하기 위한 기본 원리와 토대를 제공하고 일반화하는 데 있다. 그런데 오늘날 과학 기술의 급격한 발달은 기존의 이론 중심 윤리학만으로는 해결하기 어려운 도덕적 문제 상황들을 초래하였고, 그 결과 실제 생활과 관련하여 논쟁이 되는 윤리적 과제들이 대두되었다. 이에 따라 이러한 윤리적 과제들을 해결하기 위해 이 윤리학이 등장하게 되었다. 이 윤리학은 ㉠ .

① 도덕 명제에 대한 검증 가능성과 분석적 접근을 강조한다.
② 도덕적 탐구가 학문적으로 정립 가능한 분야임을 부정한다.
③ 도덕규범의 현실적인 적용과 구체적인 대안의 실천을 강조한다.
④ 도덕 문제 해결을 위한 규범 윤리 이론의 응용 가능성을 부정한다.
⑤ 도덕적 관행을 가치와 무관한 문화적 사실로 볼 것을 강조한다.

04 수능

(가), (나)의 입장으로 가장 적절한 것은?

> (가) 윤리학은 "인간이 지향해야 할 삶의 가치는 무엇인가?"를 탐구 주제로 삼아 바람직한 삶의 이상을 제안하고 올바른 판단과 행위의 근거인 보편적 도덕 원리를 정립해야 한다.
> (나) 윤리학은 "실생활의 도덕적 문제를 어떻게 해결할 것인가?"를 탐구 주제로 삼아 환경오염, 연명 치료 중단, 사형 제도 등과 같은 현안에 대한 규범적 해결책을 제시해야 한다.

① (가): 윤리학은 도덕 언어의 의미 분석을 핵심 과제로 삼는다.
② (가): 윤리학은 도덕적 관습의 실태 조사를 핵심 과제로 삼는다.
③ (나): 윤리학은 윤리학의 학문적 성립 가능성 검증을 핵심 과제로 삼는다.
④ (나): 윤리학은 현실 문제에 대한 도덕 원리의 적용을 핵심 과제로 삼는다.
⑤ (가), (나): 윤리학은 가치 판단을 배제한 결론 도출을 핵심 과제로 삼는다.

05 평가원

p.006 자료 03

㉠에 들어갈 진술로 가장 적절한 것은?

윤리학은 삶의 구체적인 상황에서 새롭게 대두되는 실천적 문제에 대한 해답을 제시해야 한다. 그런데 20세기 중반에 논리 실증주의의 영향을 받아 도덕 언어의 논리적 명료화에 주력하는 새로운 윤리학이 등장하였다. 당시 윤리학은 도덕 판단이 단지 감정의 표현이나 명령일 뿐이므로 무의미하다는 결론에 도달하기도 하였다. 나는 이러한 윤리학이 ⎡ ㉠ ⎤ 고 생각한다.

① 도덕 판단의 근거가 되는 규범 체계의 필요성을 강조하였다
② 도덕적 추론에 대한 가치 중립적 분석의 중요성을 간과하였다
③ 도덕적 풍습을 있는 그대로 기술하는 것이 중요함을 강조하였다
④ 도덕 언어의 분석보다 도덕 문제의 해결이 중요함을 간과하였다
⑤ 도덕적 지식의 성립 가능성에 대한 탐구의 필요성을 간과하였다

06 평가원

갑, 을, 병의 입장에 대한 옳은 설명만을 〈보기〉에서 있는 대로 고른 것은?

갑: "낙태는 나쁘다."라는 진술은 낙태에 대한 부정적 감정을 표현하는 것에 불과해. 왜냐하면 그러한 진술은 논리적으로도 경험적으로도 검증이 불가능하기 때문이야.

을: 너는 윤리학이 당위에 관한 학문이라는 것을 간과하고 있어. 우리는 객관적 도덕 원리를 정립함으로써 무엇이 옳은지 그른지를 판단할 수 있어.

병: 나도 을의 입장에 동의해. 하지만 낙태와 같은 도덕 문제를 해결하기 위해서는 새로운 의학 정보를 고려하면서 도덕 규범을 구체적인 문제 상황에 적용하는 것이 중요해.

보기
ㄱ. 갑은 각 사회의 도덕 현상에 대한 객관적 기술을 강조한다.
ㄴ. 을은 도덕 판단의 준거와 행위의 정당성 확보를 강조한다.
ㄷ. 병은 윤리학과 인접 학문들의 학제적인 연계를 중시한다.
ㄹ. 을, 병은 도덕 판단을 위한 도덕규범의 필요성을 중시한다.

① ㄱ, ㄴ   ② ㄱ, ㄷ   ③ ㄷ, ㄹ
④ ㄱ, ㄴ, ㄹ   ⑤ ㄴ, ㄷ, ㄹ

07 평가원

p.006 자료 02

㉠에 들어갈 진술로 가장 적절한 것은?

나는 윤리학이란 규범 윤리적 물음에 답하기에 앞서 "그것을 학문적으로 다룰 수 있는가?"라는 문제부터 비판적으로 탐구하는 것을 근본 과제로 삼아야 한다고 생각한다. 그런데 어떤 사람들은 "도덕 문제를 어떻게 해결할 것인가?"라는 질문에 관심을 갖고 생명 복제, 사회 불평등 등과 같은 실제적인 도덕 문제에 대한 해답을 제시하려고 노력한다. 나는 이들의 입장이 ⎡ ㉠ ⎤ 고 생각한다.

① 인접 학문과의 학제적 탐구의 필요성을 간과한다
② 당위의 학문이라는 윤리학의 본질적 성격을 간과한다
③ 도덕 문제 해결을 위한 도덕 원리의 중요성을 간과한다
④ 규범 윤리학 이론과 도덕적 실천의 유기적 연관성을 간과한다
⑤ 도덕 언어의 논리적 타당성과 의미 분석의 중요성을 간과한다

08 교육청

p.006 자료 04

㉠에 들어갈 진술로 가장 적절한 것은?

나는 윤리학이 생명 윤리 문제, 정보 윤리 문제 등과 같은 다양한 삶의 영역에서 제기되는 구체적 문제에 대해 도덕적인 해결책을 제시해야 한다고 본다. 이러한 측면에서 윤리학은 이론 지향적이 아니라 실천 지향적이어야 한다. 그런데 어떤 윤리학자는 윤리학이 '옳다.', '그르다.'와 같은 도덕적 언어의 의미를 분석해야 한다고 주장한다. 나는 이러한 윤리학자의 입장이 ⎡ ㉠ ⎤ 고 생각한다.

① 도덕적 논증의 타당성 검토에 전념해야 함을 간과한다
② 윤리학의 학문적 성립 가능성을 탐구해야 함을 간과한다
③ 실천적 규범을 통해 현실의 도덕 문제를 해결해야 함을 간과한다
④ 도덕 문제의 해결보다는 도덕 관행을 기술해야 함을 강조한다
⑤ 도덕 원리를 적용해 구체적 삶의 문제를 해결해야 함을 강조한다

01

㉠에 대한 옳은 설명을 〈보기〉에서 고른 것은?

> ┌──────────────────────────────────┐
> │   ㉠   은/는 인간으로서 지켜야 할 도리나 이치를 뜻하는 말
> 로 어떤 대상을 평가하고, 집단에서 지켜야 할 행동 양식을 말
> 한다. 사람을 뜻하는 '人'과 집단이나 무리를 뜻하는 '倫', 그리
> 고 도리나 이치를 뜻하는 '理'가 결합한 말이다.
> └──────────────────────────────────┘

·보기·
ㄱ. 인간으로서 지켜야 할 행동의 기준이자 규범의 역할을 한다.
ㄴ. 인간관계 속에서 인정되고 수용될 수 있는 행동 원리와 지
   침이다.
ㄷ. 가치 중립적이고 객관적으로 검증된 것만을 인정하는 과학
   적 체계이다.
ㄹ. 자연 과학이나 사회 과학과 마찬가지로 규범보다는 사실을
   중심으로 현상을 설명하고자 한다.

① ㄱ, ㄴ   ② ㄱ, ㄷ   ③ ㄴ, ㄷ
④ ㄴ, ㄹ   ⑤ ㄷ, ㄹ

02 고난도

갑, 을, 병의 입장에 대한 설명으로 가장 적절한 것은?

> 갑: 윤리학은 도덕 문제 해결에 앞서 '선하다.'는 것과 '악하다.'
>   는 것, '옳다.'는 것과 '그르다.'는 것 등의 의미를 명확하게
>   분석해 내는 데 주력해야 한다.
> 을: 윤리학은 도덕 문제 해결에 앞서 사회 과학에서의 연구 방
>   법과 마찬가지로 개인이나 사회가 지닌 도덕적 풍습이나
>   관습을 객관적으로 서술하는 데 주력해야 한다.
> 병: 윤리학은 도덕 문제 해결에 앞서 현실 사회에서 구체적으로
>   적용 가능한 다양한 윤리 이론들을 정당화하고 정립하는
>   데 주력해야 한다.

① 갑은 윤리학이 당위나 규범의 성격을 가져서는 안 된다고 본다.
② 을은 윤리학이 경험 과학적 방법을 동원해서는 안 된다고 본다.
③ 병은 도덕적 추론의 논리적 타당성 분석이 윤리학의 핵심이
   라고 본다.
④ 을은 병과 달리 윤리학이 구체적 삶의 도덕적 문제 해결을
   위한 직접적인 윤리 이론을 제시해야 한다고 본다.
⑤ 병은 갑, 을과 달리 윤리학이 도덕적 행위를 정당화하는 규
   범적 근거를 제시하는 것에 중점을 두어야 한다고 본다.

03

㉠에 들어갈 내용으로 가장 적절한 것은?

> 분석 윤리학은 윤리학의 역사가 오래되었지만 기존의 윤리학은
> 아직 윤리학적 쟁점이 무엇인지 모르고 있다고 주장한다. 분석
> 윤리학에서는 '선', '악', '옳음', '그름' 등과 같은 도덕적 언어나
> 개념의 의미를 명확하게 설명하는 것이 진정한 윤리학적 쟁점
> 이라고 본다. 하지만 이러한 윤리학은 도덕적 언어의 개념 분석
> 에 치중한 나머지   ㉠   는 비판을 받기도 한다.

① 도덕적 추론의 논리적 타당성 분석을 소홀히 하고 있다
② 인간 삶의 구체적 도덕 문제 해결에 기여를 하지 못한다
③ 윤리학이 가치와 규범을 다루는 학문임을 간과하고 있다
④ 도덕적 풍습 및 관습에 대한 경험적 기술에 치중하고 있다
⑤ 실천을 위한 다양한 윤리 이론만 정립하는 데 주력하고 있다

04 고난도

(가)의 갑, 을, 병의 입장을 (나) 그림으로 탐구할 때, A~D에 들어
갈 적절한 질문만을 〈보기〉에서 있는 대로 고른 것은?

> (가)
> 갑: 윤리학에서 일차적으로 문제로 삼는 것은 실천적 원리에 대한 철
>   학적 해석이 아니라 실천적 언어의 구조와 기능 분석이다.
> 을: 윤리학에서 관심을 가져야 할 것은 개인과 사회가 행하고 있는 도
>   덕적 관행이나 관습에 대한 객관적 조사와 비교 분석이다.
> 병: 윤리학에서 진정으로 관심을 가져야 하는 것은 삶에서 직면하는 윤
>   리적 갈등 상황과 도덕 문제에 대한 구체적 해결책 모색이다.

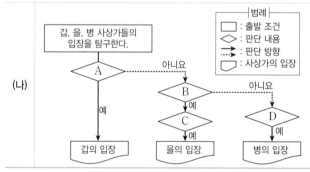

·보기·
ㄱ. A: 윤리학은 도덕적 추론의 논리적 타당성 분석에 주력해야
   하는가?
ㄴ. B: 윤리학은 가치를 다루는 학문이므로 가치 중립적 연구를
   배제해야 하는가?
ㄷ. C: 윤리학은 사회 과학적 방법론을 동원하여 윤리 문제에
   접근할 수 있는가?
ㄹ. D: 윤리학은 개인과 사회가 바람직한 방향으로 나아가는
   데 기여해야 하는가?

① ㄱ, ㄴ   ② ㄱ, ㄹ   ③ ㄴ, ㄷ
④ ㄱ, ㄷ, ㄹ   ⑤ ㄴ, ㄷ, ㄹ

05

다음에서 강조하는 내용으로 가장 적절한 것은?

> 생명 과학 기술의 발달로 인간의 생명이 연장되고 그동안 치료하기 어려웠던 질병들이 치료되어 풍요로운 삶을 누리기도 하는 반면, 이러한 과학 기술이 원칙 없이 사용될 경우 인간의 존엄성을 훼손하는 문제가 발생할 수 있다. 또한 정보 통신 기술로 전 지구가 하나의 네트워크로 연결되어 국제 교류의 장이 마련되었고, 다양한 지식과 정보에 대한 접근성이 높아졌다. 그러나 사이버 폭력, 사생활 침해, 저작권 침해와 같은 윤리 문제가 발생하였다.

① 현대 사회는 과학 기술 지상주의가 실현되는 방향으로 나아가고 있다.

② 현대 사회에서 과학 기술 발달에 따른 다양한 윤리적 문제가 발생하고 있다.

③ 현대 사회의 윤리적 문제 해결을 위해서는 전통적인 인간 중심적 윤리학에 주목해야 한다.

④ 현대 사회에서 정보 통신 기술이 인간의 삶에 실질적으로 미치는 영향력이 약해지고 있다.

⑤ 현대 사회의 생명 과학 및 정보 통신 기술의 발전은 인간의 존엄성 보장을 위한 충분조건이다.

06

다음에 나타난 실천 윤리학 분야의 주요 쟁점으로 가장 적절한 것은?

> ○ 난민의 비극을 상징하는 꼬마 난민의 죽음이 전 세계를 움직이고 있다. 세 살의 쿠르디는 터키 바닷가에서 엎드려 숨진 채 발견됐다. 쿠르디는 비극적인 난민의 상징이 되었고, 각국 정부에 난민 정책 개선을 요구하는 목소리가 높아지고 있다.
> ○ 독일의 ○○○ 총리는 시리아 난민을 모두 받아들이겠다며 난민 포용에 앞장섰지만 이러한 움직임은 오래가지 못했다. 유럽 각지에서 이슬람 극단주의자들이 테러를 일으켜 난민을 보는 시선이 곱지 않아졌기 때문이다. 게다가 비교적 테러에서 안전한 국가로 여겨졌던 독일에서 연달아 테러가 일어나 독일 사회를 충격과 불안에 빠뜨렸다.

① 어린이의 인권을 어디까지 보호할 것인가?

② 테러로부터 안전하려면 어떻게 해야 하는가?

③ 생명에 관한 자기 결정권은 인간에게 주어져 있는가?

④ 빈곤한 나라 사람들을 돕는 것은 선택이 아니라 의무인가?

⑤ 도덕적 고려의 범위를 생명이 없는 존재까지 확장해야 하는가?

07

그림은 형성 평가이다. 학생의 답이 옳게 표시된 것만을 ㉠~㉣ 중에서 있는 대로 고른 것은?

> ═══════════ 형성 평가 ═══════════
>
> 3학년 □반 ○○○
>
> ◉ 갑, 을이 강조하는 윤리학의 공통된 특징으로 옳으면 '예', 틀리면 '아니요'에 √표를 하시오.
>
> > 갑: 윤리학은 어떤 원리가 윤리적 행위를 위한 근본 원리로 성립할 수 있는지를 연구해야 하며, 도덕 판단의 기준을 명확히 하여 윤리 이론을 정립하고 이를 정당화하는 데 주력해야 한다.
> > 을: 윤리학은 현대인의 삶의 영역에서 제기되는 다양한 윤리 문제를 해결하는 목표로 삼아야 하며, 현실의 도덕 문제 상황에서 이론 윤리를 적용하여 사람의 성품, 행위 등 대한 윤리적 판단을 내려야 한다.
>
> ○ 주장1: 인생에서 무엇을 추구해야 하며 어떻게 살아야 하는가에 대해 탐구한다. 예☑ 아니요□ ········· ㉠
>
> ○ 주장2: 도덕적 관습을 관찰하고 기록하는 것을 목표로 한다. 예□ 아니요☑ ········· ㉡
>
> ○ 주장3: 각 사회가 지닌 다양한 도덕적 관행이나 풍속 등을 구체적으로 조사하고 객관적으로 서술하는 데 주력한다. 예☑ 아니요□ ········· ㉢
>
> ○ 주장4: 인간 삶의 방향에 대한 직접적 안내보다는 도덕적 개념에 대한 경험 과학적 분석에 치중한다. 예□ 아니요☑ ········· ㉣

① ㉠, ㉡   ② ㉠, ㉣   ③ ㉢, ㉣

④ ㉠, ㉡, ㉣   ⑤ ㉡, ㉢, ㉣

08

(가), (나)는 실천 윤리학의 분야를 설명한 것이다. (가), (나)에서 제기할 질문으로 가장 적절한 것은?

> (가) 인간은 인간 스스로 존재할 수 있다기보다는 동식물과 물, 공기, 흙 등 전 지구적 자원들과 공동체를 이루면서 살아가야 한다. 인간, 동물, 생명, 생태계가 공존을 이룰 수 있는 방안을 모색해야 한다.
> (나) 인간은 정보 통신 기술의 발달로 인한 많은 혜택과 편리함을 누리고 있다. 하지만 이러한 현상은 사생활 침해, 개인 정보 유출, 사이버 공간과 현실 공간의 혼란 등의 많은 문제를 양산하고 있어 주의가 필요하다.

① (가): 생명 윤리와 생명 과학은 양립할 수 있는가?

② (가): 인간과 자연의 관계를 어떻게 파악해야 하는가?

③ (나): 기초 과학자는 응용 과학자와 어떤 차이가 있는가?

④ (나): 자아 정체성을 확립하기 위해 명상은 도움이 되는가?

⑤ (가), (나): 정립한 이론으로 현실의 도덕 문제를 해결할 수 있는가?

02강 현대 윤리 문제에 대한 접근

기출 자료 분석

자료 01

단서 ❶ 배려 윤리는 정의 윤리를 보완하기 위해 등장함

윤리는 도덕적 추론이 아니라 도덕적 태도나 선에 대한 열망에서 시작되어야 한다. 남성 중심적 윤리의 문제점을 파악하고, 인간관계, 책임, 헌신 등의 여성적 특성을 지닌 윤리에 주목해야 한다.

자료 분석

단서 ❷ 배려 윤리의 특징

배려 윤리의 등장 배경에 대한 내용이다.

단서 풀이
- 단서 ❶ 배려 윤리는 남성 중심적이고 정의 중심적인 윤리의 문제점을 보완하기 위해 등장하였다.
- 단서 ❷ 배려 윤리는 남성이 주로 권리와 의무, 정의의 원리 등을 중시하는 데 반해 여성은 개별적인 관계, 특히 배려를 중시한다고 보고 도덕 판단을 할 때 남성과 여성이 중시하는 사실이 다르다는 점을 고려해야 한다고 주장하였다. 배려 윤리에서는 윤리적 결정을 할 때 상황의 특수성, 인간관계, 책임 등을 고려하여 판단한다.

자료 02

갑: 심정 윤리는 소명을 받들어 희생하는 신앙인들처럼 내면의 신념을 견지하는 것을 의미한다. 그에 비해 책임 윤리는 국가의 안위를 좌우하는 지도자들처럼 행위의 결과에 대해 책임지는 것을 의미한다. → 단서 ❶ 베버   → 단서 ❷ 요나스

을: 현대 문명이 초래한 위기를 책임질 수 있는 유일한 존재는 인간이며, 인간은 책임질 수 있는 능력을 지녔다는 것 자체만으로 책임을 갖는다. 이에 우리는 책임지는 행동을 통해 '윤리적 공백'을 극복해야 한다.   단서 ❸ ←

자료 분석

갑은 베버의 책임 윤리, 을은 요나스의 책임 윤리에 관한 내용이고, 갑과 을은 모두 인간의 행위에 대한 책임을 강조한다.

단서 풀이
- 단서 ❶ 베버는 행위의 예측 가능한 결과에 엄격한 책임을 물었는데, 특히 공적 영역인 정치 영역에서 책임 윤리가 필요하다고 강조하였다.
- 단서 ❷ 요나스는 인간이 책임을 질 수 있는 유일한 존재라고 보고, 책임을 질 수 있는 능력을 지녔다는 것 자체로 책임을 져야만 한다는 의무로 연결된다고 주장하였다. 그래서 인류 문명의 존속이라는 무조건적 명령을 이행하기 위해 자연과 미래 세대에 대한 책임을 강조한다.
- 단서 ❸ 요나스는 과학 기술의 발달과 그것을 따라가지 못하는 윤리와의 간극을 '윤리적 공백'이라고 불렀다.

이것도 알아둬

책임 윤리는 베버가 심정 윤리와 대비하여 처음으로 사용한 개념이다. 심정 윤리는 행위의 선한 의도를 중시하는 반면, 책임 윤리는 행위의 예측 가능한 결과에 엄격한 책임을 묻는다. 따라서 책임 윤리는 목적과 수단의 관계 및 직접 의도하지 않은 부수적인 결과 등을 충분히 인식하고 예측하여 행동할 것을 요구한다.

자료 03

보이지 않는 데에서도 언제나 조심해야 하고, 들리지 않는 데에서도 항상 두려워해야 한다. 숨은 것처럼 잘 드러나는 것이 없으며, 미세한 것처럼 잘 나타나는 것이 없다. 그러므로 홀로 있을 때에도 항상 조심하고 삼가는 것[愼獨]이다.

자료 분석

단서 ❶ 신독=유교의 수양 방법

동양의 유교 사상에서 자신의 삶과 행위를 성찰하기 위한 방법 중 하나로 제시한 신독에 대한 내용이다.

단서 풀이
- 단서 ❶ 신독의 의미이다. 신독은 홀로 있을 때에도 도리에 어긋나지 않도록 몸가짐을 바로 하고 언행을 삼가는 것을 말한다. 신독은 유교의 수양 방법이기에 제시문이 유교 사상의 내용임을 알 수 있다.

이것도 알아둬

유교에서는 인간을 하늘로부터 도덕적 본성을 부여받은 존재라고 여기지만 지나친 욕심 때문에 잘못된 행동을 할 수 있다고 본다. 그래서 이를 극복하기 위한 수양 방법으로 경(敬)과 성(誠)을 강조한다. 선한 본성을 보존하고 확충하는 방법으로 홀로 있을 때 도리에 어긋나지 않도록 마음과 몸가짐을 바르게 하는 것은 '경'에, 진실한 자세로 쉬지 않고 부단히 노력하는 것은 '성'에 해당한다. 그리고 이러한 경과 성을 통해 지나친 욕구를 극복하고 예를 회복하고자 하는 것을 극기복례(克己復禮)라고 한다.

자료 04

어떤 행위가 가능한 다른 대안들보다 사회에 더 큰 선을 산출하는 규칙들의 집합에 속하는 규칙에 의해 요구되는 행위일 때, 그리고 오직 그때에만 그 행위는 옳다. → 단서 ❶ 규칙 공리주의

자료 분석

제시문은 행위가 따르고 있는 규칙의 결과를 옳은 행위의 결정 기준으로 삼는 규칙 공리주의의 입장이다.

단서 풀이
- 단서 ❶ 규칙 공리주의는 윤리적 의사 결정과 관련하여 더 큰 유용성을 산출하는 규칙을 따르라고 주장한다.

이것도 알아둬

행위 공리주의는 '어떤 행위가 최대의 유용성을 낳는가?'를 묻고, 규칙 공리주의는 '어떤 규칙이 최대의 유용성을 낳는가?'를 묻는다. 행위 공리주의자들은 무조건 결과의 이익만을 계산하여 행위할 것을 요구하기 때문에 종종 우리의 도덕적 직관과 어긋날 때가 있다. 이러한 문제점을 극복하기 위해 등장한 것이 바로 규칙 공리주의이다. 이때 규칙 공리주의자들은 규칙이 유용한지 아닌지를 일반적 실천의 결과로 평가한다. 그러면서 가장 낮은 수준의 규칙으로 '거짓말을 하지 마라.', '해악을 끼치지 마라.'와 같이 공리를 극대화하는 경험 규칙을 제시한다.

소요 시간	분 초	어려웠던 문항
틀린 개수	개	

기출 선지 변형 O X

※ 다음 내용이 맞으면 ○, 틀리면 ×에 표시하시오.

01 공리주의와 배려 윤리

01 공리주의는 타인을 도울 때 내가 얻을 수 있는 이익이 무엇인지를 중요시한다. ○, ×

02 배려 윤리는 행위를 할 때 상대방의 어려움에 공감한 실천을 중시한다. ○, ×

03 배려 윤리 등장 이전의 합리주의 윤리관에서는 동정심이 아닌 누구나 동의 가능한 판단에 따른 행동을 중시하였다. ○, ×

04 공리주의는 사람들에게 보편적으로 적용 가능한 행위 원칙이 있다고 본다. ○, ×

05 규칙 공리주의는 행위자의 행위 자체를 도덕 판단의 대상으로 삼아 각각의 행위의 쾌락을 계산한다. ○, ×

06 규칙 공리주의자들은 오래전부터 많은 이들이 따랐던 규칙을 기준으로 최선의 결과를 도출한 것이므로, 그 규칙을 따르는 것이 더 좋은 결과를 가져올 확률이 높다고 본다. ○, ×

07 규칙 공리주의는 행위가 적용되는 규칙을 도덕 판단의 대상으로 삼아 가장 큰 행복을 가져다주는 규칙을 따르라고 주장한다. ○, ×

08 행위 공리주의는 행위 자체를 도덕 판단의 대상으로 삼아 각 행위의 쾌락을 계산하기에 우리의 상식과 맞지 않는 상황이 발생하기도 한다. ○, ×

02 책임 윤리와 심정 윤리

09 베버는 정치 영역에서는 책임 윤리보다 심정 윤리를 우선해야 한다고 주장하였다. ○, ×

10 심정 윤리는 결과가 아닌 행위의 선한 동기와 의도를 중시한다. ○, ×

11 요나스는 인류가 존속해야 한다는 것은 무조건 따라야 할 정언 명령이라고 보았다. ○, ×

12 요나스에 따르면 자연에 대한 인류의 책임은 예방이 아닌 보상을 위한 것이다. ○, ×

13 베버와 요나스는 행위의 의도가 선하다면 결과가 나쁘더라도 책임질 필요가 없다고 보았다. ○, ×

03 유교, 불교, 도가 사상

14 유교에서는 사사로운 욕심을 극복하여 예(禮)를 실현하는 삶을 추구한다. ○, ×

15 도가에서는 인의(仁義)를 버리고 자연의 소박한 덕을 따르는 삶을 추구한다. ○, ×

16 순자는 마음을 깨끗이 비우고[心齋] 천리를 따르는 삶을 추구하였다. ○, ×

17 불교는 우주 만물의 무상함을 깨닫고 무위(無爲)를 실천하는 삶을 추구한다. ○, ×

18 공자는 내 부모와 타인의 부모를 구분하지 않는 사랑을 실천하는 삶을 추구하였다. ○, ×

기출 자료 분석

자료 05 → 단서 ❶ 자연법 윤리 → 단서 ❷ 자연법 윤리

인간에게는 자신의 고유한 본성에 따라 선으로 향하는 성향이 내재되어 있다. 그러므로 우리는 신이 인간에게 부여한 본성에서 나온 "선을 추구하고 악을 피하라."는 원리에 따라야 한다.

→ 단서 ❸ 아퀴나스가 제시한 가장 기본적인 규범

자료 분석

아퀴나스의 자연법 윤리에 관한 내용이다.

단서 풀이

• 단서 ❶, ❷ 자연법이란 인간 본성에 의거하는 절대적인 법으로서 모든 인간에게 주어진 보편적인 법을 의미한다. 자연법 윤리에서는 인간이 이성이나 신이 부여한 직관을 통해 자연법의 원리를 발견할 수 있다고 보았다.

• 단서 ❸ 아퀴나스가 제시한 자연법의 기본 원리이다. 아퀴나스는 윤리적 의사 결정 과정에서 이러한 핵심 명제에 따라 행위할 것을 강조하였다.

이것도 알아둬

자연법 윤리에서 옳은 행위란 자연의 질서를 따르는 행위이다. 아퀴나스는 자연의 질서란 인간이 본성적으로 지니는 자연적 성향으로서, 인간에게는 생물학적 존재로서 자신과 자기 종족을 보존하려는 성향과 이성적 존재로서 진리를 파악하려는 성향이 내재되어 있다고 보았다. 그리고 이러한 성향을 바탕으로 생명의 불가침성 및 존엄성, 인간 양심의 자유, 만민 평등 등의 자연법적 권리를 도출하였다. 아퀴나스에 따르면 인간은 자연의 원리를 인식하고 이에 따라 행위의 옳고 그름을 판별할 수 있는 도덕적 능력인 이성을 지니고 있으며, 따라서 인간이 가장 먼저 추구해야 할 의무는 자연법의 요구에 따라 행동하는 것이라고 보았다.

자료 06 → 단서 ❶ 칸트

갑: 선의지는 어떤 목적을 달성하는 데 쓸모가 있기 때문에 선한 것이 아니라 오로지 그 자체로 선하다. 지성, 용기, 결단성과 같은 것이 일반적으로 바람직하더라도 이를 사용하는 의지가 선하지 못하면 악하고 해가 될 수도 있다.

을: 선의지만으로는 사회적 갈등 자체를 제거할 수 없다. 집단들 간의 관계는 윤리적이기보다는 정치적이다. 그 관계는 도덕적이고 합리적인 판단에 의해 형성되는 것이 아니라 각 집단이 갖고 있는 힘의 비율에 따라 형성된다. → 단서 ❷ 니부어

자료 분석

갑과 을은 각각 칸트와 니부어의 개인 윤리와 사회 윤리에 대한 내용이다.

단서 풀이

• 단서 ❶ 오직 선의지만이 그 자체로 선하다고 주장한 사상가는 칸트이다. 칸트는 선의지에 따른 행위만이 도덕적 행위라고 본다.

• 단서 ❷ 니부어는 집단 간의 관계에서 각 집단은 우위를 점하기 위해 경쟁하기 때문에 이기적이고 정치적이라고 보았다.

이것도 알아둬

칸트는 경향성에 따른 행위나 어떤 결과를 고려한 행위는 도덕적 가치를 지니지 않는다고 보았다. 왜냐하면 경향성은 우리의 의지와 상관없는 수동적인 반응이며, 결과를 고려한다고 해도 그 결과를 완벽하게 예측할 수는 없기 때문이다. 그리하여 칸트는 어떤 행위가 옳다고 말하려면 반드시 의무를 따르려는 의지, 즉 선의지에 따라 행위한 것이어야 한다고 주장하였다.

자료 07 → 단서 ❶ 행위보다는 행위자에 초점

우리는 다른 사람과 어울리며 하는 행위들에 의해 올바른 사람이 되거나 옳지 못한 사람이 된다. 또한 위험에 당면해 무서워하거나 태연한 마음을 지니는 태도에 따라 비겁한 사람이나 용감한 사람이 되는 것이다. 결국 도덕적 덕은 본성적으로 타고나는 것이 아니라 지속된 습관의 결과로 생긴다.

→ 단서 ❷ 덕은 지속된 습관의 결과 = 아리스토텔레스

자료 분석

아리스토텔레스의 덕 윤리에 대한 내용이다.

단서 풀이

• 단서 ❶ 행위보다는 행위자에 초점을 맞추어 행위 자체가 아니라 행위자의 성품을 평가해야 한다고 주장하는 아리스토텔레스의 덕 윤리의 입장이다. 아리스토텔레스는 어떤 행위나 태도를 지님에 따라 어떤 사람이 되는지가 결정된다고 보았다.

• 단서 ❷ 아리스토텔레스는 도덕적 덕은 지속적인 습관의 결과로 생긴다고 주장하였다. 따라서 덕 있는 행위를 반복적으로 실천함으로써 유덕한 사람이 될 수 있다고 보았다.

이것도 알아둬

아리스토텔레스는 도덕적 인간은 상황을 고려하여 극단이 아닌 중간적 최선, 즉 '중용'의 덕을 선택하는데, 좋은 것과 나쁜 것에 대한 앎을 토대로 덕 있는 행위를 반복하여 습관화함으로써 중용을 얻을 수 있다고 하였다.

자료 08 → 단서 ❶ 칸트의 의무론

갑: '해야 하기 때문에 할 수 있다.'는 것은 의무를 의식하기 때문에 정언 명령을 따라 행위할 수 있음을 의미한다. 이러한 정언 명령은 보편화 정식으로 표현된다.

을: '할 수 있기 때문에 해야만 한다.'는 것은 책임질 수 있는 능력을 지녔다는 것, 그 자체로 책임져야 한다는 의미이다. 이는 인간이 미래의 위험을 예견하고 책임져야 한다는 명령으로 표현된다. → 단서 ❷ 요나스의 책임 윤리

자료 분석

갑은 칸트의 의무론, 을은 요나스의 책임 윤리에 대한 내용이다.

단서 풀이

• 단서 ❶ '의무', '정언 명령'을 통해 칸트임을 알 수 있다. 칸트는 인간이 이성적 · 자율적 존재로서 보편적 도덕 법칙을 의식할 수 있다고 보고, 이러한 도덕 법칙은 정언 명령의 형식으로 제시된다고 하였다.

• 단서 ❷ 요나스는 인간만이 책임을 질 수 있는 유일한 존재라고 보고, 이러한 사실 자체로 책임을 져야 한다는 의무가 있다고 보았다. 그는 책임의 문제를 현세대의 생존뿐만 아니라 미래 세대와 생태계까지 확대하였다.

이것도 알아둬

요나스는 현대 과학 기술 문명이 초래한 위기를 극복하는 방안으로 책임 윤리를 주장하였다. 그는 인류의 존속이라는 무조건적 명령을 이행하기 위해 자연과 미래 세대에 대한 책임을 제시하였다. 또 요나스의 책임 윤리는 칸트와 같이 정언 명령의 형태를 띠며, 의무론을 기반으로 한다는 점도 알아두어야 한다.

소요 시간	분 초	어려웠던
틀린 개수	개	문항

기출 선지 변형 O X

※ 다음 내용이 맞으면○, 틀리면 ×에 표시하시오.

04 아퀴나스의 자연법 윤리

19 아퀴나스는 현실의 도덕 문제를 해결할 때 자신의 이익과 타인의 이익을 합리적으로 계산하여 판단할 것을 주장하였다. ○, ×

20 아퀴나스는 현실의 도덕 문제 해결 시 이상적인 담화 상황에서 합의된 결과를 고려할 것을 주장하였다. ○, ×

21 아퀴나스의 자연법 윤리는 최대 다수의 최대 행복을 가져올 행위의 실천을 강조하였다. ○, ×

22 아퀴나스는 인간이 갖는 자기 보존의 자연적 성향을 고려하여 판단할 것을 주장하였다. ○, ×

23 아퀴나스는 자연법의 원리가 아닌 스스로 수립한 도덕 법칙에 따라 판단할 것을 주장하였다. ○, ×

05 칸트와 니부어의 사상

24 칸트는 좋은 결과를 의도한 행위만이 도덕적이라고 보았다. ○, ×

25 니부어는 사회 정의 실현을 위해 개인의 선의지가 필요하다고 보았다. ○, ×

26 칸트는 니부어와 달리 동정심에 따른 행위를 도덕적 행위라고 보았다. ○, ×

27 니부어는 칸트와 달리 개인보다 사회 집단의 도덕성이 우월하다고 보았다. ○, ×

28 니부어는 이타성을 사회가 지향할 최고의 도덕적 이상으로 보았다. ○, ×

06 아리스토텔레스, 공리주의, 칸트 사상

29 아리스토텔레스는 어떤 사람에 대해서 평가할 때에는 사회 구성원으로서 갖추어야 할 훌륭한 인품을 기준으로 삼아야 한다고 보았다. ○, ×

30 아리스토텔레스는 개인의 권익이 공동체의 이익보다 중요하다고 보았다. ○, ×

31 아리스토텔레스는 선의지에서 비롯된 의무 의식에 따라 행위해야 한다고 보았는데 이는 이후 칸트 사상에 영향을 끼쳤다. ○, ×

32 칸트와 달리 공리주의자들은 어떤 행위를 할 때에는 그 행위의 결과 발생할 결과의 유용성을 측정해야 한다고 보았다. ○, ×

33 칸트는 어떤 상황에서도 예외 없이 약속을 지켜야 한다고 강조하였다. ○, ×

34 칸트는 공감과 동정심에서 비롯된 행위가 도덕적 행위임을 알아야 한다고 주장하였다. ○, ×

35 칸트는 시대와 지역을 초월하여 보편타당한 행위의 법칙인 도덕 법칙의 정립을 윤리학의 핵심 과제로 삼아야 한다고 보았다. ○, ×

36 아리스토텔레스는 이성과 더불어 열정이나 감정, 욕구 등도 도덕적 행위의 중요한 동기로 보았다. ○, ×

01 교육청

(가) 사상의 관점에서 볼 때, 퍼즐 (나)의 세로 낱말 (A)에 대한 설명으로 가장 적절한 것은?

(가)	참된 도(道)를 알고 있는 자는 말[言]로 나타내지 않으며, 말하는 자는 도를 모른다. 도란 말로는 얻을 수 없는 것이며, 덕은 인위(人爲)를 통해서는 이를 수 없는 것이다.
(나)	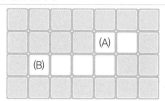

[가로 열쇠]
(A): 지극한 정성. '○○이면 감천이다.'
(B): '자기를 닦고 남을 다스린다.'라는 뜻을 지닌 네 글자 한자어

[세로 열쇠]
(A): …… 개념

① 인의(仁義)의 본성을 사회적 관계에서 실현한 사람이다.
② 타고난 사단(四端)을 확충하여 인격을 완성한 사람이다.
③ 무위(無爲)의 실현에 필요한 사회 규범을 만든 사람이다.
④ 자연의 이치에 맞는 예(禮)를 만들어 백성을 교화하는 사람이다.
⑤ 좌망(坐忘)과 심재(心齋)를 통해 자연과 하나가 된 사람이다.

02 수능
p.012 자료 02

서양 사상가 갑, 을의 입장으로 옳은 것은?

> 갑: 심정 윤리는 소명을 받들어 희생하는 신앙인들처럼 내면의 신념을 견지하는 것을 의미한다. 그에 비해 책임 윤리는 국가의 안위를 좌우하는 지도자들처럼 행위의 결과에 대해 책임지는 것을 의미한다.
> 을: 현대 문명이 초래한 위기를 책임질 수 있는 유일한 존재는 인간이며, 인간은 책임질 수 있는 능력을 지녔다는 것 자체만으로 책임을 갖는다. 이에 우리는 책임지는 행동을 통해 '윤리적 공백'을 극복해야 한다.

① 갑: 정치 영역에서는 책임 윤리보다 심정 윤리를 우선해야 한다.
② 갑: 심정 윤리에서는 행위의 선한 의도가 아닌 결과를 중시한다.
③ 을: 인류가 존속해야 한다는 것은 무조건 따라야 할 정언 명령이다.
④ 을: 자연에 대한 인류의 책임은 예방이 아닌 보상을 위한 것이다.
⑤ 갑, 을: 행위의 의도가 선하다면 결과가 나쁘더라도 책임질 필요가 없다.

03 수능
p.012 자료 01

다음 사상의 입장에서 〈문제 상황〉 속 A에게 제시할 조언으로 가장 적절한 것은?

> 윤리는 도덕적 추론이 아니라 도덕적 태도나 선에 대한 열망에서 시작되어야 한다. 남성 중심적 윤리의 문제점을 파악해야 하고, 인간관계, 책임, 헌신 등의 여성적 특성을 지닌 윤리에 주목해야 한다.

〈문제 상황〉

① 도와주었을 때 당신이 얻을 수 있는 이익을 고려하여 행동하세요.
② 상대방의 어려움을 공감하여 무엇이 필요한지 살펴 행동하세요.
③ 동정심이 아닌 누구나 동의 가능한 합리적 판단에 따라 행동하세요.
④ 어떤 선택이 더 많은 사회적 효용을 낳을지 고려하여 행동하세요.
⑤ 타인을 배려하는 마음보다 도덕적 의무 의식에 따라 행동하세요.

04 교육청

(가), (나) 사상에서 강조하는 수양 자세로 가장 적절한 것은?

(가)	하루라도 자기를 이겨 예(禮)를 행하면 천하가 인(仁)으로 돌아올 것이니, 인의 실현은 자기에게서 비롯되는 것이지 남에게서 비롯되는 것이 아니다.
(나)	욕심과 싫어하는 마음을 버리고 몸과 마음을 관찰하면서 알아차리게 되면, 탐욕과 집착이 없어져서 마침내 번뇌(煩惱)로부터 해탈할 수 있다.

① (가): 지혜를 끊고 만물과 더불어 하나가 된다.
② (가): 인위에서 벗어나 자연의 도(道)를 추구한다.
③ (나): 세상 만물에는 고정된 실체가 없음을 깨닫는다.
④ (나): 무명(無明)에 도달하기 위해 바라밀을 실천한다.
⑤ (가), (나): 경전 공부를 통해 타고난 본성을 변화시킨다.

05 수능

p.012 자료 03

다음 사상에서 강조하는 올바른 삶의 태도로 가장 적절한 것은?

> 보이지 않는 데에서도 언제나 조심해야 하고, 들리지 않는 데에서도 항상 두려워해야 한다. 숨은 것처럼 잘 드러나는 것이 없으며, 미세한 것처럼 잘 나타나는 것이 없다. 그러므로 홀로 있을 때에도 항상 조심하고 삼가는 것[愼獨]이다.

① 사사로운 욕심을 극복하여 예(禮)를 실현하는 삶을 추구한다.
② 인의(仁義)를 버리고 자연의 소박한 덕을 따르는 삶을 추구한다.
③ 마음을 깨끗이 비우고[心齋] 천리를 따르는 삶을 추구한다.
④ 우주 만물의 무상함을 깨닫고 무위(無爲)를 실천하는 삶을 추구한다.
⑤ 나와 남을 구분하지 않는 사랑[慈悲]을 실천하는 삶을 추구한다.

06 수능

다음 사상에서 강조하는 올바른 삶의 태도로 가장 적절한 것은?

> 가장 훌륭한 것은 물처럼 되는 것이다. 물은 온갖 것을 섬길 뿐, 그것들과 다투는 일이 없다. 물은 모두가 싫어하는 낮은 곳을 향하여 흐르기에 도(道)에 가장 가까운 것이다. 다투는 일이 없으니 나무람 받을 일도 없다.

① 집착에서 벗어나 무욕(無欲)에 이르는 소박한 삶을 추구한다.
② 선천적 본성을 회복하기 위해 예(禮)에 따르는 삶을 추구한다.
③ 자연 만물의 연기성(緣起性)을 깨달아 자비로운 삶을 추구한다.
④ 도리에 어긋나지 않도록 신독(愼獨)을 실천하는 삶을 추구한다.
⑤ 도덕적 본성의 확충을 위해 거경(居敬)을 실천하는 삶을 추구한다.

07 평가원

(가) 사상의 관점에서 볼 때, 퍼즐 (나)의 세로 낱말 (B)에 대한 설명으로 옳은 것은?

(가)	덕이 있는 사람[德人]은 가만히 있을 때에는 아무 생각이 없으며, 움직일 때에는 아무런 근심이 없다. 옳고 그름[是非], 예쁨과 미움[美惡]을 분별하여 가슴에 담아 두지 않는다. 세상 사람들이 함께 기뻐하는 것을 즐거움으로 여기고, 모두가 흡족해하는 것을 편안하게 여긴다.
(나)	

[가로 열쇠]
(A): 다른 사람의 행복과 이익을 증진시키고자 하는 마음
(C): 몸과 마음을 깨끗이 하고 부정한 일을 멀리함.
　　예 "제사 드리기 전에 목욕○○하렴."

[세로 열쇠]
(A): …… 개념

① 어짊과 의로움을 쌓아 자연의 순리를 따르려는 노력이다.
② 사욕(私欲)을 극복하고 예(禮)를 회복하기 위한 노력이다.
③ 선(禪)을 수행하여 아름다움의 가치를 확고히 하려는 노력이다.
④ 자연과 하나가 되기 위해 마음을 깨끗이 비우려는 노력이다.
⑤ 지속적인 경전 공부를 통해 성인의 도(道)를 이루기 위한 노력이다.

08 평가원

(가)에 반영되어 있는 사상적 관점에서 (나)의 A에게 해 줄 수 있는 조언으로 가장 적절한 것은?

(가)	○○에게 넌 겉으로 내색하지 않지만 다른 사람의 고통을 보면 안쓰러워하지. 그런 마음을 측은지심(惻隱之心)이라고 해. 그것은 태어나면서부터 누구나 가지고 있는 마음이야. 사회생활을 할 때에도 그런 마음을 잊지 않으면 좋겠어. …(후략)…
(나)	체육 대회를 맞이하여 A가 속한 학급 학생들은 점심시간에 모여서 단체로 응원 연습을 하기로 결정했다. A는 점심을 먹은 후 쉬고 싶은 마음에 응원 연습에 참가할지 말지를 고민하고 있다.

① 좌망(坐忘)을 통해 친구들을 편견 없이 대하도록 해.
② 서(恕)의 정신으로 친구들의 입장을 헤아려 행동해야 해.
③ 이기적인 마음에서 벗어나기 위해 선정(禪定)을 닦아야 해.
④ 친구들의 평가에 좌우되지 않는 허심(虛心)의 태도가 필요해.
⑤ 모든 친구들을 평등하게 대하는 자비(慈悲)의 마음을 지녀야 해.

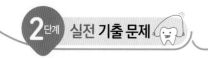

09 수능

갑 사상가가 을 사상가에게 제기할 반론으로 가장 적절한 것은?

> 갑: 개인은 가족, 이웃과 같은 공동체 속에서 자신의 도덕적 정체성을 찾아야 한다. 구체적 공동체를 벗어나면 덕을 실천할 기회도, 실천하는 방법을 배울 기회도 없다.
>
> 을: 행복은 쾌락의 향유와 고통의 부재를 의미한다. 어떤 종류의 쾌락이 다른 종류의 쾌락보다 바람직하고 가치 있다는 사실을 인정하는 것은 유용성의 원리와 양립 가능하다.

① 인간은 고통을 피하고 쾌락을 추구하는 존재임을 무시한다.
② 자유로운 선택을 위해 구체적 맥락을 배제해야 함을 무시한다.
③ 도덕 판단의 기준이 행위의 동기가 아닌 결과임을 간과한다.
④ 사회 전체의 행복 최대화가 보편적 도덕 원리임을 간과한다.
⑤ 유용성의 합리적 계산보다 공동체의 전통이 중요함을 간과한다.

10 교육청

(가) 사상의 관점에서 (나)의 A에게 해 줄 수 있는 적절한 조언을 〈보기〉에서 고른 것은?

(가)	최대 행복의 원리는 행위의 선악을 판단할 때, 행복을 증가시키는 경향에 비례하여 선하고, 불행을 증가시키는 경향에 비례하여 악하다고 본다.
(나)	낭포성 섬유증으로 장기간 고통받고 있는 소녀는 회복이 불가능한 상황에서 인공호흡기를 착용하고 튜브로 영양을 공급 받으며 생활하고 있다. 희망 없는 오랜 투병 생활에 지친 소녀와 경제적으로 곤궁에 처한 가족은 의사 A에게 안락사 허용을 요구하였다. A는 그 요구를 수용해야 할지 고민하고 있다.

〈보기〉
ㄱ. 인간의 생명은 그 자체가 목적이므로 허용해서는 안 된다.
ㄴ. 환자가 지속적 고통에서 벗어날 수 있도록 허용해야 한다.
ㄷ. 환자 가족의 경제적 부담을 줄일 수 있도록 허용해야 한다.
ㄹ. 도덕 법칙에 대한 환자의 의무 의식을 존중해 허용해야 한다.

① ㄱ, ㄴ ② ㄱ, ㄷ ③ ㄴ, ㄷ
④ ㄴ, ㄹ ⑤ ㄷ, ㄹ

11 평가원

p.012 자료 04

(가) 사상의 입장에서 상황 (나)의 갑에게 제시할 조언으로 가장 적절한 것은?

(가)	어떤 행위가 가능한 다른 대안들보다 사회에 더 큰 선을 산출하는 규칙들의 집합에 속하는 규칙에 의해 요구되는 행위일 때, 그리고 오직 그때에만 그 행위는 옳다.
(나)	갑은 귀금속 상인이고 을은 반지를 구입하고자 온 손님이다. 갑에게 선택 가능한 행위는 진실을 말하는 것과 거짓말을 하는 것밖에는 없다고 하자. 을에게 거짓말을 하면 더 비싸게 팔 수 있음을 알기에 갑은 고민 중이다.

① 자신의 선을 극대화하기 위해 거짓말을 하세요.
② 보편적 입법의 원리에 따라 항상 진실만을 말하세요.
③ 가능한 다른 행위만큼의 선을 산출하도록 말하세요.
④ 선을 추구하고 악을 피하라는 자연법에 따라 말하세요.
⑤ 공리를 극대화할 가능성이 가장 큰 규칙에 따라 말하세요.

12 평가원

p.014 자료 07

다음 사상가의 입장에서 〈문제 상황〉 속 A에게 제시할 조언으로 가장 적절한 것은?

> 우리는 다른 사람과 어울리며 하는 행위들에 의해 올바른 사람이 되거나 옳지 못한 사람이 된다. 또한 위험에 당면해 무서워하거나 태연한 마음을 지니는 태도에 따라 비겁한 사람이나 용감한 사람이 되는 것이다. 결국 도덕적 덕은 본성적으로 타고나는 것이 아니라 지속된 습관의 결과로 생긴다.

〈문제 상황〉

> A는 온라인 쇼핑몰 회사에서 홈페이지 보안 시스템 책임자이다. 어느 날 직장 상사가 A에게 고객 B의 부당 거래가 의심이 된다며 B의 개인 정보를 요구하였다. 그러나 회사는 어떤 경우에도 고객의 개인 정보를 최우선으로 보호하겠다고 고객들과 약속한 상태이다. 이에 A는 어떻게 처신해야 할지 고민하고 있다.

① 사회 구성원으로서 갖추어야 할 훌륭한 인품에 비추어 판단하세요.
② 개인의 권익이 회사와 공동체의 이익보다 중요함을 고려하세요.
③ 선의지에서 비롯된 의무 의식에 의해 상사의 요구에 응하세요.
④ 개인 정보를 공개할 때 발생할 결과의 유용성을 측정해 판단하세요.
⑤ 어떤 상황에서도 예외 없이 고객과의 약속을 지키도록 하세요.

13 교육청   p.014 자료 06

서양 사상가 갑, 을의 입장에 대한 설명으로 가장 적절한 것은?

> 갑: 선의지는 어떤 목적을 달성하는 데 쓸모가 있기 때문에 선한 것이 아니라 오로지 그 자체로 선하다. 지성, 용기, 결단성과 같은 것이 일반적으로 바람직하더라도 이를 사용하는 의지가 선하지 못하면 악하고 해가 될 수도 있다.
>
> 을: 선의지만으로는 사회적 갈등 자체를 제거할 수 없다. 집단들 간의 관계는 윤리적이기보다는 정치적이다. 그 관계는 도덕적이고 합리적인 판단에 의해 형성되는 것이 아니라 각집단이 갖고 있는 힘의 비율에 따라 형성된다.

① 갑은 좋은 결과를 의도한 행위만이 도덕적이라고 본다.
② 을은 사회 정의 실현을 위해 개인의 선의지가 필요하다고 본다.
③ 갑은 을과 달리 동정심에 따른 행위를 도덕적 행위라고 본다.
④ 을은 갑과 달리 개인보다 사회 집단의 도덕성이 우월하다고 본다.
⑤ 갑, 을은 이타성을 사회가 지향할 최고의 도덕적 이상으로 본다.

14 평가원   p.014 자료 05

다음 사상가의 입장에서 〈문제 상황〉 속 A에게 제시할 조언으로 가장 적절한 것은?

> 인간에게는 자신의 고유한 본성에 따라 선으로 향하는 성향이 내재되어 있다. 그러므로 우리는 신이 인간에게 부여한 본성에서 나온 "선을 추구하고 악을 피하라."는 원리에 따라야 한다.

> **〈문제 상황〉**
> A는 현대 의학으로는 치료 불가능한 병으로 3개월 이내에 사망할 것이라는 진단을 받았다. 이런 상황에서 A는 연명 의료에 대한 의향서 작성을 고민하고 있다.

① 자신의 이익과 가족의 이익을 합리적으로 계산하여 판단하세요.
② 이상적인 담화 상황에서 합의된 결과를 고려하여 판단하세요.
③ 최대 다수의 최대 행복이라는 도덕 원리를 고려하여 판단하세요.
④ 인간이 갖는 자기 보존의 자연적 성향을 고려하여 판단하세요.
⑤ 자연법의 원리가 아닌 스스로 수립한 도덕 법칙에 따라 판단하세요.

15 교육청

다음 사상의 관점에서 지지할 주장으로 옳은 것만을 〈보기〉에서 있는 대로 고른 것은?

> 여성은 스스로를 가능한 한 특수한 상황에 두고 도덕 문제에 접근하며, 자신을 배려라는 용어로 정의하고 배려자의 입장에서 행동한다. 배려의 감정은 우리가 타인을 배려해 주고 타인으로부터 배려 받았던 기억들에 의해 촉진된다. 배려에 바탕을 둔 윤리는 독립적 자아관에서 벗어나 상호 연관적 자아관을 지닌다.

> **•보기•**
> ㄱ. 구체적 상황보다 추상적 원리에 근거해 판단해야 한다.
> ㄴ. 감정보다는 이성에 우위를 두고 배려를 실천해야 한다.
> ㄷ. 여성 중심 윤리와 남성 중심 윤리는 상호 보완적이어야 한다.
> ㄹ. 맥락적 사고를 바탕으로 서로 간의 관계성을 중시해야 한다.

① ㄱ, ㄴ   ② ㄱ, ㄹ   ③ ㄷ, ㄹ
④ ㄱ, ㄴ, ㄷ   ⑤ ㄴ, ㄷ, ㄹ

16 평가원   p.014 자료 08

갑, 을 사상가들의 입장에 대한 설명으로 가장 적절한 것은?

> 갑: '해야 하기 때문에 할 수 있다.'는 것은 의무를 의식하기 때문에 정언 명령을 따라 행위할 수 있음을 의미한다. 이러한 정언 명령은 보편화 정식으로 표현된다.
>
> 을: '할 수 있기 때문에 해야만 한다.'는 것은 책임질 수 있는 능력을 지녔다는 것, 그 자체로 책임져야 한다는 의미이다. 이는 인간이 미래의 위험을 예견하고 책임져야 한다는 명령으로 표현된다.

① 갑은 자연적 경향성에 근거한 행위를 도덕적 행위로 본다.
② 갑은 도덕 법칙의 형식으로 행위를 판단해서는 안 된다고 본다.
③ 을은 책임의 주체와 대상은 이성을 가진 존재로 한정된다고 본다.
④ 을은 의도하지 않은 결과까지 책임져야 하는 것은 아니라고 본다.
⑤ 갑, 을은 인간이 준수해야 할 무조건적인 도덕적 의무가 있다고 본다.

01

다음 동양 사상의 입장을 〈보기〉에서 고른 것은?

> ○ 하루라도 사욕을 극복하고 예(禮)를 회복하면 천하가 모두 인(仁)으로 돌아갈 것이다.
> ○ 불쌍히 여기는 마음, 자기의 잘못을 부끄러워하고 남의 잘못을 미워하는 마음, 겸손하여 양보하는 마음, 옳고 그름을 가릴 줄 아는 마음은 인간이 나면서부터 가지고 있는 사단(四端)이다.

> **보기**
> ㄱ. 인생이 고통임을 깨닫고 연기를 자각하여 열반에 이르도록 해야 한다.
> ㄴ. 효제(孝悌)와 충서(忠恕)를 실천하여 도덕적 공동체 실현에 힘써야 한다.
> ㄷ. 부단한 자기 수양을 통해 인격을 완성하고 성인(聖人)이 되도록 해야 한다.
> ㄹ. 절대 평등의 도(道)의 관점에서 만물의 평등함을 깨달아 제물을 추구해야 한다.

① ㄱ, ㄴ   ② ㄱ, ㄷ   ③ ㄴ, ㄷ

④ ㄴ, ㄹ   ⑤ ㄷ, ㄹ

02

다음 동양 사상의 입장으로 가장 적절한 것은?

> 이것이 있기 때문에 저것이 있고, 이것이 생기기 때문에 저것이 생긴다. 이것이 없기 때문에 저것이 없고, 이것이 사라지기 때문에 저것이 사라진다. 비유하면 세 개의 갈대가 아무것도 없는 땅 위에 서려고 할 때 서로 의지해야 설 수 있는 것과 같다. 만일 그 가운데 한 개를 제거해 버리면 두 개의 갈대는 서지 못하고, 그 가운데 두 개의 갈대를 제거해 버리면 나머지 한 개도 역시 서지 못한다. 세 개의 갈대는 서로 의지해야 설 수 있는 것이다.

① 모든 존재와 현상은 원인과 조건에 의해 서로 연결되어 존재한다.

② 악한 본성을 불성(佛性)으로 변화시켜 해탈의 경지에 이르러야 한다.

③ 인생이 고통임을 깨닫고 극복하기 위해 무명(無明)과 애욕을 추구해야 한다.

④ 탐욕과 집착에서 벗어나기 위해 계(戒)·정(定)·혜(慧)를 버려 나가야 한다.

⑤ 연기(緣起)에 대한 자각을 바탕으로 불변하는 고정된 실체와 진리를 깨달아야 한다.

03

다음 사상가가 강조할 내용으로 가장 적절한 것은?

> 큰 도가 행해진 세상에는 천하가 모든 사람의 것이다. 사람들은 어진 이와 능한 이를 선출하여 관직을 맡게 하고, 온갖 수단을 다하여 서로 간의 신뢰와 친목을 두텁게 한다. 그러므로 사람들은 각자의 부모만을 부모로 섬기지 않으며 각자 자기 자식만을 자식으로 여기지 않아서, 노인에게는 그 생애를 편안하게 마치게 해 주며, 장정에게는 충분한 일자리를 제공해 주며, 어린아이에게는 마음껏 성장할 수 있게 해 주며, 과부와 고아, 장애인 등에게는 고생 없는 생활을 할 수 있게 해 주며, 성년 남자에게는 걸맞은 직분을 주며, 여자에게는 합당한 남편이 있도록 해 준다.

① 무위(無爲)의 도를 실천하는 것이 가장 바람직한 삶이다.

② 모든 사람이 불성(佛性)을 지닌 존재로 깨달음을 얻을 수 있다.

③ 통치자는 도덕과 예의보다 형벌과 술수에 의지해 통치해야 한다.

④ 인의(仁義)와 덕(德)이 실현되어 화합하는 사회를 추구해야 한다.

⑤ 인간의 악한 본성을 변화시켜 예(禮)로 다스리는 사회를 만들어야 한다.

04

다음 동양 사상의 입장으로 가장 적절한 것은?

> 있음과 없음은 서로 상대적으로 일어나고, 어려움과 쉬움은 서로 상대적으로 이루어지고, 길고 짧음은 서로 상대적으로 비교된 것이고, 높고 낮음은 서로 상대적인 높이로 보는 것이다. 그러므로 성인은 무위(無爲)로 일하면서도, 말 없는 가르침을 베푸는 것이다.

① 무위의 실현을 위해 분별지(分別智)를 길러나가야 한다.

② 도덕성의 원천인 하늘을 본받아 인의(仁義)를 실현해야 한다.

③ 인위적 가식과 위선에서 벗어나 타고난 덕에 따라 살아야 한다.

④ 모두가 다 함께 어울려 살아가는 대동 사회(大同社會)를 추구해야 한다.

⑤ 불성(佛性)을 근본으로 삼아 내면적 성찰을 통해 깨달음에 이르러야 한다.

I

05 고난도

(가)의 갑, 을, 병의 입장을 (나) 그림으로 탐구할 때, A~D에 들어갈 적절한 질문만을 〈보기〉에서 있는 대로 고른 것은?

(가)	갑: 네 의지의 준칙이 언제나 동시에 도덕의 보편적 입법 원리로서 항상 타당성을 지닐 수 있는 준칙에 따라 행위하라.
	을: 쾌락과 고통을 평가할 때 고려해야 할 것은 강도, 지속성, 확실성, 근접성이다. 또한 다산성, 순수성, 범위 등도 또한 고려 사항이다.
	병: 어떤 종류의 쾌락이 다른 종류의 쾌락보다 더 바람직하고 더 가치 있다는 사실을 인정하는 것이 공리의 원리에 어긋나지 않는다.

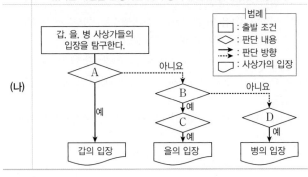

〈보기〉
ㄱ. A: 모든 사람에게 적용할 수 있는 보편적인 도덕의 원리가 존재하는가?
ㄴ. B: 모든 쾌락은 한 종류뿐이며 질적으로 차이가 없다고 보아야 하는가?
ㄷ. C: 인간은 쾌락을 추구하는 존재이며 인간의 궁극적 목적은 행복인가?
ㄹ. D: 수준 높고 고상한 쾌락을 위해 일시적인 고통을 감내할 수 있는가?

① ㄱ, ㄴ ② ㄱ, ㄹ ③ ㄴ, ㄷ
④ ㄱ, ㄷ, ㄹ ⑤ ㄴ, ㄷ, ㄹ

06

아퀴나스가 주장한 ㉠에 대한 설명으로 가장 적절한 것은?

㉠ 은/는 '선을 행하고 악을 피하라.'라는 핵심 명제를 강조한다. ㉠ 에 따르면 자연의 질서에 따르는 행위는 옳지만 그것을 어기는 행위는 그르다.

① 특정한 시대나 상황과 국가에서 한정적으로 적용되는 것이다.
② 인간의 이성을 떠나 신의 뜻에 부합하는 절대적 도덕 원리이다.
③ 생명의 불가침성 및 인간의 존엄성, 자유와 만민 평등을 담고 있다.
④ 생물학적 존재로서 인간의 자기 보존과 종족 보존에 대한 성향은 포함되지 않는다.
⑤ 오늘날 인간의 자연적 생명권 및 신체의 완전성을 해치는 행위를 뒷받침하는 이론적 근거를 제공할 수 있다.

07 고난도

다음 사상가의 입장만을 〈보기〉에서 있는 대로 고른 것은?

나는 누군가의 아들이거나 딸이고, 누군가의 사촌이거나 삼촌이다. 나는 이 도시 저 도시의 시민이며, 이 조합 또는 저 집단의 구성원이다. 나는 이 친족에 속하며, 저 부족에 속하며, 이 민족에 속한다. 따라서 나에게 좋은 것은 이러한 역할들을 담당하는 누구에게나 좋아야 한다.

〈보기〉
ㄱ. 덕성 함양은 고립되고 단절된 개인적 차원에서 이루어지는 것이 아니다.
ㄴ. 덕은 공동체의 역사적 맥락과 전통에서 길러지고 형성되고 만들어지는 것이다.
ㄷ. 행위자의 품성 함양보다는 행위 자체의 옳고 그름에 주목하여 도덕 판단을 내려야 한다.
ㄹ. 도덕적 행위는 내키지 않는 일을 억지로 행하기보다는 덕 있는 성품에서 자연스럽게 우러나오는 것이다.

① ㄱ, ㄴ ② ㄱ, ㄷ ③ ㄷ, ㄹ
④ ㄱ, ㄴ, ㄹ ⑤ ㄴ, ㄷ, ㄹ

08

다음 도덕 과학적 접근법의 특징으로 가장 적절한 것은?

○ 도덕적 판단 혹은 의사 결정 과정에서 이성과 정서의 역할이 무엇인지, 인간이 자유 의지나 공감 능력을 갖추고 있는지 등을 과학적 측정 방법, 예를 들면 뇌의 전면을 영상으로 보여 주는 장치 등을 활용하여 입증한다.
○ 이타적 행동 및 성품과 관련된 도덕성은 과거 수백만 년 동안 자연 선택을 통해 진화한 결과이다. 인간의 이타적 행위는 추상적인 도덕 원리가 아니라 생물학적 적응의 산물이다.

① 인간 행동에 관한 연구에 있어 경험이나 관찰을 배제한다.
② 도덕 판단이나 윤리 문제에 관한 객관적인 정보를 제공해 준다.
③ 인간의 이성과 정서 및 신체적 측면의 분리를 통해 도덕 판단을 내리고자 한다.
④ 인간의 행동이 언제 어디서나 변하지 않는 절대적 원리에 따라야 함을 강조한다.
⑤ 인간에게는 동물과 공통적으로 공유하고 있는 요소가 존재하지 않음을 입증하고자 한다.

03강 Ⅱ. 생명과 윤리
삶과 죽음의 윤리

자료 01
→ 단서 ❶ 지인=도가의 이상적 인간, 무위=도가 사상

갑: 지인(至人)은 무위(無爲)하다. 도(道)에는 시작도 끝도 없지만 만물에는 죽음도 있고 삶도 있다. 근본에서 보자면 삶이란 기(氣)가 모인 것이다. → 단서 ❷ 도가 사상

을: 이것이 있기 때문에 저것이 있다. 이를 일컬어 인연법(因緣法)이라고 한다. 삶이 있으므로 늙음과 죽음이 있고, 삶을 떠나서는 늙음과 죽음도 없다. → 단서 ❸ 인연법=불교

자료 분석
갑은 죽음을 바라보는 도가 사상(장자)의 관점, 을은 불교의 관점이다.

단서 풀이
• 단서 ❶ '지인', '무위', '도', '기'를 통해 도가 사상임을 알 수 있다. 도가에서는 인위적인 것을 거부하고, 도에 따르는 삶을 추구한다. 도에 따르는 삶이란 억지로 무엇인가를 하지 않고 스스로 그러한 대로 사는 것이다. 이를 무위자연이라고 한다. 지인은 이러한 경지에 이른 이상적 인간이다.
• 단서 ❷ 도가에서는 삶과 죽음을 기가 모이고 흩어지는 것으로 설명한다. 따라서 죽음을 자연적이고 필연적인 과정으로 본다.
• 단서 ❸ 불교에서는 모든 존재는 원인과 조건, 즉 인연에 의해 생긴다고 보고, 죽음을 인과응보의 윤회의 과정으로 여긴다. 따라서 다음 생을 위해 현세에서 도덕적 삶을 살 것을 강조한다.

자료 02
→ 단서 ❶ "논어"의 한 구절, 죽음에 대한 관심보다 삶에 대한 관심 강조=유교

(가) 삶을 모르는데 어찌 죽음을 알겠는가? 새가 죽을 때는 울음소리가 애처롭고, 사람이 죽을 때는 하는 말이 착한 법이라네. 지사(志士)는 삶을 영위하되 인(仁)을 해침이 없고, 자신을 희생함으로써 인을 이룬다네. 단서 ❷ 인의 실천 강조=유교

(나) 삶과 죽음은 인간의 운명[命]이니, 진인(眞人)은 삶을 기뻐하지도 죽음을 미워하지도 않네. 본래 생명도 형체도 기(氣)도 없었고, 혼돈 속에서 기가 생겨 그것이 변하여 형체가 되고 생명이 되고 죽음이 된 것이라네. 단서 ❸ 도가의 이상적 인간
→ 단서 ❹ 죽음은 기가 모이고 흩어지는 과정=도가

자료 분석
(가)는 유교 사상가인 공자의 주장, (나)는 도가 사상가인 장자의 주장이다.

단서 풀이
• 단서 ❶ 유교에서는 죽음에 관심을 갖기보다는 현세에서의 도덕적 삶을 위해 최선을 다할 것을 강조한다. 공자는 "논어"에서 "사람을 섬길 줄도 모르면서 어떻게 귀신을 섬길 수 있으며, 삶도 아직 모르면서 어떻게 죽음을 알겠는가?"라고 하였다.
• 단서 ❷ 인을 강조한 것을 통해 유교 사상임을 알 수 있다.
• 단서 ❸ '진인'이라는 단어를 통해 도가 사상임을 알 수 있다.
• 단서 ❹ 도가에서는 삶은 기가 모인 것이고, 죽음은 기가 흩어진 것으로 본다.

이것도 알아둬
유교에서는 사후 세계에 대한 관심보다는 현세의 삶에서 도덕적 실천을 강조한다. 불교에서 죽음은 인간의 고통인 생로병사의 하나이자 윤회의 과정이다. 따라서 더 나은 다음 생을 위해 도덕적으로 살 것을 강조한다. 도가에서는 삶과 죽음이 기가 모이고 흩어지는 과정, 즉 자연적이고 필연적인 과정이기에 죽음을 슬퍼하거나 두려워할 필요가 없다고 본다.

자료 03
→ 단서 ❶ 의(義)를 강조=맹자

(가) 삶도 내가 원하고 의로움 또한 내가 원한다. 이 둘을 함께 얻을 수 없다면, 의로움을 취하지 어찌 구차하게 살겠는가. 죽음도 내가 싫어하는 것이지만 죽음보다 더 싫어하는 것이 있다. 그래서 죽음조차 피하지 않는 경우가 있다.

(나) 사랑하는 이의 죽음이 슬픈 일인가? 생명이란 본래 자연에서 빌린 것이니 마치 티끌과 같고, 삶과 죽음의 이치는 밤낮의 변화와 같다. 이제 우리는 그 자연스런 변화를 바라보노니, 그것이 내게 왔다고 해서 어찌 싫어하겠는가.
→ 단서 ❷ 삶과 죽음=자연의 변화=도가

자료 분석
(가)는 유교 사상가인 맹자의 주장, (나)는 도가 사상가인 장자의 주장이다.

단서 풀이
• 단서 ❶ 공자의 영향을 받은 맹자는 '인'을 강조한 공자와 달리 '의'를 더 강조하였다.
• 단서 ❷ 삶과 죽음을 자연의 변화로 설명하는 것은 도가 사상이다.

자료 04
→ 단서 ❶ 장자   단서 ❷ 공자

갑: 삶과 죽음은 차별이 없는데, 어찌 그것을 근심하겠는가? 만물은 하나이나 사람들은 아름다운 것을 신기하다 하고 추악한 것을 썩어 냄새난다고 한다. 썩어 냄새나는 것이 신기한 것이 되고 신기한 것이 다시 썩어 냄새나는 것이 되는 법이다.

을: 사람도 잘 섬기지 못하면서 어떻게 귀신 섬기는 일을 할 수 있겠으며, 삶도 아직 알지 못하거늘 어떻게 죽음을 알 수 있겠는가? 백성이 의롭게 되는 일에 전력을 다하고, 귀신을 공경하되 멀리하는 것이 지혜로움이라고 할 수 있다.
→ 단서 ❸ 상례와 제례를 통해 죽은 사람을 애도하는 것을 강조=유교

자료 분석
갑은 도가 사상가인 장자, 을은 유교 사상가인 공자이다.

단서 풀이
• 단서 ❶ 장자는 삶과 죽음은 차별이 없으므로 죽음을 두려워하거나 슬퍼할 필요가 없다고 주장하였다.
• 단서 ❷ "논어"에 나오는 공자의 말이다. 공자는 죽음에 대해 말하기보다 현실의 삶에 충실할 것을 강조했다.
• 단서 ❸ 유교에서는 죽음보다 삶에 대해 더 관심을 가질 것을 강조하면서도 상례와 제례를 통해 죽은 사람을 애도할 것을 강조하였다.

이것도 알아둬
공자는 "논어"에서 "능히 사람을 섬기지 못하면서 어찌 능히 귀신을 섬기겠으며, 삶을 아직 모르는데 어떻게 죽음을 알겠는가?"라고 하였고, 장자는 "장자"에서 "인간은 본시 생명이 없다. 생명은 고사하고 형체도 없었고, 기(氣)조차 없었다. 그저 망막하고 혼돈한 대도 속에 섞여 있던 것이 변해서 기가 되고, 기가 변해서 형체가 되고, 형체가 변해서 생명이 되었다. 그리고 그것이 변해서 죽음이 된 것이다."라고 하였다.

기출 선지 변형 O X

소요 시간	분 초	어려웠던
틀린 개수	개	문항

※ 다음 내용이 맞으면 ○, 틀리면 ×에 표시하시오.

01 유교, 불교, 도가의 죽음관

01 장자는 죽음은 기가 모이고 흩어지는 과정의 일부라고 주장하였다.　　　　○, ×

02 장자는 죽음에 대한 성찰과 애도(哀悼)의 의무를 주장하였다.　　　　○, ×

03 불교 사상에서는 연기(緣起)에 대한 깨달음을 추구하는 삶을 강조한다.　　　　○, ×

04 장자와 불교 사상은 삶과 죽음을 분별하여 고통에서 벗어날 것을 강조한다.　　　　○, ×

05 장자는 죽음을 통해 삶의 고통에서 벗어날 것을 주장하였다.　　　　○, ×

06 맹자는 의(義)가 생(生) 그 자체보다 더 소중하다고 하였다.　　　　○, ×

07 맹자는 도덕적 가치가 삶과 죽음의 선택 기준이 될 수 있다고 보았다.　　　　○, ×

08 장자는 죽음은 자연의 과정이 아니라 응보의 과정이기에 벗어나야 한다고 보았다.　　　　○, ×

09 장자는 삶과 죽음의 악순환을 끊음으로써 이상적 인간인 지인이 될 수 있다고 보았다.　　　　○, ×

10 유교에서는 인(仁)의 구현을 위해서라면 나의 생명을 희생할 수 있다고 본다.　　　　○, ×

11 도가에서는 내세의 행복을 위해 현세의 욕망을 최대한 절제해야 한다고 본다.　　　　○, ×

12 불교에서는 중생은 깨닫지 못하면 그의 오온이 해체되어도 생멸을 반복하게 된다고 본다.　　　　○, ×

13 유교와 불교 모두 참된 지혜는 육체의 구속에서 벗어난 사후에만 얻어진다고 본다.　　　　○, ×

14 불교에서는 내생의 더 나은 삶을 위해 현생에서 도덕적 수행이 필요하다고 본다.　　　　○, ×

15 불교에서는 죽음의 고통에서 벗어나기 위해서는 깨달음을 얻어야 한다고 본다.　　　　○, ×

16 장자는 삶과 죽음은 차별이 없으므로 초연하게 죽음을 받아들여야 한다고 하였다.　　　　○, ×

17 도가에서는 죽음은 자연스러운 현상이기는 하지만 그 근원을 성찰하고 죽은 이에게 예를 다해야 한다고 본다.　　　　○, ×

18 도가의 장자는 삶과 죽음의 분별을 통해 도에 일치할 수 있다고 하였다.　　　　○, ×

19 도가의 이상적 인간은 죽음을 두려움의 대상으로 보지 않는다.　　　　○, ×

20 불교에서는 죽음을 사계절의 운행과 같이 기(氣)가 정기적으로 순환하는 과정으로 본다.　　　　○, ×

21 유교에서는 죽음을 고통 없는 삶을 향유할 수 있는 다른 세계로 들어가는 과정이라고 본다.　　　　○, ×

22 불교에서는 죽음에 대한 두려움을 무명(無明)에서 비롯된 고통의 일부라고 본다.　　　　○, ×

기출 자료 분석

자료 05
> 단서 ❶ 공자

(가) 아직 삶도 알지 못하는데 어떻게 죽음을 알겠는가? 일찍 죽고 오래 사는 것도 이상한 게 아니라네. 사람으로서 올바른 도리를 다하고, 주어진 삶을 아름답게 마치는 것이 참으로 중요하다네. → 단서 ❷ 현세에서의 도덕적 실천 강조=공자

(나) 삶과 죽음은 춘하추동 사계절의 운행과 같다네. 태어나는 것을 기뻐하지 않고 죽는 것을 거부하지 않으니 자연을 따라가고 따라올 뿐이네. 이 경지에 있는 사람을 진인(眞人)이라 하네.
→ 단서 ❸ 삶과 죽음을 자연의 변화로 설명=도가 사상

자료 분석
단서 ❹ 도가의 이상적 인간
(가)는 공자의 죽음관, (나)는 장자의 죽음관이다.

단서 풀이
• 단서 ❶, ❷ 공자는 죽음에 집착하기보다는 죽음이 아쉽지 않도록 현실의 삶에서 도덕적으로 충실하게 살 것을 강조한다.
• 단서 ❸ 삶과 죽음을 계절의 변화와 같은 필연적이고 자연스러운 과정이라고 보는 것은 도가 사상이다.
• 단서 ❹ 도가의 이상적 인간상은 자연에 따르는 삶을 살아가는 진인이다.

자료 06

갑: 회생 불가능한 환자의 불필요한 고통을 없애는 방법에는 인위적 개입으로 죽음을 앞당기는 것과 연명 치료 중단으로 죽음에 이르게 두는 것이 있다. 전자는 비도덕적인 살인이기에 금지되지만, 후자는 자연의 과정을 따르는 것이므로 허용될 수 있다. → 단서 ❶ 적극적 안락사는 반대, 소극적 안락사는 찬성

을: 인간의 생명은 절대적인 가치를 지닌다. 인간 생명의 존엄성은 불필요한 고통을 없앤다는 명분으로도 절대 훼손되어서는 안 된다. 인위적으로 죽음을 앞당기거나 연명 치료를 중단하는 것은 모두 인간 생명의 존엄성을 경시하므로 허용될 수 없다.
→ 단서 ❷ 모든 안락사 반대

자료 분석
• 갑: 적극적 안락사는 반대하고 소극적 안락사는 찬성하는 입장이다.
• 을: 모든 안락사를 반대하는 입장이다.

단서 풀이
• 단서 ❶ 약물 투입과 같은 인위적인 개입으로 죽음을 앞당기는 것을 적극적 안락사라고 하고, 연명 치료를 중단하여 죽음에 이르게 하는 것을 소극적 안락사라고 한다. 갑은 적극적 안락사를 살인 행위로 보고, 소극적 안락사만 찬성하는 입장이다.
• 단서 ❷ 적극적 안락사와 소극적 안락사는 모두 인간 생명의 존엄성을 경시하는 것으로 반대하는 입장이다.

이것도 알아둬
안락사는 환자의 의사에 따라서 자발적 안락사, 반자발적 안락사, 비자발적 안락사로 구분할 수 있고, 죽음을 앞당기는 방법에 따라서 적극적 안락사와 소극적 안락사로 구분할 수 있다. 자발적 안락사는 환자가 원하는 경우이고, 반자발적 안락사는 환자가 원하지 않는 경우이다. 그리고 비자발적 안락사는 환자의 의사를 알 수 없는 경우를 말한다. 또한 적극적 안락사는 약물 투입과 같은 적극적 행위를 통해 죽음에 이르게 하는 경우이고, 소극적 안락사는 연명 치료를 중단하여 죽음에 이르게 하는 경우를 말한다.

자료 07
> 단서 ❶ 불교   > 단서 ❷ 불교

(가) 무명(無明)에 가려진 중생들이 이 세상에서 저 세상으로 서로 오가는 것은 네 가지 성스러운 진리[四聖諦]를 모르기 때문이다.
단서 ❸ 사성제=불교

(나) 삶과 죽음은 마치 사계절의 변화와 같다. 삶을 좋아함은 미혹(迷惑)이고, 죽음을 싫어함은 타향에 안주하여 고향에 돌아갈 줄 모르는 사람과 같다.
→ 단서 ❹ 도가 사상

자료 분석
(가)는 불교에서 바라보는 죽음, (나)는 도가 사상에서 바라보는 죽음에 대한 관점이다.

단서 풀이
• 단서 ❶, ❷, ❸ '무명', '중생', '사성제'를 통해 불교임을 알 수 있다. 불교에서는 죽음을 윤회의 과정으로 보고, 인간의 선행과 악행이 죽음 이후의 삶을 결정한다고 보았다.
• 단서 ❹ 삶과 죽음을 사계절의 변화와 같다고 보는 것은 도가 사상이다. 도가에서는 삶을 기(氣)가 모인 것으로, 죽음을 기가 흩어진 것으로 보고, 삶과 죽음을 자연적이고 필연적인 과정이라고 설명한다.

이것도 알아둬
장자는 "삶은 죽음에 이어져 있고, 죽음은 새로운 삶의 시작이다. 그러나 그 어느 쪽이 그 근원이고 시작인지 알 수 있겠는가. 기가 모이면 삶이 되고 흩어지면 죽음이 된다."라고 하며 자연 현상과 같이 바라보았다.

자료 08

갑: 죽음을 가장 큰 악이라고 두려워하는 사람도 있고, 죽음이 인생의 악을 중지시켜 준다고 생각해서 죽음을 열망하는 사람도 있다. 하지만 현자(賢者)는 죽음을 두려워하지 않는다. 죽음은 우리에게 아무것도 아니기 때문이다. → 단서 ❶ 에피쿠로스

을: 죽음은 현존재의 종말이다. 하지만 현존재의 죽음을 단순히 다른 생물의 종말에 입각해 파악해서는 안 된다. 현존재는 죽음을 향한 존재이며 자신에게 주어진 시간이 유한하다는 것과 집착해서는 안 되는 것들이 무엇인지를 깨닫는다.
→ 단서 ❷ 하이데거

자료 분석
갑은 에피쿠로스, 을은 하이데거이다.

단서 풀이
• 단서 ❶ 에피쿠로스는 우리가 살아 있는 동안에는 죽음을 경험할 수 없기 때문에 죽음을 두려워할 필요가 없다고 주장하였다.
• 단서 ❷ '현존재'라는 말을 통해 하이데거임을 유추할 수 있다. 하이데거는 죽음에 대한 자각을 통해 진정한 자아를 발견하고 의미 있는 삶이 가능해진다고 주장하였다.

이것도 알아둬
실존주의 철학자 하이데거는 인간이 동물과 다른 점은 자신이 죽는다는 사실을 자각한다는 것이라고 보았다. 하이데거는 인간이 언젠가 죽을 수밖에 없다는 사실을 자각함으로써 자기의 본래적이고 고유한 삶을 자유롭고 책임감 있게 이끌어 갈 수 있다고 보았다. 그리고 인간이 죽음을 인식하고 주체적으로 수용할 때 비로소 본래적 존재로서의 삶을 살아갈 수 있다고 보았다.

소요 시간	분 초	어려웠던
틀린 개수	개	문항

II

기출 선지 변형 O X

※ **다음 내용이 맞으면** ○ **, 틀리면** × **에 표시하시오.**

02 공자와 장자의 죽음관

23 장자는 삶과 죽음은 계속 반복되므로 분별되어야 한다고 하였다.　　　　　　　　　　　　　　　○, ×

24 장자는 삶과 죽음은 좋아하거나 싫어할 대상이 아니라고 보았다.　　　　　　　　　　　　　　　○, ×

25 공자는 현실적 삶을 긍정하고 죽은 이를 기리는 제사 의례를 근절해야 한다고 보았다.　　　　　　○, ×

26 공자는 죽음의 공포를 극복하기 위해서 의로움에 힘써야 한다고 주장하였다.　　　　　　　　　　○, ×

27 공자는 현세에서의 도덕적 실천이 내세에서의 삶을 결정한다고 보았다.　　　　　　　　　　　　　○, ×

28 공자는 인(仁)을 이루기 위해서는 자신의 생명을 희생할 수도 있다고 보았다.　　　　　　　　　　○, ×

29 공자는 사람이 죽음에 임해서는 자기 삶을 성찰하게 되는 법이라고 보았다.　　　　　　　　　　　○, ×

30 공자는 성인이라 해도 그의 삶과 죽음은 기의 변화에 의한 것일 뿐이라고 하였다.　　　　　　　　○, ×

31 장자는 죽음은 인간의 자연스러운 운명이므로 슬퍼할 이유가 없다고 하였다.　　　　　　　　　　○, ×

32 공자와 장자는 해탈하여 세속의 삶과 죽음의 고통에서 벗어나야 한다는 데에는 의견을 같이 한다.　○, ×

03 적극적 안락사와 소극적 안락사

33 적극적 안락사에 찬성하는 사람은 환자의 뜻에 따라 죽음이 허용되어야 한다고 주장한다.　　　　　○, ×

34 적극적 안락사에 반대하는 사람은 안락사가 허용되면 인간 생명의 존엄성을 지킬 수 없다고 주장한다.　○, ×

35 소극적 안락사에 찬성하는 사람은 환자가 회생할 가망이 없을 때 연명 치료를 중단해야 한다고 주장한다.　○, ×

36 소극적 안락사를 주장하는 사람은 인위적으로 개입하여 죽음을 앞당기는 것에 찬성할 것이다.　　　○, ×

37 연명 치료를 중단함으로써 환자를 죽음에 이르게 하는 것은 적극적 행위가 죽음에 영향을 미쳤다고 보아 적극적 안락사로 분류한다.　　　　　　　　　　　　　　　　　　　　　　　　　　　　　　　○, ×

04 에피쿠로스와 하이데거의 죽음관

38 에피쿠로스는 모든 인간에게 죽음은 두려워해야 할 고통이라고 보았다.　　　　　　　　　　　　　○, ×

39 에피쿠로스는 육체적 죽음 이후에 정신적 자유를 누릴 수 있다고 보았다.　　　　　　　　　　　　　○, ×

40 하이데거는 죽음 이후의 세계에서 참된 실존을 회복할 수 있다고 보았다.　　　　　　　　　　　　　○, ×

41 하이데거는 죽음에 대한 자각을 통해 진정한 자아를 발견할 수 있다고 주장하였다.　　　　　　　　○, ×

42 에피쿠로스 또는 하이데거는 죽음의 고통을 감내해야만 불안에서 벗어날 수 있다고 보았다.　　　　○, ×

01 평가원

동양 사상 (가), (나)의 입장으로 가장 적절한 것은?

(가) 이 세상에 태어난 것은 태어날 때를 만났기 때문이고, 죽음
은 떠나야 할 때가 되었기 때문이다. 삶과 죽음은 운명이
다. 사계절이 변하듯이 기(氣)의 변화 과정에서 삶과 죽음
이 바뀌는 것일 뿐이니 죽음을 슬퍼할 필요가 없다.

(나) 오온(五蘊)의 새로운 구성이 태어남이고 그 해체가 죽음이
다. 죽음은 현세의 업보에 따라 다음 세상에서의 태어남으
로 이어진다. 삶과 죽음은 생멸(生滅)의 과정에서 계속 반
복되는 것이니 생사(生死)에 집착할 필요가 없다.

① (가): 인(仁)의 구현을 위해서라면 나의 생명을 희생할 수
있다.

② (가): 내세의 행복을 위해 현세의 욕망을 최대한 절제해야
한다.

③ (나): 죽음은 고통이 없는 생(生)으로 이어지는 윤회의 과정
이다.

④ (나): 중생은 그의 오온이 해체되어도 생멸을 반복하게 된다.

⑤ (가), (나): 참된 지혜는 육체의 구속에서 벗어난 사후에만 얻
어진다.

02 수능

p.024 자료 07

(가), (나) 사상의 입장에 대한 설명으로 가장 적절한 것은?

(가)	무명(無明)에 가려진 중생들이 이 세상에서 저 세상으로 서로 오가는 것은 네 가지 성스러운 진리[四聖諦]를 모르기 때문이다.
(나)	삶과 죽음은 마치 사계절의 변화와 같다. 삶을 좋아함은 미혹(迷惑)이고, 죽음을 싫어함은 타향에 안주하여 고향에 돌아갈 줄 모르는 사람과 같다.

① (가)는 죽음을 다른 존재로 윤회하는 고리가 단절된 상태라
고 본다.

② (나)는 사후의 평온보다 현세에서 인(仁)의 실천이 중요하다
고 본다.

③ (가)는 (나)와 달리 죽음을 삶의 모든 번뇌가 소멸한 상태라
고 본다.

④ (나)는 (가)와 달리 죽음을 흩어져 있던 기가 모인 상태라고
본다.

⑤ (가), (나)는 생사를 차별해서는 안 되는 순환의 과정이라고
본다.

03 수능

p.022 자료 02

동양 사상 (가), (나)의 입장으로 적절하지 않은 것은?

(가) 삶을 모르는데 어찌 죽음을 알겠는가? 새가 죽을 때는 울
음소리가 애처롭고, 사람이 죽을 때는 하는 말이 착한 법
이라네. 지사(志士)는 삶을 영위하되 인(仁)을 해침이 없고,
자신을 희생함으로써 인을 이룬다네.

(나) 삶과 죽음은 인간의 운명[命]이니, 진인(眞人)은 삶을 기뻐
하지도 죽음을 미워하지도 않네. 본래 생명도 형체도 기
(氣)도 없었고, 혼돈 속에서 기가 생겨 그것이 변하여 형체
가 되고 생명이 되고 죽음이 된 것이라네.

① (가): 도덕적인 가치를 위해서는 자신의 생명을 희생할 수도
있다.

② (가): 사람이 죽음에 임해서는 자기 삶을 성찰하게 되는 법
이다.

③ (나): 진인이라 해도 그의 삶과 죽음은 기의 변화에 의한 것
이다.

④ (나): 죽음은 인간의 자연스러운 운명이므로 슬퍼할 이유가
없다.

⑤ (가), (나): 해탈하여 세속의 삶과 죽음의 고통에서 벗어나야
한다.

04 교육청

**표는 어느 고대 서양 사상가를 상대로 한 가상 설문 조사 결과이다.
A, B에 들어갈 옳은 질문만을 〈보기〉에서 있는 대로 고른 것은?**

질문	응답	
	예	아니요
죽음은 감각이 상실된 것이므로 경험할 수 없는 것인가?	V	
죽음은 우리에게 아무것도 아니라는 사실을 인식해야 하는가?	V	
A		V
B	V	

보기

ㄱ. A: 죽음을 인간이 피해야 할 고통으로 보아야 하는가?

ㄴ. A: 죽음 이후에 인간은 참된 진리를 인식할 수 있는가?

ㄷ. B: 죽음에 대한 공포에서 벗어나 행복을 추구해야 하는가?

ㄹ. B: 죽음은 내세로 이어지는 과정이므로 두려워할 필요가 없
는가?

① ㄱ, ㄴ　　　② ㄱ, ㄹ　　　③ ㄷ, ㄹ

④ ㄱ, ㄴ, ㄷ　　　⑤ ㄴ, ㄷ, ㄹ

05 평가원
p.022 자료 03

동양 사상 (가), (나)의 입장으로 가장 적절한 것은?

> (가) 삶도 내가 원하고 의로움 또한 내가 원한다. 이 둘을 함께 얻을 수 없다면, 의로움을 취하지 어찌 구차하게 살겠는가. 죽음도 내가 싫어하는 것이지만 죽음보다 더 싫어하는 것이 있다. 그래서 죽음조차 피하지 않는 경우가 있다.
>
> (나) 사랑하는 이의 죽음이 슬픈 일인가? 생명이란 본래 자연에서 빌린 것이니 마치 티끌과 같고, 삶과 죽음의 이치는 밤낮의 변화와 같다. 이제 우리는 그 자연스런 변화를 바라보노니, 그것이 내게 왔다고 해서 어찌 싫어하겠는가.

① (가): 생(生) 그 자체가 어떤 가치보다도 더 소중하다.
② (가): 도덕적 가치가 삶과 죽음의 선택 기준이 될 수 있다.
③ (나): 삶과 죽음은 자연의 과정이 아니라 응보의 과정이다.
④ (나): 삶과 죽음의 악순환을 끊는 것이 이상적 인간의 경지이다.
⑤ (가), (나): 죽음 이후를 대비하여 도덕적 이치를 탐구해야 한다.

06 평가원

동양 사상 (가), (나)의 입장으로 적절하지 <u>않은</u> 것은?

> (가) 중생들의 무리로부터 떨어짐, 오온(五蘊)의 부서짐, 생명의 끊어짐을 죽음이라 한다. 태어남이 있을 때에만 죽음이 있다. 삶의 모든 현상은 꿈과 같고 이슬 같고 그림자 같고 번개와 같으니 그대, 마땅히 그렇게 바라보아야[觀] 한다.
>
> (나) 삶을 죽이고 초월하려는 자에게 죽음은 없고, 삶을 살려고 탐하는 자에게 삶은 없다. 태어나기 전의 근원을 보면 원래 삶도 형태도 기(氣)도 없었다. 아무것도 없는 데서 기가 생겨서 변해 형체가 되고 삶이 되었다가 변하여 죽어 가는 것이다.

① (가): 내생의 더 나은 삶을 위해 현생에서 도덕적 수행이 필요하다.
② (가): 삶과 죽음의 고통에서 벗어나기 위해서는 깨달음을 얻어야 한다.
③ (나): 기가 모여서 삶이 되고 기가 흩어져서 죽음이 되는 것이다.
④ (나): 삶과 죽음은 차별이 없으므로 초연하게 죽음을 받아들여야 한다.
⑤ (가), (나): 죽음은 그 근원을 성찰하고 지극히 애도해야 할 고통이다.

07 교육청

그림의 강연자가 지지할 입장만을 〈보기〉에서 있는 대로 고른 것은?

> 죽음의 불안 앞에서 도피하지 않고 그것을 용기 있게 받아들이는 것을 '죽음으로의 선구(先驅)', 즉 죽음으로 앞서 달려감이라고 합니다. 죽음으로의 선구는 죽음의 확실성을 인식함으로써 오히려 삶에서 그 어느 것에 의해서도 대체될 수 없는 각자의 고유성을 깨닫는 것입니다. 따라서 현존재는 죽음을 자각함으로써 자신의 본래적인 존재 가능성을 회복해야 합니다.

─보기─
ㄱ. 죽음 이후에 타인과 구별되는 참된 실존을 회복할 수 있다.
ㄴ. 죽음은 어느 누구도 피할 수 없는 가장 확실한 가능성이다.
ㄷ. 죽음을 자각함으로써 삶을 의미 있고 가치 있게 살 수 있다.
ㄹ. 죽음은 현실을 벗어나 또 다른 세계로 가는 윤회의 과정이다.

① ㄱ, ㄹ ② ㄴ, ㄷ ③ ㄷ, ㄹ
④ ㄱ, ㄴ, ㄷ ⑤ ㄱ, ㄴ, ㄹ

08 수능

다음 글의 입장에서 긍정의 대답을 할 질문을 〈보기〉에서 고른 것은?

> 심장과 폐가 활동한다 해도, 뇌의 기능이 불가역적으로 상실된 사람은 살아있는 존재로 볼 수 없다. 생명체의 활동에 있어서 뇌가 결정적 기능을 담당하기 때문이다. 뇌사를 죽음의 기준으로 인정하게 되면 당사자의 사전 동의를 통해 뇌사자로부터 장기 이식을 받아 보다 많은 인명을 구할 수 있으므로 공익의 실현에 기여하게 된다. 일부에서는 뇌사의 오판 가능성을 제기하지만, 뇌사판정위원회를 통해 이를 최소화할 수 있다.

─보기─
ㄱ. 뇌사를 죽음의 기준으로 인정하는 것은 정당화될 수 있는가?
ㄴ. 뇌사 판정의 오류를 줄일 수 있는 제도적 절차가 있는가?
ㄷ. 뇌사자 장기 이식은 사회적 유용성의 증진을 저해하는가?
ㄹ. 심폐 기능의 불가역적 상실만을 죽음으로 판정해야 하는가?

① ㄱ, ㄴ ② ㄱ, ㄷ ③ ㄴ, ㄷ
④ ㄴ, ㄹ ⑤ ㄷ, ㄹ

09 수능
p.022 자료 01

갑, 을의 사상적 입장에 대한 옳은 설명을 〈보기〉에서 고른 것은?

> 갑: 지인(至人)은 무위(無爲)하다. 도(道)에는 시작도 끝도 없지만 만물에는 죽음도 있고 삶도 있다. 근본에서 보자면 삶이란 기(氣)가 모인 것이다.
>
> 을: 이것이 있기 때문에 저것이 있다. 이를 일컬어 인연법(因緣法)이라고 한다. 삶이 있으므로 늙음과 죽음이 있고, 삶을 떠나서는 늙음과 죽음도 없다.

┌─ 보기 ─
ㄱ. 갑: 죽음은 기가 모이고 흩어지는 과정의 일부임을 강조한다.
ㄴ. 갑: 죽음에 대한 성찰과 애도(哀悼)의 의무를 강조한다.
ㄷ. 을: 연기(緣起)에 대한 깨달음을 추구하는 삶을 강조한다.
ㄹ. 갑, 을: 삶과 죽음을 분별하여 고통에서 벗어날 것을 강조한다.

① ㄱ, ㄴ   ② ㄱ, ㄷ   ③ ㄴ, ㄷ
④ ㄴ, ㄹ   ⑤ ㄷ, ㄹ

10 교육청

서양 사상가 갑, 을의 입장으로 가장 적절한 것은?

> 갑: 잘 산다는 것은 영혼을 정화하는 것이다. 잘 죽는다는 것은 더 이상 정화될 필요 없이 순수한 상태의 영혼을 간직한 채로 삶을 마감하는 것이다.
>
> 을: 호기심과 잡담은 타인들에 기초하여 현존재의 비본래성을 이해하는 것이다. 극단적 가능성인 죽음으로의 선구를 통해 현존재의 본래성을 이해하게 된다.

① 갑: 삶과 죽음은 반복적으로 순환하는 고통의 과정이다.
② 갑: 죽음을 통해 영혼에서 벗어나 참된 지혜를 얻을 수 있다.
③ 을: 타인과의 관계를 통해서만 참된 실존을 회복할 수 있다.
④ 을: 죽음에 대한 숙고가 있어야 현존재가 본래적으로 존재한다.
⑤ 갑, 을: 죽음 이후에야 비로소 참된 자아를 발견할 수 있다.

11 평가원
p.024 자료 06

갑의 입장에서 을의 주장에 대해 제시할 적절한 견해만을 〈보기〉에서 있는 대로 고른 것은?

> 갑: 회생 불가능한 환자의 불필요한 고통을 없애는 방법에는 인위적 개입으로 죽음을 앞당기는 것과 연명 치료 중단으로 죽음에 이르게 두는 것이 있다. 전자는 비도덕적인 살인이기에 금지되지만, 후자는 자연의 과정을 따르는 것이므로 허용될 수 있다.
>
> 을: 인간의 생명은 절대적인 가치를 지닌다. 인간 생명의 존엄성은 불필요한 고통을 없앤다는 명분으로도 절대 훼손되어서는 안 된다. 인위적으로 죽음을 앞당기거나 연명 치료를 중단하는 것은 모두 인간 생명의 존엄성을 경시하므로 허용될 수 없다.

┌─ 보기 ─
ㄱ. 적극적 안락사는 환자의 뜻에 따라 허용되어야 한다.
ㄴ. 안락사가 허용되면 인간 생명의 존엄성을 지킬 수 없다.
ㄷ. 환자가 회생할 가망이 없을 경우 연명 치료 중단이 가능하다.
ㄹ. 자연의 과정을 거스르지 않는 안락사 방법은 허용될 수 있다.

① ㄱ, ㄴ   ② ㄴ, ㄷ   ③ ㄷ, ㄹ
④ ㄱ, ㄴ, ㄹ   ⑤ ㄱ, ㄷ, ㄹ

12 평가원
p.024 자료 05

동양 사상 (가), (나)의 입장을 〈보기〉에서 고른 것은?

> (가) 아직 삶도 알지 못하는데 어떻게 죽음을 알겠는가? 일찍 죽고 오래 사는 것도 이상한 게 아니라네. 사람으로서 올바른 도리를 다하고, 주어진 삶을 아름답게 마치는 것이 참으로 중요하다네.
>
> (나) 삶과 죽음은 춘하추동 사계절의 운행과 같다네. 태어나는 것을 기뻐하지 않고 죽는 것을 거부하지 않으니 자연을 따라가고 따라올 뿐이네. 이 경지에 있는 사람을 진인(眞人)이라 하네.

┌─ 보기 ─
ㄱ. (가): 죽음은 기(氣)가 흩어지는 것이므로 슬퍼할 이유가 없다.
ㄴ. (가): 죽음보다는 인의(仁義)에 충실한 삶에 관심을 가져야 한다.
ㄷ. (나): 죽음은 인간이 윤회의 과정에서 겪어야 할 괴로움이다.
ㄹ. (가), (나): 죽음은 인간의 삶에서 일어나는 자연스러운 현상이다.

① ㄱ, ㄴ   ② ㄱ, ㄷ   ③ ㄴ, ㄷ
④ ㄴ, ㄹ   ⑤ ㄷ, ㄹ

13 평가원

고대 동양 사상가 갑, 고대 서양 사상가 을의 입장으로 옳지 <u>않은</u> 것은?

> 갑: 진인(眞人)은 분별심으로 도를 버리지 않고, 인위로 자연을 돕지 않는다. 자연은 삶을 주어 수고하게 하고, 죽음을 주어 쉬게 한다.
> 을: 현자(賢者)는 죽음을 두려워하지 않는다. 삶이 해를 주는 것도 아니고, 죽음도 악으로 생각되지 않기 때문이다. 그는 긴 삶이 아니라 즐거운 시간을 향유하려고 노력한다.

① 갑: 삶과 죽음은 사계절의 운행처럼 필연적인 과정이다.
② 갑: 삶과 죽음의 분별에서 벗어나야 도에 일치할 수 있다.
③ 을: 죽음을 통해 인간의 쾌락과 고통의 감각이 소멸된다.
④ 을: 불멸에 대한 욕망에서 벗어날 근거는 내세의 행복에 있다.
⑤ 갑, 을: 이상적 인간은 죽음을 두려움의 대상으로 보지 않는다.

14 평가원   p.022 **자료 04**

동양 사상가 갑, 을의 입장으로 가장 적절한 것은?

> 갑: 삶과 죽음은 차별이 없는데, 어찌 그것을 근심하겠는가? 만물은 하나이나 사람들은 아름다운 것을 신기하다 하고 추악한 것을 썩어 냄새난다고 한다. 썩어 냄새나는 것이 신기한 것이 되고 신기한 것이 다시 썩어 냄새나는 것이 되는 법이다.
> 을: 사람도 잘 섬기지 못하면서 어떻게 귀신 섬기는 일을 할 수 있겠으며, 삶도 아직 알지 못하거늘 어떻게 죽음을 알 수 있겠는가? 백성이 의롭게 되는 일에 전력을 다하고, 귀신을 공경하되 멀리하는 것이 지혜로움이라고 할 수 있다.

① 갑: 삶과 죽음은 계속 반복되므로 분별되어야 한다.
② 갑: 삶과 죽음은 좋아하거나 싫어할 대상이 아니다.
③ 을: 현실적 삶을 긍정하고 제사 의례를 근절해야 한다.
④ 을: 죽음의 공포를 극복하기 위해서 의로움에 힘써야 한다.
⑤ 갑, 을: 현세에서의 도덕적 실천이 내세에서의 삶을 결정한다.

15 평가원

갑은 긍정, 을은 부정의 대답을 할 질문으로 옳은 것은?

> 갑: 오늘날 장기 이식 기술이 발달함에 따라, 뇌사를 죽음의 기준으로 인정하면 많은 생명을 살릴 수 있게 되었습니다.
> 을: 그렇습니다. 하지만 사람의 생명은 실용적 가치로 평가할 수 없는 존엄성을 지니기 때문에 심폐사를 죽음으로 보는 것이 옳습니다.
> 갑: 아닙니다. 뇌사를 죽음으로 보아야 합니다. 저는 사람의 인격은 심장이 아니라 뇌에서 비롯된다고 생각합니다.
> 을: 저도 그 생각에는 동의합니다. 하지만 뇌의 명령 없이도 유지될 수 있는 사람의 생명 그 자체가 존엄한 것입니다. 또한 장기 이식을 위해 뇌사 판정이 악용될 가능성에도 유의할 필요가 있습니다.

① 뇌사 인정은 인간 생명의 존엄성을 침해할 수 있는가?
② 인간의 생명을 유용성에 의해 평가해서는 안 되는가?
③ 뇌사를 인정할 경우 다수의 생명을 살릴 수 있는가?
④ 인간의 인격은 뇌가 아니라 심장에 의존하는가?
⑤ 심폐사보다 뇌사가 죽음의 기준으로 적절한가?

16 수능   p.024 **자료 08**

갑, 을 사상가들의 입장으로 옳지 <u>않은</u> 것은?

> 갑: 죽음을 가장 큰 악이라고 두려워하는 사람도 있고, 죽음이 인생의 악을 중지시켜 준다고 생각해서 죽음을 열망하는 사람도 있다. 하지만 현자(賢者)는 죽음을 두려워하지 않는다. 죽음은 우리에게 아무것도 아니기 때문이다.
> 을: 죽음은 현존재의 종말이다. 하지만 현존재의 죽음을 단순히 다른 생물의 종말에 입각해 파악해서는 안 된다. 현존재는 죽음을 향한 존재이며 자신에게 주어진 시간이 유한하다는 것과 집착해서는 안 되는 것들이 무엇인지를 깨닫는다.

① 갑: 살아 있는 사람과 죽은 사람 모두 자신의 죽음을 경험할 수 없다.
② 갑: 죽음이라는 실체를 수용해야 불멸에 대한 열망을 실현할 수 있다.
③ 을: 인간은 죽음에 대한 자각을 할 수 있다는 점에서 동물과 다르다.
④ 을: 현존재는 죽음을 의식하며 어떻게 살 것인지 고뇌하는 존재이다.
⑤ 갑, 을: 죽음을 회피하는 태도보다 죽음에 대한 바른 인식이 필요하다.

01

그림은 서술형 평가 문제와 학생 답안이다. 학생 답안의 ㉠~㉤ 중 옳지 <u>않은</u> 것은?

서술형 평가

● 문제: 공동체주의의 입장에서 출생의 윤리적 의미를 설명하시오.

● 학생 답안

출생은 한 인간의 시작으로서 태아가 모체와 분리되어 독립된 생명체가 되는 현상이다. 출생은 인간의 자연적 성향을 실현하는 과정으로서 의미를 지닌다. 인간은 ㉠ 생명을 보전할 뿐만 아니라 자신의 종족을 후대에 보존하고자 하는 자연스러운 성향을 지니는데, ㉡ 이러한 욕구는 자녀의 출생으로 이어진다. 또한 출생은 ㉢ 도덕적 주체로 사는 삶의 출발점이 될 수 있다. 인간은 ㉣ 신체적 성숙과 정신적 성장을 동시에 거치며 도덕적 주체로서의 면모를 갖춰 나가게 된다. 마지막으로 출생은 사회 구성원으로 살아가게 되는 시작이 된다. 인간은 ㉤ 출생할 때부터 사회에서 분리된 원자화된 개인으로 존재하게 된다.

---

① ㉠　　② ㉡　　③ ㉢　　④ ㉣　　⑤ ㉤

02

(가)의 주장을 (나) 그림으로 나타낼 때, ㉠에 대한 반론의 근거로 가장 적절한 것은?

(가)	태아는 산모 신체의 일부라고 할 수 있으므로 산모의 신체에서 태아를 인공적으로 분리하는 행위는 산모가 자신의 신체를 자율적으로 선택하는 권리를 이행한 것이다. 따라서 태아를 산모의 신체에서 인공적으로 분리하는 행위는 정당화될 수 있으며, 법적으로도 허용되어야 한다.

(나)	대전제	자신의 신체를 자율적으로 선택하는 행위는 정당화될 수 있다.
	소전제	㉠
	결론	태아를 산모의 신체에서 인공적으로 분리하는 행위는 정당화될 수 있다.

① 태아는 산모 신체의 일부이다.

② 산모는 남성과 동등한 권리를 지닌다.

③ 산모는 자기방어와 정당방위의 권리를 지닌다.

④ 태아의 생명은 산모의 생명보다 존엄하지 않다.

⑤ 태아는 성인으로 발달할 잠재성을 지닌 주체적 존재이다.

03

다음 토론의 핵심 쟁점으로 가장 적절한 것은?

갑: 산모의 의지로 임신을 인공적으로 종결하는 행위는 마땅하지 않습니다. 태아는 아무런 잘못을 저지르지 않은 하나의 무고한 인간일 뿐입니다.

을: 물론 무고한 인간을 해치는 행위는 도덕적으로 옳지 않습니다. 하지만 아직 성별을 구분할 수 없는 개체를 인간으로 볼 수 없습니다.

갑: 아닙니다. 수정란이 자궁 내막에 착상된 시기부터 인간이라고 할 수 있습니다. 그때부터 태아는 모체로부터 산소와 영양분을 공급받아 세포 분열을 진행하고 있기 때문에 성인 인간과 동일한 생명체로 볼 수 있지요.

을: 그렇지 않습니다. 뇌와 각 장기, 생식 기관이 형성되고 그 기능이 정상적으로 활동되는 순간부터 인간입니다. 이전 단계에서는 인공 임신 중절을 허용해야 합니다.

---

① 산모는 태아를 생산하는 주체인가?

② 어느 시점부터 인간으로 볼 수 있는가?

③ 태아의 세포 분열은 인간 성장의 과정에서 반드시 필요한 과정인가?

④ 무고한 인간을 해치는 행위에 대한 도덕적 비난은 감수해야 하는가?

⑤ 시험관에서 배양되어 모체에 착상된 수정란을 인간으로 볼 수 있는가?

04

㉠에 해당하지 <u>않는</u> 것은?

○○ 신문　　　　　　　　○○○○년 ○월 ○일

칼 럼

2010년 이후 한국에서 연간 난임 진단을 받는 여성이 20만 명 이상에 달한다고 한다. 자녀를 갖고 싶어도 쉽게 임신하지 못하는 난임·불임 부부에게 자녀를 임신할 수 있도록 돕는 생식 보조술은 한 줄기 빛과 같은 희망이 된다. 이스라엘에서는 문화적·종교적 이유로 국가가 출산을 장려하고 있으며, 그 일환으로 생식 보조술을 의료 보험으로 지원해 줄 뿐만 아니라 대리모 출산까지도 허용하고 있다. 우리나라도 공무원에 한해 난임 휴직 등을 인정하는 등 난임·불임과 생식 보조술에 대한 인식이 조금씩 전환되고 있음을 알 수 있다. 그러나 생식 보조술은 다양한 ㉠ 윤리적 문제가 발생할 수 있는 소지를 담고 있다.

---

① 친권 논란 문제

② 출산율 저하의 문제

③ 여분의 배아 처리 문제

④ 생명 경시 풍조의 확산 문제

⑤ 생식 세포의 매매 가능성 문제

05 고난도

갑, 을이 모두 긍정의 대답을 할 질문을 〈보기〉에서 있는 대로 고른 것은?

> 갑: 삶은 없었을 뿐만 아니라, 본래는 형체도 없었던 것일세. 형체가 없었을 뿐만 아니라, 본래는 기운[氣]조차도 없었던 것일세. 흐릿하고 어두운 사이에 섞여 있다가 변해서 기운이 되었고, 그 기운이 변해서 형체가 있게 되었으며, 형체의 변화로 삶이 있었던 것일세. 그리고 지금 또 변해서 죽음으로 간 것이네.
>
> 을: 죽음은 인간이 피할 수 없는 네 가지 고통 중의 하나요. 죽음은 삶의 끝이 아닌 새로운 생명의 시작이 되는 것이오. 인연(因緣)으로 화합된 몸은 늙음이 오고, 그 후 죽음으로 돌아가오. 부지런히 정진해서 깨달음을 얻으시오. 현재의 삶이 이후의 삶을 결정하므로 선한 삶을 살아야 하오.

〈보기〉
ㄱ. 삶에 지나치게 집착하지 않아야 하는가?
ㄴ. 삶과 죽음의 구분을 명확히 해야 하는가?
ㄷ. 타인의 죽음에 대한 애도(哀悼)를 장려해야 하는가?
ㄹ. 만물이 항상 일정한 상태를 유지한다는 믿음을 버려야 하는가?

① ㄱ, ㄴ   ② ㄱ, ㄹ   ③ ㄷ, ㄹ
④ ㄱ, ㄴ, ㄷ   ⑤ ㄴ, ㄷ, ㄹ

06

(가) 입장에서 (나)의 ㉠에 들어갈 수 있는 적절한 내용을 〈보기〉에서 있는 대로 고른 것은?

(가)	공리의 원리란 모든 행위에 관해 그것이 우리의 행복을 증진하느냐 혹은 감소시키느냐에 따라 좋다거나 혹은 나쁘다고 평가하는 원리이다. 공리란 관련된 당사자에게 이익 · 쾌락 · 선 · 행복을 가져다주고, 손해 · 고통 · 악 · 불행이 생기는 것을 방지하는 경향을 가지는 것을 의미한다.
(나)	뇌간과 연수를 포함한 뇌 기능이 완전히 정지된 상태인 뇌사를 죽음 판정의 기준으로 인정해야 한다. 왜냐하면 ㉠

〈보기〉
ㄱ. 뇌사자 가족의 심리적 고통을 경감할 수 있기 때문이다.
ㄴ. 뇌사자의 장기로 다른 환자의 생명을 구할 수 있기 때문이다.
ㄷ. 뇌사 판정을 받은 환자가 다시 회복된 사례가 있기 때문이다.
ㄹ. 인간은 다양한 장기의 상호 작용으로 생명을 유지하기 때문이다.

① ㄱ, ㄴ   ② ㄴ, ㄹ   ③ ㄷ, ㄹ
④ ㄱ, ㄴ, ㄹ   ⑤ ㄱ, ㄷ, ㄹ

07

(가), (나)의 입장과 〈문제 상황〉의 ㉠에 대한 견해가 바르게 연결된 것을 〈보기〉에서 있는 대로 고른 것은?

(가)	옳은 행위란 다른 어떤 가능한 행위보다 더 큰 유용성을 갖는 것이다. 행위의 결과가 주는 유용성에 주목해야 한다. 공동체를 구성하는 자들의 행복이야말로 입법자가 고려해야 하는 유일한 목적이다.
(나)	인간이라면 누구나 이성을 통해 "선을 추구하고 악을 피하라."라는 도덕규범을 인식할 수 있다. 이러한 기초 규범을 바탕으로 자기와 종족을 보존해야 한다는 명령 또한 파악할 수 있다.

〈문제 상황〉
올해 104세인 ○○ 박사는 현지 시각 10일 스위스 바젤의 한 클리닉에서 ㉠자신의 뜻에 따라 의료진의 도움으로 숨을 거뒀다. 그는 죽기 전 "더는 삶을 지속하고 싶지 않다. 삶을 끝낼 기회를 얻게 돼 기쁘다. 의료진에 감사한다."라고 말했다.

〈보기〉
ㄱ. (가): ㉠은 제한된 의료 자원의 적절한 배분을 가능하게 하므로 옳다.
ㄴ. (가): ㉠은 생명을 창조한 신의 의지에 반하는 행위이기 때문에 옳지 않다.
ㄷ. (나): ㉠은 환자 가족들의 경제적 부담을 줄여 주기 때문에 바람직한 선택이다.
ㄹ. (나): ㉠은 자연의 질서에 순응하지 않고 거스르는 일이기 때문에 옳지 않다.

① ㄱ   ② ㄴ   ③ ㄱ, ㄹ   ④ ㄴ, ㄷ   ⑤ ㄷ, ㄹ

08

다음 사상가 입장에서 〈문제 상황〉 속의 A에게 해 줄 수 있는 조언으로 가장 적절한 것은?

> 인간의 욕망에 따르는 성향인 경향성이 아닌, 오직 의무로부터 나온 행위가 도덕적 가치를 갖는다. 진정한 인간다움은 자기 행복의 충족에 있지 않다. 행복을 향한 의지는 인간성을 동물적 수준으로 타락시키고, 급기야 그를 악과 타협할 수 있게 한다.

〈문제 상황〉
A는 사업 부도로 인한 막대한 빚 때문에 스트레스를 받고 있다. 그는 자신의 목숨을 스스로 끊게 되면 그 빚을 청산할 수 있게 되고, 가족이 지금보다 행복할 것 같은 생각이 자꾸 든다.

① 무위자연(無爲自然)의 원리에 따라 행위하십시오.
② 자신의 생명보다 타인의 생명을 귀중히 여기십시오.
③ 생명에 대한 처분권이 자신에게 있음을 명심하십시오.
④ 자신과 가족의 행복을 생명 보존 의무보다 우선시 하십시오.
⑤ 순간의 고통을 줄이기 위해 목숨을 수단으로 삼지 마십시오.

생명 윤리

1단계 기출 자료 분석

자료 01

> 단서 ❷ 체세포 치료와 생식선 치료 반대
> 단서 ❶ 체세포 치료와 생식선 치료 찬성

갑: 유전적 질병을 치료하기 위한 유전자 치료는 크게 체세포 치료와 생식선 치료로 구분됩니다. 이러한 유전자 치료만이 유전적 질병에 대한 근본적인 해결책입니다.

을: 동의합니다. 다만 체세포 치료는 환자 개인의 신체 세포에 영향을 주므로 허용되지만, 생식선 치료는 개인은 물론 후세대에게까지 영향을 주므로 금지되어야 합니다.

갑: 아닙니다. 그러한 체세포 치료뿐만 아니라 생식선 치료까지 허용해야 합니다. 왜냐하면 유전자 치료의 효과가 후세대로 이어져 인류 전체의 행복에 기여할 수 있기 때문입니다.

을: 그렇지 않습니다. 생식선 치료는 변경되지 않은 유전자를 가질 후세대의 권리를 침해하며, 유전적 다양성을 감소시켜 인류의 생존마저 위협할 수 있습니다.
> 단서 ❹ 단서 ❷의 주장에 대한 근거
> 단서 ❸ 단서 ❶의 주장에 대한 근거

자료 분석
• 갑: 체세포 치료와 생식선 치료를 모두 허용하는 입장이다.
• 을: 체세포 치료는 찬성하지만 생식선 치료는 반대하는 입장이다.

단서 풀이
• 단서 ❶ 체세포 치료와 생식선 치료가 유전적 질병에 대한 근본적 해결책이기 때문에 찬성하는 입장이다.
• 단서 ❷ 체세포 치료는 개인에게 영향을 끼치므로 찬성하지만 생식선 치료는 후세대에까지 영향을 끼치므로 반대하는 입장이다.
• 단서 ❸ 갑이 체세포 치료와 생식선 치료를 모두 찬성하는 근거로 유전자 치료가 인류 행복에 기여할 수 있다는 것을 들고 있다.
• 단서 ❹ 을이 생식선 치료를 반대하는 근거로 후세대의 권리 침해, 유전적 다양성 감소를 들고 있다.

자료 02
> 단서 ❶ 의도적 유전자 개입=인간을 도구화, 자율적 삶 제약

유전자 조작의 허용에 대한 논쟁에서 그동안 간과한 것은, 치료 목적이 아닌 의도적인 유전자 개입이 인간을 도구화할 뿐만 아니라 자율적 삶의 가능성을 원천적으로 제약한다는 점입니다. 기계를 마음대로 조작하듯이 인간의 유전자를 조작하게 되면, 그렇게 통제되어 태어날 인격체는 다른 자율적 인격체와 달리 원초적으로 동등하지 못한 채로 공론장에 참여할 수밖에 없습니다. 이러한 적극적 우생학이 지닌 문제점을 해결하기 위해 담론 과정에서 사회적 합의를 도출해야 합니다. 단서 ❸ 하버마스의 담론 윤리
> 단서 ❷ 복제 인간≠자율적 인격체

자료 분석
글의 주제는 유전자 조작 허용에 대한 논쟁이다. 제시문과 같이 주장하는 사상가는 담론 윤리를 주장하는 하버마스이다.

단서 풀이
• 단서 ❶ 치료 목적이 아닌 의도적 유전자 개입이 인간을 도구화함을 주장하고 있다.
• 단서 ❷ 유전자를 조작하여 태어난 인격체는 자율적 인격체와 동등하지 않음을 주장하고 있다.
• 단서 ❸ 담론 과정에서의 사회적 합의를 주장하는 결론을 통해 하버마스임을 알 수 있다.

자료 03
> 단서 ❶ 인간과 동물은 유사함, 대안이 없음
> =동물 실험 정당

갑: 인간의 생명과 건강을 위해 동물 실험은 꼭 필요합니다. 인간과 동물은 생물학적으로 유사하며, 동물 실험의 확실한 대안은 없습니다. 따라서 동물 실험은 정당합니다.

을: 저는 당신이 제시한 논증의 모든 전제에 대해 찬성하지만 결론에는 반대합니다. 논증에 등장하는 '동물'을 모두 '인간'으로 바꿔 보세요. 당신이 제시한 논증을 이용하면 인간 실험마저 정당화할 수 있습니다. → 단서 ❷ 동물 실험 정당

갑: 인간 실험은 부당합니다. 하지만 인간과 달리 동물은 기본적 권리를 갖지 않습니다. 당신의 비판은 동물도 기본적 권리를 갖는다는 선결 문제를 해결해야 합니다.

을: 인간은 물론 동물도 삶의 주체이므로 기본적 권리를 갖습니다. 인간 실험과 마찬가지로 동물 실험도 부당합니다. 당신이야말로 동물의 기본적 권리를 단적으로 부정하고 있습니다.

자료 분석
> 단서 ❸ 동물도 기본적 권리를 지님=동물 실험 부당
• 갑: 인간 실험은 반대하고 동물 실험은 찬성하는 입장이다.
• 을: 인간 실험과 마찬가지로 동물 실험을 반대하는 입장이다.

단서 풀이
• 단서 ❶ 갑의 근거는 인간과 동물의 유사성, 동물 실험의 대안 없음이다.
• 단서 ❷ 갑은 동물 실험은 찬성하고, 인간 실험은 반대한다.
• 단서 ❸ 을은 인간도 동물의 하나이며, 인간 실험이 부당한 것과 마찬가지로 동물 실험도 부당하다는 입장이다.

자료 04
> 단서 ❶ 질병 치료를 위한 유전자 조작 찬성

갑: 인간을 대상으로 하는 유전자 조작 기술은 유전적 요인으로 인한 질병을 치료할 수 있기 때문에 허용되어야 합니다. 질병 극복은 선이기 때문입니다. 단서 ❷ 국가 차원의 우생학 반대, 질병 치료를 위한 유전자 조작 찬성

을: 네, 동의합니다. 하지만 치료를 넘어 우생학적 목적을 위한 국가 차원의 유전자 조작은 인간 존엄성에 대한 심각한 위협이 될 수 있으므로 치료 목적에 한정되어야 합니다. → 단서 ❸ 국가 차원의 우생학 반대

갑: 치료를 넘어선 국가 차원의 우생학은 부당하지만 개인 차원은 다릅니다. 외모에 대해 성형의 자유를 지니듯이, 우리는 유전자 조작을 통해 자질을 강화할 수 있는 자유를 지닙니다.

을: 그렇지 않습니다. 자질 강화를 위한 유전자 조작은 고비용 의술로 특정 계층만이 이용 가능해 생물학적 불평등을 낳고, 이는 곧 사회적 불평등을 심화시킬 것이므로 옳지 않습니다.

자료 분석
> 단서 ❹ 자질 강화를 위한 유전자 조작 찬성
> 단서 ❺ 자질 강화를 위한 유전자 조작 반대
• 갑: 질병 치료 목적, 자질 강화 목적의 유전자 조작에 찬성하는 입장이다.
• 을: 질병 치료 목적에는 찬성하지만 자질 강화 목적에는 반대한다.

단서 풀이
• 단서 ❶, ❷, ❸ 갑과 을은 모두 질병 치료를 위한 유전자 조작은 찬성하고, 국가적 차원의 유전자 조작에는 반대하는 입장이다.
• 단서 ❹ 갑은 자질 강화를 위한 유전자 조작에 찬성한다.
• 단서 ❺ 을은 자질 강화를 위한 유전자 조작은 생물학적 불평등과 사회적 불평등을 심화할 것이기 때문에 반대한다.

기출 선지 변형 O X

소요 시간	분 초	어려웠던 문항
틀린 개수	개	

※ 다음 내용이 맞으면 ○, 틀리면 ×에 표시하시오.

01 유전자 치료

01 유전자 치료에는 체세포 치료와 생식선 치료가 있다. ○, ×

02 유전자 치료는 유전적 질병을 치료하기 위한 것이다. ○, ×

03 체세포 치료를 하면 유전자로 인한 질병을 치료할 수는 있지만 자녀를 낳으면 영향을 미칠 수 있다. ○, ×

04 후세대에게 발생할 수 있는 유전적 질병을 미리 치료할 가능성은 체세포 치료보다 생식선 치료가 높다. ○, ×

05 생식선 치료를 하면 후세대의 권리를 침해할 여지가 있다. ○, ×

02 동물 실험

06 동물 실험에 찬성하는 입장에서는 동물 실험이 인간의 생명과 건강을 위해 도움이 될 수 있다고 본다. ○, ×

07 동물 실험에 찬성하는 입장에서는 동물이 인간과 생물학적으로 유사하기에 동물 실험을 통해 위험과 안전을 미리 측정할 수 있다고 주장한다. ○, ×

08 동물 실험에 반대하는 입장에서는 동물은 인간과 달리 기본적 권리를 지니지 못한다고 본다. ○, ×

09 동물 실험에 반대하는 입장에서는 동물 실험을 통해 안전함이 입증되었어도 사람에게 적용했을 때 부작용이 나타날 수 있다고 본다. ○, ×

10 동물의 기본적 권리를 인정하는 입장에서는 동물 실험이 인간에게 도움이 된다고 하더라도 동물 실험에 반대한다. ○, ×

03 인간 복제

11 인간 복제에 반대하는 입장에서는 복제 인간이 자신의 자유의사와 무관하게 기획된 삶을 살게 될 것이라고 주장한다. ○, ×

12 인간 복제에 찬성하는 입장에서는 복제 인간의 출생은 자연 발생적 출생으로 보며, 따라서 인간만이 갖는 존재의 자유를 본질적으로 가능하게 한다고 본다. ○, ×

13 인간 복제에 찬성하는 입장에서는 복제 인간은 생물학적으로 자연스럽게 태어난 인간과 동등한 존재의 자유를 갖는다고 본다. ○, ×

14 인간 복제에 반대하는 입장에서는 복제 인간을 포함한 인류 전체의 행복이 중요하다고 여기지만, 복제 인간은 행복하지 않을 수 있다고 본다. ○, ×

15 인간 복제에 반대하는 입장에서는 인간 복제로 인해 인간 상호 관계는 지배 종속 관계로 전락할 것이라고 본다. ○, ×

01 평가원 · p.032 자료 01

다음 토론의 핵심 쟁점으로 가장 적절한 것은?

> 갑: 유전적 질병을 치료하기 위한 유전자 치료는 크게 체세포 치료와 생식선 치료로 구분됩니다. 이러한 유전자 치료만이 유전적 질병에 대한 근본적인 해결책입니다.
>
> 을: 동의합니다. 다만 체세포 치료는 환자 개인의 신체 세포에 영향을 주므로 허용되지만, 생식선 치료는 개인은 물론 후세대에게까지 영향을 주므로 금지되어야 합니다.
>
> 갑: 아닙니다. 그러한 체세포 치료뿐만 아니라 생식선 치료까지 허용해야 합니다. 왜냐하면 유전자 치료의 효과가 후세대로 이어져 인류 전체의 행복에 기여할 수 있기 때문입니다.
>
> 을: 그렇지 않습니다. 생식선 치료는 변경되지 않은 유전자를 가질 후세대의 권리를 침해하며, 유전적 다양성을 감소시켜 인류의 생존마저 위협할 수 있습니다.

① 생식선 치료가 유전자 치료의 범주에 포함되는가?
② 유전자 치료는 유전적 질병에 대한 근본적 해결책인가?
③ 생식선 치료는 개인뿐만 아니라 후세대에 영향을 주는가?
④ 유전적 질병의 치료를 위해 생식선 치료를 허용해야 하는가?
⑤ 후세대에 영향을 주지 않는 유전자 치료를 허용해야 하는가?

02 평가원

(가)의 주장을 (나) 그림으로 나타낼 때, ㉠에 대한 반론의 근거로 가장 적절한 것은?

> (가) 생물학적 출발 조건인 출생을 조작하거나 통제하는 인간 복제는 인간만이 갖는 존재의 자유를 본질적으로 불가능하게 한다. 따라서 출생을 조작하거나 통제하는 인간 복제는 허용되어서는 안 된다.

(나)

전제 **1** 인간만이 갖는 존재의 자유를 본질적으로 불가능하게 하는 것은 허용되어서는 안 된다. + 전제 **2** ㉠

↓

결론 출생을 조작하거나 통제하는 인간 복제는 허용되어서는 안 된다.

① 복제 인간은 자신의 자유의사와 무관하게 기획된 삶을 살게 될 것이다.
② 자연 발생적 출생만이 인간 존재의 자유를 본질적으로 가능하게 한다.
③ 복제 인간은 자연 발생적 인간과 동등한 존재의 자유를 갖는다.
④ 개인의 자유보다 복제 인간을 포함한 인류 전체의 행복이 중요하다.
⑤ 인간 복제로 인해 인간 상호 관계는 지배 종속 관계로 전락할 것이다.

03 평가원

다음 토론의 핵심 쟁점으로 가장 적절한 것은?

> 갑: 임상 시험이 정당화되기 위해서는 '충분한 정보에 근거한 자발적 동의'가 필요합니다. 이러한 동의 없이 임상 시험을 해서는 안 됩니다.
>
> 을: 찬성합니다. 다만 어린이는 사고 능력이 부족해서 충분한 정보에 근거한 자발적 동의가 불가능하므로 임상 시험에 참여할 수 없습니다.
>
> 갑: 아닙니다. 어린이의 경우 부모의 대리 동의를 통해 임상 시험에 참여할 수 있습니다. 그래야만 난치병 아동 환자를 위한 신약 개발도 가능해집니다.
>
> 을: 그렇지 않습니다. 임상 시험에서는 피험자 자신의 동의가 필수적입니다. 대리 동의는 단지 개인적 보상을 목적으로 이루어질 수도 있기 때문입니다.

① 임상 시험에서 부모의 대리 동의를 인정해야 하는가?
② 난치병 치료제 개발은 반드시 임상 시험을 거쳐야 하는가?
③ 임상 시험은 사회적 효용이 있는 경우에만 허용되어야 하는가?
④ 개인적 보상을 목적으로 행해지는 임상 시험도 정당화될 수 있는가?
⑤ 임상 시험에서 피험자에 대한 동의 절차가 사전에 이루어져야 하는가?

04 수능 · p.032 자료 03

다음 토론의 핵심 쟁점으로 가장 적절한 것은?

> 갑: 인간의 생명과 건강을 위해 동물 실험은 꼭 필요합니다. 인간과 동물은 생물학적으로 유사하며, 동물 실험의 확실한 대안은 없습니다. 따라서 동물 실험은 정당합니다.
>
> 을: 저는 당신이 제시한 논증의 모든 전제에 대해 찬성하지만 결론에는 반대합니다. 논증에 등장하는 '동물'을 모두 '인간'으로 바꿔 보세요. 당신이 제시한 논증을 이용하면 인간 실험마저 정당화할 수 있습니다.
>
> 갑: 인간 실험은 부당합니다. 하지만 인간과 달리 동물은 기본적 권리를 갖지 않습니다. 당신의 비판은 동물도 기본적 권리를 갖는다는 선결 문제를 해결해야 합니다.
>
> 을: 인간은 물론 동물도 삶의 주체이므로 기본적 권리를 갖습니다. 인간 실험과 마찬가지로 동물 실험도 부당합니다. 당신이야말로 동물의 기본적 권리를 단적으로 부정하고 있습니다.

① 동물 실험은 인간의 생명과 건강을 위해 필요한가?
② 동물 실험의 대안 중 확실한 것이 존재하는가?
③ 인간과 달리 동물은 기본적 권리를 갖는가?
④ 인간 실험과 달리 동물 실험은 정당한가?
⑤ 인간과 동물은 생물학적으로 유사한가?

05 수능

(가)의 주장을 (나) 그림으로 나타낼 때, ⊙에 대한 반론의 근거로 가장 적절한 것은?

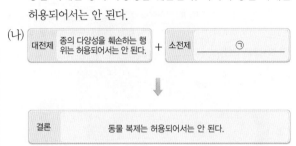

(가) 인위적으로 동일한 유전 형질을 가진 동물을 만들어 내는 동물 복제는 종의 다양성을 훼손한다. 따라서 동물 복제는 허용되어서는 안 된다.

(나)

| 대전제 | 종의 다양성을 훼손하는 행위는 허용되어서는 안 된다. | + | 소전제 | ⊙ |

↓

| 결론 | 동물 복제는 허용되어서는 안 된다. |

① 동물 복제는 동일한 유전 형질을 가진 동물을 생산한다.
② 동물 복제는 멸종 위기의 동물을 보전하는 방법을 제공한다.
③ 동물 복제는 인위적 유전자 조작으로 종의 다양성을 훼손한다.
④ 동물 복제는 인간의 존엄성을 침해하는 인간 복제로 진행된다.
⑤ 동물 복제는 인간의 권익을 위한 특정 종만으로 생태계를 재편한다.

06 수능

p.032 **자료 02**

그림의 강연자가 지지할 주장으로 적절하지 <u>않은</u> 것은?

유전자 조작의 허용에 대한 논쟁에서 그동안 간과한 것은, 치료 목적이 아닌 의도적인 유전자 개입이 인간을 도구화할 뿐만 아니라 자율적 삶의 가능성을 원천적으로 제약한다는 점입니다. 기계를 마음대로 조작하듯이 인간의 유전자를 조작하게 되면, 그렇게 통제되어 태어날 인격체는 다른 자율적 인격체와 달리 원초적으로 동등하지 못한 채로 공론장에 참여할 수밖에 없습니다. 이러한 적극적 우생학이 지닌 문제점을 해결하기 위해 담론 과정에서 사회적 합의를 도출해야만 합니다.

① 유전자 조작의 문제점을 사회적인 합의를 통해 해결해야 한다.
② 치료 목적 외의 유전자 개입을 위한 도구적 합리성을 추구해야 한다.
③ 치료 목적 외의 유전자 개입은 잠재적 담론자의 평등을 제한한다.
④ 적극적 우생학은 인간관계를 기계적 인과관계로 왜곡시킨다.
⑤ 적극적 우생학을 위한 연구는 인간의 존엄과 자유를 침해한다.

07 교육청

그림은 수업 장면이다. 소전제 ⊙에 대한 반론의 근거로 가장 적절한 것은?

동물 실험은 동물의 도덕적 지위를 훼손하므로 바람직하지 않아.

너의 주장을 삼단 논법으로 정리하면 칠판의 내용과 같겠군.

대전제: 동물의 도덕적 지위를 훼손하는 것은 바람직하지 않다.
소전제: ⊙
결론: 동물 실험은 바람직하지 않다.

① 동물 실험을 통해서는 동물의 복지 수준을 높일 수 없다.
② 동물 실험은 엄격하게 선발된 전문가에 의해서만 시행된다.
③ 동물만이 아니라 자연의 모든 생명이 도덕적 지위를 지닌다.
④ 이성적 능력이 결여된 존재는 도덕적 지위를 지니지 않는다.
⑤ 자의식을 지닌 삶의 주체의 도덕적 지위를 훼손하면 안 된다.

08 평가원

p.032 **자료 04**

다음 토론의 핵심 쟁점으로 가장 적절한 것은?

갑: 인간을 대상으로 하는 유전자 조작 기술은 유전적 요인으로 인한 질병을 치료할 수 있기 때문에 허용되어야 합니다. 질병 극복은 선이기 때문입니다.

을: 네, 동의합니다. 하지만 치료를 넘어 우생학적 목적을 위한 국가 차원의 유전자 조작은 인간 존엄성에 대한 심각한 위협이 될 수 있으므로 치료 목적에 한정되어야 합니다.

갑: 치료를 넘어선 국가 차원의 우생학은 부당하지만 개인 차원은 다릅니다. 외모에 대해 성형의 자유를 지니듯이, 우리는 유전자 조작을 통해 자질을 강화할 수 있는 자유를 지닙니다.

을: 그렇지 않습니다. 자질 강화를 위한 유전자 조작은 고비용 의술로 특정 계층만이 이용 가능해 생물학적 불평등을 낳고, 이는 곧 사회적 불평등을 심화시킬 것이므로 옳지 않습니다.

① 질병 치료를 위한 유전자 조작은 허용되어야 하는가?
② 치료 목적의 유전자 조작은 선을 산출할 수 있는가?
③ 국가는 치료를 넘어선 우생학적 유전자 조작을 해도 되는가?
④ 유전자 조작 기술은 어떤 경우에도 허용되어서는 안 되는가?
⑤ 자질 강화를 위한 개인 차원의 유전자 조작은 허용되어야 하는가?

01

⊙, ⓛ에 대한 설명으로 옳지 <u>않은</u> 것은?

생명과 관련된 학문 분야에는 두 가지가 있다. 하나는 생명과 관련된 현상 또는 기능을 연구하는 ⊙학문이다. 이는 생물의 세포 증식·운동·유전·진화·조절 등을 파악하여 인류 의료 및 복지, 환경 보존에 기여하고자 하는 목적을 지닌다. 다른 하나는 위 학문이 윤리적으로 정당한지 살펴보는 접근이 있다. ⓛ이 학문은 생명을 책임 있게 다루기 위한 숙고를 강조하며 인간 존엄성을 목적으로 한다.

① ⊙은 인간 유전자 변형 기술로까지 발전할 가능성이 있다.
② ⊙의 발전을 위해 ⓛ을 최대한 제약해야 한다.
③ ⓛ은 ⊙의 건전한 발전을 추구한다.
④ ⓛ은 ⊙의 윤리적 한계를 성찰한다.
⑤ ⊙과 ⓛ은 조화를 이루어야 하는 관계이다.

02 고난도

(가)의 입장에 비해 (나)의 입장이 갖는 상대적 특징을 그림의 ⊙~ⓜ 중에서 고른 것은?

(가) 복제 배아는 인간으로 볼 수 없습니다. 복제 배아는 인간 개체가 될 가능성을 확정할 수 없는 세포일 뿐이며, 인류의 건강 증진을 위해 활용될 수 있습니다.

(나) 복제 배아는 인간으로 볼 수 있습니다. 복제 배아는 인간과 동일한 유전자를 가지고 있기 때문에, 인간으로서의 잠재성을 지닙니다.

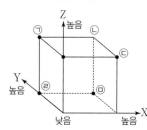

• X: 인간의 탄생을 연속적 과정으로 보는 정도
• Y: 복제 배아의 도덕적 지위를 인정하는 정도
• Z: 고통을 느낄 수 없는 존재에 대한 희생을 찬성하는 정도

① ⊙　② ⓛ　③ ⓒ　④ ⓔ　⑤ ⓜ

03

교사의 질문에 바르게 대답한 학생만을 있는 대로 고른 것은?

［　　⊙　　］(이)란 한 사람과 같은 유전자를 가진 또 다른 사람을 만드는 것을 의미한다.

① 갑　② 을　③ 병　④ 갑, 병　⑤ 을, 병

04

A에 대한 찬성과 반대 논거를 표로 정리한 것이다. (가), (나)의 논거로 적절한 것을 〈보기〉에서 있는 대로 고른 것은?

• A는 수정란이나 발생 초기의 배아에 원하는 유전자를 삽입하는 치료 방법이다.
• A를 통해 일생동안 삽입된 유전자는 개인 체내에 존재할 뿐만 아니라 그 후 자손들에게까지 지속적으로 유전된다.

구분	찬성 입장	반대 입장
입장에 대한 논거	(가)	(나)

보기
ㄱ. (가): 유전적 질환을 퇴치할 수 있다.
ㄴ. (가): 부모의 자율적 선택을 존중해야 한다.
ㄷ. (나): 미래 세대의 동의 여부가 불확실하다.
ㄹ. (나): 새로운 치료법 개발에 대한 의지를 저하시킨다.

① ㄱ, ㄴ　② ㄴ, ㄹ　③ ㄷ, ㄹ
④ ㄱ, ㄴ, ㄷ　⑤ ㄱ, ㄷ, ㄹ

05

갑, 을에 대한 설명으로 옳지 <u>않은</u> 것은?

> 갑: 인간은 최첨단 유전자 공학 기술을 보유하고 있습니다. 이를 통해 유전적 질환이나 장애를 사전에 차단할 수 있습니다. 사회 발전이 아닌 개인의 만족을 위한 유전자 개량은 허용되어야 합니다.
> 을: 아닙니다. 어떤 경우에도 유전자 개량은 허용되어서는 안 됩니다. 유전자 개량은 인간의 탄생과 성장을 인간이 조작한다는 측면에서 인간 존엄성을 훼손할 여지가 큽니다.

① 갑은 을에 비해 선택의 자유를 옹호한다.
② 갑은 을에 비해 계층 간 유전적 격차와 그에 따른 차별을 우려한다.
③ 을은 갑에 비해 미래 세대의 자율성을 고려한다.
④ 을은 갑에 비해 유전자 개량의 허용 여부에 폐쇄적 입장을 취한다.
⑤ 갑, 을 모두 사회 발전을 위한 국가 주도적 유전자 개량을 옹호하지 않는다.

06

갑, 을의 입장에 대해 공통적으로 제기할 수 있는 비판으로 적절한 것은?

> 갑: 동물에 대한 잔혹함은 인간의 그 자신에 대한 의무와는 반대쪽에 있다. 그것은 고통에 대한 공감을 약하게 하므로, 다른 인간과 관련하여 윤리학에 매우 유용한 감정이 약화되기 때문이다.
> 을: 신의 섭리에 의해 동물은 자연의 과정에서 인간이 사용하도록 운명 지워졌다. 따라서 동물을 죽이거나 또는 다른 방식으로 인간은 동물을 사용하더라도, 그것이 결코 부정의한 것이 아니다.

① 인간의 도덕적 지위를 격하시킨다.
② 식물과 동물의 구분을 모호하게 한다.
③ 인간의 장기적 생존을 불가능하게 한다.
④ 동물을 인간의 욕망을 위한 수단으로 전락시킨다.
⑤ 자연 개발을 억제하는 근거로 작용하여 사회 발전을 저해한다.

07 고난도

(가)의 갑, 을의 입장을 (나) 그림으로 표현할 때, A~C에 해당하는 적절한 진술만을 〈보기〉에서 있는 대로 고른 것은?

(가)	갑: 삶의 주체라는 것은 단지 살아 있다거나 또는 단지 의식을 갖고 있다는 것 이상의 의미를 갖는다. 삶의 주체가 된다는 것은 믿음, 욕구, 지각, 기억, 자신의 미래를 포함해 미래에 대한 의식, 쾌락과 고통 등의 감정을 느낄 수 있다는 것을 의미한다. 을: 인종 차별주의나 성 차별주의와 마찬가지로 종 차별주의라고 부르는 차별 또한 비난의 대상이 되어야 한다. 종 차별주의란 자기가 소속되어 있는 종의 이익을 옹호하면서 다른 종의 이익을 배척하는 편견 또는 왜곡된 태도를 말한다.
(나)	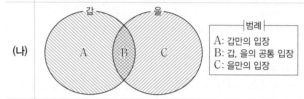 범례 A: 갑만의 입장 B: 갑, 을의 공통 입장 C: 을만의 입장

보기
ㄱ. A: 동물 실험을 할 경우 그 방법을 개선하는 것은 근본적인 해결책이 아니다.
ㄴ. B: 동물은 인간을 위해 존재한다는 사고방식을 거부한다.
ㄷ. B: 동물의 권리에 대해 '기회 – 효용'의 접근 방식을 취해야 한다.
ㄹ. C: 인간과 동물의 이익을 평등하게 고려해야 하는 근거는 이성 능력의 유무이다.

① ㄱ, ㄴ　　　② ㄴ, ㄹ　　　③ ㄷ, ㄹ
④ ㄱ, ㄴ, ㄹ　　　⑤ ㄱ, ㄷ, ㄹ

08

㉠에 들어갈 내용으로 가장 적절한 것은?

> 동물 실험은 세계적으로 윤리적 논란의 여지가 많은 주제 중 하나이다. 나는 동물 실험을 여러 측면에서 반대한다. 우선 동물 실험의 결과를 인간에게 그대로 적용할 수 없다. 또한 우리는 실험 대상인 동물이 받을 고통도 고려할 뿐만 아니라, 동물 실험자의 정서적 문제도 고려해야 한다. 실험자는 실험 대상에게 고통을 주는 것에 점차 둔감해질 수 있기 때문이다. 그러나 여전히 인간의 이익을 위해 동물 실험을 할 수 있다고 생각하는 사람들이 있다. 나는 그들의 주장이 [㉠]고 생각한다.

① 인간과 동물이 공유하는 질병이 적음을 강조하고 있다
② 동물 실험의 결과가 인간에게도 유효함을 간과하고 있다
③ 동물 실험이 인체 실험으로 대체되어야 함을 간과하고 있다
④ 인간과 동물의 존재 지위에 별 차이가 없음을 강조하고 있다
⑤ 동물 실험의 결과가 인간에게 해가 될 수 있음을 간과하고 있다

05강 사랑과 성 윤리

1단계 기출 자료 분석

자료 01

> 갑: 인간은 자식을 낳고 기르려는 본성을 가진다. 신이 정한 결혼 제도를 통해 이러한 본성은 실현된다. 성(性)은 결혼 제도 안에서 이루어질 때에만 인간 본성에 부합하는 도덕적 행위가 된다. → 단서 ❶ 보수주의 입장
>
> 을: 성과 결혼은 별개의 문제이다. 결혼하지 않더라도 서로의 사랑을 확인하고 관계를 돈독하게 만드는 성이라면 도덕적이다. 사랑은 성을 의미 있게 만드는 필수적인 요소이다.
> → 단서 ❷ 중도주의 입장

자료 분석

• 갑: 성과 사랑의 관계에 대한 보수주의의 입장이다.

• 을: 중도주의의 입장이다.

단서 풀이

• 단서 ❶ 성과 사랑에 대한 보수주의 입장에서는 성적 관계를 '결혼 제도 안에서만' 도덕적이라고 본다.

• 단서 ❷ 중도주의 입장에서는 성과 결혼을 별개의 문제로 보고, '사랑을 동반한' 성적 관계를 도덕적이라고 본다.

이것도 알아둬

제시문의 보수주의 입장과 중도주의 입장 이외에 자유주의적 입장이 있다. 중도주의가 성을 결혼과 결부시키지는 않지만 사랑을 전제로 한 성적 관계를 도덕적이라고 보는 데 반해, 자유주의적 입장은 다른 사람에게 피해를 주지 않는 이상 결혼과 사랑이 없어도 개인의 자유로운 선택을 통한 성적 관계를 허용한다.

자료 02

> ○○에게 → 단서 ❶ 부부   단서 ❷ 부부 ←
>
> 얼마 전 자네가 가정을 이루었다는 말을 듣고 몹시 기뻤다네. 공자는 "경(敬)으로써 자신을 수양하고, 자신을 수양하여, 다른 사람을 편안하게 해 주어라."라고 말했다네. 이러한 가르침은 ⊙ 간의 도리에 대해서도 마찬가지라고 생각하네. ⊙ 은/는 서로 다른 환경에서 오랫동안 성장하여 만난 두 사람이지만, 자네가 상대를 아끼는 마음으로 손님을 대하듯 존중한다면 어찌 백년해로(百年偕老)할 수 없겠는가? …(후략)…
> 단서 ❸ 상경여빈 ←

자료 분석

부부간의 윤리에 대한 설명이다.

단서 풀이

• 단서 ❶, ❷ 가정을 이룬 구성원 중 서로 다른 환경에서 오랫동안 성장하여 만난 두 사람은 부부이다.

• 단서 ❸ 부부 관계에서 필요한 자세인 상경여빈(相敬如賓)의 의미이다.

이것도 알아둬

전통적으로 강조해 온 부부간의 윤리에는 부부유별(夫婦有別)과 부부상경(夫婦相敬)이 있다. 부부유별은 오륜 중의 하나로 남편과 아내의 역할에는 구별이 있다는 뜻이다. 부부상경은 음양론에 바탕을 둔 것으로, 부부가 서로 공경하기를 손님같이 한다는 의미이다. 음양론에 따르면 음과 양은 상호 의존적이고 보완적인 관계로서 서로 결합하여 조화를 이룰 때 비로소 완전한 존재가 된다.

자료 03

> 단서 ❶ 성적 관계는 결혼 제도 안에서만 도덕적임=보수주의 입장
>
> 갑: '결혼 없는 성'은 비도덕적이다. 부부만이 성적 관계에서 서로의 인격을 존중해야 할 의무를 다할 수 있으며, 출산을 통한 사회 안정과 책임 있는 성 문화 유지에 기여할 수 있다. 부부 사이의 성적 관계만이 도덕적으로 정당하다.
>
> 을: '사랑 없는 성'은 비도덕적이다. 결혼이 아니라 사랑이 도덕적 성의 조건이며, 사랑하는 사람들만이 성적 관계에서 서로의 인격을 존중해야 할 의무를 다할 수 있다. 사랑하는 사람들 사이의 성적 관계만이 도덕적으로 정당하다. 단서 ❸ 중도주의
>
> → 단서 ❹ 사랑 전제 성관계=중도주의 입장
> 단서 ❷ 결혼 전제 성관계=보수주의 입장 ←

자료 분석

• 갑: 성과 사랑의 관계에 대한 보수주의의 입장이다.

• 을: 성과 사랑의 관계에 대한 중도주의의 입장이다.

단서 풀이

• 단서 ❶, ❷ 보수주의는 성적 관계를 '결혼 제도 안에서만' 도덕적이라고 보기에 부부간의 신뢰와 사랑을 전제로 한 성적 관계만이 정당하다고 주장한다.

• 단서 ❸, ❹ 중도주의는 결혼과 관계없이 '사랑을 바탕으로' 한 성적 관계를 도덕적으로 정당하다고 본다.

자료 04

> 단서 ❶ 인륜적 정신=헤겔
>
> 결혼은 당사자 간의 애착과 계약에서 출발한다. 가족은 하나의 인격이며 인륜적 정신이다. 부부는 사랑의 감정으로 실체적 통일을 이루고 자녀를 통해 객관성을 지닌 결합의 전체를 이룬다. 부모는 자녀를 통해 자신들의 사랑을 느끼게 된다. 한편 자녀가 법적 인격과 자신의 재산을 갖추어 가정을 꾸릴 자격이 생길 때 가족의 해체가 시작된다. 단서 ❷ 헤겔은 자녀는 부모의 공동체 윤리적 사랑의 결실이자 목표라고 함=헤겔
>
> → 단서 ❸ 가족은 공동체 윤리에 의거한 사랑의 결합으로 맺어진 부부와 미혼 자녀로 구성

자료 분석

가족에 대한 헤겔의 관점이다.

단서 풀이

• 단서 ❶ '인륜적 정신'이라는 말을 통해 헤겔임을 알 수 있다. 헤겔은 자신의 독자성을 포기하고 다른 사람과 통일되어 하나를 이룬다는 자각과 그들의 자녀를 통해 가족을 이룰 수 있다고 보았다.

• 단서 ❷ 헤겔은 부부 사이에서의 사랑의 관계는 아직 객관적이지 않으며 자녀를 통해 부부 사이의 사랑의 관계가 객관성을 갖게 된다고 하였다.

• 단서 ❸ 헤겔은 부부가 이혼, 사별하거나 자녀가 출가하여 가정을 꾸리면 가족이 해체된다고 하였다.

이것도 알아둬

헤겔은 가족이 공동체 윤리에 근거한 사랑의 결합으로 맺어진 부부와 그들의 미혼 자녀로 구성된다고 하였다. 공동체 윤리에 근거한 사랑이란 법적 효력이 있는 인륜적 사랑으로, 가족이라는 공동체 안에서 개별성과 보편성의 통일을 이룬 사랑을 말한다. 헤겔에 따르면 가족 안에서 남녀의 상하 차이는 존재하지 않으며, 자녀는 부모의 공동체 윤리적 사랑의 결실이자 대상이면서 목표이다. 헤겔에 따르면, 이렇게 자신과 상대가 구분되지 않는 가족 공동체 윤리는 자신과 상대가 구분되고 이해타산을 중시하는 시민 사회의 공동체 윤리로 이행하고, 이후 가족 공동체 윤리와 시민 공동체 윤리를 함께 가지는 국가 공동체 윤리로 나아간다.

기출 선지 변형 O X

소요 시간	분 초	어려웠던
틀린 개수	개	문항

II

※ 다음 내용이 맞으면 ○, 틀리면 ×에 표시하시오.

01 성에 대한 보수주의, 중도주의, 자유주의 입장

01 성에 대한 보수주의 입장은 성적 관계가 결혼 제도 안에서만 바람직한 것이 될 수 있다고 본다. ○, ×

02 성에 대한 보수주의 입장에서는 성이 새로운 생명을 만들어 인류를 존속시키는 데 기여한다고 본다. ○, ×

03 성에 대한 중도주의와 자유주의 입장에 따르면 성은 사랑을 통해 인격적 만남의 차원으로 고양되어야 한다. ○, ×

04 성에 대한 중도주의 입장에 따르면 성은 상대방에 대한 관심과 배려를 바탕으로 이루어져야 한다. ○, ×

05 성에 대한 보수주의와 중도주의 입장에서는 성적 관계가 사랑이 없어도 당사자들의 합의만 있다면 도덕적이라고 본다. ○, ×

06 성에 대한 보수주의 입장에서는 부부만이 정당한 성적 관계의 주체는 아니라고 본다. ○, ×

07 성에 대한 자유주의 입장에서는 성적 관계의 정당성이 사회 존속과는 무관하다고 본다. ○, ×

08 성에 대한 중도주의 입장에서는 자발적인 동의에 근거한 성적 관계는 항상 정당하다고 본다. ○, ×

09 성에 대한 중도주의 입장에서는 성적 관계에서 서로의 인격적 가치를 중요하게 여긴다. ○, ×

02 부부 관계

10 부부는 혼인(婚姻)을 통해 맺어진 가족 관계이다. ○, ×

11 부부는 상경여빈(相敬如賓)을 실천해야 하는 관계이다. ○, ×

12 부부는 항렬(行列)이 달라 서로 역할을 분담하는 관계이다. ○, ×

13 부부는 동기간(同氣間)으로서 배려해야 하는 가족 관계이다. ○, ×

14 부부는 서로 항렬이 같은 존재로, 위아래의 구분 없이 서로를 존중해야 한다. ○, ×

03 결혼과 가족에 대한 헤겔의 입장

15 헤겔은 가족을 부모와 자식이 결합된 인격적인 공동체로 바라보았다. ○, ×

16 헤겔은 어린 자녀는 부모가 간섭할 수 없는 개별적 존재로 바라보았다. ○, ×

17 헤겔은 부부가 자신들의 자녀를 통해 진정한 사랑을 경험하게 된다고 보았다. ○, ×

18 헤겔은 결혼이 남녀 간의 법적 계약이 아니라 애착으로 성립한다고 보았다. ○, ×

19 헤겔은 결혼이 하나의 인격을 이루고자 하는 두 사람의 자유로운 동의라고 보았다. ○, ×

기출 자료 분석

자료 05

> 단서 ❷ 여성이라는 이유로 사회적 차별을 받으면 안 됨=밀
> 단서 ❶ 여성의 예속은 사회 발전을 방해하는 것=밀

지금까지 남성은 순종이 여성의 본성이라고 여성에게 가르쳐 왔지만 누구도 남녀의 본성을 알 수는 없습니다. 남성과 여성 간 지성의 차이는 사회 환경 요인에 의해 설명될 수 있습니다. 남성에 의한 여성의 법적 예속은 본질적으로 옳지 않을 뿐 아니라 인류의 발전을 저해하는 것입니다. 여성으로 태어난 것이 사회적 지위를 결정하고 다양한 직업으로의 진출을 방해하는 이유가 되어서는 안 됩니다. 재능 활용 기회를 가로막는 것은 개인적으로는 불공평하고 사회적으로는 손실이기 때문입니다. 다른 사람의 권리를 침해하지 않는 한, 여성이든 남성이든 개인의 선택은 전적으로 그 자신에게 맡겨야 합니다.

> 단서 ❸ 성별에 관계없이 다른 사람의 권리를 침해하지 않는 한 개인의 권리를 존중해야 함=밀

자료 분석
20세기 세계에서 일어난 여성 해방 운동의 계기를 마련한 밀의 주장이다.

단서 풀이
• 단서 ❶ 밀은 여성의 예속은 사회 발전을 방해한다고 보고 여성을 억압에서 해방하는 것은 여성뿐만 아니라 남성에게도 도움이 된다고 하였다.
• 단서 ❷, ❸ 밀은 성별에 관계없이 다른 사람의 권리를 침해하지 않는 한 개인의 권리를 존중해야 한다고 주장하였다.

이것도 알아둬
밀은 "여성의 종속"에서 다음과 같이 말하며 남성과 여성을 서로 부족한 부분을 채워 주는 동반자의 관계로 보았다. "남성과 여성의 타고난 본성 때문에 그들이 각각 현재와 같은 역할을 하게 되었고, 또 그것이 본성에 적합하다고 말할 수 있는 근거는 아무것도 없다. …… 만일 사회에서 여성 없이 남성만 살았거나 반대로 남성 없이 여성만 살았다면, 또는 지금처럼 여성이 남성의 지배를 받지 않는 사회가 존재한다면, 각각의 본성에 내재한 정신적·도덕적 차이에 대해 분명히 알 수 있을 것이다. 오늘날 여성의 본성이라고 알려져 있는 것들은 확실히 인위적으로 만들어 낸 것이다."

자료 06

> 단서 ❶ 부부유별=유교

천지가 화합해야 만물이 생성된다. 이와 마찬가지로 남녀가 결혼해야 자손이 태어나고 번영해서 만세에까지 이어진다. …… 남자가 친히 아내를 맞이할 때 선물을 가지고 상견(相見)하는 것은 공경을 통해 부부유별을 밝히려는 것이다. 이처럼 남녀가 유별한 뒤라야 부자가 친하게 되고, 그런 다음에야 도의가 성립되며, 도의에 의해 예의가 제정되고, 그런 다음에야 만사가 안정된다. 만일 남녀의 구별이 분명하지 않고 도의가 성립하지 않는다면, 그것은 금수(禽獸)의 도(道)이다.

> 단서 ❷ 모든 예의가 부부 관계에서 출발=유교

자료 분석
결혼으로 맺어진 부부 관계에서 다양한 인간관계가 출발하므로 모든 예의가 부부에서 비롯됨을 이야기하고 있는 "예기"의 한 구절이다.

단서 풀이
• 단서 ❶ 부부유별은 유교에서 강조한 부부간의 윤리 중의 하나로서 남자와 여자가 성의 차이에 따라 서로 할 일이 구분되어 있다는 의미이다. "남자가 친히 아내를 맞이할 때 선물을 가지고 상견하고"를 통해 일정한 절차를 통해 결혼을 하고 가정을 이룸을 알 수 있다. 또한 "도의가 성립되며"를 통해 부부간의 도리가 필요함을 말하고 있다.

자료 07

(가) 부모와 자녀 간에는 친함이 있어야 하고, 임금과 신하 간에는 의리가 있어야 하고, 남편과 부인 간에는 분별이 있어야 하고, 친구 간에는 믿음이 있어야 하고, 어른과 아이 간에는 차례가 있어야 한다. → 단서 ❶ 오륜(五倫)

(나) 섬기는 일 중에 무엇이 가장 큰 것인가? 가장 큰 섬김에는 물질적 봉양[養口體], 정신적 공경[養志], 사회적으로 명예를 얻는 입신양명(立身揚名) 등이 있다. 그러므로 ⓐ 은/는 개나 말을 잘 먹여 기르는 것과는 다르다.

> 단서 ❷ 효의 실천 방법

자료 분석
• (가): 유교에서 강조하는 다섯 가지 기본 윤리인 오륜(五倫)이다.
• (나): ⓐ에 들어갈 말은 부모와 자녀 간의 윤리인 효(孝)이다.

단서 풀이
• 단서 ❶ 부자유친(父子有親), 군신유의(君臣有義), 부부유별(夫婦有別), 장유유서(長幼有序), 붕우유신(朋友有信)에 대한 내용이다.
• 단서 ❷ 물질적 봉양, 정신적 공경, 입신양명은 유교의 효의 실천 방법이다.

이것도 알아둬
공자는 "논어"에서 "요즘의 효라는 것은 부모를 물질적으로 봉양하는 것을 말한다. 그러나 개나 말조차도 모두 먹여 살리기는 하는 것이니 공경하지 않는다면 짐승과 무엇으로 구별하겠는가?"라고 하면서 물질적인 봉양으로 효도를 다했다고 생각하는 것은 잘못이라고 하였다.

자료 08

> 단서 ❶ 부자(父子) 간 정직은 올바름[義]보다 친애[愛]를 우선해야 함

○ 그대 무리 중 정직한 사람은 자기 아버지가 양을 몰래 훔친 것을 증언했지만, 우리 무리 중 정직한 사람은 아버지는 자식을 위해 자식은 아버지를 위해 그 사실을 숨겼네. 정직은 그 속에 있다네.
○ 자식은 부모가 부르시면 빨리 대답하여 늦지 않도록 한다. 부모가 연세 드시면 늦게 귀가하지 않는다. 부모가 병환 중이시면 자식은 얼굴을 환하게 하지 않고, 웃되 잇몸을 보이는 데 이르지 않으며, 노하되 꾸짖는 데 이르지 않는다.

> 단서 ❷ 유교의 효의 실천 방법

자료 분석
유교 사상에서 강조한 부모와 자녀 간의 윤리인 효(孝)에 관한 내용이다.

단서 풀이
• 단서 ❶ 유교에서는 부모와 자녀 간의 정직은 올바름보다 친애를 우선해야 한다고 보았다.
• 단서 ❷ 유교에서의 효를 실천하는 구체적인 방법이다.

이것도 알아둬
• 부모가 과실이 있거든 기운을 내리고 얼굴빛을 온화하게 하여 부드러운 소리로써 간한다.("예기")
• 만일 간하는 말이 받아들여지지 않더라도 더욱 공경하고 더욱 효를 하여 기뻐하시면 다시 간한다.("예기")
• 아버지에게 다투어 간하는 자식이 있다면 불의(不義)에 빠지지 않을 것이다. 그러므로 아버지가 의롭지 않은 일에 당면하면 자식으로서 다투어 간하지 않으면 안 된다.("효경")

기출 선지 변형 O X

소요 시간	분 초	어려웠던
틀린 개수	개	문항

II

※ 다음 내용이 맞으면 ○, 틀리면 ×에 표시하시오.

04 밀의 여성관

20 밀은 여성을 예속시키기 위해 교육이라는 수단을 이용해서는 안 된다고 주장하였다. ○, ×

21 밀은 사회적 역할이 남녀의 본성에 따라 적합하게 부여되어야 한다고 주장하였다. ○, ×

22 밀은 여성의 분별력이 근본적으로 남성보다 열등하지만 교육을 통해 극복할 수 있다고 보았다. ○, ×

23 밀은 양성평등이 전 인류에게 유용하므로 완전하게 보장해야 한다고 주장하였다. ○, ×

24 밀은 남성이 독점해 온 모든 직업을 여성에게 전면 개방해야 한다고 주장하였다. ○, ×

05 유교의 남녀관

25 유교에서는 부부의 예절은 성 역할의 차이를 해소하는 데서 시작한다고 본다. ○, ×

26 유교에서는 금수에게도 사람의 남녀에게 볼 수 있는 분별적 도리가 있다고 본다. ○, ×

27 유교에서는 남녀가 부부의 연을 맺을 때 일정한 절차가 필요한 것은 아니라고 본다. ○, ×

28 유교에서는 부부의 도리로 각자의 개별성보다 두 사람의 관계를 더 중시해야 한다고 본다. ○, ×

29 유교에서는 부부간에도 공경하는 마음을 담아 예절의 형식을 따라야 한다고 본다. ○, ×

06 유교의 효

30 유교에서 부자유친(父子有親)의 본질은 집단과 상황에 따라 달라질 수 있다. ○, ×

31 유교에서는 부자(父子) 간 정직은 친애[愛]보다 올바름[義]을 우선해야 한다고 본다. ○, ×

32 유교에서는 자식이 부모의 의중을 살펴서 언행을 삼가며 공대(恭待)해야 한다고 본다. ○, ×

33 유교에서는 부모를 위하여 자식은 결코 어떠한 감정도 드러내서는 안 된다고 본다. ○, ×

34 유교에서는 효의 정신을 부모와 자식 간의 관계에 국한하지 않고 이웃에 대한 사랑으로 확대해야 한다고 본다. ○, ×

35 유교에서 효는 부모와 자식이 서로 손님처럼 공경하는 상경여빈(相敬如賓)으로 완성되는 것이다. ○, ×

36 효의 방법인 공대(恭待)는 표정을 항상 부드럽게 하여 부모가 편안한 마음을 지닐 수 있도록 해 드리는 것이다. ○, ×

37 유교에서 효는 부모와 자식이 서로 사랑하며 함께 늙어가는 백년해로(百年偕老)와 관련 깊다. ○, ×

38 유교에서 효는 부모를 욕되지 않게 해 드리는 불감훼상(不敢毁傷)과 함께 시작된다. ○, ×

01 평가원　　　　　　　　　　　　p.038 자료 04

다음 사상가의 입장만을 〈보기〉에서 있는 대로 고른 것은?

> 결혼은 당사자 간의 애착과 계약에서 출발한다. 가족은 하나의 인격이며 인륜적 정신이다. 부부는 사랑의 감정으로 실체적 통일을 이루고 자녀를 통해 객관성을 지닌 결합의 전체를 이룬다. 부모는 자녀를 통해 자신들의 사랑을 느끼게 된다. 한편 자녀가 법적 인격과 자신의 재산을 갖추어 가정을 꾸릴 자격이 생길 때 가족의 해체가 시작된다.

•보기•
ㄱ. 가족은 부모와 자식이 결합된 인격적인 공동체이다.
ㄴ. 어린 자녀는 부모가 간섭할 수 없는 개별적 존재이다.
ㄷ. 부부는 자신들의 자녀를 통해 진정한 사랑을 경험한다.
ㄹ. 결혼은 남녀 간의 법적 계약이 아니라 애착으로 성립한다.

① ㄱ, ㄷ　　　　② ㄱ, ㄹ　　　　③ ㄴ, ㄹ
④ ㄱ, ㄴ, ㄷ　　　⑤ ㄴ, ㄷ, ㄹ

02 평가원　　　　　　　　　　　　p.038 자료 01

갑, 을의 입장으로 옳지 <u>않은</u> 것은?

> 갑: 인간은 자식을 낳고 기르려는 본성을 가진다. 신이 정한 결혼 제도를 통해 이러한 본성은 실현된다. 성(性)은 결혼 제도 안에서 이루어질 때에만 인간 본성에 부합하는 도덕적 행위가 된다.
> 을: 성과 결혼은 별개의 문제이다. 결혼하지 않더라도 서로의 사랑을 확인하고 관계를 돈독하게 만드는 성이라면 도덕적이다. 사랑은 성을 의미 있게 만드는 필수적인 요소이다.

① 갑: 성은 결혼 제도 안에서만 바람직한 것이 될 수 있다.
② 갑: 성은 새로운 생명을 만들어 인류를 존속시키는 데 기여한다.
③ 을: 성은 사랑을 통해 인격적 만남의 차원으로 고양되어야 한다.
④ 을: 성은 상대방에 대한 관심과 배려를 바탕으로 이루어져야 한다.
⑤ 갑, 을: 성은 사랑이 없어도 당사자들의 합의만 있다면 도덕적이다.

03 교육청

다음 사상가의 입장을 〈보기〉에서 고른 것은?

> 사랑은 상대방의 생명과 성장에 적극적으로 관여하는 것이다. 사랑의 기본적 요소들인 보호, 책임, 존경, 지식은 서로 의존하고 있다. 그러한 요소들은 성숙한 인간, 즉 내적 힘에 바탕을 둔 겸손한 사람에게서만 찾아볼 수 있다.

•보기•
ㄱ. 사랑은 상대방을 나의 입장에서 파악하고 보호하는 것이다.
ㄴ. 사랑은 상대방에 대한 참된 이해에 의해 인도되어야 한다.
ㄷ. 사랑은 상대방에게 적극적 관심을 갖는 능동적 활동이다.
ㄹ. 사랑은 상대방에 대한 외경으로써 자신을 희생하는 것이다.

① ㄱ, ㄴ　　　　② ㄱ, ㄷ　　　　③ ㄴ, ㄷ
④ ㄴ, ㄹ　　　　⑤ ㄷ, ㄹ

04 교육청

㉠에 들어갈 진술로 가장 적절한 것은?

> 세상 만물은 음양(陰陽)의 대립, 통일, 순환의 과정을 통해 균형을 이루게 된다. 예를 들어 하늘, 태양, 남성, 오전 등이 양이라면, 땅, 달, 여성, 오후 등은 음이라고 할 수 있다. 이들은 서로 대립 관계에 있으면서도 의존 관계에 있다. 그런데 어떤 사람들은 "하늘과 남성은 양으로서 존엄하고, 땅과 여성은 음으로서 비천하다."라고 주장한다. 나는 이 사람들이 　㉠　 고 생각한다.

① 남존여비가 인간관계의 기본 원칙임을 간과하고 있다
② 음양은 구별되지만 차등 관계가 아님을 간과하고 있다
③ 남녀는 서로 존중해야 할 혈연관계임을 간과하고 있다
④ 음양의 논리로 남녀를 설명할 수 없음을 간과하고 있다
⑤ 남녀는 음양의 조화로 형성된 종적 관계임을 간과하고 있다

05 수능
p.038 자료 02

다음 가상 편지의 ⊙에 대한 옳은 설명을 〈보기〉에서 고른 것은?

○○에게

얼마 전 자네가 가정을 이루었다는 말을 듣고 몹시 기뻤다네. 공자는 "경(敬)으로써 자신을 수양하고, 자신을 수양하여, 다른 사람을 편안하게 해 주어라."라고 말했다네. 이러한 가르침은 ⊙ 간의 도리에 대해서도 마찬가지라고 생각하네. ⊙ 은/는 서로 다른 환경에서 오랫동안 성장하여 만난 두 사람이지만, 자네가 상대를 아끼는 마음으로 손님을 대하듯 존중한다면 어찌 백년해로(百年偕老)할 수 없겠는가? …(후략)…

• 보기 •

ㄱ. 혼인(婚姻)을 통해 맺어진 가족 관계이다.
ㄴ. 상경여빈(相敬如賓)을 실천해야 하는 관계이다.
ㄷ. 항렬(行列)에 따라 서로 역할을 분담하는 관계이다.
ㄹ. 동기간(同氣間)으로서 배려해야 하는 가족 관계이다.

① ㄱ, ㄴ
② ㄱ, ㄷ
③ ㄴ, ㄷ
④ ㄴ, ㄹ
⑤ ㄷ, ㄹ

06 수능
p.038 자료 03

갑, 을의 입장에 대한 설명으로 가장 적절한 것은?

갑: '결혼 없는 성'은 비도덕적이다. 부부만이 성적 관계에서 서로의 인격을 존중해야 할 의무를 다할 수 있으며, 출산을 통한 사회 안정과 책임 있는 성 문화 유지에 기여할 수 있다. 부부 사이의 성적 관계만이 도덕적으로 정당하다.

을: '사랑 없는 성'은 비도덕적이다. 결혼이 아니라 사랑이 도덕적 성의 조건이며, 사랑하는 사람들만이 성적 관계에서 서로의 인격을 존중해야 할 의무를 다할 수 있다. 사랑하는 사람들 사이의 성적 관계만이 도덕적으로 정당하다.

① 갑은 부부만이 정당한 성적 관계의 주체는 아니라고 본다.
② 갑은 성적 관계의 정당성이 사회 존속과는 무관하다고 본다.
③ 을은 자발적인 동의에 근거한 성적 관계는 항상 정당하다고 본다.
④ 을은 성적 관계가 부부 사이에서만 정당화될 수 있다고 본다.
⑤ 갑, 을은 성적 관계에서 서로의 인격적 가치를 존중해야 한다고 본다.

07 평가원

갑, 을의 입장으로 옳지 않은 것은?

갑: 성은 '최대한의 책임과 최소한의 성적 자유'를 지향해야 한다. 성은 그것의 자연적 결과인 출산을 통해 가정에서의 안정된 자녀 양육으로 이어져야만 한다. 성의 가장 중요한 목표는 출산에 대한 책임과 양육의 안정성에 있다.

을: 성은 '최소한의 책임과 최대한의 성적 자유'를 지향해야 한다. 성에 관한 결정은 타인에게 피해를 주지 않는 범위 내에서 개인의 자유의사에 근거해야 한다. 따라서 강제와 무지, 기만에 의해 이루어진 성은 정당화될 수 없다.

① 갑: 성은 종족 보존이라는 생식적 가치를 중시해야 한다.
② 갑: 성은 혼인 관계 내에서만 도덕적으로 허용될 수 있다.
③ 을: 성은 개인의 자발적 의지와 선택이 전제되어야만 한다.
④ 을: 성은 개인의 권리를 침해하지 않아야 정당화될 수 있다.
⑤ 갑, 을: 성은 행위의 결과와는 무관한 개인 간 합의의 문제이다.

08 수능

다음 가상 편지에서 강조하는 입장으로 가장 적절한 것은?

○○에게

자네가 부모님 모시는 모습은 참으로 보기 좋네. 살림살이가 좋거나 좋지 않거나 부모님을 한결같이 섬기는 것이 말처럼 쉽지 않지. 다만 자네가 어버이를 섬길 때 증자(曾子)를 본받았으면 하네. 증자는 아버지께 끼니마다 반드시 고기와 술을 차려 드렸다네. 그리고 남은 음식을 누구에게 줄 것인지 아버지께 여쭈었고, 아버지께서 남은 음식이 있냐고 되물으시면 증자는 "있습니다."라고 답하였다네. 증자는 아버지의 마음을 살핀 것이지. 그런데 증자를 봉양한 증자의 아들은 남은 음식이 있냐는 증자의 물음에 "없습니다."라고 답하였지. 증자의 아들은 아버지께 다시 음식을 올리려 한 것이네. 증자의 아들은 입과 몸을 봉양한 것에 지나지 않고 증자는 뜻을 봉양한 것이라 할 수 있지. …(후략).

① 자식은 어버이가 가진 의중을 헤아려서 봉양해야 한다.
② 자식은 어버이의 옳지 못한 행동을 바꾸려고 해서는 안 된다.
③ 어버이를 봉양하는 까닭은 자식에게 봉양받기 위함일 뿐이다.
④ 어버이를 섬기는 방식을 경제적 형편에 따라서 달리해야 한다.
⑤ 자식된 도리를 다하기 위해 어버이보다 이웃을 더 배려해야 한다.

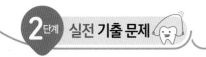

09 교육청
다음 입장에서 지지할 견해로 적절하지 <u>않은</u> 것은?

> 인간은 자신의 판단에 따라 성의 자기 결정권을 행사할 수 있다. 그런데 어떤 사람들은 자신이 원한다면 어떤 성적 행동도 할 수 있다는 입장에서 성의 자기 결정을 성적 방종으로 이해하는 경우가 있다. 우리는 이러한 사고방식이 초래할 수 있는 문제점에 대해 반성적으로 성찰할 필요가 있다.

① 성의 자기 결정권을 남용하여 자기 인격을 훼손해서는 안 된다.
② 자신의 행위가 타인의 성의 자기 결정권을 침해해서는 안 된다.
③ 성의 자기 결정권을 행사한 개인에게 책임을 물어서는 안 된다.
④ 상대방이 원하지 않는 성적 행위나 활동을 강제해서는 안 된다.
⑤ 인간의 성이 지닌 사회적·인격적 가치를 무시해서는 안 된다.

11 수능   p.040 **자료 05**
그림의 강연자가 지지할 입장으로 적절하지 <u>않은</u> 것은?

> 지금까지 남성은 순종이 여성의 본성이라고 여성에게 가르쳐 왔지만 누구도 남녀의 본성을 알 수는 없습니다. 남성과 여성 간 지성의 차이는 사회 환경 요인에 의해 설명될 수 있습니다. 남성에 의한 여성의 법적 예속은 본질적으로 옳지 않을 뿐 아니라 인류의 발전을 저해하는 것입니다. 여성으로 태어난 것이 사회적 지위를 결정하고 다양한 직업으로의 진출을 방해하는 이유가 되어서는 안 됩니다. 재능 활용 기회를 가로막는 것은 개인적으로는 불공평하고 사회적으로는 손실이기 때문입니다. 다른 사람의 권리를 침해하지 않는 한, 여성이든 남성이든 개인의 선택은 전적으로 그 자신에게 맡겨야 합니다.

① 여성을 예속시키는 수단으로 교육을 이용해서는 안 된다.
② 사회적 역할은 남녀의 본성에 따라 적합하게 부여되어야 한다.
③ 여성의 분별력이 근본적으로 열등하다고 단정해서는 안 된다.
④ 양성평등은 전 인류에게 유용하므로 완전하게 보장해야 한다.
⑤ 남성이 독점해 온 모든 직업을 여성에게 전면 개방해야 한다.

10 평가원
다음 사상가의 입장만을 〈보기〉에서 있는 대로 고른 것은?

> 삶이 일종의 기술인 것처럼 사랑도 기술이라는 것을 깨달아야 한다. 사랑은 상대에게 응답할 수 있고 응답할 준비가 갖추어져 있다는 뜻이다. 사랑은 인간 존재를 타인과 결합시키는 능동적인 능력으로, 인간의 고립감을 극복하게 하면서도 각자 자신의 통합성을 유지시킨다. 따라서 사랑에 있어서 두 존재는 하나로 되면서도 둘로 남아 있다.

- 보기 -
ㄱ. 사랑은 사랑하는 사람의 성장에 관심을 갖는 것이다.
ㄴ. 사랑은 상대방이 지닌 고유한 개성을 존중하는 것이다.
ㄷ. 사랑은 서로가 서로를 소유 대상으로 인정하는 것이다.
ㄹ. 사랑은 상대의 요구에 자발적으로 책임을 느끼는 것이다.

① ㄱ, ㄴ   ② ㄴ, ㄷ   ③ ㄷ, ㄹ
④ ㄱ, ㄴ, ㄹ   ⑤ ㄱ, ㄷ, ㄹ

12 평가원   p.040 **자료 07**
(가) 사상의 입장에서 볼 때, (나)의 ㉠에 대한 설명으로 가장 적절한 것은?

> (가) 부모와 자녀 간에는 친함이 있어야 하고, 임금과 신하 간에는 의리가 있어야 하고, 남편과 부인 간에는 분별이 있어야 하고, 친구 간에는 믿음이 있어야 하고, 어른과 아이 간에는 차례가 있어야 한다.
> (나) 섬기는 일 중에 무엇이 가장 큰 것인가? 가장 큰 섬김에는 물질적 봉양[養口體], 정신적 공경[養志], 사회적으로 명예를 얻는 입신양명(立身揚名) 등이 있다. 그러므로 ㉠ 은/는 개나 말을 잘 먹여 기르는 것과는 다르다.

① 서로 손님처럼 공경하는 상경여빈(相敬如賓)으로 완성되는 것이다.
② 공동 이익을 추구하는 상부상조(相扶相助)로 완성되는 것이다.
③ 사랑하며 함께 늙어가는 백년해로(百年偕老)로 완성되는 것이다.
④ 몸과 마음으로 헌신하는 사군이충(事君以忠)으로 시작되는 것이다.
⑤ 몸을 온전하게 보전하는 불감훼상(不敢毀傷)으로 시작되는 것이다.

13 평가원
p.040 **자료 06**

다음 사상의 입장으로 가장 적절한 것은?

천지가 화합해야 만물이 생성된다. 이와 마찬가지로 남녀가 결혼해야 자손이 태어나고 번영해서 만세에까지 이어진다. … (중략) … 남자가 친히 아내를 맞이할 때 선물을 가지고 상견(相見)하는 것은 공경을 통해 부부유별을 밝히려는 것이다. 이처럼 남녀가 유별한 뒤라야 부자가 친하게 되고, 그런 다음에야 도의가 성립되며, 도의에 의해 예의가 제정되고, 그런 다음에야 만사가 안정된다. 만일 남녀의 구별이 분명하지 않고 도의가 성립하지 않는다면, 그것은 금수(禽獸)의 도(道)이다.

① 부부의 예절은 성 역할의 차이를 해소하는 데서 시작한다.
② 금수에게도 사람의 남녀에게 볼 수 있는 분별적 도리가 있다.
③ 남녀가 부부의 연을 맺을 때 일정한 절차가 필요한 것은 아니다.
④ 부부의 도리는 두 사람의 관계보다 각자의 개별성을 중시해야 한다.
⑤ 부부 간에도 공경하는 마음을 담아 예절의 형식을 따라야 한다.

14 수능

다음 사상가의 입장으로 옳지 <u>않은</u> 것은?

사랑은 본래 '주는 것'이다. 시장형 성격의 사람은 사랑을 받는 것에 대한 교환의 의미로만 주어야 한다고 본다. 비생산적인 성격의 사람은 주는 것을 가난해지는 것으로 생각해서 대부분은 주려고 하지 않는다. 다만 어떤 사람은 환희의 경험보다 고통을 감수하는 희생이라는 의미에서 사랑을 주는 것을 덕으로 삼는다. 그들은 모두 사랑에 대해 오해하고 있다. 생산적인 성격의 사람은 사랑을 주는 것이 잠재적인 능력의 최고 표현이며 생산적인 활동이라고 본다. 이것은 상대방의 생명과 성장에 적극적인 관심을 가지는 것이고, 자발적으로 책임지는 것이며, 착취 없이 존경하는 것이다.

① 사랑은 자신을 희생하여 상대방이 원하는 것을 들어주는 것이다.
② 사랑은 상대방의 요청에 성실하게 응답할 준비를 갖추는 것이다.
③ 사랑은 상대방이 자기 능력을 최대한 발휘하도록 돌보는 것이다.
④ 사랑은 상대방을 지배하는 것이 아니라 있는 그대로 보는 것이다.
⑤ 사랑은 능동적으로 활동하여 자신의 생동감을 고양하는 것이다.

15 평가원

다음 가상 편지의 ㉠에 대한 옳은 설명을 〈보기〉에서 고른 것은?

○○에게
네가 다칠 뻔했다는 소식을 듣고 걱정했단다. 옛 선현들에 의하면, 군자는 친족을 사랑하며 백성에게 어진 정치를 베풀고, 만물에까지도 사랑이 미치게 해야 한다고 했단다. 이는 마치 뿌리로부터 가지와 잎이 자라고 피어나는 것과 같다고 하겠지. 이 뿌리가 되는 것이 바로 ㉠ (이)란다. ㉠ 을/를 행하는 첫걸음은 자신의 몸을 훼상하지 않는 것이다. 그래서 증자는 죽음에 이르렀을 때 자신의 몸이 상하지 않고 온전하게 보전된 것을 보고 "비로소 걱정을 면했지!" 라고 안도했다고 하더구나. …(후략)…

- 보기 -
ㄱ. 음양(陰陽)의 조화를 통해서 형성된 횡적 관계의 미덕이다.
ㄴ. 사회적 역할에 맞는 도덕적 행동으로 이름을 떨칠 때 완성된다.
ㄷ. 조상에 대한 공경을 담은 전통적 제례(祭禮)에 의해서도 표현된다.
ㄹ. 혈연관계의 친밀함을 배제한 공평함을 추구하려는 노력이다.

① ㄱ, ㄴ   ② ㄱ, ㄷ   ③ ㄴ, ㄷ
④ ㄴ, ㄹ   ⑤ ㄷ, ㄹ

16 수능
p.040 **자료 08**

다음 동양 사상의 입장으로 가장 적절한 것은?

ㅇ 그대 무리 중 정직한 사람은 자기 아버지가 양을 몰래 훔친 것을 증언했지만, 우리 무리 중 정직한 사람은 아버지는 자식을 위해 자식은 아버지를 위해 그 사실을 숨겼네. 정직은 그 속에 있다네.
ㅇ 자식은 부모가 부르시면 빨리 대답하여 늦지 않도록 한다. 부모가 연세 드시면 늦게 귀가하지 않는다. 부모가 병환 중이시면 자식은 얼굴을 환하게 하지 않고, 웃어 잇몸을 보이는 데 이르지 않으며, 노하되 꾸짖는 데 이르지 않는다.

① 부자유친(父子有親)의 본질은 집단과 상황에 따라 달라져야 한다.
② 부자(父子) 간 정직은 친애[愛]보다 올바름[義]을 우선해야 한다.
③ 자식은 부모의 의중을 살펴서 언행을 삼가며 공대(恭待)해야 한다.
④ 부모를 위하여 자식은 결코 어떠한 감정도 드러내서는 안 된다.
⑤ 효의 정신은 부모와 자식 간의 관계에 국한하여 적용해야 한다.

01

다음은 서술형 평가 문제와 학생 답안이다. 학생 답안의 ⊙~⑩ 중 옳지 않은 것은?

서술형 평가

● 문제: 다음 글의 ⓐ를 실천하는 전통적인 방법에 대해 설명하시오.

> 아버지는 의로움이 있어야 하고[父義], 어머니는 자애로워야 하고[母慈], 형은 동생을 벗처럼 대하고[兄友], 동생은 형을 공경해야 하며[弟恭], ⓐ 자식은 부모에게 효도해야 한다[子孝].

● 학생 답안

유교의 경전인 효경에 따르면, 효도를 실천하는 주요 방법은 다음과 같다. ⊙ 효의 시작은 부모로부터 물려받은 몸을 깨끗하고 온전하게 하는 것이며, ⓛ 부모를 실질적으로 잘 모셔야 하고, ⓒ 부모의 뜻을 헤아려 옳지 못해도 거역하지 않고 실천함으로써 부모를 기쁘게 해 드리며, ⓔ 표정을 항상 부드럽게 하여 부모가 편안한 마음을 지닐 수 있도록 해 드리고, ⑩ 부모를 욕되지 않게 해 드리며, 후세에 이름을 떨쳐 부모를 영광되게 해 드려야 한다.

---

① ⊙ ② ⓛ ③ ⓒ ④ ⓔ ⑤ ⑩

02

⊙~ⓔ에 대한 설명으로 옳은 것을 〈보기〉에서 있는 대로 고른 것은?

> 인간의 성은 다양한 가치를 지닌다. 먼저 성은 새로운 생명을 탄생시키는 원천으로서 ⊙ 을/를 지닌다. 또한 성은 인간의 감각적인 욕구를 충족시켜 주는 ⓛ 을/를 지닌다. 그리고 성은 남녀 상호 간의 존중과 배려를 실현하게 해 주는 ⓒ 을/를 지닌다. 그리고 성이 가지는 가치에 따라 우리는 ⓔ그에 상응하는 도덕적 의무를 지니게 된다.

〈보기〉

ㄱ. ⊙은 근본적으로 성적 욕망의 충족과 가장 깊은 관련이 있다.
ㄴ. ⓛ은 인간 종족 보존의 자연적 성향의 실현으로 세대를 이어가게 하는 것을 말한다.
ㄷ. ⓒ은 인간과 인간 사이의 인격적인 교감이 이루어지는 것을 말한다.
ㄹ. ⓔ은 각각 ⊙에는 책임, ⓛ에는 절제, ⓒ에는 인격 존중의 의무를 지니는 것과 관련이 있다.

① ㄱ, ㄴ ② ㄱ, ㄷ ③ ㄷ, ㄹ
④ ㄱ, ㄴ, ㄹ ⑤ ㄴ, ㄷ, ㄹ

03 <고난도>

갑, 을, 병, 정이 서로 다른 관점을 비판한다고 가정할 때, 비판의 내용과 방향이 옳은 것을 〈보기〉에서 있는 대로 고른 것은?

> 갑: 결혼이 전제되지 않은 성은 부도덕한 거야.
> 을: 사랑하는 사이라면 문제가 되지 않을 것 같아. 결혼보다는 사랑이 전제 조건이지.
> 병: 서로 자발적으로 동의하면 가능한 것 아닐까? 결혼이나 사랑이 꼭 전제되어야 하나?
> 정: 성이 개인의 영역이지만 사회의 안정과 질서 유지와도 관련 있음을 알아야 해.

〈보기〉

ㄱ. 갑이 을에게: 사랑과 성은 결혼을 통해 이루어질 때만 도덕적임을 모르고 있다.
ㄴ. 을이 병에게: 사랑이 전제되지 않은 성은 인간과 동물의 구분을 모호하게 한다는 점을 간과하고 있다.
ㄷ. 병이 정에게: 사랑과 결혼을 결부시켜 성적 자유를 제한하는 것은 옳지 않다.
ㄹ. 정이 갑에게: 성의 자유로운 추구는 사회 구성원들의 안정적 생활에 기여함을 모르고 있다.

① ㄱ, ㄴ ② ㄱ, ㄹ ③ ㄷ, ㄹ
④ ㄱ, ㄴ, ㄷ ⑤ ㄴ, ㄷ, ㄹ

04

(가) 사상의 관점에서 (나)의 세로 낱말 (C)에 대한 옳은 설명은?

(가)
> • 사람[人]이 어질지 않으면 예를 어떻게 행하겠는가? 사람이 어질지 않으면 악은 무엇을 하겠는가?
> • 부유함과 고귀함은 모든 사람이 원하는 것이지만 정당하게 얻은 것이 아니면 머물지 않고, 가난함과 천박함은 모든 사람이 싫어하는 것이지만 정당한 방법이 아니면 애써 벗어나려 하지 않는다.

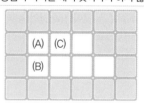

(나)
[가로 열쇠]
(A): 공동체 전원이 공유하며, 그들 모두에게 똑같이 유익한 가치
(B): 배아 또는 성체에 있는, 여러 종류의 세포로 분화할 수 있는 미분화 세포
[세로 열쇠]
(C): ……개념

① 가깝고 먼 정도를 분별하여 호칭을 불러야 하는 사이이다.
② 경쟁과 대립하면서도 친애와 협동을 하는 친밀한 사이이다.
③ 사회의 가장 기본적인 공동체로서 주로 혼인으로 구성된다.
④ 세대와 항렬이 다르므로 이에 따라 예를 지켜야 하는 사이이다.
⑤ 사랑하는 성인 남녀가 결혼이라는 제도를 통해 맺은 관계이다.

05 고난도

(가), (나)의 문제점에 해당하는 것을 〈보기〉에서 있는 대로 고른 것은?

(가)	유리 천장은 여성들이 직장이나 사회에서 더 높은 직급으로 오를 때 부딪히게 되는 보이지 않는 장벽을 비유한 말이다. 겉으로는 남녀가 평등하고 동등한 기회를 부여받고 있는 것 같지만, 사실 윗자리로 올라갈수록 보이지 않는 투명한 유리 천장이 가로막고 있는 경우가 많아 여성의 지위 상승이 어려운 현실을 표현하는 말이다.

직장 내 성차별에 관한 설문 조사

(단위: %, 중복 응답)

(나)
- ❶ 성별 직무 분리 ████████ 49.3 %
- ❷ 성 역할 분리 ███████ 44.3 %
- ❸ 채용 시 남성 선호 ██████ 38.6 %
- ❹ 성별 임금 격차 █████ 33.1 %
- ❺ 성별 승진 차별 ████ 29.6 %

(여성가족부, 2017)

〈보기〉
ㄱ. 모든 인간이 누려야 할 인간 존엄성을 훼손할 수 있다.
ㄴ. 개인의 능력이 제한당하거나 자아실현을 방해받을 수 있다.
ㄷ. 사람들의 능력을 제대로 활용하지 못해 사회적 손실로 이어질 수 있다.
ㄹ. 남녀의 생물학적 차이를 바탕으로 한 성의 특징 발현을 억제할 수 있다.

① ㄱ, ㄴ   ② ㄱ, ㄹ   ③ ㄷ, ㄹ
④ ㄱ, ㄴ, ㄷ   ⑤ ㄴ, ㄷ, ㄹ

06

갑이 을에게 제시할 견해로 옳은 것은?

갑	한 인간으로서 그리고 도덕적 행위자로서 우리의 선함은 우리 주변의 일들이 운 좋게 잘 이루어졌는가 아니면 그렇지 않은가에 의존할 수 없다. 선의지에 따라 행위한 결과가 그 행위의 선함을 결정하는 요소가 될 수는 없다. 그렇다면 선의지의 선함은 결국 그 자체의 본성에 놓여 있을 수밖에 없다.
을	성의 자기 결정권은 인간이 자신의 성적 행동을 스스로 결정할 수 있는 권리로서 이는 모든 사람이 누려야 할 기본적 권리에 해당한다. 그러므로 자발적 성매매도 이 성의 자기 결정권의 행사라고 보아야 한다.

① 인간의 본성과 사물의 본성에 부합하는 성의 자기 결정권의 행사라면 정당하다.
② 관련된 모든 사람들의 이익을 증가시키는 성의 자기 결정권의 행사만이 정당하다.
③ 타인에게 해를 끼치지 않는 자유로운 성의 자기 결정권의 행사는 문제가 되지 않는다.
④ 성의 인격적 가치를 훼손하는 성의 자기 결정권 행사는 도덕적으로 정당화될 수 없다.
⑤ 자기 스스로의 선택으로 하는 성매매는 보편화 정식과 인간성의 정식에 부합하는 일이다.

07

갑, 을의 입장을 〈보기〉에서 골라 바르게 묶은 것은?

갑	자신의 성적 매력을 표현할 것인지를 결정하는 권리는 개인이 갖는다. 성의 자기 결정권과 표현의 자유를 인정하는 차원에서 성 상품화를 인정해야 한다.
을	인간의 성을 상품으로 대상화하는 성의 상품화는 인간의 성이 지닌 본래의 가치와 의미를 변질시킬 수 있다. 그러므로 성 상품화는 수용해서는 안 된다.

〈보기〉

		성 상품화는 법 테두리 내에서 행사할 수 있는 정당한 권리인가?	
		예	아니요
성의 상품화는 성의 자기 결정권의 바람직한 행사를 방해하는가?	예	A	B
	아니요	C	D

	갑	을		갑	을
①	A	B	②	B	D
③	C	B	④	C	D
⑤	D	A			

08

(가)와 같은 현상의 원인과 해결 방안을 (나)의 표로 정리할 때, ⊙, ⓒ에 들어갈 내용으로 옳은 것을 〈보기〉에서 고른 것은?

(가)	• 가족 구성원의 수가 감소하여 가족 구조가 축소되고 구성원 간의 정서적 연결이 약해져서 가족이 제 기능을 발휘하지 못하는 현상 • 가족의 형태가 점점 축소되고, 가족의 기본적인 기능이 약화되는 현상

(나)

구분	개인적 차원	사회적 차원
원인		⊙
해결 방안	ⓒ	

〈보기〉
ㄱ. ⊙: 가족 간의 정서적 유대감 약화
ㄴ. ⊙: 핵가족의 보편화, 1인 가구의 증가, 이혼율 상승
ㄷ. ⓒ: 현대 사회에 적합한 가족 윤리 확립
ㄹ. ⓒ: 고립되고 소외된 사회 구성원들에 대한 지원

① ㄱ, ㄴ   ② ㄱ, ㄷ   ③ ㄴ, ㄷ
④ ㄴ, ㄹ   ⑤ ㄷ, ㄹ

06강 직업과 청렴의 윤리

1단계 기출 자료 분석

자료 01

> 단서 ❷ 프로테스탄트의 윤리가 자본주의 정신의 토대가 됨=베버
> 단서 ❶ 칼뱅의 직업 소명설

갑: 노동을 '신이 규정한 삶의 최고 목적'으로 보는 입장에서, 청교도는 소명을 인식하고 소명에 따라 노동하였다. 이러한 노동이 영리 추구와 결합하고 금욕적 절약을 통해 자본을 형성하여 자본주의 정신의 토대가 되었다.

을: 노동은 인간이 자신의 자연적인 힘을 사용하여 자연과 관계를 맺는 하나의 과정이다. 그러나 자본주의에서는 노동자가 생산 수단을 사용하는 것이 아니라 생산 수단이 노동자를 사용하는 왜곡이 일어난다.

> 단서 ❸ 자본주의 사회에서 노동자는 노동으로부터 소외됨=마르크스

자료 분석
- 갑: 프로테스탄트 윤리가 자본주의 정신의 토대가 되었다고 주장하는 베버이다.
- 을: 자본주의 사회에서 노동자가 노동으로부터 소외되었다고 주장하는 마르크스이다.

단서 풀이
- 단서 ❶ 칼뱅의 직업 소명설이다. 칼뱅은 직업이 신으로부터 부름 받는 자기 몫의 일을 하는 것이라고 하였다.
- 단서 ❷ 칼뱅은 인간의 구원 여부는 이미 결정되어 있다는 구원 예정설을 주장하면서 직업을 포함한 인간의 모든 활동을 신의 소명을 이루기 위해 할 것을 강조하였다. 베버는 칼뱅주의가 직업적 성공으로 부를 축적하는 것을 신의 축복이라고 하면서 부를 쌓으려는 개인의 노력을 정당화하였다고 평가하였다.
- 단서 ❸ 마르크스는 자본주의 사회의 분업화된 노동으로 인해 노동자가 자율성을 상실하고 자본의 논리에 의해 인간의 노동 소외가 발생한다고 주장하였다.

자료 02

> 단서 ❸ 사유 재산을 지양하고 공산주의 사회 지향=마르크스
> 단서 ❶ 프로테스탄트의 윤리가 자본주의의 토대=베버

갑: 자본주의 정신과 문화는 지속적, 체계적, 현세적인 직업 노동을 최고의 금욕 수단으로 여기는 프로테스탄티즘 정신에서 태어났다. 이 정신이 자본주의 윤리의 기초이다.

을: 자본주의에서 사유 재산은 소외된 인간 생활의 표현이다. 사유 재산을 적극적으로 지양하면 모든 소외가 지양되어 계급이 소멸된 사회에서 인간다운 삶이 가능하다.

> 단서 ❷ 자본주의 사회의 사유 재산과 인간 소외 비판=마르크스

자료 분석
- 갑: 칼뱅의 직업 소명설이 자본주의 정신 형성에 영향을 주었다고 평가한 베버이다.
- 을: 자본주의의 사유 재산과 노동 소외를 비판한 마르크스이다.

단서 풀이
- 단서 ❶ 베버는 프로테스탄트 윤리가 자본주의의 토대가 되었다고 주장하였다. 베버는 칼뱅의 직업 소명설로 인해 근면하고 검소하게 생활하면서 부를 축적하는 프로테스탄티즘 윤리가 형성되고 이것이 자본주의 정신의 형성에 영향을 주었다고 보았다.
- 단서 ❷ 자본주의의 사유 재산이 인간이 소외 현상을 가져온다면서 비판한 사람은 마르크스이다.
- 단서 ❸ 마르크스는 사유 재산을 없애고 공동 생산, 공동 분배하는 공산주의 사회를 지향하였다.

자료 03

> 단서 ❶ 프로테스탄트 윤리가 자본주의의 토대가 되었음=베버

갑: 프로테스탄트의 금욕은 향락과 낭비를 막는다. 이러한 금욕으로 인해 재화의 획득이 구원의 증표로 정당화되었다. 금욕을 바탕으로 한 영리 활동이 근대 기업가의 소명이라면, 노동은 근대 노동자의 소명이다.

을: 임금은 임금답고 신하는 신하다워야 한다. 임금이 나라를 다스릴 때에는 백성들의 신뢰를 얻어야 하며, 씀씀이를 줄이고 백성들을 사랑해야 한다. 신하는 먼저 맡은 직분을 경건히 수행하고 녹봉은 그 다음에 생각해야 한다.

> 단서 ❷ 정명 사상="군군신신부부자자(君君臣臣父父子子)"=공자

자료 분석
- 갑: 프로테스탄트 윤리가 자본주의의 정신적 토대가 되었다고 주장하는 베버이다.
- 을: 정명 사상을 주장한 공자이다.

단서 풀이
- 단서 ❶ 칼뱅주의의 프로테스탄트 윤리가 자본의 축적을 정당화하여 자본주의의 토대가 되었다고 주장한 사람은 베버이다.
- 단서 ❷ 공자는 임금은 임금다워야 하고, 신하는 신하다워야 하며, 아버지는 아버지다워야 하고, 자식은 자식다워야 한다는 정명 사상을 주장하였다. 즉, 자신의 직분에 충실해야 한다는 것이다.

이것도 알아둬
공자처럼 본분에 맞는 책임을 강조한 서양 사상가로 플라톤을 들 수 있다. 플라톤은 사람들이 타고난 자신의 성향에 따라 세 계층, 즉 생산자, 방위자, 통치자로 나뉘고, 각자 자신에게 맞는 일을 올바르게 수행함으로써 공동체 안에서 조화를 이루어야 한다고 주장하였다.

자료 04

프로테스탄트는 자신의 구원의 여부가 예정되어 있다고 보았으며, 직업 노동을 신에게 선택받았다는 확신에 이르기 위한 가장 훌륭한 수단이라고 여겼다. 이들의 금욕주의가 세속의 윤리를 지배하게 되면서 근대적 경제 질서를 구축하는 데 일조하였다. 직업이 정신적 가치와 직접 관련을 맺지 않거나 경제적 강제로 느껴질 경우 인간은 영혼 없는 전문가, 열정 없는 향락주의자로 전락할 것이다.

> 단서 ❶ 프로테스탄트의 윤리

자료 분석
칼뱅주의 등 프로테스탄트 윤리가 자본주의 정신에 영향을 미쳤다고 본 베버의 주장이다.

단서 풀이
- 단서 ❶ 베버는 프로테스탄트의 직업 윤리가 근대 자본주의 발달의 정신적 밑바탕이 되었다고 주장하였다.

이것도 알아둬
칼뱅은 모든 직업은 신의 부름에 따라 주어지는 것으로 보고 직업에 충실하는 것이 신의 명령을 따르는 것이라고 하였다. 따라서 신의 명령에 따라 직업 활동에 최선을 다하는 것이 이 세상을 살아가는 신자의 의무라고 하였다. 후에 베버는 종교 개혁과 함께 칼뱅의 프로테스탄트 윤리가 자본주의 정신의 출발임을 강조하였다. 그는 노동을 중시하였으며 낭비를 비윤리적인 것으로 간주하였다. 그는 이러한 합리적인 이윤 추구 행위와 금욕주의 정신을 자본주의 정신의 바탕이라고 보았다.

소요 시간	분 초	어려웠던
틀린 개수	개	문항

기출 선지 변형 O X

※ 다음 내용이 맞으면 ○, 틀리면 ×에 표시하시오.

01 베버와 마르크스의 노동관

01 베버는 청교도가 노동을 신의 명령으로 간주했다고 보았다. ○, ×

02 베버는 청교도가 부의 축적을 구원의 수단으로 간주했다고 보았다. ○, ×

03 마르크스는 자본주의의 노동 분업이 노동 소외의 원인이라고 보았다. ○, ×

04 마르크스는 자본주의 사회에서는 노동자의 자아실현이 불가능하다고 보았다. ○, ×

05 베버는 소명 정신, 마르크스는 노동 착취를 자본 축적의 원천으로 보았다. ○, ×

06 베버는 프로테스탄티즘이 세속적 삶을 위해 부(富)를 지향한다고 보았다. ○, ×

07 마르크스는 자발적 노동을 통해 인간의 본질을 실현해야 한다고 보았다. ○, ×

08 베버와 마르크스 모두 노동을 통한 자본의 형성을 부정해야 한다고 보았다. ○, ×

09 마르크스는 베버와 달리 필요에 따른 분배가 노동 의욕을 저하시킨다고 보았다. ○, ×

10 마르크스는 베버와 달리 노동의 분업을 통해 인간 소외를 극복해야 한다고 보았다. ○, ×

11 베버에 의하면, 프로테스탄트는 직업적 성공을 구원의 징표로 이해하였다. ○, ×

12 베버에 의하면, 프로테스탄트는 직업이 정신적 가치와 무관하지 않다고 보았다. ○, ×

13 베버는 금욕주의 직업 윤리가 자본주의 정신 형성에 기여할 수 있다고 보았다. ○, ×

14 베버는 직업을 신으로부터 부름에 응하는 것이라는 점과 현세의 삶에서 부의 축적이 최고의 가치라는 점을 인정하였다. ○, ×

15 베버에 의하면, 프로테스탄트는 노동을 통한 부의 추구를 영혼의 타락으로 본다. ○, ×

02 베버와 공자의 직업관

16 베버에 의하면, 프로테스탄트는 경제적으로 부유하다면 노동을 하지 않아도 구원에 이르는 데 문제가 없다고 보았다. ○, ×

17 베버는 금욕적 태도와 자본주의 정신이 양립 불가능하다고 보았다. ○, ×

18 공자는 직업을 통해 최대한의 이익을 추구하는 것을 그르다고 보지 않았다. ○, ×

19 공자는 각자가 자기의 직분에 충실할 때 공동체가 유지된다고 보았다. ○, ×

20 베버에 의하면, 프로테스탄트는 공자와 달리 부의 축적의 궁극적인 정당화 근거를 금욕에서 찾았다. ○, ×

기출 자료 분석

자료 05 → 단서 ❶ 예(禮)라는 규범을 통해 직업을 구분함=순자

> 갑: 선왕(先王)이 예의(禮義)를 제정한 것은 백성들에게 구별을 알게 하고자 함이다. 농부는 밭을 갈고, 상인은 물건을 팔며, 사대부는 정무(政務)를 담당한다.
> 을: 신(神)은 만사(萬事)가 혼란에 빠지지 않도록 우리에게 각각의 소명(召命)을 지정하였다. 우리는 신의 축복에 의해 양육되고, 우리의 노동도 신의 축복에 의해 번창한다.

→ 단서 ❷ 직업 소명설=칼뱅

자료 분석
• 갑: '예'라는 규범을 통해 직업을 구별한 순자이다.
• 을: 직업 소명설을 주장한 칼뱅이다.

단서 풀이
• 단서 ❶ 순자는 신분 제도를 인정하면서 예를 통해 사회적 직업을 구분하고, 각자의 적성과 능력에 따라 사회적 역할을 다할 때 공동체의 질서가 유지된다고 주장하였다.
• 단서 ❷ 칼뱅은 직업은 신으로부터 부름받은 자기 몫의 일을 하는 것이라는 직업 소명설을 주장하였다.

이것도 알아둬
순자는 욕망을 긍정한다. 따라서 순자의 예는 사회적 역할을 규정해 주는 규범이면서 욕망을 절제하게 해 주는 규범이다.

자료 06 단서 ❶ 예에 합치되는지에 따라 신분이 바뀔 수 있음=순자 ←

> 갑: 선왕(先王)이 예(禮)를 제정하여 사람들에게 귀함과 천함의 등급을 분별하게 하였다. 사대부의 자손이라도 예에 합하지 않으면 서민이 되어야 하고, 서민의 자손이라도 학문을 닦고 품행이 단정하여 예에 합하면 사대부가 되어야 한다.
> 을: 왕도 정치가 구현된 사회에서 농부와 목수와 기술자는 각자 생산물이나 재능을 교환함으로써 사회에 기여한다. 힘을 쓰는 노력자(勞力者)와 마음을 쓰는 노심자(勞心者) 역시 각자의 수고로움으로 서로 기여한다.

→ 단서 ❷ 맹자   단서 ❸ 정신노동과 육체노동을 구분=맹자 ←

자료 분석
• 갑: 예에 따라 사회적 역할을 분담해야 한다고 주장한 순자이다.
• 을: 육체노동과 정신노동을 구분하여 사회적 분업을 강조한 맹자이다.

단서 풀이
• 단서 ❶ 순자의 예는 개인의 욕구를 적절하게 제한하는 행동 규범이며 사회적 질서의 기본이다. 따라서 사회적 역할 분담을 규정해 주는 규범인 예에 따라서 지위를 정하고, 관직을 맡겨야 한다고 주장하였다.
• 단서 ❷ 왕도 정치를 통해 을이 맹자임을 알 수 있다.
• 단서 ❸ 맹자는 몸을 수고롭게 하는 육체노동과 정신을 수고롭게 하는 정신노동으로 구분하고, 각자 지위에 맞는 일을 함으로써 사회 질서가 유지된다고 보았다.

이것도 알아둬
순자는 "농부는 밭일에 정통하고 상인은 장사하는 일에 정통하며 공인(工人)은 그릇을 만드는 일에 정통하지만 그 일을 지도하는 관리가 될 수는 없다. 관리는 이 일들을 하나도 못하지만, 예에 정통하기에 이 일들을 다스릴 수 있다."라고 하였다. 즉, 예를 통해 각자의 적성과 능력에 따라 사회적 역할을 분담해야 사회 질서를 유지할 수 있다고 보았다.

자료 07 → 단서 ❶ "항산이 있어야 항심이 있다."=맹자

> ○ 만약 백성에게 살아갈 수 있는 일정한 재산이나 생업[恒産]이 없으면 순수하고 변함없는 마음[恒心]을 유지하기 어려우며, 그러한 마음이 없으면 편벽되고 악해질 것이다.
> ○ 사람은 남에게 차마 하지 못하는 마음[不忍人之心]이 있다. 그러한 선한 마음은 직업 활동을 통해 확충될 수 있다. 예를 들어 갑옷을 만드는 사람은 날마다 자신이 만든 갑옷으로 사람 살리는 일에 관심을 갖게 되니 선한 마음을 지켜 나갈 수 있다. 그러므로 직업을 선택할 때에는 신중하지 아니할 수 없다.

→ 단서 ❷ "인간에게 불인인지심이 있다."=성선설=맹자

자료 분석
생업이 보장되어야 도덕적인 삶이 가능하다고 주장한 맹자이다.

단서 풀이
• 단서 ❶ 맹자는 일정한 소득이 없으면[항산] 바른 마음[항심]을 유지하기 어렵다고 주장하였다.
• 단서 ❷ '불인인지심'이란 차마 어찌하지 못하는 마음으로 맹자는 이런 마음이 인간에게 내재되어 있다고 하면서 성선설을 주장하였다.

이것도 알아둬
맹자는 노동을 육체노동과 정신노동으로 구분하면서 이 둘은 귀천의 구분이 아니라 상호 보완적 관계라고 주장하였다. 그리고 각자 자신이 맡은 직업에 충실함으로써 공동체의 발전에 기여할 수 있다고 하였다. 즉, 맹자는 직업을 통한 개인의 출세보다 사회적 기여를 더 중시하였다.

단서 ❷ 목민관이 청렴하지 않은 것은 지혜가 부족하기 때문임 ←

자료 08 → 단서 ❶ 공직자의 청렴 강조

> 청렴하지 않고서 수령 노릇을 제대로 한 사람은 지금까지 한 명도 없었다. 수령이 청렴하지 않으면 백성들이 그를 도적이라 욕하며 원성이 드높을 것이니, 부끄러운 일이다. 장사[買]이다. 그래서 포부가 큰 사람은 반드시 청렴하고자 한다. 청렴하지 못한 것은 지혜가 모자라기 때문이다. 뇌물을 주고받는 일을 몰래 하지 않겠는가마는 밤에 한 일도 아침이면 드러난다. 선물이 아무리 하찮은 것이라도 신세지는 정[恩情]이 맺어지면 이미 사사로움[私]이 행해진 것이다. → 단서 ❸ 어떠한 경우에도 사사로운 청탁을 해서는 안 됨

자료 분석
공직자가 반드시 갖추어야 덕목으로 청렴을 강조한 정약용의 주장이다.

단서 풀이
• 단서 ❶ 공직자가 갖추어야 할 덕목으로 청렴을 강조하고 있다.
• 단서 ❷ 정약용은 공직자가 청렴하지 않은 것은 지혜가 부족하기 때문이라고 하였으며 지혜로운 공직자는 부패를 저지르지 않을 것이라고 하였다.
• 단서 ❸ 정약용은 어떠한 경우에도 사사로운 청탁을 하거나 받아서는 안 된다고 하였다.

이것도 알아둬
정약용은 공직자의 청렴을 강조하면서 공사(公私)를 엄격하게 구분하고 엄정하게 공무를 수행할 것을 강조하였다. 이러한 모습을 갖춘 관료를 '청백리'라고 한다.

기출 선지 변형 O X

소요 시간	분 초	어려웠던
틀린 개수	개	문항

※ 다음 내용이 맞으면○, 틀리면 ×에 표시하시오.

03 **순자와 칼뱅의 직업관**

21 순자는 재화에 대한 욕망을 인정하는 동시에 절제할 것을 강조하였다. ○, ×

22 칼뱅은 금욕적인 생활 태도를 바탕으로 한 직업 생활을 강조하였다. ○, ×

23 순자는 칼뱅과 달리 인위적 규범에 따른 직분의 구별을 주장하였다. ○, ×

24 칼뱅은 순자와 달리 부의 축적이 직업의 궁극적 목적이라고 주장하였다. ○, ×

25 순자와 달리 칼뱅은 각자의 직분에 충실할 때 사회 질서가 유지됨을 주장하였다. ○, ×

04 **순자와 맹자의 직업관**

26 맹자는 직업을 선택할 때 생계유지의 문제는 중요하지 않다고 보았다. ○, ×

27 맹자는 육체노동과 정신노동을 구분하여 직업의 역할 분담을 이야기하였다. ○, ×

28 맹자는 직업 선택의 기준에서 경제적 보상을 가장 중시해야 한다고 보았다. ○, ×

29 맹자는 직업을 선택할 때에는 인격에 좋은 영향을 미치는 쪽을 택해야 한다고 보았다. ○, ×

30 맹자는 직업 선택에서 사회적 기여보다 개인의 출세를 더 중시해야 한다고 보았다. ○, ×

31 순자는 예(禮)를 기준으로 삼아 사회적 역할 분담이 정해져야 한다고 주장하였다. ○, ×

32 순자는 사회적 신분은 개인의 자유로운 선택에 따라 정해져야 한다고 보았다. ○, ×

33 맹자는 노력자(勞力者)는 생계가 안정되어야 도덕심을 유지할 수 있다고 보았다. ○, ×

34 순자와 맹자는 자신의 직분에 충실할 때 사회 질서가 유지될 수 있다는 데 동의한다. ○, ×

05 **정약용의 공직자 윤리**

35 정약용은 청렴은 목민관의 어떤 과오도 면책시켜 주는 지혜로운 덕목이라고 보았다. ○, ×

36 정약용은 청렴한 목민관에게 청백리(淸白吏) 칭호는 관직 상승의 수단이 될 수 있다고 보았다. ○, ×

37 정약용은 포부가 원대하고 지혜로운 목민관은 청렴할 가능성이 높다고 보았다. ○, ×

38 정약용은 백성들의 원성을 사지 않는다면 사사로운 청탁(請託) 정도는 괜찮다고 보았다. ○, ×

39 정약용은 목민관의 청렴은 애민(愛民)과 봉공(奉公)을 위해 필요한 덕목이라고 보았다. ○, ×

01 평가원

p.048 자료 01

갑, 을 사상가들의 입장에 대한 설명으로 적절하지 <u>않은</u> 것은?

> 갑: 노동을 '신이 규정한 삶의 최고 목적'으로 보는 입장에서, 청교도는 소명을 인식하고 소명에 따라 노동하였다. 이러한 노동이 영리 추구와 결합하고 금욕적 절약을 통해 자본을 형성하여 자본주의 정신의 토대가 되었다.
>
> 을: 노동은 인간이 자신의 자연적인 힘을 사용하여 자연과 관계를 맺는 하나의 과정이다. 그러나 자본주의에서는 노동자가 생산 수단을 사용하는 것이 아니라 생산 수단이 노동자를 사용하는 왜곡이 일어난다.

① 갑은 청교도가 노동을 신의 명령으로 간주했다고 본다.
② 갑은 청교도가 부의 축적을 구원의 수단으로 간주했다고 본다.
③ 을은 자본주의의 노동 분업이 노동 소외의 원인이라고 본다.
④ 을은 자본주의에서는 노동자의 자아실현이 불가능하다고 본다.
⑤ 갑은 소명 정신, 을은 노동 착취를 자본 축적의 원천으로 본다.

02 평가원

p.050 자료 07

다음 동양 사상가의 입장으로 가장 적절한 것은?

> o 만약 백성에게 살아갈 수 있는 일정한 재산이나 생업[恒産]이 없으면 순수하고 변함없는 마음[恒心]을 유지하기 어려우며, 그러한 마음이 없으면 편벽되고 악해질 것이다.
>
> o 사람은 남에게 차마 하지 못하는 마음[不忍人之心]이 있다. 그러한 선한 마음은 직업 활동을 통해 확충될 수 있다. 예를 들어 갑옷을 만드는 사람은 날마다 자신이 만든 갑옷으로 사람 살리는 일에 관심을 갖게 되니 선한 마음을 지켜 나갈 수 있다. 그러므로 직업을 선택할 때에는 신중하지 아니할 수 없다.

① 직업을 선택할 때 생계유지의 문제는 중요하지 않다.
② 직업의 역할 분담은 공동체의 발전을 위해 없어져야 한다.
③ 직업 선택의 기준에서 경제적 보상을 가장 중시해야 한다.
④ 직업을 선택할 때에는 인격에 미치는 영향을 고려해야 한다.
⑤ 직업 선택에서 사회적 기여보다 개인의 출세를 더 중시해야 한다.

03 교육청

갑, 을 사상가들의 입장으로 옳은 것은?

> 갑: 대인이 할 일과 소인이 할 일이 있다. 한 사람이 모든 일을 하면서 살아야 한다면 모두가 지치게 될 것이다. 따라서 어떤 이는 마음을, 어떤 이는 몸을 쓰는 것이다.
>
> 을: 매뉴팩처의 분업은 노동의 사회적 생산력을 증대시키지만, 개별 노동자를 기형적 불구자로 만들고 노동에 대한 자본의 지배를 강화하는 새로운 조건을 조성한다.

① 갑: 소인은 육체노동보다 정신노동에 집중해야 한다.
② 갑: 소인과 달리 대인은 모든 직업에 능통한 사람이다.
③ 을: 분업에 의한 생산력 증대로 노동 소외를 극복할 수 없다.
④ 을: 분업을 통한 전문성 향상으로 인간 본질을 회복해야 한다.
⑤ 갑, 을: 이상 사회의 실현을 위해 분업의 확대가 필요하다.

04 수능

그림은 서술형 평가 문제와 학생 답안이다. 학생 답안의 ㉠~㉤ 중 옳지 <u>않은</u> 것은?

서술형 평가

● 문제: 사상가 갑, 을의 직업 노동에 대한 입장을 비교하여 서술하시오.

> 갑: 모든 것을 손수 만들어 사용해야 한다면, 그것은 천하의 사람들을 바쁘게 만드는 것이다. 어떤 사람은 마음을 수고롭게 하고[勞心], 어떤 사람은 몸을 수고롭게 한다[勞力]. 백성은 항산(恒産)이 없다면 항심(恒心)도 없게 된다.
>
> 을: 노동이 분업에 의한 방식으로 바뀌면서 고용주는 자본가가 되어 지휘와 감독, 조절 기능을 담당한다. 분업은 특수한 기능에 적합한 부분 노동자를 양산하며, 노동자는 작업장의 부속물로서 자본의 소유물이 된다.

● 학생 답안

사상가 갑, 을의 직업 노동에 대한 입장을 비교해 보면, 갑은 ㉠ 직업에는 대인과 소인의 역할 분담이 있으므로 각자의 역할에 충실해야 한다고 보며, ㉡ 직업을 통해 백성의 생활 기반이 마련되어야 한다고 주장한다. 이에 비해 을은 ㉢ 노동자는 생산 수단이 없으므로 생계를 위해 자본가에게 예속된다고 보며, ㉣ 노동자는 노동을 통해 자아를 실현하고 행복을 누릴 수 있어야 한다고 주장한다. 한편 갑, 을은 모두 ㉤ 인간은 분업에 참여함으로써 인간다움을 실현해야 한다고 주장한다.

① ㉠   ② ㉡   ③ ㉢   ④ ㉣   ⑤ ㉤

05 평가원 p.048 자료 03

갑, 을의 입장에 대한 설명으로 가장 적절한 것은?

> 갑: 프로테스탄트의 금욕은 향락과 낭비를 막는다. 이러한 금욕으로 인해 재화의 획득이 구원의 증표로 정당화되었다. 금욕을 바탕으로 한 영리 활동이 근대 기업가의 소명이라면, 노동은 근대 노동자의 소명이다.
>
> 을: 임금은 임금답고 신하는 신하다워야 한다. 임금이 나라를 다스릴 때에는 백성들의 신뢰를 얻어야 하며, 씀씀이를 줄이고 백성들을 사랑해야 한다. 신하는 먼저 맡은 직분을 경건히 수행하고 녹봉은 그 다음에 생각해야 한다.

① 갑은 경제적으로 부유하다면 일을 하지 않아도 된다고 본다.
② 갑은 금욕적 태도와 자본주의 정신이 양립 불가능하다고 본다.
③ 을은 직업을 통해 최대한의 이익을 추구해야 한다고 본다.
④ 을은 각자가 자기의 직분에 충실할 때 공동체가 유지된다고 본다.
⑤ 갑, 을은 부의 축적의 궁극적 정당화 근거를 금욕에서 찾는다.

06 평가원

그림의 강연자가 부정의 대답을 할 질문으로 가장 적절한 것은?

"기업은 자유 시장에서 이윤 극대화 이외의 사회적 책임을 지지 않아도 된다."라는 주장은 시장 실패를 통해 그 부당성이 입증될 수 있습니다. 시장 실패의 대표적 사례는 기업 활동으로 인한 환경 오염과 같은 부정적 외부 효과입니다. 이에 따른 문제의 핵심은 환경 오염의 처리 비용을 당사자인 기업이 아니라 일반 시민이나 미래 세대 같은 제삼자가 부담해야 한다는 사실입니다. 그러나 이는 분명 잘못입니다. 윤리적 관점에서 볼 때, 부정적 외부 효과 발생의 책임은 해당 기업이 져야 합니다. 설령 이윤이 감소하더라도 기업은 사회적 문제에 대한 적극적 책임을 지는 것이 마땅합니다.

① 기업은 외부 효과 방지를 위해 이윤 극대화 활동에 전념해야 하는가?
② 기업은 깨끗한 공기와 같은 공공재에 대한 책무를 인정해야 하는가?
③ 기업은 미래 세대의 생존과 삶의 질 문제에 관심을 기울여야 하는가?
④ 기업은 공공선을 위해 이윤 추구에 대한 제약을 승인해야 하는가?
⑤ 기업은 시장 실패가 지역 사회에 불이익을 초래한다고 보아야 하는가?

07 수능 p.050 자료 08

다음 한국 사상가의 입장으로 가장 적절한 것은?

> 청렴하지 않고서 수령 노릇을 제대로 한 사람은 지금까지 한 명도 없었다. 수령이 청렴하지 않으면 백성들이 그를 도적이라 욕하며 원성이 드높을 것이니, 부끄러운 일이다. 청렴은 큰 장사[買]이다. 그래서 포부가 큰 사람은 반드시 청렴하고자 한다. 청렴하지 못한 것은 지혜가 모자라기 때문이다. 뇌물을 주고받는 일을 몰래 하지 않겠는가마는 밤에 한 일도 아침이면 드러난다. 선물이 아무리 하찮은 것이라도 신세지는 정[恩情]이 맺어지면 이미 사사로움[私]이 행해진 것이다.

① 청렴은 목민관의 어떤 과오도 면책시켜 주는 지혜로운 덕목이다.
② 청렴한 목민관에게 청백리(清白吏) 칭호는 관직 상승의 수단이다.
③ 포부가 원대하고 지혜로운 목민관은 부패를 저지르기 마련이다.
④ 백성들의 원성을 사지 않는다면 사사로운 청탁(請託)은 가능하다.
⑤ 목민관의 청렴은 애민(愛民)과 봉공(奉公)을 위해 필요한 덕목이다.

08 평가원

다음 사상가가 지지할 입장만을 〈보기〉에서 있는 대로 고른 것은?

> ○ 인정(仁政)은 토지의 경계를 바로잡는 것에서 시작된다. 경계를 바로잡으면 토지를 바르게 분배하는 일은 쉽게 할 수 있다. 백성들에게도 토지를 바르게 지급하면 나라가 기름지게 될 것이다.
>
> ○ 스스로 농사를 지어 자급자족하면서 천하를 다스릴 수 있겠는가. 대인(大人)이 하는 일이 있고 소인(小人)이 하는 일이 있는 것이다. 또 사람은 많은 사람들이 만든 물건들을 사용하기 마련이고, 모든 것을 스스로 만들어 사용하면서 살아갈 수는 없는 것이다.

┌보기┐
ㄱ. 직업 선택은 능력보다 선호에 의해 이루어져야 한다.
ㄴ. 공동체의 질서 유지를 위해 사회적 분업이 필요하다.
ㄷ. 통치자는 구성원의 생계유지 기반을 마련해 주어야 한다.
ㄹ. 개인의 노동은 사회 구성원들의 윤택한 삶에 이바지할 수 있다.

① ㄱ, ㄴ   ② ㄱ, ㄷ   ③ ㄷ, ㄹ
④ ㄱ, ㄴ, ㄹ   ⑤ ㄴ, ㄷ, ㄹ

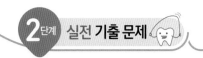
09 수능

갑, 을 사상가들의 입장에 대한 설명으로 옳지 않은 것은?

갑: 자본주의에서 노동은 노동 주체의 의지와 무관하게 자본을 위해 수행될 뿐이다. 분업은 생산성을 대폭 향상시켰지만, 노동자는 생산에 필요한 정신적 능력 이외의 다른 모든 정신적 능력들을 잃어버렸다. 이는 예외 없는 현상이다.

을: 노동을 은총 상태를 확신하기 위한 수단으로 파악한 청교도는 철저한 노동 의무의 수행을 통해 신의 나라에 도달하려고 시도하였다. 동시에 노동 계급에 강제된 엄격한 금욕이 자본주의의 노동 생산성을 강력히 촉진시켰다.

① 갑은 자본주의에서 정신적 능력 회복으로 소외가 극복된다고 본다.
② 갑은 분업이 노동자의 정신적 능력 쇠퇴와 소외를 심화시킨다고 본다.
③ 을은 금욕과 결합된 노동 의무가 생산성을 향상시켰다고 본다.
④ 을은 청교도가 직업 노동을 종교적 실천으로 간주했다고 본다.
⑤ 갑은 분업 노동, 을은 소명 의식이 자본주의 발전에 기여했다고 본다.

10 평가원

그림의 강연자가 지지할 주장으로 적절하지 않은 것은?

우리는 부패를 조장하는 관행을 법적 제재로 척결하려 노력해 왔지만 성공적이지 않았습니다. 그러한 관행을 없애기 위해서는 정직성과 투명성을 정착시키는 사회적 자본이 필수적입니다. 사회적 자본은 주로 신뢰, 규범, 관용 등 도덕적 자원들로 구성됩니다. 사회적 자본의 축적은 공공 문제에 대한 자발적 참여와 협력을 증진시키고, 시민 결사체들을 통해 의견 대립을 긍정적으로 승화시킵니다. 그 결과 반칙과 부패는 감소하고, 호혜성과 생산성은 증가합니다.

① 사회적 자본은 시민의 청렴성과 연대 의식을 함께 강화시킨다.
② 사회 구성원 간 갈등 차단이 사회적 자본 형성의 선결 조건이다.
③ 시민의 참여 의식이 높아질수록 사회 제도 개혁은 용이해진다.
④ 사회적 자본의 축적은 정치적·경제적 효율성 증진에 기여한다.
⑤ 처벌보다 자율적 규범의 내면화가 부패 방지에 더 효과적이다.

11 평가원 p.050 자료 05

갑, 을 사상가들의 입장에 대한 설명으로 옳지 않은 것은?

갑: 선왕(先王)이 예의(禮義)를 제정한 것은 백성들에게 구별을 알게 하고자 함이다. 농부는 밭을 갈고, 상인은 물건을 팔며, 사대부는 정무(政務)를 담당한다.

을: 신(神)은 만사(萬事)가 혼란에 빠지지 않도록 우리에게 각각의 소명(召命)을 지정하였다. 우리는 신의 축복에 의해 양육되고, 우리의 노동도 신의 축복에 의해 번창한다.

① 갑은 재화에 대한 욕망을 인정하는 동시에 절제할 것을 강조한다.
② 을은 금욕적인 생활 태도를 바탕으로 한 직업 생활을 강조한다.
③ 갑은 을과 달리 인위적 규범에 따른 직분의 구별을 주장한다.
④ 을은 갑과 달리 부의 축적이 직업의 궁극적 목적이라고 주장한다.
⑤ 갑, 을은 각자의 직분에 충실할 때 사회 질서가 유지됨을 주장한다.

12 평가원

㉠에 들어갈 내용으로 가장 적절한 것은?

나는 기업의 사회적 책임은 오로지 법을 준수하면서 자유로운 경쟁에 전념하여 수익을 내는 것뿐이라고 생각한다. 사회를 향한 기업인의 선의가 사회에 반드시 좋은 결과를 가져오는 것은 아니기 때문이다. 그런데 어떤 학자는 "기업은 법의 테두리 내에서의 경영을 통한 재무적 성과에 대한 책임만이 아니라 인권, 환경 등의 개선에 대해서도 사회적 책임을 다해야 한다. 이것은 공익 증진을 위한 것뿐만 아니라, 기업이 보다 유리한 경쟁력을 갖게 되어 장기적으로 볼 때 기업의 목적인 이익 증대에 기여할 수 있기 때문이다."라고 주장한다. 나는 이 학자의 견해가 ㉠ 고 생각한다.

① 기업의 책임과 주주들의 이익 증진은 무관함을 강조하고 있다
② 기업의 이윤 추구와 공익이 양립될 수 없음을 강조하고 있다
③ 공동선의 추구는 기업의 사회적 책임이 아님을 간과하고 있다
④ 기업의 공익 활동이 기업 경쟁력 상실의 원인임을 강조하고 있다
⑤ 합법적인 경영이 합리적인 이윤 추구의 수단임을 간과하고 있다

13 수능

갑, 을, 병의 입장으로 가장 적절한 것은?

> 갑: 기업은 기업 활동을 기업의 이윤 추구라는 목적에 한정해야 한다. 기업은 이윤을 극대화하는 것만으로도 모든 책임을 다하는 것이다.
>
> 을: 기업은 주주, 소비자, 지역 사회 구성원 등과 같이 기업 활동에 영향을 주거나 받을 수 있는 사람들, 즉 모든 이해 당사자들의 이익을 동등하게 고려해야 한다.
>
> 병: 기업은 기업 활동과 직간접적으로 관련된 모든 사람들의 이익을 동등하게 고려해야 한다. 다만 이해 당사자들 간의 이익이 충돌할 경우 주주의 이익을 우선적으로 고려해야 한다.

① 갑: 기업은 모든 지역 사회 구성원의 이익을 극대화해야 한다.

② 을: 기업은 투자자와 소비자의 이익을 차등적으로 고려해야 한다.

③ 병: 기업은 항상 주주의 이익만을 우선적으로 고려해야 한다.

④ 갑, 을: 기업은 기업의 이윤 극대화 이외의 책임을 가지고 있다.

⑤ 을, 병: 기업은 모든 이해 당사자의 이익을 고려할 책임을 가진다.

14 수능

p.048 자료 02

갑, 을 사상가들의 입장에 대한 설명으로 가장 적절한 것은?

> 갑: 자본주의 정신과 문화는 지속적, 체계적, 현세적인 직업 노동을 최고의 금욕 수단으로 여기는 프로테스탄티즘 정신에서 태어났다. 이 정신이 자본주의 윤리의 기초이다.
>
> 을: 자본주의에서 사유 재산은 소외된 인간 생활의 표현이다. 사유 재산을 적극적으로 지양하면 모든 소외가 지양되어 계급이 소멸된 사회에서 인간다운 삶이 가능하다.

① 갑은 프로테스탄티즘이 세속적 삶을 위해 부(富)를 지향한다고 본다.

② 을은 자발적 노동을 통해 인간의 본질을 실현해야 한다고 본다.

③ 갑은 을과 달리 노동을 통한 자본의 형성을 부정해야 한다고 본다.

④ 을은 갑과 달리 필요에 따른 분배가 노동 의욕을 저하시킨다고 본다.

⑤ 갑, 을은 노동의 분업을 통해 인간 소외를 극복해야 한다고 본다.

15 평가원

p.048 자료 04

다음 사상가가 부정의 대답을 할 질문으로 가장 적절한 것은?

> 프로테스탄트는 자신의 구원의 여부가 예정되어 있다고 보았으며, 직업 노동을 신에게 선택받았다는 확신에 이르기 위한 가장 훌륭한 수단이라고 여겼다. 이들의 금욕주의가 세속의 윤리를 지배하게 되면서 근대적 경제 질서를 구축하는 데 일조하였다. 직업이 정신적 가치와 직접 관련을 맺지 않거나 경제적 강제로 느껴질 경우 인간은 영혼 없는 전문가, 열정 없는 향락주의자로 전락할 것이다.

① 프로테스탄트는 직업적 성공이 구원의 징표라고 보는가?

② 프로테스탄트는 직업이 정신적 가치와 무관하지 않다고 보는가?

③ 금욕주의 직업 윤리는 자본주의 정신 형성에 기여할 수 있는가?

④ 프로테스탄트는 직업을 신으로부터 부름 받은 것으로 보는가?

⑤ 프로테스탄트는 노동을 통한 부의 추구를 영혼의 타락으로 보는가?

16 평가원

p.050 자료 06

갑, 을 사상가들의 입장으로 옳지 않은 것은?

> 갑: 선왕(先王)이 예(禮)를 제정하여 사람들에게 귀함과 천함의 등급을 분별하게 하였다. 사대부의 자손이라도 예에 합하지 않으면 서민이 되어야 하고, 서민의 자손이라도 학문을 닦고 품행이 단정하여 예에 합하면 사대부가 되어야 한다.
>
> 을: 왕도 정치가 구현된 사회에서 농부와 목수와 기술자는 각자 생산물이나 재능을 교환함으로써 사회에 기여한다. 힘을 쓰는 노력자(勞力者)와 마음을 쓰는 노심자(勞心者) 역시 각자의 수고로움으로 서로 기여한다.

① 갑: 예(禮)를 기준으로 삼아 사회적 역할 분담이 정해져야 한다.

② 갑: 사회적 신분은 개인의 자유로운 선택에 따라 정해져야 한다.

③ 을: 분업을 통해 사회적 직분 간의 유기적 관계를 이루어야 한다.

④ 을: 노력자(勞力者)는 생계가 안정되어야 도덕심을 유지할 수 있다.

⑤ 갑, 을: 자신의 직분에 충실할 때 사회 질서가 유지될 수 있다.

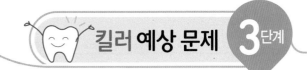
01 고난도

(가)의 갑, 을 사상가들의 입장을 (나) 그림으로 탐구할 때, A~D에 들어갈 적절한 질문만을 〈보기〉에서 있는 대로 고른 것은?

| (가) | 갑: 농군은 밭일에 정통하지만 농사를 지도하는 관리가 될 수 없고, 상인은 장사에 정통하지만 장사를 지도하는 관리가 될 수 없으며, 공인은 그릇을 만드는 일에 정통하지만 그릇을 만드는 일을 지도하는 관리가 될 수 없다. 여기 어느 한 사람은 이 세 가지 일 중 어느 하나도 못하지만, 이들 사물에 정통하여 이들 세 가지 일을 다스릴 수 있다.
을: 신은 우리 모두에게 삶의 모든 행위를 할 때 그의 부르심에 주목할 것을 명령하고 계시한다는 점을 기억해야 한다. 신은 여러 가지 삶의 계층과 삶의 양식들을 구분함으로써 각 사람이 해야 할 일의 순서를 정해 두셨다. 신은 그 같은 삶의 양식들을 소명이라 명하였다. 각 사람은 자신의 위치를 신이 정해 주신 초소라고 여겨야 한다. |

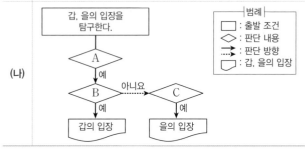

┌범례┐
□: 출발 조건
◇: 판단 내용
→: 판단 방향
□: 갑, 을의 입장

┌보기┐
ㄱ. A: 직업을 통해 부를 축적하는 것은 정당한가?
ㄴ. B: 대인과 소인의 역할은 구분되어 있는가?
ㄷ. B: 사회적 역할 분담은 사회 질서 유지에 기여하는가?
ㄹ. C: 신의 영광을 위해 세속적 직업에서 떠나야 하는가?

① ㄱ, ㄴ　　　② ㄱ, ㄹ　　　③ ㄴ, ㄷ
④ ㄱ, ㄷ, ㄹ　　　⑤ ㄴ, ㄷ, ㄹ

02

갑, 을의 입장으로 옳은 것은?

> 갑: 기업가는 사회의 일원으로서 사회 구성원들 없이는 이윤을 창출할 수 없습니다. 따라서 기업은 지역 복지 사업 등과 같은 사회적 책임을 이행해야 합니다.
> 을: 기업에 이윤 극대화 외의 사회적 책임을 강조하는 것은 기업가가 그에게 자본을 맡긴 기업의 소유주나 주주의 권익을 보호하는 책임을 이행하지 못하도록 막는 것입니다.

① 갑: 기업의 근본 목적은 사회 복지의 실현에 있다.
② 갑: 이윤 극대화 추구가 기업의 유일한 사회적 책임이다.
③ 을: 기업은 시장의 원리에 따라 정당한 이윤을 추구해야 한다.
④ 을: 기업은 소비자의 삶의 질 향상을 위해 책임을 이행해야 한다.
⑤ 갑, 을: 기업은 사회의 공동선 실현을 위해 최선을 다해야 한다.

03

그림은 형성 평가이다. 학생의 답이 옳게 표시된 것만을 ㉠~㉢ 중에서 있는 대로 고른 것은?

━━━━━━━━━━━━ 형성 평가 ━━━━━━━━━━━━

3학년 □반 ○○○

◉ 다음은 변호사 윤리 강령이다. 이에 근거할 때, 바람직한 행동이면 '예', 바람직하지 않은 행동이면 '아니요'에 √표를 하시오.

• 법의 생활화에 헌신함으로써 국가와 사회에 봉사한다.
• 기본적 인권의 옹호와 사회 정의의 실현을 사명으로 한다.
• 용기와 예지와 창의를 바탕으로 법률 문화 향상에 공헌한다.
• 민주적 기본 질서의 확립에 힘쓰며 부정과 불의를 배격한다.
• 성실하고 공정하게 직무를 수행하며 명예와 품위를 보전한다.

○ 사례 1: 법적 지식이 주는 권위를 가지고 타인의 충고를 고려하지 않는다.　　예 ☑ 아니요 □ ·········· ㉠
○ 사례 2: 의뢰인의 인권이나 자유를 침해하지 않는 한에서 법적 정보를 제공한다.　　예 ☑ 아니요 □ ·········· ㉡
○ 사례 3: 사회 정의 실현에 책임 의식을 지니고 도덕적 품위를 유지하고자 노력한다.　　예 ☑ 아니요 □ ·········· ㉢
○ 사례 4: 법적 절차를 존중하고, 이에 따라 의뢰인의 정당한 이익을 보호하고자 노력한다.　　예 □ 아니요 ☑ ·········· ㉣

① ㉠, ㉡　　　② ㉠, ㉣　　　③ ㉡, ㉢
④ ㉠, ㉢, ㉣　　　⑤ ㉡, ㉢, ㉣

04

(가) 사상가에 비해 (나) 사상가의 주장이 갖는 상대적 특징을 그림의 ㉠~㉣ 중에서 고른 것은?

> (가) 노동은 인간이 자신의 자연적인 힘을 이용하여 자연과 관계를 맺는 하나의 과정이다. 그러나 자본주의에서는 노동자가 생산 수단을 사용하는 것이 아니라 생산 수단이 노동자를 사용하는 왜곡이 일어난다.
> (나) 농부가 한 사람, 집짓는 사람이 한 사람, 직물을 짜는 사람이 한 사람 있어야 한다. 여기에 재화공이나 신체를 보살피는 다른 사람도 필요하다. 적어도 '최소한도의 나라'는 다섯 사람으로 이루어진다. 우리 각자는 서로가 그다지 닮지를 않았고, 각기 다른 성향을 갖고 태어나서 저마다 다른 일에 매달리게 될 것이다.

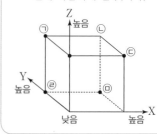

• X: 분업이 사회 질서 유지에 기여한다고 보는 정도
• Y: 생산 수단의 공유를 통해 노동의 본질을 실현하려는 정도
• Z: 각자 타고난 성향에 따라 직업과 계급이 다르다고 강조하는 정도

① ㉠　　② ㉡　　③ ㉢　　④ ㉣　　⑤ ㉤

05 고난도

(가)의 갑, 을의 입장을 (나) 그림으로 표현할 때, A~C에 해당하는 적절한 진술만을 〈보기〉에서 있는 대로 고른 것은?

(가)	갑: 자유 경쟁 체제에서 정해진 규칙을 지키면서 기업 활동을 하는 한 기업이 사회에 대해 책임져야 할 유일한 것은 기업 자원을 이용해 수익을 올리는 것이다. 을: 보다 책임 있게 경영하는 기업은 그렇지 못한 경쟁자들에 비해 비즈니스 위험에 덜 노출될 것이다. 그런 기업들은 소비자 불매 운동을 예방하고, 보다 낮은 비용으로 자본을 조달할 수 있으며, 헌신적인 직원과 충성스런 소비자들의 지지를 얻는 데 훨씬 유리하기 때문이다.
(나)	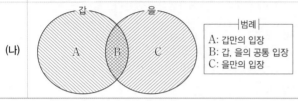 범례 A: 갑만의 입장 B: 갑, 을의 공통 입장 C: 을만의 입장

·보기·

ㄱ. A: 기업은 윤리 경영과 영리 추구가 관련되어 있음을 인식해야 한다.

ㄴ. B: 기업의 본질은 정당한 이윤 추구의 극대화에 있다.

ㄷ. B: 기업은 무조건적이고 의무적으로 공동선을 실현해야 한다.

ㄹ. C: 기업의 사회적 책임 이행은 장기적 이익에 도움을 준다.

① ㄱ, ㄴ   ② ㄴ, ㄹ   ③ ㄷ, ㄹ

④ ㄱ, ㄴ, ㄷ   ⑤ ㄱ, ㄷ, ㄹ

06

다음 사상가의 입장으로 옳은 것은?

청렴함이라는 것은 목민관의 근본이 되는 의무이고, 모든 선의 근원이요 모든 덕(德)의 근본이니, 청렴하지 않고서 목민관이 될 수 있는 사람은 아직 없었다. 목민관은 자애로워야 하고 자애로우려면 청렴해야 하고, 청렴해지려면 절용(節用)해야 한다.

① 애민과 봉공을 위해 목민관은 청렴함을 유지해야 한다.

② 사사로운 청탁은 받아주는 유연한 사고를 가져야 한다.

③ 관직 상승을 목적으로 사회적으로 청백리로 칭송받아야 한다.

④ 목민관은 공직자로서의 전문성이 아닌 청렴함을 가져야 한다.

⑤ 자애로운 덕치를 위해서 백성들에 대한 처벌 제도를 없애야 한다.

07

㉠에 들어갈 말로 적절한 것만을 〈보기〉에서 있는 대로 고른 것은?

공직자는 중앙 정부와 지방 정부 또는 공공 단체의 사무를 맡아보는 사람을 의미한다. 간혹 국민의 대리인으로서 많은 권한을 부여받은 공직자 중 일부는 부패의 유혹에 빠지기도 한다. 부패는 공직자의 삶을 망가뜨릴 뿐만 아니라 정부에 대한 불신을 초래하고 사회 통합을 저해하며 국가 경쟁력을 저하시킨다. 그래서 공직자에게는 청렴한 삶의 태도가 요구된다. 이에 따라 '부정청탁 및 금품 수수의 금지에 관한 법률(청탁 금지법)'은 공직자 등의 비리를 규제하는 강화된 반부패법으로, 2016년 9월 28일부터 시행되고 있다. 이 법에 근거할 때, 공직자는 ㉠ 태도를 가져야 한다.

·보기·

ㄱ. 공익을 기준으로 정책을 결정하고 집행하는

ㄴ. 업무에 대한 전문성을 가지고 공정하게 판단하는

ㄷ. 국민 전체의 봉사자로서 공공의 목적을 추구하는

ㄹ. 특정 집단의 이익을 최대한 배려하고자 노력하는

① ㄱ, ㄴ   ② ㄱ, ㄹ   ③ ㄷ, ㄹ

④ ㄱ, ㄴ, ㄷ   ⑤ ㄴ, ㄷ, ㄹ

08

(가), (나)에 대한 설명으로 옳지 않은 것은?

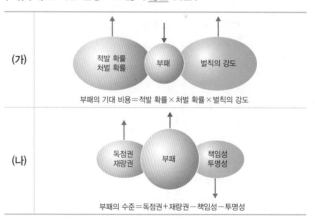

① (가)는 부패에 대한 처벌이 강해질수록 부패가 적어질 수 있다고 전제한다.

② (가)에 의하면 공직자에 대한 감시나 견제를 통해 부정의를 지속적으로 감시할 필요가 있다.

③ (나)는 공직자의 재량권이 보장될수록 부패가 발생하기 어렵다고 본다.

④ (나)에 의하면 정책 집행에 대한 공직자의 책임을 강조할수록 부패 예방에 도움이 된다.

⑤ (가)와 (나)는 부패를 조장하는 사회 구조 및 제도의 개선에 찬성할 것이다.

07강 사회 정의와 윤리

1단계 기출 자료 분석

자료 01

단서 ❶ 사회 갈등의 해법을 개인의 도덕성에서 찾음＝개인 윤리

갑: 모든 집단은 사회적 조화를 이룰 수 있다. 개인의 이기심은 합리성이나 선의지의 성장에 의해 점진적으로 견제되고 있으며, 이러한 과정은 계속 진행될 것이기 때문이다.

을: 어떤 집단적 힘이 약자를 착취할 때, 대항 세력이 견제하지 않는 한 그 힘은 사라지지 않을 것이다. 집단 간의 관계는 지극히 정치적이므로 항상 윤리적인 것은 아니다.

단서 ❷ 개인의 이기심이 뭉쳐 높은 집단의 이기심으로 표출됨＝니부어(사회 윤리)

자료 분석
• 갑: 개인의 도덕성 함양으로 다양한 윤리 문제를 해결할 수 있다고 보는 개인 윤리의 입장이다.
• 을: 개인의 도덕성 함양뿐만 아니라 사회 구조와 제도를 개선하여 윤리 문제를 해결해야 한다고 보는 니부어의 입장이다.

단서 풀이
• 단서 ❶ 개인 윤리 입장에서는 사회 정의의 실현을 위해 선의지, 개인의 도덕성 함양을 중시한다.
• 단서 ❷ 사회 윤리 입장에서도 개인의 선의지, 도덕성 함양을 중시하지만 집단 간의 관계는 정치적이기 때문에 개인의 노력으로만은 부족하며 따라서 외적 강제력이 필요하다고 주장한다.

이것도 알아둬
사회 윤리는 도덕 문제를 해결할 때 사회 구조, 제도, 정책의 도덕성에 중점을 둔다. 사회 윤리는 개인의 선의지나 도덕성 함양만으로는 사회 정의를 실현하는 데 한계가 있다고 보고, 이와 더불어 사회 구조와 제도를 개선해야 한다고 주장한다.

자료 02

단서 ❶ 노직의 소유 권리의 원칙＝취득 원칙, 양도 원칙

최초의 정당한 취득 행위에 이어 자발적인 교환 행위로 재산의 정당한 이전(移轉)이 잇따르게 된다면, 사람들이 정확히 자신의 것만을 소유하게 되는 정당한 결과가 나온다. 하지만 현실의 역사는 강자가 약자의 소유물을 빼앗아 온 역사이기도 하다. 따라서 그간 부당하게 발생한 이전들을 보상함으로써 교정이 이루어지게 해야 한다. 이상의 내용을 하나의 원칙으로 표현하면, '각자는 자신이 선택한 대로 주고, 각자는 자신이 선택받은 대로 받는다.'가 된다.

단서 ❷ 노직의 시정의 원칙

자료 분석
소유 권리의 원칙으로 취득, 양도, 시정의 원칙을 제시한 노직의 주장이다.

단서 풀이
• 단서 ❶ 정당한 과정을 통해 취득과 이전이 이루어졌다면 개인은 그 소유물에 대한 소유 권리를 지닌다는 노직의 주장이다.
• 단서 ❷ 노직은 취득 및 양도의 과정에서 부정의가 있었다면 이를 바로잡아야 한다고 주장하였다.

이것도 알아둬
노직은 "근로 소득에 대한 과세는 노동과 다를 바 없다."라고 하면서 국가가 부의 재분배를 위해 세금을 거두는 것을 개인의 재산권을 침해하는 행위로 보고 반대하였다. 노직에 따르면 국가는 강압, 절도, 사기, 강제 계약의 발생을 막는 일 이상을 해서는 안 된다. 따라서 취득 및 양도의 과정에서 부정의가 발생했을 때 시정하는 역할을 하는 최소 국가만이 도덕적으로 정당하다고 보았다.

자료 03

단서 ❶ 원초적 입장에서 합의한 정의의 원칙에 따라 최소 수혜자에게 최대의 혜택이 돌아가야 함＝롤스

갑: 공리주의는 개인의 선택 원칙을 사회로 확대하지만, 나의 정의론은 정의의 원칙을 원초적 합의 대상으로 본다. 사회는 상호 이익을 위한 협동체이므로 정의는 다수의 이익을 위해 소수의 권리가 침해되는 것을 용납하지 않는다.

을: 공리주의는 개인의 권리를 부차적 위치에 두지만, 나의 정의론은 개인의 권리를 절대적 존중의 대상으로 본다. 최소 국가는 개인의 권리를 존중하므로 타인의 이익을 위해 개인의 권리가 침해되는 것을 용납하지 않는다.

단서 ❷ 개인의 권리는 절대로 침해되어서는 안 됨, 최소 국가를 주장함＝노직

자료 분석
• 갑: 공정으로서의 정의를 주장한 롤스이다.
• 을: 소유 권리로서의 정의를 주장한 노직이다.

단서 풀이
• 단서 ❶ 롤스는 무지의 베일을 쓴 원초적 입장에서 사람들은 자신이 가장 불리할 상황에 놓일 가능성을 염두에 두고 정의의 원칙에 합의한다고 주장하였다. 이때 사람들이 합의하게 될 원칙 중의 하나로 최소 수혜자에게 최대의 혜택이 돌아가는 차등의 원칙을 제시하였다.
• 단서 ❷ 노직은 정당한 과정을 통해 얻은 개인의 소유물에 대한 권리를 절대적으로 인정하고, 이러한 권리에 대한 침해를 용납하지 않는다. 따라서 국가가 걷는 세금도 부당하다고 보았으며 국가는 개인의 권리가 침해당하지 않도록 보호하는 최소한의 역할만 해야 한다고 주장하였다.

이것도 알아둬
롤스와 노직은 모두 절차적 정의를 주장한다. 즉, 공정한 절차에 따른다면 그 결과가 불평등하더라도 정의롭다고 보았다. 다만 롤스는 원초적 입장에서 합의한 정의의 원칙을 강조하는 데 반해, 노직은 정당한 절차에 따라 얻은 소유물에 대한 개인의 권리를 강조한다.

자료 04

단서 ❶ 무지의 베일＝롤스

단서 ❷ 롤스가 주장한 정의의 원칙

갑: 정의의 원칙은 가상적 상황에서 무지의 베일을 쓴 당사자들의 합의를 통해 얻어져야 한다. 이들은 이 상황에서 평등한 자유의 원칙, 공정한 기회균등의 원칙, 차등의 원칙에 합의할 것이다. 이 원칙들을 만족시키는 한에서 정의로운 분배가 가능하다.

을: 어느 누구도 취득과 이전에서의 정의의 원리에 의하지 않고서는 소유물에 대한 소유 권리를 가질 수 없다. 국가는 강압·절도·사기로부터의 보호, 계약 집행 등과 같은 제한적 역할만을 수행해야 한다.

단서 ❹ 최소 국가 주장＝노직

단서 ❸ 소유권으로서의 정의＝노직

자료 분석
• 갑: 공정으로서의 정의와 정의의 원칙을 말한 롤스이다.
• 을: 소유 권리로서의 정의를 주장한 노직이다.

단서 풀이
• 단서 ❶, ❷ '무지의 베일', '평등한 자유의 원칙', '공정한 기회균등의 원칙', '차등의 원칙'을 통해 롤스임을 알 수 있다. 롤스는 절차의 공정성이 보장된다면 그 결과도 공정하다고 보았다.
• 단서 ❸, ❹ 노직은 재화의 취득과 이전의 과정이 정의롭다면 개인은 그 소유물에 대한 절대적 소유 권리를 지닌다며, 국가는 강요, 절도, 사기 및 계약의 강제로부터 개인을 보호하는 역할만을 해야 한다고 주장하였다.

기출 선지 변형 OX

※ 다음 내용이 맞으면 ○, 틀리면 ×에 표시하시오.

01 개인 윤리와 사회 윤리

01 개인 윤리 측면에서는 사회 갈등의 원인이 개인의 이기심에 있다고 본다. ○, ×

02 사회 윤리 측면에서는 사회 갈등의 해법이 권력 불균형 유지에 있다고 본다. ○, ×

03 개인 윤리와 사회 윤리의 관점은 모두 사회 정의의 실현을 위해 선의지의 함양이 필요하다고 본다. ○, ×

04 사회 윤리뿐만 아니라 개인 윤리의 관점에서도 사회 정의의 실현을 위해 강제력의 사용이 필요하다고 본다. ○, ×

05 개인 윤리와 사회 윤리의 관점은 모두 사회 갈등을 해결하기 위해 개인의 도덕성 함양과 사회 제도의 개선을 중요하게 여긴다. ○, ×

02 롤스와 노직의 정의관

06 노직은 최소 국가만이 유일하게 정의로운 국가라고 보았다. ○, ×

07 노직은 근로 소득에 대한 과세는 강제 노동과 동등한 것으로 보았다. ○, ×

08 노직은 개인의 천부적 재능을 개인의 자산이 아닌 사회의 공동 자산으로 간주하였다. ○, ×

09 노직은 모든 우연성이 배제된 상태에서 계약이 이루어져야 한다는 데 동의한다. ○, ×

10 노직은 사회적 약자를 위한 분배는 오직 개인의 선택에 맡겨야 한다고 보았다. ○, ×

11 롤스는 노직과 달리 공리의 극대화를 위해 기본적 자유를 제한하는 것을 정당하다고 본다. ○, ×

12 롤스는 원초적 합의는 심리학적 사실에 대한 지식을 배제할 필요가 없다고 본다. ○, ×

13 노직은 롤스와 달리 기본 제도가 공정해야 사회 구성원의 자발적 협동이 가능하다고 본다. ○, ×

14 노직은 최소 국가는 개인 간의 계약 이행에 절대로 개입해서는 안 된다고 본다. ○, ×

15 롤스는 무지의 베일을 쓴 상태에서도 개인들은 정의의 원칙 중 차등의 법칙에 합의할 수 있다고 본다. ○, ×

16 롤스는 원초적 상황에서 자유롭고 평등한 사람들이 다수결로 합의한 원칙에 따라 재화를 분배할 것을 주장하였다. ○, ×

17 롤스는 원초적 상황에서 사람들은 서로의 심리 상태에 대해 모른다고 보았다. ○, ×

18 롤스는 가상적 상황의 당사자는 경제학의 일반적 사실을 안다고 보았다. ○, ×

19 노직은 분배 결과의 정당성은 분배 과정의 정당성에 근거한다고 보았다. ○, ×

20 노직은 개인의 소유 권리는 자연적 우연성을 배제한 상태에서만 정당화된다고 보았다. ○, ×

기출 자료 분석

자료 05
> 단서 ❶ 인간의 가치에 비례하는 평등이 분배적 정의, 기하학적 비례 추구=아리스토텔레스

갑: 분배적 정의는 가령 사람 a와 b가 각각 물건 c와 d를 얻기 전과 후의 비율이 동등할 때 성립한다는 점에서 기하학적 비례를 추구하는 것이다.

을: 분배적 정의의 핵심 과제는 사회 체제의 선택이다. 사회 체제는 특수한 상황의 우연성을 처리하기 위해 순수 절차적 정의의 관념에 따라 기획되어야 한다.

병: 분배적 정의는 중립적인 개념이 아니다. 중립적인 개념은 '개인의 소유물'이다. 모든 개인이 자신의 소유물에 대해 소유 권리를 갖는 것이 정의이다.
> 단서 ❸ 개인의 소유권에 대한 절대적 권리를 중시=노직

> 단서 ❷ 공정한 절차에 따르면 그 결과도 공정함 =순수 절차적 정의 주장=롤스

자료 분석
갑은 각자의 가치에 따라 분배할 것을 강조하는 아리스토텔레스, 을은 순수 절차적 정의를 주장한 롤스, 병은 소유 권리로서의 정의를 주장한 노직이다.

단서 풀이
- 단서 ❶ 아리스토텔레스의 분배적 정의는 인간의 가치에 비례하는 평등이다. 이는 기하학적 비례에 따른 동등함을 의미한다.
- 단서 ❷ 롤스는 개인의 노력과 무관하게 나타난 사회적 불평등(특수한 상황의 우연성)을 배제하기 위해 원초적 입장에서 합의할 정의의 원칙에 따라 분배해야 한다고 주장하였다.
- 단서 ❸ 노직은 취득과 이전의 절차나 과정이 정당한 소유물에 대해 개인이 절대적 권리를 지닌다고 보았다.

이것도 알아둬
롤스는 개인의 천부적 재능을 자연적 우연의 산물로 보고 사회적 약자를 위해 환원하는 것이 정당하다고 본다.

자료 06
> 단서 ❶ 칸트

갑: 누구든 그가 처벌받아야 할 행동을 원했기 때문에 처벌받는 것이다. 아무리 고통이 가득한 삶이라도 삶과 죽음은 같은 종류의 것이 아니다. 법정의 심판대 앞에서 살인죄에 대한 최상의 균형자는 사형이다. → 단서 ❷ 응보주의

을: 누구든 자신의 생명을 빼앗을 권한을 기꺼이 양도하지 않을 것이다. 사회 계약의 목적은 공리, 즉 최대 다수의 최대 행복이며, 이것이 인간적 정의의 기초이다. 사형보다 종신 노역형이 공리에 부합한다. → 단서 ❸ 베카리아

자료 분석
- 갑: 응보주의 입장에서 사형 제도에 찬성하는 칸트이다.
- 을: 사회 계약론과 공리주의 입장에서 사형 제도에 반대하는 베카리아이다.

단서 풀이
- 단서 ❶ 칸트는 처벌받을 행위를 의욕했기 때문에 처벌을 받아야 한다고 주장하였다.
- 단서 ❷ 칸트는 응보주의 입장에서 범죄에 상응하는 처벌을 받아야 한다고 주장하였다. 따라서 살인죄에 대해서는 사형이 정당한 처벌이라고 보았다.
- 단서 ❸ 베카리아는 사회 계약론적 관점에서 자신의 생명을 박탈할 권리를 국가에 위임하지 않았다고 보았으며, 공리주의 입장에서 사형 제도보다 종신 노역형이 범죄를 억제하는 효과가 더 크기 때문에 사형 제도를 반대하였다.

자료 07
> 단서 ❶ 인간은 정치적 동물, 가치에 따른 분배 주장 =아리스토텔레스

갑: 정의는 본성상 정치적 동물인 사람들 사이에서 같은 것은 같게, 다른 것은 다르게 분배할 것을 요구한다.

을: 정의는 도덕과 입법의 원리인 최대 다수의 최대 행복을 위해 유용성을 극대화할 것을 요구한다.

병: 정의는 최소 수혜자를 포함한 모든 사람에게 이익이 되도록 절차적 공정성을 보장할 것을 요구한다.
> 단서 ❸ 최소 수혜자에게 최대의 혜택 보장, 절차적 공정성 강조=롤스

자료 분석
갑은 분배적 정의를 주장한 아리스토텔레스, 을은 유용성의 극대화를 추구한 공리주의자 벤담, 병은 공정으로서의 정의를 주장한 롤스이다.
> 단서 ❷ 최대 다수의 최대 행복, 유용성의 원리 =벤담

단서 풀이
- 단서 ❶ 아리스토텔레스는 인간을 정치적 동물이라고 하면서 인간의 가치에 비례하여 분배할 것을 주장하였다.
- 단서 ❷ 최대 다수 최대 행복, 유용성의 극대화는 공리주의이다. 공리주의자 벤담은 이러한 유용성의 원리에 따라 사회 전체의 효용성을 극대화할 수 있는 분배를 강조하였다.
- 단서 ❸ 롤스는 최소 수혜자에게 최대의 혜택이 돌아가야 한다는 차등의 원칙을 분배의 원칙으로 제시하였다.

자료 08
> 단서 ❶ 아리스토텔레스의 특수 정의(분배적 정의, 교환적 정의)

갑: 정의는 합법적이며 공정한 것을 의미한다. 특수한 정의의 한 종류는 명예, 금전 등의 분배에 관련되는 것이고, 다른 종류는 사람들 간의 거래에 관련되는 것이다.

을: 정의는 모든 사람들이 각자 소유하고 있는 것에 대해 소유 권리를 갖는 것이다. 정의의 원리에 따르면 과거의 상황이나 행위는 사물에 대한 응분의 자격을 창조한다.

병: 정의는 권리와 의무를 할당하고 사회적 이익을 적절하게 분배하는 원칙들의 역할에 의해 규정된다. 정의의 원칙들은 평등한 최초의 입장에서 합의할 대상이다.
> 단서 ❷ 노직의 소유 권리로서의 정의

> 단서 ❸ 롤스의 공정으로서의 정의

자료 분석
갑은 특수적 정의를 말한 아리스토텔레스, 을은 소유 권리로서의 정의를 주장한 노직, 병은 공정으로서의 정의를 이야기한 롤스이다.

단서 풀이
- 단서 ❶ 아리스토텔레스는 정의를 일반적 정의와 특수적(부분적) 정의로 구분하였는데, 이 중 특수적 정의에 대한 내용이다.
- 단서 ❷ 정당한 취득과 이전으로 획득한 소유물에 대한 개인의 소유 권리를 주장하는 노직의 주장이다.
- 단서 ❸ 평등한 최초의 입장이란 무지의 베일을 쓴 상태로, 서로에 대한 능력, 신분, 재산 등의 사회적 지위를 모르는 원초적 상태이다. 롤스는 원초적 입장에서 정의의 원칙에 합의해야 한다고 주장한다.

이것도 알아둬
아리스토텔레스의 일반적 정의는 공익을 위한 법을 준수하는 것이고, 특수적 정의는 일반적 정의를 위해 필요한 것이다. 특수적 정의는 명예, 금전 등 분배에 관한 분배적 정의, 타인에게 이익이나 해를 끼친 경우의 보상에 관한 교정적 정의, 거래와 교환에 관한 교환적 정의가 있다.

기출 선지 변형 O X

※ 다음 내용이 맞으면 ○, 틀리면 ×에 표시하시오.

03 **아리스토텔레스, 롤스, 노직의 정의관**

21 아리스토텔레스는 정의로운 분배는 비례적이고 부정의한 분배는 비례에 어긋난다고 보았다. ○, ×

22 노직은 최소 국가보다 기능이 확대된 국가의 도덕적 정당화는 불가능하다고 보았다. ○, ×

23 롤스는 천부적 재능 분포의 우연성은 그 자체로 부정의하다고 보았다. ○, ×

24 아리스토텔레스와 롤스는 정의로운 사회는 각자에게 각자의 당연한 몫을 할당해야 한다는 데 동의한다. ○, ×

25 노직과 롤스는 모두 다수의 이익을 명목으로 개인의 자유를 침해해서는 안 된다는 데 동의한다. ○, ×

26 아리스토텔레스는 각자의 가치에 따라 분배하는 것이 정의롭다고 보았다. ○, ×

27 롤스는 개인의 노력에 따라 발생한 사회적 불평등은 정의로울 수 있다고 보았다. ○, ×

04 **아리스토텔레스, 벤담, 롤스의 정의론**

28 아리스토텔레스는 분배 정의는 기하학적 비례의 동등함을 추구하는 것이라고 하였다. ○, ×

29 벤담은 분배의 옳고 그름은 쾌락과 고통의 총합에 의해 결정된다고 주장하였다. ○, ×

30 아리스토텔레스, 벤담, 롤스 중 적어도 한 명은 누구에게도 이익이 되지 않는 분배라도 정의로울 수 있다고 보았다. ○, ×

31 아리스토텔레스, 벤담, 롤스는 모두 사회적·경제적 불평등을 허용해도 분배 정의를 실현할 수 있다고 본다. ○, ×

32 롤스는 사회 정의의 기준이 결과의 공정성에 의해 담보되어야 한다고 주장하였다. ○, ×

05 **마르크스, 롤스, 노직의 분배 정의**

33 노직은 부의 소유와 거래 및 교정에 대한 국가의 개입을 배제한다. ○, ×

34 마르크스는 노동 분업이 소외된 노동을 해방시켜 필요에 따른 분배를 실현한다고 본다. ○, ×

35 롤스는 공정으로서의 정의관에서 사회는 상호 이익을 위한 협동 체제라고 본다. ○, ×

36 롤스는 노직과 달리 선천적 유불리의 영향을 줄여야 정의로운 분배가 가능하다고 본다. ○, ×

37 마르크스는 롤스와 달리 사적 소유권은 인간의 기본적인 권리로 승인될 수 없다고 본다. ○, ×

38 마르크스는 공유제를 실현하여 모두가 경제적으로 평등한 사회를 추구하였다. ○, ×

39 마르크스와 롤스는 정의로운 사회의 실현에는 사회·경제적 불평등의 시정이 필요하다는 데 동의한다. ○, ×

기출 자료 분석

자료 09

> 단서 ❶ 사회 계약론자
> 단서 ❷ 타인의 생명권을 침해한 자는 자신의 생명권을 포기한 것=루소

갑: 시민의 생명 보존이 사회 계약의 목적입니다. 우리의 신체와 모든 능력은 공동의 것이며, 이것은 일반 의지의 최고 감독 하에 있는 것입니다. 시민 사회에서 타인의 생명을 희생시킨 사람은 자신의 생명도 포기해야 합니다.

을: 시민 사회가 모든 구성원의 동의로 해체될 경우라도 감옥에 있는 마지막 살인자는 먼저 처형되어야 합니다. 이것은 사법권의 이념으로서 정의가 보편적인 도덕 법칙에 따라 의욕하는 것입니다. 공적 정의 앞에서 최상의 균형자는 사람입니다.

> 단서 ❸ 보편적 도덕 법칙(정언 명령)에 따름=칸트

자료 분석
- 갑: 사회 계약론적 입장에서 사형을 찬성하는 루소이다.
- 을: 응보주의적 관점에서 사형을 찬성하는 칸트이다.

단서 풀이
- 단서 ❶ 갑의 사상가가 사회 계약론자임을 알 수 있다.
- 단서 ❷ 사회 계약론의 입장에서 타인의 생명권을 앗아간 살인자의 생명권 또한 박탈해야 한다고 주장한 사람은 루소이다.
- 단서 ❸ 칸트는 응분의 보복을 받을 행위(살인)를 의욕했기 때문에 보편적 도덕 법칙에 따라 처벌받아야 한다고 주장한다.

자료 10

> 단서 ❶ 형벌은 일반 의지의 표현=루소
> 단서 ❷ 살인=사회 계약 파괴=사형

갑: 법은 공공의 이익을 지향하는 일반 의지를 반영해야 합니다. 누구든지 자신의 생명을 지키기 위해 생명의 위험을 무릅쓸 권리를 갖습니다. 사회 계약을 파괴한 살인범은 도덕적 인격이 아닌 공중의 적으로 사형에 처해져야 합니다.

을: 법은 특수 의사의 총합인 일반 의사를 대표합니다. 인간은 자신을 죽일 권리가 없는 이상, 그 권리를 사회에 양도할 수 없습니다. 사형은 한 시민의 존재를 파괴하는 부적절한 전쟁 행위이므로 종신 노역형으로 대체되어야 합니다.

> 단서 ❹ 사회 계약론적 관점에서 사형 반대, 종신 노역형 주장=베카리아
> 단서 ❸ 생명은 위임하지 않았음

자료 분석
- 갑: 사회 계약론적 관점에서 사형을 찬성한 루소이다.
- 을: 사회 계약론적 관점과 공리주의적 관점에서 사형을 반대하는 베카리아이다.

단서 풀이
- 단서 ❶ 루소는 사회 계약을 통해 시민들이 생명과 안전을 보장받기 위해 생명을 박탈할 권리를 국가에 양도하였다고 주장하였다.
- 단서 ❷ 루소는 사회 계약을 파괴한 살인자의 생명을 박탈하더라도 이것이 사회 계약에 위반되는 것은 아니라고 보았다.
- 단서 ❸ 베카리아는 사회 계약론적 관점에서 인간은 자신의 생명을 국가에 위임하지 않았다고 주장하였다.
- 단서 ❹ 베카리아는 형벌은 강도보다 지속성이 더 중요한데, 지속성의 측면에서 볼 때나 범죄 예방의 효과 측면(공리주의적 측면)에서 볼 때에도 사형보다 종신 노역형이 더 효과적이라고 주장하였다.

이것도 알아둬
루소와 베카리아가 똑같이 사회 계약론을 근거로 하더라도 루소는 사형을 찬성하지만, 베카리아는 사형을 반대한다.

자료 11

> 단서 ❶ 공리주의적 관점=벤담

갑: 형벌의 주목적은 범죄자와 그 밖의 사람들의 행위를 통제하는 것입니다. 공리의 원리에 따라 범죄자에 대한 형벌은 목적 달성에 필요한 정도 이상으로 가해져서는 안 된다.

을: 형벌은 단지 범죄자가 범죄를 저질렀기 때문에 부과되어야 한다. 인간의 생득적 인격성은 그가 시민적 인격성을 상실할 선고를 받아도 물건으로 취급되지 않도록 보호한다.

> 단서 ❷ 응보주의적 관점=칸트

자료 분석
- 갑: 공리주의적 입장에서 형벌이 이루어져야 한다고 주장하는 벤담이다.
- 을: 응보주의적 관점에서 형벌이 이루어져야 한다고 주장한 칸트이다.

단서 풀이
- 단서 ❶ 벤담은 공리의 원리, 즉 유용성의 원리에 따라 사회적으로 이익이 되는 관점에 따라서 형벌이 이루어져야 한다고 주장한다.
- 단서 ❷ 칸트는 응보주의적 관점에서 범죄에 상응하는 처벌을 해야 한다고 주장한다.

이것도 알아둬
공리주의에서 형벌의 경중은 사회적으로 이익이 증대되느냐에 따라 달라진다. 즉, 범죄를 억제할 수 있는 효과가 있는지에 따라 처벌의 수준이 결정되어야 한다고 본다. 응보주의에서는 사회적 이익과 관계없이 범죄의 정도에 따라 똑같이 처벌할 것을 주장한다. 즉, 무거운 범죄는 무겁게 처벌하고, 가벼운 범죄는 가볍게 처벌해야 한다고 본다.

자료 12

갑: 공산 사회가 도래하면 지배 계급의 이익을 대변하던 국가와 계급 착취의 역사는 끝나고 인간의 자유로운 연합체가 성립된다. → 단서 ❶ 마르크스

을: 재산 소유 민주주의는 시장 체제를 구비하고 있으면서 평등한 기본적 자유와 공정한 기회 균등을 이유로 자본 소유의 분산을 시도한다. → 단서 ❷ 평등한 자유의 원칙과 기회 균등의 원칙=롤스

병: 최소 국가는 도덕적으로 용인될 수 있는 방법에 의해 발생하며, 자연 상태에서 개인이 갖고 있던 그 어떤 권리도 침해하지 않는다. → 단서 ❸ 최소 국가 주장, 소유 권리로서의 정의=노직

자료 분석
- 갑: 공산주의 사회를 지향하는 마르크스이다.
- 을: 공정으로서의 정의를 주장한 롤스이다.
- 병: 소유권으로서의 정의를 주장한 노직이다.

단서 풀이
- 단서 ❶ 마르크스는 자본주의의 사적 소유를 없애고, 공동 생산, 공동 분배를 지향하는 공산주의를 건설해야 한다고 주장하였다.
- 단서 ❷ 롤스는 무지의 베일을 쓴 원초적 입장에서 각 개인은 평등한 자유의 원칙, 기회 균등의 원칙, 최소 수혜자의 이익 극대화의 원칙과 같은 정의의 원칙에 합의하게 된다고 보았다. 롤스는 이러한 정의의 원칙에 따른다면 그 결과도 공정하다고 보는 공정으로서의 정의를 주장하였다.
- 단서 ❸ 노직은 정당하게 소유한 재화에 대해 개인의 절대적 소유권을 인정하는 소유권으로서의 정의를 주장하면서 국가는 타인의 침해로부터 개인을 보호하는 최소한의 역할만 수행해야 한다고 주장하였다.

기출 선지 변형 O X

※ 다음 내용이 맞으면 ○, 틀리면 ×에 표시하시오.

06 사형 제도에 대한 루소, 칸트, 베카리아의 입장

40 루소는 살인범을 사형하는 것은 그를 국가의 적으로 간주하는 것이며 이는 정당하다고 보았다. | ○, ×

41 루소는 사회 계약을 위반한 살인범을 국가 구성원으로 보아서는 안 된다고 주장하였다. | ○, ×

42 칸트는 사형이 살인죄에 대해 법적으로 집행되는 정당한 보복이라고 보았다. | ○, ×

43 칸트는 살인범을 사형에 처하지 않는 것은 공적 정의를 침해한 것으로 보았다. | ○, ×

44 루소 또는 칸트는 사형제가 인간 존엄성의 이념에 위배되기에 부당하다고 보았다. | ○, ×

45 베카리아는 형벌이 최대 다수의 최대 행복을 지향해야 한다고 주장하였다. | ○, ×

46 루소뿐만 아니라 베카리아도 경우에 따라 살인범에 대한 사형 선고에 동의하는 것은 정당하다고 보았다. | ○, ×

47 베카리아와 루소는 사형이 종신 노역형에 비해 범죄 억제력이 열등하다고 보았다. | ○, ×

48 베카리아는 사형이 살인범의 인간 존엄성을 존중하는 형벌이라는 것을 부정한다. | ○, ×

07 형벌에 대한 벤담과 칸트의 입장

49 벤담은 형벌로 인한 범죄자의 고통이 위법 행위의 이득보다 커야 한다고 보았다. | ○, ×

50 벤담은 형벌이 일반인에게 본보기로, 범죄자에게 교화로 작용한다고 보았다. | ○, ×

51 칸트는 형벌이 유용하지 않은 경우 형벌을 부과하지 말아야 한다는 데 동의한다. | ○, ×

52 칸트는 형벌이 부과하는 고통은 범죄자의 존엄성 보장에 부합해야 한다고 보았다. | ○, ×

53 칸트는 형벌을 결과 측면이 아니라 범죄를 저지른 행위에 대해 책임을 지는 것으로 보았다. | ○, ×

08 사형에 대한 베카리아와 벤담의 입장

54 베카리아는 범죄 억제력 측면에서 사형보다 우월한 형벌이 존재한다고 보았다. | ○, ×

55 벤담은 사형 그 자체는 악이지만 동해보복을 위한 필요악이라고 보았다. | ○, ×

56 벤담은 형벌이 초래할 해악이 예방할 해악보다 커서는 안 된다고 보았다. | ○, ×

57 베카리아와 벤담 모두 형벌이 최대 다수의 최대 행복을 위해 집행되어야 한다는 데 동의한다. | ○, ×

58 베카리아는 사형 제도보다 종신 노역형이 사회에 더 큰 이익을 준다는 이유로 사형 제도에 반대한다. | ○, ×

01 평가원
p.058 자료 03

(가)의 사상가 갑, 을의 입장을 (나) 그림으로 탐구할 때, A~C에 들어갈 적절한 질문만을 〈보기〉에서 있는 대로 고른 것은?

(가)	갑: 공리주의는 개인의 선택 원칙을 사회로 확대하지만, 나의 정의론은 정의의 원칙을 원초적 합의 대상으로 본다. 사회는 상호 이익을 위한 협동체이므로 정의는 다수의 이익을 위해 소수의 권리가 침해되는 것을 용납하지 않는다. 을: 공리주의는 개인의 권리를 부차적 위치에 두지만, 나의 정의론은 개인의 권리를 절대적 존중의 대상으로 본다. 최소 국가는 개인의 권리를 존중하므로 타인의 이익을 위해 개인의 권리가 침해되는 것을 용납하지 않는다.

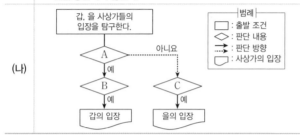

── 보기 ──
ㄱ. A: 공리의 극대화를 위해 기본적 자유를 제한하는 것은 정당한가?
ㄴ. B: 원초적 합의는 심리학적 사실에 대한 지식을 배제할 필요가 없는가?
ㄷ. B: 기본 제도가 공정해야 사회 구성원의 자발적 협동이 가능한가?
ㄹ. C: 최소 국가는 개인 간의 계약 이행에 절대로 개입해서는 안 되는가?

① ㄱ, ㄷ   ② ㄱ, ㄹ   ③ ㄴ, ㄷ
④ ㄱ, ㄴ, ㄹ   ⑤ ㄴ, ㄷ, ㄹ

02 평가원
p.062 자료 10

갑, 을 사상가들 모두가 부정의 대답을 할 질문으로 옳은 것은?

갑: 법은 공공의 이익을 지향하는 일반 의지를 반영해야 합니다. 누구든지 자신의 생명을 지키기 위해 생명의 위험을 무릅쓸 권리를 갖습니다. 사회 계약을 파괴한 살인범은 도덕적 인격이 아닌 공중의 적으로 사형에 처해져야 합니다. 을: 법은 특수 의사의 총합인 일반 의사를 대표합니다. 인간은 자신을 죽일 권리가 없는 이상, 그 권리를 사회에 양도할 수 없습니다. 사형은 한 시민의 존재를 파괴하는 부적절한 전쟁 행위이므로 종신 노역형으로 대체되어야 합니다.

① 형벌은 최대 다수의 최대 행복을 지향해야 하는가?
② 살인범에 대한 사형 선고에 동의하는 것은 정당한가?
③ 사형은 종신 노역형에 비해 범죄 억제력이 열등한가?
④ 사형은 사회 계약에 부합하지 않는 부당한 형벌인가?
⑤ 사형은 살인범의 인간 존엄성을 존중하는 형벌인가?

03 평가원
p.060 자료 07

(가)의 갑, 을, 병 사상가들의 입장을 (나) 그림으로 표현할 때, A~D에 해당하는 적절한 진술만을 〈보기〉에서 있는 대로 고른 것은?

(가)	갑: 정의는 본성상 정치적 동물인 사람들 사이에서 같은 것은 같게, 다른 것은 다르게 분배할 것을 요구한다. 을: 정의는 도덕과 입법의 원리인 최대 다수의 최대 행복을 위해 유용성을 극대화할 것을 요구한다. 병: 정의는 최소 수혜자를 포함한 모든 사람에게 이익이 되도록 절차적 공정성을 보장할 것을 요구한다.

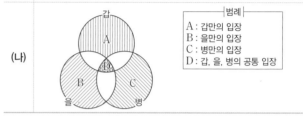

── 보기 ──
ㄱ. A: 분배 정의는 기하학적 비례의 동등함을 추구하는 것이다.
ㄴ. B: 분배의 옳고 그름은 쾌락과 고통의 총합에 의해 결정된다.
ㄷ. C: 누구에게도 이익이 되지 않는 분배는 정의롭지 않다.
ㄹ. D: 사회적·경제적 불평등을 허용해도 분배 정의는 실현 가능하다.

① ㄱ, ㄴ   ② ㄱ, ㄷ   ③ ㄷ, ㄹ
④ ㄱ, ㄴ, ㄹ   ⑤ ㄴ, ㄷ, ㄹ

04 수능
p.060 자료 06

갑, 을 사상가들의 입장으로 가장 적절한 것은?

갑: 누구든 그가 처벌받아야 할 행동을 원했기 때문에 처벌받는 것이다. 아무리 고통이 가득한 삶이라도 삶과 죽음은 같은 종류의 것이 아니다. 법정의 심판대 앞에서 살인죄에 대한 최상의 균형자는 사형이다. 을: 누구든 자신의 생명을 빼앗을 권한을 기꺼이 양도하지 않을 것이다. 사회 계약의 목적은 공리, 즉 최대 다수의 최대 행복이며, 이것이 인간적 정의의 기초이다. 사형보다 종신 노역형이 공리에 부합한다.

① 갑: 범죄자는 범행이 아닌 처벌을 원했기 때문에 처벌받는 것이다.
② 갑: 사형은 살인범을 수단으로서만 대하려는 응분의 보복 행위이다.
③ 을: 종신 노역형은 비공개로 집행하는 것이 범죄 예방에 효과적이다.
④ 을: 사형은 범죄 억제력이 최대이므로 사회 계약의 목적에 부합한다.
⑤ 갑, 을: 형벌은 사적인 보복이 아니라 공적인 정의를 실현해야만 한다.

05 교육청

(가)의 갑, 을, 병 사상가들의 입장을 (나) 그림으로 탐구할 때, A~D 에 들어갈 옳은 질문만을 〈보기〉에서 있는 대로 고른 것은?

(가)	갑: 형벌은 그 자체로 악이지만 더 큰 악을 없애는 것을 보장하는 경우에만 인정되어야 한다. 을: 형벌을 의욕했기 때문이 아니라, 형벌을 받아야 할 행위를 의욕했기 때문에 형벌을 받는 것이다. 병: 형벌은 수형자의 정신에 가장 지속적인 인상을 주면서 신체에는 가장 적은 고통을 주어야 한다.

(나)

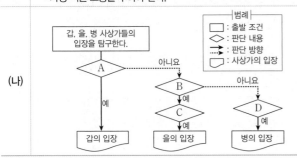

─보기─
ㄱ. A: 사형 제도는 유용성을 증진하기 위한 필요악이 될 수 있는가?
ㄴ. B: 범죄자는 응분의 보복을 의욕했기 때문에 처벌받아야 하는가?
ㄷ. C: 살인범에게는 사형 외에 범죄와 보복의 동등성을 지닌 형벌은 없다고 보아야 하는가?
ㄹ. D: 종신형은 사형에 비해 사회적 효용이 낮은 형벌인가?

① ㄱ, ㄷ　　　　② ㄱ, ㄹ　　　　③ ㄴ, ㄹ
④ ㄱ, ㄴ, ㄷ　　　⑤ ㄴ, ㄷ, ㄹ

06 수능

p.062 자료 09

갑, 을 사상가들 모두가 부정의 대답을 할 질문으로 가장 적절한 것은?

> 갑: 시민의 생명 보존이 사회 계약의 목적입니다. 우리의 신체와 모든 능력은 공동의 것이며, 이것은 일반 의지의 최고 감독하에 있는 것입니다. 시민 사회에서 타인의 생명을 희생시킨 사람은 자신의 생명도 포기해야 합니다.
> 을: 시민 사회가 모든 구성원의 동의로 해체될 경우라도 감옥에 있는 마지막 살인자는 먼저 처형되어야 합니다. 이것은 사법권의 이념으로서 정의가 보편적인 도덕 법칙에 따라 의욕하는 것입니다. 공적 정의 앞에서 최상의 균형자는 사람입니다.

① 살인범을 사형하는 것은 그를 국가의 적으로 간주하는 것인가?
② 사회 계약을 위반한 살인범을 국가 구성원에서 배제해야 하는가?
③ 사형은 살인죄에 대해 법적으로 집행되는 응당한 보복의 방법인가?
④ 살인범을 사형하지 않는 것은 공적으로 정의를 침해하는 것인가?
⑤ 사형제는 인간 존엄성의 이념에 위배되는 것이므로 부당한 제도인가?

07 교육청

(가)의 갑, 을 사상가들의 입장에서 볼 때, (나)의 퍼즐 속 세로 낱말 (A)를 실현하기 위한 방안으로 가장 적절한 것은?

(가)	갑: 자연적·사회적 우연성이 배제된 가상 상황에서 합의한 원칙에 따라 사회적 가치를 분배해야 한다. 을: 재화의 분배는 개인의 자유에 위임해야 한다. 근로 소득에 대한 과세는 강제 노동과 동등하다.

(나)

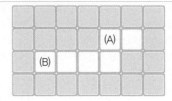

[가로 열쇠]
(A): 거짓 없이 마음이 바르고 곧음. ○○한 사람
(B): 자유로운 경제 활동과 사유 재산제를 기반으로 하는 시장 경제 체제
[세로 열쇠]
(A): …… 개념

① 갑: 모든 사람의 기본적 자유를 차등의 원칙에 따라 보장한다.
② 갑: 원초적 상황에서 합의한 다수결 원칙으로 재화를 분배한다.
③ 을: 정당하게 취득한 소유물에 대한 배타적 권리를 보장한다.
④ 을: 절대적 소유 권리를 보장하고 재화를 균등하게 분배한다.
⑤ 갑, 을: 공정한 절차에 따른 분배로 경제적 불평등을 해소한다.

08 평가원

p.058 자료 01

갑, 을 사상가들 중 적어도 한 사람이 긍정의 대답을 할 질문만을 〈보기〉에서 있는 대로 고른 것은?

> 갑: 모든 집단은 사회적 조화를 이룰 수 있다. 개인의 이기심은 합리성이나 선의지의 성장에 의해 점진적으로 견제되고 있으며, 이러한 과정은 계속 진행될 것이기 때문이다.
> 을: 어떤 집단적 힘이 약자를 착취할 때, 대항 세력이 견제하지 않는 한 그 힘은 사라지지 않을 것이다. 집단 간의 관계는 지극히 정치적이므로 항상 윤리적인 것은 아니다.

─보기─
ㄱ. 사회 갈등의 원인이 개인의 이기심에 있는가?
ㄴ. 사회 갈등의 해법이 권력 불균형 유지에 있는가?
ㄷ. 사회 정의의 실현을 위해 선의지의 함양이 필요한가?
ㄹ. 사회 정의의 실현을 위해 강제력의 사용이 필요한가?

① ㄱ, ㄴ　　　　② ㄴ, ㄹ　　　　③ ㄷ, ㄹ
④ ㄱ, ㄴ, ㄷ　　　⑤ ㄱ, ㄷ, ㄹ

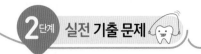

09 수능

p.060 자료 05

(가)의 사상가 갑, 을, 병의 입장을 (나) 그림으로 탐구할 때, A~D에 해당하는 적절한 질문만을 〈보기〉에서 있는 대로 고른 것은?

(가)	갑: 분배적 정의는 가령 사람 a와 b가 각각 물건 c와 d를 얻기 전과 후의 비율이 동등할 때 성립한다는 점에서 기하학적 비례를 추구하는 것이다. 을: 분배적 정의의 핵심 과제는 사회 체제의 선택이다. 사회 체제는 특수한 상황의 우연성을 처리하기 위해 순수 절차적 정의의 관념에 따라 기획되어야 한다. 병: 분배적 정의는 중립적인 개념이 아니다. 중립적인 개념은 '개인의 소유물'이다. 모든 개인이 자신의 소유물에 대해 소유 권리를 갖는 것이 정의이다.

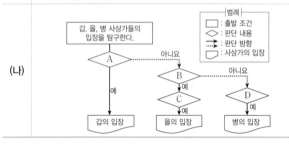

(나)

── 보기 ───
ㄱ. A: 분배적 정의만이 비례를 추구하는 특수적 정의인가?
ㄴ. B: 경제적 불평등은 모두에게 이익이 되어야 정당한가?
ㄷ. C: 원초적 입장에서 개인은 모두의 이익에 관심을 갖는가?
ㄹ. D: 개인의 자연적 재능을 공동의 소유물로 여기는 것은 부당한가?

① ㄱ, ㄷ   ② ㄴ, ㄹ   ③ ㄷ, ㄹ
④ ㄱ, ㄴ, ㄷ   ⑤ ㄱ, ㄴ, ㄹ

10 평가원

(가)를 주장한 사상가가 (나)의 상황 S₁~S₄에 대해 제시할 주장으로 옳지 않은 것은?

(가)	차등의 원칙은 '그의 ~에 따라서 각자에게'라는 구절을 완성하려는 정형(定型)적인 정의의 원칙이다. 그런데 고정된 정형적 원칙은 개인의 선택의 자유를 침해할 수밖에 없다. 따라서 비정형적인 정의의 원칙에 입각한 소유 권리론만이 개인의 자유를 침해하지 않는다.

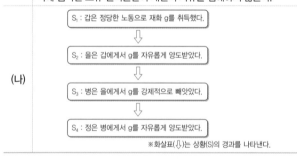

(나)

※ 화살표(⇩)는 상황(S)의 경과를 나타낸다.

① S₁에서 갑은 g에 대한 소유 권리를 지닌다.
② S₁이 정의로운 분배 상황이라면 S₂도 그렇다.
③ S₃에서 을은 g에 대한 소유 권리를 지닌다.
④ S₄는 S₃과 달리 정의로운 분배 상황이다.
⑤ S₄에서 정은 g에 대한 소유 권리가 없다.

11 평가원

갑은 부정, 을은 긍정의 대답을 할 질문으로 옳은 것은?

> 갑: 형벌의 선한 결과가 형벌 자체의 악보다 크다면 형벌을 부과해야 합니다. 사형과 같은 형벌의 남용은 인간을 개선시키지 못합니다. 사형보다는 종신 노역형이 범죄 억제력이 큽니다.
> 을: 형벌은 범죄자가 처벌받아야 할 행위를 의욕했기 때문에 가해져야 합니다. 사형은 살인에 상응하는 보복을 위한 것으로서, 인간성을 해치는 죄책감으로부터 사형수를 해방시켜 줍니다.

① 사형은 유용성의 원리가 아니라 인간 존중의 이념에 위배되는가?
② 형벌의 목적은 응분의 보복이 아니라 범죄의 예방에 있는가?
③ 사형제는 보다 효과적인 형벌 제도가 있으므로 폐지되어야 하는가?
④ 범죄자는 응분의 보복을 의욕했기 때문에 반드시 처벌받아야 하는가?
⑤ 사형제는 동등성의 원리에 따라 공적 정의를 실현하기 위한 수단인가?

12 수능

p.062 자료 12

(가)의 사상가 갑, 을, 병의 입장을 (나) 그림으로 탐구할 때, A~D에 해당하는 적절한 질문만을 〈보기〉에서 있는 대로 고른 것은?

(가)	갑: 공산 사회가 도래하면 지배 계급의 이익을 대변하던 국가와 계급 착취의 역사는 끝나고 인간의 자유로운 연합체가 성립된다. 을: 재산 소유 민주주의는 시장 체제를 구비하고 있으면서 평등한 기본적 자유와 공정한 기회 균등을 이유로 자본 소유의 분산을 시도한다. 병: 최소 국가는 도덕적으로 용인될 수 있는 방법에 의해 발생하며, 자연 상태에서 개인이 갖고 있던 그 어떤 권리도 침해하지 않는다.

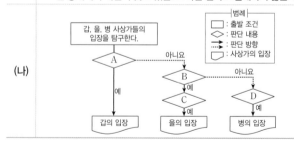

(나)

── 보기 ───
ㄱ. A: 능력에 따른 생산, 필요에 따른 분배를 지향해야 하는가?
ㄴ. B: 사유 재산의 불평등은 모두의 이익을 보장해야만 정당한가?
ㄷ. C: 무지의 베일 속의 사람은 자기 이익에 대해 무지하고 무관심한가?
ㄹ. D: 자유롭게 이전된 소유물은 모두 교정 대상에서 제외되는가?

① ㄱ, ㄴ   ② ㄱ, ㄷ   ③ ㄷ, ㄹ
④ ㄱ, ㄴ, ㄹ   ⑤ ㄴ, ㄷ, ㄹ

13 평가원 p.062 자료 11

(가)의 사상가 갑, 을의 입장을 (나) 그림으로 탐구하고자 할 때, A~C에 들어갈 옳은 질문만을 〈보기〉에서 있는 대로 고른 것은?

(가)	갑: 형벌의 주목적은 범죄자와 그 밖의 사람들의 행위를 통제하는 것이다. 공리의 원리에 따라 범죄자에 대한 형벌은 목적 달성에 필요한 정도 이상으로 가해져서는 안 된다. 을: 형벌은 단지 범죄자가 범죄를 저질렀기 때문에 부과되어야 한다. 인간의 생득적 인격성은 그가 시민적 인격성을 상실할 선고를 받아도 물건으로 취급되지 않도록 보호한다.

(나)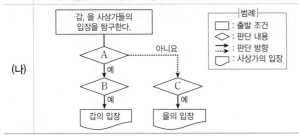

〈보기〉

ㄱ. A: 형벌로 인한 범죄자의 고통이 위법 행위의 이득보다 커야 하는가?
ㄴ. B: 형벌은 일반인에게 본보기로, 범죄자에게 교화로 작용하는가?
ㄷ. C: 형벌의 유용성이 전혀 없는 경우 형벌을 부과하지 말아야 하는가?
ㄹ. C: 형벌이 부과하는 고통은 범죄자의 존엄성 보장에 부합해야 하는가?

① ㄱ, ㄴ ② ㄱ, ㄷ ③ ㄷ, ㄹ
④ ㄱ, ㄴ, ㄹ ⑤ ㄴ, ㄷ, ㄹ

14 수능

다음 서양 사상가가 긍정의 대답을 할 질문으로 옳은 것은?

집단과 집단 사이의 관계는 항상 윤리적이기보다는 지극히 정치적이다. 모든 도덕주의자들은 인간의 집단행동이 지닌 야수적 성격과 모든 집단적 관계들에 있는 집단적 이기주의의 힘에 대한 이해를 결여하고 있다. 그들은 사회적 갈등이 인류 역사에서 불가피한 것임을 제대로 인식하지 못한다.

① 개인 윤리적 이타성과 사회 윤리적 정의는 항상 상호 배타적인가?
② 개인들의 자발적 타협이 사회 정의를 실현하는 유일한 방법인가?
③ 개인의 도덕적 선의지 함양은 사회 정의 실현의 충분조건인가?
④ 개인 간 갈등은 도덕적이고 합리적인 방법으로 조정될 수 있는가?
⑤ 개인의 합리적 도덕성은 개인이 속한 집단의 도덕성보다 열등한가?

15 수능

(가)의 갑, 을, 병 사상가들의 입장을 (나) 그림으로 탐구할 때, A~D에 들어갈 옳은 질문만을 〈보기〉에서 있는 대로 고른 것은?

(가)	갑: 모든 형벌은 강도, 지속성, 보편성을 근거로 과도하지 않게 집행되어야 한다. 형벌의 가장 중요한 목적은 처벌을 본보기로 삼아 전체의 효용을 증진하는 것이다. 을: 모든 인간은 목적으로 대우받아야 한다. 사형은 살인범의 인간성을 훼손할 수 있는 모든 가혹 행위로부터 살인범의 인격을 존중하는 것이다. 병: 모든 사람들에게 살인범의 끝없는 비참한 상태를 보여 주는 것이 사형보다 범죄 예방에 더 효과적이다. 형벌의 강도보다 지속성이 사람들에게 더 큰 영향을 준다.

(나)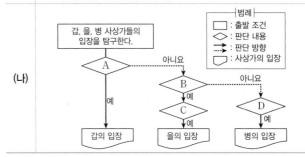

〈보기〉

ㄱ. A: 사회 전체의 이익보다 살인범의 생명권을 우선해야 하는가?
ㄴ. B: 사형은 범죄 억제 목적을 달성하기 위한 응보적 처벌인가?
ㄷ. C: 사형은 살인죄에 대한 동등성 원리에 부합하는 정당한 처벌인가?
ㄹ. D: 사형은 종신형에 비해 처벌의 사회적 효용이 낮은 형벌인가?

① ㄱ, ㄴ ② ㄱ, ㄷ ③ ㄷ, ㄹ
④ ㄱ, ㄴ, ㄹ ⑤ ㄴ, ㄷ, ㄹ

16 평가원

다음 사상가의 입장만을 〈보기〉에서 있는 대로 고른 것은?

개인적으로 도덕적인 사람도 사회 내의 어느 집단에 속하면 집단에 맹목적으로 충성하기 쉽다. 집단에 대한 맹목적 충성은 이타적 충동의 원천이 되기도 하지만 개인의 비판적 태도를 말살하는 형태로 나타나기도 한다. 집단에 대한 개인의 헌신이 지닌 맹목적인 성격이야말로 도덕적 제한을 받지 않고 무한대로 집단의 권력을 행사하는 토대가 된다.

〈보기〉

ㄱ. 올바른 정치적 도덕성은 합리적인 사회 강제력을 권고한다.
ㄴ. 집단 간의 관계는 정치적인 힘의 비율에 의해 수립된다.
ㄷ. 집단의 도덕성은 집단 내 구성원들의 도덕성에 비례한다.
ㄹ. 집단 간 세력 불균형은 사회 갈등과 부정의를 지속시킨다.

① ㄱ, ㄷ ② ㄴ, ㄹ ③ ㄷ, ㄹ
④ ㄱ, ㄴ, ㄷ ⑤ ㄱ, ㄴ, ㄹ

17 평가원

서양 사상가 갑, 을의 입장에 대한 설명으로 옳은 것은?

> 갑: 개인은 타인의 이익을 존중할 수 있다는 점에서 도덕적이지만, 사회는 이기심을 합리적으로 통제하기 어려우므로 비도덕적이다.
> 을: 원초적 입장에서 타인의 이익에 무관심한 합리적 개인은 자신의 능력이나 사회적 지위 등을 모른 채 정의의 두 원칙을 선택하게 된다.

① 갑은 개인의 선의지가 없어도 사회 정의가 확립될 수 있다고 본다.
② 을은 취득 및 양도 절차가 공정하면 그 결과도 공정하다고 본다.
③ 갑은 을과 달리 개인보다 사회가 도덕성 측면에서 우월하다고 본다.
④ 을은 갑과 달리 정당한 강제력으로 사회 문제를 해결해야 한다고 본다.
⑤ 갑, 을은 정의를 사회가 추구해야 할 최고의 도덕적 이상으로 본다.

18 평가원

(가)의 갑, 을 사상가들의 입장을 (나) 그림으로 표현할 때, A~C에 해당하는 적절한 진술만을 〈보기〉에서 있는 대로 고른 것은?

(가)	갑: 사회 계약의 목적은 계약자의 생명 보존에 있다. 이를 위해 각자는 모든 것을 공동체에 양도함으로써 일반의지의 감독하에 둔다. 살인을 저질러 계약을 위반한 자는 공공의 적으로 간주되어야 한다. 을: 법의 일반적 목적은 해악을 방지하는 것이다. 그러나 모든 형벌은 악이다. 공리의 원칙에 의하면, 형벌이 허용될 수 있는 경우는 그것을 통해 더 큰 악을 제거하는 것이 보장될 때뿐이다.
(나)	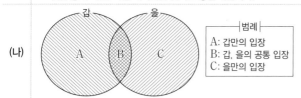

보기
ㄱ. A: 사형은 사회 계약의 목적 달성을 위한 수단이다.
ㄴ. B: 살인범에 대한 응당한 보복이 사형의 목적이다.
ㄷ. C: 살인을 저지른 자는 반드시 사형에 처해져야 한다.
ㄹ. C: 사형의 해악은 사형이 방지할 해악보다 커서는 안 된다.

① ㄱ, ㄴ ② ㄱ, ㄹ ③ ㄴ, ㄷ
④ ㄱ, ㄷ, ㄹ ⑤ ㄴ, ㄷ, ㄹ

19 평가원

(가)의 갑, 을, 병 사상가들의 입장을 (나) 그림으로 탐구하고자 할 때, A~D에 들어갈 적절한 질문만을 〈보기〉에서 있는 대로 고른 것은?

(가)	갑: 분배는 모든 사람이 자신의 소유물에 대한 소유 권리가 있을 경우 정의롭다. 최소 국가만이 이러한 소유 권리를 보장한다. 을: 분배는 필요에 따라, 노동은 능력에 따라 이루어지는 사회가 필연적으로 도래할 것이다. 그러면 노동은 더 이상 소외되지 않을 것이다. 병: 분배는 동등함에도 동등하지 않은 몫을, 동등하지 않은 사람들이 동등한 몫을 받게 될 경우 정의롭지 않다. 정의로운 것은 비례적인 것이다.
(나)	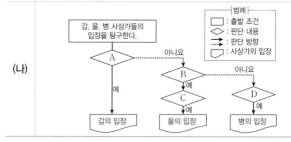

보기
ㄱ. A: 소유 권리를 침해하지 않는 국가만이 정의로운가?
ㄴ. B: 재화의 분배는 개인의 자유로운 선택에 맡겨야 하는가?
ㄷ. C: 자본주의의 노동은 자발적인 것이 아니라 강제된 것인가?
ㄹ. D: 각자의 가치에 비례하여 각자의 몫이 분배되어야 하는가?

① ㄱ, ㄴ ② ㄱ, ㄹ ③ ㄴ, ㄷ
④ ㄱ, ㄷ, ㄹ ⑤ ㄴ, ㄷ, ㄹ

20 수능

서양 사상가 갑, 을의 입장에 대한 설명으로 옳은 것은?

> 갑: 자연은 인류를 고통과 쾌락이라는 두 주인에게 지배받도록 만들었다. 공리의 원칙은 이러한 복종 관계를 인식시켜 주고, 이성과 법률의 손길로 행복의 틀을 짜는 목적을 지닌 체계의 기초이다.
> 을: 자연의 질서에 속하면서도 이성의 지배를 받지 않는 요소를 파악해야 한다. 집단의 도덕은 자연적 충동에 버금갈 만한 사회 세력을 형성하기 어렵기 때문에 개인의 도덕에 비해 열등하다.

① 갑은 행위에 대한 도덕 판단은 행위의 결과와 무관하다고 본다.
② 을은 개인의 도덕적 이상과 사회의 도덕적 이상이 같다고 본다.
③ 갑은 을과 달리 사회보다 개인이 도덕성 측면에서 우월하다고 본다.
④ 을은 갑과 달리 사회의 이익을 개인들의 이익의 총합으로 본다.
⑤ 갑, 을은 사회 문제를 해결하기 위해 강제력이 필요하다고 본다.

21 평가원

현대 사상가 갑, 을의 입장에 대한 설명으로 옳은 것은?

> 갑: 정의의 원칙은 개인이 무엇을 소유할 수 있는 정당한 자격을 유일한 근거로 한다. 정당한 자격을 가진 이들이 자유롭게 선택하고 교환하는 절차의 규칙을 위반하지만 않는다면, 어떤 사람은 부유하고 어떤 사람은 가난하다는 사실이 불행일 수는 있으나 불공정하지는 않다.
>
> 을: 정의의 원칙은 권리 할당과 이익 배분의 근거 원리이다. 개인이 어떤 여건에서 태어나는 것은 정의롭지도 부정의하지도 않은 임의적 사실이다. 이 사실을 다루는 제도가 정의로운지의 여부는 합리적 개인들이 유불리를 배제한 채 도출한 원칙에 의거하였는지에 달려 있다.

① 갑은 정의 원칙이 가상 상황에서의 합의를 통해 구성된다고 본다.
② 을은 평등한 기본적 자유가 공정한 재분배에 항상 앞선다고 본다.
③ 갑은 을과 달리 소유권이 보장되면 균등 분배가 실현된다고 본다.
④ 을은 갑과 달리 정의 원칙은 다수결 절차에 따라 도출된다고 본다.
⑤ 갑은 최소 국가를, 을은 복지 국가를 재분배의 실행 주체로 본다.

22 수능

p.060 **자료 08**

갑, 을, 병 사상가들의 입장으로 적절하지 <u>않은</u> 것은?

> 갑: 정의는 합법적이며 공정한 것을 의미한다. 특수한 정의의 한 종류는 명예, 금전 등의 분배에 관련되는 것이고, 다른 종류는 사람들 간의 거래에 관련되는 것이다.
>
> 을: 정의는 모든 사람들이 각자 소유하고 있는 것에 대해 소유 권리를 갖는 것이다. 정의의 원리에 따르면 과거의 상황이나 행위는 사물에 대한 응분의 자격을 창조한다.
>
> 병: 정의는 권리와 의무를 할당하고 사회적 이익을 적절하게 분배하는 원칙들의 역할에 의해 규정된다. 정의의 원칙들은 평등한 최초의 입장에서 합의할 대상이다.

① 갑: 정의로운 분배는 비례적이고 부정의한 분배는 비례에 어긋난다.
② 을: 최소 국가보다 기능이 확대된 국가의 도덕적 정당화는 불가능하다.
③ 병: 천부적 재능 분포의 우연성은 그 자체로 부정의한 사실이다.
④ 갑, 병: 정의로운 사회는 각자에게 각자의 당연한 몫을 할당해야 한다.
⑤ 을, 병: 다수의 이익을 명목으로 개인의 자유를 침해해서는 안 된다.

23 수능

p.058 **자료 02**

다음 사상가가 부정의 대답을 할 질문으로 옳은 것은?

> 최초의 정당한 취득 행위에 이어 자발적인 교환 행위로 재산의 정당한 이전(移轉)이 잇따르게 된다면, 사람들이 정확히 자신의 것만을 소유하게 되는 정당한 결과가 나온다. 하지만 현실의 역사는 강자가 약자의 소유물을 빼앗아 온 역사이기도 하다. 따라서 그간 부당하게 발생한 이전들을 보상함으로써 교정이 이루어지게 해야 한다. 이상의 내용을 하나의 원칙으로 표현하면, '각자는 자신이 선택한 대로 주고, 각자는 자신이 선택받은 대로 받는다.'가 된다.

① 최소 국가만이 유일하게 정의로운 국가인가?
② 근로 소득에 대한 과세는 강제 노동과 동등한가?
③ 나의 천부적 재능은 공동 자산이 아니라 나의 소유인가?
④ 모든 우연성이 배제된 상태에서 계약이 이루어져야 하는가?
⑤ 사회적 약자를 위한 분배는 오직 개인의 자유에 맡겨야 하는가?

24 수능

(가)의 갑, 을 사상가들의 입장을 (나) 그림으로 표현할 때, A~C에 해당하는 적절한 진술만을 〈보기〉에서 있는 대로 고른 것은?

(가)	갑: 살인자는 누구든 사형에 처해지지 않으면 안 된다. 이것은 정언 명령이자 사법권의 이념으로서 정의가 선험적으로 근거된 법칙들에 따라 의욕하는 바이다.
	을: 형벌은 최대 행복의 원칙에 따라 부과해야 한다. 형벌은 범법자에게는 교정과 무력화로, 다른 사람에게는 본보기로 작용하여 위법 행위를 방지한다.

(나)
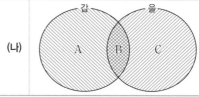

범례
A: 갑만의 입장
B: 갑, 을의 공통 입장
C: 을만의 입장

보기
ㄱ. A: 사형은 살인범을 인격적 존재로 존중하는 것이다.
ㄴ. B: 형벌은 보복 외의 다른 목적을 위해 사용되면 안 된다.
ㄷ. C: 형벌의 부과는 공리성에 근거하여 결정되어야 한다.
ㄹ. C: 사형은 범죄 예방 효과가 있기 때문에 그 자체로 선이다.

① ㄱ, ㄴ   ② ㄱ, ㄷ   ③ ㄴ, ㄹ
④ ㄱ, ㄷ, ㄹ   ⑤ ㄴ, ㄷ, ㄹ

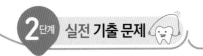
25 평가원
갑, 을 사상가들 모두가 부정의 대답을 할 질문으로 옳은 것은?

> 갑: 형벌은 보편 법칙을 입법하려는 의지의 형태로 범죄자의 자유 의지를 범죄자 자신에게 실현시켜 주는 것이다. 형벌은 스스로가 한 행위에 응분의 책임을 부과하는 것이다.
>
> 을: 공공 의사의 표현인 법은 살인을 증오하고 그 행위를 처벌한다. 살인범에게 지속적인 고통을 주는 형벌이 범죄 억제에 가장 확실한 효과를 가져온다.

① 형벌은 범죄와의 응보적 관계에 따라 부과해야 하는가?
② 사형은 사적 차원의 보복이 아닌 공적 차원의 형벌인가?
③ 사형은 살인범의 인간으로서의 존엄을 지켜 주는 형벌인가?
④ 형벌로 얻는 공공 이익은 형벌이 초래할 해악보다 커야 하는가?
⑤ 형벌의 목적은 범죄자 교화가 아닌 타인의 범죄 예방에 국한되는가?

26 평가원
(가)의 사상가 갑, 을, 병의 입장을 (나) 그림으로 탐구할 때, A~D에 해당하는 적절한 질문만을 〈보기〉에서 있는 대로 고른 것은?

> (가)
> 갑: 정의는 자신이 선택하는 바에 따라 소유권이 행사되는 것이다. 취득과 이전에서의 정의의 원칙을 따라 소유물을 취득한 자는 그것에 대한 소유권이 있다.
>
> 을: 정의의 원칙은 원초적 상황에서 합의로 도출된다. 정의로운 사회에서는 시민들에게 공통된 정의감이 존재하며 시민적 유대와 체제의 안정성이 보장된다.
>
> 병: 정의는 동등한 사람에게 동등한 몫을 분배하는 것이다. 분배에서의 옳음은 일종의 비례인데 그것은 비율과 비율의 균등성을 의미한다.

(나)

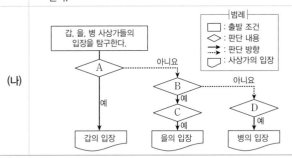

•보기•
ㄱ. A: 재화는 개인의 자유로운 선택에 의해서만 이전되는가?
ㄴ. B: 정의로운 사회의 시민은 타인의 처지와 이익에 무관심한가?
ㄷ. C: 공정한 기회균등 원칙은 경제적 불평등을 허용하는가?
ㄹ. D: 분배와 교환의 정의는 모두 비례의 동등함을 따라야 하는가?

① ㄱ, ㄴ   ② ㄴ, ㄹ   ③ ㄷ, ㄹ
④ ㄱ, ㄴ, ㄷ   ⑤ ㄱ, ㄷ, ㄹ

27 교육청
갑, 을 사상가들 모두가 부정의 대답을 할 질문으로 가장 적절한 것은?

> 갑: 범죄에 대한 가장 강력한 억제력은 범죄자가 사형 당하는 장면을 목격하는 데에서 생겨나지 않는다. 오히려 자유를 박탈당한 채 그가 사회에 끼친 손해를 노동으로 속죄하는 모습을 오래 보게 하는 것이 더 효과적이다.
>
> 을: 사형은 결코 범법자 자신이나 사회의 선을 촉진하기 위한 수단으로서 행해져서는 안 된다. 언제나 살인범이 살인을 저질렀다는 바로 그 이유만으로 살인범에 대한 사형이 집행되어야 한다.

① 사형은 동등성의 원리에 따라야 하는 형벌인가?
② 사형은 살인범의 존엄성을 훼손하지 않는 형벌인가?
③ 형벌은 공리성의 원리에 근거하여 집행되어야 하는가?
④ 형벌의 강도보다 지속성이 범죄 억제에 더 효과적인가?
⑤ 사형은 범죄 예방을 목적으로 존치해야 하는 형벌인가?

28 평가원
갑, 을이 〈사례〉에 대해 취할 입장으로 적절하지 않은 것은?

> 갑: 소수 집단 우대 정책은 소수자들이 받은 과거의 차별을 보상하기 위한 것이다. 이러한 정책은 기회의 재조정을 통해 실질적인 정의를 구현할 뿐만 아니라 사회의 다양성을 확보하여 사회 발전에 기여할 수 있다.
>
> 을: 소수 집단 우대 정책은 노력이나 업적과는 무관하게 소수자에게 과도한 혜택을 주는 것이다. 이러한 정책은 일반 사람들의 본질적 권리를 침해하거나 그들의 기회를 박탈함으로써 또 다른 차별을 낳을 수 있다.

〈사례〉
유럽계 미국인 A는 미국의 B 의과 대학에 지원했다. 그런데 이 대학은 소수 집단 학생의 수를 늘리기 위해 입학 정원의 16 %를 그들에게 할당하는 규정을 두고 있었다. A는 우수한 입학 시험 성적에도 불구하고 불합격했다. 이에 A는 학교를 상대로 소송을 제기했다.

① 갑: 입학 정원에서 소수자의 몫을 할당하는 것은 정당하다.
② 갑: 소수자를 우대하는 입학 정책은 실질적 평등을 실현한다.
③ 을: 과거의 차별을 보상하는 입학 정책은 공정 경쟁을 해친다.
④ 을: 소수자의 입학을 위해 다른 지원자에게 해를 끼쳐서는 안 된다.
⑤ 갑, 을: 소수자를 우대하는 입학 정책은 부당한 역차별을 심화시킨다.

29 교육청

(가)의 갑, 을, 병 사상가들의 입장을 (나) 그림으로 탐구할 때, A~D에 들어갈 적절한 질문만을 〈보기〉에서 있는 대로 고른 것은?

|(가)| 갑: 분배는 각자가 지닌 가치에 따라 마땅한 상이 주어질 때 정의롭다. 균등하지 않은 사람들이 균등한 몫을 가질 때 분쟁과 불평이 생겨난다.
을: 분배는 합리적 개인이 유불리를 배제한 채 도출한 원칙에 의거할 때 정의롭다. 사회적·자연적 우연성은 부의 획득에서 유리하게 작용하지 않아야 한다.
병: 분배는 모든 사람에게 소유 권리가 확립될 때 정의롭다. 정형화된 원리에 따른 분배는 개인들의 권리를 침해하므로 바람직하지 않다. |

(나)
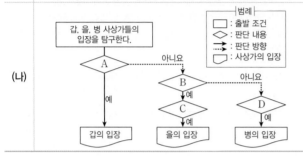

〈보기〉
- ㄱ. A: 산술적 비례에 따를 때 분배적 정의가 실현되는가?
- ㄴ. B: 절차의 공정성으로 결과의 공정성을 확보할 수 있는가?
- ㄷ. C: 정의로운 사회에서도 경제적 불평등은 존재할 수 있는가?
- ㄹ. D: 부정의를 교정하기 위한 국가의 개입은 필요한가?

① ㄱ, ㄴ　　② ㄱ, ㄹ　　③ ㄷ, ㄹ
④ ㄱ, ㄴ, ㄷ　　⑤ ㄴ, ㄷ, ㄹ

30 평가원

다음 가상 편지를 쓴 사상가가 지지할 입장만을 〈보기〉에서 있는 대로 고른 것은?

○○ 선생님께
지난 편지에서 선생님께서는 개인의 이기심이 선의지에 의해 견제되고 있어 모든 집단은 조화를 이룰 것이라 하시며, 개인의 선의지 함양을 권고하셨습니다. 하지만 제 생각은 다릅니다. 선생님께서는 집단 이기주의가 갖는 힘, 범위, 지속성을 깨닫지 못하고 있습니다. 개인 간의 관계를 순전히 합리적인 조정과 설득에 의해 확립하는 일은 불가능하지는 않을 것입니다. 그러나 집단 간의 관계는 윤리적이기보다는 정치적이기 때문에, 개인의 양심은 집단 간의 갈등을 부분적으로 억제할 수는 있겠지만 완전히 해결하지는 못합니다. …(후략)…

〈보기〉
- ㄱ. 집단 간 관계는 각 집단이 갖는 힘의 비율에 따라 수립된다.
- ㄴ. 선의지는 정의 실현을 위한 비합리적인 수단을 통제해야 한다.
- ㄷ. 사회 정의는 사회적 억제와 힘을 통해 실현되어서는 안 된다.
- ㄹ. 사회적 협력이 아무리 확대되어도 사회적 분쟁은 불가피하다.

① ㄱ, ㄴ　　② ㄱ, ㄷ　　③ ㄷ, ㄹ
④ ㄱ, ㄴ, ㄹ　　⑤ ㄴ, ㄷ, ㄹ

31 평가원

(가)의 갑, 을 사상가들의 입장을 (나) 그림으로 탐구할 때, A~C에 해당하는 적절한 질문만을 〈보기〉에서 있는 대로 고른 것은?

|(가)| 갑: 형벌은 위법 행위의 경중에 비례하여 부과되어야 한다. 오직 보복법만이 형벌의 질과 양을 명확하게 제시할 수 있기에, 살인범은 사형에 처해져야 한다. 이것은 정의가 도덕 법칙에 따라 의욕하는 바이다.
을: 형벌과 보상으로 사회의 행복을 증대시키는 것이 정부의 직무이기 때문에, 정부는 최대 행복의 원리에 따라야 한다. 그러므로 형벌의 가치는 어떤 경우든 위법 행위에서 얻는 이득의 가치를 능가하기에 충분해야 한다. |

(나)
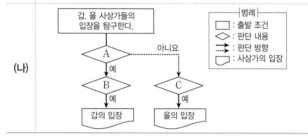

〈보기〉
- ㄱ. A: 형벌은 범죄자에게 고통을 유발하더라도 정당화 가능한가?
- ㄴ. B: 사형은 살인범의 인격에 대한 존중을 전제하는 것인가?
- ㄷ. C: 형벌은 공리를 증진하기 때문에 형벌 그 자체는 선인가?
- ㄹ. C: 형벌은 범죄 의지를 억제시키려는 수단이어야 하는가?

① ㄱ, ㄴ　　② ㄱ, ㄷ　　③ ㄴ, ㄹ
④ ㄱ, ㄷ, ㄹ　　⑤ ㄴ, ㄷ, ㄹ

32 평가원　　　　p.058 자료 04

갑, 을 사상가들의 입장만을 〈보기〉에서 있는 대로 고른 것은?

갑: 정의의 원칙은 가상적 상황에서 무지의 베일을 쓴 당사자들의 합의를 통해 얻어져야 한다. 이들은 이 상황에서 평등한 자유의 원칙, 공정한 기회균등의 원칙, 차등의 원칙에 합의할 것이다. 이 원칙들을 만족시키는 한에서 정의로운 분배가 가능하다.
을: 어느 누구도 취득과 이전에서의 정의의 원리에 의하지 않고서는 소유물에 대한 소유 권리를 가질 수 없다. 국가는 강압·절도·사기로부터의 보호, 계약 집행 등과 같은 제한적 역할만을 수행해야 한다.

〈보기〉
- ㄱ. 갑: 차등의 원칙만 충족한다면 어떠한 분배 결과도 정당화된다.
- ㄴ. 갑: 가상적 상황의 당사자는 경제학의 일반적 사실을 안다.
- ㄷ. 을: 분배 결과의 정당성은 분배 과정의 정당성에 근거한다.
- ㄹ. 갑, 을: 정의로운 사회에서도 경제적 불평등은 정당화될 수 있다.

① ㄱ, ㄴ　　② ㄱ, ㄷ　　③ ㄷ, ㄹ
④ ㄱ, ㄴ, ㄹ　　⑤ ㄴ, ㄷ, ㄹ

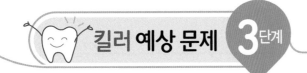

01 고난도

(가)의 갑, 을, 병 사상가들의 입장을 (나) 그림으로 탐구할 때, A~D에 들어갈 옳은 질문만을 〈보기〉에서 있는 대로 고른 것은?

(가)	갑: 정의의 원칙은 원초적 상태에 놓인 평등한 개인이 합의한 것으로, 평등한 기본적 자유의 원칙, 차등의 원칙, 공정한 기회균등의 원칙이 있다. 을: 정의의 원칙은 최초 취득이 합법적이어야 하는 취득의 원칙, 자유로운 개인들 간의 교환이어야 하는 이전의 원칙, 부당한 취득은 교정되어야 한다는 교정의 원칙이 있다. 병: 정의의 원칙들은 그 형식에서 그 자체가 다원주의적이다. 상이한 사회적 가치들은 상이한 근거들에 따라 상이한 절차에 맞게 상이한 주체에 의해 분배되어야 한다.

(나)

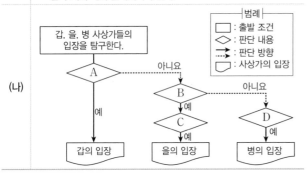

[범례]
- ☐ : 출발 조건
- ◇ : 판단 내용
- ⇢ : 판단 방향
- ⬭ : 사상가의 입장

•보기•

ㄱ. A: 최소 수혜자를 배려하는 국가 차원의 재분배는 정의로운가?

ㄴ. B: 개인이 자신의 능력과 의지로 선택한 재화에 대해 온전한 권리를 갖는가?

ㄷ. C: 절대적 소유권을 보장하고 재화를 균등하게 분배해야 하는가?

ㄹ. D: 사적 소유권을 폐지해야 공정한 분배가 실현되는가?

① ㄱ, ㄴ ② ㄱ, ㄹ ③ ㄴ, ㄷ
④ ㄱ, ㄷ, ㄹ ⑤ ㄴ, ㄷ, ㄹ

02

다음 사상가가 긍정의 대답을 할 질문으로 옳은 것은?

정의란 사람들이 옳은 일을 하도록 하고 옳게 행동하게 하며 옳은 것을 원하게 하는 성품이다. 법을 지키지 않거나, 욕심이 많고, 불공정한 사람은 모두 정의롭지 못하다. 공동체를 행복하게 만드는 조건들이 많아지게 하는 행위는 정의롭다. 정의는 우리 이웃과의 관계에서 완전한 덕이며, 모든 덕 가운데 가장 크다. 정의의 영역에는 모든 덕이 다 들어 있다. 정의의 덕이 완전한 까닭은 그 덕을 가진 사람이 자신뿐만 아니라 자기의 이웃을 위해서도 그것을 쓸 수 있기 때문이다.

① 이웃과의 관계에서 정의를 찾는 것은 불가능한가?

② 법을 준수함으로써 공동체의 행복을 창출할 수 있는가?

③ 타인에게 해를 끼쳐도 자신이 얻는 쾌락이 크면 정의로운가?

④ 타인의 행복을 위해 자신의 행복을 전적으로 희생해야 하는가?

⑤ 권력이나 재화 등은 누구에게나 똑같은 양을 제공해야 하는가?

03

그림은 형성 평가이다. 학생의 답이 옳게 표시된 것만을 ㉠~㉣ 중에서 있는 대로 고른 것은?

━━━━━━━━━━ 형성 평가 ━━━━━━━━━━

3학년 ☐반 ○○○

◉ 다음 사상가의 주장으로 옳으면 '예', 틀리면 '아니요'에 √표를 하시오.

인간 집단은 개인에 비해 충동을 올바르게 인도하고 억제할 수 있는 이성과 자기 극복 능력, 그리고 타인의 욕구를 수용하는 능력이 훨씬 결여되어 있다. 개인의 이기심보다 훨씬 심한 이기주의가 모든 집단에서 나타난다. 이러한 집단의 이기심은 피할 수 없다. 따라서 사회적 갈등은 도덕적 권고만으로는 해결할 수 없고 사회 구조와 제도를 개선해야 한다.

○ 주장1: 개인의 윤리적 목표와 사회의 윤리적 목표는 항상 상호 배타적이다. 예 ☑ 아니요 ☐ ········· ㉠

○ 주장2: 개인의 자발적 합의에 따른 민주 절차 준수만이 사회 정의 실현의 방법이다. 예 ☐ 아니요 ☑ ········· ㉡

○ 주장3: 개인의 선의지는 사회 집단의 도덕성 정도를 최종 결정한다. 예 ☐ 아니요 ☑ ········· ㉢

○ 주장4: 외적 강제력을 동원하여 집단 간 힘의 차이를 극복하는 것은 사회 정의 실현에 기여한다. 예 ☑ 아니요 ☐ ········· ㉣

① ㉠, ㉡ ② ㉠, ㉣ ③ ㉢, ㉣
④ ㉠, ㉡, ㉢ ⑤ ㉡, ㉢, ㉣

04

㉠에 들어갈 말로 가장 적절한 것은?

갑: 공정한 분배가 이루어지기 위해서는 절대적 평등에 따라 재화를 모든 구성원에게 동등하게 분배해야 해.

을: 그렇지 않아. 공정한 분배를 위해서는 개인의 업적에 비례해 분배의 몫을 결정해야 해.

갑: 하지만 개인의 업적으로 분배할 경우, 능력이 서로 다른 두 사람이 똑같이 하루 8시간 일을 하더라도 동일한 몫을 받지 못해. 이 때문에 점차 경제적 불평등이 심화될 거야.

을: 하지만 누구에게나 똑같이 재화를 분배할 경우에도 문제점이 있어. 예를 들어 [㉠   ]

① 개인의 노력에 대한 객관적 평가가 불가능할 수 있어.

② 생존에 필요한 욕구를 동등하게 존중하지 못할 수 있어.

③ 사회적 약자를 배려하지 못해 사회 통합을 저해할 수 있어.

④ 타고난 능력이나 성장 환경이 분배에 지나치게 개입할 수 있어.

⑤ 개인 간 차이를 고려하지 못해 생산성과 효율성이 저하될 수 있어.

05 고난도

(가) 사상가에 비해 (나) 사상가의 주장이 갖는 상대적 특징을 그림의 ㉠~㉤ 중에서 고른 것은?

> (가) 사회 혼란의 원인은 개인의 도덕성 타락에서 찾을 수 있다. 개인의 양심과 합리성을 회복하면 사회 윤리 문제를 해결할 수 있다.
>
> (나) 사회 혼란의 원인은 집단 간 힘의 불균형에서 찾을 수 있다. 집단의 이기심을 조정하기 위해서는 선의지의 통제를 받는 물리적 강제력이 필요하다.

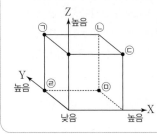

- X: 개인의 도덕성이 사회의 도덕성을 결정한다고 보는 정도
- Y: 정의 실현을 목적으로 사회 구조적 개선을 강조하는 정도
- Z: 개인의 이기심보다 집단의 이기심에 대한 제한이 더 필요하다고 보는 정도

① ㉠   ② ㉡   ③ ㉢   ④ ㉣   ⑤ ㉤

06

㉠에 들어갈 말로 적절한 것만을 〈보기〉에서 있는 대로 고른 것은?

> 최근 여성 공무원의 채용 비율을 정해 놓고 비율대로 합격시키는 제도인 여성 고용 할당제에 대한 사회적 논의가 뜨겁다. 우대 정책을 찬성하는 사람들은 이 정책이 장애인, 여성, 유색 인종 등 불리한 위치에 있는 집단에 대한 과거의 차별을 보상하고, 이들의 교육 참여와 사회 참여 기회를 확대하는 데 기여한다고 주장한다. 하지만 이에 반해 우대 정책을 반대하는 사람들은 이 정책이 ㉠ 고 주장한다.

·보기·
ㄱ. 다양한 계층의 사회적 참여를 제한한다
ㄴ. 상대편을 차별하는 역차별의 문제를 발생시킨다
ㄷ. 과거 잘못에 대한 책임을 잘못이 없는 현세대에게 둔다
ㄹ. 자신의 노력에 따른 정당한 대가를 주어야 한다는 업적주의에 편승한다

① ㄱ, ㄴ   ② ㄱ, ㄹ   ③ ㄴ, ㄷ
④ ㄱ, ㄷ, ㄹ   ⑤ ㄴ, ㄷ, ㄹ

07

다음 사상가의 입장으로 옳은 것은?

> 사람은 누구나 고유한 생명을 보존하기 위해 자신의 생명을 걸고 위험을 무릅쓸 권리를 가진다. 사회 계약은 계약자의 생명 보존을 목적으로 한다. 목적을 달성하려고 하는 사람은 수단을 요구한다. 그런데 이 수단은 위험과 희생을 수반한다. 타인의 희생으로 자신의 생명을 보존하려고 하는 사람은 타인을 위해 필요하다면 마땅히 생명을 희생해야 한다. 범죄인에게 가해지는 사형도 이와 유사하다. 살인자가 사형을 받는 것에 동의하는 것은 자신이 살인자의 희생물이 되는 것을 피하기 위해서이다.

① 범죄 예방 효과의 최대화를 목적으로 하는 사형만이 인정되어야 한다.
② 생명은 절대적 가치를 지니므로 국가는 개인의 생명권을 박탈할 수 없다.
③ 타인의 생명을 해친 사람은 자신의 생명을 보호받을 권리를 가질 수 없다.
④ 사형은 정치적 정적을 제거하는 수단으로 악용될 수 있으므로 정당화될 수 없다.
⑤ 사형은 오직 자신의 살인에 대한 응분의 대가로 살인자가 의욕한 것으로 보아야 한다.

08

(가)의 갑, 을의 입장을 (나) 그림으로 표현할 때, A~C에 해당하는 적절한 진술만을 〈보기〉에서 있는 대로 고른 것은?

(가)	갑: 살인자도 자유 의지를 가진 행위자로 존중받아야 하기 때문에, 그가 다른 사람을 살해했다면 스스로 인간의 존엄성을 실천할 유일한 방법은 오직 죽음뿐입니다. 을: 사형은 범죄 억제 효과가 없으며 인간의 정신에 큰 효과를 끼치는 것은 형벌의 강도가 아니라 지속성이기 때문에 종신 노역형이 사형 이상의 효과를 가져올 것입니다.
(나)	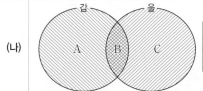 범례 A: 갑만의 입장 B: 갑, 을의 공통 입장 C: 을만의 입장

·보기·
ㄱ. A: 사형은 범죄자를 스스로 책임질 수 있는 존재로 존중하는 것이다.
ㄴ. B: 살인범의 인격보다 사회 전체의 이익을 우선해야 한다.
ㄷ. B: 공적 정의를 실현하는 효과가 가장 큰 형벌은 사형이다.
ㄹ. C: 사형제의 존폐는 사회적 유용성을 기준으로 논의해야 한다.

① ㄱ, ㄴ   ② ㄱ, ㄹ   ③ ㄷ, ㄹ
④ ㄱ, ㄴ, ㄹ   ⑤ ㄴ, ㄷ, ㄹ

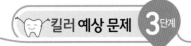
09

그림은 서술형 평가 문제와 학생 답안이다. 학생 답안의 ㉠~㉤ 중 옳지 <u>않은</u> 것은?

서술형 평가

● 문제: 분배 정의의 기준에 대한 갑, 을의 입장을 비교하시오.

갑: 피자를 나누어 먹을 때는, 피자를 만드는 데 가장 많은 노력을 기울인 아이를 기준으로 노력의 양에 따라 분배해야 해.
을: 피자를 나누어 먹을 때는 가장 배가 고픈 사람을 기준으로 더 많이 필요로 하는 양에 따라 분배해야 해.

● 학생 답안

갑, 을의 입장을 비교해 보면, ㉠ 갑은 노력에 대한 적절한 보상을 강조하고, ㉡ 을은 필요에 대한 기본적인 충족을 강조한다. 이에 따라 ㉢ 갑과 같은 분배는 노력의 양을 객관적으로 측정하기 어렵다는 한계를 지니고, ㉣ 을과 같은 분배는 사회 구성원들 중에서 약자를 보호하기 어렵다는 한계를 지닌다. ㉤ 갑, 을은 공통적으로 사회 구성원 모두에게 공정하게 분배하기 위한 일정한 기준을 제시하고 있다.

① ㉠　　② ㉡　　③ ㉢　　④ ㉣　　⑤ ㉤

10

갑, 을의 입장에 대한 설명만을 〈보기〉에서 있는 대로 고른 것은?

사형은 폐지되어야 합니다. 사형은 생명권을 부정하는 것이며 교육과 교화를 근원적으로 포기하는 것으로, 처벌의 본질에 반하는 제도입니다.

사형은 존속되어야 합니다. 사형은 생명을 박탈하는 극형이므로 범죄 억제의 효과가 크고, 흉악 범죄인의 생명을 박탈하는 것은 사회 정의입니다.

갑　　　　을

보기
ㄱ. 갑은 사형은 인도적으로 정당화될 수 없다고 본다.
ㄴ. 을은 인과응보적 정의 실현을 강조한다.
ㄷ. 갑은 을과 달리 사형의 범죄 예방 효과를 인정한다.
ㄹ. 을은 갑과 달리 사형이 생명권을 부정하는 것은 아니라고 본다.

① ㄱ, ㄴ　　　② ㄴ, ㄷ　　　③ ㄷ, ㄹ
④ ㄱ, ㄴ, ㄹ　　⑤ ㄱ, ㄷ, ㄹ

11 고난도

갑의 입장에서 〈사례〉의 홈즈 로스쿨의 정책에 할 수 있는 평가로 가장 적절한 것은?

갑: 특정 계층이나 인종에 대한 우대 정책은 개인의 능력이나 성과와 상관없이 특정 집단에 속한다는 이유만으로 특혜를 제공하는 것이므로 평등권을 침해한다.

〈사례〉

홈즈 로스쿨의 학생 중 단 3 %만이 흑인이었다. 미국에서 흑인 인구는 전체의 14 %를 차지한다. 대학과 교육 당국은 아프리카계 미국인 법조인이 보다 많이 필요하다고 판단하여 홈즈 로스쿨 정원에서 백인의 정원을 제한할 필요가 있다고 보았다. 그래서 그들은 최소한의 입학 자격을 충족하는 아프리카계 미국인 학생들의 입학을 허가하기로 하였다.

① 사회의 다양성을 해치고 통합을 저해하므로 옳지 않다.
② 모든 사람의 동등한 참여 기회를 제한하는 역차별이므로 옳지 않다.
③ 사회적 차별을 철폐할 수 있는 구조적인 변화를 도모하는 것이므로 옳다.
④ 혜택을 받는 계층보다 고통받는 계층의 구성원 수가 많으므로 옳지 않다.
⑤ 사회적 약자의 참여를 보장하여 실질적인 평등의 구현에 기여하므로 옳다.

12

다음 사상가의 입장으로 옳은 것은?

형벌은 결코 범죄자 자신이나 시민 사회를 위해서 어떤 다른 선을 촉진하기 위한 한낱 수단으로써 가해질 수 없다. 오직 그가 범죄를 저질렀기 때문에 그에게 가해져야만 하는 것이다. 왜냐하면 인간은 결코 타인의 의도를 위한 수단으로 취급될 수 없기 때문이다. 그 자신이나 동료 시민들을 위한 몇몇 이익을 끌어내는 것을 생각하기 이전에도 먼저 그가 형벌을 받아야 할 상태에 있지 않으면 안 된다. 그러나 공적인 정의가 원리와 표준으로 삼는 것은 어떤 종류의 형벌이고 어느 정도의 형벌인가? 그것은 한쪽으로 기울지 않는 동등성의 원리이다.

① 형벌은 최대 다수의 최대 행복을 위해 유지되어야 한다.
② 형벌로 인한 긍정적인 결과는 형벌의 수단을 정당화한다.
③ 형벌은 동해 보복의 차원에서 오직 응보적 처벌이어야 한다.
④ 형벌의 부여는 범죄자의 교화를 직접적으로 추구하는 것이다.
⑤ 형벌은 범죄의 해악 방지를 위한 본보기로써의 목적을 지닌다.

13

갑, 을 사상가의 입장에 대한 설명으로 옳은 것을 〈보기〉에서 고른 것은?

> 갑: 최대 수혜자 A는 최소 수혜자 B와 도덕적 비대칭성의 관계에 있다. 즉, A를 위한 B의 희생과 B를 위한 A의 희생은 동등한 것이 아니다. 재능, 지위와 같은 도덕적으로 임의적인 요소들의 작용으로 최대 수혜자가 된 A는 최소 수혜자인 B의 삶을 개선하기 위한 일정한 희생을 감내해야 한다.
>
> 을: 소득 재분배는 개인의 권리를 침해하는 심각한 문제이다. 근로 소득에 대한 과세는 강제 노동과 같다. N 시간 분의 소득을 세금으로 취하는 것은, 그 노동자로부터 N 시간을 빼앗는 것과 같다. 이는 마치 그 사람으로 하여금 다른 사람을 위해 N 시간 일하게 하는 것과 마찬가지이다.

─보기─

ㄱ. 갑은 정의로운 사회에서도 분배 결과는 불평등할 수 있다고 본다.
ㄴ. 을은 개인의 선천적 능력은 사회의 공동 자산이라고 본다.
ㄷ. 갑은 을과 달리 정의로운 사회 실현을 위한 국가의 역할을 인정한다.
ㄹ. 을은 갑과 달리 사회적 약자에 대한 지원은 개인의 자유에 맡겨야 한다고 본다.

① ㄱ, ㄴ 　② ㄱ, ㄹ 　③ ㄴ, ㄷ
④ ㄴ, ㄹ 　⑤ ㄷ, ㄹ

14

갑, 을의 입장으로 옳은 것은?

> 갑: 분배는 필요에 따라 노동은 능력에 따라 이루어지는 사회가 필연적으로 도래할 것이다. 그러면 노동은 더 이상 소외되지 않을 것이다.
>
> 을: 분배는 구성원들의 이익을 평등하게 고려하여 사회 전체의 이익을 최대화하도록 이루어져야 한다. 더 많은 사람이 더 많은 행복을 누리게 되는 것은 그만큼 좋은 일이다.

① 갑: 재화의 분배는 개인의 자유로운 선택에 맡겨야 한다.
② 갑: 자본주의에서의 노동은 노동자의 선택이므로 존중받고 있다.
③ 을: 유용성의 원리에 따라 공동체 전체의 이익을 추구해야 한다.
④ 을: 개인의 재능은 공동체의 이익을 증대하는 데에만 사용해야 한다.
⑤ 갑, 을: 사회적 약자의 복지 향상을 위해 모든 자산을 공유화해야 한다.

15

갑, 을이 모두 긍정의 대답을 할 질문으로 가장 적절한 것은?

> 갑: 처벌은 고통을 가한다는 면에서 해악이며, 모든 형벌은 그 자체로 악이다. 하지만 처벌은 더 큰 악을 제거하거나 사회의 이익을 증진할 수 있다면 정당화된다. 처벌의 목적은 범죄자의 의지에 영향을 미쳐 행동을 통제하고 교화하는 데 있다.
>
> 을: 처벌의 남용은 결코 인간을 개선하지 못한다. 제대로 조직된 국가에서 사형은 유용하고 정당화될 수 없다. 사형은 주권과 법의 원천이 되는 권능으로부터 나온 것은 확실히 아니다. 법은 개인의 의사를 대변하는 일반 의사를 대표한다. 자신의 생명을 빼앗을 권능을 타인에게 기꺼이 양도할 사람이 이 세상에 누가 있겠는가?

① 처벌은 범죄 억제라는 사회적 유용성 증진을 목적으로 하는가?
② 국가는 살인자에 대한 처벌 방법으로 사형을 선택해야 하는가?
③ 범죄자의 범죄 행위와 동일한 행위로 범죄자를 처벌해야 하는가?
④ 처벌은 범죄자의 인격을 목적적 존재로 대우하는 유일한 방법인가?
⑤ 범죄자에 대한 보복 이외에 다른 목적을 위해 처벌을 사용하는 것은 부당한가?

16 고난도

(가)의 갑, 을이 (나)의 A 정책에 대해 내린 평가로 적절한 것을 〈보기〉에서 바르게 고른 것은?

(가)	갑: 부유세는 정당하다. 부유세를 통해 부의 재분배를 실현하고 사회 불평등을 해소할 수 있다. 거두어들인 세금을 사회적 약자를 위해 사용한다면 사회 통합에 이바지할 것이다. 을: 부유세는 부당하다. 부유세는 정당하게 얻은 개인의 재산권을 과도하게 침해하는 것이다. 이는 세금을 두 번 부과하는 것과 같아서 부자들에 대한 또 다른 차별을 가져올 수 있다.
(나)	A 정책은 부동산 과다 보유자에 대한 과세 강화와 부동산 투기 억제, 불합리한 지방세 체계를 개편하기 위해 도입되었다. 이 제도는 일정 기준을 초과하는 토지 소유자에게 국세청이 별도로 누진 세율을 적용해 국세를 부과하는 것이다.

─보기─

ㄱ. 필요에 따른 분배를 실현하였으므로 옳다.
ㄴ. 개인의 소유권 행사를 제한하므로 옳지 않다.
ㄷ. 빈부 격차를 조정하는 재분배에 기여하므로 옳다.
ㄹ. 자본 질서를 부정하고 공산 사회를 지향하므로 옳지 않다.

	갑	을		갑	을
①	ㄱ	ㄹ	②	ㄴ	ㄱ
③	ㄷ	ㄴ	④	ㄷ	ㄹ
⑤	ㄹ	ㄱ			

08강 국가와 시민의 윤리

1단계 기출 자료 분석

자료 01

단서 ❷ 개인의 자유와 권리 강조, 국가의 개입 최소화
단서 ❶ 인권＝자유권, 참정권＝소극적 권리

갑: 인권은 개인이 국가나 타인으로부터 간섭이나 침해를 받지 않을 권리와 정치에 참여할 평등한 기회를 가질 권리로 국한되어야 한다. 국가가 사회적·경제적 평등을 실현하기 위해 개인의 자유와 권리를 침해하는 것은 부당하다.

을: 인권은 인간이 최소한의 인간다운 삶을 누리며 살 권리이다. 인권을 소극적 권리로 한정해서는 사회적 약자들의 인간다운 삶을 보장할 수 없다. 국가는 구성원 모두의 인권 보장을 위해 사회적·경제적 평등을 실현해야 한다.

단서 ❹ 국가가 적극적으로 관여할 것을 주장

자료 분석
- 갑: 인권을 소극적 권리로 보는 입장이다.
- 을: 인권을 적극적 권리로 보는 입장이다.

단서 ❸ 인권＝인간다운 삶을 위한 권리 ＝적극적 권리

단서 풀이
- 단서 ❶, ❷ 소극적 권리를 주장하는 입장에서는 인권을 국가나 타인의 간섭이나 침해를 받지 않을 자유권과 참정권에 국한한다. 또한 개인의 자유와 권리를 강조하고, 국가의 간섭과 침해를 반대한다.
- 단서 ❸, ❹ 적극적 권리를 주장하는 입장에서는 인권을 최소한의 인간다운 삶을 누리면서 살아갈 권리로 파악한다. 따라서 자유권과 참정권뿐만 아니라 사회권, 복지권 등의 권리를 포함하며, 인간다운 삶을 위해 국가가 적극적으로 관여하여 분배 정의 등을 실현할 것을 주장한다.

이것도 알아둬
인권은 보편성, 천부성, 항구성, 불가침성이라는 특징을 지닌다. 보편성이란 인권이 인종이나 성별, 종교, 사회적 신분 등에 관계없이 모든 인간이 보편적으로 누려야 한다는 것이고, 천부성은 누구나 태어날 때부터 가지고 태어나는 권리라는 의미이다. 항구성은 인권이 영구적으로 보장되는 권리라는 의미이고, 불가침성은 누구도 침범할 수 없는 권리임을 말한다.

자료 02

단서 ❶ 시민 불복종의 정당화 조건＝공유된 정의관＝롤스

거의 정의롭지만 정의에 대한 심각한 위반이 발생하기도 하는 사회에서 시민 불복종이 성립한다. 시민 불복종은 신중하고 양심적인 정치적 신념의 표현인 청원의 한 형태이므로 공개 석상에서 이루어지며, 어떤 개인적 도덕 원칙이나 종교적 교설이 아닌 공유된 정의관에 의거해야 한다. 정당한 시민 불복종이 시민 화합을 해치는 것으로 보이면, 그 책임은 불복종하는 자들이 아니라 권위와 권력을 남용한 자들에게 있는 것이다.

자료 분석
시민 불복종의 정당화 근거를 공유된 정의관에서 찾는 롤스의 주장이다.

단서 풀이
- 단서 ❶ 시민 불복종의 정당화 조건을 공유된 정의관에서 찾는 사상가는 롤스이다.

이것도 알아둬
롤스는 시민 불복종은 법에 대한 충실성의 한계 내에서 마지막 수단이 되어야 하고, 비폭력적이고 공개적이어야 하며, 성공에 대한 합당한 전망이 있어야 한다고 주장하였다. 그리고 시민 불복종은 위법 행위이므로 그로 인한 처벌도 감수해야 한다고 하였다.

자료 03

단서 ❶ 다수가 공유하는 정의관＝롤스

시민 불복종은 법이나 정부의 정책에 변혁을 가져올 목적으로 행해지는, 공공적이고 비폭력적이며 양심적이긴 하지만 법에 반하는 정치적 행위이다. 이러한 행위를 통해서 우리는 공동 사회의 다수자가 갖고 있는 정의감을 드러내고, 자유롭고 평등한 개인들 사이에서 정의의 원칙이 존중되고 있지 않음을 보여 준다.

단서 ❷ 자유롭고 평등한 개인, 정의의 원칙＝롤스

자료 분석
롤스가 주장한 시민 불복종의 정당화 조건에 대한 설명이다.

단서 풀이
- 단서 ❶ 공동 사회의 다수자가 갖고 있는 정의감에서 롤스임을 알 수 있다. 롤스는 이러한 정의감에 어긋날 경우 시민 불복종이 정당화된다고 하였다.
- 단서 ❷ 롤스는 법이나 정책이 평등한 자유의 원칙이나 기회균등의 원칙을 훼손하였을 경우 시민 불복종이 이루어질 수 있다고 하였다.

이것도 알아둬
롤스는 "정의론"에서 시민 불복종에 대해 다음과 같이 이야기하였다. "시민 불복종은 우리의 실정을 최종적으로 표현하는 것이고, 법의 바깥 경계선에 있긴 하지만 법에 대한 충실성의 한계 내에서 법에 대한 불복종을 나타내는 것이다. 법에 대한 충실성은 그 행위의 공공적이고 비폭력적인 성격과 그 행위의 법적인 결과를 받아들이겠다는 의지로 표현된다."

자료 04

갑: 다수에게 순응하기보다 그들에게 온 힘을 다해 맞설 때 소수는 거역할 수 없는 힘을 갖게 된다. 양심이 아니라 다수가 옳고 그름을 결정하는 정부는 정의에 입각한 정부라고 할 수 없다.

단서 ❶ 시민 불복종의 근거＝양심＝소로

을: 시민 불복종은 '법에 대한 충실성'의 한계 내에서 법에 대한 불복종을 표현한다. 법에 대한 충실성은 양심적이고 진지하며 다수의 정의감에 호소하는 불복종의 의도를 보여 준다.

단서 ❷ 시민 불복종의 근거＝다수의 정의감＝롤스

자료 분석
- 갑: 시민 불복종의 정당화 근거를 양심에서 찾는 소로이다.
- 을: 시민 불복종의 정당화 근거를 공유된 정의관에서 찾는 롤스이다.

단서 풀이
- 단서 ❶ 소로는 자신의 양심에 따라 정의롭지 못한 국가 권력이나 부당한 법률에 불복종해야 한다고 주장하였다.
- 단서 ❷ 롤스는 다수가 공유하고 있는 정의관에 어긋날 때 불복종할 수 있다고 주장하였다.

이것도 알아둬
소로는 "시민 불복종"에서 "우리는 모두 인간이어야 하고, 그 다음 국민이어야 한다. 법에 대한 존경심보다는 먼저 정의에 대한 존경심을 지니는 것이 바람직하다. 내가 마땅히 따라야 할 의무는 어떤 때이든 내가 옳다고 생각하는 일을 하는 것이다. 불의가 당신으로 하여금 다른 사람에게 불의를 행하는 하수인이 되라고 요구한다면 그 법을 어겨라."라고 하였다.

기출 선지 변형 O X

소요 시간	분	초	어려웠던
틀린 개수		개	문항

※ 다음 내용이 맞으면○, 틀리면 ×에 표시하시오.

01 인권을 바라보는 두 가지 입장

01 인권을 소극적 권리로 보는 입장에서는 인권이 자유권과 참정권으로 국한되어야 한다고 본다. ○, ×

02 인권을 소극적 권리로 보는 입장에서는 인권은 인간으로서 마땅히 누려야 할 권리라는 데 동의하지 않는다. ○, ×

03 인권을 적극적 권리로 보는 입장에서는 인권에 자유권과 함께 경제적·사회적·문화적 권리로서 복지권이 포함되어야 한다고 본다. ○, ×

04 인권을 소극적 권리로 보는 입장과 적극적 권리로 보는 입장 모두 인권이 사회적·경제적 평등의 실현을 통해 보장되어야 한다고 본다. ○, ×

05 국가의 개입으로 분배의 정의가 실현되기를 바라는 이들은 인권에는 자유권과 참정권뿐만 아니라 사회권과 복지권 등의 권리가 포함된다고 본다. ○, ×

02 소로와 롤스의 시민 불복종

06 롤스는 시민 불복종이 정치 체제를 변력하기 위한 폭력 행위라고 보았다. ○, ×

07 롤스는 시민 불복종은 공개적으로 주목받아야 할 위법 행위로 보았다. ○, ×

08 롤스는 시민 불복종의 목적에서 정부 정책의 개혁은 제외되어야 한다고 보았다. ○, ×

09 롤스는 시민 불복종의 의도가 동료 시민들에게 공표되어야 한다는 데 동의한다. ○, ×

10 롤스는 시민 불복종이 정의의 원칙을 위반하는 행위라고 보았다. ○, ×

11 소로는 정의로운 정부에서는 소수의 권력자가 다수의 시민을 지배한다고 보았다. ○, ×

12 롤스는 시민 불복종이 국가 체제의 합법성을 인정하는 위법 행위라고 여겼다. ○, ×

13 롤스는 모든 시민은 언제나 다수가 결정한 법을 충실히 준수해야 한다고 보았다. ○, ×

14 소로와 롤스는 시민 불복종이 신중하고 양심적인 신념의 표현이어야 한다고 주장하였다. ○, ×

15 롤스는 다수의 정의관이 시민 불복종을 정당화하는 근거라고 주장하였다. ○, ×

16 롤스는 시민 불복종의 주체는 체제의 합법성을 부정하는 시민이라고 보았다. ○, ×

17 롤스는 시민 불복종이 공동체의 정의감에 호소하는 정치 행위라고 보았다. ○, ×

18 롤스는 시민 불복종이 어떠한 합법적 방법도 효과가 없을 때 행해져야 한다고 보았다. ○, ×

19 롤스는 다수의 정의감뿐만 아니라 개인의 도덕 원칙에 따른 시민 불복종도 정당화된다고 보았다. ○, ×

기출 자료 분석

자료 05

→ 단서 ❶ 원초적 입장=롤스

갑: 법이나 정책은 <u>원초적 입장에서 합의한 정의의 원칙을 위반해</u>서는 안 된다. 시민 불복종은 제1원칙인 평등한 자유의 원칙이나 제2원칙 중 공정한 기회균등의 원칙에 대한 현저한 위반에 국한되어야 한다. → 단서 ❷ 정의의 원칙을 위반할 경우
시민 불복종 인정=롤스

을: 법에 대한 존경심보다는 먼저 정의에 대한 존경심을 길러야한다. 법에 대한 존경심 때문에 선량한 사람조차도 불의의 하수인이 될 상황이라면 그 법을 어겨라. <u>양심에 따라 그 법에 저항하라.</u> → 단서 ❹ 양심에 따라 저항=소로

┌ **자료 분석** ─── 단서 ❸ 양심에 어긋나는 모든 불의의 법에 대한 저항=소로 ←

• 갑: 법이나 정책이 원초적 입장에서 합의한 정의의 원칙을 침해할 경우 시민 불복종이 정당하다고 보는 롤스이다.

• 을: 시민 불복종의 정당화 근거를 개인의 양심에서 찾는 소로이다.

┌ **단서 풀이** ─

• 단서 ❶ 원초적 입장에서 합의한 정의의 원칙을 통해 롤스임을 알 수 있다.

• 단서 ❷ 롤스는 법이나 정책이 그가 제시한 정의의 원칙 중 평등한 자유의 원칙이나 기회균등의 원칙에 위반되는 경우 시민 불복종을 하는 것이 정당하다고 하였다.

• 단서 ❸, ❹ 소로는 자신이 옳다고 믿는 양심에 어긋나는 모든 불의한 법에 대한 불복종을 정당화하였다.

단서 ❷ 내가 옳다고 생각하는 일을 하는 것 ←
=나의 양심에 따르는 것=소로

자료 06 → 단서 ❶ 법에 대한 존경심<정의에 대한 존경심=소로

갑 : <u>법에 대한 존경심보다 먼저 정의에 대한 존경심을 기르는 것</u>이 바람직하다. <u>내가 떠맡을 권리가 있는 나의 유일한 책무는 내가 옳다고 생각하는 일을 행하는 것이다.</u> 법에 대한 존경심 때문에 선량한 사람들조차 불의의 하수인이 되고 있다.

을 : 사회의 기본 구조가 합당하게 정의로운 것인 경우, 그 부정의가 지나치지만 않으면 부정의한 법도 구속력이 있음을 인정해야 한다. <u>시민 불복종은 법에 대한 충실성의 한계 내에서 법에 불복종을 나타내는 것이어야 한다.</u>

┌ **자료 분석** ─── 단서 ❸ 법에 대한 충실성의 한계 내에서 시민 불복종을
해야 함=롤스

• 갑: 개인의 양심에 어긋나는 법에 대한 시민 불복종을 정당하다고 주장하는 소로이다.

• 을: 다수가 공유하는 정의관에 어긋나는 법이나 정책에 대한 시민 불복종이 정당하다고 주장하는 롤스이다.

┌ **단서 풀이** ─

• 단서 ❶, ❷ '정의에 대한 존경심', '내가 옳다고 생각하는 것을 행하는 것'이라는 구절을 통해 개인의 양심에 어긋나는 법에 대한 시민 불복종을 정당화하는 소로의 주장임을 알 수 있다.

• 단서 ❸ '법에 대한 충실성의 한계 내에서' 시민 불복종이 이루어져야 한다고 주장하는 구절을 통해 롤스임을 알 수 있다.

단서 ❷ 국민으로서의 의무보다 개인의 양심=소로 ←

자료 07 → 단서 ❶ 양심=소로

갑: 시민은 한 순간이라도 <u>자신의 양심을 입법자에게 맡겨야 하는가? 우리는 먼저 인간이어야 하고 그 다음에 국민이어야 한다.</u> 단 한 명의 사람이라도 부당하게 가두는 정부 밑에서 의로운 사람이 진정 있을 곳은 감옥이다. → 단서 ❸ 공유된 정의관
=롤스

을: 시민들의 부정의한 법에 대한 불복종은 공유된 정의관에 의해정당화된다. 이러한 불복종은 거의 정의로운 국가에서 <u>체제의 합법성을 인정하는 시민들에 의해서만 생긴다.</u> 특히 평등한 기본적 자유 원칙의 침해는 굴종이 아니면 반항을 부른다.

┌ **자료 분석** ─── 단서 ❹ 체제에 대한 충실성 내에서 불복종=롤스 ←

• 갑: 시민 불복종의 정당화 조건을 개인의 양심에서 찾는 소로이다.

• 을: 시민 불복종의 정당화 조건을 다수의 정의관에서 찾는 롤스이다.

┌ **단서 풀이** ─

• 단서 ❶, ❷ 소로는 법에 대한 존경심보다 인간으로서의 양심을 우선해야 한다고 하면서 개인의 양심에 어긋나는 법이나 정책에 대해 불복종을 할 수 있다고 주장하였다.

• 단서 ❸ 롤스는 시민 불복종의 정당화 근거를 다수의 시민들이 공유하는 정의관에서 찾았다.

• 단서 ❹ 롤스는 시민 불복종이 법에 대한 충실성의 한계 내에서 이루어지는 마지막 수단이 되어야 한다고 주장하였다.

┌ **이것도 알아둬** ─

롤스의 시민 불복종은 체제 자체에 대한 저항이 아니다. 그는 시민 불복종이 체제의 정당성을 인정하되 그 안에서 행해지는 법이나 정책이 정의의 원칙에 위배될 때 이루어지는 위법 행위라고 보았다. 따라서 롤스는 '체제의 합법성을 인정하는 한에서' 시민 불복종이 이루어져야 한다고 강조하였다.

자료 08 단서 ❶ 다수의 정의관에 따를 것=롤스 ←

정의의 원칙을 완전히 보장해 줄 완전한 헌법을 제정하기는 어려우며 그 절차도 찾기 어렵다. 또한 헌법에 따라 제정된 법이 정의로운 것이기를 보장해 줄 완벽한 절차도 존재하지 않는다. 이러한 한계로 인해 <u>헌법이 정의로우며 그로부터 이익을 받고 또 받을 예정이라면, 우리는 다수자가 제정한 법이 부정의하다 할지라도 그에 따라야 할 의무를 갖는다.</u> 하지만 대체로 질서 정연한 사회 안에서, <u>정의의 원칙에 어긋나는 법이 심각한 정도로 부정의할 경우, 우리는 시민 불복종을 고려하게 된다.</u>

┌ **자료 분석** ─── 단서 ❷ 정의의 원칙에 어긋나는 법에 대한 불복종=롤스

어느 정도로 정의로운 사회에서 다수가 공유하는 정의관에 어긋나는 법이나 정책에 대한 시민 불복종이 정당하다고 주장하는 롤스이다.

┌ **단서 풀이** ─

• 단서 ❶ 롤스는 사회의 기본 구조가 합당하게 정의로울 경우 사회 구성원이 공유하는 정의관에 어긋나지 않는다면 부정의한 법도 준수해야 한다고 주장하였다.

• 단서 ❷ 롤스는 원초적 입장에서 합의한 원칙 중 평등한 자유의 원칙과 공정한 기회균등의 원칙을 침해하는 법에 대해 항거하는 시민 불복종을 정당하다고 보았다.

기출 선지 변형 O X

※ 다음 내용이 맞으면 ○, 틀리면 ×에 표시하시오.

03 소로와 롤스의 시민 불복종

20 롤스는 다수결에 따른 입법은 항상 정당하다고 보았다. ○, ×

21 롤스는 국가의 존립을 위하여 법적 체계가 필요하다고 보았다. ○, ×

22 소로는 양심에 어긋나는 모든 법에 불복종해야 한다고 본다. ○, ×

23 소로는 공동체의 정의감을 불복종을 정당화하는 최종 근거로 본다. ○, ×

24 롤스와 소로는 불복종을 정의의 실현을 위한 합법적 행위로 본다. ○, ×

25 롤스는 법에 저항할 경우 평화적인 방법을 사용해야 한다고 보았다. ○, ×

26 롤스는 부당한 법에 대한 저항은 민주 시민의 기본 권리라고 여겼다. ○, ×

27 롤스는 시민 불복종이 법에 대한 충실성을 거부하는 정치 행위라고 보았다. ○, ×

28 소로와 롤스 모두 정의감에 호소하는 시민 불복종이 비폭력적일 필요는 없다고 보았다. ○, ×

29 롤스는 양심에 충실한 거부라도 정당한 시민 불복종이 아닌 경우가 있다고 보았다. ○, ×

30 소로는 법률과 양심을 시민 불복종의 정당성 판별 근거로 삼아야 한다고 보았다. ○, ×

31 롤스는 시민 불복종이 체제의 정당성에 대한 비폭력적·공개적 저항이라고 보았다. ○, ×

32 소로는 롤스와 달리 시민 불복종은 공권력에 의한 처벌을 거부하는 수단이라고 보았다. ○, ×

33 롤스는 불합리한 모든 법률과 정책을 대상으로 시민 불복종을 할 수 있다고 보았다. ○, ×

34 롤스는 국가가 불의하다면 체제 변혁을 위한 목적으로 시민 불복종이 가능하다고 보았다. ○, ×

35 롤스는 정치적 절차는 완전히 정의로운 법의 제정을 보장할 수 없다고 하였다. ○, ×

36 롤스는 시민 불복종의 대상이 되지 않는 부정의가 존재할 수 있다고 보았다. ○, ×

37 롤스는 시민 불복종이 부정의한 정치 체제에 항거하는 것이라고 보았다. ○, ×

38 롤스는 원초적 입장에서 합의한 원칙도 시민 불복종의 대상이 되는 경우가 있음을 인정하였다. ○, ×

39 롤스는 정치적 의무가 자연적 의무로부터 도출된다고 보았다. ○, ×

40 롤스는 경제적 불평등은 시민 불복종의 주요 사유가 될 수 있다고 보았다. ○, ×

41 롤스는 시민 불복종이 소수 권력자의 양심에 호소하는 것이라는 데 동의한다. ○, ×

01 교육청
다음은 어느 사상가의 주장이다. ㉠에 대한 이 사상가의 입장으로 가장 적절한 것은?

> 정의로운 사회는 자유롭고 평등한 사람들 사이에서 사회 협동체의 원칙이 존중되는 사회이다. ____㉠____ 은/는 이러한 원칙을 심각하게 위반한 법이나 정책을 변화시킬 목적으로 행해지는 것이다. 이는 법에 대한 충실성의 한계 내에서 이루어지는 공공적이고 양심적이기는 하지만 법에 반하는 정치적 행위이다.

① 불합리한 모든 법률과 정책을 대상으로 삼아야 한다.
② 불의한 국가 체제의 변혁을 목적으로 행해져야 한다.
③ 사회의 다수자가 갖는 정의관에 근거를 두어야 한다.
④ 비폭력적이고 비공개적인 방식으로 전개되어야 한다.
⑤ 개인의 종교적 신념을 추구하는 행위를 포함해야 한다.

02 교육청
그림은 서술형 평가 문제와 학생 답안이다. 학생 답안의 ㉠~㉤ 중 옳지 <u>않은</u> 것은?

서술형 평가

◉ 문제: 갑, 을의 입장을 비교하여 서술하시오.

> 갑: 법에 대한 존경심 때문에 선량한 사람이 불의의 하수인이 되어서는 안 된다. 내가 떠맡아야 할 유일한 책무는 내가 옳다고 생각하는 일을 행하는 것이다.
> 을: 시민 불복종의 근거가 개인이나 집단의 이익에 기초해서는 안 된다. 시민 불복종은 정의로운 사회에서 공유되고 있는 정의관에 의거하여 이루어지는 것이다.

◉ 학생 답안

갑은 ㉠ 법에 대한 존경심보다는 정의에 대한 존경심을 가져야 한다고 보고, 을은 ㉡ 법에 대한 충실성의 한계 내에서 법에 대한 불복종을 전개할 수 있다고 본다. 갑과 달리 을은 ㉢ 시민 불복종의 근거를 다수의 정의관에서 찾는다. 한편 갑, 을은 모두 ㉣ 시민 불복종을 정의롭지 못한 법을 의도적으로 위반하는 위법 행위라고 보며, ㉤ 양심에 어긋나는 모든 법에 대해 시민 불복종을 전개해야 한다고 본다.

① ㉠   ② ㉡   ③ ㉢   ④ ㉣   ⑤ ㉤

03 수능
다음 사상가의 입장만을 〈보기〉에서 있는 대로 고른 것은?

> 거의 정의로운 사회는 심각한 부정의가 존재할지도 모르지만 일종의 민주적 정부의 형태를 갖춘 사회이다. 이러한 사회에서 정의의 원칙들은 자유롭고 평등한 인간들 간의 자발적인 협동의 기본 조항으로서 공공적으로 인정된다. 그래서 시민 불복종에 참여함으로써 사람들이 의도하는 것은 다수의 정의감에 호소하여 자유로운 협동의 조건이 침해되었다는 것을 정당하게 알리는 것이다.

〈보기〉
ㄱ. 시민 불복종은 정당한 폭력으로 다수의 정의감에 호소하는 행위이다.
ㄴ. 시민 불복종은 사회적 협동의 기본 원리에 근거한 양심적 항거이다.
ㄷ. 시민 불복종은 도덕적으로는 옳지 못하지만 불가피한 위법 행위이다.
ㄹ. 민주적 정부의 법도 부정의하면 시민 불복종의 대상이 될 수 있다.

① ㄱ, ㄴ   ② ㄱ, ㄷ   ③ ㄴ, ㄹ
④ ㄱ, ㄷ, ㄹ   ⑤ ㄴ, ㄷ, ㄹ

04 평가원
p.076 자료 03
다음 서양 사상가가 긍정의 대답을 할 질문으로 옳은 것은?

> 시민 불복종은 법이나 정부의 정책에 변혁을 가져올 목적으로 행해지는, 공공적이고 비폭력적이며 양심적이긴 하지만 법에 반하는 정치적 행위이다. 이러한 행위를 통해서 우리는 공동 사회의 다수자가 갖고 있는 정의감을 드러내고, 자유롭고 평등한 개인들 사이에서 정의의 원칙이 존중되고 있지 않음을 보여 준다.

① 시민 불복종은 정치 체제를 변혁하기 위한 폭력 행위인가?
② 시민 불복종은 공개적으로 주목받아야 할 위법 행위인가?
③ 시민 불복종은 처벌을 피하고자 하는 정치적 행위인가?
④ 시민 불복종은 다수자의 정의감을 거부하는 행위인가?
⑤ 시민 불복종은 정의의 원칙을 위반하는 행위인가?

05 평가원
p.076 **자료 04**

갑, 을 사상가들의 입장만을 〈보기〉에서 있는 대로 고른 것은?

> 갑: 다수에게 순응하기보다 그들에게 온 힘을 다해 맞설 때 소수는 거역할 수 없는 힘을 갖게 된다. 양심이 아니라 다수가 옳고 그름을 결정하는 정부는 정의에 입각한 정부라고 할 수 없다.
>
> 을: 시민 불복종은 '법에 대한 충실성'의 한계 내에서 법에 대한 불복종을 표현한다. 법에 대한 충실성은 양심적이고 진지하며 다수의 정의감에 호소하는 불복종의 의도를 보여 준다.

보기

ㄱ. 갑: 정의로운 정부에서는 소수의 권력자가 다수의 시민을 지배한다.

ㄴ. 을: 시민 불복종은 국가 체제의 합법성을 인정하는 위법 행위이다.

ㄷ. 을: 모든 시민은 언제나 다수가 결정한 법을 충실히 준수해야 한다.

ㄹ. 갑, 을: 시민 불복종은 신중하고 양심적인 신념의 표현이어야 한다.

① ㄱ, ㄴ ② ㄱ, ㄷ ③ ㄴ, ㄹ

④ ㄱ, ㄷ, ㄹ ⑤ ㄴ, ㄷ, ㄹ

06 교육청

갑 사상가는 긍정, 을 사상가는 부정의 대답을 할 질문으로 가장 적절한 것은?

> 갑: 불의한 정부에 복종하는 것보다 불복종의 처벌을 받는 것이 모든 면에서 잃는 것이 적다. 소수가 무력한 것은 다수에게 다소곳이 순응하고 있을 때이다. 한 사람이라도 부당하게 가두는 정부 밑에서 의로운 사람이 진정 있을 곳은 감옥이다.
>
> 을: 거의 정의로운 정부의 합법성을 인정하는 시민들에게서만 시민 불복종은 생겨난다. 시민 불복종의 근거는 개인이나 집단의 이익이 아닌 다수가 공유하는 정의관에 의거해야 한다.

① 시민 불복종은 사회 정의를 실현하기 위한 위법적 행위인가?

② 시민 불복종은 공공적 행위로 폭력적 수단을 배제해야 하는가?

③ 시민 불복종의 근거는 공동체의 정의감이 아닌 개인의 양심인가?

④ 시민 불복종은 그로 인한 법적 결과까지 기꺼이 감수해야 하는가?

⑤ 시민 불복종은 모든 합법적 행위가 실패한 후에 이루어져야 하는가?

07 수능
p.076 **자료 02**

다음 서양 사상가가 부정의 대답을 할 질문으로 가장 적절한 것은?

> 거의 정의롭지만 정의에 대한 심각한 위반이 발생하기도 하는 사회에서 시민 불복종이 성립한다. 시민 불복종은 신중하고 양심적인 정치적 신념의 표현인 청원의 한 형태이므로 공개 석상에서 이루어지며, 어떤 개인적 도덕 원칙이나 종교적 교설이 아닌 공유된 정의관에 의거해야 한다. 정당한 시민 불복종이 시민 화합을 해치는 것으로 보이면, 그 책임은 불복종하는 자들이 아니라 권위와 권력을 남용한 자들에게 있는 것이다.

① 시민 불복종의 주체는 체제의 합법성을 인정하는 시민인가?

② 시민 불복종의 의도는 동료 시민들에게 공표되어야 하는가?

③ 시민 불복종은 공동체의 정의감에 호소하는 정치 행위인가?

④ 시민 불복종의 목적에서 정부 정책의 개혁은 제외되어야 하는가?

⑤ 시민 불복종은 어떠한 합법적 방법도 효과가 없을 때 행해져야 하는가?

08 수능
p.076 **자료 01**

갑, 을 중 적어도 한 사람이 부정의 대답을 할 질문만을 〈보기〉에서 있는 대로 고른 것은?

> 갑: 인권은 개인이 국가나 타인으로부터 간섭이나 침해를 받지 않을 권리와 정치에 참여할 평등한 기회를 가질 권리로 국한되어야 한다. 국가가 사회적·경제적 평등을 실현하기 위해 개인의 자유와 권리를 침해하는 것은 부당하다.
>
> 을: 인권은 인간이 최소한의 인간다운 삶을 누리며 살 권리이다. 인권을 소극적 권리로 한정해서는 사회적 약자들의 인간다운 삶을 보장할 수 없다. 국가는 구성원 모두의 인권 보장을 위해 사회적·경제적 평등을 실현해야 한다.

보기

ㄱ. 인권은 자유권과 참정권으로 국한되어야 하는가?

ㄴ. 인권은 인간으로서 마땅히 누려야 할 권리인가?

ㄷ. 인권은 자유권과 함께 복지권을 포함하는 권리인가?

ㄹ. 인권은 사회적·경제적 평등의 실현을 통해 보장되어야 하는가?

① ㄱ, ㄴ ② ㄱ, ㄹ ③ ㄴ, ㄷ

④ ㄱ, ㄷ, ㄹ ⑤ ㄴ, ㄷ, ㄹ

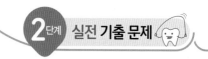

09 교육청

다음 가상 편지에서 강조하는 내용으로 가장 적절한 것은?

> ○○에게
>
> 요즘 우리 사회에 부정부패가 심각하다네. 이를 막기 위해 자신이 속한 조직에 의해 저질러진 부도덕한 행위를 외부에 공식적으로 알림으로써, 부정의를 시정하고 조직의 변화를 모색하는 내부 고발을 하는 경우가 있다네. 내부 고발은 조직에 혼란을 준다고 비난받기도 하지만, 결과적으로 개인의 양심에 입각해 사회 전체의 공익을 위한 행동을 하는 것이므로 옳다고 보네. 또한 조직의 부당한 행위가 지속될 경우 발생하게 되는 위험을 제거한다는 면에서 조직에도 도움이 된다네. …(후략)…

① 개인의 양심보다는 자신이 속한 조직의 이익을 우선해야 한다.
② 개인의 정의감에 따른 내부 고발은 사회 변화를 유도하기 어렵다.
③ 사회 정의뿐 아니라 조직의 이익을 위해서도 내부 고발은 필요하다.
④ 조직 내 부정의는 대외 신뢰도 유지를 위해 자체적으로 해결해야 한다.
⑤ 내부 고발은 구성원의 사기를 저하해 조직의 효율적 운용을 방해한다.

10 교육청

다음 서양 사상가의 입장으로 옳지 않은 것은?

> 시민 불복종은 신중하고 양심적인 정치적 신념의 표현이며, 공동체의 정의감에 호소하여 자유로운 협동이 침해되었다는 것을 정당하게 알리는 행위이다. 이를 통해 우리는 타인에게 호소함으로써 그들이 우리 입장에서 다시 생각해 보도록 할 수 있다. 이러한 호소가 갖는 힘은 사회를 평등한 개인들 간의 협동 체제로 보는 민주주의적 관점에서 비롯된다. 시민 불복종에 참여하고자 하는 성향은 거의 정의로운 사회에 안정을 가져다준다.

① 시민 불복종은 법에 대한 충실성의 한계 내에서 이루어진다.
② 시민 불복종은 양심에 어긋나는 법에 즉시 불복종하는 행위이다.
③ 시민 불복종은 부정의한 법이나 정책을 바로잡는 데 기여한다.
④ 시민 불복종은 불공정한 법에 저항할 수 있는 시민의 권리이다.
⑤ 시민 불복종 자체는 위법이므로 처벌을 감수해야 하는 행위이다.

11 평가원　　　　　　　　　　　p.078 **자료 05**

갑, 을 사상가들의 입장에 대한 설명으로 옳은 것은?

> 갑: 법이나 정책은 원초적 입장에서 합의한 정의의 원칙을 위반해서는 안 된다. 시민 불복종은 제1원칙인 평등한 자유의 원칙이나 제2원칙 중 공정한 기회균등의 원칙에 대한 현저한 위반에 국한되어야 한다.
>
> 을: 법에 대한 존경심보다는 먼저 정의에 대한 존경심을 길러야 한다. 법에 대한 존경심 때문에 선량한 사람조차도 불의의 하수인이 될 상황이라면 그 법을 어겨라. 양심에 따라 그 법에 저항하라.

① 갑은 불복종이 공개적으로 이루어질 필요가 없다고 본다.
② 갑은 불복종에 따른 처벌을 감수하는 것이 옳지 않다고 본다.
③ 을은 양심에 어긋나는 모든 법에 불복종해야 한다고 본다.
④ 을은 공동체의 정의감을 불복종 정당화의 최종 근거로 본다.
⑤ 갑, 을은 불복종을 정의의 실현을 위한 합법적 행위로 본다.

12 평가원

(가)의 입장에서 (나)의 입장에 대해 제기할 적절한 반론을 〈보기〉에서 고른 것은?

> (가) 내부 고발은 조직의 도덕적 혹은 법률적 과오를 막으려는 구성원의 행동으로, 과오에 대한 조직의 자체적 개선이 좌절될 경우 발생한다. 이 경우 내부 고발은 조직에 끼치는 당장의 피해를 감수하더라도 장기적으로 조직의 이익을 위해 불가피하게 선택해야 하는 것이다.
>
> (나) 내부 고발은 조직에 대한 의무 위반으로, 조직의 운영과 결속에 악영향을 미친다. 내부 고발자는 내부 고발로 인해 발생하는 해악을 깨닫지 못하고 있다. 조직의 이익을 위한다면 조직의 문제는 반드시 내부에서 자체적으로 해결해야 한다.

┌ 보기 ┐

ㄱ. 구성원은 조직의 이익을 보호할 책무가 있음을 간과하고 있다.
ㄴ. 내부 고발은 궁극적으로 조직의 이익에 부합함을 간과하고 있다.
ㄷ. 내부 고발만이 조직의 비리를 해결하는 수단임을 간과하고 있다.
ㄹ. 고발자가 내부 고발의 단기적 피해를 감안하고 있음을 간과하고 있다.

① ㄱ, ㄴ　② ㄱ, ㄷ　③ ㄴ, ㄷ　④ ㄴ, ㄹ　⑤ ㄷ, ㄹ

13 평가원
p.078 **자료 08**

다음 사상가의 입장만을 〈보기〉에서 있는 대로 고른 것은?

정의의 원칙을 완전히 보장해 줄 완전한 헌법을 제정하기는 어려우며 그 절차도 찾기 어렵다. 또한 헌법에 따라 제정된 법이 정의로운 것이기를 보장해 줄 완벽한 절차도 존재하지 않는다. 이러한 한계로 인해 헌법이 정의로우며 그로부터 이익을 받고 또 받을 예정이라면, 우리는 다수자가 제정한 법이 부정의하다 할지라도 그에 따라야 할 의무를 갖는다. 하지만 대체로 질서 정연한 사회 안에서, 정의의 원칙에 어긋나는 법이 심각한 정도로 부정의할 경우, 우리는 시민 불복종을 고려하게 된다.

┌─ 보기 ─
ㄱ. 정치적 절차는 완전히 정의로운 법의 제정을 보장할 수 없다.
ㄴ. 시민 불복종의 대상이 되지 않는 부정의가 존재할 수 있다.
ㄷ. 시민 불복종은 부정의한 정치 체제에 항거하는 것이다.
ㄹ. 원초적 입장에서 합의한 원칙도 시민 불복종의 대상이다.
└─

① ㄱ, ㄴ　　　② ㄱ, ㄷ　　　③ ㄷ, ㄹ
④ ㄱ, ㄴ, ㄹ　　⑤ ㄴ, ㄷ, ㄹ

14 평가원

다음 신문 칼럼의 입장에서 볼 때, ㉠에 대한 설명으로 적절하지 않은 것은?

┌──────────────────────┐
│ ○○ 신문　　　　　○○○○년 ○월 ○일 │
│ ┌─────── 칼 럼 ───────┐ │
│ 고위 공직자들은 법률 제도와 별도로 권한에 상응하는 책무 의식을 │
│ 스스로 내면화해야 한다. 귀족의 책무를 뜻하는 [㉠]은/는 서 │
│ 양의 전통에서 유래하였지만 고위 공직을 담당한 지도자에게 여전히 │
│ 요청되는 덕목이다. 이 덕목은 더 강한 책임 의식, 더 높은 도덕성, │
│ 더 많은 희생을 요구한다. 이 덕목의 실현으로 사회 구성원 상호간의 │
│ 신뢰와 연대는 강화되고 준법과 참여가 원활해진다. 나아가 국가가 │
│ 내우외환에 봉착할 경우 구성원 모두 위기 극복을 위한 공동의 노력 │
│ 에 기꺼이 나서게 된다. … (후략) … │
└──────────────────────┘

① 공직자의 권한 남용과 부패 방지를 위한 법적 규제를 의미한다.
② 시민들의 자율적 질서 유지와 사회 계층 간 화합에 기여한다.
③ 정치권력의 사익 추구를 방지하여 국가 전반의 청렴성을 고양한다.
④ 전통 사회와 현대 사회 모두에 공통으로 강조되어야 하는 덕목이다.
⑤ 국가가 위기를 맞을 경우 일반 시민들의 솔선과 협력을 유도한다.

15 수능
p.078 **자료 07**

갑, 을 사상가들의 입장만을 〈보기〉에서 있는 대로 고른 것은?

갑: 시민은 한 순간이라도 자신의 양심을 입법자에게 맡겨야 하는가? 우리는 먼저 인간이어야 하고 그다음에 국민이어야 한다. 단 한 명의 사람이라도 부당하게 가두는 정부 밑에서 의로운 사람이 진정 있을 곳은 감옥이다.
을: 시민들의 부정의한 법에 대한 불복종은 공유된 정의관에 의해 정당화된다. 이러한 불복종은 거의 정의로운 국가에서 체제의 합법성을 인정하는 시민들에 의해서만 생긴다. 특히 평등한 기본적 자유 원칙의 침해는 굴종이 아니면 반항을 부른다.

┌─ 보기 ─
ㄱ. 갑: 개인은 법에 우선하여 양심과 정의에 따라 행동해야 한다.
ㄴ. 을: 시민 불복종은 법에 대한 충실성을 거부하는 정치 행위이다.
ㄷ. 을: 시민 불복종의 대상은 일부의 부정의한 법이나 정책들에 한정된다.
ㄹ. 갑, 을: 정의감에 호소하는 시민 불복종이 비폭력적일 필요는 없다.
└─

① ㄱ, ㄷ　　　② ㄱ, ㄹ　　　③ ㄴ, ㄹ
④ ㄱ, ㄴ, ㄷ　　⑤ ㄴ, ㄷ, ㄹ

16 평가원
p.078 **자료 06**

갑, 을 사상가들의 입장으로 가장 적절한 것은?

갑: 법에 대한 존경심보다 먼저 정의에 대한 존경심을 기르는 것이 바람직하다. 내가 떠맡을 권리가 있는 나의 유일한 책무는 내가 옳다고 생각하는 일을 행하는 것이다. 법에 대한 존경심 때문에 선량한 사람들조차 불의의 하수인이 되고 있다.
을: 사회의 기본 구조가 합당하게 정의로운 것인 경우, 그 부정의가 지나치지만 않으면 부정의한 법도 구속력이 있음을 인정해야 한다. 시민 불복종은 법에 대한 충실성의 한계 내에서 법에 대한 불복종을 나타내는 것이어야 한다.

① 갑: 시민 불복종은 다수 국민이 공유한 정의관에 근거해야 한다.
② 갑: 법률과 양심을 시민 불복종의 정당성 판별 근거로 삼아야 한다.
③ 을: 양심에 충실한 거부라도 정당한 시민 불복종이 아닌 경우가 있다.
④ 을: 시민 불복종은 체제의 정당성에 대한 비폭력적·공개적 저항이다.
⑤ 갑, 을: 시민 불복종은 공권력에 의한 처벌을 거부하는 수단이다.

01 고난도

(가)의 갑, 을 사상가들의 입장을 (나) 그림으로 탐구할 때, A~C에 들어갈 옳은 질문만을 〈보기〉에서 있는 대로 고른 것은?

(가)	갑: 우리는 먼저 인간이어야 하고, 그다음에 국민이어야 한다. 법에 대한 존경심보다는 먼저 정의에 대한 존경심을 기르는 것이 바람직하다. 내가 마땅히 따라야 할 유일한 의무는 어떤 때이건 내가 옳다고 생각하는 일을 행하는 것이다. 을: 시민 불복종은 공동체의 정의감에 호소하는 정치적 행위이다. 이는 정의의 제1원칙인 평등한 자유의 원칙에 대한 심한 위반이나 제2원칙의 두 번째 부분인 공정한 기회균등의 원칙에 대한 현저한 위배에 국한해야 한다.

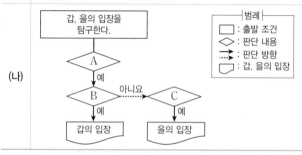

(나)

범례
□ 출발 조건
◇ 판단 내용
┈▶ 판단 방향
▱ 갑, 을의 입장

┌───────────────┐
│ 갑, 을의 입장을 │
│ 탐구한다. │
└───────────────┘

A ─예→ B ┈아니요┈▶ C

B ─예→ 갑의 입장
C ─예→ 을의 입장

─보기─
ㄱ. A: 시민 불복종은 정의롭지 않은 법에 대한 의도적 위반인가?
ㄴ. B: 시민 불복종은 정의의 원칙을 위반하는 행위인가?
ㄷ. B: 양심에 어긋나는 모든 법에 대해 불복종해야 하는가?
ㄹ. C: 시민 불복종은 다수의 정의감에 근거하여 공개적으로 이루어져야 하는가?

① ㄱ, ㄴ ② ㄱ, ㄹ ③ ㄴ, ㄷ
④ ㄱ, ㄷ, ㄹ ⑤ ㄴ, ㄷ, ㄹ

02

다음 사상가의 주장으로 옳은 것은?

> 내가 여기서 도망치려 한다면 사람들은 나라의 법률과 나라 전체를 파괴하려는 것이라고 말하겠지. 한 번 내려진 판결을 따르지 않는다면 나라의 질서는 유지될 수 없을 것이라고 말이야. 또한 평생 동안 각종 혜택을 받으며 이 나라에서 살았던 것은 나라의 법 아래에서 살기로 약속했기 때문인데, 자신이 불리하다는 이유로 그 약속을 어기는 것은 옳지 않다고 사람들이 말하지 않겠는가?

① 인간이라면 누구나 법을 준수하겠다는 약속을 지켜야 한다.
② 자신의 유불리를 따져 준법이나 위법 여부를 결정해야 한다.
③ 법원의 판결을 따르는 것과 국가에 복종하는 것은 별개이다.
④ 국가가 주는 경제적 혜택을 못 받은 사람은 준법의 의무가 없다.
⑤ 국가의 번영을 위해 개인은 무제한으로 희생하고 복종해야 한다.

03

그림은 형성 평가이다. 학생의 답이 옳게 표시된 것만을 ㉠~㉣ 중에서 있는 대로 고른 것은?

━━━━━━ 형성 평가 ━━━━━━

3학년 □반 ○○○

● 다음 사상가의 견해에 비추어 권위의 정당화 근거를 추론한 것으로 옳으면 '예', 틀리면 '아니요'에 √표를 하시오.

백성은 일정한 생업이 없으면 일정한 마음이 없게 된다. 일정한 마음이 없게 되면 성급하게 변하여 지나친 행동을 하지 않을 사람이 없다. 죄를 짓게 한 뒤에 쫓아가서 형벌을 가한다면 이것은 백성을 그물로 쳐서 잡는 것과 같다. 훌륭한 임금은 이렇게 해서는 안 된다. 훌륭한 임금은 백성의 생업을 정함에 있어 반드시 위로는 부모를 섬길 수 있게 하고, 아래로는 처자식을 부양할 수 있게 해야 한다. 그러한 뒤에 백성을 인도하여 선(善)에 이르도록 한다면 백성은 이를 따를 것이다.

○ 주장1: 타고난 덕성이 올바른 정치의 기반이다.
　　　　　　　예 ☑ 아니요 □ ·········· ㉠

○ 주장2: 통치자는 백성들의 생계 보장을 위해 힘써야 한다.
　　　　　　　예 □ 아니요 ☑ ·········· ㉡

○ 주장3: 인간의 이기적인 본성을 왕이 교화를 통해 변화시켜야 한다.
　　　　　　　예 □ 아니요 ☑ ·········· ㉢

○ 주장4: 왕이 도덕적으로 본보기를 보여 백성들이 신뢰할 수 있어야 한다.
　　　　　　　예 ☑ 아니요 □ ·········· ㉣

① ㉠, ㉡ ② ㉡, ㉣ ③ ㉢, ㉣
④ ㉠, ㉡, ㉢ ⑤ ㉠, ㉢, ㉣

04

갑, 을의 입장에 대한 설명으로 옳지 않은 것은?

> 갑: 큰 도가 행해지고 천하가 모두의 것이었다. 현명하고 유능한 사람을 뽑아 나라를 다스리게 하며 사람들은 자기 부모만 부모로 여기지 않으며, 자기 자식만 자식으로 여기지 않는다. ……
> 을: 공통의 권력은 외적의 침입과 상호 간의 권리 침해를 방지하고 또한 스스로 노동과 대지의 열매로 일용할 양식을 마련하여 쾌적한 생활을 보낼 수 있도록 하기 위해서이다. 이 권력을 확립하는 유일한 길은 …… 그들이 지닌 모든 권력과 힘을 한 사람 또는 하나의 합의체에 양도하는 것이다.

① 갑은 통치자가 백성의 입장을 헤아려야 한다고 본다.
② 갑은 통치자가 인을 행하고 재화를 공평히 나눠야 한다고 본다.
③ 을은 통치자가 개인의 생명과 재산을 보호해야 한다고 본다.
④ 을은 통치자가 인간의 자기 보존 욕구를 충족시켜 자연 상태로 돌아가야 한다고 본다.
⑤ 갑, 을은 통치자가 피지배 계층의 기본적인 생존을 보호하는 역할을 수행해야 한다고 본다.

05

갑, 을의 입장에 대한 설명만을 〈보기〉에서 있는 대로 고른 것은?

> 갑: 국가는 시민의 자발적 동의와 계약에 의해 구성되었어. 계약을 준수해야 한다는 의무에 따라 국가는 시민의 기본권을 보호하고 시민은 국가의 권위에 복종하는 정치적 의무를 수행해야 해.
>
> 을: 국가에 대한 의무는 인간이라면 마땅히 해야 하는 자연적 의무에 속해. 국가는 시민의 권리를 보호하고 행복을 증진하며 정의를 실현하는 데 기여하기 때문에 시민이 국가에 복종하는 것은 자연적 의무야.

─ 보기 ─

ㄱ. 갑은 시민이 국가의 권위에 동의한다는 전제하에서 국가가 명령을 내린다고 본다.

ㄴ. 을은 국가의 법이 정의로울 경우에만 국가에 대한 복종이 정당화된다고 본다.

ㄷ. 갑은 을과 달리 국가는 인간의 정치적 본성에 따라 자연스럽게 국가가 형성된다고 본다.

ㄹ. 을은 갑과 달리 국가에 대한 정치적 의무는 정의와 공동선을 실현하기 위한 자연적 의무라고 본다.

① ㄱ, ㄴ ② ㄱ, ㄹ ③ ㄷ, ㄹ

④ ㄱ, ㄴ, ㄹ ⑤ ㄴ, ㄷ, ㄹ

06

㉠에 들어갈 말로 적절한 것만을 〈보기〉에서 있는 대로 고른 것은?

> 현대 사회에서는 모든 시민들이 정책 결정 과정에 직접 참여하기에는 너무 거대하고 복잡하다. 그래서 선거를 통해 뽑힌 대표들이 정치 활동 과정에서 시민들을 대변하도록 민주 절차가 마련되어 있다. 그러나 시민들이 대표 선출을 위해 단순히 투표에만 참여하는 것으로는 민주주의의 질을 높이는 것은 불가능하다. 시민들이 정치 참여를 확대하고 스스로 영향력을 행사함으로써 _____㉠_____

─ 보기 ─

ㄱ. 국가의 권력 남용을 견제하여 독재와 부패를 예방할 수 있다.

ㄴ. 개인의 다양한 선호를 결집하여 공공 정책에 반영할 수 있다.

ㄷ. 주권 재민을 통해 각 사회 구성원들이 올바른 주인 의식을 가질 수 있다.

ㄹ. 수직적으로 정치적 서열을 확립하여 효율적인 국가 발전을 도모할 수 있다.

① ㄱ, ㄴ ② ㄱ, ㄹ ③ ㄷ, ㄹ

④ ㄱ, ㄴ, ㄷ ⑤ ㄴ, ㄷ, ㄹ

07 고난도

(가) 사상가에 비해 (나) 사상가의 주장이 갖는 상대적 특징을 그림의 ㉠~㉤ 중에서 고른 것은?

> (가) 국가는 자연적으로 존재하는 공동체들의 완성이다. 자신의 본성상 국가의 구성원이 될 수 없거나 이미 자족해서 그럴 필요가 없는 존재는 보잘것없는 존재이거나 인간 이상의 존재이다. 인간만이 서로 도와줄 필요가 없는 경우에도 국가를 이루길 원한다.
>
> (나) 국가에 대한 복종의 의무는 우리가 오직 국가로부터 얻는 이득에서 유래한다. 이 이득 때문에 우리는 자신이 국가에 저항하는 경우에도 반감을 느끼며 다른 사람이 국가에 대해 저항하는 경우에도 불쾌감을 느낀다.

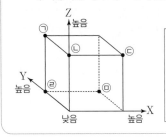

- X: 국가에 대한 복종의 의무를 결과와 무관하게 강조하는 정도
- Y: 국가를 통해서만 개인의 궁극적 목적이 실현된다고 보는 정도
- Z: 국가로부터 얻는 혜택에 따라 국가의 권위에 대한 복종의 정도가 달라진다고 보는 정도

① ㉠ ② ㉡ ③ ㉢ ④ ㉣ ⑤ ㉤

08

다음 사상가가 부정의 대답을 할 질문으로 가장 적절한 것은?

> 모든 사람은 본래 자유로우며, 그 자신의 동의를 제외한 그 어떤 것도 그를 지상의 권력에 복종시킬 수 없다. 사회에 들어가겠다는 사람들의 명시적 동의가 그들을 그 사회의 완전한 구성원으로 만든다. 사람들은 사회에 들어갈 때 그들이 자연 상태에서 가졌던 평등, 자유 및 집행권을 사회의 선이 요구하는 바에 따라 입법부가 처리할 수 있도록 사회의 수중에 양도한다. 그러나 그것은 모든 사람이 그 자신, 그의 자유 및 그의 재산을 더욱 잘 보존하려는 의도에서 행하는 것이다.

① 국가는 개인의 자유와 권리를 보호하기 위한 수단적 의미를 지니는가?

② 시민의 정치적 의무는 국가의 구성원이 되겠다는 계약에 바탕하고 있는가?

③ 입법부가 자신의 역할을 제대로 수행하지 못하면 인민의 저항을 받을 수 있는가?

④ 국가에 대한 충성과 복종은 인간이라면 마땅히 따라야 할 자연적인 의무에 해당하는가?

⑤ 실질적인 동의 절차를 거치지 않은 묵시적 동의도 명시적 동의와 동등한 효력을 지니는가?

09강 과학 기술과 윤리

1단계 기출 자료 분석

자료 01

→ 단서 ❶ 요나스의 책임 윤리 ←

인간은 행위하는 존재이므로 윤리는 반드시 있어야 한다. 행위는 인과적 파급 효과를 산출하기 때문에 행위의 힘이 커질수록 윤리적 책임은 더욱 강조되어야 한다. 따라서 과학 기술로 인해 인간이 갖게 되는 새로운 행위 능력을 규제할 새로운 윤리가 요청되는 것이다. 이러한 새로운 윤리 없이는 기술 능력을 실현시키고자 하는 압력으로 인해 심각한 윤리적 문제가 발생하게 될 것이다.

→ 단서 ❷ 윤리적 공백

자료 분석

책임 윤리를 주장하는 요나스의 주장이다.

단서 풀이

• 단서 ❶ 요나스는 기존의 윤리가 과학 기술의 발달로 발생하는 문제를 해결하지 못한다고 보고 새로운 윤리인 책임 윤리가 요청된다고 하였다.

• 단서 ❷ 요나스는 과학 기술의 발달과 이를 따라가지 못하는 윤리와의 간극을 '윤리적 공백'이라고 하였다.

이것도 알아둬

요나스는 과학 기술의 발달과 그것을 따라가지 못하는 윤리와의 간극을 해결하기 위해 책임 윤리를 주장하였다. 그는 예견 가능한 모든 결과에 대한 책임과 미래를 위한 책임을 강조하였으며, 최악에 대한 공포, 즉 나쁜 결과를 예견하여 이를 반성할 때 책임의 동기를 가질 수 있다고 하였다. 나아가 '인류 존속'이라는 당위로부터 "네 행위의 결과가 인간의 진정한 삶과 영원히 조화를 이룰 수 있도록 그렇게 행위하라."라는 책임의 명법을 제시하였다.

자료 02

과학 기술은 객관적 지식, 즉 객관적인 방법으로 발견한 자연 현상에 대한 체계적인 지식과 그 지식을 활용하여 무엇인가를 만들어 내는 과정입니다. 따라서 과학 기술에는 주관적 가치가 개입되어서는 안 됩니다. → 단서 ❶ 과학의 가치 중립성 옹호

자료 분석

과학 기술은 가치 중립성을 가져야 한다고 주장하는 입장이다.

단서 풀이

• 단서 ❶ 과학 기술이 객관적 지식을 활용하여 무엇인가를 만들어 내는 과정이므로 가치 중립성을 지녀야 한다고 주장한다.

이것도 알아둬

과학 기술을 가치 중립적인 것으로 보는 입장은 과학 기술 그 자체가 좋은 것도 나쁜 것도 아니라고 주장한다. 즉, 과학 기술은 객관적 관찰과 실험을 통해 지식을 얻기 때문에 주관적 가치가 개입될 수 없으며, 과학 기술의 가치는 그것을 사용하는 사람이 좋게 사용하느냐 나쁘게 사용하느냐에 따라 결정된다고 본다.

자료 03

→ 단서 ❶ 과학 기술의 가치 중립성 부정

(가) 과학 기술을 가치 중립적인 것으로 간주해서는 안 된다. 과학 기술 연구 및 그 결과 활용에 대한 과학자의 공적인 책임 의식과 외부 규제가 없다면, 인류는 과학 기술에 종속당하여 제어할 수도 없고 돌이킬 수도 없는 불행한 미래에 봉착하게 된다.

(나) 과학 기술 자체에 선악의 잣대를 적용할 수 없으며, 연구 성과의 활용과 초래되는 결과에 대해 과학자에게 어떠한 책임도 물어서는 안 된다. 외부 간섭에서 벗어나 연구에만 전념할 때 과학 기술은 발전 가능하며, 그 결과 인류는 지속적으로 번영하게 된다. → 단서 ❷ 과학 기술의 가치 중립성 긍정

자료 분석

• (가): 과학 기술의 가치 중립성을 부정하는 입장이다.

• (나): 과학 기술의 가치 중립성을 긍정하는 입장이다.

단서 풀이

• 단서 ❶ 과학 기술의 가치 중립성을 부정하는 입장에서는 과학 기술의 발견 및 활용 단계에서 가치의 개입이 불가피하기 때문에 과학 기술에 대한 윤리적 성찰이 필요하다고 주장한다.

• 단서 ❷ 과학 기술의 가치 중립성을 긍정하는 입장에서는 과학은 참 또는 거짓이라는 인식론적 대상일 뿐이며, 객관성과 확실성을 중요시하는 성격을 지닌 학문이기 때문에 가치 평가의 대상이 아니라고 주장한다.

이것도 알아둬

과학 기술의 가치 중립성을 부정하는 사상가로 하이데거를 들 수 있다. 그는 "과학 기술을 가치 중립적인 것으로 고찰할 때, 우리는 무방비 상태로 과학 기술에 내맡겨진다."라고 하였다. 과학 기술의 가치 중립성을 인정하는 사상가로는 야스퍼스를 들 수 있다. 그는 "기술은 그 자체로 선하지도 악하지도 않은 수단이다."라고 하였다.

자료 04

단서 ❶ 과학자의 사회적 책임 부정 ←

과학자는 연구와 실험의 결과가 인류의 운명에 긍정적 영향을 미칠지, 부정적 영향을 미칠지를 객관적으로 예측할 수 없다. 과학적 발견을 어떻게 활용할지 여부를 결정하는 것은 과학자의 몫이 아니다. 그것은 가치 판단의 문제로 과학의 영역이 아니다. 과학자는 입증된 방법으로 연구와 실험을 진행할 뿐이며, 오로지 진리 탐구를 목적으로 자신의 연구에 책임을 다할 뿐이다.

→ 단서 ❷ 가치 판단 ≠ 과학의 영역 = 객관성, 타당성

자료 분석

과학자는 자신의 연구가 미칠 사회적 영향에 대해 책임이 없다고 보는 입장이다.

단서 풀이

• 단서 ❶ 과학자의 연구 결과를 활용하는 것은 그것을 활용하는 사람의 책임이라는 입장이다. 따라서 과학자는 자신의 연구 결과가 미칠 사회적 영향력을 고려할 필요가 없다고 본다.

• 단서 ❷ 과학은 진리 탐구를 목적으로 하고 입증된 방법을 활용하여 연구와 실험을 진행하므로 과학의 영역에는 가치 판단이 개입되어서는 안 되며 과학의 연구 결과는 객관적이고 가치 중립적이라는 주장이다.

기출 선지 변형 O X

| 소요 시간 | 분 초 | 어려웠던 문항 |
| 틀린 개수 | 개 | |

※ 다음 내용이 맞으면 ○, 틀리면 ×에 표시하시오.

01 요나스의 책임 윤리

01 요나스는 기술의 발달은 인간을 윤리적 책임에서 면제시켜 줄 수 있다고 보았다. ○, ×

02 요나스는 새로운 윤리는 행위의 결과가 아니라 동기를 고려해야 한다고 주장하였다. ○, ×

03 요나스는 기술 발전으로 생기는 문제를 기존의 윤리로 해결할 수 있다고 보았다. ○, ×

04 요나스는 새로운 윤리는 기술에 대하여 가치 중립적 태도를 지녀야 한다고 주장하였다. ○, ×

05 요나스는 기술에 대한 윤리적 성찰이 결여될 때 윤리적 공백은 사라진다고 보았다. ○, ×

02 과학 기술의 가치 중립성

06 과학 기술의 가치 중립성을 주장하는 입장에서는 모든 지식은 활용의 맥락에서 주관적 도덕 판단을 요구한다고 본다. ○, ×

07 과학 기술의 가치 중립성을 주장하는 입장에서는 과학적 사실과 주관적 가치는 별개의 독립된 영역에 속한다고 주장한다. ○, ×

08 과학 기술의 가치 중립성을 주장하는 입장에서는 모든 지식은 객관적 진위를 판별할 수 있는 인식론적 대상이라고 본다. ○, ×

09 과학 기술의 가치 중립성을 주장하는 입장에서는 객관적 지식의 활용은 그 목적 설정을 위해 가치 판단을 해야 한다고 본다. ○, ×

10 과학 기술이 가치 중립적이지 않다고 보는 입장에서는 과학 기술 연구 및 그 결과 활용에 대한 과학자의 공적인 책임 의식과 외부 규제가 없다면 인류는 과학 기술에 종속당할 수 있다고 본다. ○, ×

11 과학 기술이 가치 중립적이라고 보는 입장에서는 과학 기술 자체에 대한 윤리적 판단을 배제해야 한다고 강조한다. ○, ×

12 과학 기술 연구 결과의 활용에 대해 과학자의 사회적 책임을 강조하는 입장에서는 과학 기술의 가치 중립성을 부정한다. ○, ×

13 외부 간섭에서 벗어나 연구에만 전념할 때 과학 기술은 발전 가능하며, 그 결과 인류는 지속적으로 번영하게 된다는 주장은 과학 기술이 가치 중립적이라고 보는 입장에서 할 수 있다. ○, ×

14 과학 기술의 가치 중립성을 부정하는 입장에서는 "과학자는 연구의 외적 책임으로부터 자유로워야 하는가?"라는 질문에 부정의 대답을 한다. ○, ×

15 과학 기술의 가치 중립성을 주장하는 입장에서는 과학자는 이론의 타당성을 객관적으로 검증해야 한다고 본다. ○, ×

16 과학 기술이 가치 중립적이지 않다고 보는 이들은 과학자는 연구 주제의 사회적 파급 효과를 고려해야 한다고 본다. ○, ×

IV

01 평가원
p.086 자료 01

다음 서양 사상가의 입장으로 옳은 것은?

> 인간은 행위하는 존재이므로 윤리는 반드시 있어야 한다. 행위는 인과적 파급 효과를 산출하기 때문에 행위의 힘이 커질수록 윤리적 책임은 더욱 강조되어야 한다. 따라서 과학 기술로 인해 인간이 갖게 되는 새로운 행위 능력을 규제할 새로운 윤리가 요청되는 것이다. 이러한 새로운 윤리 없이는 기술 능력을 실현시키고자 하는 압력으로 인해 심각한 윤리적 문제가 발생하게 될 것이다.

① 기술의 발달은 인간을 윤리적 책임에서 면제시켜 준다.
② 새로운 윤리는 행위의 결과가 아니라 동기를 고려해야 한다.
③ 기술 발전으로 생기는 문제를 기존의 윤리로 해결해야 한다.
④ 새로운 윤리는 기술에 대하여 가치 중립적 태도를 지녀야 한다.
⑤ 기술에 대한 윤리적 성찰이 결여될 때 윤리적 공백이 발생한다.

02 평가원

다음 토론의 핵심 쟁점으로 가장 적절한 것은?

> 갑: 현대 기술 사회에서 기술은 대다수 시민들에게 막대한 영향력을 행사하고 있습니다. 따라서 기술 정책 결정과 관련하여 시민들에게 기술 시민권을 보장해야 합니다.
>
> 을: 동의합니다. 다만 시민들이 기술 정책 결정 과정에 직접 참여하는 것은 많은 비용이 발생하므로 기술 시민권은 기술 정보에 대한 접근권으로 한정되어야 합니다.
>
> 갑: 아닙니다. 그러한 접근권만으로는 기술 정책의 정당성을 확보할 수 없습니다. 많은 비용이 발생하더라도 기술 정책 결정 과정에 시민들이 직접 참여할 권리를 보장해야 합니다.
>
> 을: 그렇지 않습니다. 기술 정책 결정은 고도의 전문성을 요구합니다. 따라서 전문가의 참여만으로도 기술 정책의 정당성은 충분히 확보될 수 있습니다.

① 기술 사회에서는 기술 시민권이 보장되어야 하는가?
② 기술 사회에서 기술은 막대한 사회적 영향력을 행사하는가?
③ 기술 정책 결정에 시민이 참여하면 많은 비용이 발생하는가?
④ 기술 정책은 적절한 의사 결정 과정을 통해 수립되어야 하는가?
⑤ 기술 정책의 정당성은 전문가의 참여만으로 충분히 확보되는가?

03 수능

다음 토론의 핵심 쟁점으로 가장 적절한 것은?

> 갑: 과학은 가치 중립적이지 않습니다. 과학자는 연구 주제를 설정할 때 주관적 가치를 개입시키게 됩니다. 또한 연구 과정에서 과학자는 연구 윤리를 준수해야 합니다.
>
> 을: 동의합니다. 또한 과학자는 연구 과정에서의 내적 책임뿐만 아니라 자신의 연구 결과가 미칠 사회적 영향을 인식하여 연구 및 개발과 그 활용에 관한 사회적 책임까지 다해야 합니다.
>
> 갑: 아닙니다. 과학자에게 그러한 책임까지 돌리면 과학의 발전이 지체됩니다. 연구 결과가 활용되어 사회에 부정적 결과를 초래해도 그것은 연구 결과를 활용한 사람들의 책임일 뿐입니다.
>
> 을: 과학의 발전이 지체될 수 있지만 과학자에게 사회적 책임을 부과하는 것은 정당합니다. 과학의 발전에서 더 중요한 것은 시간적 속도가 아니라 윤리적 방향입니다.

① 과학자는 연구 과정에서 연구 윤리를 준수해야 하는가?
② 과학자는 연구 주제를 설정할 때 가치 중립적 태도를 취하는가?
③ 과학자는 과학 연구에 대한 모든 책임에서 면제되어야 하는가?
④ 과학자에게 내적 책임과 더불어 사회적 책임도 부과해야 하는가?
⑤ 과학자에게 사회적 책임을 부과하면 과학 발전이 지체될 수 있는가?

04 평가원
p.086 자료 02

(가)의 주장을 (나) 그림으로 나타낼 때, ㉠에 대한 반론의 근거로 가장 적절한 것은?

(가)	과학 기술은 객관적 지식, 즉 객관적인 방법으로 발견한 자연 현상에 대한 체계적인 지식과 그 지식을 활용하여 무엇인가를 만들어 내는 과정입니다. 따라서 과학 기술에는 주관적 가치가 개입되어서는 안 됩니다.

전제 1 과학 기술은 객관적인 지식과 그 활용 과정이다.
전제 2 _____ ㉠

(나)

결론 과학 기술에는 주관적 가치가 개입되어서는 안 된다.

① 과학 기술은 객관적인 기준에 의해서만 평가되어야 한다.
② 모든 지식은 활용의 맥락에서 주관적 도덕 판단을 요구한다.
③ 과학적 사실과 주관적 가치는 별개의 독립된 영역에 속한다.
④ 모든 지식은 객관적 진위를 판별할 수 있는 인식론적 대상이다.
⑤ 객관적 지식의 활용은 그 목적 설정을 위해 가치 판단을 배제해야 한다.

05 평가원 　　　　　　　　　　　　 p.086 자료 04

다음 글의 입장에서 긍정의 대답을 할 질문을 〈보기〉에서 고른 것은?

> 과학자는 연구와 실험의 결과가 인류의 운명에 긍정적 영향을 미칠지, 부정적 영향을 미칠지를 객관적으로 예측할 수 없다. 과학적 발견을 어떻게 활용할지 여부를 결정하는 것은 과학자의 몫이 아니다. 그것은 가치 판단의 문제로 과학의 영역이 아니다. 과학자는 입증된 방법으로 연구와 실험을 진행할 뿐이며, 오로지 진리 탐구를 목적으로 자신의 연구에 책임을 다할 뿐이다.

〈보기〉

ㄱ. 과학자는 연구 결과의 모든 활용에 대해 책임져야 하는가?
ㄴ. 과학자는 연구의 외적 책임으로부터 자유로워야 하는가?
ㄷ. 과학자는 이론의 타당성을 객관적으로 검증해야 하는가?
ㄹ. 과학자는 연구 주제의 사회적 파급 효과를 고려해야 하는가?

① ㄱ, ㄴ　　　② ㄱ, ㄷ　　　③ ㄴ, ㄷ
④ ㄴ, ㄹ　　　⑤ ㄷ, ㄹ

06 수능 　　　　　　　　　　　　 p.086 자료 03

(가)의 입장에 비해 (나)의 입장이 갖는 상대적 특징을 그림의 ㉠~㉤ 중에서 고른 것은?

> (가) 과학 기술을 가치 중립적인 것으로 간주해서는 안 된다. 과학 기술 연구 및 그 결과 활용에 대한 과학자의 공적인 책임 의식과 외부 규제가 없다면, 인류는 과학 기술에 종속당하여 제어할 수도 없고 돌이킬 수도 없는 불행한 미래에 봉착하게 된다.
>
> (나) 과학 기술 자체에 선악의 잣대를 적용할 수 없으며, 연구 성과의 활용과 초래되는 결과에 대해 과학자에게 어떠한 책임도 물어서는 안 된다. 외부 간섭에서 벗어나 연구에만 전념할 때 과학 기술은 발전 가능하며, 그 결과 인류는 지속적으로 번영하게 된다.

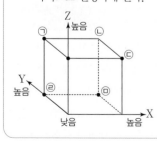

- X: 과학 기술 연구의 독립성이 인류 진보에 공헌함을 강조하는 정도
- Y: 과학 기술 자체에 대한 윤리적 판단을 배제해야 함을 강조하는 정도
- Z: 과학 기술 연구 결과의 활용에 대한 과학자의 사회적 책임을 강조하는 정도

① ㉠　　② ㉡　　③ ㉢　　④ ㉣　　⑤ ㉤

07 평가원

다음 글의 갑~정 중 적어도 세 명이 부정의 대답을 할 질문만을 〈보기〉에서 있는 대로 고른 것은?

> 과학자의 윤리적 책임은 내적 책임과 외적 책임으로 구분할 수 있다. 내적 책임은 연구 과정 자체에만 한정된 책임이며, 외적 책임은 연구 결과의 사회적 활용에 대한 책임이다. 따라서 논리적으로 다음과 같은 네 명의 입장이 가능하다.

	내적 책임	외적 책임
갑	있음	있음
을	있음	없음
병	없음	있음
정	없음	없음

〈보기〉

ㄱ. 과학자는 자료를 위조해서라도 사회적 책임을 다해야 하는가?
ㄴ. 과학자는 모든 책임에서 면제되어 자유롭게 연구해야 하는가?
ㄷ. 과학자는 연구 자체만이 아니라 사회적 부작용도 책임져야 하는가?
ㄹ. 과학자는 어떠한 경우에도 연구 과정에서 표절을 해서는 안 되는가?

① ㄱ, ㄴ　　　② ㄱ, ㄹ　　　③ ㄷ, ㄹ
④ ㄱ, ㄴ, ㄷ　　　⑤ ㄴ, ㄷ, ㄹ

08 교육청 　　　　　　　　　　　　 p.006 자료 04

그림의 ㉠에 들어갈 제목으로 가장 적절한 것은?

> ○○ 신문　　　　　　　　　○○○○년 ○월 ○일
>
> **칼 럼**
>
> ㉠
>
> 최근 들어 인간의 사고력, 판단력, 다양한 경험 등을 습득한 인공 지능이 속속 등장하고 있다. 일각에서는 이러한 변화로 인해 인공 지능이 인간을 지배하는 상황이 올 수 있다고 우려한다. 그러나 우리는 이러한 변화에 대해 막연한 두려움이나 거부감을 갖기보다는 인공 지능을 인간에게 도움을 주는 존재로 이해해야 한다. 인공 지능이 인간이 할 수 없었던 일이나 하기 힘들었던 일을 대신하는 동안 우리는 인간의 고유한 일을 함으로써 삶을 더욱 윤택하게 할 수 있기 때문이다.

① 인간과 인공 지능이 경쟁적 관계임을 인식해야 한다
② 인간의 고유한 일까지 담당할 인공 지능을 개발해야 한다
③ 인간다움의 실현을 위해 인공 지능 개발을 제한해야 한다
④ 인공 지능의 발전이 가져올 긍정적 결과에 주목해야 한다
⑤ 인간의 도덕성을 대체할 수 있는 인공 지능을 도입해야 한다

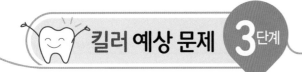
01

다음 가상 대담 속의 ㉠에 들어갈 내용으로 적절한 것을 〈보기〉에서 고른 것은?

과학 기술은 항상 가치 중립적인가요?

과학 기술은 항상 가치 중립적이진 않고 과학 기술에 가치가 개입되는 경우도 있습니다.

어떤 경우에 과학 기술에 가치가 개입되나요?

㉠

─ 보기 ─
ㄱ. 과학 기술 연구의 목적을 설정할 때입니다.
ㄴ. 과학 기술 이론의 객관성을 검증할 때입니다.
ㄷ. 과학 기술 이론의 사실성 여부를 판단할 때입니다.
ㄹ. 과학 기술의 연구 결과를 현실에 활용할 때입니다.

① ㄱ, ㄴ   ② ㄱ, ㄹ   ③ ㄴ, ㄷ
④ ㄴ, ㄹ   ⑤ ㄷ, ㄹ

02

㉠에 들어갈 내용으로 적절한 것에만 모두 ∨를 표시한 학생은?

과학 기술자는 자신에게 주어진 기능적 역할에 대해 책임져야 할 뿐만 아니라, 인류에 대한 책임도 다해야 한다. 그런데 어떤 과학 기술자들은 "과학자는 개발하는 연구자로 할 수 있는 것을 할 뿐이다. 원자 폭탄에 대한 책임은 연구자가 아닌 사용자의 몫이다. 이제 우리는 원자 폭탄의 다음 단계인 수소 폭탄을 개발해야 된다."라고 주장한다. 나는 이러한 견해에 대해 ㉠ 고 생각한다.

견해 \ 학생	갑	을	병	정	무
과학 기술이 사회에 끼칠 영향력을 무시하고 있다	∨		∨		∨
과학 기술에 대한 감시의 필요성을 강조하고 있다		∨		∨	
과학 기술에 대한 도덕적 성찰의 중요성을 강조하고 있다		∨	∨		
과학 기술에 대한 가치 중립적 태도를 유지해야 함을 간과하고 있다		∨			∨
과학 기술이 나아가야 할 방향을 통제하는 윤리의 역할을 무시하고 있다	∨		∨	∨	

① 갑   ② 을   ③ 병   ④ 정   ⑤ 무

03 고난도

(가)의 입장을 (나) 그림으로 탐구하고자 할 때, A, B에 해당하는 적절한 질문만을 〈보기〉에서 고른 것은?

(가) 행위자는 자신의 행위에 책임을 져야 한다. 비록 원인이 악행이 아니었다 할지라도, 그리고 결과가 예견된 것도 아니고 의도된 것도 아니라고 할지라도 저지른 피해를 보상해야만 한다. 내 자신이 능동적 원인이었다는 사실만으로 충분하다. 그러나 이는 책임 소재가 분명하고, 결과가 예측할 수 없는 영역으로 사라지지 않을 정도로 행위와 밀접한 인과적 관계가 있을 때에만 그렇다. 그런데 행해진 것에 대한 사후적 책임 부과와 관련되지 않고 행위되어야 할 것의 결정과 관련된 전혀 다른 책임의 개념이 있다.

(나)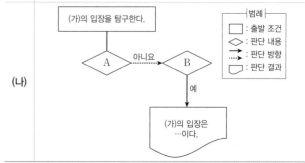

─ 보기 ─
ㄱ. A: 생명에 대해 도덕적 책임 의식을 지녀야 하는가?
ㄴ. A: 책임의 범위를 동시대를 살아가는 사람들로 한정해야 하는가?
ㄷ. B: 자연을 지배함으로써 인간의 복지를 증진시켜야 하는가?
ㄹ. B: 인류의 생존에 방해되는 어떠한 행위도 하지 않아야 하는가?

① ㄱ, ㄴ   ② ㄱ, ㄷ   ③ ㄴ, ㄷ
④ ㄴ, ㄹ   ⑤ ㄷ, ㄹ

04

그림의 강연자가 강조하는 과학자의 자세로 가장 적절한 것은?

핵분열 이론을 연구한 사람은 원자 폭탄 투하의 책임이 없습니다. 그러나 원자 폭탄을 만든 사람은 다릅니다. 그는 응분의 책임을 져야 합니다. 원자 폭탄을 만든 미국의 원자 물리학자들은 정치적인 영향력을 행사하는 데 너무 소극적이었다는 비난을 면할 수가 없을 것입니다. 그들은 원자 폭탄의 역효과를 연구 초기부터 이미 충분히 알고 있었을 것이기 때문입니다.

① 과학자는 객관적인 가치 중립적인 태도를 지녀야 한다.
② 과학자는 연구가 사회에 미칠 영향을 고려할 필요가 없다.
③ 과학자는 자료를 위조해서라도 사회적 책임을 다해야 한다.
④ 과학자는 연구 주제 설정 단계에서 가치 판단을 배제해야 한다.
⑤ 과학자는 자신의 연구 개발과 활용에 대하여 사회적 책임을 다해야 한다.

05

갑, 을의 입장에 대한 옳은 설명을 〈보기〉에서 고른 것은?

갑: 기술은 그 자체로 선하지도 악하지도 않은 수단이다. 그것은 인간이 기술로부터 무엇을 만드느냐, 기술이 인간의 무엇을 위해 이바지하느냐, 그리고 어떠한 조건에서 기술이 만들어지느냐에 달려 있다.

을: 과학 기술의 목적을 인간의 행복과 인류의 발전이라는 가치 아래 논의해야 한다. 과학 기술을 가치 중립적인 것으로 고찰할 때, 우리는 무방비 상태로 과학 기술에 내맡겨진다.

•보기•
ㄱ. 갑은 과학 기술에 대한 도덕적 평가와 비판을 유보해야 한다고 주장한다.
ㄴ. 을은 과학 기술의 본질은 진리의 발견과 활용이라고 주장한다.
ㄷ. 을은 과학 기술이 인간과 자연에 파급되는 영향력을 반드시 고려해야 한다고 주장한다.
ㄹ. 갑, 을은 과학 기술의 가치를 인정하지 않고 과학 기술의 혜택과 성과를 전면 부정한다.

① ㄱ, ㄴ　　② ㄱ, ㄷ　　③ ㄴ, ㄷ　　④ ㄴ, ㄹ　　⑤ ㄷ, ㄹ

06

(가), (나)의 관점과 일치하는 주장으로 적절한 것을 〈보기〉에서 있는 대로 고른 것은?

(가) 오늘날 과학 기술은 과거 인간이 상상했던 것들을 현실로 바꾸어 놓고 있다. 따라서 과학 기술은 인류에게 무한한 부를 가져다줄 것이며, 인류는 과학 기술을 이용하여 사회의 모든 문제를 해결하고 영원한 행복을 누릴 것이다.

(나) 과학 기술은 비인간적이며 비윤리적 측면이 너무 강하여 과학 기술을 그대로 둔다면 궁극적으로 기술이 지배하는 인간 소외 사회가 될 것이다. 그러므로 인류의 생존과 행복을 위해서 합리성이 없는 모든 종류의 과학 기술을 거부해야 한다.

•보기•
ㄱ. (가): 과학 기술이 인류의 행복과 번영을 보장할 것이다.
ㄴ. (가): 과학 기술의 발전과 윤리적 반성이 함께 이루어져야 한다.
ㄷ. (나): 과학 기술은 가치 중립적인 것이다.
ㄹ. (나): 과학 기술은 사회에 순기능보다 역기능을 초래할 것이다.

① ㄱ, ㄴ　　　② ㄱ, ㄹ　　　③ ㄴ, ㄷ
④ ㄱ, ㄷ, ㄹ　　⑤ ㄴ, ㄷ, ㄹ

07 고난도

(가)의 갑의 입장에 비해 을의 입장이 갖는 상대적 특징을 (나) 그림의 ㉠~㉤ 중에서 고른 것은?

(가)
갑: 과학 기술의 본질은 결코 기술적인 어떤 것이 아니다. 우리가 기술적인 것만을 생각하고 그것을 이용하는 데만 급급하여 그것에 매몰되거나 그것을 회피하는 한, 기술의 본질에 대한 우리의 관계를 결코 경험할 수 없는 것도 그 때문이다.

을: 윤리와 과학은 서로 고유한 영역을 가지고 있으며, 이 영역은 서로 겹치지 않는다. 과학적인 도덕이 있을 수 없듯이 비도덕적인 과학도 있을 수 없다. 과학과 윤리는 한 점에서 접하기만 하는 두 개의 원과 같이 별개의 영역이다.

(나)
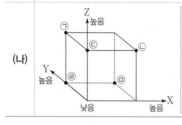

• X: 과학 기술을 가치 중립적으로 바라보는 정도
• Y: 과학 기술을 인식론적 대상으로만 파악하는 정도
• Z: 과학 기술에 대한 인간의 통제 정도

① ㉠　　② ㉡　　③ ㉢　　④ ㉣　　⑤ ㉤

08

그림은 토론 장면이다. 갑, 을의 입장에 대한 설명으로 적절하지 않은 것은?

갑: 과학의 발전과 인류의 복진 증진을 위해서는 과학 연구의 자유가 보장되어야 합니다. 즉, 과학자는 연구 과정에서의 도덕규범만 준수하면 됩니다.

을: 과학자는 진리 탐구의 과정에서 당연히 도덕규범을 지켜야 합니다. 또한 자신의 자유로운 과학 연구의 결과로 초래될 수 있는 사회적 영향도 고려해야 합니다.

① 갑은 과학자가 연구 결과가 미치는 사회적 책임으로부터 자유로워야 한다고 본다.
② 갑은 연구 과정에서 어떠한 정보나 자료도 표절하거나 조작해서는 안 된다고 본다.
③ 을은 과학자가 과학 기술의 활용에 대한 정치적 결정에는 관여해서는 안 된다고 본다.
④ 을은 사회적으로 해로운 결과가 예상되는 연구는 위험성을 알리고 중단해야 한다고 본다.
⑤ 갑, 을은 모두 과학 연구 과정에서 도덕규범을 지켜야 한다는 점을 인정한다.

10강 정보 사회와 윤리

1단계 기출 자료 분석

자료 01

단서 ❶ 정보 접근 및 수용에 대한 정보 복지 주장

갑: '정보 리터러시'는 정보 접근 능력과 정보 수용 능력을 가리킨다. 정보 격차는 주로 그러한 능력들의 차이로 인해 발생하므로, 이를 해결하기 위해 정보 약자에게 정보 접근 및 수용 능력을 제공하는 정보 복지가 보장되어야 한다.

을: '정보 리터러시'는 정보 매체의 쌍방향성이 강화됨에 따라 접근 및 수용 능력 이외에 정보 생산 능력까지도 포함해야 한다. 정보 격차는 주로 정보 생산 능력의 차이에 기인하므로 정보 생산 능력을 제공하는 정보 복지가 보장되어야 한다.

단서 ❷ 정보 접근 및 수용 능력 외 정보 생산 능력에 대한 정보 복지 주장

자료 분석
- 갑: 정보 접근 및 수용 능력을 제공하는 정보 복지를 주장한다.
- 을: 정보 접근 및 수용 능력과 정보 생산 능력을 제공하는 정보 복지를 주장한다. 　단서 ❸ 갑과 을의 입장 차

단서 풀이
- 단서 ❶ 갑은 정보 접근 및 수용 능력을 제공하는 정보 복지가 보장되어야 한다고 주장한다.
- 단서 ❷ 을은 정보 접근 및 수용 능력 이외에 정보 생산 능력을 제공하는 정보 복지가 보장되어야 한다고 주장한다.
- 단서 ❸ 갑과 을은 정보 생산 능력을 제공해야 하느냐에 대한 의견 차이를 보이고 있으므로 토론의 핵심 쟁점이라고 할 수 있다.

자료 02

단서 ❶ 잊힐 권리를 강조하는 입장

갑: 장 발장은 전과자 신분을 숨기고 시장이 되었어. 하지만 정보 사회에서는 사람들이 잊거나 지우고 싶은 정보가 인터넷에 남아 있어서 타인이 볼 수 있지. 따라서 자신이 원하지 않는 정보를 삭제할 수 있는 '잊힐 권리'를 보장해야 해.

을: 장 발장이 아무리 시민을 위해 봉사했다 하더라도 그를 시장으로 뽑을 때 사람들이 그의 과거를 알아야만 했다고 봐. 정보 사회에서는 누구나 그러한 정보에 접근할 수 있어야 하지. 사람들이 알아야 할 정보라면 삭제를 금지해야 해.

단서 ❷ 알 권리를 강조하는 입장

자료 분석
- 갑: 잊힐 권리가 알 권리보다 더 중요하다고 보는 입장이다.
- 을: 잊힐 권리보다 알 권리가 더 중요하다고 보는 입장이다.

단서 풀이
- 단서 ❶ 갑은 정보 사회에서 인터넷에 남아 있는 개인 정보를 삭제할 수 있어야 한다는 잊힐 권리를 주장하는 입장이다.
- 단서 ❷ 을은 정보 사회에서 누구나 자유롭게 정보에 접근할 수 있어야 한다는 알 권리를 주장하며 사람들이 알아야 할 정보를 삭제해서는 안 된다는 입장이다. 특히 시장 선거와 같이 공적인 영역에 있어서는 알 권리가 더욱 필요하다고 본다.

이것도 알아둬
알 권리란 개개인이 정치적·사회적 현실에 대한 정보를 자유롭게 알 수 있는 권리, 또는 이러한 정보에 접근할 수 있는 권리를 통칭하는 개념이다.
잊힐 권리란 개인 정보 등이 많은 사람에게 공개되지 않도록 정보를 통제할 수 있는 권리를 일컫는 개념이다.

자료 03

단서 ❶ 노동을 투입한 산물에 대한 개인의 배타적 권리 인정

"대지에서 자연적으로 산출되는 모든 열매와 거기에서 자라는 짐승들은 인류에게 공동으로 속한다. 그러나 한 개인이 모두에게 공동으로 주어진 것에 자신의 노동을 투입하면 그것은 그의 소유가 되며 타인의 권리는 배제된다."라는 재산권 이론은 노동의 형태가 어떤 것이든 간에 인간의 노동을 통해 산출된 모든 산물에 적용될 수 있다. → 단서 ❷ 배타적 권리의 인정 범위

자료 분석
노동의 형태가 어떤 것이든 간에 인간의 노동을 통해 산출된 모든 산물에 대한 개인의 소유권을 인정해야 한다는 주장이다.

단서 풀이
- 단서 ❶ 개인이 노동을 투입한 것에 대한 배타적 권리를 주장하는 입장이다.
- 단서 ❷ 개인의 배타적 권리는 노동의 형태에 상관없이 노동을 통해 산출된 모든 산물에 적용된다.

자료 04

단서 ❶ 악성 댓글에 대한 사회적 규제 옹호

갑: 사이버 공간에서는 서로를 식별하기 어렵기 때문에 현실에서 표현하지 못하는 솔직한 감정을 드러내거나 다양한 의견을 자유롭게 교환할 수 있습니다.

을: 그렇습니다. 하지만 사이버 공간의 익명성을 악용한 악성 댓글의 피해가 심각합니다. 악성 댓글을 제재할 수 있는 법과 제도가 필요합니다. → 단서 ❷ 악성 댓글에 대한 개인 윤리적 방법 옹호

갑: 아닙니다. 악성 댓글 문제는 도덕규범의 자율적 내면화와 실천을 통해 해결해야 합니다. 제도적 규제는 표현의 자유를 위축시킬 수 있습니다. → 단서 ❸ 악성 댓글에 대한 제도적 규제 반대

을: 제도적 조치를 반드시 병행해야 합니다. 감정이나 의견을 전달하는 데 어느 정도 제약과 불편을 감수하더라도 악성 댓글로부터 개인의 명예를 보호해야 합니다.

자료 분석
- 갑: 악성 댓글 문제를 개인적 윤리로 해결할 수 있다고 보는 입장이다.
- 을: 악성 댓글 문제를 사회 윤리적 방법으로 해결해야 한다고 보는 입장이다.

단서 풀이
- 단서 ❶ 을은 악성 댓글 문제를 해결하기 위해서는 이를 제재할 수 있는 법과 제도, 즉 제도적 조치가 필요하다는 입장이다.
- 단서 ❷ 갑은 악성 댓글 문제를 도덕규범의 자율적 내면화와 실천이라는 개인의 노력으로 해결할 수 있다고 주장한다.
- 단서 ❸ 을의 주장에 대한 갑의 반론이다. 이에 대해 을은 표현의 자유보다 개인의 명예 보호가 더 중요하다고 주장한다.

기출 선지 변형 O X

소요 시간	분 초	어려웠던 문항
틀린 개수	개	

※ 다음 내용이 맞으면 ○, 틀리면 ×에 표시하시오.

01 정보 리터러시

01 정보 격차는 주로 정보 접근 능력과 정보 수용 능력의 차이로 발생한다고 보는 입장에서는 정보 약자에게는 정보 접근 능력만을 제공해야 한다고 본다. ○, ×

02 정보 복지에 정보의 생산 능력을 포함해야 한다고 보는 입장에서는 정보 격차의 주된 원인은 정보 생산력의 차이에 있다고 본다. ○, ×

03 정보 복지에 정보의 생산 능력을 포함해야 한다고 보는 입장에서는 정보 약자가 정보 생산에서 소외되지 않도록 해야 한다고 본다. ○, ×

04 정보 리터러시란 정보의 접근 능력, 정보의 수용 능력, 정보의 생산 능력을 모두 포함하는 개념이다. ○, ×

02 정보 공유론과 정보 사유론

05 개인의 노동을 통해 산출된 생산물은 개인의 것이라고 보는 입장에서는 창작자의 노력이 들어간 지적 재산의 배타적 권리 보장을 강조한다. ○, ×

06 정보 공유론을 주장하는 입장에서는 사회 전체의 공리 극대화를 위한 지적 재산권의 보장을 강조한다. ○, ×

07 지적 재산은 자연 발생적 산물이므로 공유의 대상이라고 보는 입장에서는 정보 공유론을 주장한다. ○, ×

08 지적 재산의 가치는 인간의 노동에서 비롯되지 않음을 강조하는 입장에서는 정보 공유론을 주장한다. ○, ×

09 정보 사유론자들은 무형의 정신노동이 들어간 지적 재산은 공공재임을 강조한다. ○, ×

03 잊힐 권리와 알 권리

10 잊힐 권리를 주장하는 입장에서는 개인에게 자기 정보에 대한 삭제권이 있어야 한다고 본다. ○, ×

11 잊힐 권리를 보장하면 알 권리를 침해할 소지가 있다. ○, ×

12 알 권리를 주장하는 이들은 사생활 보호가 공익을 위해 제한될 수 있음을 주장한다. ○, ×

13 알 권리를 주장하는 이들은 자기 정보에 대한 배타적 관리권이 절대적임을 강조한다. ○, ×

14 알 권리를 주장하는 입장에서는 필요에 따라 개인의 사생활 보호가 제한될 수 있음을 인정한다. ○, ×

04 사이버 공간, 탈억제 효과, 악성 댓글

15 사이버 공간에서 탈억제 효과는 악성 댓글의 원인으로 작용할 수 있다. ○, ×

16 사이버 공간에서는 서로 신분을 알 수 있는 정보가 제한적이기 때문에 악성 댓글의 문제가 발생할 수 있다. ○, ×

17 탈억제 효과란 무언가에 얽매여 있다는 느낌을 적게 가지며, 보다 개방적으로 자신을 표현하는 현상을 의미한다. ○, ×

01 평가원 · p.092 자료 01

갑, 을의 입장으로 가장 적절한 것은?

갑: '정보 리터러시'는 정보 접근 능력과 정보 수용 능력을 가리킨다. 정보 격차는 주로 그러한 능력들의 차이로 인해 발생하므로, 이를 해결하기 위해 정보 약자에게 정보 접근 및 수용 능력을 제공하는 정보 복지가 보장되어야 한다.
을: '정보 리터러시'는 정보 매체의 쌍방향성이 강화됨에 따라 접근 및 수용 능력 이외에 정보 생산 능력까지도 포함해야 한다. 정보 격차는 주로 정보 생산 능력의 차이에 기인하므로 정보 생산 능력을 제공하는 정보 복지가 보장되어야 한다.

① 갑: 정보 약자에게는 정보 접근 능력만을 제공해야 한다.
② 갑: 정보 격차의 주된 원인은 정보 생산력의 차이에 있다.
③ 을: 정보 복지의 핵심 과제는 정보 기기의 평등한 분배이다.
④ 을: 정보 약자가 정보 생산에서 소외되지 않도록 해야 한다.
⑤ 갑, 을: 정보 리터러시는 접근 및 수용 능력에 국한되어야 한다.

02 평가원 · p.092 자료 02

갑, 을의 입장에 대한 옳은 설명을 〈보기〉에서 고른 것은?

갑: 장 발장은 전과자 신분을 숨기고 시장이 되었어. 하지만 정보 사회에서는 사람들이 잊거나 지우고 싶은 정보가 인터넷에 남아 있어서 타인이 볼 수 있지. 따라서 자신이 원하지 않는 정보를 삭제할 수 있는 '잊힐 권리'를 보장해야 해.
을: 장 발장이 아무리 시민을 위해 봉사했다 하더라도 그를 시장으로 뽑을 때 사람들이 그의 과거를 알아야만 했다고 봐. 정보 사회에서는 누구나 그러한 정보에 접근할 수 있어야 하지. 사람들이 알아야 할 정보라면 삭제를 금지해야 해.

·보기·
ㄱ. 갑: 개인에게 자기 정보에 대한 삭제권이 있어야 함을 주장한다.
ㄴ. 갑: 잊힐 권리 보장이 알 권리 침해로 이어짐을 강조한다.
ㄷ. 을: 사생활 보호가 공익을 위해 제한될 수 있음을 주장한다.
ㄹ. 갑, 을: 자기 정보에 대한 배타적 관리권이 절대적임을 강조한다.

① ㄱ, ㄴ　　② ㄱ, ㄷ　　③ ㄴ, ㄷ
④ ㄴ, ㄹ　　⑤ ㄷ, ㄹ

03 평가원 · p.092 자료 03

다음 글의 입장에서 〈문제 상황〉 속 A 학생에게 제시할 조언으로 가장 적절한 것은?

"대지에서 자연적으로 산출되는 모든 열매와 거기에서 자라는 짐승들은 인류에게 공동으로 속한다. 그러나 한 개인이 모두에게 공동으로 주어진 것에 자신의 노동을 투입하면 그것은 그의 소유가 되며 타인의 권리는 배제된다."라는 재산권 이론은 노동의 형태가 어떤 것이든 간에 인간의 노동을 통해 산출된 모든 산물에 적용될 수 있다.

〈문제 상황〉

개인이 연구를 통해 개발한 프로그램의 지적 재산권 보장 문제에 대해 수업 발표를 맡았는데 어떤 입장을 취할까?

A 학생

① 창작자의 노력이 들어간 지적 재산의 배타적 권리 보장을 강조하세요.
② 사회 전체의 공리 극대화를 위한 지적 재산권의 보장을 강조하세요.
③ 지적 재산은 자연 발생적 산물이므로 공유의 대상임을 강조하세요.
④ 지적 재산의 가치는 인간의 노동에서 비롯되지 않음을 강조하세요.
⑤ 무형의 정신노동이 들어간 지적 재산은 공공재임을 강조하세요.

04 교육청

다음은 우리나라 의료법의 일부 조항이다. 이 조항들이 강조하는 내용으로 가장 적절한 것은?

제19조 ① 의료인이나 의료 기관 종사자는 이 법이나 다른 법령에 특별히 규정된 경우 외에는 의료 업무를 하면서 알게 된 다른 사람의 정보를 누설하거나 발표하지 못한다.
제20조 ① 의료인은 태아 성 감별을 목적으로 임부를 진찰하거나 검사하여서는 아니 되며, 같은 목적을 위한 다른 사람의 행위를 도와서도 아니 된다.
② 의료인은 임신 32주 이전에 태아나 임부를 진찰하거나 검사하면서 알게 된 태아의 성을 임부, 임부의 가족, 그 밖의 다른 사람이 알게 하여서는 아니 된다.

① 의료인들 간에 환자의 정보를 가능한 한 공유해야 한다.
② 의료인은 낙태를 위한 성 감별 정보를 제공해서는 안 된다.
③ 의료인은 어떤 경우에도 환자 관련 정보를 공개할 수 없다.
④ 의료인은 임부에게 태아에 관한 정보를 제공해서는 안 된다.
⑤ 의료인은 임부의 알 권리를 태아의 생명권보다 중시해야 한다.

05 교육청

갑, 을의 사이버 공간에 대한 입장으로 옳은 것은?

> 갑: 사이버 공간에서는 디지털 정체성을 구축하고 관리하는 일
> 이 흔한 일이 될 것이다. 사람들은 디지털 정체성을 통해
> 자유롭게 생각을 표현하고, 누구와도 관계를 쌓아 가고 유
> 지할 수 있게 된다.
> 을: 사이버 공간에서는 다중 자아가 출현하게 될 것이다. 다중
> 자아는 자아의 분열이라는 문제점을 내포하고 있으며, 다
> 중 자아에게는 어떤 권위나 연고도 힘을 쓸 수 없는 까닭에
> 도덕적 구속력이 상실된다.

① 갑: 새로운 자아 정체성 형성의 기회를 박탈한다.
② 갑: 자아 정체성을 다양화하여 인간관계 형성을 어렵게 한다.
③ 을: 탈억제 효과의 부정적 측면이 드러나게 한다.
④ 을: 비대면성으로 인해 도덕적 자기 규제를 용이하게 한다.
⑤ 갑, 을: 현실 공간에서 형성된 자아 정체성을 강화한다.

06 수능

다음 대화에서 갑, 을의 입장으로 가장 적절한 것은?

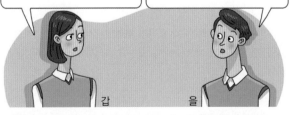

> 정보에 대한 접근은 자유로워야 하지만 생산과 유통은 국가가 규제해야 합니다. 표현의 자유는 해악 금지의 원칙에 위배되지 않는 한에서 보장되어야 합니다. 국가는 혐오 표현의 유해성에 대한 법적 기준을 정해 정보의 생산과 유통을 규제할 책무가 있습니다.

> 정보에 대한 접근은 물론 생산과 유통도 개인의 자율에 맡겨야 합니다. 정보의 생산과 유통에 대한 국가의 규제는 그 자체로 표현의 자유를 침해하는 것입니다. 혐오 표현의 유해성에 대한 판단은 사람에 따라 다르기 때문에 국가가 일률적 기준을 마련할 수는 없습니다.

갑   을

① 갑: 국가는 정보에 자유롭게 접근할 권리를 제한해야 한다.
② 갑: 국가는 혐오 표현의 유해성을 판단할 기준을 설정해야
한다.
③ 을: 국가는 정보의 접근이 아닌 생산·유통의 자유만 보장해
야 한다.
④ 을: 국가는 해악 금지 원칙에 따라 정보 생산을 규제해야 한다.
⑤ 갑, 을: 혐오 표현에 대한 국가 규제는 표현의 자유와 양립
가능하다.

07 평가원

p.092 **자료 04**

다음 토론의 핵심 쟁점으로 가장 적절한 것은?

> 갑: 사이버 공간에서는 서로를 식별하기 어렵기 때문에 현실에
> 서 표현하지 못하는 솔직한 감정을 드러내거나 다양한 의
> 견을 자유롭게 교환할 수 있습니다.
> 을: 그렇습니다. 하지만 사이버 공간의 익명성을 악용한 악성
> 댓글의 피해가 심각합니다. 악성 댓글을 제재할 수 있는 법
> 과 제도가 필요합니다.
> 갑: 아닙니다. 악성 댓글 문제는 도덕규범의 자율적 내면화와
> 실천을 통해 해결해야 합니다. 제도적 규제는 표현의 자유
> 를 위축시킬 수 있습니다.
> 을: 제도적 조치를 반드시 병행해야 합니다. 감정이나 의견을
> 전달하는 데 어느 정도 제약과 불편을 감수하더라도 악성
> 댓글로부터 개인의 명예를 보호해야 합니다.

① 사이버 공간의 악성 댓글 문제 해결을 위해 제도적 규제가
필요한가?
② 사이버 공간에서 탈억제 효과는 악성 댓글의 원인으로 작용
하는가?
③ 악성 댓글 문제를 해결하기 위해 자율적 책임감과 실천이 필
요한가?
④ 사이버 공간에서는 서로 신분을 알 수 있는 정보가 제한적인
가?
⑤ 사이버 공간에서도 현실의 도덕규범이 동일하게 적용되는가?

08 평가원

갑, 을의 입장으로 가장 적절한 것은?

> 갑: 대동강을 돈을 받고 판 김선달의 행위는 옳지 않습니다. 왜
> 냐하면 대동강의 강물은 한 개인의 소유가 될 수 없는 공유
> 의 대상이기 때문입니다. 이처럼 정보 또한 강물과 같은 것
> 이므로 누구나 사용 가능해야 하며 매매의 대상이 될 수 없
> 습니다.
> 을: 북청 물장수를 아십니까? 사람들은 그냥 흐르는 강물이 아
> 닌, 물장수가 한강에서 퍼 온 물통 속의 강물을 삽니다. 이
> 처럼 정보 또한 물통 속의 물과 같아서 누군가의 노력이 들
> 어갔다면 매매의 대상이 될 수 있습니다.

① 갑: 정보는 누구나 향유할 수 있는 공공적 가치를 지닌다.
② 갑: 정보의 사적 소유권은 자유롭게 이전될 수 있어야 한다.
③ 을: 정보는 배타적인 권리를 주장할 수 없는 공유 자산이다.
④ 을: 정보에 대한 소유권은 개인의 노력과는 무관하게 성립된다.
⑤ 갑, 을: 정보를 생산한 자에게 경제적인 보상은 필요하지 않다.

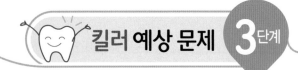
01

갑, 을의 입장에 대한 옳은 설명만을 〈보기〉에서 있는 대로 고른 것은?

갑: 국민의 알 권리는 인간의 존엄성을 실현하고 헌법에 명시된 행복 추구권을 보장하는 데 필요합니다. 다양한 매체는 국민의 알 권리를 위해 중요한 정보를 제공하여 국민의 권익과 인권 신장에 이바지해야 합니다.

을: 무분별한 보도나 인터넷 댓글 등이 개인의 명예 훼손이나 사생활 침해를 야기하고 있습니다. 개인의 존엄성과 사적 권리를 보호하기 위해 인격권이 강조되어야 합니다.

·보기·
ㄱ. 갑은 국민의 행복 추구권을 보장하기 위해 알 권리가 필요하다고 본다.
ㄴ. 갑은 국민의 알 권리를 보장하면 개인의 불이익을 방지하거나 제거할 수 있다고 본다.
ㄷ. 을은 매체의 정보 전달이 특정 개인의 인격권을 침해할 수 있다고 본다.
ㄹ. 을은 정부나 관련 기관에 모든 정보를 공개하라고 요구하면 공익을 실현할 수 있다고 본다.

① ㄱ, ㄷ   ② ㄱ, ㄹ   ③ ㄴ, ㄹ
④ ㄱ, ㄴ, ㄷ   ⑤ ㄴ, ㄷ, ㄹ

02

(가)의 입장에 비해 (나)의 입장이 갖는 상대적 특징을 그림의 ㉠~㉤ 중에서 고른 것은?

(가) 우리의 법은 어떤 것을 발견하거나 합법적 절차를 거쳐 그것을 소유한 사람에게 소유권을 부여하고 있다. 따라서 어떤 아이디어를 발견하거나 그것을 구현해 주는 소프트웨어를 개발한 사람에게 소유권을 주는 것은 당연하다.

(나) 소프트웨어의 발전은 일종의 진화 과정과 같다. 어떤 사람이 특정 프로그램을 만들고, 다른 사람이 그 프로그램에 새 기능을 부여하며, 그 후에 또 다른 사람이 다른 부분을 손질하는 것이다. 만약 정보에 대한 배타적 소유권이 인정된다면 이러한 종류의 진화는 멈추게 될 것이고, 사회 구성원 간의 정보 접근 기회의 불평등이 심화될 것이다.

• X: 정보 소유에 대한 배타적 권리를 인정하는 정도
• Y: 정보 격차 완화 가능성 정도
• Z: 정보의 공유재적 성격 강조 정도

① ㉠   ② ㉡   ③ ㉢   ④ ㉣   ⑤ ㉤

03 고난도

갑, 을의 입장을 〈보기〉에서 골라 바르게 연결한 것은?

갑: 타인의 창작물을 무단으로 사용하여 원저작자에게 손해를 입히거나 이로부터 이득을 취하는 행위는 명백한 불법이며, 이는 인터넷에서 정보 교환을 활발히 하기 위해서도 금지해야 한다. 따라서 저작권을 보호해야 한다.

을: 소프트웨어의 발전은 일종의 진화 과정과 같은 것으로, 소유권자가 존재한다는 것은 이러한 종류의 진화를 방해하며, 어떤 프로그램을 개발하려 할 때 무(無)에서 시작할 수밖에 없게 만든다. 따라서 정보를 공유해야 한다.

·보기·

정보와 지식의 실용적 가치를 긍정하는가?		정보와 지식의 공공재적 성격을 중시하는가?	
		예	아니요
	예	A	B
	아니요	C	D

  갑   을   갑   을   갑   을
① A   C   ② B   D   ③ B   A
④ C   B   ⑤ D   C

04

㉠에 들어갈 옳은 진술만을 〈보기〉에서 있는 대로 고른 것은?

2014년 유럽 사법 재판소는 스페인 변호사 곤잘레스가 청구한 '자신에 대한 구글(Google) 검색 결과 삭제 요구'에 대해 해당 정보를 노출해도 문제가 없는 합법적인 정보라고 해도, 개인이 요청하면 공익과 비교하여 정보를 삭제해야 한다고 판결하였다. 이러한 관점과 더불어 최근 개인의 신상 정보를 온라인에 공개하고 이를 퍼뜨리는 '신상 털기와 퍼 나르기' 피해 사례가 속출하고 있는 만큼, 잊힐 권리의 법제화 요구가 더욱 거세지고 있다. 하지만 한편에서는 잊힐 권리의 법제화를 반대하고 있다. 왜냐하면 [㉠]는 점에서이다.

·보기·
ㄱ. 사생활의 권리 못지않게 시민들의 알 권리도 중시되어야 한다
ㄴ. 자기 정보에 대한 배타적 관리권을 절대적으로 보장해야 한다
ㄷ. 개개인은 자신이 원하지 않는 정보에 대해 통제할 수 있는 권리를 지녀야 한다
ㄹ. 인터넷의 공공성을 고려해 개인이 희망한다는 이유로 인터넷 기록을 삭제해서는 안 된다

① ㄱ, ㄴ   ② ㄱ, ㄹ   ③ ㄴ, ㄷ
④ ㄱ, ㄷ, ㄹ   ⑤ ㄴ, ㄷ, ㄹ

05

다음 내용을 토대로 유추할 수 있는 사이버 공간에서의 인간 심리의 특징으로 가장 적절한 것은?

> 익명성의 관점에서 보면 인터넷의 중요성은 지식과 정보를 얻는 데 있지 않다. 그보다는 자신의 일상적이거나 사적인 문제를 남에게 드러낼 때, 여론의 반응을 미리 타진하려 할 때, 심지어 울적한 감정을 내키는 대로 발산하고자 할 때에도 인터넷의 익명성은 큰 장점으로 작용한다. 누구나 자신이 은폐되어 있다는 사실을 알 때 더욱 솔직한 의견을 개진하게 마련이다. 특히 다른 사람의 글에 익명으로 댓글을 달아 자신의 견해를 표명할 수 있다는 것은 인터넷 특유의 여론 형성 방식을 보여 준다.

① 저작권에 대한 논쟁이 격화되는 것을 경험한다.
② 현실 공간에서보다 인간관계의 폭이 크게 축소된다.
③ 현실 공간에서보다 법과 규범을 더 잘 지키려고 노력한다.
④ 탈억제 효과로 인한 자기 규제가 어려워 비도덕적인 행위를 저지를 수 있다.
⑤ 몰입 체험으로 인해 현실의 삶을 도외시하고 인터넷 중독으로 이어질 수 있다.

06

㉠에 들어갈 내용으로 적절한 것을 〈보기〉에서 고른 것은?

> 갑: 오늘날 개인 정보를 비롯해 자신이 원하지 않는 민감한 정보들이 포털 사이트 등을 통해 많은 사람에게 공개되고 있어. 아무리 평범하고 사소한 개인 정보일지라도 인간의 존엄성을 유지하기 위해서는 철저히 보호되어야 한다고 생각해.
> 을: 하지만 나는 모든 국민의 사생활이 반드시 보호되어야 하는 것은 아니라고 생각해. 왜냐하면 ㉠

─보기─
ㄱ. 정보의 유통 과정에서 자신의 정보에 관한 자기 결정권이 강조되기 때문이야.
ㄴ. 사적인 정보가 노출되는 것은 개인 정보 관리에 소홀한 개인의 책임이기 때문이야.
ㄷ. 국민은 정치, 사회 현실 등에 관한 정보를 자유롭게 얻을 수 있는 '알 권리'를 갖고 있기 때문이야.
ㄹ. 범죄자의 신상은 공공의 이익과 안전을 위해 중요하기 때문에 필요에 따라 공개될 수도 있기 때문이야.

① ㄱ, ㄴ ② ㄱ, ㄷ ③ ㄴ, ㄷ
④ ㄴ, ㄹ ⑤ ㄷ, ㄹ

07

㉠에 대해 부정의 답을 할 질문으로 적절한 것은?

> 뉴 미디어 시대에서 정보의 소비 활동은 곧 새로운 창출로 이어질 수 있으므로 정보 소비의 주체는 동시에 정보 생산의 주체가 될 수 있다. 이와 관련하여 ㉠'미디어 리터러시'는 우리가 살아가는 데 갖추어야 할 핵심적인 삶의 기술이라고 할 수 있다.

① 정보 생산 및 유통 과정에서 필요한 정보 전달 능력인가?
② 다양한 형태의 커뮤니케이션에 접근하고 분석하는 능력인가?
③ 자신이 찾아 낸 정보의 가치를 제대로 평가하기 위한 비판적 사고 능력인가?
④ 자신의 목적에 맞게 기존의 정보를 새로운 정보로 조합하는 능력을 포함하는가?
⑤ 정보 사회에서 매체를 사용하고 이해하는 데 필요한 기본적인 읽기, 쓰기 능력을 말하는가?

08 _{고난도}

그림은 수업 장면이다. 소전제 ㉠에 대한 반론의 근거로 적절한 것을 〈보기〉에서 고른 것은?

─보기─
ㄱ. 정보는 상호 협력의 결과물이고 공유해도 소모되지 않는다.
ㄴ. 정보를 많은 사람이 이용할 수 있어야 사회가 발전할 수 있다.
ㄷ. 정보는 개인이 시간과 노력을 투입하여 만든 창의적 생산물이다.
ㄹ. 정보의 법적 소유권은 아이디어를 발견하거나 소프트웨어를 개발한 사람에게 있다.

① ㄱ, ㄴ ② ㄱ, ㄷ ③ ㄴ, ㄷ
④ ㄴ, ㄹ ⑤ ㄷ, ㄹ

1단계 기출 자료 분석

자료 01

> 단서 ❶ 동물을 이용하는 것은 자연법에 부합됨=아퀴나스
> 단서 ❷ 아퀴나스

갑: 동물을 이용하는 것이 자연법을 거스르는 것은 아니다. 하지만 인간이 동물의 고통에 동정심을 느낀다면 인간에게는 더 많은 동정심을 갖게 될 것이다. 이것이 바로 신의 뜻이다.

을: 모든 생명체는 내재적 가치를 지니며 자기 보존을 위해 자신의 고유한 방식으로 각자의 선을 추구한다는 점에서 동등한 목적론적 삶의 중심이다. → 단서 ❸ 모든 생명체는 목적론적 삶의 중심=테일러

병: 생명 공동체의 범위를 대지까지 확장시키기 위해서는 생태계를 경제적 관점뿐만 아니라 윤리적ㆍ심미적 관점으로도 살펴봐야 한다. → 단서 ❹ 도덕 공동체의 범위를 대지까지 확장 =대지 윤리=레오폴드

자료 분석
- 갑: 인간 중심주의 사상가 아퀴나스의 주장이다.
- 을: 생명 중심주의 사상가 테일러의 주장이다.
- 병: 생태 중심주의 사상가 레오폴드의 주장이다.

단서 풀이
- 단서 ❶, ❷ 동물은 신의 섭리에 따라 인간이 동물을 사용하도록 운명지어졌다고 주장한 부분에서 아퀴나스임을 알 수 있다.
- 단서 ❸ 모든 생명체는 목적론적 삶의 중심으로서 내재적 가치를 지닌다고 주장한 부분에서 테일러임을 알 수 있다.
- 단서 ❹ 도덕 공동체의 범위를 동물, 식물, 흙, 물을 비롯한 대지까지 확장해야 한다는 대지 윤리를 주장한 사상가는 레오폴드이다.

자료 02

갑: 어떤 존재의 고통을 고려하지 않는 도덕적 논증은 있을 수 없다. 이익 평등 고려의 원칙은 존재들 간의 동일한 고통을 동일하게 고려할 것을 요구한다. → 단서 ❶ 싱어

을: 생명체가 목적론적 삶의 중심이라는 것은 그 활동이 목표 지향적이라는 뜻으로, 생명 활동을 성공적으로 수행하는 항상적인 경향성이 있다는 말이다. → 단서 ❷ 테일러

병: 인류는 대지 공동체의 평범한 구성원이 되어야 한다. 이러한 인류의 역할은 동료 구성원과 대지 공동체 자체에 대한 존중을 필연적으로 수반한다. → 단서 ❸ 레오폴드

자료 분석
- 갑: 동물 중심주의 사상가 싱어의 주장이다.
- 을: 생명 중심주의 사상가 테일러의 주장이다.
- 병: 생태 중심주의 사상가 레오폴드의 주장이다.

단서 풀이
- 단서 ❶ 이익 평등 고려의 원칙에 따라 고통과 쾌락을 느끼는 모든 존재의 이익 관심을 동등하게 고려해야 한다고 주장한 사상가는 싱어이다.
- 단서 ❷ 모든 생명체는 목적론적 삶의 중심으로서 고유한 선을 지니기 때문에 도덕적으로 고려해야 한다고 주장한 사상가는 테일러이다.
- 단서 ❸ 도덕적 고려의 대상을 생태계 전체로 확대하여 생태 공동체의 일원으로서 생명 공동체 자체가 지닌 고유의 선을 도덕적으로 고려해야 한다고 주장한 사상가는 레오폴드이다.

자료 03

갑: 자연 체계 내에서의 인간은 다른 동물들과 같이 대지의 산물로서 평범한 가치를 가진다. 그러나 도덕적ㆍ실천적 이성의 주체로서 인간은 자연 안에 존엄하며 절대적 가치를 지닌 존재이다. → 단서 ❶ 칸트

을: 새로운 윤리는 도덕적ㆍ심미적 관점을 담아 옳고 그름의 기준을 마련해야 하며, 생명 공동체의 온전함에 기여해야 한다. 그러므로 대지의 사용을 이익의 문제로만 생각하지 말아야 한다. → 단서 ❷ 레오폴드

병: 도덕적 기준은 어떤 행위에 의해 영향을 받는 모든 존재들의 이익과 고통을 동등하게 고려하는 데 있다. 그러므로 어떤 행위가 누군가에게 피해를 입히게 된다면, 그 행위는 하지 말아야 한다. → 단서 ❸ 싱어

자료 분석
- 갑: 인간 중심주의 사상가 칸트의 주장이다.
- 을: 생태 중심주의 사상가 레오폴드의 주장이다.
- 병: 동물 중심주의 사상가 싱어의 주장이다.

단서 풀이
- 단서 ❶ 칸트는 이성을 가진 인간만이 도덕적 의무를 실천할 수 있기 때문에 존엄하며 절대적 가치를 지닌다고 주장하면서 자연에 대한 의무는 인간의 도덕성을 지키기 위한 간접적 의무라고 하였다.
- 단서 ❷ 레오폴드는 도덕 공동체의 범위를 동물, 식물, 흙, 물을 비롯한 대지까지 확대하는 대지 윤리를 주장하였다.
- 단서 ❸ 싱어는 이익 평등 고려의 원칙에 따라 쾌락과 고통을 느끼는 모든 존재의 이익 관심을 동등하게 고려해야 한다고 주장하였다.

자료 04

> 단서 ❶ 데카르트
> 단서 ❷ 레건

갑: 인간은 말과 기호를 사용할 줄 알고 모든 상황에 적절히 대처할 수 있는 데 반해, 동물은 움직이는 자동 기계에 불과하다.

을: 욕구, 지각, 기억, 감정 등 일련의 특징을 지니고 자신의 고유한 삶을 살아가는 삶의 주체만이 도덕적 권리를 지닌다.

병: 살아 있는 모든 존재는 자신의 고유한 선을 자신의 방식대로 추구하는 목적론적 삶의 중심으로서 도덕적 고려의 대상이다.

→ 단서 ❸ 테일러

자료 분석
- 갑: 인간 중심주의 사상가 데카르트의 주장이다.
- 을: 동물 중심주의 사상가 레건의 주장이다.
- 병: 생명 중심주의 사상가 테일러의 주장이다.

단서 풀이
- 단서 ❶ 데카르트는 도구적 자연관의 입장에서 인간의 정신은 물질로 환원할 수 없는 존엄한 것인 데 반해, 자연은 의식이 없는 단순한 물질, 즉 하나의 기계에 불과하다고 주장하였다.
- 단서 ❷ 레건은 동물도 삶의 주체로서 자신만의 고유한 삶을 영위할 권리가 있다는 동물 권리론을 주장하였다.
- 단서 ❸ 테일러는 모든 생명체는 자기 생존, 성장, 발전, 번식이라는 목적을 추구하는 목적론적 삶의 중심으로서 도덕적 고려의 대상이라고 주장하였다.

	소요 시간	분 초	어려웠던
기출 선지 변형 O X	틀린 개수	개	문항

※ 다음 내용이 맞으면 ○, 틀리면 ×에 표시하시오.

01 환경에 대한 여러 사상가들의 입장

01 테일러는 인간에게는 생명 공동체에 대한 불간섭의 의무가 있다고 보았다. ○, ×

02 아퀴나스는 인간은 다른 동물을 단지 수단으로만 취급해도 된다고 주장하였다. ○, ×

03 테일러는 생명 없는 개체의 도덕적 가치를 존중하는 것은 불필요하다고 보았다. ○, ×

04 테일러는 생명 공동체 자체가 지닌 고유의 선을 고려해야 한다고 주장하였다. ○, ×

05 테일러와 레오폴드 중 한 명은 동물을 수단으로 취급하는 것에 동의한다. ○, ×

06 싱어는 평등의 원리에 따라 인간과 모든 동물을 동일하게 대우해야 한다고 주장하였다. ○, ×

07 테일러에 의하면 인간은 생명체에 끼친 해악에 대한 보상적 정의의 의무를 지닌다. ○, ×

08 레오폴드는 개체주의적 관점을 지양하고 인간 중심주의에서 벗어나야 한다고 보았다. ○, ×

09 싱어와 레오폴드, 테일러는 쾌고 감수 능력을 지닌 동물은 도덕적 고려 대상에 속한다고 보았다. ○, ×

10 데카르트는 레건과 테일러와 달리 동물은 영혼과 육체의 단순한 결합체일 뿐이라고 보았다. ○, ×

11 레건은 테일러와 달리 동물을 인간을 위한 수단으로만 취급하지 않도록 해야 한다고 주장하였다. ○, ×

12 테일러는 인간이 어떠한 생명체보다도 본래적으로 우월한 존재는 아니라고 보았다. ○, ×

13 데카르트와 레건은 자연 안의 모든 생명체가 도덕적 지위를 갖는 것은 아니라는 데 동의한다. ○, ×

14 레건은 싱어와 같이 쾌고 감수 능력은 동물의 이익 고려를 위한 충분조건이라고 보았다. ○, ×

15 레건과 레오폴드는 인간 간의 의무를 넘어선 새로운 도덕 원리가 요청된다는 데 동의한다. ○, ×

16 레오폴드는 인간은 자연 전체에 대해 직접적인 도덕적 의무를 지닌다고 보았다. ○, ×

17 레오폴드는 생명 공동체의 온전함이 개별 생명체의 존속보다 중요하다고 보았다. ○, ×

18 테일러는 인간과 식물은 내재적 가치를 지니지만 둘 다 목적론적 삶의 중심이라고 보지 않았다. ○, ×

19 칸트, 레오폴드, 싱어는 동물 학대가 인간의 의무에 위배될 수 있음을 인정해야 한다고 보았다. ○, ×

20 싱어와 테일러, 레오폴드 모두 인간은 도덕적 책임을 질 수 있는 유일한 존재라고 보았다. ○, ×

21 테일러는 칸트나 레건과 달리 인간이 동물보다 본래적으로 더 우월한 것은 아니라고 보았다. ○, ×

22 테일러와 레건은 내재적 가치를 지니는 비이성적인 개체도 존재한다고 보았다. ○, ×

기출 자료 분석

자료 05

(가) 본래의 마음[心]을 완전히 발휘할 수 있다면 그 본성[性]이 무 엇인지 알 수 있다. 본성이 무엇인지 알 수 있다면 하늘이 무 엇인지[天命]도 알 수 있다. → 단서 ❶ 유교 사상

(나) 사람은 땅을 법칙으로 삼고 땅은 하늘을 법칙으로 삼는다. 하늘은 도(道)를 법칙으로 삼고 도는 자연(自然)을 법칙으로 삼는다. → 단서 ❷ 도가 사상

〔 자료 분석 〕
• (가): 유교 사상이다.
• (나): 도가 사상이다.

〔 단서 풀이 〕
• 단서 ❶ '천명(天命)'을 통해 유교 사상임을 알 수 있다. 유교에서는 인간 이 하늘의 도를 본받아 다른 인간과 존재를 사랑하고 인(仁)을 베풀 것을 강조하면서, 하늘을 만물에 법칙을 부여하는 최고의 존재로 여긴다. 나아 가 자연과 인간이 조화를 이루어 하나가 되는 천인합일(天人合一)의 경 지를 지향한다.
• 단서 ❷ '도(道)'를 통해 도가 사상임을 알 수 있다. 도가에서 하늘은 자연 의 일부로서 인간의 의지, 욕구와 관계없이 존재하는 있는 그대로의 가치 를 지닌다. 도가에서는 인간을 자연의 한 부분으로 보고, 자연의 섭리에 순 응하고 자연과 조화를 이루어 살아갈 것을 강조하였다.

자료 06

단서 ❷ 도덕적 고려의 기준 = 이익 관심 = 싱어 ←

갑: 모든 생명체는 신성하고 동등한 가치를 지니며, 생명을 지키 는 것은 선, 생명을 파괴하는 것은 악이다. → 단서 ❶ 슈바이처

을: 오직 유정(有情)적 존재만이 이익 관심을 지니기 때문에 이들 을 동등하게 도덕적으로 고려할 책임이 있다.

병: 어떤 개체가 쾌락과 고통을 느끼며 욕구, 지각, 정체성, 목표 등을 갖는다면 그 개체는 삶의 주체이며 결코 수단으로 취급 되어서는 안 된다.

→ 단서 ❸ 도덕적 고려의 기준 = 쾌고 감수 능력, 행위 능력, 정체성을 느끼는 능력 = 레건

〔 자료 분석 〕
• 갑: 생명 중심주의 사상가 슈바이처의 주장이다.
• 을: 동물 중심주의 사상가 싱어의 주장이다.
• 병: 동물 중심주의 사상가 레건의 주장이다.

〔 단서 풀이 〕
• 단서 ❶ 슈바이처는 모든 생명체는 그 자체로 선이며 본래적 가치를 지 닌다고 보고, 생명의 신비를 두려워하고 존경하는 마음으로 생명을 지극 히 소중히 하는 생명 외경 사상을 주장하였다.
• 단서 ❷ 유정적 존재란 감정을 지닌 존재를 말한다. 싱어는 쾌고 감수 능 력을 지닌 인간과 동물의 이익 관심을 동등하게 고려해야 한다고 주장하 였다.
• 단서 ❸ 레건은 쾌고 감수 능력과 함께 행위 능력과 정체성을 느끼는 능 력을 지닌 존재를 도덕적 고려의 대상으로 보았다. 그는 이러한 관점에서 동물도 하나의 삶의 주체로 살아갈 수 있으므로 수단으로 취급해서는 안 된다고 주장하였다.

자료 07

단서 ❶ 공포의 발견술 = 요나스 ←

우리에게는 악의 인식이 선의 인식보다 무한히 쉽다. 선은 눈에 띄지 않게 존재하며 반성을 하지 않으면 인식될 수 없지만, 악의 현존은 우리에게 인식을 강요한다. 우리가 실제로 무엇을 보호해 야 하는가를 알아내기 위해 새로운 윤리학은 공포를 논의 대상으 로 삼아야 한다. 인간 행위의 새로운 유형에 적합하고 새로운 유 형의 행위 주체를 지향하는 명법은 다음과 같다. "너의 행위의 효 과가 지상에서의 진정한 인간적 삶의 지속과 조화될 수 있도록 행 위하라." → 단서 ❷ 책임의 명법 = 요나스

〔 자료 분석 〕
책임 윤리를 주장하면서 책임의 명법을 제시한 요나스이다.

〔 단서 풀이 〕
• 단서 ❶ 요나스는 새로운 윤리학이 극단적인 공포에 대한 인식에서 출발 할 필요가 있다고 주장하였다. 그는 미래에 있을 수 있는 전 지구적 차원 의 위험, 인류 몰락의 징조 등 나쁜 결과를 예견해 책임의 동기를 가져야 한다고 주장하였다.
• 단서 ❷ 요나스는 인간만이 책임을 질 수 있는 유일한 존재라는 사실 자 체로 책임을 져야 한다는 당위로 연결된다고 하면서 칸트의 정언 명령을 생태학적 상황에 적용하여 인류의 존속이라는 무조건적 명령을 이행하기 위한 새로운 명법을 제시하였다.

자료 08

→ 단서 ❶ 요나스   단서 ❷ 과학 지상주의 비판

오늘날과 같은 '윤리적 공백'의 시대에는 구원의 예언보다 불행의 예언에 더 주의를 기울여야 한다. 그러므로 우리는 과학 기술 유 토피아주의를 찬양하는 '희망의 원칙'이 아닌, 미리 사유된 위험 그 자체와 관련된 '공포의 원칙'에 우선성을 두어야 한다.

〔 자료 분석 〕 → 단서 ❸ 공포의 발견술 = 요나스
요나스의 책임 윤리에 대한 내용이다.

〔 단서 풀이 〕
• 단서 ❶ 요나스는 과학 기술의 발달과 그것을 따라가지 못하는 윤리와의 간극을 '윤리적 공백'이라고 비판하면서 새로운 윤리로 책임 윤리를 주장 하였다.
• 단서 ❷ 요나스는 자연을 지배하여 과학 기술의 무한한 진보가 가능하다 고 본 베이컨의 과학 지상주의를 비판하였다.
• 단서 ❸ 요나스는 예측 가능한 모든 결과에 대해 책임을 져야 한다고 주 장하면서 인간에게 자연과 미래 세대에 대한 절대적인 책임이 있다고 보 았다. 그는 과학 기술이 가져올 긍정적 미래보다 미래에 있을 수 있는 나 쁜 결과를 예견하여 미래 세대와 자연에 대한 책임의 동기를 가져야 한 다고 하였는데 이를 '공포의 발견술'이라고 한다.

기출 선지 변형 O X

소요 시간	분 초	어려웠던 문항
틀린 개수	개	

※ 다음 내용이 맞으면 ○, 틀리면 ×에 표시하시오.

02 **환경에 대한 여러 사상가들의 입장**

23 슈바이처와 싱어, 레건은 생태계 전체를 도덕적 고려의 대상으로 보았다. ○, ×

24 슈바이처와 싱어, 레건은 인간은 동물에 대해 도덕적 의무와 책임을 지닌다는 데 동의한다. ○, ×

25 싱어는 레건과 달리 쾌고 감수 능력을 동물의 이익을 고려하기 위한 충분조건으로 보았다. ○, ×

26 싱어는 고통을 느끼는 모든 종(種)은 도덕적 지위에 있어 동등하다고 보았다. ○, ×

27 레건은 삶의 주체인 동물의 권리를 의무론의 관점에서 존중해야 한다고 주장하였다. ○, ×

28 싱어와 레건은 개체가 도덕적 지위를 갖기 위해서는 쾌고 감수 능력을 지녀야 한다고 보았다. ○, ×

29 싱어의 동물 권리론은 의무론을 바탕으로 하며, 레건의 동물 해방론은 공리주의를 바탕으로 한다. ○, ×

03 **동양의 자연관**

30 유교에서는 하늘이 인간 이외의 만물에 대해서만 관심을 가진다고 본다. ○, ×

31 도가에서는 유교와 달리 하늘이 부여한 도덕적인 가치가 만물 속에 내재한다고 본다. ○, ×

32 유교는 도가와 달리 하늘이 만물에 법칙을 주는 최고 존재라고 본다. ○, ×

33 유교는 도가와 달리 하늘이 만물의 운명을 주재하는 인격적 존재라고 본다. ○, ×

04 **요나스의 책임 윤리**

34 요나스는 새로운 윤리학은 최고악에 대한 공포에서 출발할 필요가 있다고 주장하였다. ○, ×

35 요나스는 사전적 책임보다 사후적 책임이 더 중요하다고 보았다. ○, ×

36 요나스는 인간은 예견할 수 있는 모든 결과에 대해서 책임져야 한다고 주장하였다. ○, ×

37 요나스는 책임질 수 있는 능력과 책임져야 하는 당위는 상호 관련성이 약하다고 보았다. ○, ×

38 요나스는 새로운 윤리는 예견할 수 있는 위험을 고려하여 도출해야 한다고 주장하였다. ○, ×

39 요나스는 행위의 의도와 결과 모두 행위자에게 책임을 부과하는 기준이 되어야 한다고 주장하였다. ○, ×

40 요나스는 인류의 생존과 기술의 발전은 양립 가능하다고 보았다. ○, ×

41 요나스는 지구촌의 환경 문제를 해결하기 위해서는 자연과의 상호 책임성을 토대로 자연에 대해 책임 지려는 자세가 필요하다고 말하였다. ○, ×

42 요나스는 행위의 직접적 영향의 한도 내에서만 자연에 대해 책임지려는 자세가 필요하다고 하였다. ○, ×

01 평가원

(가)의 갑, 을, 병 사상가들의 입장을 (나) 그림으로 표현할 때, A~D에 해당하는 적절한 진술만을 〈보기〉에서 있는 대로 고른 것은?

(가)

갑: 쾌고 감수 능력을 가진 존재들의 이익을 평등하게 고려해야 한다. 평등의 논리를 인간에게만 적용하고 종들 간의 관계에 적용하지 않는 것은 임의적이다.

을: 욕구를 가진 존재는 타자와 구분되는 자신의 복지를 갖고 있다. 이 존재는 희망과 목적을 가지고 있는 삶의 주체이며 수단으로만 대우받아서는 안 된다.

병: 모든 생명체는 목적론적 활동의 중심이며 도덕적으로 대우받아야 할 존재이다. 인간은 생명체의 목적 달성을 방해하는 행동을 해서는 안 된다.

(나)

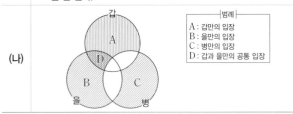

범례
A : 갑만의 입장
B : 을만의 입장
C : 병만의 입장
D : 갑과 을만의 공통 입장

·보기·

ㄱ. A: 종의 차이만으로 도덕적 지위에 차별을 두어서는 안 된다.

ㄴ. B: 삶의 주체인 동물의 권리를 의무론의 관점에서 존중해야 한다.

ㄷ. C: 인간에게는 생명 공동체에 대한 불간섭의 의무가 있다.

ㄹ. D: 개체는 쾌고 감수 능력을 지녀야만 도덕적 지위를 갖는다.

① ㄱ, ㄷ   ② ㄱ, ㄹ   ③ ㄴ, ㄹ
④ ㄱ, ㄴ, ㄷ   ⑤ ㄴ, ㄷ, ㄹ

02 수능

p.100 자료 07

다음 서양 사상가의 입장으로 적절하지 <u>않은</u> 것은?

우리에게는 악의 인식이 선의 인식보다 무한히 쉽다. 선은 눈에 띄지 않게 존재하며 반성을 하지 않으면 인식될 수 없지만, 악의 현존은 우리에게 인식을 강요한다. 우리가 실제로 무엇을 보호해야 하는가를 알아내기 위해 새로운 윤리학은 공포를 논의 대상으로 삼아야 한다. 인간 행위의 새로운 유형에 적합하고 새로운 유형의 행위 주체를 지향하는 명법은 다음과 같다. "너의 행위의 효과가 지상에서의 진정한 인간적 삶의 지속과 조화될 수 있도록 행위하라."

① 자연이 수용할 수 있는 한에서 과학 기술의 발전을 추구해야 한다.

② 과학 기술의 긍정적인 영향보다 부정적인 영향에 주목해야 한다.

③ 새로운 윤리학은 최고악에 대한 공포에서 출발할 필요가 있다.

④ 새로운 윤리학은 "A이면 B하라."라는 형식의 명법만을 지향한다.

⑤ 사후적 책임뿐만 아니라 사전적 책임도 중시해야 한다.

03 평가원

p.098 자료 01

(가)의 사상가 갑, 을, 병의 입장을 (나) 그림으로 탐구할 때, A~D에 해당하는 적절한 질문만을 〈보기〉에서 있는 대로 고른 것은?

(가)

갑: 동물을 이용하는 것이 자연법을 거스르는 것은 아니다. 하지만 인간이 동물의 고통에 동정심을 느낀다면 인간에게는 더 많은 동정심을 갖게 될 것이다. 이것이 바로 신의 뜻이다.

을: 모든 생명체는 내재적 가치를 지니며 자기 보존을 위해 자신의 고유한 방식으로 각자의 선을 추구한다는 점에서 동등한 목적론적 삶의 중심이다.

병: 생명 공동체의 범위를 대지까지 확장시키기 위해서는 생태계를 경제적 관점뿐만 아니라 윤리적·심미적 관점으로도 살펴봐야 한다.

(나)

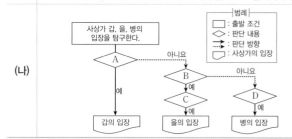

범례
□ : 출발 조건
◇ : 판단 내용
⇢ : 판단 방향
▢ : 사상가의 입장

·보기·

ㄱ. A: 인간은 다른 동물을 단지 수단으로만 취급해도 되는가?

ㄴ. B: 생명 없는 개체의 도덕적 가치를 존중하는 것은 불필요한가?

ㄷ. C: 생명 공동체 자체가 지닌 고유의 선을 고려해야 하는가?

ㄹ. D: 토양이 아닌 물[水]은 도덕 공동체의 범위에서 제외되는가?

① ㄱ, ㄴ   ② ㄱ, ㄹ   ③ ㄷ, ㄹ
④ ㄱ, ㄴ, ㄷ   ⑤ ㄴ, ㄷ, ㄹ

04 교육청

표는 어느 서양 사상가를 상대로 한 가상 설문 조사 결과이다. ㉠, ㉡에 들어갈 옳은 질문만을 〈보기〉에서 있는 대로 고른 것은?

	질문	응답	
		예	아니요
(1)	인간 중심주의적 환경 정책은 환경 파괴를 일시적으로 지연시킬 뿐인가?	V	
(2)	인간은 모든 자연적 존재들과 공생할 때 '큰 자아'를 실현할 수 있는가?	V	
(3)	㉠	V	
(4)	㉡		V

·보기·

ㄱ. ㉠: 모든 생명의 번영은 그 자체로 가치를 지니는가?

ㄴ. ㉠: 인간은 자연의 주인으로서 책임 의식을 가져야 하는가?

ㄷ. ㉡: 개별 생명체의 존속이 생태계의 건강보다 중요한가?

ㄹ. ㉡: 동물과 식물은 내재적 가치를 지닌 점에서 동등한가?

① ㄱ, ㄴ   ② ㄱ, ㄷ   ③ ㄴ, ㄹ
④ ㄱ, ㄷ, ㄹ   ⑤ ㄴ, ㄷ, ㄹ

05 교육청

(가)의 갑, 을, 병 사상가들의 입장을 (나) 그림으로 표현할 때, A~D에 해당하는 옳은 진술만을 〈보기〉에서 있는 대로 고른 것은?

| (가) | 갑: 생명이 없더라도 아름다운 것을 파괴하는 것은 인간의 자기 자신에 대한 의무에 어긋난다.
을: 이익 평등 고려의 원칙에서 볼 때 종(種)이 다르다는 이유로 차별하는 것은 정당화될 수 없다.
병: 고유의 선을 갖는 모든 생명체는 내재적 가치를 지닌 동등한 목적론적 삶의 중심이다. |

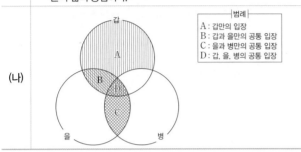

(나)

범례
A : 갑만의 입장
B : 갑과 을만의 공통 입장
C : 을과 병만의 공통 입장
D : 갑, 을, 병의 공통 입장

〈보기〉
ㄱ. A: 동식물과 무생물에 부당한 해를 끼치지 않는 것은 인간의 간접적 의무이다.
ㄴ. B: 유정(有情)적 존재를 함부로 대우하는 것은 잘못이다.
ㄷ. C: 쾌고 감수 능력을 지닌 존재 모두를 도덕적 존중의 대상으로 삼는 것은 옳지 않다.
ㄹ. D: 생명 공동체의 보존이 도덕적 행위의 궁극적 목표는 아니다.

① ㄱ, ㄴ ② ㄱ, ㄹ ③ ㄴ, ㄷ
④ ㄱ, ㄷ, ㄹ ⑤ ㄴ, ㄷ, ㄹ

06 평가원

(가)를 주장한 사상가의 입장에서 (나)의 물음에 대해 제시할 답변으로 가장 적절한 것은?

| (가) | 전통 윤리학과 달리 새로운 윤리학은 미리 사유된 위험 그 자체가 나침반이 되어야 한다. 미래에 있을 수 있는 심상치 않은 상황의 변화, 전 지구적 차원의 위험, 인류 몰락의 징조 등을 통해 비로소 윤리적 원리들이 발견될 수 있다. 이것을 '공포의 발견술'이라고 부른다. |
| (나) | 현대 사회에서 윤리적 책임과 관련하여 과학 기술자가 지녀야 할 바람직한 태도는 무엇인가? |

① 현재가 아니라 미래의 위험만을 고려해야 한다.
② 생태계 전체를 예방적 책임 대상에 포함시켜야 한다.
③ 연구의 위험이 확실할 때에만 예방 조치를 취해야 한다.
④ 세대 간 호혜성의 원칙에 따라 미래 세대를 책임져야 한다.
⑤ 사회에 대한 책임보다 과학적 연구 성과를 더 중시해야 한다.

07 수능

p.098 자료 02

(가)의 갑, 을, 병 사상가들의 입장을 (나) 그림으로 표현할 때, A~D에 해당하는 적절한 진술만을 〈보기〉에서 있는 대로 고른 것은?

| (가) | 갑: 어떤 존재의 고통을 고려하지 않는 도덕적 논증은 있을 수 없다. 이익 평등 고려의 원리는 존재들 간의 동일한 고통을 동일하게 고려할 것을 요구한다.
을: 생명체가 목적론적 삶의 중심이라는 것은 그 활동이 목표 지향적이라는 뜻으로, 생명 활동을 성공적으로 수행하는 항상적인 경향성이 있다는 말이다.
병: 인류는 대지 공동체의 평범한 구성원이 되어야 한다. 이러한 인류의 역할은 동료 구성원과 대지 공동체 자체에 대한 존중을 필연적으로 수반한다. |

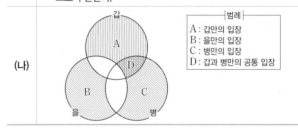

(나)

범례
A : 갑만의 입장
B : 을만의 입장
C : 병만의 입장
D : 갑과 병만의 공통 입장

〈보기〉
ㄱ. A: 평등의 원리에 따라 인간과 모든 동물을 동일하게 대우해야 한다.
ㄴ. B: 인간은 생명체에 끼친 해악에 대한 보상적 정의의 의무를 지닌다.
ㄷ. C: 개체주의적 관점을 지양하고 인간 중심주의에서 벗어나야 한다.
ㄹ. D: 쾌고 감수 능력을 지닌 동물은 도덕적 고려 대상에 속한다.

① ㄱ, ㄹ ② ㄴ, ㄷ ③ ㄴ, ㄹ
④ ㄱ, ㄴ, ㄷ ⑤ ㄱ, ㄷ, ㄹ

08 평가원

다음 사상가가 부정의 대답을 할 질문으로 옳은 것은?

인류는 지구상에 계속 존재해야 한다. 이를 위해서는 사고의 전환이 요청된다. 전통적 윤리는 인간적 삶의 전 지구적 조건과 종(種)의 먼 미래와 실존을 고려할 필요가 없었다. 그러나 이제 우리는 자연에 대한 책임, 미래 지향적 책임, 미래 세대의 삶의 조건에 대한 책임까지 숙고해야 한다. 이러한 책임은 단순히 상호적 권리와 의무로만 설명될 수 없다. 우리에게 요청되는 책임은 자녀에 대한 부모의 책임처럼 일방적이고 절대적인 책임이다.

① 인간과 자연은 공존을 위해 서로를 책임져야 하는가?
② 책임의 대상과 범위에 미래 세대도 포함시켜야 하는가?
③ 인류의 존속 가능성을 파괴하지 않도록 행동해야 하는가?
④ 인간은 예견할 수 있는 모든 결과에 대해서 책임져야 하는가?
⑤ 책임질 수 있는 능력은 책임져야 하는 당위로 연결되어야 하는가?

09 평가원

(가)의 갑, 을, 병 사상가들의 입장을 (나) 그림으로 표현할 때, A~D에 해당하는 적절한 질문만을 〈보기〉에서 있는 대로 고른 것은?

(가)	갑: 자연의 다른 존재를 위한 유용성과는 독립적으로, 쾌고(快苦)를 느끼며 목표를 위해 행위하는 삶의 주체는 비록 의무를 지닐 수 없다 해도 삶을 영위할 권리를 갖는다. 을: 자연의 피조물이 이성을 갖지 않는다고 해서 잔인하게 다루면 안 된다. 그렇게 다룰 경우, 고통에 대해 공감을 일으키는 인간의 자연적 소질이 약화되기 때문이다. 병: 자연을 사냥해서 노예로 만들어 인간의 이익에 봉사하도록 해야 한다. 지식은 인간이 자연을 의도에 맞게 변형하여 자연에 대한 지배력을 강화하는 데 유용하다.

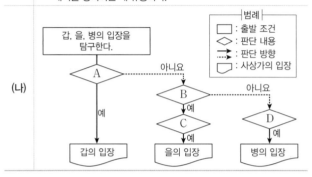

(나)

범례
▢ : 출발 조건
◇ : 판단 내용
┄► : 판단 방향
⬭ : 사상가의 입장

〈보기〉
ㄱ. A: 인간이 아닌 동물도 권리를 지닐 수 있는가?
ㄴ. B: 자연 안의 어떠한 존재도 수단으로 대해서는 안 되는가?
ㄷ. C: 인간만이 도덕적 의무를 실천할 능력을 소유하는가?
ㄹ. D: 자연의 내재적 가치를 이해하여 자연을 지배해야 하는가?

① ㄱ, ㄷ   ② ㄱ, ㄹ   ③ ㄴ, ㄹ
④ ㄱ, ㄴ, ㄷ   ⑤ ㄴ, ㄷ, ㄹ

10 평가원

다음 사상의 자연관으로 가장 적절한 것은?

○ 고정된 자성(自性)이 있다면, 세상의 모든 현상들은 생겨 나지도 않고 없어지지도 않을 것이다. 공(空)하지 않다고 하면, 아직 얻지 못한 것은 결코 얻을 수 없을 것이며 번뇌도 끊을 수 없을 것이다.
○ 티끌 하나에도 끝없는 대지와 큰 바다가 들어 있으며, 끝없는 대지와 큰 바다가 티끌과 다르지 않다는 것을 깨달아야 고통이 없는 해탈을 이루게 될 것이다.

① 원인과 조건에 의해 생멸(生滅)하는 관계의 그물[網]이다.
② 모든 사람들이 마땅히 지켜야 할 예법(禮法)의 근거이다.
③ 인간의 이성으로 질서가 바로잡혀야 할 미성숙한 존재이다.
④ 인간과 무관하게 움직이는 유기적인 무위(無爲)의 체계이다.
⑤ 인간의 삶이 풍요로울 수 있도록 해 주는 도구적 가치의 총체이다.

11 평가원   p.098 자료 04

(가)의 갑, 을, 병의 입장을 (나) 그림으로 표현할 때, A~D에 해당하는 적절한 진술만을 〈보기〉에서 있는 대로 고른 것은?

(가)	갑: 인간은 말과 기호를 사용할 줄 알고 모든 상황에 적절히 대처할 수 있는 데 반해, 동물은 움직이는 자동 기계에 불과하다. 을: 욕구, 지각, 기억, 감정 등 일련의 특징을 지니고 자신의 고유한 삶을 살아가는 삶의 주체만이 도덕적 권리를 지닌다. 병: 살아 있는 모든 존재는 자신의 고유한 선을 자신의 방식으로 추구하는 목적론적 삶의 중심으로서 도덕적 고려의 대상이다.

(나)

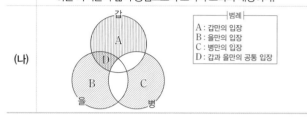

범례
A : 갑만의 입장
B : 을만의 입장
C : 병만의 입장
D : 갑과 을만의 공통 입장

〈보기〉
ㄱ. A: 인간과 달리 동물은 영혼과 육체의 단순한 결합체일 뿐이다.
ㄴ. B: 동물을 인간을 위한 수단으로만 취급하지 않도록 해야 한다.
ㄷ. C: 인간이 어떠한 생명체보다도 본래적으로 우월한 존재는 아니다.
ㄹ. D: 자연 안의 모든 생명체가 도덕적 지위를 갖는 것은 아니다.

① ㄱ, ㄴ   ② ㄱ, ㄹ   ③ ㄷ, ㄹ
④ ㄱ, ㄴ, ㄷ   ⑤ ㄴ, ㄷ, ㄹ

12 평가원

현대 서양 사상가 갑, 을의 입장에 대한 설명으로 가장 적절한 것은?

갑: 인종이나 성(性)을 근거로 하여 평등한 도덕적 지위를 부정하는 것이 그른 것처럼, 우리 종(種)의 구성원이 아니라는 것을 근거로 하여 평등한 도덕적 지위를 부정하는 것은 옳지 않다. 고통과 쾌락의 감수 능력이 이익 관심을 갖는 전제 조건이다.
을: 모든 생명은 '목적론적 삶의 중심'에 서 있기 때문에 자기 고유의 선(善)을 가지고 있다고 할 수 있다. 그래서 모든 생명은 변화하는 환경에 성공적으로 적응하여 자신의 생존을 유지하고, 종(種)을 재생산하려는 경향성을 갖는다.

① 갑은 도덕 공동체의 범위를 생태계까지 확대해야 한다고 본다.
② 갑은 고통을 느낄 수 있는 동물을 도덕적 고려의 대상으로 본다.
③ 을은 자연의 모든 존재는 그 자체로 존중의 대상이라고 본다.
④ 을은 생명을 인간의 선한 목적을 위한 도구적 대상으로 본다.
⑤ 갑, 을은 인간이 자연 전체에 대한 직접적 의무를 가진다고 본다.

13 교육청

(가)의 갑, 을, 병 사상가들의 입장을 (나) 그림으로 탐구하고자 할 때, A~E에 들어갈 질문으로 옳지 않은 것은?

(가)	갑: 이익 평등 고려의 원칙에서 볼 때 한 개체가 어떤 종에 속해 있다는 이유로 그 존재를 차별하는 것은 일종의 편견이며 도덕적으로 정당화될 수 없다. 을: 모든 생명은 '목적론적 삶의 중심'에 있기 때문에 자기 고유의 선을 갖는다. 모든 생명은 자기 보존과 행복을 위해 움직인다는 점에서 동등하다. 병: 윤리의 확장은 생태학적 진화의 과정이며 생태계 모든 구성원의 공생을 추구하는 것이므로, 이 땅의 모든 존재들의 윤리인 대지의 윤리에 이르게 된다.

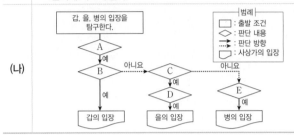

① A: 인간의 이익을 넘어선 탈인간 중심주의가 요구되는가?
② B: 개별 존재의 이익 관심은 쾌고 감수 능력을 전제로 하는가?
③ C: 개별 생명은 생태계 안정에 기여하므로 내재적 가치를 갖는가?
④ D: 생명 존중은 그 자체로 정당한 궁극적인 도덕적 태도인가?
⑤ E: 인간은 생태 공동체 보호의 직접적인 도덕적 의무를 지니는가?

14 수능

p.100 자료 05

(가), (나) 사상의 입장에 대한 설명으로 가장 적절한 것은?

(가)	본래의 마음[心]을 완전히 발휘할 수 있다면 그 본성[性]이 무엇인지 알 수 있다. 본성이 무엇인지 알 수 있다면 하늘이 무엇인지[天命]도 알 수 있다.
(나)	사람은 땅을 법칙으로 삼고 땅은 하늘을 법칙으로 삼는다. 하늘은 도(道)를 법칙으로 삼고 도는 자연(自然)을 법칙으로 삼는다.

① (가)는 하늘이 인간 이외의 만물에 대해서만 관심을 가진다고 본다.
② (나)는 하늘이 부여한 도덕적인 가치가 만물 속에 내재한다고 본다.
③ (가)는 (나)와 달리 하늘이 만물에 법칙을 주는 최고 존재라고 본다.
④ (나)는 (가)와 달리 하늘이 만물 위에 존재하는 절대 원리라고 본다.
⑤ (가), (나)는 하늘이 만물의 운명을 주재하는 인격적 존재라고 본다.

15 수능

(가)의 갑, 을, 병 사상가들의 입장을 (나) 그림으로 표현할 때, A~D에 해당하는 적절한 진술만을 〈보기〉에서 있는 대로 고른 것은?

(가)	갑: 자연 안에 생명이 없는 아름다운 대상들에 대한 파괴를 일삼는 것은 도덕성을 크게 촉진하는 감정을 약화시켜 자기 자신에 대한 인간의 의무와 대립한다. 을: 일부 동물들은 삶의 주체로서 존중받을 도덕적 권리를 갖는다. 우리가 생명 공동체를 구성하는 개체들의 권리를 존중한다면 그 공동체는 보존될 것이다. 병: 인간은 생명 공동체인 대지의 구성원이다. 어떤 것이 생명 공동체의 온전성, 안정성, 아름다움의 보존에 이바지한다면 그것은 옳고, 그렇지 않다면 그르다.

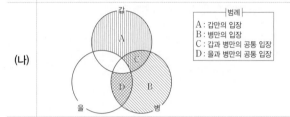

─ 보기 ─
ㄱ. A: 수단으로만 취급해서는 안 될 존재는 이성적 존재뿐이다.
ㄴ. B: 유기체적 생명 공동체 자체의 도덕적 지위를 존중해야 한다.
ㄷ. C: 자연의 아름다움을 보존하는 데 이바지하는 행위만이 옳다.
ㄹ. D: 인간성을 해친다는 것이 동물 학대가 그른 주된 이유는 아니다.

① ㄱ, ㄴ   ② ㄱ, ㄷ   ③ ㄷ, ㄹ
④ ㄱ, ㄴ, ㄹ   ⑤ ㄴ, ㄷ, ㄹ

16 평가원

(가), (나) 사상의 입장에 대한 설명으로 가장 적절한 것은?

(가)	하늘은 아버지요, 땅은 어머니이다. 나는 미미한 존재로 그 가운데 살고 있다. 나는 천지의 기운[氣]을 나의 몸으로, 천지의 이치[理]를 나의 본성으로 여긴다.
(나)	이것이 있으면 저것이 있고, 이것이 없으면 저것이 없다. 이것이 생겨나는[生] 까닭에 저것이 생겨나고, 이것이 사멸하는[滅] 까닭에 저것이 사멸한다.

① (가)는 만물이 지닌 생명력을 천도(天道)의 도덕적 표현으로 본다.
② (나)는 만물의 변화는 물질적 요소의 이합집산일 뿐이라고 본다.
③ (가)는 (나)와 달리 천지를 가치 중립적인 물리적 대상으로 본다.
④ (나)는 (가)와 달리 천지를 질서가 없는 무위(無爲) 체계로 본다.
⑤ (가), (나)는 만물을 연기(緣起)에 의한 상호 의존적 존재로 본다.

17 수능

(가)의 갑, 을, 병 사상가들의 입장을 (나) 그림으로 탐구할 때, A~D에 들어갈 질문으로 옳지 <u>않은</u> 것은?

(가)

갑: 동물을 학대하는 행위는 동물의 고통에 대한 공감을 둔화시키고 도덕성에 매우 이로운 자연적 소질을 약화시킨다. 따라서 그러한 행위는 인간의 자기 자신에 대한 의무에 어긋난다.

을: 동물, 식물, 토양이라는 회로를 통해 흐르는 에너지가 솟아나는 샘, 그것이 자연이다. 사슴이 참나무 외에도 백여 종의 식물을 먹는 것처럼 먹이 사슬의 여러 고리로 연결된 자연은 하나의 유기적인 전체이다.

병: 동식물은 고유의 선을 갖는 실체이다. 이러한 관점을 지닌 합리적 인격체들은 자연에 대한 존중의 태도를 취하고, 동식물을 내재적 존엄성을 지니는 것으로 간주한다.

(나)

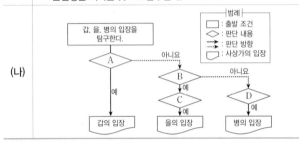

① A: 쾌고 감수 능력은 동물의 이익 고려를 위한 충분조건인가?
② B: 인간은 자연 전체에 대해 직접적인 도덕적 의무를 지니는가?
③ B: 생명 공동체의 온전함이 개별 생명체의 존속보다 중요한가?
④ C: 무생물이라도 도덕 공동체의 범위에 포함시켜야 하는가?
⑤ D: 인간과 식물은 내재적 가치를 지닌다는 점에서 동등한가?

18 교육청

(가), (나)의 입장만을 〈보기〉에서 있는 대로 고른 것은?

(가) 불확실하고 멀리 있는 쾌락보다 확실하고 가까이 있는 쾌락이 중요하므로 미래 세대를 위해 현세대가 고통을 겪는 것은 옳지 않다. 또한 현세대와 미래 세대 사이에는 도움을 주고받는 관계가 성립될 수 없으므로 미래 세대의 도덕적 권리를 고려할 필요는 없다.

(나) 인간은 결코 수단으로 취급되어서는 안 된다. 따라서 현세대와 동일한 인간인 미래 세대에게도 도덕적 권리를 부여해야 한다. 또한 과거 세대가 현세대에게 도움을 주었듯이, 현세대 역시 미래 세대에게 도움을 주는 것이 당연하다.

〈보기〉
ㄱ. (가): 현세대와 달리 미래 세대는 도덕적 권리를 갖는다.
ㄴ. (가): 미래 세대를 위해 현세대가 희생되어서는 안 된다.
ㄷ. (나): 세대 간 연속성을 근거로 현세대는 미래 세대를 책임져야 한다.
ㄹ. (가), (나): 현세대에게 도움을 주고 있는 대상만을 도덕적으로 고려해야 한다.

① ㄱ, ㄷ ② ㄱ, ㄹ ③ ㄴ, ㄷ
④ ㄱ, ㄴ, ㄹ ⑤ ㄴ, ㄷ, ㄹ

19 평가원

p.098 자료 03

(가)의 갑, 을, 병 사상가들의 입장을 (나) 그림으로 표현할 때, A~D에 해당하는 적절한 진술만을 〈보기〉에서 있는 대로 고른 것은?

(가)

갑: 자연 체계 내에서의 인간은 다른 동물들과 같이 대지의 산물로서 평범한 가치를 가진다. 그러나 도덕적·실천적 이성의 주체로서 인간은 자연 안에 존엄하며 절대적 가치를 지닌 존재이다.

을: 새로운 윤리는 도덕적·심미적 관점을 담아 옳고 그름의 기준을 마련해야 하며, 생명 공동체의 온전함에 기여해야 한다. 그러므로 대지의 사용을 이익의 문제로만 생각하지 말아야 한다.

병: 도덕적 기준은 어떤 행위에 의해 영향을 받는 모든 존재들의 이익과 고통을 동등하게 고려하는 데 있다. 그러므로 어떤 행위가 누군가에게 피해를 입히게 된다면, 그 행위는 하지 말아야 한다.

(나)

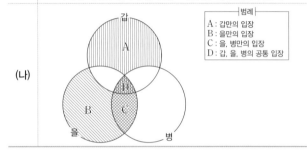

범례
A: 갑만의 입장
B: 을만의 입장
C: 을, 병만의 입장
D: 갑, 을, 병의 공통 입장

〈보기〉
ㄱ. A: 대지의 모든 산물을 목적 그 자체로 대우해야 한다.
ㄴ. B: 대지 공동체 자체가 지닌 도덕적 지위를 인정해야 한다.
ㄷ. C: 고통을 느낄 수 있는 모든 생명체를 동일하게 대우해야 한다.
ㄹ. D: 동물 학대가 인간의 의무에 위배될 수 있음을 인정해야 한다.

① ㄱ, ㄴ ② ㄱ, ㄷ ③ ㄴ, ㄹ
④ ㄱ, ㄷ, ㄹ ⑤ ㄴ, ㄷ, ㄹ

20 교육청

그림의 강연자가 지지할 입장으로 가장 적절한 것은?

기술은 자연뿐만 아니라 인간을 대상으로 전락시켜 스스로 권력이 되었습니다. 이러한 상황은 새로운 윤리적 사유를 요청합니다. 새로운 윤리는 알려지지 않은 미래의 위협에 대해 숙고해야 하므로 희망보다는 공포를 발견하는 것에서 논의를 시작해야 합니다. 이것이 인간이 갖추어야 할 책임에 대한 논의의 시작점입니다.

① 책임의 범위를 현세대의 인간과 자연으로 한정해야 한다.
② 새로운 윤리는 예견할 수 있는 위험을 고려하여 도출해야 한다.
③ 행위의 의도만이 행위자에게 책임을 부과하는 기준이 되어야 한다.
④ 인류의 생존과 기술의 발전은 양립 불가능함을 인식해야 한다.
⑤ 기술로 인한 미래의 혜택을 과감히 포기하는 결단이 필요하다.

21 교육청

(가)의 갑, 을, 병 사상가들의 입장을 (나) 그림으로 표현할 때, A~D에 해당하는 적절한 진술만을 〈보기〉에서 있는 대로 고른 것은?

(가)	갑: 평등의 원리는 어떤 존재의 고통을 다른 존재의 고통과 동등하게 취급하는 것이다. 어떤 존재가 고통을 느낄 수 없다면 고려해야 할 바는 없다. 을: 무생물일지라도 아름다운 것을 파괴하는 행위는 인간이 지닌 자기 자신에 대한 의무에 위반되며, 도덕성을 촉진하는 자연적 감정을 약화시킨다. 병: 생명체를 목적론적 활동의 중심이 되게 하는 것은 자신의 선을 실현하도록 방향 지워진 유기체의 작용이 갖는 일관성과 통일성이다.

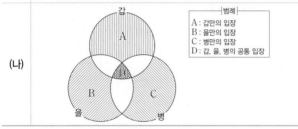

(나)

〈범례〉
A : 갑만의 입장
B : 을만의 입장
C : 병만의 입장
D : 갑, 을, 병의 공통 입장

·보기·
ㄱ. A: 인간과 동물이 선호하는 이익 관심의 대상은 동일하다.
ㄴ. B: 이성적 존재만이 도덕적 행위의 주체가 될 수 있다.
ㄷ. C: 모든 생명체는 의식 유무와 상관없이 내재적 가치를 지닌다.
ㄹ. D: 고통을 느낄 수 있는 존재를 잔혹하게 다루는 행위는 잘못이다.

① ㄱ, ㄴ   ② ㄱ, ㄷ   ③ ㄷ, ㄹ
④ ㄱ, ㄴ, ㄹ   ⑤ ㄴ, ㄷ, ㄹ

22 교육청

다음 토론의 핵심 쟁점으로 가장 적절한 것은?

갑: 오늘날 환경 문제가 우리의 삶을 위협하고 있으므로 건강하고 쾌적한 환경에서 살 권리인 환경권이 강조되고 있습니다.
을: 그렇습니다. 그런데 환경권은 현세대는 물론 미래 세대도 갖는 권리입니다. 따라서 현세대는 미래 세대가 환경적으로 위험에 빠지지 않도록 할 의무가 있습니다.
갑: 그렇지 않습니다. 지금 존재하지 않는 세대의 권리는 인정할 수 없습니다. 권리는 존재와 함께 시작되므로 현세대는 미래 세대에게 아무런 의무도 갖지 않습니다.
을: 아닙니다. 권리의 소유는 존재 여부와 무관합니다. 현세대의 행위로 극심한 피해를 겪게 될 미래 세대를 도덕적으로 배려하기 위해 미래 세대의 환경권을 인정해야 합니다.

① 환경권의 귀속을 현존하는 인간으로 한정해야 하는가?
② 환경을 보호하려는 의무는 미래 세대만을 위한 것인가?
③ 환경권은 건강하고 쾌적한 삶의 영위를 위해 필요한가?
④ 현세대와 미래 세대 간에는 호혜적 관계가 성립되는가?
⑤ 환경 문제는 우리의 삶을 위협하는 전 지구적 문제인가?

23 교육청

(가)의 갑, 을, 병 사상가들의 입장을 (나) 그림으로 탐구할 때, A~D에 들어갈 옳은 질문만을 〈보기〉에서 있는 대로 고른 것은?

(가)	갑: 모든 '이성적 존재자'는 목적 자체로서 존재한다. 만일 어떤 존재가 이성을 갖고 있지 않다면 그 존재는 수단으로서의 가치만 지닌다. 을: 모든 '삶의 주체'는 미래에 대한 의식, 선호와 복지에 대한 이익 관심, 정체성 등을 지닌 개체이므로 도덕적으로 존중받아야 한다. 병: 모든 유기체 각각은 자기 방식대로 고유의 선(善)을 추구하는 독특한 개체라는 의미에서 '목적론적 삶의 중심'이다.

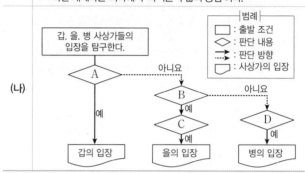

(나)

〈범례〉
▭ : 출발 조건
◇ : 판단 내용
→ : 판단 방향
⇢ : 사상가의 입장

·보기·
ㄱ. A: 인간만이 자기 행위에 대해 책임질 수 있는 삶의 주체인가?
ㄴ. B: 지각과 의식을 가져야만 도덕적 고려의 대상으로 판정될 수 있는가?
ㄷ. C: 내재적 가치를 지닌 모든 동물은 동등하게 존중받을 권리가 있는가?
ㄹ. D: 인간에게는 생태계에 대한 불간섭의 의무가 있는가?

① ㄱ, ㄴ
② ㄱ, ㄹ
③ ㄴ, ㄷ
④ ㄱ, ㄷ, ㄹ
⑤ ㄴ, ㄷ, ㄹ

24 교육청

그림은 형성 평가이다. 학생의 답이 옳게 표시된 것만을 ㉠~㉣ 중에서 있는 대로 고른 것은?

▨▨▨▨▨▨▨▨▨▨▨▨▨▨▨▨▨ 형성 평가 ▨▨▨▨▨▨▨▨▨▨▨▨▨▨▨▨

3학년 □반 ○○○

◉ 갑, 을 사상가들에게 공통적으로 해당하는 주장으로 옳으면 '예', 틀리면 '아니요'에 √표를 하시오.

갑: 우리는 지각, 기억, 믿음, 복지에 대한 이해관계, 자신의 목표를 위해 행위하는 능력 등을 지닌 삶의 주체의 권리를 존중해야 한다. 이러한 권리를 지닌 존재들은 모두 평등하게 대우받아야 한다.

을: 자연 내 존재는 지각력이 없어도 그 자신의 고유한 선을 가질 수 있으나 그것은 반드시 살아 있지 않으면 안 된다. 어떤 존재의 도덕적 지위를 결정짓는 특징은 그 존재가 고유한 선을 가지고 있는지 여부이다.

○ 주장 1: 모든 도덕적 행위 주체는 도덕적 고려 대상에 포함된다.
  예 ☑   아니요 □ ········· ㉠

○ 주장 2: 모든 동물은 인간의 가치 판단과 무관하게 내재적 가치를 지닌다.
  예 □   아니요 ☑ ········· ㉡

○ 주장 3: 모든 생명체는 고유한 목적 지향적 활동을 한다는 면에서 존엄성을 지닌다.
  예 ☑   아니요 □ ········· ㉢

○ 주장 4: 도덕적 고려 대상이 되는 모든 존재는 도덕적 행위 능력과 무관하게 존중받아야 한다.
  예 □   아니요 ☑ ········· ㉣

---

① ㉠, ㉡
② ㉠, ㉣
③ ㉢, ㉣
④ ㉠, ㉡, ㉢
⑤ ㉡, ㉢, ㉣

25 교육청

(가)의 갑, 을, 병 사상가들의 입장을 (나) 그림으로 탐구할 때, A~D에 해당하는 적절한 질문만을 〈보기〉에서 있는 대로 고른 것은?

(가)	갑: 대지에 기울인 정성, 믿음 등에 의해 인간과 대지의 관계가 좌우된다. 이 관계에서는 대지에 대한 경제적 타산과 함께 윤리적·심미적 측면까지 고려된다. 을: 쾌고 감수 능력은 어떤 존재의 이익에 관심을 가질지 여부를 판가름하는 유일한 경계가 된다. 다른 특징으로 경계를 나누는 것은 임의적이라 할 수 있다. 병: 믿음과 욕구, 지각과 기억, 미래에 대한 의식이 있고, 쾌락과 고통 등의 감정을 느낄 수 있다면, 그 개체는 삶의 주체로서 도덕적 권리를 지닌다.

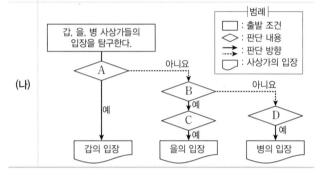

·보기·

ㄱ. A: 전체론적 관점에서 생명 공동체의 안정을 추구해야 하는가?

ㄴ. B: 동물에 대한 도덕적 배려는 인간의 이익 관심에 따른 의무인가?

ㄷ. C: 고통을 느끼는 모든 종(種)은 도덕적 지위에 있어 동등한가?

ㄹ. D: 도덕적 권리를 갖기 위해서 도덕적 행위 능력이 필요한가?

① ㄱ, ㄷ
② ㄱ, ㄹ
③ ㄴ, ㄹ
④ ㄱ, ㄴ, ㄷ
⑤ ㄴ, ㄷ, ㄹ

26 교육청   p.100 자료 06

갑, 을, 병의 입장에서 모두 긍정의 대답을 할 질문으로 가장 적절한 것은?

> 갑: 모든 생명체는 신성하고 동등한 가치를 지니며, 생명을 지키는 것은 선, 생명을 파괴하는 것은 악이다.
> 을: 오직 유정(有情)적 존재만이 이익 관심을 지니기 때문에 이들을 동등하게 도덕적으로 고려할 책임이 있다.
> 병: 어떤 개체가 쾌락과 고통을 느끼며 욕구, 지각, 정체성, 목표 등을 갖는다면 그 개체는 삶의 주체이며 결코 수단으로 취급되어서는 안 된다.

① 생태계 전체를 도덕적 고려의 대상으로 보는가?
② 인간은 동물에 대해 도덕적 의무와 책임을 지니는가?
③ 도덕적 행위의 주체인 인간이 다른 존재보다 우월한가?
④ 이익 관심은 동물의 이익을 고려하기 위한 충분조건인가?
⑤ 고통을 느끼는 생명체에 한해 내재적 가치를 인정해야 하는가?

27 교육청

(가)의 갑, 을, 병 사상가들의 입장을 (나) 그림으로 표현할 때, A~D에 해당하는 적절한 진술만을 〈보기〉에서 있는 대로 고른 것은?

> (가)
> 갑: 고통과 즐거움을 느끼는 능력은 다른 존재들의 이익에 관심을 가질지의 여부를 결정짓는 유일한 경계이다. 따라서 고통을 느끼는 존재의 이익 관심을 동등하게 고려해야 한다.
> 을: 모든 생명은 목적론적 삶의 중심에 있기 때문에 자기 고유의 선을 갖는다. 이러한 관점을 지닌 합리적 인격체는 자연에 대한 존중의 태도를 가지고, 생명을 내재적 존엄성을 지니는 것으로 간주한다.
> 병: 대지는 토양, 식물, 동물의 회로를 거쳐 흐르는 에너지의 원천이다. 어떤 것이 생명 공동체의 온전성, 안정성, 아름다움을 유지시키는 경향이 있다면 옳고, 그 반대라면 그르다.

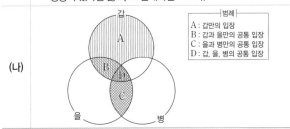

(나)

> 범례
> A : 갑만의 입장
> B : 갑과 을만의 공통 입장
> C : 을과 병만의 공통 입장
> D : 갑, 을, 병의 공통 입장

> ·보기·
> ㄱ. A: 고통을 느낄 수 있는 동물은 도덕적 고려의 대상이다.
> ㄴ. B: 생명이 없는 존재는 도덕적 지위를 갖지 않는다.
> ㄷ. C: 인간뿐만 아니라 자연의 모든 존재는 내재적 가치를 갖는다.
> ㄹ. D: 인간은 도덕적 책임을 질 수 있는 유일한 존재이다.

① ㄱ, ㄷ   ② ㄴ, ㄷ   ③ ㄴ, ㄹ
④ ㄱ, ㄴ, ㄹ   ⑤ ㄱ, ㄷ, ㄹ

28 평가원   p.100 자료 08

다음 사상가의 입장에서 볼 때, 〈가상 대담〉의 ㉠에 들어갈 말로 가장 적절한 것은?

> 오늘날과 같은 '윤리적 공백'의 시대에는 구원의 예언보다 불행의 예언에 더 주의를 기울여야 한다. 그러므로 우리는 과학 기술 유토피아주의를 찬양하는 '희망의 원칙'이 아닌, 미리 사유된 위험 그 자체와 관련된 '공포의 원칙'에 우선성을 두어야 한다.
>
> 〈가상 대담〉
> 리포터: 지구 온난화와 같은 기후 변화 문제를 해결하기 위해 우리는 어떠한 자세를 가져야 할까요?
> 사상가: 우리는 그러한 문제를 해결하기 위해 [㉠]를 가져야 합니다.

① 자연과의 상호 책임성을 토대로 자연에 대해 책임지려는 자세
② 부모가 자녀에 대해 책임지는 것처럼 자연에 대해 책임지려는 자세
③ 자연에 대한 주인 의식을 토대로 자연에 대해 책임지려는 자세
④ 과학의 무한한 진보를 바탕으로 자연에 대해 책임지려는 자세
⑤ 행위의 직접적 영향의 한도 내에서만 자연에 대해 책임지려는 자세

29 평가원

(가)의 갑, 을, 병 사상가들의 입장을 (나) 그림으로 표현할 때, A~D에 해당하는 적절한 진술만을 〈보기〉에서 있는 대로 고른 것은?

> (가)
> 갑: 늙은 말이나 개와 같이 오랫동안 봉사한 동물들에게 감사의 정(情)을 표현하는 것은 직접적으로는 언제나 인간의 자기 자신에 대한 의무일 따름이다.
> 을: 무당벌레와 진딧물의 관계와 같이 하나의 종(種)을 위한 선은 다른 종을 위한 선이 아닐 수 있다. 모든 생명체는 그 자신의 선을 가지는 목적론적 삶의 중심이다.
> 병: 식용 송아지의 비참한 모습은 애처롭고 마음 아프게 한다. 도덕적 무능력자이지만 삶의 주체인 동물들의 도덕적 권리를 침해하는 것은 옳지 않다.

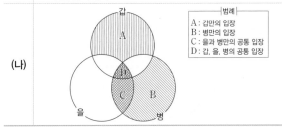

(나)

> 범례
> A : 갑만의 입장
> B : 병만의 입장
> C : 을과 병만의 공통 입장
> D : 갑, 을, 병의 공통 입장

> ·보기·
> ㄱ. A: 인간을 목적이 아닌 수단으로만 대우해서는 안 된다.
> ㄴ. B: 인간이 동물보다 본래적으로 더 우월한 것은 아니다.
> ㄷ. C: 내재적 가치를 지니는 비이성적인 개체도 존재한다.
> ㄹ. D: 생태계 그 자체의 도덕적 지위를 인정할 필요는 없다.

① ㄱ, ㄴ   ② ㄱ, ㄷ   ③ ㄷ, ㄹ   ④ ㄱ, ㄴ, ㄹ ⑤ ㄴ, ㄷ, ㄹ

01 고난도

(가)의 갑, 을, 병 사상가들의 입장을 (나) 그림으로 표현할 때, A~D에 해당하는 적절한 진술만을 〈보기〉에서 있는 대로 고른 것은?

(가)	갑: 모든 존재를 정신과 물체라는 두 개의 실체로 설명할 수 있다고 본다. 불멸의 영혼을 소유하고 있는 인간은 도덕적 주체가 되지만, 영혼이 결여된 자연은 복잡한 구조의 기계적 존재이기 때문에 마음대로 이용하고 지배할 수 있다. 을: 동물을 잔인하게 다루는 것은 인간 자신에 대한 의무를 훨씬 심각하게 거스르는 것이다. 그래서 인간은 이러한 것을 삼가야 할 의무를 지니고 있다. 왜냐하면 이는 인간의 고통이라는 공유된 감정을 무디게 하며, 사람 간의 관계의 도덕성에 이바지할 수 있는 자연적인 소질을 약화시키고, 점차 그 소질을 제거하기 때문이다. 병: 어떤 개체들이 다른 존재에게 유용하다는 것에 대해 논리적으로 독립해서 그리고 그들이 어떤 다른 존재의 이익 관심의 대상이 된다는 것에 대해 논리적으로 독립해서 그들의 경험적 삶이 자신에게 이롭거나 해롭다는 개별적인 복지를 갖는다면, 그 개체들은 삶의 주체이다.
(나)	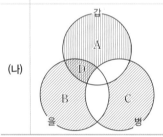 범례 A : 갑만의 입장 B : 을만의 입장 C : 병만의 입장 D : 갑과 을만의 공통 입장

보기
ㄱ. A: 자유롭고 이성적인 인간만이 도덕적 행위의 주체가 된다.
ㄴ. B: 동물 학대 금지는 간접적으로만 인간의 의무에 속한다.
ㄷ. C: 의무론적 관점에서 동물의 도덕적 지위를 인정해야 한다.
ㄹ. D: 식물은 내재적 가치가 아닌 수단적 가치를 지닌 존재이다.

① ㄱ, ㄷ
② ㄱ, ㄹ
③ ㄴ, ㄷ
④ ㄱ, ㄴ, ㄹ
⑤ ㄴ, ㄷ, ㄹ

02 고난도

그림은 형성 평가이다. 학생의 답이 옳게 표시된 것만을 ⊙~@ 중에서 있는 대로 고른 것은?

형성 평가

3학년 □반 ○○○

● 갑, 을 사상가들에게 공통적으로 해당하는 주장으로 옳으면 '예', 틀리면 '아니요'에 √표를 하시오.

갑: 고통과 쾌락의 감수 능력이 이익 관심을 갖는 전제 조건이 된다. 어린이가 길가에 있는 돌멩이를 발로 찼다고 해서 돌멩이의 이익 관심이 손상되는 것은 아니다. 돌멩이는 고통을 느낄 수 없기 때문에 이익 관심을 가졌다고 할 수 없다. 고통과 즐거움을 느낄 수 있는 능력은 어떤 존재가 최소한 고통당하지 않을 이익 관심을 가진다고 말할 수 있는 필요조건일 뿐만 아니라 충분조건이다.

을: 삶의 주체가 된다는 것은 믿음, 욕구, 지각, 기억, 자신의 미래를 포함해 미래에 대한 의식, 쾌락과 고통 등의 감정을 느낄 수 있다는 것, 즉 선호와 복지에 대한 이익 관심, 자기의 욕구와 목표를 위해 행위할 수 있는 능력, 순간순간의 시간을 넘어서 자신의 정체성을 느낄 수 있고, 타자와는 별개로 자신의 삶이 좋을 수도 나쁠 수도 있다는 의미에서 자신의 복지를 갖고 있다는 것이다.

○ 주장 1: 식물은 내재적 가치를 지니므로 도덕적 존중의 대상이다.
　　　　　　　　　예□ 아니요☑ ·········· ⊙

○ 주장 2: 의무론에 근거하여 동물에 대한 인간의 의무를 도출해야 한다.
　　　　　　　　　예☑ 아니요□ ·········· ⓒ

○ 주장 3: 모든 생명체는 고유의 목적 지향적 활동을 한다는 면에서 존엄성을 지닌다.
　　　　　　　　　예□ 아니요☑ ·········· ⓒ

○ 주장 4: 도덕적 고려의 대상이 되는 조건으로 쾌고 감수 능력 여부를 따져 보아야 한다.
　　　　　　　　　예☑ 아니요□ ·········· ②

① ⊙, ⓒ
② ⊙, ⓒ
③ ⓒ, ②
④ ⊙, ⓒ, ②
⑤ ⓒ, ⓒ, ②

03 고난도

갑의 입장에 비해 을의 입장이 갖는 상대적 특징을 그림의 ㉠~㉤ 중에서 고른 것은?

> 갑: 생명체는 그것의 내적 기능과 외적 활동들이 모두 목적 지향적으로 자신의 유기체적 존재를 지속시키려는 일관된 경향성을 가지고 있다. 그들은 자신의 종을 재생산하고, 변화하는 환경에 적응하게 하는 생명 활동을 성공적으로 수행한다.
>
> 을: 이성은 없지만 생명이 있는 일부 피조물과 관련하여 동물들을 잔학하게 다루는 것은 인간의 자기 자신에 대한 의무에 완전히 배치된다. 왜냐하면 그로 인해 타인과의 관계에서의 도덕성이 약화되어 결국은 없어져 버릴 것이기 때문이다.

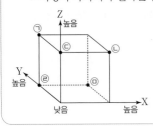

- X: 생명을 내재적 가치로 인정하는 정도
- Y: 생명체 간의 차등적 위계질서를 인정하는 정도
- Z: 자연을 인간의 복지를 위한 수단으로 보는 정도

① ㉠   ② ㉡   ③ ㉢   ④ ㉣   ⑤ ㉤

04

갑, 을에 해당하는 공통된 내용으로 옳지 <u>않은</u> 것은?

> 갑: 윤리의 확장은 생태학적 진화의 과정이며, 생태계 모든 구성원들의 공생을 추구하는 것이므로, 이 땅의 모든 존재들의 윤리인 대지의 윤리에 이르게 된다.
>
> 을: 더 넓은 관점인 자연과 나의 동일시를 통하면, 환경 보호 덕분에 자기 이익에도 도움이 된다는 것을 알 수 있다. …… 자기실현을 협소한 자아의 만족으로 보는 것은 자신을 심각하게 과소평가하는 일이라는 것을 알 때, 우리는 사람들에게 더 큰 '나'라는 관념을 이야기할 수 있다.

① 인간을 비롯한 모든 생명을 도덕적으로 배려해야 한다.

② 동식물과 같은 존재는 인간과 관련하여 간접적으로 고려해야 한다.

③ 인간을 대지의 정복자가 아니라 대지의 구성원으로 바라보아야 한다.

④ 생태계를 위해 개별 구성원을 희생시킬 수 있다는 환경 파시즘으로 흐를 위험이 있다.

⑤ 모든 생명체가 상호 연결된 공동체의 평등한 구성원으로서 동등한 가치를 지닌다.

05

(가)의 갑, 을의 공통된 관점에서 (나)에 나타난 문제점을 해결하기 위해 제시할 수 있는 조언으로 가장 적절한 것은?

(가)	갑: 인간이 하늘의 도를 본받아 다른 인간과 존재를 사랑하고 어질게 행동하는 인(仁)을 베푸는 것이 바람직한 삶이다. 을: 저절로 변하고 길러지도록 만물에 맡겨 두지 않고 인간들이 조작하려고 하면, 나는 그러한 짓을 못하게 자연의 소박한 덕으로 진정시킬 것이다.
(나)	A국의 ○○ 기업은 수도권에 대규모 골프장을 건설하여 빈축을 사고 있다. 골프장을 짓는 과정에서 각종 보호 종들이 사는 습지대가 사라져 생태계에 심각한 피해를 주었으며, 잔디 관리를 위한 엄청난 농약 살포로 인해 마을 상수원이 심각하게 오염되었다.

① 자연 보호를 위해 과학 기술을 발전시켜야 한다.

② 인류의 풍요로운 삶을 위해 자연을 보전하고 관리해야 한다.

③ 인간도 생태계의 일부로서 자연과 합일하는 삶을 살아야 한다.

④ 인간의 행복 추구를 위해 도구인 자연을 충분히 활용해야 한다.

⑤ 자연은 의식이 없는 단순한 물질이므로 정복의 대상으로 여겨야 한다.

06

(가), (나)의 입장에서 볼 때, 질문에 모두 바르게 대답한 것은?

(가)	동물을 잔인하게 다루는 것은 인간 자신에 대한 의무를 훨씬 심각하게 거스르는 것이다. 그래서 인간은 이러한 것을 삼가야 할 의무를 지니고 있다. 왜냐하면 이는 인간의 고통이라는 공유된 감정을 무디게 하며, 사람 간의 관계에 있어 도덕성에 이바지할 수 있는 자연적인 소질을 약화시키고, 점차 그 소질을 제거하기 때문이다.
(나)	완전히 자란 말이나 개는, 일주일이나 한 달이 된 유아와는 비교할 수 없을 정도로 말이 더 잘 통하고, 더 합리적인 동물이다. 그렇지만 그것들이 설사 그렇지 않다고 하더라도, 그게 그렇게 중요한 사실인가? 중요한 것은 그들이 이성을 갖는가, 그들이 말을 하는가가 아니라, 그들이 고통을 느끼는가에 있다.

	질문	(가)	(나)
①	인간만이 아니라 모든 생명체가 동등한 가치를 지니는가?	예	예
②	인간은 인간 자신에 대해서만 직접적인 의무를 지니는가?	아니요	아니요
③	식물을 보존하는 것이 간접적인 의무로 성립 가능한가?	아니요	예
④	인간 이외의 존재를 도덕적으로 고려해야 하는가?	아니요	예
⑤	인간과 동물을 동등하게 대우하는 것이 도덕적인가?	예	아니요

07

다음을 주장한 사상가가 긍정의 답을 할 질문으로 옳은 것을 〈보기〉에서 고른 것은?

> 우리는 '큰 자아실현'과 '생명 중심적 평등'을 추구해야 한다. 큰 자아실현은 자기를 자연의 일부로서 자연과의 상호 연관 속에서 존재하는 것으로 이해하는 과정이다. 생명 중심적 평등은 모든 생명체가 상호 연결된 전체의 평등한 구성원이며, 동등한 가치를 가진다는 것이다.

• 보기 •

ㄱ. 생태계의 모든 존재가 평등한 권리를 누려야 하는가?
ㄴ. 환경 문제의 해결을 위해 세계관의 변화가 필요한가?
ㄷ. 도덕적으로 고려할지를 결정하는 유일한 기준은 쾌고 감수 능력인가?
ㄹ. 인간의 욕구 충족과 장기적 행복을 누리기 위해 자연을 보호해야 하는가?

① ㄱ, ㄴ   ② ㄱ, ㄹ   ③ ㄴ, ㄷ
④ ㄴ, ㄹ   ⑤ ㄷ, ㄹ

08

갑, 을 사상가의 입장에서 갑은 부정, 을은 긍정의 답을 할 질문으로 적절한 것은?

> 갑: 과학의 목적은 자연을 인간의 의도에 맞도록 변형함으로써 인간의 활동 영역을 넓히는 것이다. 예를 들면 동물을 해부하고 실험하는 것은 인간의 육체에 담긴 비밀을 밝히는 도구로 활용하기 위해서이다.
>
> 을: 윤리적인 인간은 이 생명 혹은 저 생명이 얼마나 값진가를 묻지 않으며, 그것이 나에게 얼마나 이익이 되는가를 묻지 않는다. 그에게는 생명 그 자체가 거룩하다. 그는 나무에서 나뭇잎 하나를 함부로 따지 않고, 어떤 꽃도 망가뜨리지 않으며, 어떤 곤충도 밟아 죽이지 않도록 항상 주의한다.

① 모든 생명체는 인간의 이익 추구에 기여해야 하는가?
② 탈인간 중심주의를 바탕으로 인간과 자연의 관계를 규정하는가?
③ 동물에 대한 인간의 의무는 인간성 실현을 위한 간접적인 의무인가?
④ 생물과 무생물을 포함한 생태계 전체에 대해 도덕적 고려를 해야 하는가?
⑤ 생태계의 내재적 가치를 바탕으로 무생물을 도덕적으로 존중해야 하는가?

09

사상가 A가 주장하는 생명체에 대한 네 가지 의무에 해당하지 않는 것은?

> A는 모든 생명체가 의식의 유무와는 상관없이 생존, 성장, 발전 등 자기 보존을 향한 목적 지향적 활동을 한다고 보았다. 또한 이를 위해서는 환경에 적응하려고 애쓰는 존재로서 단일화된 체계라고 주장하였다.

① 어떤 생명체도 해치지 말아야 한다는 의무
② 생태계 전체를 도덕적 고려의 대상으로 삼아야 하는 의무
③ 인간이 다른 생명체에게 해를 끼쳤을 때 그 피해를 보상해야 하는 의무
④ 개체 생명의 자유를 침해하거나 생태계를 조작·통제해서는 안 되는 의무
⑤ 동물 사냥 등 인간의 즐거움을 위해 야생 동물을 기만하는 행위를 해서는 안 되는 의무

10 고난도

(가)의 갑, 을, 병 사상가들의 입장을 (나) 그림으로 탐구할 때, A~D에 해당하는 적절한 질문만을 〈보기〉에서 있는 대로 고른 것은?

> (가)
>
> 갑: 자연을 사냥해서 노예로 만들어 인간의 이익에 봉사하도록 해야 한다. 지식은 인간이 자연을 의도에 맞게 변형하여 자연에 대한 지배력을 강화하는 데 유용하다.
>
> 을: 자연의 다른 존재를 위한 유용성과는 독립적으로, 쾌고를 느끼며 목표를 위해 행위하는 삶의 주체는 비록 의무를 지닐 수 없다 해도 삶을 영위할 권리를 갖는다.
>
> 병: 모든 유기체 각각은 자기 방식대로 고유의 선(善)을 추구하는 독특한 개체라는 의미에서 '목적론적 삶의 중심'이다.

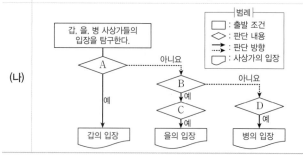

(나)

• 보기 •

ㄱ. A: 인간만이 자신의 삶을 영위하는 주체인가?
ㄴ. B: 지각과 의식을 가져야만 도덕적 고려의 대상으로 판정될 수 있는가?
ㄷ. C: 내재적 가치를 지닌 모든 생물은 동등하게 존중받을 권리가 있는가?
ㄹ. D: 인간에게는 생명 공동체에 대한 불간섭의 의무가 있는가?

① ㄱ, ㄷ   ② ㄱ, ㄹ   ③ ㄴ, ㄷ
④ ㄱ, ㄴ, ㄹ   ⑤ ㄴ, ㄷ, ㄹ

11 고난도

(가)의 갑, 을, 병 사상가들의 입장을 (나) 그림으로 탐구할 때, A~D에 해당하는 적절한 질문만을 〈보기〉에서 있는 대로 고른 것은?

(가)
> 갑: 어떤 존재가 이성을 갖고 있지 않다면 그것은 수단으로서의 상대적인 가치밖에 지니지 않기 때문에 사물이라고 불린다. 반면에 이성적 존재는 인격이라 불린다. 왜냐하면 이성적 존재의 성질은 이미 목적 자체이기 때문이다.
>
> 을: 이익 평등 고려의 원칙에서 볼 때 한 개체가 어떤 종에 속해 있다는 이유로 그 존재를 차별하는 것은 일종의 편견이며 도덕적으로 정당화될 수 없다.
>
> 병: 윤리의 확장은 생태학적 진화의 과정이며 생태계 모든 구성원들의 공생을 추구하는 것이므로, 이 땅의 모든 존재들의 윤리인 대지 윤리에 이르게 된다.

(나)
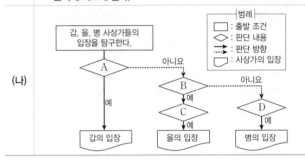

〈보기〉
ㄱ. A: 인간은 동물에 대해 간접적인 의무만을 지니는가?
ㄴ. B: 동물은 도덕적 행위의 주체로 행위할 수 있기 때문에 고유한 가치를 지니는가?
ㄷ. C: 개별 존재의 이익 관심은 쾌고 감수 능력을 전제로 하는가?
ㄹ. D: 인간은 생태 공동체 보호의 직접적인 의무를 지니는가?

① ㄱ, ㄴ ② ㄱ, ㄷ ③ ㄴ, ㄹ
④ ㄱ, ㄷ, ㄹ ⑤ ㄴ, ㄷ, ㄹ

12

사상가 A의 주장으로 적절한 것을 〈보기〉에서 고른 것은?

> A는 "작은 것이 아름답다."라고 하면서 경제 성장을 외면하지 않는 동시에 환경을 보호할 수 있는 방안을 강구했다. 그는 불교 사상을 통해 그 해결책을 찾았다. 그는 그 핵심을 소박함과 비폭력이라고 말한다.

〈보기〉
ㄱ. 많이 소비할수록 행복하다는 양적인 접근은 비합리적이다.
ㄴ. 자연은 인간에게 경제적 이익을 제공하는 원천이 되어야 한다.
ㄷ. 진정한 행복과 풍요로운 삶은 성장과 욕구 충족을 통해 누릴 수 있다.
ㄹ. 나무, 물, 석탄, 원유 등을 함부로 사용하는 것은 일종의 폭력 행위이다.

① ㄱ, ㄴ ② ㄱ, ㄹ ③ ㄴ, ㄷ ④ ㄴ, ㄹ ⑤ ㄷ, ㄹ

13

㉠에 대한 비판으로 적절한 것을 〈보기〉에서 고른 것은?

> [㉠   ]은/는 국가마다 할당된 감축량 의무 달성을 위해 자국의 기업별·부문별로 배출량을 할당하고, 기업이 할당된 온실가스 감축 의무를 이행하지 못할 경우 다른 나라 기업으로부터 할당량을 매입할 수 있도록 하는 제도이다.

〈보기〉
ㄱ. 환경 문제를 해결하는 데 필요한 인류 공동의 책임감을 약화시킨다.
ㄴ. 개발 도상국에게 온실가스 감축을 강제하여 경제 개발에 제약을 준다.
ㄷ. 시장 경제의 논리로만 접근하여 개발 도상국은 경제적 이익을 얻지 못한다.
ㄹ. 비용을 지불할 경제적 능력이 있으면 환경을 파괴해도 된다고 인정하게 된다.

① ㄱ, ㄴ ② ㄱ, ㄹ ③ ㄴ, ㄷ
④ ㄴ, ㄹ ⑤ ㄷ, ㄹ

14

㉠을 실현하기 위한 방안으로 적절한 것을 〈보기〉에서 있는 대로 고른 것은?

> [㉠   ]은/는 1987년 세계 환경 개발 위원회가 발표한 브룬트란트 보고서의 '우리 공동의 미래'에서 처음 제시되었다. 이 보고서에서 [㉠   ]은/는 현세대의 개발 욕구를 충족시키면서도 미래 세대의 개발 능력을 저해하지 않는 '환경친화적 발전', 사회 전 분야에서 각종 개발에 앞서 환경친화성을 먼저 평가해 정책에 반영함으로써 미래 세대가 제대로 보전된 환경 속에서 살아갈 수 있도록 하는 것을 의미하였다.

〈보기〉
ㄱ. 기업들은 친환경 기술 개발에 힘쓴다.
ㄴ. 개인적으로 환경친화적 소비 생활을 한다.
ㄷ. 환경 문제에 대한 국제 협력 체제를 갖춘다.
ㄹ. 저개발 국가들은 성장 중심의 경제 개발에 주력한다.

① ㄱ, ㄷ ② ㄱ, ㄹ ③ ㄴ, ㄹ
④ ㄱ, ㄴ, ㄷ ⑤ ㄴ, ㄷ, ㄹ

12강 예술과 대중문화 윤리

1단계 기출 자료 분석

자료 01 → 단서 ❶ 예술이 올바른 품성 함양에 영향을 미친다고 봄 ←

추한 것과 나쁜 리듬 그리고 부조화는 나쁜 성품을 닮은 반면, 그 반대되는 것들은 좋은 성품을 닮았으며 또한 그것을 모방한 것이다. 건강에 좋은 곳에 거주함으로써 건강해지듯, 젊은이들은 아름다운 작품을 만나 자신도 모르는 사이에 아름다운 말과의 닮음과 친근함, 그리고 조화로 이끌리게 된다. 복잡 미묘한 리듬도 온갖 종류의 운율도 추구하지 말고, 예절 바르고 용감한 삶을 나타내는 리듬이 무엇인지 알도록 해야 한다.

→ 단서 ❷ 예술가가 지향해야 할 점=예절 바름=도덕주의

[자료 분석]
예술의 도덕적 가치를 중시한 플라톤의 주장이다.

[단서 풀이]
• 단서 ❶ 플라톤은 예술이 올바른 품성을 함양하는 데 영향을 미친다고 보고, 예술의 존재 이유는 올바른 행동을 권장하고 덕성을 장려하는 데 있다고 보았다.
• 단서 ❷ 플라톤은 예술이 올바른 품성을 함양하는 데 영향을 미치기 때문에 예술가는 도덕적 이상을 추구해야 한다고 보았다.

자료 02 → 단서 ❶ 유교의 예악 사상=도덕주의

갑: 음악은 즐거움[樂]으로, 사람의 감정상 없을 수 없지만 도리에 맞지 않으면 어지러워진다. 선왕은 천하를 크게 바로잡아 조화시키고자 예(禮)와 함께 음악을 제정했다.

을: 음식의 목적이 즐거움이 아닌 것처럼 예술의 목적도 즐거움이 아니다. 인간 상호간의 교류 수단인 예술의 목적은 이웃에 대한 사랑을 불러일으키는 데에 있다. → 단서 ❷ 도덕주의

[자료 분석]
• 갑: 유교 사상가 순자의 주장이다.
• 을: 톨스토이의 주장이다.

[단서 풀이]
• 단서 ❶ 유교의 예악 사상을 보여 준다. 유교에서는 예술과 도덕이 상호 보완적 관계가 있다고 보았는데 순자임을 모르더라도 단서 ❶을 통해 도덕주의 입장임을 유추할 수 있다.
• 단서 ❷ 톨스토이는 예술을 인간 상호간의 교류 수단으로 보았다. 톨스토이임을 모르더라도, 예술의 목적이 아름다움이 아니라 이웃에 대한 사랑을 불러일으키는 데 있다고 한 부분에서 도덕주의 입장임을 유추할 수 있다.

[이것도 알아둬]
순자는 "순자"에서 "악(樂)이란 아무것으로도 변화시킬 수 없는 조화이며, 예(禮)란 아무것으로도 바꿀 수 없는 이치이다. 악은 모든 것을 다 같이 화합하게 하지만, 예는 모든 것을 따로따로 구분한다. 그러나 예악은 모두 사람들의 마음을 주관한다."라고 하였다.
톨스토이는 "예술이란 무엇인가"에서 "현대 예술의 사명은 인간의 행복이 인간 상호 간의 결합에 있다는 진리를 이성의 영역에서 감정의 영역으로 옮겨, 현재 지배하고 있는 폭력 대신 신의 세계, 즉 인간의 최고 목적으로 간주하는 사랑의 세계를 건설하는 일이다."라고 하였다.

자료 03 → 단서 ❶ 예술 작품에 대한 기술적 복제의 영향

예술 작품에 대한 기술적 복제는 수공적인 복제보다 더 큰 독자성을 지니며, 예술 작품의 존속에 아무런 손상도 입히지 않는다. 예술 작품의 기술적 복제 가능성의 시대에서 예술 작품의 '아우라'는 위축된다. 그러나 사진이나 영화와 같은 영역에서 대량 복제 기술은 대중들로 하여금 개별적 상황 속에서 복제품을 쉽게 접하게 한다. 이러한 현상은 전시 가능성을 중시하는 대중 예술이 기존의 제의(祭儀) 의식에 바탕을 둔 예술을 밀어내는 결과를 초래한다. 이제 예술 작품은 새로운 기능을 지닌 형상물이 된다.

→ 단서 ❷ 예술 작품의 기술적 복제=전시 가능성 높아짐

[자료 분석]
예술 작품에 대한 기술적 복제가 가능한 시대에서 예술 작품은 작품 자체에 혁명이나 진보를 향한 새로운 사회적 기능을 형성하였다고 보는 벤야민의 주장이다.

[단서 풀이]
• 단서 ❶ 벤야민은 예술 작품에 대한 기술적 복제가 가능해졌기 때문에 예술 작품의 아우라는 위축되었지만, 예술 작품의 존속에는 아무런 손상도 입히지 않는다고 보았다.
• 단서 ❷ 벤야민은 대중 예술의 복제 기술로 인해 예술의 숭배 가치가 줄어들고, 전시 가능성이 높아지면서 대중과 예술 작품 간의 거리가 좁혀졌다고 보았다.

자료 04 → 단서 ❶ 플라톤=도덕주의

○ 만약 즐거움을 위한 시가 훌륭한 법질서를 갖는 국가 안에 존재해야 할 이유가 있다면, 우리는 기꺼이 시를 받아들일 것이다. 시가 즐거움을 줄 뿐만 아니라 국가와 인간 생활에 이로운 것임이 밝혀진다면 우리에게도 분명 이득이 될 것이기 때문이다.

○ 시인이나 설화 작가들이 모방을 할 경우에는, 용감하고 절제 있고 경건하며 자유인다운 사람들을 모방해야만 한다. 반면에 그 어떤 창피스러운 것도 모방하지 말아야 하며, 이런 것을 모방하는 데 능한 사람들이 되어서도 안 된다.

단서 ❷ 플라톤=도덕주의 ←

[자료 분석]
예술의 존재 이유를 올바른 행동을 권장하고 덕성을 장려하는 데 있다고 본 플라톤의 주장이다.

[단서 풀이]
• 단서 ❶ 플라톤은 예술[美]이 도덕성[善]의 실현에 기여해야 한다고 보는 도덕주의 입장이다.
• 단서 ❷ 용감하고 절제 있고 자유인다운 사람, 즉 도덕성을 추구하는 예술가를 모방해야 함을 의미한다.

[이것도 알아둬]
플라톤은 "좋은 음악은 훌륭한 덕을 지닌 사람의 용기와 절제를 모방해야 하고, 그 형식이 이러한 내용을 적절히 반영해야 한다."라고 하면서 예술의 미적 가치가 모범이 되어 사람들을 고상하게 해 준다고 하였다. 그는 예술 작품이 도덕적 가치를 담는지 국가가 판단해야 하며, 시인이 시를 통해 시민을 현혹하여 이성적 판단력을 흐리게 하므로 국가에서 추방되어야 한다는 시인 추방론을 주장하기도 하였다.

기출 선지 변형 O X

소요 시간	분 초	어려웠던
틀린 개수	개	문항

※ 다음 내용이 맞으면○, 틀리면 ×에 표시하시오.

01 플라톤의 예술관

01 플라톤에 따르면 예술은 독창성 구현을 목적으로 하는 심미 활동이어야 한다.   O, ×

02 플라톤은 예술은 올바른 품성 함양을 위한 삶의 모범을 제공해야 한다고 보았다.   O, ×

03 플라톤은 예술가는 미(美)를 추구하므로 사회적 책임에서 자유로워야 한다고 보았다.   O, ×

04 플라톤은 예술가는 도덕적 이상을 모방하여 영혼의 조화를 추구해야 한다고 주장하였다.   O, ×

05 플라톤에 따르면 예술은 사람들이 이데아에서 해방되도록 돕는 역할을 한다.   O, ×

06 플라톤은 예술은 선의 실현에 기여해야 한다고 보았다.   O, ×

07 플라톤은 예술은 진리를 왜곡할 경우 비판받아야 한다고 하였다.   O, ×

08 플라톤은 예술에서 미와 선의 내용은 유사할 필요는 없다고 주장하였다.   O, ×

09 플라톤은 예술은 사물의 실재보다 외관을 아름답게 모방해야 한다고 주장하였다.   O, ×

02 순자와 톨스토이의 예술관

10 순자는 예에 부합하는 미적 욕망이 인정되어야 한다고 보았다.   O, ×

11 톨스토이는 예술이 예술 안에서만 완벽함을 추구해야 한다고 보았다.   O, ×

12 톨스토이는 예술의 사회적 기능이 심미적 가치보다 중요하다고 보았다.   O, ×

13 순자와 톨스토이는 예술 체험을 통해 도덕감이 고양되어야 한다고 보았다.   O, ×

14 톨스토이는 예술의 목적이 이웃에 대한 사랑을 불러일으키는 데 있다고 주장하였다.   O, ×

03 벤야민의 예술 작품에 대한 입장

15 벤야민은 대중 예술은 원작이 가지고 있는 유일성의 가치를 높여 준다고 보았다.   O, ×

16 벤야민은 대중 예술은 표준화된 생산을 통해 미적 체험을 제공한다고 보았다.   O, ×

17 벤야민은 대중 예술의 복제 기술은 예술 작품의 신비감을 축소시킨다고 생각하였다.   O, ×

18 벤야민은 대중 예술의 복제 기술은 대중과 예술 작품의 거리를 좁혀 주었다고 보았다.   O, ×

19 벤야민은 대중 예술에서는 예술의 숭배 가치가 늘고 전시 가치가 줄어든다고 보았다.   O, ×

01 평가원
p.114 자료 03

다음 서양 사상가의 입장으로 적절하지 않은 것은?

예술 작품에 대한 기술적 복제는 수공적인 복제보다 더 큰 독자성을 지니며, 예술 작품의 존속에 아무런 손상도 입히지 않는다. 예술 작품의 기술적 복제 가능성의 시대에서 예술 작품의 '아우라'는 위축된다. 그러나 사진이나 영화와 같은 영역에서 대량 복제 기술은 대중들로 하여금 개별적 상황 속에서 복제품을 쉽게 접하게 한다. 이러한 현상은 전시 가능성을 중시하는 대중 예술이 기존의 제의(祭儀) 의식에 바탕을 둔 예술을 밀어내는 결과를 초래한다. 이제 예술 작품은 새로운 기능을 지닌 형상물이 된다.

① 대중 예술은 원작이 가지고 있는 유일성의 가치를 높여 준다.
② 대중 예술은 표준화된 생산을 통해 미적 체험을 제공한다.
③ 대중 예술의 복제 기술은 예술 작품의 신비감을 축소시킨다.
④ 대중 예술의 복제 기술은 대중과 예술 작품의 거리를 좁힌다.
⑤ 대중 예술에서는 예술의 숭배 가치가 줄고 전시 가치가 늘어난다.

02 수능

갑, 을의 입장으로 가장 적절한 것은?

갑: 예술은 사회에 저항하는 힘을 가져야 한다. 그렇지 않으면 예술은 단순한 상품으로 전락한다. 고급 예술은 상품화되었다 하더라도 자율성을 주장하지만, 대중 문화는 산업을 자처하며 대중을 기만하고 그들의 의식을 속박한다.
을: 예술은 삶의 일부를 형성한다. 경험으로서 예술 작품은 우리의 삶 속에 존재한다. 오늘날 미적인 것은 모든 삶의 영역 속으로 빨려 들어가고 있다. 삶 속에서도 대중 예술에서도 미적인 것의 구현은 가능하다.

① 갑: 문화 산업은 기존 질서를 옹호하고 사회를 몰개성화한다.
② 갑: 예술 본연의 목적은 일상적 삶의 고통을 잊게 하는 것이다.
③ 을: 대중 예술은 예술과 삶을 통합시키기보다는 분리시킨다.
④ 을: 예술 작품은 삶 속에서 기능하지 않아야 미적 가치를 지닌다.
⑤ 갑, 을: 대중 예술은 감상자를 사유의 주체가 되도록 독려한다.

03 수능
p.114 자료 04

다음 서양 사상가의 입장을 〈보기〉에서 고른 것은?

○ 만약 즐거움을 위한 시가 훌륭한 법질서를 갖는 국가 안에 존재해야 할 이유가 있다면, 우리는 기꺼이 시를 받아들일 것이다. 시가 즐거움을 줄 뿐만 아니라 국가와 인간 생활에 이로운 것임이 밝혀진다면 우리에게도 분명 이득이 될 것이기 때문이다.
○ 시인이나 설화 작가들이 모방을 할 경우에는, 용감하고 절제 있고 경건하며 자유인다운 사람들을 모방해야만 한다. 반면에 그 어떤 창피스러운 것도 모방하지 말아야 하며, 이런 것을 모방하는 데 능한 사람들이 되어서도 안 된다.

〈보기〉
ㄱ. 예술은 선의 실현에 기여해야 한다.
ㄴ. 예술은 진리를 왜곡할 경우 비판받아야 한다.
ㄷ. 예술에서 미와 선의 내용은 유사할 필요가 없다.
ㄹ. 예술은 사물의 실재보다 외관을 아름답게 모방해야 한다.

① ㄱ, ㄴ   ② ㄱ, ㄷ   ③ ㄴ, ㄷ
④ ㄴ, ㄹ   ⑤ ㄷ, ㄹ

04 평가원

갑, 을의 입장에 대한 옳은 설명을 〈보기〉에서 고른 것은?

갑: 예술 세계에서는 어떤 거짓말도 허용된다. 중요한 것은 오차 없는 진실이 아니라 아름다운 거짓이다. 아름다운 것에서 추악한 의미를 발견하는 사람은 타락한 사람이다. 아름다운 것에서 아름다운 의미를 발견하는 사람은 교양 있는 사람이다.
을: 최고의 예술은 질서와 사랑을 통해 구현되며, 반항적이고 저급한 피조물을 거룩하게 만든다. 예술의 목적은 인간의 종교를 강화하고, 인간의 윤리적 상태를 완전하게 만드는 데 있다. 예술은 이런 일들을 물질적으로 구현하는 것이다.

〈보기〉
ㄱ. 갑은 예술의 본질을 오직 예술 안에서 찾아야 한다고 본다.
ㄴ. 을은 예술이 이상과 현실의 분리를 강조해야 한다고 본다.
ㄷ. 을은 도덕적 목적이 예술 작품으로 구현되어야 한다고 본다.
ㄹ. 갑, 을은 예술이 공동체의 질서 유지에 기여해야 한다고 본다.

① ㄱ, ㄴ   ② ㄱ, ㄷ   ③ ㄴ, ㄷ
④ ㄴ, ㄹ   ⑤ ㄷ, ㄹ

05 평가원
다음 서양 사상가의 입장을 〈보기〉에서 고른 것은?

현대 자본주의 사회는 과거보다 교묘하고 효과적인 방식으로 대중을 다룰 수 있게 되었다. 대중 예술에 투사된 세계는 갈등이 조화롭게 해결되는 듯한 느낌을 주지만 이는 기만적 대리 만족이다. 문화 산업은 대중을 통제함으로써 지배 계급의 이념을 재생산한다. 개인은 자유가 있는 것 같지만 실은 경제적 · 사회적 장치의 산물이다. 문화 산업이 독점한 대중 예술은 개인의 특성을 획일화하여 자신의 논리를 관철한다.

〈보기〉
- ㄱ. 대중 예술품의 주된 가치는 교환 가치에 의해서 결정된다.
- ㄴ. 대중 예술의 영역과 권력의 영역은 상호 무관하게 작동한다.
- ㄷ. 대중 예술은 현실적 모순을 은폐하고 대중 의식을 조작한다.
- ㄹ. 대중 예술의 감상은 획일화되지 않은 개인의 고유한 체험이다.

① ㄱ, ㄴ ② ㄱ, ㄷ ③ ㄴ, ㄷ
④ ㄴ, ㄹ ⑤ ㄷ, ㄹ

07 수능
p.114 **자료 02**
갑, 을의 입장에 대한 옳은 설명만을 〈보기〉에서 있는 대로 고른 것은?

갑: 음악은 즐거움[樂]으로, 사람의 감정상 없을 수 없지만 도리에 맞지 않으면 어지러워진다. 선왕은 천하를 크게 바로잡아 조화시키고자 예(藝)와 함께 음악을 제정했다.
을: 음식의 목적이 즐거움이 아닌 것처럼 예술의 목적도 즐거움이 아니다. 인간 상호간의 교류 수단인 예술의 목적은 이웃에 대한 사랑을 불러일으키는 데에 있다.

〈보기〉
- ㄱ. 갑은 예에 부합하는 미적 욕망이 인정되어야 한다고 본다.
- ㄴ. 갑은 예술이 예술 안에서만 완벽함을 추구해야 한다고 본다.
- ㄷ. 을은 예술의 사회적 기능이 심미적 가치보다 중요하다고 본다.
- ㄹ. 갑, 을은 예술 체험을 통해 도덕감이 고양되어야 한다고 본다.

① ㄱ, ㄴ ② ㄱ, ㄷ ③ ㄴ, ㄹ
④ ㄱ, ㄷ, ㄹ ⑤ ㄴ, ㄷ, ㄹ

06 수능
갑, 을의 입장에서 〈사례〉 속 A에게 제시할 조언으로 가장 적절한 것은?

갑: 신을 찬양하고 덕을 찬양하는 시(詩)만을 이 나라에 받아들여야 한다. 시를 통해 즐거움만 누리려 한다면 이성 대신 즐거움과 괴로움이 왕 노릇을 하게 될 것이다.
을: 예술가는 도덕적 공감을 지니지 않는다. 예술가에게 도덕적 공감은 용납될 수 없는 구태의연한 양식에 불과하다. 예술가는 단지 아름다움의 창조자일 뿐이다.

〈사례〉
A는 웹툰 작가로 포털 사이트에 작품을 연재할 예정이다. 어떤 작품을 그려야 할지 A는 고민하고 있다.

① 갑: 독자들이 오로지 즐거움만 느낄 수 있도록 하세요.
② 갑: 독자들이 도덕적 이상을 추구할 수 있도록 하세요.
③ 을: 독자들에게 권선징악의 교훈을 전달하도록 하세요.
④ 을: 독자들에게 도덕적 공감을 얻을 수 있도록 하세요.
⑤ 갑, 을: 독자들이 자신의 삶을 성찰할 수 있도록 하세요.

08 평가원
p.114 **자료 01**
다음 사상가의 입장을 〈보기〉에서 고른 것은?

추한 것과 나쁜 리듬 그리고 부조화는 나쁜 성품을 닮은 반면, 그 반대되는 것들은 좋은 성품을 닮았으며 또한 그것을 모방한 것이다. 건강에 좋은 곳에 거주함으로써 건강해지듯, 젊은이들은 아름다운 작품을 만나 자신도 모르는 사이에 아름다운 말과의 닮음과 친근함, 그리고 조화로 이끌리게 된다. 복잡 미묘한 리듬도 온갖 종류의 운율도 추구하지 말고, 예절 바르고 용감한 삶을 나타내는 리듬이 무엇인지 알도록 해야 한다.

〈보기〉
- ㄱ. 예술은 독창성 구현을 목적으로 하는 심미 활동이어야 한다.
- ㄴ. 예술은 올바른 품성 함양을 위한 삶의 모범을 제공해야 한다.
- ㄷ. 예술가는 미(美)를 추구하므로 사회적 책임에서 자유로워야 한다.
- ㄹ. 예술가는 도덕적 이상을 모방하여 영혼의 조화를 추구해야 한다.

① ㄱ, ㄴ ② ㄱ, ㄷ ③ ㄴ, ㄷ
④ ㄴ, ㄹ ⑤ ㄷ, ㄹ

01 고난도

(가)의 갑, 을 사상가의 입장을 (나) 그림으로 탐구할 때, A~C에 해당하는 적절한 질문만을 〈보기〉에서 있는 대로 고른 것은?

(가)

갑: 예술 작품은 몸에 좋은 곳에서 불어오는 미풍처럼 그들에게 좋은 영향을 주며, 어릴 때부터 곧장 자기도 모르는 사이에 아름다운 말을 닮고 사랑하고 공감하도록 그들을 이끌어 준다.

을: 아름다운 것에서 아름다운 의미를 찾는 자들은 교양 있는 자들이다. 세상에 도덕적인 작품, 비도덕적인 작품이라는 것은 없다. 작품은 잘 쓰였거나 형편없이 쓰였거나 둘 중 하나일 뿐이다.

(나)

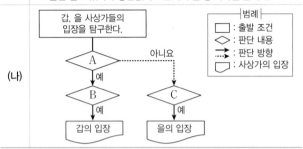

범례
□ : 출발 조건
◇ : 판단 내용
→ : 판단 방향
⬠ : 사상가의 입장

┌─보기─────────────────────────┐
ㄱ. A: 예술의 사회성보다 자율성을 중시해야 하는가?
ㄴ. B: 예술은 올바른 품성을 기르는 데 기여해야 하는가?
ㄷ. C: 예술의 영역과 도덕의 영역은 분리되어야 하는가?
ㄹ. C: 예술은 윤리적 가치 판단으로부터 자유로워야 하는가?
└─────────────────────────────┘

① ㄱ, ㄴ　　　　　　② ㄱ, ㄹ
③ ㄴ, ㄷ　　　　　　④ ㄱ, ㄷ, ㄹ
⑤ ㄴ, ㄷ, ㄹ

02

을의 입장에서 갑에게 제기할 수 있는 반론으로 가장 적절한 것은?

┌─────────────────────────────┐
갑: 예술 작품에 대해 도덕성을 따지는 것은 무의미하다. 그것은 정삼각형은 도덕적이고 이등변삼각형은 비도덕적이라고 말하는 것과 마찬가지이다.

을: 미(美)는 도덕성의 상징이다. 바로 이 점에서 아름다움은 만족을 주며, 다른 모든 사람에게 동의를 요구하는 것이다. 이때 우리의 마음은 감각적 쾌락을 넘어서 순화되고 고귀함을 느끼며, 사람들의 비슷한 준칙에 따라서 다른 모든 것들의 가치를 판단한다.
└─────────────────────────────┘

① 예술을 위한 예술을 추구해야 함을 간과하고 있다.
② 미적 가치와 도덕적 가치가 무관함을 간과하고 있다.
③ 예술 체험이 도덕성 함양에 기여함을 간과하고 있다.
④ 예술에 대한 윤리적 규제가 불필요함을 간과하고 있다.
⑤ 예술의 독자성과 자율성이 강조되어야 함을 간과하고 있다.

03

다음 신문 칼럼의 관점에 부합하는 내용을 〈보기〉에서 있는 대로 고른 것은?

┌─────────────────────────────┐
○○ 신문　　　　　　　　　　○○○○년 ○월 ○일

칼 럼

영화계에서 관객들은 아직까지 감독의 이름을 보고 영화를 선택하는 일이 많지만, 막상 극장에서 영화가 시작될 때 감독은 한참 뒤로 밀려난다. 광고가 끝나고 불이 꺼지면 영화관, 투자 제작사, 영화사의 이름이 순서대로 오른다. 관객들의 집중력이 가장 쏠리는 첫 부분에서 제작 투자자와 공동 투자자의 이름이 순서대로 천천히 나타났다 사라지는 것이다. 영화를 만드는 것이 감독이 아닌 돈이라는 것을 상징적으로 보여 주는 장면이기도 하다. 한 영화사 관계자는 "감독에게 이야기를 이끌어 나갈 구상이 충분해도 투자를 받지 못하면 날개가 꺾일 수밖에 없다."라고 말한다.……
└─────────────────────────────┘

┌─보기─────────────────────────┐
ㄱ. 감독이나 관객이 문화의 주체적 생산자가 된다.
ㄴ. 영화의 작품성보다 흥행 가능성이 더욱 중시된다.
ㄷ. 자금력을 갖춘 투자사가 대중문화를 주도하게 된다.
ㄹ. 수익성과 무관하게 작품의 의미와 예술성이 강조된다.
└─────────────────────────────┘

① ㄱ, ㄴ　　　　　　② ㄱ, ㄹ
③ ㄴ, ㄷ　　　　　　④ ㄱ, ㄷ, ㄹ
⑤ ㄴ, ㄷ, ㄹ

04

다음 관점에 부합하는 진술에만 모두 'ㆍ'를 표시한 학생은?

┌─────────────────────────────┐
이윤 추구를 목적으로 하는 문화 산업은 대량 생산, 대량 소비를 추구한다. 이 과정에서 대중의 취향에 따라 획일화된 문화 상품을 끊임없이 생산한다. 획일화된 문화 상품으로 즐거움을 추구하는 동안 대중의 사유 가능성은 사라진다.
└─────────────────────────────┘

진술　　　　　　　　　　　　　　학생	갑	을	병	정	무
예술이 자본의 종속으로부터 벗어나고 있다.	∨			∨	∨
예술 작품이 하나의 상품으로 전락하고 있다.		∨	∨		∨
문화 산업이 예술의 상업화를 확산시키고 있다.	∨		∨	∨	
예술 작품의 감상은 감상자에게 고유한 체험을 준다.			∨	∨	∨

① 갑　　　　　② 을　　　　　③ 병
④ 정　　　　　⑤ 무

05

그림의 강연자가 지지할 입장으로 가장 적절한 것은?

> 미술 전체가 거대한 투기 산업이 되었습니다. 진정으로 그림을 좋아하는 사람은 많지 않습니다. 대부분 속물적인 의도로 그림을 구매해 미술관에 맡겨 둡니다. 사람들은 확신이 없어서 가장 비싼 것만 구입합니다. 감상은커녕 창고에 넣어 두고 최종가를 알기위해 매일 화랑에 전화를 거는 사람들도 있습니다.

① 예술 작품은 부를 축적하는 수단이 되어야 한다.
② 예술가가 추구해야 할 목표는 예술의 상업화이다.
③ 예술 작품의 본래적 가치에 대해 성찰할 필요가 있다.
④ 예술 작품의 경제적 가치가 다른 가치들보다 중요하다.
⑤ 예술은 문화 자본이 생산하는 표준화된 상품이어야 한다.

06

다음 작품을 그린 작가가 긍정의 대답을 할 질문으로 가장 적절한 것은?

> 스페인의 작고 평화로운 마을 게르니카에 무차별적인 폭탄이 떨어지자, 피카소는 폭력에 희생된 사람들을 추모하고, 공포와 슬픔, 분노와 고통을 '게르니카' 작품으로 표현함으로써, 전쟁의 참혹함을 전 세계에 알렸다.

① 예술가는 오직 미적 가치만을 추구해야 하는가?
② 예술가는 사회의 모순을 비판할 수 있어야 하는가?
③ 예술가는 작품을 통한 사회 참여를 지양해야 하는가?
④ 예술가는 사회적 영향력과 책임감에서 벗어나야 하는가?
⑤ 예술가는 작품을 공익 실현을 위한 도구로 사용할 수 없는가?

07

㉠에 들어갈 진술로 가장 적절한 것은?

> 예술은 사회의 도덕적 성숙에 도움이 되어야 하며 더 좋은 사회가 되게 할 때 가치를 지닌다. 그런데 어떤 사람은 "예술가가 다른 사람의 욕구를 만족하게 하려는 순간 그는 예술가이기를 포기한 것이며, 예술가에게 윤리적 공감은 독창성을 잃게 하는 것이다."라고 주장한다. 나는 이러한 견해에 대해 [㉠   ]을 모르고 있다고 생각한다.

① 예술이 올바른 인격 형성에 기여해야 함
② 예술은 예술 그 자체를 목적으로 삼아야 함
③ 예술의 사회적 기능보다 심미적 가치가 중요함
④ 예술에 대한 윤리적 규제가 예술의 가치를 훼손함
⑤ 예술이 도덕적 평가의 기준으로부터 자유로워야 함

08 고난도

그림은 수업 장면이다. ㉠에 들어갈 적절한 진술만을 〈보기〉에서 있는 대로 고른 것은?

―보기―
ㄱ. 대중은 다양한 문화를 즐길 권리가 있기 때문입니다.
ㄴ. 대중문화의 자율성과 표현의 자유를 침해하기 때문입니다.
ㄷ. 대중을 억압하는 수단으로서의 역할을 상실했기 때문입니다.
ㄹ. 대중문화의 폭력성과 선정성의 표현 수위가 높아졌기 때문입니다.

① ㄱ, ㄴ   ② ㄱ, ㄷ   ③ ㄴ, ㄹ
④ ㄱ, ㄷ, ㄹ   ⑤ ㄴ, ㄷ, ㄹ

13강 의식주 윤리와 윤리적 소비

1단계 기출 자료 분석

자료 01

→ 단서 ❶ 현존재＝하이데거

거주(居住)함은 인간 존재의 근본 특성입니다. 인간은 현존재로서 땅, 하늘, 신적인 것들, 죽을 자들의 본질을 사물들 안으로 가져와 소중히 보살피며, 세계 안에서 건축하고 사유하면서 거주합니다. 인간은 자기 공간의 중심이 되며, 인간이 움직일 때마다 사물의 연관 체계로서 공간도 함께 변화합니다. 인간이 건축함과 거주함에서 사유함을 잊을 때 고향 상실이 일어납니다. 이때 거주함에 대해 다시 배워야 합니다. 오늘날 거주 공간이 상실되어 탈공간의 시대에 살고 있는 인간은 잃어버린 고향에 대해 숙고하고, 고향을 되찾아야 합니다. → 단서 ❷ 고향 상실＝하이데거

자료 분석
주거 공간에서 누리는 편안함과 휴식의 중요성을 강조한 하이데거의 주장이다.

단서 풀이
• 단서 ❶ '현존재'를 통해 하이데거임을 알 수 있다. 하이데거는 거주 공간에서 사물을 보살피고 건축하고 사유하면서 그 공간에 대한 책임을 갖는다고 보았다.
• 단서 ❷ 하이데거는 현대의 시대정신을 '고향 상실'이라고 보았다. 즉, 현대의 맹목적인 기술과 유물론적인 이데올로기에 절망한 인간이 자신의 존재가 편안하게 거주할 터를 얻지 못한다는 의미이다. 하이데거는 건축함과 거주함을 통해 이러한 고향을 되찾아야 한다고 주장하였다.

이것도 알아둬
하이데거에 의하면 인간은 미완성적인 상태로 세상에 내던져진 존재이다. 그래서 인간은 세상과 구분해서 자신을 지켜 갈 수 있는 공간인 주거가 필요하다고 보았다.

자료 02

단서 ❷ 필요 이상의 소비에 대한 비판 ←
→ 단서 ❶ 현대 사회의 소비＝기호와 이미지의 소비 ＝보드리야르

현대 사회의 사람들은 상품을 소비한다고 생각하지만 정작 소비하는 것은 상품의 기호(記號)와 상품이 지니고 있는 이미지이다. 광고 속에 나오는 상품이 기호라면 행복, 풍요로움, 성공, 권력 등은 그 상품에 부여된 이미지이다. 사람들은 상품의 구입과 사용을 통해 자신을 돋보이게 하며 동시에 사회적 지위와 위세를 드러내고자 한다. 하지만 실제로는 욕구의 체계를 발생시키고 관리하는 생산 질서의 지배를 받고 있다. 그 결과 사람들은 자율성과 창의성을 박탈당하여 사물과 같은 존재가 된다.

→ 단서 ❸ 기업의 생산 질서에 의한 지배

자료 분석
우리가 살고 있는 사회를 소비를 중심으로 움직이는 소비 사회라고 한 보드리야르의 주장이다.

단서 풀이
• 단서 ❶ 보드리야르는 현대인들은 상품을 소비하는 것이 아니라 상품의 기호와 이미지를 소비한다고 하였다.
• 단서 ❷ 보드리야르는 현대인들이 상품의 구입을 통해 자신의 사회적 지위와 위세를 드러내고자 필요 이상의 것을 소비한다고 비판한다.
• 단서 ❸ 보드리야르는 이미지를 소비하면 상품을 생산하는 기업이 의도하는 생산 질서에 따라 소비하게 됨으로써 사람들은 자율성과 창의성을 박탈당하게 된다고 보았다.

자료 03

단서 ❶ 주거의 안식과 평화의 기능 ←

우리 시대의 인간은 고향을 잃고 지구상 어떤 곳에도 매여 있지 않은 영원한 망명자이다. 하지만 집은 이러한 위험과 희생의 공간인 외부 공간과 구분되는 안정과 평화의 공간이다. 인간은 자신의 중심점인 집을 스스로 만들어 그곳에 뿌리내리고 살 때 진정한 거주를 실현한다. 인간은 이러한 거주의 실현을 통해 단순히 공간을 점유하는 것이 아닌 거주자가 됨으로써 자신의 본질을 실현하고 온전한 의미에서 인간이 될 수 있다. → 단서 ❷ 주거의 본질적 의미

자료 분석
집을 인간의 삶의 중심이며 요람으로 본 독일의 사상가 볼노브의 주장이다.

단서 풀이
• 단서 ❶ 볼노브는 집은 안식을 얻기 위해서 외부 세계로부터 자신을 보호할 수 있는 공간이어야 하고 내부에서 즐겁게 머무를 수 있는 공간이어야 하며, 평화의 분위기, 즉 아늑함을 유지할 수 있는 공간이어야 한다고 하였다.
• 단서 ❷ 볼노브는 집이라는 공간이 인간의 삶을 한곳에서 뿌리내리게 하고, 그곳으로부터 세계와 우주가 열리는 통로가 된다고 주장하면서 집이 인간의 전 생애에 걸쳐 삶의 터전이자 확고한 중심으로 작용한다고 하였다.

이것도 알아둬
볼노브는 자신의 공간을 자기 삶의 중심으로 형성해야 할 공간 책임론을 제시하였다. 특히 집은 그곳에 거주하는 인간의 체험으로 구성되었으므로 자기 세계의 중심점이 되면서 자기 존재의 뿌리가 되는 곳이라고 보고, 집이라는 공간은 인간과의 관계 속에서 의미를 지닌다고 하였다.

자료 04

→ 단서 ❶ 유교

(가) 자른 것이 바르지 않으면 드시지 않았고 간장이 없으면 드시지 않았다. 고기가 많아도 곡기(穀氣)를 이기지는 않았으며 주량이 대단했으나 어지러울 정도로 마시지는 않았다.

(나) 술과 고기를 먹지 마라. 마늘, 부추, 파, 달래, 홍거의 오신채(五辛菜)를 먹지 마라. 식사는 오전 중 한 번으로 끝내라. 발우의 음식은 수많은 연기(緣起)의 과정을 거친 것이다.

→ 단서 ❷ 불교

자료 분석
• (가): 식생활과 관련하여 유교 사상가 공자가 쓴 "논어"의 일부이다.
• (나): 음식과 관련한 불교의 계율이다.

단서 풀이
• 단서 ❶ 공자의 음식 윤리이다. 군자는 음식 앞에서도 인간다운 품위를 추구해야 한다는 것으로, 음식을 섭취할 때는 적절히 조절하고 절제할 것을 강조하는 내용이다.
• 단서 ❷ 불교에서는 오신채가 화와 음욕을 불러와 수행에 방해가 된다고 보고 이를 먹지 말 것을 주장하였다. 또한 음식이 수많은 연기의 과정을 거친 것이므로 음식을 통해 세상 모든 존재의 상호 의존성을 파악해야 한다고 하였다.

소요 시간	분 초	어려웠던
틀린 개수	개	문항

기출 선지 변형 O X

※ 다음 내용이 맞으면 ○, 틀리면 ×에 표시하시오.

01 하이데거의 주거 윤리

01 하이데거는 인간의 거주 공간은 체험과 무관한 객관적 공간이라고 여겼다. ○, ×

02 하이데거는 인간은 고향을 되찾기 위해 거주 공간을 떠나야 한다고 주장하였다. ○, ×

03 하이데거는 인간은 자신의 행복을 위해 공간을 지배하고 통제해야 한다고 말하였다. ○, ×

04 하이데거는 인간은 사물을 보살피면서 거주 공간에 대한 책임을 갖는다고 보았다. ○, ×

05 하이데거는 인간은 거주함으로써 신적인 것들과 죽을 자들에게서 해방된다고 하였다. ○, ×

02 볼노브의 주거 윤리

06 볼노브는 진정한 거주는 단순히 공간을 점유하는 행위로 국한된다고 보았다. ○, ×

07 볼노브는 인간은 진정한 거주를 실현하지 못하면 영원한 망명자가 된다고 보았다. ○, ×

08 볼노브는 인간은 거주자가 됨으로써 자신의 본질을 실현할 수 있게 된다고 보았다. ○, ×

09 볼노브는 외부 공간은 위험과 희생이 아닌 안정과 평화의 공간이라고 보았다. ○, ×

10 볼노브는 진정한 삶의 실현을 위해 거주 공간이 꼭 필요한 것은 아니라고 보았다. ○, ×

03 보드리야르의 소비에 대한 입장

11 보드리야르는 현대인은 소비 활동 과정에서 주체성을 상실하게 된다고 보았다. ○, ×

12 보드리야르는 현대인은 생산 질서에 좌우되는 소비 활동을 한다고 보았다. ○, ×

13 보드리야르는 현대인은 소비를 통해 사회적 지위를 과시하고자 한다고 보았다. ○, ×

14 보드리야르는 현대 사회에서 소비의 대상은 상품의 이미지에 불과하다고 주장하였다. ○, ×

15 보드리야르는 현대 사회에서 광고 매체는 상품을 기호로서 전달한다고 보았다. ○, ×

04 유교와 불교의 음식 윤리

16 공자는 음식을 먹는 행위에서 인간다운 품위를 추구하여야 한다고 하였다. ○, ×

17 공자는 음식을 섭취하는 목적은 생존 유지에만 국한되어야 한다고 주장하였다. ○, ×

18 불교에서는 음식을 통해 세상 모든 존재의 상호 의존성을 파악해야 한다고 주장하였다. ○, ×

19 불교에서는 '어떻게', '무엇을' 먹느냐의 문제를 수행과 연계시켜야 한다고 하였다. ○, ×

20 불교는 유교와 달리 음식을 섭취할 때는 적절히 조절하고 절제해야 함을 주장하였다. ○, ×

01 평가원
다음 글의 입장으로 가장 적절한 것은?

> 군자는 밥을 먹을 때 다섯 가지를 살펴야 한다. 우선 밥이 완성될 때까지 얼마나 많은 노력이 필요한가와 밥이 어디서 나왔는가를 헤아려야 한다. 그리고 자신의 덕행이 완성되었는지를 헤아려서 공양(供養)을 받아야 한다. 마음을 절제하여 탐욕을 없애야 한다. 바른 처사와 좋은 약으로 건강을 보살펴야 한다. 끝으로 도덕을 이루어야 먹을 자격이 있다. 즉, 군자는 먹을 때에도 인(仁)을 떠나지 않아야 한다.

① 먹는다는 것은 자신과 타인을 살피는 덕의 실천이다.
② 먹는다는 것은 자연에서 영양분을 섭취하는 행위이다.
③ 먹는다는 것은 좋은 음식으로 건강을 돌보는 과정이다.
④ 먹는다는 것은 윤리적 행위가 아니라 문화적 행위이다.
⑤ 먹는다는 것은 자연을 인간의 소유로 만드는 과정이다.

02 평가원
p.120 자료 01

그림의 강연자가 지지할 입장으로 가장 적절한 것은?

> 거주(居住)함은 인간 존재의 근본 특성입니다. 인간은 현존재로서 땅, 하늘, 신적인 것들, 죽은 자들의 본질을 사물들 안으로 가져와 소중히 보살피며, 세계 안에서 건축하고 사유하면서 거주합니다. 인간은 자기 공간의 중심이 되며, 인간이 움직일 때마다 사물의 연관 체계로서 공간도 함께 변화합니다. 인간이 건축함과 거주함에서 사유함을 잊을 때 고향 상실이 일어납니다. 이때 거주함에 대해 다시 배워야 합니다. 오늘날 거주 공간이 상실되어 탈공간적 시대에 살고 있는 인간은 잃어버린 고향에 대해 숙고하고, 고향을 되찾아야 합니다.

① 인간의 거주 공간은 체험과 무관한 객관적 공간이다.
② 인간은 고향을 되찾기 위해 거주 공간을 떠나야 한다.
③ 인간은 자신의 행복을 위해 공간을 지배하고 통제해야 한다.
④ 인간은 사물을 보살피면서 거주 공간에 대한 책임을 갖는다.
⑤ 인간은 거주함으로써 신적인 것들과 죽을 자들에게서 해방된다.

03 평가원
p.120 자료 02

다음 서양 사상가가 부정의 대답을 할 질문으로 가장 적절한 것은?

> 현대 사회의 사람들은 상품을 소비한다고 생각하지만 정작 소비하는 것은 상품의 기호(記號)와 상품이 지니고 있는 이미지이다. 광고 속에 나오는 상품이 기호라면 행복, 풍요로움, 성공, 권력 등은 그 상품에 부여된 이미지이다. 사람들은 상품의 구입과 사용을 통해 자신을 돋보이게 하며 동시에 사회적 지위와 위세를 드러내고자 한다. 하지만 실제로는 욕구의 체계를 발생시키고 관리하는 생산 질서의 지배를 받고 있다. 그 결과 사람들은 자율성과 창의성을 박탈당하여 사물과 같은 존재가 된다.

① 현대인은 소비 활동 과정에서 주체성을 상실하게 되는가?
② 현대인은 생산 질서에 좌우되지 않는 소비 활동을 하는가?
③ 현대인은 소비를 통해 사회적 지위를 과시하고자 하는가?
④ 현대 사회에서 소비의 대상은 상품의 이미지에 불과한가?
⑤ 현대 사회에서 광고 매체는 상품을 기호로서 전달하는가?

04 평가원
그림의 강연자가 긍정의 대답을 할 질문으로 가장 적절한 것은?

> 과시적 소비는 자신의 부와 명성을 타인에게 명백하게 증명하려는 경쟁적인 소비 행위입니다. 명성의 관점에서 사회 구조의 최상부에 위치한 유한계급의 생활 예절과 가치 기준들은 사회 구조의 최하층까지 강압적인 영향력을 확장합니다. 그 결과 각 계급의 구성원들, 심지어 절대 빈곤에 시달리는 빈민조차도 모든 관습적인 과시적 소비의 유혹을 떨쳐버리지 못합니다. 하지만 사회의 전체적인 부가 아무리 증가하더라도 다른 사람들보다 더 많은 재화를 축적하고자 하는 모든 사람들의 모든 욕망은 결코 완전히 충족되지 못합니다. 그 욕망은 본질적으로 차별적인 비교에 바탕을 둔, 명성을 획득하고 유지하기 위한 경쟁이기 때문입니다.

① 유한계급의 소비 행태는 사회 구조 전반으로 확산되는가?
② 사회 구조의 최상위 계급만이 과시적 소비를 욕구하는가?
③ 유한계급은 소비를 통해 자신의 재력을 은폐하고자 하는가?
④ 사회의 각 계급은 상위 계급의 소비 행태에 대해 무관심한가?
⑤ 사회의 전체적인 부가 증대되면 과시적 소비의 욕망은 사라지는가?

05 수능   p.120 자료 03

다음 서양 사상가의 입장으로 가장 적절한 것은?

> 우리 시대의 인간은 고향을 잃고 지구상 어떤 곳에도 매여 있지 않은 영원한 망명자이다. 하지만 집은 이러한 위험과 희생의 공간인 외부 공간과 구분되는 안정과 평화의 공간이다. 인간은 자신의 중심점인 집을 스스로 만들어 그곳에 뿌리내리고 살 때 진정한 거주를 실현한다. 인간은 이러한 거주의 실현을 통해 단순히 공간을 점유하는 것이 아닌 거주자가 됨으로써 자신의 본질을 실현하고 온전한 의미에서 인간이 될 수 있다.

① 진정한 거주는 단순히 공간을 점유하는 행위로 국한된다.
② 인간은 진정한 거주를 실현하지 못하면 영원한 망명자이다.
③ 인간은 거주자가 됨으로써 자신의 본질을 실현할 수 없다.
④ 외부 공간은 위험과 희생이 아닌 안정과 평화의 공간이다.
⑤ 진정한 삶의 실현을 위해 거주 공간이 필요한 것은 아니다.

06 평가원

(가)의 입장에서 (나)의 입장에 대해 제시할 적절한 반론을 〈보기〉에서 고른 것은?

(가)	*패스트 패션 산업은 경제적 측면에만 몰두하여 노동 조건과 자연 생태계를 위협하는 부작용을 초래한다. 그 결과 패스트 패션을 추구하는 현상에 대한 반성이 확산되고 있다. 패션 산업 종사자와 소비자도 인간다운 삶의 권리와 조건에 기여해야 할 책임을 다해야 한다. *패스트 패션(fast fashion): 비교적 저렴한 가격대에 최신 유행 상품을 빠르게 공급해 상품 회전율이 빠른 패션
(나)	패스트 패션 산업은 생산 비용을 절감하고 이윤을 창출함으로써 기업의 사회적 역할과 책임을 다하고 있다. 또한 소비자들은 부담 없는 가격으로 패스트 패션을 즐기면서 다양한 미적 욕구를 충족하고 있다. 이처럼 패스트 패션은 기업과 소비자 모두에게 유용하다.

─〈보기〉─
ㄱ. 환경과 인권에 대한 기업의 역할과 책임을 간과하고 있다.
ㄴ. 패션에 대한 개인들의 차별화된 욕구와 기호를 간과하고 있다.
ㄷ. 욕구 충족만이 소비의 도덕 판단 기준이 아님을 간과하고 있다.
ㄹ. 경제적 효율을 추구하는 합리적 소비 성향을 간과하고 있다.

① ㄱ, ㄴ   ② ㄱ, ㄷ   ③ ㄴ, ㄷ
④ ㄴ, ㄹ   ⑤ ㄷ, ㄹ

07 평가원   p.120 자료 04

(가), (나)에 나타난 삶의 태도로 적절하지 않은 것은?

> (가) 자른 것이 바르지 않으면 드시지 않았고 간장이 없으면 드시지 않았다. 고기가 많아도 곡기(穀氣)를 이기지는 않았으며 주량이 대단했으나 어지러울 정도로 마시지는 않았다.
>
> (나) 술과 고기를 먹지 마라. 마늘, 부추, 파, 달래, 흥거의 오신채(五辛菜)를 먹지 마라. 식사는 오전 중 한 번으로 끝내라. 발우의 음식은 수많은 연기(緣起)의 과정을 거친 것이다.

① (가): 음식을 먹는 행위에서 인간다운 품위를 추구하여야 한다.
② (가): 음식을 섭취하는 목적은 생존 유지에만 국한되어야 한다.
③ (나): 음식을 통해 세상 모든 존재의 상호 의존성을 파악해야 한다.
④ (나): '어떻게', '무엇을' 먹느냐의 문제를 수행과 연계시켜야 한다.
⑤ (가), (나): 음식을 섭취할 때는 적절히 조절하고 절제해야 한다.

08 수능

(가), (나)의 입장을 〈보기〉에서 고른 것은?

> (가) 소비의 목적은 소비자의 만족감 충족이다. 소비자는 자신의 욕구와 상품에 대한 정보를 바탕으로 소득 범위 내에서 상품을 적절하게 선택하여 최소 비용으로 최대 만족을 얻을 수 있어야 한다.
>
> (나) 소비는 자신을 넘어 사회 및 환경에 이르기까지 영향을 미친다. 따라서 자신에게 돌아오는 직접적인 혜택만 생각하지 말고, 장기적 관점에서 사회와 자연에 미치는 영향도 고려하여 소비해야 한다.

─〈보기〉─
ㄱ. (가): 자율적 선택권과 최적의 효용은 소비의 필수적 요소이다.
ㄴ. (가): 개인적 선호보다 공공성을 상품 선택 기준으로 삼아야 한다.
ㄷ. (나): 생태적 영향을 고려한 지속 가능한 소비는 소비자의 의무이다.
ㄹ. (가), (나): 인권과 노동의 가치는 소비자가 고려할 사항이 아니다.

① ㄱ, ㄴ   ② ㄱ, ㄷ   ③ ㄴ, ㄷ
④ ㄴ, ㄹ   ⑤ ㄷ, ㄹ

V

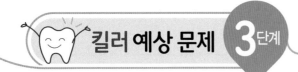

01 고난도

(나)의 입장에 비해 (가)의 입장이 갖는 상대적 특징을 그림의 ㉠~㉤ 중에서 고른 것은?

(가) 경제적 합리성을 상품 선택의 기준으로 삼아야 하며, 소득의 범위 내에서 최소한의 비용으로 자신의 욕구를 최대한 충족하려는 소비를 해야 한다.

(나) 가격을 소비의 유일한 판단 기준으로 삼아서는 안 되며, 개인의 이익을 넘어 윤리적인 가치 판단에 따라 상품이나 서비스를 구매하고 사용해야 한다.

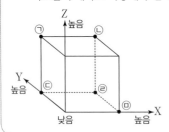

- X: 자연환경을 고려하는 정도
- Y: 가격 대비 만족도를 중시하는 정도
- Z: 동물의 복지와 권리를 고려하는 정도

① ㉠   ② ㉡   ③ ㉢   ④ ㉣   ⑤ ㉤

02

다음 신문 기사에 나타난 문제점을 해결하기 위한 방안으로 가장 적절한 것은?

> ○○ 신문   ○○○○년 ○월 ○일
>
> 주거 문화가 아파트 등 공동 주택으로 바뀌면서 이웃 간 갈등이 심화되고 있다. 특히 최근 들어 아파트 층간 소음 문제는 단순히 이웃 간에 일어날 수 있는 사소한 문제에서 나아가 폭력, 방화 또는 살인과 같은 사회적인 문제로 대두하고 있다.

① 경제적 가치를 중시하는 주거의 본래적 의미를 회복한다.

② 자신이 살아온 고유한 역사와 전통을 이웃에게 강요한다.

③ 이웃 간의 원활한 소통을 위해 주거 형태를 하나로 통일한다.

④ 갈등과 분쟁을 미연에 방지하기 위해 이웃 간 왕래를 자제한다.

⑤ 이웃과의 유대감 형성으로 공동체를 고려하는 주거 문화를 확립한다.

[03~04] 다음 대화를 읽고, 물음에 답하시오.

갑: 생산 유통 판매 과정에서 인권이 보장되고, 관련된 사람들에게 정당한 대가를 지급하며 소비자의 안전이 보장된 상품을 소비해야 합니다.

을: 맞습니다. 뿐만 아니라 동물 복지 및 동물권에 대한 이해를 바탕으로 동물의 생명을 존중하고 고통을 최소화하는 방식으로 생산한 상품을 소비해야 하구요.

갑: 그렇지요! 또한 구성원 간의 상호 의존성을 높이고 지역 공동체의 지속 가능한 발전을 도모하는 소비를 해야 합니다.

을: 그리고 더 나아가 인간이 생태계의 일원임을 인식하고 생태계를 보전하는 지속 가능한 소비를 해야 합니다.

03

위 대화의 핵심 주제로 가장 적절한 것은?

① 사회적 기업과 윤리적 소비는 어떤 관계일까?

② 공정 무역 제품을 구입해야 하는 이유는 무엇일까?

③ 윤리적 소비의 다양한 유형에는 어떤 것들이 있을까?

④ 제품의 생산과 유통에 이르는 전 과정에 윤리성이 요구될까?

⑤ 윤리적 소비를 실천하기 위한 사회적 차원의 노력은 충분한가?

04

위 대화에서 강조하는 소비의 자세를 〈보기〉에서 있는 대로 고른 것은?

> ┤보기├
>
> ㄱ. 에너지와 자원을 아끼고 재활용하는 친환경적 상품을 구매한다.
>
> ㄴ. 모피와 털 가죽 등을 재료로 사용하는 애니멀 프리 패션 상품을 구매한다.
>
> ㄷ. 지역에서 생산된 농산물을 지역에서 소비하는 로컬푸드 운동을 전개한다.
>
> ㄹ. 제3세계의 노동자에게 정당한 임금을 지불한 공정 무역 상품을 구매한다.

① ㄱ, ㄴ   ② ㄱ, ㄷ

③ ㄴ, ㄹ   ④ ㄱ, ㄷ, ㄹ

⑤ ㄴ, ㄷ, ㄹ

05

그림의 강연자가 지지할 입장으로 가장 적절한 것은?

> 인간은 체험을 통해 자신이 위치한 공간을 삶의 중심으로 형성할 수 있습니다. 인간과 집의 관계는 집을 짓고 그 안에 살면서 자기 집 같고, 마음 편하며, 믿을 만한 친숙함이 있다고 이해될 수 있습니다. 인간은 이성적 노력을 통해 자신의 집을 지어야 하며, 그 집에서 자기 삶의 질서를 만들어 나가야 하고, 혼란을 일으키는 외부 세계와의 투쟁 속에서 이러한 질서를 지켜 내야 할 책임이 있습니다.

① 집은 인간의 체험을 넘어서는 객관적인 공간이 되어야 한다.
② 집과의 내적 관계를 맺기보다는 소유하는 것이 더 중요하다.
③ 집이라는 공간은 인간과의 관계에서 벗어날 때 의미를 갖는다.
④ 집은 삶의 안정과 여유를 통해 자신의 존재를 발견하는 공간이다.
⑤ 집은 자기 세계의 중심점으로서 외부 세계와 완전히 차단되어야 한다.

06

그림은 수업 장면이다. ㉠에 들어갈 적절한 진술만을 〈보기〉에서 있는 대로 고른 것은?

> 여러분은 유행 추구 현상에 대해 어떻게 생각하시나요?

> 저는 유행 추구 현상에 대해 부정적으로 생각합니다. 왜냐하면 _____㉠_____

> 저는 유행 추구 현상에 대해 긍정적인 입장입니다.

─보기─
ㄱ. 유행은 기업의 판매 전략에 불과하기 때문입니다.
ㄴ. 유행을 따르려는 개인의 선택권을 존중해야 하기 때문입니다.
ㄷ. 맹목적인 모방과 동조 현상으로 몰개성화를 초래하기 때문입니다.
ㄹ. 유행을 따르지 않는 사람들과 구별되는 개성의 표현이기 때문입니다.

① ㄱ, ㄴ   ② ㄱ, ㄷ   ③ ㄴ, ㄹ
④ ㄱ, ㄷ, ㄹ   ⑤ ㄴ, ㄷ, ㄹ

07

다음 글에서 엿볼 수 있는 음식과 관련된 윤리적 문제를 〈보기〉에서 고른 것은?

> 야생에서 자라는 닭은 땅을 파서 몸을 비비거나 발로 모래를 뿌리는 동작을 통해 스스로 몸에 기생하는 진드기나 벌레 등을 제거한다. 그런데 좁은 철제 케이지에 갇혀 있는 수많은 닭들은 스스로 진드기나 벌레를 제거할 방법이 없다. 이에 일부 닭 사육 농가에서는 인체에 유해하다고 판명되어 축사 소독용으로만 허용된 성분의 살충제를 산란 닭에 직접 뿌려 닭에 기생하는 진드기나 벌레를 제거하는 것으로 드러났다.

─보기─
ㄱ. 대규모의 공장식 사육으로 동물 복지 문제가 발생한다.
ㄴ. 독성 성분에 오염된 음식 재료의 식품 안전성 문제가 제기된다.
ㄷ. 지역 간·국가 간의 빈부 격차가 심화되어 식량 수급의 불균형을 초래한다.
ㄹ. 무분별한 음식의 대량 생산과 대량 소비로 인해 음식물 쓰레기 문제가 발생한다.

① ㄱ, ㄴ   ② ㄱ, ㄷ   ③ ㄴ, ㄷ
④ ㄴ, ㄹ   ⑤ ㄷ, ㄹ

08

다음 글의 입장에 부합하는 내용에만 모두 'ㅇ'를 표시한 학생은?

> 고도로 산업화된 사회에서 명성을 획득할 수 있는 근거는 다름 아닌 재력이다. 재력을 과시하는 방편인 동시에 명성을 획득하고 유지하는 방편은 과시적 여가와 과시적 소비이다. 그 과정에서 두 가지 방편은 모두 그런 여가나 소비의 가능성을 지닌 중하류 계급에서도 유행하기에 이른다.

내용　　　　　　　　　　　학생	갑	을	병	정	무
명품은 더 이상 부유층의 전유물이 될 수 없다.	ㅇ	ㅇ		ㅇ	
고가의 명품은 소유자의 품격을 실제로 높여 준다.	ㅇ		ㅇ		ㅇ
명품 선호는 과시적 소비라는 허영된 욕망의 표현이다.		ㅇ		ㅇ	ㅇ
명품을 구매하는 것은 상품 자체의 필요성에 의한 것이다.			ㅇ	ㅇ	ㅇ

① 갑   ② 을   ③ 병   ④ 정   ⑤ 무

14강 다문화 사회의 윤리

1단계 기출 자료 분석

자료 01

관용은 문화적 편견과 차별의 문제를 극복하기 위해서 필요하다. 그러나 타인의 불의한 행위에 무관심하거나 도덕적 악을 참는 것은 관용이 아니다. <u>인류의 보편적 가치에 반하는 것들에 대해서는 불관용할 수 있어야 한다.</u> 즉, 개인의 자유권, 생명권과 같은 권리에 대한 침해는 용인되어서는 안 된다. 모든 인간은 자신이 원하는 삶을 자유롭게 선택할 수 있는 권리가 있으며 그 누구도 개인의 자유를 박탈할 수 없다.

→ 단서 ❶ 인간의 기본권을 침해하는 행위에 대한 불관용 주장

[자료 분석]
문화의 다양성을 위해 관용을 실천하되 인간의 기본적 권리를 침해하는 행위에 대해서는 불관용을 주장하는 입장이다.

[단서 풀이]
• 단서 ❶ 관용의 한계를 명시하고 있는 부분이다. 즉, 모든 문화에 대한 관용이 아니라 개인의 자유권, 생명권과 같은 권리를 침해하는 문화나 인류의 보편적 가치를 훼손하는 문화에 대해서는 관용하지 않아야 한다고 주장한다.

[이것도 알아둬]
포퍼는 그의 저서 "열린 사회와 그 적들"에서 "관용에 한계를 정하지 않으면 관용의 정신 자체가 존립할 수 없는 지경에 이른다."라고 하면서 이를 관용의 역설이라고 하였다. 그는 "아무 제약 없는 관용은 반드시 관용의 소멸을 불러 온다. 우리가 관용을 위협하는 자들에게까지 무제한의 관용을 베푼다면, 그리고 불관용의 습격에서 관용적인 사회를 방어할 준비가 되어 있지 않다면, 관용적인 사회와 관용 정신 그 자체가 파괴당하고 말 것이다."라고 하였다.

자료 02

단서 ❶ 다문화주의

공용어와 공통의 문화를 강조할 경우 오히려 국가 내 집단을 다수와 소수로 갈라놓아 소수 집단이 다수에 압도당하게 된다. <u>통합을 위해서는, 첫째 우리 사회의 다수가 오랫동안 공유해 온 관행과 규범을 고수하지 않으려는 태도가 필요하다. 둘째, 이주민에게 기본적 시민권은 보장하되 관습과 신앙 및 삶의 양식의 통일까지 요구해서는 안 된다.</u> 그들의 집단적 문화를 표현할 여지를 확보해 줘야 하는 것이다. 통합은 몇 세대에 걸쳐 진행된다는 것을 유념해야 한다. 국가적 유대감을 증진시키는 통합의 실행 가능한 방법은 이주민의 정체성을 국가 전체의 정체성에 종속시키는 것이 아니라 수용하는 것이다.

단서 ❷ 다문화주의

[자료 분석]
자유주의적 다문화주의 관점을 지닌 킴리카의 주장이다.

[단서 풀이]
• 단서 ❶, ❷ 다양한 문화를 평등하게 인정하여 공존해야 한다고 주장하는 다문화주의의 관점이다. 문화 사회에서 사회 통합을 위해 사회가 공유하고 있는 관행과 규범을 강요하지 않아야 하며, 그들의 문화를 표현할 여지를 확보해 주어야 함을 강조하고 있다.

자료 03

단서 ❶ 엘리아데: 인간은 본질적으로 종교적 존재, 세속적인 삶 속에 언제나 성스러움이 드러날 수 있음

<u>종교적 인간은 탄생, 결혼, 죽음과 같은 사건을 겪으며 거룩한 존재가 있다는 사실을 믿게 된다.</u> 그 존재는 이 세계 안에 스스로 현현(顯現)하여 이 세계를 성화(聖化)시킨다. 그러나 세속적 인간은 자신만을 역사의 주체로 생각하며, 초월적 존재를 향한 모든 호소를 거절한다. 그들에게 거룩한 존재는 인간의 자유에 대한 최대의 장애물일 따름이다. 그럼에도 세속적 인간은 비록 스스로 깨닫지 못하고 있을 때조차 종교적으로 행동한다. 탄생, 결혼, 죽음을 기리는 의식이 세속화되기는 했지만 여전히 그 속에서는 종교적 현상이 관찰된다.

→ 단서 ❷ 엘리아데

[자료 분석]
인간을 종교적 인간으로 규정한 엘리아데의 주장이다.

[단서 풀이]
• 단서 ❶ 엘리아데는 종교적 인간은 일상생활 속에서 성스러움을 체험한다고 보고, 성스러운 것과 세속적인 것을 분리하지 않는다고 하였다.
• 단서 ❷ 엘리아데는 "비종교적 인간의 대부분은 의식하지 못해도 여전히 종교적으로 행동한다."라고 하면서 삶 자체가 성스러움의 드러남, 즉 성현(聖顯)이라고 하였다.

[이것도 알아둬]
엘리아데는 자신의 저서 "성과 속"에서 "인간이 성스러움을 아는 것은 그것이 속된 것과는 전혀 다른 어떤 것으로서 스스로 드러내어 보여 주기 때문이다. 이 성스러운 것의 현현(顯現)을 여기서는 성현(聖顯)이라는 말로 불러본다. …… 가장 원시적인 것에서부터 고도로 발달한 것에 이르기까지 종교의 역사는 많은 성현, 즉 성스러운 여러 실재의 현현으로 이루어져 있다고 말할 수 있다."라고 하였다.

자료 04

단서 ❶ 종교적 관점

(가) 종교는 신앙을 통해 진리로 나아갈 수 있도록 하는 매혹적이고 신비한 감정의 체험이다. 세계는 신비로 가득하므로 인간 이성이 과학적으로 인식하는 틀 속에 가둘 수 없다. 방향을 잡기 어려운 현실에서 종교를 통해 삶의 의미와 목적을 추구해야 한다.

(나) 과학은 사실에 토대하며 현상이 어떻게 일어나는지 그 원인을 찾고 반증 가능성에 대해 열린 자세를 취해야 한다. <u>물리적인 것 외에는 실재성이 이성적으로 증명될 수 없으므로, 객관적으로 입증 가능한 사실에 근거하여 진리를 추구해야 한다.</u>

[자료 분석] → 단서 ❷ 과학적 관점
• (가): 종교를 통해 삶의 의미와 목적을 추구해야 한다고 주장하는 종교적 관점이다.
• (나): 객관적으로 입증 가능한 사실에 근거하여 진리를 추구해야 한다고 주장하는 과학적 관점이다.

[단서 풀이]
• 단서 ❶ 종교적 관점에서는 성스러움과 믿음에 기초하여 초자연적 진리를 추구한다.
• 단서 ❷ 과학적 관점에서는 이성과 합리적 사고에 근거하여 관찰과 실험을 통해 객관적 증거로 자연 과학적 진리를 탐구한다.

기출 선지 변형 O X

소요 시간	분 초	어려웠던
틀린 개수	개	문항

※ 다음 내용이 맞으면 ○, 틀리면 ×에 표시하시오.

01 문화적 차별과 편견, 그리고 관용

01 관용은 문화적 편견과 차별의 문제를 극복하기 위해서 필요하다는 입장에서는 타인의 불의한 행위에 무관심하거나 도덕적 악을 참는 것은 관용이 아니라고 본다. ○, ×

02 문화적 편견과 차별에 대해 관용을 주장하는 사람들도 인류의 보편적 가치에 반하는 것들에 대해서는 불관용할 수 있어야 한다고 주장한다. ○, ×

03 문화적 편견과 차별에 대해 관용을 주장하는 사람들은 개인의 자유권, 생명권과 같은 권리도 때로는 침해될 수 있다고 주장한다. ○, ×

04 문화적 편견과 차별에 대해 관용을 주장하는 사람들은 인류의 보편적 가치를 침해하지 않는 한에서 종교의 계율과 전통을 충실하게 따른 행위만이 용인될 수 있다고 본다. ○, ×

02 동화주의와 다문화주의

05 동화주의는 소수 문화의 주류 문화로의 편입을 주장하면서도 소수 문화의 가치를 존중해야 한다고 주장한다. ○, ×

06 동화주의에서는 사회권 보장으로 소수 집단의 문화적 정체성을 유지시켜야 한다고 본다. ○, ×

07 다문화주의에서는 소수 문화에 대한 불관용을 통해 국민 통합을 지향해야 한다고 주장한다. ○, ×

08 다문화주의는 소수 집단의 자치를 승인하면서 사회적 연대를 추구해야 한다고 주장한다. ○, ×

09 동화주의와 다문화주의 모두 문화적 동일성에 대한 요구 없이 시민권을 보장해야 한다는 데는 동의한다. ○, ×

03 과학과 종교에 대한 여러 입장

10 엘리아데는 인간은 종교적 체험을 통해 삶의 목적과 의미를 찾아야 한다고 주장하였다. ○, ×

11 엘리아데는 신앙 없이 이성만으로는 세계의 진리를 완전히 인식할 수 없다고 보았다. ○, ×

12 포퍼는 과학적 지식을 반증 가능성이 있는 것으로 인식할 필요가 있다고 주장하였다. ○, ×

13 엘리아데와 포퍼는 과학적 인식의 한계 내에서만 진리를 추구해야 한다는 데 동의한다. ○, ×

14 엘리아데는 종교가 인간의 심리적인 필요에 의해 만들어졌다고 보았다. ○, ×

15 엘리아데는 비종교적 인간이 자연을 성스러운 것으로 간주한다고 보았다. ○, ×

16 도킨스는 초월적 존재를 전제하지 않아도 자연을 설명할 수 있다고 보았다. ○, ×

17 도킨스는 과학이 인간의 윤리적 행위의 원인을 설명할 수 있다고 보았다. ○, ×

18 엘리아데는 도킨스와 달리 초월적 신이 자연을 통해 자신의 존재를 드러낸다고 보았다. ○, ×

01 평가원   p.126 자료 01

다음 글의 입장에서 볼 때, 〈가상 대담〉의 ㉠에 들어갈 말로 가장 적절한 것은?

관용은 문화적 편견과 차별의 문제를 극복하기 위해서 필요하다. 그러나 타인의 불의한 행위에 무관심하거나 도덕적 악을 참는 것은 관용이 아니다. 인류의 보편적 가치에 반하는 것들에 대해서는 불관용할 수 있어야 한다. 즉, 개인의 자유권, 생명권과 같은 권리에 대한 침해는 용인되어서는 안 된다. 모든 인간은 자신이 원하는 삶을 자유롭게 선택할 수 있는 권리가 있으며 그 누구도 개인의 자유를 박탈할 수 없다.

〈가상 대담〉

전문가: 이제는 우리나라도 다문화 사회로 가고 있습니다. 따라서 다른 문화에 대해 관용의 자세를 가져야 합니다.

리포터: 그렇다면 이런 문화도 관용의 대상이 되나요? 외국에서 이민을 온 어떤 가족은 여자는 교육받을 필요가 없다고 해서 어린 딸을 학교에 보내지 않았어요. 더군다나 딸이 성인이 되어 외출을 하고 싶어 하는데도 집 밖으로 나가지 못하게 해요.

전문가: 그런 문화는 ㉠

① 부모의 고유한 권리를 존중한 것이므로 용인해야 합니다.
② 자녀의 기본적 권리를 침해하므로 용인해서는 안 됩니다.
③ 심각한 인권 침해가 아니므로 고유한 문화로 용인해야 합니다.
④ 종교의 계율과 전통을 충실하게 따른 것이므로 용인해야 합니다.
⑤ 다문화 사회 구성원들의 연대감을 저해하므로 용인해서는 안 됩니다.

02 수능

다음 글의 입장을 〈보기〉에서 고른 것은?

세계 평화를 위한 특별한 책임이 종교에 있다. 종교들이 일치하는 지점을 찾아가는 것으로부터 세계 평화는 시작된다. 인류는 평화보다 전쟁을, 화해보다 광신을, 대화보다 우월성을 부추기는 종교를 더 이상 용인하지 않는다. 이 세계에 차별의 윤리, 모순의 윤리, 투쟁의 윤리가 사라질 때 비로소 우리는 생존의 기회를 얻을 수 있다. 종교 간 대화 없이 종교의 평화가 있을 수 없고, 종교의 평화 없이 세계의 평화는 있을 수 없다.

보기
ㄱ. 종교들이 공유하는 가르침의 실천은 화합과 공존의 토대이다.
ㄴ. 종교 간의 관용은 세계 평화 실현을 위해 필요한 조건이다.
ㄷ. 타 종교에 대한 무지와 편견은 현실 세계의 갈등과 무관하다.
ㄹ. 보편 윤리의 실현과 종교의 단일화는 인류 생존의 조건이다.

① ㄱ, ㄴ   ② ㄱ, ㄷ   ③ ㄴ, ㄷ   ④ ㄴ, ㄹ   ⑤ ㄷ, ㄹ

03 수능   p.126 자료 04

(가), (나)의 입장으로 옳지 않은 것은?

(가) 종교는 신앙을 통해 진리로 나아갈 수 있도록 하는 매혹적이고 신비한 감정의 체험이다. 세계는 신비로 가득하므로 인간 이성이 과학적으로 인식하는 틀 속에 가둘 수 없다. 방향을 잡기 어려운 현실에서 종교를 통해 삶의 의미와 목적을 추구해야 한다.

(나) 과학은 사실에 토대하며 현상이 어떻게 일어나는지 그 원인을 찾고 반증 가능성에 대해 열린 자세를 취해야 한다. 물리적인 것 외에는 실재성이 이성적으로 증명될 수 없으므로, 객관적으로 입증 가능한 사실에 근거하여 진리를 추구해야 한다.

① (가): 인간은 종교적 체험을 통해 삶의 목적과 의미를 찾아야 한다.
② (가): 신앙 없이 이성만으로는 세계의 진리를 완전히 인식할 수 없다.
③ (나): 과학적 지식을 반증 가능성이 있는 것으로 인식할 필요가 있다.
④ (나): 인간은 실험과 관찰을 통해 실증적으로 대상을 탐구해야 한다.
⑤ (가), (나): 과학적 인식의 한계 내에서만 진리를 추구해야 한다.

04 교육청

갑, 을의 입장에 대한 적절한 설명을 〈보기〉에서 고른 것은?

갑: 종교적 인간에게 자연은 단순한 자연이 아니다. 그것은 종교적 의미로 충만해 있다. 우주는 신의 창조물이고, 세속적 세계는 신의 손으로 완성된 것이어서 성스러움[聖]으로 가득 차 있기 때문이다.

을: 자연은 단순히 과학의 연구 대상일 뿐, 종교적 의미는 찾을 수 없다. 자연은 과학으로 설명이 가능하며 자연적이고 물리적인 세계 너머에는 아무것도 없다. 우주의 배후에 있는 초자연적인 창조적 지성은 없으며, 종교는 필요하지 않다.

보기
ㄱ. 갑은 성스러움과 세속적인 것은 분리되어야 한다고 본다.
ㄴ. 갑은 종교적 인간이 자연에서 성스러움을 찾을 수 있다고 본다.
ㄷ. 을은 신을 전제하지 않아도 자연을 설명할 수 있다고 본다.
ㄹ. 갑, 을은 과학으로 초자연적 진리를 찾을 수 있다고 본다.

① ㄱ, ㄴ   ② ㄱ, ㄷ   ③ ㄴ, ㄷ
④ ㄴ, ㄹ   ⑤ ㄷ, ㄹ

05 수능
p.126 자료 03

다음 사상가의 입장으로 적절하지 <u>않은</u> 것은?

> 종교적 인간은 탄생, 결혼, 죽음과 같은 사건을 겪으며 거룩한 존재가 있다는 사실을 믿게 된다. 그 존재는 이 세계 안에 스스로 현현(顯現)하여 이 세계를 성화(聖化)시킨다. 그러나 세속적 인간은 자신만을 역사의 주체로 생각하며, 초월적 존재를 향한 모든 호소를 거절한다. 그들에게 거룩한 존재는 인간의 자유에 대한 최대의 장애물일 따름이다. 그럼에도 세속적 인간은 비록 스스로 깨닫지 못하고 있을 때조차 종교적으로 행동한다. 탄생, 결혼, 죽음을 기리는 의식이 세속화되기는 했지만 여전히 그 속에서는 종교적 현상이 관찰된다.

① 종교적 인간은 스스로 성스럽게 드러나는 거룩한 존재를 믿는다.

② 종교적 인간은 성스러운 것과 세속적인 것의 분리를 지향한다.

③ 종교 의식과 무관한 세속적 일상 의례에도 신성성이 깃들어 있다.

④ 세속적 인간은 통과 의례가 갖는 종교적 의미를 자각하지 못한다.

⑤ 세속적 인간은 종교의 속박에서 벗어나야 자유로워진다고 믿는다.

06 평가원

㉠에 들어갈 내용으로 가장 적절한 것은?

> 기본적 권리는 문화라는 특정한 맥락 안에서 실질적으로 행사될 수 있다. 따라서 집단 간 문화적 차이는 인정되어야 한다. 집단별로 차별화된 권리를 인정하는 다문화주의는 집단 간 관계의 형평성을 제고시킬 뿐 아니라, 소수 집단의 성원으로 하여금 국가에 대한 충성심을 갖게 한다. 그런데 어떤 학자는 "다문화주의는 문화 간 경계가 실제로 존재한다는 잘못된 전제에 근거하여 집단 간 문화의 장벽을 영속화시킬 뿐 아니라, 소수 집단에 별도의 권리를 부여하여 개인의 법 앞의 평등이라는 기본 원칙을 심각하게 손상시킨다."라고 주장한다. 나는 이 학자의 주장이 ㉠ 고 생각한다.

① 집단 간 문화의 경계가 명확히 구분됨을 강조하고 있다

② 문화보다 권리가 우선시되어야 함을 간과하고 있다

③ 다문화주의가 법 적용의 일반성을 따르고 있음을 강조하고 있다

④ 차별화된 권리의 인정이 보편적 인권과 어긋남을 간과하고 있다

⑤ 다문화주의가 사회적 통합을 촉진시키고 있음을 간과하고 있다

07 평가원

다음은 신문 칼럼이다. ㉠에 들어갈 내용으로 가장 적절한 것은?

> ○○ 신문 　　　　　　　　○○○○년 ○월 ○일
>
> **칼 럼**
>
> 오늘날 세계 각 지역에서는 종교 간의 갈등으로 인해 폭력과 분쟁이 심화되고 있다. 이와 관련하여 우리는 어떤 서양 사상가의 가르침에 주목할 필요가 있다. 그는 "타 종교인에 대한 관용의 정신이 참된 종교를 구별하는 가장 분명한 기준이다. 참된 종교는 영혼의 내적 확신에 기초하는데, 이러한 내적 확신을 폭력과 같은 외부적 힘으로 강제하는 것은 종교의 사명은 물론 인간 이성에도 어긋난다."라고 하였다. 이러한 가르침에 따라 종교 간의 갈등 문제를 해결하기 위해서는 ㉠ 을 인식해야 한다. …(후략)…

① 정치와 종교의 분리가 불필요하다는 것

② 영혼의 내적 확신이 구원과 무관하다는 것

③ 종교적 박해는 불합리하므로 부당하다는 것

④ 관용을 허용하지 않는 종교도 참된 종교라는 것

⑤ 종교적 불관용만이 이성에 부합할 수 있다는 것

08 수능
p.126 자료 02

다음 신문 칼럼의 입장으로 가장 적절한 것은?

> ○○ 신문 　　　　　　　　○○○○년 ○월 ○일
>
> **칼 럼**
>
> 공용어와 공통의 문화를 강조할 경우 오히려 국가 내 집단을 다수와 소수로 갈라놓아 소수 집단이 다수에 압도당하게 된다. 통합을 위해서는, 첫째 우리 사회의 다수가 오랫동안 공유해 온 관행과 규범을 고수하지 않으려는 태도가 필요하다. 둘째, 이주민에게 기본적 시민권은 보장하되 관습과 신앙 및 삶의 양식의 통일까지 요구해서는 안 된다. 그들의 집단적 문화를 표현할 여지를 확보해 줘야 하는 것이다. 통합은 몇 세대에 걸쳐 진행된다는 것을 유념해야 한다. 국가적 유대감을 증진시키는 통합의 실행 가능한 방법은 이주민의 정체성을 국가 전체의 정체성에 종속시키는 것이 아니라 수용하는 것이다. … (후략)…

① 통합 과정에서 우리 사회의 전통적 관행이 변하지 않도록 해야 한다.

② 공용어 사용을 의무화해야 국가적 유대감이 증진됨을 유념해야 한다.

③ 이주민의 고유한 문화적 특수성을 유지할 기회를 보장해야 한다.

④ 동화가 신속하게 추진되어야 통합 실행이 가능함을 유념해야 한다.

⑤ 이주민의 삶의 양식 변화가 그들의 시민권 보장보다 선행되어야 한다.

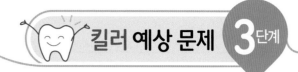
01 고난도

(가)~(다)의 입장을 그림으로 탐구할 때, A~D에 해당하는 적절한 질문만을 〈보기〉에서 있는 대로 고른 것은?

> (가) 이주민의 문화와 같은 소수 문화를 주류 문화에 융합하여 편입시키려는 관점이다.
> (나) 이주민의 고유한 문화와 자율성을 존중하여 문화 다양성을 실현하려는 입장이다.
> (다) 문화의 다양성을 인정하면서도 주류 문화의 사회 통합적 주체로서의 존속을 강조한다.

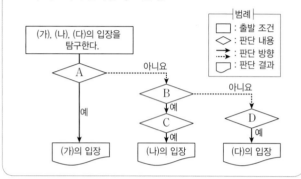

〈보기〉
ㄱ. A: 단일 문화를 바탕으로 사회 통합을 이루어야 하는가?
ㄴ. B: 이주민 문화와 기존 문화를 평등하게 인정하는가?
ㄷ. C: 다양한 문화가 동등한 지위로 공존할 수 있는가?
ㄹ. D: 개별 문화를 인정하면 사회는 갈등과 혼란에 빠지게 되는가?

① ㄱ, ㄴ ② ㄱ, ㄹ ③ ㄷ, ㄹ
④ ㄱ, ㄴ, ㄷ ⑤ ㄴ, ㄷ, ㄹ

02

(가), (나)의 입장에서 모두 부정의 대답을 할 질문으로 옳은 것은?

> (가) 기존 문화가 국수의 면과 국물처럼 주류로서의 위상을 유지하고, 이주민 문화는 국수의 고명처럼 비주류로서 공존해야 한다.
> (나) 커다란 그릇 안에서 다양한 채소와 과일들이 섞여 각자 고유한 맛을 지키면서도 하나의 샐러드가 되듯이, 다양한 문화가 각각의 고유한 특성을 대등하게 유지하면서 조화를 이루어야 한다.

① 주류 문화와 비주류 문화의 정체성을 유지해야 하는가?
② 각각의 문화가 대등한 자격으로 조화를 이루어야 하는가?
③ 소수 문화의 정체성과 문화적 다양성을 존중해야 하는가?
④ 비주류 문화에 대한 주류 문화의 우위를 인정해야 하는가?
⑤ 주류 문화의 관점에서 문화의 단일성을 유지해야 하는가?

03

(가)의 입장에서 (나)에 내린 평가로 가장 적절한 것은?

> (가) 다양한 문화를 대할 때 각각의 문화가 지닌 고유성과 상대적 가치를 이해하고 존중하는 태도는 중요하다. 세계화 및 다문화 시대를 맞아 문화적 차이에 따른 갈등을 예방하고, 서로 다른 다양한 문화의 공존을 도모하기 위해서는 이러한 태도가 필수적이다. 그러나 모든 관습과 전통, 문화를 무조건 바람직한 것으로 인정해야 할까? 그렇지 않다. 다양한 문화는 관용의 태도를 바탕으로 존중해야 하지만 먼저 보편 윤리에 어긋나지 않는지 살펴봐야 한다.
> (나) 옛날 중국에는 작은 발을 가진 여성을 미인으로 여기는 관습에 따라 여자아이의 발의 성장을 인위적으로 제한하고 고통을 가하여 기형적으로 작게 만드는 전족이라는 풍습이 있었다.

① 보편 윤리에 어긋나지 않으므로 인정해야 한다.
② 고유한 전통에 충실히 따른 것이므로 인정해야 한다.
③ 심각한 인권 침해에 해당하므로 인정해서는 안 된다.
④ 극단적 윤리적 상대주의에 따르면 인정해서는 안 된다.
⑤ 문화의 특수성과 다양한 문화의 공존을 위해 인정해야 한다.

04 고난도

(가)의 입장에 비해 (나)의 입장이 갖는 상대적 특징을 그림의 ㉠~㉢ 중에서 고른 것은?

> (가) 여러 가지 금속을 용광로 안에 넣고 녹여 하나의 새로운 금속을 만들어 내듯이, 다양한 문화를 섞어 새로운 문화로 재탄생해야 한다고 보는 관점이다.
> (나) 다양한 채소와 과일이 그 특성을 유지하면서 조화롭게 맛을 낼 수 있듯이, 다양한 문화가 서로 대등하게 조화를 이루어야 한다고 보는 관점이다.

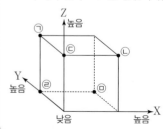

• X: 사회적 연대감이나 결속력을 강화시키는 정도
• Y: 이주민들의 문화적 정체성을 유지시키는 정도
• Z: 소수 문화를 주류 문화에 적응 및 통합시키는 정도

① ㉠ ② ㉡ ③ ㉢ ④ ㉣ ⑤ ㉤

05 고난도

다음 가상 편지에서 강조하는 내용으로 가장 적절한 것을 〈보기〉에서 있는 대로 고른 것은?

친애하는 ○○에게
진심으로 상대의 구원을 바라면서, 그 사람을 고문으로 숨지게 하는 것이 정당하다고 생각하는 것은 나로서는 도저히 이해할 수 없는 일일세. 그것도 심지어 개종되지 않은 채 죽게 하는 것을 말이야. 누구도 그와 같은 행동이 자비심이나 사랑이나 선의에서 비롯되었다고 믿지 않을 것이 분명하네. 만일 사람들이 자신들의 도덕적 원칙과는 상관없이 어떤 특정한 교리를 불이나 칼의 위협을 통해서라도 억지로 예배에 순응해야 한다고 주장하는 사람들이 있다면, 즉 자신의 신앙에 비추어 잘못되어 있다고 생각하는 사람에게 억지로 신앙 고백하도록 하고 그들의 신앙을 개종하려고 애쓰는 사람이 있다면, 실로 그런 사람은 수많은 회중들이 자기와 같은 신앙 고백을 하게끔 원하는 것이 틀림없다네.

·보기·
ㄱ. 다른 종교의 존재를 인정하는 관용의 자세가 필요하다.
ㄴ. 국가 권력이 신앙의 고유한 영역에 강제력을 행사해야 한다.
ㄷ. 종교적 구원의 문제는 개인의 양심과 자유에 맡겨서는 안 된다.
ㄹ. 종교적 진리에 대한 인간의 인식은 상대적이고 오류의 가능성이 있다.

① ㄱ, ㄴ　　② ㄱ, ㄹ　　③ ㄷ, ㄹ
④ ㄱ, ㄴ, ㄷ　　⑤ ㄴ, ㄷ, ㄹ

06

다음 문제의 해결 방안으로 적절한 진술에만 모두 'V'를 표시한 학생은?

북아일랜드의 개신교와 가톨릭 간의 갈등, 이슬람교 내에서의 수니파와 시아파의 갈등, 스리랑카에서의 불교와 힌두교의 갈등, 이스라엘과 아랍 국가 간의 갈등 등 세계 곳곳에서 종교 간의 갈등과 분쟁이 이어지고 있다.

진술 \ 학생	갑	을	병	정	무
종교 간의 배타적 태도에서 벗어나 공존을 추구한다.	V		V		V
종교적 체험을 바탕으로 자기 종교의 절대성을 강조한다.				V	V
타 종교에 대한 합리적인 설득으로 종교를 단일화시킨다.		V			V
자기 종교의 관점에서 타 종교의 문제점에 대해 비판한다.				V	V

① 갑　　② 을　　③ 병　　④ 정　　⑤ 무

07

다음 글의 입장에서 지지할 내용만을 〈보기〉에서 있는 대로 고른 것은?

불교의 오계는 "살생하지 마라.", "거짓말하지 마라." 등의 계율을 제시한다. 이슬람교에서는 라마단 기간에 금식하는데, 이는 인내와 자제력을 가르치고 소외된 이웃을 되돌아보게 하려는 것이다. 또한 그리스도교의 십계명은 "부모를 공경하라.", "네 이웃의 재물을 탐하지 마라." 등의 가르침을 제시한다.

·보기·
ㄱ. 종교 윤리와 세속 윤리는 인간의 존엄성을 중시한다.
ㄴ. 종교 윤리는 인간의 윤리적 삶을 고양하는 데 기여할 수 있다.
ㄷ. 초월적인 세계에 근거한 종교 윤리는 세속 윤리와는 엄격히 구분된다.
ㄹ. 도덕성을 중시한다는 점에서 세속 윤리는 종교 윤리와 큰 차이를 보인다.

① ㄱ, ㄴ　　② ㄱ, ㄹ　　③ ㄷ, ㄹ
④ ㄱ, ㄴ, ㄷ　　⑤ ㄴ, ㄷ, ㄹ

08

그림은 서술형 평가 문제와 학생 답안이다. 학생 답안의 ㉠~㉤ 중 옳지 않은 것은?

서술형 평가

● 문제: 종교의 본질에 대해 내용적 측면과 형식적 측면으로 나누어 서술하시오.

● 학생 답안
㉠ 종교는 내용적 측면에서 성스럽고 거룩한 것에 관한 체험과 믿음을 포함한다. 독일의 신학자 오토는 종교를 '엄청나고도 매혹적인 신비의 감정'이라고 정의하며, ㉡ 직관과 감정, 체험 등을 통해 파악하는 것이 아니라, 합리적으로 이해해야 한다고 주장하였다. ㉢ 종교는 형식적 측면에서 경전과 교리, 의례와 형식, 그리고 교단을 포함한다. ㉣ 종교는 초월적인 힘을 가진 절대자에 대한 설명과 체계를 바탕으로 종교 공동체를 구성한다. 그리고 ㉤ 예배, 미사, 법회 등과 같은 나름대로의 의식과 제의를 통하여 초월적이고 절대적인 존재와 교류하고자 한다.

① ㉠　　② ㉡　　③ ㉢　　④ ㉣　　⑤ ㉤

15강 갈등 해결과 소통의 윤리 ~ 민족 통합의 윤리

1단계 기출 자료 분석

자료 01

오늘날 시민들은 공적 장소에서 토론할 기회를 제대로 가질 수 없을 뿐만 아니라, 그러한 공적 토론이 시민들에게 권장되지도 않는다. 시민들 간의 합리적 의사소통이 없으면 건강한 민주 사회를 유지할 수 없게 된다. 이러한 문제를 극복하기 위해서는 자유롭고 평등한 시민들에 의해 공적 문제에 대한 문제 제기와 토론이 활성화되어야 한다. 민주적 공론장에서 이성적인 시민들이 모두가 합의할 수 있는 논증의 형태로 대화에 참가하고, 그 토론의 결과가 법체계에 반영된다면 현대 사회의 다양한 정치적·윤리적 문제를 해결할 수 있을 것이다. → 단서 ❶ 담론 윤리

자료 분석
담론 윤리를 주장한 하버마스의 주장이다.

단서 풀이
• 단서 ❶ 하버마스는 합리적인 담론을 통해 모든 윤리적 문제를 합리적으로 해결할 수 있다고 보았다. 그는 공적 담론을 통해 의사소통의 합리성을 실현함으로써 합의에 도달할 수 있다면 대화에 참여한 모든 사람이 합의의 결과를 수용할 수 있다고 주장하였다.

이것도 알아둬
하버마스는 공정하고 합리적인 담론을 통해 모든 윤리적 문제를 합리적으로 해결할 수 있다고 보고, 극단적인 상대주의나 도덕 회의주의에 반대한다. 또한 자기 생각만이 옳다는 독선주의를 배격하고 내 생각이 잘못될 수도 있다는 오류 가능성을 전제한다.

자료 02
단서 ❶ 의사소통 강조 ←

과학 기술의 비약적 발전 과정에서 우리는 이성의 도구적 측면만을 중시하고 의사소통적 측면을 간과하였다. 의사소통적 이성은 사회 집단이 자신들의 생활을 규제하는 규범을 새롭게 구축하는 과정에서 요구된다. 즉, 그것은 '담론'의 상황에서 작동되는데, 이른바 '공론장'에서 논증의 형태로 나타난다.

→ 단서 ❷ 담론 윤리

자료 분석
의사소통의 중요성을 강조하며 담론 윤리를 주장한 하버마스의 주장이다.

단서 풀이
• 단서 ❶ 하버마스는 이성을 가진 시민들이 누구나 자유롭게 담론에 참여하여 합리적 의사소통의 과정을 거쳐 합의(제시문에서 '자신들의 생활을 규제하는 규범')에 도달할 수 있으며, 이때 필요한 것이 의사소통적 이성이라고 주장하였다.
• 단서 ❷ 담론 윤리를 주장한 하버마스임을 알 수 있다.

이것도 알아둬
하버마스는 규범이 타당하려면 "규범에 의해 영향을 받는 이해 당사자들이 그 규범을 일반적으로 준수할 때의 결과와 부작용을 모두가 수용할 수 있어야 한다."라는 보편성(보편화 가능성)에 부합해야 한다고 주장하였다. 이러한 보편성의 원리에는 담론 상황에서 관련된 모든 사람의 관점을 채택하는 '보편적 역할 교환'이 전제되어 있다.

자료 03
→ 단서 ❶ 소수만이 진리를 파악할 수 있다는 주장 비판

모든 이성적 논의를 거부하는 것과 엘리트주의적 태도는 불가분의 관계이다. 소수만이 진리를 파악할 수 있다는 사람의 주장은 상호 주관적으로 검토하는 공적 담론의 장(場)을 통해 자신을 입증해야 할 의무로부터 벗어난 것이다. 또한 모든 사람들을 동등하게 존중해야 한다는 원칙에도 어긋난다.

→ 단서 ❷ 하버마스의 담론 윤리

자료 분석
누구나 담론에 참여하여 자신의 주장을 개진할 수 있다고 주장한 하버마스의 주장이다.

단서 풀이
• 단서 ❶ 하버마스는 시민이라면 누구나 담론에 참여할 수 있고 강요가 없는 상태에서 자유롭게 자신의 주장을 개진할 수 있어야 한다고 주장하였다. 반면 소수만이 진리를 파악할 수 있다는 엘리트주의적 태도는 모든 이성적 논의를 거부하는 것과 같다고 보았다.
• 단서 ❷ 하버마스는 공론장에서 사람들은 자신의 주장뿐만 아니라 개인적인 바람, 욕구 등을 표현할 수 있으며, 다른 사람의 주장에 대해 의문을 제기하고 비판할 수 있다고 하였다.

이것도 알아둬
하버마스는 이상적 의사소통의 조건과 공정한 절차에 따라 마련된 합의는 무엇이 옳고 그른가에 대해 판단하는 합리성의 기능을 하게 되며, 오직 이와 같은 합의만이 가장 근본적인 합리성의 원칙이 될 수 있다고 하였다. 그는 의사소통의 합리성을 실현하기 위한 담화 조건으로 "말할 수 있고 행위 능력이 있는 사람들은 모두 자유롭게 참여할 자격이 있다. 자신의 주장뿐만 아니라 개인적인 바람, 욕구 등을 표현할 수 있다. 다른 사람의 주장에 대해 의문을 제기하고 비판할 수 있다. 그리고 위와 같은 권리들을 행사할 때 내부나 외부의 강요에 의해 방해받지 않는다. 마지막으로 담론 참여자의 언어 행위는 진지성과 진실성을 담아야 한다."라고 하였다.

자료 04
단서 ❶ 하버마스의 담론 윤리 ←

사회 통합을 위해서는 행정 및 경제 체계와 생활 세계가 균형을 이루어야 한다. 그런데 시민이 공적 의사 결정에서 배제되면 이러한 균형이 무너지게 된다. 이 문제를 해결하기 위해서는 공론장에서 시민이 이성적으로 보편화 가능한 합의에 도달할 수 있도록 의사소통의 합리성이 실현되어야 한다.

자료 분석
공정하고 합리적인 담론을 통해 윤리적 문제를 합리적으로 해결할 수 있다고 주장한 하버마스의 입장이다.

단서 풀이
단서 ❶ 하버마스는 공론장에서 이성적 존재들 간의 합리적 의사소통을 통해 다양한 의견을 논의하여 합의에 도달할 수 있으며, 대화에 참여한 사람들이 합의 결과를 수용할 수 있다고 주장하였다. 그는 의사소통의 합리성을 실현하기 위해서는 시민이라면 누구나 이러한 담론 절차에 평등하게 참여할 수 있어야 하며, 강요가 없는 상태에서 자신의 의견을 개진할 수 있어야 한다고 주장하였다.

기출 선지 변형 O X

소요 시간	분 초	어려웠던 문항
틀린 개수	개	

※ 다음 내용이 맞으면○, 틀리면 ×에 표시하시오.

하버마스의 담론 윤리

01 하버마스는 토론의 결과보다 토론의 절차가 중요하다고 주장하였다. ○, ×

02 하버마스는 공적 문제에 대한 문제 제기는 민주주의 발전을 저해할 수 있다고 말하였다. ○, ×

03 하버마스는 토론의 결과가 법에 반영되었다면 이에 대해 다시 토론해서는 안 된다고 보았다. ○, ×

04 하버마스는 정치적 문제의 해결을 위해 반드시 공적 토론을 권장할 필요는 없다고 여겼다. ○, ×

05 하버마스는 의사소통의 합리성을 실현해야 토론의 합의에 도달할 수 있다고 여겼다. ○, ×

06 하버마스는 시민들의 이성적 토론을 통해 정책에 대한 합의를 도출해야 한다고 보았다. ○, ×

07 하버마스는 과학 기술 정책을 수립하기 위해서는 전문가 집단인 과학 기술자들의 토론 결과만으로 정책을 수립해야 한다고 보았다. ○, ×

08 하버마스는 어떤 정책을 수립할 때에는 이익 집단 간의 세력 균형이 이루어지도록 정책을 수립해야 한다고 주장하였다. ○, ×

09 하버마스는 국가 단위의 정책을 수립할 때에는 관련 국가 기관이 주도하여 정책을 수립하는 것보다 시민 사회 단체의 참여까지 함께하는 것이 좋다고 보았다. ○, ×

10 하버마스는 어떤 정책을 만들 때에는 정책 수립 과정에 있어서 효율성을 최고의 기준으로 삼아야 한다고 보았다. ○, ×

11 하버마스는 신이 인간 본성에 부여한 절대적인 도덕 법칙을 기반으로 의사소통의 합리성을 주장하였다. ○, ×

12 하버마스는 개개인의 주관적인 결정보다 다수에 의한 합의를 더 중시하였다. ○, ×

13 하버마스는 의사 결정 과정에는 누구나 참여할 수 있지만 전문가의 견해에 더 의존해야 한다고 보았다. ○, ×

14 하버마스는 공론의 장에서 상호 비판하는 행위를 삼가야 하고 예의를 지켜야 한다고 하였다. ○, ×

15 하버마스는 담론의 절차가 아니라 담론의 결과를 중시해야 한다고 보았다. ○, ×

16 하버마스는 자기 주장이 강한 사람은 민주적 토론이 어렵기 때문에 공론장에서 배제되어야 한다고 보았다. ○, ×

17 하버마스는 공론장에서는 타인의 주장에 의문을 제기해서는 안 되며, 자신의 입장만을 이야기해야 한다고 하였다. ○, ×

18 하버마스는 담론 상황에서는 누구나 개인적 욕구를 표현할 수 있어야 한다고 보았다. ○, ×

19 하버마스는 합의된 규범은 규범에 의해 영향을 받는 이해 당사자들이 규범을 수용할 때만 정당성을 갖는다고 보았다. ○, ×

01 교육청
p.132 자료 03

다음을 주장한 사상가의 입장에 대한 설명으로 가장 적절한 것은?

> 모든 이성적 논의를 거부하는 것과 엘리트주의적 태도는 불가분의 관계이다. 소수만이 진리를 파악할 수 있다는 사람의 주장은 상호 주관적으로 검토하는 공적 담론의 장(場)을 통해 자신을 입증해야 할 의무로부터 벗어난 것이다. 또한 모든 사람들을 동등하게 존중해야 한다는 원칙에도 어긋난다.

① 신이 인간 본성에 부여한 절대적인 도덕 법칙을 강조한다.
② 다수에 의한 합의보다 개개인의 주관적인 결정을 중시한다.
③ 도덕 판단의 정당화 근거로 의사소통의 합리성을 중시한다.
④ 의사 결정 과정에서 전문가의 견해에 의존할 것을 강조한다.
⑤ 공론의 장에서 상호 비판하는 행위를 삼가야 함을 강조한다.

02 평가원
p.132 자료 01

다음 서양 사상가의 입장으로 가장 적절한 것은?

> 오늘날 시민들은 공적 장소에서 토론할 기회를 제대로 가질 수 없을 뿐만 아니라, 그러한 공적 토론이 시민들에게 권장되지도 않는다. 시민들 간의 합리적 의사소통이 없으면 건강한 민주 사회를 유지할 수 없게 된다. 이러한 문제를 극복하기 위해서는 자유롭고 평등한 시민들에 의해 공적 문제에 대한 문제 제기와 토론이 활성화되어야 한다. 민주적 공론장에서 이성적인 시민들이 모두가 합의할 수 있는 논증의 형태로 대화에 참가하고, 그 토론의 결과가 법체계에 반영된다면 현대 사회의 다양한 정치적·윤리적 문제를 해결할 수 있을 것이다.

① 토론의 절차가 아니라 토론의 결과만을 중시해야 한다.
② 공적 문제에 대한 문제 제기는 민주주의 발전을 저해한다.
③ 토론의 결과가 반영된 법에 대해 다시 토론해서는 안 된다.
④ 정치적 문제의 해결을 위해 공적 토론을 권장할 필요는 없다.
⑤ 의사소통의 합리성을 실현해야 토론의 합의에 도달할 수 있다.

03 교육청

다음은 신문 칼럼이다. ㉠에 들어갈 제목으로 가장 적절한 것은?

> ○○ 신문 　　　　　　　　　○○○○년 ○월 ○일
>
> **칼 럼**
>
> 　㉠
>
> 통일은 반드시 이루어야 하는 민족 최대의 과업임에도 불구하고 우리 사회에서 통일의 필요성에 대한 부정적이고 회의적인 시각이 대두되고 있다. 분단의 장기화로 인해 국민들의 관심이 감소하고 통일 비용에 대한 부담감이 커지면서 통일의 당위성에 대한 논란이 가중되어 '남남(南南) 갈등'이 발생하고 있는 것이다. 그러므로 통일을 위해서는 이러한 '남남 갈등'을 극복하려는 노력이 우선되어야 한다. …(후략)…

① 통일 비용을 증대하여 통일 이후를 준비해야 한다
② 통일에 대한 국민적 공감대 형성이 우선되어야 한다
③ 현실적 평화를 지속하기 위해 분단을 유지해야 한다
④ 통일을 위해 남북 간의 정치적 교류를 우선해야 한다
⑤ 경제 격차를 최소화하여 남북 간 이념 갈등을 극복해야 한다

04 평가원
p.132 자료 02

(가)를 주장한 사상가의 입장에서 (나)의 물음에 대해 제시할 답변으로 가장 적절한 것은?

(가)	과학 기술의 비약적 발전 과정에서 우리는 이성의 도구적 측면만을 중시하고 의사소통적 측면을 간과하였다. 의사소통적 이성은 사회 집단이 자신들의 생활을 규제하는 규범을 새롭게 구축하는 과정에서 요구된다. 즉, 그것은 '담론'의 상황에서 작동되는데, 이른바 '공론장'에서 논증의 형태로 나타난다.
(나)	현대 사회에서 과학 기술 정책을 수립하기 위한 바람직한 방안은 무엇인가?

① 시민들의 이성적 토론을 통해 정책에 대한 합의를 도출해야 한다.
② 과학 기술 전문가 집단의 토론 결과만으로 정책을 수립해야 한다.
③ 이익 집단 간의 세력 균형이 이루어지도록 정책을 수립해야 한다.
④ 시민 사회보다 관련 국가 기관이 주도하여 정책을 수립해야 한다.
⑤ 정책 수립 과정에 있어서 효율성을 최고의 기준으로 삼아야 한다.

05 교육청 · p.132 자료 04
다음 사상가의 입장으로 가장 적절한 것은?

> 사회 통합을 위해서는 행정 및 경제 체계와 생활 세계가 균형을 이루어야 한다. 그런데 시민이 공적 의사 결정에서 배제되면 이러한 균형이 무너지게 된다. 이 문제를 해결하기 위해서는 공론장에서 시민이 이성적으로 보편화 가능한 합의에 도달할 수 있도록 의사소통의 합리성이 실현되어야 한다.

① 담론의 절차가 아니라 담론의 결과를 중시해야 한다.
② 자기 주장이 강한 사람은 공론장에서 배제되어야 한다.
③ 공론장에서는 타인의 주장에 의문을 제기해서는 안 된다.
④ 담론 상황에서는 누구나 개인적 욕구를 표현할 수 있어야 한다.
⑤ 합의된 규범은 개인의 이익에 부합될 때에만 정당성을 갖는다.

06 교육청
다음 사상가가 주장하는 바람직한 대화의 자세로 옳지 않은 것은?

> 이상적 의사소통이 이루어지기 위해서는 모든 대화 참여자에게 발언할 수 있는 동등한 기회가 주어져야 한다. 또한 주장의 근거를 제시하거나 요구하여 사실을 확인할 수 있어야 한다. 그리고 모든 대화 참여자들은 자신의 입장, 감정, 바람 등을 진실하게 말해야 한다.

① 상대방의 주장을 충분히 경청해야 한다.
② 자신의 오류 가능성을 인정하고 대화해야 한다.
③ 상대방을 동등한 인격의 소유자로 대해야 한다.
④ 자신의 주장에 대한 객관적인 근거를 제시해야 한다.
⑤ 개인적인 욕구, 희망 사항을 제외하고 발언해야 한다.

07 평가원
다음 가상 대담 속의 ㉠에 들어갈 말로 적절하지 않은 것은?

선생님께서는 행정 체계, 경제 체계, 생활 세계의 힘의 균형을 통해 사회 통합을 이룰 수 있다고 주장하셨습니다.

맞습니다. 그런데 오늘날 행정 및 경제 체계의 영향력이 과도해져서 시민의 의사가 공적 결정에 올바르게 반영되지 못하고 있습니다.

돈과 권력의 힘이 생활 세계에서 진리, 올바름, 진실성이라는 의사소통적 합리성의 조건이 작동하는 것을 방해한다는 말씀이죠?

그렇습니다. 이를 해소하려면 의사소통적 합리성이 공론장에서 작동해야 합니다. 이를 위해서 ㉠

① 공론장에서 행정 및 경제 체계의 효율성을 강조해야 합니다.
② 공론장에서 기업과 정부가 시민의 의견을 경청해야 합니다.
③ 공정한 담론 절차를 준수한 합의의 결과를 수용해야 합니다.
④ 시민이 참여할 수 있는 공론장의 개방성을 유지해야 합니다.
⑤ 공론장에서 정확하고 이해 가능하며 진실한 말로 주장해야 합니다.

08 수능
다음 강연자의 입장으로 가장 적절한 것은?

> 한 사람이 권력을 가지고 전 인류를 침묵시키는 것은 부당합니다. 마찬가지로 전 인류가 한 사람을 침묵시키는 것 역시 부당합니다. 침묵시키려는 의견이 오류라고 확신할 수 없고, 설령 오류라고 해도 그것을 침묵시키는 것은 해악입니다. 인간의 지적 능력은 한계가 있으므로 누구나 오류를 범할 수 있습니다. 진리로 공인된 견해도 오류 가능성으로부터 자유롭지 못합니다. 어떤 의견이든 그것을 반박하고 반증할 수 있는 완벽한 자유가 보장돼야 합니다.

① 토론에서는 다수가 받아들일 수 없는 의견은 침묵시켜야 한다.
② 토론의 전제 조건은 참이라고 검증된 진술만을 발언하는 것이다.
③ 토론에서는 진리로 공인된 견해를 비판할 자유를 제한해야 한다.
④ 토론의 자유와 인간의 완벽한 지적 능력이 진리 추구의 조건이다.
⑤ 토론에서 오류라고 합의된 소수 의견도 진리 탐구에 기여한다.

01

다음 글의 입장으로 가장 적절한 것은?

우리 사회의 이념 갈등은 주로 진보와 보수의 갈등 양상으로 진행된다. 진보적 이념과 보수적 이념은 불변의 것이 아니어서 시대와 상황에 따라서 변화하는 양상을 보인다. 그리고 진보와 보수는 모두 보편적 가치를 지니고 있기 때문에 서로 중도적인 위치에서 화합할 여지도 있다. 하지만 유독 우리 사회에서는 자신의 입장을 절대시하고 상대방의 입장을 적대시하면서 소모적 논쟁을 이어감으로써 사회 갈등을 양산하고 있어 심각한 사회 문제가 되고 있다.

① 보수적 이념은 질서 유지보다는 변화의 측면을 강조한다.
② 우리 사회의 진보적 이념은 공정한 분배의 문제보다는 경제 성장에 중점을 둔다.
③ 진보적 이념과 보수적 이념 사이에는 조화할 수 없는 근본적인 간극을 지니고 있다.
④ 진보적 이념과 보수적 이념은 상황과 배경에 따라 변하지 않는 절대적인 성격을 지닌다.
⑤ 우리 사회의 이념 갈등은 흑백 논리의 이분법적 사고에 바탕을 두고 있어 심각한 사회 문제를 야기한다.

02

갑, 을의 입장에 대한 설명으로 가장 적절한 것은?

갑: 통일은 많은 문제를 가져다줄 것입니다. 남북한 경제적 격차로 인한 통일 비용, 북한 주민의 이주로 인한 사회적 혼란과 갈등, 정치적 혼란 등을 생각한다면 현 상태를 유지하는 것이 낫습니다.
을: 통일로 인한 손해보다는 통일로 얻는 경제적·경제 외적 보상과 혜택이 훨씬 크다는 점을 인식해야 합니다. 남북한 경제의 통합으로 인한 다양한 효과, 과도한 분단 비용의 사라짐 등을 얻을 수 있을 것입니다.

① 갑은 통일로 발생하는 통일 편익에 대해 설명하고 있다.
② 갑은 소모적 분단 비용을 줄이기 위한 방안 마련의 필요성을 강조하고 있다.
③ 을은 통일로 인해 규모의 경제 실현이 가능하다고 본다.
④ 을은 통일로 인한 손실이 크다고 하더라도 당위적 차원에서 통일을 해야 함을 강조하고 있다.
⑤ 갑, 을은 통일 비용을 마련하기 위한 노력의 필요성에 동의하고 있다.

03 고난도

(가)의 갑, 을 사상가들의 입장을 (나) 그림으로 탐구할 때, A~C에 해당하는 적절한 질문만을 〈보기〉에서 있는 대로 고른 것은?

(가)
갑: 의사소통 공동체의 모든 구성원이 져야 하는 숙고적인 책임은 개개인의 역할 책임과는 근본적으로 다른 도덕적 책임으로, 의사소통 공동체의 구성원은 합의를 하기 위한 담론에 참여해야 할 책임을 지닌다.
을: 인간은 사회적 존재로서 의사소통의 합리성을 지니고 있고, 자신의 의사 표현에 대해 책임질 수 있는 존재이다. 사회 구성원들은 공론장을 통해 합리적 담론을 이끌어 냄으로써 사회 통합의 가능성을 찾을 수 있다.

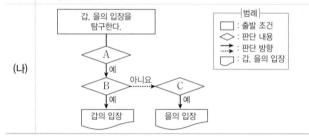

(나)

〈보기〉
ㄱ. A: 담론 과정으로 보편적 규범을 도출할 수 있는가?
ㄴ. A: 합의의 절차보다는 도덕규범의 구체적 내용을 더 중요하게 여겨야 하는가?
ㄷ. B: 사회 문제 해결을 위해 공정한 담론의 절차가 필요한가?
ㄹ. C: 토론에서 합의에 도달하기 위해서는 합리적인 의사소통의 과정을 거쳐야 하는가?

① ㄱ, ㄴ 　　② ㄱ, ㄹ 　　③ ㄴ, ㄷ
④ ㄱ, ㄷ, ㄹ 　　⑤ ㄴ, ㄷ, ㄹ

04

다음을 주장한 사상가의 입장에서 긍정의 대답을 할 질문으로 옳은 것은?

모든 사람의 뜻은 모두 부처의 뜻이며, 백가(百家)의 학설이 모두 옳지 않음이 없고, 팔만 가지의 법문(法門)이 모두 이치에 들어맞을 수 있는 것이다.

① 시비(是非)를 명확히 가려 자신의 입장이 옳음을 증명해야 하는가?
② 특수하고 상대적인 각자의 입장에서 벗어나 대승적으로 융합해야 하는가?
③ 각 종파의 서로 다른 이론을 버리고 새로운 차원의 이론을 마련해야 하는가?
④ 선악과 자타(自他)를 명확히 구분함으로써 일심(一心)의 깨달음에 이를 수 있는가?
⑤ 모든 종파와 사상을 분리시켜 유지하는 것이 진리에 이르기 위한 최선의 방안인가?

05

다음을 주장한 사상가의 입장으로 가장 적절한 것은?

> 군자는 주위 사람들과 사이좋게 잘 어울리고 화목하게 화합하지만 그들과 똑같아지려 하지 아니하고, 소인은 누구하고나 쉽게 잘 어울리지만 서로 조화를 이루어 화합하지는 못한다.

① 다양성의 혼란에서 벗어나 일원화된 원칙을 마련해야 한다.
② 자신과 타인의 생각과 행동을 하나로 합치기 위해 노력해야 한다.
③ 다른 사람과 조화를 이루지만 자기중심과 원칙을 잃어서는 안 된다.
④ 자기 것을 버리고 다른 사람과 하나 되려는 열린 마음을 지녀야 한다.
⑤ 자신의 원칙에 맞추어 타인들의 행위를 자신의 것으로 동화시켜야 한다.

06

갑, 을의 입장에 대한 옳은 설명만을 〈보기〉에서 있는 대로 고른 것은?

> 갑: 통일을 이루기 위해서는 남북한 지도부 사이에 정치적·군사적 결단이 필요하다. 정치적·군사적 분야에서 일괄적 타결이 이루어진다면 사회·문화·경제 분야 등의 문제는 자동으로 해결될 것이다.
>
> 을: 남북한 간의 신뢰가 형성되지 않은 현 상태에서 남북한 사이의 정치적·군사적 분야의 일괄 타결은 현실적으로 불가능하다. 따라서 문화, 예술, 이산가족 상봉 등의 교류를 진행하여 긴장 관계를 해소하고 상호 신뢰를 형성한 후에 정치·군사 교류를 진행해야 한다.

· 보기 ·
ㄱ. 갑은 정치적 협상과 타협을 통일의 방법으로 제시하고 있다.
ㄴ. 갑은 통일을 위해 점진적이고 단계적인 사회 통합이 우선되어야 한다고 본다.
ㄷ. 을은 통일을 위해 비정치적 성격의 교류가 선행되어야 한다고 본다.
ㄹ. 갑, 을은 통일을 위해서는 민간 부문의 교류가 가장 중시되어야 한다고 본다.

① ㄱ, ㄷ   ② ㄱ, ㄹ   ③ ㄷ, ㄹ
④ ㄱ, ㄴ, ㄷ   ⑤ ㄴ, ㄷ, ㄹ

07 고난도

다음 사상가의 입장에 해당하는 것에만 모두 'V'를 표시한 학생은?

> 도덕적이고 실천적인 담론에는 모든 가능한 당사자들이 참여해야 한다. 그리고 그들이 가설적 태도를 통해 그때그때마다 문제가 된 규범들과 행위 방식들이 타당한지에 대해 논증적으로 입장을 표명할 수 있는 담론의 의사소통적 전제가 마련되어야 한다. 그럴 때만 각 개인의 관점이 모든 사람들의 관점들과 교차하는 수준 높은 상호 주관성이 구성된다.

입장 \ 학생	갑	을	병	정	무
개인의 주관적인 도덕 판단만으로 도덕규범이 성립 가능하다.	V	V		V	
모든 당사자들이 동의할 수 있는 이상적 담화 상황이 필요하다.	V			V	V
현대 사회의 문제를 해결하기 위해서는 공정한 담론의 절차가 필요하다.		V	V	V	V
의사소통 과정에 참여한 사람들은 진실하며 서로 이해할 수 있는 말을 해야 한다.			V		V

① 갑   ② 을   ③ 병   ④ 정   ⑤ 무

08

그림은 서술형 평가 문제와 학생 답안이다. 학생 답안의 ㉠~㉤ 중 옳지 않은 것은?

> **서술형 평가**
>
> ● 문제: 다음 글을 바탕으로 분단 비용과 통일 비용에 대해 비교 서술하시오.
>
> > 분단 비용은 남북한 분단의 결과인 대결과 갈등 때문에 남북한이 부담하는 유무형의 모든 비용을 말한다. 반면에 통일 비용은 통일 과정과 통일 이후 남북한 격차를 해소하고 이질적인 요소를 통합하는 데 필요한 비용을 말한다.
>
> ● 학생 답안
>
> 분단 비용에는 우선 ㉠ 분단 상태를 유지하기 위해 사용되는 국방 비용과 외교 비용 등 경제적 비용이 있고, ㉡ 이산가족의 고통과 전쟁 가능성에 대한 공포로 인한 국민의 불안 등의 경제 외적 비용이 있다. 한편 통일 비용에는 ㉢ 북한의 생산 및 기반 시설을 확충하기 위한 경제적 투자 비용이 있고, ㉣ 남북한 정치·행정 제도와 화폐를 통합하는 데 쓰이는 제도 통합 비용 등이 있다. 분단 비용과 통일 비용은 ㉤ 통일 국가의 번영을 위한 투자 성격의 비용이라는 점에서 공통점을 지닌다.

① ㉠   ② ㉡   ③ ㉢   ④ ㉣   ⑤ ㉤

16강 지구촌 평화의 윤리

1단계 기출 자료 분석

자료 01
→ 단서 ❶ 정의 전쟁론

> 갑: 어떤 국가에서 그 구성원들에게 가해지는 잔악성과 고통이 극심하지만 그 국가의 어떠한 세력도 그러한 문제를 해결할 능력이 없는 것처럼 보일 경우, 정의로운 전쟁을 통한 인도주의적 개입이 요구될 수 있다.
> 을: 어떤 국가도 다른 국가의 체제와 통치에 대해 폭력으로 개입해서는 안 된다는 것이 영구 평화를 위한 예비 조항이다. 한 국가에 대한 폭력적 개입은 결국 모든 국가의 자율성을 위태롭게 하는 결과를 가져올 것이다.
> → 단서 ❷ 영구 평화론

자료 분석
• 갑: 정의 전쟁론을 주장한 왈처이다.
• 을: 영구 평화론을 주장한 칸트이다.

단서 풀이
• 단서 ❶ 왈처는 정의 실현을 위한 전쟁을 인정하는 입장으로, 전쟁이 정당화되는 조건으로 전쟁의 동기와 과정, 결과가 모두 정의로워야 한다고 주장하였다. 그는 모든 방법을 동원하였음에도 정의와 평화의 회복이 불가능한 경우 최후 수단으로서 전쟁이 정당화될 수 있다고 보고, 전쟁의 수행 과정에서 인명의 살상을 최소화하여야 하며, 전쟁 종식 이후의 처리가 정의로워야 한다고 강조하였다.
• 단서 ❷ 칸트는 국가 간 주권을 보장하고, 타국에 대해 내정 간섭을 하지 말아야 한다고 주장하면서 국제법에 기초하여 연맹 체제를 구축하면 국제 관계가 평화로울 것이라고 보았다.

자료 02

> 갑: 전쟁의 완전 종식과 영구 평화는 도덕적 입법의 최고 자리에 위치한 이성이 명령하는 의무입니다. 영구 평화를 실현하기 위해 모든 전쟁 수단의 금지와 국가 간 연맹의 확장이 필요합니다. → 단서 ❶ 칸트의 영구 평화론
> 을: 전쟁 종식만으로 평화가 보장되지 않습니다. 진정한 평화는 직접적·구조적·문화적 폭력을 예방함으로써 가능합니다. 이를 위해 억압과 착취의 구조를 시급히 개선해야 합니다.

자료 분석
→ 단서 ❷ 적극적 평화 추구 = 갈퉁
• 갑: 영구 평화론을 주장한 칸트이다.
• 을: 적극적 평화의 실현을 추구한 갈퉁이다.

단서 풀이
• 단서 ❶ 칸트는 평화에 이르기 위해서는 전쟁을 없애야 한다고 주장하면서 영구 평화로 나아가기 위해서는 국가 간 주권 보장은 물론 타국에 대해 내정 간섭을 하지 말아야 한다고 강조하였다. 그는 국내적으로는 시민의 정책 결정이 가능한 공화제가 도입되어야 하고, 국제적으로는 보편적 우호 관계에 기반한 국제법이 적용되는 국제적인 연맹을 창설해야 한다고 주장하였다.
• 단서 ❷ 갈퉁은 폭력이 인간의 기본적 욕구를 무시하는 행위라고 보고 전쟁이나 물리적 폭력이 없는 소극적 평화를 넘어 구조적 폭력과 문화적 폭력을 인식하고 이를 해결하는 적극적 평화를 실현하는 것이 중요하다고 강조하였다.

자료 03
→ 단서 ❶ 아퀴나스   단서 ❷ 적정한 권위 → 아퀴나스 ←

> 전쟁은 신법(神法)을 지키고 공동선과 평화를 위한 것이다. 전쟁이 정의롭기 위해서는 적법한 권위를 지닌 군주에 의해서만 수행되어야 하며, 공격의 정당한 이유와 올바른 의도가 있어야 한다. 전쟁은 한 국가가 백성들에게 가한 나쁜 짓을 바로잡길 거부하거나, 부당하게 차지한 것을 돌려주길 거부할 경우 그 악을 징벌하는 것이어야 한다. 처음부터 적을 죽이려는 의도가 아니어야 하고 필요 이상의 폭력을 가해서도 안 되며, 개인의 적개심이 아닌 공공선을 위한 것이어야 한다. 교전 중 자기 생명을 지키려는 목적 이상의 많은 희생을 야기하는 행위는 신법을 거스르는 것이다.

자료 분석
→ 단서 ❸ 정당한 원인   단서 ❹ 바른 의도 ←
신법을 지키고 공동선과 평화를 위한 전쟁을 정당하다고 본 아퀴나스의 주장이다.

단서 풀이
• 단서 ❶ 아퀴나스는 자연법 사상가로서 자연법이 신법(神法)을 근거로 한다고 보았다. 그는 신법을 지키고 공동선과 평화를 위한 전쟁은 정당하다고 보았다.
• 단서 ❷～❹ 아퀴나스는 정당한 전쟁의 조건으로 적정한 권위(단서 ❷), 정당한 원인(단서 ❸), 바른 의도(단서 ❹)를 제시하였다.

자료 04
단서 ❶ 정의 전쟁론: 왈처 ←

> 갑: 전쟁 수행 중 위험에 처한 민간인에 대한 도덕적 배려를 통해 전쟁에 대한 광범위한 지지를 확보하는 것이 '도덕의 유용성'이다. 정의롭지 못하다고 생각되는 전쟁을 해서는 안 되며, 전쟁을 시작하면 정의롭게 싸우고 정의롭게 종결해야 한다.
> 을: 도덕의 주체인 인간은 타인을 수단으로만 대할 수 없으며, 국가도 한 인격체로서 타국의 한낱 수단이 될 수 없다. 따라서 어떤 독립 국가도 상속, 매매, 증여, 교환에 의해 다른 국가의 소유가 될 수 없다. 이는 영구 평화를 위한 전제 조건이다.

자료 분석
→ 단서 ❸ 영구 평화론   단서 ❷ 칸트 ←
• 갑: 정의 전쟁론을 주장한 왈처이다.
• 을: 영구 평화론을 주장한 칸트이다.

단서 풀이
• 단서 ❶ 왈처는 무력이 정의를 수행하는 수단이 될 수 있다고 보고, 전쟁이 최후의 수단으로서 동기와 과정, 결과가 모두 정의로울 때 정당화될 수 있다고 보았다. 이러한 입장에서 왈처는 생명과 자유, 안전의 수호를 위한 타국의 인도주의적 개입을 정의롭다고 본다.
• 단서 ❷, ❸ 영구 평화론을 주장한 칸트는 전쟁을 반대하고 어떠한 경우에도 내정 간섭을 하지 않아야 한다고 주장하였다. 그는 국내적으로는 공화제를 도입하고, 국제적으로는 국제 연맹을 창설하여 분쟁을 해결해야 한다고 주장하였다.

소요 시간	분 초	어려웠던
틀린 개수	개	문항

기출 선지 변형 O X

※ 다음 내용이 맞으면○, 틀리면 ×에 표시하시오.

01 **전쟁과 평화에 대한 여러 사상가들의 입장**

01 갈퉁은 모든 전쟁의 종식은 적극적 평화의 실현을 보장한다고 생각했다. ○, ×

02 갈퉁은 직접적인 폭력의 제거가 간접적인 폭력의 제거보다 중요하다고 보았다. ○, ×

03 갈퉁은 국제 평화 개념은 국가 간에 전쟁이 없는 상태로 국한되어서는 안 된다고 보았다. ○, ×

04 갈퉁은 폭력의 개념은 공인되지 않은 비합법적인 무력의 사용으로 한정된다고 규정하였다. ○, ×

05 갈퉁은 편견 극복을 위한 교육은 적극적 평화의 실현과는 관계없다고 볼 것이다. ○, ×

06 왈처는 전쟁 개시 이전에 평화적 수단을 동원할 필요가 있다고 주장하였다. ○, ×

07 왈처는 전쟁이 부당하게 개시되더라도 정당하게 종식될 수 있다고 보았다. ○, ×

08 갈퉁과 왈처는 인명의 살상을 동반하는 어떠한 전쟁도 정의롭지 않다는 데 동의한다. ○, ×

09 왈처는 전쟁의 정당한 명분을 사회 전체의 효용에서 찾아야 한다고 하였다. ○, ×

10 왈처는 전쟁 수행의 규범보다 전쟁의 정당한 명분을 중시해야 한다고 하였다. ○, ×

11 왈처는 전쟁은 국가의 주권 사항이므로 도덕적 평가에서 제외되어야 한다고 하였다. ○, ×

12 왈처는 전쟁 개시의 정당한 명분만으로 그 전쟁이 정의롭다고 단정할 수는 없다고 하였다. ○, ×

13 왈처는 인권 침해만으로는 정당한 전쟁의 조건이 완비되지 않는다고 보았다. ○, ×

14 아퀴나스는 무력도 때로는 평화와 정의를 지키는 정당한 수단이 될 수 있다고 보았다. ○, ×

15 아퀴나스는 개별 국가의 폭정은 전쟁 선포의 정당한 명분이 될 수 없다고 보았다. ○, ×

16 아퀴나스는 공동선과 평화를 위해서 일반인이 전쟁을 선포하는 것은 불가하다고 보았다. ○, ×

17 아퀴나스는 방어 이외에 어떠한 선제공격도 도덕적 정당성을 갖지 못한다고 보았다. ○, ×

18 칸트는 개별 국가의 주권을 인정하면서 영원한 평화를 실현해야 한다고 주장하였다. ○, ×

19 칸트는 국제법을 통해 국가 간 우호와 시민의 자유를 증진해야 한다고 보았다. ○, ×

20 칸트와 갈퉁은 평화의 실현을 위해서는 정치 제도의 개선이 필수적이라는 데 동의한다. ○, ×

21 칸트는 영원한 군비 경쟁을 통해서는 영구 평화를 실현할 수 없다고 보았다. ○, ×

22 칸트는 왈처와 달리 전쟁은 국제 정의를 실현하기 위한 수단이 될 수 없다고 보았다. ○, ×

VI

기출 자료 분석

자료 05

갑: 공정으로서의 정의와 달리 만민법은 사회·경제적 불평등이 최소 수혜자에게 이익이 될 것을 요구하지 않는다. 모든 사회가 '질서 정연한 사회'가 될 때까지 만민법에 따라 원조의 의무를 이행해야 한다. → 단서 ❶ 질서 정연한 사회=롤스

을: 세계를 지금 이대로 내버려 둔다면 수백만 명의 사람들이 자신의 나라가 '질서 정연한 사회'가 되기 전에 영양실조와 가난으로 죽어 갈 것이다. 원조의 의무는 인류 전체의 공리 증진을 위해 지속되어야 한다.

→ 단서 ❷ 인류 전체의 공리 증진=싱어

자료 분석
• 갑: 질서 정연한 사회가 고통받는 사회를 도와야 한다고 주장한 롤스이다.
• 을: 인류 전체의 행복 증진을 위해 원조를 해야 함을 주장한 싱어이다.

단서 풀이
• 단서 ❶ 롤스는 원조의 대상을 고통받는 사회라고 보고, 이러한 사회가 질서 정연한 사회가 되도록 돕는 것이 원조의 목적이라고 하였다.
• 단서 ❷ 싱어는 모든 사람의 고통을 감소시키고 쾌락을 증진시키는 것이 의무라는 공리주의에 입각하여 빈곤으로 인해 고통받는 약소국에 대해 원조를 해야 한다고 주장하였다.

자료 06

단서 ❶ 공리주의적 관점에서 원조 주장=싱어 ←

갑: 자원은 한정되어 있기에 최대의 이익이 산출될 수 있는 곳에 사용되는 것이 적절하다. 풍요한 사회의 시민들만 풍요로움을 누리는 것은 부당하다. 인류 전체의 이익 증진을 위해 절대 빈곤으로 고통받는 사회의 사람들을 원조해야 한다.

을: 자원이 부족하다고 해서 질서 정연한 사회가 될 수 없는 경우는 거의 없다. 어떤 사회가 질서 정연한 사회가 되는 결정적 요인은 자원의 수준보다는 정치 문화이다. 불리한 여건으로 고통받는 사회가 정치 문화를 바꾸도록 원조해야 한다.

→ 단서 ❷ 원조의 대상≠자원이 부족한 국가
자료 분석 단서 ❸ 원조의 대상=불리한 여건으로 고통받는 사회=롤스
• 갑: 공리주의적 관점에서 원조를 의무로 규정한 싱어이다.
• 을: 고통받는 사회에 대한 원조를 의무로 규정한 롤스이다.

단서 풀이
• 단서 ❶ 싱어는 인류의 고통을 감소하고 이익을 증진해야 한다는 공리주의 입장에서 빈곤으로 고통받는 약소국에 대한 원조의 필요성을 주장하였다. 그는 원조의 의무를 자국민으로 한정하는 것에 반대하면서 지구촌 이웃 모두에 대한 원조의 의무가 있다고 주장하였다.
• 단서 ❷ 롤스는 국가 간의 부와 복지의 수준은 다양할 수 있으며 자연스러운 것이기 때문에 자원이 부족하거나 가난한 나라가 원조의 대상이 아니라고 보았다. 따라서 그는 가난한 나라일지라도 질서 정연하다면 원조를 할 필요가 없다고 하였다.
• 단서 ❸ 롤스는 불리한 여건으로 고통받는 사회가 질서 정연한 사회가 될 수 있도록 원조를 해야 한다고 주장하였다. 질서 정연한 사회란 독재나 착취와 같은 불합리한 사회 구조나 제도가 개선되어 정치적 전통, 법, 규범 등의 문화가 적정 수준에 이른 사회를 말한다.

자료 07

갑: 풍요로운 사회의 부유한 사람들은 빈곤으로 고통받는 전 세계 사람들을 위해 소득의 일부를 기부해야 한다. 이것은 모든 사람의 이익을 평등하게 고려하여 전 지구적인 의무를 공정하게 분담하는 것이다. → 단서 ❶ 이익 평등 고려의 원칙=싱어

을: 질서 정연한 만민은 불리한 여건으로 고통을 겪는 사회를 원조해야 한다. 이것은 고통을 겪는 사회가 자신의 문제를 합당하게 관리할 수 있게 도와서 그 사회가 질서 정연한 만민 사회의 구성원이 되도록 하는 것이다.

→ 단서 ❷ 롤스

자료 분석
• 갑: 이익 평등 고려의 원칙에 따라 원조를 해야 한다고 주장한 싱어이다.
• 을: 질서 정연한 사회가 고통받는 사회를 원조해야 한다고 주장한 롤스이다.

단서 풀이
• 단서 ❶ 싱어는 인류 전체의 행복을 증진시켜야 한다는 공리주의 입장에서 원조를 해야 한다고 주장하면서 이익 평등 고려의 원칙에 따라 누구나 차별 없이 도움을 받아야 한다고 하였다.
• 단서 ❷ 롤스는 국가 간의 부와 복지 수준은 다양할 수 있다고 보았다. 따라서 원조의 목적은 빈곤 해결이 아니라 불리한 여건의 사회를 질서 정연한 사회가 될 수 있도록 사회 구조를 개선하는 것이라고 보았다.

자료 08

단서 ❶ 원조=의무=싱어 ←

갑: 경제적 여유가 있는 사람이라면 고통에 빠진 사람들을 위해 소득 중 일부는 기부해야 한다. 원조함으로써 우리 자신에게 다른 더 큰 피해가 생기지 않는 한 마땅히 원조해야 한다.

을: 개인이 정당하게 취득한 재산의 배타적 소유권을 타인의 삶과 행복을 명목으로 침해해서는 안 된다. 원조는 개인의 자유로운 선택의 영역이다. → 단서 ❷ 원조=개인의 선택=노직

병: 인권이 보장되고 민주적 의사 결정이 제도화된 사회의 구성원이라면 해외 원조를 반대할 이유가 없다. 원조는 고통받는 사회의 자유와 평등 확립을 목적으로 삼아야 한다.

단서 ❸ 롤스 ←

자료 분석
• 갑: 공리주의적 입장에서 원조를 의무로 규정한 싱어이다.
• 을: 원조를 개인의 자유로운 선택이라고 본 노직이다.
• 병: 불리한 여건으로 고통받는 사회를 원조 대상으로 본 롤스이다.

단서 풀이
• 단서 ❶ 싱어는 고통받는 약소국에 대한 원조를 의무로 규정하면서 "우리가 만약 어떤 사람에게 매우 나쁜 일이 일어나는 것을 방지할 힘을 가지고 있고, 그 나쁜 일을 방지함으로써 우리의 중요한 일이 희생되지 않는다면 우리는 그렇게 해야만 한다."라고 하였다.
• 단서 ❷ 노직은 정당하게 취득한 재산에 대한 개인의 배타적 소유권을 강조하면서 원조는 개인의 자유로운 선택이며 의무가 아니라고 주장하였다. 그는 원조를 위해 국가가 세금을 거두는 것을 강제 노동과 같다고 하였다.
• 단서 ❸ 롤스는 불리한 여건으로 고통받는 사회를 질서 정연한 사회가 되도록 원조하는 것을 도덕적 의무라고 하였다.

기출 선지 변형 O X

※ 다음 내용이 맞으면 ○, 틀리면 × 에 표시하시오.

02 원조에 대한 롤스와 싱어, 노직의 입장

23 롤스는 모든 빈곤국을 원조의 대상으로 간주하여 질서 정연한 사회로 만들어야 한다고 보았다.　○, ×

24 롤스는 원조 정책은 지구적 차등 원칙에 근거해야 한다고 보았다.　○, ×

25 싱어는 질서 정연한 사회의 빈민은 원조의 대상에서 제외하였다.　○, ×

26 롤스와 싱어는 원조를 통해 모든 사회의 복지 수준을 일치시키는 것을 목적으로 한다는 점에서 공통적이다.　○, ×

27 싱어는 원조는 인류의 고통 감소와 쾌락 증진을 위한 것이라는 데 동의한다.　○, ×

28 롤스는 원조는 일정한 목표를 넘어서더라도 중단해서는 안 된다고 보았다.　○, ×

29 롤스는 원조를 통해 만민의 복지 수준을 일치시킬 필요는 없다는 데 동의한다.　○, ×

30 싱어는 원조를 위해서 풍요한 사회의 자원을 활용해서는 안 된다고 하였다.　○, ×

31 롤스는 자원이 부족한 국가만을 원조 대상으로 간주해서는 안 된다고 하였다.　○, ×

32 롤스는 정의의 제2원칙에 따라 국가 간 자원을 재분배해야 하는 것이 옳다고 보았다.　○, ×

33 싱어는 롤스와 달리 공리의 원리를 국제적 차원으로 확대 적용해야 한다고 주장하였다.　○, ×

34 노직은 원조의 의무를 실행하기 위한 과세는 강제 노동과 같다고 생각했다.　○, ×

35 싱어와 롤스는 원조의 최종 목표는 국가 간의 경제적 불평등 해소라는 데 동의한다.　○, ×

36 싱어는 모든 개인의 원조 의무를 규정하는 보편 원리는 없다고 보았다.　○, ×

37 노직은 해외 원조를 최소 국가가 강제해야 하는 의무라고 보지 않았다.　○, ×

38 롤스는 정의의 원칙이 확립된 자원 빈곤국은 원조 대상이 아니라고 보았다.　○, ×

39 롤스와 싱어는 노직과 달리 국제기구를 통한 원조만이 정당화될 수 있다고 보았다.　○, ×

40 노직과 롤스는 싱어와 달리 국가 간 부의 격차 해소 후에는 원조 의무가 없다고 보았다.　○, ×

41 싱어는 원조 대상자의 국적은 원조 여부를 결정하는 데 중요하지 않다고 여겼다.　○, ×

42 싱어는 원조는 전 지구적 차원의 윤리적인 의무로 정당화될 수 있다고 보았다.　○, ×

43 싱어는 원조 대상에서 질서 정연한 사회의 빈곤한 시민은 제외되어야 한다고 보았다.　○, ×

44 롤스는 싱어와 달리 원조의 최종 목적은 고통받는 사회의 정치 문화를 개선하는 것이라고 보았다.　○, ×

01 평가원   p.140 자료 05

갑, 을 사상가들의 입장으로 옳은 것은?

> 갑: 공정으로서의 정의와 달리 만민법은 사회·경제적 불평등이 최소 수혜자에게 이익이 될 것을 요구하지 않는다. 모든 사회가 '질서 정연한 사회'가 될 때까지 만민법에 따라 원조의 의무를 이행해야 한다.
>
> 을: 세계를 지금 이대로 내버려 둔다면 수백만 명의 사람들이 자신의 나라가 '질서 정연한 사회'가 되기 전에 영양실조와 가난으로 죽어 갈 것이다. 원조의 의무는 인류 전체의 공리 증진을 위해 지속되어야 한다.

① 갑: 모든 빈곤국을 원조의 대상으로 간주해야 한다.
② 갑: 원조 정책은 지구적 차등 원칙에 근거해야 한다.
③ 을: 질서 정연한 사회의 빈민은 원조의 대상일 수 없다.
④ 을: 원조의 의무는 국경을 초월한 세계 시민적 의무이다.
⑤ 갑, 을: 원조를 통해 모든 사회의 복지 수준을 일치시켜야 한다.

02 평가원

갑, 을, 병 사상가들의 입장으로 옳은 것은?

> 갑: 전쟁이 끝난 후 잠시 평화가 찾아와도 국가들은 더욱 강화된 재무장과 적대 정책을 세운다. 이런 악순환을 막기 위해 국가 간의 항구적인 평화 조약이 요구된다.
>
> 을: 전쟁은 정치적 목적을 위한 여러 수단 중 하나이며, 다른 수단에 의한 정책의 연속일 뿐이다. 불가능한 평화를 얻으려고 지금 얻을 수 있는 승리를 놓치는 것은 어리석다.
>
> 병: 전쟁은 찬양되어서는 안 되지만, 도덕적 제약을 전제로 최고의 합법적 권위에 의해 선포되는 경우와 나를 지키기 위해 적을 죽이지 않으면 안 되는 경우에는 허용될 수 있다.

① 갑: 항구적 평화는 국가 간의 세력 균형으로 실현되어야 한다.
② 을: 전쟁은 항구적 평화를 이루기 위한 최후의 정치적 수단이다.
③ 병: 자국의 방어를 위한 불가피한 전쟁은 도덕적으로 허용된다.
④ 갑, 을: 전쟁은 인간의 생명과 자유권을 보장할 때 정의롭다.
⑤ 을, 병: 전쟁은 국가 이익을 극대화하기 위한 정치적 행위이다.

03 평가원

갑, 을 사상가들의 입장으로 가장 적절한 것은?

> 갑: 전쟁이 없는 상태를 넘어 모든 종류의 폭력이 없거나 감소한 상태가 평화이다. 이러한 평화를 저해하는 직접적이고 구조적인 폭력과 이를 정당화하는 문화적 폭력은 평화적 수단으로 해소해야 한다.
>
> 을: 전쟁이 정의롭기 위해서는 전쟁 개시, 전쟁 수행 과정, 전쟁 종식과 평화 정착에서 정당성을 갖추어야 한다. 비록 개전(開戰)의 측면에서 정당화될 수 없는 전쟁일지라도 그 수행 과정과 전후 처리는 정의로워야 한다.

① 갑: 평화의 실현을 위한 폭력적 수단의 사용은 정당하다.
② 갑: 모든 전쟁의 종식은 적극적 평화의 실현을 보장한다.
③ 을: 전쟁 개시 이전에 평화적 수단을 동원할 필요는 없다.
④ 을: 전쟁이 부당하게 개시되더라도 정당하게 종식될 수 있다.
⑤ 갑, 을: 인명의 살상을 동반하는 어떠한 전쟁도 정의롭지 않다.

04 평가원   p.140 자료 07

갑, 을 사상가들의 입장으로 옳지 않은 것은?

> 갑: 풍요로운 사회의 부유한 사람들은 빈곤으로 고통받는 전 세계 사람들을 위해 소득의 일부를 기부해야 한다. 이것은 모든 사람의 이익을 평등하게 고려하여 전 지구적인 의무를 공정하게 분담하는 것이다.
>
> 을: 질서 정연한 만민은 불리한 여건으로 고통을 겪는 사회를 원조해야 한다. 이것은 고통을 겪는 사회가 자신의 문제를 합당하게 관리할 수 있게 도와서 그 사회가 질서 정연한 만민 사회의 구성원이 되도록 하는 것이다.

① 갑: 원조 대상자들의 국적은 도덕적으로 중요하지 않다.
② 갑: 원조는 인류의 고통 감소와 쾌락 증진을 위한 것이다.
③ 을: 원조는 일정한 목표를 넘어서면 중단될 필요가 있다.
④ 을: 원조를 통해 만민의 복지 수준을 일치시킬 필요는 없다.
⑤ 갑, 을: 원조는 빈곤한 모든 나라를 도와야 할 도덕적 의무이다.

05 교육청

갑, 을 사상가들의 입장으로 옳은 것은?

> 갑: 어떤 나쁜 일이 일어나는 것을 방지할 수 있고, 그 일을 방지함으로써 그에 상응하는 도덕적 중요성을 가진 다른 일이 희생되지 않는다면, 우리는 그렇게 해야 한다.
>
> 을: 만민은 정의롭거나 적정 수준의 정치 체제와 사회 체제의 유지를 저해하는 불리한 조건하에 사는 다른 만민을 도와주어야 할 의무가 있다.

① 갑: 개인이 아닌 국가가 해외 원조의 주체가 되어야 한다.

② 갑: 지리적으로 가까운 지역의 빈민을 우선적으로 도와야 한다.

③ 을: 가난하고 질서 정연한 사회는 원조 대상국이 될 수 있다.

④ 을: 국가 빈곤도를 기준으로 원조 대상국 순위를 정해야 한다.

⑤ 갑, 을: 원조 대상국들의 복지 수준 평준화가 원조의 목표는 아니다.

06 수능

p.138 자료 04

갑, 을 사상가들의 입장으로 가장 적절한 것은?

> 갑: 전쟁 수행 중 위험에 처한 민간인에 대한 도덕적 배려를 통해 전쟁에 대한 광범위한 지지를 확보하는 것이 '도덕의 유용성'이다. 정의롭지 못하다고 생각되는 전쟁을 해서는 안 되며, 전쟁을 시작하면 정의롭게 싸우고 정의롭게 종결해야 한다.
>
> 을: 도덕의 주체인 인간은 타인을 수단으로만 대할 수 없으며, 국가도 한 인격체로서 타국의 한낱 수단이 될 수 없다. 따라서 어떤 독립 국가도 상속, 매매, 증여, 교환에 의해 다른 국가의 소유가 될 수 없다. 이는 영구 평화를 위한 전제 조건이다.

① 갑: 평화 시와 달리 전시에는 도덕적 제약이 적용되지 않는다.

② 갑: 전쟁 결과가 정의로워야 수행 과정도 정의롭다고 판정될 수 있다.

③ 을: 영구 평화를 위한 진정한 의미의 정치는 도덕에 충실해야 한다.

④ 을: 국가 간 적대 행위가 중지되는 즉시 평화 상태가 보장된다.

⑤ 갑, 을: 타국의 내정에 대한 강제 개입은 평화를 위해서만 허용된다.

07 수능

그림의 강연자가 지지할 입장으로 가장 적절한 것은?

> 정의로운 전쟁을 옹호하는 저의 주장은 두 가지입니다. 전쟁은 때로는 정당화될 수 있다는 것과 전쟁은 언제나 도덕 판단의 대상이 된다는 것입니다. 여기서 도덕 판단의 근거는 효용 계산의 결과가 아니라 인간의 생명과 자유에 대한 권리입니다. 또한 전쟁에 대한 도덕 판단의 영역은 개시, 수행, 종결의 세 가지로 구분됩니다. 어떤 전쟁이 정의로운지를 판단할 때는 전쟁 개시의 영역이 전쟁 수행의 영역보다 우선입니다. 전쟁 개시에서 가장 중요한 것은 정당한 명분입니다.

① 전쟁은 어떠한 도덕적 명분으로도 정당화될 수 없다.

② 전쟁의 정당한 명분을 사회 전체의 효용에서 찾아야 한다.

③ 전쟁의 정당한 명분보다 전쟁 수행의 규범을 중시해야 한다.

④ 전쟁은 국가의 주권 사항이므로 도덕적 평가에서 제외되어야 한다.

⑤ 전쟁 개시의 정당한 명분만으로 그 전쟁이 정의롭다고 단정할 수 없다.

08 수능

p.140 자료 06

사상가 갑, 을의 입장으로 가장 적절한 것은?

> 갑: 자원은 한정되어 있기에 최대의 이익이 산출될 수 있는 곳에 사용되는 것이 적절하다. 풍요한 사회의 시민들만 풍요로움을 누리는 것은 부당하다. 인류 전체의 이익 증진을 위해 절대 빈곤으로 고통받는 사회의 사람들을 원조해야 한다.
>
> 을: 자원이 부족하다고 해서 질서 정연한 사회가 될 수 없는 경우는 거의 없다. 어떤 사회가 질서 정연한 사회가 되는 결정적 요인은 자원의 수준보다는 정치 문화이다. 불리한 여건으로 고통받는 사회가 정치 문화를 바꾸도록 원조해야 한다.

① 갑: 원조를 위해서 풍요한 사회의 자원을 활용해서는 안 된다.

② 갑: 풍요한 사회의 시민들은 원조 대상에서 모두 제외되어야 한다.

③ 을: 자원이 부족한 국가만을 원조 대상으로 간주해서는 안 된다.

④ 을: 정의의 제2원칙에 따라 국가 간 자원을 재분배해야 한다.

⑤ 갑, 을: 공리의 원리를 국제적 차원으로 확대 적용해서는 안 된다.

09 평가원

다음 사상가의 입장으로 가장 적절한 것은?

> 폭력을 줄이는 것도 중요하지만, 폭력을 예방하는 것이 더 중요하다. 전자는 소극적 평화를 목표로 하지만, 후자는 적극적 평화를 지향하는 것이다. 따라서 전쟁, 테러, 폭행 등 신체에 직접 해를 가하는 직접적·물리적 폭력이 제거된 소극적 평화 상태뿐만 아니라, 억압, 착취 등의 구조적 폭력과 종교와 사상, 언어와 예술, 과학과 법, 대중 매체와 교육의 내부에 존재하는 문화적 폭력까지 모두 사라진 적극적 평화 상태를 추구해야 한다. 또한 목적이 수단을 정당화할 수 없듯이, 평화는 평화적 수단으로만 이루어져야 한다.

① 적극적 평화를 위한 직접적인 폭력 사용은 인정되어야 한다.
② 직접적인 폭력의 제거가 간접적인 폭력의 제거보다 중요하다.
③ 빈곤, 인권 침해 등으로 인간 삶의 질이 저하되는 상태도 폭력이다.
④ 국제 평화 개념은 국가 간에 전쟁이 없는 상태로 국한되어야 한다.
⑤ 폭력의 개념은 공인되지 않은 비합법적인 무력의 사용으로 한정된다.

10 평가원

(가)의 갑, 을, 병의 입장을 (나) 그림으로 표현할 때, A~D에 해당하는 적절한 진술만을 〈보기〉에서 있는 대로 고른 것은?

(가)	갑: 전 세계 사람들의 이익은 그 사람의 국적과 상관없이 동등하게 고려되어야 한다. 우리 모두는 세계 시민으로서 전 지구적 차원의 원조에 동참해야 한다.
	을: 우리를 불가침의 개인들로 간주하는 정의로운 국가는 최소 국가뿐이다. 원조는 개인의 자유로운 선택에 근거해야 한다.
	병: 만민은 정의롭거나 적정 수준의 사회 체제로 나아가는 데 있어서 불리한 여건으로 인해 고통받고 있는 사회의 국민들을 도와야 한다.

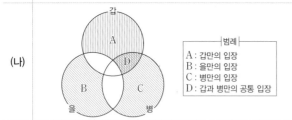

범례
A: 갑만의 입장
B: 을만의 입장
C: 병만의 입장
D: 갑과 병만의 공통 입장

〈보기〉

ㄱ. A: 원조는 인류의 행복 증진을 위한 의무 이행이어야 한다.
ㄴ. B: 원조의 의무를 실행하기 위한 과세는 강제 노동과 같다.
ㄷ. C: 원조의 대상은 질서 정연한 빈곤국까지도 포함해야 한다.
ㄹ. D: 원조의 최종 목표는 국가 간의 경제적 불평등 해소이다.

① ㄱ, ㄴ ② ㄱ, ㄹ ③ ㄷ, ㄹ
④ ㄱ, ㄴ, ㄷ ⑤ ㄴ, ㄷ, ㄹ

11 평가원

다음 현대 사상가가 부정의 대답을 할 질문으로 옳은 것은?

> A국에 대한 무장 해제는 도덕적, 정치적으로 정당한 목표이지만, A국의 대외적 위협은 전쟁보다 낮은 수준의 조치로 제어될 수 있었다. 그러나 개전한 이상, A국과의 전쟁은 다음 조건을 충족해야 정당하다. 첫째, 민간인 사상자가 발생하지 않도록, 혹은 민간인 사상자의 발생을 최소화하도록 최선을 다해야 한다. 둘째, A국에 '국민의, 국민에 의한, 국민을 위한 정부' 수립을 보장할 수 있어야 한다.

① 전쟁의 정당성 논의는 국제 평화를 위해서 필요한가?
② 무조건적, 무제한적 전쟁은 도덕적 정당화가 불가능한가?
③ 전쟁의 정당성 논의는 전쟁이 끝남으로써 종식되어야 하는가?
④ 자결주의에 입각한 내정 불간섭 원칙에 예외가 있을 수 있는가?
⑤ 개전 명분과 상관없이 전쟁 중의 정당성 요건을 충족해야 하는가?

12 수능

그림은 서술형 평가 문제와 학생 답안이다. 학생 답안의 ㉠~㉤ 중 옳지 않은 것은?

서술형 평가

● 문제: 갑, 을의 해외 원조에 대한 입장을 비교하여 서술하시오.

> 갑: 정치 문화는 한 사회의 부와 복지 수준을 결정하는 주된 요인이기 때문에 자원과 부가 빈약한 사회라 할지라도 그 사회는 질서 정연한 사회가 될 수 있다. 이를 유념하여 만민은 고통을 겪는 사회들을 원조해야 한다.
> 을: 타인은 굶주리고 있는데 우리가 사치품에 돈을 쓰고 있다면, 확실히 우리는 더 많이 기부할 수 있다. 모든 사람의 이익을 동등하게 고려하여, 도덕적으로 상응하는 중요한 것의 희생이 없다면 우리는 마땅히 그들을 도와야 한다.

● 학생 답안

갑, 을의 해외 원조에 대한 입장을 비교해 보면, 갑은 ㉠ 원조의 목적을 고통을 겪는 사회가 질서 정연한 만민의 사회의 구성원이 되도록 하는 것이라고 본다. 그는 ㉡ 상대적으로 빈곤하지만 질서 정연한 사회에 대해서는 더 이상 원조할 필요가 없다고 주장한다. 이에 비해 을은 ㉢ 원조의 목적을 인류 전체의 행복을 증진시키는 것이라고 본다. 그는 ㉣ 개인이 아니라 국가만이 원조의 주체가 되어야 한다고 주장한다. 요컨대 해외 원조에서 ㉤ 갑은 사회의 정의를, 을은 개인들의 복지를 중시한다.

① ㉠ ② ㉡ ③ ㉢ ④ ㉣ ⑤ ㉤

13 수능

p.138 자료 03

다음 서양 사상가의 입장으로 가장 적절한 것은?

전쟁은 신법(神法)을 지키고 공동선과 평화를 위한 것이다. 전쟁이 정의롭기 위해서는 적법한 권위를 지닌 군주에 의해서만 수행되어야 하며, 공격의 정당한 이유와 올바른 의도가 있어야 한다. 전쟁은 한 국가가 백성들에게 가한 나쁜 짓을 바로잡길 거부하거나, 부당하게 차지한 것을 돌려주길 거부할 경우 그 악을 징벌하는 것이어야 한다. 처음부터 적을 죽이려는 의도가 아니어야 하고 필요 이상의 폭력을 가해서도 안 되며, 개인의 적개심이 아닌 공공선을 위한 것이어야 한다. 교전 중 자기 생명을 지키려는 목적 이상의 많은 희생을 야기하는 행위는 신법을 거스르는 것이다.

① 무력은 평화와 정의를 지키는 정당한 수단이 될 수 없다.
② 개별 국가의 폭정은 전쟁 선포의 정당한 명분이 될 수 없다.
③ 공동선과 평화를 위해서는 일반인도 전쟁을 선포할 수 있다.
④ 방어 이외에 어떠한 선제공격도 도덕적 정당성을 갖지 못한다.
⑤ 전쟁 중이라 하더라도 모든 살상 행위가 정당화되는 것은 아니다.

14 수능

갑, 을 사상가들의 입장으로 가장 적절한 것은?

갑: 인권에 대한 강조는 무능한 정치 체제나 국민의 복지에 무감각한 통치자들의 행동을 바꾸도록 작용할 수 있으며 기근 예방에도 도움이 될 것이다. 원조의 목적은 고통받는 사회가 질서 정연한 사회로 바뀌도록 돕는 데 있다.
을: 인권 유린이 없거나 절대 빈곤 상태가 아니라 해서 개인을 돕는 일에 관계하지 않는 국제 정의의 원칙은 옳지 않다. 우리는 지구상 모든 사람의 이익을 평등하게 고려하여, 기본적 필요조차 충족되지 못한 개인들을 도와야 한다.

① 갑: 원조의 목적은 국가 간 경제적 평등을 위한 분배 정의 실현이다.
② 갑: 원조 대상국에게 인권 상황을 개선하도록 권고해서는 안 된다.
③ 을: 원조 대상은 최대 효용의 원리에 따라 결정되어서는 안 된다.
④ 을: 원조 주체의 과도한 희생이 없는 범위 내에서 원조해야 한다.
⑤ 갑, 을: 원조는 고통받는 사회들 간의 부의 수준 조정을 지향해야 한다.

15 평가원

다음 사상가의 입장에서 〈문제 상황〉 속 A에게 해 줄 수 있는 조언으로 가장 적절한 것은?

우리가 세계화의 시대를 얼마나 잘 겪어 낼 수 있는가 하는 문제는 '하나의 세계'에 살고 있다는 생각에 어떻게 윤리적으로 대응하는가에 달려 있다. 세계 모든 사람의 이익은 그 사람이 처한 국적과 무관하게 평등하게 고려되어야 한다. 따라서 부의 분배에 대한 전 지구적 단일 기준을 마련하고 이를 통해 전 지구적 차원의 분배가 이루어져야 한다.

〈문제 상황〉

용돈을 많이 모았는데 새 스마트폰을 살까, 아니면 가난한 나라의 배고픈 사람들을 도울까?

① 원조는 개인이 아닌 국가적 차원에서 이루어져야 함을 명심하렴.
② 원조는 자국의 국제적 위상과 이익을 위해 행해져야 함을 명심하렴.
③ 가난한 사람들을 돕는 것은 세계 시민으로서의 의무임을 명심하렴.
④ 원조는 하고 싶은 마음이 생길 때에 베푸는 자선 행위임을 명심하렴.
⑤ 빈곤은 해당 국가의 자체 노력을 통해서만 해결되어야 함을 명심하렴.

16 평가원

다음 서양 사상가의 주장으로 옳은 것은?

세계 평화는 받는 것이 아니라 성취해야 하는 것이다. 평화란 모든 전쟁의 종결을 의미하므로 그 앞에 '영원한'이라는 수식어를 붙이는 것은 용어의 중복일 따름이다. 평화는 도덕적 입법의 최고 자리에 위치한 이성이 명령하는 보편적 의무이다. 국가들은 서로를 하나의 인격체로 대하고, 무력과 기만을 근절해 평화를 예비해야 한다. 공화국으로 전환한 계몽된 자유 국가들이 연방을 결성하고, 호혜적인 질서를 수립함으로써 평화를 확정해야 한다.

① 자유 국가들 간의 연방 단계에서 세계 정부를 수립해야 한다.
② 세계 시민법은 보편적 우호 조건을 규정하는 데 국한되어야 한다.
③ 도덕적 입법의 한계를 세계 정부의 강제력으로 보완해야 한다.
④ 세계 평화의 정착을 위해 개별 국가의 주권은 폐지되어야 한다.
⑤ 세계 평화는 실제로는 불가능하나 정치적 의무로 설정해야 한다.

17 평가원

갑 사상가에 비해 을 사상가가 갖는 해외 원조에 대한 입장의 상대적 특징을 그림의 ㉠~㉤ 중에서 고른 것은?

> 갑: 만약 국제 사회에서 어떤 사회가 불리한 여건 때문에 고통을 겪고 있다면, 그 사회가 적정 수준의 문화를 형성하여 질서 정연한 사회가 될 수 있도록 도와야 한다.
>
> 을: 만약 도덕적으로 상응하는 중요한 것을 희생하지 않고, 나쁜 일이 일어나는 것을 막을 수 있는 힘이 우리에게 있다면, 우리는 마땅히 그러한 나쁜 일을 막아야 한다.

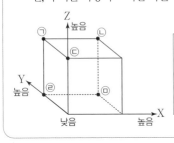

- X: 원조의 과제로 사회 제도의 개선을 강조하는 정도
- Y: 원조의 목표로 개인들의 복지 향상을 강조하는 정도
- Z: 원조의 근거로 이익 평등 고려의 원칙을 강조하는 정도

① ㉠　　② ㉡　　③ ㉢　　④ ㉣　　⑤ ㉤

18 수능

해외 원조에 대한 갑, 을 사상가들의 입장으로 옳지 않은 것은?

> 갑: 원조는 만인이 공정하게 분담해야 할 전 지구적 의무이다. 기본적 욕구를 충족하고 남는 소득이 있으면 소득의 1%를 기부하여 세계의 빈민을 도와야 한다.
>
> 을: 원조는 차등의 원칙을 국제 사회에 적용하는 것이 아니다. 원조의 의무는 고통받는 사회들이 만민의 사회의 충분한 구성원이 되도록 돕는 역할을 한다.

① 갑: 큰 희생 없이 타국의 빈민을 도울 수 있다면 도와야 한다.
② 갑: 인류 전체의 공리 증진을 위해 원조의 의무를 실천해야 한다.
③ 을: 고통받는 사회가 질서 정연한 사회가 되도록 원조해야 한다.
④ 을: 국제 사회의 최소 수혜자에게 가장 유리하도록 원조해야 한다.
⑤ 갑, 을: 해외 원조는 자선이 아닌 당위의 차원에서 실시해야 한다.

19 수능

다음 서양 사상가의 주장으로 옳지 않은 것은?

> 사회 계약에 기초하여 하나의 국가가 건립되듯이, 국제 관계도 국가들이 자발적으로 결성한 연맹 체제에 기초한 국제법을 통해 평화 상태에 들어설 수 있다. 이 상태에서만 국민의 모든 권리나 국가들의 소유가 확정적인 것으로 인정되고 참된 평화 상태가 될 수 있다. 이러한 연맹의 이념은 모든 국가로 확산되어야 하며, 영원한 평화로의 지속적인 접근은 인간 및 국가의 의무로서, 그리고 권리에 기초한 과제로서 성립될 수 있다.

① 국제적 사회 계약을 통해 연맹 체제를 단일 국가로 전환해야 한다.
② 개별 국가의 시민적 정치 체제는 공화적 체제를 갖추어야 한다.
③ 연맹 체제의 단계에서도 개별 국가의 주권은 인정되어야 한다.
④ 세계 시민법은 인류의 평화적인 교류 조건에 한정되어야 한다.
⑤ 연맹의 확산을 통해 국제 사회는 자연 상태를 벗어나야 한다.

20 평가원　　p.140 자료 08

갑, 을, 병 사상가들의 입장에 대한 설명으로 옳은 것은?

> 갑: 경제적 여유가 있는 사람이라면 고통에 빠진 사람들을 위해 소득 중 일부는 기부해야 한다. 원조함으로써 우리 자신에게 다른 더 큰 피해가 생기지 않는 한 마땅히 원조해야 한다.
>
> 을: 개인이 정당하게 취득한 재산의 배타적 소유권을 타인의 삶과 행복을 명목으로 침해해서는 안 된다. 원조는 개인의 자유로운 선택의 영역이다.
>
> 병: 인권이 보장되고 민주적 의사 결정이 제도화된 사회의 구성원이라면 해외 원조를 반대할 이유가 없다. 원조는 고통받는 사회의 자유와 평등 확립을 목적으로 삼아야 한다.

① 갑은 모든 개인의 원조 의무를 규정하는 보편 원리는 없다고 본다.
② 을은 해외 원조를 최소 국가가 강제해야 하는 의무라고 본다.
③ 병은 정의의 원칙이 확립된 자원 빈곤국은 원조 대상이 아니라고 본다.
④ 갑, 병은 국제 기구를 통한 원조만이 정당화될 수 있다고 본다.
⑤ 을, 병은 국가 간 부의 격차 해소 후에는 원조 의무가 없다고 본다.

21 평가원

p.138 자료 02

그림은 서양 사상가 갑, 을의 가상 대화이다. 갑, 을의 입장으로 옳지 않은 것은?

> (갑) 전쟁의 완전 종식과 영구 평화는 도덕적 입법의 최고 자리에 위치한 이성이 명령하는 의무입니다. 영구 평화를 실현하기 위해 모든 전쟁 수단의 금지와 국가 간 연맹의 확장이 필요합니다.

> (을) 전쟁 종식만으로 평화가 보장되지 않습니다. 진정한 평화는 직접적·구조적·문화적 폭력을 예방함으로써 가능합니다. 이를 위해 억압과 착취의 구조를 시급히 개선해야 합니다.

갑   을

① 갑: 개별 국가의 주권을 인정하면서 영원한 평화를 실현해야 한다.
② 갑: 국제법을 통해 국가 간 우호와 시민의 자유를 증진해야 한다.
③ 을: 편견 극복을 위한 교육은 적극적 평화를 실현하는 방법이다.
④ 을: 직접적 폭력을 제거함으로써 인간 존엄 실현의 조건이 완비된다.
⑤ 갑, 을: 평화의 실현을 위해서는 정치 제도의 개선이 필수적이다.

22 평가원

다음 사상가의 입장으로 가장 적절한 것은?

> 공정으로서의 정의에 의하면 질서 정연한 사회란 그 구성원들의 선을 증진하고 공적 정의관에 의해 효과적으로 규제되는 사회이다. 그런데 정의의 원칙을 자기 사회 내에 있는 사람들에게만 적용하고 세계를 지금 이대로 내버려 둔다면, 수백만 명이나 되는 사람들이 자신의 나라가 질서 정연한 사회가 되기 전에 빈곤으로 인해 죽어갈 것이다. 우리는 고통을 느끼는 모든 존재의 이익을 평등하게 고려해야 하므로 빈곤으로 인해 고통받는 사람들을 도와야만 한다.

① 원조 대상자의 국적은 원조 여부를 결정하는 데 중요하지 않다.
② 원조는 전 지구적 차원의 윤리적인 의무로 정당화될 수 없다.
③ 원조 대상에서 질서 정연한 사회의 빈곤한 시민은 제외되어야 한다.
④ 원조는 인류의 공리 증진이 아닌 지구적 정의 실현을 지향해야 한다.
⑤ 원조의 최종 목적은 고통받는 사회의 정치 문화를 개선하는 것이다.

23 평가원

p.138 자료 01

갑, 을 사상가들의 입장으로 가장 적절한 것은?

> 갑: 어떤 국가에서 그 구성원들에게 가해지는 잔악성과 고통이 극심하지만 그 국가의 어떠한 세력도 그러한 문제를 해결할 능력이 없는 것처럼 보일 경우, 정의로운 전쟁을 통한 인도주의적 개입이 요구될 수 있다.
> 을: 어떤 국가도 다른 국가의 체제와 통치에 대해 폭력으로 개입해서는 안 된다는 것이 영구 평화를 위한 예비 조항이다. 한 국가에 대한 폭력적 개입은 결국 모든 국가의 자율성을 위태롭게 하는 결과를 가져올 것이다.

① 갑: 전쟁은 도덕적 비판의 대상일 뿐이며 결코 정당화될 수 없다.
② 갑: 인권 침해만으로는 정당한 전쟁의 조건이 완비되지 않는다.
③ 을: 평화 조약이란 국가 간 적대 행위의 일시적 중지에 불과하다.
④ 을: 영원한 군비 경쟁을 통해서만 영구 평화를 실현할 수 있다.
⑤ 갑, 을: 전쟁은 국제 정의를 실현하기 위한 수단이 될 수 없다.

24 교육청

갑, 을 사상가들의 입장으로 가장 적절한 것은?

> 갑: 원조의 목적은 고통받는 사회의 자유와 평등을 확립하여 질서 정연한 사회가 되도록 돕는 데 있다. 한 사회가 합당하게 합리적으로 조직되고 통치된다면, 자원이 부족해도 질서 정연한 사회가 될 수 있다.
> 을: 원조의 목적은 기아로 고통받는 사람들을 도와 인류 전체의 행복을 증진시키는 것이다. 누군가를 도움으로써 얻어지는 행복감은 원조의 중요한 동기이다. 원조의 실천은 인류 전체의 공리를 증진하는 데 기여한다.

① 갑: 원조는 고통받는 사회의 정치 문화 개선에 기여해야 한다.
② 갑: 원조는 국제 사회의 최소 수혜자에게 가장 유리해야 한다.
③ 을: 개인에게 큰 희생이 따르더라도 원조의 의무를 다해야 한다.
④ 을: 원조 대상에서 민주주의가 확립된 빈곤국을 제외해야 한다.
⑤ 갑, 을: 원조를 통해 모든 사회의 복지 수준을 평준화해야 한다.

01 고난도

(가)의 갑, 을, 병의 입장을 (나) 그림으로 탐구할 때, A~D에 해당하는 적절한 질문만을 〈보기〉에서 있는 대로 고른 것은?

(가)	갑: 국가는 이기적인 인간들로 구성되어 있기 때문에, 국제 사회도 자국의 이익을 추구하는 국가들로 구성되어 있다. 따라서 국제 정치는 국가 이익의 관점에서 정의된 권력을 위한 투쟁이다. 을: 인간이 이성적인 존재이듯이 국가도 이성적이고 합리적일 수 있다. 따라서 국가 간의 대화와 협력을 바탕으로 국제법이나 국제 규범을 통해 국제 분쟁을 예방할 수 있다. 병: 국제 관계는 상호 우호적이거나 배타적인 것으로 고정되어 있지 않다. 국제 관계에서는 국가 사이에서 서로 간에 적이나 친구 중에 어떤 관계가 될지, 어떻게 상호 작용할지에 따라서 국익이 좌우된다.
(나)	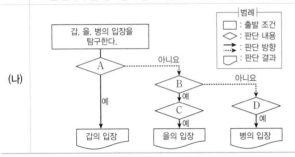

〈범례〉
- ☐ : 출발 조건
- ◇ : 판단 내용
- ⤍ : 판단 방향
- ▱ : 판단 결과

보기
- ㄱ. A: 국가 간 세력 균형을 통해 국제 평화를 유지하는 것이 가장 확실한 방법인가?
- ㄴ. B: 국제 관계의 갈등을 완화하기 위한 유일한 주체는 국가인가?
- ㄷ. C: 국제 분쟁은 상대방에 대한 무지에서 비롯되는가?
- ㄹ. D: 국제 관계는 국가 간 상호 작용을 통해 구성되는가?

① ㄱ, ㄴ ② ㄱ, ㄹ ③ ㄴ, ㄷ
④ ㄱ, ㄷ, ㄹ ⑤ ㄴ, ㄷ, ㄹ

02

다음 글의 입장으로 가장 적절한 것은?

> 세계 정치는 문화와 문명의 괘선을 따라 재편되고 있다. 여기서 가장 전파력이 크며 가장 중요하고 위험한 갈등은 사회적 계급, 빈부, 경제적으로 정의되는 집단 사이에 나타나지 않고 상이한 문명에 속하는 사람들 사이에서 나타날 것이다. 즉, 이제는 이념이나 경제 대신 종교를 구심점으로 하는 문명이 국제 분쟁을 주도할 것이다.

① 문명 간 공존과 대화로 세계 평화가 실현되어 가고 있다.
② 국가 간 빈부 격차의 심화가 국제 갈등의 가장 큰 원인이다.
③ 문명 간의 충돌 가능성이 세계 평화의 큰 위협이 될 것이다.
④ 국제 갈등은 국가 간 이념의 차이로 인해 더욱 심화될 것이다.
⑤ 서로 다른 종교를 단일화하게 되면 세계 평화를 실현할 수 있다.

03

다음 글에서 강조하는 내용으로 가장 적절한 것은?

> 만약 스스로를 정당화해야 하는 집단이 부족 혹은 국가라면, 우리의 윤리는 부족적인 차원 혹은 국가적인 차원의 것이 될 것이다. 그러나 만일 커뮤니케이션의 혁명이 전 지구적인 청중을 만들어 냈다면, 우리는 전 세계에 대해 우리의 행동을 정당화할 필요가 있다. 이런 변화는 새로운 윤리 창조를 위한 물리적인 토대가 된다. 이런 새로운 윤리는 과도한 수사학만 있었던 예전의 윤리가 결코 하지 못했던 방식으로, 이 지구에 살고 있는 우리 모두의 이익을 위해 봉사할 것이다. 얼마나 우리가 세계화의 시대를 잘 겪어 내는가 하는 문제는 하나의 세계에 살고 있다는 생각에 우리가 어떻게 윤리적으로 대응하는가에 달려 있다.

① 세계화는 문화의 독점화와 획일화를 가져온다.
② 세계화 시대에도 주권 국가의 역할이 가장 중요하다.
③ 세계화는 선진국들이 약소국을 착취하기 위한 방식이다.
④ 세계적 문제를 해결하기 위한 지구적 차원의 윤리를 정립해야 한다.
⑤ 부족 차원의 윤리에서 벗어나 국가 수준의 윤리 체계를 마련해야 한다.

04

다음을 주장한 사상가의 입장에서 긍정의 대답을 할 질문으로 옳은 것은?

> 폭력에는 전쟁이나 폭행과 같은 물리적 폭력, 사회 구조나 제도로부터 비롯되는 구조적 폭력, 종교나 사상, 언어 등에서 직접적이고 구조적인 폭력을 정당화하는 문화적 폭력이 있다. 진정한 평화는 물리적 폭력과 구조적인 폭력의 소멸은 물론 이를 정당화하는 폭력까지 사라질 때 실현될 수 있다.

① 테러와 범죄를 통한 폭력은 문화적 폭력에 해당하는가?
② 국가 안보 차원에서 전쟁이 방지되면 완전한 평화가 달성된 것인가?
③ 빈곤이나 삶의 질 문제를 폭력의 문제로 규정하지 않는 것이 적절한가?
④ 사회 정의와 인간 존엄성 등이 실현되어야 진정한 평화를 얻을 수 있는가?
⑤ 종교나 사상, 예술에 내재하여 폭력을 정당화하는 것은 물리적 폭력인가?

05

다음을 주장한 사상가의 입장으로 가장 적절한 것은?

어떤 국가도 다른 국가의 체제나 통치에 대해 폭력을 사용하여 간섭해서는 안 된다. 세계 시민법은 보편적 우호의 추구를 목표로 삼아야 한다. 우호란 한 이방인이 낯선 땅에 도착했을 때 그를 적으로 간주하지 않음을 의미한다.

① 국제법을 통해 국제 관계는 평화 상태에 이를 수 있다.
② 개별 국가의 권력을 폐지할 때 세계 평화를 실현할 수 있다.
③ 전 세계를 평화적으로 통치하는 세계 공화국을 수립해야 한다.
④ 국제 사회는 자연 상태로 힘의 논리의 지배에서 벗어날 수 없다.
⑤ 국가들 간의 세력 균형을 통해서만 완전한 평화를 달성할 수 있다.

06 고난도

갑, 을 사상가의 입장에 대한 옳은 설명만을 〈보기〉에서 있는 대로 고른 것은?

갑: 장차 전쟁의 화근이 될 수 있는 내용을 암암리에 유보한 채 맺은 어떠한 평화 조약도 결코 평화 조약으로 간주되어서는 안 된다. 어떠한 독립 국가도 상속, 교환, 매매 혹은 증여에 의해 다른 국가의 소유로 전락할 수 없다. 상비군은 조만간 완전히 폐지되어야 한다.
을: 외적으로 일어나는 구조적 폭력의 두 가지 주요한 형태는 정치와 경제에서 잘 알려진 억압과 착취이다. 이 두 가지 형태의 폭력은 몸과 마음에 작용하지만, 반드시 의도된 것은 아니다. 이러한 모든 것의 이면에는 문화적 폭력이 존재한다. 모두 상징적인 것으로 종교와 사상, 언어와 예술, 과학과 법, 대중 매체와 교육의 내부에 존재하는 것이다.

⟨보기⟩
ㄱ. 갑은 세계를 경영하는 단일 국가 건설만이 영구 평화를 보장할 수 있다고 본다.
ㄴ. 을은 전쟁의 방지만으로 진정한 평화를 얻을 수 없다고 본다.
ㄷ. 을은 문화적 폭력이 직접적 폭력과 구조적 폭력을 정당화한다고 본다.
ㄹ. 갑, 을은 국가 간 힘의 균형을 통해 국제 사회에서의 평화를 달성해야 한다고 본다.

① ㄱ, ㄴ   ② ㄱ, ㄹ   ③ ㄴ, ㄷ
④ ㄱ, ㄷ, ㄹ   ⑤ ㄴ, ㄷ, ㄹ

07

다음 사상가의 입장에 해당하는 것에만 모두 'ᐯ'를 표시한 학생은?

사치품과 부질없는 것에 낭비할 만큼 돈을 충분히 가진 사람들은 모두 넉넉한 양식과 깨끗한 식수, 비바람을 피할 보금자리, 기본적인 의료 혜택을 얻는 데 어려움을 겪는 사람들에게 적어도 자신의 소득의 1%를 나누어 주어야 한다. 이런 기준을 충족시키지 못하는 사람들은 전 지구적인 의무를 공정하게 나누어 지지 않는 것이며, 심각하게 도덕적으로 잘못된 일을 행하는 것으로 간주되어야 한다.

입장 \ 학생	갑	을	병	정	무
이익 평등 고려의 원칙에 따라 어려움에 처한 사람들을 원조해야 한다.	ᐯ	ᐯ		ᐯ	
세계 시민주의에 입각하여 인류의 복지 수준을 향상시키기 위하여 노력해야 한다.	ᐯ			ᐯ	ᐯ
자기 이웃과 머나먼 타국의 사람들을 동등하게 고려하는 것은 현실적으로 불가능하다.		ᐯ	ᐯ	ᐯ	ᐯ
불합리한 사회 구조나 제도가 빈곤의 원인이므로 개인의 복지 향상이 아니라 사회 구조의 개선에 힘써야 한다.			ᐯ		ᐯ

① 갑   ② 을   ③ 병   ④ 정   ⑤ 무

08 고난도

갑, 을 사상가 중 적어도 한 사람이 긍정의 대답을 할 질문만을 〈보기〉에서 있는 대로 고른 것은?

갑: 우리는 절대 빈곤에 빠진 사람을 도울 의무가 있다. 이러한 행위는 자선적 행위가 아니며 모든 사람이 마땅히 해야 하는 행위이다. 우리는 인류 전체의 고통을 감소시키기 위하여 마땅히 원조해야 한다.
을: 국가 간의 부와 복지의 수준을 조정하는 것은 원조 의무의 목표가 아니다. 천연자원과 부가 빈약한 사회라 할지라도 만약 그들의 문화를 떠받쳐 주는 사회의 정치적 평등, 법, 계급 구조가 적정 수준의 사회를 유지하게 하는 것이라면 질서 정연해질 수 있다.

⟨보기⟩
ㄱ. 해외 원조는 윤리적 차원의 의무인가?
ㄴ. 원조의 목표를 사회 제도나 구조의 개선에 두어야 하는가?
ㄷ. 인류 전체의 부의 수준을 균등하게 하는 것이 원조의 목표인가?
ㄹ. 자원이 부족하고 가난한 모든 국가를 원조의 대상으로 삼아야 하는가?

① ㄱ, ㄹ   ② ㄴ, ㄷ   ③ ㄷ, ㄹ
④ ㄱ, ㄴ, ㄷ   ⑤ ㄱ, ㄴ, ㄹ

09 고난도

(가)의 갑, 을, 병 사상가들의 입장을 (나) 그림으로 표현할 때, A~D에 해당하는 적절한 진술만을 〈보기〉에서 있는 대로 고른 것은?

(가)	갑: 약소국에 대한 원조는 쾌락의 증진과 고통의 감소를 추구하는 공리주의 이론에 근거해야 한다. 빈곤으로 고통받는 사람들을 돕는 것은 도덕적 의무이다. 을: 한 개인이 정당한 과정을 거쳐서 취득한 재산은 누구도 침해할 수 없는 배타적 소유권을 지닌다. 해외 원조는 개인의 자유로운 선택의 영역이다. 병: 불리한 여건으로 고통받는 사회를 질서 정연한 사회가 되도록 돕는 것은 인류의 의무이다. 우리는 약소국에 대한 원조를 의무로 받아들여야 한다.

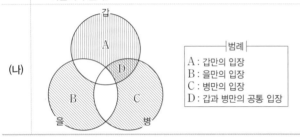

(나)

범례
A : 갑만의 입장
B : 을만의 입장
C : 병만의 입장
D : 갑과 병만의 공통 입장

·보기·
ㄱ. A: 세계 시민주의 입장에서 공리를 증진하기 위해 해외 원조를 해야 한다.
ㄴ. B: 약소국에 대한 원조의 의무를 이행하지 않는 부유한 국가에 대해서 도덕적 비난을 해야 한다.
ㄷ. C: 차등의 원칙을 적용하여 국제 사회의 최소 수혜자의 이익을 최우선으로 고려해야 한다.
ㄹ. D: 해외 원조를 의무의 차원에서 접근해야 한다.

① ㄱ, ㄴ　　　　② ㄱ, ㄹ　　　　③ ㄴ, ㄷ
④ ㄱ, ㄷ, ㄹ　　⑤ ㄴ, ㄷ, ㄹ

10

다음을 주장한 사상가의 입장으로 가장 적절한 것은?

원조의 목적은 고통받는 사회가 자신의 문제들을 합당하고 합리적으로 관리할 수 있도록 도와, 결과적으로 질서 정연한 국제 사회의 구성원이 되도록 하는 것이다. 이것은 원조의 목표를 규정한다. 목표가 성취된 이후에는 심지어 현재의 질서 정연한 사회가 여전히 상대적으로 빈곤하다고 할지라도 더 이상의 원조는 필요하지 않다.

① 공리주의적 관점에서 원조를 해야 한다.
② 모든 가난한 국가가 원조의 대상이 되는 것은 아니다.
③ 질서 정연한 사회는 모두 경제적으로 부유한 사회이다.
④ 인류의 복지 수준을 고르게 하는 것이 원조의 목적이다.
⑤ 원조를 자선이 아닌 의무의 관점에서 접근하는 것은 옳지 않다.

11 고난도

갑, 을 사상가들의 입장에 대한 옳은 설명만을 〈보기〉에서 있는 대로 고른 것은?

갑: 만약 어떤 사람에게 매우 나쁜 일이 일어나는 것을 방지할 수 있고, 그 나쁜 일을 방지함으로써 그에 상응하는 도덕적 가치가 희생되지 않는다면, 우리는 그렇게 해야만 한다.
을: 질서 정연한 사회는 고통받는 사회가 인권을 보장하고 민주적 질서를 보장할 수 있도록 원조해야 한다.

·보기·
ㄱ. 갑은 자신의 고통과 타인의 고통을 동등하게 고려해야 한다고 본다.
ㄴ. 을은 사회들 간의 부와 복지의 수준을 조정하는 것을 원조의 목적으로 삼는다.
ㄷ. 갑은 을과 달리 사회 구조적 차원에서 원조의 문제에 접근한다.
ㄹ. 갑, 을은 원조를 자발적인 선택이 아닌 도덕적인 의무로 간주한다.

① ㄱ, ㄹ　　　　② ㄴ, ㄷ　　　　③ ㄷ, ㄹ
④ ㄱ, ㄴ, ㄷ　　⑤ ㄱ, ㄴ, ㄹ

12

갑 사상가의 입장에서 을 사상가의 주장에 대해 제기할 수 있는 비판으로 가장 적절한 것은?

갑: 가난한 사람들을 돕기 위한 과세는 강제 노동과 같으므로 자발적 동의 없이 타인을 도울 필요가 없다.
을: 자국민의 이익을 우선해야 한다는 것이, 우리가 조그마한 비용을 가지고 곤궁한 타인의 복리를 증진시키기 위해 노력해야 한다는 의무보다 우선할 수는 없다. 인류 전체의 공리 증진을 위해 우리는 원조해야만 한다.

① 원조의 목적은 정치 문화를 개선하는 데 있음을 모르고 있다.
② 원조는 자율적 선택의 문제가 아니라 도덕적 의무임을 모르고 있다.
③ 차등의 원칙을 지구적 차원에서 적용하지 않아야 함을 모르고 있다.
④ 부유한 사람들이 어려운 사람들을 돕는 것은 당위적인 것임을 모르고 있다.
⑤ 원조를 의무라고 주장하는 것이 개인의 자유를 침해할 수 있음을 모르고 있다.

13

다음 글의 입장으로 가장 적절한 것은?

> 갈등은 국제 정치의 일상적인 상호 작용 패턴이다. 경쟁이 치열한 국제 정치의 환경에서는 어느 정도 공격적으로 행동하지 않으면 남에게 이용만 당할 뿐이다. 국제 정치의 균형은 중요한 행위자들이 이기심을 좇아 행동한다고 가정할 때 이루어진다. 약소국이 영유권을 주장하려면 외부 지원 세력을 끌어와야 한다.

① 국가 간 대화·법률을 통해 국제 평화를 실현할 수 있다.
② 국제 관계는 국가를 통제할 상위 중앙 권위가 없는 무정부 상태이다.
③ 국제 분쟁은 인간 본성의 문제가 아니라 상대방에 대한 무지나 오해에서 발생한다.
④ 국가뿐만 아니라 개인, 국제기구, 비정부 기구 등이 국제 관계의 주체가 되어야 한다.
⑤ 국제 관계는 국가 간 상호 작용을 통해서 구성되므로 국가 간의 긍정적 상호 작용을 통해 분쟁을 해결할 수 있다.

14

그림은 서술형 평가 문제와 학생 답안이다. 학생 답안의 ㉠~㉤ 중 옳지 않은 것은?

> ### 서술형 평가
>
> ◉ 문제: 해외 원조론에 대한 갑, 을 사상가의 입장을 비교하여 서술하시오.
>
> 갑: 질서 정연한 사회의 만민들은 불리한 여건으로 고통받는 사회의 만민들을 도와주어야 한다. 원조의 목적은 질서 정연한 사회가 되도록 하는 것이다.
> 을: 공리를 산출할 때는 쾌고 감수 능력을 지닌 모든 존재를 고려해야 한다. 따라서 빈곤으로 고통받는 모든 사람들을 도와주어야 한다.
>
> ◉ 학생 답안
>
> 해외 원조에 대하여 ㉠갑은 원조의 목적을 고통받는 사회가 정치적 자유와 민주주의 체제가 확립된 질서 정연한 사회로 이행할 수 있도록 돕는 것이라고 보면서, ㉡모든 가난한 나라를 원조의 대상으로 삼아야 한다고 주장한다. 한편 ㉢을은 원조의 목적을 절대적 빈곤으로 고통받는 사람들을 도와주는 것이라고 주장하면서, ㉣나라와 지역에 상관없이 고통받는 모든 인류를 원조의 대상으로 삼아야 한다고 주장한다. ㉤갑, 을 모두 해외 원조를 선택이 아닌 의무의 차원에서 접근해야 한다고 본다는 점에서 공통점을 지닌다.

① ㉠ ② ㉡ ③ ㉢ ④ ㉣ ⑤ ㉤

15 고난도

갑, 을의 입장에 대한 옳은 설명만을 〈보기〉에서 있는 대로 고른 것은?

> 갑: 국제 정치는 국가 이익의 관점에서 정의된 권력을 위한 투쟁이다. 국가의 이익이 도덕성과 충돌할 때는 도덕성보다 국가의 이익을 우선시해야 한다.
> 을: 국제 분쟁은 국가 간 도덕성을 확보해야 해결할 수 있다. 국제 관계에서 국가의 이익보다 인간의 존엄성, 자유, 평등 등 보편적 가치를 우선하여 달성해야 한다.

> · 보기 ·
> ㄱ. 갑은 세력 균형으로 국제 분쟁을 예방할 수 있다고 본다.
> ㄴ. 을은 국가 간의 이성적인 대화와 협력을 통해 국제 평화를 실현할 수 있다고 본다.
> ㄷ. 을은 국제 분쟁의 원인이 잘못된 제도 때문이 아니라 국가 이기주의 때문이라고 본다.
> ㄹ. 갑, 을은 국제 평화를 실현할 수 있는 방안이 존재한다고 본다.

① ㄱ, ㄹ ② ㄴ, ㄷ ③ ㄷ, ㄹ
④ ㄱ, ㄴ, ㄷ ⑤ ㄱ, ㄴ, ㄹ

16

밑줄 친 ㉠, ㉡에 대한 설명으로 옳지 않은 것은?

> 오늘날 세계화의 확산으로 인해 국가 간 상호 의존성이 커지면서 국제 사회의 정의의 문제가 빠르게 대두되고 있다. 국제 사회에서 제시되는 정의에는 크게 ㉠형사적 정의와 ㉡분배적 정의가 있다. 국제 사회에서의 이러한 정의의 실현을 통해 반인도적 범죄 집단을 처벌하고 국가 간 부의 격차를 줄여 나가야만 국제 관계에서 진정한 평화가 실현될 수 있을 것이다.

① ㉠은 국제 사회 질서를 해치는 범죄 집단을 정당하게 처벌함으로써 실현 가능하다.
② ㉠의 실현을 위해서는 국제 형사 경찰 기구나 국제 사법 재판소 등의 국제기구가 필요하다.
③ ㉡은 국가 간 가치나 재화의 공정한 분배를 통해 실현 가능하다.
④ ㉡은 국가 간 능력에 따른 분배를 통해 절대 빈곤을 개선하고자 하는 것이다.
⑤ ㉠과 ㉡은 국제 사회의 의존도가 높아지면서 더욱 필요성이 두드러지고 있다.

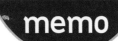

오개념을 바로잡는 친절한 해설

올쏘

고등 생활과 윤리

오개념을 바로잡는 친절한 해설 **정답 및 해설**

동아출판

all about society 올쏘

정답 및 해설

I 현대의 삶과 실천 윤리

01 강 현대 생활과 실천 윤리

기출 선지 변형 O X

본문 007쪽

01 × 02 × 03 ○ 04 ○ 05 ○ 06 ○ 07 × 08 ○
09 × 10 × 11 × 12 ○ 13 ○ 14 ○ 15 ○ 16 ○
17 ○ 18 ○ 19 ○ 20 × 21 ○ 22 ○

01 도덕 명제가 성립 가능한지 검증하고 분석하는 윤리학은 분석(메타) 윤리학이다.

02 도덕적 탐구가 학문적으로 정립 가능한지를 살피고 연구하는 분야는 분석 윤리학인데, 실천 윤리학은 이를 부정하지 않는다.

03 실천 윤리학은 이론 윤리학이 세운 도덕규범을 현실에 적용하고 실천하도록 하는 학문이다.

04 실천 윤리학은 응용 윤리학이라고도 하는데, 이론 윤리학이 세운 이론을 현실의 윤리 문제를 해결하는 데 적용한다.

05 기술 윤리학은 각 문화의 도덕적 관행을 관찰하고 기록하고 기술하는 데에만 관심을 두기 때문에 '문화적 사실'로만 본다.

06 이론적 규범 체계의 필요성을 강조하는 이론 윤리학은 실천 윤리학이 현실의 도덕 문제를 해결하기 위한 이론적 근거를 제시하는 역할을 한다.

07 분석 윤리학은 도덕 추론에 대한 가치 중립적 분석을 중요하게 여겼으므로 분석 윤리학에 대한 비판이 아니다.

08 기술 윤리학은 도덕적 풍습이나 관습 등을 있는 그대로 기술하는 것을 목표로 한다.

09 실천 윤리학은 현실의 도덕 문제를 해결하는 것을 중요하게 여긴다. 도덕 언어를 분석하는 데 중점을 두는 분야는 분석 윤리학이다.

10 기술 윤리학이 아닌 분석 윤리학에 대한 설명이다. 분석 윤리학은 도덕적 지식이 성립 가능한지를 모색하기 위해 선과 악, 옳음과 그름이 무엇인지 등 도덕 언어의 의미를 분석한다.

11 기술 윤리학은 도덕적 가치 판단을 내리는 것보다 경험적 사실을 기술하는 것을 중시한다.

12 이론 윤리학은 규범 윤리학의 한 종류로, 실천 윤리학이 현실 문제를 해결하기 위한 이론적 근거, 바탕을 제공하는 역할을 한다.

13 실천 윤리학은 이론 윤리학과 함께 규범 윤리학에 해당한다. 이론 윤리학은 도덕적 이론을 정립하는 데 중점을 두는데, 실천 윤리학도 이러한 이론 윤리학을 바탕으로 현실의 도덕 문제를 해결하기에 어떤 도덕 이론이 타당한지 밝히는 데 관심을 둔다.

14 이론 윤리학은 개인의 행위의 옳고 그름, 제도에 대한 가치 판단을 위한 배경 이론을 제공하는 역할을 한다.

15 분석 윤리학은 도덕 언어의 분석을 핵심 과제로 삼기에 규범 윤리학이 이를 간과하고 있다고 비판할 수 있다.

16 분석 윤리학은 옳고 그름이란 무엇인지, 선과 악은 무엇인지 등 개념에 대한 정의부터 의문을 제기하고 탐구하는 학문이다. 따라서 개념들, 사실 판단들 사이의 논리적 관계와 타당성을 탐구한다.

17 규범 윤리학에는 이론 윤리학과 실천 윤리학이 있다. 이론 윤리학은 옳은 것이 무엇인지를 탐구하고, 이러한 이론을 바탕으로 실천 윤리학은 현실의 도덕 문제를 해결한다. 이러한 규범 윤리학은 윤리적 삶의 가치와 방향을 제시하는 역할을 한다.

18 규범 윤리학 중 특히 이론 윤리학은 도덕 원리의 정립에 관심을 두고, 무엇이 옳은지 견해를 제시한다.

19 기술 윤리학은 어느 문화와 집단 사람들의 도덕적 관습을 관찰하고 기록하는 학문이다. 따라서 사람들의 윤리 의식이나 가치관이 어떠한지 관찰하고 조사하고 기술한다.

20 바람직한 삶에 대한 안내를 주된 목표로 삼는 학문은 규범 윤리학이다. 분석 윤리학은 도덕적 개념이나 언어 분석 등을 하는 학문이다.

21 경험 과학은 경험적 사실을 연구 대상으로 하는 실증적 학문으로, 자연 과학의 형식 논리나 수학의 모형만을 통해 접근할 수 없는 과학이다. 응용 윤리학은 현실의 문제를 해결하는 실증적 학문이고, 기술 윤리학은 경험적인 윤리적 관습을 관찰하고 기록하는 학문이라는 점에서 경험 과학적이다.

22 이론 윤리학은 무엇이 옳고 그른지, 무엇이 바람직한지 등에 대한 견해를 제시하기에 성품이나 행위, 제도 등에 대한 윤리적 판단의 근거를 제공하는 역할을 한다.

실전 기출 문제

본문 008~009쪽

01 ④ 02 ⑤ 03 ③ 04 ④ 05 ④ 06 ⑤ 07 ⑤ 08 ③

01 분석 윤리학과 실천 윤리학

자료 해설 (가)는 도덕적 언어의 의미 분석과 도덕적 추론의 정당성을 검증하는 분석(메타) 윤리학, (나)는 임신 중절, 안락사, 생명 복제, 사형 제도 등 우리의 삶에서 발생하는 다양한 도덕 문제를 해결하고자 하는 실천(응용) 윤리학에 대한 설명이다.

선택지 분석

① 오답: ㄱ은 이론 윤리학의 주요 과제이다. ㄴ은 분석 윤리학의 주요 과제로 (가)에 해당한다.

② 오답: ㄱ은 이론 윤리학, ㄷ은 기술 윤리학의 주요 과제이다. 기술 윤리학은 도덕 현상과 문제를 명확하게 기술하고, 기술된 현상들 간의 인과 관계를 설명하는 것을 주요 과제로 삼으며 삶의 문제를 해결하는 데 관심을 두지 않는다.

③ 오답: ㄴ은 분석 윤리학의 주요 과제이지만, ㄷ은 기술 윤리학의 주요 과제이다.

④ 정답: 분석 윤리학은 윤리학에서 사용하는 도덕적 언어의 의미가 정확하지 않기 때문에 충돌이 발생한다고 보고 ㄴ. 도덕적 추론의 논증 가능성과 논리적 타당성을 규명하는 것을 주요 과제로 삼는다. (나)의 실천 윤리학은 이론 윤리학에서 제공하는 도덕 원리를 토대로 실천적 도덕 문제를 해결하는

것을 주요 과제로 삼는다. 이런 의미에서 실천 윤리학을 응용 윤리학, 문제 중심 윤리학이라고도 한다.

⑤ 오답: ㄷ은 기술 윤리학의 주요 과제이다.

02 실천 윤리학

자료 해설 제시문에서는 현실에서 제기되는 도덕 문제에 대한 구체적인 행위 지침을 제시하는 윤리학, 즉 실천 윤리학의 필요성을 이야기하고 있다. ㉠에는 실천 윤리학에서 제기할 수 있는 물음이 들어가야 한다.

선택지 분석

① 오답: 도덕규범의 보편타당성, 정당성에 대한 물음은 이론 윤리학에서 제기할 수 있다.

② 오답: 도덕적 추론의 타당성 여부에 대한 질문은 분석 윤리학과 관계 깊다.

③ 오답: 지역과 시대에 따라 도덕적 현상과 문제가 어떻게 달라지는가는 기술 윤리학에서 제기할 수 있는 물음이다. 기술 윤리학은 도덕 문제 해결보다 도덕 현상을 관찰하고 기술하는 데 관심을 둔다.

④ 오답: 도덕적 딜레마의 논리적 구조에 관한 질문은 분석 윤리학에서 제기할 수 있다.

❺ 정답: 취재원 보호를 위한 거짓말이 정당한지 따져 보는 것은 삶의 구체적 상황에서 발생하는 윤리 문제의 해결책을 찾고자 하는 응용 윤리학에서 탐구할 수 있는 문제이다.

올쏘 만점 노트 실천 윤리학의 주제와 물음

생명 윤리	• 생명에 관한 자기 결정권이 인간에게 있는가? • 생식 보조술을 허용해야 하는가?
성 윤리	• 성의 자기 결정권을 허용해야 하는가? • 성을 상품화해도 되는가?
사회 윤리	• 공정한 분배 기준은 무엇인가? • 사형 제도는 유지해야 하는가, 폐지해야 하는가?
과학 기술 윤리	• 과학자의 책임 범위는 어디까지인가? • 과학 기술은 가치 중립적인가, 아닌가?
정보 윤리	• 알 권리와 잊힐 권리 중 무엇을 중시해야 하는가? • 사이버 공간에서 표현의 자유는 얼마나 허용할 수 있는가?
환경 윤리	• 도덕적 고려 범위는 어디까지인가? • 자연은 보전의 대상인가, 개발의 대상인가?
평화 윤리	• 통일은 왜 해야 하는가? • 해외 원조는 의무인가, 선택인가? • 평화는 어떠한 방식으로 이루어낼 수 있는가?

03 실천 윤리학의 특성

자료 해설 제시문에서는 이론 중심 윤리학의 한계에 따라 새로운 윤리학이 등장했음을 이야기하고 있다. 이 새로운 윤리학은 실제 생활과 관련한 문제를 해결하기 위해 등장한 실천 윤리학이다. ㉠에는 실천 윤리학에 대한 설명이 들어가야 한다.

선택지 분석

① 오답: 도덕 명제에 대한 검증 가능성을 탐구하고 분석하는 것은 분석 윤리학에 대한 설명이다.

② 오답: 도덕적 탐구가 학문적으로 정립 가능한지 탐구하는 것은 분석 윤리학이다. 실천 윤리학은 분석 윤리학을 부정하지는 않는다.

❸ 정답: 실천 윤리학은 도덕규범을 현실의 문제에 적용하고 구체적 대안을 제시하여 이를 실천함으로써 문제를 해결하고자 한다.

④ 오답: 실천 윤리학은 규범 윤리 이론을 바탕으로 도덕규범을 도출하기 때문에 규범 윤리 이론의 응용 가능성을 부정하지는 않는다.

⑤ 오답: 기술 윤리학의 입장이다.

04 이론 윤리학과 실천 윤리학

자료 해설 (가)는 이론 윤리학, (나)는 실천 윤리학의 입장이다. 이론 윤리학은 어떤 도덕 원리가 윤리적 행위를 위한 근본 원리로 성립할 수 있는지를 탐구하고, 실천 윤리학은 도덕 원리를 삶의 다양한 문제에 적용하여 바람직한 해결 방안을 모색하고자 한다.

선택지 분석

① 오답: 분석 윤리학은 윤리학에서 사용하는 도덕 언어의 의미가 명확하지 않아서 의견 충돌이 발생한다고 보고 도덕 언어의 의미 분석을 핵심 과제로 삼는다.

② 오답: 도덕적 관습의 실태 조사를 핵심 과제로 삼는 윤리학은 기술 윤리학이다. 기술 윤리학은 도덕 현상과 문제를 명확하게 기술하고 기술된 현상들 간의 인과 관계를 설명하는 데 주된 관심을 둔다.

③ 오답: 분석 윤리학은 윤리학에서 사용하는 도덕 언어의 의미와 논리적 타당성을 분석하여 윤리학의 학문적 성립 가능성을 비판적으로 탐구한다.

❹ 정답: 실천 윤리학은 이론 윤리학에서 제시한 도덕 원리를 다양한 현실 문제에 적용하여 해결책을 적극적으로 찾고자 한다는 점에서 실천 지향적 성격을 지닌다. 이런 의미에서 실천 윤리학을 문제 중심 윤리학, 응용 윤리학이라고도 한다.

⑤ 오답: 이론 윤리학과 실천 윤리학은 모두 바람직한 삶과 이상적인 사회의 모습을 안내한다는 점에서 가치 판단을 배제한 결론 도출을 핵심 과제로 삼지 않는다.

05 실천 윤리학과 분석 윤리학

자료 해설 제시문에서 '윤리학은 삶의 구체적인 상황에서 새롭게 대두되는 실천적 문제에 대한 해답을 제시해야 한다.'라는 주장은 실천 윤리학의 입장이다. 또 '20세기 중반에 논리 실증주의의 영향을 받아 도덕 언어의 논리적 명료화에 주력하는 새로운 윤리학이 등장하였다.'라는 문장에서 '새로운 윤리학'은 분석 윤리학이다. 따라서 ㉠에는 분석 윤리학에 대한 비판이나 분석 윤리학이 간과한 사실을 지적하는 내용이 들어가야 한다.

선택지 분석

① 오답: 이론 윤리학에 대한 설명으로 제시문과 관련이 없다. 이론 윤리학은 도덕 판단의 근거가 되는 규범 체계의 필요성을 강조하면서 어떤 도덕 원리가 윤리적 행위의 근본 원리로 성립할 수 있는지를 탐구한다.

② 오답: 분석 윤리학은 도덕적 추론에 대한 가치 중립적 분석을 중요시하였으므로 분석 윤리학에 대한 비판이 될 수 없다.

③ 오답: 기술 윤리학에 대한 설명으로 제시문과 관련이 없다.

❹ 정답: 실천 윤리학의 관점에서 분석 윤리학은 도덕 언어의 분석보다 구체적인 도덕 문제의 해결이 중요함을 간과하고 있다고 주장할 수 있다.

⑤ 오답: 분석 윤리학은 도덕적 지식의 성립 가능성을 모색하기 위해 도덕적 언어의 의미 분석 및 타당성 검증과 같은 탐구가 필요하다고 주장하기 때문에 분석 윤리학에 대한 비판이 될 수 없다.

06 윤리학의 구분과 특성

자료 해설 갑은 도덕적 언어의 논리적 타당성과 의미를 분석하는 데 관심을 두는 분석 윤리학의 입장이다. 이 입장에서 윤리적 진술은 감정의 표현일 뿐이다. 을은 도덕적 행위를 정당화하는 도덕 원리를 제시하는 이론 윤리학의 입장이고, 병은 우리의 삶에서 발생하는 다양한 문제를 해결하고자 하는 실천 윤리학의 입장이다. 〈보기〉에서 각 윤리학에 대한 옳은 설명을 모두 찾으면 된다.

선택지 분석

ㄱ. 오답: 각 사회의 도덕 현상을 객관적으로 기술하는 학문은 기술 윤리학이다.

ㄴ. 정답: 이론 윤리학은 도덕 판단의 준거와 행위의 정당성 확보를 강조한다.

ㄷ. 정답: 실천 윤리학은 도덕 문제에 있어서 학제적 접근, 즉 다양한 학문 분야의 전문적 지식과 연계하여 그 해결책을 모색한다.

ㄹ. 정답: 이론 윤리학과 실천 윤리학은 모두 규범 윤리학으로, 도덕규범의 필요성을 중시한다.

올쏘 만점 노트 | 분석 윤리학과 이론 윤리학의 주요 주제

분석 윤리학	• '옳다'는 것과 '그르다'는 것은 어떤 의미인가? • '선하다'와 '악하다'는 말의 의미는 무엇인가? • '해야 한다'는 것과 '해서는 안 된다'는 말의 의미는 무엇인가? • 도덕적으로 바람직하다거나 옳다는 것을 이론화하는 것은 가능한가? • 도덕 판단은 무엇인가? • 도덕적 진리는 인식할 수 있는가, 없는가? • 도덕적으로 옳다는 논리는 검증할 수 있는가?
이론 윤리학	• 특정한 상황에서 도덕적으로 옳은 행위를 한다는 것은 어떤 의미인가? • 우리는 어떻게 살아야 하는가? • 우리는 인생에서 무엇을 추구해야 하는가? • 우리는 다른 사람들에게 무엇을 해야 하는가? • 도덕 판단은 어떻게 해야 하는가? • 도덕적 진리를 인식하는 근본은 무엇인가?

07 분석 윤리학과 실천 윤리학

자료 해설 제시문의 '나'는 윤리학의 학문적 성립 가능성을 비판적으로 탐구하는 것을 근본 과제로 삼는 분석 윤리학을 지지하는 입장이다. 또 제시문의 '어떤 사람들'은 도덕 원리를 구체적인 삶의 문제에 적용하여 이를 해결하고자 하는 실천 윤리학을 지지하는 입장이다. 따라서 ㉠에는 분석 윤리학의 입장에서 실천 윤리학을 비판하는 내용이 들어가야 한다.

선택지 분석

① 오답: 실천 윤리학은 현실의 도덕 문제를 해결하기 위해서는 의학, 법학, 과학, 종교 등 다양한 학문 분야의 전문적 지식과 기술이 필요하다고 보기 때문에 학제적 탐구의 필요성을 중시한다. 실천 윤리학이 분석 윤리학을 비판할 내용이다.

② 오답: 실천 윤리학은 윤리학이 당위의 학문이라고 보고 이론 윤리학에서 탐구하는 다양한 도덕 원리를 현실 문제에 적용한다. 윤리학이 당위의 학문으로서 성립 가능한지를 탐구하는 것은 분석 윤리학이다.

③ 오답: 실천 윤리학에서는 이론 윤리학에서 탐구하는 다양한 윤리 이론을 현실의 도덕 문제에 적용하여 해결하고자 한다. 분석 윤리학은 도덕 문제를 해결하는 데 관심이 없다. 실천 윤리학이 분석 윤리학을 비판할 내용이다.

④ 오답: 실천 윤리학은 규범 윤리학 이론과 도덕적 실천이 유기적으로 연관되어 있다고 보고, 이론 윤리를 응용하여 구체적인 삶의 도덕 문제를 해결하고자 한다. 실천 윤리학이 분석 윤리학을 비판할 내용이다.

⑤ 정답: 분석 윤리학은 규범 윤리적 물음에 답하기 전에 도덕 언어의 의미와 논리적 타당성을 분석하여 윤리학의 학문적 성립 가능성을 비판적으로 탐구해야 한다고 주장한다. 따라서 분석 윤리학의 입장에서 실천 윤리학은

도덕 언어의 논리적 타당성과 의미 분석의 중요성을 간과하고 있다고 주장할 수 있다.

08 실천 윤리학과 분석 윤리학

자료 해설 제시문의 '나'는 실천 윤리학을 지지하는 입장이고, '어떤 윤리학자'는 분석 윤리학을 지지하는 입장이다. 따라서 ㉠에는 실천 윤리학의 입장에서 분석 윤리학을 비판하는 내용이 들어가야 한다. 실천 윤리학은 다양한 도덕 원리를 구체적인 삶의 문제에 적용하여 이를 해결하고자 하고, 분석 윤리학에서는 도덕 언어의 의미 분석과 도덕 추론의 논리적 타당성을 분석하여 윤리학의 학문적 성립 가능성을 탐구하는 데 초점을 둔다.

선택지 분석

① 오답: 도덕적 논증의 타당성을 검토하는 데 전념해야 한다고 주장하는 입장은 분석 윤리학이다. 분석 윤리학이 실천 윤리학을 비판할 내용이다.

② 오답: 분석 윤리학은 윤리학의 학문적 성립 가능성을 탐구하기 위해 도덕 언어의 의미를 분석하고 도덕적 추론의 논증 가능성과 논리적 타당성을 규명하고자 한다. 분석 윤리학이 실천 윤리학을 비판할 내용이다.

③ 정답: 실천 윤리학의 입장에서는 분석 윤리학이 도덕적 언어와 도덕 추론의 논리적 타당성을 분석하는 데만 치중하여 실천적 규범을 통해 현실의 도덕 문제를 해결하는 것을 간과하고 있다고 비판할 수 있다.

④ 오답: 도덕적 관습이나 풍습 등을 조사하여 객관적으로 기술해야 한다고 주장하는 것은 기술 윤리학의 입장이다. 실천 윤리학에서는 현실의 도덕 문제 해결을 중시하고, 분석 윤리학에서는 현실의 도덕 문제를 해결하는 데 관심이 없다.

⑤ 오답: 도덕 원리를 적용해 구체적 삶의 문제를 해결해야 함을 강조하는 것은 실천 윤리학이다.

올쏘 만점 노트 | 윤리학의 구분

규범 윤리학	이론 윤리학	어떤 도덕 원리가 윤리적 행위를 위한 근본 원리로 성립할 수 있는지 탐구함 예 의무론, 공리주의, 덕 윤리 등
	실천 (응용) 윤리학	우리 삶에서 발생하는 다양한 문제에 윤리적 원리를 적용하여 구체적이고 실천적인 지침을 제공하고자 함. 이론 윤리학의 도덕 원리를 토대로 새로운 윤리 문제의 바람직한 해결 방안을 모색함. 문제 중심 윤리학, 응용 윤리학이라고도 함
분석(메타) 윤리학		윤리학에서 사용하는 도덕적 언어의 의미가 명확하지 않기 때문에 충돌이 발생한다고 봄. 윤리학의 학문적 성립 가능성을 모색하기 위해 도덕적 언어의 의미 분석, 도덕적 추론의 정당성과 타당성을 검증하는 데 관심을 둠
기술 윤리학		도덕 현상과 문제를 명확하게 기술하고, 기술된 현상들 간의 인과 관계를 설명하는 데 주된 관심을 둠

킬러 예상 문제

본문 010~011쪽

01 ① 02 ⑤ 03 ② 04 ④ 05 ② 06 ④ 07 ④ 08 ②

01 윤리의 의미와 특징

자료 해설 ㉠에 들어갈 말은 '윤리'이다. 윤리의 말뜻을 해석해 보면,

사람[人]+무리[侖]+도리 또는 이치[理]이다. 즉, 사람이 다른 사람과 함께 지내면서 마땅히 지켜야 할 도리나 이치를 뜻한다. 윤리는 옳고 그름, 선과 악 등의 가치를 포함하고 있으며 이론으로만 그치는 것이 아니라 실천을 위한 것이다.

선택지 분석

- ㄱ 정답: 윤리는 인간으로서 마땅히 지켜야 할 행동의 기준이자 규범의 역할을 담당한다. 즉, 인간이 어떻게 행동해야 하는지를 가르쳐 주며, 더 넓게는 인간 삶을 안내하는 역할을 한다.
- ㄴ 정답: 윤리는 말뜻에서도 알 수 있듯이 사람과 사람 사이에서 지켜야 할 도리이다. 즉, 인간관계 속에서 인정되고 수용될 수 있는 행동 원리와 지침이라고 할 수 있다.
- ㄷ. 오답: 윤리는 선악(善惡), 미추(美醜), 시비(是非), 경중(輕重) 등의 가치를 포함하는 규범이라고 할 수 있다.
- ㄹ. 오답: 윤리는 일반적인 여타의 사회 과학이나 자연 과학과는 다르게 사실, 현상의 분석 및 설명에 치중하기보다는 사실이나 현상, 행위에 대한 평가를 포함하고 있다.

02 분석 윤리학, 기술 윤리학, 이론 윤리학의 특징 비교

자료 해설 갑은 분석 윤리학, 을은 기술 윤리학, 병은 이론 윤리학의 입장이다. 분석 윤리학은 선악, 옳고 그름 등의 도덕적 언어나 개념의 분석이 우선시되어야 한다고 본다. 기술 윤리학은 개인이나 사회가 지닌 도덕적 풍습이나 관습 등에 대해 객관적으로 조사하고 서술하는 데 주력해야 한다고 본다. 이론 윤리학은 객관적이고 보편적으로 적용될 수 있는 다양한 윤리 이론을 정립하고 정당화하는 데 주력해야 한다고 본다.

선택지 분석

① 오답: 윤리학 자체는 당위나 규범의 성격을 갖는 학문이며 분석 윤리학도 이를 부정하지는 않는다.
② 오답: 기술 윤리학에서는 경험 과학적이고 객관적인 묘사, 서술, 기술 등에 주력해야 한다고 본다.
③ 오답: 도덕적 추론의 논리적 타당성 분석이 윤리학의 핵심이라고 보는 것은 분석 윤리학이다.
④ 오답: 을은 기술 윤리학이다. 윤리학이 구체적 삶의 도덕적 문제를 해결하는 데 관심을 두거나 문제 해결을 위한 이론적 근거를 마련하는 데 관심을 두기보다는 도덕적 관습을 관찰하고 이를 기술하는 역할을 해야 한다고 본다.
⑤ 정답: 병은 이론 윤리학의 입장으로, 갑, 을과 달리 도덕적 행위를 정당화하는 규범적 근거를 제시하고 행위 이론을 정립하는 데 주력한다.

03 분석 윤리학의 한계점 파악

자료 해설 제시문에는 분석 윤리학의 의미와 한계점 등이 나타나 있다. ㉠에는 분석 윤리학의 단점이나 한계점 등이 들어가야 한다.

선택지 분석

① 오답: 분석 윤리학은 도덕적 추론의 논리적 타당성 분석에 주력한다.
② 정답: 분석 윤리학은 인간 삶의 구체적인 도덕 문제 해결에 별다른 기여를 하지 못한다는 비판과 인간 삶의 방향에 대한 구체적 안내를 하는 데 관심이 부족하다는 비판을 받기도 한다.
③ 오답: 분석 윤리학도 윤리학이 가치와 규범을 다루는 학문이라는 점을 부정하지 않는다.
④ 오답: 도덕적 풍습 및 관습, 관행에 대한 경험 과학적 분석이나 기술에 치중하는 것은 기술 윤리학이다.

⑤ 오답: 실천을 위한 다양한 윤리 이론의 근거를 마련하고 정립하는 데 주력하는 것은 이론 윤리학이다.

04 분석 윤리학, 기술 윤리학, 실천 윤리학의 특징 비교

자료 해설 갑은 분석 윤리학, 을은 기술 윤리학, 병은 실천 윤리학의 입장을 강조하고 있다. 분석 윤리학은 도덕적 언어의 의미 분석, 기술 윤리학은 도덕적 풍습에 대한 객관적 조사 및 서술, 실천 윤리학은 윤리 이론을 실생활에 적용하여 도덕적 해결책을 모색하는 데 주력한다.

선택지 분석

- ㄱ 정답: 갑은 긍정, 을과 병은 부정의 대답을 할 질문이다. 분석 윤리학은 도덕적 추론의 논리적 타당성 분석을 윤리학의 핵심 과제로 본다.
- ㄴ. 오답: 을이 부정의 대답을 할 질문이다. 기술 윤리학은 가치 중립적 연구를 상당 부분 인정하고 강조하고 있다.
- ㄷ 정답: 을이 긍정의 대답을 할 질문이다. 기술 윤리학은 사회 과학적 방법론을 동원하여 도덕 현상을 설명해야 한다고 본다.
- ㄹ 정답: 병이 긍정의 대답을 할 질문이다. 실천 윤리학은 기본적으로 개인의 바람직한 삶, 사회의 바람직한 모습이 될 수 있도록 해야 한다고 본다.

05 정보 통신 윤리 및 과학 기술 윤리

자료 해설 제시문은 생명 과학 기술의 발달과 정보 통신 기술의 발달에 따른 긍정적 측면뿐만 아니라 부정적 측면을 함께 소개하고 있다.

선택지 분석

① 오답: 제시문은 과학 기술 지상주의가 실현되는 방향으로 나아가고 있다는 내용이 아니라 과학 기술 발달로 인한 부작용이나 문제점을 지적하고 있다.
② 정답: 현대 사회에서 과학 기술 발달에 따른 문제점, 즉 인간 존엄성 훼손, 사이버 폭력, 저작권 침해, 사생활 침해 등 다양한 문제점을 제시하고 있다.
③ 오답: 현대 사회의 윤리적 문제 해결을 위해 전통적인 인간 중심의 윤리학에 주목해야 한다는 내용은 제시되어 있지 않다.
④ 오답: 현대 사회에서 정보 통신 기술이 인간의 삶에 미치는 영향력이 약해지고 있다는 내용은 나타나 있지 않다.
⑤ 오답: 현대 사회의 생명 과학 및 정보 통신 기술의 발전이 인간의 존엄성 보장을 위해 필요한 조건은 될 수 있지만 충분조건은 아니다.

06 실천 윤리학의 평화 윤리 분야의 주요 주제 파악

자료 해설 제시문은 시리아 난민 문제와 이의 심각성, 그리고 시리아 난민을 수용하려는 정책과 이에 반대하는 여론이 부딪치는 내용을 제시하고 있다. 이러한 문제는 실천 윤리학의 여러 주제 중 평화 윤리와 관련이 깊다.

선택지 분석

① 오답: 제시문에 꼬마 난민 쿠르디의 이야기가 있기는 하지만 주요 주제는 어린이의 인권이 아니라 난민 전체에 관한 것이다.
② 오답: 제시문에는 테러가 일어나 독일 국민들의 난민에 대한 시선이 나빠졌음을 기술하는 내용은 있지만, 테러로부터 안전하기 위해 어떻게 해야 하는지는 쟁점 사안으로 다루고 있지 않다.
③ 오답: 생명에 관한 자기 결정권에 대한 판단 여부는 생명 윤리 분야의 주요 주제이다.
④ 정답: 해외 원조를 선택으로 볼 것인지 의무로 볼 것인지에 대한 논쟁은 평화 윤리 분야의 주요 주제이다.
⑤ 오답: 도덕적 고려의 범위 확장에 대한 내용은 환경 윤리, 생태 윤리 분야의 주요 주제이다.

07 이론 윤리학과 실천 윤리학의 특징 비교

자료 해설 갑은 이론 윤리학, 을은 실천 윤리학을 강조하고 있다. 이론 윤리학은 윤리 이론을 정립하고 정당화하는 데 주력하는 한편, 실천 윤리학은 현실에 윤리 이론을 적용하여 사람의 성품, 행위, 법, 제도 등에 대한 윤리적 판단을 내리고 구체적 도덕 문제 해결에 힘써야 한다고 본다.

선택지 분석

- ⓐ 정답: 인생에서 무엇을 추구해야 하며 인간이 어떻게 살아야 하는가에 대해 탐구하는 것은 이론 윤리학과 실천 윤리학 모두 공통적으로 강조할 내용이다.
- ⓑ 정답: 도덕적 관습을 관찰하고, 이에 대해 기록·기술하는 학문은 기술 윤리학이다.
- ⓒ 오답: 도덕적 관행이나 풍속 등에 대한 조사와 기술에 주력하는 것은 기술 윤리학 분야에서 강조할 내용이다.
- ⓓ 정답: 도덕적 개념이나 언어의 분석에 치중하는 것은 분석 윤리학 분야에서 강조할 내용이다.

08 환경 윤리 및 정보 통신 윤리 분야의 특징

자료 해설 (가)는 인간과 동물, 생명과 생태계 등 다양한 범주에서 논의되고 있는 생태 윤리 분야에 대해 설명하고 있다. (나)는 정보 통신 기술의 발달에 따른 장단점을 통해 사이버 공간에서 지켜야 할 윤리나 도덕규범에 대한 내용을 다루고 있으므로 정보 윤리 분야에 대해 설명하고 있다.

선택지 분석

- ① 오답: 생명 과학과 생명 윤리의 양립은 생명 윤리 분야에서 주로 다루는 내용이다.
- ❷ 정답: 인간과 자연의 관계는 생태 윤리, 환경 윤리 분야에서 주로 다루는 내용이다.
- ③ 오답: 기초 과학자와 응용 과학자의 차이를 논하는 것은 (나)의 정보 통신 윤리학의 관심 주제가 아니다.
- ④ 오답: 사이버 공간에서 자아 정체성에 대한 혼란이 발생할 수는 있지만, 자아 정체성을 확립하기 위해 명상이 도움이 되는지 여부는 정보 통신 윤리학의 관심 주제가 아니다.
- ⑤ 오답: 윤리학의 이론을 정립하는 것은 이론 윤리학이고, 이를 바탕으로 현실에 적용하는 것은 실천 윤리학의 관심 주제이다. 이는 윤리학의 종류에 관한 내용으로, 제시된 구체적인 환경 윤리나 정보 통신 윤리에서 관심 갖는 구체적인 물음과 차원이 다르다.

올쏘 만점 노트 **환경 윤리와 정보 윤리의 관심 주제와 물음**

환경 윤리

• 기후 변화 문제 • 미래 세대에 대한 책임 문제 • 생태계의 지속 가능성 문제	• 도덕적 고려의 범위를 인간 중심에서 동물, 생명, 생태계로 확대해야 하는가? • 환경에 대한 책임의 범위는 미래 세대를 포함하는가?

정보 윤리

• 사이버 공간의 표현의 자유 문제 • 저작권 문제 • 사생활 침해 문제 • 알 권리와 잊힐 권리 논쟁	• 표현의 자유를 제한하는 것은 국민의 알 권리를 위축시키는 것인가? • 시민의 알 권리 보장과 잊힐 권리 보장 중 어떤 것을 중시해야 하는가?

---

02 강 현대 윤리 문제에 대한 접근

기출 선지 변형 O X 본문 013, 015쪽

01 ×	02 ○	03 ○	04 ○	05 ×	06 ○	07 ○	08 ○
09 ×	10 ○	11 ○	12 ×	13 ×	14 ○	15 ○	16 ×
17 ×	18 ×	19 ×	20 ×	21 ×	22 ○	23 ×	24 ×
25 ○	26 ×	27 ×	28 ×	29 ○	30 ×	31 ×	32 ○
33 ○	34 ×	35 ○	36 ○				

01 공리주의는 행위에 따른 이익을 중시하기는 하지만, 나의 이익을 포함한 최대 다수의 최대 이익을 기준으로 삼는다.

02 배려 윤리는 구체적 문제 상황에서 상대방의 처지에 공감하고 상대방을 배려하여 행동할 것을 주장한다.

03 합리주의 윤리관은 배려 윤리 이전에 주가 된 사상이며, 이성, 의무, 정의의 원리 등을 중시한다. 합리주의 윤리관에서는 마음에서 우러나는 동정심이 아닌 이성적 사고에 바탕을 둔 동의 가능한 합리적 판단을 중시하고 이에 따라 행동할 것을 요구한다.

04 공리주의는 유용성의 원리라는 보편적으로 적용 가능한 행위 원칙을 주장한다.

05 규칙 공리주의가 아닌 행위 공리주의에 대한 설명이다. 규칙 공리주의는 벤담과 밀의 고전적 행위 공리주의의 단점(유용성의 원리를 따르다 일반적 상식과 맞지 않는 결론을 내리는 것, 행위에 대한 유용성을 계산하기 어렵다는 것)을 보완하고자 현대에 탄생한 새로운 공리주의이다.

06 규칙 공리주의자들은 행위가 아닌 규칙을 기준으로 삼는다. 사람들이 오랫동안 따라왔던 소위 상식으로 여겨지는 규칙들은 그동안 좋은 결과를 내왔기 때문에 오래도록 지켜지고 있는 것이라고 보는 것이다. 공리주의에서 추구하는 바는 유용성의 원리에 따라 최대한 좋은 결과를 도출하는 것이므로, 규칙 공리주의는 유용성의 원리를 기준으로 삼는다는 점에서 공리주의이다.

07 규칙 공리주의가 벤담과 밀과 같은 행위 공리주의자들과 차이를 보이는 점은 기준을 행위가 아니라 규칙에 둔다는 점이다. 어떤 규칙을 따랐을 때 가장 좋은 결과를 도출한다면 그 규칙을 따르는 것이 옳다는 것이다.

08 행위 공리주의는 행위에 대한 도덕 판단을 기준으로 삼는데, 사람들의 상식과 맞지 않는 판단을 도출하는 경우가 발생한다. 예를 들어 노예제를 인정하는 것이 사회에 더 큰 행복을 가져온다면 공리주의는 이를 따라야 하지만, 노예제를 채택하는 것은 일반적으로 사람들의 상식과 맞지 않는다.

09 베버는 정치 영역에서 심정 윤리보다 책임 윤리의 중요성을 주장한다.

10 결과를 중시하는 것은 책임 윤리이며, 심정 윤리는 결과가 아니라 어떤 행위의 동기와 의도가 선한지 여부를 기준으로 판단한다.

11 요나스는 미래에 대한 책임 윤리를 주장했으며, 인류의 존속 또한

당연한 것이고 이는 무조건 따라야 할 정언 명령으로 바라본다.

12 요나스는 자연과 미래 세대, 인류에 대한 책임을 보상받기 위한 것이 아닌 현세대가 해야 할 당연한 의무로 여기며, 예방의 차원에서 바라본다.

13 베버 또한 요나스와 마찬가지로 책임 윤리를 주장한 사상가로, 두 사람 모두 행위의 의도보다는 행위의 결과에 중점을 둔다. 두 사상가 모두 선한 의도로 시작한 행동이어도 결과가 나쁘다면 이에 대해 책임을 묻는다.

14 사사로운 욕심을 극복하고 예를 실현하는 것은 유교의 극기복례에 대한 설명이다.

15 유교가 중시한 인의를 버리고 자연의 소박한 덕을 따르는 무위자연의 삶을 추구한 것은 도가이다.

16 순자는 유교 사상가로 예에 따른 삶을 중시한다. 마음을 비우고 천리를 따르는 삶을 중시한 사상가는 장자이다.

17 우주 만물의 무상함을 깨닫는 것은 불교 사상이 맞지만, 무위를 실천하는 삶은 불교가 아닌 도가 사상에 해당한다.

18 공자는 나와 남을 구분하고, 나와 가까운 사람들을 사랑하는 데에서 나와 관계가 먼 사람들에게까지 나아가는 사랑을 말하였다. 나와 남을 구분하지 않는 사랑은 모든 생명을 차별하지 않는 불교와 겸애를 주장한 묵자에게 해당한다.

19 아퀴나스가 아닌 공리주의자 벤담과 밀이 주장할 내용이다. 아퀴나스는 자연법 윤리에 따를 것을 주장하고, 공리주의자들은 행위의 결과 발생하는 이익을 계산할 것을 주장한다.

20 아퀴나스가 아닌 하버마스의 주장이다. 하버마스는 누구나 합리적으로 자신의 의사를 말할 수 있는 공론장에서의 담화 상황을 설정하여 그 안에서 문제를 해결할 것을 주장한다.

21 아퀴나스는 '최대 다수의 최대 행복'을 주장하지 않았다.

22 아퀴나스는 인간이 자신과 종족을 보존하려는 자연적 성향을 지닌다고 보았으며, 인간이 따라야 할 우선적 원리는 자연법이라고 하였다.

23 아퀴나스는 도덕 법칙이 아닌 자연법에 따를 것을 주장했다.

24 칸트는 결과와 관계없이 오로지 선의지에 따른 행위만이 도덕적이라고 보았다. 결과가 좋더라도 선한 의도로 행한 행위가 아니면 옳지 않다고 보았다.

25 칸트뿐만 아니라 니부어도 정의 실현을 위해서는 선의지가 필요하다고 보았다. 도덕적 개인과 도덕적 사회를 위해서는 사회 제도 측면에서 강제력도 필요하지만 개인의 선의지가 필수적이라고 본 것이다.

26 동정심에 따른 행위를 도덕적이라고 본 사람은 흄이다. 칸트와 니부어 모두 선의지가 도덕적이라고 보았다.

27 니부어는 사회 집단보다 개인이 더 도덕적이라고 보았다. 도덕적인 개인들도 집단의 구성원이 되면 비도덕적이 될 수 있다고 지적하면서, 개인의 선의지 노력뿐만 아니라 사회의 강제력을 동원하여 문제를 해결할 수 있다고 보았다.

28 니부어는 개인의 도덕적 이상이 이타성이고, 사회의 도덕적 이상은 정의라고 보았다.

29 아리스토텔레스 사상은 덕 윤리의 시작점으로 여겨진다. 아리스토텔레스는 덕 있는 행위를 반복함으로써 덕 있는 사람이 될 수 있다고 보았다. 따라서 어떤 사람을 평가할 때 덕을 기준으로 평가해야 한다고 할 것이다. 덕은 곧 훌륭한 성품, 인품이다.

30 아리스토텔레스의 덕 윤리는 개인의 권익보다 여러 개인들이 함께 살아가는 공동체의 권익을 우선한다.

31 칸트는 선의지에서 비롯된 의무 의식을 강조하지만 아리스토텔레스에게서 영향을 받은 것은 아니다. 아리스토텔레스의 덕 윤리는 칸트의 의무론과는 성격이 다르다.

32 아리스토텔레스는 덕을 기준으로 행위를 평가하고, 공리주의자들은 행위 결과의 유용성을 기준으로 평가한다.

33 칸트는 '~해야 한다.'라는 정언 명령에 따라 행위해야 한다고 하였는데, 이는 어떤 경우에도 예외 없이 적용되는 규칙이다.

34 공감과 동정심을 강조하는 사상가는 흄이다. 칸트는 의무와 선의지에 따른 행위를 도덕적이라고 본다.

35 칸트는 어떤 경우에도 보편타당한 행위 법칙을 정립하는 것을 과제로 여겼다.

36 아리스토텔레스는 이성과 더불어 열정이나 감정, 욕구 등을 강조하면서 이러한 것들이 이성의 능력인 '실천적 지혜'를 통해 덕스러운 행위로 이어짐으로써 덕 있는 사람이 될 수 있다고 하였다.

실전 기출 문제 본문 016~019쪽

| 01 ⑤ | 02 ③ | 03 ② | 04 ③ | 05 ① | 06 ① | 07 ④ | 08 ② |
| 09 ⑤ | 10 ③ | 11 ⑤ | 12 ① | 13 ② | 14 ④ | 15 ③ | 16 ⑤ |

01 도가의 이상적 인간상

자료 해설 (가)는 도가 사상으로 장자의 관점이다. 도가 사상에서 도(道)는 우주의 근원이며 만물의 변화 법칙으로서, 만물의 균형과 조화와 변화가 도에 의해 이루어진다고 본다. (나)의 가로 열쇠 (A)는 지성, (B)는 수기치인으로, 세로 열쇠 (A)는 지인(至人)이다.

선택지 분석

① 오답: 유교의 이상적 인간상인 성인에 대한 설명이다.

② 오답: 유교의 이상적 인간상이다.

③ 오답: 도가에서는 무위의 삶을 추구하지만, 인위적인 사회 규범은 비판한다.

④ 오답: 도가에서는 자연의 질서를 따르는 소박한 삶을 강조한다. 도덕과 예의로써 백성들을 교화할 것을 강조하는 것은 유교이다.

❺ 정답: 장자는 세상 만물은 평등한 가치를 지닌다고 보고, 이처럼 세상 만물을 차별하지 않고 한결같이 보는 상태를 제물이라고 하였다. 그는 제물의 경지에 이르기 위한 수양 방법으로 심재와 좌망을 제시하였는데 심재란 마음을 비워서 깨끗이 하는 것이고, 좌망이란 조용히 앉아서 자신을 구속하는 일체의 것을 잊어버리는 것이다. 장자는 이러한 수양을 통해 모든 차별이 소멸되고 자연과 하나가 되는 경지에 이른 사람인 지인(至人), 진인(眞人), 신인(神人), 천인(天人)을 이상적 인간으로 보았다.

정답 및 해설

올쏘 만점 노트 　**도가의 이상적 인간**

"지인(至人)은 자기의 몸에 얽매이지 않고, 신인(神人)은 공적에 얽매이지 않고, 성인(聖人)은 명예에 얽매이지 않는다."

장자는 위와 같이 도가에서 추구하는 이상적 인간을 여러 이름으로 불렀다. 위에 언급된 표현 이외에도 '진인(眞人)'이라는 말이 있는데, 진인이란 어떠한 외적인 것에 얽매이거나 유혹당하지 않고, 다른 사람에게 지배받지 않으며 스스로의 삶을 살아가는 사람을 의미한다.

02 베버와 요나스의 책임 윤리

자료 해설　갑은 베버, 을은 요나스의 주장으로 두 사상가는 모두 책임 윤리를 강조하였다. 베버는 선한 동기만으로 행위의 도덕성을 평가하는 것이 아니라 행위의 결과에 대해서도 충분히 고려하고 책임을 져야 한다고 주장하였다. 요나스는 인간만이 책임을 질 수 있는 유일한 존재이며, 이 자체로 책임을 져야 하는 의무로 연결된다고 주장하였다. 그리고 과학 기술의 발달과 그것을 따라가지 못하는 윤리와의 간극인 '윤리적 공백'을 극복하기 위해 책임 윤리가 필요하다고 주장하였다.

선택지 분석

① 오답: 베버는 공적 영역인 정치 영역에서 특히 책임 윤리가 필요하다고 주장하였다. 심정 윤리란 행위자의 의도만을 문제 삼으며 행위자의 순수한 심정에서 나온 행위의 결과가 나쁠 경우, 그 책임은 행위자가 아니라 세계 또는 타인에게 있다고 보는 입장이다.

② 오답: 심정 윤리는 결과가 아니라 행위의 선한 동기와 의도를 중시한다. 베버는 예측 가능한 결과에 엄격한 책임을 묻는 책임 윤리를 주장하였다.

❸ 정답: 요나스는 "네 행위의 결과가 인간의 진정한 삶과 영원히 조화를 이룰 수 있도록 그렇게 행위하라."라는 책임의 명법을 제시하였다. 즉, 인류가 존속해야 한다는 것은 선택의 문제가 아니라 무조건적 명령(정언 명령)이며, 이를 위해 자연과 미래 세대에 대한 책임을 강조하였다.

④ 오답: 요나스에게 있어서 자연에 대한 인류의 책임은 인류의 존속을 위한 예방적 차원의 것이다.

⑤ 오답: 베버와 요나스는 모두 행위의 결과에 대해 엄중한 책임을 묻는다. 따라서 직접 의도하지 않은 부수적인 결과 등을 충분히 인식하고 그것을 예측하여 행위할 것을 강조하였다.

03 배려 윤리의 적용

자료 해설　제시문은 남성 중심적 윤리의 문제점을 지적하면서 여성적 특성인 공감과 배려에 초점을 둔 윤리에 주목할 것을 강조하는 배려 윤리의 입장이다. 〈문제 상황〉에서 도움을 주어야 할지 고민하는 A에게 배려 윤리의 입장에서 할 수 있는 조언을 고르면 된다.

선택지 분석

① 오답: 자신의 행위에 따른 이익을 고려하라는 조언은 공리주의의 입장에 가깝다. 더 구체적으로는 나의 이익뿐만 아니라 최대 다수에게 최대의 이익이 돌아갈 수 있는 행위를 하라고 조언할 수 있다.

❷ 정답: 배려 윤리에서는 구체적인 상황과 관계에 있어서 공감과 배려를 강조한다. 따라서 A에게 배려를 해야 하는 상대방이 처한 문제 상황에 공감하고 배려할 것을 조언할 수 있다.

③ 오답: 합리주의 윤리관의 입장에서 할 수 있는 조언이다. 배려 윤리는 권리와 의무, 정의의 원리를 중시한 기존의 윤리가 남성 중심적이고 정의 중심적인 윤리라고 비판하면서 이를 보완하기 위해 등장하였다.

④ 오답: 공리주의 입장에서 할 수 있는 조언이다. 벤담은 사회는 개인의 집합

체이므로 개인과 사회의 행복이 연결되어 있다고 보고, '최대 다수의 최대 행복'이라는 도덕 원리에 따라 더 많은 쾌락을 가져오는 행위를 하라고 주장하였다.

⑤ 오답: 도덕적 의무에 따른 행위만이 도덕적 가치를 지닌다고 보는 칸트가 할 수 있는 조언이다.

올쏘 만점 노트 　**나딩스와 길리건의 배려 윤리**

길리건	• 여성과 남성의 도덕 발달은 서로 다르며, 여성만의 도덕적 목소리가 존재함 • 그동안 남성의 시각만을 대변하는 정의의 윤리가 지배적이었다고 지적하면서 여성의 목소리를 담은 새로운 윤리 이론이 필요하다고 주장함 • 여성에게는 가족과 친구를 중요하게 여기고 사람들의 소망, 관심, 필요, 열망 등을 유심히 살피며 관계를 맺으려는 도덕적 성향이 있음 • 감정과 구체적 상황을 중요하게 여기는 여성의 행동이 때로는 정의에 위배되는 듯 보이지만, 그것은 관계와 책임을 우선시하는 여성의 도덕 감정이라고 말함 • 배려는 여성뿐만 아니라 남성도 발달시켜야 할 덕목이며, 남성적 정의와 여성적 배려는 질적으로 서로 다르기 때문에 둘 중 하나를 택할 것이 아니라 양자 모두를 인정하고 조화를 이루어야 한다고 주장함
나딩스	• 배려하는 사람과 배려받는 사람의 관계 속에서 도덕성이 발달한다고 주장함 • 관계 맺는 사람의 반응과 서로의 교감을 도덕적 선함의 기준으로 봄 → 나는 상대의 처지와 감정을 살펴 그에 맞게 도움을 주어야 하고, 상대방 또한 나의 도움에 대해 고마워할 때 내 행위가 선함 • 옳은 행동을 해야 한다는 의무로 남을 돕는 '윤리적 배려'보다 돌보고 싶다는 마음으로 자연스럽게 배려하는 '자연적 배려'가 더 우월함

04 유교와 불교의 수양 방법

자료 해설　(가)는 유교, (나)는 불교 사상이다. 유교에서는 지나친 욕구를 극복하고 예를 회복하는 극기복례를, 불교에서는 세상 만물에 고정된 실체가 없음을 깨달아 집착에서 벗어날 것을 강조한다.

선택지 분석

① 오답: 만물과 더불어 자연과 하나가 되는 삶을 강조하는 것은 도가 사상이다.

② 오답: 자연 그대로의 질서를 따르는 소박한 삶을 추구하는 것은 도가 사상이다.

③ 정답: 불교에서는 모든 존재가 인연에 의해 생겨났다가 없어진다고 본다. 따라서 자신을 포함하여 만물에는 고정된 실체가 없음을 깨닫는 수행을 통해 고통과 번뇌에서 벗어나 열반에 이를 수 있다고 본다.

④ 오답: 무명은 집착 때문에 진리에 도달하지 못한 상태를 의미한다. 불교에서는 무명에서 벗어날 것을 강조한다.

⑤ 오답: 유교의 공자와 맹자, 불교는 타고난 본성을 변화시킬 것을 주장하지 않았다. 유교의 공자와 맹자는 하늘로부터 도덕적 본성을 부여받았다고 보고, 불교에서는 살아 있는 모든 존재에게 불성이 내재되어 있다고 보았다. 유교에서는 예외적으로 순자가 악한 본성을 다스려 선하게 만들어야 한다고 주장했다. 제시된 내용은 유교와 불교의 공통점으로 보기 어렵다.

05 유교에서 강조하는 삶의 자세

자료 해설　제시문은 유교 사상이다. 유교에서는 홀로 있을 때에도 도리에 어긋남이 없도록 몸가짐을 바로 하고 언행을 삼가는 신독과 사욕을 극복하고 예를 실천하는 극기복례를 강조한다.

선택지 분석

❶ 정답: 극기복례에 대한 설명이다. 유교에서 보는 인간은 하늘로부터 도덕적 본성을 부여받았으나 지나친 욕구 때문에 잘못된 행동을 할 수 있는 존재이다. 따라서 끊임없는 수양을 통해 사사로운 욕심을 극복하고 예를 회복할 것을 주장하였다.

② 오답: 자연의 소박한 덕을 따르는 삶을 추구하는 것은 도가에서 추구하는 삶의 자세이다. 유교에서는 인의의 도덕을 강조한다.

③ 오답: 도가 사상가인 장자가 제시한 수양 방법으로 심재에 대한 설명이다. 장자는 수양을 통해 도덕적 가치와 사회 제도에 얽매이지 않고 바라는 것 없이 노닐 듯 자유롭게 살아가는 소요유의 정신을 실현할 수 있다고 하였다.

④ 오답: 자신을 포함하여 우주 만물의 무상함을 깨닫는 것을 강조하는 것은 불교이고, 무위를 실천하는 삶을 추구하는 것은 도가이다.

⑤ 오답: 불교에서 강조하는 삶의 자세이다. 불교에서는 자신에게 얽매이지 않고 세상 모든 생명을 차별하지 않는 사랑인 자비의 실천을 강조한다.

올쏘 만점 노트   유교의 수양법과 바람직한 인간상

예(禮)	• 공자: "예가 아니면 보지도 듣지도 말하지도 행하지도 마라." • 타인을 배려하고 공경하는 마음이 실현된 것으로, 인이 도덕성의 내적 근거라면 예는 외적 형식임
극기복례 (克己復禮)	• 개인의 욕심을 극복하여 진정한 예를 회복함을 의미 • 공자는 사람들이 저마다 욕심을 부려 사회 질서가 무너지는 것을 걱정하였고, 이에 극기복례할 것을 당부했음
군자(君子)	• 유교의 이상적 인간상 • 인과 예를 잘 실천하고, 나아가 스스로 도덕적이면서도 타인에게 영향을 미치는 사람을 의미함

06 도가에서 강조하는 올바른 삶의 자세

자료 해설   제시문은 "노자"의 일부분으로, 도가 사상에서는 세속적인 가치에서 벗어나 자연의 질서에 따라 물 흐르듯 살아가는 삶을 추구한다. 도가 사상에서 강조하는 삶의 태도를 찾으면 된다.

선택지 분석

❶ 정답: 도가 사상은 집착에서 벗어날 것을 강조하며 무욕에 이르는 소박한 삶을 추구한다.

② 오답: 유교 사상에 대한 설명이다. 유교에서는 인간이 하늘로부터 도덕적 본성을 부여받은 존재이나 지나친 욕구 때문에 잘못된 행동을 할 수 있다고 보았다. 따라서 이러한 선천적 본성을 회복하기 위한 수양을 강조하였다.

③ 오답: 불교 사상에 대한 설명이다. 불교에서는 모든 존재와 현상이 다양한 원인[因]과 조건[緣], 즉 인연에 의해 생겨난다고 보고 만물은 독립적으로 존재할 수 없으며 상호 의존하고 있다고 하였다. 이러한 연기를 깨달으면 모든 것에 대해 자비의 마음이 생기고 고통의 근원인 탐욕에서 벗어날 수 있다고 보았다.

④ 오답: 유교 사상에 대한 설명이다. 신독이란 홀로 있을 때에도 도리에 어긋남이 없도록 몸가짐을 바로 하고 언행을 삼가는 것을 의미한다.

⑤ 오답: 유교 사상에 대한 설명이다. 거경이란 항상 한 가지 일에 정신을 집중하고, 몸과 마음가짐을 엄숙하게 함으로써 덕성을 기르는 것을 의미한다.

07 도가의 수양론

자료 해설   (가)는 도가의 입장이다. 가로 열쇠 (A)는 이타심, (C)는 재계이다. 따라서 세로 열쇠 (B)는 심재에 대한 설명이 들어갈 수 있다.

선택지 분석

① 오답: 자연의 순리를 따르려는 노력은 도가와 관련 있지만, 어짊과 의로움,

즉 인의(仁義)를 강조한 것은 유교 사상이다. 유교에서 성인은 인의의 도덕을 구현한 인격자를 의미한다.

② 오답: 유교의 극기복례에 대한 설명이다.

③ 오답: 선(禪)은 불교 사상과 관련 있다.

❹ 정답: 장자가 강조한 수양 방법은 좌망과 심재이다. 좌망은 고요히 앉아 인간의 육체와 감각으로부터 비롯되는 좋고 싫음, 옳고 그름, 아름다움과 추함을 잊음으로써 편안한 마음의 상태에 이르는 것이고, 심재는 마음의 어수선함과 산란함을 잊고 비움으로써 마음을 고요하고 깨끗하게 하는 것이다.

⑤ 오답: 도가에서는 도에 따르는 삶을 강조하지만 경전 공부와는 거리가 멀다.

08 유교 사상의 입장

자료 해설   '측은지심'을 통해 (가)는 유교의 입장임을 알 수 있다. 유교 사상의 입장에서 (나)의 A에게 할 수 있는 조언을 찾으면 된다.

선택지 분석

① 오답: 도가 사상과 관련 있다. 좌망은 조용히 앉아서 자신을 구속하는 일체의 것들을 잊어버리는 것으로 장자가 강조한 수양 방법이다.

❷ 정답: 공자는 인을 실천하기 위해 충(忠)과 서(恕)의 자세를 강조하였다. 충은 진실한 태도로 자신에게 최선을 다하는 것이고, 서는 내 마음을 미루어 타인을 배려하는 것으로 "내가 하기 싫은 일을 남에게 시키지 마라."는 도덕적 일관성을 의미한다.

③ 오답: 선정은 불교의 대표적인 수행 방법인 육바라밀 중 하나이다. 육바라밀은 대승 불교의 여섯 가지 수행 방법으로, 보시(布施: 널리 베품), 지계(持戒: 계율을 지킴), 인욕(忍辱: 관용), 정진(精進: 노력), 선정(禪定: 흔들림 없는 평상심), 반야(般若: 지혜)이다.

④ 오답: 도교 사상과 관계 있다. 장자는 욕망을 버리고 본연의 모습으로 돌아가는 허심을 추구하였는데 인간은 원래 소박하고 순수한 존재이기 때문에 마음을 정화하여 본래의 모습으로 돌아갈 것을 강조하였다.

⑤ 오답: 불교 사상과 관계 있다. 불교는 세상 모든 생명을 차별하지 않는 사랑인 자비의 실천을 강조한다.

09 덕 윤리와 공리주의

자료 해설   갑은 매킨타이어, 을은 밀이다. 매킨타이어는 덕 윤리를 주장하면서 개인의 자유와 선택보다 공동체의 전통과 역사를 중시하였다. 밀은 공리주의자로서 삶의 궁극적 목적을 행복으로 보고, 쾌락의 양뿐만 아니라 질적 차이를 고려하여 질적으로 우월한 쾌락을 추구할 것을 주장하였다. 덕 윤리의 입장에서 공리주의 입장에 제기할 수 있는 반론을 고르면 된다.

선택지 분석

① 오답: 인간이 고통을 피하고 쾌락을 추구하는 존재라고 주장하는 것은 공리주의의 입장이다. 따라서 을이 갑에게 제기할 수 있는 반론이다.

② 오답: 덕 윤리는 자유로운 선택을 하는 데 있어서 구체적 맥락을 중시한다. 따라서 갑이 제기할 수 있는 반론이 아니다.

③ 오답: 공리주의는 도덕 판단의 기준을 행위의 결과가 얼마나 많은 쾌락과 행복을 산출하였는지에 둔다. 따라서 을이 갑에게 제기할 수 있는 반론이다.

④ 오답: 공리주의는 최대 다수의 최대 행복을 도덕 원리로 삼는다. 따라서 을이 갑에게 제기할 수 있는 반론이다.

❺ 정답: 덕 윤리는 더불어 사는 공동체 구성원의 삶을 강조하고, 공리주의는 유용성의 합리적 계산에 따라 행위할 것을 강조한다. 따라서 갑이 을에게 제기할 수 있는 반론이다.

올쏘 만점 노트 **칸트의 주요 사상**

선의지	• 무조건적으로 선한 것은 '선의지'밖에 없다고 주장함 • 경향성에 따른 행위나 어떤 결과를 고려한 행위는 도덕적 가치를 지니지 않는다고 봄. 경향성은 우리의 의지와는 상관없는 수동적인 반응이며, 결과를 고려한다고 해도 우리가 그 결과를 완벽하게 예측할 수는 없기 때문임 → 어떤 행위가 옳다고 말하기 위해서는 반드시 의무를 따르려는 선의지에 따른 행위여야 함
정언 명령	• 도덕 법칙은 보편성과 필연성을 지녀야 한다고 주장함 • 누구나 마땅히 지켜야 하는 무조건적 명령인 정언 명령에 따를 것을 주장함 • 정언 명령은 '~해야만 한다.'와 같이 무조건 따라야 하는 명령임

10 공리주의 사상

자료 해설 (가)는 최대 다수의 최대 행복을 도덕 원리로 제시한 공리주의의 입장이다. 공리주의는 행위의 결과에 따른 쾌락과 행복에 따라 그 행위의 옳고 그름을 판단해야 한다고 주장한다. 따라서 A에게 유용성의 원리에 따라 행위하라고 조언할 수 있다.

선택지 분석

ㄱ. 오답: 인간의 생명을 목적으로 본 사상가는 칸트이다. 칸트는 인격을 "언제나 동시에 목적으로 대우하고 수단으로 대하지 마라."는 도덕 법칙을 준수할 것을 강조하였다.

ㄴ. 정답: 공리주의 입장에서는 행복을 증가시키고 불행을 감소시켜야 한다고 주장하므로 환자의 고통을 감소시키기 위해 안락사를 허용할 것을 조언할 수 있다.

ㄷ. 정답: 공리주의 입장에서는 유용성의 원리에 따라 안락사를 허용함으로써 환자 가족의 경제적 부담을 줄여 그들에게 이익을 가져올 수 있도록 해야 한다고 조언할 수 있다.

ㄹ. 오답: 도덕 법칙과 의무를 강조한 사상가는 칸트이다. 칸트는 어떤 행위의 결과보다 동기를 중시하면서 오로지 의무 의식에서 나온 행위만 도덕적 가치를 지닌다고 보고, 이성적이고 자율적인 인간은 보편적인 도덕 법칙을 의식할 수 있다고 보았다.

11 규칙 공리주의

자료 해설 (가)는 규칙 공리주의의 입장이다. 규칙 공리주의는 더 많은 공리를 가져오는 행위가 옳다고 보는 행위 공리주의의 한계를 극복하기 위해 등장하였다. 규칙 공리주의는 행위의 옳고 그름은 그 행위가 유용한 규칙을 따른 것인지, 아니면 어긴 것인지로 판단할 수 있다고 보았다. 여기에서 규칙이 유용한지 아닌지는 일반적 실천의 결과로 평가한다. 따라서 갑에게 윤리적 의사 결정에 있어서 더 큰 유용성을 산출하는 규칙을 따라 행위할 것을 조언할 수 있다.

선택지 분석

① 오답: 규칙 공리주의는 개인의 선이 아닌 사회의 더 큰 선을 산출해야 함을 강조한다.

② 오답: 보편적 입법 원리에 따르라는 조언은 칸트의 입장에서 할 수 있다.

③ 오답: 규칙 공리주의의 입장과 거리가 멀다.

④ 오답: 자연법 윤리를 주장한 아퀴나스가 할 수 있는 조언이다. 아퀴나스는 윤리적 의사 결정의 과정에서 "선을 추구하고 악을 피하라."라는 규범을 기본적인 자연법 원리로 제시하였다.

❺ 정답: 규칙 공리주의는 사회적 유용성을 극대화할 수 있는 규칙에 따라 행

위하라고 조언할 수 있다.

12 아리스토텔레스의 덕 윤리

자료 해설 제시문의 사상가는 아리스토텔레스이다. 아리스토텔레스는 덕 있는 행위를 꾸준히 반복하여 실천함으로써 유덕한 성품을 지닐 수 있다고 주장하였다. 그리고 성품을 습관화하여 덕 있는 사람이 되었을 때 선한 행위를 지속적이고 자발적으로 실천할 수 있다고 보았다.

선택지 분석

❶ 정답: 덕 윤리는 어떤 행위자가 그릇된 행위를 했더라도 그 행위자는 그릇된 사람이 아닐 수 있으므로 행위 자체가 아니라 행위자의 성품을 평가해야 한다고 본다. 따라서 문제 상황의 A에게 사회 구성원으로서 갖추어야 할 훌륭한 인품에 비추어 판단하라고 조언할 수 있다.

② 오답: 덕 윤리는 개인의 권익보다 더불어 사는 공동체 구성원의 삶을 강조한다. 따라서 개인의 권익을 더 고려하라고 조언하지 않을 것이다.

③ 오답: 선의지에서 비롯된 의무 의식에 따라 행위할 것을 주장한 사상가는 칸트이다.

④ 오답: 결과의 유용성을 측정하여 판단할 것을 주장한 사상은 공리주의이다.

⑤ 오답: 덕 윤리는 구체적이고 맥락적 사고를 반영하여 윤리적 판단을 내릴 것을 주장하므로 어떤 상황에서도 예외 없는 규칙을 따르라고 조언하지 않을 것이다.

13 칸트와 니부어의 사상

자료 해설 갑은 칸트, 을은 니부어이다. 칸트는 오직 선한 것은 선의지뿐이라고 보고 선의지에 따른 행동을 도덕적 행위라고 주장하였다. 니부어는 도덕적 개인으로 구성된 집단이라도 이기적이고 부도덕할 수 있다고 보고, 개인의 도덕성 회복뿐만 아니라 사회적 강제력이 뒷받침되어야 한다고 주장하였다.

선택지 분석

① 오답: 칸트는 행위의 결과가 아닌 도덕 법칙을 준수하려는 의무 의식에서 나온 행위만이 도덕적이라고 보았다. 그는 좋은 결과가 나왔더라도 그 의도가 선하지 않다면 옳은 행위가 아니라고 하였다.

❷ 정답: 칸트와 니부어는 모두 사회의 정의를 실현하기 위해서 개인의 선의지가 반드시 필요하다고 보았다. 더불어 니부어는 개인의 선의지뿐만 아니라 정치적 힘과 같은 사회적 강제력도 뒷받침되어야 한다고 주장하였다.

③ 오답: 칸트는 동정심에 따른 행위를 도덕적 행위라고 보지 않았다. 칸트는 오직 선의지에 따른 행위만을 도덕적이라고 보았다. 동정심에 따른 행위를 도덕적으로 보는 사상가는 흄이다.

④ 오답: 니부어는 도덕적인 개인이 모인 집단도 비도덕적일 수 있다고 주장하면서 개인의 도덕성이 집단의 도덕성보다 우월하다고 보았다.

⑤ 오답: 니부어는 개인의 도덕적 이상은 이타성이고, 사회의 도덕적 이상은 정의라고 보았다. 칸트와는 관련이 없다.

14 자연법에 대한 아퀴나스의 입장

자료 해설 제시문의 사상가는 아퀴나스이다. 아퀴나스는 인간에게 본성적으로 지니는 자연적 성향이 내재되어 있는데, 그것을 자신과 종족을 보존하려는 성향과 이성적 존재로서 진리를 파악하는 성향이라고 하였다. 그는 인간이 자연의 원리를 인식하고 이에 따라 행위의 옳고 그름을 판별할 수 있는 도덕적 능력인 이성을 지니고 있다고 보고, 인간이 가장 먼저 추구해야 할 의무는 자연법의 요구에 따라 행동하는 것이라고 주장하였다.

① 오답: 행위가 가져올 이익을 계산하여 판단할 것을 요구하는 것은 공리주의의 입장이다.

② 오답: 공정하고 합리적인 담론을 통해 윤리적 문제를 해결할 것을 주장한 하버마스의 입장이다.

③ 오답: 최대 다수의 최대 행복을 도덕 원리로 내세우는 공리주의의 입장이다.

❹ 정답: 아퀴나스는 인간이 자신과 종족을 보존하려는 자연적 성향을 가지고 있다고 보고, 인간이 가장 먼저 추구해야 할 의무는 자연법의 요구에 따라 행동하는 것이라고 주장하였다.

⑤ 오답: 아퀴나스는 자연법의 원리에 따라 행동할 것을 주장하였다. 스스로 수립한 도덕 법칙에 따라 판단할 것을 주장한 사상가는 칸트이다.

올쏘 만점 노트 ── 아퀴나스의 주요 사상

목적론적 윤리론	• 인간은 항상 어떤 목적을 가지고 살아감 • 현세의 삶은 단지 진정한 행복을 얻기 위한 예비적 단계에 불과하며 신과 만나 하나가 되는 내세야말로 진정한 행복을 얻을 수 있는 곳임 • 삶의 목적은 신을 아는 데 있으며 진정한 행복은 오직 신에 대한 관조를 통해서만 얻을 수 있음
종교적인 덕	믿음, 소망, 사랑으로, 그는 이 덕을 통해 인간이 진정한 행복에 이를 수 있다고 주장함
자연법	• 모든 법이 신으로부터 유래한다고 보았음 • 모든 법을 자연법, 인간법, 영원법, 그리고 신법으로 구분하였는데, 이 중 자연법은 신의 법칙들을 반영한 것으로 인간의 이성으로 파악할 수 있다고 함 • 대표적인 자연법: "선을 추구하고 악을 피하라." → 인간의 가장 기본적인 자연적 성향이 반영된 것이자 신의 마음이 드러난 것

15 나딩스의 배려 윤리

자료 해설 제시문의 사상가는 배려 윤리를 체계화한 나딩스이다. 그는 상대방이 처한 상황과 구체적인 요구를 살펴 도움을 주어야 함을 강조하면서 배려하는 사람과 배려받는 사람의 관계 속에서 도덕성이 발달한다고 하였다. 또한 배려하는 사람에게 배려받는 사람이 응답할 때 그 행위가 선하다고 주장하였다. 배려 윤리는 옳은 행위를 해야 한다는 의무에서 남을 돕는 '윤리적 배려'보다 보살피고 싶다는 마음에서 자연스럽게 배려하는 '자연적 배려'가 더 우월하다고 본다. 이러한 배려 윤리의 입장과 일맥상통하는 것을 고르면 된다.

선택지 분석

ㄱ. 오답: 배려 윤리는 기존의 윤리가 이성, 공정성, 보편적 원리 등 추상적 원리에 근거하고 있다고 보고 이를 보완하기 위해 등장하였다.

ㄴ. 오답: 배려 윤리는 기존의 윤리가 남성 중심적이라고 주장하면서 여성과 남성의 도덕적 지향성이 동일하지 않다고 하였다. 남성은 주로 권리와 의무, 정의의 원리를 중시하지만 여성은 개별적인 관계, 특히 배려를 중시한다고 보고, 이성보다 감정을 우위에 두고 배려를 실천할 것을 주장하였다.

ㄷ. 정답: 배려 윤리는 기존의 남성 중심적이고 정의(正義) 중심적인 윤리를 보완하기 위해서 등장했는데, 나딩스는 여성 중심의 윤리와 남성 중심의 윤리는 상호 보완적이어야 한다고 주장하였다.

ㄹ. 정답: 배려 윤리는 맥락에 대한 고려 없이 특정 덕목을 주입하려는 시도에 반대하며 맥락적 사고를 바탕으로 서로 간의 관계성을 중시할 것을 강조한다.

16 칸트의 의무 윤리와 요나스의 책임 윤리

자료 해설 갑은 칸트, 을은 요나스이다. 칸트는 의무론의 대표적 사

상가로서 언제 어디서나 지켜야 할 보편적 도덕 법칙이 존재한다고 보았다. 그리고 행위의 결과와 관계없이 도덕 법칙을 따라야 한다는 의무 의식과 선의지에 따른 행위만이 도덕적 가치를 지닌다고 보았다. 요나스는 인간이 책임을 질 수 있는 유일한 존재라는 사실 자체로 책임을 져야 한다는 의무가 있다고 보았다. 그는 책임의 문제를 현세대의 생존뿐만 아니라 미래 세대, 생태계에 대한 책임까지 확대하면서 예견할 수 있는 모든 결과에 대한 책임 및 미래 지향적인 당위적 책임을 강조하였다.

선택지 분석

① 오답: 칸트는 동정심이나 경향성에 따른 행위를 도덕적 행위로 보지 않는다. 칸트는 오직 도덕 법칙을 따라야 한다는 의무 의식과 선의지에 따른 행위만이 도덕적 행위라고 보았다.

② 오답: 칸트는 도덕 법칙의 형식으로 행위를 판단해야 한다고 보았다. 칸트의 도덕 법칙은 정언 명령의 형식으로 제시되는데, 그는 윤리적 의사 결정 과정에서 '네 준칙이 언제나 동시에 보편적 입법 원리가 되도록 행위하라.'라는 보편화 가능성과 '너 자신에게나 다른 사람에게 있어서 인격을 언제나 동시에 목적으로 대우하고 수단으로 대하지 마라.'라는 인간 존엄성의 관점에서 이에 부합하는 도덕 법칙을 준수하라고 주장하였다.

③ 오답: 요나스는 책임의 대상을 인간뿐만 아니라 미래 세대와 자연에까지 확대해야 한다고 주장하면서 '미래를 위한 책임 윤리'를 강조하였다.

④ 오답: 요나스는 자신이 의도하지 않은 행위의 결과까지도 책임을 져야 한다고 주장하면서 결과를 고려하여 행위할 것을 강조하였다.

❺ 정답: 칸트와 요나스는 모두 인간이 무조건적으로 준수해야 할 의무를 정언 명령의 형식으로 제시하였다. 칸트는 '네 준칙이 언제나 동시에 보편적 입법 원리가 되도록 행위하라.', '너 자신에게나 다른 사람에게 있어서 인격을 언제나 동시에 목적으로 대우하고 수단으로 대하지 마라.'라는 도덕 법칙을 제시하였고, 요나스는 '네 행위의 결과가 인간의 진정한 삶과 영원히 조화를 이룰 수 있도록 그렇게 행위하라.'라는 책임의 명법을 제시하였다.

킬러 예상 문제

본문 020~021쪽

01 ③ 02 ① 03 ④ 04 ③ 05 ⑤ 06 ③ 07 ④ 08 ②

01 유교 사상의 특징

자료 해설 제시문은 공자와 맹자의 주장이다. 공자는 사욕을 극복하고 예(禮)를 회복하는 것이 바로 인(仁)이라고 하였으며, 맹자는 측은지심, 수오지심, 사양지심, 시비지심 네 가지를 사단(四端)이라고 하면서 선한 인간 본성의 근거로 제시하였다.

선택지 분석

ㄱ. 오답: 인생이 고통임을, 즉 생로병사가 대표적인 고통임을 깨닫고 연기를 자각하여 열반에 이를 것을 강조하는 것은 불교 사상의 입장이다.

ㄴ. 정답: 유교 사상에서는 인을 실현해야 한다고 보았는데, 인을 구체적으로 실천하는 방법으로 효제충신(孝悌忠信)과 서(恕)를 들 수 있다. 효제와 충서는 인간다움을 실현하고 도덕적 공동체의 기반이 되는 유교 사상의 덕목들이다.

ㄷ. 정답: 유교 사상에서는 자기 수양을 하여 인격 완성에 이르고 유교의 이상적 인간상인 성인이 되는 것을 목표로 한다.

ㄹ. 오답: 절대 평등의 도의 관점에서 만물의 평등함을 깨달아야 한다고 강조한 것은 도가 사상가 장자이다.

02 불교 사상의 특징

자료 해설 제시문은 불교 사상의 연기설에 대한 설명이다. 연기설은 모든 존재와 현상이 인과 연에 의해 생겨나고 일어나며 소멸한다는 것이다. 특히 연기설은 만물이 서로 따로따로 존재하는 것이 아니라 긴밀한 연관 관계를 맺고 있음을 알려 준다.

선택지 분석

❶ 정답: 불교 사상의 연기설은 모든 존재의 상호 의존성을 강조하는 사상이다.

② 오답: 불교에서는 모든 존재가 불성을 지닌다고 본다.

③ 오답: 무명(無明)은 진리를 깨닫지 못하는 어리석은 마음의 상태로 제거하고 극복해야 할 대상이지 추구해야 할 대상이 아니다.

④ 오답: 불교 사상에서는 계, 정, 혜의 삼학을 실천해야 한다고 본다.

⑤ 오답: 불교 사상에서는 모든 만물의 고정된 실체는 존재하지 않는다고 보며 끊임없이 변화한다고 본다.

03 공자의 대동 사회의 특징과 바람직한 사회

자료 해설 제시문은 공자가 주장한 대동 사회에 대한 내용이다. 대동 사회는 큰 도가 행해지고 능력 있는 자가 다스리며 모든 사람이 하나로 어울려 잘 살아가는 좋은 사회이다.

선택지 분석

① 오답: 무위(無爲)의 도를 실천하는 삶이 가장 바람직한 삶이라고 보는 것은 도가 사상이다.

② 오답: 모든 사람이 태어날 때부터 불성을 지니고 있으며 누구나 수행을 통해 깨달음에 도달할 수 있다고 보는 것은 불교 사상의 특징이다.

③ 오답: 유교 사상에서는 형벌이나 술수가 아니라 도덕과 예의로써 백성을 교화시키고 백성을 덕으로 다스려야 한다고 본다.

❹ 정답: 유교에서 강조한 대동 사회는 인의(仁義)와 덕(德)이 실현되는 사회이며 모든 사람이 더불어 하나의 큰 공동체로 살아가는 사회이다.

⑤ 오답: 인간의 악한 본성을 다스리고 예로 다스려야 한다고 본 것은 순자이다.

04 도가 사상의 특징

자료 해설 제시문은 노자의 주장이다. 노자는 인간 중심적인 시야나 가치관으로 모든 것을 평가하는 것이 바람직하지 않다고 비판하면서 모든 것을 절대적 원리인 도(道)의 관점에서 바라보고 무위자연의 삶을 살아갈 것을 강조하였다.

선택지 분석

① 오답: 노자를 비롯한 도가 사상에서는 분별적 지혜를 강조하지 않는다. 오히려 이러한 분별적 지혜를 갖고자 하는 것이 어리석다고 본다.

② 오답: 하늘을 도덕성의 원천으로 보는 것은 유교 사상이다.

❸ 정답: 노자는 인위적인 가식이나 위선에서 벗어나 타고난 소박한 덕에 따라 순리대로 자연의 흐름대로 살아갈 것을 강조하였다.

④ 오답: 대동 사회를 추구해야 한다고 본 것은 유교 사상이다.

⑤ 오답: 불성을 근본으로 삼아 내면적 성찰과 깨달음을 강조한 것은 불교 사상이다.

05 칸트, 벤담, 밀의 사상 비교

자료 해설 갑은 의무론적 접근을 강조한 칸트, 을과 병은 공리주의적 접근을 강조한 벤담과 밀이다. 칸트는 보편화 정식과 인간성 정식을 통해 인간의 존엄성과 보편적 도덕 법칙을 확립하고자 하였다. 벤담은 양적 공리주의자로 불리며 쾌락을 계산하는 일곱 가지 기준을 제시하였다. 밀은 쾌락의 양적 차이뿐만 아니라 질적인 차이도 고려해야 한다고 보았으며, 정상적인 사람이라면 누구나 수준 높고 고상한 쾌락을 추구한다고 주장하였다.

선택지 분석

ㄱ. 오답: 칸트, 벤담, 밀은 모두 모든 사람에게 적용할 수 있는 보편적인 도덕 원리가 존재한다고 본다. 의무론에서는 누구에게나 적용할 수 있는 보편적 정언 명령, 공리주의에서는 누구에게나 적용할 수 있는 공리의 원리, 유용성의 원리를 제시한다.

ㄴ. 정답: 밀은 쾌락의 질적 차이를 인정하였다.

ㄷ. 정답: 벤담은 인간이 쾌락을 추구하고 고통을 피하려는 존재라고 보았다. 공리주의 사상은 인간의 궁극적 목적이 행복이라는 기본 입장을 취한다.

ㄹ. 정답: 밀은 수준 높고 고상한 쾌락을 위해 일시적 고통을 감내할 수 있다고 보았다.

06 아퀴나스의 자연법 윤리의 특징

자료 해설 ㉠에 들어갈 말은 '자연법 윤리'이다. 아퀴나스의 자연법 윤리에서는 보편타당한 법칙인 자연법이 존재하고 인간은 누구나 이성을 통해 이를 파악할 수 있다고 본다.

선택지 분석

① 오답: 특정한 시대나 상황이나 국가에 제한되어 적용되는 실정법과는 달리 자연법은 시대와 장소, 상황과 무관하게 모든 사람에게 공통적으로 적용되는 절대적이고 보편적인 법이다.

② 오답: 자연법 윤리에서는 인간이 이성을 통해 누구나 자연법을 파악할 수 있다고 본다.

❸ 정답: 자연법 윤리는 생명의 불가침성, 인간의 존엄성, 자유와 만민 평등 사상을 포함하고 있다.

④ 오답: 자연법 윤리의 대표 사상가 아퀴나스는 인간이 지니는 자연적 성향으로 자기 보존과 종족 보존, 신과 사회에 대한 진리 파악 등을 제시하였다.

⑤ 오답: 자연법 윤리는 오늘날 생명권이나 신체의 완전성을 해치는 행위를 반대하는 입장의 이론적 근거를 제공할 수 있다.

07 덕 윤리 사상가 매킨타이어의 입장

자료 해설 제시문은 현대 덕 윤리 사상가 매킨타이어의 주장이다. 그는 모든 사람은 따로 떨어진 개체로서 존재하는 것이 아니라 작고 큰 공동체의 구성원으로서의 삶을 살아가고 있으며, 덕이라는 것도 개인적 차원이 아니라 사회적, 역사적 맥락과 전통 속에서 형성되고 길러지는 것이라고 주장하였다.

선택지 분석

㉠ 정답: 매킨타이어는 덕이 형성되고 덕을 함양하는 것이 고립된 개인적 차원이 아닌 다른 사람과의 맥락 속에서 이루어지는 사회적 성격을 띤다고 보았다.

㉡ 정답: 매킨타이어는 덕이 공동체의 역사적 맥락과 전통에서 길러지고 형성되는 것이라고 보았다.

ㄷ. 오답: 현대 덕 윤리는 근대 의무론적 윤리나 공리주의 윤리가 행위 자체에만 주목하였다고 비판하면서 행위자의 덕성이나 성품에 주목할 것을 강조하였다.

㉣ 정답: 덕 윤리의 입장에 따르면, 도덕적 행위는 내키지 않은 일을 의무감 가운데 억지로 행하는 것이 아니라 유덕한 사람의 덕 있는 성품에서 자연스럽게 행하는 것이다.

현대 덕 윤리와 매킨타이어의 사상

현대 덕 윤리의 특징	• 구체적인 삶 속에서 '어떻게 살아야 하는가?'를 중요하게 여김 • 의무감보다는 우정, 사랑, 충성과 같은 일상의 감정에서 비롯된 행위를 도덕적이라고 봄. 즉, 인간의 감정을 도덕적 행위의 동기로 인정하고, 행위자가 처한 상황이나 타인과 맺은 관계, 그리고 그 사이에서 작용하는 감정 등을 중요하게 생각함
매킨타이어의 주요 주장	• 누구나 특정한 사회적 정체성을 지닌 사람으로서 자신을 둘러싼 환경 속에서 자신을 이해하게 됨 • 도덕적 판단은 역사적 시간과 사회적 공간에서 펼쳐지는 삶의 구체적인 모습의 반영이라고 주장함
매킨타이어 사상의 특징	개인의 자유와 선택보다는 공동체와 그 공동체의 전통과 역사를 더 중시함
매킨타이어의 주요 인용문	• "나는 내 가족, 내 도시, 내 부족, 내 나라의 과거에서 다양한 빚, 유산, 적절한 기대와 의무를 물려받는다. 이는 내 삶에서 기정사실이며 도덕의 출발점이다. 또한 내 삶에 도덕적 특수성을 부여하는 것이기도 하다." – "덕의 상실" • "내가 존재한다는 것은 내가 물려받은 것, 즉 나의 현재에서 어느 정도 나타나는 특정한 과거가 있다는 것을 의미한다. 나는 그것이 나의 마음에 들든 들지 않든, 내가 그것을 인정하든 인정하지 않든, 전통의 담지자들 가운데 한 사람이다." – "덕의 상실"

08 도덕 과학적 접근법의 특징

자료 해설 제시문은 신경 윤리학과 진화 윤리학에 대한 설명으로 이는 도덕 과학적 접근법에 해당한다. 도덕 과학적 접근법은 인간의 도덕성과 윤리적 문제를 과학에 근거하여 탐구하는 방식이다.

선택지 분석

① 오답: 도덕 과학적 접근법은 관찰이나 실험에 의한 경험적인 방법이나 추론과 같은 합리적인 방법을 중요하게 여긴다.

❷ 정답: 도덕 과학적 접근법은 도덕 판단이나 윤리 문제에 관한 객관적인 정보를 제공하고자 노력한다.

③ 오답: 도덕 과학적 접근법은 현대 사회의 다양한 윤리 문제를 해결하는 데 이성뿐만 아니라 정서와 신체적인 부분까지 통합적으로 고려해야 한다는 점을 시사하고 있다.

④ 오답: 관찰과 경험을 중시하는 도덕 과학적 접근법은 인간의 행동이 언제 어디서나 변하지 않는 원리에 따라야 한다고 보는 것이 아니라 상황에 따라 인간의 도덕 판단과 행동이 달라질 수 있음을 인정한다.

⑤ 오답: 도덕 과학적 접근법 중 특히 진화 윤리학에서는 인간과 동물의 연속성에 토대를 두고 있기 때문에 도덕적 관심과 대상을 인간에서 동물로까지 확장하게 한다.

II 생명과 윤리

03강 삶과 죽음의 윤리

기출 선지 변형 OX

본문 023, 025쪽

1 ○	2 ×	3 ○	4 ×	5 ×	6 ○	7 ○	8 ×
9 ×	10 ○	11 ×	12 ○	13 ×	14 ○	15 ○	16 ○
17 ×	18 ×	19 ○	20 ×	21 ×	22 ○	23 ×	24 ○
25 ×	26 ×	27 ×	28 ○	29 ○	30 ×	31 ○	32 ×
33 ○	34 ○	35 ○	36 ×	37 ×	38 ○	39 ×	40 ×
41 ○	42 ×						

01 장자는 인간의 죽음 또한 자연 현상의 일부로 보았다. 자연은 기가 모이고 흩어지는 현상에 불과하며, 죽음도 그러하다는 것이다.

02 장자는 죽음에 대한 성찰과 애도를 주장하지 않았다. 유교 사상과 관련이 깊은 내용이다.

03 불교에서는 모든 존재는 원인과 조건으로 이루어지며, 이러한 연기의 법을 깨달으면 고통에서 벗어나 해탈할 수 있다고 보았다.

04 불교에서는 고통에서 벗어나 해탈할 것을 주장하기는 했지만 삶과 죽음을 분별하지 않았으며, 장자 또한 삶과 죽음의 분별을 이야기하지 않았다. 장자에게는 죽음이 자연 현상의 일부인 것처럼 삶 또한 자연 현상의 일부이다.

05 장자는 죽음을 고통에서 벗어나는 것으로 바라보지 않았다. 장자에게 삶과 죽음은 모두 기가 모이고 흩어지는 자연스러운 현상일 뿐이다.

06 맹자는 삶 그 자체보다 의로움이 더 중요하다고 보았다.

07 맹자는 의롭지 못할 바에야 구차하게 살 필요가 없다고 하였다. 구차한 삶보다는 의로운 죽음이 낫다고 본 것이며, 의는 곧 도덕적 가치이니 도덕적 가치를 삶과 죽음의 선택 기준으로 본 것이다.

08 장자는 죽음을 자연의 과정으로 보았다.

09 장자를 비롯한 도가 사상가들이 지인을 도가의 이상적 인간상으로 본 것은 맞지만, 삶과 죽음의 악순환을 끊음으로써 지인이 될 수 있다고 본 것은 아니다. 도가에서 삶과 죽음은 그저 자연의 현상에 불과하다.

10 유교에서는 죽음보다 도덕적으로 실천하는 삶에 더 관심을 가지고, 죽음이 아쉽지 않도록 도덕적으로 충실하게 살아야 함을 강조하였다.

11 도가에서는 내세의 행복을 추구하지 않으며 삶과 죽음을 자연스러운 과정으로 본다. 현세의 행동이 내세의 삶을 결정한다고 보는 것은 삶과 죽음을 윤회의 과정으로 설명하는 불교이다.

12 불교에서는 죽음을 오온의 해체라고 보고, 오온이 해체되어도 깨닫지 못하면 생멸을 반복한다고 보았다. 따라서 연기의 법을 올바르게 이해할 때 윤회의 고통에서 벗어나 해탈에 이를 수 있다고 보았다.

13 육체의 구속에서 벗어나 사후에 참된 지혜를 얻을 수 있다고 본

사상가는 플라톤이다.

14 불교에서는 윤회의 과정에서 인간의 선행과 악행이 죽음 이후의 삶을 결정하기 때문에 선한 행위를 할 것을 강조하였다.

15 불교에서는 깨달음, 즉 해탈을 통해 생사의 윤회에서 벗어나 열반의 경지에 이를 수 있다고 본다. 열반의 경지에 오르면 죽음의 고통에서 해방될 수 있다.

16 도가의 장자는 죽음은 기가 흩어지는 것으로 자연 현상이라고 보았다. 따라서 죽음을 초연하게 받아들일 것을 주장하였다.

17 도가에서는 죽음을 자연스러운 것으로 보기 때문에 죽은 이를 애도할 필요도 없고 죽은 이에게 예를 다해야 한다고 주장하지도 않는다.

18 장자의 도(道)의 관점에서는 삶과 죽음이 분별되지 않는다고 하였다. 장자는 삶과 죽음의 분별에서 벗어나야 도에 일치할 수 있다고 하였다. 도가에서 삶과 죽음은 차별이 없고 단지 기가 모인 것이 삶이요, 기가 흩어진 것이 죽음이라고 본다.

19 장자는 죽음은 자연적이고 필연적인 것이기 때문에 슬퍼하거나 두려워할 필요가 없다고 하였다.

20 불교의 관점이 아니다. 장자와 관련 있는 문장이지만 장자 또한 죽음을 기의 '정기적' 순환 과정으로 보지는 않았다. 장자는 삶과 죽음은 기(氣)가 모였다가 흩어지는 과정이며 사계절의 운행과 같이 자연스러운 과정이라고 보았다.

21 유교의 공자는 사후 세계에 대해 언급하지 않았으며, "삶도 모르는데 죽음을 어찌 말할 수 있는가?"라고 되물었다.

22 불교에서 죽음은 고통의 일부이고, 고통은 무명과 집착에서 비롯된다고 보았다.

23 장자는 삶과 죽음을 자연스러운 과정으로 보았으며, 반복되는 것으로 보지는 않았다. 삶과 죽음의 반복을 이야기한 사상은 불교이다.

24 장자에게 삶과 죽음은 기의 모임과 흩어짐 그 이상도 이하도 아니다. 따라서 좋아하거나 싫어할 대상이라고 여기지도 않았다.

25 공자가 죽음 이후보다 현실의 삶을 중시하였지만, 죽은 이를 기리는 제사를 부정하지는 않았다. 오히려 죽은 이를 제사지내는 것을 예로 보았다.

26 의로움을 말한 것은 맹자이며, 공자와 맹자 모두 죽음의 공포를 극복하기 위해 의로움을 추구해야 한다고 말하지는 않았다.

27 공자가 현세에서의 도덕적 삶을 중시한 것은 맞지만 이는 내세의 삶을 준비하기 위해서는 아니다.

28 공자는 도덕적 가치를 위해 목숨을 희생함으로써 인(仁)을 이룬다면 가치 있는 삶이라고 보았다.

29 공자는 '사람이 죽을 때 하는 말이 착한 법'이라고 하면서 누구나 죽음에 임해서는 스스로의 삶을 성찰하게 된다고 보았다.

30 공자를 비롯한 유교 사상가들이 이상적 인간으로 '성인'을 말한 것은 맞지만, 죽음을 기의 변화에 의한 것으로 본 사상가는 장자이다.

31 장자는 인간의 죽음은 자연 현상과 마찬가지로 기가 모이고 흩어지는 것과 같아 슬퍼할 이유가 없다고 보았다.

32 해탈하여 세속의 삶과 죽음의 고통에서 벗어나야 한다고 주장한 것은 불교 사상이다. 장자와 공자 모두 이와 관련이 없다.

33 적극적 안락사는 인위적으로 약물을 주입하여 죽음에 이르게 하는 것으로, 이에 찬성하는 사람은 죽음을 원하는 환자의 뜻에 따라 죽음을 허용해야 한다고 본다.

34 안락사에 반대하는 사람은 소극적 안락사든 적극적 안락사든 허용되면 인간 생명의 존엄성을 지킬 수 없다고 본다.

35 소극적 안락사는 환자가 회생 가망이 없을 경우 연명 치료를 중단함으로써 자연스럽게 죽음에 이르게 하는 것이다. 죽음에 이르도록 약물을 주입할 필요가 없으며, 단지 과학 기술에 의한 생명 연장 장치를 제거하는 것이다.

36 인위적으로 개입하여 죽음을 앞당기는 것은 적극적 안락사로, 소극적 안락사만을 주장하는 사람은 이에 찬성하지 않을 것이다.

37 단지 생명 유지 장치를 제거하는 등으로 환자가 자연사하게 만드는 것은 약물을 주입하는 것과 달리 적극적 행위가 가해지지 않아 소극적 안락사로 분류한다.

38 에피쿠로스는 죽음은 우리가 살아 있을 때는 경험할 수 없고, 죽은 이후에는 존재하지 않으므로 느낄 수 없기에 두려움의 대상이 아니라고 보았다.

39 플라톤의 죽음관이다. 에피쿠로스는 육체적 죽음 이후는 죽음의 고통을 느낄 수 없으므로 죽음을 두려워 할 필요가 없다고 하였다.

40 하이데거가 말한 참된 실존의 회복은 죽음 이후의 세계에서가 아니라 인간이 죽음과 직면할 때 가능하다.

41 하이데거는 죽음에 대한 자각을 통해 삶의 의미와 가치를 발견할 수 있다고 보았다.

42 에피쿠로스와 하이데거 모두 죽음의 고통을 감내함으로써 불안에서 벗어날 수 있다고 보지 않았다. 에피쿠로스에게 죽음은 고통 없는 상태이며, 하이데거에게는 죽음을 직면하는 것이 실존을 자각하는 계기이다.

실전 기출 문제

본문 026~029쪽

01 ④	02 ⑤	03 ⑤	04 ④	05 ②	06 ⑤	07 ②	08 ①
09 ②	10 ④	11 ③	12 ④	13 ④	14 ②	15 ⑤	16 ②

01 도가와 불교의 죽음관

자료 해설 (가)는 도가, (나)는 불교의 입장이다. 도가에서는 삶과 죽음을 기(氣)가 모이고 흩어지는 과정으로 설명하면서 계절의 변화와 같은 자연스럽고 필연적인 현상이기 때문에 죽음을 두려워하거나 슬퍼할 필요가 없다고 보았다. 불교에서는 죽음을 오온(인간 개개인의 모든 정신적·육체적 존재를 구성하는 다섯 가지 요소)의 부서짐과 해체라고 설명하면서 현실을 벗어나 또 다른 세계로 가는 윤회의 과정이라고 보았다. 그리고 윤회의 과정에서 인간의 선행과 악행이 죽음 이후의 삶을 결정한다고 보고, 더 나은 삶을 위해 현생에서 도덕적 수행이 필요하다고 주장하였다.

선택지 분석

① 오답: 인(仁)을 강조하는 것은 유교이다. 유교에서는 죽음보다 도덕적으로 실천하는 삶에 더 관심을 가지고, 죽음이 아쉽지 않도록 도덕적으로 충실하게 살아야 함을 강조하였다. 도가에서는 인(仁)을 인위적인 것으로 보았다.

② 오답: 도가에서는 내세의 행복을 추구하지 않으며 삶과 죽음을 자연스러운 과정으로 본다. 현세의 행동이 내세의 삶을 결정한다고 보는 것은 삶과 죽음을 윤회의 과정으로 설명하는 불교이다.

③ 오답: 불교에서는 생로병사(生老病死)를 인간의 대표적인 네 가지 고통이라고 보았다.

④ 정답: 불교에서는 죽음을 오온의 해체라고 보고, 오온이 해체되어도 깨닫지 못하면 생멸을 반복한다고 보았다. 따라서 연기의 법을 올바르게 이해할 때 윤회의 고통에서 벗어나 해탈에 이를 수 있다고 보았다.

⑤ 오답: 플라톤의 입장과 관련이 있다. 플라톤은 지혜를 사랑하며 산 사람은 육체에 갇혀 있는 영혼이 죽음을 통해 영원불변한 이데아의 세계로 들어갈 수 있다고 보았다.

02 불교와 도가의 죽음관

자료 해설 제시문에서 (가)는 '무명', '중생', '네 가지 성스러운 진리' 등의 개념을 통해 불교임을, (나)는 '삶과 죽음이 사계절의 변화와 같다.'라고 보는 점에서 도가 사상임을 알 수 있다. 불교에서는 죽음을 윤회의 과정으로 보고, 도가에서는 죽음을 기(氣)의 자연스러운 순환 과정이라고 본다.

선택지 분석

① 오답: 불교에서 죽음은 생(生), 노(老), 병(病)과 더불어 인간의 대표적인 고통 중의 하나로서 다른 존재로 윤회하는 출발점이다.

② 오답: 사후 세계보다 현세에서 자신의 인격적 수양과 도덕적 삶에 최선을 다할 것을 강조한 것은 유교 사상이다. 도가에서는 유교에서 강조하는 인(仁)의 실천을 인위적인 것으로 보고 거부한다.

③ 오답: 불교에서 열반은 생사의 윤회에서 벗어난 상태이다. 즉, 삶의 모든 번뇌가 소멸한 상태이지 죽음이 곧 열반은 아니다.

④ 오답: 도가에서 삶은 기가 모이는 것이고, 죽음은 기가 흩어지는 것이다. 따라서 도가에서는 죽음이 자연적인 현상이기 때문에 슬퍼할 필요가 없다고 하였다.

⑤ 정답: 불교에서는 죽음을 윤회의 과정으로 보고, 도가에서는 기의 순환 과정으로 본다. 두 사상 모두 생사를 차별 없는 순환의 과정으로 본다는 점이 공통적이다.

03 유교와 도가의 죽음관

자료 해설 제시문의 (가)는 유교 사상가인 공자, (나)는 도가 사상가인 장자의 입장이다. 공자는 죽음보다 삶을 아는 것이 더 중요하다고 보고, 현세에서 도덕적으로 충실한 삶을 살 것을 강조한다. 장자는 삶과 죽음을 기(氣)가 모이고 흩어지는 자연적이고 필연적인 과정이라고 하였다. 따라서 죽음을 너무 슬퍼하지 말고, 삶에 지나치게 집착하지 말 것을 주장한다. 죽음에 대한 공자와 장자의 입장으로 옳지 않은 설명을 고르면 된다.

선택지 분석

① 오답: 유교에서는 도덕적 가치를 위해 자신이 희생함으로써 인(仁)을 이룰 수 있다고 보기 때문에 (가)에 대한 옳은 설명이다.

② 오답: 유교에서는 죽음에 임박하여 자신의 삶을 성찰하게 된다고 본다. (가)에서 '사람이 죽을 때 하는 말이 착한 법'이라는 말에서 이러한 의미가 드러난다. (가)에 대한 옳은 설명이다.

③ 오답: 도가에서는 모든 삶과 죽음이 기(氣)의 변화에 따른 것이라고 본다. 도가의 이상적 인간상인 진인의 삶과 죽음 또한 기의 변화에 의한 것이기 때문에 (나)에 대한 옳은 설명이다.

④ 오답: 도가의 장자는 삶과 죽음은 서로 연결된 순환 과정이기 때문에 죽음에 임하여 너무 슬퍼할 필요가 없으며 죽음에 초연해야 한다고 하였다. (나)에 대한 옳은 설명이다.

⑤ 정답: 불교에서는 삶의 대표적인 네 가지 고통으로 생로병사를 든다. 윤회의 속박에 얽매여 고통스러운 삶과 죽음을 거듭하게 되므로 해탈을 통해 이로부터 벗어날 것을 주장하였다. (가)의 유교, (나)의 도가와는 관련이 없는 설명이다.

04 에피쿠로스의 죽음관

자료 해설 가상 설문 조사에 응답한 고대 서양 사상가는 에피쿠로스이다. 에피쿠로스는 죽음은 감각이 상실된 것이므로 우리가 살아 있는 동안에는 죽음을 경험할 수 없다. 따라서 죽음을 두려워할 필요가 없으므로 죽음의 공포에서 벗어나 행복한 삶을 추구할 것을 주장하였다. A에는 에피쿠로스가 부정의 답을 할 질문이, B에는 긍정의 답을 할 질문이 들어가면 된다.

선택지 분석

㉠ 정답: 에피쿠로스는 죽음을 인간이 피해야 할 고통으로 보지 않는다. 우리가 살아 있는 동안에는 죽음을 경험할 수 없고, 죽어서는 죽음을 느낄 수 없기 때문이다. 에피쿠로스가 '아니요'라고 대답할 질문이다.

㉡ 정답: 에피쿠로스는 죽음 이후에 인간이 참된 진리를 인식할 수 있다고 보지 않았다. 에피쿠로스가 '아니요'라고 대답할 질문이다.

㉢ 정답: 에피쿠로스는 "죽음은 사실 우리에게 아무것도 아니다. 우리가 살아 있는 한 죽음은 우리와 함께 있지 않으며, 죽음에 이르면 우리는 존재하지 않는다. 죽음은 산 사람이나 죽은 사람 모두와 아무 상관이 없다."라고 하면서 죽음에 대한 공포에서 벗어나 행복을 추구할 것을 주장하였다. 에피쿠로스가 '예'라고 대답할 질문이다.

ㄹ. 오답: 에피쿠로스는 죽음을 두려워할 필요가 없다고 하였지만 내세로 이어지는 과정으로 보지는 않았다. 따라서 ㄹ은 에피쿠로스가 '예'라고 대답할 질문이 아니다.

05 맹자와 장자의 죽음관

자료 해설 (가)는 맹자, (나)는 장자의 주장이다. 맹자는 삶보다 의로움이 더 가치 있음을 주장하고 있으며, 장자는 삶과 죽음은 밤낮의 변화처럼 자연스러운 과정이기 때문에 죽음을 두려워하거나 슬퍼할 필요가 없다고 주장하고 있다.

선택지 분석

① 오답: '삶과 의로움을 같이 얻을 수 없다면 의로움을 취하지 어찌 구차하게 살겠는가.'라는 구절에서 맹자는 삶보다 의로움이 더 가치 있다고 주장함을 알 수 있다.

② 정답: 맹자는 삶과 의로움 중에서 하나를 선택해야 한다면 의로움을 선택할 것이라고 주장하고 있다. 따라서 도덕적 가치가 삶과 죽음의 선택 기준이 될 수 있다고 보는 것이다.

③ 오답: 장자는 삶과 죽음을 자연의 과정으로 보았다. 삶과 죽음의 윤회의 과정에서 인간의 선행과 악행이 죽음 이후의 삶을 결정한다고 보는 입장은 불교이다.

④ 오답: 삶과 죽음의 악순환을 끊고 열반의 경지에 도달해야 한다는 것은 불교의 입장이다.
⑤ 오답: 장자는 삶과 죽음을 서로 연결된 순환의 과정이라고 보고 죽음을 너무 슬퍼하지 말고 삶에 지나치게 집착하지 말라고 하였다. 따라서 죽음 이후를 대비하여 도덕적 이치를 탐구해야 한다는 주장은 장자와 거리가 멀다.

06 불교와 도가의 죽음관

자료 해설 제시문의 (가)는 '중생', '오온'의 개념을 통해 불교임을, (나)는 '아무것도 없는 데서 기가 생겨서 변해 형체가 되고 삶이 되었다가 변하여 죽어 가는 것이다.'라는 부분을 통해 도가 사상임을 알 수 있다. 불교에서는 죽음을 통해 다른 세계로 윤회하게 된다고 하였고, 도가 사상에서는 삶과 죽음을 기(氣)가 모이고 흩어지는 순환의 과정이라고 하였다. 불교와 도가의 죽음관에 대한 설명으로 옳지 않은 것을 고르면 된다.

선택지 분석

① 오답: 불교에서는 윤회의 과정에서 인간의 선행과 악행이 죽음 이후의 삶을 결정하기 때문에 선한 행위를 할 것을 강조하였다. 불교에서는 이러한 올바른 깨우침으로 인도하기 위한 방법으로 팔정도를 제시한다. 불교에 대한 옳은 설명이기 때문에 오답이다.
② 오답: 불교에서는 깨달음, 즉 해탈을 통해 생사의 윤회에서 벗어나 열반의 경지에 이를 것을 강조하였다.
③ 오답: 장자는 "본래 아무것도 없었는데 순식간에 변화하여 기(氣)가 생기고, 기가 변화하여 형체가 생기고, 형체가 변화하여 생명이 생기고, 생명이 변화하여 죽음이 된다. 이는 봄·여름·가을·겨울의 운행과 같다."라고 하면서 삶과 죽음을 기가 모이고 흩어지는 과정이라고 하였다.
④ 오답: 장자는 도의 관점에서 보면 삶과 죽음은 차별이 없다고 하였다. 따라서 죽음을 초연하게 받아들일 것을 주장하였다.
⑤ 정답: 도가에서는 죽음을 자연스러운 것으로 보기 때문에 슬퍼하거나 두려워할 필요가 없다고 주장한다. 따라서 죽음을 지극히 애도해야 할 고통이라는 설명은 도가 사상과 일치하지 않는다.

07 하이데거의 죽음관

자료 해설 제시문의 마지막 '현존재는 죽음을 자각함으로써 자신의 본래적인 존재 가능성을 회복해야 합니다.'라는 부분에서 이 강연자가 하이데거임을 알 수 있다. 하이데거는 인간은 '지금'이라는 시간과 '여기'라는 장소에 한정되어 있기 때문에 근본적으로 불안과 염려를 가지고 있을 수밖에 없는 존재라고 하였다. 그러나 인간은 자신이 죽는다는 사실을 알면서 죽는 존재라는 점에서 동물과 다르고, 이 때문에 자신을 발견하고 삶을 의미 있게 살 수 있다고 하였다. 이러한 하이데거의 입장과 일치하는 것을 고르면 된다.

선택지 분석

ㄱ. 오답: 하이데거는 인간이 살아 있을 때 죽음을 인식함으로써 자신을 자각하고 본래적 자기, 즉 참된 실존을 회복할 수 있다고 보았다.
ㄴ. 정답: 하이데거는 인간은 죽음에 이를 수밖에 없는 존재임을 스스로 인식할 수 있다고 보았다. 이를 위해서 죽음의 불안 앞에서 도피하지 않고 그것을 선구(先驅)하여 죽음이 인간이 가진 가장 확실한 가능성임을 깨달아야 한다고 주장하였다.
ㄷ. 정답: 하이데거는 인간이 죽음을 자각함으로써 진정한 실존을 파악할 수 있으며, 삶을 의미 있고 가치 있게 살 수 있다고 하였다.
ㄹ. 오답: 죽음을 또 다른 세계로 가는 윤회의 과정으로 본 입장은 불교이다.

08 뇌사와 관련된 윤리적 쟁점

자료 해설 제시문은 뇌사를 죽음의 기준으로 보는 입장이다. 뇌사를 죽음으로 인정하면 장기 이식을 통해 많은 생명을 살릴 수 있다고 보는 실용주의적 관점이다.

선택지 분석

ㄱ. 정답: 제시문에서 '뇌의 기능이 불가역적으로 상실된 사람은 살아 있는 존재로 볼 수 없다.'라고 하였으므로 뇌사를 죽음의 기준으로 인정하는 것을 정당화할 수 있다고 대답할 것이다.
ㄴ. 정답: 제시문에서 '뇌사의 오판 가능성을 뇌사판정위원회를 통해 최소화할 수 있다.'라고 하였으므로 뇌사 판정의 오류를 줄일 수 있는 제도적 절차가 있다고 대답할 것이다.
ㄷ. 오답: 제시문에서 '뇌사자로부터 장기 이식을 받아 보다 많은 인명을 구할 수 있으므로 공익의 실현에 기여한다.'라고 하였으므로 사회적 유용성을 증진할 수 있다고 대답할 것이다.
ㄹ. 오답: 제시문은 심폐 기능의 상실이 아닌 뇌 기능의 상실을 죽음의 판정 기준으로 보는 입장이다. 따라서 부정의 대답을 할 질문이다.

09 도가와 불교의 죽음관

자료 해설 제시문에서 갑은 '지인', '무위', '도'의 개념 등을 통해 장자임을, 을은 '인연법'을 통해 불교의 입장임을 알 수 있다. 도가와 불교에서 바라보는 죽음에 대한 입장을 고르면 된다.

선택지 분석

ㄱ. 정답: 장자는 삶은 기(氣)가 모이는 것이고 죽음은 기가 흩어지는 것이라고 하면서 삶과 죽음이 서로 연결된 순환의 과정이라고 하였다.
ㄴ. 오답: 장자는 죽음을 자연스러운 과정이라고 보고 죽음을 두려워하거나 슬퍼할 필요가 없다고 하였다. 죽은 사람에 대해 예를 갖추어 애도하는 것을 당연시 여긴 것은 유교 사상이지만, 유교 사상도 죽음에 대한 성찰과 애도의 의무를 강조한 것은 아니다.
ㄷ. 정답: 불교에서는 모든 존재가 원인과 조건, 즉 인연에 의해 생기기 때문에 만물은 서로 연결되어 상호 의존하고 있다고 보았다. 이러한 연기의 법을 올바르게 깨달으면 윤회의 고통에서 벗어나 해탈의 경지에 도달할 수 있다고 하였다.
ㄹ. 오답: 장자는 삶과 죽음에 차별이 없다고 보았고, 불교에서도 삶과 죽음의 분별을 통해 고통에서 벗어날 것을 강조하지 않았다. 장자와 불교의 입장과 거리가 멀다.

10 플라톤과 하이데거의 죽음관

자료 해설 갑은 플라톤, 을은 하이데거이다. 플라톤은 육체적 즐거움이 지혜의 활동을 방해한다고 보고 지혜를 사랑하며 산 사람은 육체에 갇혀 있는 영혼이 죽음을 통해 영원불변한 이데아의 세계로 들어간다고 주장하였다. 하이데거는 죽음에 대한 자각을 통해 삶을 더욱 의미 있고 가치 있게 살 수 있다고 하였다.

선택지 분석

① 오답: 플라톤은 삶과 죽음을 반복적으로 순환한다고 보지 않았으며, 고통의 과정이라고도 여기지 않았다. 플라톤은 철학자의 죽음을 육체로부터 해방되는 것이라고 하였다.
② 오답: 플라톤은 죽음을 통해 육체에서 벗어난 이성적으로 삶을 산 사람의 영혼이 영원불변한 이데아의 세계로 들어간다고 하였다.
③ 오답: 하이데거는 죽음을 인식함으로써 참된 실존을 회복할 수 있다고 하였다. 그는 타인과의 관계 속에서는 현존재의 비본래성만을 이해할 뿐이라

④ 정답: 하이데거는 인간만이 죽음을 인식함으로써 현존재의 본래성을 자각할 수 있다고 하였다.

⑤ 오답: 플라톤은 지혜를 사랑하며 산 사람은 죽음 이후에 이데아의 세계에서 순수한 영혼, 자기 영혼의 참된 모습을 발견할 수 있다고 하였다. 그러나 하이데거는 죽음 이후가 아닌 삶을 살아가면서 죽음에 대한 인식을 통해 참된 자아를 발견할 수 있다고 하였다.

11 안락사에 대한 찬반 논쟁

자료 해설 갑은 인위적 개입으로 죽음을 앞당기는 적극적 안락사에는 반대하지만 연명 치료를 중단하여 죽음에 이르게 하는 소극적 안락사는 찬성하는 입장이다. 반면 을은 인간의 생명은 절대적 가치를 지닌 것으로 안락사는 인간의 존엄성을 해치는 행위이기 때문에 적극적 안락사뿐만 아니라 소극적 안락사도 모두 반대한다. 갑과 을은 적극적 안락사는 모두 반대하는 입장이기 때문에 갑의 입장에서 을에게 소극적 안락사를 찬성하는 주장을 할 수 있을 것이다.

선택지 분석

ㄱ. 오답: 갑과 을은 모두 적극적 안락사에 반대한다. 따라서 환자의 뜻이라도 안락사를 허용해서는 안 된다고 주장할 것이다.

ㄴ. 오답: 갑은 소극적 안락사에는 찬성하는 입장이다. 따라서 적극적 안락사와 소극적 안락사를 모두 반대하는 을이 갑에게 제시할 수 있는 견해이다.

ㄷ. 정답: 갑은 환자가 회생할 가망이 없을 경우 연명 치료를 중단하여 죽음에 이르게 하는 소극적 안락사에 찬성한다. 갑의 입장에서 소극적 안락사도 반대하는 을에게 제시할 수 있는 견해이다.

ㄹ. 정답: 갑은 치료를 중단하여 자연을 거스르지 않고 죽음에 이르게 하는 소극적 안락사에 찬성하는 입장이다. 따라서 소극적 안락사를 찬성하는 갑이 모든 안락사를 반대하는 을에게 제시할 수 있는 견해이다.

올쏘 만점 노트 안락사의 종류와 입장

기준	종류	내용
환자의 동의 여부	자발적 안락사	• 환자의 동의를 통해 이루어짐 • 환자의 이성적 판단에 의한 것인지 쟁점이 발생할 수 있음 • 자살을 인정할 수 있는지 쟁점이 발생할 수 있음
	비자발적 안락사	• 환자가 의사를 표현할 수 없는 상황에서 가족 등 주변 사람이 결정함 • 주변 사람이 환자의 생명을 결정할 권리를 지닐 수 있는지 쟁점이 발생함
시술 행위의 적극성	적극적 안락사	약물을 투입하는 등 적극적 행위로 생명을 단축시킴
	소극적 안락사	회복 불가능한 환자에게 무의미한 연명 치료를 중단하는 것으로, 존엄사라고도 부름

12 공자와 장자의 죽음관

자료 해설 (가)는 유교 사상가인 공자, (나)는 도가 사상가인 장자의 죽음관이다. 공자는 죽음에 집착하기보다는 현실의 삶 속에서 도덕적 실천을 하기 위해 노력할 것을 강조하였고, 장자는 삶과 죽음은 서로 연결된 순환 과정이기 때문에 죽음에 임하여 너무 슬퍼하지 말고, 삶에 지나치게 집착하지 말라고 하였다. 공자와 장자, 유교와 도가 사상에서 바라보는 죽음에 대한 입장을 고르면 된다.

선택지 분석

ㄱ. 오답: 삶과 죽음을 기(氣)가 모이고 흩어지는 과정으로 본 사상가는 장자이다.

ㄴ. 정답: 공자는 죽음보다는 도덕적으로 실천하는 삶에 더 관심을 가지고, 현세의 삶에서 인의(仁義)를 실천하며 살아가기 위해 노력할 것을 강조하였다.

ㄷ. 오답: 죽음을 또 다른 세계로 윤회하는 과정이라고 본 입장은 불교 사상이다. 불교에서는 죽음을 생로병사의 네 가지 고통 중 하나라고 보고, 윤회의 과정에서 인간의 선행과 악행이 죽음 이후의 삶을 결정한다고 하였다.

ㄹ. 정답: 공자는 죽음을 자연스러운 과정으로 여겼고, 장자 또한 죽음을 자연적이고 필연적인 과정으로 이해하였다. 즉, 공자와 장자는 모두 죽음을 인간의 삶에서 일어나는 자연스러운 현상으로 여겼다는 점에서 공통적이다.

13 장자와 에피쿠로스의 죽음관

자료 해설 갑은 도가 사상가인 장자이고, 을은 에피쿠로스이다. '진인'은 도가 사상의 이상적 인간상이다. 장자는 죽음을 자연스러운 흐름으로 보아 슬퍼하거나 두려워할 필요가 없다고 하였다. 에피쿠로스는 살아 있는 동안에는 죽음을 경험할 수 없고, 죽어 있는 상태에서는 죽음을 의식하지 못하기 때문에 인간은 죽음을 두려워할 필요가 없다고 하였다. 장자와 에피쿠로스에 대한 설명으로 옳지 않은 것을 고르면 된다.

선택지 분석

① 오답: 장자는 삶과 죽음을 서로 연결되어 있는 순환 과정으로서 차별이 없는 자연적이고 필연적인 과정으로 보았다.

② 오답: 장자는 삶과 죽음은 기(氣)가 모였다가 흩어지는 과정이며 사계절의 운행과 같이 자연스러운 과정이기 때문에 삶과 죽음을 분별하지 않아야 도(道)에 일치할 수 있다고 보았다.

③ 오답: 에피쿠로스는 죽음을 통해 인간의 육체와 영혼이 해체되면 쾌락과 고통의 감각도 소멸된다고 하였다. 그는 죽음을 의식이 소멸되어 고통이 없는 상태로 보고 인간에게 '무(無)'라고 하였다.

④ 정답: 에피쿠로스는 죽음을 맞이하면 인간의 육체와 영혼이 해체되어 사라지기 때문에 현세의 삶 이후에 내세가 존재한다고 보지 않았다. 죽음 이후의 세계가 있다고 보는 대표적 관점은 그리스도교를 들 수 있다.

⑤ 오답: 장자는 죽음이 자연적이고 필연적인 것이기 때문에 슬퍼하거나 두려워할 필요가 없다고 하였고, 에피쿠로스는 살아 있는 동안에는 죽음을 경험할 수 없고 죽으면 감각이 소멸되기 때문에 고통을 느낄 수 없으므로 두려워할 필요가 없다고 하였다.

14 장자와 공자의 죽음관

자료 해설 갑은 도가 사상가인 장자, 을은 유교 사상가인 공자이다. 장자는 삶과 죽음을 기(氣)가 모이고 흩어지는 과정이라고 보고, 삶과 죽음에 차별이 없기 때문에 죽음 앞에서 슬퍼할 필요가 없으며 죽음에 초연해야 한다고 하였다. 공자는 죽음 이후의 삶에 관심을 갖기보다는 현세의 삶에서 자신의 인격적 수양과 도덕적 실천에 최선을 다해야 한다고 하면서 죽음이 아쉽지 않도록 도덕적으로 충실히 살 것을 강조하였다.

선택지 분석

① 오답: 장자는 삶과 죽음을 반복적인 것으로 보지 않았으며 삶과 죽음을 분별해야 한다고 하지 않았다.

② 정답: 장자는 삶과 죽음을 사계절의 변화와 같이 자연적이고 필연적인 과정이기 때문에 좋아하거나 싫어해야 할 대상으로 여기지 않는다.

③ 오답: 공자는 죽음 이후의 삶보다 현세의 삶에 충실할 것을 강조하지만 제

사 의례를 근절해야 한다고 하지 않았다. 공자는 "귀신을 공경하되 멀리하는 것이 지혜로움"이라고 하면서 상례와 제례를 치르면서 애도하는 것이 마땅한 일이라고 하였다.

④ 오답: 공자는 죽음의 공포를 극복하기 위해서가 아니라 죽음이 자연스러운 과정이기 때문에 죽음이 아쉽지 않도록 현세에서 도덕적으로 살아야 함을 강조하였다.

⑤ 오답: 공자는 현세에서의 도덕적 실천을 강조하지만 그것이 내세의 삶을 위해서는 아니다. 현세에서 인간의 선행과 악행이 죽음 이후의 삶을 결정하기 때문에 도덕적으로 살아야 한다고 주장하는 입장은 불교이다.

> **올쏘 만점 노트** **죽음에 대한 동양의 입장**
>
> | 유교 | 현세의 삶을 중요하게 여기며, 사후 세계에 관심을 갖지 않음 |
> | 불교 | 죽음은 인과응보에 따른 윤회이며, 우리는 다음 생을 위해 현세에 도덕적으로 살아야 함 |
> | 도가 | 삶과 죽음은 자연 현상의 일부이며, 출생과 죽음은 자연적이며 필연적임 |

15 뇌사와 관련된 윤리적 쟁점

자료 해설 갑은 뇌사를 죽음의 기준으로 보는 입장이고, 을은 심폐사를 죽음의 기준으로 보는 입장이다. 갑은 뇌사를 죽음으로 인정하면 장기 이식을 통해 많은 생명을 살릴 수 있다고 보는 실용주의적 관점이다. 이에 반해 을은 뇌사를 죽음으로 인정하면 이를 악용할 우려가 있으며, 생명은 그 자체로 존엄하기 때문에 심폐사를 죽음으로 봐야 한다는 입장이다. 뇌사를 죽음으로 보는 입장에서만 긍정의 답을 할 질문을 고르면 된다.

선택지 분석

① 오답: 갑은 사람의 인격이 뇌에서 비롯된다고 보기 때문에 뇌사를 죽음의 기준으로 봐야 한다고 주장한다. 을은 뇌사를 죽음으로 인정하면 장기 이식을 위해 뇌사 판정이 악용될 수 있으며, 이는 인간 생명의 존엄성을 침해하는 행위라고 보았다. 따라서 갑이 부정, 을이 긍정할 질문이다.

② 오답: 제시문에서 갑은 뇌사를 죽음의 기준으로 본다면 많은 생명을 살릴 수 있다는 유용성의 입장에서 판단한다. 이에 반해 을은 사람의 생명은 실용적 가치로 평가할 수 없는 존엄성을 지니기 때문에 심폐사를 죽음으로 봐야 한다고 주장한다. 따라서 갑이 부정, 을이 긍정할 질문이다.

③ 오답: 갑은 뇌사를 죽음의 기준으로 인정하면 많은 생명을 살릴 수 있다고 하였고, 이에 을도 그렇다고 동의하였으므로 갑과 을이 모두 긍정할 질문이다.

④ 오답: 갑은 인간의 인격이 뇌에서 비롯된다고 보았고, 을도 이에 동의한다고 대답하였으므로 갑과 을이 모두 부정할 질문이다.

❺ 정답: 갑은 뇌사를 죽음의 기준으로 봐야 한다고 주장하고, 을은 심폐사를 죽음의 기준으로 봐야 한다고 주장한다. 따라서 갑이 긍정, 을이 부정의 대답을 할 질문이다.

16 에피쿠로스와 하이데거의 죽음관

자료 해설 갑은 에피쿠로스, 을은 하이데거이다. 에피쿠로스는 "살아 있으면 죽음은 없고, 죽으면 느끼는 내가 없으므로 죽음을 의식하거나 두려워할 필요가 없다."라고 하였고, 하이데거는 죽음에 대한 자각을 통해 참된 실존을 회복할 수 있다고 주장하였다.

선택지 분석

① 오답: 에피쿠로스 우리가 살아있는 동안에는 죽음을 경험할 수 없고 죽으

면 감각이 소멸되기 때문에 고통을 느낄 수 없으므로 죽음을 두려워할 필요가 없다고 하였다.

❷ 정답: 에피쿠로스는 죽음이 살아 있는 사람에게나 죽은 사람에게나 아무것도 아님을 알게 된다면 불멸에 대한 갈망도 극복할 수 있다고 보았다.

③ 오답: 하이데거는 인간만이 자신이 죽는다는 사실을 자각할 수 있다는 점에서 동물과 다르다고 보았으며, 이러한 자각을 통해 의미 있는 삶을 살 수 있다고 하였다.

④ 오답: 하이데거는 현존재는 죽음을 자각함으로써 자신의 본래적 가능성을 회복할 수 있다고 하였다.

⑤ 오답: 에피쿠로스는 죽음을 두려워할 필요가 없으므로 죽음에 대한 공포에서 벗어나 행복한 삶을 추구할 것을 주장하였으며, 하이데거는 죽음을 자각함으로써 의미 있고 가치 있는 삶을 살아갈 것을 주장하였다. 따라서 두 사상가 모두 죽음에 대한 바른 인식을 강조하였다.

> **올쏘 만점 노트** **죽음에 대한 서양 사상가들의 입장**
>
> | 플라톤 | 죽음이란 육체로부터 영혼이 해방되어 이데아의 세계로 들어가는 것으로, 죽음을 통해 진리에 가까워질 수 있음 |
> | 에피쿠로스 | 인간은 죽음을 경험할 수 없으므로 죽음을 두려워할 필요가 없음. 죽기 전에는 죽음을 경험할 수 없으며, 죽은 후에는 죽음을 두려워할 필요가 없기 때문임 |
> | 하이데거 | 인간은 죽음에 대한 자각을 통해 삶의 의미와 가치를 깨달을 수 있음 |

킬러 예상 문제

본문 030~031쪽

01 ⑤ 02 ⑤ 03 ② 04 ② 05 ② 06 ① 07 ③ 08 ⑤

01 출생의 윤리적 의미

자료 해설 인간은 세상에 태어남으로써 인간으로서의 삶을 시작하게 된다. 출생은 수정된 생식 세포가 배아, 태아의 성장 과정을 거쳐 모체에서 분리된다는 생물학적 의미를 뛰어넘어서 다양한 윤리학적 의미도 지니고 있다.

선택지 분석

① 오답: 출생은 생명 보전과 종족 번식의 자연적 성향을 실현하는 과정이다.

② 오답: 종족을 후대에 보존하고자 하는 자연적 성향은 자녀의 출생으로 이어지게 된다.

③ 오답: 출생을 통해 인간은 주변의 사람들과 서로 도움을 주고받는 도덕적 주체로서 삶을 살아가게 된다.

④ 오답: 인간은 신체적으로 성숙하고 정신적으로 성장하는 과정을 동시에 거쳐야 한다.

❺ 정답: 인간은 출생 이후 가족과 공동체의 구성원으로서 인간관계를 맺으며 살아간다. 원자화된 개인으로 존재하지 않는다.

02 인공 임신 중절의 윤리적 쟁점

자료 해설 태아를 산모의 신체에서 인공적으로 분리하는 행위인 인공 임신 중절은 찬반 논쟁이 있다. (가)는 인공 임신 중절을 찬성하는 내용이다. (가)를 삼단 논법으로 정리한 (나)에서 소전제에 해당하는 ㉠

에는 '태아를 산모의 신체에서 인공적으로 분리하는 행위는 자신의 신체를 자율적으로 선택하는 행위이다.'가 들어간다.

선택지 분석

① 오답: 태아를 산모 신체의 일부로 인정하는 것은 (가)에서도 드러나듯 찬성 측 소유권 근거에 해당한다.
② 오답: 여성이 인공 임신 중절에 대하여 자유롭게 선택할 수 있을 때 남성과 동등한 권리를 지닌다는 찬성 측 평등권 근거에 해당한다.
③ 오답: 여성은 자기방어와 정당방위의 권리를 지닌다는 찬성 측 정당방위 근거에 해당한다.
④ 오답: 태아의 생명을 산모의 생명보다 존엄하지 않은 것으로 볼 경우, 산모의 생명이 위험했을 때 태아의 생명을 해칠 수 있으므로 ㉠에 대한 반론의 근거가 될 수 없다.
⑤ 정답: 태아는 임신 순간부터 성인으로 발달할 잠재성이 있으므로 인간의 지위를 지닌다는 반대 측 잠재성 근거에 해당한다.

올쏘 만점 노트 인공 임신 중절의 윤리적 쟁점

• 인공 임신 중절의 반대 근거

잠재성 근거	태아는 임신 순간부터 성인으로 발달할 잠재성이 있으므로 인간의 지위를 지닌다.
존엄성 근거	모든 인간의 생명은 존엄하기 때문에 태아의 생명도 존엄하다.
무고한 인간의 신성불가침 근거	잘못이 없는 인간을 해치는 행위는 도덕적으로 옳지 않다. 태아는 무고한 인간이므로 해쳐서는 안 된다.

• 인공 임신 중절의 찬성 근거

소유권 논거	태아는 여성 몸의 일부로, 태아에 대한 권리는 여성에게 있음
생산성 논거	태아를 생산하는 주체는 여성이므로 태아에 대한 권리는 여성에게 있음
자율성 논거	여성은 자신의 삶을 자율적으로 영위할 수 있음
평등권 논거	여성이 남성과 동등한 권리를 지니려면 낙태에 대한 결정도 여성이 해야 함
정당방위 논거	여성은 자기방어나 정당방위의 권리를 지니므로 일정한 조건이 충족된다면 낙태를 할 수 있어야 함

03 인공 임신 중절의 윤리적 쟁점

자료 해설 갑은 인공 임신 중절을 반대하고 있다. 이 주장을 뒷받침하기 위해 무고한 인간의 신성불가침 근거를 들고 있다. 또한 수정란의 착상 때부터 태아를 인간의 지위와 동일하게 보고 있다. 한편 을은 뇌, 장기, 생식 기관 등이 형성되고 작동하는 때의 태아를 인간의 지위로 인정하고 있다.

선택지 분석

① 오답: 갑, 을 모두 산모가 태아를 생산하는 주체인 것에 대해 이견이 없다.
② 정답: 갑은 수정란이 자궁 내막에 착상된 시기부터, 을은 뇌와 각 장기, 생식 기관이 형성되고 그 기능이 작동되는 시기부터 인간으로 보고 있다. 어느 시점부터 인간으로 볼 수 있는지에 따라 인공 임신 중절의 허용 여부가 갈리고 있다.
③ 오답: 갑, 을 모두 태아의 세포 분열은 인간 성장 과정에서 반드시 필요한 과정인 것에 대해 이견이 없다.
④ 오답: 갑, 을 모두 무고한 인간을 해치는 행위를 반대한다.
⑤ 오답: 갑, 을은 인공 임신 중절과 관련하여 인간 지위 논쟁을 벌이고 있다. 시험관 아기는 생식 보조술의 종류 중 하나이므로 관련이 없다.

올쏘 만점 노트 '언제부터 인간으로 볼 수 있는가?'에 대한 다양한 입장

• 수정과 동시에 인정
• 착상이 완료된 시기부터 인정
• 배아기부터 인정
• 태아기부터 인정
• 분만 이후부터 인정

04 생식 보조술의 윤리적 문제

자료 해설 난임 및 불임 부부에게 희망이 될 수 있는 생식 보조술에 관한 칼럼이다.

선택지 분석

① 오답: 생식 보조술 중 비배우자 인공 수정, 대리모 출산의 경우 친권 문제가 발생할 수 있다.
② 정답: 생식 보조술의 허용은 출산율 증가에 기여할 수 있다.
③ 오답: 시험관 아기, 대리모 출산의 경우 여분의 수정란과 배아 처리 문제가 대두될 수 있다.
④ 오답: 생식 보조술은 그 과정상 수정란과 배아의 처리 문제와 금전적 거래 문제가 대두될 수 있기 때문에 생명 경시 풍조가 확산될 가능성이 있다.
⑤ 오답: 시험관 아기, 비배우자 인공 수정, 대리모 출산의 경우 생식 세포를 금전적으로 매매할 수 있는 가능성이 대두될 수 있다.

05 죽음에 관한 철학적 견해

자료 해설 갑은 장자, 을은 석가모니이다. 갑은 기(氣)가 모이면 삶이 되고, 흩어지면 죽음이기 때문에 삶과 죽음에 너무 집착하지 말 것을 강조하였다. 한편 을은 인간이 색(色)·수(受)·상(想)·행(行)·식(識)이 일시적으로 화합된 존재로서 윤회의 과정을 통해 다른 존재로 변모할 수 있다고 보았다.

선택지 분석

ㄱ. 정답: 장자와 석가모니 모두 삶에 지나치게 집착하지 않을 것을 강조하였다.
ㄴ. 오답: 장자와 석가모니 모두 생사를 차별하지 않을 것을 강조하였다. 장자와 석가모니에게 삶과 죽음은 이어지는 과정이기 때문에 삶과 죽음을 명확히 구분하는 것은 불가능하다.
ㄷ. 오답: 타인의 죽음에 대해 애도하는 태도는 공자가 강조한 것이다. 석가모니는 죽음에 대해 너무 슬퍼하지 말 것을 주장했다.
ㄹ. 정답: 석가모니는 인간을 포함한 만물은 늘 고정되어 있지 않고 변화한다는 사상을 갖고 있고, 장자는 삶과 죽음이 연결된 순환 과정으로서 정지된 상태가 아님을 강조했다.

06 죽음의 판정 기준의 문제

자료 해설 (가)는 공리주의 윤리, (나)는 뇌사를 죽음 판정 기준으로 인정해야 한다는 주장이다. 따라서 (나)의 ㉠에 들어갈 수 있는 말은 공리주의적 입장에서 뇌사를 죽음 판정 기준으로 인정해야 한다는 주장의 근거이어야 한다.

선택지 분석

ㄱ. 정답: 공리주의에 따르면 어떤 행위를 함으로써 영향을 미치는 이들의 효용과 행복을 증진시키는 것이 도덕과 입법의 원리이다. 이는 행위와 관련된 이들의 고통을 줄임으로써 가능하다. 따라서 뇌사자 가족의 고통을 경감하는 것은 공리주의적 근거가 될 수 있다.

ⓛ 정답: 뇌사자의 장기로 다른 환자의 생명을 구하는 것은 뇌사자의 잠정적 행복과 생명을 구하게 될 다른 환자의 행복을 증진시키므로 공리주의적 근거가 될 수 있다.

ㄷ. 오답: 뇌사의 오진·오판 가능성은 뇌사를 죽음 판정 기준으로 인정해서는 안 된다는 주장의 근거가 된다.

ㄹ. 오답: 뇌뿐만 아니라 다양한 장기의 상호 작용을 인간 생명 유지의 핵심으로 본다면 뇌 기능의 정지가 곧 죽음이라고 볼 수 없으므로 뇌사를 죽음 판정 기준으로 요청해서는 안 된다는 주장의 근거가 된다.

07 안락사의 윤리적 쟁점

자료 해설 (가)는 공리주의 윤리, (나)는 자연법 윤리이다. (가)는 행위의 결과가 주는 유용성에 따라 행위의 선악을 판단할 수 있다고 보았고, (나)는 이성을 통해 파악된 보편적인 규범인 자연법을 따라야 한다고 보았다. 〈문제 상황〉의 ㉠은 안락사를 의미한다. (가)는 안락사 찬성의 주장을, (나)는 안락사 반대의 주장을 할 수 있다.

선택지 분석

❶ 정답: 안락사를 허용하게 되면 제한된 의료 자원인 안락사 환자의 장기를 적절하게 배분할 수 있기 때문에 관련 당사자들의 행복이 증진될 것이므로 (가) 입장에서 찬성한다.

ㄴ. 오답: 창조주(신)의 의지와 공리주의적 접근은 관련이 없다.

ㄷ. 오답: 환자 가족들의 경제적 부담을 경감하기 위해 안락사를 허용하고자 하는 논거는 공리주의적 입장이다.

❷ 정답: (나) 입장에서 안락사는 자연의 질서에 거스르는 일이라고 보고 반대한다.

08 자살에 대한 칸트의 관점

자료 해설 제시문은 칸트의 주장이다. 칸트는 경향성이 아닌 오직 의무로부터 나온 행위가 도덕적 가치를 갖는다고 보며, 행복의 충족은 선이 아닌 악으로 귀결될 수 있기 때문에 도덕성과 관련이 없다고 본다. 〈문제 상황〉 속 A는 자신의 상황이 주는 고통을 피하고 가족들에게 행복을 주고자 자살하고자 한다. 칸트는 자살을 인간의 의무를 위반하는 행위로 규정하고 반대했다.

선택지 분석

① 오답: 애써서 노력하지 않고[無爲] 스스로 그렇게 되도록 하는 것[自然]은 도가의 입장이다.

② 오답: 자신의 생명을 귀하게 여기지 않는 것은 자살을 반대하는 근거가 될 수 없다.

③ 오답: 칸트는 자기 생명에 대한 처분을 반대한다.

④ 오답: 칸트는 행복이 지시하는 행위보다 의무로부터 나오는 행위를 따르는 것이 도덕적이라고 보았다.

❺ 정답: 칸트에 의하면 자살은 고통을 회피하기 위해 자신의 목숨을 수단으로 삼는 행위이므로 옳지 않다.

올쏘 만점 노트 자살에 대한 서양의 관점

자연법 윤리 (아퀴나스)	자살은 자신을 보존하고자 하는 자연적 성향을 포기하는 것이므로 옳지 않다.
칸트	자살은 인간을 목적을 대우하지 않고 고통 완화의 수단으로 삼는 것이기 때문에 옳지 않다.
쇼펜하우어	자살은 문제를 회피하는 것이므로 옳지 않다.
그리스도교	자살은 신의 선물인 생명을 포기하는 것이므로 옳지 않다.

04 ❹ 생명 윤리

기출 선지 변형 O X

본문 033쪽

01 ○ 02 ○ 03 ✕ 04 ○ 05 ○ 06 ○ 07 ○ 08 ✕
09 ○ 10 ○ 11 ○ 12 ✕ 13 ○ 14 ○ 15 ○

01 유전자 치료에는 체세포를 치료함으로써 질병을 치료하는 방법과 생식선을 통해 질병을 치료하는 방법이 있다.

02 유전자 치료는 유전적 질병을 치료하기 위한 것이 맞다.

03 체세포 치료가 아닌 생식선 치료에 대한 설명이다.

04 체세포 치료는 현재의 유전적 질병을 치료할 수 있고, 생식선 치료는 현재의 유전적 질병뿐만 아니라 유전자 자체에 영향을 미쳐 자녀 세대 이후에도 영향을 미칠 수 있다.

05 생식선 치료를 하면 후세대가 가질 유전자의 다양성에 영향을 미쳐 변경되지 않은 유전자를 가질 권리를 침해할 수 있다.

06 동물 실험에 찬성하는 입장에서는 동물 실험을 통해 화학 약품 등이 인간에게 어떤 반응을 보일 수 있는지 측정할 수 있기에 인간의 생명과 건강에 도움이 많이 된다고 본다.

07 동물 실험에 찬성하는 사람들은 동물 실험을 대체할 대안이 없다고 보는 입장을 취하며, 인간과 동물의 생물학적 유사성을 근거로 동물 실험이 가장 효과적이라고 주장한다.

08 동물 실험에 찬성하는 사람들이 동물은 인간과 달리 기본적 권리를 지니지 못하기에 실험 대상으로 이용해도 된다고 본다.

09 동물 실험에 반대하는 입장에서는 동물 실험을 했을 때 이상이 없더라도 사람에게 적용했을 때 이상이 발생할 수 있다고 주장한다. 그 때문에 동물 실험이 효과적이지 않다고 본다.

10 동물의 기본적 권리를 인정하는 사람들은 동물 실험이 인간에게 유익하다고 하더라도 동물을 수단화하는 것에 반대한다.

11 인간 복제에 반대하는 입장에서는 복제 인간이 탄생하게 되면 그 자신의 의사와 관계없이 이용당하는 삶을 살 수 있다고 본다.

12 인간 복제에 반대하는 입장뿐만 아니라 찬성하는 입장에서도 복제 인간의 출생을 자연 발생적 출생으로 보지는 않는다.

13 인간 복제에 찬성하는 사람들은 복제 인간이나 자연 발생적으로 태어난 인간이나 동등한 존재의 자유를 지닌다고 본다.

14 인류 전체에 복제 인간이 포함되어 있다면 인간 복제에 반대하는 입장에서는 인류가 행복해야 하는데, 복제 인간은 차별 등으로 행복하지 않을 수 있으므로 복제를 반대할 것이다.

15 인간 복제에 반대하는 입장에서는 복제 인간은 탄생하는 순간 자연 발생적 인간에게 차별받고 지배, 종속받는 관계가 될 것이라고 본다.

실전 기출 문제

본문 034~035쪽

01 ④ 02 ③ 03 ① 04 ④ 05 ② 06 ② 07 ④ 08 ⑤

01 유전자 조작에 대한 찬반 논쟁

자료 해설 갑은 유전적 질병을 치료하는 방법에 있어서 체세포 치료와 생식선 치료를 모두 찬성하는 입장이고, 을은 체세포 치료는 찬성하지만 생식선 치료는 반대하는 입장이다.

선택지 분석

① 오답: 갑과 을은 모두 유전자 치료에 생식선 치료가 포함된다고 보고, 이를 허용할 것인가에 대한 찬반 논쟁을 하고 있다.

② 오답: 갑과 을은 모두 유전자 치료가 유전적 질병을 치료하기 위한 해결책이라고 본다.

③ 오답: 갑과 을은 모두 생식선 치료가 개인뿐만 아니라 후세대에 영향을 준다고 본다.

❹ 정답: 갑과 을은 모두 유전적 질병을 치료하기 위한 유전자 치료에 찬성하고 있다. 그러나 그 치료 방법을 어디까지 허용할 것인가에 대해 갑은 체세포 치료와 생식선 치료를 모두 찬성하는 입장이고, 을은 체세포 치료에는 찬성하지만 생식선 치료는 반대하는 입장이다. 즉, 갑과 을은 유전적 질병 치료에 대해 생식선 치료를 허용할 것인가에 대한 찬반 논쟁을 하고 있는 것이다.

⑤ 오답: 갑과 을은 모두 생식선 치료가 후세대에 영향을 준다고 보고, 이를 허용할 것인가에 대한 찬반 논쟁을 하고 있다. 따라서 후세대에 영향을 주지 않는 유전자 치료의 허용 여부는 토론의 쟁점과 관련이 없다.

02 생명 복제의 윤리적 쟁점

자료 해설 (나)는 (가)의 주장을 도식화한 것이다. 즉, (가)는 인간 복제가 인간만이 갖는 존재의 자유를 본질적으로 불가능하게 하기 때문에 인간 복제에 반대하는 입장이다. 따라서 (나)의 전제 **2**에도 이러한 입장과 일치하는 내용이 들어간다. ㉠에 들어갈 말은 '인간 복제는 존재의 자유를 본질적으로 불가능하게 한다.'이다. 이에 대한 반론으로 적절한 것을 찾으면 된다.

선택지 분석

① 오답: 복제 인간은 자신의 자유의사와 무관하게 기획된 삶을 살게 될 것이므로 인간 복제를 반대하는 입장이다. (가)의 주장과 상통한다.

② 오답: 자연 발생적 출생만이 인간의 존재의 자유를 본질적으로 가능하게 한다는 것은 (가)의 주장과 일치한다.

❸ 정답: 복제 인간은 자연 발생적 인간과 동등한 존재의 자유를 갖는다는 것은 인간 복제에 찬성하는 입장이다. 따라서 ㉠에 대한 반론으로 적절하다.

④ 오답: 개인의 자유보다 복제 인간을 포함한 인류 전체의 행복이 중요하다는 입장은 인간 복제가 인간만이 갖는 존재의 자유를 본질적으로 불가능하게 하기 때문에 반대한다는 주장에 대한 반론으로 적절하지 않다.

⑤ 오답: 인간 복제로 인해 인간 상호 관계는 지배 종속 관계로 전락할 것이기 때문에 인간 복제에 대해 반대하는 입장이므로 ㉠에 대한 반론이라고 할 수 없다.

03 어린이 임상 시험에 대한 찬반 논쟁

자료 해설 갑과 을은 임상 시험이 정당화되기 위해서는 모두 충분한 정보에 근거한 자발적 동의가 있어야 한다는 데 동의한다. 그러나 사고 능력이 부족한 어린이가 임상 시험에 참여할 경우 갑은 부모의 대리 동의를 통해 임상 시험에 참여할 수 있다고 주장하고, 을은 임상 시험은 본인(어린이)이 직접 동의해야 하기 때문에 부모의 대리 동의를 인정할 수 없고 따라서 어린이의 임상 시험 참여를 반대하는 입장이다.

선택지 분석

❶ 정답: 사고 능력이 부족한 어린이가 피험자인 임상 시험에 대해 갑은 부모의 대리 동의를 통해 임상 시험을 할 수 있다는 입장이고, 을은 부모의 대리 동의를 인정할 수 없기 때문에 어린이의 임상 시험을 반대하는 입장이다.

② 오답: 갑은 난치병 아동 환자를 위한 신약 개발을 위해 어린이 임상 시험을 찬성하는 입장이지만, 난치병 치료제 개발을 위해 임상 시험을 해야 하는지 여부는 토론의 쟁점이라고 할 수 없다.

③ 오답: 갑과 을은 모두 충분한 정보에 근거한 자발적 동의가 있을 때 임상 시험이 정당화된다고 본다. 따라서 시험의 결과로 생길 사회적 효용이 있는 경우에만 허용해야 하는지에 대한 논쟁이라고 할 수 없다.

④ 오답: 을이 어린이 임상 시험에서 부모의 동의를 반대하는 근거 중의 하나이지 논쟁의 쟁점이라고 할 수 없다.

⑤ 오답: 갑과 을은 모두 피험자의 자발적 동의가 있을 때 임상 시험이 정당화된다고 보기 때문에 논쟁의 쟁점이라고 할 수 없다.

올쏘 만점 노트	인체 실험의 윤리적 쟁점
사전 동의 문제	• 실험 대상자의 자율성이 보장되었는가? • 실험 내용을 정확히 이해했는가?
피해 문제	• 실험 대상자가 받을 피해가 어느 정도인가? • 실험으로 얻을 혜택이 피해를 감수할 만한 것인가?
보상 문제	• 보상이 부족할 경우 착취의 문제가 발생하지는 않는가?

04 동물 실험에 대한 찬반 논쟁

자료 해설 갑은 인간의 생명과 건강을 위해 동물 실험이 필요하다고 보는 입장이고, 을은 동물도 인간과 마찬가지로 기본적 권리를 갖기 때문에 동물 실험이 부당하다고 보는 입장이다.

선택지 분석

① 오답: 갑은 인간의 생명과 건강을 위해 동물 실험이 필요하며 동물 실험의 대안이 없다고 이야기하였고, 이에 대해 을은 갑의 전제에 찬성한다고 하였으므로 갑과 을이 모두 동의할 질문이다.

② 오답: 갑은 동물 실험의 대안이 없기 때문에 동물 실험을 찬성하는 입장이고, 을은 동물 실험의 대안이 없다는 데에는 동의하지만 동물 실험을 반대하는 입장이다. 따라서 갑과 을은 모두 동물 실험의 확실한 대안이 없다고 본다.

③ 오답: 갑은 동물과 달리 인간만 기본적 권리를 갖는다고 보고, 을은 동물도 인간과 마찬가지로 기본적 권리를 갖는다고 본다. 따라서 '인간과 달리 동물은 기본적 권리를 갖는가?'가 아니라 '인간처럼 동물도 기본적 권리를 갖는가?'라고 질문해야 한다.

❹ 정답: 갑과 을은 모두 인간 실험은 부당하다고 보지만, 동물 실험에 대해서는 갑은 찬성하는 입장이고 을은 반대하는 입장이다. 따라서 동물 실험의 정당성 여부가 토론의 쟁점이라고 할 수 있다.

⑤ 오답: 갑은 인간과 동물은 생물학적으로 유사하다고 이야기하였고, 을도 이러한 전제에 대해 찬성한다고 하였으므로 갑과 을이 모두 동의할 질문이다.

05 동물 복제의 윤리적 쟁점

자료 해설 (가)의 주장을 (나)처럼 도식화할 때, ㉠에 들어갈 소전제는 '동물 복제는 종의 다양성을 훼손하는 행위이다.'이다. 이에 대한 반론, 즉 동물 복제가 종의 다양성을 훼손하지 않을 것이라는 주장의 근거를 고르면 된다.

선택지 분석

① 오답: 동물 복제가 다양한 동물의 종을 생산할 수 없다는 주장의 근거라고 할 수 있다.

❷ 정답: 동물 복제를 통해 멸종 위기의 동물을 보전할 수 있다는 주장은 동물 복제가 종의 다양성을 훼손하지 않는다는 반론의 근거가 될 수 있다.

③ 오답: ㉠에 들어갈 명제이다.

④ 오답: 동물 복제에 대해 반대하는 근거 중의 하나이므로, ㉠에 대한 반론의 근거라고 할 수 없다.

⑤ 오답: 동물 복제에 대해 반대하는 근거이므로, ㉠에 대한 반론의 근거라고 할 수 없다.

06 유전자 조작에 대한 하버마스의 입장

자료 해설 그림의 강연자는 하버마스이다. 그는 치료 목적이 아닌 유전자 조작은 인간을 도구화하고, 자율적 삶의 가능성을 원천적으로 제약하는 것이기 때문에 반대한다. 그리고 유전자 조작의 문제점을 해결하기 위해서는 사회적 합의를 도출해야 함을 이야기하고 있다. 하버마스의 주장과 일치하지 않는 것을 고르면 된다.

선택지 분석

① 오답: 하버마스는 유전자 조작의 문제점을 담론 과정에서 사회적 합의를 통해 해결해야 한다고 주장한다.

❷ 정답: 하버마스는 치료 목적 외의 유전자 조작이 인간을 도구화하는 것이기 때문에 반대한다. 따라서 유전자 개입을 위한 도구적 합리성을 추구해야 한다는 주장은 하버마스의 주장과 상반된다.

③ 오답: 하버마스는 유전자 조작을 통해 태어난 인격체는 자율적 인격체와 동등하지 않다고 본다. 따라서 유전자 조작을 통해 태어난 인격체는 원초적으로 동등하지 않은 상태에서 공론장에 참여할 수밖에 없으며, 이것은 잠재적 담론자의 평등을 제한하는 것이라고 본다.

④ 오답: 하버마스는 치료 목적 외의 유전 개입은 인간을 기계처럼 마음대로 조작하는 것과 같으며 따라서 인간관계를 기계적 인과관계로 왜곡한다고 본다.

⑤ 오답: 하버마스는 적극적 우생학을 위한 연구는 인간을 도구화하고 인간의 자유를 침해하는 행위라고 본다.

07 동물 실험의 윤리적 쟁점

자료 해설 왼쪽 학생의 대사 '동물 실험은 동물의 도덕적 지위를 훼손하므로 바람직하지 않아.'는 두 가지 문장으로 구성되어 있다. 하나는 '동물 실험은 동물의 도덕적 지위를 훼손한다.'라는 근거(대전제)이고, 하나는 '(그러므로) 동물 실험은 바람직하지 않다.'라는 주장(결론)이다. 소전제 ㉠에 들어갈 진술은 '동물 실험은 동물의 도덕적 지위를 훼손하는 것이다.'이며, 이에 대한 반론은 '동물 실험은 동물의 도덕적 지위를 훼손하지 않는다.'이다.

삼단 논법이 들어간 문항을 풀 때에는 다음과 같이 적용해 보면 쉽다. 삼단 논법은 'M(중개념)은 P(대개념)이다.'(대전제), 'S(소개념)는 M이다.'(소전제), 'S는 P이다.'(결론)의 형식으로 구성되어 있다. 이 문항에서는 소전제에 들어갈 내용을 알아야 하는데, 대개념, 중개념, 소개념은 두 번씩 사용된다는 점을 바탕으로 소전제에 들어갈 문장을 구성해 보면 된다. 문항에서 '동물의 도덕적 지위를 훼손하는 것'은 중개념, '바람직하지 않다.'는 대개념, '동물 실험'은 소개념이다. 소전제는 'S는 M이다.'로 구성되므로, ㉠에 들어갈 진술은 '동물 실험은 동물의 도덕적 지

선택지 분석

① 오답: 동물 실험을 통한 동물의 복지는 왼쪽 학생의 발언 내용과 거리가 멀다.

② 오답: 왼쪽 학생의 발언 내용은 동물 실험을 시행하는 주체가 누구여야 하는지에 대한 자격 여부에 관한 내용이 아니다.

③ 오답: 왼쪽 학생의 발언 내용은 도덕적 지위를 갖는 대상이 동물인지, 자연의 모든 생명인지에 대해 논하는 내용이 아니다.

❹ 정답: ㉠에 대한 반론은 '동물 실험이 동물의 도덕적 지위를 훼손하지 않는다.'이다. '동물은 이성적 능력이 결여된 존재이므로 도덕적 지위가 없다.'는 문장은 이에 대한 근거로 적절하다. 도덕적 지위 자체가 애초에 없다면 훼손될 도덕적 지위 또한 없기 때문이다.

⑤ 오답: ㉠에 들어갈 문장 '동물 실험은 동물의 도덕적 지위를 훼손하는 것이다.'의 근거로 적합하다. 동물이 자의식을 지닌 도덕적 지위를 지니고 있음을 이야기하고 있기 때문이다.

08 유전자 조작에 대한 윤리적 쟁점

자료 해설 제시문의 갑은 유전적 요인으로 인한 질병 치료와 자질 강화를 위한 개인적 차원의 유전자 조작에 찬성하는 입장이다. 이에 반해 을은 질병 치료를 위한 유전자 조작에는 찬성하지만 자질 강화를 위한 유전자 조작에는 반대하는 입장이다. 갑과 을은 모두 질병 치료를 위한 유전자 조작에는 찬성하고, 국가적 차원의 유전자 조작에는 반대한다. 따라서 두 사람의 토론에서 핵심 쟁점은 자질 강화를 위한 개인적 차원의 유전자 조작을 허용해야 하는가 여부이다.

선택지 분석

① 오답: 갑과 을은 모두 질병 치료를 위한 유전자 조작을 찬성하는 입장이기 때문에 토론의 핵심 쟁점이라고 할 수 없다.

② 오답: 갑과 을은 모두 질병을 치료하기 위한 유전자 조작을 선이라고 보고 이를 찬성하는 입장이므로 토론의 핵심 쟁점이라고 할 수 없다.

③ 오답: 을은 '우생학적 목적을 위한 국가 차원의 유전자 조작은 인간 존엄성에 대한 심각한 위협'이라고 하였고, 갑은 '치료를 넘어선 국가 차원의 우생학은 부당하지만'이라고 하였다. 즉, 갑과 을은 모두 국가의 우생학적 유전자 조작을 반대하는 입장이므로 토론의 핵심 쟁점이라고 할 수 없다.

④ 오답: 갑과 을은 모두 유전자 조작 기술 중에서 질병 치료를 목적으로 하는 것은 허용해야 한다고 주장하고 있으므로 유전자 조작 기술을 어떤 경우에도 허용되어서는 안 된다고 주장하지 않을 것이다.

❺ 정답: 자질 강화를 위한 개인적 차원의 유전자 조작의 허용 여부에 대해 갑은 개인의 자유를 근거로 들어 찬성하는 입장이고, 을은 생물학적 불평등과 사회적 불평등 심화를 근거로 들어 반대하는 입장이다.

킬러 예상 문제

본문 036~037쪽

01 ② 02 ⑤ 03 ④ 04 ④ 05 ② 06 ④ 07 ① 08 ⑤

01 생명 과학과 생명 윤리

자료 해설 ㉠은 생명 과학, ㉡은 생명 윤리이다. 생명 과학은 생명 현상의 본질과 그 특성을 연구하는 학문이고, 생명 윤리는 생명 과학의

윤리적 정당성과 그 한계를 다루고 그 성과를 반성적으로 성찰하고자 하는 학문이다.

선택지 분석

① **오답**: 생명 과학은 동식물 복제, 동식물 유전자 변형, 인간 배아 복제 수준까지 발전했다. 나아가 인간 유전자 변형 기술로 발전할 가능성이 있다.

❷ **정답**: 생명 과학은 그 성과를 무분별하게 활용하면 인간 존엄성을 훼손시킬 수 있으므로 생명 윤리를 더욱 요구하게 된다.

③ **오답**: 생명의 존엄성을 실현하기 위해 생명 과학은 생명 윤리를 필요로 한다.

④ **오답**: 생명 윤리는 생명 과학의 목적, 과정, 결과, 활용 등을 윤리적으로 성찰하고자 한다.

⑤ **오답**: 생명 과학과 생명 윤리는 조화를 이루면서 발전해 나가야 한다.

02 복제 배아의 지위 논쟁

자료 해설 (가)는 복제 배아의 인간 지위를 부정하기 때문에 복제 배아를 과학 연구에 활용할 수 있으며 파괴 역시 허용하는 입장을 취한다. (나)는 복제 배아의 인간 지위를 긍정하기 때문에 연구로 인한 복제 배아 파괴를 반대한다. (가)의 입장에 비해 (나)의 입장은 X가 높은 정도로, Y가 높은 정도로, Z가 낮은 정도로 봐야 한다.

선택지 분석

① **오답**: X가 낮고, Y가 높고, Z가 높으므로 오답이다.

② **오답**: X, Y, Z가 모두 높으므로 오답이다.

③ **오답**: X가 높고, Y가 낮고, Z가 높으므로 오답이다.

④ **오답**: X가 낮고, Y가 높고, Z가 낮으므로 오답이다.

❺ **정답**: (나)는 복제 배아를 잠재적 인간으로 보고 있다. 이는 인간의 탄생을 연속적 과정으로 보는 것이며(X: 높음), 복제 배아를 인간과 동일한 도덕적 지위를 인정하는 것이고(Y: 높음), 고통을 느낄 수 없는 존재라고 해서 희생해서는 안 된다고 보는 것(Z: 낮음)이다. 따라서 그림에서 ⑩이 여기에 해당한다.

올쏘 만점 노트	복제 배아의 인간 지위 인정 논증
인격체 논증	초기 배아는 정자와 난자가 수정한 때부터 인격체에 속하므로 출생 후의 인간과 같은 도덕적 지위를 가지며 보호받아야 한다.
종의 구성원 논증	배아는 이미 인간 종에 속하므로 도덕적 지위를 가진다.
연속성 논증	정자와 난자의 수정 후 출생으로 이어지는 과정은 연속적이므로 그 사이를 인위적으로 구분할 수 없다.
동일성 논증	출생 후의 인간이 지닌 정체성은 이미 초기 배아에 내재하여 있으므로 초기 배아는 출생 후의 인간과 같은 도덕적 지위를 가진다.
잠재성 논증	초기 배아는 인간으로 성장할 잠재성을 지니고 있으므로 출생 후의 인간과 같은 도덕적 지위를 가진다.

03 인간 개체 복제의 윤리적 문제

자료 해설 ㉠은 '인간 개체 복제'이다. 인간 개체 복제는 생식 방법을 다양화한다는 측면에서 찬성할 수 있지만, 여러 가지 윤리적 문제를 안고 있다.

선택지 분석

㉣ **정답**: 개체 복제로 태어난 인간은 체세포 핵을 제공한 대상과 같은 유전 형질을 가지므로 다른 인간과 구별되는 고유성을 갖지 못한다는 난점을 지닌다.

ㄴ. **오답**: 기존의 인간 생식 방법을 탈피하여 다양화할 수 있다는 것은 찬성 논거이다.

㉢ **정답**: 의료용 장기를 확보하기 위해 개체 복제를 할 수 있다. 이 경우 복제된 인간의 생명을 도구화할 수 있다. 이는 인간 개체 복제의 반대 논거이다.

04 생식 세포 유전자 치료에 대한 논쟁

자료 해설 A는 생식 세포 유전자 치료이다. 생식 세포 유전자 치료는 생식 세포에 영향을 미치므로 변형된 유전적 정보가 유전된다는 특징이 있다.

선택지 분석

㉠ **정답**: 생식 세포 유전자 치료는 병의 유전을 막아 다음 세대의 병을 예방할 수 있고 유전병을 퇴치하는 등 의학적으로 유용하다.

㉡ **정답**: 생식 세포 유전자 치료의 허용은 유전 질환을 물려주지 않으려는 부모의 자율적 선택을 존중하는 것이다.

㉢ **정답**: 생식 세포 유전자 치료는 현세대가 동의했다고 하더라도 미래 세대의 동의 여부가 불확실하다는 난점이 있다.

ㄹ. **오답**: 생식 세포 유전자 치료는 새로운 치료법 개발에 대한 의지를 고양시킨다.

05 유전자 형질 개량에 대한 논쟁

자료 해설 갑은 유전자 형질 개량을 찬성하는 입장, 을은 유전자 형질 개량을 반대하는 입장이다. 특히 갑은 개인의 만족을 위해 유전자 개량이 허용되어야 한다고 주장하고 있다.

선택지 분석

① **오답**: 유전자 형질 개량을 찬성하는 입장에서는 그렇지 않은 입장보다 개인의 선호와 자율적 선택에 의한 유전적 개량을 존중하고 있다.

❷ **정답**: 갑은 유전자 형질 개량에 대한 전망이 낙관적이다. 반면 을은 경제적 차이에 따른 계층 간 유전적 격차와 이로 인한 차별을 우려할 수 있다.

③ **오답**: 갑의 주장에 따르게 된다면 미래 세대는 자율적인 삶을 제약당할 수 있다. 반면 적극적 우생학을 반대하는 을은 미래 세대도 자신의 삶을 선택할 수 있도록 지지할 것이다.

④ **오답**: 을은 유전자 개량의 허용이 인간 존엄성의 훼손과 연결된다고 생각해 폐쇄적 입장을 취한다.

⑤ **오답**: 갑은 사회 발전이 아닌 개인의 만족을 위한 유전자 개량을 주장하고 있다. 을은 어떤 경우에도 유전자 개량은 허용되어서는 안 된다는 입장이다.

06 인간 중심주의에 대한 비판

자료 해설 갑은 칸트, 을은 아퀴나스이다. 칸트와 아퀴나스는 모두 인간 중심주의 사상을 지니고 있다. 칸트는 동물에 대한 폭력을 반대했는데, 그 이유는 인간의 공감 능력을 파괴시키기 때문이다. 아퀴나스는 인간과 동물, 식물은 모두 신이 창조하였고, 동물은 인간이 사용하도록 그 목적이 정해져 있다고 보았다.

선택지 분석

① **오답**: 갑, 을의 주장에 따르면 인간만이 직접적인 도덕적 고려의 대상이 되며, 따라서 그들의 도덕적 지위를 인정하게 된다.

② **오답**: 갑, 을은 식물과 동물의 구분을 모호하게 하지 않았다.

③ **오답**: 갑, 을은 동식물보다 인간을 중시하기 때문에 인간의 생존에 큰 관심을 보인다.

④ **정답**: 갑, 을의 주장에 따르면 동물을 하나의 주체로 인정하기보다는 인간의 편의에 의해 이용하는 문제점이 발생한다.

⑤ 오답: 갑, 을을 포함한 인간 중심주의는 인간을 위한 자연 개발을 정당화해 왔다.

07 동물의 권리에 대한 다양한 입장

자료 해설 갑은 레건, 을은 싱어이다. 레건과 싱어는 모두 동물 중심주의 사상을 지니고 있다. 레건은 의무론의 입장에서 동물의 권리를 주장하였고, 싱어는 공리주의 입장에서 동물 해방론(동물 복지론)을 주장하였다.

선택지 분석

ㄱ 정답: 레건은 동물 실험에 대한 공리주의적 접근, 즉 동물 실험에서 생기는 이익이 크다면 실험을 허용하고자 하는 여지를 남겨 두는 입장에 대해 반대했다. 그는 동물 실험은 동물의 주체성을 앗아가는 행위이므로 여지를 남겨 두지 말고 중단해야 한다고 보았다.

ㄴ 정답: 레건과 싱어는 모두 동물 중심주의 사상가로서 동물은 인간을 위해 존재한다는 인간 중심주의 입장을 강력하게 거부한다.

ㄷ. 오답: 기회–효용의 접근 방식은 공리주의적 접근을 의미한다. 싱어는 동물의 고통과 쾌락을 고려하고 있으므로 공리주의적 사상에 기반을 두고 있지만, 레건은 의무론적 사상에 기반을 두고 있다.

ㄹ. 오답: 싱어는 인간과 동물의 이익 관심을 동등하게 고려해야 한다고 주장한다. 그 근거는 이성이 아닌 쾌고 감수 능력이다.

올쏘 만점 노트 자연에 대한 다양한 입장

인간 중심주의	• 인간만이 직접적인 도덕적 고려의 대상이며, 동물이나 식물 등 인간이 아닌 존재는 도덕적 고려의 대상이 아님 • 대표 사상가: 아퀴나스, 베이컨, 데카르트, 칸트
동물 중심주의	• 인간 중심주의의 편협한 관점을 비판하면서 도덕적 권리와 고려 대상을 동물로까지 확대함 • 대표 사상가: 싱어, 레건
생명 중심주의	• 도덕적 지위와 고려 대상을 인간과 동물뿐만 아니라 식물을 포함한 모든 생명체로 확장함 • 대표 사상가: 슈바이처, 테일러
생태 중심주의	• 도덕적 고려의 범위를 개별 생명체가 아닌 무생물을 포함한 생태계 전체로 보아야 한다는 전일론적 입장을 취함 • 대표 사상가: 레오폴드, 네스

08 동물 실험 논쟁

자료 해설 제시문은 동물 실험 결과 적용의 문제, 동물과 인간의 고통 문제 등의 근거를 들어 동물 실험을 반대하고 있다. ㉠에는 동물 실험 반대의 입장에서 찬성의 입장을 비판하는 내용을 담고 있어야 한다.

선택지 분석

① 오답: 인간과 동물이 공유하는 질병이 적다는 사실은 동물 실험 반대의 근거가 된다.

② 오답: 동물 실험의 결과가 인간에게도 그대로 적용될 수 있다는 점은 동물 실험 찬성의 근거가 된다.

③ 오답: 동물 실험을 반대한다고 해서 동물 실험이 인체 실험으로 대체될 수는 없다.

④ 오답: 인간과 동물의 존재 지위에 별 차이가 없다는 주장은 동물 실험 반대의 입장이다.

⑤ 정답: 동물 실험의 결과를 인간에게 적용했을 때 인간에게 해를 입힌다는 사실은 동물 실험 반대의 근거가 되므로 동물 실험 찬성의 입장을 반박할 수 있다.

올쏘 만점 노트 동물 실험 논쟁의 근거가 될 수 있는 실제 사례

찬성	반대
• 파스퇴르(Pasteur, L.): 양에게 탄저균을 주입하는 실험을 통해 예방 접종의 원리를 개발 • 밴팅(Banting, F. G.): 개의 췌장에서 인슐린을 최초로 발견 • 인간과 유전자 차이가 적은 원숭이를 대상으로 암과 에이즈 바이러스, 알츠하이머 연구 등을 진행	• 페니실린: 동물 실험에서 쥐에게는 기형아 출산, 고양이에게는 사망을 일으켰지만, 인간에게는 아무런 부작용을 일으키지 않음 • 탈리도마이드: 입덧 치료제인 이 약은 동물 실험에서는 안전한 약으로 판정받았지만, 이 약을 복용한 임산부는 기형아를 낳음

05 ⑳ 사랑과 성 윤리

기출 선지 변형 O X

본문 039, 041쪽

01 ○	02 ○	03 ×	04 ○	05 ×	06 ×	07 ○	08 ×
09 ○	10 ○	11 ○	12 ×	13 ×	14 ×	15 ○	16 ×
17 ○	18 ×	19 ○	20 ○	21 ×	22 ×	23 ○	24 ○
25 ×	26 ×	27 ×	28 ○	29 ○	30 ×	31 ×	32 ○
33 ×	34 ○	35 ×	36 ○	37 ×	38 ×		

01 보수주의 입장에서는 성적 관계를 결혼을 한 상태에서만 바람직한 행위라고 본다.

02 보수주의 입장에서 성은 새로운 생명을 낳아 내 대를 잇고 인류를 존속하는 기능을 한다.

03 중도주의 입장에서는 결혼이 아니어도 인격적 만남의 차원에서 성은 허용되지만, 자유주의 입장에서는 인격적 만남의 차원이 아니더라도 허용된다.

04 중도주의 입장에 따르면 성은 인격적 만남이어야 한다. 인격적 만남이란 상대에 대한 관심과 배려를 바탕으로 한다.

05 사랑이 없어도 당사자들의 합의만 있는 성적 관계를 도덕적이라고 보는 입장은 자유주의 입장이다.

06 성에 대한 보수주의 입장에서는 결혼을 한 부부만이 정당한 성적 관계의 주체라고 보고, 혼전이나 혼외 성관계를 부도덕하다고 본다.

07 성에 대한 자유주의 입장에서는 성이 출산을 통한 종족 보존을 위한 것이라고 보지 않는다. 성은 두 사람의 합의하에 즐기는 것이라고 본다. 따라서 성적 관계의 정당성은 사회 존속과 밀접한 관련이 없다고 본다.

08 성에 대한 중도주의 입장에서는 사랑이 없다면 자발적 동의가 있는 성관계라고 해도 정당하다고 보지 않는다. 중도주의 입장은 사랑을 전제로 한 성관계만을 정당하다고 본다.

09 성에 대한 중도주의 입장은 성적 관계에서 서로의 인격적 가치를 중요하게 여긴다.

10 부부는 혼인을 통해 가족이 되는 관계이다.

11 상경여빈은 친밀한 사이이지만 손님을 대하듯 서로 공경해야 한다는 의미로, 부부 관계에서 필요한 덕목이다.

12 항렬에 따라 서로 역할을 분담하는 관계는 친족 관계이다. 항렬은 곧 위계, 즉 위아래의 구분을 의미한다.

13 부부는 서로 배려해야 할 가족 관계이긴 하지만 동기간은 아니다. 동기간이란 형제자매 관계를 의미한다.

14 부부간에는 서로를 존중해야 하는 것은 맞으나 항렬을 따지지는 않는다. 항렬은 친족 관계에서 위아래를 구분하는 개념이다.

15 헤겔은 가족은 공동체 윤리에 의거한 사랑의 결합으로 맺어진 부부가 미혼 자녀와 함께 구성된다고 보았다. 헤겔에 의하면 자녀는 부모의 사랑의 결실이자 목표이며, 가족은 부모와 자식이 결합된 인격적 공동체이다.

16 헤겔은 자녀를 부모가 간섭할 수 없는 개별적인 존재로 보지 않았다. 헤겔은 부모가 사랑으로 자녀를 훈육하여 자녀가 자유로운 인격체로 성장할 수 있도록 한다고 보았다.

17 헤겔은 부모의 윤리적 사랑을 통해 결실을 맺은 것이 자녀의 탄생이며, 자녀를 통해 진정한 사랑을 경험한다고 보았다.

18 헤겔은 결혼이 남녀 간의 애착과 계약에서 출발하지만 부부의 공동체 윤리에 의거한 사랑과 두 인격체의 자유로운 동의로 성립한다고 하였다.

19 헤겔은 결혼을 두 인격체의 만남이자 자유로운 동의로 보았다.

20 밀은 여성의 예속이 사회 발전을 방해하는 것이라고 하면서 교육을 통해 여성을 예속하려고 해서는 안 된다고 보았다.

21 밀은 남녀의 본성은 알 수 없다고 보면서 사회적 역할이 남녀의 생물학적 성별로 구분되는 것이 아니라고 보았다.

22 밀은 여성의 분별력이 근본적으로 남성보다 열등하다고 보아서는 안 되며, 이는 성별의 차이 때문이 아니라 각 개인의 차이에서 비롯된다고 보았다. 따라서 여성은 열등하지도 않으며 이를 교육을 통해 극복해야 한다고 주장하지도 않았다.

23 밀은 여성의 법적 예속이 본질적으로 옳지 않을 뿐만 아니라 인류의 발전을 저해한다고 주장하였다. 또 전 인류에게 유용하기 때문에 양성평등을 해야 한다고 주장하였다.

24 밀은 직업이 성별에 따라 구분되어서는 안 되며, 남녀 모두에게 열려 있어야 한다고 주장하였다.

25 유교에서는 남녀의 성 차이에 따라 부부의 역할은 구분되어 있다고 본다.

26 유교에서는 사람의 남녀에게 볼 수 있는 분별적 도리가 금수에게는 없다고 본다. 남녀의 구별이 분명하지 않고 도의가 성립하지 않으면 금수와 같다고 보기에 금수는 사람과 차이를 두어 바라본다.

27 유교에서는 남녀가 연을 맺을 때에는 일정한 절차에 따라야 한다고 본다.

28 유교의 음양론에서 남성과 여성은 따로 존재하기에는 불완전한 존재로, 음과 양이 만나듯 여자와 남자가 만나 관계를 맺는 것을 중시한다.

29 유교에서는 상경여빈이라고 하여 서로 친밀한 사이에서도 손님을 대하듯 공경해야 함을 강조하였다.

30 부자유친은 유교 사상의 오륜 중 하나로, 부모와 자녀 간의 친함에 관한 내용이다. 이것의 본질은 변화하지 않으며 집단과 상황에 따라 적용 방법이 달라질 뿐이다.

31 유교에서 부자 간 정직은 올바름보다 친애를 우선한다. 아버지는 자식을 위해, 자식은 아버지를 위해 잘못을 숨겨 줄 수 있다고 본다.

32 유교에서는 자식이 부모의 마음과 표정, 의중을 살펴 부드럽게 행동하며 부모가 편안하도록 함을 강조한다.

33 자식이 부모를 공대해야 하지만, 이는 어떤 감정도 드러내지 말라는 것은 아니다.

34 효의 정신은 부모와 자식 간의 관계에서 그치지 않고 이웃으로 확대되어 적용된다.

35 상경여빈은 부부 사이에 지켜야 할 윤리로, 서로 친밀한 사이지만 서로 손님을 대하듯 공경해야 함을 의미한다. 효와는 관련이 없다.

36 공대는 유교 경전인 "효경"에 나와 있는 효의 방법이다. 이는 표정을 부드럽게 함으로써 부모가 편안한 마음을 지니게 하는 것이다.

37 백년해로는 부부 사이에 지켜야 할 윤리로, 부부가 한평생을 사이좋게 지내면서 함께 늙어감을 의미한다. 따라서 효와는 관련이 없다.

38 불감훼상은 부모로부터 물려받은 몸을 깨끗하고 온전하게 하는 것으로, 유교에서는 불감훼상을 효의 시작이라고 보았다. 부모를 욕되지 않게 해 드리는 것을 불욕(不辱)이라고 한다.

실전 기출 문제

본문 042~045쪽

| 01 ① | 02 ⑤ | 03 ③ | 04 ② | 05 ① | 06 ⑤ | 07 ⑤ | 08 ① |
| 09 ③ | 10 ④ | 11 ② | 12 ⑤ | 13 ⑤ | 14 ① | 15 ③ | 16 ③ |

01 부부간의 윤리

자료 해설 제시문의 사상가는 헤겔이다. 헤겔은 가족이 공동체 윤리에 의거한 사랑의 결합으로 맺어진 부부와 그들의 미혼 자녀로 구성된다고 하였다. 이 가족은 남녀의 사랑을 기반으로 하므로 상하 차이는 존재하지 않으며, 공동체 윤리에 의거한 사랑을 바탕으로 가족 공동의 재산을 취득하고 형성한다. 자녀는 부모의 공동체 윤리적 사랑의 결실이자 대상이면서 목표이다. 이렇게 자신과 상대가 분리되지 않은 가족 공동체의 윤리는 자신과 상대가 구분되고 이해타산을 중시하는 시민 사회의 공동체 윤리로 이행하고, 이후 가족 공동체 윤리와 시민 공동체 윤리를 함께 가지는 국가 공동체 윤리로 나아간다고 하였다.

선택지 분석

㉠ 정답: 헤겔은 가족이 공동체 윤리에 의거한 사랑의 결합으로 맺어진 부부와 그들의 미혼 자녀로 구성된 인격적 공동체라고 하였다.

ㄴ. 오답: 헤겔은 자녀를 부모가 간섭할 수 없는 개별적인 존재로 보지 않았다. 그는 부모가 사랑으로 훈육하여 자녀가 자유로운 인격체로 성장할 수 있도록 교육하는 것을 가족의 핵심 역할로 보았다.

ⓒ 정답: 헤겔은 자녀가 부모의 공동체 윤리적 사랑의 결실이자 대상이며 목표라고 하면서 자녀를 통해 부부 사이의 사랑이 객관성을 갖게 된다고 하였다. 제시문에서도 '부모는 자녀를 통해 자신들의 사랑을 느끼게 된다.'라고 언급되어 있다.

ㄹ. 오답: 헤겔은 결혼이 남녀 간의 애착과 계약에서 출발하지만 부부의 공동체 윤리에 의거한 사랑과 두 인격체의 자유로운 동의로 성립한다고 하였다.

02 성과 사랑의 관계

자료 해설 갑은 성과 사랑에 대한 보수주의 입장이고, 을은 성과 사랑에 대한 중도주의 입장이다. 보수주의 입장에서 성은 부부간의 신뢰와 사랑을 전제로 할 때만 도덕적이기 때문에 결혼을 통해 이루어지는 성적 관계만 정당하다. 중도주의적 입장에서는 결혼한 사이가 아니라도 사랑이 동반된 성적 관계는 허용되며 성과 사랑을 결부하지 않는다. 갑과 을의 입장과 일치하지 않는 것을 고르면 된다.

선택지 분석

① 오답: 갑은 결혼을 통해서 이루어지는 성적 관계만 정당하며, 혼전이나 혼외 성관계를 부도덕하다고 본다.

② 오답: 갑은 결혼을 통해 인간이 자식을 낳으려는 본성을 실현할 수 있으며 인류를 존속할 수 있게 한다고 본다.

③ 오답: 을은 결혼을 하지 않더라도 성을 통해 개인과 개인의 인격적 만남이 전제된 사랑을 확인할 수 있다고 본다.

④ 오답: 을은 인격적 만남을 통한 존중과 배려를 성과 사랑의 전제라고 본다. 중도주의적 입장에서는 사랑이 결부된 성적 관계가 인간의 육체적·정서적 교감이 이루어지게 한다는 점에서 긍정적이라고 본다.

❺ 정답: 당사자의 합의만 있다면 사랑이 전제되지 않은 성적 관계도 허용하는 입장은 자유주의이다. 자유주의 입장에서는 다른 사람에게 피해를 주지 않은 한 개인의 자유로운 선택에 따른 성적 관계를 허용한다.

03 성과 사랑의 관계

자료 해설 제시문의 사상가는 에리히 프롬이다. 그는 사랑은 받는 것이 아니라 주는 것이며, 보호, 책임, 존경, 이해의 가치를 포함해야 한다고 하였다. 프롬은 진정한 사랑의 모습을 사랑하는 사람의 생명과 성장에 관심을 가지고 보호하는 것, 사랑하는 사람의 욕구를 배려하면서 자신의 행동에 책임을 지는 것, 사랑하는 사람을 있는 그대로 받아들이며 존경하는 것, 사랑하는 사람에 대해 제대로 이해하는 것이라고 하였다.

선택지 분석

ㄱ. 오답: 프롬은 사랑이란 상대방을 나의 입장에서 파악하는 것이 아니라 상대방의 입장에서 파악하고 보호하는 것이라고 하였다.

ⓛ 정답: 프롬은 사랑의 요소로 보호, 책임, 존경, 이해를 제시하면서 사랑은 상대방에 대한 참된 이해를 바탕으로 해야 한다고 하였다.

ⓒ 정답: 프롬은 사랑이 사랑하는 상대방의 생명과 성장에 적극적인 관심을 가지고 돌보는 것이라고 하면서 사랑은 받는 것이 아니라 주는 것이라고 하였다.

ㄹ. 오답: 프롬은 자신을 희생하면서 상대방을 사랑하는 것은 사랑이 아니라고 하였다. 그는 사랑이 어느 한쪽이 자신을 희생하는 것이어서는 안 된다고 하였다.

04 성차별의 문제

자료 해설 제시문은 음양론의 내용이다. 음양론에서는 음과 양이 상

대방이 존재함으로써 자신이 존재하는 상호 보완적 관계인 것처럼, 남녀 또한 균형적 관계를 맺으면서 서로 존중하고 조화를 이루는 관계라고 본다. "주역"에는 "음양이 서로 합일하여 만물이 화육되고 번영되며, 남녀의 정기가 결합되어 만물이 화생한다."라고 하면서 음양의 상호 작용을 통해 만물이 생성된다고 보았다. ㉠에는 음양론의 관점에서 '어떤 사람들'이 바라보는 관점을 비판하는 내용이 들어가야 한다.

선택지 분석

① 오답: 음양론에서는 남녀를 상호 보완적 관계로 바라본다. 남존여비는 제시문의 '어떤 사람들'이 지닌 관점이다.

❷ 정답: 음양론에서는 음과 양의 차이는 차등 관계가 아니라 상호 의존적이고 보완적인 관계라고 바라본다. 따라서 남녀 관계를 차등의 관계로 바라보는 '어떤 사람들'의 관점에 대한 비판적 진술이다.

③ 오답: 음양론에서는 남녀를 서로 존중하고 조화를 이루어야 할 관계로 바라보지만 혈연관계임을 주장하지는 않는다. 제시문의 '어떤 사람들'도 남녀가 혈연관계임을 주장하거나 부정하는 것이 아니므로 적절한 진술이 아니다.

④ 오답: 음양론에서는 음양의 논리로 남녀 관계를 설명한다. '어떤 사람들'도 남성을 양으로, 여성을 음으로 보고 있으므로 적절한 진술이 아니다.

⑤ 오답: 음양론에서 남녀는 음양의 조화로 형성된 수평적 관계이다. 즉, 종적 관계가 아니라 횡적 관계로 바라본다. 남녀 관계를 수직적(종적)으로 바라보고 있는 것은 제시문의 '어떤 사람들'이다.

05 부부간의 윤리

자료 해설 편지를 쓴 사람은 공자의 말을 인용하면서 결혼한 친구에게 부부 윤리에 대해 이야기하고 있다. 제시문의 ㉠에 들어갈 말은 부부이다.

선택지 분석

ⓛ 정답: 부부는 혼인을 통해 맺어진 관계이다.

ⓛ 정답: 상경여빈이란 부부가 친밀한 사이이지만 손님을 대하듯 서로 공경해야 한다는 의미이다. 부부 관계에서 필요한 덕목이다.

ㄷ. 오답: 항렬이란 친족 안에서 세대를 표시하는 것으로 친족의 위계를 정하기 위한 제도이다.

ㄹ. 오답: 동기간은 형제·자매 관계를 의미한다.

06 성과 사랑의 관계

자료 해설 갑은 성과 사랑에 대한 보수주의 입장이고, 을은 중도주의 입장이다. 보수주의 입장에서 성은 부부간의 신뢰와 사랑을 전제로 할 때만 도덕적이다. 따라서 결혼을 통한 성적 관계만 정당하다고 본다. 중도주의 입장에서는 결혼한 사이가 아니더라도 사랑이 동반된 성적 관계를 허용한다.

선택지 분석

① 오답: 갑은 결혼을 한 부부만이 정당한 성적 관계의 주체라고 보고, 혼전이나 혼외 성관계를 부도덕하다고 본다.

② 오답: 갑은 성이 출산을 통한 종족 보존을 위한 것이라고 보기 때문에 성적 관계 정당성이 사회 존속과 밀접한 관련이 있다고 본다.

③ 오답: 다른 사람에게 피해를 주지 않는 이상 자발적 동의에 근거한 성적 관계를 항상 정당하다고 보는 것은 자유주의적 입장이다. 을은 사랑이 자발적 동의에 의한 성적 관계가 아니라 사랑이 동반된 성적 관계를 정당하다고 본다.

④ 오답: 성적 관계가 부부 사이에서만 정당하다고 보는 입장은 갑이다. 을은 결혼한 사이가 아니더라도 사랑이 동반된 성적 관계를 허용할 수 있다고

본다.
⑤ 정답: 보수주의와 중도주의 입장은 모두 성적 관계에서 서로의 인격적 가치를 존중해야 한다고 본다.

07 성과 사랑의 관계

자료 해설 갑은 성과 사랑에 대한 보수주의 입장이고, 을은 자유주의 입장이다. 보수주의 입장은 결혼을 통해 이루어지는 성적 관계만이 도덕적이라고 주장한다. 을은 결혼이나 사랑이 없이도 개인의 자유로운 선택을 통한 성적 관계를 허용하는 입장이다.

선택지 분석
① 오답: 갑은 성적 관계의 목적을 결혼에 의한 종족 번식에 두기 때문에 결혼을 통해 이루어진 부부 사이의 신뢰와 사랑을 전제로 한 성적 관계만이 도덕적이라고 본다.
② 오답: 갑은 성적 관계를 혼인 관계 내에서만 도덕적으로 허용될 수 있다고 본다.
③ 오답: 을은 개인의 자유를 최대한 지향하기 때문에 성적 관계에 있어서도 개인의 자발적 의지와 선택이 전제되었다면 도덕적이라고 본다.
④ 오답: 을은 다른 사람에게 피해를 주지 않는 이상 개인의 자발적 동의에 따른 성적 관계를 허용한다.
⑤ 정답: 갑은 성적 관계가 임신과 출산, 양육의 문제로 이어지기 때문에 개인 간의 합의 문제가 아니라 부부 사이의 신뢰와 사랑을 전제로 해야 함을 강조한다. 을은 성적 관계를 개인의 자발적 동의가 있다면 도덕적이라고 보지만 행위의 결과와 무관한 합의가 아니라 다른 사람에게 피해를 주지 않아야 한다고 본다.

08 부모 자녀 간의 윤리

자료 해설 가상 편지에서는 어버이를 섬길 때 증자를 본받으라고 주장하면서, 증자가 아버지의 의중을 헤아려 섬겼음을 이야기하고 있다.

선택지 분석
❶ 정답: 제시문에서 증자는 아버지의 의중을 살펴 봉양하였다. 이는 유교에서 강조한 효의 실천 방법 중 하나로 부모의 뜻을 헤아려 실천함으로써 부모를 기쁘게 해 드려야 한다는 양지(養志)에 대한 설명이다.
② 오답: 자식이 어버이의 옳지 못한 행동을 바꾸려고 해서는 안 된다는 내용은 제시문과 거리가 멀다.
③ 오답: 증자는 마음을 다하여 아버지를 봉양하였으므로 자식에게 봉양을 받기 위해 아버지를 봉양하였다고 볼 수 없다.
④ 오답: 경제적 형편에 따라 어버이를 섬기는 방식을 달리해야 한다는 내용은 제시문과 거리가 멀다.
⑤ 오답: 자식된 도리를 다하기 위해 어버이보다 이웃을 더 배려해야 한다는 내용은 제시문과 거리가 멀다.

09 성의 자기 결정권

자료 해설 성의 자기 결정권이란 외부의 강요 없이 스스로 자신의 성적 행동을 결정할 수 있는 권리를 말한다. 즉, 외부의 압력이나 사회적 관행, 타인의 강요 없이 스스로의 의지와 판단에 의해 성적 행동을 결정할 수 있다는 것으로서 누구에게나 보편적으로 적용된다. 제시문은 이러한 성의 자기 결정권을 행사하는 것이 성적 방종을 정당화하는 것으로 이해해서는 안 된다고 강조하고 있다.

선택지 분석
① 오답: 성의 자기 결정권은 자신의 인격을 손상시키지 않는 범위 내에서 행

사되어야 한다.
② 오답: 성의 자기 결정권을 행사할 때에는 자신의 결정권이 소중한 만큼 타인의 결정권도 존중해야 한다.
❸ 정답: 성의 자기 결정권을 행사했다면 그로 인한 책임은 그것을 행사한 사람에게 물을 수 있다. 따라서 자신의 행동에 책임감을 가지고 성의 자기 결정권을 행사해야 한다.
④ 오답: 성의 자기 결정권을 행사할 때 타인의 결정권과 상충할 수 있다. 이때 자신의 결정권이 소중한 만큼 상대방의 결정권도 소중하므로 타인의 결정권을 침해하거나 강제해서는 안 된다.
⑤ 오답: 성의 결정권이 자신에게 있다고 하더라도 인간의 성이 지닌 사회적·인격적 가치를 무시해서는 안 된다.

10 성과 사랑의 관계

자료 해설 제시문의 사상가는 에리히 프롬이다. 그는 "사랑의 기술"에서 사랑의 요소로 보호, 책임, 존경, 이해를 제시한다. 프롬은 진정한 사랑은 상대를 소유하는 것이 아니라 상대방을 존중하고 그의 성장에 관심을 갖는 것이라고 하였다.

선택지 분석
㉠ 정답: 프롬은 사랑이란 상대방의 생명과 성장에 적극적인 관심을 가지고 돌보는 것이라고 하였다.
㉡ 정답: 프롬은 사랑이란 상대방이 지닌 고유한 개성을 존중하고 있는 그대로 바라보는 것이라고 하였다.
ㄷ. 오답: 프롬은 사랑이란 서로가 서로를 소유하는 것이 아니라 있는 그대로 바라보고 존중하는 것이라고 하였다.
㉣ 정답: 프롬은 사랑이란 상대방의 요구를 배려하면서 자신의 행동에 자발적으로 책임을 지는 것이라고 하였다.

11 성차별 문제

자료 해설 그림의 강연자는 밀이다. 밀은 여성의 예속은 사회 발전을 방해하는 것이라고 하면서 성별에 관계없이 다른 사람의 권리를 침해하지 않는 한, 개인의 권리를 존중해야 함을 주장하였다. 제시문에서도 '여성으로 태어난 것이 사회적 지위를 결정하고 다양한 직업으로의 진출을 방해하는 이유가 되어서는 안 됩니다.', '다른 사람의 권리를 침해하지 않는 한, 여성이든 남성이든 개인의 선택은 전적으로 그 자신에게 맡겨야 합니다.'라는 문장에서 그의 주장을 파악할 수 있다. 밀의 주장이 아닌 것을 고르면 된다.

선택지 분석
① 오답: 강연자는 '남성과 여성 간의 지성 차이는 사회 환경 요인에 의해 설명될 수 있다.'라고 하면서 여성을 예속시키려는 교육과 제도를 비판하고 있으므로 강연자의 입장과 일치한다.
❷ 정답: 강연자는 남녀의 본성을 알 수 없기 때문에 이에 따른 사회적 역할 부여는 정당화할 수 없다고 주장한다. 따라서 사회적 역할이 남녀의 본성에 따라 적합하게 부여되어야 한다는 주장을 지지하지 않을 것이다.
③ 오답: 제시문에서 누구도 남녀의 본성을 알 수 없으며, 여성으로 태어난 것이 사회적 지위를 결정하고 사회적 진출을 방해해서는 안 된다고 주장한다. 즉, 여성의 분별력이 근본적으로 열등하다고 단정해서는 안 된다는 주장에 동의할 것이다.
④ 오답: 강연자는 여성의 법적 예속이 본질적으로 옳지 않을 뿐만 아니라 인류의 발전을 저해한다고 주장한다. 여성의 법적 예속은 전 인류에게 유용하지 않으며 양성평등을 해야 한다고 주장할 것이다.

⑤ 오답: 강연자는 여성이라는 이유로 다양한 직업으로의 진출을 방해하는 것이 옳지 않다고 비판하면서 남성이 독점해 온 모든 직업을 여성에게 전면 개방해야 한다고 주장할 것이다. 제시문에서도 '여성이든 남성이든 개인의 선택은 전적으로 자신에게 맡겨야 한다.'라고 주장하고 있다.

12 부모 자녀 간의 윤리

자료 해설 (가)는 유교에서 강조하는 다섯 가지 기본 윤리인 오륜, 즉 부자유친(父子有親), 군신유의(君臣有義), 부부유별(夫婦有別), 장유유서(長幼有序), 붕우유신(朋友有信)에 대한 설명이다. (나)의 ㉠에 들어갈 말은 '효(孝)'이다. 유교에서 바라보는 효에 대한 설명을 고르면 된다.

선택지 분석

① 오답: 상경여빈은 부부 사이에 지켜야 할 윤리로서 서로 친밀한 사이지만 서로 손님을 대하듯 공경해야 함을 의미한다.

② 오답: 상부상조는 이웃 사이에 지키고 계승해야 할 규범으로 서로 도우며 살아가야 함을 의미한다.

③ 오답: 백년해로는 부부 사이에 지켜야 할 윤리로 부부가 한평생을 사이좋게 지내면서 함께 늙어감을 의미한다.

④ 오답: 사군이충은 화랑의 다섯 가지 계율인 세속오계의 하나로, 충성으로써 임금을 섬겨야 함을 의미한다.

❺ 정답: 불감훼상은 부모로부터 물려받은 몸을 깨끗하고 온전하게 하는 것으로, 유교에서는 불감훼상을 효의 시작이라고 보았다.

13 부부간의 윤리

자료 해설 제시문은 오경(五經) 중의 하나인 "예기(禮記)"의 일부분으로, 유교에서 강조하는 부부간의 도리에 대한 설명을 고르면 된다.

선택지 분석

① 오답: 유교에서 강조한 부부간의 윤리 중의 하나로 부부유별을 들 수 있다. 이는 남자와 여자의 성별 차이에 따라 부부가 서로 해야 할 일이 구별되어 있다는 의미이다. 따라서 부부의 예절은 성 역할의 차이를 해소하는 데서 시작한다는 주장과 상충한다.

② 오답: 제시문에서 '남녀의 구별이 분명하지 않고 도의가 성립하지 않는다면 그것은 금수의 도이다.'라고 한 부분에서 금수에게는 사람의 남녀에게 볼 수 있는 분별적 도리가 없음을 알 수 있다.

③ 오답: 제시문에서 '남자가 친히 아내를 맞이할 때 선물을 가지고 상견한다.'라는 부분에서 혼인에는 일정한 절차가 있음을 알 수 있다.

④ 오답: 유교에서 전통적으로 강조해 온 부부간의 윤리 중 하나인 '부부상경'은 음양론에 바탕을 두는데, 음양론에서 남성이나 여성은 서로 독립하여 존재할 수 없는 불완전한 존재이다. 따라서 각자의 개별성을 중시하기보다는 관계성을 더 중시하였다.

❺ 정답: 유교에서는 '상경여빈'을 강조하며 부부 관계는 친밀한 사이이지만 서로 손님을 대하듯 공경해야 함을 강조한다.

14 부부간의 윤리

자료 해설 제시문의 사상가는 에리히 프롬이다. 프롬은 어느 한쪽이 일방적으로 희생하는 것은 사랑이 아니라고 하면서 사랑하는 사람의 생명과 성장에 관심을 가지고 보호하는 것, 사랑하는 사람의 욕구를 배려하면서 자신의 행동에 책임을 지는 것, 사랑하는 사람을 있는 그대로 받아들이면서 존경하는 것, 사랑하는 사람에 대해 제대로 이해하는 것을 진정한 사랑의 모습이라고 하였다. 그는 사랑을 주는 것이 잠재 능력의 최고 표현이며 생산적 활동이라고 주장하였다.

선택지 분석

❶ 정답: 프롬은 자신을 희생하면서 상대방이 원하는 것을 들어주는 것은 사랑을 잘못 이해한 것이라고 주장하였다.

② 오답: 프롬은 사랑을 적극적인 과정이라고 하면서 상대방에게 관심을 가지고 상대방의 요청에 귀 기울이고 성실하게 응답하는 것이라고 하였다.

③ 오답: 프롬은 상대방의 생명과 성장에 적극적인 관심을 가지는 것을 사랑이라고 하였다. 즉, 상대방이 자기 능력을 최대한으로 발휘하도록 관심을 가지고 돌보는 것이다.

④ 오답: 프롬은 사랑이란 상대방을 지배하고 소유하는 것이 아니라 있는 그대로 바라보고 존중하는 것이라고 하였다.

⑤ 오답: 프롬은 사랑은 적극적이고 능동적인 과정으로서 받는 것이 아니라 주는 것이라고 하였다. 그는 이처럼 사랑을 주는 것이 잠재적인 능력의 최고 표현이며 생산적인 활동으로서 자신의 생동감을 고양시키는 것이라고 하였다.

15 부모 자녀 간의 윤리

자료 해설 ㉠에 들어갈 말은 효(孝)이다. 제시문에서 '효를 행하는 첫걸음은 자신의 몸을 훼상하지 않는 것이다.'라는 부분은 불감훼상을 의미한다. 유교에서는 효의 첫걸음을 부모로부터 물려받은 몸을 깨끗하고 온전하게 하는 것이라고 보았고, 효의 마침이자 완성을 입신양명(立身揚名)으로 보았다. 입신양명이란 사회적 역할에 맞는 도덕적 행동으로 이름을 떨치는 것을 말한다. 부모와 자녀 간의 관계에 대한 설명을 고르면 된다.

선택지 분석

ㄱ. 오답: 부부 관계에 대한 설명이다. 음양론에서 음은 여성성을, 양은 남성성을 상징하며, 남성과 여성은 조화를 이루어야 한다고 보았다. 부모와 자녀 관계는 종적 관계이다.

ㄴ. 정답: 유교에서는 사회적 역할에 맞는 도덕적 행동으로 이름을 떨치는 것, 즉 입신양명을 효의 완성이자 마침이라고 보았다.

ㄷ. 정답: 제례는 조상에 대한 공경의 마음을 담아 예를 갖추어 표현하는 것으로 효를 실천하는 방법이다.

ㄹ. 오답: 혈연관계의 친밀함을 배제하고 공평함을 추구하는 것은 효와 관련 없는 내용이다. 부패 방지를 위한 공직자의 자세에 해당한다.

16 부모 자녀 간의 윤리

자료 해설 제시문의 동양 사상은 유교이다. 유교 사상에서는 모든 덕행의 근본으로서 부모에 대한 자녀의 효(孝)를 강조한다. 유교에서는 효의 시작을 불감훼상, 효의 완성을 입신양명으로 보았으며, 부모에 대한 효의 실천 방법으로 부모를 잘 모시는 봉양(奉養), 부모의 뜻을 헤아려 실천함으로써 부모를 기쁘게 해 드리는 양지(養志), 표정을 항상 부드럽게 하여 부모가 편안한 마음을 지닐 수 있도록 해 드리는 공대(恭待), 부모를 욕되게 하지 않는 불욕(不辱), 아침저녁으로 부모님께 문안을 드리는 혼정신성(昏定晨省)을 강조하였다.

선택지 분석

① 오답: 부자유친은 부모와 자녀 간에 친함이 있어야 한다는 오륜 중의 하나이다. 부자유친의 본질은 집단과 상황에 따라 달라지지 않고, 그 본질을 표현하는 방법만이 달라질 뿐이다.

② 오답: 부모와 자녀 간의 정직은 올바름보다 친애를 우선해야 한다. 제시문에서 '아버지는 자식을 위해 자식은 아버지를 위해 그 사실을 숨겼다네. 정직은 그 속에 있다네.'라는 부분을 통해서 유추할 수 있다.

③ 정답: 유교에서는 효의 실천 방법으로 공대를 강조하였는데, 공대란 표정을 항상 부드럽게 하며 부모가 편안한 마음을 지닐 수 있도록 해 드리는 것을 말한다.

④ 오답: 유교에서는 부모를 위해 자식이 어떠한 감정도 드러내지 않아야 함을 강조한 것이 아니라 부모의 의중이나 상황에 따른 적절한 감정을 표현해야 한다고 강조하였다.

⑤ 오답: 유교에서는 효의 정신을 부모와 자식 간에 국한해야 하는 것이 아니라 주변 이웃 어른들에 대한 사랑으로 확대해야 한다고 보았다.

킬러 예상 문제

본문 046~047쪽

01 ③ 02 ③ 03 ④ 04 ② 05 ④ 06 ④ 07 ③ 08 ③

01 전통적인 효의 실천 방법

자료 해설 유교의 경전인 효경에 따르면 효의 실천 방법은 다음 표와 같다.

불감훼상(不敢毁傷)	효의 시작으로, 부모에게서 받은 몸을 깨끗하고 온전하게 하는 것
봉양(奉養)	부모를 실질적으로 잘 모시는 것
양지(養志)	부모의 뜻을 헤아려 실천함으로써 부모를 기쁘게 해 드리는 것
공대(恭待)	표정을 항상 부드럽게 하여 부모가 편안한 마음을 지닐 수 있도록 해 드리는 것
불욕(不辱)	부모를 욕되지 않게 해 드리는 것
혼정신성(昏定晨省)	아침저녁으로 부모에게 문안을 드리는 것
입신양명(立身揚名)	효의 마침으로, 후세에 자신의 이름을 떨쳐 부모를 영광되게 해 드리는 것

선택지 분석

① 오답: ㉠ 효의 시작은 부모로부터 물려받은 몸을 깨끗하고 온전하게 하는 것으로 올바른 진술이다.

② 오답: ㉡은 봉양으로 부모를 실질적으로 잘 모셔야 하는 것이므로 올바른 진술이다.

③ 정답: 양지는 부모의 뜻을 헤아려 실천함으로써 부모를 기쁘게 해 드리는 것이지만, 옳지 않은 일에도 부모의 뜻을 거역하지 않는 것은 올바른 효의 방법이 아니다. 옳지 않은 일에는 정성을 다하여 간하여 부모님의 마음을 돌리려고 노력해야 한다.

④ 오답: 공대는 표정을 항상 부드럽게 하여 부모가 편안한 마음을 지닐 수 있도록 해 드리는 것이므로 올바른 진술이다.

⑤ 오답: 불욕은 부모를 욕되지 않게 해 드리는 것이고, 입신양명은 효의 마침으로, 후세에 자신의 이름을 떨쳐 부모를 영광되게 해 드리는 것이므로 올바른 진술이다.

02 성의 가치

자료 해설 인간의 성은 새로운 생명을 탄생시키는 원천으로서 생식적 가치를, 인간의 감각적인 욕구를 충족시켜 주는 쾌락적 가치를, 그리고 남녀 상호 간의 존중과 배려를 실현하게 해 주는 인격적 가치를 지닌다. 그리고 성이 가지는 가치에 따라 우리는 그에 상응하는 도덕적 의무, 즉 생식적 가치에는 책임, 쾌락적 가치에는 절제, 인격적 가치에는 인격 존중의 의무를 지니게 된다.

선택지 분석

ㄱ. 오답: ㉠은 생식적 가치이므로, 인간 종족 보전의 자연적 성향의 실현과 관련이 있으므로 옳지 않다.

ㄴ. 오답: ㉡은 쾌락적 가치이므로, 인간 종족 보존이 아니라 성적 욕망의 충족과 관련이 있으므로 옳지 않다.

ㄷ. 정답: ㉢은 인격적 가치이므로 인간 사이의 인격적인 교감이 이루어지는 것과 연결되므로 옳다.

ㄹ. 정답: 성의 생식적 가치에는 책임이, 쾌락적 가치에는 절제, 인격적 가치에는 인격 존중의 의무가 상응하므로 옳다.

03 성과 사랑에 대한 다양한 관점

자료 해설 성과 사랑에 대한 관점은 보수주의, 중도주의, 자유주의으로 구분할 수 있다. 갑은 보수주의의 관점으로 결혼과 출산 중심의 성 윤리를 제시하는 관점이고, 을은 중도주의의 관점으로 사랑 중심의 성 윤리를 제시한다. 병은 자유주의의 관점으로 자발적인 동의 중심의 성 윤리를 제시하고 있다. 정은 성이 개인적 영역이지만 사회의 안정과 질서 유지와도 관련이 있다고 보면서 성과 사랑이 사회 제도를 통해 보호되어야 한다는 것을 드러내고 있으므로 성과 사랑은 결혼을 통해 이루어져야 한다는 보수주의의 관점으로 볼 수 있다.

선택지 분석

㉠ 정답: 갑은 보수주의이므로 중도주의(을)나 자유주의(병)에게 결혼을 전제로 하지 않은 성에 대해 부도덕하다고 비판할 수 있으므로 옳은 진술이다.

㉡ 정답: 을은 중도주의이므로 자유주의(병)에게 사랑이 전제되지 않은 성은 인간과 동물의 구분을 모호하게 한다고 비판할 수 있으므로 옳은 진술이다.

㉢ 정답: 병은 자발적 동의 중심의 성 윤리를 제시하는 자유주의이므로 사랑과 결혼을 전제로 한 보수주의와 중도주의를 모두 비판할 수 있으므로 옳은 진술이다.

ㄹ. 오답: 정은 보수주의이므로 성의 자유로운 추구를 지향하지 않으므로 이 진술은 틀린 진술이다.

04 유교 사상에서 본 형제 자매의 윤리

자료 해설 (가) 사상은 유교이다. 유교에서는 인(仁)을 다른 사람에 대한 사랑의 마음과 사람다움으로 보며, 이익을 우선하기보다는 옳음을 우선하는 도덕주의를 주장한다. 또한 낱말 퍼즐에서 가로 열쇠 [A] '공동체 전원이 공유하며, 그들 모두에게 똑같이 유익한 가치'는 '공동선'이고, [B] '배아 또는 성체에 있는, 여러 종류의 세포로 분화할 수 있는 미분화 세포'는 '줄기 세포'이다. 따라서 세로 열쇠 [C]는 '동기'가 된다. 유교에서 동기란 '부모의 같은 기운을 나누어 가진 사이'로, 곧 형제 자매를 의미한다. 유교에서 형제자매는 부모의 사랑을 놓고 경쟁과 대립을 하면서도 친애와 협동을 하는 친밀한 사이이다.

선택지 분석

① 오답: 가깝고 먼 정도를 분별하여 호칭을 불러야 하는 사이는 친족에 대한 설명이다.

② 정답: 경쟁과 대립을 하면서도 친애와 협동을 하는 친밀한 사이는 동기에 대한 옳은 설명이다.

③ 오답: 사회를 이루는 가장 기본적인 공동체로서 주로 혼인으로 구성되는 것은 가족이다.

④ 오답: 세대와 항렬이 다르므로 이에 따라 예를 지켜야 하는 사이는 친족이다.

⑤ 오답: 사랑하는 성인 남녀가 결혼이라는 제도를 통해 맺은 관계는 부부이다.

05 성차별

자료 해설 제시문 (가)의 '유리 천장'은 여성들이 직장이나 사회에서 더 높은 직급으로 오를 때 부딪히게 되는 보이지 않는 장벽을 비유한 말이다. 유리 천장의 문제점은 곧 성차별이고, (나)의 도표에서는 직장 내 다양한 성차별을 확인할 수 있다.

선택지 분석

ㄱ. 정답: 성차별은 성이 다르다는 근거로 불이익을 주는 것이므로, 모든 인간이 누려야 할 인간 존엄성을 훼손할 수 있다.

ㄴ. 정답: 성차별은 성이 다르다는 이유로 차별을 주는 것이므로 개인의 능력이 제한당하거나 자아실현을 방해받을 수 있다.

ㄷ. 정답: 성차별은 각 개인이 가진 소질과 능력을 최대한 발휘할 수 있는 기회를 제약할 수 있으므로, 사회적 손실로 이어질 수 있다.

ㄹ. 오답: 남녀의 생물학적 차이를 바탕으로 한 성의 특징 발현을 억제하는 것은 건강의 문제나 신체적 결함에 기인한 것으로 볼 수 있다.

06 성의 자기 결정권 행사의 제한

자료 해설 갑은 결과주의를 비판하며 선의지의 선함은 결국 그 자체의 본성에 놓여 있다는 주장하는 것으로 보아 그 자체로 선한 것은 선의지밖에 없다고 보는 칸트의 견해임을 알 수 있다. 그리고 을은 성의 자기 결정권이 자기의 성적 행동을 스스로 결정할 권리임을 내세우며, 성매매도 이런 성의 자기 결정권의 행사라고 주장하고 있다. 그러면 칸트의 입장에서 을에게 제시할 수 있는 견해는 자발적 성매매라고 해도 성 구매자에게 자신의 자율성을 넘기는 것이고, 특히 자신을 수단으로 취급하는 것이므로 인간의 존엄성을 훼손하는 것이기 때문에 도덕적으로 용납하기 어려운 일이라고 주장할 수 있다.

선택지 분석

① 오답: 인간의 본성과 사물의 본성에 부합하는 행동을 하라고 주장하는 것은 자연법 사상이므로 칸트의 견해로 볼 수 없다.

② 오답: 관련된 모든 사람들의 이익을 증가시키는 행동을 하라는 사상은 공리주의이므로 칸트의 견해로 볼 수 없다.

③ 오답: 칸트라면 타인에게 해를 끼치지 않는 자유로운 행동이라고 해도, 자신의 인격을 수단으로 이용하는 성매매는 인간성의 정식에 위배되므로 문제가 된다고 할 것이다.

④ 정답: 칸트의 인간성의 정식에 따르면, 자발적 성매매라고 할지라도 성의 인격적 가치를 훼손하는 것이므로 도덕적으로 정당화될 수 없다.

⑤ 오답: 칸트의 입장에서는 성매매는 본인의 신체, 인격을 돈을 벌기 위한 수단으로 이용하므로 인간성의 정식에 위배된다.

07 성 상품화에 대한 찬반 입장

자료 해설 갑은 성 상품화를 찬성하는 입장이고, 을은 반대하는 입장이다. 갑은 성 상품화 인정의 근거로, 성의 자기 결정권은 자신에게 있다는 점, 표현의 자유를 인정해야 한다는 점을 들고 있다. 을은 성 상품화 반대의 근거로, 성 상품화는 인간 본래의 가치를 변질시킬 수 있음을 들고 있다.

선택지 분석

① 오답: 갑은 성 상품화가 법 테두리 내에서 행사할 수 있는 정당한 권리라고 보지만, 성 상품화는 성의 자기 결정권의 바람직한 행사를 방해하지 않는다고 보기에 A가 아닌 C가 맞다. 을의 견해는 B에 해당하지만, 갑의 입장을 잘못 선택했으므로 오답이다.

② 오답: 갑은 성 상품화를 법의 테두리 내에서 행사하는 정당한 권리로 보며, 성 상품화가 성의 자기 결정권의 행사를 방해하지 않는다고 보므로, B는 두 물음에 대한 갑의 입장과 정반대에 해당한다. 을은 성 상품화가 성의 자기 결정권의 바람직한 행사를 방해한다고 보므로 D가 아닌 B에 해당한다. 따라서 오답이다.

③ 정답: 갑의 입장에서는 성 상품화는 법의 테두리 내에서 행사할 수 있는 정당한 권리이므로 세로 라인은 '예'인 A, C 중의 하나이다. 성 상품화를 찬성하는 입장에서는 이것이 성의 자기 결정권의 바람직한 행사를 방해한다고 보지 않을 것이기 때문에 가로 라인은 '아니요'에 해당하는 C가 갑의 입장이다. 반면 을은 성 상품화에 반대하므로 법 테두리 안에서 행사할 수 있는 정당한 권리라고 보지 않을 것이기 때문에 세로 라인은 '아니요'에 해당하는 B, D 중의 하나인데, 성 상품화를 반대하는 입장에서는 성 상품화가 성이 지닌 본래의 가치와 의미를 변질시킨다고 보기 때문에 가로 라인은 '예'에 해당한다. 따라서 을의 입장은 B가 된다.

④ 오답: 갑은 입장은 바르게 골랐으나 을이 성 상품화가 성의 자기 결정권의 바람직한 행사를 방해한다고 보므로 D가 아닌 B를 골라야 한다. 따라서 오답이다.

⑤ 오답: 갑은 성 상품화가 법 테두리 내에서 행사할 수 있는 정당한 권리라고 보기에 D가 아닌 C이며, 을은 그 반대 입장이기에 A가 아닌 B여야 한다.

08 가족 해체의 원인과 해결 방안

자료 해설 제시문 (가)는 가족 구성원의 수가 감소하여 가족 구조가 축소되고 구성원 간의 정서적 연결이 약해져서 가족이 제 기능을 발휘하지 못하는 가족 해체 현상을 설명하고 있다. 이런 가족 해체 현상의 원인은 개인적으로는 가족 간의 유대감 약화, 사회적으로는 핵가족의 보편화, 1인 가구의 증가, 혼인율과 출산율의 감소, 노인 가구의 증가, 젊은 층의 가구 증가 등이다. 해결 방안으로는 개인적으로는 가족 윤리 정립을 들 수 있으며, 사회적으로는 고립되고 소외된 사회 구성원들에 대한 지원을 통한 새로운 가족 형태 형성을 돕는 방안 등을 생각할 수 있다.

선택지 분석

ㄱ. 오답: 가족 간의 정서적 유대감 약화는 개인적 차원의 원인이므로 ㉠에 들어갈 수 없다.

ㄴ. 정답: 핵가족의 보편화, 1인 가구의 증가, 이혼율 상승 등은 사회적 차원의 원인에 해당하므로 ㉠에 들어갈 수 있다.

ㄷ. 정답: 현대 사회에 적합한 가족 윤리 확립은 개인적 차원의 해결 방안이므로 ㉡에 들어갈 수 있다.

ㄹ. 오답: 고립되고 소외된 사회 구성원들에 대한 지원은 사회적 차원의 해결 방안이므로 ㉡에 들어갈 수 없다.

III 사회와 윤리

06 강 직업과 청렴의 윤리

기출 선지 변형 O X

본문 049, 051쪽

01 ○	02 ×	03 ○	04 ○	05 ○	06 ×	07 ○	08 ×
09 ×	10 ×	11 ○	12 ○	13 ○	14 ×	15 ×	16 ×
17 ×	18 ○	19 ○	20 ○	21 ○	22 ○	23 ○	24 ×
25 ×	26 ×	27 ○	28 ×	29 ○	30 ×	31 ○	32 ×
33 ○	34 ○	35 ×	36 ×	37 ○	38 ×	39 ○	

01 베버에 의하면, 프로테스탄트는 칼뱅의 직업 소명설을 이어받아 노동은 신의 명령을 따르는 것이라고 보았다.

02 베버에 따르면, 청교도 윤리는 신이 부여한 소명에 임하여 부를 축적하는 것을 정당하다고 보았다. 부의 축적을 구원의 수단이 아닌 구원의 징표로 보았다.

03 마르크스는 자본주의 사회에서 분업을 통해 창의성과 자율성을 상실하게 되어 노동자는 생산물로부터 소외된다고 보았다.

04 마르크스는 자본주의 사회에서 노동자는 자신이 만든 생산물에서 소외되고, 자본가의 이익 축적을 위한 수단으로 쓰이면서 자아실현 또한 불가능하다고 보았다.

05 베버는 직업 소명설에 따른 소명 정신에 따라 자신이 가진 직업에 최선을 다하여 자본을 축적하게 된다고 보았고, 마르크스는 자본가의 노동자에 대한 노동 착취를 부의 원천으로 보았다.

06 베버에 의하면, 프로테스탄트는 세속적 삶을 위해 직업을 통해 부의 축적을 지향하는 것이 아니라 신의 명령에 따라 직업에서 성공하는 것을 주장하였다.

07 마르크스는 자본주의 사회에서의 노동은 자본가가 노동자를 착취하는 구조이기에 노동을 통해 자아실현을 할 수 없다고 비판하였다. 따라서 자발적 노동을 통해 인간의 본질을 실현할 수 있다고 보았다.

08 마르크스에게만 해당한다. 베버는 프로테스탄티즘을 자본주의의 시작으로 보고 노동을 통한 자본 축적을 정당하다고 보았다.

09 마르크스는 능력이나 업적에 따른 분배가 아니라 필요에 따른 분배가 노동 의욕을 고취한다고 보았다.

10 마르크스는 노동의 분업이 결국 인간을 노동에서 소외시킨다고 보았다.

11 베버에 의하면, 프로테스탄트는 칼뱅의 직업 소명설을 따라 직업에 성실하게 임함으로써 성공하는 것을 구원의 징표로 보았다.

12 베버는 직업이 정신적 가치를 잃을 때 영혼이 타락한다고 보았다.

13 베버는 칼뱅으로부터 시작된 금욕주의 직업 윤리가 부를 축적하려는 개인의 노력을 정당화했으며, 자본주의 정신을 형성하는 데 기여했다고 평가하였다.

14 베버에 의하면, 프로테스탄트는 직업을 신의 소명에 응하는 것으로 보았지만 현세의 삶에서 부의 축적을 최고의 가치로 보지는 않았다. 그들에게 부의 축적은 단지 신의 소명에 따라 직업에 충실한 결과물일 뿐이다.

15 베버에 의하면, 프로테스탄트는 직업과 노동을 통해 부를 추구하는 것을 영혼의 타락으로 본 것이 아니라, 신의 소명에 따르는 것으로 여겼다.

16 베버에 의하면, 프로테스탄트는 경제적으로 부유한 것과 관계없이 직업을 통해 노동을 계속해야 한다고 보았다.

17 베버는 금욕적 태도와 자본주의 정신은 양립 가능하다고 보았다. 베버에 의하면, 칼뱅주의는 근면·검소·성실 등을 바탕으로 많은 부와 재화를 얻으려고 노력해야 한다고 했는데, 이는 금욕주의적 직업 윤리를 확립함으로써 자본주의 정신의 기초가 되었다. 베버는 자본주의 정신의 뿌리로 프로테스탄트 윤리를 들었다.

18 공자는 자신의 맡은바 역할에 충실할 것을 강조하면서도 직업을 통한 경제적 이익 추구를 부정적으로 보지 않았다.

19 공자는 사회 구성원이 각자 자신이 맡은 직분에 최선을 다할 때 공동체가 유지된다고 하였다.

20 베버에 의하면, 프로테스탄트는 금욕하고 직업에 충실하여 부를 축적하는 것이 신의 구원의 증표라고 하였다. 공자는 부의 축적의 정당화 근거를 자신의 직분에 충실한 데서 찾았다.

21 순자는 재화에 대한 인간의 욕망을 인정하였다. 그러면서 동시에 절제도 필요함을 말하였다.

22 칼뱅은 소명에 따라 검소하고 금욕적인 직업 생활을 통해 부를 축적하여 신의 사명을 다하는 것을 직업의 목표로 보았다.

23 순자는 인위적 규범인 '예'를 통해 각자 적성과 능력에 따른 사회적 분업을 주장하였다.

24 칼뱅은 직업에 충실하는 것이 신의 명령에 따르는 것이라고 보았으며, 순자도 부의 축적을 직업의 궁극적 목적으로 보지 않았다.

25 순자와 칼뱅 모두 각자의 직분에 충실할 때 사회 질서가 유지된다고 보았다.

26 맹자에 의하면, 일반 백성은 생계유지가 되어야 선한 마음을 유지할 수 있다고 보았다.

27 맹자는 정신노동과 육체노동을 구분하면서 둘은 어느 하나가 다른 하나보다 귀하거나 천하지 않으며 각자 맡은 직업에 충실함으로써 공동체에 기여할 수 있다고 보았다.

28 맹자는 생계유지를 중요시하기는 했지만 경제적 보상을 직업의 우선 조건으로 보지는 않았다.

29 맹자는 자신의 선한 본성을 지킬 수 있는 직업을 택할 것을 주장하였다.

30 맹자는 직업 선택에서 개인의 출세보다 사회적 기여를 더 중요시하였다.

31 순자는 예에 따라 사회적 역할을 분담해야 한다고 하였다.

32 순자는 사회적 역할은 예에 따라 정해지는 것이며, 개인의 자유로운 선택에 따라 정해지는 것으로 보지 않았다.

33 맹자는 '무항산 무항심(無恒産無恒心)'이라고 하여 백성에게 일정한 생활 근거를 마련해 주어야 도덕심이 유지될 수 있다고 보았다.

34 순자는 예에 따라 사회적 역할을 분담하고, 맹자는 정신노동과 육체노동을 구분하여 각자가 자신의 직분에 충실할 때 사회 질서가 유지될 수 있다고 보았다.

35 정약용은 목민관의 필수 덕목으로 청렴을 이야기하였지만, 청렴하다고 해서 과오를 면책시켜 줄 수는 없다고 보았다.

36 정약용은 청백리라는 칭호를 관직 상승의 수단으로 보지 않았다.

37 정약용은 목민관의 청렴은 그가 지혜롭기 때문이라고 보았으며, 지혜로운 목민관은 부패를 저지를 가능성이 낮다고 여겼다.

38 정약용은 백성들의 원성을 사지 않더라도 목민관은 개인적인 청탁을 해서는 안 된다고 보았다.

39 정약용은 백성을 위하고 업무를 충실하게 하기 위해서 청렴해야 한다고 보았다.

실전 기출 문제

본문 052~055쪽

| 01 ② | 02 ④ | 03 ③ | 04 ⑤ | 05 ④ | 06 ① | 07 ⑤ | 08 ⑤ |
| 09 ① | 10 ② | 11 ④ | 12 ③ | 13 ⑤ | 14 ② | 15 ⑤ | 16 ② |

01 베버와 마르크스의 직업관

자료 해설 갑은 베버, 을은 마르크스이다. 베버는 칼뱅의 프로테스탄트의 윤리가 자본주의 정신의 토대가 되었다고 주장한다. 칼뱅은 모든 직업이 신의 부름이라고 하면서 소명에 따라 주어진 직업을 성실하게 수행하되 근면하고 검소한 금욕적 태도로 임해야 한다고 하였다. 또한 베버에 의하면, 칼뱅주의는 직업적 성공으로 부를 축적하는 것을 신의 축복이라고 하면서 부를 쌓으려는 개인의 노력을 도덕적 · 합리적으로 정당화하였다. 마르크스는 자본주의 사회의 분업화된 노동으로 인해 노동자가 자율성을 상실하고 자아실현을 제대로 할 수 없다고 하면서 자본의 논리에 의해 인간의 노동 소외가 발생한다고 하였다.

선택지 분석
① 오답: 베버는 자본주의 정신의 뿌리로 청교도의 금욕주의적인 프로테스탄트 윤리를 언급한다. 칼뱅은 직업 소명설을 주장하면서 노동은 신의 명령을 따르는 것이라고 하였다.
❷ 정답: 베버는 프로테스탄트 윤리가 신이 부여한 소명에 성실하게 임하여 부를 축적하는 것을 정당화하고, 이것을 신의 축복으로 간주하였다고 본다. 칼뱅은 인간의 구원 여부는 이미 결정되어 있다고 주장하였는데, 베버는 이러한 칼뱅의 직업 소명설과 구원 예정설이 자본주의 정신을 발생시켰다고 보았다.
③ 오답: 마르크스는 자본주의에서 분업화된 노동으로 인해 인간은 창의성과 자율성을 상실하고 노동으로부터 소외된다고 하였다.
④ 오답: 마르크스는 자본주의에서는 노동자는 자본가의 이익을 축적하기 위한 도구로 전락하기 때문에 자아실현을 할 수 없다고 하였다.
⑤ 오답: 베버에 의하면, 프로테스탄트는 직업 소명설을 주장한 칼뱅의 영향으로 신으로부터 직업 소명설을 주장한 칼뱅처럼 신으로부터 부여받은 자

신의 직업에 최선을 다하는 것을 자본 축적의 원천이라고 보았고, 마르크스는 자본주의에서 분업화된 노동 착취를 통해 자본가가 자본을 축적할 수 있다고 보았다.

02 맹자의 직업관

자료 해설 제시문의 사상가는 맹자이다. 맹자는 일정한 소득이 없으면 바른 마음[恒心]을 지키기 어렵다고 보고 일정한 생업이 있어야 한다고 강조하였다.

선택지 분석
① 오답: 맹자는 직업이 생계유지의 수단이면서 변함 없는 선한 마음을 유지하기 위한 조건이라고 보았다. 따라서 직업 선택에 있어서 생계유지의 문제를 중요시하였다.
② 오답: 맹자는 마음을 수고롭게 하는 정신노동과 몸을 수고롭게 하는 육체노동을 서로 구분하였지만 이 둘은 귀천의 구분이 아니라 상호 보완적인 관계라고 하였다. 그리고 각자 자신이 맡은 직업에 충실함으로써 공동체의 발전에 기여할 수 있다고 보았다.
③ 오답: 맹자는 직업을 통한 생계유지를 중요하게 여겼지만 경제적 보상을 가장 중시해야 한다고 하지는 않았다. 맹자는 직업이 인격에 미치는 영향도 중시한다.
④ 정답: 맹자는 직업을 선택할 때 인격에 미치는 영향을 고려해야 한다고 하면서 선한 본성을 지킬 수 있는 직업을 선택할 것을 강조하였다.
⑤ 오답: 맹자는 직업 선택에 있어서 개인의 출세보다 사회적 기여를 더 중요시하였다.

03 맹자와 마르크스의 직업관

자료 해설 갑은 맹자, 을은 마르크스이다. 맹자는 정신노동과 육체노동을 구분하여 각자 맡은 일을 하는 분업을 강조하였고, 마르크스는 분업을 통해 인간이 특수한 기능만 담당하는 '부분 노동자'로 전락하면서 노동에서 소외된다고 하였다.

선택지 분석
① 오답: 맹자는 대인은 정신노동에 소인은 육체노동에 더 적합하다고 보았다.
② 오답: 맹자는 대인이 모든 직업에 능통한 사람이 아니라 정신노동에 능한 사람이라고 보았다.
③ 정답: 마르크스는 분업이 생산력을 증대시켜 자본가의 자본 축적에 기여하지만 노동자는 창의성과 자아실현을 제대로 할 수 없어 노동으로부터 소외된다고 하였다.
④ 오답: 마르크스는 분업이 노동자를 특수한 기능 담당하는 '부분 노동자'로 전락하게 한다고 보고, 인간의 본질 회복을 방해하여 노동 소외를 심화한다고 하였다.
⑤ 오답: 이상 사회 실현을 위해 정신노동과 육체노동을 구분하여 각자 맡은 일을 수행해야 한다고 보는 사람은 맹자이다. 분업을 긍정적으로 바라본 맹자와 달리 마르크스는 분업이 노동 소외를 심화하여 이상 사회 실현을 방해한다고 보고, 자본주의의 사적 소유를 없애고 공동 생산, 공동 분배해야 한다고 주장한다.

04 맹자와 마르크스의 직업관

자료 해설 제시문의 갑은 맹자, 을은 마르크스이다. 맹자는 남을 다스리는 사람은 남에 의해 먹고 살고, 다스림을 받는 사람은 남을 먹여 살린다고 하면서 대인과 소인의 역할을 구분하고, 대인은 마음을 수고롭게 하는 정신노동에, 소인은 몸을 수고롭게 하는 육체노동에 더 적합하다고 보았다. 이처럼 맹자는 분업을 상호 보완적 관계로 보고 자신이

맡은 일을 수행할 것을 주장하지만, 마르크스는 자본주의 사회의 분업
화된 노동이 개인의 창의성과 자아실현을 방해하여 노동자가 자기 노
동으로부터 소외되는 결과를 가져온다고 보았다.

선택지 분석

① 오답: 맹자는 대인의 역할과 소인의 역할을 구분하고 각자 자신이 맡은 일
에 충실할 것을 강조한다. 이는 직업 간의 귀천이나 우열을 따지기보다는
직업 간의 상호 보완성을 강조한 것이다.

② 오답: 맹자는 백성에게 일정한 생활 기반이 마련되어야 항심(恒心)을 발휘
할 수 있다고 하였다.

③ 오답: 마르크스는 자본주의 사회에서 노동자는 생산 수단이 없기 때문에
생계를 위해서는 자본가에게 예속될 수밖에 없다고 하였다.

④ 오답: 마르크스는 노동자가 노동을 통해 인간의 본질을 구현하고 자아실현
을 해야 한다고 주장한다. 그러나 자본주의 사회의 분업화된 노동으로 인
해 노동자는 자율성을 상실하고 노동으로부터 소외되어 자아실현을 방해
받는다고 하였다.

❺ 정답: 분업에 참여함으로써 인간다움을 실현해야 한다고 주장한 것은 맹자
만 해당한다. 마르크스는 분업을 부정적으로 바라본다.

05 베버와 공자의 직업관

자료 해설 갑은 베버이고, 을은 공자이다. 베버는 칼뱅의 프로테스
탄트의 윤리가 자본주의 정신의 토대가 되었다고 주장하였다. 베버에
의하면, 칼뱅주의는 모든 직업이 신의 부름, 즉 소명에 따라 주어지는
것이라고 보고 재화의 획득을 신의 뜻으로 여겼다. 그들은 검소하고 금
욕적인 태도로 직업에 종사하되, 직업적 성공으로 부를 축적하는 것을
신의 축복이라고 하여 정당화하였다. 공자는 정명 사상을 주장하면서
자신이 맡은 직분에 충실할 것을 강조하였다.

선택지 분석

① 오답: 베버는 경제적으로 부유하더라도 직업 노동을 계속해야 한다고 주장
하였다.

② 오답: 베버는 금욕적 태도와 자본주의 정신이 양립 가능하다고 보았다.

③ 오답: 공자는 직업을 통해 최대의 이익을 추구해야 한다고 보지 않았다. 그
는 임금은 덕치로 백성의 신뢰를 얻고 씀씀이를 줄여 백성을 사랑해야 하
며, 신하는 맡은 직분을 수행하고 녹봉은 그 다음에 생각해야 한다고 하면
서 경제적 대가보다 자신의 역할에 충실할 것을 강조하였다.

❹ 정답: 공자는 사회 구성원이 각자 자신이 맡은 직분에 최선을 다할 때 공동
체가 유지된다고 하였다.

⑤ 오답: 베버에 의하면, 프로테스탄트는 절약하고 직업에 충실하여 직업 노
동에서 성공하는 것이 구원의 증표라고 하며 정당화하였고, 공자는 자신의
직분을 충실히 수행하는 데서 부의 축적을 정당화하였다.

06 기업의 사회적 책임

자료 해설 그림의 강연자는 '윤리적 관점에서 볼 때, 부정적 외부 효
과 발생의 책임은 해당 기업이 져야 합니다.'라고 하면서 환경 오염과
같은 부정적 외부 효과에 대해 기업이 책임을 져야 함을 주장하고 있
다. 이러한 입장에서 강연자가 반대하거나 부정의 대답을 할 질문을 고
르면 된다.

선택지 분석

❶ 정답: 강연자는 기업이 이윤 극대화 활동에만 전념할 것이 아니라 이윤이
감소하더라도 부정적 외부 효과에 적극적 책임을 져야 한다고 주장한다.
따라서 제시문의 강연자가 부정의 대답을 할 질문이다.

② 오답: 강연자는 기업이 기업 활동으로 인한 환경 오염 문제와 같은 부정적
외부 효과에 책임을 져야 한다고 주장하고 있으므로 공공재에 대한 책무를
인정해야 한다고 대답할 것이다.

③ 오답: 강연자는 환경 오염과 같은 부정적 외부 효과가 미래 세대에게 부당
한 부담을 줄 수 있다고 주장한다. 그러므로 기업이 미래 세대의 생존과 삶
의 질 문제에도 관심을 기울여야 한다고 대답할 것이다.

④ 오답: 강연자는 기업의 이윤이 감소하더라도 기업이 사회적 문제에 관심을
가지고 적극적 책임을 져야 한다고 주장한다. 따라서 공공선을 위해서라면
기업의 이윤 추구 활동에 대한 제약을 승인할 수 있다고 대답할 것이다.

⑤ 오답: 강연자는 환경 오염과 같은 시장 실패의 사례에서 그 처리 비용을 일
반 시민과 미래 세대가 부담해야 하는 것이 잘못되었다고 주장한다. 따라
서 기업의 시장 실패는 지역 사회에 불이익을 초래한다고 대답할 것이다.

07 정약용의 공직자 윤리

자료 해설 제시문의 사상가는 공직자가 반드시 갖추어야 할 덕목으
로 청렴을 강조한 정약용이다. 청렴은 성품과 행실이 올바르고 탐욕이
없는 상태로서 바람직하고 깨끗한 공직자가 갖추어야 할 덕목이다. 정
약용은 "목민심서"에서 "수령 노릇을 잘하려는 자는 반드시 자애로워야
하고, 자애로워지려는 자는 반드시 청렴해야 한다."라고 하면서 공직자
가 청렴해야 백성을 진심으로 사랑할 수 있다고 하였다.

선택지 분석

① 오답: 정약용은 목민관이 지녀야 할 덕목으로 청렴을 강조하였으나 과오를
면책시켜 주어야 한다고 주장하지는 않았다.

② 오답: 정약용은 청렴의 덕목이나 청백리라는 칭호를 관직 상승의 수단으로
보지 않았다.

③ 오답: 정약용은 목민관이 청렴하지 못한 것은 지혜가 부족하기 때문이라고
보고, 지혜롭고 청렴한 목민관은 부패를 저지르지 않을 것이라고 하였다.

④ 오답: 정약용은 어떠한 경우에도 사사로운 청탁을 하거나 받아서는 안 된
다고 주장하였다.

❺ 정답: 정약용은 목민관이 백성을 위하고(애민) 공적 업무를 충실하게 수행
(봉공)하기 위해서는 청렴의 덕목을 갖추어야 한다고 주장하였다.

08 유교의 직업관

자료 해설 제시문의 사상가는 맹자이다. 맹자는 직업을 생계유지의
수단으로 보았는데, 사람이 바른 마음으로 인간답게 살기 위해서는 일
정한 생업이 있어야 한다고 보았다. 또한 그는 사회적 분업을 강조하면
서 대인이 하는 일과 소인이 하는 일을 구분하고 이 둘을 상호 보완적
관계로 보았다. 이러한 맹자의 입장과 일치하는 입장을 〈보기〉에서 고
르면 된다.

선택지 분석

ㄱ. 오답: 맹자는 신분에 따른 사회적 분업을 주장하였는데, 제시문에서도 '대
인이 하는 일이 있고 소인이 하는 일이 있는 것이다.'라고 한 부분에 잘 드
러나 있다. 맹자뿐만 아니라 유교에서는 전통적으로 신분 질서에 따라 자
신이 할 일이 정해져 있다고 본다.

ㄴ. 정답: 맹자는 공동체의 질서 유지를 위해 사회적 분업이 필요하다고 주장
하면서 대인은 정신노동에, 소인은 육체노동에 적합하다고 보았다.

ㄷ. 정답: 맹자는 '항산(恒産)이 있어야 항심(恒心)이 있다.'라고 하면서 통치자
가 생계유지의 기반을 마련해 주어야 백성들이 바른 마음으로 인간답게 살
수 있다고 하였다.

ㄹ. 정답: 맹자는 개개인이 자신의 생업에 충실하면 사회 구성원들의 윤택한
삶에 이바지할 수 있다고 보았다.

09 마르크스와 베버의 직업관

자료 해설 갑은 마르크스, 을은 베버이다. 마르크스는 자본주의 사회에서 노동자는 생산을 위한 수단으로 이용되면서 노동으로부터 소외된다고 보았다. 베버는 청교도 윤리가 자본주의 발달의 정신적 토대라고 보고, 검소하고 금욕적인 태도로 직업에 종사하면서 부를 축적할 것을 주장하였다.

선택지 분석

❶ 정답: 마르크스는 자본주의 사회에서 정신적 능력 회복으로 소외가 극복된다고 보지 않았다. 그는 노동자가 소외에서 벗어나려면 공동 생산, 공동 분배의 공산주의를 건설해야 한다고 주장하였다.

② 오답: 마르크스는 자본주의 사회의 분업으로 인해 노동자는 창의성과 자율성을 상실하고 인간이 노동으로부터 소외된다고 보았다.

③ 오답: 베버는 금욕주의와 직업 노동을 의무로 보는 청교도 윤리가 노동 생산성을 향상시켜 자본주의 발달을 가져왔다고 보았다.

④ 오답: 베버는 청교도가 신이 부여한 소명에 성실하게 임하여 부를 축적하는 것을 정당화하고, 직업에서의 성공을 구원의 증표로 간주하였다고 보았다.

⑤ 오답: 마르크스는 분업이 생산량을 증대시키면서 자본주의 발전에 기여하였고, 베버는 직업 소명설을 주장한 칼뱅처럼 신으로부터 부여받은 자신의 직업에 최선을 다하는 것이 자본 축적의 원천으로서 자본주의 발달에 기여하였다고 보았다.

10 부패 방지와 청렴

자료 해설 그림의 강연자는 미국의 사회학자 퍼트넘이다. 그는 부패를 방지하거나 감소시키기 위해서 법적 제재뿐만 아니라 사회적 자본이 필수적임을 주장한다. 사회적 자본이란 사회 구성원이 공동의 문제를 해결하는 데 적극적으로 참여하는 사회적 조건이나 특성을 의미한다. 이러한 사회적 자본의 대표적인 지표는 주로 청렴, 신뢰, 규범, 관용 등이 있으며, 사회적 자본이 축적될수록 반칙과 부패는 감소하고 호혜성과 생산성은 증가한다고 보았다. 이러한 입장과 일치하지 않는 주장을 고르면 된다.

선택지 분석

① 오답: 퍼트넘은 사회적 자본이 청렴성과 연대 의식을 함께 강화시킨다고 보았다.

❷ 정답: 퍼트넘은 사회적 자본은 신뢰, 규범, 관용 등의 도덕적 자원들로 구성된다고 하면서 이러한 사회적 자본이 형성되어야 시민 결사체들을 통해 의견 대립을 긍정적으로 승화시켜 사회 구성원 간의 갈등을 차단할 수 있다고 보았다. 따라서 사회적 자본의 형성이 사회 구성원 간의 갈등을 차단하는 선결 조건이다.

③ 오답: 퍼트넘은 사회 구성원이 공동의 문제 해결을 위해 적극적으로 참여하여 사회적 자본을 축적할수록 사회 제도 개혁과 같은 사회 문제 해결이 쉬워진다고 하였다.

④ 오답: 사회적 자본의 축적이 호혜성과 생산성을 증가시키므로 정치적·경제적 효율성의 증진에도 기여한다.

⑤ 오답: 제시문에서는 법적 제재만으로는 부패를 방지하기 부족하기 때문에 사회적 자본 축적이 필수적이라고 하였다. 즉, 퍼트넘은 인위적이고 강제적인 처벌보다 사회 구성원이 자율적으로 규범을 내면화하는 것이 부패 방지에 더 효과적이라고 본 것이다.

11 순자와 칼뱅의 직업관

자료 해설 갑은 순자, 을은 칼뱅이다. 순자는 각자의 적성과 능력에 따라 사회적 역할을 분담하는 예(禮)를 중시하였고, 사회적 분업을 통해 공동체의 질서 유지에 기여할 것을 강조하였다. 칼뱅은 직업을 신으로부터 부름받은 자기 몫의 일이라고 하면서 신이 내린 직업에서 성공하는 것이 구원의 징표라는 직업 소명설을 주장하였다. 그는 신의 은총을 확인하려면 근면, 검소, 성실을 바탕으로 많은 부와 재화를 획득하기 위해 노력해야 한다고 하였다.

선택지 분석

① 오답: 순자는 욕망을 인정하면서도 적절하게 절제할 필요성이 있음을 강조하였다.

② 오답: 칼뱅은 검소하고 금욕적인 태도로 직업에 종사할 것을 강조하면서 직업적 성공으로 부를 축적하는 것을 신의 축복이라고 여겼다.

③ 오답: 순자는 예라는 규범을 통해 직업을 구별하고 각자의 적성과 능력에 따른 사회적 분업이 공동체의 질서 유지에 기여한다고 주장하였다.

④ 정답: 칼뱅은 순자와 달리 자신의 직업에 충실히 임하는 것이 바로 신의 명령에 따르는 일이라고 하였다. 즉, 직업의 궁극적 목적은 부의 축적이 아니라 신이 내린 사명을 다하는 것이다. 칼뱅은 그 과정에서 부를 축적하는 것을 신의 축복이라고 하면서 긍정하였다.

⑤ 오답: 순자와 칼뱅은 모두 각자가 자신의 역할에 충실할 것을 강조한다.

12 기업의 사회적 책임

자료 해설 제시문의 '나'는 기업의 목적이 이윤 추구에 있음을 주장하는 데 반해, '어떤 학자'는 기업이 이윤 추구뿐만 아니라 사회적 책임을 다해야 한다고 주장한다. 따라서 ㉠에는 '나'의 입장에서 '어떤 학자'의 주장을 반박하는 내용이 들어가야 한다.

선택지 분석

① 오답: '나'와 '어떤 학자'는 모두 기업이 기본적으로 이윤을 추구한다는 데 동의한다.

② 오답: '어떤 학자'는 기업의 이윤 추구와 공익이 양립할 수 있다는 입장이다.

❸ 정답: '어떤 학자'는 기업이 공동선을 추구할 때 장기적으로 기업의 이익 증대에 기여한다고 보기 때문에 사회적 책임을 다할 것을 주장한다. 이에 반해 '나'는 기업이 사회적 책임을 가질 필요가 없다고 주장하고 있으므로 '어떤 학자'의 주장을 반박하는 내용으로 적절하다.

④ 오답: '어떤 학자'는 기업의 공익 활동이 장기적으로 기업의 이익 증대에 기여할 수 있다고 본다. 기업의 공익 활동이 기업 경쟁력 상실의 원인이 된다고 보는 것은 '나'의 입장이다.

⑤ 오답: 제시문에서 '나'는 '오로지 법을 준수하면서' 이익을 추구해야 함을, '어떤 학자'는 '법의 테두리 내에서의 경영'을 통해 이익을 추구해야 함을 이야기하였다. 즉, 두 사람 모두 기업이 합법적으로 경영하고 합리적으로 이윤을 추구해야 한다는 데 동의한다.

13 기업의 사회적 책임

자료 해설 제시문에서 갑은 기업 활동의 유일한 목적은 기업의 이윤 추구에 있다고 주장하고, 을은 기업이 모든 이해 당사자들의 이익을 동등하게 고려해야 한다고 주장한다. 병은 을과 마찬가지로 기업이 모든 이해 당사자들의 이익을 동등하게 고려해야 하지만, 이해 당사자들의 이익이 충돌한 경우에는 주주의 이익을 우선적으로 고려해야 한다고 주장한다.

선택지 분석

① 오답: 갑은 기업이 기업의 이윤 추구를 극대화해야 한다고 주장한다.

② 오답: 을은 기업이 투자자와 소비자 등 모든 이해 당사자들의 이익을 동등 하게 고려해야 한다고 주장한다.

③ 오답: 병은 을과 마찬가지로 기업이 모든 이해 당사자들의 이익을 동등하 게 고려해야 함을 주장한다. 그러나 이해 당사자들의 이익이 충돌할 경우 에는 주주의 이익을 우선적으로 고려해야 한다고 주장한다.

④ 오답: 갑은 기업이 이윤 극대화 이외의 책임을 가지고 있지 않다고 주장한다.

❺ 정답: 을과 병은 기업이 모든 이해 당사자의 이익을 고려할 책임을 가지기 때문에 그들의 이익을 동등하게 고려해야 한다고 주장한다.

14 베버와 마르크스의 직업관

자료 해설 갑은 베버, 을은 마르크스이다. 칼뱅의 직업 소명설에 영 향을 받은 베버는 프로테스탄트 윤리가 자본주의 발달의 정신적 토대 라고 보고, 검소하고 금욕적인 태도로 직업에 종사하면서 부를 축적하 는 것을 도덕적·종교적으로 합리화하였다. 이에 반해 마르크스는 자 본주의 사회에서는 노동자가 생산을 위한 수단으로 이용되어 노동으로 부터 소외된다고 하였다.

선택지 분석

① 오답: 베버에 의하면, 프로테스탄트는 세속적인 삶을 위해 부를 지향하는 것이 아니라 직업은 신으로부터 부름받은 자기 몫의 일이기 때문에 자신의 직분에 성실하게 임하는 것이 신의 명령에 따르는 것이라고 보았다. 또한 직업적 성공으로 부를 축적하는 것을 신의 축복이라고 보고 긍정하였다.

❷ 정답: 마르크스는 자발적 노동을 통해 인간의 본질을 실현해야 한다고 주 장하면서 자본주의 사회에서 생산 수단을 소유하지 못한 노동자가 생계를 위해 자본가 밑에서 일하는 것을 강제적인 노동이라고 비판하였다.

③ 오답: 베버는 칼뱅의 프로테스탄트 윤리가 자본주의 정신의 출발이라고 보 고 노동을 통한 자본의 축적을 정당하다고 보았다.

④ 오답: 마르크스는 능력이나 업적에 따른 분배가 아니라 필요에 따른 분배 가 노동 의욕을 고취시킬 것이라고 보았다. 따라서 사적 소유를 없애고 공 동 생산, 공동 분배의 공산주의를 건설해야 한다고 주장하였다.

⑤ 오답: 마르크스는 노동의 분업이 인간을 노동으로부터 소외시킨다고 주장 하였다.

15 베버의 직업관

자료 해설 제시문의 사상가는 베버이다. 베버는 칼뱅의 프로테스탄 트 윤리가 자본주의 발달의 정신적 밑바탕이 되었다고 보았는데, 칼뱅 은 직업이 신의 거룩한 부름이라는 직업 소명설과 신의 구원이 이미 예 정되어 있다는 구원 예정설을 주장하였다. 칼뱅은 중세 교회가 개인의 이윤 추구에 대해 부정적 태도를 보였던 것과 달리 부를 축적하려는 개 인의 노력을 정당하다고 보았으며, 더불어 근면하고 검소한 금욕적 생 활 자세를 강조하였다.

선택지 분석

① 오답: 칼뱅은 "신께 선택 받은 것을 확신하고 노동을 통해 신께 봉사하라." 라고 하였다. 베버는 이러한 칼뱅의 사상이 프로테스탄트 윤리를 형성하게 되었다고 보았다.

② 오답: 베버에 의하면, 프로테스탄트는 직업이 정신적 가치와 관련이 없을 경우 영혼이 타락한다고 보았다.

③ 오답: 베버는 프로테스탄트의 직업 윤리가 자본주의 경제 질서를 구축하는 데 기여하였다고 보았다.

④ 오답: 프로테스탄트는 직업을 '신으로부터 부름받은 자기 몫의 일'이라고 보고, 자신의 직업에 충실히 임하는 것이 바로 신의 명령에 따르는 것이라

고 하였다.

❺ 정답: 프로테스탄트는 노동을 신의 소명에 응하는 것으로 여겼으며, 이를 통한 부의 축적을 정당화하였다. 칼뱅주의는 직업적 성공으로 부를 축적하 는 것을 신의 축복이라고 보았다.

올쏘 만점 노트 중세 서양의 직업 윤리

중세 그리스도교	직업은 원죄에 대한 속죄의 의미
칼뱅	• 신이 내린 직업에서 성공하는 것이 바로 구원의 징 표라는 직업 소명설을 주장함 • 모든 직업은 신이 우리에게 내린 소명이며, 인간의 직업은 지상에서 신의 영광을 실현하는 수단임 • 신의 은총을 확인하려면 근면·검소·성실 등을 바 탕으로 많은 부와 재화를 얻으려고 노력해야 함

16 순자와 맹자의 직업 윤리

자료 해설 갑은 순자, 을은 맹자이다. 순자는 예(禮)에 따라 사회적 역할 분담을 규정해야 한다고 보았고, 맹자는 각자 자신이 해야 될 일 을 해야 한다는 분업의 원리를 중시하면서 노동을 육체노동과 정신노 동으로 구분하고 상호 보완적 관계를 이루어야 함을 강조하였다.

선택지 분석

① 오답: 순자는 예에 따라 사회적 역할을 분담해야 한다고 주장하면서 덕을 헤아려 지위를 정하고, 능력을 헤아려 관직을 맡겨야 한다고 보았다.

❷ 정답: 순자는 개인의 자유로운 선택에 따라 사회적 신분이 정해져야 한다 고 주장하지 않았다. 순자는 사회적 역할 분담을 규정해 주는 규범인 예에 따라 사회적 신분이 정해져야 한다고 보았다.

③ 오답: 맹자는 육체노동을 하는 노력자(勞力者)와 정신노동을 하는 노심자 (勞心者)로 구분하여 사회적 분업이 이루어져야 한다고 주장하면서 직분 간의 유기적 관계를 통해 사회 질서가 유지될 수 있다고 보았다.

④ 오답: 맹자는 백성에게 일정한 생활 근거인 항산(恒産)을 마련해 주어야 도 덕적 마음[恒心]이 유지될 수 있다고 주장하였다.

⑤ 오답: 순자는 예에 따라 사회적 역할을 분담하고, 맹자는 정신노동과 육체 노동을 구분하는 사회적 분업을 강조하였다. 그리고 순자와 맹자는 모두 사회 구성원이 각자 자신의 직분에 충실해야 사회 질서가 유지될 수 있다 고 하였다.

올쏘 만점 노트 동양의 직업윤리

공자	생활 속에서 자신이 맡은바 임무와 역할을 충실히 수행해야 함(정명 사상)
맹자	• 직업은 생계유지 수단 • "항산(恒産)이 없으면 항심(恒心)도 없다." → 나라는 백성들 에게 일정한 생활 근거를 만들어 주어야 함 • 정신노동과 육체노동의 사회적 분업 강조 • 직업 간에는 우열이 없으며, 상호 보완적 관계를 맺음
순자	적성과 능력에 따른 사회적 역할 분담 주장
우리나라	자신의 일에 긍지를 가지고 전념하거나 한 가지 기술에 정통 하려고 노력함(장인 정신)

킬러 예상 문제

본문 056~057쪽

01 ① 02 ③ 03 ③ 04 ③ 05 ② 06 ① 07 ④ 08 ③

정답 및 해설

01 순자와 칼뱅의 직업관

자료 해설 갑은 각자의 적성과 능력에 따라 사회적 역할을 분담해야 한다고 보는 순자이다. 을은 직업을 신이 내려 준 것이라고 이해한 직업 소명설을 주장한 칼뱅이다. 칼뱅은 성실하게 일하여 직업적 성공을 거두는 것을 구원의 징표라고 여겼다.

선택지 분석

- **ㄱ** 정답: 순자의 경우 인간은 본성적으로 물질적 욕망을 추구하기 원하며, 각자의 적성에 맞는 직업을 통해 부를 추구하는 것은 옳다고 보았다. 칼뱅은 직업 소명설을 바탕으로 부를 축적하는 것을 신의 축복이자 구원의 징표로 이해하였다.
- **ㄴ** 정답: 순자는 대인과 소인의 역할은 구분되어 있다고 했기에 갑의 입장에서 '예'라고 답할 수 있다. 반면 칼뱅은 직업의 역할 분담에 대해 주장하지 않았으므로 '아니요'라 답할 것이다.
- ㄷ. 오답: 순자와 칼뱅 모두 사회적 역할 분담을 통해 사회 질서가 유지된다고 보았다.
- ㄹ. 오답: 칼뱅은 신의 영광을 위해서 오히려 자신의 세속적 직업에 충실히 임해야 한다고 주장하였다.

02 기업의 이윤 추구와 사회적 책임

자료 해설 갑은 기업의 사회적 책임을 강조한 애로이다. 애로는 기업은 사회 구성원 없는 이윤 창출이 불가능하므로 다양한 영역에서 자발적으로 사회적 책임을 이행해야 한다고 보았다. 을은 기업의 사회적 책임을 부당하다고 본 프리드먼이다. 프리드먼은 기업의 목적은 이윤의 극대화이므로 사회적 책임을 강요해서는 안 된다고 주장한다.

선택지 분석

- ① 오답: 애로 역시 기업의 근본 목적은 이윤 창출로 보았다. 따라서 이윤 창출을 가능하게 하는 사회 구성원을 위해 사회적 책임을 다해야 한다고 주장한다.
- ② 오답: 기업의 이윤 극대화가 기업의 유일한 목표라고 본 것은 프리드먼이다.
- **③** 정답: 프리드먼은 기업의 유일한 목표는 정당하게 이윤을 추구하는 것이라고 보았다.
- ④ 오답: 프리드먼은 기업의 역할은 오직 이윤 창출에 있으므로 소비자를 위한 사회적 책임을 강요해서는 안 된다고 주장한다.
- ⑤ 오답: 기업의 사회적 책임을 주장하는 애로우는 찬성하지만, 기업의 목적은 오직 이윤 창출이라고 본 프리드먼은 반대할 것이다.

03 전문직 윤리의 특징

자료 해설 전문직은 고도의 교육과 훈련을 거쳐 일정한 자격 또는 면허를 취득함으로써 전문 지식과 기술을 독점적으로 사용하는 직업이므로 사회적, 경제적으로 우월한 위치에 있다고 볼 수 있다. 따라서 변호사와 같은 전문직은 높은 수준의 도덕성과 의무를 가진다.

선택지 분석

- ㉠ 오답: 권위로 인해 생기는 자율성이 남용되면 비윤리적이고 반사회적일 수 있기에 오히려 타인의 충고를 고려해야 한다.
- **㉡** 정답: 변호사 윤리 강령에 따르면 의뢰인의 기본적 인권을 옹호해야 한다고 명시되어 있다.
- **㉢** 정답: 변호사 윤리 강령에 따르면 사회 정의 실현을 사명으로 한다고 명시되어 있다.
- ㉣ 오답: 변호사 윤리 강령에 따르면 법의 절차를 따르면서 의뢰인에게 정당한 이익을 보호해야 한다.

04 마르크스와 플라톤의 직업관

자료 해설 (가)는 노동으로부터의 소외에서 벗어나 노동을 통해 자기 본질을 실현하는 인간 존재의 특성을 되찾아야 한다고 주장한 마르크스이다. (나)는 사람마다 타고난 기질에 따라 적합한 일에 배치되어야 한다고 주장한 플라톤이다. 플라톤은 능력에 따라 사회적 역할이 분담되어야 한다고 강조한다.

- 분업이 사회 질서 유지에 기여한다고 보는 정도(X): 마르크스는 분업이 노동자의 창의성 증진과 자아실현에 도움이 되지 않는다고 보았고, 플라톤은 생산자 계급, 방위자 계급, 통치자 계급으로 나누어 각 계급마다 자신의 역할에 충실할 것을 주장하였다.
- 생산 수단의 공유를 통해 노동의 본질을 실현하려는 정도(Y): 마르크스는 자본주의 사회에서 생산 수단이 자본가 계급에게만 소유되어 있는 것에 대해 비판하며, 노동의 본질을 실현하기 위해서는 생산 수단이 공유되어야 한다고 보았다. 플라톤은 생산 수단의 공유를 통해 노동의 본질을 실현한다고 보지는 않았다.
- 각자 타고난 성향에 따라 직업과 계급이 다르다고 강조하는 정도(Z): 마르크스는 타고난 자연적 성향에 따라 직업과 계급이 나뉜다고 보지 않았으며, 플라톤은 타고난 성향에 따라 생산자, 방위자, 통치자가 결정된다고 보고 계급을 나누었다.

선택지 분석

- ㉠ 오답: X축이 낮고, Y축이 높고, Z축이 높으므로 오답이다.
- ㉡ 오답: X, Y, Z축이 모두 높으므로 오답이다.
- **㉢** 정답: 분업이 사회 질서 유지에 기여한다고 보는 정도(X)는 마르크스에 비해 플라톤이 상대적으로 높다. 생산 수단의 공유를 통해 노동의 본질을 실현하려는 정도(Y)는 마르크스에 비해 플라톤이 상대적으로 낮다. 각자 타고난 성향에 따라 직업과 계급이 다르다고 강조하는 정도(Z)는 마르크스에 비해 플라톤이 상대적으로 높다.
- ㉣ 오답: X축이 낮고, Y축이 높고, Z축이 낮으므로 오답이다.
- ㉤ 오답: X축이 높고, Y축이 높고, Z축이 낮으므로 오답이다.

> **올쏘 만점 노트** 순자와 플라톤의 사회적 역할 분담
>
> | | |
> |---|---|
> | **순자** | 순자는 각자의 적성과 능력에 따라 사회적 역할을 분담하여 예(禮)를 실현하고자 하였다. |
> | **플라톤** | 플라톤은 각자가 지닌 고유한 기능을 발휘할 수 있는 사회적 역할을 주어 덕(德)을 실현하고자 하였다. |

05 기업의 사회적 책임에 대한 프리드먼과 보겔의 입장

자료 해설 갑은 기업에 이윤 극대화 외의 사회적 책임을 강조하는 것은 기업의 소유주나 주주에 대한 권익을 침해하는 행위라고 본 프리드먼이다. 을은 책임 있게 경영하는 기업이 소비자에게 긍정적으로 노출되고, 충성스러운 소비자들의 지지를 얻게 된다고 본 보겔에 해당한다.

선택지 분석

- ㄱ. 오답: 보겔은 기업의 윤리 경영과 영리 추구가 관련되어 있다고 보았다.
- **ㄴ** 정답: 프리드먼과 보겔 모두 기업의 근본적인 본질을 정당한 이윤 추구의 극대화에 있다고 보았다.
- ㄷ. 오답: 프리드먼은 기업의 의무적인 공동선의 실현에 대해 반대하였다.
- **ㄹ** 정답: 보겔은 사회적 책임의 이행을 경쟁에서 승리하여 기업이 더 큰 이윤을 창출할 수 있는 자원이라고 생각했다.

06 정약용의 청렴 사상

자료 해설 '다음 사상가'는 정약용이다. 정약용은 "목민심서"에서 청렴의 중요성을 강조하였다. 특히 그는 청빈한 생활 태도를 유지하면서 국가의 일에 충심을 다하는 청백리 정신을 중시하였다.

선택지 분석

❶ 정답: 백성을 사랑하는 마음인 애민과 공적인 일을 사적인 일보다 우선적으로 실현하는 자세인 봉공은 정약용이 주장하는 청렴의 정신에 포함된다.
② 오답: 사사로운 청탁을 받아주는 행위는 봉공의 자세에서 벗어난 청렴하지 못한 일이다.
③ 오답: 관직 상승을 위한 목적은 사적인 목적이므로 청렴과 거리가 멀다.
④ 오답: 목민관은 청렴함도 필요하지만 백성을 위한 일을 하기 위해서 공직자로서 갖추어야 할 전문성도 필요하다.
⑤ 오답: 정약용은 청렴함이 있어야 훌륭한 목민관이 될 수 있다고 강조하지만 백성에 대한 처벌을 없애야 한다고 주장하지 않았다.

07 공직자 윤리의 특징

자료 해설 ㉠에 들어갈 말은 공직자 윤리에 관한 내용이다. 국민으로부터 많은 권한을 부여받은 공직자의 경우 국민을 위한 공정한 직무를 수행해야 하기 때문에 봉공의 자세와 공공성이 요구된다. 특히 공직자는 청렴의 자세가 강조된다.

선택지 분석

㉠ 정답: 공공성을 강조하는 공직자 윤리에 포함되는 내용이므로 옳다.
㉡ 정답: 전문성과 공정성은 공직자가 갖추어야 할 덕목에 해당한다.
㉢ 정답: 공직자 윤리의 봉공의 자세에 포함되는 내용이므로 적합하다.
ㄹ. 오답: 특징 집단의 이익을 위한 일은 공직자가 갖추어야 할 공정성과 공공성을 위배하는 행위이다.

08 부패 발생의 기본 모델 분석

자료 해설 (가)는 기대 비용 모델로 부패의 기대 비용은 적발 확률과 처벌 확률, 벌칙의 강도가 높을수록 커진다고 보는 관점이다. (나)는 주인-대리인 모델로 부패의 수준은 독점권과 재량권이 클수록 커지며, 책임성과 투명성이 클수록 낮아진다고 보는 입장이다.

선택지 분석

① 오답: 처벌이 강해질수록 부패에 대한 기대 비용도 커져서 부패가 적어진다.
② 오답: 적발 확률이 클수록 부패가 줄어들기 때문에 감시의 필요성을 유추할 수 있다.
❸ 정답: 재량권이 보장될수록 부패는 발생하기 쉬워진다.
④ 오답: 공직자의 책임이 커지면 부패의 수준이 줄어들기에 예방에 도움이 된다.
⑤ 오답: (가)와 (나) 모두 부패를 조장하는 사회 구조 및 제도의 개선이 필요하다고 본다.

07강 사회 정의와 윤리

기출 선지 변형 O X

본문 059, 061, 063쪽

01 ○　02 ✕　03 ○　04 ✕　05 ✕　06 ○　07 ○　08 ✕
09 ✕　10 ○　11 ✕　12 ○　13 ✕　14 ✕　15 ○　16 ✕
17 ○　18 ○　19 ○　20 ✕　21 ○　22 ○　23 ✕　24 ○
25 ○　26 ○　27 ○　28 ○　29 ○　30 ✕　31 ○　32 ✕
33 ✕　34 ✕　35 ○　36 ○　37 ○　38 ○　39 ○　40 ○
41 ○　42 ○　43 ○　44 ✕　45 ○　46 ✕　47 ✕　48 ○
49 ○　50 ○　51 ✕　52 ○　53 ○　54 ○　55 ✕　56 ○
57 ○　58 ○

01 개인 윤리는 사회 갈등의 원인이 부도덕한 개인, 개인의 이기심에 있다고 본다. 이것이 집단의 형태로 드러나기에 사회 갈등이 생긴다고 보는 것이다.

02 개인 윤리는 사회 갈등의 해법이 개인의 도덕성 함양에 있다고 보고, 사회 윤리는 사회 갈등의 해법이 권력의 균형 유지에 있다고 본다.

03 개인의 이기심을 갈등의 원인으로 보는 개인 윤리뿐만 아니라 사회 윤리도 사회 정의를 위해 개인의 선의지 함양이 필요하다고 본다.

04 사회 윤리만 사회 정의의 실현을 위해 때로 외적 강제력을 동원해야 한다고 본다.

05 개인 윤리에서는 갈등을 해결함에 있어서 개인의 도덕성 함양을 중시하고, 사회 윤리에서는 개인의 도덕성 함양뿐만 아니라 사회 제도의 개선이 중요하다고 여긴다.

06 노직은 국가의 역할이 사기, 절도 등의 일을 막는 것 그 이상에서는 안 된다고 보았다.

07 노직은 정당한 이유 없이 국가가 개인의 재산권을 침해해서는 안 된다고 보았다.

08 개인의 천부적 재능을 개인의 자산이 아닌 사회의 공동 자산으로 간주한 사상가는 롤스이다. 노직은 재능을 비롯하여 개인이 태어나면서 지닌 모든 것을 개인의 자산으로 보았다.

09 무지의 베일을 씌워 모든 우연성을 배제하고자 한 사상가는 롤스이다.

10 노직은 개인이 정당하게 획득한 재산은 개인의 것이기에 그 재산의 처분 또한 개인의 자유에 달려 있다고 보았다.

11 롤스와 노직 모두 공리의 극대화를 위해 기본적 자유를 제한하는 것을 정당하지 않다고 본다.

12 롤스는 원초적 합의는 '심리학적 사실에 대한 지식'을 배제할 필요가 없다고 본다.

13 롤스가 노직과 달리 기본 제도가 공정해야 사회 구성원의 자발적 협동이 가능하다고 본다. 제도가 공정하면 사회적 협동의 이익과 부담이 적절히 분배되기에 협력이 자연스럽게 가능해진다는 것이다.

14 노직은 최소 국가를 주장하면서도, 강압, 절도, 사기, 강제 계약의 발생을 막기 위해 개인 간의 계약 이행에 국가가 개입할 수 있다고 본다.

15 롤스는 무지의 베일을 쓴 상태에서도 자유롭고 합리적인 개인들은 자신이 최소 수혜자가 될 수 있다는 가능성을 염려하여 차등의 원칙에 합의할 수 있다고 본다. 실제로 자신이 최소 수혜자가 된 상황을 가정하여 원칙을 세워야 하기 때문이다.

16 롤스는 원초적 입장의 계약 당사자들이 만장일치로 정의 원칙에 합의한다고 보았기에 다수결로 합의했다는 부분은 틀렸다.

17 롤스는 원초적 상황에서 무지의 베일을 쓴 채 사람들이 정의의 원칙에 합의하게 된다고 보았는데, 이때 자신과 타인의 사회적 지위, 재산, 권력, 심리적 상태에 대한 지식이 모두 배제된다고 보았다.

18 롤스는 무지의 베일을 쓴 상태에서 사람들은 서로의 능력, 신분, 재산 등의 사회적 조건을 모르지만, 경제학이나 심리학 등의 일반적 사실을 알고 있기 때문에 자신이 불리할 상황을 고려하여 정의의 원칙에 합의할 수 있다고 주장하였다.

19 노직은 분배 과정에서 취득과 이전의 절차나 과정이 정의롭다면 그 분배의 결과는 정당하다고 주장하였다.

20 노직은 개인의 소유 권리는 자연적 우연성을 배제하지 않는 상태에서도 인정된다고 보았다. 자연적 우연성이란 개인이 태어났을 때 지니게 되는 사회적 지위, 부모의 직업, 재산, 재능 등의 환경을 말하는데, 이는 모두 개인의 것이라고 보았다.

21 아리스토텔레스는 분배적 정의는 기하학적 비례에 따라야 한다고 하였고, 교정적 정의는 산술적 비례에 따라야 한다고 보았다.

22 노직은 국가의 역할은 최소한으로 해야 한다고 보았다. 사기, 절도와 같은 일을 처리하는 것 이상으로 개인의 삶에 개입해서는 안 된다고 보았다.

23 롤스는 천부적 재능 자체를 부정의하다고 본 것이 아니라 천부적 재능을 개인의 자산으로 보는 것이 공정하지 않다고 본 것이다.

24 아리스토텔레스는 정의는 '각자에게 각자의 몫을 주는 것'으로 보았고, 롤스는 질서 잡힌 사회에서 각자에게 합당하게 분배되는 것을 정의로 보았다.

25 노직은 개인이 부당하게 부를 축적하는 경우가 아니면 개인의 자유를 침해해서는 안 된다고 보았고, 롤스는 공익을 위해서라도 개인의 기본적 자유를 침해할 수는 없다고 보았다.

26 각자의 가치에 따라 분배한다는 것은 기하학적 비례에 따른 동등함을 의미하며, 이는 아리스토텔레스가 주장한 정의이다.

27 롤스가 부정의하게 본 것은 특수한 상황의 우연성이다. 이는 개인이 태어나자마자 갖게 되는 부모의 직업, 지위, 직위, 재산, 유전적인 재능 등을 의미한다.

28 아리스토텔레스는 분배란 각자의 가치에 따라 분배하는 기하학적 비례의 동등함을 추구하는 것이라고 보았다. 이는 '같은 것은 같게, 다른 것은 다르게' 대우하는 기하학적 비례에 따른 동등함이다.

29 공리주의자 벤담은 유용성의 원리에 따라 최대 다수의 최대 행복을 가져오는 사회 전체의 효용이 큰 분배가 정의롭다고 보았다. 따라서 쾌락과 고통을 합쳤을 때 쾌락이 더 큰 쪽을 택하는 것이 옳음이다.

30 아리스토텔레스, 벤담, 롤스는 모두 누구에게도 이익이 되지 않는 분배는 정의롭지 않다고 여겼다.

31 아리스토텔레스, 벤담, 롤스 모두 사회적·경제적으로 불평등해도 분배 정의를 실현할 수 있다고 본다. 아리스토텔레스는 기하학적 비례에 따른 동등함을, 벤담은 최대 다수의 최대 행복을, 롤스는 공정으로

서의 정의로 분배 정의를 실현할 수 있다고 본다.

32 롤스는 사회 정의의 기준이 결과의 공정성이 아니라 절차적 공정성이 되어야 한다고 주장하였다.

33 노직은 부의 소유와 거래에서 부정의가 발생했을 때 국가가 개입하여 교정해야 한다고 보았다. 노직이 개인의 소유물을 개인의 의사에 따라 자유롭게 거래할 수 있다고 보는 것은 부정의하지 않은 상황에서만 가능하다.

34 마르크스는 자본주의 사회의 분업화된 노동이 노동자를 자신의 노동으로부터 소외시킨다고 보았다.

35 롤스는 분배가 공정하려면 헌법, 법률, 사회의 제도 등이 모두 공정해야 한다고 하며, 이러한 사회를 상호 이익을 위한 협동 체제로 보았다.

36 노직은 개인이 가진 재능이나 지위 등도 개인의 소유라고 본 반면, 롤스는 선천적인 요소는 사회의 것이고 현실 세계에서 개인이 지닌 이러한 유리하고 불리한 조건들로 발생하는 영향력을 줄여야 정의로운 분배가 가능하다고 보았다.

37 롤스는 사적 소유권을 기본 권리로 보지만, 마르크스는 사적 소유권을 기본 권리로 인정하지 않았다.

38 마르크스가 주장한 공산주의 사회에 대한 설명이다.

39 마르크스는 정의로운 사회 실현을 위해 사회적·경제적 불평등을 없애야 한다며 평등 사회를 주장하였다. 롤스는 사회·경제적 불평등이 평등한 자유의 원칙과 공정한 기회균등의 원칙 실현을 저해할 수 있다고 보아 사회·경제적 불평등 완화를 주장하였다.

40 루소는 살인범을 사형하는 것은 살인범이 사회 계약을 위반했기 때문으로 보며, 살인범을 사형에 처하는 것은 정당하다고 보았다.

41 루소는 살인범은 사회 계약을 위반한 것이기에 더 이상 사회 계약을 통해 형성된 국가의 구성원으로 볼 수 없다고 보았다.

42 칸트는 응보주의 원리에 따라 사형 제도에 찬성한다. 그는 살인을 저지른 범죄자에 대해서는 같은 방식으로 형벌을 내려야 하며 그것을 국가의 정당한 보복으로 보았다.

43 칸트는 이미 살인을 저지른 살인범에 대해 사형으로 법적 보복하지 않는 것은 공적 정의가 실현되지 않는 것으로 보았다. 칸트에게 있어서 정의는 응보주의에 따라 이루어져야 한다.

44 루소는 범죄자가 사회 계약을 위반했다는 점에서, 칸트는 응보주의 원리에 따라 사형 제도를 정당하다고 보았다.

45 베카리아는 공리주의적 관점에서 형벌이 최대 다수의 최대 행복을 지향해야 한다고 주장하였다. 이를 기반으로 했을 때 베카리아는 사형이 종신 노역형보다 사회의 최대 행복을 지향하지 않는다고 보아 사형 제도에 반대한 것이다.

46 루소는 사회 계약론적 관점에서 사형에 찬성하는 입장이며, 베카리아는 사형이 사회에 이득이 되지 않는다고 보아 반대하는 입장이다. 베카리아는 어떤 경우에도 사형에 대해 찬성하지 않는다.

47 베카리아는 사형보다 종신 노역형이 범죄자에게 큰 공포를 안겨주고 범죄 억제력이 더 크다고 주장하였다. 루소는 사회 계약론의 관점

에서 사형 제도를 정당화했다. 즉, 그는 우리가 살인으로부터 보호받기 위해 살인자를 사형시키는 것에 동의했다.

48 베카리아는 사형을 인간 존엄성을 존중하는 형벌로 보지 않는다. 칸트가 사형을 인간 존엄성을 존중하는 형벌로 보았다.

49 벤담은 공리주의 원리에 따라 범죄자에게 주는 고통이 그가 저지른 위법 행위로 얻은 이익보다 커야 한다고 본다.

50 벤담은 형벌을 가함으로써 일반 사람들에게는 본보기가 되어 사회에 악영향을 끼치는 행동을 하지 않도록 하며, 범죄자에게는 교화로 작용하여 사회의 이익이 증가한다고 보았다.

51 칸트는 형벌의 유용성을 기준으로 형벌을 부과할지 여부를 정하는 데 반대하며, 오직 응보주의 원리에 따라 범죄를 저지른 사람은 그에 상응하는 벌을 받아야 한다고 주장하였다.

52 칸트는 형벌이 부과하는 고통이 범죄자의 존엄성 보장에 부합해야 한다고 보았다. 칸트는 범죄자의 인간 존엄성을 지켜 주는 것을 그가 저지른 행위에 상응하는 형벌을 부과하는 것으로 보았다.

53 형벌의 결과를 기준으로 판단하는 사상가는 벤담이다. 칸트는 범죄를 저지른 행위에 중점을 두고 그 행위에 상응하는 형벌을 받게 함으로써 범죄자가 자신의 행위에 대해 책임질 것을 주장하였다.

54 베카리아는 사형 제도를 실행하는 것보다 종신 노역형을 택하는 쪽이 범죄 억제력 측면에서 더 크다고 본다.

55 동해보복은 같은 크기의 해악을 입히는 보복으로 응보주의를 주장하는 칸트가 동의할 내용이다. 또한 칸트는 사형 그 자체를 악으로 보았다. 하지만 필요한 악이라고 주장하였다.

56 공리주의자인 벤담은 사회의 이익을 최대로 해야 한다는 공리주의 원리에 따라 형벌이 미치는 해악이 예방할 해악보다 커서는 안 된다고 본다.

57 벤담뿐만 아니라 베카리아도 형벌은 사회의 이익을 최대로 하기 위해 실행되어야 하는 것이라는 데 동의하고, 이와 같은 이유에서 베카리아는 사형 제도를 실행했을 때의 이익이 그렇지 않을 때의 이익보다 크지 않다고 보아 사형 제도에 반대한다.

58 베카리아가 사형 제도를 반대하는 것은 사형 제도의 효과가 종신 노역형의 효과보다 적다고 생각하기 때문이다.

실전 기출 문제

본문 064~071쪽

01 ③	02 ⑤	03 ④	04 ⑤	05 ①	06 ⑤	07 ③	08 ⑤
09 ②	10 ④	11 ⑤	12 ①	13 ④	14 ④	15 ⑤	16 ⑤
17 ⑤	18 ②	19 ④	20 ⑤	21 ②	22 ③	23 ④	24 ②
25 ⑤	26 ③	27 ⑤	28 ⑤	29 ⑤	30 ④	31 ③	32 ⑤

01 롤스와 노직의 정의론

자료 해설 갑은 롤스, 을은 노직이다. 롤스는 사회 정의의 기준이 절차적 공정성이 되어야 한다고 주장한다. 그는 절차적 정의 실현을 위해 서로의 사회적 조건을 모르는 원초적 입장에서 사람들은 자신이 불리한 상황에 놓일 가능성을 염두에 두고 모든 사람에게 공정한 정의의 원리에 합의할 것이라고 하였다. 노직은 재화의 취득과 이전의 절차나 과정이 정당하다면 개인이 타인의 권리를 침해하지 않는 한 그 과정을 통해 얻은 소유물은 개인이 절대적 소유권을 가지며, 국가는 강압, 절도, 사기, 강제 계약의 발생을 막는 일 이상의 일을 해서는 안 된다고 하였다.

선택지 분석

ㄱ. 오답: 롤스와 노직은 모두 공리의 극대화를 위해 기본적 자유를 제한하는 것을 반대한다. 롤스와 노직은 기본적 자유에 있어서 누구나 평등한 권리를 지닌다고 보았다.

ㄴ. 정답: 롤스가 말한 원초적 입장은 서로에 대한 사회적 조건을 알 수 없는 상태이지만, 경제학이나 심리학 등의 일반적 사실은 알고 있는 상태이다. 그래서 무지의 베일을 쓴 상태에서도 자신이 최소 수혜자가 될 수 있다는 가능성을 염려하여 차등의 원칙에 합의할 수 있는 것이다.

ㄷ. 정답: 롤스는 공정으로서의 정의를 주장하면서 기본 제도가 공정해야 사회적 협동의 이익과 부담이 적절하게 분배되고 따라서 사회 구성원의 자발적 협력이 가능하다고 보았다.

ㄹ. 오답: 노직은 최소 국가를 주장하면서 강압, 절도, 사기, 강제 계약의 발생을 막기 위해 국가가 개입할 것을 주장한다.

올쏘 만점 노트 | 롤스와 노직의 정의론

롤스	• 공정으로서의 정의: 절차의 공정성을 통해 결과의 공정함을 이끌어 내는 것 • 모든 개인이 자신뿐만 아니라 타인의 사회적 지위나 계층, 소질이나 능력 등을 모르는 원초적 상황에서, 합리적인 개인들이 상호 협의하여 정의의 원칙을 도출할 것이라고 주장
노직	• 소유권으로서의 정의: 개인이 자신의 능력과 의지로 선택한 재화에 대해 갖는 배타적 권리를 강조함 • 최초의 대상물에 노동을 더하여 개인의 소유물로 획득하는 과정과 그 소유물에 대해 정당한 대가를 지불하고 이전하는 과정 자체를 정의롭다고 봄(단, 개인이 어떤 사물을 사유화할 때에는 다른 이들의 자유나 권리를 침해하지 않는 수준이어야 함) • 재산권이란 자신의 소유물로 무엇을, 어떻게 할 것인가를 결정할 권리임 → 정당하게 획득한 것은 소유한 자의 의지에 따라 자유롭게 이전할 수 있음 • 국가나 다른 단체 또는 관련 없는 개인이 사회적 자원을 재분배하기 위해 개인의 재산권을 침해하는 것은 옳지 않음(단, 사기, 강요와 같은 방식으로 재산을 획득하거나 이전한 경우, 그것은 정당한 방법으로 소유한 것이 아니므로 원래의 상태로 되돌려 놓아야 함 → 교정적 정의)

---

02 사형 제도에 대한 루소와 베카리아의 관점

자료 해설 갑은 루소, 을은 베카리아이다. 루소는 사회 계약에 바탕을 둔 사회 방위론의 입장에서 사형 제도에 찬성한다. 그는 사람을 살해한 자는 정당한 사회의 구성원이 아니라고 보고, 따라서 살인자의 생명권을 박탈하더라도 이것이 동의에 의한 사회 계약에 위반되는 것은 아니라고 보았다. 베카리아는 사회 계약론적 관점에서 개인이 자신의 생명을 국가에 위임하지 않았으며, 국가도 개인의 생명을 빼앗을 권리가 없다고 주장하면서 공리주의적 관점에서도 사형보다 종신 노역형이 범죄 예방 효과가 크다고 주장하였다.

선택지 분석

① 오답: 베카리아는 공리주의적 관점에서 형벌이 최대 다수의 최대 행복을 지향해야 한다고 주장하므로 을이 긍정할 질문이다.

정답 및 해설

② 오답: 루소는 사회 계약론적 관점에서 사형에 찬성하는 입장이므로 갑이 긍정할 질문이다.

③ 오답: 베카리아는 사형보다 종신 노역형이 범죄자에게 큰 공포를 안겨 주고 범죄 억제력이 더 크다고 주장하므로 을이 긍정할 질문이다.

④ 오답: 베카리아는 사회 계약론적 관점에서 국가는 개인의 생명을 빼앗을 권리가 없다고 주장하기 때문에 부당하다고 본다. 따라서 을이 긍정할 질문이다.

⑤ 정답: 루소와 베카리아 모두 사형을 인간 존엄성을 존중하는 형벌로 보지 않는다. 사형을 인간 존엄성을 존중하는 형벌로 본 사상가는 칸트이다.

03 아리스토텔레스, 벤담, 롤스의 정의론

자료 해설 갑은 아리스토텔레스, 을은 벤담, 병은 롤스이다. 아리스토텔레스는 분배적 정의를 인간의 가치에 비례하는 평등이라고 하였다. 즉, '같은 것은 같게, 다른 것은 다르게' 대우하는 기하학적 비례에 따른 동등함을 추구하는 것이라고 하였다. 공리주의자 벤담은 유용성의 원리에 따라 최대 다수의 최대 행복을 가져오는 것으로 사회 전체의 효용이 큰 분배가 정의롭다고 보았다. 롤스는 사회 정의의 기준이 절차적 공정성이 되어야 한다고 주장하면서 자신이나 타인의 사회적 조건을 모르는 원초적 입장에서 합의한 정의의 원칙에 따라 이루어지는 분배가 정의롭다고 주장하였다.

선택지 분석

㉠ 정답: 아리스토텔레스는 분배란 각자의 가치에 따라 분배하는 기하학적 비례의 동등함을 추구하는 것이라고 보았다.

㉡ 정답: 벤담에 따르면, 분배의 옳고 그름은 쾌락과 고통의 총합에 의해 결정된다. 즉, 최대 다수에게 최대의 행복이 돌아가는 결과가 선이다.

㉢ 오답: 롤스뿐만 아니라 아리스토텔레스와 벤담도 누구에게도 이익이 되지 않는 분배는 정의롭지 않다고 본다. 아리스토텔레스는 자신의 가치만큼 몫을 받아야 함을, 벤담은 사회 전체의 효용이 큰 것을, 롤스는 최소 수혜자에게 최대의 혜택이 돌아가는 것을 정의로운 분배라고 주장한다. 따라서 D에 들어가야 할 진술이다.

㉣ 정답: 아리스토텔레스와 벤담, 롤스는 모두 분배의 결과로 인해 사회적·경제적 불평등이 발생하더라도 분배의 정의가 실현된다고 보았다.

04 사형 제도에 대한 칸트와 베카리아의 관점

자료 해설 갑은 칸트, 을은 베카리아이다. 칸트는 응보주의 입장에서 범죄에 상응하는 보복을 가하는 것을 처벌의 본질로 보고 살인을 저지른 사람에 대한 사형 제도에 찬성하는 입장이다. 베카리아는 유용성의 측면에서 사형 제도보다 종신 노역형이 범죄 예방의 효과가 더 크다고 주장하면서 사형 제도에 반대하였다.

선택지 분석

① 오답: 칸트는 처벌을 의욕했기 때문이 아니라 처벌받을 행위를 의욕했기 때문에 처벌을 받아야 한다고 주장하였다.

② 오답: 칸트는 사형은 범죄자의 고통받는 인격을 해방하여 인간의 존엄성을 실현하는 것으로 살인범을 수단으로 대하는 것이 아니라 목적으로 대하는 행위라고 보았다.

③ 오답: 베카리아는 종신 노역형이 사형보다 범죄자에게 더 큰 공포를 안겨 주고, 사람들에게 죄를 짓지 않게 하는 데에도 더 효과적이기 때문에 공개적으로 집행되어야 한다고 보았다.

④ 오답: 베카리아는 사회 계약론의 입장에서 개인이 자신의 생명을 국가에 위임하지 않았고, 국가도 개인의 생명을 빼앗을 권리가 없다고 보았다. 또

한 공리주의 입장에서도 사형은 종신 노역형보다 범죄 예방의 효과가 낮다고 보고 사형 제도에 반대하였다.

⑤ 정답: 칸트와 베카리아는 모두 형벌을 사적인 보복이 아니라 공적인 정의 실현의 수단으로 보고, 형벌을 내릴 권위는 범죄의 피해자가 아니라 입법자에게 있다고 하였다.

05 형벌에 대한 벤담, 칸트, 베카리아의 관점

자료 해설 갑은 벤담, 을은 칸트, 병은 베카리아이다. 벤담은 공리주의적 입장에서 사회적 효용성을 가져오는 형벌만 정당하다고 보았고, 칸트는 응보주의적 입장에서 범죄 행위에 상응하는 보복을 가하는 것을 처벌의 본질로 보았다. 베카리아는 사회 계약론적 관점과 공리주의적 관점에서 사형 제도를 반대하고 사형보다 종신 노역형이 범죄 예방에 더 효과적이라고 보았다.

선택지 분석

㉠ 정답: 공리주의자 벤담은 사형은 그 자체로 악이지만 사형 제도가 사회적 유용성을 증진한다면 필요악이 될 수 있다고 본다. 반면에 칸트는 사형 제도의 유용성이 아니라 범죄를 저질렀기 때문에 마땅히 그에 대한 처벌을 받는 것이 정당하다고 주장하였다. 따라서 갑이 긍정, 을이 부정할 질문이다.

ㄴ. 오답: 칸트는 범죄자가 응분의 보복을 의욕한 것이 아니라 응분의 보복을 받을 만한 행위, 즉 범죄를 의욕했기 때문에 처벌받아야 한다고 주장한다. 칸트의 응보주의적 관점에 대한 옳은 설명이 아니다.

㉢ 정답: 칸트는 범죄를 저질렀기 때문에 마땅히 그에 대한 처벌을 받는 것이 정당하다고 주장하면서 타인의 목숨을 빼앗은 살인자는 그에 상응하는 보복, 즉 사형을 받아야 한다고 보았다.

ㄹ. 오답: 베카리아는 종신 노역형이 사형에 비해 범죄 예방의 효과가 높기 때문에 사회적 효용성이 더 높다고 보았다. 병이 부정할 질문이다.

06 사형 제도에 대한 루소와 칸트의 관점

자료 해설 갑은 루소, 을은 칸트이다. 루소는 사회 계약론적 관점에서 "사회 계약을 위반한 범죄자는 스스로 법 바깥에 있고자 한 것이므로 원시 상태에서와 마찬가지로 죽음에 처할 수 있다."라고 하면서 사형 제도에 찬성한다. 칸트는 응보주의적 관점에서 인간 존엄성을 훼손한 자는 응보적으로 처벌해야 한다고 주장하면서 사형 제도에 찬성한다.

선택지 분석

① 오답: 루소는 사회 계약을 바탕으로 타인의 생명을 빼앗은 자는 스스로 구성원이기를 포기한 자로서 공공의 적으로 간주한다. 갑이 긍정의 대답을 할 질문이다.

② 오답: 루소는 자신의 생명을 보전하기 위해 사회 계약을 맺는다고 보기 때문에 이를 위반한 살인범은 국가 구성원에서 배제해야 한다고 주장한다. 갑이 긍정의 대답을 할 질문이다.

③ 오답: 칸트는 형벌이 동등성의 원리에 따라 범죄자가 범죄를 저질렀다는 이유만으로 가해져야 한다고 주장하면서 타인의 생명을 앗아간 범죄를 저지른 사람의 목숨을 빼앗는 사형 제도를 정당하다고 본다. 을이 긍정의 대답을 할 질문이다.

④ 오답: 칸트는 공적 정의를 실현하기 위해 사형제를 유지해야 한다고 주장한다. 따라서 을은 살인범을 사형하지 않는 것은 공적으로 정의를 침해하는 것이라고 대답할 것이다.

⑤ 정답: 루소와 칸트는 모두 사형제가 인간의 존엄성 이념에 위배되지 않는다고 본다. 루소는 사회 계약론에 바탕을 둔 사회 방위론의 입장에서 사형 제도에 찬성하며, 칸트는 정언 명령과 비례의 원칙에 입각하여 이성적이고

자율적 존재인 인간은 자신의 행위에 책임을 져야 하기에 살인범을 사형에 처해야 한다고 주장한다.

07 롤스와 노직의 정의론

자료 해설 갑은 롤스, 을은 노직이다. 롤스는 절차의 공정성이 보장된다면 그 결과도 공정한 것으로 보고, 무지의 베일을 쓴 원초적 입장에서 구성원들이 합의한 원칙에 따라 사회적 가치를 분배하는 것이 정의롭다고 하였다. 노직은 재화의 취득과 이전의 절차나 과정이 정당하다면 개인이 타인의 권리를 침해하지 않는 한 그 과정을 통해 얻은 소유물은 개인이 절대적 소유권을 가진다고 하였다. 따라서 분배는 전적으로 개인의 자유에 맡겨야 하며 어떤 경우에도 침해될 수 없다는 자유 지상주의적 분배 원칙을 주장하였다. 가로 열쇠 (A)는 정직, (B)는 자본주의이고, 따라서 세로 열쇠 (A)는 정의이다. 정의에 대한 롤스와 노직의 입장으로 옳은 것을 고르면 된다.

선택지 분석

① 오답: 롤스의 제1원칙인 평등한 자유의 원칙은 모든 사람이 기본적 자유에서 평등한 권리를 가져야 한다는 것이다. 롤스가 말한 차등의 원칙은 사회적·경제적 불평등은 최소 수혜자에게 최대의 이익을 보장해야 한다는 것이다.

② 오답: 롤스는 원초적 상황에서 무지의 베일을 쓴 합리적인 개인들이 자신이 최악의 상황에 처할 수 있음을 고려하여 가장 유리한 원칙에 만장일치로 합의하게 될 것이라고 보고, 이 원칙에 따라 분배하는 것이 정의롭다고 하였다. 다수결의 원칙으로 재화를 분배해야 한다고 주장하지는 않았다.

❸ 정답: 노직은 정당한 과정을 통해 얻은 소유물은 개인이 절대적 권리를 가진다고 주장하였다. 따라서 정당하게 취득한 소유물에 대한 배타적 권리를 보장한다.

④ 오답: 노직은 절대적 소유 권리를 보장하고, 재화의 분배는 전적으로 개인에게 맡겨야 한다고 주장했다. 그는 국가가 재분배를 위해 세금을 거두는 것은 개인의 재산권을 침해하는 것이라고 보았다. 따라서 노직은 재화의 균등한 분배를 추구하지 않는다.

⑤ 오답: 롤스와 노직은 모두 절차나 과정이 공정하다면 결과가 불평등하더라도 그 분배는 공정하다고 보는 절차적 정의를 강조한다. 롤스가 경제적 불평등을 어느 정도 해소하기 위한 정의의 원칙 중 하나로 차등의 원칙을 제시하지만 노직은 경제적 불평등을 해소하기 위한 분배를 주장하지 않는다.

올쏘 만점 노트 **롤스와 노직의 정의의 원칙**

• 롤스의 정의의 원칙

> 첫째, 모든 사람은 동등한 기본적 자유를 최대한 누려야 한다(평등한 자유의 원칙).
> 둘째, 사회적 불평등은 다음의 두 전제 조건에서 인정될 수 있다. 우선 사회적 지위에 접근할 수 있는 기회가 평등하게 부여되어야 한다는 것이고(기회균등의 원칙), 다음으로 가장 열악한 위치에 있는 사람에게 최대한의 배려를 해야 한다는 것이다(차등의 원칙).
> *어떠한 경우에도 평등한 자유의 원칙이 우선되며, 기회균등의 원칙은 차등의 원칙보다 우선함

• 노직의 정의의 원칙

> 1. 획득에서의 정의의 원리에 따라 소유물을 획득한 자는 그 소유물에 대한 소유 권리가 있다(정당한 최초 취득 원칙).
> 2. 이전에서의 정의의 원리에 따라 한 소유물을, 이 소유물에 대한 소유 권리가 있는 자로부터 획득한 자는 그 소유물에 대한 소유 권리가 있다(자발적 이전의 원칙).
> 3. 어느 누구도 1과 2의 (반복적) 적용에 의하지 않고서는 그 소유물에 대한 소유 권리가 없다(시정의 원칙).

08 개인 윤리와 사회 윤리

자료 해설 갑은 개인 윤리 관점을 지닌 사상가, 을은 사회 윤리적 입장을 지닌 니부어이다. 개인 윤리에서는 개인의 도덕성 함양으로 다양한 윤리 문제를 해결할 수 있다고 보는 데 반해, 사회 윤리에서는 개인의 도덕성 함양뿐만 아니라 사회 구조와 제도 등을 개선하여 윤리 문제를 해결해야 한다고 본다. 갑과 을이 모두 긍정할 질문과 둘 중에 한 사람만 긍정할 질문을 고르면 된다.

선택지 분석

❶ 정답: 개인 윤리는 개인의 이기심에서 사회 갈등의 원인을 찾고, 사회 윤리는 개인의 이기심이 집단의 형태로 표출된다고 보기 때문에 갑과 을은 모두 개인의 이기심이 사회 갈등의 원인이라고 대답할 수 있다.

ㄴ. 오답: 갑은 사회 갈등의 해법을 개인의 도덕성 함양에서 찾고, 을은 권력 균형의 유지에서 찾으므로 갑과 을이 모두 부정할 질문이다.

❸ 정답: 개인 윤리와 사회 윤리는 모두 사회 정의의 실현을 위해 선의지, 개인의 도덕성 함양이 필요하다고 본다. 따라서 갑과 을이 모두 긍정할 질문이다.

❹ 정답: 갑은 강제력보다 개인의 도덕성 함양을 중시하므로 부정할 질문이지만, 을은 사회의 도덕성을 유지하고 정의를 실현하려면 때로는 외적 강제력이 필요하다고 보았으므로 을이 긍정할 질문이다.

09 아리스토텔레스, 롤스, 노직의 정의관

자료 해설 갑은 아리스토텔레스, 을은 롤스, 병은 노직이다. 아리스토텔레스는 각자의 가치에 따라 분배할 것을 강조하는 기하학적 비례를 지향하고, 롤스는 공정한 절차에 따르면 그 결과도 공정하다고 보는 순수 절차적 정의를 주장한다. 노직은 취득과 이전의 절차나 과정이 정당한 소유물에 대한 개인의 절대적 권리를 인정하는 소유 권리로서의 정의를 주장한다.

선택지 분석

ㄱ. 오답: 아리스토텔레스의 특수적(부분적) 정의는 각자의 몫 이상을 가지지 않는 분배적 정의, 교섭에 있어서 잘못된 것을 바로잡는 것을 추구하는 교정적 정의, 동일한 가치를 가진 두 물건을 교환하면 정의롭다는 교환적 정의로 나뉜다. 따라서 분배적 정의만이 특수적 정의는 아니므로 아리스토텔레스가 부정할 질문이다.

❷ 정답: 롤스는 공정한 절차에 따른 경제적 불평등은 모두에게 이익이 되는 경우에 정당하다고 보았고, 노직은 이를 정당하지 않다고 보았다. 따라서 롤스가 긍정하고, 노직이 부정할 질문이다.

ㄷ. 오답: 롤스는 원초적 입장에서의 개인은 타인의 이익에 무관심하다고 설정하였다. 롤스가 부정할 질문이다.

❹ 정답: 노직은 자연적 재능을 개인의 소유물로 여긴다. 따라서 자연적 재능을 공동의 소유물로 여기는 것은 부당하며, 오직 개인의 자유에 맡겨야 한다고 보았다. 따라서 노직이 긍정할 질문이다.

10 노직의 자유 지상주의적 분배 원칙

자료 해설 제시문의 (가)를 주장한 사상가는 노직이다. 노직은 재화의 취득과 이전의 절차나 과정이 정당하다면 개인이 타인의 권리를 침해하지 않는 한 그 과정을 통해 얻은 소유물은 개인이 절대적 소유 권리를 가진다고 주장하면서 정당하지 않은 방법으로 재화를 취득한 경우에는 교정의 원리에 의해 바로잡아야 한다고 보았다.

① 오답: 갑은 정당한 노동으로 재화 g를 취득했기 때문에 g에 대한 정당한 소유 권리를 지닌다.

② 오답: 갑이 정당한 노동으로 취득한 재화를 을에게 자유롭게 양도했기 때문에 을은 g에 대한 정당한 소유 권리를 지닌다.

③ 오답: 병은 을에게서 g를 강제적으로 빼앗으므로 g에 대한 정당한 소유 권리를 지니지 못한다. 따라서 g에 대한 소유 권리는 여전히 을에게 있다.

④ 정답: 정은 S₄에서 g에 대한 소유 권리가 없는 병에게 g를 양도받았으므로 S₄ 또한 정의로운 분배 상황이 아니다.

⑤ 오답: 정은 병의 의사에 따라 g를 양도받았으나 병이 g를 취득하는 과정이 정당하지 않기 때문에 정 또한 g에 대한 소유 권리가 없다.

11 사형 제도에 대한 베카리아와 칸트의 관점

자료 해설 갑은 베카리아, 을은 칸트이다. 베카리아는 공리주의적 관점에서도 사형보다 종신 노역형이 범죄 억제 효과가 더 크다고 하면서 사형 제도에 반대하였다. 칸트는 응보주의적 관점에서 범죄에 상응하는 보복을 가하는 것을 처벌의 본질로 삼았다. 따라서 살인은 인간 존엄성을 훼손한 범죄로서 사형을 통해 응보적으로 처벌해야 한다고 주장하였다.

선택지 분석

① 오답: 베카리아는 공리주의적 관점에서 유용성의 원리에 따라 사형 제도에 반대하고, 칸트는 사형이 인간 존중의 이념을 실현하는 것이라고 보고 사형 제도에 찬성하였다. 갑과 을이 모두 부정의 대답을 할 질문이다.

② 오답: 베카리아는 형벌의 목적이 범죄의 예방이라는 유용성의 측면에서 이루어져야 한다고 보았고, 칸트는 형벌의 목적을 응분의 보복이라고 보았다. 갑은 긍정, 을은 부정의 대답을 할 질문이다.

③ 오답: 베카리아는 유용성의 원리에 따라 사형 제도보다 종신 노역형이 범죄 예방의 효과가 더 크다고 보고 사형 제도에 반대하였다. 칸트는 범죄의 효과보다는 범죄자가 저지른 행위와 동등한 처벌을 받아야 한다고 보았기 때문에 사형 제도에 찬성하였다. 갑은 긍정, 을은 부정의 대답을 할 질문이다.

④ 오답: 칸트는 범죄자가 응분의 보복을 의욕한 것이 아니라 응분의 보복을 받을 행위를 의욕했기 때문에, 즉 살인 행위를 했기 때문에 그에 상응하는 처벌을 받아야 한다고 주장하였다. 갑과 을이 모두 부정의 대답을 할 질문이다.

⑤ 정답: 베카리아는 사회 계약론과 공리주의적 입장에서 사형 제도에 반대하였고, 칸트는 동등성의 원리에 따라 사형 제도를 공적 정의를 실현하기 위한 수단이라고 보았다. 갑은 부정, 을은 긍정의 대답을 할 질문이다.

12 마르크스, 롤스, 노직의 정의론

자료 해설 갑은 마르크스, 을은 롤스, 병은 노직이다. 마르크스는 능력에 따라 일하고 필요에 따라 분배할 것을 주장하였으며, 롤스는 원초적 입장에서 합의한 절차에 따라 분배하는 공정으로서의 정의를 주장하였다. 노직은 정당한 과정으로 얻은 소유물에 대해 개인이 절대적 소유 권리를 지닌다고 주장하였다.

선택지 분석

㉠ 정답: 마르크스는 능력에 따라 생산하고 필요에 따라 분배하는 공산주의 사회를 지향하였다. 마르크스가 긍정의 대답을 할 질문이다.

㉡ 정답: 롤스는 공정한 절차에 따른 불평등은 모두의 이익을 보장해야만 정당하다고 보았으나 노직은 취득, 이전, 교정의 원리에 부합한다면 모두에게 이익을 보장하지 않더라도 그에 따른 불평등은 정당하다고 보았다. 롤스는

긍정의 대답을, 노직은 부정의 대답을 할 질문이다.

㉢ 오답: 롤스에 따르면 무지의 베일을 쓴 합리적인 개인들은 자기 이익에 관심을 가지며 타인의 이익에 대해서는 무관심하다고 보았다. 따라서 롤스가 부정의 대답을 할 질문이다.

㉣ 오답: 노직은 자유롭게 이전된 소유물이라고 할지라도 취득, 이전의 방법이 정당하지 않다면 교정의 대상이라고 보았다. 노직이 부정의 대답을 할 질문이다.

13 형벌에 대한 벤담과 칸트의 입장

자료 해설 갑은 벤담, 을은 칸트이다. 벤담은 공리주의적 관점에서 사회적으로 이익이 되는 결과를 산출할 수 있도록 형벌이 이루어져야 한다고 주장하였고, 칸트는 응보주의적 관점에서 범죄 행위에 상응하는 처벌이 이루어져야 한다고 주장하였다.

선택지 분석

㉠ 정답: 벤담은 형벌로 인한 범죄자의 고통이 위법 행위의 이득보다 커야 한다고 주장한 반면에 칸트는 형벌이 범죄자가 저지른 행위에 대한 대가라고 보았다. 벤담이 긍정, 칸트가 부정할 질문이다.

㉡ 정답: 벤담은 형벌이 범죄자의 재범을 예방하고 잠재적인 범죄가 발생하지 않도록 억제하는 수단이라고 보았다. 벤담이 긍정할 질문이다.

㉢ 오답: 칸트는 형벌의 유용성과 무관하게 범죄 행위에 상응하는 보복을 가하는 것을 처벌의 본질로 보았다. 형벌을 유용성의 관점에서 바라본 것은 공리주의자 벤담이다.

㉣ 정답: 칸트는 이성적 존재인 인간은 자신의 행위에 책임을 져야 한다고 보았다. 그리고 형벌을 통해 범죄자의 고통받는 인격을 해방하여 인간의 존엄성을 실현할 수 있다고 보았다. 칸트가 긍정할 질문이다.

14 개인 윤리와 사회 윤리

자료 해설 제시문의 사상가는 니부어이다. 니부어는 "도덕적인 개인도 비도덕적인 사회에서 살아가다 보면 도덕성을 잃기 쉽다."라고 하면서 사회 문제를 해결하는 데 있어서 개인의 도덕성만으로는 부족하기 때문에 사회 구조 및 제도에도 관심을 가지고 도덕성을 실현해야 한다고 주장하였다.

선택지 분석

① 오답: 니부어는 개인 윤리와 사회 윤리가 상호 보완적 관계로서 함께 조화를 이루어 사회 문제를 해결해야 한다고 강조하였다. 니부어가 부정의 대답을 할 질문이다.

② 오답: 니부어는 사회의 도덕성을 유지하고 정의를 실현하려면 개인의 자발적 타협뿐만 아니라 때로는 강제력에 의한 방법도 병행해야 한다고 주장하였다. 따라서 개인들의 자발적 타협이 사회 정의를 실현할 유일한 방법은 아니다.

③ 오답: 니부어는 개인의 도덕적 선의지 함양만으로는 사회 정의를 실현하기 어렵기 때문에 때로는 사회적 강제력이 필요하다고 보았다. 따라서 개인의 도덕적 선의지 함양은 사회 정의를 실현하기 위한 필요조건이다.

④ 정답: 니부어는 개인 간의 갈등은 도덕적이고 합리적인 방법으로 조정될 수 있지만 집단 간의 갈등은 이러한 방법으로 조정되기 어렵기 때문에 강제력이 필요하다고 주장한다. 니부어가 긍정의 대답을 할 질문이다.

⑤ 오답: 니부어는 개인이 속한 집단의 도덕성이 개인의 합리적 도덕성보다 열등하다고 보았다. 니부어가 부정의 대답을 할 질문이다.

15 형벌에 대한 벤담, 칸트, 베카리아의 입장

자료 해설 갑은 벤담, 을은 칸트, 병은 베카리아이다. 공리주의자 벤

담은 형벌이 범죄를 예방하는 사회적 유용성의 측면에서 이루어져야 한다고 하였고, 칸트는 응보주의적 관점에서 범죄를 저질렀기 때문에 그와 동등한 처벌을 받아야 한다고 주장하였으며, 베카리아는 공리주의적 관점에서 사형보다 종신 노역형이 더 효과적이라고 주장하였다.

선택지 분석

ㄱ. 오답: 공리주의는 사회 전체의 이익을 우선하므로 벤담이 부정할 질문이다.

ㄴ. 오답: 형벌의 목적을 범죄의 억제라고 본 입장은 공리주의이다. 칸트는 처벌받을 만한 행위를 의욕했기 때문에 그에 상응한 형벌을 받아야 한다고 하였다. 칸트가 부정할 질문이다.

ㄷ. 정답: 칸트는 동등성의 원리에 따라 다른 사람의 생명을 앗아간 범죄를 저지른 사람의 목숨을 빼앗는 사형 제도를 정당하다고 보았다. 칸트가 긍정할 질문이다.

ㄹ. 정답: 베카리아는 사형이 종신 노역형에 비해 범죄 억제 효과가 낮다고 보고 사형 제도에 반대하였다. 베카리아가 긍정할 질문이다.

16 개인 윤리와 사회 윤리

자료 해설 제시문의 사상가는 니부어이다. 니부어는 인간이 개인적으로는 도덕적이라고 할지라도 그들이 모인 사회는 비도덕적일 수 있다고 하면서 개인의 도덕성보다 사회 집단의 도덕성이 현저히 떨어진다고 보았다. 따라서 사회 문제를 해결하고 정의를 실현하기 위해서는 개인의 선한 의지와 함께 사회 구조와 제도가 도덕적이어야 한다고 보고, 이를 위해 때로는 강제력에 의한 방법도 병행되어야 한다고 주장하였다.

선택지 분석

ㄱ. 정답: 니부어는 사회 문제를 해결하기 위해서는 때로는 강제력에 의한 방법도 필요하다고 보았다.

ㄴ. 정답: 니부어는 개인 간의 관계는 이타심에 의해 규정될 수 있지만 집단 간의 관계는 힘의 차이에 의해 결정된다고 보았다.

ㄷ. 오답: 니부어는 도덕적인 개인이 모인 집단이라고 하더라도 그 집단이 비도덕적일 수 있다고 보았으므로 집단의 도덕성은 구성원의 도덕성에 비례한다고 볼 수 없다는 입장이다.

ㄹ. 정답: 니부어는 집단 간의 세력 불균형이 사회 갈등과 부정의를 지속시킨다고 보았다.

17 니부어와 롤스의 정의

자료 해설 갑은 니부어, 을은 롤스이다. 니부어는 도덕적인 개인들이 모인 집단이라고 하더라도 그 집단은 비도덕적일 수 있다고 하면서 개인의 도덕성보다 사회 집단의 도덕성이 더 떨어진다고 보았다. 그는 개인 윤리가 추구하는 최고의 도덕적 이상을 사랑, 즉 이타성의 실현이라고 보았고, 사회 윤리가 추구하는 최고의 도덕적 이상을 정의로 보았다. 롤스는 원초적 입장에서 합의한 절차에 따른 결과는 정의롭다고 주장하였다.

선택지 분석

① 오답: 니부어는 개인의 도덕성과 사회의 도덕성이 모두 필요하며 이 둘이 조화를 이루어 사회 문제를 해결해 나가야 한다고 하였다.

② 오답: 취득 및 양도의 절차가 공정하면 그 결과도 공정하다고 본 사람은 노직이다.

③ 오답: 니부어는 도덕적인 개인도 비도덕적인 사회에서는 도덕성을 잃기 쉽다고 하였다. 즉, 개인의 도덕성이 사회의 도덕성보다 더 우월하다고 보았다.

④ 오답: 니부어는 사회 문제를 해결하기 위해 때로는 강제력이 필요하다고 주장하였고, 롤스는 분배의 정의를 실현하기 위해 국가의 역할이 필요하다고 주장하였으므로 갑과 을 모두 정당한 강제력으로 사회 문제를 해결해야 한다고 보았다.

⑤ 정답: 니부어는 사회 윤리가 추구하는 최고의 도덕적 이상을 정의라고 보았고, 롤스는 합의된 절차에 따른 분배가 이루어진 사회가 정의롭다고 보는 절차적 정의를 주장하였다.

18 형벌에 대한 사회 계약론과 공리주의의 입장

자료 해설 갑은 사회 계약론자인 루소, 을은 공리주의자의 입장이다. 루소는 "사회 계약을 위반한 범죄자는 스스로 법 바깥에 있고자 한 것이므로 원시 상태에서와 마찬가지로 죽음에 처할 수 있다."라고 하면서 살인으로부터 보호받기 위해 살인자를 사형하는 것에 동의하였다. 공리주의에서는 사형이 더 큰 악을 제거하여 사회적으로 유용성이 증대될 때 정당화된다고 본다.

선택지 분석

ㄱ. 정답: 루소는 시민이 생명과 안전을 보호받기 위해 생명을 박탈할 권리를 국가에 양도하였다고 하면서 사형 제도에 찬성한다. 그는 사람을 살해한 자는 정당한 사회의 구성원이 아니며 생명권을 박탈하더라도 이것이 동의에 의한 사회 계약에 위반되는 것은 아니라고 하면서 사형을 사회 계약의 목적 달성을 위한 수단이라고 보았다.

ㄴ. 오답: 살인범에 대한 응당한 보복이 사형의 목적이라고 본 사람은 칸트이다.

ㄷ. 오답: 타인의 생명을 앗아간 범죄를 저지른 사람의 목숨을 빼앗는 사형 제도를 정당하다고 보는 입장은 칸트의 응보주의이다.

ㄹ. 정답: 공리주의에서는 형벌의 결과로 인해 생길 범죄의 예방과 사회적 이익에 따라 처벌의 경중을 결정해야 한다는 입장이다. 따라서 사형의 해악은 사형이 방지할 해악보다 커서는 안 된다고 주장할 것이다.

19 노직, 마르크스, 아리스토텔레스의 정의

자료 해설 갑은 노직, 을은 마르크스, 병은 아리스토텔레스이다. 노직은 정당한 과정으로 얻은 소유물에 대한 개인의 절대적 소유 권리를 주장하였고, 마르크스는 능력에 따라 일하고 필요에 따라 분배받는 공산주의 사회를 지향하였으며, 아리스토텔레스는 각각의 가치에 따라 각자의 몫을 분배하는 것을 정의롭다고 보았다.

선택지 분석

ㄱ. 정답: 노직은 개인의 소유 권리를 침해하지 않는 국가만이 정의롭다고 주장하면서 국가는 타인의 침해로부터 개인을 보호하는 역할만 해야 한다는 최소 국가를 주장하였다.

ㄴ. 오답: 마르크스는 공산주의를 주장하면서 재화의 분배가 생산 수단의 공유와 국유화를 통해 국가에 의해 이루어져야 한다고 보았다. 재화의 분배를 개인의 자유로운 선택에 맡겨야 한다고 주장한 사람은 노직이다.

ㄷ. 정답: 마르크스는 자본주의 사회에서 자본을 가지지 못한 노동자는 생계를 위해 어쩔 수 없이 노동을 할 수밖에 없는 강제된 노동을 한다고 보았다.

ㄹ. 정답: 아리스토텔레스는 각자의 가치에 비례하여 각자의 몫이 분배되는 것을 정의롭다고 보았다.

20 벤담과 니부어의 사상

자료 해설 갑은 벤담, 을은 니부어이다. 공리주의자 벤담은 최대 다수의 최대 행복을 도덕 원리로 보았고, 니부어는 집단의 도덕성이 개인의 도덕성보다 현저히 떨어지기 때문에 정치적 강제력이 필요하다고 주

정답 및 해설

장하였다.

선택지 분석

① 오답: 벤담은 행위에 대한 도덕 판단은 행위의 결과가 더 많은 이익과 행복을 가져다주느냐 아니냐에 달려 있다고 보았다.

② 오답: 니부어는 사회 문제는 개인 윤리로만 해결할 수 없기 때문에 개인 윤리와 사회 윤리를 구분해야 한다고 하면서 개인의 도덕적 이상은 사랑, 즉 이타성의 실현이며, 사회의 도덕적 이상은 정의라고 보았다.

③ 오답: 사회보다 개인이 도덕성 측면에서 더 우월하다고 본 사상가는 니부어이다.

④ 오답: 사회의 이익을 개인들의 이익의 총합으로 본 사상가는 벤담이다.

❺ 정답: 벤담은 최대 다수의 최대 행복의 실현을 위해서 법률적 제재가 필요하다고 보았고, 니부어 역시 사회 정의를 실현하기 위해서 정치적 강제력이 필요하다고 보았다.

21 노직과 롤스의 정의

자료 해설 갑은 노직, 을은 롤스이다. 노직은 취득과 양도의 과정이 정의로운 소유물에 대한 개인의 소유권을 강조하면서 재화의 분배도 개인의 자유에 맡겨야 한다고 보았다. 롤스는 원초적 입장에서 구성원들이 합의한 절차에 따른 분배가 정의롭다고 보았다.

선택지 분석

① 오답: 무지의 베일을 쓴 원초적 입장에서 자신이 최소 수혜자의 위치에 놓일 가능성을 염두에 두고 정의의 원칙에 합의할 것이라고 본 사람은 롤스이다.

❷ 정답: 롤스는 원초적 입장에서 합의한 정의의 원칙으로 모든 사람은 기본적 자유에서 평등한 권리를 가져야 한다는 평등한 자유의 원칙을 제시한다. 이는 제1원칙으로 최소 수혜자에게 최대의 이익이 돌아가야 하고(차등의 원칙), 지위가 모든 사람에게 개방되어야 한다(기회균등의 원칙)는 제2원칙보다 항상 우선한다.

③ 오답: 노직과 롤스는 모두 차등 분배를 주장한다. 노직은 분배의 문제를 개인의 자유에 맡겨야 한다고 보기 때문에 균등 분배를 주장한 것은 아니다.

④ 오답: 노직과 롤스 모두 다수결의 절차에 따라 정의의 원칙이 도출된다고 보지 않았다. 특히 롤스는 자신이 최소 수혜자의 입장이 될 수 있음을 고려하여 정의의 원칙에 만장일치로 합의하게 될 것이라고 하였다.

⑤ 오답: 노직은 최소 국가를 재분배의 실행 주체로 보지 않았다. 노직은 재분배의 실행 주체를 개인으로 보았고, 국가는 개인을 보호하기 위한 최소한의 역할만 해야 한다고 하였다.

22 아리스토텔레스, 노직, 롤스의 정의

자료 해설 갑은 아리스토텔레스, 을은 노직, 병은 롤스이다. 아리스토텔레스는 정의를 일반적 정의와 특수적 정의로 구분하였는데, 공익 실현을 위해 만든 법을 준수하는 것을 일반적 정의라고 보고, 그에 포함되는 부분적(특수적) 정의로 분배적·교정적·교환적 정의를 들었다. 노직은 정당한 과정으로 취득한 소유물에 대해 개인의 절대적 소유 권리를 주장하였고, 롤스는 원초적 입장에서 합의한 공정한 정의의 원리에 따른다면 그 결과가 불평등하더라도 공정하다고 보는 절차적 정의를 주장하였다.

선택지 분석

① 오답: 아리스토텔레스는 분배적 정의는 각자의 가치에 맞게 분배하는 기하학적 비례에 따라야 하고, 교정적 정의는 다른 사람에게 해를 끼치거나 이

익을 준 경우 그만큼 주거나 받는 산술적 비례에 따라야 한다고 주장하였다. 따라서 정의로운 분배는 비례적이고, 부정의한 분배는 비례에 어긋난다.

② 오답: 노직은 국가가 개인의 재산권을 침해하지 않아야 한다고 주장하면서, 타인의 침해로부터 개인을 보호하는 최소한의 역할만 수행하는 최소 국가만이 도덕적으로 정당하다고 보았다.

❸ 정답: 롤스는 천부적 재능 분포의 우연성 자체를 부정의로 여긴 것이 아니라 천부적 재능과 같은 것을 개인의 소유로 인정하는 것이 공정하지 않다고 보았다. 롤스는 이러한 재능을 사회 공유 자산으로 보고, 사회적 약자를 위해 환원하는 것이 정당하다고 하였다.

④ 오답: 아리스토텔레스는 정의를 각자에게 마땅히 돌아가야 할 몫을 할당하는 것으로 보았고, 롤스는 정의를 질서 정연한 사회 체제에 기초한 합법적 기대치에 따른 할당으로 보았다.

⑤ 오답: 노직과 롤스는 공익을 위해서라도 개인의 기본적 자유를 침해해서는 안 된다고 주장하였다.

23 노직의 정의

자료 해설 제시문의 사상가는 노직이다. 노직은 취득과 양도의 과정에서 정의의 원리를 강조하였는데, 개인은 자신의 소유물에 대한 절대적 권리를 가지고 있기 때문에 분배의 문제 또한 개인의 자유에 맡겨야 한다고 보았다. 이러한 노직이 부정의 대답을 할 질문을 고르면 된다.

선택지 분석

① 오답: 노직은 국가가 강압, 절도, 사기, 강제 계약의 발생을 막는 일 이상을 해서는 안 된다고 보면서 최소 국가만이 도덕적으로 정당하다고 보았다.

② 오답: 노직은 분배의 문제도 개인의 자유에 맡겨야 하는 것이기 때문에 국가가 재분배를 위해 세금을 거두는 것은 개인의 재산권을 침해하는 행위이며, 강제 노동과 같다고 보았다.

③ 오답: 롤스는 개인의 천부적 재능을 사회의 공유 자산으로 본 데 반해 노직은 개인의 소유로 보았다.

❹ 정답: 모든 우연성이 배제된 원초적 입장에서 합의한 정의의 원칙에 따를 것을 주장한 사람은 롤스이다.

⑤ 오답: 노직은 사회적 약자를 위한 분배는 오직 개인의 자유에 맡겨야 한다고 주장하였다.

24 형벌에 대한 칸트와 벤담의 입장

자료 해설 갑은 칸트, 을은 벤담이다. 칸트는 처벌의 본질이 범죄 행위에 상응하는 처벌을 가하는 것이라는 응보주의적 관점에서 사형 제도에 찬성한다. 벤담은 유용성의 원리에 따라 사회 전체의 이익을 고려하여 범죄가 재발하지 않는 결과를 산출하도록 처벌의 경중을 결정해야 한다고 보는 입장이다.

선택지 분석

❶ 정답: 칸트는 사형은 이성적, 자율적 존재인 인간이 자신의 행위에 대해 책임을 지는 것으로 범죄자의 고통받는 인격을 해방하여 인간의 존엄성을 실현하는 것이라고 하였다.

ㄴ. 오답: 형벌을 보복 외의 다른 목적을 위해 사용하면 안 된다고 주장한 사상가는 칸트이다. 벤담은 형벌이 재범을 방지하여 사회적 이익을 가져오는 수단이라고 본다.

❸ 정답: 벤담은 형벌도 최대 다수의 최대 행복이라는 공리의 원칙에 따라 부과되어야 한다고 주장하였다.

ㄹ. 오답: 벤담은 형벌이 그 자체로는 고통을 가져다주기 때문에 악이라고 보았지만, 사회적으로는 범죄 예방의 효과가 있기 때문에 필요악이라고 하였다.

25 사형 제도에 대한 칸트와 베카리아의 입장

자료 해설 갑은 칸트, 을은 베카리아이다. 칸트는 응보주의 입장에서 사형 제도에 찬성하였으나 베카리아는 공리주의 입장에서 사형보다 종신 노역형이 범죄 예방에 더 효과적이라면서 사형 제도에 반대하였다.

선택지 분석

① 오답: 칸트는 형벌은 범죄와의 응보적 관계에 따라 부과해야 한다고 보았다. 갑이 긍정의 대답을 할 질문이다.

② 오답: 칸트와 베카리아는 모두 사형이 개인 차원의 보복이 아닌 공적 차원의 정당한 형벌이어야 한다고 주장한다. 갑과 을이 모두 긍정의 대답을 할 질문이다.

③ 오답: 칸트는 살인범이 사형을 통해 자신의 행위에 대해 책임을 지고, 인간 존엄성을 실현한다고 하였다. 갑이 긍정의 대답을 할 질문이다.

④ 오답: 공리주의에서는 형벌로 얻는 공공의 이익이 형벌이 초래할 해악보다 커야 한다고 주장한다. 베카리아도 이러한 공리주의적 입장에서 사형 제도가 범죄 예방 효과가 낮다고 보고 반대하였다. 을이 긍정의 대답을 할 질문이다.

❺ 정답: 칸트는 형벌의 목적이 범죄 행위에 상응하는 처벌을 가하여 정의를 실현하는 데 있다고 보았고, 베카리아는 범죄자를 교화하고 범죄를 예방하여 사회 전체의 이익을 증진하는 데 있다고 보았다. 갑과 을이 모두 부정의 대답을 할 질문이다.

26 노직, 롤스, 아리스토텔레스의 정의

자료 해설 갑은 노직, 을은 롤스, 병은 아리스토텔레스이다. 노직은 재화의 취득 과정이 정당하다면 그 소유물에 대한 개인의 절대적 권리를 인정하는 소유 권리로서의 정의를 주장하였다. 롤스는 절차의 공정성이 보장된다면 그 결과도 공정한 것이라는 절차적 정의를 주장하였으며, 아리스토텔레스는 각자의 가치에 맞는 분배가 정의롭다고 주장하였다.

선택지 분석

ㄱ. 오답: 노직은 재화의 이전을 개인의 자유로운 선택에 맡겨야 한다고 주장했지만 현실적으로는 이렇게만 이전되는 것은 아니다. 강제 계약, 사기, 도둑 등의 다양한 부정의에 의해서도 재화의 이전은 이루어지고 있고, 이를 교정하기 위한 국가의 개입에 의해서도 재화는 이전되고 있다. 노직이 부정할 질문이다.

ㄴ. 오답: 롤스가 전제한 타인의 처지와 이익에 무관심한 상태는 정의의 원칙을 도출하기 위한 원초적 입장으로, 이 상태가 곧 정의로운 사회를 의미하는 것은 아니다. 롤스가 부정할 질문이다.

ⓒ 정답: 롤스는 절차의 정당성이 보장된다면 그 결과가 불평등하더라도 공정하다고 보았다. 즉, 공정한 기회균등의 원칙과 차등의 원칙에 따른 것이라면 사회적·경제적 불평등을 허용한다.

ⓔ 정답: 아리스토텔레스는 분배적 정의는 각각의 가치에 따라 분배하는 것이고, 교환적 정의는 동일한 가치의 물건을 교환하는 것이라고 주장하였다. 즉, 분배와 교환의 정의는 모두 비례의 동등함을 따르는 것이다.

27 사형 제도에 대한 베카리아와 칸트의 입장

자료 해설 갑은 베카리아, 을은 칸트이다. 베카리아는 공리주의 입장에서 사형보다 종신 노역형이 범죄자에게 더 큰 공포를 주고 범죄 예방의 효과가 더 크다고 주장하면서 사형 제도에 반대했다. 칸트는 응보주의 입장에서 타인의 생명을 앗아간 범죄자는 그에 상응하는 사형을 통해 처벌해야 한다고 주장하면서 처벌이 정당화되는 경우는 그 결과

가 아니라 범죄자가 처벌을 받을 만한 행위를 했을 경우일 뿐이라고 하였다.

선택지 분석

① 오답: 칸트는 동등성의 원리에 따라 사형이 타인의 생명을 앗아간 범죄자의 목숨을 빼앗는 정당한 형벌이라고 하였다. 을이 긍정의 대답을 할 질문이다.

② 오답: 칸트는 사형을 통해 살인범은 자신의 행위에 책임을 질 수 있고, 인간의 존엄성을 회복할 수 있다고 보았다. 을이 긍정의 대답을 할 질문이다.

③ 오답: 베카리아는 공리주의적 입장에서 형벌이 가져올 사회적 이익, 즉 공리성에 따라 집행되어야 한다고 주장했다. 이런 공리성의 원리에 비추어 봤을 때 베카리아는 사형 제도가 종신 노역형보다 효과가 낮다고 보기 때문에 사형 제도에 반대했다. 갑이 긍정의 대답을 할 질문이다.

④ 오답: 베카리아는 형벌의 강도보다 지속적 효과를 가질 때 범죄를 더 잘 예방할 수 있기 때문에 사형보다 종신 노역형을 해야 한다고 주장하였다. 갑이 긍정의 대답을 할 질문이다.

❺ 정답: 베카리아는 사형 제도가 범죄 예방 효과가 낮기 때문에 사형 제도를 폐지해야 한다고 주장하였고, 칸트는 사형이 범죄 예방의 효과가 있기 때문이 아니라 동등성의 원리에 따라 처벌을 받아야 하기 때문에 존치해야 한다고 주장했다. 갑과 을이 모두 부정의 대답을 할 질문이다.

28 소수 집단 우대 정책에 대한 찬반 논쟁

자료 해설 소수 집단 우대 정책은 소외 계층 우대 정책이라고 하며, 소수 인종이나 여성에 대해 차별로 인한 불이익을 상쇄하고 보상하기 위해 시행된 정책이다. 이에 대해 갑은 찬성, 을은 반대하는 입장이다.

선택지 분석

① 오답: 갑은 소수 집단 우대 정책에 찬성하기 때문에 입학 정원에서 소수자의 몫을 할당하는 것을 정당하다고 본다.

② 오답: 갑은 소수자 집단 우대 정책을 통해 사회적 약자를 배려함으로써 실질적 평등을 실현할 수 있다고 본다.

③ 오답: 을은 소수 집단 우대 정책이 일반 사람들에게 역차별을 가져오기 때문에 반대한다. 따라서 과거 차별을 보상하는 입학 정책이 공정한 경쟁을 해친다고 본다.

④ 오답: 을은 소수자를 배려하는 정책으로 인해 다른 지원자들이 기회를 박탈당할 수 있기 때문에 반대한다. 따라서 소수자의 입학을 위해 다른 지원자들에게 해를 끼쳐서는 안 된다고 본다.

❺ 정답: 소수자를 우대하는 입학 정책으로 인해 일반 사람들이 역차별을 당할 수 있기 때문에 반대하는 입장은 을에게만 해당한다. 갑은 소수 집단 우대 정책에 찬성하는 입장이다.

29 아리스토텔레스, 롤스, 노직의 정의

자료 해설 갑은 아리스토텔레스, 을은 롤스, 병은 노직이다. 아리스토텔레스는 각자의 가치에 맞는 분배를, 롤스는 원초적 입장에서 합의한 정의의 원칙에 따른 분배를, 노직은 개인의 소유 권리에 따른 분배를 주장하였다.

선택지 분석

ㄱ. 오답: 아리스토텔레스는 분배적 정의는 각자의 가치에 따라 분배하는 기하학적 비례에 따를 때 정의가 실현된다고 보았다. 아리스토텔레스가 부정할 질문이다.

ㄴ. 오답: 롤스와 노직은 모두 절차가 공정하다면 그 결과도 공정하다고 주장한다. 롤스와 노직이 모두 긍정할 질문이다.

ⓒ 정답: 롤스는 절차적 정의를 따르는 것을 정의라고 보기 때문에 그 결과가

불평등하더라도 정의롭다고 주장한다.

② 정답: 노직은 타인의 침해로부터 개인을 보호하기 위해 국가의 개입이 필요하다고 본다.

30 니부어의 사회 윤리

자료 해설 가상 편지를 쓴 사상가는 니부어이다. 제시문에서 편지를 받는 '선생님'이 개인의 도덕성과 선의지를 함양하여 집단 간의 윤리 문제를 해결할 수 있다고 보는 입장에 대해 니부어는 개인의 선의지 고양만으로는 집단 간의 갈등 해결에 한계가 있다고 주장한다. 니부어는 집단 간의 관계는 이기적이고 정치적이기 때문에 집단 간의 갈등이나 부정의를 해결하기 위해서는 법이나 정책, 사회 제도 등을 통한 외적 강제력이 필요하다고 주장하였다.

선택지 분석

㉠ 정답: 니부어는 각 집단은 우위를 점하기 위해 경쟁하며 집단 간의 힘의 비율에 따라 집단 간의 서열이 결정된다고 보았다.

㉡ 정답: 니부어는 집단 간의 부정의를 해결하기 위해서는 법, 제도 등과 같은 강제력이 필요한데 이러한 사회적 강제력은 도덕적 선의지의 통제를 받아야 한다고 보았다. 그렇지 않으면 사회에 엄청난 위험을 가할 수 있기 때문이다.

㉢ 오답: 니부어는 사회 정의를 실현하기 위해서는 개인의 도덕성 함양과 함께 법과 제도 등과 같은 사회적 강제력이 필요하다고 주장하였다.

㉣ 정답: 니부어는 개인 간의 관계에 비해 집단 간의 관계는 충동을 견제할 이성이 적기 때문에 집요한 이기심을 보이며, 이러한 이기심과 권력이 사회 부정의를 지속시킨다고 보았다. 따라서 니부어는 사회적 협력이 아무리 확대되어도 집단 간의 갈등이 불가피하다고 보았다.

31 형벌에 대한 칸트와 벤담의 입장

자료 해설 갑은 칸트, 을은 벤담이다. 칸트는 응보주의적 입장으로 형벌은 범죄 행위에 상응하는 처벌을 가하는 것이라고 보기 때문에 범죄를 저질렀을 때에는 마땅히 그와 동등한 처벌을 받아야 한다고 주장한다. 공리주의자 벤담은 범죄의 예방과 사회적 이익, 공익의 증가를 처벌의 본질로 삼는다. 따라서 처벌 그 자체가 목적이 아니라 처벌이 가져오는 결과가 사회 전체의 최대 행복을 증진시켜야 한다고 주장한다. A에는 칸트가 긍정하고 벤담이 부정할 질문을, B에는 칸트가 긍정할 질문을, C에는 벤담이 긍정할 질문을 찾으면 된다.

선택지 분석

ㄱ. 오답: 범죄자에게 고통을 유발하더라도 범죄를 억제하여 범죄 예방에 기여한다면 형벌이 정당하다고 보는 사람은 벤담이다. 벤담이 긍정할 질문이다.

ㄴ. 정답: 칸트는 사형을 통해 살인범의 고통받는 인격을 해방하여 인간 존엄성을 실현할 수 있다고 본다. 따라서 사형은 살인범의 인격에 대한 존중을 전제하는 것이라고 본다. 칸트가 긍정할 질문이다.

ㄷ. 오답: 벤담은 고통을 초래하는 형벌은 그 자체로 악이라고 보았다. 그러나 사회적으로 범죄 예방의 효과가 있다면 선이라고 보는 입장이다. 벤담이 부정할 질문이다.

ㄹ. 정답: 벤담은 형벌을 범죄 의지를 억제시켜 사회적 이익을 증진시키는 수단이라고 보았다. 벤담이 긍정할 질문이다.

32 사회 정의에 대한 롤스와 노직의 입장

자료 해설 갑은 롤스, 을은 노직이다. 롤스는 서로의 사회적 조건을 모르는 무지의 베일을 쓴 원초적 입장에서 사람들은 자신이 불리한 상

황에 놓일 가능성을 염두에 두고 평등한 자유의 원칙, 차등의 원칙, 공정한 기회균등의 원칙에 합의할 것이라고 보았으며, 이러한 원칙에 따른 분배를 정의롭다고 보았다. 노직은 취득과 이전의 절차나 과정이 정의롭다면 그 과정을 통해 얻은 소유물은 개인이 절대적 소유 권리를 갖는다고 주장하면서 국가는 강압, 절도, 사기, 강제 계약의 발생을 막는 일을 하는 최소 역할만을 수행해야 한다고 보았다.

선택지 분석

ㄱ. 오답: 롤스는 정의의 제1원칙인 평등한 자유의 원칙과, 제2원칙인 차등의 원칙, 기회균등의 원칙을 모두 충족할 경우 그 분배의 결과가 불평등하더라도 정당하다고 주장하였다.

ㄴ. 정답: 롤스는 무지의 베일을 쓴 상태에서 사람들은 서로의 능력, 신분, 재산 등의 사회적 조건을 모르지만, 경제학이나 심리학 등의 일반적 사실을 알고 있기 때문에 자신이 불리할 상황을 고려하여 정의의 원칙에 합의할 수 있다고 주장하였다.

ㄷ. 정답: 노직은 분배 과정에서 취득과 이전의 절차나 과정이 정의롭다면 그 분배의 결과는 정당하다고 주장하였다.

ㄹ. 정답: 롤스는 정의의 원칙을 따른 분배는 그 결과가 불평등하더라도 정의롭다고 보았고, 노직은 재화의 취득과 이전의 절차나 과정이 정의롭다면 그 결과가 불평등하더라도 정의롭다고 보았다. 따라서 롤스와 노직은 모두 정의로운 사회에서도 경제적 불평등은 정당화될 수 있다고 보았다.

킬러 예상 문제

본문 072~075쪽

01 ①   02 ②   03 ⑤   04 ⑤   05 ①   06 ③   07 ③   08 ②

09 ④   10 ④   11 ②   12 ③   13 ②   14 ③   15 ①   16 ③

01 롤스, 노직, 왈처의 정의론

자료 해설 갑은 공정으로서의 정의를 주장한 롤스이다. 롤스는 공정한 절차를 통해 합의된 것이라면 정의롭다고 보았다. 을은 소유권으로서의 정의를 주장한 노직이다. 노직은 취득과 양도의 과정이 공정하다면 그 과정을 통해 얻은 소유물에 대해 절대적 권리를 가진다고 보았다. 병은 다원적 평등으로서의 정의를 주장한 왈처이다. 왈처는 한 영역의 가치가 다른 영역까지 유리하게 영향력을 미치는 것을 막아야 한다고 주장하였다.

선택지 분석

㉠ 정답: 최소 수혜자에 대한 배려는 롤스가 차등의 원칙에서 주장한 것으로 롤스만 동의할 질문이다.

㉡ 정답: 노직은 개인이 자신의 능력과 의지로 선택한 재화에 대해 갖는 배타적 권리를 무엇보다 강조하는 '소유 권리로서의 정의'를 주장하였다. 노직에게 있어서 재산권은 자신의 소유물로 무엇을, 어떻게 할 것인가를 결정할 권리이다. 그러므로 정당하게 획득한 것은 소유한 자의 의지에 따라 자유롭게 이전된다.

ㄷ. 오답: 절대적 소유권을 보장한다는 것은 노직의 주장이지만 재화를 균등하게 분배해야 하는 것은 노직의 의견과 일치하지 않는다.

ㄹ. 오답: 사적 소유권을 폐지하는 문제는 왈처의 주장과 거리가 멀다.

02 아리스토텔레스의 정의론

자료 해설 제시문은 아리스토텔레스의 입장이다. 아리스토텔레스는

정의를 일반적 정의와 특수적 정의로 구분하였다. 일반적 정의는 법을 준수하여 공동선을 실현하는 것이며, 이웃과의 관계 속에서 덕을 장려하는 준법으로서의 정의를 의미한다. 특수적 정의는 각자에게 각자의 몫이 공정하게 분배될 수 있도록 조정하는 것을 의미한다.

① 오답: 이웃과의 관계 속에서 완전한 미덕이나 탁월성을 구현하면서 사회 정의를 찾을 수 있다고 보았다.

❷ 정답: 아리스토텔레스는 준법으로서의 정의를 강조하였다. 법을 준수하는 것이 공동체의 행복을 창출하고 지키는 것이라고 보았다.

③ 오답: 타인에게 해를 끼치는 것은 법이나 사회 규범을 어기는 행위이므로 아리스토텔레스는 그로 인한 이익이 어떻든 옳지 않다고 볼 것이다.

④ 오답: 아리스토텔레스는 타인의 행복을 위해 자신을 희생하는 것을 정의라고 보지 않았다.

⑤ 오답: 권력이나 재화를 똑같이 분배하는 것은 아리스토텔레스가 주장한 특수적 정의의 원칙에 부합하지 못하므로 옳지 않다.

03 니부어의 사회 윤리적 관점

자료 해설 니부어는 사회 집단은 이기심을 조절하는 능력이 개인보다 떨어지기에 집단의 도덕성이 개인의 도덕성보다 현저히 낮다고 보았다. 니부어는 사회적 윤리 문제를 해결하기 위해서는 개인의 도덕성의 회복도 중요하지만 잘못된 사회 구조와 제도를 개선하는 사회 윤리를 우선적으로 추구해야 한다고 보았다.

㉠ 오답: 니부어의 관점에서 개인의 윤리적 목표와 사회의 윤리적 목표는 상호 배타적 관계가 아니다. 오히려 개인 윤리와 사회 윤리가 조화를 이루어야 한다고 보았다.

㉡ 정답: 개인 윤리만으로 사회 정의를 실현할 수 없다고 니부어는 주장하였다.

㉢ 정답: 개인의 선의지는 개인 윤리에 영향을 미치고, 집단의 도덕성에는 큰 영향을 미치지 못한다.

㉣ 정답: 니부어는 집단 간의 문제가 정치적일 경우 비합리적 수단을 사용해서 사회 문제를 해결할 수도 있다고 보았다.

올쏘 만점 노트 니부어가 주장한 개인 윤리와 사회 윤리의 목표

구분	도덕적 이상
개인 윤리	이타성의 실현
사회 윤리	정의의 실현

04 분배적 정의의 다양한 기준

자료 해설 갑은 절대적 평등을 기준으로 분배적 정의를 실현해야 한다고 본다. 절대적 평등은 기회와 혜택이 균등하게 보장된다는 장점이 있지만 생산 의욕의 저하와 책임 의식의 약화라는 단점이 있다. 반면 을은 업적을 기준으로 분배적 정의를 실현하려고 한다. 업적은 객관적 평가가 가능하고 동기 부여가 된다는 장점이 있지만 서로 다른 종류의 업적은 비교하기가 힘들고 경쟁으로 인해 사회적 약자를 배려하기 어렵다는 단점이 있다.

① 오답: 노력을 기준으로 분배했을 때의 단점에 해당한다.

② 오답: 절대적 평등을 기준으로 분배하면 생존에 필요한 욕구가 동등하게 존중된다.

③ 오답: 업적을 기준으로 분배했을 때의 단점에 해당한다.

④ 오답: 능력을 기준으로 분배했을 때의 단점에 해당한다.

⑤ 정답: 절대적 평등을 기준으로 분배하면 일의 결과물에 상관없이 동등하게 분배되므로 생산성과 효율성이 저하되는 단점이 있다.

05 개인 윤리와 사회 윤리

자료 해설 (가)는 개인 윤리만을 통해 사회의 윤리 문제를 해결할 수 있다고 보는 사상가의 입장이다. 반면 (나)는 니부어로 사회 윤리 문제를 해결하기 위해서는 개인 윤리와 더불어 사회 윤리가 선행되어야 한다고 주장한다. 그는 집단의 이기심을 조정하기 위해 비합리적인 수단을 통해 통제해야 한다고 보았다.

㉠ 정답: 개인의 도덕성이 사회의 도덕성을 결정한다고 보는 정도(X)는 (가)에 비해 (나)의 니부어가 상대적으로 낮다. 니부어는 개인의 도덕성이 사회의 도덕성을 결정하지 못한다고 보았다. 개인의 도덕적 이상과 사회의 도덕적 이상은 서로 다르며, 개인이 도덕적이어도 사회가 도덕적일 수는 없다고 보았다. 또 정의 실현을 목적으로 사회 구조적 개선을 강조하는 정도(Y)는 (가)에 비해 (나)의 니부어가 상대적으로 높다. 니부어는 사회의 정의 실현을 위해 사회 구조를 개선하는 정치적 강제력을 동원해야 한다고 보았다. 그리고 개인의 이기심보다 집단의 이기심에 대한 제한이 더 필요하다고 보는 정도(Z)는 (가)에 비해 (나)의 니부어가 상대적으로 높다. 니부어는 개인의 이기심보다 집단의 이기심이 더 심각한 문제라고 보고, 집단의 이기심을 제어하고 정의를 실현하기 위한 강제력의 동원을 주장하였다.

㉡ 오답: X축이 높고, Y축이 높고, Z축이 높으므로 오답이다.

㉢ 오답: X축이 높고, Y축이 낮고, Z축이 높으므로 오답이다.

㉣ 오답: X축이 낮고, Y축이 높고, Z축이 낮으므로 오답이다.

㉤ 오답: X축이 높고, Y축이 높고, Z축이 낮으므로 오답이다.

06 소수자 우대 정책에 대한 논쟁

자료 해설 소수자 우대 정책은 차별을 받아온 사회적 약자에게 다양한 측면에서 직접적, 간접적으로 혜택을 줌으로써 사회적 이익의 공정한 분배를 실현하려는 정책을 의미한다. 제시문에서는 여성에 대한 우대 정책의 찬성과 반대 논거를 소개하고 있다.

ㄱ. 오답: 다양한 계층의 사회적 참여를 장려하는 정책이다.

ㄴ. 정답: 소수자 우대 정책으로 인해 다른 개인이나 집단이 또 다른 차별을 받는 역차별 문제는 우대 정책의 반대 논거에 해당한다.

ㄷ. 정답: 잘못이 없는 현세대에게 보상의 책임을 지우는 책임의 부당성은 소수자 우대 정책의 반대 논거에 해당한다.

ㄹ. 오답: 업적주의에 편승하는 것이 아니라 업적주의를 따르지 않아 사회적 혼란을 가져온다.

07 루소의 사형 제도에 대한 견해

자료 해설 제시문은 루소의 입장이다. 루소는 사회 계약론을 바탕으로 사형 제도에 찬성한다. 루소는 살인과 같은 중죄를 저지른 사람은 사회 계약을 위반한 정당한 사회 구성원이 아니므로 그 생명권을 박탈하더라도 이는 사회 계약에 위반되는 행위가 아니라고 주장하였다.

선택지 분석

① 오답: 범죄 예방 효과를 근거로 사형 제도를 인정하는 것은 공리주의자의 입장에 해당한다.

② 오답: 사회 계약을 위반한 살인자는 정당한 국가 구성원이 아니기에 사형이 행해질 수 있다.

❸ 정답: 루소는 타인의 희생으로 자신의 생명을 보존하려는 사람은 타인을 위해 필요하다면 마땅히 생명을 희생해야 한다고 보았다.

④ 오답: 루소의 주장과는 관련없는 사형 제도에 대한 반대 논거에 해당한다.

⑤ 오답: 사형 제도에 대한 칸트의 견해에 해당한다.

08 칸트와 베카리아의 사형에 대한 견해

자료 해설 갑은 사형 제도에 대해 찬성하는 칸트이다. 칸트는 응보주의적 관점에서 타인의 생명을 해치면 그의 생명을 박탈하는 것이 정당하다고 보았다. 반면에 을은 사형 제도에 대해 반대하는 베카리아이다. 베카리아는 공리주의적 관점에서 사형은 종신 노역형보다 공익에 대한 지속성과 유용성이 떨어지기에 사형제가 부당하다고 보았다.

선택지 분석

㉠ 정답: 칸트는 살인자가 자신의 행위에 책임지게 하는 유일한 방법을 사형이라고 보았다.

ㄴ. 오답: 사회 전체의 이익을 고려하는 것은 베카리아만 해당하는 것으로 C 영역에 해당한다.

ㄷ. 오답: 베카리아는 사형보다 종신 노역형을 공적 정의를 실현하는 효과가 가장 큰 형벌이라고 생각할 것이다.

㉣ 정답: 베카리아는 공리주의적 관점에서 사형 제도의 시행을 사회적 유용성을 기준으로 정해야 한다고 보았다.

09 분배적 정의의 다양한 기준

자료 해설 갑은 분배적 정의의 기준으로 노력을 제시하였다. 노력을 기준으로 한 분배는 노력에 비례하기에 정당하다는 장점이 있지만 능력의 차이로 인해 결과가 달라진 경우 객관적으로 평가하기 어렵다는 단점이 있다. 을은 분배적 정의의 기준으로 필요를 제시하였다. 필요를 기준으로 한 분배는 사회적 약자를 보호할 수 있다는 장점이 있지만 한정된 재화로 모든 사람의 필요를 충족할 수 없다는 단점이 있다.

선택지 분석

㉠ 오답: 옳은 설명이기에 오답이다. 갑은 노력의 양에 따라 피자의 양을 정해야 한다고 보고 있다.

㉡ 오답: 옳은 설명이기에 오답이다. 을은 가장 배고픈 사람을 기준으로, 즉 필요에 의한 분배를 말하고 있다.

㉢ 오답: 옳은 설명이기에 오답이다. 갑은 노력의 양을 분배 기준으로 삼고 있지만, 노력의 양을 어떻게 측정할 것인지 정하기 어렵다.

㉣ 정답: 필요에 의한 분배는 사회적 약자를 보호할 수 있다는 장점이 있다.

㉤ 오답: 옳은 설명이기에 오답이다. 갑과 을은 각기 다른 분배 기준을 제시하고 있지만, 모두 공정한 분배 기준을 마련하기 위해 나름의 안을 제시하고 있다.

10 사형 제도에 대한 찬반 논쟁

자료 해설 갑은 사형 제도를 반대하는 입장에 해당한다. 갑은 사형이 특수적 예방의 일환인 재사회화를 통해 범죄자의 교화 가능성을 제거하므로 옳지 못한 형벌이라고 주장한다. 반면에 을은 사형 제도를 찬성하는 입장에 해당한다. 을은 사형 제도는 범죄 억제에 대한 일반적

예방 효과가 크기 때문에 사형 제도가 옳다고 주장한다.

선택지 분석

㉠ 정답: 사형이 인도적으로 인간의 기본권인 생명권을 부정하는 행위이기에 정당하지 못하다는 주장은 반대 논거에 해당한다.

㉡ 정답: 흉악범의 범죄에 비례하여 생명을 박탈하는 사형이 사회 정의라고 보는 찬성 논거에 해당한다.

ㄷ. 오답: 사형의 범죄 예방 효과를 인정하는 입장은 사형 제도에 찬성하는 입장인 을에 해당한다.

㉣ 정답: 사형이 생명권을 부정하는 것이라고 보는 입장은 사형 제도에 반대하는 입장인 갑에 해당한다.

11 소수자 우대 정책에 대한 반대 논거 제시

자료 해설 갑은 소수자 우대 정책에 대해 반대 입장을 취하고 있다. 그는 자신의 노력에 따라 정당한 대가를 받아야 하는 업적주의를 우대 정책이 따르고 있지 않기 때문에 부당하다고 주장하고 있다.

선택지 분석

① 오답: 소수자 우대 정책은 사회의 다양성을 장려하여 통합에 기여하기에 옳지 않은 평가이다.

❷ 정답: 소수자 우대 정책으로 인해 생기는 역차별 문제는 반대 논거에 해당한다.

③ 오답: 사회적인 차별을 철폐하여 구조적 변화를 가져온다는 평가는 찬성 논거에 해당하므로 옳지 않다.

④ 오답: 혜택 받는 계층의 구성원의 수와 고통을 받는 계층의 구성원의 수는 명확히 알 수 없다.

⑤ 오답: 실질적 평등을 가져온다는 평가는 찬성 논거에 해당하므로 옳지 않다.

12 칸트의 교정적 정의에 대한 관점

자료 해설 제시문의 사상가는 칸트이다. 칸트는 형법을 정언 명령으로 여기며 범죄자가 범죄를 저질렀다는 사실만으로 그에게 형벌을 가해야 한다고 주장하였다. 그는 처벌의 목적을 범죄 행위에 상응하는 정당한 응보로 처벌하여 정의를 실현하는 것이라고 보았다.

선택지 분석

① 오답: 벤담의 교정적 정의에 대한 관점에 해당한다.

② 오답: 형벌은 긍정적인 결과와 상관없이 범죄를 저질렀다는 자체만으로 가해져야 하는 것이기에 옳지 않다.

❸ 정답: 칸트는 응보주의적 관점에서 범죄 행위에 상응하는 처벌을 내려야 한다고 주장하였다.

④ 오답: 칸트는 형벌의 목적을 범죄자의 교화에 두지 않는다. 칸트는 범죄 예방과 교화에 관심을 두지 않는다는 점에서 비판을 받는다.

⑤ 오답: 범죄의 해악 방지를 위한 본보기로써의 목적은 칸트의 입장이 아닌 공리주의적 관점에 해당한다.

13 롤스와 노직의 소득 재분배

자료 해설 갑은 롤스이고, 을은 노직이다. 롤스는 차등의 원칙을 통해 최소 수혜자에게 최대의 이익이 되도록 해야 한다고 주장하였기에 소득 재분배는 정의로운 제도라고 본다. 반면에 노직은 국가에 의한 소득 재분배는 개인의 소유권을 침해한다고 보았다.

선택지 분석

㉠ 정답: 롤스는 공정한 절차를 통해 합의된 것이라면 정의롭다고 보는 공정

으로서의 정의를 주장하였다. 절차의 공정성이 보장된 정의로운 사회라도 분배 결과가 다를 수 있다고 보았다.

ㄴ. 오답: 개인의 선천적 능력을 공동 자산으로 본 사상가는 롤스이다. 을은 개인의 선천적 능력을 개인의 자산으로 보았다.

ㄷ. 오답: 갑이 소득 재분배와 같은 국가의 적극적인 역할을 더 중시하지만 을도 국가의 보호 역할과 계약 집행의 감독 역할과 같은 정의 실현을 위한 국가의 역할을 인정한다.

ㄹ. 정답: 노직은 소득 재분배와 같은 국가를 통한 사회적 약자에 대한 배려는 개인의 권리에 대한 침해라고 보았다.

14 벤담과 마르크스의 사회 정의

자료 해설 갑은 마르크스이다. 마르크스는 공산주의에서 능력에 따라 일하고 실질적인 필요에 따라 분배하는 필요에 따른 분배를 사회 정의로 보았다. 을은 벤담이다. 벤담은 공리주의적 관점에서 사회적 효용이 극대화되도록 분배하는 것을 사회 정의로 보았다.

선택지 분석

① 오답: 재화의 분배를 개인의 자유로운 선택에 맡겨야 된다는 입장은 노직의 소유로서의 정의에 해당한다.

② 오답: 마르크스는 자본주의에서 노동이 노동의 본질대로 존중받지 못하여 노동에 대한 소외 문제가 일어난다고 보았다.

❸ 정답: 벤담은 최대 다수의 최대 행복을 주는 것을 정의의 기준으로 보았다.

④ 오답: 벤담은 개인의 재능을 무엇을 위해 사용되어야 하는지에 대한 언급을 하지 않았다.

⑤ 오답: 두 사상가 모두 관련 없는 주장에 해당한다.

15 벤담과 베카리아의 교정적 정의

자료 해설 갑은 벤담이다. 벤담은 사회적 이익의 증진을 처벌의 본질로 보았다. 그는 처벌은 고통을 주기에 악이지만 사회적 이익이 고통보다 더 크다면 허용될 수 있다고 보았다. 을은 베카리아이다. 베카리아 역시 사회적 유용성을 고려하여 사형 제도의 허용 여부를 결정하였다. 그는 사형 제도가 종신 노역형보다 사회에 주는 이익이 적으므로 시행될 수 없다고 주장한다.

선택지 분석

❶ 정답: 두 사상가 모두 사회적 유용성을 처벌에 대한 기준으로 삼고 있다.

② 오답: 벤담의 경우 사형 제도의 허용에 대해 언급하지 않았다.

③ 오답: 응보주의적 관점으로 칸트가 긍정의 대답을 할 질문으로, 두 사상가와는 관련이 없다.

④ 오답: 칸트의 주장으로 두 사상가와는 관련이 없다.

⑤ 오답: 응보주의적 관점으로 칸트의 주장에 해당한다. 이 내용은 두 사상가와는 관련이 없다.

16 부유세에 대한 찬반 논거

자료 해설 갑은 부유세를 찬성하는 입장으로, 사회적 불평등을 해소해 준다는 재분배의 논리와 빈부 격차를 줄일 수 있다는 사회 통합의 논리를 근거로 들어서 부유세에 찬성한다. 을은 부유세에 대해 반대하는 입장이다. 정당하게 얻은 개인의 재산권을 국가가 과도하게 침해했다는 소유 권리의 원칙을 논거로 들어 부유세에 반대한다. A 정책의 경우 부동산 과다 보유자에 대한 과세 강화와 누진세 적용인 것을 보아 부유세에 해당한다.

선택지 분석

ㄱ. 필요에 따른 분배는 실질적인 필요를 충족하도록 분배하는 것으로 마르크스가 주장하였다. 이는 A 정책에 대한 평가와 거리가 멀다.

ㄴ. 개인의 소유권을 제한한다는 근거로 A 정책을 옳지 않다고 주장하는 것은 부유세를 반대하는 을의 입장에서 할 수 있다.

ㄷ. 빈부 격차 해소와 재분배를 근거로 A 정책을 옳다고 주장하는 것은 부유세를 찬성하는 갑의 입장에서 할 수 있다.

ㄹ. 갑과 을 모두 A 정책에 대해 자본 질서를 부정하고 공산 사회를 지향하는 행위라고 극단적으로 평가하지는 않을 것이다.

08 강 국가와 시민의 윤리

기출 선지 변형 O X

본문 077, 079쪽

01 ○	02 ×	03 ○	04 ×	05 ○	06 ×	07 ○	08 ×
09 ○	10 ×	11 ×	12 ○	13 ×	14 ○	15 ○	16 ×
17 ○	18 ○	19 ×	20 ×	21 ○	22 ○	23 ×	24 ×
25 ○	26 ○	27 ×	28 ×	29 ○	30 ×	31 ×	32 ×
33 ×	34 ×	35 ○	36 ○	37 ×	38 ×	39 ○	40 ×
41 ×					

01 인권을 소극적 권리로 보는 입장에서는 인권을 국가의 부당한 간섭과 침해를 받지 않을 권리로 본다. 그 때문에 인권이 자유권과 참정권 등으로 국한되어야 한다고 본다.

02 인권을 소극적 권리로 보는 입장과 적극적 권리로 보는 입장 모두 인권이 인간으로서 마땅히 누려야 할 권리라는 점에 기본적으로 동의한다.

03 인권에 자유권과 함께 복지권을 넣어야 한다는 주장은 인권을 적극적 권리로 보는 입장이다.

04 인권은 사회적, 경제적 평등의 실현을 통해 보장되어야 한다는 주장은 인권을 적극적 권리로 보는 입장이다.

05 인권을 적극적 권리로 보는 입장은 개인의 자유뿐만 아니라 국가의 개입을 통한 정의 실현, 평등 실현을 강조하는 입장이다.

06 롤스는 시민 불복종은 정치 체제를 인정하는 전제하에 부정의한 법이나 제도를 개선하기 위한 위법 행위로 보았다. 따라서 정치 체제를 변혁하기 위한 수단으로 보지 않았다.

07 롤스는 시민 불복종은 비폭력적이고 공개적으로 이루어져야 한다고 보았다. 또한 시민 불복종 자체가 잘못된 법에 대한 저항이기에 위법 행위임을 언급하였다.

08 롤스는 시민 불복종의 목적이 정의로운 체제 내에서 부정의한 법이나 제도의 개선에 있다고 보았기 때문에 정부 정책의 개혁을 제외하지 않았다.

09 시민 불복종의 의도가 시민들에게 공표되어야 한다는 것은 공개

적으로 이루어져야 한다는 의미이다. 롤스는 시민 불복종은 공개적으로 이루어지는 위법 행위로 보았으므로 이에 동의한다.

10 롤스는 정의의 원칙을 위반하는 것을 시민 불복종으로 보지는 않았다. 그는 정의의 원칙에 어긋나는 법과 명령이 시민 불복종의 대상이라고 보았다.

11 소로는 소수의 권력자가 다수의 시민을 지배하는 정부는 정의롭지 않다고 보았다. 이러한 정부에 대해서는 시민 불복종을 해야 한다고 보았다.

12 롤스는 시민 불복종은 정의로운 사회에서만 가능하며, 정의로운 사회에서 부정의한 법과 제도, 정책에 저항하는 것이어야 한다고 보았다. 따라서 정의롭고 합법적인 국가 체제에서 위법을 감수하는 것이라고 보았다.

13 롤스는 다수가 결정한 법이라 해도 부정의할 수 있으며, 이에 대해서는 시민 불복종할 수 있다고 보았다.

14 소로와 롤스 모두 시민 불복종이 신중하며 양심적인 신념의 표현이라는 데 동의한다.

15 소로는 개인의 양심을 근거로 시민 불복종을 정당화하는 데 비해, 롤스는 개인의 양심이 아닌 공동체 내의 다수 시민의 정의관이 그 정당화 근거라고 보았다.

16 롤스는 시민 불복종의 주체는 정의로운 국가 체제의 합법성을 인정하는 시민들이라고 보았으며, 이러한 시민들이 법의 한계 내에서 부정의한 법이나 정책을 개선하기 위해 시민 불복종을 한다고 하였다.

17 롤스는 시민 불복종은 공동체의 정의관을 바탕으로 행해질 때 정당화된다고 보았다.

18 롤스는 부정의한 법이나 제도를 개선하기 위해 합법적인 방법을 모두 동원해 봤는데도 개선되지 않을 때 마지막 수단으로 시민 불복종을 해야 한다고 보았다.

19 롤스는 개인의 양심에 바탕을 둔 위법 행위가 시민 불복종이라고 보지는 않았다. 롤스는 다수 시민, 즉 공동체의 정의감이 바탕이 된 위법 행위만이 시민 불복종으로 인정된다고 보았다.

20 롤스는 다수결에 따른 입법이 언제나 정당한 것은 아니라고 보았다. 롤스에 따르면 다수의 의견이라도 정의의 원칙에 위반된다면 정당하지 않다.

21 롤스는 국가의 존립을 위해서는 법 체계가 필요하다고 보았다.

22 소로는 개인의 양심에 어긋나는 모든 법을 시민 불복종의 대상으로 삼았다.

23 롤스가 공동체의 정의감을 바탕으로 시민 불복종을 정당화하였다.

24 소로와 롤스 모두 시민 불복종은 정의의 실현을 위한 행위이면서 위법적인 행위로 보았다. 소로는 그 자신이 시민 불복종을 함으로써 감옥에 갇혔고, 롤스는 정의로운 사회에서 부정의한 제도나 법 등을 대상으로 시민 불복종을 할 수 있음을 이야기하였다.

25 롤스는 시민 불복종이 공개적이고 평화적으로 이루어져야 한다고 보았다.

26 롤스는 정의로운 체제에서도 부당한 법은 있을 수 있으며, 부당한 법에 대해서 민주 시민은 시민 불복종을 통해 저항할 수 있다고 보았다.

27 롤스는 시민 불복종의 대상이 다수의 정의관에 어긋나는 일부 부정의한 법이나 정책에 한정되어야 한다고 보았다. 따라서 법에 대한 충실성을 거부하지는 않았다.

28 소로에게만 해당하는 내용이다. 소로는 정의감에 호소하는 시민 불복종도 폭력적일 수 있다고 보았다.

29 롤스는 양심에 충실한 거부 중에서도 공동체가 공유하는 정의관에 어긋나지 않는 것은 정당한 시민 불복종이 아니라고 보았다.

30 소로는 양심을 시민 불복종의 정당성 판별 근거로 보았지만 법률을 판별 근거로 보지 않았다.

31 롤스는 시민 불복종이 공개적이고 비폭력적으로 이루어져야 한다고 하였지만, 시민 불복종의 대상이 체제의 정당성이 아니라고 보았다. 롤스는 체제의 정당성을 인정하는 한계 내에서 이루어지는 위법 행위를 시민 불복종이라고 보았다.

32 소로와 롤스 모두 시민 불복종은 공권력에 의한 처벌을 거부하는 수단이 아니라고 보았다. 소로는 처벌을 감수하며 양심에 어긋나는 법에 대한 저항이라고 보았고, 롤스는 처벌을 감수하며 부정의한 법에 대한 저항이라고 보았다.

33 롤스는 불합리한 모든 법률과 정책에 불복종하는 것이 아니라, 사회 공동체의 심각한 위반 사항에 대한 최후 수단으로서만 시민 불복종이 가능하다고 보았다.

34 국가 체제의 변혁을 목표로 하는 것은 저항권이며, 롤스에게 있어서 시민 불복종은 정의로운 사회에서 불의한 법에 대한 사회적 다수의 정의관을 바탕으로 한 불복종이다.

35 롤스는 정치적 절차는 완전히 정의로운 법의 제정을 보장할 수 없다고 보았다. 따라서 정의로운 사회에서 정의롭지 않은 법이나 정책에 대해 다수의 정의관을 바탕으로 한 시민 불복종은 정당화된다고 보았다.

36 롤스는 사회의 기본 구조가 정의롭다면 그 사회의 구성원이 공유하는 다수의 정의관에 어긋나지 않으면서 부정의한 법도 존재한다고 보았다.

37 롤스는 시민 불복종이 국가 체제의 합법성의 인정을 전제로 행해져야 한다고 보았다.

38 롤스에 따르면 시민 불복종의 대상은 원초적 입장에서 합의한 원칙 자체가 아니라 이 원칙을 침해하는 법이나 정책이다.

39 롤스는 시민 불복종이 정치적 의무이며, 이 정치적 의무는 자연적 의무로부터 도출된다고 보았다.

40 롤스의 입장에서 경제적 불평등은 시민 불복종의 사유가 되지 않는다. 롤스에게 있어서 시민 불복종의 대상은 다수의 정의관을 위반하는 법과 제도, 정의의 원칙을 위반하는 법과 제도 등이다.

41 롤스는 시민 불복종은 다수의 정의감에 호소하는 것이라고 보았다. 다수의 정의감을 바탕으로 했을 때 이를 위반하는 법이나 제도에 대해서 시민 불복종이 가능하다고 보았다.

01 ③ 02 ⑤ 03 ③ 04 ② 05 ③ 06 ③ 07 ④ 08 ④
09 ③ 10 ② 11 ③ 12 ④ 13 ① 14 ① 15 ① 16 ③

01 롤스의 시민 불복종

자료 해설 제시문의 사상가는 롤스이고, ㉠에 들어갈 말은 '시민 불복종'이다. 롤스는 법이 일정한 한계를 넘으면 시민 불복종이 인정될 수 있다고 보았다. 그는 정의가 어느 정도 실현된 사회에서 사회적 다수가 공유하는 정의관을 근거로 들면서 정의의 원칙, 즉 정의의 제1원칙인 평등한 자유의 원칙과 제2원칙인 공정한 기회균등의 원칙에 위배되는 법이나 정책에 대해 저항이 가능하다고 보았다.

선택지 분석

① 오답: 롤스는 시민 불복종이 신중하게 이루어져야 한다고 강조하면서 불합리한 모든 법률과 정책이 아니라, 정의의 원칙, 즉 평등한 자유의 원칙이나 공정한 기회균등의 원칙에 현저하게 어긋나는 법이나 정책에 대해 저항이 가능하다고 하였다.

② 오답: 롤스는 시민 불복종의 목적을 국가 체제의 변혁이 아닌 정의롭지 못한 것을 시정하는 것에 있다고 보았다.

③ 정답: 롤스는 시민 불복종을 정당화할 수 있는 조건이 개인의 양심이 아니라 사회의 다수가 공유하는 정의관에 있다고 보았다.

④ 오답: 롤스는 시민 불복종이 법에 대한 충실성의 한계 내에서 마지막 수단이 되어야 하고, 비폭력적이고 공개적이어야 한다고 주장하였다.

⑤ 오답: 롤스는 시민 불복종이 '개인의 종교적 신념을 추구하는 행위'를 포함해야 한다고 보지는 않았다.

02 소로와 롤스의 시민 불복종

자료 해설 갑은 소로, 을은 롤스이다. 소로는 법을 잘 지키는 것보다 정의를 더 우선시하면서 부정의한 법에 대해 개인의 양심에 따라 불복종을 할 수 있다고 주장하였다. 롤스는 국가의 법이나 명령이 정의의 원칙에 어긋날 경우 이러한 부정의를 교정하기 위해 시민들이 법에 대한 충실성의 한계 내에서 저항할 수 있다고 주장하였다.

선택지 분석

① 오답: 소로는 법을 잘 지키는 것보다 정의가 우선이라고 보고 개인의 양심에 어긋나는 법에 대해 불복종을 할 수 있다고 주장하였다.

② 오답: 롤스는 시민 불복종이 법에 대한 충실성의 한계 내에서 이루어져야 한다고 주장하였다. 즉, 국가와 법의 합법성을 인정하는 한에서 일부 부정의한 법에 대해 비폭력적이고 공개적인 방법으로 불복종을 해야 한다고 보았다.

③ 오답: 소로는 시민 불복종의 근거를 개인의 양심에서, 롤스는 다수의 정의관에서 찾는다.

④ 오답: 소로와 롤스는 모두 시민 불복종은 정의롭지 못한 법이나 정책을 변혁시키려는 목적으로 행하는 의도적인 위법 행위라고 보았다.

⑤ 정답: 양심에 어긋나는 모든 법에 대해 시민 불복종을 전개해야 한다고 주장한 사람은 소로이다. 롤스는 개인의 양심이 아니라 다수의 정의관에 어긋나는 법에 대해 불복종을 해야 한다고 주장하였다. 갑에게만 해당하는 서술이다.

03 롤스의 시민 불복종

자료 해설 제시문의 사상가는 롤스이다. 롤스는 국가의 법이나 명령

이 정의의 원칙에 위배될 때 이를 교정하기 위한 시민 불복종이 정당화된다고 하였다.

선택지 분석

ㄱ. 오답: 롤스는 시민 불복종은 다수의 정의관에 어긋나는 법이나 정책에 대해 비폭력적인 방식으로 이루어져야 한다고 하였다.

ㄴ. 정답: 롤스는 시민 불복종을 자유롭고 평등한 시민들의 사회적 협동의 기본 원리에 근거한 양심적 항거라고 보았다.

ㄷ. 오답: 롤스는 시민 불복종을 다수의 정의관에 어긋나는 부당한 법에 대한 불가피한 위법 행위로 보고, 공익성을 목표로 비폭력적이고 공개적으로 이루어진다면 도덕적으로 정당화될 수 있다고 하였다.

ㄹ. 정답: 롤스는 민주적인 사회에서도 일부 부정의한 법이 있을 수 있기 때문에 이러한 법은 시민 불복종의 대상이 될 수 있다고 보았다.

04 롤스의 시민 불복종

자료 해설 '공동 사회의 다수자가 갖고 있는 정의감'이라는 부분을 통해 제시문의 사상가가 롤스임을 알 수 있다. 롤스는 시민 불복종을 공동체가 공유한 정의관에 어긋날 경우 법에 대한 충실성의 한계 내에서 비폭력적이고 공개적으로 이루어져야 한다고 주장하였다.

선택지 분석

① 오답: 롤스는 시민 불복종이란 정치 체제를 인정하는 범위 안에서 사회 구성원 다수의 정의관에 어긋나는 법률이나 명령을 개정하기 위한 비폭력적 행위라고 보았다.

② 정답: 롤스는 시민 불복종이 사회 정의를 실현하기 위한 의도적인 위법 행위라고 보고 비폭력적이고 공개적으로 이루어져야 한다고 주장하였다.

③ 오답: 롤스는 시민 불복종에 참여한 사람은 그로 인한 처벌을 감수해야 한다고 주장하였다.

④ 오답: 롤스는 시민 불복종이 정의로운 사회에서 다수의 정의감을 근거로 행해져야 한다고 주장하였다.

⑤ 오답: 롤스는 정의의 원칙에 어긋나는 법이나 명령에 대해 시민 불복종을 할 수 있다고 주장하면서, 이는 사회 정의를 실현하기 위한 최후의 수단이라고 보았다.

05 소로와 롤스의 시민 불복종

자료 해설 갑은 소로, 을은 롤스이다. 소로는 헌법을 넘어선 개인의 양심이 시민 불복종을 정당화하는 근거라고 주장한 데 반해, 롤스는 개인의 양심이 아니라 다수의 정의관이 시민 불복종을 정당화하는 근거라고 주장하였다.

선택지 분석

ㄱ. 오답: 소로는 소수의 권력자가 다수의 시민을 지배하는 정부를 정의롭지 못하다고 보고, 이러한 정부에 대해 개인의 양심에 따라 불복종을 해야 한다고 주장하였다.

ㄴ. 정답: 롤스는 시민 불복종은 정의로운 사회에서 부정의한 법이나 정책을 바로잡을 목적으로 행해져야 한다고 보았다. 따라서 국가 체제의 합법성을 인정하는 범위 안에서 이루어져야 한다.

ㄷ. 오답: 롤스는 다수가 결정한 법일지라도 정의의 원칙에 어긋난다면 불복종을 할 수 있다고 주장하였다.

ㄹ. 정답: 소로와 롤스는 모두 시민 불복종은 신중하고 양심적인 신념의 표현이어야 한다고 주장하였다.

06 소로와 롤스의 시민 불복종

자료 해설 갑은 소로, 을은 롤스이다. 소로는 법에 대한 존경심보다

정의에 대한 존경심이 더 중요하다고 주장하면서 사회 정의를 실현하기 위해 개인의 양심을 근거로 부정의한 법에 저항해야 한다고 주장하였다. 롤스는 시민 불복종의 근거를 다수의 정의관에 두고, 이러한 정의에 대해 중대하고 명백한 침해가 있을 때 공개적이고 비폭력적인 방법으로 불복종이 행해져야 한다고 주장하였다. 소로가 긍정, 롤스가 부정할 질문을 고르면 된다.

선택지 분석

① 오답: 소로와 롤스는 모두 시민 불복종을 사회 정의를 실현하기 위한 위법 행위라고 보았다. 갑과 을이 모두 긍정할 질문이다.
② 오답: 소로는 폭력적 행동을 인정하지만 롤스는 법에 대한 충실성의 한계 내에서 평화적인 방법으로 시민 불복종을 해야 한다고 주장한다. 따라서 갑은 부정, 을은 긍정할 질문이다.
❸ 정답: 소로는 시민 불복종을 정당화하는 근거로 개인의 양심을 들었고, 롤스는 다수가 공유하는 정의관을 들었다. 갑은 긍정, 을을 부정할 질문이다.
④ 오답: 소로와 롤스는 모두 시민 불복종으로 인한 처벌을 감수해야 한다고 주장하였다. 따라서 갑과 을이 모두 긍정할 질문이다.
⑤ 오답: 소로는 개인의 양심에 어긋날 경우 즉시 시민 불복종을 해야 한다고 주장하지만 롤스는 정의롭지 않은 법이나 명령을 개정하기 위해 합법적인 방법을 시도했지만 아무 효과가 없을 경우에 시민 불복종을 실시해야 한다고 주장하였다. 갑은 부정, 을은 긍정할 질문이다.

07 롤스의 시민 불복종

자료 해설 제시문의 사상가는 롤스이다. 롤스는 정의로운 사회에서 사회 구성원이 공유하는 다수의 정의관에 어긋나는 법이나 명령을 개선하기 위해 합법적인 방법으로 개정을 요구했지만 받아들여지지 않을 때 최후의 수단으로 시민 불복종을 전개해야 한다고 주장하였다.

선택지 분석

① 오답: 롤스는 시민 불복종의 주체를 정의로운 국가에서 체제의 합법성을 인정하는 시민들이라고 보았으며, 이러한 시민들이 법의 한계 내에서 부정의한 법이나 정책을 개선하기 위해 시민 불복종이 행해져야 한다고 주장하였다.
② 오답: 롤스는 시민 불복종이 평화적이고 공개적인 방법으로 이루어져야 한다고 주장하였다. 따라서 시민 불복종의 의도가 공개적으로 공표되어야 한다.
③ 오답: 롤스는 시민 불복종의 정당화 근거를 공동체가 공유한 정의관이라고 하였다.
❹ 정답: 롤스는 시민 불복종을 다수의 정의관에 어긋나는 법이나 정책을 개선할 목적으로 헌법의 한계 내에서 이루어지는 위법 행위라고 보았다. 따라서 시민 불복종의 목적에서 정부 정책의 개혁을 제외해야 한다고 주장하지 않는다.
⑤ 오답: 롤스는 정의롭지 않은 법이나 정책을 개정하기 위해 노력했지만 어떤 합법적인 방법으로도 효과가 없을 때 최후의 수단으로 시민 불복종을 전개해야 한다고 주장하였다.

08 소극적 권리로서의 인권과 적극적 권리로서의 인권

자료 해설 갑은 인권을 국가의 부당한 간섭과 침해를 받지 않을 소극적 권리로 보는 입장이고, 을은 인권을 최소한의 인간다운 삶을 누리며 살 적극적 권리로 보는 입장이다. 따라서 갑은 자유롭고 독립적인 개인의 자유를 강조하면서 개인에 대한 국가의 부당한 간섭이나 침해를 반대한다. 이에 반해 을은 국가가 관여하여 분배의 정의를 실현하는

등 국가의 적극적인 역할을 강조한다.

선택지 분석

㉠ 정답: 갑은 소극적 인권을 주장하는 입장이기 때문에 인권을 자유권과 참정권으로 국한되어야 한다고 주장할 것이다. 이에 반해 을은 국가가 인간다운 삶을 보장해야 하므로 인권이 복지권으로 확대되어야 함을 주장할 것이다. 갑은 긍정, 을은 부정의 대답을 할 질문이다.
ㄴ. 오답: 갑과 을은 모두 인권은 인간으로서 마땅히 누려야 할 권리라는 데 동의한다. 갑과 을이 모두 긍정의 대답을 할 질문이다.
㉢ 정답: 인권을 자유권과 함께 복지권을 포함하는 권리라고 주장하는 사람은 인권을 적극적 권리로 파악한 을이다. 갑은 부정, 을은 긍정의 대답을 할 질문이다.
㉣ 정답: 인권을 사회적·경제적 평등의 실현을 통해 보장되어야 한다고 보는 사람은 을이다. 갑은 이러한 행위를 개인의 자유과 권리를 침해하는 것으로 보고 부정한다. 따라서 갑은 부정, 을은 긍정의 대답을 할 질문이다.

09 부패 방지와 청렴

자료 해설 제시문에서는 내부 고발의 장점을 이야기하고 있다. 따라서 사회의 부정부패를 해결하기 위한 방법 중의 하나로 내부 고발이 필요함을 주장하고 있다.

선택지 분석

① 오답: 제시문에서 내부 고발은 '개인의 양심에 입각해 사회 전체의 공익을 위한 행동'이라고 하였으므로 개인의 양심을 더 우선해야 한다고 본다.
② 오답: 제시문에서는 내부 고발이 사회 전체의 공익을 위한 행동으로서 옳다고 주장하고 있으므로 내부 고발이 사회 변화를 유도할 수 있다고 본다.
❸ 정답: 제시문에서 내부 고발은 공공의 이익을 위한 행동일 뿐만 아니라 조직 내의 부당한 행위가 지속적으로 발생할 경우에 발생할 위험을 제거한다는 측면에서 조직에도 도움이 된다고 하였으므로 사회 정의뿐만 아니라 조직의 이익을 위해서도 내부 고발이 필요하다고 본다.
④ 오답: 제시문에서는 내부 고발을 조직의 부도덕함을 공식적으로 알림으로써 이를 시정하고 변화를 모색하는 행위로 찬성한다. 따라서 자체적으로 해결해야 한다고 보지 않는다.
⑤ 오답: 제시문에서 내부 고발은 조직의 혼란을 준다고 비난받기도 하지만, 결과적으로 공익을 위한 행동이며 조직 내부에도 이익을 가져온다고 하였으므로 조직의 효율적 운용을 도와준다고 본다.

10 롤스의 시민 불복종

자료 해설 제시문의 사상가는 롤스이다. 롤스는 시민 불복종이 공동체의 정의감을 바탕으로 했을 때 정의가 침해되었음을 공개적으로 알리는 행위라고 하였다. 사회의 부정의한 법이나 정책을 바로잡기 위한 수단으로서 시민 불복종에 참여하는 이들로 인해 정의로운 사회가 안정될 수 있다고 보았다.

선택지 분석

① 오답: 롤스는 시민 불복종은 법에 대한 충실성의 한계 내에서 이루어진다고 본다. 롤스는 법의 체계 자체나 사회의 정치 체제가 잘못되었음을 고발하고 반대하는 행위가 아닌, 정의로운 체제 안에서 법에 대한 충실함을 바탕으로 잘못된 제도나 법에 대해 저항하는 행위로 보았다.
❷ 정답: 양심에 어긋나는 법에 대해 즉시 불복종해야 한다고 주장한 사상가는 롤스가 아니라 소로이다.
③ 오답: 롤스는 시민 불복종을 통해 정의로운 정치 체제에서 잘못된 법이나 정책이 개선될 수 있다고 보았다.

④ 오답: 롤스는 시민 불복종을 함으로써 불공정한 법에 저항하고 이 법이 공정하게 바뀔 수 있다고 보았다.

⑤ 오답: 롤스는 시민 불복종은 그 자체로서는 법을 위반하는 행위이기에 처벌을 감수해야 한다고 보았다. 처벌을 받기를 주저하지 않으면서 잘못된 법과 정책에 대해 반대하고 저항하는 행위가 시민 불복종이며, 이를 통해 사회는 더 정의로워질 수 있다고 본 것이다.

11 롤스와 소로의 시민 불복종

자료 해설 갑은 롤스, 을은 소로이다. 롤스는 사회 구성원 다수가 공유하는 정의관에 어긋나는 법과 정책의 개선을 위한 행위로서 시민 불복종을 정당화하였고, 소로는 자신의 양심에 어긋나는 모든 부정의한 법에 대해 불복종을 해야 한다고 주장하였다.

선택지 분석

① 오답: 롤스는 시민 불복종이 공익을 목적으로 공개적이고, 비폭력적인 방법으로 이루어져야 한다고 하였다.

② 오답: 롤스는 시민 불복종이 위법 행위이므로 이에 따른 처벌을 감수해야 한다고 주장하였다.

❸ 정답: 소로는 양심에 어긋나는 모든 법에 대해 즉각적으로 불복종을 해야 한다고 주장하였다.

④ 오답: 공동체의 정의감을 시민 불복종 정당화의 최종 근거로 본 사람은 롤스이다.

⑤ 오답: 롤스와 소로는 시민 불복종을 정의의 실현을 위한 의도적인 위법 행위라고 보았다.

12 내부 고발

자료 해설 (가)는 '장기적으로 조직의 이익을 위해' 내부 고발을 찬성하는 입장이고, (나)는 내부 고발은 '조직에 대한 의무 위반으로 조직의 운영과 결속에 악영향'을 미치기 때문에 이를 반대하는 입장이다. 내부 고발을 찬성하는 사람이 반대하는 사람에게 제기할 수 있는 반론을 고르면 된다.

선택지 분석

ㄱ. 오답: (나)는 조직 구성원은 조직의 이익을 보호할 책무가 있으므로 내부 고발을 해서는 안 된다는 입장이므로 (나)가 (가)에게 제기할 수 있는 반론이다.

ㄴ. 정답: 내부 고발은 당장은 조직에 피해를 줄 수 있지만 장기적으로 볼 때 조직의 이익에 부합하므로 내부 고발에 찬성하는 (가)가 (나)에게 제기할 수 있는 반론이다.

ㄷ. 오답: (가)는 '과오에 대한 조직의 자체적 개선이 좌절될 경우' 내부 고발을 선택한다고 하였으므로 내부 고발만이 조직의 비리를 해결하는 수단이라고 주장하지 않는다. (가)가 주장할 반론으로 적절하지 않다.

ㄹ. 정답: 내부 고발을 찬성하는 (가)는 내부 고발을 반대하는 (나)에게 고발자가 조직의 단기적 피해를 감수하더라도 장기적 이익을 위해 선택하는 것이라고 반론을 제기할 수 있다.

13 롤스의 시민 불복종

자료 해설 제시문의 사상가는 롤스이다. 롤스는 어느 정도 정의로운 사회에서 다수가 공유하는 정의관에 어긋나는 법과 정책을 개선하기 위한 정치적 행위로서 시민 불복종을 정당하다고 보았다. 그는 법이나 정책이 평등한 자유의 원칙과 기회균등의 원칙을 심각하게 훼손할 경우 시민 불복종이 최후의 수단으로서 공개적이고 비폭력적인 방법으로

이루어져야 한다고 하였다. 이때 시민 불복종은 정의롭지 않은 법이나 정책을 변혁시킬 수 있다는 성공이 기대될 수 있어야 하며, 의도적인 위법 행위이기 때문에 처벌을 감수해야 한다고 주장하였다.

선택지 분석

ㄱ 정답: 롤스는 정치적 절차는 완전히 정의로운 법의 제정을 보장할 수 없기 때문에 어느 정도 정의로운 사회에서 법이나 정책이 다수가 공유하는 정의관에 어긋날 경우 시민 불복종이 발생한다고 보았다. 제시문에서도 '헌법에 따라 제정된 법이 정의로운 것이기를 보장해 줄 완벽한 절차도 존재하지 않는다.'라고 언급하였다.

ㄴ 정답: 롤스는 사회의 기본 구조가 합당하게 정의로울 경우, 그 사회의 구성원이 공유하는 다수의 정의관에 어긋나지 않는다면 부정의한 법도 준수해야 한다고 보았다. 제시문에서도 '다수가 제정한 법이 부정의하다 할지라도 그에 따라야 할 의무를 갖는다.'라고 언급하였다.

ㄷ. 오답: 롤스는 시민 불복종이 국가 체제의 합법성을 인정하는 한에서 이루어져야 한다고 보았다. 즉, 부정의한 정치 체제에 대한 항거가 아니라 부정의한 법이나 정책에 대한 항거이다.

ㄹ. 오답: 롤스에 따르면 시민 불복종의 대상은 원초적 입장에서 합의한 원칙 중 평등한 자유의 원칙과 공정한 기회균등의 원칙을 침해하는 법이나 정책에 대한 항거이다. 따라서 원초적 입장에서 합의한 원칙 자체가 시민 불복종의 대상은 아니다.

14 노블레스 오블리주

자료 해설 제시문에서 귀족의 책무를 뜻하는 ㉠은 노블레스 오블리주이다. 노블레스 오블리주란 고귀한 신분에 따르는 도덕적 의무와 책임을 뜻한다. 이는 유럽에서 귀족이 전장에 나가 목숨을 바쳐 공동체의 안전을 지키고 그에 대한 대가로 농노들에게 세금과 복종을 요구한 데서 유래하였다. 오늘날에는 상류 집단의 바람직한 태도이자 리더십의 표본으로 이해되고 있다.

선택지 분석

❶ 정답: '고위 공직자들이 법률 제도와 별도로 권한에 상응하는 책무 의식을 스스로 내면화해야 한다.'라고 제시된 부분을 통해 노블레스 오블리주는 법적 규제가 아니라는 것을 알 수 있다.

② 오답: 노블레스 오블리주를 실현하면 '사회 구성원 간의 신뢰와 연대가 강화'된다는 부분을 통해 사회 질서 유지와 계층 간의 화합에 기여함을 알 수 있다.

③ 오답: '더 강한 책임 의식, 더 높은 도덕성, 더 많은 희생'을 요구하여 국가 전반의 청렴성을 고양함을 알 수 있다.

④ 오답: 노블레스 오블리주가 '서양에서 유래하였지만 고위 공직을 담당한 지도자에게 여전히 요청되는 덕목'이라는 부분에서 전통 사회와 현대 사회에서 모두 공통으로 강조되어야 하는 덕목임을 알 수 있다.

⑤ 오답: 노블레스 오블리주를 통해 '국가가 내우외환에 봉착할 경우 구성원 모두 위기 극복을 위한 공동의 노력에 기꺼이 나서게 된다.'라는 부분을 통해 국가의 위기 상황에서 시민들의 솔선과 협력을 유도함을 알 수 있다.

15 소로와 롤스의 시민 불복종

자료 해설 갑은 소로, 을은 롤스이다. 소로는 개인의 양심에 어긋나는 법에 대한 불복종을 정당화하였고, 롤스는 다수의 정의관에 어긋나는 법에 대한 불복종을 정당화하였다.

선택지 분석

❶ 정답: 소로는 개인은 법에 우선하여 양심과 정의에 따라 행동해야 한다고

주장하면서 개인의 양심을 시민 불복종의 정당화 근거로 보았다.

ㄴ. 오답: 롤스는 시민 불복종이 법에 대한 충실성의 한계 내에서 이루어지는 마지막 수단이 되어야 한다고 주장하였다.

ㄷ. 정답: 롤스는 시민 불복종의 대상이 다수의 정의관에 어긋나는 일부 부정의한 법이나 정책에 한정되어야 한다고 보았다.

ㄹ. 오답: 롤스는 시민 불복종이 정당화되려면 공익성을 목표로 비폭력적이고 공개적으로 이루어져야 한다고 보았다.

16 소로와 롤스의 시민 불복종

자료 해설 갑은 소로, 을은 롤스이다. 소로는 개인의 양심에 어긋나는 법에 대한 시민 불복종을 정당하다고 보았다. 이에 반해 롤스는 개인의 양심이 아니라, 다수가 공유하는 정의관에 어긋나는 법이나 정책에 대한 시민 불복종이 정당하다고 보았으며 이때 불복종은 비폭력적이고 공개적인 방법으로 이루어져야 한다고 주장하였다.

선택지 분석

① 오답: 시민 불복종은 다수 국민이 공유한 정의관에 근거해야 한다고 주장한 사람은 롤스이다. 소로는 개인의 양심에 근거해야 한다고 주장하였다. 을의 입장이므로 오답이다.

② 오답: 소로는 양심을 시민 불복종의 정당성 판별 근거로 보았지만 법률을 판별 근거로 보지 않았다.

❸ 정답: 롤스는 양심에 충실한 거부 중에서도 공동체가 공유하는 정의관에 어긋나지 않는 것은 정당한 시민 불복종이 아니라고 보았다.

④ 오답: 롤스는 시민 불복종이 체제의 정당성에 대한 저항이 아니라 체제의 정당성을 인정하는 한계 내에서 이루어지는 위법 행위로 비폭력적이고 공개적으로 이루어져야 한다고 보았다.

⑤ 오답: 소로와 롤스는 시민 불복종을 공권력에 의한 처벌을 거부하는 수단이라고 보지 않았다. 소로와 롤스는 시민 불복종으로 인한 처벌을 감수해야 한다고 하였다.

올쏘 만점 노트   **소로와 롤스의 공통점과 차이점**

공통점	차이점
• 시민 불복종은 사회 정의를 실현하기 위한 의도적인 위법 행위임 • 시민 불복종으로 인한 처벌을 감수해야 함 • 시민 불복종은 정치 체제를 인정하는 범위 내에서 이루어져야 함	• 시민 불복종의 정당화 근거: 개인의 양심(소로), 다수가 공유하는 정의관(롤스) • 시민 불복종의 방법: 폭력을 인정(소로), 비폭력적이고 공개적으로 이루어져야 함(롤스)

킬러 예상 문제

본문 084~085쪽

01 ④ 02 ① 03 ⑤ 04 ④ 05 ② 06 ④ 07 ② 08 ④

01 소로와 롤스의 시민 불복종

자료 해설 갑은 양심을 근거로 시민 불복종의 정당성을 판단하는 소로이다. 소로는 부정의한 법에 대해 적극적으로 불복종해야 한다고 주장하였다. 을은 사회적 다수가 공유하는 정의관을 통해 시민 불복종의 정당성을 판단하는 롤스이다. 롤스는 정의의 원칙에 현저하게 반하는 법인 경우 불복종할 수 있다고 보았다.

선택지 분석

❶ 정답: 소로와 롤스 모두 정의롭지 못한 법에 대한 시민 불복종은 정당화될 수 있다고 보았다.

ㄴ. 오답: 소로와 롤스는 모두 시민 불복종이 정의의 원칙을 위반하는 행위가 아니라고 보았다.

ㄷ. 정답: 양심에 어긋나는 법에 대한 불복종은 소로가 주장한 의견으로 소로는 긍정을 하고, 롤스는 부정을 할 질문이다.

ㄹ. 정답: 롤스의 입장과 부합하므로 정답이다.

02 소크라테스의 국가의 권위의 정당성

자료 해설 다음 제시문은 플라톤의 "크리톤"에서 소크라테스에 관한 내용이다. 플라톤에 의하면 소크라테스는 국가의 법에 약속했기 때문에 부정의한 법이더라도 준수해야 한다고 주장한다. 즉, 스스로 받아들인 법체계가 잘못된 점이 있더라도 받아들여야 한다고 보았다.

선택지 분석

❶ 정답: 소크라테스의 주장과 일맥상통하므로 정답이다.

② 오답: 자신의 유불리를 따져서 준법과 위법의 기준을 결정하는 것은 소크라테스가 동의하지 못할 내용이다. 소크라테스는 자신에게 불이익이 되는 법이더라도 지켜야 한다고 보았다.

③ 오답: 소크라테스는 법원의 판결을 따르는 것과 국가에 복종하는 것을 동일한 원리로 이해하였다.

④ 오답: 국가가 주는 경제적 혜택이 없더라도 국가와의 약속이기 때문에 그 국가의 법체계를 존중할 필요가 있다.

⑤ 오답: 소크라테스는 국가의 번영을 위한 개인의 무제한적인 희생을 주장하지는 않았다.

03 맹자의 군주의 역할

자료 해설 맹자는 군주가 백성의 생업을 정해 주어 도덕을 실현할 수 있도록 도와야 한다고 주장한다. 맹자는 무항산 무항심을 제시하여, 생업이 없어서 기본적인 욕구가 충족되지 않으면, 도덕성도 유지될 수 없다고 보았다. 따라서 국가는 백성의 올바른 삶을 위해 생업을 정해 주어야 한다고 보았다.

선택지 분석

㉠ 정답: 맹자는 군주가 덕으로써 인을 행하는 왕도 정치를 실현해야 한다고 보았다.

㉡ 오답: 맹자는 통치자가 백성의 생계 보장을 위해 노력해야 한다고 보았다.

㉢ 정답: 맹자는 인간을 이기적으로 보지 않았으며, 왕이 교화를 통해 인간의 이기적 본성을 바꿔야 한다고 주장한 사상가는 순자이다.

㉣ 정답: 맹자는 유교적 관점에서 왕이 도덕적으로 모범이 되어 백성들의 신뢰를 얻어야 한다고 보았다.

04 공자와 홉스의 국가관

자료 해설 갑은 유교적 관점에서 국가관을 제시한 공자이다. 큰 도가 행해져 이웃을 사랑하고, 모든 재화를 공정하게 분배하는 이상적인 국가인 대동 사회를 제시하였다. 을은 사회 계약론적 관점에서 국가관을 제시한 홉스이다. 홉스는 자연 상태를 '만인의 만인에 대한 투쟁'이라고 규정하며, 사람들은 기본권을 보장받기 위해 사회 계약을 맺어 국가를 수립한다고 보았다.

① 오답: 공자는 백성의 입장을 헤아리고 백성의 입장에서 통치하여 신뢰를 얻을 것을 강조하였다.

② 오답: 공자는 인을 실현하고, 공정한 재화 분배를 행해야 한다고 대동 사회를 통해 주장한다.

③ 오답: 홉스는 사회 계약에 입각하여 국가는 개인의 생명과 재산을 보호해야 한다고 주장한다.

❹ 정답: 홉스는 자연 상태의 인간이 사회 계약을 통해 국가 속에서 살아가는 방향으로 변화되고 있다고 보았다.

⑤ 오답: 공자와 홉스 모두 국가가 사회 구성원의 생존을 위해 노력해야 한다는 점에 동의한다.

05 국가의 권위의 정당화 관점

자료 해설 갑은 국가의 권위를 동의론을 통해 정당하다고 보는 입장이다. 갑은 국가가 계약을 통해 개개인의 동의를 얻었기 때문에 통치할 수 있는 권위를 지닌다고 보았다. 반면에 을은 국가의 권위를 자연적 의무의 관점에서 정당하다고 본 입장이다. 을은 국가의 정치가 공동선과 정의를 실현시켜 주기 때문에 국가의 권위에 따르는 것이 자연적 의무라고 주장하였다.

선택지 분석

㉠ 정답: 갑은 동의론에 따른 관점이므로 설명과 부합하기에 정답이다.

ㄴ. 오답: 국가의 권위를 정의의 관점에서 설명하는 내용이다. 국가 권위를 자연적 의무의 관점에서 정당하다고 보는 을은 이에 동의하지 않을 것이다.

ㄷ. 오답: 갑과 을 모두 인간 본성의 관점에서 국가의 권위의 정당성에 대해 주장하지 않았다.

㉣ 정답: 을은 자연적 의무의 관점이므로 설명과 부합하기에 정답이다.

06 시민 참여의 필요성

자료 해설 제시문은 선거 제도의 한계와 시민 참여의 필요성에 대해 보여 준다. 선거제는 모두의 참여가 어려운 현대 사회에서 대의 민주주의를 실현시켜 준다는 의의가 있지만 민주주의의 질을 높이는 데 한계가 있다. 따라서 시민의 적극적인 참여를 통해 직접 민주주의를 실현해야 한다. 제시문은 적극적인 정치 참여로 인해 나타날 긍정적인 부분에 대해 묻고 있다.

선택지 분석

㉠ 정답: 시민들의 적극적인 정치 참여는 권력 남용을 견제하는 역할을 하여 민주주의의 질을 높일 수 있다.

㉡ 정답: 적극적인 정치 참여는 다양한 선호를 공공 정책에 반영함으로써 다양성을 보장해 주는 역할을 한다.

㉢ 정답: 시민들의 적극적인 정치 참여는 민주주의에서 주인 의식을 가장 잘 나타내는 일이다.

ㄹ. 오답: 시민들의 적극적인 정치 참여가 수직적으로 정치 서열화된 권위적인 국가를 만들지 않는다. 오히려 수평적이고 평등한 국가로 만든다.

07 아리스토텔레스와 흄의 국가의 권위의 정당화 관점

자료 해설 (가)는 아리스토텔레스이다. 아리스토텔레스는 인간의 정치적이고 사회적 본성으로 인해 자연스럽게 국가가 형성되었다고 본다. 이렇게 성립된 국가가 권위를 가지는 것이 당연하다고 주장한다. (나)는 흄이다. 흄은 국가로부터 얻는 이익과 혜택이 국가의 권위를 만든다고 보았다.

㉠ 오답: X축이 낮고, Y축이 높고, Z축이 높으므로 오답이다.

㉡ 정답: 국가에 대한 복종의 의무를 결과와 무관하게 강조하는 정도(X)는 (가)에 비해 (나)가 상대적으로 낮다. 아리스토텔레스는 공동체, 즉 국가에 대한 복종의 의무를 중시하는 데 비해, 흄은 국가에 대한 복종 의무가 국가가 개인에게 주는 이득에서 비롯되는 것이라고 보기에 이득이 되지 않는다면 복종할 의무 또한 없다고 본다. 또 국가를 통해서만 개인의 궁극적 목적이 실현된다고 보는 정도(Y)는 (가)에 비해 (나)가 상대적으로 낮다. 아리스토텔레스는 공동체 구성원으로서의 개인을 상정하기에 개인의 궁극적 목적이 국가를 통해 실현된다고 보지만, 흄은 이득의 여부에 따라 국가에 대한 복종 의무가 달라진다고 보기에 개인의 궁극적 목적이 국가를 통해서만 실현된다고 보지는 않는다. 마지막으로 흄은 제시문에서 '국가에 대한 복종의 의무는 우리가 오직 국가로부터 얻는 이득에서 유래한다.'라고 명확히 밝히고 있다. 따라서 국가로부터 얻는 혜택에 따라 국가의 권위에 대한 복종의 정도(Z)가 달라진다고 보는 정도는 (가)에 비해 (나)가 상대적으로 높다.

㉢ 오답: X축이 높고, Y축이 낮고, Z축이 높으므로 오답이다.

㉣ 오답: X축이 낮고, Y축이 높고, Z축이 낮으므로 오답이다.

㉤ 오답: X축이 높고, Y축이 높고, Z축이 낮으므로 오답이다.

08 국가의 권위에 대한 동의의 관점

자료 해설 제시문의 사상가는 사회 계약론자인 로크이다. 로크는 사회에 들어가겠다는 명시적 동의를 통해 그 사회의 구성원이 되는 경우 국가의 권위를 인정하고 복종해야 한다고 본다. 그는 또한 명시적 동의를 하지 않은 경우에도 국가 속에서 권리를 향유하며 살아간다면 이를 묵시적 동의라고 보아서 그 국가의 법과 권위를 따라야 한다고 보았다.

선택지 분석

① 오답: 사회 계약을 통해 국가는 개개인의 자유와 권리를 보호하기 위한 수단으로 작용한다.

② 오답: 로크는 사회 계약을 통해 시민이 정치적 의무를 갖게 되었다고 보았다.

③ 오답: 로크는 국가가 국가의 역할을 제대로 수행하지 못하면 저항권을 통해 불법적인 정부를 교체할 수 있다고 보았다.

❹ 정답: 국가에 대한 복종을 자연적 의무로 보는 관점이므로 로크와는 거리가 멀다.

⑤ 오답: 로크는 국가를 통해 여러 권리를 보장받으며 살아가는 경우 명시적 동의를 하지 않아도 효력은 동등하다고 본다.

IV 과학과 윤리

09 ③ 과학 기술과 윤리

기출 선지 변형 ○ X

본문 087쪽

01 ×   02 ×   03 ×   04 ×   05 ×   06 ×   07 ○   08 ○
09 ×   10 ○   11 ○   12 ○   13 ○   14 ○   15 ○   16 ○

01 요나스는 과학 기술의 발달로 인해 생기는 다양한 윤리적 문제는 그 기술을 활용한 현세대의 책임이라고 보았다.

02 요나스는 행위의 동기를 고려할 것이 아니라 행위의 결과를 고려할 것을 주장하였다. 선한 의도로 시작된 행동이라고 해도 그 결과가 나쁘다면 책임을 져야 한다고 본다. 과학 기술의 발달은 인류의 생활을 풍요롭게 할 좋은 목적으로 시작되었지만 결과적으로 여러 가지 윤리적 문제를 야기했다면 그 결과에 대해서 고려해야 한다는 것이다.

03 요나스는 과학 기술의 발달에 따른 윤리 문제는 기존의 윤리로 해결할 수 없다고 비판하면서 책임 윤리를 강조하였다. 그의 책임 윤리는 현세대 및 아직 태어나지 않은 미래 세대와 자연에 대한 책임까지 포함한다.

04 기술에 대한 가치 중립적 태도는 기술의 개발과 기술이 끼친 영향을 별개로 보는 태도로, 요나스는 과학 기술의 개발에 따른 결과는 과학 기술자에게도 책임이 있다고 보았다. 따라서 기술에 대한 가치 중립적 태도를 지닐 것을 주장한 것이 아니라 가치 판단을 내릴 것을 주장하였다.

05 요나스는 과학 기술의 발달과 그것을 따라가지 못하는 도덕적 숙고의 간격을 윤리적 공백이라고 표현하였다. 과학 기술에 대한 성찰이 부족할 때 윤리적 공백은 사라지는 것이 아니라 발생한다.

06 과학 기술의 가치 중립성을 주장하는 입장에서는 모든 지식의 활용 측면에서 도덕 판단을 요구하지 않는다. 지식은 그 자체로 객관적이고 가치 판단이나 도덕 판단과 별개로 존재하기 때문이다.

07 과학 기술의 가치 중립성을 주장하는 입장에서는 과학적 사실과 주관적 가치는 별개의 영역에 있다고 본다. 사실과 가치 판단이 동일한 영역에 있다고 보는 입장에서는 과학 기술의 가치 중립성을 인정하지 않는다.

08 과학 기술의 가치 중립성을 주장하는 입장에서는 모든 지식이 객관적 진위를 판별할 수 있는 인식론적 대상이 맞다. 지식은 진실과 거짓으로만 판별되며, 여기에 옳고 그름의 가치 판단이나 도덕 판단이 따를 이유는 없다.

09 과학 기술의 가치 중립성을 주장하는 입장에서는 지식을 활용함에 있어서 가치 판단을 배제해야 한다고 본다. 지식은 사실로서만 존재할 뿐 가치가 개입할 여지는 없다고 보는 것이다.

10 과학 기술의 개발 이후 그 영향과 결과에 대해 과학 기술 개발자와 과학자에게 책임이 있다고 보는 입장에서는 과학 기술이 가치 중립적이지 않다고 본다. 과학 기술은 도덕적 판단의 대상이며, 이것을 개

발한 과학자 또한 책임에서 자유로울 수 없다는 것이다.

11 과학 기술에서 윤리적 판단을 배제해야 한다는 주장은 과학 기술이 가치 중립적이라고 보는 입장에서 할 수 있다. 윤리적 판단을 배제하고 과학 기술 그 자체로만 보아야 한다는 것이 가치 중립적 입장이다.

12 과학 기술뿐만 아니라 연구 결과의 활용까지 과학자의 책임을 강조하는 입장에서는 과학 기술이 가치 중립적이라고 보지 않는다. 과학 기술이 미치는 영향까지도 과학 기술자는 고려하여 개발해야 한다고 보기 때문이다.

13 외부 간섭, 즉 가치 판단이나 도덕 판단으로부터 자유로운 상황에서 연구에만 전념할 때 과학 기술이 발전할 수 있고 인류가 번영하게 된다는 주장은, 과학 기술을 그 자체로 놓고 보아야 한다는 입장에서 할 수 있다. 이는 과학 기술의 가치 중립성을 주장한 것이다.

14 과학자는 연구의 외적 책임으로부터 자유로워야 한다는 주장은 과학 기술이 가치 중립적이라고 보는 입장에서 할 수 있는 말이다. 외적 책임은 기술이 개발된 이후의 활용 측면을 말하는 것이다.

15 과학 기술이 가치 중립적이라고 주장하는 입장에서는 과학 기술의 개발 자체만을 놓고 보려고 한다. 과학자는 오로지 기술을 개발하는 데 몰두하면 되며, 이론의 타당성을 객관적으로 검증하여 기술을 개발하는 것이 과학자의 역할이라고 본다.

16 과학자가 연구하는 주제가 사회적으로 어떤 영향이 있는지 그 파급 효과까지 고려해야 한다는 주장은 과학 기술이 가치 중립적이지 않다고 보는 입장에서 할 수 있다. 이러한 입장에서는 과학자가 연구하는 주제가 사회에 악영향을 끼칠 확률이 높은 것이라면 그 기술 개발이 시작되기 전부터 기술 개발을 중단하거나 기술을 개발하는 데 있어 시민 사회의 감시 또는 관리 감독이 필요하다고 본다.

실전 기출 문제

본문 088~089쪽

01 ⑤   02 ⑤   03 ④   04 ②   05 ③   06 ⑤   07 ④   08 ④

01 요나스의 책임 윤리

자료 해설 제시문의 사상가는 책임 윤리를 주장한 요나스이다. 그는 기존의 윤리가 인류의 존속이라는 문제를 고려하지 않는다고 비판하면서 과학 기술의 발달과 이를 따라가지 못하는 기존 윤리와의 간극을 '윤리적 공백'이라고 하였다. 요나스는 인간만이 책임을 질 수 있는 유일한 존재라고 하면서 이 자체로 책임을 져야 한다는 당위로 연결된다고 주장하였다. 그는 예견할 수 있는 모든 결과에 대한 책임을 강조하고, 책임의 범위를 현세대의 생존뿐만 아니라 미래 세대와 자연까지 확대하였다.

선택지 분석

① 오답: 요나스는 과학 기술의 발달로 인해 생기는 여러 가지 윤리적 문제에 대한 인간의 책임을 강조하였다.

② 오답: 요나스는 예견할 수 있는 모든 결과에 대한 책임을 강조하였다. 즉, 미래 세대와 자연에 대한 현재의 책임을 강조한다. 행위의 동기를 고려해야 한다고 주장하는 것은 심정 윤리이다.

③ 오답: 요나스는 과학 기술의 발달로 생기는 문제를 기존의 윤리가 해결하지 못한다고 비판하면서 책임 윤리를 주장하였다.

④ 오답: 요나스의 책임 윤리는 과학 기술에 대한 윤리적 판단과 성찰을 강조하기 때문에 가치 중립적 태도를 지녀야 한다고 보지 않는다.

❺ 정답: 요나스는 기존의 윤리가 과학 기술에 대한 윤리적 성찰이 부족하다고 보았는데, 과학 기술의 발달 속도와 이를 따라가지 못하는 도덕적 숙고의 간극을 '윤리적 공백'이라고 하였다.

> **올쏘 만점 노트** **요나스의 생태학적 정언 명법**
>
> 요나스의 책임의 원칙은 칸트의 정언 명법을 수정하여 "너의 행위의 결과가 지구상에서 진정한 인간 삶의 지속과 조화될 수 있도록 행위하라."와 "너의 행위의 결과가 인간 생명의 미래의 가능성에 대하여 파괴적이지 않도록 행위하라."라는 생태학적 정언 명법으로 정식화될 수 있음

02 기술 시민권에 대한 논쟁

자료 해설 갑과 을은 모두 기술 정책 결정과 관련하여 시민들에게 기술 시민권을 보장해야 한다고 주장한다. 그러나 갑은 기술 정책 결정 과정에 시민들이 직접 참여할 권리를 보장해야 정당성을 확보할 수 있다고 보는 반면, 을은 기술 정책 결정 과정에 전문가들의 참여만으로도 정당성을 확보할 수 있으며 시민들은 기술 정보에 대한 접근권을 가지는 데 한정되어야 한다고 주장한다. 즉, 갑과 을은 기술 시민권의 정책 결정의 참여 범위를 어디까지 설정해야 하는가에 대해 입장 차이를 보인다.

선택지 분석

① 오답: 기술 사회에서 기술 시민권이 보장되어야 한다는 데 갑과 을이 모두 동의하고 있으므로 토론의 핵심 쟁점이라고 할 수 없다.

② 오답: 기술이 대다수의 시민들에게 막대한 영향력을 행사하고 있다는 것은 갑과 을이 모두 동의하는 주장이다.

③ 오답: 기술 정책 결정 과정에 시민들이 직접 참여하면 많은 비용이 발생한다는 것은 갑과 을이 모두 동의하는 주장이다.

④ 오답: 기술 정책은 적절한 의사 결정 과정을 통해 수립되어야 한다는 것은 갑과 을이 모두 동의하는 주장이다. 다만 갑은 그 과정에 시민들이 직접 참여할 것을, 을은 전문가들이 참여할 것을 주장한다.

❺ 정답: 기술 정책의 정당성을 확보하기 위해서 갑은 시민들이 직접 참여해야 한다고 주장하지만, 을은 기술 정책 과정이 고도의 전문성을 요구하기 때문에 전문가들의 참여만으로도 정당성을 확보할 수 있다고 주장한다. 갑과 을이 서로 의견 차이를 보이고 있으므로 토론의 핵심 쟁점이라고 할 수 있다.

03 과학자의 윤리적 책임

자료 해설 갑은 연구 과정에서 과학자의 연구 윤리, 즉 내적 책임을 강조하는 입장이고, 을은 연구 과정에서 내적 책임뿐만 아니라 연구 및 개발과 그 활용에 관한 사회적 책임까지 다해야 한다고 보는 입장이다.

선택지 분석

ㄱ. 오답: 갑과 을은 모두 과학자는 연구 과정에서 연구 윤리를 준수해야 한다고 본다. 즉, 두 사람은 모두 과학자의 내적 책임을 인정하는 입장이다.

② 오답: 갑과 을이 모두 부정의 대답을 할 질문이다. 제시문에서 갑은 과학이 가치 중립적이지 않으며 따라서 연구 주제를 선정할 때 주관적 가치가 개입한다고 하였고 을도 이에 동의하였다.

③ 오답: 갑과 을이 모두 부정의 대답을 할 질문이다. 제시문에서 갑은 연구

과정에서 과학자가 연구 윤리를 준수하며 내적 책임을 다해야 한다고 하였고, 을도 이에 동의하였다.

④ 정답: 과학자에게 내적 책임과 함께 사회적 책임도 부과해야 하는지에 대해 갑은 과학자에게 내적 책임을 부과하지만 사회적 책임은 부과할 수 없다는 입장이고, 을은 과학자의 내적 책임과 사회적 책임을 모두 부과해야 한다고 보는 입장이다.

⑤ 오답: 갑과 을이 모두 긍정할 질문이다. 갑은 과학의 발전이 지체되기 때문에 과학자의 사회적 책임을 부정하는 입장이고, 을도 과학의 발전이 지체될 수 있음을 인정하지만 속도보다 중요한 것은 윤리적 방향이라고 보는 입장이다.

> **올쏘 만점 노트** **과학 기술자의 책임**
>
> | 내적 책임 | • 과학적 지식 추구가 윤리적이고 학문적인 방법으로 이루어져야 함
• 어떠한 자료도 표절, 조작, 날조해서는 안 됨 |
> | --- | --- |
> | 외적 책임 | • 인간의 존엄성 구현과 삶의 질 향상을 위한 연구인지 반성해야 함
• 연구 결과의 부작용에 주의하고 그에 대한 책임을 다해야 함
• 사회적 책임 의식을 가져야 함 |

04 과학 기술의 가치 중립성에 대한 논쟁

자료 해설 (가)는 과학 기술은 객관적 지식을 활용하여 무엇인가를 만들어 내는 과정이므로 주관적 가치가 개입되어서는 안 되며 가치 중립성을 가져야 한다고 주장하는 입장이다. (나)는 이러한 주장을 도식화한 것이므로 ㉠에는 과학 기술이 가치 중립성을 지녀야 한다는 주장과 상통하는 내용이 들어간다. 이에 대해 제기할 수 있는 반론을 찾으면 된다.

선택지 분석

① 오답: 과학 기술의 객관성을 강조하는 것은 (가)의 입장과 상통하므로 반론이라고 할 수 없다.

❷ 정답: 과학 기술에서 지식을 활용하는 과정에 주관적 도덕 판단이 요구된다는 주장은 과학 기술이 윤리적 가치 판단의 대상이며 가치 중립적이지 않다고 보는 입장이므로 반론으로 적절하다.

③ 오답: 과학적 사실과 주관적 가치가 독립적인 영역이라 주장하는 것은 과학의 가치 중립성을 인정하는 입장이다.

④ 오답: 지식의 객관성을 강조하는 입장이므로 (가)의 주장과 상통한다.

⑤ 오답: 지식의 활용에 가치 판단을 배제해야 함을 강조하는 주장은 (가)와 상통한다.

05 과학자의 책임 한계에 대한 논쟁

자료 해설 제시문에 따르면 과학자는 자신의 연구 결과가 미칠 영향을 객관적으로 예측할 수 없으며 연구 결과를 어떻게 활용할지는 가치 판단의 문제이다. 따라서 과학자는 자신의 연구에만 책임이 있으며 사회에 미칠 영향에는 책임이 없다고 보는 입장이다.

선택지 분석

ㄱ. 오답: 제시문은 과학자의 연구 결과를 활용하는 것은 그것을 사용하는 사람의 가치 판단 문제이므로 과학자에게 책임이 없다고 본다.

ㄴ. 정답: 제시문의 입장에 따르면 과학자는 연구 결과에 대한 사회적 책임으로부터 자유로워야 한다고 본다.

ㄷ. 정답: 제시문에서 과학자가 입증된 방법으로 연구와 실험을 진행하고, 진리 탐구를 목적으로 연구에 책임을 다해야 한다고 하였으므로 제시문의 입

장에서는 과학자가 자기 연구의 타당성을 객관적으로 검증해야 한다고 할 것이다.

ㄹ. 오답: 제시문은 과학자가 연구가 미칠 영향을 예측할 수 없고 이는 연구를 활용하는 사람의 책임이라고 주장하므로, 과학자는 자기 연구의 사회적 파급 효과를 고려할 필요가 없다고 본다.

올쏘 만점 노트 | 과학 기술자의 책임 한계에 대한 견해 차이

과학 기술자의 책임 인정	• 과학 기술자는 연구 대상 설정 시에 가치 중립적으로 선택하지 않음 • 과학 기술자는 자신의 연구 결과가 미칠 사회적 영향을 인식하여 연구 및 개발과 그 활용에 관해 사회적 책임을 다해야 함
과학 기술자의 책임 부정	• 과학 기술자는 연구 결과가 사회에 미칠 영향에 대해 고려할 필요가 없음 • 과학 기술자의 연구가 부정적인 결과를 낳았다 하더라도 그것은 연구 결과를 실제로 이용한 사람들의 책임일 뿐이라고 봄

06 과학 기술의 가치 중립성에 대한 논쟁

자료 해설 (가)는 과학 기술의 가치 중립성을 부정하는 입장이고, (나)는 과학 기술의 가치 중립성을 긍정하는 입장이다.

선택지 분석

① 오답: ㉠은 X축은 낮고, Y축과 Z축이 높으므로 오답이다.
② 오답: ㉡은 X, Y, Z축이 모두 높으므로 오답이다.
③ 오답: ㉢은 X축, Z축이 높고, Y축은 낮으므로 오답이다.
④ 오답: ㉣은 X축, Z축이 낮고, Y축은 높으므로 오답이다.
⑤ 정답: (가)의 입장에 비해 (나)의 입장은 과학 기술 연구의 독립성이 인류 진보에 공헌함을 강조하는 정도(X)는 높고, 과학 기술 자체에 대한 윤리적 판단을 배제해야 함을 강조하는 정도(Y)도 높으나, 과학 기술 연구 결과의 활용에 대한 과학자의 사회적 책임을 강조하는 정도(Z)는 낮다. 그림에서 ㉠, ㉡, ㉢은 Z축이 높으므로 제외되고, ㉣, ㉤ 중에서 X축이 낮은 ㉣이 제외되면 ㉤이 남는다.

07 과학자의 윤리적 책임

자료 해설 과학자의 내적 책임을 강조하는 입장에서는 과학적 지식의 추구와 발견의 과정에서 윤리적인 방법을 강조하며 어떠한 자료도 표절, 위조, 변조, 날조해서는 안 된다고 본다. 외적 책임을 강조하는 입장에서는 전문가로서 자신의 연구가 미칠 영향을 고려하여 사회적 책임을 져야 한다고 본다. 내적 책임과 외적 책임을 모두 인정하는 입장(갑)과 모두 부정하는 입장(정), 내적 책임만을 인정하는 입장(을)과 외적 책임만을 인정하는 입장(병) 중에서 세 명 이상이 부정의 대답을 할 질문을 고르면 된다.

선택지 분석

㉠ 정답: 과학자의 내적 책임보다 외적 책임을 중시하는 질문이다. 따라서 내적 책임이 있다고 보는 갑과 을이 부정할 질문이고, 정도 내적·외적 책임이 모두 없다고 보는 입장이므로 부정할 질문이다. 병만 긍정할 질문이다.
㉡ 정답: 과학자는 내적·외적 책임이 모두 없다는 질문이므로 정만 긍정할 질문이고 갑, 을, 병은 부정할 질문이다.
㉢ 정답: 과학자는 내적·외적 책임이 모두 있다는 질문이므로 갑만 긍정할 질문이고, 을, 병, 정은 모두 부정할 질문이다.
ㄹ. 오답: 과학자의 내적 책임을 강조하는 질문이므로 내적 책임이 있다고 보는 갑과 을이 긍정할 질문이고, 병과 정이 부정할 질문이다.

올쏘 만점 노트 | 과학자의 책임

과학자의 내적 책임	과학자의 외적 책임
• 과학적 지식의 추구와 발견이 윤리적이고 학문적인 방법에 따라 이루어져야 함 • 과학 기술자는 어떠한 정보 자료도 표절하거나 조작, 날조해서는 안 됨	• 과학 기술자가 자신의 연구 활동이 사회에 미칠 영향력을 고려하여 사회적 책임을 다해야 함 • 사회적으로 해로운 결과가 예상되는 연구에 대해서는 그 위험성을 알리고 연구를 중단해야 함

08 과학 기술에 대한 관점

자료 해설 칼럼은 과학의 발달로 등장한 인공 지능에 대해 두려움이나 거부감을 느끼기보다는 인간에게 도움을 주는 존재로 이해하는 등 인공 지능의 긍정적인 측면을 강조하고 있다.

선택지 분석

① 오답: 인간과 인공 지능이 경쟁적 관계라는 것을 제시문을 통해 알 수 없다.
② 오답: 제시문에서 인공 지능이 인간이 할 수 없는 일이나 하기 힘든 일을 대신 하는 동안 인간은 인간의 고유한 일을 할 수 있다고 하였다. 따라서 인간의 고유한 일까지 담당하는 인공 지능을 개발해야 한다는 제목과는 거리가 멀다.
③ 오답: 제시문은 인공 지능의 긍정적 측면을 이야기하고 있으므로 인공 지능의 개발을 제한해야 한다는 제목과는 상반된다.
④ 정답: 제시문은 인공 지능이 인간에게 도움을 주어 우리의 삶이 윤택해질 수 있다고 하면서 인공 지능에 대해 두려움이나 거부감을 가질 필요가 없다고 주장한다. 따라서 인공 지능의 발전이 가져올 긍정적 결과에 주목해야 한다는 제목과 상통한다.
⑤ 오답: 제시문은 인공 지능이 인간의 도덕성을 대체할 수 있다거나 대체해야 한다는 내용과 거리가 멀다.

킬러 예상 문제

본문 090~091쪽

01 ② 02 ① 03 ④ 04 ⑤ 05 ② 06 ② 07 ⑤ 08 ③

01 과학 기술의 가치 중립성 논쟁

자료 해설 과학 기술은 객관적 타당성을 갖춘 지식이나 원리로 인정받는 과정을 거쳐야 한다. 관찰과 실험의 과정에서는 연구자 개인의 취향이나 가치 판단이 들어가면 그 이론 자체의 객관성을 확보할 수 없으므로 가치 중립성을 지녀야 한다. 그런데 과학 기술에 가치가 개입되는 경우가 있는데, 그것은 과학 기술 연구의 목적을 설정하고 연구 결과를 현실에 활용할 때이다.

선택지 분석

㉠ 정답: 과학 기술의 연구 목적을 설정할 때는 가치가 개입된다. 과학 기술자가 연구 대상을 설정하고 그 결과를 활용하는 과정은 가치로부터 독립적이지 않기 때문이다.
ㄴ. 오답: 과학 기술 이론의 객관성을 검증하는 경우에는 가치 중립성을 지녀야 한다.
ㄷ. 오답: 과학 기술은 객관적 타당성을 갖춘 지식으로 인정받아야 하므로 과학 기술 이론의 사실성 여부를 판단할 때는 가치 중립성을 지녀야 한다.

② 정답: 과학 기술자가 연구의 결과를 활용하는 과정은 가치로부터 독립적이지 않다.

> **올쏘 만점 노트** 과학 기술의 가치 중립성 논쟁
>
> | 과학 기술의 가치 중립성 인정 | 과학 기술의 가치 중립성 부정 |
> |---|---|
> | 과학 기술 그 자체로는 선도 악도 아니므로 윤리적 평가의 대상이 아님 | 과학 기술도 윤리적 검토나 통제를 통해 윤리적 목적에 기여해야 함 |

02 과학 기술자의 사회적 책임

자료 해설 제시문은 과학 기술에 과학 기술자의 가치 판단이 개입될 수밖에 없다고 주장한다. 그러므로 과학 기술자는 자신의 연구가 사회에 가져올 결과를 고려해야 하고 따라서 도덕적 성찰을 해야 한다. 그러나 어떤 과학 기술자는 과학 기술자의 사회적 책임에 반대한다. ㉠에는 과학 기술자의 사회적 책임을 반대하는 것에 대한 비판 내용이 들어가야 한다.

선택지 분석

첫 번째 견해 정답: 과학 기술자의 사회적 책임을 부정하는 입장에 대한 비판이다.

두 번째 견해 오답: 과학 기술자의 사회적 책임을 강조하는 입장이다.

세 번째 견해 오답: 과학 기술자의 사회적 책임을 강조하는 입장이다.

네 번째 견해 오답: '과학 기술에 대한 가치 중립적 태도를 유지해야 함을 간과하고 있다.'라는 진술에서 '간과'가 아니라 '강조'가 되어야 한다.

다섯 번째 견해 정답: 과학 기술자의 사회적 책임을 부정하는 입장에 대한 비판이다.

03 요나스의 책임 윤리

자료 해설 (가)는 요나스의 입장이다. 요나스의 책임 윤리는 기존 윤리가 미래 세대에 대한 윤리 문제를 고려하지 않는다고 비판하며 책임질 수 있는 능력을 지닌 인간의 자연과 미래 세대에 대한 책임을 제시한다. A에는 요나스가 부정의 답을 할 질문이, B에는 요나스가 긍정의 대답을 할 질문이 들어가야 한다.

선택지 분석

ㄱ. 오답: A: '생명에 대해 도덕적 책임 의식을 지녀야 하는가?'라는 질문에 요나스는 긍정의 답을 할 것이다.

ㄴ. 정답: A: '책임의 범위를 동시대를 살아가는 사람들로 한정해야 하는가?'라는 질문에 요나스는 부정의 답을 할 것이다.

ㄷ. 오답: B: '자연을 지배함으로써 인간의 복지를 증진시켜야 하는가?'라는 질문에 요나스는 부정의 답을 할 것이다.

ㄹ. 정답: B: '인류의 생존에 방해되는 어떠한 행위도 하지 않아야 하는가?'라는 질문에 요나스는 긍정의 답을 할 것이다.

> **올쏘 만점 노트** 요나스의 책임 윤리
>
> | 윤리적 책임의 범위 | 인간, 자연, 미래 세대에 대한 책임까지 고려해야 함 |
> |---|---|
> | 예견적 책임 강조 | 과학 기술의 발전이 미래에 미치게 될 결과를 예측하여 생명에 대한 도덕적 책임을 져야 함 |

04 과학자의 사회적 책임

자료 해설 그림의 강연자는 하이젠베르크이다. 그는 과학 기술이 사회에 미칠 영향력이 크기 때문에 과학자는 자신의 연구 결과에 대한 사회적 책임 의식을 지녀야 한다고 주장한다.

선택지 분석

① 오답: 하이젠베르크는 과학 기술이 발견 및 활용의 과정에서 가치와 관련되어 있다고 본다.

② 오답: 하이젠베르크는 과학 기술자들은 자신들의 연구 결과가 사회에 미칠 영향까지도 미리 예견하고 내다보면서 사회적 책임을 질 수 있어야 한다고 강조한다.

③ 오답: 하이젠베르크는 자료 위조를 통한 사회적 책임을 강조하지 않았다.

④ 오답: 하이젠베르크는 과학자는 연구 주제 설정 단계에서부터 가치 판단이 개입되어야 한다고 보았다.

⑤ 정답: 하이젠베르크는 과학 기술이 인간의 삶과 불가분의 관계에 있으므로 과학 기술을 연구하고 활용하는 전 과정에 대하여 사회적 책임을 다해야 한다고 주장하였다.

> **올쏘 만점 노트** 과학자의 사회적 책임에 대한 입장 비교
>
> | 과학 기술자의 책임 인정 | 과학 기술자의 책임 부정 |
> |---|---|
> | 과학 기술자는 자신의 연구 결과가 미칠 사회적 영향을 인식하여 연구 및 개발과 활용을 해야 함 | 과학 기술자의 연구가 부정적 결과를 낳았다 하더라도 그것은 연구 결과를 실제로 이용한 사람들의 책임일 뿐이라고 봄 |

05 과학 기술의 가치 중립성 논쟁

자료 해설 갑은 과학 기술의 가치 중립성을 인정하는 야스퍼스이고, 을은 과학 기술의 가치 중립성을 부정하는 하이데거이다. 야스퍼스는 과학 기술에 대한 책임은 과학 기술을 활용하는 사람들에게 있다고 주장하였다. 반면 하이데거는 야스퍼스의 입장에 반대하면서 과학 기술을 가치 중립적인 것으로 여길 때 과학 기술이 가져올 위험에 무방비하게 노출된다고 주장하였다.

선택지 분석

ㄱ. 정답: 갑은 사실을 다루는 과학 기술과 가치 판단은 엄격히 구분되므로 과학 기술은 가치의 간섭이나 규제로부터 자유로워야 한다고 주장하였다. 즉, 과학 기술에 대한 도덕적 평가와 비판은 유보해야 한다는 입장이다.

ㄴ. 오답: 과학 기술의 본질이 진리의 발견과 활용이라고 보는 것은 갑의 입장이다. 을은 과학 기술은 궁극적으로 인간의 존엄성 구현과 삶의 질 향상이라는 윤리적 목적에 기여해야 한다고 보았다.

ㄷ. 정답: 하이데거는 과학 기술이 인간과 자연에 미치는 영향이 더 커져 과학 기술의 발전 방향에 대한 심사숙고가 필요하다고 보았다.

ㄹ. 오답: 갑, 을 모두 과학 기술의 가치 및 과학 기술의 혜택과 성과를 인정한다.

06 과학 기술 낙관주의와 과학 기술 비관주의 비교

자료 해설 (가)는 과학 기술 낙관주의의 입장이다. 과학 기술 낙관주의는 과학 기술의 유용성이라는 긍정적 측면만을 강조한다. 하지만 과학 기술 발전에 따른 부작용 증가, 인간의 책임과 삶의 가치에 대한 도덕적 숙고와 반성적 사고의 중요성을 훼손한다는 비판을 받는다. (나)는 과학 기술 비관주의의 입장이다. 과학 기술 비관주의는 과학 기술의 부작용만을 지나치게 염려하고, 모든 종류의 과학 기술을 거부하고 궁극적으로 기술이 지배하는 인간 소외 사회가 될 것이라고 전망한다. 그런데 과학 기술의 가치를 인정하지 않고 과학 기술의 혜택과 성과를 전

면 부정하여 현실을 반영하지 못한다는 비판을 받는다.

선택지 분석

ㄱ 정답: 과학 기술 낙관주의는 과학 기술이 인류에게 무한한 부를 가져다주고, 과학 기술로 인류가 당면한 모든 문제를 해결할 수 있다고 믿는다.

ㄴ 오답: 과학 기술 낙관주의는 인간의 책임과 삶의 가치에 대한 도덕적 숙고와 반성적 사고의 중요성을 훼손한다는 비판을 받는다.

ㄷ 오답: 과학 기술 비관주의는 과학이 인간의 삶에 윤리적 문제들을 초래한다고 보기 때문에 가치 중립적 입장은 아니다.

ㄹ 정답: 과학 기술 비관주의는 과학 기술의 부작용만을 지나치게 염려하는 입장이므로 과학 기술이 사회에 순기능보다 역기능을 초래한다고 본다.

올쏘 만점 노트 — 과학 기술의 윤리적 평가에 대한 입장

과학 기술 낙관주의	• 과학 기술이 인류의 모든 문제를 해결할 수 있다고 봄 • 문제점: 과학 기술 발전에 따른 부작용 증가, 인간의 책임과 삶의 가치에 대한 도덕적 숙고와 반성적 사고의 중요성 훼손
과학 기술 비관주의	• 과학 기술의 폐해, 부정적인 측면만 강조함 • 문제점: 과학 기술이 가져다준 혜택과 성과를 부정함으로써 현실을 반영하지 못함

07 과학 기술의 가치 중립성 문제

자료 해설 갑은 과학 기술의 가치 중립성을 부정하는 입장으로, 연구는 무엇을 목적으로 하는가, 연구 결과가 어떻게 활용될 것인가의 문제는 언제나 인류에게 끼치는 영향을 고려하여 가치를 개입시켜 판단해야 한다고 주장한다. 반면에 을은 과학 기술의 가치 중립성을 인정하는 입장으로 윤리와 과학은 각각의 고유한 영역이 있으므로 서로 영향을 미치지 않는다고 강조한다. 과학 기술은 윤리적 규제나 평가의 대상이 될 수 없는 가치 중립적인 것으로 보고, 과학 기술은 참과 거짓의 인식론적 대상으로만 파악한다.

선택지 분석

① 오답: ㉠은 X축은 낮고, Y축과 Z축이 높으므로 오답이다.

② 오답: ㉡은 X축은 높고, Y축은 낮으며, Z축이 높으므로 오답이다.

③ 오답: ㉢은 X, Y축이 낮으며, Z축이 높으므로 오답이다.

④ 오답: ㉣은 X축은 낮고, Y축은 높으며, Z축은 낮으므로 오답이다.

⑤ 정답: 을이 갑에 비해 과학 기술을 가치 중립적으로 바라보는 정도(X)가 높고, 과학 기술을 인식론적 대상으로 파악하는 정도(Y)도 높으며, 과학 기술에 대한 인간의 통제 정도(Z)는 낮다고 보므로 정답은 ㉤이다.

08 과학 기술자의 책임 한계에 대한 견해 차이

자료 해설 갑은 과학 연구의 자유 보장을 주장하면서 과학자는 연구 과정의 도덕규범만 준수하면 된다는 내적 책임을 강조하고 있다. 반면 을은 과학자의 내적 책임뿐만 아니라 인류 복지에 미칠 영향까지 고려해야 하는 외적 책임도 필요하다고 주장하고 있다.

선택지 분석

① 오답: 갑은 과학자가 자신에게 주어진 연구와 실험 과정을 충실히 수행할 책임만을 지면 된다고 하면서, 과학자는 연구 결과가 미치는 사회적 책임으로부터 자유로워야 한다고 주장한다.

② 오답: 갑은 어떠한 정보나 자료도 표절하거나 조작 및 날조해서는 안 된다는 내적 책임만을 강조하고 있다.

③ 정답: 을은 과학자는 자신의 연구 활동을 사회와 연관지어 생각해야 한다

고 본다. 즉, 과학자는 자신들의 연구 결과의 활용에 대한 정치적 결정에 적극적으로 관여하는 등 사회적 책임을 질 수 있어야 한다고 본다.

④ 오답: 을은 자신의 연구 활동이 인간의 존엄성을 구현하고 삶의 질을 향상시키기 위한 것인지 반성하면서, 사회적으로 해로운 결과가 예상되는 연구는 위험성을 알리고 즉각 연구를 중단해야 한다고 생각한다.

⑤ 오답: 갑, 을 모두 과학적 지식의 추구와 발견은 윤리적이고 학문적인 방법에 따라 이루어져야 한다는 내적 책임에 동의하고 있다.

올쏘 만점 노트 — 과학 기술자의 윤리적 책임

내적 책임	• 어떠한 정보나 자료도 표절하거나 조작 및 날조해서는 안 됨 • 과학적 지식의 추구는 윤리적이고 학문적인 방법에 따라 이루어져야 함
외적 책임 (사회적 책임)	• 전문 직업인으로서 사회에 큰 영향을 미치므로 더 강한 사회적 책임 의식이 요구됨 • 사회적으로 해로운 결과가 예상되는 연구는 위험성을 알리고 연구를 중단해야 함

10강 정보 사회와 윤리

기출 선지 변형 O X

본문 093쪽

1 ✕ 2 ○ 3 ○ 4 ✕ 5 ○ 6 ✕ 7 ○ 8 ○

9 ✕ 10 ○ 11 ○ 12 ○ 13 ✕ 14 ○ 15 ○ 16 ○

17 ○

01 정보 격차가 어디에서 발생하는가에 대한 입장은 다를 수 있다. 정보 접근성과 수용 능력에서 발생한다는 입장에서는 정보 약자에게 정보 접근성과 수용 능력을 기를 기회를 주어야 한다고 주장할 것이다.

02 정보 복지에 정보 생산 능력을 포함해야 한다는 입장에서는 정보 격차가 정보 접근성이나 수용 능력에서뿐만 아니라 정보 생산 능력의 차이에서도 발생한다고 본다.

03 정보 복지에 정보 생산 능력을 포함하자는 입장에서는 정보 격차는 생산 능력 차이에서 벌어진다고 보는 것이다. 그 때문에 정보 약자가 정보를 생산하는 능력 면에서 소외되지 않도록 해야 한다고 주장할 것이다.

04 정보 리터러시는 사이버 공간에서 정보를 제대로 이해하고 적절히 표현하며 이용할 수 있는 능력으로, 사이버 리터러시, 인터넷 리터러시라고도 한다. 이 개념에 정보의 생산 능력을 포함할지 말지에 대해서는 의견이 나뉘기도 한다.

05 개인의 노동으로 산출한 생산물이 개인의 것이라고 보는 입장에서는 개인이 만든 창작물은 개인의 것이라고 본다. 따라서 창작자의 노력이 들어간 지적 재산은 해당 창작자의 것이라고 본다. 이는 지적 재산의 배타적 권리를 보장하는 것이다.

06 정보 공유론을 주장하는 입장에서는 사회 전체의 공리 극대화를 추구하며 지적 재산권을 강하게 인정하기를 원하지 않는다. 지적 재산을 모두 인정하게 되면 좋은 창작물을 사회 전체 구성원이 함께 공유할

수 없으며, 그에 따라 공리 극대화도 어렵다고 보기 때문이다.

07 지적 재산을 개인의 노력의 산물이 아니라 자연 발생적 산물이라고 보는 입장에서는 해당 창작물에 대한 저작권을 인정하지 않을 것이다. 따라서 정보를 공유해야 한다고 주장할 것이다.

08 지적 재산의 가치가 인간의 노동에서 비롯되지 않았다고 보는 입장에서는 정보는 어느 특정 개인이나 단체의 것이라고 보지 않는다. 따라서 정보 공유론을 주장한다.

09 정보 사유론자들은 정보는 그것을 창작한 개인의 것이라고 주장한다. 따라서 무형의 정신노동이 들어간 창작물, 즉 지적 재산은 공공재가 아니라 사유재라고 강조한다.

10 잊힐 권리는 인터넷에서 자신이 공개되기를 원하지 않는 자신에 대한 정보를 삭제할 권리이다. 따라서 개인에게 자기 정보에 대한 삭제권이 있어야 한다고 본다.

11 잊힐 권리는 알 권리와 충돌한다. 만일 내가 지우길 원하는 정보를 지울 권한이 부여되면 개인의 프라이버시에 해당하면서도 그가 사회의 공인이기에 또는 범죄를 저지른 인물이라 사회 구성원이 함께 알아야 할 정보까지도 삭제될 수 있기 때문이다. 따라서 잊힐 권리를 보장하면 알 권리를 침해할 소지가 생긴다.

12 알 권리를 주장하는 이들은 공익을 위해서는 개개인의 사적인 정보들을 보호할 수 없는 경우가 발생할 수 있다고 본다.

13 자기 정보에 대한 배타적 관리권이란 인터넷에 있는 자기 정보를 통제할 권한이 자기에게 있는 것을 의미한다. 삭제하거나 유지하거나 수정하는 등의 권한은 오직 개인에게 절대적으로 귀속됨을 의미한다. 그런데 알 권리를 주장하는 이들은 공공의 이익을 목적으로 이를 인정하지 않는다.

14 알 권리를 주장하는 입장에서는 공공의 이익을 위해서는 필요에 따라 개인의 사생활 정보도 공개될 수 있다고 본다. 따라서 사생활 보호가 제한될 수 있음을 인정한다는 내용은 옳다.

15 사이버 공간에서는 자신을 자유롭게 표현할 수 있는 장점이 있는 반면, 도덕적으로 자신을 규제하기 어려워 일탈 행동으로 이어질 수 있다. 악성 댓글은 일탈 행동의 하나이니 탈억제 효과가 악성 댓글의 원인으로 작용할 수 있다는 내용은 옳다.

16 사이버 공간에서는 서로 신분을 알 수 있는 정보가 제한적이라는 말은 익명성을 의미하는 것이다. 악성 댓글은 자신을 드러내지 않는 익명성이라는 특징으로 인해 더 발생하는 측면이 있다.

17 탈억제란 억제되어 있지 않음을 의미한다. 따라서 사이버 공간에서 탈억제 효과는 사이버 공간에서 각 개인에게 제약이 많지 않고 자유로운 상태를 뜻한다.

실전 기출 문제

본문 094~095쪽

01 ④　**02** ②　**03** ①　**04** ②　**05** ③　**06** ②　**07** ①　**08** ①

---

01 정보 리터러시에 대한 논쟁

자료 해설　정보 리터러시는 사이버 공간의 정보를 자유롭게 다루고 비판적으로 수용하면서 올바른 사이버 질서를 창출해 나갈 수 있는 능력이다. 정보 격차의 문제를 해결하기 위해서 갑은 정보 접근 및 수용 능력을 제공하는 정보 복지가 이루어져야 한다고 보는 데 반해, 을은 정보 접근 및 수용 능력 이외에 정보 생산 능력까지도 보장해야 한다고 주장하는 입장이다. 즉, 갑과 을은 정보 복지를 어디까지 보장해야 하는가에 대해 입장 차이를 보인다.

선택지 분석

① 오답: 갑은 정보 약자에게는 정보 접근 능력뿐만 아니라 수용 능력도 제공해야 한다고 주장한다.

② 오답: 정보 격차의 주된 원인을 정보 생산 능력의 차이에 있다고 보는 사람은 을이다.

③ 오답: 을은 정보 복지의 핵심 과제는 정보 접근 및 수용 능력 보장뿐만 아니라 정보 생산 능력을 보장하는 데 있다고 주장한다. 따라서 정보 접근 및 수용 능력 보장을 위한 정보 기기의 평등한 분배만을 핵심 과제로 보지 않을 것이다.

④ 정답: 을은 정보 약자가 정보 생산에서 소외되지 않도록 정보 생산 능력을 제공하는 정보 복지를 보장해야 한다고 주장한다.

⑤ 오답: 갑만이 정보 리터러시는 접근 및 수용 능력에 국한되어야 한다고 주장한다.

02 잊힐 권리와 알 권리

자료 해설　갑은 당사자가 원하지 않는 정보를 삭제할 수 있는 잊힐 권리를 강조하는 입장이고, 을은 정보 사회에서는 누구나 정보에 접근할 수 있는 알 권리를 강조하면서 정보 삭제를 금지해야 한다고 주장한다.

선택지 분석

ㄱ. 정답: 갑은 개인에게 자기 정보에 대한 삭제권이 있어야 함을 주장한다.

ㄴ. 오답: 잊힐 권리 보장이 알 권리 침해로 이어짐을 강조하는 것은 을이다.

ㄷ. 정답: 을은 사생활 보호가 시장 선거와 같은 공익을 위해서는 제한될 수 있음을 주장한다.

ㄹ. 오답: 자기 정보에 대한 배타적 관리권이 절대적이라고 주장하는 것은 갑이다. 을은 자기 정보에 대한 배타적 관리권이 공익을 위해서는 제한되어야 한다고 주장한다.

03 지적 재산권 보장에 대한 입장

자료 해설　제시문은 노동의 형태가 어떤 것이든 간에 인간의 노동을 통해 산출된 모든 산물은 그의 사람이 소유가 되며 따라서 배타적 소유권을 지닌다는 내용이다. 이러한 입장에서는 문제 상황의 A에게 개인이 연구를 통해 개발한 프로그램은 개인의 소유로 인정해야 한다는 조언이 가능할 것이다. 이와 상통하는 조언을 찾으면 된다.

선택지 분석

❶ 정답: 제시문은 개인의 노동을 통해 산출된 산물은 그 개인의 것이라고 보기 때문에 창작자의 노력이 투입된 프로그램에 대한 배타적 권리를 보장해야 한다고 조언할 수 있을 것이다.

② 오답: 제시문에서는 사회 전체의 공리를 극대화할 것을 고려하지 않는다. 오히려 창작자의 노동이 투입된 산출물에 대한 개인의 지적 재산권을 보장하라고 강조할 것이다.

③ 오답: 제시문의 입장에 따르면 지적 재산은 자연 발생적 산물이 아니라 개

인의 노동을 통해 산출된 개인의 재산이다.

④ 오답: 제시문은 인간의 노동에서 지적 재산의 가치가 비롯된다고 보는 입장이다.

⑤ 오답: 제시문에서 '노동의 형태가 어떤 것이든 간에 인간의 노동을 통해 산출된 모든 산물에 적용될 수 있다.'라고 하였으므로 무형의 정신노동이 들어간 지적 재산도 그 개인의 소유라고 주장할 것이다.

올쏘 만점 노트 │ 저작권과 관련된 논쟁

정보 사유론(copyright)	정보 공유론(copyleft)
• 저작물을 개인의 재산으로 인정하고 보호해야 한다고 보는 입장 • 저작자의 노력에 정당한 대가를 지불해야 한다고 봄 • 창작자의 노력에 대한 경제적 이익을 보장함으로써 창작 의욕을 높일 수 있다고 주장함 • 창작자에게 배타적 독점권을 부여함으로써 부작용을 초래한다는 비판도 있음	• 저작물에 대한 권리를 모든 사람이 공유할 수 있도록 해야 한다는 입장 • 저작물은 인류의 공동 자산이기에 저작물에 대한 과도한 권리 행사는 새로운 창작을 방해할 수 있고, 정보 격차에 따른 불평등을 발생시킨다고 봄 • 지적 재산에 대한 침해, 창작 의욕 저하, 품질 하락 등의 문제를 발생시킨다는 비판도 있음

04 의료법과 생명 윤리

자료 해설 제시문은 우리나라 의료법에서 강조하는 환자의 의료 정보나 태아의 성에 대한 정보 누설 금지, 태아의 성 감별 금지에 관한 내용이다.

선택지 분석

① 오답: 제19조에 타인에게 환자의 정보를 공유해서는 안 된다고 명시되어 있다.

❷ 정답: 제20조 ②항에 의료인은 낙태를 위한 성 감별 정보를 제공해서는 안 된다고 명시되어 있다.

③ 오답: 제19조에 의료인은 이 법이나 다른 법령에 특별히 규정된 경우를 제외하고는 환자 관련 정보를 공개할 수 없다고 명시되어 있다. 따라서 어떤 경우에도 정보를 제공하지 않아야 하는 것은 아니다.

④ 오답: 제20조 ②항에 의료인은 32주 이전에 태아의 '성별'에 관한 정보를 제공해서는 안 된다고 명시하고 있다. 태아에 관한 모든 정보를 제공하지 않아야 한다는 것은 아니다.

⑤ 오답: 의료법에서 강조하는 태아의 성 감별 금지와 성에 대한 정보 누설 금지를 통해 태아의 생명권을 임부의 알 권리보다 중시하고 있음을 유추할수는 있지만, 의료인이 임부의 알 권리를 태아의 생명권보다 중시해야 한다고 명시되어 있지는 않다.

05 사이버 공간의 특징

자료 해설 갑은 사이버 공간에서 디지털 정체성의 긍정적 측면을 이야기하는 데 반해, 을은 사이버 공간에서 다중 자아의 출현으로 인한 부정적 측면을 말하고 있다.

선택지 분석

① 오답: 갑은 사이버 공간에서 새로운 자아 정체성을 형성할 수 있는 기회를 가질 수 있다고 주장한다.

② 오답: 갑은 자아 정체성을 다양화하여 누구와도 관계를 쌓고 유지할 수 있다고 주장한다. 따라서 인간관계 형성에 도움이 된다고 보는 입장이다.

❸ 정답: 탈억제 효과란 무언가에 얽매여 있는 느낌이 적어서 보다 개방적으로 자신을 표현하는 현상을 말한다. 을은 사이버 공간에서는 통일된 자아 정체성 형성이 어렵고 다중 자아가 출현하여 도덕적 구속력이 상실된다

고 보기 때문에 이러한 탈억제 효과의 부정적 측면이 드러난다고 보는 입장이다.

④ 오답: 을은 사이버 공간의 비대면성으로 인해 도덕적 구속력이 상실되어 자기 규제가 어렵다고 주장한다.

⑤ 오답: 갑과 을은 모두 사이버 공간에서는 현실 공간과는 다른 자아 정체성을 형성할 수 있다고 본다. 따라서 현실 공간에서 형성된 자아 정체성이 강화된다고 보는 것은 아니다.

06 정보에 대한 접근, 생산, 유통의 규제에 관한 논쟁

자료 해설 갑은 정보에 대한 접근은 자유로워야 하지만, 생산과 유통은 국가가 규제해야 한다는 입장이고, 을은 정보의 접근뿐만 아니라 생산과 유통 모두 자율에 맡겨야 한다는 입장이다.

선택지 분석

① 오답: 갑은 정보에 대한 접근은 자유로워야 한다고 주장하였다.

❷ 정답: 갑은 국가가 혐오 표현의 유해성에 대한 법적 기준을 마련하여 정보의 생산과 유통을 규제해야 한다고 주장하였다.

③ 오답: 을은 정보에 대한 접근뿐만 아니라 정보의 생산과 유통에 있어서도 자유를 보장해야 한다고 주장하였다.

④ 오답: 갑의 주장이다. 을은 국가가 혐오 표현의 유해성에 대한 일률적 기준을 마련하기 어렵다고 본다.

⑤ 오답: 을은 혐오 표현에 대한 국가의 규제는 표현의 자유를 침해한다고 주장하였다.

07 악성 댓글의 규제 방안에 대한 논쟁

자료 해설 갑은 사이버 공간의 악성 댓글 문제를 도덕규범의 자율적 내면화와 실천을 통해 해결해야 한다고 주장하고, 을은 이를 제재할 수 있는 법과 제도 등 제도적 조치가 필요하다고 주장한다.

선택지 분석

❶ 정답: 갑과 을은 사이버 공간의 악성 댓글 문제 해결을 위해 제도적 규제가 필요한가에 대해 다른 입장을 보인다. 갑은 개인의 노력으로, 을은 제도적 규제로 해결해야 한다고 주장하므로 토론의 핵심 쟁점이라고 할 수 있다.

② 오답: 갑과 을은 익명성 때문에 악성 댓글 문제가 발생한다고 보고 이에 대한 해결 방안을 찾는 데 있어서 의견 차이를 보인다. 악성 댓글의 원인에 대한 토론은 아니다.

③ 오답: 갑과 을은 모두 악성 댓글 문제를 해결하기 위해 자율적 책임감과 실천이 필요하다고 본다. 여기에 을은 제도적 조치를 병행해야 한다는 입장이다. 두 사람의 공통된 의견이므로 토론의 핵심 쟁점이라고 할 수 없다.

④ 오답: 갑과 을은 사이버 공간에서는 서로 신분을 알 수 있는 정보가 제한적이기 때문에 악성 댓글의 문제가 발생한다고 보고 이에 대한 규제 방법에 대해 토론하고 있다.

⑤ 오답: 사이버 공간에서도 현실의 도덕규범이 동일하게 적용되는가의 문제는 언급되지 않았다. 토론의 내용과 거리가 멀다.

08 정보 공유론과 정보 사유론

자료 해설 갑은 정보는 누구나 사용 가능해야 하며 매매의 대상이 될 수 없다는 정보 공유론의 입장이고, 을은 개인의 노력이 들어갔다면 정보는 매매의 대상이 될 수 있다는 정보 사유론의 입장이다. 정보 공유론은 지식과 정보를 인류 모두가 함께 누려야 할 공동 자산으로 보는 데 반해, 정보 사유론은 지식과 정보에 대한 개인의 지적 재산권을 인정해야 한다고 본다.

선택지 분석

❶ **정답**: 갑은 정보가 누구나 향유할 수 있는 공공적 가치를 지닌 것이라고 본다.

② **오답**: 을은 정보의 사적 소유를 인정하는 데 반해 갑은 정보의 사적 소유를 인정하지 않는다.

③ **오답**: 갑의 주장이다. 을은 정보의 배타적 권리를 인정하고, 갑은 정보를 배타적 권리를 주장할 수 없는 공유 자산이라고 본다.

④ **오답**: 을은 개인의 노력이 들어간 정보를 개인의 소유라고 주장하기 때문에 정보의 소유권은 개인의 노력과 무관하지 않다.

⑤ **오답**: 을은 개인의 노력으로 생산된 정보에 대해 경제적인 보상이 필요하다고 본다.

올쏘 만점 노트   지적 재산권과 저작권

지적 재산권	지식, 정보, 기술 등 재산적 가치가 실현될 수 있는 지적 창작물에 부여된 재산에 대한 권리
저작권	지적 재산권 중에서 문학, 학술 또는 예술의 범위에 속하는 저작물에 대하여 창작자가 가지는 권리를 말한다. 저작물에 대한 경제적 대가를 보호하는 재산적 측면과 저작권자의 의사를 존중하는 인격적 측면을 포함한다.

킬러 예상 문제   본문 096~097쪽

01 ④   02 ①   03 ③   04 ②   05 ④   06 ⑤   07 ①   08 ⑤

01 알 권리와 인격권의 갈등

자료 해설 갑은 알 권리를 강조하는 입장이며, 을은 개인의 사생활 보호를 위한 인격권을 강조하는 입장이다. 알 권리를 무제한으로 보장한다면 개인의 명예 훼손이나 사생활 침해가 만연해질 수 있다. 반대로 개인의 인격권만 강조하게 되면 공익상 필요한 경우에도 개인의 정보에 접근할 수 없게 되어 불합리한 결과를 가져올 수 있다.

선택지 분석

ㄱ. **정답**: 갑은 국민의 알 권리는 인간의 존엄성을 실현하고 헌법에 명시된 행복 추구권을 보장하는 데 필요하다고 본다.

ㄴ. **정답**: 갑은 국민의 알 권리가 보장되면 소극적 차원에서 개인의 불이익을 방지하거나 제거하는 데 도움이 된다고 본다.

ㄷ. **정답**: 을은 국민의 알 권리 보장을 위한 매체의 정보 전달이 특정 개인의 명예나 사생활 및 인격권을 침해할 수 있다고 본다.

ㄹ. **오답**: 을은 정부나 관련 기관에 모든 정보를 공개하라고 요구하면 공익 실현을 방해할 수도 있다고 본다.

02 정보 사유론과 정보 공유론 비교

자료 해설 (가)는 정보 사유론, (나)는 정보 공유론의 입장이다. 정보 사유론은 정보 상품에 대한 판권자의 권리를 최대한 존중하여 정당한 대가를 지불하고 정보를 사용해야 한다는 논리이다. 반면에 정보 공유론은 정보는 나누면 나눌수록 그 가치가 커지므로 모든 정보는 무료로 사용되어야 한다는 논리이다.

선택지 분석

❶ **정답**: (가)에 비해 (나)의 입장은 정보 소유에 대한 배타적 권리를 인정하는

정도(X)는 낮고, 정보 격차 완화 가능성(Y)은 높으며, 정보의 공유재적 성격을 강조하는 정도(Z)는 높다. 그러므로 ㉠이 정답이다.

② **오답**: ㉡은 X는 높고, Y는 낮으며, Z는 높으므로 오답이다.

③ **오답**: ㉢은 X, Y는 낮고, Z는 높으므로 오답이다.

④ **오답**: ㉣은 X는 낮고, Y는 높으며, Z는 낮으므로 오답이다.

⑤ **오답**: ㉤은 X, Y는 높고, Z는 낮으므로 오답이다.

03 정보 사유론과 정보 공유론의 비교

자료 해설 갑은 정보 사유론의 입장이고, 을은 정보 공유론의 입장이다. 갑은 정보와 지식의 공공재적 성격을 중시하지 않는 반면, 을은 중시하고, '정보와 지식의 실용적 가치를 긍정하는가?'에 대해서는 갑, 을 모두 예라고 할 것이다.

선택지 분석

① **오답**: 갑이 질문 모두에 긍정, 을은 정보와 지식의 공공재적 성격을 중시하는가에 긍정, 정보와 지식의 실용적 가치를 긍정하는가에 부정을 하여 오답이다.

② **오답**: 갑이 정보와 지식의 공공재적 성격을 중시하는가에 대한 질문에 부정, 정보와 지식의 실용적 가치를 긍정하는가에 긍정, 을은 두 질문 모두에 부정의 답을 하여 오답이다.

❸ **정답**: 갑은 정보의 지적 재산 권리가 보호되어야 한다는 정보 사유론의 입장으로 [질문 1] '정보와 지식의 공공재적 성격을 중시하는가?'라는 물음에 대해 '아니요'라고 답할 것이다. 공공재적 성격을 중시한다는 것은 모두가 지적 재산을 공유할 수 있게 해 준다는 것이므로 정보 사유론의 입장에서 반대할 것이다. [질문 2] '정보와 지식의 실용적 가치를 긍정하는가?'라는 물음에 대해서는 갑은 '예'라고 답할 것이다. 따라서 B가 맞다. 을은 [질문 1] 정보의 지적 재산이 공유되어야 한다는 정보 공유론적 입장이므로 '정보와 지식의 공공재적 성격을 중시하는가?'라는 물음에 대해 '예'라고 답할 것이다. '공공재적 성격'을 중시하면 사회 구성원 모두가 지적 재산을 공유할 수 있게 되므로 정보 공유론에서는 찬성할 것이다. [질문 2] '정보와 지식의 실용적 가치를 긍정하는가?'라는 물음에 대해서는 을도 '예'라고 답할 것이다. 따라서 A가 맞다.

④ **오답**: 갑이 정보와 지식의 공공재적 성격을 중시하는가에 대한 질문에 긍정하고, 정보와 지식의 실용적 가치를 긍정하는가에 대한 질문에 부정, 을이 정보와 지식의 공공재적 성격을 중시하는가에 부정, 정보와 지식의 실용적 가치를 긍정하는가에 대해 긍정의 답을 하므로 오답이다.

⑤ **오답**: 갑이 두 질문 모두에 부정, 을이 정보와 지식의 공공재적 성격을 중시하는가에 대한 질문에 긍정, 정보와 지식의 실용적 가치를 긍정하는가에 대한 질문에 부정의 답을 하므로 오답이다.

04 잊힐 권리와 알 권리의 갈등

자료 해설 제시문은 '잊힐 권리'를 주장하고 있다. '잊힐 권리'란 개인 정보 등이 많은 사람에게 공개되지 않도록 정보를 통제할 권리를 말한다. 이러한 주장에 반대하는 입장은 시민의 알 권리를 주장하는 입장이다. 알 권리는 국민 개개인이 처한 사회적 현실과 이해관계에 있는 정치적·사회적 사실을 알기 위해 공공 기관이나 민간 기업에 관한 정보를 요구하고 접근할 수 있는 권리를 말한다.

선택지 분석

ㄱ. **정답**: 잊힐 권리에 반대하는 이유는 사생활 못지않게 시민들의 알 권리도 중시되어야 하기 때문이다.

ㄴ. **오답**: 자기 정보에 대한 배타적 관리권을 인정해야 한다는 입장은 잊힐 권

리를 주장하는 사람들의 논리이다.

ㄷ. 오답: 개개인이 자기 정보를 통제할 수 있는 권리를 지녀야 한다는 입장은 잊힐 권리를 주장하는 사람들의 논리이다.

ㄹ. 정답: 알 권리를 주장하는 사람들은 인터넷의 공공성을 고려하여 개인이 희망한다는 이유로 인터넷 기록 삭제를 허용해서는 안 된다고 본다.

05 익명성으로 인한 탈억제 효과

자료 해설 제시문은 사이버 공간의 탈억제 효과가 근본적으로 익명성을 기반으로 하고 있음을 보여 주는 글이다. 제시된 바와 같이 익명성은 자유로운 의사 개진을 가능하게 하는 원동력이다. 하지만 이 글을 통해 익명성이 사이버 공간에서의 도덕적 규제를 어렵게 한다는 것을 유추하는 것도 가능하다.

선택지 분석

① 오답: 제시문에서 저작권에 대한 논쟁을 유추하기는 어렵다.

② 오답: 사이버 공간에서는 자유로운 의사 표현과 새로운 관계 형성이 현실 공간보다 쉬워서 인간관계의 폭이 더 확대된다.

③ 오답: 사이버 공간에서는 현실 공간에서보다 익명성으로 인해 도덕적 자기 규제가 더 어렵다.

④ 정답: 사이버 공간에서는 탈억제 효과로 인해 무언가 얽매여 있는 느낌을 덜 받게 되며, 자기 규제가 어려워 일탈 행위를 저지를 수도 있다는 부정적 측면이 있다.

⑤ 오답: 몰입 체험은 주위의 모든 잡념, 방해물을 차단하고 원하는 곳에 자신의 모든 정신을 집중하는 현상이다. 이로 인한 긍정적 측면은 자존감을 높이거나 지식과 창의성을 향상시킬 수 있다는 점이고, 부정적 측면은 현실 도피나 인터넷 중독으로 이어질 수 있다는 점이다. 하지만 제시문에서 유추하기 어렵다.

올쏘 만점 노트 — 사이버 공간에서의 인간 심리의 특징 및 영향

심리적 특징	긍정적 측면	부정적 측면
탈억제 효과	현실 공간에서보다 자유롭고 개방적으로 자신을 표현	자기 규제가 어려워 비도덕적인 행위를 저지르기 쉬움
몰입 체험	자존감을 높이거나 지식과 창의성을 향상시킴	현실의 삶을 도외시하고 인터넷 중독으로 이어질 수 있음
더 높은 친밀감	공동의 취미와 목표를 토대로 자발적으로 공동체를 형성하여 높은 정서적 유대감과 친밀감 형성	집단행동의 논리에 따라 도덕적 성찰 없이 집단행동에 쉽게 동조하여 무책임하게 행동할 수 있음

06 인격권과 알 권리의 입장 차이

자료 해설 제시문은 인격권과 알 권리에 대한 입장 차이이다. 갑은 국민의 인격권을 보장하기 위해 개인의 정보를 철저히 보호해야 한다는 입장이고, 을은 공공의 이익과 안전을 위해서는 개인의 정보가 공개될 수 있다는 입장이다. 을의 말 ㉠에는 알 권리를 주장하는 이유가 들어가야 한다.

선택지 분석

ㄱ. 오답: 자신의 정보에 대한 자기 결정권은 '인격권'의 근거이다.

ㄴ. 오답: 개인 정보 관리가 개인의 책임이라는 내용은 알 권리를 주장하는 근거가 아니다.

ㄷ. 정답: 을은 국민은 사회적 현실에 관한 정보를 자유롭게 알 수 있는 알 권

리를 지닌다고 본다.

ㄹ. 정답: 알 권리를 주장하는 을은 공공의 이익과 안전을 위해서는 개인의 정보가 공개될 수 있다는 입장이다.

07 미디어 리터러시

자료 해설 미디어 리터러시는 매체가 형성하는 현실을 비판적으로 읽어내면서 매체를 제대로 사용하고 바람직하게 표현하는 능력이다. 미디어 리터러시의 구성 요소로는 매체를 사용하고 이해하는 데 필요한 기본적인 읽기, 쓰기 능력, 자신이 찾아낸 정보의 가치를 평가하기 위해 모든 사용자에게 필요한 비판적 사고 능력, 자신의 목적에 맞게 기존의 정보를 새로운 정보로 조합하는 능력, 다양한 커뮤니케이션에 접근하고 분석하고 평가하고 발산하는 능력, 인터넷 매체를 통해 사회적 책임을 실천할 수 있는 능력이 있다.

선택지 분석

① 정답: 부정의 답을 할 질문이다. 미디어 리터러시는 정보의 소비 과정에서 필요한 능력으로, 매체가 형성하는 현실을 비판적으로 읽어내면서 매체를 제대로 사용하고 바람직하게 표현하는 능력이다.

② 오답: 긍정의 답을 할 질문이다. 미디어 리터러시는 다양한 형태의 커뮤니케이션에 접근하고 분석하고 평가하는 능력이다

③ 오답: 긍정의 답을 할 질문이다. 미디어 리터러시는 정보의 가치를 제대로 평가하기 위한 비판적 사고 능력이다.

④ 오답: 긍정의 답을 할 질문이다. 미디어 리터러시는 기존의 정보를 새로운 정보로 조합하는 능력이다.

⑤ 오답: 긍정의 답을 할 질문이다. 미디어 리터러시는 정보 사회에서 매체를 사용하고 이해하는 데 필요한 기본적인 읽기, 쓰기 능력이다.

올쏘 만점 노트 — 미디어 리터러시의 구성 요소

• 매체를 사용하고 이해하는 데 필요한 기본적인 읽기, 쓰기 능력
• 자신이 찾아 낸 정보의 가치를 평가하기 위해 모든 사용자에게 필요한 비판적 사고 능력
• 자신의 목적에 맞게 기존의 정보를 새로운 정보로 조합하는 능력
• 다양한 커뮤니케이션에 접근하고 분석하고 평가하고 발산하는 능력
• 인터넷 매체를 통해 사회적 책임을 실천할 수 있는 능력

08 정보 공유론과 정보 사유론

자료 해설 ㉠에 들어갈 내용은 '정보는 인류가 함께 누려야 할 지적 재산이다.'이다. 이에 대한 반론은 '정보는 개인의 자산이다.'이다.

선택지 분석

ㄱ. 오답: ㉠의 근거에 해당한다. 지식과 정보는 어느 한두 사람이 아닌 인류 전체의 상호 협력의 결과물이라고 본다. 또한 정보는 공유해도 소모되지 않고 나눌수록 그 가치는 커지기 때문에 정보는 인류가 함께 누려야 할 지적 재산으로 본다.

ㄴ. 오답: ㉠의 근거에 해당한다. 지식과 정보는 나누면 나눌수록 그 가치는 커지며 진정한 정보 사회의 발전이 이룩될 수 있다고 본다.

ㄷ. 정답: ㉠의 반론에 대한 근거이다. 정보는 개인이 시간과 노력을 투입하여 만든 개인의 노력의 결과물이다. 그러므로 정보는 개인의 자산으로 보아야 한다.

ㄹ. 정답: ㉠의 반론에 대한 근거이다. 정보는 아이디어를 발견하고 새로운 소프트웨어를 개발한 사람에게 법적 소유권을 주어야 한다는 입장이다.

11 강 자연과 윤리

본문 099, 101쪽

1 ○	2 ○	3 ○	4 ×	5 ×	6 ×	7 ○	8 ○
9 ○	10 ×	11 ×	12 ○	13 ○	14 ×	15 ○	16 ○
17 ○	18 ×	19 ○	20 ○	21 ×	22 ○	23 ×	24 ○
25 ○	26 ○	27 ○	28 ○	29 ×	30 ×	31 ×	32 ○
33 ○	34 ○	35 ×	36 ○	37 ×	38 ○	39 ○	40 ×
41 ×	42 ×						

01 테일러는 개별 생명체의 자유나 생태계에 간섭해서는 안 된다는 불간섭의 의무를 주장하였다.

02 아퀴나스는 인간의 이익 관심과 동물의 이익 관심이 동등하다고 보지 않았다. 인간과 동물을 차등적으로 바라보았으며 동물을 인간을 위해 수단으로 취급해도 된다고 보았다.

03 테일러는 생존, 성장, 발전, 번식의 목적을 가진 모든 생명체만을 도덕적 고려 대상으로 삼는다. 무생물을 포함한 생명이 없는 개체는 도덕적 고려 대상으로 삼지 않는다.

04 테일러는 생명체는 목적론적 삶의 중심으로서 각자 자신의 고유한 방식으로 선을 추구한다고 보는 개체론적 자연관의 입장을 지닌다. 테일러는 생명 공동체 자체는 도덕적 고려의 대상으로 삼지 않는다.

05 테일러는 생명 중심주의 사상가, 레오폴드는 생태 중심주의 사상가로 분류된다. 두 사람 모두 동물을 수단으로 취급하는 것에 동의하지 않는다.

06 싱어의 이익 평등 고려의 원칙을 적용한다는 것은 인간과 동물이 평등하다는 의미는 아니다. 인간과 동물 모두 쾌고 감수 능력을 지니고 있고 각각 동등하게 이익을 고려하라는 것을 의미한다.

07 테일러가 주장한 네 가지 의무 중 하나가 보상적 정의이다. 이는 인간이 다른 생명체에 악을 끼치면 그에 대한 피해를 보상해야 한다는 내용이다.

08 레오폴드는 동물, 식물, 흙, 물을 비롯한 대지까지 도덕 공동체의 범위를 확대하여 생명 공동체 자체가 지니는 고유의 선을 추구할 것을 주장하였다. 이를 대지 윤리라고 한다. 각각의 개체를 바라보는 관점이 아닌 생명 공동체 자체를 바라본 것이다.

09 싱어, 테일러, 레오폴드 모두 쾌고 감수 능력을 지닌 동물을 도덕적 고려 대상으로 바라보았다. 싱어는 쾌고 감수 능력이 있는 동물을, 테일러는 모든 동물을, 레오폴드는 모든 생명체를 도덕적 고려 대상으로 보았다.

10 데카르트는 동물에게는 영혼이 없다고 보았다. 동물을 단지 물질적 존재로만 바라보았다.

11 레건뿐만 아니라 테일러도 동물을 인간을 위한 수단으로만 취급하지 않아야 한다고 주장하였다. 테일러는 모든 생명체를 목적적 존재로서 도덕적으로 고려해야 한다고 보았다.

12 테일러는 모든 생명체가 자기 생존, 성장, 발전, 번식이라는 목적

을 추구하는 존재라고 보았다. 그는 인간이 다른 동물이나 생명체들에 비해 우월한 존재가 아니며, 각각의 생명체들이 목적적 존재라는 측면에서 동등하다고 보았다.

13 데카르트는 인간만이, 레건은 인간과 한 살 정도 이상의 포유류만이 도덕적 지위를 갖는다고 하였다. 자연의 모든 생명체가 도덕적 지위를 갖는다고 본 사상가는 대지 윤리를 주장한 레오폴드이다.

14 쾌고 감수 능력만을 기준으로 도덕적 고려 대상을 나눈 것은 싱어이다. 레건은 쾌고 감수 능력과 더불어 행위 능력과 자기 정체성 인식 기능이 있어야 한다고 보았다. 따라서 레건에게 쾌고 감수 능력은 충분조건이 아닌 필요조건이다.

15 레건은 동물의 권리를, 레오폴드는 대지 윤리로 생태계 전체 보호를 주장하였다. 따라서 두 사람 모두 인간 간의 의무를 넘어선 새로운 도덕 원리가 요청된다는 데 동의한다고 볼 수 있다.

16 레오폴드는 생태계 전체에 대한 도덕적 고려를 주장하는 대지 윤리의 입장을 지닌다.

17 레오폴드는 개별 생명체의 존속보다 생명 공동체 전체의 존속이 더 중요하다고 보았다.

18 테일러는 인간과 동물, 식물까지 내재적 가치를 지닌다고 보았으며, 동등한 목적론적 삶의 중심이라고 보았다.

19 대지 윤리를 주장한 레오폴드와 쾌고 감수 능력에 따른 도덕적 고려를 주장한 싱어뿐만 아니라 인간의 동물에 대한 간접적 의무를 주장한 칸트까지도 모두 동물 학대가 인간의 의무에 위배될 수 있다고 보았다.

20 싱어와 테일러, 레오폴드 모두 자연의 범주에서든, 동물의 범주에서든 인간이 도덕적 책임을 질 수 있는 유일한 존재라는 데 동의한다.

21 테일러뿐만 아니라 레건도 인간이 동물보다 본래적으로 우월한 것은 아니라고 보았다. 레건은 동물 중심주의를 주장하기 때문에 인간과 동물을 동등하게 도덕적 고려 대상으로 여긴다. 칸트는 인간을 동물보다 우위에 놓았다.

22 테일러는 생명 중심주의, 레건은 동물 중심주의 입장이다. 내재적 가치를 지닌다는 것은 도덕적 고려 대상이 된다는 의미로 해석할 수 있으며, 비이성적인 개체는 인간이 아닌 동물이나 식물, 무생물 등을 지칭한다. 모든 비이성적인 개체를 대상으로 한 것이 아닌 내재적 가치를 지니는 비이성적인 개체도 존재한다고 했으므로 동물이 여기에 해당한다.

23 싱어는 쾌고 감수 능력을 지닌 동물만을 도덕적 고려 대상으로 삼기에 생명이 없는 존재는 도덕적 지위를 갖지 않는다고 보며, 테일러와 슈바이처 또한 생명 중심주의를 주장하기에 생명이 없는 무생물까지 도덕적 고려 대상으로 삼지는 않는다.

24 슈바이처는 모든 생명체는 동등한 가치를 지닌다고 보았으며, 싱어는 동물도 쾌고 감수 능력을 가졌기 때문에 인간의 동물에 대한 도덕적 의무와 책임을 강조한다. 레건 또한 동물 중심주의를 주장한 사상가로서 동물을 도덕적 고려의 대상으로 보았다.

25 싱어는 쾌고 감수 능력을 지닌 인간과 동물은 모두 이익 관심을 지니고 있기 때문에 이익 평등 고려의 원칙에 따라 차별해서는 안 된다

고 주장하였다. 레건은 이익 관심, 쾌고 감수 능력, 행위 능력, 정체성을 느낄 수 있는 능력이 있는 동물은 삶의 주체로서 도덕적 고려의 대상이라고 주장하였다. 즉, 싱어에게 쾌고 감수 능력은 충분조건이지만, 레건에게는 필요조건이다.

26 싱어는 고통을 느끼는 종, 즉 쾌고 감수 능력을 지닌 종은 도덕적 지위에 있어서 동등하다고 보았다.

27 레건은 동물 권리론을 주장하면서 동물도 하나의 삶의 주체로서 자신의 삶을 영위할 수 있는 능력을 가졌다고 보고 동물을 수단으로 취급해서는 안 된다고 하였다. 그는 동물의 권리를 의무론의 관점에서 바라보았다.

28 싱어는 쾌고 감수 능력을 지닌 개체에 대해 도덕적 지위를 인정하고, 레건은 쾌고 감수 능력을 지니고 욕구와 목표를 추구하는 개체에 대해 도덕적 지위를 인정하였다.

29 싱어는 동물 해방론을 주장하였으며, 동물 권리론은 레건의 주장이다. 레건의 동물 권리론은 의무론에 바탕을 두며, 싱어의 동물 해방론은 벤담의 공리주의에 바탕을 둔다. 벤담은 동물도 고통을 느끼는 능력이 있다고 보았다.

30 유교에서는 하늘이 인간의 도덕성에 관여한다고 본다. 유교의 인(仁)은 인간이 하늘의 도(道)를 본받아 다른 인간 존재를 사랑하는 데서 출발한다.

31 유교에서는 하늘이 부여한 도덕적 가치가 만물에 내재한다고 보며, 도가에서는 하늘이 자연의 물, 돌과 같은 존재에 불과하다.

32 유교는 하늘을 만물에 법칙을 주는 최고의 존재로 바라본다. 천인합일 사상은 최고의 존재인 하늘과 인간의 조화를 주장한 것이다.

33 유교에서는 하늘이 만물의 운명을 주재하는 인격적 존재라고 본다. 도가에서는 하늘은 자연의 일부일 뿐이다.

34 요나스는 미래 세대에 대한 책임 윤리를 주장하면서 이것은 현세대의 최고악에 대한 공포로부터 출발할 때 가능하다고 보았다.

35 요나스는 일이 발생한 이후의 사후적 책임뿐만 아니라 일이 발생하기 전에 예측할 수 있는 문제들에 대처할 수 있는 사전적 책임을 더 강조하였다.

36 요나스는 인간은 예측하고 예견할 수 있는 모든 것에 대해 책임져야 한다고 보았다. 또 모든 결과에 대한 책임은 현세대에게 있다고 하였다.

37 요나스에게 있어서 책임질 수 있는 능력은 곧 책임져야 하는 당위로 연결된다. 자연환경과 미래 세대에 대해 책임질 수 있는 현세대에게 책임져야 할 의무 또한 있다는 것이다.

38 요나스는 새로운 윤리는 지금 현재의 윤리적 문제와 위험뿐만 아니라 예견할 수 있는 위험까지 고려해야 한다고 주장하였다.

39 요나스는 행위의 목적과 의도뿐만 아니라 결과까지도 모두 행위자에게 책임을 부과해야 한다고 주장하였다.

40 요나스는 인류의 생존과 기술의 발전은 양립 가능하다고 보았다. 그는 미래 세대의 자연과 인간의 생존과 환경까지 고려하면서 기술을 개발해야 함을 주장하였다.

41 요나스는 자연과 인간의 상호 책임성을 주장하지 않았다. 모든 책임은 현세대의 인간에게 있다고 보았다.

42 요나스는 행위가 직접적으로 영향을 미치는 한도에서 나아가 미래 세대에게 미칠 당장은 보이지 않는 영향까지도 고려하여 행위할 것을 주장하였다.

실전 기출 문제

본문 102~109쪽

01 ⑤	02 ④	03 ①	04 ②	05 ②	06 ②	07 ②	08 ①
09 ①	10 ①	11 ③	12 ①	13 ③	14 ③	15 ④	16 ①
17 ①	18 ③	19 ①	20 ②	21 ③	22 ①	23 ⑤	24 ①
25 ①	26 ②	27 ①	28 ②	29 ①			

01 싱어, 레건, 테일러의 환경 윤리

자료 해설 갑은 싱어, 을은 레건, 병은 테일러이다. 싱어는 동물 해방론을 주장하면서 쾌고 감수 능력을 지닌 동물을 인간과 차별해서는 안 된다고 하였다. 레건은 동물 권리론을 주장하면서 동물도 하나의 삶의 주체로서 자신의 삶을 영위할 수 있는 능력을 가졌다고 보고 동물을 수단으로 취급해서는 안 된다고 하였다. 테일러는 의식의 유무와 상관없이 모든 생명체가 자기 생존, 성장, 발전, 번식의 목적을 추구하기 때문에 모든 생명체를 도덕적으로 고려해야 한다고 주장하였다.

선택지 분석

ㄱ. 오답: 싱어와 레건, 테일러는 모두 종의 차이만으로 도덕적 지위에 차별을 두어서는 안 된다고 주장하였다. A는 갑에게만 해당하는 진술이어야 하므로 오답이다.

ⓛ 정답: 레건은 의무론의 입장에서 동물도 삶의 주체로서 자신만의 고유한 삶을 영위할 권리가 있다고 보았다.

ⓒ 정답: 테일러는 모든 생명체를 도덕적으로 고려해야 한다고 주장하면서 자연에 대한 인간의 의무로 불침해의 의무, 불간섭의 의무, 신의의 의무, 보상적 정의의 의무를 제시하였다. 불간섭의 의무란 개별 생명체의 자유나 생태계에 간섭해서는 안 된다는 의미이다.

ⓔ 정답: 싱어는 쾌고 감수 능력을 지닌 개체에 대해, 레건은 쾌고 감수 능력과 욕구와 목표를 추구하는 개체에 대해 도덕적 지위를 인정한다. 싱어와 레건의 공통된 입장이다.

02 요나스의 책임 윤리

자료 해설 제시문의 사상가는 요나스이다. 그는 전통 윤리가 과학 기술의 발전을 따라가지 못하는 윤리적 공백을 해결하기 위해 책임 윤리를 주장한다. 요나스는 인류의 존속이라는 무조건적 명령을 이행하기 위해 "네 행위의 결과가 인간의 진정한 삶과 영원히 조화를 이룰 수 있도록 그렇게 행위하라."라는 책임의 명법을 제시하면서 현세대뿐만 아니라 미래 세대와 생태계에까지 책임의 범위를 확대할 것을 주장하였다. 요나스의 주장과 일치하지 않는 것을 고르면 된다.

선택지 분석

① 오답: 요나스는 과학 기술의 발전이 자연이 수용할 수 있는 한에서만 이루어져야 한다고 주장하였다.

② 오답: 요나스는 과학 기술의 긍정적 영향보다 미리 예견할 수 있는 부정적 영향에 주목하여 예측할 수 있는 모든 결과에 책임을 져야 한다고 주장하였다.

③ 오답: 요나스는 인간이 선보다 악에 대한 인식이 빠르다고 보고 최고악에 대한 공포를 윤리의 출발점으로 삼을 때 우선적으로 미래 세대에 대한 의무가 도출된다고 보았다.

④ 정답: 요나스는 "무조건 B하라."와 같은 칸트의 정언 명령을 바탕으로 무조건적 명령인 책임의 명법을 제시하였다. "A이면 B하라."라는 형식은 가언 명법에 해당하므로 요나스의 입장과 거리가 멀다.

⑤ 오답: 요나스는 사후적 책임뿐만 아니라 예견할 수 있는 모든 결과에 대한 사전적 책임을 강조한다.

03 아퀴나스, 테일러, 레오폴드의 환경 윤리

자료 해설 갑은 아퀴나스, 을은 테일러, 병은 레오폴드이다. 인간 중심주의 사상가 아퀴나스는 신의 섭리에 따라 인간이 동물을 사용하도록 정해졌다고 주장하였고, 생명 중심주의 사상가 테일러는 모든 생명체는 생존, 성장, 발전, 번식의 목적을 지향한다는 점에서 고유한 가치를 지닌다고 보았다. 생태 중심주의 사상가 레오폴드는 도덕 공동체의 범위를 동물, 식물, 흙, 물을 비롯한 대지까지 확대하는 대지 윤리를 주장하였다.

선택지 분석

ㄱ 정답: 아퀴나스는 인간이 동물을 수단으로 이용하는 것이 죄가 될 수 없다고 주장하였다. 반면 테일러와 레오폴드는 동물을 수단으로 취급해서는 안 된다고 주장하였다. 따라서 갑은 긍정의 대답을, 을과 병은 부정의 대답을 할 질문이다.

ㄴ 정답: 테일러는 생존, 성장, 발전, 번식의 목적을 가진 모든 생명체를 도덕적으로 고려해야 한다고 주장하였지만 무생물은 이러한 목적이 없다고 보고 도덕적 고려의 대상에 포함하지 않았다. 이에 반해 레오폴드는 무생물까지 포함한 대지까지 모두 도덕적 고려의 대상으로 여겨야 한다고 주장한다. 을은 긍정의 대답을, 병은 부정의 대답을 할 질문이다.

ㄷ 오답: 테일러는 생명체는 '목적론적 삶의 중심'으로서 각자 자신의 고유한 방식으로 선을 추구한다고 보는 개체론적 자연관의 입장이다. 테일러는 생명 공동체 자체는 도덕적 고려의 대상으로 삼지 않는다. 을이 부정의 대답을 하고, 병이 긍정의 대답을 할 질문이다.

ㄹ 오답: 레오폴드는 식물, 동물, 흙, 물을 포함한 대지로 도덕 공동체의 범위를 확대해야 한다고 주장하였다. 병이 부정의 대답을 할 질문이다.

04 네스의 심층 생태주의

자료 해설 표와 관련된 사상가는 심층 생태주의자 네스이다. 그는 "모든 유기체는 생명의 연결망 속에 본래적으로 연결되어 있다."라고 하면서 하나의 존재는 다른 존재와 관계 속에 존재하며, 다른 존재와 상호 평등 관계 속에서 살아갈 때 큰 자아를 실현할 수 있다고 보았다.

선택지 분석

ㄱ 정답: 심층 생태주의는 자연의 모든 존재에 대한 내재적 가치를 인정한다. 네스가 긍정할 질문이다.

ㄴ 오답: 심층 생태주의에서는 인간이 자연의 주인이 아니라 모든 존재를 상호 평등한 관계로 본다. 네스가 부정할 질문이므로 ⓒ에 들어가야 한다.

ㄷ 정답: 네스는 전일론적 관점에서 개별 생명체가 아니라 인간을 포함한 모든 생명체의 존속에 관심을 갖는다. 개별 생명체의 존중을 강조하는 것은 개체론이다. 네스가 부정할 질문이다.

ㄹ 오답: 네스는 모든 존재들이 상호 평등한 관계 속에서 공생할 것을 주장한다. 따라서 동물과 식물은 모두 내재적 가치를 지닌다는 점에서 동등하다. 네스가 긍정할 질문이므로 ㉠에 들어가야 한다.

올쏘 만점 노트 생태 중심주의의 의의와 한계

의의	• 인류가 환경 문제를 해결하려면 자연에 대한 인식을 근본적으로 바꾸어야 한다는 점을 일깨워 줌 • 인간과 자연의 공존을 모색하는 새로운 관점을 제시하여 오늘날의 환경 문제를 해결하기 위한 실마리를 제공함
한계	• 생태 공동체의 선을 개별 생명체의 가치보다 우선시하기 때문에 환경 파시즘으로 흐를 수 있음 • 생태계의 중요한 가치를 실현하는 데 인간의 어떤 개입도 허용하지 않기 때문에 환경 보전을 위한 구체적인 방안을 제시하지 못함

05 칸트, 싱어, 테일러의 환경 윤리

자료 해설 갑은 칸트, 을은 싱어, 병은 테일러이다. 인간 중심주의 사상가 칸트는 자연을 존중해야 하는 의무는 자연이 도덕적 고려의 대상이기 때문이 아니라 다른 인간에 대한 의무에서 도출되는 간접적인 의무이기 때문이라고 하였다. 동물 중심주의 사상가 싱어는 공리주의 입장에서 동물이 느끼는 고통을 감소시켜야 한다고 주장하면서 인종 차별, 성차별이 옳지 않은 것과 마찬가지로 동물을 차별하는 종 차별주의도 옳지 않다고 주장하였다. 생명 중심주의 사상가 테일러는 모든 생명체는 목적론적 삶의 중심으로서 내재적 가치를 갖기 때문에 모든 생명체를 도덕적으로 고려해야 한다고 주장하였다.

선택지 분석

ㄱ 정답: 칸트는 인간이 자연을 파괴하는 행위는 인간의 도덕성에 좋지 않은 영향을 미치기 때문에 간접적 의무로써 자연을 고려해야 한다고 주장하였다.

ㄴ. 오답: 유정적 존재는 감정을 지닌 존재, 즉 인간과 동물을 말한다. 칸트는 인간에 대한 직접적 의무와 동물에 대한 간접적 의무를 강조하였고, 싱어는 쾌고 감수 능력을 지닌 인간과 동물을 함부로 대하는 것은 잘못이라고 주장하였으며, 테일러는 모든 생명체를 함부로 대하는 것을 잘못이라고 주장한다. 갑, 을, 병의 공통된 주장이므로 D에 들어갈 진술이다.

ㄷ. 오답: 쾌고 감수 능력을 지닌 존재를 도덕적 존중의 대상으로 보는 사상가는 싱어와 테일러이다. 칸트의 입장이므로 A에 들어갈 진술이다.

ㄹ 정답: 생명 공동체의 보존을 도덕적 행위의 궁극적 목표로 보는 것은 전일론적 관점이다. 칸트, 싱어, 테일러는 개체론적 관점에서 개별 생명체들의 존중을 주장하므로 갑, 을, 병의 공통된 주장이다.

06 요나스의 책임 윤리

자료 해설 (가)의 사상가는 요나스이다. 요나스는 인간만이 책임을 질 수 있는 유일한 존재로서, 이는 책임져야 하는 당위로 연결된다고 하면서 예견할 수 있는 모든 결과에 대해 책임을 져야 한다고 주장하였다. 그는 인류의 존속이라는 무조건적 명령을 이행하기 위해 현세대의 생존뿐만 아니라 미래 세대와 생태계에 대해서도 책임을 지는 책임 윤리를 주장하였다.

선택지 분석

① 오답: 요나스는 미래의 위험뿐만 아니라 현세대의 생존을 위한 현재의 위험도 고려해야 한다고 주장하였다.

② 정답: 요나스는 현세대뿐만 아니라 미래 세대와 생태계 전체를 예방적 책임의 대상에 포함하여 예측 가능한 모든 결과에 책임을 져야 한다고 주장

하였다.

③ 오답: 요나스는 과학이 연구의 위험이 확실할 때뿐만 아니라 그 이전부터 예견할 수 있는 모든 결과에 책임을 져야 한다고 주장하였다.

④ 오답: 요나스는 호혜성의 원리가 아니라 인류의 존속이라는 무조건적 명령에 따라 현세대는 미래 세대에 대해 책임을 져야 한다고 주장하였다.

⑤ 오답: 요나스는 과학적 연구 성과보다 과학 기술이 미치는 사회적 영향력에 대한 책임을 강조하였다.

07 싱어, 테일러, 레오폴드의 환경 윤리

자료 해설 갑은 싱어, 을은 테일러, 병은 레오폴드이다. 동물 중심주의 사상가 싱어는 '이익 평등 고려의 원칙'에 따라 고통과 쾌락을 느끼는 모든 존재의 이익을 동등하게 고려해야 한다고 주장하였다. 생명 중심주의 사상가 테일러는 모든 생명체가 자신의 생존, 성장, 발전, 번식이라는 목적을 추구하는 목적론적 삶의 중심으로서 고유의 선을 갖기 때문에 모든 생명체를 도덕적으로 고려해야 한다고 주장하였다. 생태 중심주의 사상가 레오폴드는 동물, 식물, 흙, 물을 비롯한 대지까지 도덕 공동체의 범위를 확대하여 생명 공동체 자체가 지니는 고유의 선을 도덕적으로 고려해야 한다고 주장하였다.

선택지 분석

ㄱ. 오답: 싱어의 '이익 평등 고려의 원칙'은 쾌고 감수 능력을 지닌 동물의 이익과 인간의 이익을 동등하게 고려하라는 의미이지 인간과 동물을 동일하게 대우하라는 의미는 아니다.

ㄴ. 정답: 테일러는 생명체에 대한 네 가지 의무 중 하나로 인간이 다른 생명체에 해를 끼쳤을 경우 피해를 보상해야 한다는 보상적 정의의 의무를 제시하였다.

ㄷ. 정답: 레오폴드는 개별적 생명체가 아니라 생명 공동체 자체가 지닌 고유의 선을 도덕적으로 고려해야 한다는 전일론적 관점에서 대지 윤리를 주장하였다.

ㄹ. 오답: 싱어, 테일러, 레오폴드는 모두 쾌고 감수 능력을 지닌 동물을 도덕적 고려의 대상으로 본다.

08 요나스의 책임 윤리

자료 해설 제시문의 사상가는 요나스이다. 그는 인간만이 책임을 질 수 있는 존재라고 하면서 책임의 문제를 현세대의 생존뿐만 아니라 미래 세대와 자연까지 확장해야 한다고 주장하였다.

선택지 분석

① 정답: 요나스는 인간과 자연이 서로 책임을 져야 하는 것이 아니라 인간만이 책임을 질 수 있는 유일한 존재로 보고 인간이 미래 세대와 자연에 책임을 져야 한다고 강조하였다. 요나스가 부정의 대답을 할 질문이므로 정답이다.

② 오답: 요나스는 책임의 대상과 범위에 미래 세대와 자연을 포함한다.

③ 오답: 요나스는 인류의 존속이라는 무조건적 명령을 이행하기 위해 예측 가능한 모든 결과를 고려하여 행동해야 한다고 주장한다.

④ 오답: 요나스는 인간이 예견할 수 있는 모든 결과에 대해 책임을 져야 한다고 주장한다.

⑤ 오답: 요나스는 인간만이 책임을 질 수 있는 능력을 지닌 유일한 존재라는 사실 자체는 책임을 져야 하는 의무로 연결된다고 주장하였다.

09 레건, 칸트, 베이컨의 환경 윤리

자료 해설 갑은 레건, 을은 칸트, 병은 베이컨이다. 동물 중심주의 사상가 레건은 동물도 자신만의 고유한 삶을 영위할 권리가 있는 삶의 주체이므로 수단으로 취급해서는 안 된다고 주장하였다. 인간 중심주의 사상가 칸트는 인간의 도덕성을 훼손할 수 있기 때문에 간접적 의무로서 자연을 함부로 대해서는 안 된다고 주장하였다. 인간 중심주의 사상가 베이컨은 인간에게 자연을 이용할 권한과 능력이 있다고 보고 과학의 목적은 자연을 정복하여 인간의 물질적 생활을 향상하는 데 있다고 주장하였다.

선택지 분석

㉠ 정답: 세 사상가 중 레건만이 동물도 삶의 주체로서 자신만의 고유한 삶을 살아갈 권리가 있다고 주장하였다. 갑이 긍정할 질문이다.

ㄴ. 오답: 인간 중심주의 사상가인 칸트와 베이컨은 모두 자연을 수단적 가치로 본다. 을과 병이 모두 부정할 질문이다.

㉢ 정답: 칸트는 다른 존재와 달리 인간만이 이성적 능력을 가지고 도덕적 의무를 실천할 수 있다고 보았다. 을이 긍정할 질문이다.

ㄹ. 오답: 베이컨은 자연에 내재적 가치가 있다고 보지 않았다. 그는 자연은 인간을 위한 도구적·수단적 가치를 지닌다고 보고 인간이 자연을 이용할 수 있다고 주장하였다. 병이 부정할 질문이다.

10 불교의 자연관

자료 해설 '공(空)', '번뇌', '해탈'을 통해 불교 사상임을 알 수 있다. 불교에서는 모든 존재와 현상은 인연에 따라 서로 영향을 주고받는다는 연기설을 주장한다. 따라서 만물이 서로 밀접하게 관계를 맺고 상호 의존하며 더불어 존재한다고 본다. 불교에서는 이러한 상호 의존성을 자각하고 모든 생명을 소중히 여기며 자비를 베풀 것을 강조하였다.

선택지 분석

① 정답: 불교에서는 모든 존재가 원인과 조건, 즉 인연에 의해 끊임없이 생겨나고 없어지며 관계를 맺는다고 보았다. 따라서 어떤 존재도 독립적으로 존재할 수 없으며 상호 의존적 관계에 있다고 하면서 이러한 관계의 그물을 '인타라망'이라고 하였다.

② 오답: 모든 사람들이 지켜야 할 예법을 강조하는 것은 유교 사상이다.

③ 오답: 불교에서는 자연을 인간의 이성으로 질서가 바로잡혀야 할 미성숙한 존재로 보지 않는다.

④ 오답: 불교에서는 자연을 인간과 무관한 존재가 아니라 상호 의존적 관계로 본다. '무위(無爲)'를 통해 도가 사상이라고 생각할 수 있지만 도가에서는 인간을 자연의 한 부분으로 보고 자연의 섭리에 순응하고 자연과 조화를 이룰 것을 강조한다.

⑤ 오답: 자연을 도구적 존재로 보는 것은 서양의 도구적 자연관이다.

11 데카르트, 레건, 테일러의 환경 윤리

자료 해설 갑은 데카르트, 을은 레건, 병은 테일러이다. 인간 중심주의 사상가 데카르트는 자연은 의식이 없는 단순한 물질로서 하나의 기계에 불과하다고 보는 도구적 자연관을 주장하였다. 동물 중심주의 사상가 레건은 의무론에 근거하여 삶의 주체로서 동물도 자신의 고유한 삶을 영위할 권리가 있다고 주장하였다. 생명 중심주의 사상가 테일러는 모든 생명체가 자기 생존, 성장, 발전, 번식이라는 목적을 추구하는 존재로서 도덕적으로 고려되어야 한다고 주장하였다.

선택지 분석

ㄱ. 오답: 데카르트는 인간과 달리 동물은 영혼이 없는 단순한 물질이라고 보았다.

ㄴ. 오답: 레건과 테일러는 모두 동물은 인간을 위한 수단으로 취급해서는 안
된다고 주장하였다.

ㄷ. 정답: 테일러는 모든 생명체를 도덕적 고려의 대상으로서 동등하게 보았다.

ㄹ. 정답: 데카르트와 레건은 모든 생명체가 도덕적 지위를 갖는 것은 아니라
고 하였다. 데카르트는 인간만이, 레건은 인간과 한 살 정도 이상의 포유류
만이 도덕적 지위를 갖는다고 하였다.

12 싱어와 테일러의 환경 윤리

자료 해설 갑은 싱어, 을은 테일러이다. 싱어는 종이 다르다는 이유
로 동물을 차별하는 종 차별주의는 옳지 않다고 주장하면서 이익 평등
고려의 원칙에 따라 쾌고 감수 능력을 지닌 인간과 동물을 동등하게 고
려해야 한다는 동물 중심주의(또는 감정 중심주의)의 입장이다. 테일러
는 모든 생명체는 목적론적 삶의 중심으로서 인간의 필요와 관계없이
고유한 가치를 지니므로 도덕적으로 고려해야 한다고 주장하였다.

선택지 분석

① 오답: 도덕 공동체의 범위를 생태계에까지 확대해야 한다고 보는 것은 생
태 중심주의이다. 싱어는 도덕적 고려의 대상을 쾌고 감수 능력을 지닌 인
간과 동물로 제한한다.

② 정답: 싱어는 쾌고 감수 능력을 지닌 인간과 동물을 모두 도덕적 고려의 대
상으로 본다. 다만 싱어는 고통을 느끼는 정도에 따라 도덕적 고려 정도가
다를 수 있다고 하였다.

③ 오답: 자연의 모든 존재를 존중해야 한다고 주장하는 것은 생태 중심주의
이다. 테일러는 무생물을 도덕적 고려의 대상으로 보지 않는다.

④ 오답: 생명을 인간의 선한 목적을 위한 도구적 대상으로 보는 것은 인간 중
심주의이다. 테일러는 모든 생명체를 자기 생존, 성장, 발전, 번식의 목적을
추구하는 목적론적 존재로 보았다.

⑤ 오답: 인간이 자연 전체에 대한 직접적 의무를 지닌다고 보는 것은 생태 중
심주의이다.

13 싱어, 테일러, 레오폴드의 환경 윤리

자료 해설 갑은 싱어, 을은 테일러, 병은 레오폴드이다. 싱어는 쾌고
감수 능력을 지닌 인간과 동물의 이익 관심은 동등하게 고려되어야 한
다고 주장하였고, 테일러는 모든 생명체는 자기 생존, 성장, 발전, 번식
의 목적을 추구하는 존재로서 고유한 선을 지니므로 모든 생명체를 도
덕적으로 고려해야 한다고 주장하였다. 레오폴드는 도덕 공동체를 동
물, 식물, 흙, 물을 비롯한 대지까지 확대해야 한다는 대지 윤리를 주장
하였다.

선택지 분석

① 오답: 싱어의 동물 중심주의, 테일러의 생명 중심주의, 레오폴드의 생태 중
심주의는 모두 탈인간 중심주의에 해당한다. 세 사상가 모두 긍정의 대
답을 할 질문이다.

② 오답: 싱어는 이익 평등 고려의 원칙에 따라 쾌고 감수 능력이 있는 존재의
이익 관심은 평등하게 고려해야 한다고 주장하였다. 싱어가 긍정할 질문
이다.

③ 정답: 테일러는 개별 생명이 생태계의 안정에 기여하기 때문이 아니라 목
적론적 삶의 중심으로서 자기 생존, 성장, 발전, 번식의 목적을 추구하기 때
문에 가치를 지닌다고 보았다. 테일러가 부정할 질문이다.

④ 오답: 테일러는 모든 생명체가 고유의 선을 지니기 때문에 도덕적으로 고
려해야 한다고 주장하였다. 테일러가 긍정할 질문이다.

⑤ 오답: 레오폴드는 인간과 자연을 모두 포괄하는 생명 공동체 자체가 지닌

고유의 선을 도덕적으로 고려해야 한다고 주장하였다. 레오폴드가 긍정할
질문이다.

14 유교와 도가의 자연관

자료 해설 (가)는 유교 사상, (나)는 도가 사상이다. 유교에서 하늘은
'도덕적 가치를 지닌 것으로 하늘과 땅은 서로 느끼고 상응하고 교합하
면서 끊임없이 만물을 낳고 기르는 존재'라고 하였다. 도가에서 하늘은
자연의 일부이다.

선택지 분석

① 오답: 유교에서는 인간이 하늘의 도를 본받아 다른 인간과 존재를 사랑하
고 인(仁)을 베풀 것을 강조한다. 따라서 하늘이 인간의 도덕성에 관여한다
고 본다.

② 오답: 유교 사상에만 해당한다. 도가에서 하늘은 자연물에 불과하다.

③ 정답: 유교는 하늘이 만물에 법칙을 부여하는 최고의 존재라고 보고, 자연
과 인간이 조화를 이루어 하나가 되는 천인합일(天人合一)의 경지를 지향
한다.

④ 오답: 도가에서는 만물 위에 존재하는 절대 원리를 '도(道)'라고 하였다.

⑤ 오답: 유교 사상에만 해당한다. 유교에서는 하늘이 만물을 주재하는 인격
적 존재로 본다.

15 칸트, 레건, 레오폴드의 환경 윤리

자료 해설 갑은 칸트, 을은 레건, 병은 레오폴드이다. 칸트는 인간
중심주의 입장으로 인간이 동물을 학대하는 것은 인간의 도덕성을 훼
손하기 때문에 인간은 동물에 대한 간접적 의무만을 지닌다고 주장하
였고, 레건은 동물 중심주의 입장으로 단순히 살아 있는 것을 넘어서
자신의 삶을 영위할 수 있는 능력을 가진 행위자를 도덕적 고려의 대상
이라고 보았다. 레오폴드는 생태 중심주의 입장으로 도덕적 고려의 대
상을 동물, 식물, 흙, 물을 비롯한 대지까지 확대하였다.

선택지 분석

ㄱ. 정답: 칸트는 이성을 가진 인간만이 도덕적 의무를 실천할 수 있기 때문에
존엄하다고 보았다. 따라서 칸트는 수단으로만 취급해서는 안 될 존재는
인간뿐이라고 하였다.

ㄴ. 정답: 레오폴드는 생태계의 관점에서 보면 모든 것이 존재의 이유가 있으
므로 유기체적 생명 공동체 자체가 지닌 고유의 선을 도덕적으로 고려해야
한다고 주장하였다. 칸트는 인간만이, 레건은 동물(포유류)만이 도덕적 고
려의 대상이라고 하였으므로 레오폴드에게만 해당하는 주장이다.

ㄷ. 오답: 칸트와 레오폴드는 모두 자연의 아름다움을 보존하는 데 이바지하는
행위만이 옳다고 주장하지 않았다.

ㄹ. 정답: 인간성을 해치기 때문에 동물 학대가 그르다고 주장한 사람은 칸트
이다. 레건은 동물의 권리를 침해하기 때문에, 레오폴드는 동물이 지닌 생
명권을 침해하기 때문에 동물 학대가 그르다고 주장한다. 따라서 레건과
레오폴드의 공통된 입장이다.

16 유교와 불교의 자연관

자료 해설 (가)는 유교, (나)는 불교 사상이다. 유교에서는 자연과 인
간이 조화를 이루어 하나가 되는 천인합일(天人合一)의 경지를 지향하
였고, 불교에서는 모든 존재가 인연에 따라 생겨나고 사라지며 서로 영
향을 주고받는다고 하면서 모든 생명을 소중히 여기고 자비를 베풀 것
을 강조하였다.

❶ **정답**: 유교에서는 하늘과 우주의 법칙이면서 인간 윤리 법칙의 근원을 천도라고 보고, 만물이 지닌 생명력을 천도의 도덕적 표현이라고 하였다.

② **오답**: 불교에서 만물은 인연에 의해 변화하지만 단순히 물질적 요소의 이합집산이라고 본 것은 아니다.

③ **오답**: 유교에서는 '하늘과 땅은 서로 느끼고 상응하고 교합하면서 끊임없이 만물을 낳고 기르는 존재'라고 하면서 인간이 자연을 본받아 다른 존재와 타인에게 인(仁)을 실현해야 한다고 하였다. 따라서 천지를 가치 중립적인 물리적 대상으로 본 것은 아니다.

④ 유교와 불교 모두 해당하지 않는다. 무위(無爲)는 도가의 개념이지만 질서가 없는 상태는 아니다. 도가에서는 천지 만물을 무위의 체계로 보고 인간도 인위적 욕망을 버리고 자연의 순리에 따라 살아야 한다고 강조하였다.

⑤ 불교에서는 만물을 연기에 의한 상호 의존적 존재로 본다. (나)에만 해당한다.

17 칸트, 레오폴드, 테일러의 환경 윤리

자료 해설 갑은 칸트, 을은 레오폴드, 병은 테일러이다. 칸트는 인간이 동물을 학대하는 것은 인간의 도덕성을 훼손하기 때문에 동물에 대한 간접적 의무를 지닌다고 주장하였고, 레오폴드는 무생물을 포함한 생태계 전체를 도덕적 고려의 대상으로 보는 대지 윤리를 주장하였다. 테일러는 모든 생명체는 자기 생존, 성장, 발전, 번식이라는 목적을 추구하므로 도덕적 고려의 대상이 되어야 한다고 주장하였다.

❶ **정답**: 동물을 도덕적 고려의 대상으로 삼는 충분조건으로 쾌고 감수 능력을 제시한 사람은 싱어이다.

② **오답**: 레오폴드는 생태계 전체를 도덕적으로 고려해야 한다고 보기 때문에 긍정의 대답을, 테일러는 무생물을 제외한 동물과 식물까지만 도덕적 고려의 대상으로 보기 때문에 부정의 대답을 할 질문이다.

③ **오답**: 레오폴드는 전일론적 관점에서 생명 공동체의 온전함을 주장할 것이므로 긍정의 대답을, 테일러는 개별 생명체의 내재적 가치를 강조하기 때문에 부정의 대답을 할 질문이다.

④ **오답**: 레오폴드는 인간을 비롯한 동물과 식물뿐만 아니라 흙, 물과 같은 무생물을 모두 도덕 공동체의 범위에 포함시킨다.

⑤ **오답**: 테일러는 인간, 동물, 식물까지 내재적 가치를 지닌다는 점에서 동등하다고 보지만 도덕적 고려의 대상에서 무생물은 제외한다.

18 미래 세대의 권리에 대한 논쟁

자료 해설 (가)는 미래 세대보다 현세대의 쾌락이 더 중요하므로 미래 세대의 도덕적 권리를 고려할 필요가 없다는 입장이고, (나)는 과거 세대가 현세대에게 도움을 준 것처럼 현세대와 동일한 인간인 미래 세대에게도 도덕적 권리를 부여해야 한다는 입장이다.

ㄱ. **오답**: (가)는 현세대의 도덕적 권리가 더 중요하다는 입장이므로 미래 세대의 도덕적 권리를 고려할 필요가 없다고 주장한다.

ㄴ. **정답**: (가)는 미래 세대를 위해 현세대가 희생되는 것은 옳지 않다고 주장한다.

ㄷ. **정답**: (나)는 과거 세대가 현세대에게 도움을 준 것처럼 현세대도 미래 세대를 책임져야 한다고 주장한다.

ㄹ. **오답**: (가)는 확실하고 가까운 쾌락이 더 중요하며, 현세대와 미래 세대 사이에는 도움을 주고받는 관계가 성립될 수 없으므로 현세대에게 도움을 주

는 대상만을 도덕적으로 고려해야 한다고 주장할 수 있다. 따라서 (가)의 입장에만 해당한다.

19 칸트, 레오폴드, 싱어의 환경 윤리

자료 해설 갑은 칸트, 을은 레오폴드, 병은 싱어이다. 칸트는 다른 존재와 달리 이성을 가진 인간만이 도덕적 의무를 실천할 수 있기 때문에 존엄하다고 보았고, 레오폴드는 무생물을 포함한 모든 생명 공동체를, 싱어는 쾌고 감수 능력을 지닌 존재를 도덕적으로 고려해야 한다고 주장하였다.

ㄱ. **오답**: 칸트는 모든 존재가 아니라 이성을 가진 인간을 목적 그 자체로 대우해야 한다고 주장하였다. 칸트가 부정할 진술이므로 A에 들어갈 수 없다.

ㄴ. **정답**: 레오폴드는 대지 공동체 자체가 도덕적 지위를 갖는다고 주장하였다. 칸트는 인간을, 싱어는 쾌고 감수 능력을 갖는 존재의 도덕적 지위를 인정하였으므로 B에 들어갈 수 있다.

ㄷ. **오답**: 싱어는 고통을 느낄 수 있는 모든 생명체의 이익 관심을 평등하게 고려해야 한다고 주장하였으나 이것이 곧 인간과 동물을 동일하게 대우해야 한다는 의미는 아니다. 싱어가 부정할 진술이므로 C에 들어갈 수 없다.

ㄹ. **정답**: 칸트는 동물 학대를 인간의 간접적 의무를 위반하는 행위로 보았고, 레오폴드는 동물의 생존권을 침해하지 말아야 할 의무를 위반하는 행위로 보았으며, 싱어는 동물의 이익 관심을 침해하지 말아야 할 의무를 위반하는 행위로 보았다. 따라서 세 사상가 모두 동물 학대가 인간의 의무에 위배되는 행위라고 보았으므로 D에 들어갈 수 있다.

20 요나스의 책임 윤리

자료 해설 제시문의 강연자는 요나스이다. 그는 기존의 윤리가 인간의 행위에만 초점을 맞추고 있어서 사회적 문제를 해결하지 못한다고 보고, 과학 기술의 발달에 따른 새로운 윤리로서 책임 윤리를 주장하였다. 그는 예견할 수 있는 모든 결과에 대한 책임을 강조하면서 책임의 문제를 미래 세대와 생태계까지 확대하였다.

① **오답**: 요나스는 책임의 범위를 현세대와 미래 세대, 그리고 생태계에까지 확장해야 한다고 주장하였다.

❷ **정답**: 요나스는 예견할 수 있는 모든 결과에 대한 책임을 강조하면서 미래에 있을 수 있는 나쁜 결과를 예측하여 행위해야 한다고 주장하였다.

③ **오답**: 요나스는 행위의 의도뿐만 아니라 행위의 결과도 책임을 져야 한다고 주장하였다.

④ **오답**: 요나스는 인간의 생존과 기술의 발전을 양립 가능하다고 보았으며, 현세대는 미래 세대가 살아갈 환경을 고려하여 발전을 추구해야 한다고 하였다.

⑤ **오답**: 요나스는 과학 기술의 개발과 발전에 있어서 미래의 혜택을 고려해야 한다고 주장하였다.

21 싱어, 칸트, 테일러의 환경 윤리

자료 해설 갑은 싱어, 을은 칸트, 병은 테일러이다. 싱어는 이익 평등 고려의 원칙에 따라 쾌고 감수 능력을 지닌 생명체의 이익 관심을 평등하게 고려할 것을 주장하였고, 칸트는 인간이 자연을 존중해야 하는 이유는 인간의 도덕성을 훼손하지 않기 위한 간접적 의무이기 때문이라고 주장하였다. 테일러는 모든 생명체는 자기 생존, 성장, 발전, 번식의 목적을 추구하는 목적론적 삶의 중심으로서 고유한 가치를 지니기 때

문에 도덕적으로 고려해야 한다고 주장하였다.

선택지 분석

ㄱ. 오답: 싱어는 쾌고 감수 능력을 지닌 동물을 차별해서는 안 된다고 하면서 인간과 동물의 이익 관심을 동등하게 고려해야 한다고 주장하였지만 이것이 곧 인간이 선호하는 이익 관심의 대상과 동물이 선호하는 이익 관심의 대상이 동일하다는 의미는 아니다. 갑의 입장이 아니므로 A에 들어갈 수 없다.

ㄴ. 오답: 싱어, 칸트, 테일러는 모두 이성적 존재만이 도덕적 행위의 주체가 될 수 있다고 보았다. 세 사상가의 공통된 입장이므로 D에 들어갈 진술이다.

ㄷ. 정답: 테일러는 모든 생명체는 의식의 유무에 상관없이 자기 생존, 성장, 발전, 번식의 가치를 추구하는 존재로서 내재적 가치를 지니기 때문에 도덕적 고려의 대상이라고 보았다. 칸트는 이성을 지닌 인간만이, 싱어는 쾌고 감수 능력을 지닌 존재만이 내재적 가치를 지닌다고 보았다. 따라서 병만의 입장이다.

ㄹ. 정답: 싱어는 공리주의 입장에서 고통은 그 자체로 나쁜 것이며 동물이 느끼는 고통을 감소시켜야 한다고 주장하였고, 칸트는 인간의 도덕성을 훼손하기 때문에, 테일러는 모든 생명체는 고유한 선을 지닌 존재이기 때문에 동물을 학대하는 행위는 잘못이라고 주장하였다. 세 사상가의 공통된 주장이다.

22 환경권에 대한 논쟁

자료 해설 갑과 을은 건강하고 쾌적한 환경에서 살 권리인 환경권이 중요하다고 본다. 그런데 을은 환경권이 미래 세대에 대한 배려로 미래 세대의 환경권을 인정해야 한다고 보는 데 반해, 갑은 권리는 존재와 함께 시작하므로 현세대는 미래 세대에 대한 의무를 갖지 않는다고 주장한다. 갑과 을은 미래 세대의 환경권에 대해 입장 차이를 보인다.

선택지 분석

❶ 정답: 환경권의 귀속을 현존하는 인간, 즉 현세대로 한정해야 한다는 주장에 대해 갑은 긍정하고 을은 부정하고 있으므로 토론의 핵심 쟁점이라고 할 수 있다.

② 오답: 갑과 을은 모두 환경을 보호하려는 의무는 현세대를 위한 것이라고 본다. 다만 을은 '현세대는 물론 미래 세대도 갖는 권리'이기 때문에 미래 세대에 대한 의무도 포함된다고 보는 입장이다.

③ 오답: 갑과 을이 모두 동의할 질문이다. 제시문에서 갑은 '건강하고 쾌적한 환경에서 살 권리인 환경권이 강조되고 있다.'라고 하였고, 을도 이에 동의하고 있다.

④ 오답: 갑과 을은 모두 현세대와 미래 세대를 호혜적 관계라고 보지 않는다. 을이 주장하는 미래 세대의 환경권도 미래 세대에 대한 현세대의 의무이지 호혜적 관계는 아니다.

⑤ 오답: 갑과 을은 모두 환경 문제가 우리의 삶을 위협하는 전 지구적 문제라는 데 모두 동의하고 있다.

23 칸트, 레건, 테일러의 환경 윤리

자료 해설 갑은 칸트, 을은 레건, 병은 테일러이다. 칸트는 이성을 지닌 인간만이 도덕적 행위의 주체가 된다고 주장하였고, 레건은 동물도 삶의 주체로서 자신의 삶을 영위할 수 있는 능력이 있으므로 도덕적 지위를 지닌다고 주장하였다. 테일러는 모든 생명체가 목적론적 삶의 중심으로서 고유한 선을 가지고 있다고 주장하였다.

선택지 분석

ㄱ. 오답: 칸트, 레건, 테일러는 모두 도덕적 주체로서 자신의 행위에 책임을 질

수 있는 존재는 인간밖에 없다고 보았다. 갑, 을, 병이 모두 긍정할 질문이므로 A에 들어갈 질문으로 적절하지 않다.

ㄴ. 정답: 레건은 지각과 의식을 가지는 인간과 동물을 도덕적 고려의 대상으로 보는 데 반해 테일러는 지각과 의식이 없는 식물도 도덕적 고려의 대상으로 본다. 을이 긍정하고, 병이 부정할 질문이므로 B에 들어갈 수 있다.

ㄷ. 정답: 레건은 내재적 가치를 지니는 동물을 도덕적 고려의 대상으로 보고, 인간과 동등하게 존중받을 권리를 지닌다고 하였다. 을이 긍정할 질문이므로 C에 들어갈 수 있다.

ㄹ. 정답: 테일러는 인간의 네 가지 의무 중 하나로 개별 생명체의 자유나 생태계에 간섭해서는 안 된다는 불간섭의 의무를 제시하였다. 병이 긍정할 질문이므로 D에 들어갈 수 있다.

24 레건과 테일러의 환경 윤리

자료 해설 갑은 레건, 을은 테일러이다. 동물 중심주의 사상가 레건은 동물도 삶의 주체로서 자신의 삶을 영위할 수 있는 능력을 지니고 있으므로 도덕적 지위를 지닌다고 주장하고, 생명 중심주의 사상가 테일러는 모든 생명체가 고유한 방식으로 삶의 목적을 추구한다고 보고 인간은 고유한 선을 지니는 모든 생명체를 도덕적으로 고려해야 한다고 주장하였다.

선택지 분석

㉠ 정답: 레건과 테일러는 모두 도덕적 행위의 주체를 인간으로 보고, 인간을 도덕적 고려 대상에 포함한다. 갑, 을의 공통된 주장이므로 '예'에 표시되어야 한다.

㉡ 정답: 레건은 모든 동물이 아니라 한 살 정도 이상의 포유류만이 도덕적 주체로서 권리가 있다고 본 데 반해 테일러는 모든 생명체의 내재적 가치를 인정하므로 갑이 부정, 을이 긍정할 내용이다. 갑, 을의 공통된 주장이 아니므로 '아니요'에 표시되어야 한다.

㉢ 오답: 레건은 모든 생명체가 아닌 지각이 있는 인간과 동물만을 삶의 주체로 보고, 테일러는 모든 생명체의 존엄성을 인정하므로 갑이 부정, 을이 긍정할 내용이다. 갑, 을의 공통된 주장이 아니므로 '아니요'에 표시되어야 한다.

㉣ 오답: 레건과 테일러는 도덕적 행위 능력과 무관하게 도덕적 고려의 대상을 존중해야 한다고 주장하였다. 갑, 을의 공통된 주장이므로 '예'에 표시되어야 한다.

25 레오폴드, 싱어, 레건의 환경 윤리

자료 해설 갑은 레오폴드, 을은 싱어, 병은 레건이다. 레오폴드는 생태학적 관점에서 보면 모든 것이 존재의 이유가 있으며 서로 균형을 맞추며 살아가는 공동체로서 무생물을 포함한 모든 생명체를 도덕적으로 고려해야 한다는 대지 윤리를 주장하였다. 싱어는 이익 평등 고려의 원칙에 따라 쾌고 감수 능력을 지닌 존재의 이익 관심을 평등하게 고려해야 한다고 주장하였고, 레건은 동물도 삶의 주체로서 자신만의 고유한 삶을 영위할 권리가 있으므로 도덕적으로 고려해야 한다고 주장하였다.

선택지 분석

㉠ 정답: 레오폴드는 전일론적 관점에서 무생물을 포함한 모든 생명 공동체를 도덕적으로 고려해야 한다고 주장하였다. 싱어는 쾌고 감수 능력을, 레건은 쾌고 감수 능력과 욕구와 목표를 위한 행위, 정체성을 느낄 수 있는 능력을 지닌 존재를 도덕적 고려의 대상이라고 보았다. 갑만 긍정할 질문이다.

ㄴ. 오답: 싱어는 이익 평등 고려의 원칙에 따라 쾌고 감수 능력을 지닌 모든 존재의 이익 관심을 평등하게 고려해야 한다고 주장한다. 따라서 동물에 대한 도덕적 배려는 인간의 이익 관심에 따른 의무가 아니라 동물의 정당

한 권리이다. 을이 부정할 질문이다.

ⓒ 정답: 싱어는 고통을 느끼는 모든 종은 동등한 도덕적 지위를 지니기 때문에 종을 차별하는 행위는 옳지 않다고 주장하였다. 을이 긍정할 질문이다.

ㄹ. 오답: 레건은 동물이 도덕적 행위 능력이 없더라도 삶의 주체로서 자신의 삶을 영위할 수 있는 능력을 지닌 존재이기 때문에 도덕적 권리를 갖는다고 보았다. 병이 부정할 질문이다.

26 슈바이처, 싱어, 레건의 환경 윤리

자료 해설 갑은 슈바이처, 을은 싱어, 병은 레건이다. 생명 중심주의 사상가 슈바이처는 모든 생명체는 그 자체로 선이며 본래적 가치를 지닌다고 보고 생명의 신비를 두려워하고 존경하는 마음으로 생명을 지극히 소중히 하는 생명 외경 사상을 주장하였다. 싱어는 쾌고 감수 능력을 지닌 인간과 동물은 모두 이익 관심을 지니고 있기 때문에 이익 평등 고려의 원칙에 따라 차별해서는 안 된다고 주장하였다. 동물 중심주의 사상가 레건은 이익 관심, 쾌고 감수 능력, 행위 능력, 정체성을 느낄 수 있는 능력이 있는 동물은 삶의 주체로서 도덕적 고려의 대상이라고 주장하였다.

선택지 분석

① 오답: 생태계 전체를 도덕적 고려의 대상으로 보는 것은 생태 중심주의 입장이다. 갑, 을, 병이 모두 부정할 질문이다.

❷ 정답: 슈바이처는 모든 생명체는 신성하며 동등한 가치를 지닌다고 하였다. 싱어는 쾌고 감수 능력을 가졌기 때문에, 레건은 인간과 동물이 삶의 주체로서 살아가기 때문에 인간과 동물을 도덕적 고려의 대상으로 보았다. 따라서 도덕적 주체인 인간이 동물에 대한 도덕적 의무와 책임을 지닌다고 보았다. 갑, 을, 병이 모두 긍정할 질문이다.

③ 오답: 세 사상가는 모두 도덕적 행위의 주체인 인간이 다른 존재보다 우월하다고 보지 않는다. 인간 중심주의에서 긍정할 질문이다.

④ 오답: 이익 관심을 동물의 이익을 고려하기 위한 충분조건으로 보는 사람은 싱어뿐이다.

⑤ 오답: 동물 중심주의에서는 쾌고 감수 능력을 지닌 생명체에 대한 내재적 가치를 인정해야 한다고 주장한다. 슈바이처는 고통의 여부와 상관없이 모든 생명체를 두려워하고 존경하는 마음으로 소중히 여겨야 한다고 주장하였다. 을과 병이 긍정, 갑이 부정할 질문이다.

27 싱어, 테일러, 레오폴드의 환경 윤리

자료 해설 갑은 싱어, 을은 테일러, 병은 레오폴드이다. 싱어는 쾌고 감수 능력을 지닌 존재의 이익 관심을 동등하게 고려해야 한다고 주장하였고, 테일러는 모든 생명체는 목적론적 삶의 중심으로서 자기 생존, 성장, 발전, 번식의 목적을 추구하기 때문에 도덕적으로 고려해야 한다고 주장하였다. 레오폴드는 전일론적 관점에서 동물과 식물뿐만 아니라 흙, 물을 비롯한 대지까지 확대하여 생명 공동체 자체가 지닌 고유의 선을 도덕적으로 고려해야 한다고 주장하였다.

선택지 분석

ㄱ. 오답: 싱어, 테일러, 레오폴드는 모두 동물을 도덕적 고려의 대상으로 본다. D에 들어갈 진술이다.

ⓛ 정답: 싱어는 쾌고 감수 능력을 가진 존재를, 테일러는 생명이 있는 존재를 도덕적으로 고려해야 한다고 주장하므로 두 사상가 모두 생명이 없는 존재는 도덕적 지위를 갖지 않는다고 본다. 갑, 을의 공통된 입장이다.

ㄷ. 오답: 자연의 모든 존재가 내재적 가치를 지닌다고 보는 것은 레오폴드의 입장에만 해당한다. 테일러는 자연의 모든 존재가 아니라 자기 생명의 목적

성을 추구하는 생명체에 한정되므로 무생물은 제외된다. 병에게만 해당하는 입장이다.

ⓔ 정답: 싱어, 테일러, 레오폴드는 모두 인간만이 도덕적 책임을 질 수 있는 유일한 존재라고 본다. 세 사상가의 공통된 입장이다.

28 요나스의 책임 윤리

자료 해설 제시문의 사상가는 요나스이다. 요나스는 과학 기술의 발달과 그것을 따라가지 못하는 기존의 윤리를 비판하면서 책임 윤리를 주장하였다. 그는 과학 기술이 가져올 긍정적 미래보다 미래에 있을 수 있는 나쁜 결과를 예견하여 현세대뿐만 아니라 자연과 미래 세대에 대해서도 책임을 져야 한다고 강조하였다. 이러한 주장과 상통하는 내용을 고르면 된다.

선택지 분석

① 오답: 요나스는 자연과 미래 세대에 대한 절대적 책임이 인간에게만 있다고 주장하였다.

❷ 정답: 요나스는 부모가 자녀에 대해 책임을 지는 것과 같이 자연에 대해 일방적이고 절대적인 책임이 현세대에게 요구된다고 하였다.

③ 오답: 요나스는 자연에 대한 주인 의식을 바탕으로 자연을 지배하여 과학 기술의 무한한 진보가 가능하다고 본 베이컨을 비판하면서 자연의 내재적 가치와 생명의 본질적 가치를 더 강조하였다.

④ 오답: 요나스는 과학 기술의 무한한 진보를 신뢰하는 태도가 기술 유토피아라는 신화를 낳았다고 비판하면서 지식을 무기로 삼아 자연을 지배하려는 인간의 사고방식에 대한 반성이 필요하다고 보았다.

⑤ 오답: 요나스는 행위의 직접적 영향뿐만 아니라 그 행위가 미칠 예측 가능한 결과에 대해서도 사전적 책임을 져야 한다고 주장하였다.

> **올쏘 만점 노트** **요나스의 책임 윤리**
>
> | | |
> |---|---|
> | 전통 윤리의 확장 | 인간 상호간의 관계에서 인간과 자연의 관계로 전통 윤리의 영역을 확장함 |
> | 책임의 범위 확장 | 의도하지 않은 행위의 결과에 대해서까지 현세대의 책임의 범위를 확장함 |

29 칸트, 테일러, 레건의 환경 윤리

자료 해설 갑은 칸트, 을은 테일러, 병은 레건이다. 인간 중심주의 사상가 칸트는 자연과 동물에 대한 인간의 의무는 인간의 도덕성을 훼손하지 않기 위한 간접적 의무라고 하였고, 생명 중심주의 사상가 테일러는 모든 생명체는 목적론적 삶의 중심으로서 내재적 가치를 지니기 때문에 도덕적으로 고려해야 한다고 주장하였다. 동물 중심주의 사상가 레건은 쾌고 감수 능력과 행위 능력, 정체성을 인식할 수 있는 능력을 지닌 동물을 도덕적으로 고려해야 한다고 주장하였다.

선택지 분석

ㄱ. 오답: 세 사상가는 모두 인간을 목적이 아닌 수단으로 대우해서는 안 된다고 주장하였으므로 D에 들어갈 내용이다.

ㄴ. 오답: 칸트는 인간이 동물보다 우월하다고 보았지만, 레건과 테일러는 모두 인간이 동물보다 본래적으로 더 우월한 것은 아니라고 보았으므로 C에 들어갈 내용이다.

ⓔ 정답: 테일러는 비이성적 생명체도 목적론적 삶의 중심으로서 내재적 가치를 지닌다고 보았고, 레건은 비이성적 동물도 삶의 주체로서 내재적 가치를 지닌다고 보았다.

② 정답: 칸트, 테일러, 레건은 모두 생태계의 도덕적 지위를 인정하지 않았다. 갑, 을, 병의 공통된 입장이다. 생태계 그 자체의 지위를 인정한 사상가는 대지 윤리를 주장한 레오폴드이다.

킬러 예상 문제

본문 110~113쪽

01 ③ 02 ④ 03 ① 04 ② 05 ③ 06 ④ 07 ① 08 ②
09 ② 10 ④ 11 ④ 12 ② 13 ② 14 ④

01 데카르트, 칸트, 레건의 자연관 비교

자료 해설 갑은 인간 중심주의 사상가인 데카르트, 을은 온건한 인간 중심주의 사상가인 칸트, 병은 동물 중심주의 사상가인 레건이다. 칸트는 인간은 동물에 대한 간접적인 의무가 있다고 보았고, 레건은 의무론에 근거하여 동물 권리론을 주장했다.

선택지 분석

ㄱ. 오답: 갑(데카르트), 을(칸트), 병(레건) 모두의 공통된 입장이다. 도덕적 행위의 주체는 인간이라는 점에 모두 동의한다.

ㄴ. 정답: 칸트에 따르면 인간은 동물에 대한 간접적인 의무가 있다. 왜냐하면 인간이 동물을 학대하다 보면 고통이라는 공유된 감정을 무디게 하며, 사람 간의 관계에 있어 도덕성에 이바지할 수 있는 자연적인 소질을 약화시키고 점차 그 소질을 제거하게 될 것이라고 보았기 때문이다.

ㄷ. 정답: 레건은 의무론의 입장에서 한 살 정도 이상의 포유류도 삶의 주체로서 도덕적 권리를 갖는다고 본다. 그는 포유 동물은 도덕적 무능력자이지만 감정적인 생활을 할 뿐만 아니라 희망과 목적을 추구할 수 있는 삶의 주체이기 때문에 도덕적 지위를 지닌다고 본다. 레건은 성장한 포유 동물은 도덕적 주체로서의 권리가 있기 때문에 사냥감이나 놀이의 대상이 되어서는 안 된다고 주장한다.

ㄹ. 오답: 식물을 수단적 가치로 보는 입장은 갑(인간 중심주의), 을(인간 중심주의), 병(동물 중심주의)의 공통된 입장이다.

02 싱어와 레건의 동물 중심주의

자료 해설 갑은 공리주의 입장에서 동물 해방론을 주장한 싱어, 을은 의무론의 입장에서 동물 권리론을 주장한 레건이다.

선택지 분석

ㄱ. 정답: 동물 중심주의 사상가인 싱어와 레건은 식물을 내재적 가치를 지닌 도덕적 존중의 대상으로 보지 않는다. 그러므로 '아니요'에 체크하여 정답이다.

ㄴ. 오답: 의무론에 근거하여 동물에 대한 인간의 의무를 도출해야 한다고 주장한 사상가는 레건이다. 둘의 공통점이 아니므로 '아니요'에 체크해야 한다.

ㄷ. 정답: 모든 생명체는 고유의 목적 지향적 활동을 한다는 주장은 생명 중심주의 사상가인 테일러의 입장이다. 그러므로 '아니요'에 체크하여 정답이다.

ㄹ. 정답: 도덕적 고려의 대상이 되는 조건으로 싱어와 레건 모두 쾌고 감수 능력이 있어야 한다고 본다.

03 인간 중심주의와 생명 중심주의 비교

자료 해설 갑은 생명 중심주의를 주장하는 테일러, 을은 인간 중심주의 입장인 칸트이다. 테일러는 어떤 전제도 없이 모든 생명체는 그 자체만으로도 존중받을 가치가 있다고 보았고, 칸트는 동식물에 대해 간접적인 의무를 지닌다고 보았다.

선택지 분석

❶ 정답: 을(칸트)이 갑(테일러)에 비해 생명을 내재적 가치로 인정하는 정도(X)는 낮고, 생명체 간의 차등적 위계질서를 인정하는 정도(Y)는 높으며, 자연을 인간의 복지를 위한 수단으로 보는 정도(Z)는 높다. 그러므로 ㉠이 정답이다.

② 오답: ㉡은 X는 높고, Y는 낮으며, Z는 높으므로 오답이다.

③ 오답: ㉢은 X, Y는 낮고, Z는 높으므로 오답이다.

④ 오답: ㉣은 X는 낮고, Y는 높으며, Z는 낮으므로 오답이다.

⑤ 오답: ㉤은 X, Y는 높고, Z는 낮으므로 오답이다.

올쏘 만점 노트 칸트(인간 중심주의) vs 테일러(생명 중심주의)

칸트	• 인간은 동물에 대한 직접적인 의무를 갖지 않음 • 동물의 고통에 대한 공감이 둔화되게 되면 인간관계에서도 고통을 공감하는 능력이 약화되어 도덕성에 이로운 소질이 약화될 수 있으므로 동물을 잔학하게 다루면 안 된다고 주장함
테일러	• 모든 생명체를 목적론적 삶의 중심으로 파악 • 생명체 간의 차등적 위계질서를 부정함 • 인간을 포함한 모든 종은 상호 의존적 체계의 일부임

04 레오폴드와 네스의 생태 중심주의 윤리

자료 해설 제시문의 갑은 대지 윤리를 주장하는 레오폴드이고, 을은 심층 생태주의를 주장하는 네스이다. 레오폴드는 인간이 대지의 일원일 뿐이며, 자연은 인간의 이해와 상관없이 내재적 가치를 지니므로 토양, 물, 동식물과 인간까지 포괄하는 생태계 전체를 도덕 공동체의 범위에 포함해야 한다고 보았다. 네스는 자신을 자연의 일부이자 자연과의 상호 연관 속에서 존재하는 것으로 이해해야 한다고 보았다.

선택지 분석

① 오답: 생태 중심주의 사상가인 레오폴드와 네스는 인간을 비롯한 모든 생명을 도덕적으로 배려해야 한다고 본다.

❷ 정답: 인간 중심주의 입장인 칸트의 주장이다.

③ 오답: 레오폴드와 네스는 인간이 자연의 지배자가 아니라 단순한 일부분에 불과하다고 보았다.

④ 오답: 생태 중심주의는 생태계 전체의 선을 위하여 개별 구성원들을 희생시킬 수 있다는 환경 파시즘으로 흐를 위험성이 있다.

⑤ 오답: 레오폴드와 네스는 모든 생명체는 공동체의 구성원으로서 모두 동등한 가치를 지닌다고 보았다.

05 동양의 자연관

자료 해설 (가)의 갑은 유교, 을은 도가 사상이다. (가)의 동양 사상의 관점에서 (나)의 지나친 개발로 인한 자연 파괴 현상(문제점)을 해결하기 위해 제시할 조언을 고르면 된다.

선택지 분석

① 오답: 과학 기술을 발전시키면 환경 문제도 해결할 수 있다고 생각하는 것은 인간 중심주의 및 과학 기술 지상주의의 입장이다.

② 오답: 인류의 풍요로운 삶을 위해 자연을 보전해야 한다는 입장은 온건한 인간 중심주의의 입장이다.

③ 정답: (나)의 골프장 건설로 인한 자연 파괴 문제에 대해 (가)의 동양 사상은 인간이 자연에 인위적인 조작이나 통제를 가해서는 안 되고, 인간은 자연과 하나를 이루는 모습을 추구해야 한다고 조언할 것이다.

④ 오답: 인간 중심주의 사상가인 베이컨의 입장이다. 베이컨은 자연 과학적

지식을 활용하여 자연을 정복하고 인간의 물질적 혜택과 복지를 증진해야 한다고 보았다.

⑤ 오답: 인간 중심주의 사상가인 데카르트의 입장이다. 데카르트는 인식하는 주체와 인식되는 대상을 구분하여 인식 주체인 인간이 인식 대상인 자연을 이용하고 정복하는 것을 정당화하였다. 나아가 그는 인간의 정신은 물질로 환원할 수 없는 존엄한 것이지만, 자연은 의식이 없는 단순한 물질이므로 기계와 같다고 여겼다.

올쏘 만점 노트 동양의 자연관

유교	인간이 자연을 본받아 다른 존재와 타인에게 인을 실천
불교	연기설에 근거하여 모든 생명에 자비를 베풂
도가	천지 만물은 무위의 체계이며 인간은 자연의 순리를 따를 것

06 인간 중심주의와 동물 중심주의 윤리 비교

자료 해설 (가)는 인간 중심주의 사상가인 칸트, (나)는 동물 중심주의 사상가인 벤담이다. 칸트는 인간만이 도덕적 지위를 지닌다고 주장한다.

선택지 분석

① 오답: (가) 칸트는 인간과 다른 생명체가 동등한 가치를 지닌다고 보지 않는다. 그러므로 부정의 답이 나와야 한다. (나) 벤담 역시 동물 중심주의 입장에서 모든 생명체가 동등한 가치를 지닌다고 보지 않는다.

② 오답: (가) 칸트는 인간 자신에 대해서만 직접적인 의무를 지닌다고 보기 때문에 긍정의 답을 해야 하며, (나) 벤담은 부정의 답을 해야 한다.

③ 오답: (가) 칸트는 동식물과 같은 존재는 인간과 관련된 경우에만 간접적으로 고려할 수 있다고 보므로 긍정의 답을 할 것이다. (나) 벤담은 동물 중심주의 사상가로 식물에 대한 간접적 의무는 없다고 보므로 부정의 답이 나와야 한다.

❹ 정답: (가) 칸트는 인간 이외에는 도덕적 고려 대상으로 보지 않으므로 부정의 답이, (나) 벤담은 인간 이외에도 동물을 도덕적으로 고려하므로 긍정의 답이 나와야 한다.

⑤ 오답: 칸트, 벤담 둘 다 인간과 동물을 동등하게 대우하는 것을 도덕적으로 보지는 않는다. 그러므로 모두 부정의 답이 나와야 한다.

07 네스의 심층 생태주의

자료 해설 제시문은 네스의 심층 생태주의에 대한 내용이다. 네스는 환경 문제를 해결하기 위해서는 세계관과 생활 양식의 근본적 변화가 필요하다고 본다.

선택지 분석

㉠ 정답: 네스의 생명 중심적 평등은 모든 생명체가 상호 연결된 공동체의 평등한 구성원으로 동등한 가치를 지닌다는 의미이다.

㉡ 정답: 네스는 당시에 만연하던 인간 중심주의적 환경 보호 운동을 비판하고 '심층 생태주의'를 주장하였다. 심층 생태주의는 환경 위기를 극복하기 위하여 인간의 세계관 자체를 근본적으로 바꾸어야 한다고 보는 입장이다.

ㄷ. 오답: 도덕적으로 고려할 대상의 기준을 쾌고 감수 능력으로 보는 입장은 동물 중심주의이다.

ㄹ. 오답: 인간의 욕구 충족과 장기적 행복을 누리기 위해 자연을 보호해야 한다고 보는 입장은 온건한 인간 중심주의의 입장이다.

08 인간 중심주의와 생명 중심주의 비교

자료 해설 갑은 인간 중심주의 사상가 베이컨, 을은 생명 중심주

사상가 슈바이처이다. 베이컨은 자연 과학적 지식을 활용하여 자연을 정복하고 인간의 물질적 혜택과 복지를 증진해야 한다고 보았다. 슈바이처는 생명의 신비를 두려워하고 존경하는 마음으로 모든 생명을 소중히 여겨야 한다는 생명 외경 사상을 제시하였다. 그는 생명 그 자체가 지닌 가치를 중시하면서, 생명을 유지하고 고양하는 것은 선이며 반대로 생명을 파괴하고 억압하는 것은 악이라고 보았다.

선택지 분석

① 오답: '모든 생명체는 인간의 이익 추구에 기여해야 하는가?'라는 질문에 베이컨은 긍정, 슈바이처는 부정의 답을 할 것이다.

❷ 정답: '탈인간 중심주의를 바탕으로 인간과 자연의 관계를 규정하는가?'에 대한 답으로 베이컨은 부정, 슈바이처는 긍정의 답을 할 것이다.

③ 오답: '동물에 대한 인간의 의무는 인간성 실현을 위한 간접적인 의무인가?'라는 질문에 베이컨과 슈바이처는 모두 부정의 답을 할 것이다.

④ 오답: '생물과 무생물을 포함한 생태계 전체에 대해 도덕적 고려를 해야 하는가?'에 대한 질문에 베이컨과 슈바이처 모두 부정의 답을 할 것이다.

⑤ 오답: '생태계의 내재적 가치를 바탕으로 무생물을 도덕적으로 존중해야 하는가?'의 질문에 베이컨과 슈바이처 모두 부정의 답을 할 것이다.

09 테일러의 생명체에 대한 네 가지 의무

자료 해설 제시문의 A는 생명 중심주의 윤리를 펼친 테일러이다. 테일러는 모든 생명체를 '목적론적 삶의 중심'이라고 보았다. 즉, 생명체는 자기의 생존·성장·발전·번식이라는 목적을 추구하고, 이를 위해 환경에 적응하려고 애쓰는 존재라고 주장하였다. 또한 생명체에 대한 네 가지 의무를 제시하였는데, 불침해(악행 금지)의 의무, 불간섭의 의무, 신의(성실)의 의무, 보상적 정의의 의무이다.

선택지 분석

① 오답: 불침해(악행 금지)의 의무에 해당한다.

❷ 정답: 생태 중심주의의 입장이다. 생태 중심주의는 생태계 전체의 상호 의존성을 강조하는 전체론 혹은 전일주의를 주장한다.

③ 오답: 보상적 정의의 의무에 해당한다.

④ 오답: 불간섭의 의무에 해당한다.

⑤ 오답: 신의(성실)의 의무에 해당한다.

올쏘 만점 노트 테일러의 생명체에 대한 의무

불침해(악행 금지)의 의무	다른 생명체에게 해를 끼쳐서는 안 됨
불간섭의 의무	생명체의 자유를 보장하고 생태계를 조작하거나 통제하지 않아야 함
신의(성실)의 의무	인간의 즐거움과 쾌락을 위해 낚시나 덫 등으로 동물을 속여서는 안 됨
보상적 정의의 의무	인간이 다른 생명체에 해를 끼쳤을 경우 그 피해를 보상해야 함

10 베이컨, 레건, 테일러의 환경 윤리 비교

자료 해설 갑은 베이컨, 을은 레건, 병은 테일러이다. 베이컨은 자연을 정복해 인간의 물질적 생활을 향상시키는 것을 과학의 목적으로 파악한다. 레건은 의무론적 입장에서 동물 중심주의 윤리를 제시하였다. 테일러는 생명 중심주의 입장이다. 생명 중심주의는 개별 생명체의 존재론적 가치를 강조한다는 점에서 개체론의 성격을 지닌다. A에는 갑

은 긍정, 을은 부정의 답을 할 질문이, B에는 을은 긍정, 병은 부정의 답을 할 질문이, C에는 을이 긍정할 질문, D에는 병이 긍정할 질문이 들어가야 한다.

선택지 분석
- ㄱ 정답: '인간만이 자신의 삶을 영위하는 주체인가?'에 대해 갑(베이컨)은 긍정, 을(레건)은 부정의 답을 할 것이다.
- ㄴ 정답: '지각과 의식을 가져야만 도덕적 고려의 대상으로 판정될 수 있는가?'에 대해 을(레건)은 긍정, 병(테일러)는 부정의 답을 할 것이다.
- ㄷ 오답: '내재적 가치를 지닌 모든 생물은 동등하게 존중받을 권리가 있는가?'라는 질문에 을(레건)은 부정의 답을 할 것이다.
- ㄹ 정답: '인간에게는 생명 공동체에 대한 불간섭의 의무가 있는가?'라는 질문에 병(테일러)는 긍정의 답을 할 것이다.

11 칸트, 싱어, 레오폴드의 환경 윤리 비교

자료 해설 갑은 칸트, 을은 싱어, 병은 레오폴드이다. 칸트는 인간이 동물에 대해서 어떤 직접적인 의무도 지니지 않으며 또 지닐 수도 없다고 보았다. 싱어는 쾌고 감수 능력에 근거하여 인간과 동물의 이익을 동등하게 고려해야 한다는 이익 평등 고려의 원칙을 강조했다. 레오폴드는 무생물을 포함한 생태계 전체를 도덕적 고려의 대상으로 여기는 대지 윤리를 주장했다. A에는 갑(칸트)은 긍정, 을(싱어)은 부정의 답을 할 질문이, B에는 을(싱어)은 긍정, 병(레오폴드)은 부정의 답을 할 질문이, C에는 을(싱어)이 긍정의 답을 할 질문이, D에는 병(레오폴드)이 긍정의 답을 할 질문이 들어가야 한다.

선택지 분석
- ㄱ 정답: '인간은 동물에 대해 간접적인 의무만을 지니는가?'라는 질문에 갑(칸트)은 긍정, 을(싱어)은 부정의 답을 할 것이다.
- ㄴ 오답: '동물은 도덕적 행위의 주체로 행위할 수 있기 때문에 고유한 가치를 가지는가?'에 대한 질문에 을(싱어)과 병(레오폴드)은 부정의 답을 할 것이다. 도덕적 행위의 주체는 인간만 해당한다.
- ㄷ 정답: '개별 존재의 이익 관심은 쾌고 감수 능력을 전제로 하는가?'에 대한 질문에 을(싱어)은 긍정의 답을 할 것이다.
- ㄹ 정답: '인간은 생태 공동체 보호의 직접적인 의무를 지니는가?'라는 질문에 병(레오폴드)은 긍정의 답을 할 것이다. 레오폴드는 인간과 자연을 모두 포괄하는 유기체적 생태 공동체 안에서 개체인 인간에게 전체 공동체의 건강한 유지를 위해 도덕적 책임과 의무가 부과된다고 보았다.

> **올쏘 만점 노트** 베이컨, 싱어, 레오폴드 입장 정리
>
> | 베이컨
(인간 중심주의) | 자연을 정복해 인간의 물질적 생활을 향상시키는 것을 과학의 목적으로 파악함 |
> | --- | --- |
> | 싱어
(동물 중심주의) | 인간을 특별하게 우대하고, 쾌고 감수 능력을 지닌 동물을 차별하는 태도는 이익 평등 고려의 원칙에 근거해 볼 때 '종 차별주의'라고 봄 |
> | 레오폴드
(생태 중심주의) | • 도덕 공동체의 범위를 동물, 식물, 흙, 물을 비롯한 대지까지 확대함
• 인간의 지위를 지배자가 아니라 생명 공동체의 단순한 구성원으로 간주함 |

12 슈마허의 환경 윤리

자료 해설 제시문의 A는 슈마허이다. 슈마허는 진정한 행복과 풍요로운 삶은 지나친 성장과 욕구 충족이 아니라 절제하며 자족하는 삶을

통해 누릴 수 있다고 보았다.

선택지 분석
- ㄱ 정답: 슈마허는 많이 소비할수록 행복하다는 양적인 접근은 비합리적이고, 최소한의 소비로 최대한의 복지를 확보하는 것이 합리적인 것이라고 보았다.
- ㄴ 오답: 슈마허는 자연을 인간에게 경제적 이익을 제공하는 원천이 아닌 보호해야 할 대상으로 보았다.
- ㄷ 오답: 슈마허는 진정한 행복은 지나친 성장과 욕구 충족이 아니라, 절제하며 자족하는 삶을 통해 누릴 수 있다고 보았다.
- ㄹ 정답: 슈마허는 나무와 물은 물론이고 심지어 석탄이나 원유 등도 보존을 위해 노력해야 하며, 이를 함부로 사용하는 것을 일종의 폭력 행위로 규정하였다.

13 탄소 배출권 거래 제도

자료 해설 제시문의 ㉠에는 '탄소 배출권 거래 제도'가 들어가야 한다. 탄소 배출권 거래 제도는 국가마다 할당된 감축량 의무 달성을 위해 자국의 기업별·부문별로 배출량을 할당하고, 기업이 할당된 온실가스 감축 의무를 이행하지 못할 경우 다른 나라 기업으로부터 할당량을 매입할 수 있도록 한 제도이다.

선택지 분석
- ㄱ 정답: 환경 문제를 해결하는 데 필요한 인류 공동의 책임감을 약화시킨다. 선진국은 비용을 지불하여 탄소 배출량 감축 의무에서 벗어나거나 자본 및 기술을 바탕으로 자국의 이익을 우선시할 수 있는데, 이는 기후 변화를 막기 위한 세계적 협력을 어렵게 만들 수 있다.
- ㄴ 오답: 교토 의정서에는 선진국에만 온실가스 감축 의무를 부여하고 있다.
- ㄷ 오답: 탄소 배출권 거래 제도를 통해 선진국은 탄소 배출을 줄이기 위해 에너지 효율을 높이고 재생 가능한 에너지와 관련된 기술을 개발할 것이다. 이로 인해 시장이 생겨 경제 성장에 도움이 될 것이다. 개발 도상국 역시 탄소 배출권 판매로 경제적 이익을 얻고 환경 기술을 지원받을 수 있다.
- ㄹ 정답: 탄소 배출권 거래 제도는 시장 논리로 환경 문제에 접근함으로써, 비용을 지불할 경제적 능력이 있으면 환경을 파괴해도 된다고 인정하게 되는 한계가 있다.

> **올쏘 만점 노트** 탄소 배출권 거래 제도
>
> '탄소 배출권 거래 제도'는 교토 의정서 가입 국가와 해당 국가의 기업들이 탄소 배출량을 목표보다 많이 줄이면 그렇지 못한 국가나 기업에 탄소 배출권을 판매할 수 있게 한 제도임. 이는 경제적 유인을 제공하여 온실가스를 효과적으로 감축할 수 있다는 장점이 있음. 반면 자본주의 시장 경제 논리를 환경 문제에 도입함으로써 돈만 지불하면 온실가스를 배출해도 된다는 그릇된 인식을 지니게 할 우려가 있음

14 환경적으로 건전하고 지속 가능한 발전

자료 해설 제시문의 ㉠에 들어갈 말은 '환경적으로 건전하고 지속 가능한 발전'이다. 이를 실현하기 위해서는 개인적 차원에서는 환경친화적 소비 생활을 실천하고, 사회적 차원에서는 기업들이 친환경 기술을 개발하며, 국제적으로는 환경 문제에 대한 국제 협력 체제를 갖추도록 노력해야 한다.

선택지 분석
- ㄱ 정답: 환경적으로 건전하고 지속 가능한 발전을 위해서는 기업들은 친환경 기술과 신재생 에너지 등을 이용한 녹색 성장을 지향해야 한다.

ⓛ 정답: 환경적으로 건전하고 지속 가능한 발전을 위해서는 개인적으로는 환경을 올바르게 인식하고 윤리적 소비와 같이 환경친화적 소비 생활을 통해 생태계에 도움이 되는 바람직한 생활 습관을 형성해야 한다.

ⓒ 정답: 환경적으로 건전하고 지속 가능한 발전을 위해서는 국제적으로는 환경 문제를 해결하기 위한 국가 간의 적극적인 협력이 필요하다.

ㄹ. 오답: 환경적으로 건전하고 지속 가능한 발전을 위해서는 환경의 훼손을 최소화하면서 지속적인 발전을 할 수 있도록 저개발 국가를 포함한 모든 국가가 성장 중심의 경제 개발을 지양해야 한다.

올쏘 만점 노트 ─ 환경적으로 건전하고 지속 가능한 발전

의미	미래 세대가 자신의 욕구를 충족할 수 있는 범위 안에서 현세대의 욕구를 충족하는 발전, 즉 미래 세대도 현세대만큼 잘살 수 있게 하는 범위에서 자연을 이용해야 함
의의	• 인간과 자연이 더불어 사는 삶 실현: 자정 능력 범위 내에서 환경을 개발하고 미래 세대를 위해 환경을 잘 보전하고자 노력함 • 성장에 따른 혜택을 정당하게 분배: 국가 간 공정한 발전의 도모를 통해 분배 정의를 실현함 → 환경 문제 해결을 위한 협동과 연대를 도모할 수 있음
노력 방안	개인적으로는 환경친화적 소비 생활, 사회적으로는 환경을 고려한 건전한 환경 기술 개발, 화석 연료를 대체할 신·재생 에너지 개발, 국제적으로는 국제 협력 체제를 구축해야 함(몬트리올 의정서, 바젤 협약, 생물 다양성 협약 등)

V 문화와 윤리

12 강 예술과 대중문화 윤리

기출 선지 변형 O X
본문 115쪽

1 ✕ 2 ○ 3 ✕ 4 ○ 5 ✕ 6 ○ 7 ○ 8 ✕

9 ✕ 10 ○ 11 ✕ 12 ○ 13 ○ 14 ○ 15 ✕ 16 ○

17 ○ 18 ○ 19 ✕

01 플라톤에 따르면 예술은 우리에게 모범이 되고 우리를 도덕적으로 고상하게 만들어 주는 것이어야 한다.

02 플라톤은 예술은 올바른 품성을 기르기 위한 것이어야 한다고 주장하였다.

03 플라톤은 예술가는 미를 추구하지만 사회적 책임에서 자유로울 수는 없으며, 예술은 사회에 긍정적 영향을 미쳐야 한다고 보았다.

04 플라톤에 따르면 예술가는 도덕적 이상, 즉 이데아를 모방하여 영혼에 도움이 되는 방향으로 추구해야 한다.

05 플라톤의 철학은 선의 이데아를 향하는 데 있다. 따라서 예술의 역할은 사람들이 이데아에서 해방되도록 하는 데 있지 않으며, 예술 작품을 통해 선의 이데아를 향하는 데 있다.

06 플라톤은 예술 작품은 선의 이데아를 향해야 하며, 선의 실현에 기여해야 한다고 보았다.

07 플라톤은 예술이 이데아를 모방해야 한다고 보았으며, 이데아는 플라톤에게 있어서 진리로 향하는 길이다. 따라서 진리를 왜곡할 경우 예술은 비판받아야 한다고 보았다.

08 플라톤은 아름다움과 도덕성의 내용은 유사해야 한다고 보았다. 예술 작품은 선의 실현에 기여해야 한다고 본 것이다.

09 플라톤은 예술은 사물의 실재보다 외관을 아름답게 모방할 수는 없다고 보았다. 실재 사물은 그 사물의 본래의 이데아를 모방한 생산물이며, 이러한 사물을 모방하여 창작한 예술 작품은 실재와 가까이 가려는 모사품일 뿐이다. 따라서 이데아로부터 점점 멀어지게 된다.

10 순자는 예술과 도덕을 상호 보완적 관계로 보며, 예술이 예에 부합할 때 의미가 있다고 보았다.

11 톨스토이는 예술이 인간과 사회와의 관계에서 완벽할 때 의미 있다고 보았다.

12 톨스토이는 예술의 사회적 기능을 예술의 심미적 기능보다 중시하여, 예술이 인간의 교류에 긍정적 영향을 미쳐야 한다고 주장하였다.

13 순자는 예술이 예에 부합해야 한다고 하였고, 톨스토이는 예술 체험을 통해 이웃에 대한 사랑이 확대되어야 한다고 보았으니 두 사람 모두 예술을 통해 도덕감이 고양되어야 한다고 보았다.

14 톨스토이는 예술이 인간 상호 간의 교류 수단이며, 예술이 이웃에 대한 사랑을 일으키는 역할을 할 수 있다고 보았다.

15 벤야민은 대중 예술은 원작만이 가지고 있는 유일성의 가치를 높

이지 않는다고 보았다. 왜냐하면 여러 복제품들이 탄생하면서 원작을 보지 않더라도 원작을 느낄 수 있는 기회가 많아지기 때문이다.

16 벤야민은 대중 예술은 표준화된 생산, 즉 복제를 통해 미적 체험을 제공한다고 보았다.

17 벤야민은 복제 기술을 통해 예술 작품의 복제본이 생산되면 원작의 예술 작품의 신비감이 축소된다고 보았다.

18 벤야민은 원작을 복제할 수 있는 기술을 통해 원작품에 대중이 다가갈 수 있도록 거리를 좁혔다고 보았다.

19 벤야민은 복제된 대중 예술이 탄생하면 예술의 전시 가치가 늘고 숭배 가치가 줄어든다고 보았다.

실전 기출 문제

본문 116~117쪽

01 ① **02** ① **03** ① **04** ② **05** ② **06** ② **07** ④ **08** ④

01 예술 작품의 기술적 복제

자료 해설 제시문의 사상가는 벤야민이다. 그는 예술 작품에 대한 기술적 복제가 가능한 시대에서 예술 작품의 아우라는 위축되지만 복제 기술로 인해 대중들이 예술 작품을 쉽게 접할 수 있게 되었다고 보았다.

선택지 분석

❶ 정답: 제시문에서 대중 예술의 기술적 복제로 인해 예술 작품의 아우라가 위축되었다고 하였으므로 원작이 가지고 있는 유일성의 가치를 높여 준다고 볼 수 없다.

② 오답: 기술적 복제가 가능한 시대에서 예술은 표준화된 생산을 통해 대중들은 미적 체험을 할 수 있다.

③ 오답: 대중 예술의 기술적 복제로 인해 예술 작품의 아우라가 위축되었다고 하였으므로 신비감을 축소시킨다고 볼 수 있다.

④ 오답: 대중 예술의 복제 기술은 전시 가능성을 높이면서 대중들이 예술 작품을 쉽게 접할 수 있게 해 주었다.

⑤ 오답: 대중 예술의 복제 기술은 기존의 제의 의식, 즉 예술의 숭배 가치에 바탕을 둔 예술을 밀어내고 전시 가능성을 높여 준다.

02 예술의 대중화에 대한 입장

자료 해설 갑은 아도르노, 을은 슈스터만이다. 아도르노는 자본주의에서 문화 산업은 문화 소비자들의 자발성과 상상력을 위축시키고 대중이 적극적으로 사유하는 것을 불가능하게 만든다고 주장하였다. 그는 대중문화는 사람들의 사고를 동질적으로 반응하게 하기 위한 도구이며, 기존의 지배 관계와 이데올로기를 정당화하고 재생산하는 역할을 한다고 보았다. 슈스터만은 순수 예술의 영역뿐만 아니라 일상에 스며들어 있는 미적 경험의 중요성을 인식하여 예술과 삶을 더욱 밀접하게 통합시켜야 한다고 주장하면서 대중 예술이 삶 속에서 미적인 가치를 구현할 수 있다고 보았다. 갑은 대중문화에 대해 부정적 입장이고, 을은 긍정적 입장이다.

선택지 분석

❶ 정답: 제시문에서 '대중을 기만하고 그들의 의식을 속박한다.'라고 표현하

였듯이 아도르노는 문화 산업이 기존의 지배 관계와 이데올로기를 정당화하고 재생산한다고 비판하였다.

② 오답: 아도르노는 예술이 삶의 고통을 은폐하여 기존 질서를 옹호하는 역할을 한다고 비판하면서 예술은 사회에 저항해야 한다고 하였다. 아도르노는 예술이 고통을 잊게 한다는 것을 본연의 목적으로 보지 않았다.

③ 오답: 슈스터만은 대중 예술이 예술과 삶을 분리시킨다고 보지 않고 오히려 예술과 삶을 통합시킨다고 보았다.

④ 오답: 제시문에서 '삶 속에서도 대중 예술에서도 미적인 것의 구현은 가능하다.'라고 하였듯이 슈스터만은 예술 작품이 삶 속에서 구현 가능해야 미적 가치를 지닌다고 보았다.

⑤ 오답: 아도르노는 대중 예술이 감상자의 주체적 사유를 방해하여 소비자로 전락시킨다고 보았다. 대중 예술이 사유의 주체가 되도록 독려하는 것은 을에게만 해당한다.

03 도덕주의

자료 해설 제시문의 사상가는 플라톤이다. 플라톤은 도덕주의 입장에서 예술의 존재 이유는 올바른 행동을 권장하고 덕성을 장려하는 것이라고 보았다. 그는 예술 작품이 도덕적 가치를 담고 있는지 여부를 국가가 판단해야 하며 이를 위해 예술의 검열이 필요하다고 하였다.

선택지 분석

㉠ 정답: 플라톤은 예술이 선(도덕성)의 실현에 기여해야 한다고 보았다.

㉡ 정답: 플라톤은 예술이 참된 진리를 모방해야 하고, 진리를 왜곡할 경우 비판받아야 한다고 주장하였다.

ㄷ. 오답: 플라톤은 예술에서 미는 선을 목적으로 해야 한다고 주장하였다. 따라서 미와 선의 내용은 밀접한 관련이 있어야 한다고 보았다.

ㄹ. 오답: 플라톤은 예술이 사물의 외관보다 참된 실재를 모방해야 한다고 주장하였다.

올쏘 만점 노트	도덕주의
기본 입장	• 미적 가치와 윤리적 가치의 관련성을 강조함 • 윤리적 가치가 미적 가치보다 우위에 있다고 봄 • 예술을 올바른 품성을 기르고 도덕적 교훈이나 모범을 제공하는 것으로 봄 • 예술의 사회성을 강조하는 '참여 예술론'을 지지함 • 예술가도 사회 구성원이고, 예술 활동도 사회 활동이므로, 예술이 사회의 모순을 지적하고 사회의 도덕적 성숙에 기여해야 한다고 주장함
문제점	미적 요소가 경시될 수 있고 자유로운 창작을 제한할 수 있음

04 도덕주의와 예술 지상주의

자료 해설 갑은 예술 지상주의, 을은 도덕주의 입장이다. 예술 지상주의는 예술과 도덕을 별개의 것으로 보고, 예술의 목적은 미적 가치를 추구하는 데 있으므로 도덕적 가치를 기준으로 예술을 판단해서는 안 된다고 본다. 도덕주의는 도덕적 가치가 미적 가치보다 우위에 있다고 보고, 예술이 가치가 있는 것은 그것이 지니는 윤리적 가치 때문이라고 본다. 따라서 예술의 사회성, 예술 작품의 도덕성을 강조한다.

선택지 분석

㉠ 정답: 예술 지상주의는 예술의 목적은 미적 가치를 추구하는 데 있다고 보고 예술의 본질을 오직 예술 안에서 찾아야 한다고 주장한다.

ㄴ. 오답: 도덕주의는 예술의 사회적 영향력을 강조하므로 예술이 이상과 현실을 분리해서는 안 된다고 본다.

정답 및 해설 😊

ⓒ 정답: 도덕주의는 예술 작품을 통해 도덕적 목적이 구현되어야 한다고 본다.
ㄹ. 오답: 예술이 공동체의 질서 유지에 기여한다고 보는 것은 도덕주의, 즉 을의 입장에만 해당한다.

05 예술과 문화의 관계에 대한 아도르노의 입장

자료 해설 제시문의 사상가는 아도르노이다. 그는 자본주의 사회에서 상업화된 대중문화를 문화 산업이라고 하면서, 문화 산업이 가져온 효과는 교양의 상실과 야만적인 무질서의 증가일 뿐이라고 하였다. 그는 대중문화가 기존의 지배 관계와 이데올로기를 정당화하고 재생산한다고 비판하였다.

선택지 분석

ⓐ 정답: 아도르노는 대중 예술품의 주된 가치가 상품으로서의 가치, 즉 교환 가치에 의해 결정된다고 보았다.
ㄴ. 오답: 아도르노는 대중문화가 사람들을 포섭하고 통제함으로써 기존의 지배 관계와 이데올로기를 정당화하고 재생산하는 역할을 한다고 보았다. 즉, 대중 예술의 영역과 권력의 영역이 밀접한 관련이 있다고 보았다.
ⓒ 정답: 아도르노는 대중 예술이 현실적 모순을 은폐하고 대중 의식을 조작함으로써 사람들의 사고를 동질적으로 반응하게 한다고 주장하였다.
ㄹ. 오답: 아도르노는 하나의 상품으로 전락한 대중 예술을 감상하는 것은 감상자의 고유한 체험이 아니라 표준화된 소비 양식이라고 비판하였다.

06 도덕주의와 예술 지상주의

자료 해설 갑은 플라톤, 을은 오스카 와일드이다. 플라톤은 도덕주의 입장으로서 예술의 존재 이유가 올바른 행동을 권장하고 도덕성을 장려하는 데 있다고 보았다. 오스카 와일드는 예술 지상주의 입장으로서 예술은 도덕적 가치와 무관하며 오로지 미를 추구하는 것이 예술 본연의 임무임을 강조하였다. 갑은 도덕주의 입장에서, 을은 예술 지상주의 입장에서 A에게 조언하는 내용을 고르면 된다.

선택지 분석

① 오답: 독자들이 작품을 통해 오로지 즐거움을 느낄 수 있도록 하라는 주장은 예술 지상주의이다. 따라서 을이 할 수 있는 조언이다.
❷ 정답: 독자들이 작품을 통해 도덕적 이상을 추구할 수 있도록 하라는 주장은 도덕주의이다. 플라톤은 도덕적 가치를 담고 있는 예술 작품만이 미적 가치를 지닌다고 보았다.
③ 오답: 독자들에게 작품을 통해 권선징악이라는 도덕적 교훈을 전달하라는 주장은 도덕주의이다. 따라서 갑이 할 수 있는 조언이다.
④ 오답: 독자들이 작품을 통해 도덕적 공감을 얻을 수 있도록 하라는 주장은 도덕주의이다. 따라서 갑이 할 수 있는 조언이다.
⑤ 오답: 독자들이 작품을 통해 자신의 삶을 성찰할 수 있도록 하라는 주장은 도덕주의이다. 따라서 갑이 할 수 있는 조언이다.

07 도덕주의

자료 해설 제시문의 갑은 순자, 을은 톨스토이이다. 순자는 유교 사상가로서 유교에서는 예술과 도덕을 상호 보완적 관계라고 보는 도덕주의 입장이다. 톨스토이는 예술을 인간 상호간의 교류 수단으로 보고, 예술의 목적을 이웃에 대한 사랑을 불러일으키는 데 있다고 하였다. 톨스토이의 주장도 도덕주의 입장과 상통한다.

선택지 분석

ⓐ 정답: 순자는 음악이 즐거움을 추구하면서도 예(禮)에 맞아야 한다고 주장

한다.
ㄴ. 오답: 예술이 예술 안에서만 완벽함을 추구해야 한다고 보는 것은 예술 지상주의이다.
ⓒ 정답: 톨스토이는 예술의 사회적 기능을 심미적 가치보다 중요하다고 본다.
ⓔ 정답: 순자와 톨스토이는 모두 도덕주의 입장에서 예술 체험을 통해 도덕감이 고양되어야 한다고 주장한다.

08 플라톤의 도덕주의

자료 해설 제시문의 사상가는 플라톤이다. 플라톤은 예술이 가진 미적 가치가 우리에게 모범이 되고 우리를 도덕적으로 더욱 고상하게 해 준다고 하면서 예술의 도덕적 가치를 중시하였다.

선택지 분석

ㄱ. 오답: 예술을 심미 활동으로 본 것은 예술 지상주의이다.
ⓑ 정답: 플라톤은 예술의 존재 이유를 올바른 행동을 권장하고 덕성을 장려하는 것으로 보고, '젊은이들은 아름다운 작품을 만나 자신도 모르는 사이에 아름다운 말과의 닮음과 친근함, 그리고 조화로 이끌리게 되기' 때문에 예술은 올바른 품성을 함양하기 위한 삶의 모범을 제공해야 한다고 보았다.
ㄷ. 오답: 예술가는 미(美)를 추구하므로 사회적 책임에서 자유로워야 한다고 보는 입장은 예술 지상주의이다.
ⓔ 정답: 예술가는 도덕적 이상을 모방하여 영혼의 조화를 추구해야 한다고 주장하였다. 제시문의 '예절 바르고 용감한 삶을 나타내는 리듬이 무엇인지 알도록 해야 한다.'라는 부분에서 예술가가 지향해야 할 점이 나타나 있다.

킬러 예상 문제

본문 118~119쪽

01 ⑤ 02 ③ 03 ③ 04 ③ 05 ③ 06 ② 07 ① 08 ①

01 플라톤의 도덕주의와 와일드의 예술 지상주의

자료 해설 갑은 플라톤, 을은 와일드이다. 플라톤은 예술 작품이 인간의 성품을 순화하고 도덕적 교훈이나 본보기를 제공해야 한다고 보는 도덕주의의 입장이다. 반면 와일드는 예술을 위한 예술을 추구하면서 예술은 아름다우면 되는 것이지 도덕적일 필요는 없다고 보고, 도덕적 기준이나 원리로 예술을 판단하려는 시도에 반대하는 예술 지상주의의 입장이다. 따라서 A에는 도덕주의의 입장에서는 '예', 예술 지상주의의 입장에서는 '아니요'라는 대답을 할 내용이, B에는 도덕주의의 입장에서는 '예'라고 대답할 내용이, C에는 예술 지상주의의 입장에서 '예'라고 대답할 내용이 들어가야 한다.

선택지 분석

ㄱ. 오답: '예술의 사회성보다 자율성을 중시해야 하는가?'라는 질문에 갑(플라톤)은 '아니요', 을(와일드)은 '예'라고 대답할 것이므로, A에 들어갈 질문으로 옳지 않다.
ⓑ 정답: '예술은 올바른 품성을 기르는 데 기여해야 하는가?'라는 질문에 갑(플라톤)은 '예'라고 대답할 것이다.
ⓒ 정답: '예술의 영역과 도덕의 영역은 분리되어야 하는가?'라는 질문에 을(와일드)은 '예'라고 대답할 것이다.
ⓔ 정답: '예술은 윤리적 가치 판단으로부터 자유로워야 하는가?'라는 질문에 을(와일드)은 '예'라고 대답할 것이다.

078 V. 문화와 윤리

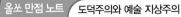

올쏘 만점 노트   도덕주의와 예술 지상주의

도덕주의	• 미적 가치에 대한 도덕적 가치의 우위성 인정 • 인간의 도덕적 품성 함양이 예술의 목적 • 예술의 사회성을 강조, 참여 예술론 지지 • 예술에 대한 도덕적 검열의 필요성 인정 • 관련 인물: 플라톤, 톨스토이
예술 지상주의	• 미적 가치와 도덕적 가치의 무관성 강조 • 예술을 위한 예술과 미적 가치 추구 • 예술의 자율성과 독창성 강조, 순수 예술론 지지 • 예술에 대한 도덕적 검열 불가 • 관련 인물: 와일드, 스핑건

02 스핑건과 칸트의 예술과 윤리에 대한 관점

자료 해설 갑은 예술과 윤리가 무관하다고 보는 예술 지상주의 입장인 스핑건이고, 을은 예술과 윤리의 관련성을 주장한 칸트이다. 칸트는 미(美)와 도덕성은 유사성을 가지며 서로 상징 관계에 있다고 보고, 상징 관계에 있는 미를 통해 도덕성의 실현에 기여할 수 있다고 보았다.

선택지 분석

① 오답: 예술 지상주의의 입장에서 칸트에게 제기할 반론이다.
② 오답: 예술 지상주의의 입장에서 칸트에게 제기할 반론이다.
❸ 정답: 칸트의 입장에서 예술 지상주의의 입장인 스핑건에게 제기할 반론이다.
④ 오답: 예술 지상주의의 입장에서 칸트에게 제기할 반론이다.
⑤ 오답: 예술 지상주의의 입장에서 칸트에게 제기할 반론이다.

03 자본에 종속된 대중문화

자료 해설 신문 칼럼의 내용은 작품성이 아니라 자본의 힘에 의해 좌우되고 있는 영화계의 문제점을 지적하고 있다. 이 경우 자금력을 갖춘 투자사가 대중문화를 주도할 가능성이 커지고, 자본에 종속된 대중문화는 흥행이나 수익성만을 지나치게 추구하게 되어 작품의 의미와 예술성은 무시될 수 있다.

선택지 분석

ㄱ. 오답: 영화계가 자본의 힘, 즉 투자자의 의지에 의해 좌우되므로 감독이나 관객이 문화의 주체적 생산자가 된다고 보기 어렵다.
ㄴ. 정답: 영화계가 자본의 힘에 의해 좌우되므로 영화의 작품성보다 흥행 가능성이 더욱 중시된다.
ㄷ. 정답: 영화가 자본의 힘에 의해 좌우되므로 자금력을 갖춘 투자사가 대중문화를 주도하게 된다.
ㄹ. 오답: 흥행이나 수익성을 추구하므로 작품의 의미와 예술성이 무시된다.

04 예술의 상업화에 대한 아도르노의 비판

자료 해설 아도르노는 오늘날의 상업화된 예술을 문화 산업이라고 비판하면서, 현대 예술은 자본에 종속되어 문화 산업으로 획일화되었다고 주장한다. 이에 문화를 선택하고 소비하는 과정에서 문화 자본이 생산해 내는 획일화된 상품을 아무런 비판 의식 없이 맹목적으로 받아들이는 현상이 나타나게 되었고, 하나의 상품으로 전락한 예술 작품을 감상하는 것은 감상자에게 고유한 체험이 아니라 표준화된 소비 양식의 성격을 띠게 되었다.

선택지 분석

첫 번째 진술 오답: 예술의 상업화가 확산됨에 따라 예술의 자본 종속이 점점 더 심화되고 있다.

두 번째 진술 정답: 자본에 종속된 예술은 문화 산업이 되어 예술 작품을 하나의 상품으로 전락시키고 있다.
세 번째 진술 정답: 문화 산업은 예술의 상업화를 더욱 확산시키고 있다.
네 번째 진술 오답: 예술 작품의 감상은 표준화된 소비 양식일 뿐이다.

05 예술의 상업화에 대한 입장

자료 해설 그림의 강연자는 세계적인 미술 수집가 페기 구겐하임이다. 오늘날 자본주의 확산과 더불어 예술에서도 경제적 가치를 중시하는 경향이 강해지고 있으며, 상품을 사고파는 행위를 통해 이윤을 얻는 일이 예술 작품에도 적용되는 현상인 예술의 상업화가 확산되고 있다. 구겐하임은 이러한 예술의 상업화에 대해 부정적인 입장을 취하며 미술 전체가 투기 산업으로 전락하고 있다고 비판하고 있다.

선택지 분석

① 오답: 구겐하임은 예술 작품을 부를 축적하는 수단으로 보는 예술의 상업화에 대해 부정적이다.
② 오답: 구겐하임은 오늘날 미술이 투기 산업으로 전락하고 있다고 지적하면서 예술의 상업화에 대해 부정적이다.
❸ 정답: 구겐하임은 예술 작품 구입의 속물화 현상을 비판하면서 작품에 대한 진정성과 애정을 강조하는 입장이므로, 예술이 지니는 본래적 가치에 대해 성찰할 필요가 있다고 볼 것이다.
④ 오답: 구겐하임은 예술의 상업화에 대해 부정적이므로, 경제적 가치가 다른 가치들보다 중요하다고 보지 않을 것이다.
⑤ 오답: 구겐하임은 예술의 상업화에 대해 부정적이므로, 문화 자본이 생산하는 표준화된 상품으로서의 예술에 반대할 것이다.

올쏘 만점 노트   예술의 상업화에 대한 두 가지 입장 비교

앤디 워홀	"나는 상업 미술가로 출발했지만, 사업 미술가로 마감하고 싶다. 나는 미술 사업가 또는 사업 미술가이기를 원했다. 사업에서 성공하는 것은 가장 환상적인 예술이다. 돈 버는 일은 예술이고, 일하는 것도 예술이며, 잘 되는 사업은 최고의 예술이다."
아도르노	"이윤 추구를 목적으로 하는 문화 산업은 대량 생산, 대량 소비를 추구한다. 이 과정에서 대중의 취향에 따라 획일화된 문화 상품을 끊임없이 생산한다. 획일화된 문화 상품으로 즐거움을 추구하는 동안 대중의 사유 가능성은 사라진다."

06 피카소의 참여 예술

자료 해설 '게르니카'는 피카소의 작품이다. 피카소는 1937년 스페인 내전 당시 독일 전투기가 게르니카라는 작은 마을을 폭격한 소식을 듣고, 죽은 아이를 안고 우는 어머니, 쓰러진 사람들, 황소, 말, 불타는 건물 등으로 그림을 완성하여 전쟁의 참혹함을 알렸다. 이처럼 그는 예술이 현실을 반영하고 사회의 모순을 비판하고 개선하며, 이를 통해 역사 발전에 기여해야 한다고 보는 참여 예술론의 입장을 지니고 있다.

선택지 분석

① 오답: 예술은 자율적이고 순수하며 아름다워야 한다는 순수 예술론의 입장에서 긍정의 대답을 할 질문이다.
❷ 정답: 참여 예술론의 입장에서 긍정의 대답을 할 질문이다.
③ 오답: 순수 예술론의 입장에서 긍정의 대답을 할 질문이다.
④ 오답: 순수 예술론의 입장에서 긍정의 대답을 할 질문이다.
⑤ 오답: 순수 예술론의 입장에서 긍정의 대답을 할 질문이다.

올쏘 만점 노트 순수 예술론과 참여 예술론

순수 예술론	• 예술은 현실로부터 자유로운 영역이어야 함 • 예술은 어떠한 현실적 목적을 추구해서는 안 됨 • 예술의 목적은 예술만이 될 수 있고, 예술 외적인 모든 타율을 거부해야 함 • 예술은 자율적이고 순수하며 아름다워야 함
참여 예술론	• 현실과의 모든 관계를 부정하는 순수 예술은 현실 도피일 뿐임 • 예술가도 시대의 구성원이고 예술도 시대의 소산임 • 예술은 현실을 반영하고 개선하며, 이를 통해 역사 발전에 기여해야 함

07 도덕주의의 예술 지상주의에 대한 비판

자료 해설 제시문의 '나'는 예술이 사회의 도덕성 함양에 기여해야 한다고 보는 도덕주의의 입장이고, 예술가에게 윤리적 공감은 독창성을 잃게 하는 것이라고 말한 '어떤 사람'은 예술 지상주의의 입장인 와일드이다. 도덕주의의 입장에서 예술 지상주의에 대해 비판하고 있는 내용을 찾으면 된다.

선택지 분석
❶ 정답: 예술이 올바른 인격 형성에 기여해야 한다고 보는 것은 도덕주의의 입장이다.
② 오답: 예술 그 자체를 목적으로 삼아야 한다고 보는 것은 예술 지상주의의 입장이다.
③ 오답: 예술의 사회적 기능보다 심미적 가치를 중시하는 것은 예술 지상주의의 입장이다.
④ 오답: 예술에 대한 윤리적 규제가 예술의 가치를 훼손한다고 보는 것은 예술 지상주의의 입장이다.
⑤ 오답: 예술이 도덕적 평가로부터 자유로워야 한다고 보는 것은 예술 지상주의의 입장이다.

08 대중문화의 규제에 대한 입장

자료 해설 그림의 수업 장면에서 교사는 대중문화에 대한 윤리적 규제가 정당한지에 대해 학생들에게 질문하고 있다. 이에 왼쪽의 학생은 대중문화에 대한 윤리적 규제가 정당하다고 보는 입장이고, 오른쪽의 학생은 대중문화에 대한 윤리적 규제가 정당화될 수 없다고 보는 입장이다. 대중문화에 대한 윤리적 규제에 반대하는 근거로 대중이 다양한 문화를 즐길 권리가 있다는 점과 윤리적 규제가 대중문화의 자율성이나 표현의 자유를 침해하고, 자칫 대중을 억압하는 수단으로 악용될 소지가 있다는 점 등이 있다.

선택지 분석
ㄱ. 정답: 윤리적 규제에 반대하는 입장에서는 대중의 다양한 문화를 즐길 권리를 강조한다.
ㄴ. 정답: 윤리적 규제에 반대하는 입장에서는 윤리적 규제가 대중문화의 자율성과 표현의 자유를 침해한다고 본다.
ㄷ. 오답: 윤리적 규제에 반대하는 입장에서는 윤리적 규제가 대중을 억압하는 수단으로 악용될 가능성이 있다고 본다.
ㄹ. 오답: 대중문화의 폭력성과 선정성의 표현 수위가 높아졌다는 점은 윤리적 규제에 찬성하는 입장의 근거이다.

13 강 의식주 윤리와 윤리적 소비

기출 선지 변형 OX
본문 121쪽

01 × 02 × 03 × 04 ○ 05 × 06 × 07 ○ 08 ○
09 × 10 × 11 × 12 ○ 13 ○ 14 ○ 15 ○ 16 ○
17 × 18 ○ 19 ○ 20 ×

01 하이데거는 인간의 거주 공간은 인간 삶의 체험의 공간으로 여겼다. 인간이 움직일 때마다 사물의 연관 체제로서 공간이 함께 변화한다고 보았다.

02 하이데거는 고향을 되찾기 위해 거주 공간을 떠나는 것이 아니라, 건축함과 거주함에서 사유를 잃을 때 고향 상실이 발생하며, 사유함을 통해 고향을 되찾아야 함을 주장하였다.

03 하이데거는 거주 공간을 지배하고 통제할 것이 아니라 보살피고 건축하고 사유함으로써 행복을 찾을 수 있다고 말하였다.

04 하이데거는 거주 공간에서 사물을 보살피면서 거주 공간에 대한 책임을 지니고 행복할 수 있다고 보았다.

05 하이데거는 거주 공간에서 신적인 것들과 죽을 자들의 본질을 사물 안으로 가져와 보살펴야 한다고 보았다.

06 볼노브는 진정한 거주는 단순히 공간을 채우는 것을 넘어서 해당 공간의 거주자가 됨으로써 자기 본질을 실현하는 것이라고 보았다.

07 볼노브는 거주자가 되어 본질을 실현하면 온전한 인간이 될 수 있지만 그렇지 않으면 영원한 망명자가 된다고 보았다.

08 볼노브는 인간은 공간의 진정한 거주자가 됨으로써 자기 본질을 실현한다고 보았다.

09 볼노브가 안정과 평화의 공간으로 본 것은 외부 공간이 아닌 거주 공간이다.

10 볼노브는 자기 본질을 실현하고 온전한 인간이 되기 위해서는 거주 공간이 반드시 필요하다고 주장하였다.

11 보드리야르는 현대인이 소비 활동 과정에서 생산 질서의 지배를 받게 되어 자율성과 창의성을 잃게 된다고 보았으므로 주체성을 상실하게 된다는 데 동의한다.

12 보드리야르는 현대인은 소비 활동 과정에서 실제로 욕구의 체계를 발생시키고 관리하는 생산 질서의 지배를 받고 있다고 생각했다. 그는 그 결과 사람들은 자율성과 창의성을 박탈당하여 사물과 같은 존재가 된다고 지적했다.

13 보드리야르는 상품을 구입하고 사용함으로써 자신을 돋보이게 하며 사회적 지위를 과시하고 싶어 한다고 보았다.

14 보드리야르는 현대 사회에서 소비 대상은 실제 상품이 아닌 그 상품이 지닌 기호와 이미지라고 보았다.

15 보드리야르는 상품 광고를 통해 상품이 기호로서 전달되고 그 기호와 이미지가 소비된다고 보았다.

16 공자는 음식을 먹는 행위는 단순히 생존을 위한 것이 아니며 삶의 수양 과정이며 인간다운 품위를 추구하는 일이라고 보았다.

17 공자는 음식을 섭취하는 목적은 생존 유지에만 국한되는 것이 아니라 삶의 수행 과정이라고 보았다.

18 불교에서는 우리가 먹는 음식과 우리 존재는 서로 연관되어 있으며, 음식을 통해 모든 존재의 상호 의존성을 파악해야 한다고 보았다.

19 불교에서는 어떤 음식은 수행을 방해하기도 하므로 먹지 말아야 한다고 주장하기도 하는데, 이를 보면 어떻게, 무엇을 먹느냐의 문제는 수행과 관련 깊다고 볼 수 있다.

20 불교뿐만 아니라 유교에서도 음식을 섭취할 때 적절히 조절하고 절제해야 한다고 보았다.

실전 기출 문제

본문 122~123쪽

01 ① **02** ④ **03** ② **04** ① **05** ② **06** ② **07** ② **08** ②

01 음식 문화와 윤리

자료 해설 제시문은 "규합총서"의 일부로 군자의 음식 먹는 자세에 대한 내용이다. '군자', '인(仁)'을 통해 유교 사상임을 유추할 수 있다.

선택지 분석

❶ 정답: 제시문에서 군자는 '밥이 완성될 때까지 얼마나 많은 노력이 필요한가와 밥이 어디서 나왔는가를 헤아려야 한다. 그리고 자신의 덕행이 완성되었는지를 헤아려서 공양을 받아야 한다.'라고 하였다. 이 부분을 통해 먹는다는 것은 자신과 타인을 살피는 덕의 실천임을 알 수 있다.

② 오답: 군자는 먹는 것을 단순히 자연에서 영양분을 섭취하는 행위로 보지 않는다.

③ 오답: 제시문에서 '바른 처사와 좋은 약으로 건강을 보살펴야 한다.'라고 하였으므로 먹는다는 것은 인격 수양의 과정이라고 볼 수 있다.

④ 오답: 제시문에서 '군자는 먹을 때에도 인(仁)을 떠나지 않아야 한다.'라고 하면서 먹는다는 것을 윤리적 행위라고 본다.

⑤ 오답: 군자는 먹는다는 것을 자연을 인간의 소유로 만드는 과정으로 보지 않는다.

02 주거 문화와 윤리

자료 해설 '현존재'를 통해 제시문의 사상가가 하이데거임을 알 수 있다. 하이데거는 "인간은 집에서 비로소 평화를 누리게 된다."라고 하면서 주거를 심리적 안정과 평화를 주는 곳으로 보았다. 그는 거주함이란 죽을 자들이 이 땅 위에 존재하는 방식이며, 대지 위에서 인간은 거주함을 통해 사물의 성장을 돌보고 거주 공간에 대해 책임을 진다고 하였다. 하이데거는 현대의 시대정신을 '고향 상실'이라고 하였는데, 이는 맹목적인 기술과 유물론적인 이데올로기에 절망한 인간이 자신의 존재가 편안하게 거주할 터를 얻지 못한다는 의미이다.

선택지 분석

① 오답: 하이데거는 인간의 거주 공간을 인간의 체험과 무관한 객관적 공간으로 보지 않았다. 제시문에서도 '인간은 자기 공간의 중심이 되며, 인간이 움직일 때마다 사물의 연관 체계로서 공간도 함께 변화합니다.'라고 하였다.

② 오답: 고향을 되찾기 위해 고향을 떠나야 하는 것이 아니라 건축함과 거주함에서 사유함을 잊을 때 고향 상실이 일어나며, 잃어버린 고향에 대해 숙고하고 고향을 되찾아야 한다고 하였다. 즉, 집에 살면서 공간에서 편안함

을 느끼며 평화를 느껴야 한다고 하였다.

③ 오답: 하이데거에게 있어서 거주함이란 공간을 지배하고 통제하는 것이 아니라 보살피고 건축하고 사유하면서 책임을 진다는 것을 의미한다.

❹ 정답: 하이데거는 거주 공간에서 보살피고 건축하고 사유하면서 그 공간에 대한 책임을 갖는다고 하였다. 제시문에서도 '인간은 현존재로서 땅, 하늘, 신적인 것들, 죽을 자들의 본질을 사물들 안으로 가져와 소중히 보살피며, 세계 안에서 건축하고 사유하면서 거주합니다.'라고 하였다.

⑤ 오답: 제시문에서는 '땅, 하늘, 신적인 것들, 죽을 자들의 본질을 사물들 안으로 가져와 소중히 보살피며'라고 하였다.

03 소비문화와 윤리

자료 해설 제시문의 사상가는 보드리야르이다. 그는 우리가 사는 사회는 소비를 중심으로 움직이는 '소비 사회'라고 하면서 현대의 사람들은 상품을 소비하는 것이 아니라 기호와 이미지를 소비할 뿐이라고 하였다. 즉, 현대의 소비는 상품을 구매했을 때 주변으로부터 받는 부러움과 선망을 기준으로 이루어지며, 사람들이 자신의 사회적 지위와 위세를 드러내고자 필요 이상의 것을 소비한다고 비판하였다. 이러한 보드리야르의 입장과 일치하지 않는 것을 고르면 된다.

선택지 분석

① 오답: 제시문에서 현대인이 소비 활동 과정에서 생산 질서의 지배를 받아 자율성과 창의성을 박탈당한다고 주장하였으므로 보드리야르가 긍정할 질문이다.

❷ 정답: 제시문에서 현대인이 생산 질서의 지배를 받는다고 하였으므로 보드리야르가 부정할 질문이다.

③ 오답: 제시문에서 사람들은 구입과 사용을 통해 자신을 돋보이게 하며 동시에 사회적 지위와 위세를 드러내고자 한다고 하였으므로 보드리야르가 긍정할 질문이다.

④ 오답: 제시문에서 현대인이 정작 소비하는 것은 상품의 기호와 상품이 지니고 있는 이미지라고 하였으므로 보드리야르가 긍정할 질문이다.

⑤ 오답: 제시문에서 광고 속에 나오는 상품이 기호라면 행복, 풍요로움, 성공, 권력 등은 그 상품에 부여된 이미지라고 하였으므로 보드리야르는 광고를 통해 기호와 이미지가 전달된다고 보았다.

04 소비문화와 윤리

자료 해설 제시문의 사상가는 베블런이다. 베블런에 따르면 과시적 소비는 자신의 신분과 재력을 과시하여 사회적으로 자신의 우월한 지위를 자랑하고 싶은 사람들의 욕망으로 인해 나타난다고 하면서, 이러한 과시적 소비는 사회 구조의 최상부에 있는 유한계급에 의해 주도된다고 하였다. 즉, 유한계급은 자신을 다른 사람들과 구분 짓고 자신의 부와 사회적 지위를 과시하기 위해 고가의 사치품을 구매하는데, 이러한 과시적 소비가 유한계급에 속하지 못한 사람들에 의해 다시 모방된다고 주장하였다.

선택지 분석

❶ 정답: 긍정의 답을 할 질문이다. 베블런은 과시적 소비는 유한계급에 의해 주도되어 사회 구조의 최하층까지 확산된다고 하였다. 제시문에서도 명성의 관점에서 유한계급의 생활 예절과 가치 기준들은 사회 구조의 최하층까지 강압적인 영향력을 확장한다고 하였다.

② 오답: 부정의 답을 할 질문이다. 베블런은 사회 구조의 최상위 계급인 유한계급의 과시적 소비는 유한계급에 속하지 못한 사람들에 의해 모방된다고 하였다. 제시문에서도 유한계급의 생활 예절과 가치 기준의 영향력으로 인

해 절대 빈곤에 시달리는 빈민조차도 과시적 소비의 유혹을 떨쳐버리지 못하고 과시적 소비를 한다고 본다.

③ 오답: 부정의 답을 할 질문이다. 베블런은 유한계급은 자신들의 부와 재력을 과시하기 위해 과시적 소비를 한다고 하였다.

④ 오답: 부정의 답을 할 질문이다. 베블런은 유한계급의 과시적 소비는 유한계급에 속하지 못하는 사람들에 의해 모방된다고 본다.

⑤ 오답: 부정의 답을 할 질문이다. 베블런은 사회적 부가 증가하더라도 과시적 소비가 사라지지 않을 것이라고 하였다. 제시문에서도 사회의 전체적인 부가 증가하더라도 다른 사람들보다 더 많은 재화를 축적하고자 하는 사람들의 욕망은 완전히 충족될 수 없다고 하였다.

05 주거 문화와 윤리

자료 해설 제시문의 사상가는 볼노브이다. 그는 거주 공간이 자신의 본질을 실현하는 데 필수적이라고 하였다. 그는 집을 인간의 삶의 중심이며 요람이라고 하면서 인간은 집에서 외부 공간으로부터 자신을 보호하고, 안정과 휴식을 얻을 수 있다고 하였다.

선택지 분석

① 오답: 볼노브는 진정한 거주란 단순히 공간을 점유하는 행위를 넘어서 거주자가 됨으로써 자신의 본질을 실현하는 것이라고 보았다.

❷ 정답: 볼노브는 인간은 진정한 거주를 실현하면서 거주자가 됨으로써 자신의 본질을 실현하고 온전한 의미의 인간이 될 수 있지만, 진정한 거주를 실현하지 못하면 영원한 망명자라고 하였다.

③ 오답: 볼노브는 인간은 거주자가 됨으로써 자신의 본질을 실현할 수 있다고 보았다.

④ 오답: 볼노브는 거주 공간은 외부 공간과 달리 안정과 평화의 공간이라고 보았다.

⑤ 오답: 볼노브는 거주의 실현을 통해 자신의 본질을 실현하고 온전한 의미에서 인간이 될 수 있으므로 진정한 삶을 위해 거주 공간이 반드시 필요하다고 보았다.

06 의복 문화와 윤리

자료 해설 (가)는 패스트 패션 산업이 노동 조건과 자연 생태계를 위협하는 부작용을 초래하였다고 비판하면서, 패션 산업 종사자와 소비자도 인간다운 삶의 권리와 조건에 기여해야 한다는 입장이다. (나)는 패스트 패션 산업이 생산 비용 절감과 이윤 창출이라는 기업의 사회적 역할과 책임을 다하고 있으며, 소비자에게도 유용하기 때문에 패스트 패션 산업에 대해 긍정적인 입장이다.

선택지 분석

㉠ 정답: (가)는 (나)에 대해 패스트 패션 산업이 노동 조건과 자연 생태계 등 환경과 인권에 대한 기업의 역할과 책임을 간과하고 있다고 본다. (가)의 입장에서 (나)에게 제기할 수 있는 반론이다.

ㄴ. 오답: (나)는 패스트 패션 산업이 저렴한 가격으로 개인의 욕구와 기호를 충족해 준다고 주장하고 있으므로 (가)의 입장에서 (나)에게 제기할 수 있는 반론으로 적절하지 않다.

㉢ 정답: (나)는 패스트 패션 산업이 부담 없는 가격으로 개인의 욕구를 충족시켜 준다고 주장하므로 (가)는 (나)에게 소비의 도덕 판단 기준이 욕구 충족만은 아니라는 반론을 제기할 수 있다.

ㄹ.오답: (나)는 부담 없는 가격으로 개인의 욕구를 충족시켜 준다는 긍정적 측면을 이야기하고 있으므로, (나)의 입장에서 (가)의 입장에 대해 제기할 수 있는 반론이다.

올쏘 만점 노트 **패스트 패션(fast fashion)**

최신 유행을 즉각 반영한 디자인, 비교적 저렴한 가격, 빠른 상품 회전율로 승부하는 의류를 말함. 패스트 패션은 막대한 물량의 생산과 공급, 값싼 원단과 저렴한 인건비에 기반하고 있음

07 음식 문화와 윤리

자료 해설 식생활과 관련하여 (가)는 유교 사상가 공자가 쓴 "논어"의 일부이고, (나)는 불교의 계율이다. 유교와 불교에서는 모두 음식을 먹는 행위를 단순히 생존을 위한 것이 아니라 수양의 과정으로 보았다. 따라서 음식을 섭취할 때에도 적절히 조절하고 절제할 것을 강조하였다. 유교와 불교에서 강조한 식생활과 일치하지 않는 것을 고르면 된다.

선택지 분석

① 오답: 공자는 음식을 먹는 행위를 단순히 생존을 위해서가 아니라 수양의 과정으로 보고 인간다운 품위를 추구해야 한다고 하였다.

❷ 정답: 공자는 음식을 섭취하는 목적은 생존 유지에만 국한되는 것이 아니라 수행의 과정이라고 보았다.

③ 오답: 불교에서는 음식이 수많은 연기의 과정을 거친 것이므로 음식을 통해 세상 모든 존재의 상호 의존성을 파악해야 한다고 하였다.

④ 오답: 불교에서는 오신채가 화와 음욕을 불러와 수행에 해가 된다고 보고 이를 먹지 말 것을 주장하였다. 이를 통해 먹는 문제를 수행과 연계시켰음을 알 수 있다.

⑤ 오답: 유교와 불교에서는 모두 음식을 섭취할 때 적절히 조절하고 절제해야 한다고 하였다. 제시문에서도 (가)는 '어지러울 정도로 마시지 않았다.'라고 하였고, (나)는 '식사는 오전 중 한 번으로 끝내라.'라고 하였다.

08 합리적 소비와 윤리적 소비

자료 해설 (가)는 소비자의 욕구와 상품의 정보를 바탕으로 상품을 구매하는 합리적 소비를 주장하고, (나)는 소비자가 자신을 넘어 사회 및 환경에 미치는 영향을 고려하여 상품을 구매하는 윤리적 소비를 주장한다.

선택지 분석

㉠ 정답: 합리적 소비를 추구하는 (가)는 소비자의 자율적 선택권과 최적의 효용성을 중시한다.

ㄴ. 오답: 개인적 선호보다 공공성을 상품의 선택 기준으로 삼아야 한다고 보는 것은 (나)의 입장이다.

㉢ 정답: 윤리적 소비를 주장하는 (나)는 생태계에 미치는 영향을 고려하여 지속 가능한 소비를 소비자의 의무로 본다.

ㄹ. 오답: (나)는 인권과 노동의 가치를 소비자가 고려해야 한다고 주장하므로 (가)에게만 해당하는 설명이다.

킬러 예상 문제

본문 124~125쪽

01 ③   02 ⑤   03 ③   04 ④   05 ④   06 ②   07 ①   08 ②

01 합리적 소비와 윤리적 소비

자료 해설 (가)는 자신의 경제력 내에서 가장 큰 만족을 추구하는 소

비인 합리적 소비이고, (나)는 합리적 소비만을 중시함으로써 발생할 수 있는 문제를 보완하기 위해 등장한 윤리적 소비이다. 일반적으로 소비자의 입장에서 재화나 용역을 선택할 때 우선으로 고려하는 것은 가격 대비 만족도이다. 그러나 소비자가 가격 대비 만족도만 중시하다 보면, 생산자는 원가 절감을 위해 다양한 방법을 사용함으로써 여러 가지 문제를 발생시킬 수 있다. 예를 들어 부적절한 원료를 사용하여 상품을 생산할 수 있고, 상품 생산 과정에서 발생하는 환경 오염을 외면할 수도 있다. 그뿐만 아니라 개발 도상국의 노동자들에게 열악한 환경을 제공하거나 저임금을 강요할 수도 있고, 대량으로 사육하는 동물들에게 고통을 가할 수도 있다. 이러한 문제점을 보완하기 위해 등장한 것이 바로 윤리적 소비인 것이다.

선택지 분석

① 오답: ㉠은 X가 낮고, Y는 높으며, Z도 높으므로 오답이다.

② 오답: ㉡은 X, Y, Z가 모두 높으므로 오답이다.

❸ 정답: ㉢은 (나)와 비교할 때, 자연환경을 고려하는 정도(X)는 상대적으로 (가)가 낮고, 가격 대비 만족도를 중시하는 정도(Y)는 높으며, 동물의 복지와 권리를 고려하는 정도(Z)는 낮으므로 정답이다.

④ 오답: ㉣은 X와 Y는 높고, Z는 낮으므로 오답이다.

⑤ 오답: ㉤은 X는 높고, Y와 Z는 낮으므로 오답이다.

올쏘 만점 노트 ｜ 합리적 소비와 윤리적 소비

합리적 소비	• 최소한의 비용으로 최대의 욕구 충족 • 경제적 합리성이 상품 선택의 기준 • 환경 문제, 인권 침해, 동물 학대 등의 문제 발생
윤리적 소비	• 윤리적 가치 판단에 따라 상품 및 서비스 구매 • 생산과 유통에 이르는 전 과정의 윤리성 중시 • 타인과 사회, 노동과 인권, 동물과 환경까지 고려

---

02 현대 주거 문화의 문제점과 해결 방안

자료 해설 주거는 우리에게 심리적인 안정감과 휴식을 제공하며, 가족 및 이웃과 함께 생활하는 과정에서 유대감과 소속감을 형성할 수 있도록 해 준다. 이처럼 주거는 개인과 공동체 차원에서 윤리적 의미가 있는데 이를 간과할 경우 여러 가지 문제가 나타나게 된다. 제시된 기사에서 알 수 있듯이, 아파트와 같은 공동 주택의 폐쇄성 때문에 소통이 단절되어 이웃 간에 갈등과 분쟁이 발생하고 심지어 폭력으로까지 번지고 있다. 이러한 문제를 해결하기 위해서는 먼저 주거의 본질적 가치를 되살리고, 공동체를 고려하는 주거 문화 확립을 위해 노력해야 한다.

선택지 분석

① 오답: 주거의 본래적 의미는 경제적 가치에 있는 것이 아니라, 심리적 안정감과 휴식, 평화 등의 가치와 연관된다.

② 오답: 자신이 살아온 고유한 역사와 전통은 본인에게는 소중한 의미를 지니지만, 이웃에게까지 강요해서는 안 된다.

③ 오답: 이웃 간의 원활한 소통은 중요하지만, 그렇다고 해서 주거 형태를 하나로 통일시킬 필요는 없다.

④ 오답: 갈등과 분쟁을 미연에 방지하기 위해 이웃 간 왕래를 금지하는 것은 바람직한 해결책이 될 수 없다.

❺ 정답: 이웃과의 유대감 형성으로 공동체를 고려하는 주거 문화를 확립하는 것이 바람직한 해결 방안이다.

올쏘 만점 노트 ｜ 주거와 관련된 윤리적 문제

윤리적 의미	• 삶의 기본 바탕 • 안정적 생활의 토대
윤리적 문제	• 경제적 가치의 관점에서 인식 → 본래적 의미의 거주 공간 상실 • 주거 형태의 획일성 → 정체성과 개성 상실 • 공동 주택의 폐쇄성 → 소통 단절로 이웃과 갈등 • 도시의 주거 밀집성 → 생활의 질 저하 • 편리성과 효율성을 강조한 주거 형태 → 고유한 역사와 전통 상실 • 주거 정의 문제 → 인간다운 삶을 위한 주거권 침해

---

03 윤리적 소비의 유형

자료 해설 윤리적 소비는 추구하는 가치에 따라 인권과 정의, 공동체적 가치, 동물 복지, 환경 보전을 생각하는 소비 등으로 구분할 수 있다. 제시문의 갑은 인권과 정의, 그리고 공동체적 가치를 강조하고 있으며, 을은 동물 복지와 환경 보전의 가치를 강조하고 있다. 그러나 윤리적 소비의 각 유형은 그 내용이 서로 중복되기도 하고 실천 과정에서 다른 것들을 함께 고려해야 하는 경우가 많다.

선택지 분석

① 오답: 대화에서 사회적 기업에 대한 언급은 나오지 않는다.

② 오답: 인권 보장이라는 측면에서 공정 무역과 부분적으로 연결되기는 하지만, 전체적인 대화 내용으로 볼 때 공정 무역 제품을 구입해야 하는 이유는 핵심 주제로 부적절하다.

❸ 정답: 갑과 을은 윤리적 소비의 다양한 유형, 즉 인권과 정의, 동물 복지, 공동체적 가치, 환경 보전 등에 대해 이야기하고 있으므로 핵심 주제로 적절하다.

④ 오답: 전체적인 대화 내용으로 볼 때, 제품의 생산과 유통에 이르는 전 과정에 윤리성이 요구된다는 것은 핵심 주제로 부적절하다.

⑤ 오답: 전체적인 대화 내용은 윤리적 소비를 실천하기 위한 사회적 차원의 노력이 충분한지 여부와는 무관하다.

---

04 윤리적 소비의 자세

자료 해설 윤리적 소비의 유형을 인권과 정의, 공동체적 가치, 동물 복지, 환경 보전 등으로 나누어 생각할 수 있으므로, 이 유형에 부합하는 소비의 자세를 찾으면 된다.

선택지 분석

ㄱ 정답: 에너지와 자원을 아끼고 재활용하는 친환경적 상품을 구매하는 것은 윤리적 소비의 자세이다.

ㄴ 오답: 애니멀 프리 상품을 구매하는 것은 윤리적 소비의 유형에 부합하지만, 애니멀 프리 상품은 모피와 털 가죽 등을 재료로 사용하지 않는 상품이다.

ㄷ 정답: 지역에서 생산된 농산물을 지역에서 소비하는 로컬푸드 운동을 전개하는 것은 윤리적 소비의 자세이다.

ㄹ 정답: 제3세계의 노동자에게 정당한 임금을 지불한 공정 무역 상품을 구매하는 것은 윤리적 소비의 자세이다.

---

05 볼노브의 주거의 의미

자료 해설 볼노브는 자신의 공간을 삶의 중심으로 형성해야 할 공간 책임론을 제시하면서, 특히 집이란 그곳에 거주하는 인간의 체험으로 구성된 것이기 때문에 집이라는 공간은 인간과의 관계 속에서 의미를 지니는 것이며, 자기 세계의 중심점이 될 뿐만 아니라 자기 존재의 뿌리가 되는 것으로 본다. 또한 그는 집을 소유하기보다는 집과의 내적인 관계를 맺는 문제가 중요하다고 보면서, 마음 편함, 믿을 만한 친숙함 등과 같은 집의 거주성을 강조한다.

선택지 분석

① 오답: 볼노브는 집이 인간의 체험을 넘어서는 객관적인 공간이 아니라, 인간의 체험으로 구성되는 공간으로서 인간은 자신만의 공간을 삶의 중심으로 형성해 나간다고 본다.

② 오답: 볼노브는 집을 소유하는 차원의 문제보다는 집과 내적인 관계를 맺는 문제가 더 중요하다고 본다.

③ 오답: 볼노브는 집이 인간과의 관계 속에서 의미를 가진다고 본다.

❹ 정답: 볼노브는 인간과 집의 내적인 관계 맺음을 중시하여 마음 편함, 친숙함 등을 강조하는 등 집을 삶의 안정과 여유를 통해 자신의 존재를 발견하는 공간으로 본다.

⑤ 오답: 볼노브는 집이 혼란스러운 외부 세계로부터 돌아와 휴식과 편안함을 제공하는 공간이지, 외부 세계와 완전히 차단된 공간은 아니라고 본다.

06 유행 추구 현상에 대한 찬반 입장

자료 해설 오른쪽의 학생은 유행 추구 현상에 대해 부정적인 입장이므로, ㉠에는 부정적인 입장을 뒷받침할 논거가 들어가면 된다.

선택지 분석

㉠ 정답: 유행을 기업의 판매 전략에 불과하다고 보는 것은 유행을 부정적으로 보는 입장의 논거이다.

ㄴ. 오답: 유행을 따르려는 개인의 선택권을 존중해야 한다고 보는 것은 유행을 긍정적으로 보는 입장의 논거이다.

㉢ 정답: 맹목적인 모방과 동조 현상으로 몰개성화를 초래한다고 보는 것은 유행을 부정적으로 보는 입장의 논거이다.

ㄹ. 오답: 유행을 따르지 않는 사람들과 구별되는 개성의 표현이라고 보는 것은 유행을 긍정적으로 보는 입장의 논거이다.

올쏘 만점 노트 유행 추구 현상에 관한 상반된 입장

긍정적 입장의 논거	• 유행을 따르려는 개인의 선택권 존중 • 유행을 따르지 않는 사람들과 구별되는 개성의 표현 • 최신 유행을 창조함으로써 새로운 가치관 형성
부정적 입장의 논거	• 유행은 기업의 판매 전략 • 맹목적인 모방과 동조 현상으로 몰개성화 초래 • 최신 유행을 반영하는 패스트 패션(fast fashion)은 자원 낭비, 환경 문제, 노동 착취 초래

07 음식과 관련된 윤리적 문제

자료 해설 제시문은 좁은 철제 케이지에서 대량으로 사육되는 닭의 경우, 스스로 진드기나 벌레를 제거할 방법이 없기 때문에 인체에 유해한 독성 성분의 살충제를 닭에게 직접 뿌리고 있다는 사실을 보도하고 있다. 이 기사를 통해 대규모의 공장식 사육으로 인해 동물 복지 문제가 발생한다는 사실과 독성 성분에 오염된 음식 재료의 식품 안전성 문제가 발생한다는 사실을 엿볼 수 있다.

선택지 분석

㉠ 정답: 제시문을 통해 대규모의 공장식 사육으로 인해 동물 복지 문제가 발생한다는 사실을 알 수 있다.

㉡ 정답: 제시문을 통해 독성 성분에 오염된 음식 재료의 식품 안전성 문제가 발생한다는 사실을 알 수 있다.

ㄷ. 오답: 제시문으로부터 파악할 수 없는 내용이다.

ㄹ. 오답: 제시문으로부터 파악할 수 없는 내용이다.

올쏘 만점 노트 음식과 관련된 윤리 문제

식품 안전성 문제	• 유전자 조작 식품(GMO)의 유해성 논란 • 해로운 첨가제나 유통 기한이 지난 재료를 사용하는 등 제조 과정의 문제
환경 문제	• 화학 비료와 농약을 많이 사용하여 토양·물·대기 오염 초래 • 육류의 생산과 소비 과정에서 많은 온실가스가 배출되어 지구 온난화 발생 • 무분별한 음식의 대량 생산과 대량 소비로 인한 엄청난 음식물 쓰레기 발생
동물 복지 문제	• 육식의 증가로 인해 동물에 대한 비윤리적 대우 문제 발생 • 대규모의 공장식 사육 및 도축에 의한 동물의 고통
음식물 불평등 문제	• 일부 지역 사람들은 비만으로 건강을 해치고 있는 반면, 다른 지역에서는 굶주림으로 고통받음 • 제3세계 인구의 증가 및 국가 간의 빈부 격차가 심화되어 식량 수급의 불균형 초래

08 베블런의 과시적 소비

자료 해설 제시문은 미국의 사회학자인 베블런의 주장으로 과시적 소비에 관한 설명이다. 과시적 소비란 부를 과시하며 이루어지는 소비로서 주로 사치품 시장에서 일반 사람들과 신분이 다르다는 것을 과시하려는 부유층이나 이를 모방하려는 계층에 의해 주도된다. 이러한 과시적 소비를 베블런 효과라고도 하는데, 가격이 오르고 있음에도 불구하고 과시욕 때문에 수요가 증가하는 현상을 말한다. 대표적인 예로 명품 선호 현상을 들 수 있다.

선택지 분석

첫 번째 내용 정답: 과시적 소비의 대상인 명품은 부유층만이 소유하는 것이 아니라 부유층을 모방하려는 계층에 의해 소유되기도 하므로 제시문에 부합하는 내용이다.

두 번째 내용 오답: 고가의 명품은 소유자의 품격을 실제로 높여 주는 것이 아니라 소유자의 심리적 만족에 불과하므로 제시문에 부합하지 않는 내용이다.

세 번째 내용 정답: 명품 선호는 과시적 소비라는 허영된 욕망의 표현이라는 점에서 제시문에 부합하는 내용이다.

네 번째 내용 오답: 명품을 구매하는 것은 상품 자체의 필요성이라기보다는 과시적 소비, 허영된 욕망의 표현이므로 제시문에 부합하지 않는 내용이다.

14 강 다문화 사회의 윤리

기출 선지 변형 O X

본문 127쪽

01 ○	02 ○	03 ×	04 ○	05 ×	06 ×	07 ×	08 ○
09 ×	10 ○	11 ○	12 ○	13 ×	14 ×	15 ×	16 ○
17 ○	18 ○						

01 관용은 모든 것을 참는 것이 아니며, 불의한 행위 또는 불의를 방관하는 행위에 대해서는 참지 않는 것이다. 문화적 편견과 차별의 문제

를 극복하기 위해 관용이 필요하다는 이들은 도덕적 악에 대해서는 분명하게 불관용할 것을 주장한다.

02 관용을 주장하는 사람들은 관용해야 할 것과 불관용해야 할 것을 분명히 한다. 이들은 인류의 보편적 가치, 즉 자유, 평등, 인권 등에 반하는 행위들에 대해서는 불관용해야 한다고 본다.

03 관용을 주장하는 사람들은 개인의 자유권, 생명권 등 기본적 권리는 어떤 경우에도 침해되어서는 안 된다고 본다. 관용은 기본권을 침해하지 않는 한에서 타 문화에 대해 관용하는 것이라고 본다.

04 관용이 추구하는 바는 인류의 보편적 가치를 지키는 것이며, 종교의 계율과 전통도 이러한 보편적 가치를 침해하지 않는 한에서만 용인된다.

05 동화주의는 소수 문화의 주류 문화 편입을 주장하고, 소수 문화의 가치를 존중할 것을 주장하지는 않는다.

06 동화주의는 소수 집단의 정체성을 유지하기보다는 소수 문화의 주류 문화 편입을 주장한다.

07 다문화주의는 소수 문화에 대한 관용을 주장하며, 국민 통합을 지향할 것이 아니라 여러 문화의 공존을 주장한다.

08 다문화주의는 소수 집단의 자치를 승인하면서도 사회적 연대를 지향한다.

09 다문화주의는 문화적 동일성에 대한 요구 없이 시민권 보장에 동의하지만, 동화주의는 주류 문화에 소수 문화가 편입될 때에만 시민권을 보장해야 한다고 주장한다.

10 엘리아데는 방향을 잡기 어려운 현실에서 종교를 통해 삶의 의미와 목적을 추구해야 한다고 하였다.

11 엘리아데는 인간의 이성만으로 세계의 진리를 완전히 인식할 수 없기 때문에 인간 이성이 과학적으로 인식하는 틀 속에 가둘 수 없다고 지적하면서, 신앙과 종교를 통해 세계의 진리를 인식할 수 있다고 하였다.

12 포퍼의 반증 가능성은 현재 진리라고 여겨지는 것도 언제든 반증되어 진리가 아니게 될 수 있다는 내용으로, 과학적 지식은 언제든 새로운 증명에 의해 반박될 수 있음을 인식해야 한다고 하였다.

13 포퍼는 과학적 인식의 한계 내에서만 진리를 추구해야 한다는 데 동의하지만, 엘리아데는 그렇지 않다. 엘리아데는 종교와 신앙을 통해 참다운 진리에 도달할 수 있다고 보았다.

14 인간의 심리적 필요에 따라 종교가 만들어졌다고 주장한 사람은 프로이트이다.

15 엘리아데는 종교적 인간이 자연을 성스러운 것으로 간주한다고 말하였다.

16 도킨스는 자연은 물리학 등의 과학으로 설명할 수 있으며, 자연을 설명하기 위해 초월적 존재를 끌어들일 필요는 없다고 보았다.

17 도킨스는 종교가 아니라 과학이 인간의 윤리적 행위를 설명할 수 있다고 하였다. 그는 이기적 유전자 이론을 주장하며 인간의 윤리적 행위도 결국 이러한 유전자들의 오랜 경험의 축적으로 만들어진 것이라고 보았다.

18 도킨스가 과학으로 인간의 윤리적 행위나 자연을 설명할 수 있다고 본 반면, 엘리아데는 초월적 신이 자연을 통해서 자신의 존재를 드러낸다고 보고 이는 종교적 인간만이 체험할 수 있다고 하였다.

실전 **기출 문제**

본문 **128~129**쪽

01 ② **02** ① **03** ⑤ **04** ③ **05** ② **06** ⑤ **07** ③ **08** ③

01 관용과 불관용의 대상

자료 해설 제시문은 문화적 편견과 차별의 문제를 극복하기 위해 관용의 자세가 필요하지만, 인류의 보편적 가치, 즉 개인의 자유권, 생명권과 같은 인간의 기본적 권리를 침해하는 행위에 대해서는 관용을 베풀어서는 안 된다고 주장한다. 이러한 입장에서 볼 때 가상 대담 속의 '여자는 교육받을 필요가 없다고 해서 딸을 학교에 보내지 않고, 외출도 하지 못하게 하는 이민자의 행위'는 관용의 대상이 아니다. 따라서 ㉠에는 이와 일맥상통하는 문장이 들어가야 한다.

선택지 분석

① 오답: 제시문은 부모뿐만 아니라 딸에게도 자유권과 교육받을 권리가 있다고 보기 때문에, 대담 속 사례는 부모가 딸의 고유한 권리를 침해한 행위이므로 용인할 수 없다고 볼 것이다.

❷ 정답: 제시문의 입장에서 대담 속 사례는 부모가 자녀의 기본적 권리를 침해하는 행위이므로 용인해서는 안 된다고 주장할 것이다.

③ 오답: 제시문의 입장에서 대담 속 사례는 딸의 자유권과 교육받을 권리를 침해한 심각한 인권 침해에 해당한다.

④ 오답: 제시문은 인류의 보편적 가치를 침해하지 않는 한에서 종교의 계율과 전통을 충실하게 따른 행위만이 용인될 수 있다고 본다. 가상 대담 속 사례가 종교의 계율과 전통을 따른 행위일지라도 인류의 보편적 가치를 침해하는 행위이므로 용인해서는 안 된다.

⑤ 오답: 제시문은 관용과 불관용의 기준이 다문화 사회 구성원들의 연대감을 저해하느냐가 아니라 인류의 보편적 가치를 침해하느냐에 있다고 본다.

02 종교와 윤리

자료 해설 제시문은 종교 간의 대화와 평화를 강조하는 한스 큉의 주장이다. 그는 "종교 간 대화 없이 종교의 평화가 있을 수 없고, 종교의 평화 없이 세계의 평화는 있을 수 없다."라고 하면서 종교 간의 평화는 곧 세계 평화를 위한 필요조건이라고 보았다. 한스 큉은 종교 간의 분열과 대립, 갈등을 극복하고 화해와 공존의 길로 나아갈 것을 주장하였다.

선택지 분석

❶ 정답: 한스 큉은 종교들이 공유하는 가르침인 황금률의 실천이 화합과 공존을 위한 토대라고 하였다. 제시문에서도 '종교들이 일치하는 지점을 찾아가는 것으로부터 세계 평화는 시작된다. 평화보다 전쟁을, 화해보다 광신을, 대화보다 우월성을 부추기는 종교를 더 이상 용인하지 않는다.'라고 하였다.

❷ 정답: 한스 큉은 종교 간의 관용을 세계 평화 실현을 위한 필요조건이라고 보았다. 제시문에서도 '종교 간 대화 없이 종교의 평화가 있을 수 없고, 종교의 평화 없이 세계의 평화는 있을 수 없다.'라고 하였다.

ㄷ. 오답: 한스 큉은 타 종교에 대한 무지와 편견이 현실 세계의 갈등의 원인이
라고 보았다.

ㄹ. 오답: 한스 큉은 세계 평화의 실현을 위해 종교 간 대화를 주장한 것이지
종교의 단일화를 주장한 것은 아니다.

올쏘 만점 노트 — 종교과 윤리의 상관성

차이점	종교	• 초월적인 세계, 궁극적인 존재에 근거한 종교적 신념이나 교리를 제시함 • 신앙심을 바탕으로 신에 대한 의존을 강조함
	윤리	• 인간의 이성, 상식, 양심에 근거하여 현실 세계에서 지켜야 할 규범을 제시함 • 이성이나 양심, 도덕적 감정 등을 근거로 도덕적 행위의 실천에 관심을 둠
공통점		• 도덕성을 중시함 • 대부분의 건전한 종교는 황금률과 같이 인간의 존엄성을 실현하는 윤리적인 계율과 덕목을 중시함 • 자유, 평등, 평화, 인권 등 보편 윤리를 추구하며, 사회 정의를 실현하려고 노력함

03 종교적 관점과 과학적 관점

자료 해설 (가)는 종교는 신비한 감정의 체험이기 때문에 인간의 이
성으로 인식할 수 없으며, 종교를 통해 힘든 현실에서 삶의 의미와 목
적을 추구할 수 있다고 보는 엘리아데의 주장이다. (나)는 이성적으로
증명될 수 있고, 객관적으로 입증 가능한 사실에 근거하여 진리를 추구
해야 한다는 포퍼의 주장이다.

선택지 분석

① 오답: (가)는 방향을 잡기 어려운 현실에서 종교를 통해 삶의 의미와 목적
을 추구해야 한다고 주장한다.

② 오답: (가)는 인간의 이성만으로 세계의 진리를 완전히 인식할 수 없기 때문
에 '세계는 신비로 가득하므로 인간 이성이 과학적으로 인식하는 틀 속에
가둘 수 없다.'라고 하면서 신앙을 통해 진리로 나아가야 한다고 주장한다.

③ 오답: (나)는 과학이 반증 가능성에 대해 열린 자세를 취해야 한다고 주장
한다.

④ 오답: (나)는 인간이 실험과 관찰을 통해 객관적으로 입증 가능한 사실에
근거하여 진리를 추구해야 한다고 주장한다.

❺ 정답: (가)는 과학적 인식만으로 진리를 추구하는 것은 한계가 있기 때문에
종교를 통해 진리로 나아가야 한다고 주장한다. (나)만 해당하는 입장이다.

04 종교적 관점과 과학적 관점

자료 해설 갑은 종교적 관점에서 자연은 신의 창조물로서 성스러운
대상이라는 입장이고, 을은 과학적 관점에서 자연을 과학의 연구 대상
으로 보며 종교를 부정하는 입장이다.

선택지 분석

ㄱ. 오답: 갑은 세속적 세계가 신의 손으로 완성된 것이라고 하였으므로 성스
러움과 세속적인 것이 분리되어야 한다고 보지 않는다.

ㄴ. 정답: 갑은 종교적 인간에게 자연은 성스러움으로 가득 차 있다고 하였다.

ㄷ. 정답: 을은 자연을 과학으로 설명할 수 있기 때문에 종교가 필요 없다고 주
장하였다.

ㄹ. 오답: 갑은 종교적 관점에서 초자연적 진리를 찾을 수 있다는 입장이고, 을
은 자연적이고 물리적인 세계 너머에는 아무것도 없다고 보는 입장이다.
갑, 을의 입장과 거리가 멀다.

05 엘리아데의 종교적 관점

자료 해설 제시문의 사상가는 엘리아데이다. 엘리아데는 인간을 종
교적 인간으로 규정하고, 종교적 지향성을 인간의 근본적인 성향이라
고 보았다. 그는 종교적 인간은 성스러운 것과 세속적인 것을 분리하지
않으며, 세속적 인간도 대부분 의식하지 못하지만 종교적으로 행동한
다고 하면서 삶 자체가 성스러움의 드러남이라고 하였다.

선택지 분석

① 오답: 제시문에서 '종교적 인간은 탄생, 결혼, 죽음과 같은 사건을 겪으며 거
룩한 존재가 있다는 사실을 믿게 된다.'라고 한 부분을 통해 유추할 수 있다.

❷ 정답: 엘리아데에 따르면 종교적 인간은 일상생활에서 성스러움을 경험하
기 때문에 성스러운 것과 세속적인 것의 분리를 지향하지 않는다. 제시문에
서 '세속적 인간은 초월적 존재를 향한 모든 호소를 거절한다.'라는 부분을
통해 성스러운 것과 세속적인 것의 분리를 지향하는 것은 세속적 인간임을
알 수 있다.

③ 오답: 제시문에서 '탄생, 결혼, 죽음을 기리는 의식이 세속화되기는 했지만
여전히 그 속에서는 종교적 현상이 관찰된다.'라고 한 부분을 통해 유추할
수 있다.

④ 오답: 제시문에서 '세속적 인간은 비록 스스로 깨닫지 못하고 있을 때조차
종교적으로 행동한다.'라고 하면서 '탄생, 결혼, 죽음을 기리는 의식이 세속
화되기는 했지만 여전히 그 속에서는 종교적 현상이 관찰된다.'라고 하였다.

⑤ 오답: 제시문에서 '그들에게 거룩한 존재는 인간의 자유에 대한 최대의 장
애물일 따름이다.'라고 한 부분을 통해 유추할 수 있다.

06 다문화주의에 대한 논쟁

자료 해설 제시문에서 다문화주의의 긍정적인 측면을 들어 다문화
주의를 찬성하는 '나'는 테일러이고, 다문화주의의 부정적인 측면을 들
어 다문화주의를 반대하는 '어떤 학자'는 베리이다. ㉠에는 다문화주의
를 찬성하는 입장에서 반대하는 입장을 평가 또는 반박하는 내용이 들
어가야 한다.

선택지 분석

① 오답: '어떤 학자'는 '다문화주의는 문화 간 경계가 실제로 존재한다는 잘못
된 전제에 근거한다.'라고 하였으므로 집단 간 문화의 경계가 실제로 존재
하지 않는다고 본다. '어떤 학자'의 입장과 일치하지 않는다.

② 오답: '나'는 '기본적 권리는 문화라는 특정한 맥락 안에서 실질적으로 행사
될 수 있다.'라고 주장하였으므로 문화보다 권리를 우선시해야 한다고 주장
하지 않을 것이다. '나'의 입장과 일치하지 않는다.

③ 오답: '어떤 학자'는 다문화주의가 '소수 집단에 별도의 권리를 부여하여 개
인의 법 앞의 평등이라는 기본 원칙을 심각하게 손상시킨다.'라고 하였으므
로 법 적용의 일반성을 깨뜨릴 수 있다고 주장한다. '어떤 학자'의 입장과
일치하지 않는다.

④ 오답: '나'는 집단별로 차별화된 권리를 인정하는 다문화주의를 찬성하고
있으므로 차별화된 권리의 인정이 보편적 인권과 양립 가능함을 주장한다.
'나'의 입장과 일치하지 않는다.

❺ 정답: 제시문의 '나'는 다문화주의가 '소수 집단의 성원으로 하여금 국가에
대한 충성심을 갖게 한다.'라고 주장하였으므로 다문화주의가 사회 통합에
기여할 수 있음을 내세워 '어떤 학자'의 주장을 반박할 수 있다.

07 종교와 관용

자료 해설 신문 칼럼에 나오는 '어떤 서양 사상가'는 볼테르이다. 볼
테르는 사람들이 태어날 때부터 올바르게 판단하고 참과 거짓을 구별

할 수 있는 보편적 이성을 가지고 태어나는데, 이를 통해 자신의 무지와 연약함을 깨닫고 상대를 용서하는 관용의 미덕을 갖출 수 있다고 보고, 종교적 대립이나 사람들 사이의 분열을 막을 수 있다고 주장하였다. ㉠에는 이러한 볼테르의 주장과 상통하는 내용이 들어갈 수 있다.

선택지 분석

① 오답: 정치와 종교의 분리 문제는 제시문에 언급되지 않았으며 종교 간의 갈등 문제 해결을 위한 내용과도 거리가 멀다.

② 오답: 제시문을 통해서는 영혼의 내적 확신과 구원과의 관련성을 알 수 없다.

❸ 정답: 볼테르는 종교 간의 갈등 문제를 이성을 통해 해결할 수 있다고 보았다. 즉, 사람들은 이성을 통해 올바르게 판단하고 참과 거짓을 구별할 수 있다는 것이다. 따라서 볼테르는 종교적 박해는 불합리하기 때문에 부당하다는 것을 인식함으로써 종교 간의 갈등 문제를 해결할 수 있다고 주장할 수 있다.

④ 오답: 제시문에서 '타 종교인에 대한 관용의 정신이 참된 종교를 구별하는 가장 분명한 기준'이라고 하였다. 볼테르의 주장과 상반되는 내용이다.

⑤ 오답: 볼테르는 인간이 태어날 때부터 가지고 태어나는 보편적 이성을 통해 상대를 용서하는 관용의 미덕을 갖출 수 있다고 하였다. 제시문에서도 '참된 종교는 영혼의 내적 확신에 기초하는데, 이러한 내적 확신을 폭력과 같은 외부적 힘으로 강제하는 것은 …… 인간 이성에도 어긋난다.'라고 하였다.

08 킬리카의 다문화주의

자료 해설 제시문은 다문화 사회에서 다수가 공유해 온 관행과 규범을 이주민들에게 고수하지 않아야 하며, 그들의 집단적 문화를 표현할 여지를 확보하여 그들의 정체성을 수용해야 한다는 킬리카의 자유주의적 다문화주의 관점이다. 해당 사상가를 모르더라도 제시문의 내용을 통해 충분히 유추할 수 있다.

선택지 분석

① 오답: 제시문에 따르면 통합의 과정에서 우리 사회의 전통적 관행을 고수하지 않아야 한다고 하였다.

② 오답: 제시문에 따르면 공용어와 공통 문화를 강조할 경우 오히려 국가 내의 집단을 다수와 소수로 갈라놓는다고 하였다.

❸ 정답: 제시문에 따르면 사회 통합을 위해서는 이주민의 고유한 문화를 표현할 여지를 확보해 주어야 한다고 하였다.

④ 오답: 제시문에 따르면 통합은 신속하게 추진되어야 하는 것이 아니라 몇 세대에 걸쳐 진행된다고 하였다.

⑤ 오답: 제시문에 따르면 이주민의 시민권을 보장하되 삶의 양식의 통일까지 요구해서는 안 된다고 하였다.

킬러 예상 문제

본문 130~131쪽

01 ④　02 ⑤　03 ③　04 ④　05 ②　06 ①　07 ①　08 ②

01 다문화에 대한 태도

자료 해설 (가)는 동화주의, (나)는 다문화주의, (다)는 문화 다원주의의 입장이다. 동화주의는 이주민의 문화와 같은 소수 문화를 주류 문화에 적응시키고 통합하려는 입장이고, 다문화주의는 이주민의 고유한 문화와 자율성을 존중하여 문화 다양성을 실현하려는 입장이다. 문화

다원주의는 다문화주의처럼 문화의 다양성을 인정하지만, 주류 사회의 문화를 바탕으로 문화적 다원성을 수용하려는 입장이다.

선택지 분석

㉠ 정답: 단일 문화를 바탕으로 사회 통합을 이루어야 한다고 보는 것은 (가)의 동화주의에 해당하므로 옳은 질문이다.

㉡ 정답: 이주민 문화와 기존 문화를 평등하게 인정해야 한다고 보는 것은 (나)의 다문화주의에 해당하므로 옳은 질문이다.

㉢ 정답: 상이한 다양한 문화가 동등한 지위로 공존할 수 있다고 보는 것은 (나)의 다문화주의에 해당하므로 옳은 질문이다.

ㄹ. 오답: (다)의 문화 다원주의는 개별 문화를 인정하면 사회가 갈등과 혼란에 빠진다고 보지 않으므로 옳지 않은 질문이다.

올쏘 만점 노트　다문화에 대한 태도

동화주의	• 소수 문화를 주류 문화에 적응시키고 통합하려는 입장 • 대표 이론: 용광로 이론
다문화주의	• 이주민의 고유한 문화와 자율성을 존중하여 문화 다양성을 실현하려는 입장 • 대표 이론: 샐러드 볼 이론
문화 다원주의	• 주류 사회의 문화를 바탕으로 문화적 다원성을 수용하려는 입장 • 대표 이론: 국수 대접 이론

02 문화 다원주의와 다문화주의

자료 해설 (가)는 국수 대접 이론의 내용으로 문화 다원주의의 입장이고, (나)는 샐러드 볼 이론의 내용으로 다문화주의의 입장이다. 국수 대접 이론은 주류 문화를 우위에 둔다는 점에서 타 문화를 평등하게 인정하는 샐러드 볼 이론과는 차이가 있다. 반면 타 문화에 대한 존중과 관용을 통해 문화적 다양성을 실현하고자 한다는 점에서는 공통적이다.

선택지 분석

① 오답: '주류 문화와 비주류 문화의 정체성을 유지해야 하는가?'는 (가)와 (나) 모두 긍정의 대답을 할 질문이다.

② 오답: '각각의 문화가 대등한 자격으로 조화를 이루어야 하는가?'는 (가)는 부정, (나)는 긍정의 대답을 할 질문이다.

③ 오답: '소수 문화의 정체성과 문화적 다양성을 존중해야 하는가?'는 (가)와 (나) 모두 긍정의 대답을 할 질문이다.

④ 오답: '비주류 문화에 대한 주류 문화의 우위를 인정해야 하는가?'는 (가)는 긍정, (나)는 부정의 대답을 할 질문이다.

❺ 정답: '주류 문화의 관점에서 문화의 단일성을 유지해야 하는가?'는 (가)와 (나) 모두 부정의 대답을 할 질문이다.

03 문화 상대주의와 보편 윤리

자료 해설 제시문은 세계화 및 다문화 시대를 맞이하여 문화 상대주의의 입장을 취함으로써 문화적 차이에 따른 갈등을 예방하고 서로 다른 문화의 공존을 도모하자는 내용이다. 그러나 문화의 상대성과 다양성을 인정하는 것이 곧바로 윤리 원칙마저 사회마다 다르다는 윤리적 상대주의로 이어지는 것은 아니다. 따라서 각 문화가 나타나게 된 사회적·역사적 상황을 존중하되 보편 윤리를 바탕으로 그 문화를 바라볼 필요가 있다. 어떤 문화가 자유, 평등, 인권, 정의, 평화와 같은 보편적 가치를 훼손한다면, 그것은 문화의 다양성이라는 이름으로 정당화될 수 없다.

선택지 분석

① 오답: 전족은 보편 윤리에 어긋나므로 인정해서는 안 된다.

② 오답: 고유한 전통에 충실히 따랐다고 해서 인권을 침해하는 전족이 정당화되는 것은 아니다.

❸ 정답: 보편 윤리에 따르자면, 전족은 여자아이의 인권을 심각하게 침해한다. 따라서 전족을 인정해서는 안 된다.

④ 오답: 극단적 윤리적 상대주의에 따르면 고유한 문화를 인정해야 하지만, 보편 윤리의 관점에서는 인정해서는 안 된다. 따라서 전족을 인정해서는 안 되는 근거는 보편 윤리의 관점에서 접근해야 한다.

⑤ 오답: 전족은 보편 윤리에 위배되므로 인정되어서는 안 된다. 따라서 문화의 특수성과 다양한 문화의 공존을 위한다는 명분으로 인정될 수 없다.

04 동화주의와 다문화주의

자료 해설 (가)는 용광로 이론으로 동화주의의 입장이고, (나)는 샐러드 볼 이론으로 다문화주의의 입장이다.

선택지 분석

① 오답: ㉠은 X는 낮고, Y는 높으며, Z도 높으므로 오답이다.

② 오답: ㉡은 X는 높고, Y는 낮으며, Z는 높으므로 오답이다.

③ 오답: ㉢은 X, Y는 낮으며, Z는 높으므로 오답이다.

❹ 정답: ㉣은 사회적 연대감이나 결속력을 강화시키는 정도(X)는 낮고, 이주민들의 문화적 정체성을 유지시키는 정도(Y)는 높으며, 소수 문화를 주류 문화에 적응 및 통합시키는 정도(Z)는 낮다. 따라서 (나)의 입장이 갖는 상대적 특징은 X는 낮고, Y는 높으며, Z는 낮으므로 정답이다.

⑤ 오답: ㉤은 X와 Y는 높고, Z는 낮으므로 오답이다.

05 종교와 로크의 관용론

자료 해설 제시된 가상 편지는 로크의 '관용에 관한 편지'에 나오는 내용 중 일부이다. 이 글에서 로크는 종교 문제에 대해 다른 견해를 가진 사람들에게 관용을 베푸는 것은 예수 그리스도의 복음에 부합할 뿐만 아니라 인간의 이성에도 부합하는 일이라고 주장한다. 한편 로크는 종교적 가치를 권력에 의지하여 실현하고자 할 때 박해, 고문, 살육 등의 비윤리적인 행위들이 벌어졌다고 보고, 자유주의적 관점에서 구원의 문제는 개인의 양심과 자유에 맡겨야 한다고 주장한다. 또한 그는 국가 권력이 신앙의 고유한 영역에 강제력을 행사하는 것을 반대하면서 다른 종교에 대한 배타적이고 폭력적인 태도를 지양해야 한다고 주장하였다.

선택지 분석

㉠ 정답: 로크에 따르면 다른 종교의 존재를 인정하는 관용의 자세가 필요하다.

ㄴ. 오답: 로크에 따르면 국가 권력이 신앙의 고유한 영역에 강제력을 행사해서는 안 된다.

ㄷ. 오답: 로크에 따르면 종교적 구원의 문제는 개인의 양심과 자유에 맡겨야 한다.

㉣ 정답: 로크에 따르면 종교적 진리에 대한 인간의 인식은 상대적이고 오류의 가능성이 있다.

06 종교 갈등의 해결 방안

자료 해설 제시문은 다양한 종교 간의 갈등 사례를 보여 준다. 종교 간의 갈등이 발생하는 주요 원인으로는 먼저 타 종교에 대한 배타적인 태도를 들 수 있다. 종교는 강력한 세계관과 신념 체계를 가지고 있으므로 자신이 믿는 종교만을 맹신하고 타 종교와 존재를 인정하지 않으면 갈등이 발생할 수 있다. 또한 종교 내부에서 정통성의 계승, 경전과 교리의 해석을 둘러싸고 종파 간 갈등도 발생한다. 세계 곳곳에서 벌어지는 이러한 종교 갈등은 유혈 사태로까지 번져 많은 살상자를 내기도 한다.

선택지 분석

첫 번째 진술 정답: 종교 간의 배타적 태도에서 벗어나 공존을 추구하는 것은 종교 갈등의 해결 방안으로 적절하다.

두 번째 진술 오답: 종교적 체험을 바탕으로 자기 종교의 절대성을 강조하는 것은 적절한 해결 방안이 아니다. 자기 종교의 절대성을 강조하고 맹신할 경우, 오히려 종교 갈등이 심화된다.

세 번째 진술 오답: 타 종교에 대한 합리적인 설득으로 종교를 단일화시키는 것은 적절한 해결 방안이 아니다. 타 종교의 존재를 인정하고 종교의 다양성을 존중해야 한다.

네 번째 진술 오답: 자기 종교의 관점에서 타 종교의 문제점에 대해 비판하는 것 또한 적절한 해결 방안이 아니다. 자기 종교의 관점에서 벗어나 타 종교의 존재를 인정함으로써 상호 공존할 수 있어야 한다.

올쏘 만점 노트 종교 갈등의 극복 방안

종교의 자유 인정 및 관용	• 종교의 자유는 인간이 지닌 기본적인 권리 중 하나 • 종교를 선택할 수 있는 권리, 종교에 대한 신앙을 강요받지 않을 권리, 종교를 가지지 않아도 되는 권리 등을 포함 • 종교적 진리에 대한 인간의 인식은 상대적이고 오류가 있을 수 있기 때문에 관용의 자세 필요
종교 간 대화와 협력	• 서로에 대한 이해로 종교 간 갈등 해소 • 타 종교에 대한 이해와 존중의 정신을 일깨워 사회 구성원 간의 협력 가능 • 평화로운 세계를 위한 기초

07 종교 윤리와 세속 윤리의 상관성

자료 해설 종교 윤리는 초월적인 존재나 종교적 교리에 근거한 규범을 제시하는 반면, 세속 윤리는 인간의 이성, 감정, 양심 등에 근거하여 규범을 제시한다는 점에서 구분된다. 그러나 제시문은 종교 윤리와 세속 윤리가 인간의 존엄성을 중시하고 자유, 평등, 평화, 인권 등의 보편 윤리를 추구하며, 사회 정의를 실현하려고 노력한다는 점에서 공통점이 있다는 것을 보여 준다.

선택지 분석

㉠ 정답: 종교 윤리와 세속 윤리는 공통적으로 인간의 존엄성을 중시한다.

㉡ 정답: 종교 윤리와 세속 윤리는 상호 관련성이 있으므로 종교 윤리가 인간의 윤리적 삶을 고양하는 데 기여할 수 있다.

ㄷ. 오답: 종교는 초월적인 세계에 근거한다는 점에서 윤리와 차이가 있지만, 제시문에서 보는 것처럼 종교 윤리와 세속 윤리는 엄격하게 구분되는 것은 아니다.

ㄹ. 오답: 종교 윤리와 세속 윤리는 도덕성을 중시한다는 점에서 공통점을 가진다고 볼 수 있다.

올쏘 만점 노트 종교와 윤리의 상관성

차이점	• 종교: 종교적 신념이나 교리 제시 • 윤리: 현실 세계에서 지켜야 할 규범 제시
공통점	• 도덕성 중시 • 인간의 존엄성을 실현하는 윤리적인 계율과 덕목 중시 • 보편 윤리 추구 및 사회 정의 실현 노력

08 종교의 본질

[자료] 해설 종교의 본질은 엄밀하게 규정하기 쉽지 않지만 대체로 내용적 측면에서 성스럽고 거룩한 체험과 믿음을 포함하고, 형식적 측면에서 경전과 교리, 의례, 교단 등을 포함한다. 한편 독일의 신학자 오토에 따르면, 종교는 신비의 감정으로서 합리적으로 이해하기 어려우며 직관과 감정, 체험 등을 통해 파악할 수 있다.

[선택지] 분석

- ㉠ 오답: 종교의 내용적 측면에 관한 설명으로 옳은 내용이다.
- ㉡ 정답: 오토에 따르면, 종교는 직관과 감정, 체험 등을 통해 파악하는 것이지 합리적으로 이해할 수 있는 것이 아니다.
- ㉢ 오답: 종교의 형식적 측면에 관한 설명으로 옳은 내용이다.
- ㉣ 오답: 경전과 교리를 바탕으로 교단을 형성한다는 종교의 형식적 측면에 관한 부연 설명으로 옳은 내용이다.
- ㉤ 오답: 의식과 제의라는 종교의 형식적 측면에 관한 부연 설명으로 옳은 내용이다.

올쏘 만점 노트 　종교의 본질

내용적 측면	종교는 성스럽고 거룩한 것에 관한 체험과 믿음을 포함
형식적 측면	종교는 경전과 교리, 의례와 형식, 교단 등을 포함

VI 평화와 공존의 윤리

15 강 갈등 해결과 소통의 윤리 ~ 민족 통합의 윤리

기출 선지 변형 O X　　　　　　　본문 133쪽

01 ○	02 ×	03 ×	04 ×	05 ○	06 ○	07 ×	08 ×
09 ○	10 ×	11 ×	12 ○	13 ×	14 ×	15 ×	16 ×
17 ×	18 ○	19 ○					

01 하버마스는 토론의 절차와 과정이 토론의 결과보다 중요하다고 보았다. 토론에 참여한 이들이 합의할 수 있는 결과를 도출하기 위해서는 토론의 과정이 합리적이어야 한다고 보았기 때문이다.

02 하버마스는 민주주의의 발전을 위해서는 공적 문제에 대해 누구든 문제 제기를 할 수 있어야 하며, 모두가 자유롭고 평등하게 참여하여 토론에 임할 수 있어야 한다고 보았다.

03 하버마스는 토론의 결과가 법에 반영되었더라도 이에 대해 다시 이의 제기를 하여 토론할 수 있다고 보았다. 언제든 문제 제기는 열려 있어야 하며, 활발한 토론을 통해 문제점이 있다면 개선할 수 있다고 보았다.

04 하버마스는 윤리적 문제뿐만 아니라 정치적 문제를 해결하는 데 있어서도 공적 토론을 권장하였다.

05 하버마스는 의사소통이 합리적이어야 다양한 의견이 공론장에 나올 수 있고, 토론에 참여한 사람들이 불만 없이 합의할 수 있으며, 토론의 결과 또한 수용할 수 있다고 보았다.

06 하버마스는 정책을 수립할 때 시민들의 이성적 토론을 거쳐서 만들어야 한다고 보았다. 이런 과정을 거쳐야 모든 사람이 그 결과를 받아들일 수 있다고 여겼다.

07 하버마스는 과학 기술 정책을 수립하는 때에도 전문가 집단만의 토론이 아닌 시민 사회 단체와 일반 시민들의 토론 참여도 있어야 한다고 보았다.

08 하버마스는 정책 수립 시 사회 구성원과 여러 단체가 참여하는 토론과 그 절차를 중시한 것이지 이익 집단 간의 세력 균형을 중시하지는 않았다.

09 하버마스는 국가 정책을 수립할 때에도 국가 기관만이 주도할 것이 아니라 시민들의 목소리를 함께 듣고 수립해야 한다고 보았다.

10 하버마스는 정책 수립 과정에서 효율성이 아니라 절차의 합리성, 민주주의적 토론을 중시하였다.

11 하버마스의 의사소통의 합리성은 신이 인간 본성에 부여한 절대적 도덕 법칙이 아니라 민주적 절차와 참여를 기반으로 한다.

12 하버마스는 개개인의 주관적인 결정보다 공론장에서의 다수의 토론 끝에 얻어 낸 결과물을 더 중시하였다.

13 하버마스는 전문가 집단의 견해가 공론장에서 토론에 참여한 비전문가들의 견해보다 더 중요하다고 보지는 않았다.

正

14 하버마스는 상호 비판하는 행위 역시 공론장에서의 토론의 일부라고 여겼다. 서로 문제를 제기하고 비판할 수 있어야 올바른 결론에 도달할 수 있다고 본 것이다.

15 하버마스는 담론의 절차가 공정하고 합리적이어야 한다고 보았으며, 이러한 절차를 통해 도출된 합의 결과를 공동체 구성원이 받아들일 수 있다고 보았다.

16 하버마스는 자기 주장이 강한 사람이든 아니든 공론장에서는 누구나 발언을 할 수 있다고 보았다.

17 하버마스는 공론장에서 의견을 개진하는 것과 타인의 의견에 의문을 제기하는 것, 비판하는 것 모두 자유롭게 이루어져야 한다고 보았다.

18 하버마스는 담론 상황에서 자기 주장, 바람, 욕구 등을 모두 표현할 수 있어야 한다고 보았다.

19 하버마스는 합의된 규범은 규범을 적용했을 때 영향받는 모든 사람들이 그 규범을 수용할 때 정당성을 지닌다고 보았다.

실전 기출 문제
본문 134~135쪽

01 ③ **02** ⑤ **03** ② **04** ① **05** ④ **06** ⑤ **07** ① **08** ⑤

01 하버마스의 담론 윤리

자료 해설 제시문의 사상가는 하버마스이다. 하버마스는 도덕규범의 정당성은 개인의 주관적 논쟁에 의해서는 이루어질 수 없고, 공적 담론을 통한 합리적 의사소통을 통해 이루어질 수 있다고 보았다. 즉, 담론의 참여자들이 서로가 이해 가능한 언어로 진실하며 정당하고 성실한 논쟁을 통해 상호 이해에 이를 때 가능하다고 하였다. 하버마스의 담론 윤리는 구체적인 규범을 제시하는 공리주의, 의무론적 윤리와 달리 타당한 규범을 끌어 내기 위한 형식과 절차를 강조한다는 특징이 있다.

선택지 분석
① 오답: 하버마스는 절대적 도덕 법칙을 강조하는 것이 아니라 타당한 규범을 이끌어 내기 위한 형식과 절차를 강조한다.
② 오답: 하버마스는 개인의 주관적 결정에 의해서는 도덕규범의 정당성을 확보할 수 없다고 보고, 이해 당사자들이 토론 과정에 자유롭게 참여하여 합리적인 의사소통을 통해 합의한 규범이 보편성에 부합할 때 도덕적으로 타당하다고 보았다. 따라서 다수에 의한 합의를 더 중시하였다.
❸ 정답: 하버마스는 의사소통의 합리성을 실현해야 담론에 참여한 사람들이 합의 결과를 수용할 수 있다고 주장하면서 모든 이해 당사자들의 동의를 얻을 수 있는 도덕규범만이 타당하다고 하였다.
④ 오답: 제시문에서 '모든 이성적 논의를 거부하는 것과 엘리트주의적 태도는 불가분의 관계이다.'라고 하면서 엘리트주의를 비판하였다.
⑤ 오답: 하버마스는 공론장에서 다양한 의견을 논의하여 합의에 도달할 수 있다고 하면서 다른 사람의 주장에 대해 의문을 제기하고 비판할 수 있다고 하였다.

02 하버마스의 담론 윤리

자료 해설 제시문의 사상가는 담론 윤리를 주장한 하버마스이다. 그는 공정하고 합리적인 담론을 통해 모든 윤리적 문제를 해결할 수 있다고 주장하면서 의사소통의 합리성을 실천하여 공적 문제를 해결할 수 있다고 보았다.

선택지 분석
① 오답: 하버마스는 의사소통의 합리성을 실현해야 다양한 의견을 논의하여 합의에 도달할 수 있으며 대화에 참여한 모든 사람들이 합의 결과를 수용할 수 있다고 보았기 때문에 토론의 절차와 과정을 모두 중시한다.
② 오답: 담론 윤리는 자유롭고 평등한 참여자들이 합리적인 담론 상황에서 각자 다른 사람들의 관점을 취하도록 함으로써 상호 이해와 관용의 태도를 갖도록 한다. 이는 민주 시민 의식의 함양과 민주주의 발전에 도움을 준다.
③ 오답: 하버마스는 자유로운 토론을 통해 합의된 결과를 반영한 법이라도 어떤 금기도 적용되어서는 안 된다고 하면서 활발한 토론을 통해 개선할 수 있다고 보았다.
④ 오답: 하버마스는 공정하고 합리적인 담론을 통해 모든 윤리적 문제를 해결할 수 있다고 보기 때문에 정치적 문제 해결에도 공적 토론을 권장한다.
❺ 정답: 하버마스는 의사소통의 합리성을 실현해야 다양한 의견을 논의하여 합의에 도달할 수 있으며, 대화에 참여한 모든 사람들이 합의 결과를 수용할 수 있다고 보았다.

올쏘 만점 노트 | 담론 윤리의 한계와 의의

한계	• 형식을 강조하기 때문에 도덕규범의 구체적인 내용이나 삶의 방향성을 제시하지 않음 • 합의 과정의 형식적인 조건과 절차를 통해 도덕규범의 정당성을 파악하기 때문에 합의된 내용에 대해서 옳고 그름을 평가하기 어려움
의의	• 현대 사회의 다양한 문제를 구성원들의 합리적인 의사소통을 통해 해결하고자 한다는 점에서 의미가 있음 • 보편적인 규범을 부정하는 극단적 상대주의나 보편타당한 진리에 도달할 수 없다고 보는 도덕적 회의주의와 달리 담론 윤리는 담론의 과정을 통해 규범의 정당성을 확보하고자 노력함

03 통일의 당위성과 갈등 극복

자료 해설 제시문은 우리 사회에서 통일의 필요성에 대한 부정적이고 회의적인 시각이 대두되면서 통일의 당위성에 대한 논란이 가중되어 남남 갈등이 발생하고 있음을 이야기하고 있다. 따라서 통일을 위해서는 이러한 남남 갈등을 극복하려는 노력이 우선되어야 함을 강조한다.

선택지 분석
① 오답: 통일 비용은 통일 이후에 남북한의 경제 격차를 해소하고 이질적인 요소들을 통합하는 데 소요되는 유형, 무형의 비용을 말한다. 칼럼에서는 통일 이후를 준비하는 것이 아니라 통일 이전에 남남 갈등을 먼저 해결해야 함을 이야기하고 있다.
❷ 정답: 칼럼은 통일의 당위성에 대한 논쟁이 가중되면서 통일의 필요성에 대한 국민적 이해와 합의가 우선되어야 함을 강조하고 있다.
③ 오답: 칼럼에서 '통일은 반드시 이루어야 하는 민족 최대의 과업'이라고 하였으므로 분단을 유지해야 한다는 제목과 거리가 멀다.
④ 오답: 칼럼은 통일을 위해 남북 간의 정치적 교류가 아니라 남한 내의 갈등을 먼저 극복하려는 노력이 필요함을 이야기하고 있다.
⑤ 오답: 칼럼은 경제 격차나 남북 간의 이념 갈등에 대한 내용이 아니라 통일의 당위성에 대한 남한 내의 갈등을 해소하려는 노력을 먼저 해야 한다는 내용이다.

04 하버마스의 담론 윤리

자료 해설 (가)의 사상가는 담론 윤리를 주장한 하버마스이다. 하버마스는 의사소통의 합리성을 실현하여야 합의에 참여한 모든 사람들이 그 결과를 수용할 수 있다고 보았다. 이러한 입장에서 (나)의 질문에 대해 할 수 있는 대답을 고르면 된다.

선택지 분석

❶ 정답: 하버마스는 의사소통의 필요성을 강조하였으므로 시민들이 이성적인 토론의 과정을 거쳐 정책에 대한 합의를 도출해야 한다고 주장할 수 있다.

② 오답: 하버마스는 과학 기술 전문가 집단이 아니라 시민이라면 누구나 토론에 참여할 수 있다고 주장하였다.

③ 오답: 하버마스는 이익 집단 간의 세력 균형이 아니라 합리적인 의사소통의 과정을 거쳐 정책을 수립해야 한다고 주장하였다.

④ 오답: 하버마스는 국가가 주도하는 것이 아니라 시민들의 이성적인 의사소통의 과정을 통해 정책을 수립해야 한다고 주장하였다.

⑤ 오답: 하버마스는 정책 수립 과정에서 효율성이 아니라 이성적 존재들 간의 합리적 의사소통을 강조하면서 이를 통한 합의 결과를 공적 결정 과정에 반영해야 한다고 주장하였다.

05 하버마스의 담론 윤리

자료 해설 제시문의 사상가는 하버마스이다. 하버마스는 의사소통의 중요성을 강조하면서 담론 윤리를 주장하였다. 그는 시민들 간의 합리적 의사소통을 통한 문제 해결을 강조하면서 공적 토론을 활성화해야 한다고 주장하였다.

선택지 분석

① 오답: 하버마스는 공정하고 합리적인 담론의 절차를 통해 의사소통의 합리성을 실현해야 그 합의 결과를 시민들이 받아들일 수 있다고 하였다. 따라서 담론의 절차와 과정을 모두 중시한다.

② 오답: 하버마스는 자기 주장이 강한지 아닌지와 관계없이 누구나 공론장에 참여하여 자신의 의사를 자유롭게 개진할 수 있다고 하였다.

③ 오답: 하버마스는 공론장에서 누구나 다른 사람의 주장에 의문을 제기하고 비판할 수 있다고 하였다.

❹ 정답: 하버마스는 담론 상황에서 자신의 주장뿐만 아니라 개인적 바람, 욕구 등을 표현할 수 있다고 하였다.

⑤ 오답: 하버마스는 합의된 규범은 개인의 이익이 아니라 규범에 의해 영향을 받는 이해 당사자들이 그 규범을 일반적으로 준수할 때의 결과와 부작용을 모두가 수용할 수 있어야 정당성을 갖는다고 보았다.

06 하버마스의 담론 윤리

자료 해설 제시문의 사상가는 담론 윤리를 주장한 하버마스이다. 그는 공정하고 합리적인 담론을 통해 모든 윤리적 문제를 합리적으로 해결할 수 있다고 보고 극단적인 상대주의나 도덕 회의주의에 반대하였다. 그는 자기 생각만이 옳다는 독선주의를 배격하고 내 생각이 잘못될 수도 있다는 오류 가능성을 전제하면서 담론 참여자들이 다른 사람들의 관점을 취함으로써 이해와 관용의 태도를 가질 수 있다고 하였다.

선택지 분석

① 오답: 하버마스는 담론 과정에서 상대방의 주장을 충분히 경청해야 한다고 하였다.

② 오답: 하버마스의 담론 윤리는 독선주의를 배격하고 인간의 오류 가능성을 전제로 한다.

③ 오답: 하버마스는 담론에 참여하는 대화 상대를 동등한 인격의 소유자로

보고 판단력과 지각이 있는 주체로 대해야 한다고 하였다.

④ 오답: 하버마스는 담론 과정에서 자신의 주장에 대해 근거를 제시하거나 요구하여 사실을 확인할 수 있으며, 타인의 주장에 의문을 제기하고 비판할 수 있다고 하였다.

⑤ 정답: 하버마스는 담론 과정에서 자신의 주장뿐만 아니라 개인적인 바람, 욕구 등을 표현할 수 있다고 하였다.

07 하버마스의 담론 윤리

자료 해설 가상 대담 속 선생님은 하버마스이다. 하버마스는 공정하고 합리적인 담론을 통해 모든 윤리적 문제를 합리적으로 해결할 수 있다고 주장하면서, 의사소통의 합리성은 담론의 상황에서 작동되고 공론장에서 논증의 형태로 나타난다고 하였다. 그는 의사소통의 합리성을 실현해야 다양한 의견을 논의하여 합의에 도달할 수 있으며 대화에 참여한 모든 사람들이 합의 결과를 수용할 수 있다고 보았다. 하버마스의 입장과 일치하지 않는 것을 고르면 된다.

선택지 분석

❶ 정답: 하버마스는 공론장에서 행정 및 경제 체계의 효율성이 아니라 이성적 존재들 간의 합리적 의사소통을 강조하였다. 그는 이상적인 의사소통의 조건으로 돈이나 권력에 의한 왜곡이나 억압 없이 의사소통의 규범을 지키는 자유로운 의사소통 상황을 제시하였다.

② 오답: 하버마스는 시민이 누구나 담론에 참여할 수 있고 자유롭게 주장을 개진할 수 있어야 한다고 주장하면서 기업과 정부가 시민의 의견을 경청하여 공적 결정에 올바르게 반영할 것을 강조하였다.

③ 오답: 하버마스는 담론의 절차와 과정이 공정하게 이루어졌다면 그 합의의 결과를 수용해야 한다고 강조하였다.

④ 오답: 하버마스는 시민은 누구나 평등하게 담론에 참여할 수 있고 자신의 주장을 자유롭게 개진할 수 있어야 한다고 주장하였다.

⑤ 오답: 하버마스는 이상적 담화의 조건으로 담론에 참여한 시민들이 참되고 옳고 진실하며 서로 이해할 수 있는 말을 해야 한다고 주장하면서 담론 참여자들의 언어 행위는 정당성과 진실성을 담아야 한다고 하였다.

08 토론의 자유

자료 해설 제시문의 사상가는 밀이다. 밀은 진리를 발견하기 위해서는 토론의 자유, 표현의 자유가 필요하다고 주장하였다. 그는 자신의 저서 "자유론"에서 "가령 한 사람만을 제외한 모든 인류가 같은 의견인데, 단 한 사람이 그것에 반대의 의견을 가지고 있다 하여 인류가 그 한 사람을 침묵하게 하는 것이 부당한 것은 한 사람이 힘을 가지고 있어서 인류를 침묵하게 하는 것이 부당한 것과 같은 것이다. …… 표현의 자유를 억압함으로써 생기는 해악은 그것이 전 인류에게서 '행복을 빼앗는다는 점에 있다."라고 하였다.

선택지 분석

① 오답: 밀은 단 한 사람만이 다른 의견을 가지고 있다고 하더라도 그 사람의 의견을 침묵시켜서는 안 되며 표현의 자유를 보장해야 한다고 주장하였다.

② 오답: 밀은 거짓된 발언도 표현의 자유가 허용되어야 하며, 그것이 거짓임이 증명되는 과정에서 진리를 발견할 수 있다고 보았다. 나아가 이러한 진리의 발견은 사회 진보에 도움이 된다고 하였다.

③ 오답: 밀은 공인된 견해라고 할지라도 누구나 자신의 의견에 따라 비판할 자유가 있다고 하였다.

④ 오답: 밀은 인간이 오류를 저지를 수 있는 존재라고 보았다. 따라서 인간이 완벽한 지적 능력을 가지고 있다고 보지 않았으며, 토론의 자유는 지적 능

력에 관계없이 누구에게나 주어져야 한다고 보았다.

❺ 정답: 밀은 소수의 의견도 존중해야 함을 강조하면서, 오류라고 합의된 소수의 의견이라고 할지라도 이러한 합의의 과정이 진리의 발견을 위해 필요하다고 보았다.

킬러 예상 문제
본문 **136~137**쪽

01 ⑤ 02 ③ 03 ② 04 ② 05 ③ 06 ① 07 ⑤ 08 ⑤

01 이념 갈등

자료 해설 제시문은 우리 사회 갈등 유형 중 하나인 진보적 이념과 보수적 이념 간의 갈등 문제에 대해 설명하고 있다. 진보와 보수는 서로 중도적인 위치에서 화합할 여지를 지니지만, 우리 사회에서는 상대방의 입장을 지나치게 적대시하여 심각한 사회 갈등을 양산하고 있다고 지적하고 있다.

선택지 분석

① 오답: 일반적으로 진보적 이념이 질서 유지보다는 변화의 측면을 강조한다. 보수적 이념은 사회 안정에 가치를 두고 사회 질서를 유지하면서 사회 문제를 점진적으로 해결하려 한다.

② 오답: 진보적 이념은 주로 평등, 변화, 분배, 민주화 등을 중시하는 반면, 보수적 이념은 자유, 질서, 성장, 산업화 등을 중시한다. 따라서 경제 성장에 중점을 두는 것은 보수적 이념이다.

③ 오답: 제시문에서는 진보와 보수가 모두 인류가 추구하는 보편적 가치를 지니고 있기 때문에 중도적인 입장에서 화합할 여지가 있다고 본다.

④ 오답: 제시문에서는 진보와 보수가 불변의 것이 아니고 시대와 상황에 따라 변화하는 양상을 보인다고 본다.

❺ 정답: 흑백 논리의 이분법적 사고란 선이 아니면 악, 우리 편이 아니면 적이라는 식의 대립적 구도로 사회를 바라보는 사고를 말한다. 제시문에서는 우리 사회의 보수와 진보의 이념 갈등이 자신의 입장을 절대시하고 상대방의 입장을 적대시하는 이분법적 대립 구도를 보이고 있다고 지적한다.

02 통일에 대한 입장

자료 해설 갑은 과도한 통일 비용, 사회적 혼란과 갈등, 정치적 혼란 등을 이유로 통일에 반대하고 있다. 반면에 을은 남북한 경제의 통합으로 인한 효과, 분단 비용의 해소, 전쟁의 위험 해소 등을 이유로 통일에 찬성하고 있다.

선택지 분석

① 오답: 통일 편익이란 통일로 얻게 되는 경제적·경제 외적 보상과 혜택을 말한다. 이러한 통일 편익에 대해서는 갑이 아니라 을이 설명하고 있다.

② 오답: 갑은 분단 비용을 줄이기 위한 방안 마련의 필요성에 대해서 언급하고 있지 않고, 통일로 인해 생길 수 있는 문제점에 대해 언급하고 있다.

❸ 정답: 규모의 경제란 생산 규모의 증가에 따라서 평균 생산비가 감소하는 현상을 뜻한다. 을은 남북한 경제의 통합으로 인한 다양한 효과를 언급하고 있는데, 여기에 규모의 경제 효과도 포함된다.

④ 오답: 을은 통일로 인해 얻을 수 있는 혜택에 대해 언급하고 있다. 따라서 을은 통일로 인한 손실이 크다고 하더라도 당위적 차원에서 통일해야 한다고 주장하지는 않는다.

⑤ 오답: 갑이나 을 모두 통일 비용을 마련하기 위한 노력의 필요성에 대해서 언급하고 있지 않다.

올쏘 만점 노트 분단 비용, 통일 비용, 통일 편익

분단 비용	• 분단으로 인한 남북한 대결과 갈등으로 인해 발생하는 모든 비용 • 국방 비용, 외교 비용, 이산가족의 고통, 전쟁 가능성에 대한 공포 등 소모적 성격의 비용
통일 비용	• 통일 과정과 통일 이후 남북한을 통합하는 데 필요한 비용 • 제도 통합 비용, 위기관리 비용, 경제적 투자 비용 등 투자적 성격의 비용
통일 편익	• 통일로 얻을 수 있는 편리함과 이익 • 분단 비용이 사라지고 규모의 경제를 실현할 수 있음 • 동북아시아 긴장 완화와 세계 평화에 기여함

03 아펠과 하버마스의 담론 윤리

자료 해설 갑은 아펠이고, 을은 하버마스이다. 아펠은 의사소통 공동체의 구성원들은 합의를 하기 위한 담론에 참여해야 할 책임과 의사소통 공동체를 유지해야 할 책임을 동시에 지닌다고 보았다. 하버마스는 현대 사회의 다양한 문제를 해결하기 위해서는 공정한 담론의 절차가 필요하다고 보고, 합리적 의사소통 영역인 공론장을 통해 합리적 담론을 이끌어 냄으로써 사회를 통합할 수 있는 가능성을 찾을 수 있다고 주장하였다.

선택지 분석

❶ 정답: 아펠과 하버마스 모두 담론의 과정을 통해 보편적 윤리 규범을 도출할 수 있다는 담론 윤리의 입장을 지니고 있다. 하버마스는 개인의 주관적인 도덕 판단만으로는 도덕규범이 성립할 수 없고, 합리적 의사소통의 과정을 거치는 담론이 필요하다고 주장하였다. 아펠은 보편적 윤리 규범은 토론을 통해 합리적으로 조정하는 과정에서 만들어진다고 주장하였다.

ㄴ. 오답: 아펠과 하버마스와 같은 담론 윤리 사상가들은 담론을 통한 합의의 절차를 중시한다. 그러다 보니 도덕규범의 구체적인 내용이나 삶의 방향성을 제시하지 못한다는 비판을 받는다.

ㄷ. 오답: B에는 갑(아펠)이 긍정의 대답을, 을(하버마스)이 부정의 대답을 할 질문이 들어가야 한다. 그런데 하버마스는 사회 문제 해결을 위한 공정한 담론의 절차를 중시하기 때문에 이 질문에 긍정의 대답을 할 것이다.

㉣ 정답: 하버마스는 토론의 과정에서 합의에 도달하기 위해서는 합리적인 의사소통의 과정을 거쳐야 한다고 보았다. 하버마스는 대화의 당사자들이 합의 결과를 수용하고 그것을 의무로 받아들이기 위해서는 합리적인 의사소통의 과정을 거쳐야만 한다고 보았다.

올쏘 만점 노트 동서양의 소통과 담론 윤리

동양	원효	서로 다른 종파의 주장들을 인정하고 보다 높은 차원에서 통합해야 한다는 화쟁 사상 제시
	공자	서로의 차이를 존중하되 다른 것을 흡수하려 해서는 안 된다는 화이부동 제시
	장자	도(道)의 관점에서 만물의 상호 의존성 강조
서양	스토아학파	모든 사람이 동등한 세계 시민이라는 세계 시민주의 제시
	하버마스	• 의사소통의 합리성 실현 강조 • 공론장을 통해 합리적 담론을 이끌어 내는 합의 과정 중시
	아펠	의사소통 공동체 구성원들의 책임 강조

04 원효의 화쟁 사상

자료 해설 제시문은 원효의 글이다. 원효는 당시에 대립하고 서로 다투던 불교의 종파들의 이론이 부처의 뜻이므로 옳다고 인정하고, 다만 이들 종파들의 주장이 진리의 한 부분만을 논하고 있으므로 이를 보다 높은 차원에서 융합해야 한다는 화쟁 사상을 제시하였다.

선택지 분석

① 오답: 원효는 각자의 주장에 대한 시비(是非), 즉 옳고 그름을 가리려는 시도도 결국에는 모두 한마음[一心]에서 본다면 옳지 않음이 없기 때문에 부질없는 일이라고 보았다.

❷ 정답: 원효는 다양한 종파들이 갈등하는 것은 자신들의 주장만이 옳다고 믿기 때문이라고 보고 특수하고 상대적인 각자의 입장에서 벗어나 대승적으로 융합해야 한다고 주장하였다.

③ 오답: 원효의 화쟁 사상은 각 종파의 서로 다른 이론을 부정하는 것이 아니다. 원효는 여러 종파들의 주장이 모두 부처의 가르침에서 비롯된 것이고 그것이 지향하는 바는 일심(一心)이기 때문에 이들의 이론을 인정해야 한다고 주장하였다.

④ 오답: 원효는 선과 악, 나와 타인의 구분에서 벗어나서 일심(一心)의 깨달음에 이르러야 한다고 주장하였다.

⑤ 오답: 원효는 모든 종파와 사상의 분리를 고집하지 않고 더 높은 차원에서 하나로 종합해야 한다고 주장하였다.

05 공자의 화이부동

자료 해설 제시문은 공자의 글이다. 공자는 이상적 인간상으로 군자(君子)를 제시하였고, 상대적으로 군자를 따라가지 못하는 인간상으로 소인(小人)을 제시하였다. 공자는 이 글에서 군자는 화이부동(和而不同)하는 사람이라고 소개하고 있다.

선택지 분석

① 오답: 공자가 제시한 화이부동에서 화(和)는 여러 부분들이 조화롭게 공존하는 상태를 의미하는 것이다. 따라서 다양성을 버리고 일원화된 원칙을 마련해야 한다는 것은 화이부동의 의미에 맞지 않는다.

② 오답: 공자가 제시한 화이부동에서 '부동(不同)'의 의미는 다양성을 인정하지 않고 다른 사람을 지배하거나 흡수하려는 태도를 버린다는 것을 의미한다. 따라서 자신과 타인의 생각을 하나로 합친다는 것은 화이부동의 의미에 맞지 않는다.

❸ 정답: 공자가 말하는 화이부동이란 남과 화목하게 지내지만 자기중심과 원칙을 잃지 않는다는 의미이다.

④ 오답: 공자가 제시한 화이부동은 타인과 조화롭게 공존하지만 자신의 중심과 원칙을 잃지 않음을 의미하는 것이다. 따라서 자기 것을 버린다는 것은 화이부동의 의미에 맞지 않는다.

⑤ 오답: 공자가 제시한 화이부동은 자신의 중심과 원칙을 잃지 않는 동시에 다른 사람을 지배하거나 흡수하려 하지 않는 것을 의미한다. 따라서 타인들의 행위를 자신의 것으로 동화시켜야 한다는 것은 화이부동의 의미에 맞지 않는다.

06 통일의 방법론

자료 해설 갑은 통일을 이루기 위해서는 정치적·군사적 분야에서의 일괄 타결이 필요하다고 주장하고 있다. 반면에 을은 정치적·군사적 분야의 일괄 타결은 불가능하며 사회·문화적 차원의 교류를 지속시켜 나가면서 남북한 간의 신뢰를 형성한 후 정치·군사 교류를 진행해야 한다고 주장하고 있다.

선택지 분석

ㄱ. 정답: 갑은 통일을 이루기 위해서는 정치적·군사적 결단이 필요하다고 주장하고 있다. 따라서 갑은 통일의 방법으로 정치적 협상과 타결을 제시하고 있다.

ㄴ. 오답: 점진적이고 단계적인 사회 통합이 우선되어야 한다고 보는 것은 갑이 아니라 을이다. 갑은 정치적·군사적 결단을 통한 일괄 타결 방식의 통일 방법을 주장하고 있다.

ㄷ. 정답: 을은 문화, 예술, 스포츠 교류, 이산가족 상봉 등의 교류를 우선적으로 진행해야 한다고 주장하고 있다. 여기서 문화, 예술, 스포츠 등의 교류는 비정치적 성격의 교류에 해당한다.

ㄹ. 오답: 민간 부문의 교류가 가장 중시되어야 한다고 보는 것은 을의 입장에만 해당한다. 갑은 정치적·군사적 결단을 주장하는데, 이는 남북한 당국 간에 해결해야 할 문제로 민간 부문의 교류에 해당하지 않는다.

올쏘 만점 노트 대북 지원 방식

인도주의 원칙	남북한의 정치·군사 상황과는 무관하게 대북 지원이 이루어져야 한다는 입장
상호주의 원칙	북한에 일정한 변화를 요구하면서 대북 지원을 해야 한다는 입장

07 하버마스의 담론 윤리

자료 해설 제시문은 하버마스의 주장이다. 하버마스는 언어 능력과 행위 능력을 지닌 모든 주체는 담론에 참여할 수 있어야 한다고 보았다. 그리고 합리적 의사소통의 영역인 공론장을 통해 참여자들이 논증적인 토론 과정을 거쳐 보편적 합의에 도달해야 한다고 주장하였다.

선택지 분석

첫 번째 입장 오답: 하버마스는 개인의 주관적인 도덕 판단만으로는 도덕규범이 성립할 수 없다고 보았다. 그는 합리적 의사소통의 과정을 거쳐야 모든 당사자들의 동의를 얻을 수 있는 보편화 가능한 도덕규범에 합의할 수 있다고 주장하였다.

두 번째 입장 정답: 하버마스는 의사소통의 합리성을 실현하기 위해서는 모든 당사자들이 동의할 수 있는 이상적 담화 상황이 필요하다고 보았다.

세 번째 입장 정답: 하버마스는 현대 사회의 다양한 문제들을 정부 주도하의 행정적인 해결책으로는 해결된다고 보지 않고 시민들이 참여할 수 있는 공정한 담론의 절차를 통해 해결책을 마련해야 한다고 보았다.

네 번째 입장 정답: 하버마스는 담론을 통해 합의된 도덕규범이 정당성을 지니기 위해서는 대화 당사자들이 서로를 속이려는 의도 없이 진실된 말을 해야 하고 서로 이해할 수 있는 말을 해야 한다고 보았다.

08 분단 비용과 통일 비용

자료 해설 분단 비용은 남북한 분단에 따른 남북 간의 대결과 갈등으로 인해 발생하는 유무형의 비용을 말한다. 통일 비용은 통일 과정과 통일 이후 통일 국가를 실현하는 데 들어가는 비용을 말한다.

선택지 분석

① 오답: 분단 비용 중 경제적 비용에는 분단 상태를 유지하기 위한 국방 비용, 남북한 대결로 인해 발생하는 외교 비용, 남북한 체제 대결로 인해 발생하는 이념 교육 비용 등이 있다.

② 오답: 분단 비용 중 경제 외적 비용에는 이산가족의 고통, 이념적 대립과 갈등, 전쟁 가능성에 대한 공포로 인한 국민들의 불안 등 사회·정서적 비용이 있다.

③ 오답: 통일 비용에는 제도 통합 비용, 위기관리 비용, 경제적 투자 비용 등이 있다. 이중 경제적 투자 비용은 남북한 철도 연결 등 투자 성격의 경제적 비용이다.

④ 오답: 통일 비용 중 제도 통합 비용은 남북한 정치·행정 제도와 금융, 화폐를 통합하는 데 쓰이는 비용이다.

❺ 정답: 통일 비용은 통일 국가의 번영을 위한 투자적인 성격의 비용인 반면, 분단 비용은 분단이 계속되는 한 지속적으로 발생하는 비용으로 민족 구성원 모두의 손해로 이어지는 소모적인 성격의 비용이다.

16 ㉓ 지구촌 평화의 윤리

기출 선지 변형 O X

본문 139, 141쪽

1 ×	2 ×	3 ○	4 ×	5 ×	6 ○	7 ○	8 ×
9 ×	10 ○	11 ×	12 ○	13 ○	14 ○	15 ×	16 ○
17 ×	18 ○	19 ○	20 ○	21 ○	22 ○	23 ×	24 ×
25 ×	26 ×	27 ○	28 ×	29 ○	30 ×	31 ○	32 ×
33 ○	34 ○	35 ×	36 ×	37 ○	38 ○	39 ×	40 ×
41 ○	42 ○	43 ×	44 ○				

01 갈퉁은 전쟁이 종식되었다고 해서 적극적 평화가 오는 것은 아니라고 하였다. 전쟁의 종식은 전쟁이 없는 소극적 평화 상태일 뿐 적극적 평화를 위해서는 구조적·문화적 폭력까지 제거되어야 한다고 보았다.

02 갈퉁은 직접적 폭력과 간접적 폭력(구조적·문화적 폭력) 모두 제거되어야 진정한 평화가 실현된다고 보았다.

03 갈퉁은 국가 간에 전쟁이 없는 상태는 소극적 평화인데 이 개념이 아닌 모든 구조적·문화적 폭력이 제거된 적극적 평화 상태를 국제 평화 개념으로 삼을 것을 주장하였다.

04 갈퉁은 비합법적인 무력 사용과 더불어 문화적·구조적 차원의 폭력을 행사하는 것과 이를 묵인하는 것도 폭력이라고 보았다.

05 갈퉁은 적극적 평화를 위해 구조적·문화적 폭력을 제거해야 한다고 보았으며, 편견 극복을 위한 교육은 이러한 문화적 폭력을 제거하는 방법으로 적절하다고 볼 것이다.

06 왈처는 전쟁 개시 이전에 평화적 수단을 동원하여 해결하려고 노력해야 한다고 주장하였다. 이러한 노력이 무위에 그칠 경우 전쟁은 정당화될 수도 있다고 보았다.

07 왈처는 전쟁의 시작이 부당하더라도 과정과 결과는 정당하고 정의로워야 한다고 주장하였다.

08 갈퉁만이 인명의 살상을 동반하는 어떤 전쟁도 정의롭지 않다고 보며, 왈처는 심각한 인권 침해에 대한 보호, 적의 침입 방어 등과 같이 목적이 정당하다면 살상을 동반하는 전쟁도 정의로울 수 있다고 보았다.

09 왈처는 전쟁의 정당한 명분을 사회 전체의 효용성이 아니라 인간의 생명과 자유에 대한 권리에서 찾았다.

10 왈처는 전쟁의 명분이 전쟁 수행의 규범보다 더 중요하다고 보았다. 그는 "전쟁 개시에서 가장 중요한 것은 정당한 명분"이라고 분명하게 밝혔다.

11 왈처는 전쟁이 도덕 판단의 대상이 된다고 보았다. 왈처에 따르면 정의로운 전쟁은 전쟁의 개시, 수행, 종결에서 모두 도덕적으로 정의로워야 한다.

12 왈처는 전쟁 개시의 정당한 명분만이 전쟁을 정의롭게 하지는 않는다고 보았다. 전쟁의 개시와 수행 과정, 종결이 모두 정의로울 때 정의로운 전쟁이라고 보았다.

13 왈처는 인종 청소나 학살과 같은 수준의 심각한 인권 침해가 발생했을 때 개입할 수 있다고 보았다. 그는 정당한 전쟁의 조건으로 전쟁 개시의 정의, 전쟁 수행 과정의 정의, 전쟁 종식 이후의 정의를 주장하였다.

14 아퀴나스는 정의 전쟁론을 주장하였는데, 그는 때때로 무력이 평화와 정의를 지키는 정당한 수단이 될 수 있다고 보았다. 그리고 전쟁의 정당화 조건으로 적정한 권위, 정당한 원인, 바른 의도를 들었다.

15 아퀴나스는 개별 국가의 폭정은 전쟁을 선포할 수 있는 명분으로서 정당하다고 보았다.

16 아퀴나스는 전쟁의 선포는 적법한 권위를 지닌 군주만 가능하며, 일반인은 전쟁을 선포할 수 없다고 보았다.

17 아퀴나스는 방어 이외에 조건을 충족하는 선제공격은 정당성을 지닌다고 보았다. 그 조건은 적정한 권위와 정당한 원인, 바른 의도이다. 예를 들어 개별 국가의 폭정을 멈추게 하기 위해서 군주가 전쟁을 선포하는 것은 이 모든 조건을 충족한다.

18 칸트는 영구 평화론을 주장하였는데, 그는 영원한 평화를 위해서는 개별 국가의 주권을 인정하고 각 국가의 정치에는 관여하지 말아야 한다고 보았다.

19 칸트는 국제법을 기반으로 국제 연맹을 만들어 국가 간 우호와 시민의 자유를 증진할 수 있다고 보았다.

20 칸트는 국내에서는 공화제, 국제 관계에서는 국제법을 통해 평화를 실현할 수 있다고 보았으므로, 정치 제도의 개선이 필수적이라는 데 동의한다. 또 갈퉁은 사회의 구조적·문화적 폭력을 제거하여 적극적 평화를 이룰 수 있다고 보았으므로, 그 역시 정치 제도의 개선이 필수적이라는 데 동의한다.

21 칸트는 상비군 폐지를 주장하면서 영구 평화를 위해서는 군비 경쟁을 할 것이 아니라 군을 점진적으로 폐지해야 한다고 보았다.

22 칸트는 영구 평화를 위해서는 전쟁 자체를 없애야 한다고 보았으므로, 전쟁은 국제 정의를 실현하기 위한 수단이 될 수 없다고 보았다. 그러나 왈처는 조건만 충족한다면 정의로운 전쟁은 가능하며, 이를 통해 평화를 이룰 수 있다고 보았다.

23 롤스는 빈곤국이라고 해도 질서가 잘 잡힌 사회라면 원조의 대상으로 볼 필요가 없다고 하였다. 롤스에게 있어서 원조의 대상은 불리한 여건으로 인해 '고통받는 사회'만 해당한다.

24 지구적 차등 원칙에 근거하여 원조를 주장한 사람은 베이츠로, 롤

스는 해외 원조에 차등의 원칙을 적용하지 않았다.

25 싱어는 질서 정연한 사회의 빈민과 질서 정연하지 않은 사회의 빈민 모두 원조의 대상으로 바라보았다. 롤스가 질서 정연한 사회의 빈민을 원조 대상으로 보지 않았다.

26 롤스뿐만 아니라 싱어도 원조를 통해서 모든 사회의 복지 수준을 일치시키려고 하지는 않았다.

27 싱어는 공리주의를 바탕으로 사상을 전개하였다. 따라서 인류의 고통 감소와 쾌락 증진을 위해 원조를 해야 한다고 보았다.

28 롤스는 일정한 목표를 넘어서면 원조를 중단해야 한다고 보았다. 그 일정한 목표란 고통받는 사회가 질서 정연한 사회가 되는 것을 의미한다.

29 롤스는 원조를 통해서 만민의 복지 수준을 일치시킬 필요는 없다고 보았다. 그는 복지 수준은 나라마다 사회마다 다를 수 있다고 보았다.

30 싱어는 원조를 위해 풍요로운 사회의 자원을 활용하여 빈곤을 해결할 수 있다고 보았다.

31 롤스는 고통받는 국가를 질서 정연한 국가로 만드는 것을 원조의 목적으로 삼았다.

32 롤스의 정의의 제2원칙은 차등의 원칙으로, 롤스는 이에 따라 국가 간 자원을 재분배할 것을 주장하지는 않았다. 롤스의 차등의 원칙은 국제 사회에서는 적용되지 않는다.

33 싱어는 공리주의자로, 공리의 원리를 국제 차원으로 적용하여 인류의 고통을 감소시키고 이익을 증진할 것을 주장하였다.

34 소유 권리로서의 정의를 주장한 노직은 개인이 정당하게 획득한 자산은 모두 개인의 것으로, 원조를 강제해서는 안 되며 자선의 차원으로만 이루어져야 한다고 주장하였다. 따라서 원조를 위한 의무적 과세는 강제로 노동을 시키는 것과 같다고 비유하였다.

35 싱어는 원조의 최종 목표를 인류 전체의 행복 증대에 있다고 보았다. 롤스는 원조의 최종 목표를 고통받는 사회를 질서 정연한 사회로 만드는 데 있다고 보았다.

36 싱어는 원조 의무를 규정하는 보편 원리가 있다고 보았다. 싱어의 보편 원리는 공리주의와 이익 평등 고려의 원칙이다.

37 노직은 해외 원조는 국가가 강제해야 할 의무가 아니며, 원조는 개인이 자신의 자산을 어떻게 운용할 것인가에 따른 것이라고 보았다. 즉, 원조는 자선 행위라고 보았다.

38 롤스는 정의의 원칙이 확립된 빈곤한 국가는 원조의 대상으로 보지 않았다. 롤스가 원조 대상으로 본 국가는 불합리한 국가, 즉 질서 정연하지 않은 국가이다. 빈곤하지만 헌법이나 국민의 기본권이 지켜지는 국가는 원조의 대상이 아니며, 이러한 국가는 자립할 수 있다고 보았다.

39 롤스는 원조의 주체를 질서 정연한 국가로 보았으며, 원조의 대상은 질서 정연하지 않은 국가로 보았다. 싱어는 국가와 국제기구를 포함한 단체, 개인 모두 원조의 주체가 될 수 있다고 보았다.

40 노직과 롤스는 애초 국가 간 부의 격차 해소를 목적으로 하지 않았다. 싱어만 국가 간 부의 격차 해소를 목적으로 하였다. 노직은 국가

간 부의 격차를 해소해야 한다고 생각하지 않았으며, 롤스는 국가 간 부의 격차는 있을 수 있다고 보았다.

41 싱어는 원조의 대상을 지구촌 전체의 사람들로 보았기 때문에 국적은 원조를 하는 데 있어서 중요한 요소가 아니다.

42 싱어는 원조가 전 지구적 차원의 윤리적 의무라고 보았다.

43 싱어는 원조를 지구촌 전체의 빈곤한 사람들을 대상으로 삼았기 때문에 질서 정연한 사회의 빈곤한 시민이라고 해도 원조의 대상이 된다.

44 롤스는 원조의 목적이 고통받는 사회를 질서 정연한 사회로 바꾸는 데 있다고 보았다. 질서 정연한 사회로 바꾸기 위해서는 고통받는 사회의 정치 문화를 개선해야 한다.

실전 기출 문제

본문 142~147쪽

01 ④	02 ③	03 ④	04 ⑤	05 ⑤	06 ⑤	07 ⑤	08 ③
09 ③	10 ①	11 ③	12 ④	13 ⑤	14 ④	15 ③	16 ②
17 ①	18 ④	19 ①	20 ③	21 ④	22 ①	23 ②	24 ①

01 해외 원조에 대한 롤스와 싱어의 입장

자료 해설 갑은 롤스, 을은 싱어이다. 롤스는 빈곤의 원인을 정치적·사회적 제도의 결함 때문이라고 보고 빈곤으로 고통받고 있는 사회를 질서 정연한 사회가 되도록 도와야 한다고 주장하였다. 싱어는 공리주의적 관점에서 인류 전체의 행복을 증진시켜야 한다고 보면서, 세계 시민의 관점에서 고통받는 사람들에 대한 일정한 의무가 있다고 보고 원조를 해야 함을 주장한다.

선택지 분석

① 오답: 롤스는 고통을 겪고 있는 사회가 자신의 문제를 합리적으로 해결할 수 있는 질서 정연한 사회라면 빈곤국이라 할지라도 원조의 대상이 아니라고 하였다.

② 오답: 원조 정책을 지구적 차등 원칙에 근거해야 한다고 주장한 사람은 베이츠이다. 롤스는 해외 원조에는 차등의 원칙이 적용되지 않는다고 하였으며, 제시문에서도 '공정으로서의 정의와 달리 만민법은 사회·경제적 불평등이 최소 수혜자에게 이익이 될 것을 요구하지 않는다.'라고 하였다.

③ 오답: 질서 정연한 사회의 빈민은 원조의 대상일 수 없다고 주장한 사람은 롤스이다.

❹ 정답: 싱어는 세계의 시민으로서 국경을 초월하여 세계의 모든 가난한 사람을 돕는 것이 우리의 의무라고 주장하였다.

⑤ 오답: 롤스와 싱어는 모두 원조를 통해 모든 사회의 복지 수준을 일치시켜야 한다고 주장하지 않았다. 특히 롤스는 국가마다 부와 복지의 수준은 다를 수 있다고 보았다.

02 평화주의, 현실주의, 정의 전쟁론

자료 해설 갑은 무력을 도덕적으로 정당화될 수 없는 것으로 보고 어떠한 경우에도 전쟁은 불가능하다고 주장하는 평화주의 입장이다. 을은 국가 간에 도덕적 관계는 성립이 불가능하다고 보고 자국의 이익을 위해 전쟁은 불가피하게 존재한다고 주장하는 현실주의 입장이다.

정답 및 해설

병은 무력이 정의 수행의 수단이 될 수 있다고 보는 정의 전쟁론의 입장으로, 이 입장에서는 적국의 침입을 방어하거나 무고한 사람의 인권을 보호하는 등 전쟁이 합법적 권위와 정당한 원인과 정당한 의도를 지녔을 경우에만 정당화될 수 있다고 주장한다.

선택지 분석

① 오답: 국가 간의 세력 균형으로 항구적 평화를 실현하고자 하는 입장은 현실주의, 즉 을의 입장이다.

② 오답: 현실주의 입장에서 전쟁은 항구적 평화를 이루기 위한 최후의 정치적 수단이 아니라 자국의 이익을 추구하기 위한 수단이다.

❸ 정답: 정의 전쟁론에서는 정의를 수호하기 위한 전쟁은 정당하다고 본다. 따라서 자국의 방어를 위한 불가피한 전쟁은 도덕적으로 허용된다는 입장이다.

④ 오답: 전쟁은 인간의 생명과 자유권을 보장할 때 정의롭다고 보는 입장은 정의 전쟁론, 즉 병의 입장이다.

⑤ 오답: 전쟁을 국가의 이익을 극대화하기 위한 정치적 행위로 보는 입장은 현실주의, 즉 을의 입장에만 해당된다.

03 전쟁과 평화에 대한 갈퉁과 왈처의 입장

자료 해설 갑은 갈퉁, 을은 왈처이다. 갈퉁은 인간다운 삶을 위한 적극적 평화를 강조한다. 그는 직접적·물리적 폭력이 없는 소극적 평화를 넘어서서 구조적·문화적 폭력이 없는 적극적 평화를 실현해야 한다고 주장한다. 왈처는 전쟁은 도덕적 제약을 받아야 하지만 정의 실현을 위한 수단이 될 수 있다고 주장한다. 즉, 동기, 과정, 결과가 모두 정의로운 전쟁은 정당화될 수 있다고 본다.

선택지 분석

① 오답: 갈퉁은 평화 실현을 위한 수단과 방법도 평화적이어야 한다고 주장하며 폭력적 수단의 사용은 부정하다고 본다.

② 오답: 갈퉁은 전쟁이 없는 상태를 소극적 평화라고 보고, 이를 넘어서서 구조적·문화적 폭력이 없는 적극적 평화를 실현해야 한다고 주장한다. 따라서 전쟁의 종식은 소극적 평화의 상태를 보장할 뿐 적극적 평화의 실현을 보장하지는 않는다.

③ 오답: 왈처는 전쟁 개시 이전에 평화적 수단을 동원하여 해결하려고 노력했지만 해결이 되지 않을 경우 최후의 수단으로서 전쟁이 정당화된다고 하였다.

❹ 정답: 왈처는 전쟁이 부당하게 개시되더라도 그 과정과 결과는 정당하게 종식되어야 한다고 주장하였다. 제시문에서도 '비록 개전의 측면에서 정당화될 수 없는 전쟁일지라도 그 수행 과정과 전후 처리는 정의로워야 한다.'라고 하였다.

⑤ 오답: 갈퉁의 주장이다. 왈처는 무고한 사람의 인권 보호와 회복, 적의 침입 방어 등 정당한 목적의 전쟁을 인정한다. 그리고 이 과정에서 가능한 한 인명의 살상은 최소화해야 한다고 주장하였다.

04 싱어와 롤스의 해외 원조론

자료 해설 갑은 싱어, 을은 롤스이다. 싱어는 공리주의적 관점에서 인류 전체의 고통을 감소하고 이익을 증진해야 한다고 보고, 해외 원조를 인류 복지 증진을 위한 윤리적 의무로 규정한다. 롤스는 해외 원조의 목적은 약소국의 빈곤 문제를 해결하는 것이 아니라 불리한 여건의 사회를 질서 정연한 사회가 될 수 있도록 돕는 것이라고 주장한다. 이러한 입장과 일치하지 않는 것을 고르면 된다.

선택지 분석

① 오답: 싱어는 이익 평등 고려의 원칙에 따라 원조 대상자들의 국적과 상관없이 평등하게 고려해야 한다고 주장한다.

② 오답: 싱어는 공리주의적 입장에서 원조를 인류의 고통을 감소하고 쾌락을 증진하기 위한 의무라고 하였다.

③ 오답: 롤스는 불리한 여건의 사회가 질서 정연한 사회가 되면 원조를 중단할 수 있다고 하였다.

④ 오답: 롤스는 원조의 목적은 만민의 복지 수준을 일치시키는 것이 아니라 불리한 여건의 사회가 질서 정연한 사회가 되는 데 있다고 하였다.

❺ 정답: 싱어와 롤스는 모두 원조를 도덕적 의무라고 보지만, 빈곤한 나라를 도와야 한다고 주장하는 것은 싱어이다. 롤스는 빈곤한 나라가 아니라 불리한 여건의 사회를 원조 대상으로 보기 때문에, 질서 정연하지만 빈곤한 사회는 원조의 대상이 되지 않는다.

05 싱어와 롤스의 해외 원조론

자료 해설 갑은 싱어, 을은 롤스이다. 싱어는 인류 전체의 행복을 증진시켜야 한다는 공리주의적 관점에서 빈곤한 사람들을 도와야 한다고 주장하였고, 롤스는 불리한 여건으로 고통받는 사회를 질서 정연한 사회가 될 수 있도록 도와야 한다고 주장하였다.

선택지 분석

① 오답: 싱어는 개인과 정부 모두를 원조의 주체라고 본다. 즉, 개인뿐만 아니라 국가도 원조를 해야 한다고 주장한다.

② 오답: 싱어는 원조를 할 때 이익 평등 고려의 원칙을 바탕으로 행위의 영향을 받는 사람들의 이익에 동등한 비중을 두어야 한다고 주장한다. 따라서 지리적으로 가깝거나 어느 국가인지는 중요하지 않다.

③ 오답: 롤스는 가난하고 질서 정연한 사회는 스스로 문제를 해결할 수 있다고 보기 때문에 원조의 대상으로 삼지 않는다.

④ 오답: 롤스는 국가 빈곤도가 아니라 불리한 여건으로 고통받는 사회를 원조의 대상으로 본다. 따라서 질서 정연한 사회인가를 기준으로 원조 대상국을 정한다.

❺ 정답: 롤스와 싱어는 모두 원조 대상국들의 복지 수준 평준화를 원조의 목표로 삼지 않는다. 싱어는 지구적 차원에서 인류의 복지 증진을, 롤스는 질서 정연한 사회를 만드는 것을 원조의 목표로 삼는다.

06 정의 전쟁론과 영구 평화론

자료 해설 갑은 왈처, 을은 칸트이다. 왈처는 정의 전쟁론을 주장하면서 전쟁의 개시, 수행 과정, 종식 이후가 정의롭다면 전쟁이 도덕적으로 정당화될 수 있다고 주장하였고, 칸트는 영구 평화론을 주장하면서 국가 간 주권 보장은 물론 타국의 체제와 통치에 대한 폭력을 사용한 간섭을 반대하였다.

선택지 분석

① 오답: 왈처는 전쟁 시에도 도덕적 제약이 적용된다고 보았다.

② 오답: 왈처는 전쟁이 도덕적으로 정당화되기 위해서는 전쟁의 결과뿐만 아니라 전쟁의 개시와 수행 과정이 모두 정의로워야 한다고 주장하였다.

❸ 정답: 칸트는 영원한 평화를 위한 진정한 의미의 정치는 도덕에 충실해야 한다고 하면서, 정치가는 '도덕적 정치가'가 되어야 하고, 모든 정치는 도덕 앞에 무릎을 꿇어야 한다고 하였다.

④ 오답: 칸트는 국가 간 적대 행위가 중지된다고 즉시 평화가 보장되는 것이 아니라 국가들의 이성적인 대화와 타협을 통해 평화가 실현될 수 있다고 보았다.

⑤ 오답: 왈처는 대량 학살과 같은 비인도적인 사태가 일어나고 이를 스스로

해결할 수 없을 때 타국의 인도주의적 개입이 정당화될 수 있다고 보았다. 칸트는 타국의 체제와 통치에 대한 폭력적인 간섭을 하지 말아야 한다고 주장하였다. 갑에게만 해당하는 입장이다.

07 왈처의 정의 전쟁론

자료 해설 제시문의 사상가는 왈처이다. 왈처는 전쟁이 경우에 따라 필수불가결한 것으로 보고, 전쟁의 개시, 수행, 종결이 모두 정의로울 때 그 전쟁은 도덕적으로 정당하다고 주장하였다.

선택지 분석

① 오답: 왈처는 전쟁의 개시, 수행, 종결이 모두 정의로울 때 전쟁이 도덕적으로 정당화될 수 있다고 보았다.

② 오답: 왈처는 전쟁의 정당한 명분을 사회 전체의 효용이 아니라 인간의 생명과 자유에 관한 권리에서 찾는다. 제시문에서도 '여기서 도덕 판단의 근거는 효용 계산의 결과가 아니라 인간의 생명과 자유에 대한 권리입니다.'라고 하였다.

③ 오답: 왈처는 전쟁의 정당한 명분을 전쟁 수행의 규범보다 중시한다. 제시문에서도 '전쟁 개시에서 가장 중요한 것은 정당한 명분입니다.'라고 하였다.

④ 오답: 왈처는 전쟁도 도덕 판단의 대상이 된다고 보고 전쟁의 개시, 수행, 종결에서 모두 도덕적 평가를 받아야 한다고 주장하였다. 제시문에서도 '전쟁은 때로는 정당화될 수 있다는 것과 전쟁은 언제나 도덕 판단의 대상이 된다는 것입니다.'라고 하였다.

❺ 정답: 왈처는 전쟁 개시의 정당한 명분이 전쟁의 수행 과정과 종결의 정당성을 보장해 주지 않는다고 보고, 전쟁의 개시뿐만 아니라 수행 과정과 종결이 모두 정의로워야 한다고 주장하였다.

08 싱어와 롤스의 해외 원조론

자료 해설 갑은 싱어, 을은 롤스이다. 싱어는 인종, 성별, 국적, 지능 등의 조건에 관계없이 이익 평등 고려의 원칙에 따라 인류의 고통을 감소하고 이익을 증진하기 위해 원조를 해야 한다고 주장하였다. 롤스는 질서 정연한 사회의 국민들이 불합리한 여건으로 고통받는 국가를 도와야 한다고 주장하였다.

선택지 분석

① 오답: 싱어는 인류 전체의 이익을 증진하기 위해서 풍요로운 사회의 자원을 활용하여 절대 빈곤으로 고통받는 사회의 사람들을 원조해야 한다고 주장한다.

② 오답: 싱어는 풍요한 사회라고 할지라도 그 안에 몇몇 시민들이 빈곤으로 고통받고 있다면 원조를 해야 한다고 주장한다. 따라서 풍요로운 사회가 원조의 대상에서 모두 제외되어야 하는 것은 아니다.

❸ 정답: 롤스는 자원이 부족한 국가만을 원조 대상으로 보지 않는다. 그는 질서 정연한 사회가 불리한 여건으로 고통받는 사회의 정치 문화를 바꾸어 그들이 스스로 복지 문제를 해결할 수 있도록 도와야 한다고 주장한다.

④ 오답: 롤스는 정의의 제2원칙에 따라 국가 간 자원을 재분배해야 한다고 주장하지 않는다.

⑤ 오답: 싱어는 공리의 원리를 국제적 차원으로 확대 적용하여 인류의 고통을 감소하고 이익을 증진하기 위해서 해외 원조를 윤리적 의무로 규정한다.

09 갈퉁의 적극적 평화

자료 해설 제시문의 사상가는 갈퉁이다. 갈퉁은 폭력이 인간의 기본적 욕구를 무시하는 것이라고 주장하면서 전쟁이나 물리적 폭력이 없

는 소극적 평화를 넘어 구조적 폭력과 문화적 폭력을 인식하고 이를 해결하는 적극적 평화를 실현하는 것이 중요하다고 강조하였다.

선택지 분석

① 오답: 갈퉁은 직접적 폭력이 없는 상태를 넘어 구조적·문화적 폭력이 없는 상태를 지향하였다.

② 오답: 갈퉁은 직접적인 폭력뿐만 아니라 구조적·문화적 폭력도 제거해야 한다고 하였다. 즉, 직접적·간접적 폭력을 모두 제거해야 한다고 주장하였다.

❸ 정답: 갈퉁은 빈곤, 인권 침해 등으로 인간의 삶의 질이 저하되는 상태, 즉 복지에 대한 욕구를 모독하는 행위도 폭력 행위라고 보았다.

④ 오답: 갈퉁은 평화의 개념을 정의, 인간 존엄성, 삶의 질 등에 바탕을 둔 인간 안보 차원으로 넓게 규정하면서 평화란 국가 간에 전쟁이 없는 소극적 평화뿐만 아니라 구조적·문화적 폭력이 없는 적극적인 평화의 상태를 의미한다고 보았다.

⑤ 오답: 갈퉁은 비합법적인 무력 사용뿐만 아니라 특정 사회의 문화나 사회 구조적 차원에서 폭력을 묵인하거나 정당화하는 것까지 모두 폭력에 포함된다고 하였다.

10 싱어, 노직, 롤스의 해외 원조론

자료 해설 갑은 싱어, 을은 노직, 병은 롤스이다. 싱어는 쾌락의 증진과 고통의 감소를 추구하는 공리주의 입장에서 빈곤으로 고통받는 사람들을 돕는 것이 도덕적 의무라고 하였고, 노직은 자유주의에 근거하여 개인이 자유로운 선택에 따라 가난한 사람을 도울 수는 있지만 이들에 대한 윤리적 의무는 없다고 보았다. 롤스는 불리한 여건으로 인해 고통받는 사회를 질서 정연한 사회가 되도록 돕는 것은 인류의 도덕적 의무라고 하였다.

선택지 분석

㉠ 정답: 싱어는 공리주의 관점에서 인류의 행복을 증진시키기 위해 약소국을 도와야 한다고 주장하였다.

㉡ 정답: 노직은 정당하게 취득한 재산은 타인이나 국가가 침해할 수 없다고 주장하면서 원조의 의무를 실행하기 위해 국가가 세금을 거두는 것은 강제 노동과 같다고 하였다.

ㄷ. 오답: 롤스는 원조의 대상이 불리한 여건으로 인해 고통받는 사회라고 보았다. 그는 질서 정연한 사회라면 빈곤국이라 할지라도 원조의 대상이 아니라고 하였다.

ㄹ. 오답: 싱어는 원조의 최종 목표를 인류 전체의 행복 증진에 있다고 보았고, 롤스는 원조의 최종 목표를 불리한 여건의 사회를 질서 정연한 사회로 만드는 것에 있다고 보았다. 갑과 병의 공통 입장이 아니다. 갑과 병은 해외 원조를 윤리적 의무로 보았다는 점이 공통적이다.

11 왈처의 정의 전쟁론

자료 해설 제시문의 사상가는 왈처이다. 왈처는 전쟁은 도덕적 제약을 받아야 하지만 정의 실현을 위한 수단이 될 수 있다고 보고, 평화로운 수단을 동원하여 해결하려고 노력했지만 해결이 되지 않을 경우 최후의 수단으로서 전쟁이 정당화된다고 하였다. 따라서 그는 전쟁의 개시와 수행 과정, 그리고 전쟁의 종식 이후가 정의로워야 한다고 주장하였다. 이러한 입장에서 왈처가 부정의 대답을 할 질문을 고르면 된다.

선택지 분석

① 오답: 왈처는 전쟁을 국제 평화를 위한 최후의 수단으로 보고, 국제 평화를 위해 전쟁의 정당성을 논의해야 한다고 보았다.

② 오답: 왈처는 여러 가지 방법을 시도했지만 해결되지 않을 경우 최후의 수

정답 및 해설 ˙ᵕ˙

단으로서 전쟁이 정당화될 수 있다고 보기 때문에 무조건적, 무제한적 전쟁은 도덕적으로 정당화될 수 없다고 본다.
❸ 정답: 왈처는 전쟁의 정당성 논의는 전쟁의 종식과 함께 끝나는 것이 아니라 종식 이후에도 이어져야 한다고 주장하였다.
④ 오답: 왈처는 반제국주의, 자결주의에 입각하여 다른 나라의 내정에 간섭하지 않아야 한다고 하였지만 인종 청소나 학살과 같이 폭력으로 국민들이 고통받는 상황에서 스스로 문제를 해결할 수 없을 때에는 전쟁을 통해 개입할 수 있다고 보았다.
⑤ 오답: 왈처는 정당화될 수 없는 전쟁을 수행하는 경우라도 수행 과정은 정의로워야 한다고 보았다.

12 롤스와 싱어의 해외 원조론

자료 해설 갑은 롤스, 을은 싱어이다. 롤스는 원조를 불리한 여건을 가진 사회의 체제를 개선하도록 도와 질서 정연한 사회가 되도록 하는 것이라고 보았고, 싱어는 공리주의와 이익 평등 고려의 원칙에 따라 지구촌 전체의 행복을 증진하기 위해 가난과 굶주림으로 고통받는 국가의 사람들을 도와야 한다고 주장하였다. 롤스와 싱어의 입장과 거리가 먼 것을 고르면 된다.

선택지 분석
① 오답: 롤스는 원조의 목적을 불리한 여건으로 고통받는 사회가 질서 정연한 사회가 되도록 돕는 것이라고 하였다.
② 오답: 롤스는 가난하지만 질서 정연한 사회는 원조의 대상이 아니라고 하였으며, 불리한 여건의 사회가 질서 정연한 사회가 되었을 때에도 원조를 중단해야 한다고 보았다.
③ 오답: 싱어는 공리주의 입장에서 원조의 목적을 인류 전체의 행복을 증진시키는 데 있다고 보았다.
❹ 정답: 싱어는 원조를 모든 사람이 마땅히 해야 하는 행위로 보고 개인적 차원뿐만 아니라 국가적 차원에서도 원조가 이루어질 수 있다고 보았다.
⑤ 오답: 롤스는 불리한 여건을 가진 사회의 체제나 구조를 개선해야 한다는 사회 정의를, 싱어는 가난과 굶주림으로 고통받는 사람들의 복지를 중시하였다.

13 아퀴나스의 정의 전쟁론

자료 해설 제시문의 사상가는 신법을 지키고 공동선과 평화를 위한 전쟁을 정의로운 것이라고 본 아퀴나스이다. 아퀴나스는 정당한 권위, 정당한 원인, 바른 의도라는 조건에 부합할 때 그 전쟁이 정의롭다고 보았다.

선택지 분석
① 오답: 아퀴나스는 정의 전쟁론의 입장으로서 무력이 평화와 정의를 지키는 정당한 수단이 될 수 있다고 보았다. 그는 정의로운 전쟁의 조건으로 적정한 권위, 정당한 원인, 바른 의도를 들었다.
② 오답: 아퀴나스에 따르면 개별 국가의 폭정을 바로잡기 위한 것은 정당한 원인이므로 전쟁 선포의 정당한 명분이 될 수 있다고 보았다.
③ 오답: 아퀴나스는 전쟁 선포의 주체를 적법한 권위를 가진 군주로 한정하므로 일반인은 전쟁을 선포할 수 없다고 보았다.
④ 오답: 아퀴나스는 적정한 권위, 정당한 원인, 바른 의도를 가진 선제공격은 정당성을 지닐 수 있다고 보았다.
❺ 정답: 제시문에서 '자기 생명을 지키려는 목적 이상의 많은 희생을 야기하는 행위는 신법을 거스르는 것이다.'라고 하였으므로 모든 살상 행위를 정당화할 수 있다고 본 것은 아니다.

14 롤스와 싱어의 해외 원조론

자료 해설 갑은 롤스, 을은 싱어이다. 롤스는 불리한 여건으로 고통받는 사회가 질서 정연한 사회가 될 수 있도록 도와야 한다고 주장하였고, 싱어는 공리주의적 관점에서 빈곤한 사람들을 도와야 한다고 주장하였다.

선택지 분석
① 오답: 롤스는 원조의 목적을 국가 간의 경제적 평등을 실현하기 위해 자원을 재분배하는 것이 아니라 고통받는 사회가 질서 정연한 사회가 되도록 하는 데 있다고 보았다. 롤스는 빈곤국이라도 질서 정연한 사회라면 원조의 대상으로 보지 않았다.
② 오답: 롤스는 질서 정연한 사회의 만민은 고통받는 사회에 그들의 인권 상황을 개선하도록 권고할 수 있다고 보았다.
③ 오답: 싱어는 모든 사람의 고통을 감소시키고 쾌락을 증진시키는 것이 의무라는 공리주의적 관점에서 빈곤국에 대한 원조의 필요성을 강조하였다.
❹ 정답: 싱어는 원조 주체의 과도한 희생이 없는 범위 내에서 빈곤국을 도와야 한다고 주장하였다. 그는 굶주림으로 죽어 가는 이웃에게 자신의 꼭 필요하지 않은 지출을 기부하는 방식으로 소득의 일정 부분을 기부할 것을 제안하였다.
⑤ 오답: 롤스와 싱어는 모두 원조의 목적이 부의 수준을 조정하는 데 있다고 보지 않았다. 롤스는 원조의 목적을 고통받는 사회가 질서 정연한 사회가 되도록 하는 데 있다고 보았고, 싱어는 인류의 복지 증진에 있다고 보았다.

15 싱어의 해외 원조론

자료 해설 제시문의 사상가는 싱어이다. 싱어는 이익 평등 고려의 원칙에 따라 세계 모든 사람들의 이익은 민족, 국가, 인종과 관계없이 평등하게 고려되어야 한다고 주장하였다. 그는 자기 가족의 기본적인 욕구를 충족하고도 남는 소득이 있는 모든 사람은 자신의 소득 중에서 최소한 일부를 기부하는 것이 세계 시민으로서의 의무라고 주장하였다.

선택지 분석
① 오답: 싱어는 원조를 모든 사람이 행해야 하는 행위로 보고 개인적·국가적 차원에서 원조가 이루어져야 한다고 보았다.
② 오답: 싱어는 해외 원조를 자국의 국제적 위상과 이익을 위해서가 아니라 지구촌 전체의 행복을 증진하기 위한 도덕적 의무를 실천하기 위해서라고 하였다.
❸ 정답: 싱어는 세계 시민주의를 주장하면서 가난한 사람들을 돕는 것을 세계 시민으로서의 의무라고 보았다.
④ 오답: 싱어는 해외 원조를 자선 행위가 아니라 모든 사람이 마땅히 해야 할 도덕적 의무라고 보았다.
⑤ 오답: 싱어는 상대적으로 부유한 나라의 사람들이 가난한 사람들을 도와 빈곤 문제를 해결해야 한다고 주장하였다. 그리고 원조의 의무를 자신이 속한 공동체, 민족, 국경 내부로 한정하지 말고 지구촌 전체로 확대해야 한다고 보았다.

16 칸트의 영구 평화론

자료 해설 제시문의 사상가는 칸트이다. 칸트는 평화에 이르기 위해서는 전쟁을 없애야 한다고 주장하면서 세 가지 영구 평화 조항을 제시하였다. 첫째, 모든 국가의 시민적 정치 체제는 국가 구성원이 자유롭고 평등하며 공동의 법을 따를 수 있는 공화정체이어야 한다. 둘째, 국제법은 자유로운 국가들의 연방 체제에 기초해야 한다. 셋째, 국가 간

평등한 관계에 기반을 둔 세계 시민법은 보편적 우호의 조건들에 국한되어야 한다.

선택지 분석

① 오답: 칸트는 단일한 세계 정부가 아니라 연방 체제를 주장한다.

❷ 정답: 칸트는 세 가지 영구 평화를 위한 확정 조항 중 하나로 국가 간 평등한 관계에 기반을 둔 세계 시민법은 보편적 우호의 조건들에 국한되어야 함을 제시하였다.

③ 오답: 칸트는 영구 평화를 위해 국가 간 주권 보장은 물론 타국에 내정 간섭을 하지 말아야 한다고 주장하였다. 따라서 단일한 세계 정부를 수립할 것을 주장하지는 않는다.

④ 오답: 칸트는 영구 평화를 위해 국가 간 주권 보장은 물론 타국에 내정 간섭을 하지 말아야 한다고 주장하였으므로 개별 국가의 주권 폐지를 주장하지는 않는다.

⑤ 오답: 칸트는 세계 평화를 이상주의적 관점에서 바라본다. 따라서 국가 간의 영구적인 평화는 어렵지만 실현 불가능한 이상은 아니라고 하였다.

17 롤스와 싱어의 해외 원조론

자료 해설 갑은 롤스, 을은 싱어이다. 롤스는 불리한 여건으로 고통받는 사회의 구조를 질서 정연한 사회가 되도록 원조를 해야 한다고 주장하였고, 싱어는 공리주의적 관점에서 지구촌 전체의 행복을 증진하기 위해 원조를 해야 한다고 주장하였다.

선택지 분석

❶ 정답: 롤스에 비해 싱어는 원조의 과제로 사회 제도의 개선을 강조하는 정도(X)가 낮고, 원조의 목표로 개인들의 복지 향상을 강조하는 정도(Y)는 높으며, 원조의 근거로 이익 평등 고려의 원칙을 강조하는 정도(Z)도 높다. Z축이 높은 ㉠, ㉡, ㉢ 중에 X축이 낮은 것은 ㉠, ㉢이고, 둘 중 Y축이 높은 것은 ㉠이다.

② 오답: ㉡은 X축은 높고, Y축은 높고, Z축은 높으므로 오답이다.

③ 오답: ㉢은 X축은 낮고, Y축은 낮고, Z축은 높으므로 오답이다.

④ 오답: ㉣은 X축은 낮고, Y축은 높고, Z축은 낮으므로 오답이다.

⑤ 오답: ㉤은 X축은 높고, Y축은 높고, Z축은 낮으므로 오답이다.

18 싱어와 롤스의 해외 원조론

자료 해설 갑은 싱어, 을은 롤스이다. 싱어는 인류 전체의 고통을 감소하고 이익을 증진해야 한다는 공리주의적 입장에서 가난한 나라의 사람들을 돕는 것을 의무라고 보는 입장이고, 롤스는 불리한 여건으로 고통받는 국가를 질서 정연한 사회가 되도록 돕는 것이 도덕적 의무라고 보았다. 싱어, 롤스의 입장과 거리가 먼 것을 고르면 된다.

선택지 분석

① 오답: 싱어는 우리가 만약 어떤 사람에게 매우 나쁜 일이 일어나는 것을 방지할 힘을 가지고 있고, 그 나쁜 일을 방지함으로써 우리의 중요한 일이 희생되지 않는다면 우리는 다른 사람을 도와야 한다고 하였다.

② 오답: 싱어는 공리주의적 입장에서 원조를 인류 전체의 행복을 증진하기 위한 의무라고 하였다.

③ 오답: 롤스는 원조의 대상이 불리한 여건으로 고통받는 사회라고 보고, 그러한 사회가 질서 정연한 사회가 되도록 도와야 한다고 하였다.

❹ 정답: 롤스는 최소 수혜자에게 최대의 이익이 돌아가야 한다는 차등의 원칙을 국제 사회에 적용하지 않았다. 제시문에서도 '원조는 차등의 원칙을 국제 사회에 적용하는 것이 아니다.'라고 하였다.

⑤ 오답: 싱어와 롤스는 모두 해외 원조를 의무로 규정하였다.

자료 해설 제시문의 사상가는 영구 평화론을 주장한 칸트이다. 칸트는 영구 평화로 나아가기 위해 국가 간 주권 보장은 물론 타국에 대해 내정 간섭을 하지 말아야 한다고 주장하였다. 그는 국내적으로는 시민의 정책 결정이 가능한 공화제가 도입되어야 하며, 국제적으로는 보편적 우호 관계에 기반한 국제법이 적용되는 국제적인 연맹을 창설해야 한다고 하였다. 칸트의 입장과 거리가 먼 것을 고르면 된다.

선택지 분석

❶ 정답: 칸트는 국제적인 연맹을 창설해야 한다고 주장하였으나 국제적 사회 계약을 통해 단일 국가를 수립해야 한다고 주장하지는 않았다.

② 오답: 칸트는 개별 국가는 시민의 정책 결정이 가능한 공화제가 도입되어야 한다고 보았다.

③ 오답: 칸트는 연맹 체제의 단계에서도 개별 국가의 주권은 보장되어야 하며, 타국에 대해 내정 간섭을 하지 말아야 한다고 주장하였다.

④ 오답: 칸트는 세계 시민법은 보편적 우호 관계에 기반하여야 한다고 주장하였다.

⑤ 오답: 칸트는 국제 연맹의 확산으로 자연 상태에서 벗어나 국제 사회의 평화를 구축할 수 있다고 보았다.

20 싱어, 노직, 롤스의 해외 원조론

자료 해설 갑은 싱어, 을은 노직, 병은 롤스이다. 싱어는 지구촌 전체의 행복을 증진하기 위해 가난으로 고통받는 사람들을 위해 원조를 해야 한다고 하였고, 노직은 정당하게 취득한 개인의 재산에 대한 배타적 소유권을 주장하면서 개인이 자유로운 선택에 따라 가난한 사람을 도울 수는 있지만 이들에 대한 윤리적 의무는 없다고 하였다. 롤스는 불리한 여건으로 고통받는 사회가 질서 정연한 사회가 되도록 원조를 해야 한다고 보았다.

선택지 분석

① 오답: 싱어는 최대 다수의 최대 행복이라는 공리주의의 원리와 이익 평등 고려의 원칙이라는 보편 원리에 근거하여 누구나 차별 없이 도움을 받아야 한다고 보았다.

② 오답: 노직은 해외 원조를 의무가 아닌 개인의 자유로운 선택에 따른 자선 행위로 보며, 국가가 원조를 위해 세금을 거두는 것은 강제 노동과 같다고 하면서 반대하였다.

❸ 정답: 롤스는 정의의 원칙이 확립된 국가는 질서 정연한 사회이기 때문에 가난하다고 할지라도 원조의 대상이 아니라고 하였다.

④ 오답: 싱어는 원조의 주체를 개인과 국가라고 보았고, 롤스는 질서 정연한 사회라고 보았다.

⑤ 오답: 노직은 국가 간 부의 격차를 해소할 의무가 없다고 보았으며, 롤스는 국가 간 부의 격차는 다를 수 있다고 보았기 때문에 부의 격차를 해소하는 것이 원조의 목적이 아니라고 하였다.

21 칸트와 갈퉁의 평화 방안

자료 해설 갑은 칸트, 을은 갈퉁이다. 칸트는 영구 평화론을 주장하면서 공화제를 실현한 국가들이 우호 관계에 기초하여 국제법이 적용되는 국제 연맹을 창설해야 한다고 주장하였고, 갈퉁은 전쟁이나 물리적 폭력이 없는 소극적 평화를 넘어 구조적·물리적 폭력이 없는 적극적 평화를 실현해야 한다고 주장하였다. 칸트, 갈퉁의 입장과 거리가 먼 것을 고르면 된다.

① 오답: 칸트는 영구 평화로 나아가기 위해서는 개별 국가의 주권을 보장하고 타국에 대해 내정 간섭을 하지 말아야 한다고 주장하였다.

② 오답: 칸트는 보편적 우호 관계에 기반한 국제법이 적용되는 국제 연맹을 창설해야 한다고 주장하였다.

③ 오답: 갈퉁은 문화적 폭력은 종교와 사상, 언어와 예술, 법과 과학, 대중 매체와 교육 전반에 영향을 미쳐서 구조적 폭력과 직접적 폭력을 정당화하는 역할을 한다고 보았다. 따라서 편견 극복을 위한 교육은 적극적 평화를 실현하는 방법 중 하나라고 할 수 있다.

❹ 정답: 갈퉁은 직접적 폭력이 없는 소극적 평화를 넘어 구조적 · 물리적 폭력이 없는 적극적 평화를 실현해야 한다고 강조하였다.

⑤ 오답: 칸트는 국내적으로는 공화제를, 국제적으로는 국제법이 적용되는 국제 연맹이 필요하다고 하였고, 갈퉁은 사회의 구조적 · 문화적 폭력이 제거되어 인간답게 살아갈 수 있는 삶의 조건을 위한 제도의 개선이 필요함을 주장하였다.

22 싱어의 해외 원조론

자료 해설 제시문의 사상가는 싱어이다. 싱어는 원조의 의무를 자국민으로 한정하려는 논리에 반대하면서 고통받는 지구촌 이웃 모두에 대한 원조의 의무를 강조하였다. 싱어는 이익 평등 고려의 원칙에 따라 국가, 민족, 인종 등에 관계없이 가난과 굶주림으로 고통받는 사람들을 도와야 한다고 주장하였다.

❶ 정답: 싱어는 세계 시민주의 관점에서 원조의 대상을 자신이 속한 공동체, 민족, 국경 내부로 한정하지 말고 지구촌 전체로 확대해야 한다고 주장하였다.

② 오답: 싱어는 모든 사람의 고통을 감소시키고 쾌락을 증진시키는 것이 의무라는 공리주의에 입각하여 고통받는 지구촌 이웃을 돕는 것이 의무라고 하였다.

③ 오답: 롤스의 주장이다. 롤스는 불리한 여건으로 고통받는 사회를 원조의 대상으로 보고, 가난하지만 질서 정연한 사회는 원조의 대상이 아니라고 하였다.

④ 오답: 싱어는 공리주의 원칙에 입각하여 인류 전체의 행복을 증진하기 위해 원조를 해야 한다고 주장하였다.

⑤ 오답: 롤스의 주장이다. 롤스는 고통받는 사회의 정치 문화를 개선하여 질서 정연한 사회가 되도록 돕는 것을 원조의 목적이라고 보고, 고통받는 사회가 질서 정연한 사회가 되었을 때 원조를 중단해야 한다고 하였다.

23 전쟁과 평화에 대한 왈처와 칸트의 입장

자료 해설 갑은 왈처, 을은 칸트이다. 정의 전쟁론을 주장한 왈처는 전쟁이 도덕적으로 정당화되기 위해서는 전쟁의 개시와 수행 과정, 전쟁 종식 이후가 정의로워야 한다고 주장하였고, 영구 평화론을 주장한 칸트는 국내적으로는 내정 간섭을 받지 않는 공화제를 도입하고, 국제적으로는 보편적 우호 관계에 따라 국제법을 적용하는 국제적 연맹을 창설할 것을 주장하였다.

① 오답: 왈처는 전쟁이 도덕적 제약을 받아야 하지만 정의 실현을 위해서라면 정당화될 수 있다고 보았다.

❷ 정답: 왈처는 정당한 전쟁의 조건을 세 가지, 즉 전쟁 개시의 정의, 전쟁 수행 과정의 정의, 전쟁 종식 이후의 정의로 제시하면서 전쟁 개시의 명분만

으로 전쟁 수행 과정과 전쟁 종식 이후가 정의롭지 못한 전쟁을 정의롭다고 할 수 없다고 보았다. 따라서 전쟁의 명분뿐만 아니라 과정과 결과가 모두 정의로워야 정당한 전쟁이라고 하였다.

③ 오답: 칸트는 전쟁을 반대하고 영구적인 평화를 위해 국가 간에 신뢰가 정착되어야 함을 강조하였다.

④ 오답: 칸트는 영구적인 평화를 위해서는 상비군을 점진적으로 폐지해야 한다고 하였으므로 군비 경쟁을 해야 한다고 주장하지는 않는다.

⑤ 오답: 칸트는 평화에 이르기 위해서는 전쟁을 없애야 한다고 주장하였지만, 왈처는 전쟁이 정의 실현의 수단이 될 수 있다고 보았다.

24 롤스와 싱어의 해외 원조론

자료 해설 갑은 롤스, 을은 싱어이다. 롤스는 해외 원조의 목적을 독재나 착취와 같이 사회 구조나 제도가 빈곤을 발생시키는 불리한 여건의 사회가 적정 수준의 문화를 형성하여 질서 정연한 사회가 되도록 돕는 데 있다고 주장하였다. 싱어는 모든 사람의 고통을 감소시키고 쾌락을 증진시키는 것이 의무라는 공리주의에 입각하여 빈곤으로 인해 고통받는 약소국에 대한 원조의 의무를 강조하였다.

❶ 정답: 롤스는 불리한 여건으로 고통받는 사회가 자유와 평등이 보장되는 질서 정연한 사회가 될 수 있도록 사회 구조의 개선을 위한 원조를 강조하였다.

② 오답: 롤스는 해외 원조를 경제적 분배의 과정으로 보지 않았기 때문에 최소 수혜자에게 최대의 이익이 돌아가야 한다는 차등의 원칙을 국제 사회에 적용하는 것을 반대하였다.

③ 오답: 싱어는 개인에게 희생이 따르지 않는 한에서 다른 사람들을 도울 것을 주장하였다.

④ 오답: 롤스의 주장이다. 싱어는 원조의 대상을 빈곤국으로 보았으나, 롤스는 불리한 여건으로 고통받는 사회라고 보았다. 따라서 롤스는 가난하면서 민주주의가 확립되는 등 질서 정연한 사회는 원조의 대상이 아니라고 보았다.

⑤ 오답: 롤스와 싱어는 모두 모든 사회의 복지 수준을 평준화해야 한다고 주장하지는 않았다. 특히 롤스는 국가 간의 부와 복지의 수준은 다양할 수 있다고 보았다.

킬러 예상 문제

본문 148~151쪽

01 ④　02 ③　03 ④　04 ④　05 ①　06 ③　07 ①　08 ⑤
09 ②　10 ②　11 ①　12 ⑤　13 ②　14 ②　15 ⑤　16 ④

01 국제 관계에 대한 현실주의, 이상주의, 구성주의 입장

자료 해설 갑은 현실주의, 을은 이상주의, 병은 구성주의의 입장이다. 현실주의는 국제 사회가 자국의 이익 추구를 우선으로 하는 국가들로 구성되어 있어 국제 정치를 자국의 이익 추구를 위한 권력 투쟁의 상태로 본다. 반면에 이상주의는 국가도 이성적이고 합리적일 수 있기 때문에 국가 간 협력을 통해 국제 분쟁을 방지할 수 있다고 본다. 구성주의는 국제 관계가 국가 간의 상호 작용을 통해서 구성된다고 본다.

❶ 정답: 현실주의는 긍정의 대답을, 이상주의와 구성주의는 부정의 대답을

할 질문이다. 현실주의에서는 국가 간 갈등을 해결하는 방법으로 국가 간의 힘의 균형, 즉 세력 균형의 유지를 주장한다. 반면에 이상주의는 국가 간의 대화와 협력, 국제법이나 국제 규범을 통한 제도 개선으로 국제 분쟁을 방지할 수 있다고 본다. 구성주의에서는 국가 간의 상호 작용을 통해 국제 분쟁을 방지할 수 있다고 본다.

ㄴ. 오답: 이상주의에서 부정의 대답을 할 질문이다. 이상주의에서는 국가 관계의 갈등을 완화하기 위한 주체로 국가뿐만 아니라 개인, 국제기구, 비정부 기구 등을 제시한다.

ㄷ. 정답: 이상주의에서 긍정의 대답을 할 질문이다. 이상주의에서는 국제 분쟁의 발생 원인이 상대방에 대한 무지나 오해, 잘못된 제도 때문이라고 본다.

ㄹ. 정답: 구성주의에서 긍정의 대답을 할 질문이다. 구성주의에서는 국제 관계가 국가 사이에서 서로 간에 적이나 친구 중 어떤 관계가 될지, 어떻게 상호 작용할지에 따라서 구성된다고 본다.

02 헌팅턴의 "문명의 충돌"

자료 해설 제시문은 헌팅턴의 "문명의 충돌"의 일부이다. 헌팅턴은 냉전의 시대가 끝난 후에 세계는 서구권, 중화권, 힌두교권, 이슬람교권, 남아메리카권, 아프리카권 등의 문명 권역으로 나뉘어 이들 문명 간의 충돌 가능성이 높아질 것이라고 분석하였다.

선택지 분석

① 오답: 헌팅턴은 거대 종교를 기반으로 하는 문명 간의 충돌이 국제 분쟁을 주도할 것이라고 주장하였다. 헌팅턴은 현 세계가 문명 간 공존과 대화로 평화가 실현되어 간다고 보지 않는다.

② 오답: 헌팅턴은 국가 간 빈부 격차의 심화가 아니라 종교를 구심점으로 하는 문명 간 충돌이 국제 갈등의 가장 큰 원인이라고 보았다.

❸ 정답: 헌팅턴은 거대 종교를 구심점으로 하는 문명 간의 충돌 가능성이 세계 평화의 가장 큰 위협 요소가 된다고 보았다.

④ 오답: 헌팅턴은 국가 간 이념 차이로 인해 국제 갈등이 심화되었던 냉전 시대는 끝났고 앞으로는 문명 간 충돌로 인해 국제 갈등이 심화될 것이라고 예측하였다.

⑤ 오답: 종교의 단일화를 통한 세계 평화 실현은 헌팅턴의 입장이 아니다. 헌팅턴은 자제의 원칙, 중재의 원칙, 동질성의 원칙을 통해 문명 간의 충돌을 방지해야 한다고 주장하였다.

03 세계화에 대한 입장

자료 해설 제시문은 커뮤니케이션 혁명으로 우리는 세계화 시대에 접어들게 되었다고 주장한다. 그러면서 세계화 시대에 걸맞은 새로운 윤리가 필요하며 이 새로운 윤리는 지구에 살고 있는 우리 모두의 이익을 위해 봉사할 것이라고 주장한다.

선택지 분석

① 오답: 세계화가 문화의 획일화와 독점화를 가져온다는 입장은 세계화를 부정적으로 보는 입장이다. 제시문에서는 이러한 내용을 강조하고 있지 않다.

② 오답: 제시문에서는 세계화 시대의 주권 국가의 역할에 대해서 논하고 있지 않다.

③ 오답: 세계화를 선진국들이 약소국을 착취하기 위한 방식으로 보는 것은 세계화를 부정적으로 보는 입장이다. 제시문에서는 이러한 내용을 강조하고 있지 않다.

❹ 정답: 제시문에서는 우리가 세계화 시대에 접어들게 되었고 세계화 시대에 맞는 지구적 차원의 새로운 윤리가 필요하다고 보고 있다.

⑤ 오답: 제시문에서는 우리가 세계화 시대를 맞아 부족이나 국가 차원의 윤리에서 벗어나 세계화의 수준에 맞는 새로운 윤리를 만들어야 한다고 본다.

04 갈퉁의 평화론

자료 해설 제시문은 갈퉁의 주장이다. 갈퉁은 폭력을 물리적 폭력과 같은 직접적 폭력, 정치적·경제적 측면의 구조적 폭력, 종교와 사상, 언어와 예술 등에 녹아들어 구조적 폭력과 직접적 폭력을 정당화하는 문화적 폭력으로 구분하였다.

선택지 분석

① 오답: 갈퉁은 테러와 범죄를 통한 물리적 폭력을 직접적 폭력이라고 보았다.

② 오답: 갈퉁은 평화를 소극적 평화와 적극적 평화로 구분하였다. 소극적 평화는 직접적 폭력이 사라진 상태를 의미하고, 적극적 평화는 직접적인 폭력뿐만 아니라 구조적·문화적 폭력이 제거된 상태를 의미한다. 갈퉁은 적극적 평화를 실현해야만 완전한 평화를 얻을 수 있다고 보았다. 국가 안보 차원에서 전쟁이 방지되는 것은 소극적 평화에 해당하는 것으로 이 상태는 갈퉁이 주장하는 적극적 평화의 상태가 아니다.

③ 오답: 갈퉁은 빈곤이나 삶의 질 문제가 인간답게 살 수 있는 삶의 조건에 해당한다고 보고, 빈곤 상태가 되거나 삶의 질이 떨어지는 상태를 폭력의 상태로 규정하였다.

❹ 정답: 갈퉁은 구조적·문화적 폭력이 제거되어 사회 정의가 실현되고 인간의 존엄성이 존중되는 상태를 진정한 평화의 상태라고 보았다.

⑤ 오답: 갈퉁은 종교나 사상, 예술에 내재하여 폭력을 정당화하는 것을 문화적 폭력이라고 하였다.

05 칸트의 영구 평화론

자료 해설 제시문은 칸트의 주장이다. 칸트는 국가 간의 갈등과 전쟁에서 벗어나 영원한 평화를 얻기 위한 방안을 제시하였다. 칸트는 영구 평화를 위한 조건으로 예비 조항 6개와 확정 조항 3개를 제시하였다.

선택지 분석

❶ 정답: 칸트가 제시한 영구 평화를 위한 확정 조항 중 2항은 '국제법은 자유로운 여러 국가들의 연방 체제에 기초해야 한다.'라고 되어 있다. 칸트는 이렇게 제정된 국제법을 통해 국제 관계가 평화 상태에 이를 수 있다고 주장하였다.

② 오답: 칸트는 영구 평화를 위해 연방 체제를 주장한다. 하지만 이러한 연방 체제는 개별 국가의 권력을 폐지하는 형태가 아니며 자유로운 국가들의 독립성이 보장되는 형태이다.

③ 오답: 칸트는 영구 평화를 위한 조건으로 국제 사회의 국가들의 독립성이 보장되고 이 국가들의 정치 체제는 구성원들의 자유와 평등을 보장하는 공화정체이어야 한다고 주장하였다. 따라서 칸트는 세계 공화국 수립을 주장하지 않았다.

④ 오답: 국제 사회를 힘의 논리가 지배하는 상태로 보는 것은 현실주의의 입장이다. 칸트는 이상주의자로서 국제 사회에서 국가들 간 이성적인 대화와 타협을 통해 평화 실현이 가능하다고 보았다.

⑤ 오답: 국가 간 세력 균형을 통해서만 평화를 달성할 수 있다고 보는 것은 현실주의의 입장이다.

06 칸트와 갈퉁의 평화 방안

자료 해설 갑은 칸트이고, 을은 갈퉁이다. 제시문에서 갑은 국가 간의 영구 평화를 위해 예비 조항들을 제시하고 있는데, 어떠한 독립 국가도 다른 국가의 소유로 전락해서는 안 되며, 전쟁의 방지를 위해 상비군은 폐지해야 하고, 다른 국가에 대해 폭력으로 간섭해서는 안 된다는 내용을 담고 있다. 제시문에서 을은 구조적 폭력과 문화적 폭력에 대해 설명하고 있다.

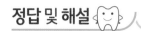

선택지 분석

ㄱ. **오답**: 칸트는 영구 평화를 위한 예비 조항과 확정 조항의 내용에 각 국가들의 독립을 보장해야 한다고 주장하였다.

ㄴ. **정답**: 갈퉁은 칸트의 영구 평화론이 소극적 평화를 달성하는 데는 의미가 있지만 소극적 평화만으로는 진정한 평화를 이루어 내기가 어렵다고 주장하였다. 갈퉁은 직접적인 폭력뿐만 아니라 구조적·문화적 폭력을 제거할 때 진정한 평화를 이룰 수 있다고 보았다.

ㄷ. **정답**: 갈퉁은 문화적 폭력이 종교와 사상, 언어와 예술, 대중 매체와 교육 전반에 영향을 미쳐서 구조적 폭력과 직접적 폭력을 정당화하는 역할을 한다고 주장하였다.

ㄹ. **오답**: 국가 간 힘의 균형, 즉 세력 균형을 통해 평화를 유지할 수 있다고 보는 것은 현실주의의 입장에 해당한다.

올쏘 만점 노트 ─ 칸트와 갈퉁의 평화론

칸트	국제 사회에서 영원한 평화를 얻기 위해서는 모든 국가의 정치 체제가 공화정체이어야 하고, 국제법은 자유로운 국가들의 연방 체제에 기초해야 하며, 세계 시민법은 보편적 우호의 조건들에 국한되어야 함
갈퉁	• 평화는 소극적 평화와 적극적 평화로 구분됨 • 직접적 폭력뿐만 아니라 구조적·문화적 폭력이 사라진 적극적 평화가 실현되는 것이 진정한 평화 상태임

07 싱어의 해외 원조론

자료 해설 제시문은 싱어의 주장이다. 싱어는 기본적인 필요를 충족시키고도 여유가 있는 사람들은 절대 빈곤에 시달리는 사람들을 위하여 자기 소득의 1%를 기부해야 한다고 주장하였다. 싱어는 빈곤으로 고통받는 모든 사람을 돕는 것을 도덕적 의무라고 주장하였다.

선택지 분석

첫 번째 입장 정답: 싱어가 제시한 이익 평등 고려의 원칙은 고통과 쾌락을 느낄 수 있는 존재의 이익을 동등하게 고려해야 한다는 원칙이다. 싱어는 이익 평등 고려의 원칙에 입각하여 자신이 속한 사회의 구성원인지 아닌지의 여부에 상관없이 절대 빈곤에 처한 모든 사람을 원조해야 한다고 주장하였다.

두 번째 입장 정답: 세계 시민주의는 세계의 모든 사람을 동등한 시민으로 간주해야 한다는 입장이다. 싱어는 세계 시민주의의 관점에서 인류의 복지 수준을 향상시키기 위하여 노력해야 한다고 주장하였다.

세 번째 입장 오답: 싱어는 세계 시민주의에 입각하여 절대 빈곤에 시달리는 사람들을 국적에 관계없이 원조해야 한다고 주장하였다. 이는 원조의 의무가 지리적 근접성과는 무관하게 이루어져야 한다는 것을 의미한다.

네 번째 입장 오답: 불합리한 사회 구조나 제도의 개선을 원조의 목적으로 주장한 사상가는 싱어가 아니라 롤스이다.

08 싱어와 롤스의 해외 원조론

자료 해설 갑은 싱어이고, 을은 롤스이다. 싱어는 우리 모두는 절대 빈곤에 빠진 사람을 도울 의무를 지닌다고 주장하면서, 인류 전체의 고통 감소라는 공리주의적 관점에서 원조의 필요성을 제기하였다. 롤스는 원조의 목표를 국가 간의 부와 복지의 수준을 조정하는 것에 두어서는 안 되고, 고통받는 사회를 질서 정연한 사회로 만드는 것에 두어야 한다고 주장하였다.

선택지 분석

ㄱ. **정답**: 싱어와 롤스 모두 긍정의 대답을 할 질문이다. 두 사상가는 모두 해

ㄴ. **정답**: 롤스가 긍정의 대답을 할 질문이다. 롤스는 한 사회의 빈곤의 문제는 정치·사회 제도의 결함 때문에 발생하는 것이라고 보고 원조의 목표를 사회 제도나 구조의 개선에 두어야 한다고 보았다.

ㄷ. **오답**: 싱어와 롤스 모두 부정의 대답을 할 질문이다. 롤스는 인류 전체의 부의 수준을 조정하는 것을 원조의 목표로 삼아서는 안 된다고 주장하였다. 싱어의 경우도 인류 전체의 부의 수준을 균등하게, 즉 똑같이 만드는 것을 해외 원조의 목적으로 삼지는 않았다.

ㄹ. **정답**: 싱어가 긍정의 대답을 할 질문이다. 싱어는 세계 시민주의의 관점에서 인류 전체를 원조의 대상으로 삼아야 한다고 주장하였다. 따라서 싱어에게는 자원이 부족하고 가난한 모든 국가가 원조의 대상이 된다.

09 싱어, 노직, 롤스의 해외 원조론

자료 해설 갑은 싱어, 을은 노직, 병은 롤스이다. 싱어는 공리주의 이론에 근거하여 절대 빈곤에 처한 사람들의 고통을 감소시키기 위하여 해외 원조를 해야 한다고 보았다. 노직은 배타적 소유권을 주장하면서 해외 원조 역시 자선의 관점에서 접근해야 하며 개인은 원조에 대해 어떠한 책임이나 의무도 지니지 않는다고 주장하였다. 롤스는 질서 정연한 사회의 만민이 고통받는 사회를 돕는 것을 인류의 의무라고 주장하였다.

선택지 분석

ㄱ. **정답**: 세계 시민주의 입장에서 공리를 증진하기 위해 해외 원조를 해야 한다고 주장한 사상가는 싱어이다. 싱어는 세계 시민주의에 입각하여 자신이 속한 사회의 구성원인지의 여부를 고려하지 말고 인류 전체의 고통을 감소시키기 위하여 노력해야 한다고 주장하였다.

ㄴ. **오답**: 노직은 개인이나 국가가 원조에 대해 어떠한 책임이나 의무를 지니지 않는다고 주장하였다. 그는 개인에게 해외 원조를 의무로서 요구하는 것은 개인의 자유와 권리를 침해하는 것이라고 보았다.

ㄷ. **오답**: 롤스는 차등의 원칙을 국제 사회에 적용해서는 안 된다고 주장하였다. 그는 해외 원조를 경제적 분배의 과정으로 보아서는 안 되고 고통받는 사회의 사회 구조나 제도의 개선을 해외 원조의 목적으로 삼아야 한다고 주장하였다.

ㄹ. **정답**: 싱어와 롤스는 모두 해외 원조를 의무의 차원에서 접근해야 한다고 주장하였다. 반면에 노직은 원조를 자선의 관점에서 접근해야 한다고 주장하였다.

올쏘 만점 노트 ─ 해외 원조의 윤리적 근거

노직	• 해외 원조를 의무가 아닌 자선의 관점에서 접근해야 함 • 국가가 개인들에게 원조를 의무로서 강제하는 것은 개인의 자유와 권리를 침해하는 것임
싱어	• 해외 원조를 공리주의와 세계 시민주의의 관점에서 접근해야 함 • 인류의 고통을 감소시키기 위하여 원조의 대상을 자신이 속한 사회의 사람들로 한정해서는 안 되고 전 세계의 사람들로 확대해야 함 • 자신의 기본적인 필요를 충족시킬 수 있는 개인들은 자기 소득의 일정 부분을 적극적으로 기부해야 함
롤스	• 고통받는 사회를 질서 정연한 사회가 되도록 돕는 것은 인류의 의무임 • 한 사회의 빈곤의 문제는 정치·사회 제도의 결함 때문에 발생함 • 전 지구적 차원의 부의 재분배나 복지 향상을 원조의 목적으로 삼아서는 안 됨

10 롤스의 해외 원조론

자료 해설 제시문은 롤스의 주장이다. 롤스는 원조의 목적을 고통받는 사회가 질서 정연한 사회가 될 수 있도록 하는 데 있다고 보았다. 그는 고통받는 사회가 질서 정연한 사회가 된 이후에도 여전히 빈곤하다 할지라도 더 이상의 원조는 필요하지 않다고 주장하였다.

선택지 분석

① 오답: 공리주의적 관점에서 원조를 해야 한다고 주장한 사상가는 싱어이다.

❷ 정답: 롤스는 모든 가난한 나라가 원조의 대상이 되는 것은 아니며, 가난한 나라일지라도 질서 정연하다면 원조를 할 필요가 없다고 보았다.

③ 오답: 롤스는 질서 정연한 사회라고 하더라도 반드시 경제적으로 부유한 사회는 아니라고 보았다.

④ 오답: 롤스는 원조의 대상과 목적을 정치적인 분야에 한정짓고 사회 체제나 구조의 개선에 관심을 가졌다. 전 지구적 차원의 복지 향상을 해외 원조의 목적으로 삼는 사상가는 싱어이다.

⑤ 오답: 롤스는 원조를 의무의 관점에서 접근해야 한다고 보았다. 원조를 자선이 아닌 의무의 관점에서 접근하는 것이 옳지 않다고 본 사상가는 노직이다.

11 싱어와 롤스의 해외 원조론

자료 해설 갑은 싱어이고, 을은 롤스이다. 싱어는 자신이 커다란 희생을 감수하지 않고도 어떤 사람에게 닥칠 나쁜 일을 방지할 수 있다면 우리는 그렇게 해야만 한다고 주장하였다. 그는 이와 같은 논리를 절대 빈곤으로 고통받고 있는 사람들에 대한 해외 원조에도 적용해야 한다고 보았다. 롤스는 원조의 목적을 독재나 착취와 같이 사회 구조나 제도가 빈곤을 발생시키는 불리한 여건의 사회를 자유와 평등의 질서를 갖춘 질서 정연한 사회가 되도록 돕는 데 두어야 한다고 보았다.

선택지 분석

❶ 정답: 자신의 고통과 타인의 고통을 동등하게 고려해야 한다는 것은 싱어가 제시한 이익 평등 고려의 원칙에 해당한다. 싱어는 이익 평등 고려의 원칙에 따라 자신이 속한 사회의 구성원이건 다른 사회의 구성원이건 상관없이 모든 사람의 고통을 동등하게 고려하여 원조해야 한다고 보았다.

ㄴ. 오답: 롤스는 사회들 간의 부와 복지의 수준을 조정하는 것을 원조의 목적으로 삼아서는 안 된다고 보았다. 그는 정치·사회 제도의 개선을 원조의 목적으로 삼아야 한다고 주장하였다.

ㄷ. 오답: 사회 구조적 차원에서 원조의 문제에 접근해야 한다고 본 사상가는 싱어가 아니라 롤스이다.

❷ 정답: 싱어와 롤스는 모두 인도주의적 입장에서 해외 원조를 의무적으로 수행할 것으로 주장하였다.

12 노직과 싱어의 해외 원조론

자료 해설 갑은 노직, 을은 싱어이다. 노직은 가난한 사람을 돕기 위한다는 명목으로 사람들에게 세금을 부과하는 것은 강제로 노동을 시키는 것과 다름없다고 주장하였다. 싱어는 타국의 빈민들보다 자국민의 이익을 우선하여 원조해서는 안 되고 모든 사람들의 이익을 동등하게 고려해야 한다고 주장하였다.

선택지 분석

① 오답: 노직이 싱어에게 제기할 비판으로 적절하지 않다. 원조의 목적을 정치 문화의 개선에 둔 사상가는 롤스이다.

② 오답: 원조를 자율적 선택의 문제가 아니라 도덕적 의무라고 주장한 사상

가는 싱어이다. 노직은 원조를 할지 말지의 여부는 개인의 자율적 선택의 문제라고 주장한다.

③ 오답: 노직이 싱어에게 제기할 비판으로 적절하지 않다. 차등의 원칙을 지구적 차원에서 적용하지 않아야 한다고 주장한 사상가는 롤스이다.

④ 오답: 노직은 부유한 사람들이 어려운 사람을 돕는 것이 개인의 선택의 문제이지 당위적인 것이 아니라고 주장하였다.

⑤ 정답: 노직은 원조를 의무로 강제하는 것에 반대하였는데, 그 이유는 어떤 행위를 강제하는 것이 개인의 자유와 권리를 침해하는 것이라고 보았기 때문이다.

13 국제 관계에 대한 현실주의의 특징

자료 해설 제시문은 국제 관계에 대한 현실주의의 입장이다. 제시문에서는 갈등을 국제 정치의 상호 작용 패턴이라고 보면서, 국제 정치의 균형은 중요한 행위자들, 즉 국가들이 이기심을 쫓아 행동한다고 가정할 때 이루어진다고 주장한다. 이는 현실주의에서 주장하는 이기적인 속성을 지닌 국가들이 자국이 이익을 위해 힘의 균형을 유지할 때 분쟁을 예방할 수 있다는 것이다.

선택지 분석

① 오답: 국가 간의 대화나 도덕·법률을 통해 국제 평화를 실현할 수 있다는 주장은 이상주의에 해당한다. 현실주의는 국가 간 세력 균형을 통해 국제 평화를 실현하려 한다.

❷ 정답: 현실주의의 입장이다. 현실주의에서는 국제 관계를 국가를 통제할 상위 중앙 권위가 없는 무정부 상태로 규정한다. 이러한 국제 사회에서 국가들이 자국의 이익만을 추구하기 때문에 무질서하다고 본다.

③ 오답: 국제 분쟁의 원인을 상대방에 대한 무지나 오해에서 찾는 것은 이상주의의 입장이다. 현실주의에서는 국제 분쟁의 원인을 국가의 이기성에서 찾는다.

④ 오답: 개인, 국제기구, 비정부 기구 등 다양한 국제 관계의 주체를 인정하는 것은 이상주의의 입장이다. 현실주의에서는 국가만을 국제 관계의 주체로 인정한다.

⑤ 오답: 국제 관계가 국가 간 상호 작용을 통해서 구성된다고 보는 것은 구성주의의 입장에 해당한다.

14 롤스와 싱어의 해외 원조론

자료 해설 갑은 롤스이고, 을은 싱어이다. 롤스는 원조의 목표를 고통받는 사회를 질서 정연한 사회가 되도록 돕는 데 두어야 한다고 보았다. 싱어는 공리주의적 입장에 근거하여 원조의 목적을 인류의 고통을 줄이고 복지를 향상시키는 데 두어야 한다고 보았다.

선택지 분석

① 오답: 롤스는 사회 구조나 제도가 비민주적이어서 자유와 평등의 질서가 확립되지 않은 사회를 고통받는 사회라고 보았다. 롤스는 이러한 고통받는 사회를 사회 구조나 제도가 개선되어 질서 정연한 사회가 될 수 있도록 도와야 한다고 주장하였다.

❷ 정답: 롤스는 모든 가난한 나라를 원조의 대상으로 삼을 필요는 없다고 보았다. 롤스는 가난한 나라일지라도 질서 정연할 수 있으며, 이 경우에는 원조할 필요가 없다고 보았다.

③ 오답: 싱어는 빈곤으로 고통받는 세계의 모든 사람들을 원조의 대상으로 삼아야 한다고 보았다.

④ 오답: 싱어는 세계 시민주의에 입각하여 나라와 지역에 상관없이 모든 인류를 원조의 대상으로 삼아야 한다고 보았다.

⑤ 오답: 롤스와 싱어는 모두 인도주의적 입장에서 원조를 자율적 선택이 아
닌 의무의 차원에서 수행해야 한다고 보았다.

15 국제 관계에 대한 현실주의와 이상주의 입장

자료 해설 갑은 현실주의의 입장이고, 을은 이상주의의 입장이다. 현
실주의에서는 국제 정치가 국가 이익을 위한 투쟁의 상태라고 본다. 이
상주의에서는 국가 간의 도덕성을 중시해야 하고, 국제 분쟁이 발생할
경우 국가의 이익보다 보편적 가치를 우선해야 한다고 본다.

선택지 분석

ㄱ 정답: 현실주의에서는 국제 분쟁을 예방하기 위한 최상의 방법은 국가 간
의 힘의 균형 유지, 즉 세력 균형에 있다고 본다.

ㄴ 정답: 이상주의에서는 인간과 마찬가지로 국가도 이성적이고 합리적일 수
있기 때문에 국가 간의 이성적인 대화와 협력을 통해 국제 평화를 실현할
수 있다고 본다.

ㄷ. 오답: 국제 분쟁의 원인을 국가의 이기성에서 찾는 것은 현실주의의 입장
이다. 이상주의에서는 국제 분쟁이 상대방에 대한 오해나 무지, 잘못된 제
도 때문에 발생한다고 본다.

ㄹ 정답: 현실주의와 이상주의 모두 국제 평화를 실현할 수 있는 방안이 있다
고 본다. 현실주의에서는 세력 균형을 통해, 이상주의에서는 국가 간 대화
와 협력, 국제법이나 국제 규범을 통해 국제 평화를 실현할 수 있다고 본다.

올쏘 만점 노트 ─ 현실주의와 이상주의

현실주의	• 국제 사회는 통제할 중앙 정부가 없는 무정부 상태임 • 국제 사회는 자국의 이익을 추구하는 국가들로 구성되어 있음 • 국제 관계는 국가의 이익을 위한 투쟁 상태임 • 국가 간 세력 균형을 통해 평화를 유지할 수 있음
이상주의	• 국가도 이성적이고 합리적일 수 있음 • 상대방에 대한 무지나 오해 때문에 국제 분쟁이 발생함 • 국가뿐만 아니라 개인, 국제기구, 비정부 기구의 역할도 필요함 • 국제법, 국제 규범을 통해 제도를 개선하여 분쟁을 방지할 수 있음

16 형사적 정의와 분배적 정의

자료 해설 세계화가 진행되면서 국가 간에 발생하는 문제를 해결하
기 위한 국제 정의의 필요성이 증가하고 있다. 국제 정의에는 형사적 정
의와 분배적 정의가 있다.

선택지 분석

① 오답: 형사적 정의는 국제 분쟁이나 테러와 같이 국제 사회의 평화를 해치
는 범죄자나 집단을 처벌함으로써 실현 가능하다.

② 오답: 형사적 정의를 실현하기 위해서는 국제 형사 경찰 기구나 국제 사법
재판소 등의 국제기구를 통해 국제 사회에서 발생하는 범죄를 해결해야
한다.

③ 오답: 분배적 정의는 선진국과 후진국 사이의 빈부 격차를 완화하고 절대
빈곤으로 고통받는 사람들을 원조하는 등의 국가 간 가치나 재화의 공정한
분배를 통해 실현 가능하다.

④ 정답: 국가 간 능력에 따른 분배를 실시할 경우 국가 간의 빈부 격차가 심
화될 가능성이 높아 오히려 절대 빈곤의 문제가 더욱 심각해질 것이다.

⑤ 오답: 국제 사회에서의 형사적 정의와 분배적 정의는 세계화에 따라 국제
사회의 의존도가 높아지면서 더욱 필요성이 커지고 있다.

올쏘 만점 노트 ─ 국제 정의 실현

	형사적 정의	분배적 정의
의미	국제 분쟁이나 테러와 같이 국제 사회의 평화와 질서를 해치는 행위를 하는 집단을 처벌하여 행동에 제한을 가함	• 선진국과 후진국 사이의 빈부 격차를 완화하고 절대 빈곤으로 고통받는 사람들을 돕기 위하여 재화의 공정한 분배를 실현함 • 국가 간 경제 격차가 심화되면서 국제 사회에서 분배적 정의가 중요한 문제로 떠오름
실현 노력	국제 형사 경찰 기구나 국제 형사 재판소 등의 국제기구를 통한 인도적 범죄 문제 해결	공적 개발 원조를 통해 절대 빈곤을 개선하고 분배적 정의를 실현하기 위해 노력해야 함

all about society 올쏘

올쏘

고등 생활과 윤리

all about society 올쏘

올쏘

동아출판

올쏘
사회는 언제나 너 하나면 돼!

사회 · 역사 전문서

단한권 한국사
- 단 한 권으로 쉽고 빠르게 수능과 한.능.검. 완벽 대비
- 서울대 선배가 뽑은 필수 100개 주제로 구성
- QR 코드로 최신 문제 제공

올쏘 고등 통합사회
올쏘 고등 생활과 윤리 / 사회·문화 / 한국지리
- 전 교과서를 완벽 분석한 내신·수능 대비 기본서
- 출제 빈도가 높은 실전 자료와 선택지 분석
- 무료 온라인 학습 서비스로 자학자습 가능

올쏘 내신강자 고등 통합사회
올쏘 내신강자 고등 생활과 윤리 / 사회·문화 / 한국지리
- 빈출 유형을 분석한 내신 대비 문제서
- 개념, 자료, 문제의 연계성을 높여 내신 1등급 완성